프로그래머를 위한 Python®

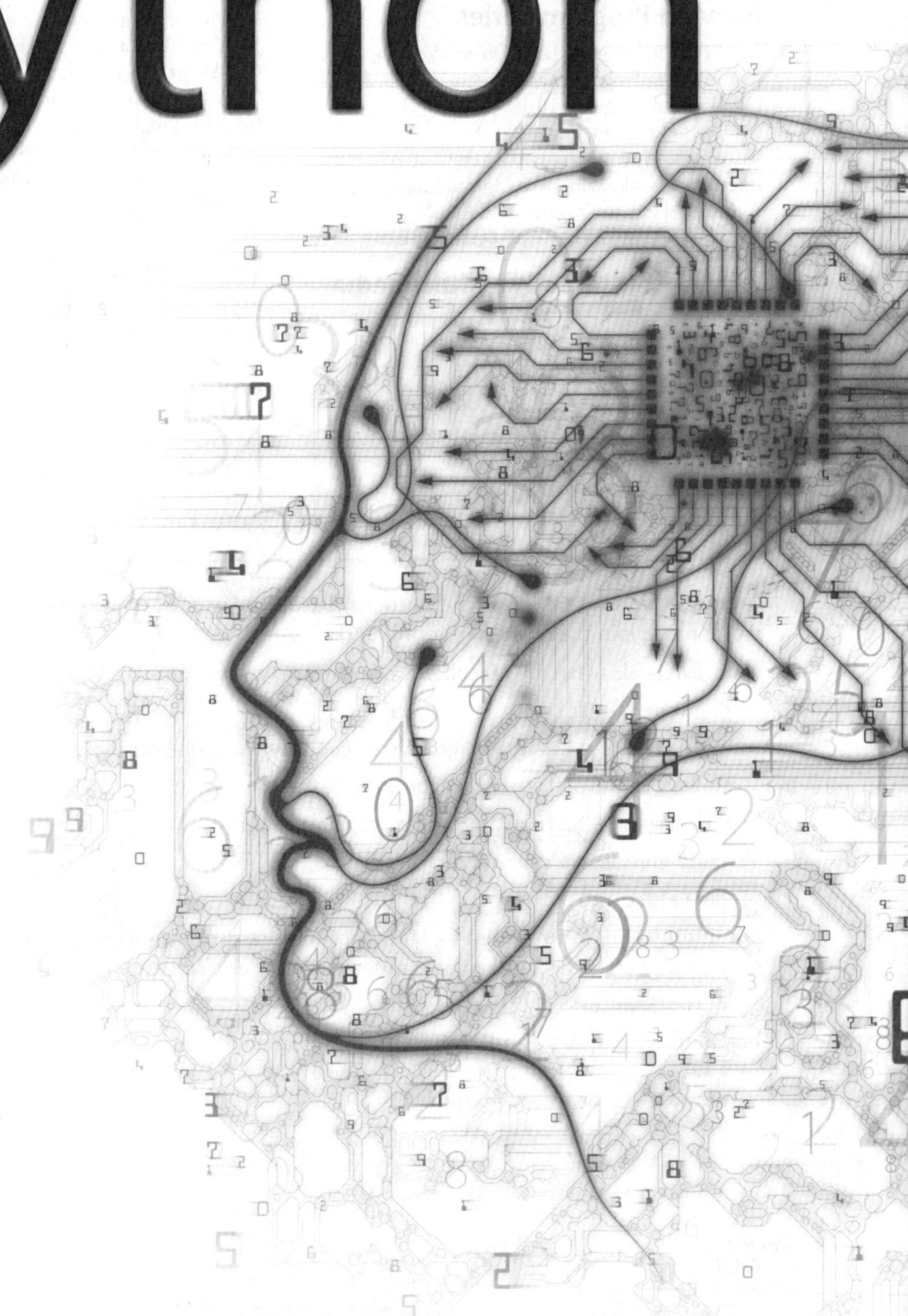

Deitel® Series

For Computer Science and Data Science Series

Intro to Python for Computer Science and Data Science: Learning to Program with AI, Big Data and the Cloud

How To Program Series

Java™ How to Program, Early Objects Version, 11/E
Java™ How to Program, Late Objects Version, 11/E
C++ How to Program, 10/E
C How to Program, 8/E
Visual C#® How to Program, 6/E
Internet & World Wide Web How to Program, 5/E
Android™ How to Program, 3/E
Visual Basic® 2012 How to Program, 6/E
Visual C#® 2012 How to Program, 5/E
Visual Basic® 2012 How to Program, 6/E
Simply Visual Basic® 2010: An App-Driven Approach, 4/E

REVEL™ Interactive Multimedia

REVEL™ for Deitel Java™

VitalSource Web Books

`http://bit.ly/DeitelOnVitalSource`

Java™ How to Program, 10/E and 11/E
C++ How to Program, 9/E and 10/E
Visual C#® How to Program, 6/E
Android™ How to Program, 2/E and 3/E

Deitel® Developer Series

Python for Programmers
Java™ for Programmers, 4/E
C++11 for Programmers
C for Programmers with an Introduction to C11
C# 6 for Programmers
JavaScript for Programmers
Android™ 6 for Programmers: An App-Driven Approach, 3/E
Swift™ for Programmers

LiveLessons Video Training

`http://deitel.com/books/LiveLessons/`

Java SE 9™ Fundamentals, 3/E
C++ Fundamentals
C# 6 Fundamentals
JavaScript Fundamentals
Java SE 8™ Fundamentals, 2/E
Android™ 6 App Development Fundamentals, 3/E
C# 2012 Fundamentals
Swift™ Fundamentals

To receive updates on Deitel publications, Resource Centers, training courses, partner offers and more, please join the Deitel communities on

- Facebook®—`http://facebook.com/DeitelFan`
- Twitter®—`@deitel`
- LinkedIn®—`http://linkedin.com/company/deitel-&-associates`
- YouTube™—`http://youtube.com/DeitelTV`
- Instagram®—`http://instagram.com/DeitelFan`

To communicate with the authors, send e-mail to:

`deitel@deitel.com`

For information on programming-languages corporate training seminars offered by Deitel & Associates, Inc. worldwide, write to `deitel@deitel.com` or visit:

`http://www.deitel.com/training/`

For continuing updates on Pearson/Deitel publications visit:

`http://www.deitel.com`
`http://www.pearson.com/deitel`

DEITEL® DEVELOPER SERIES

프로그래머를 위한 python™

Python®

입문용 AI 케이스 스터디와
함께 다루는

- 자연어 처리(NLP)
- 트위터® 데이터 마이닝
- IBM® 왓슨™
- 사이킷-런(scikit-learn)®을 사용한 머신러닝
- 케라스(Keras)를 사용한 딥러닝
- 하둡(Hadoop)®을 통한 빅데이터, 스파크(Spark)™, NoSQL과 클라우드
- 사물인터넷(IoT)
- 파이썬 표준 라이브러리
- 데이터과학 라이브러리: 넘파이(NumPy), 판다스(Pandas), 사이파이(SciPy), NLTK, 텍스트블랍(TextBlob), 트위피(Tweepy), 매트플롯리브(Matplotlib), 시본(Seaborn), 폴리엄(Folium) 등

PAUL DEITEL • HARVEY DEITEL

피어슨 사의 IT(정보기술) 출판사 및 브랜드 제품 웹사이트: informit.com

프로그래머를 위한 Python®

마빈 민스키(Marvin Minsky),

인공지능의 창시자를 기리며

M.I.T.의 인공지능 대학원 두 과정에서

귀하의 학생이 된 것은 특권이었습니다.

당신은 학생들이 한계를 넘어 생각하도록

영감을 불어넣어 주셨습니다.

하비 데이텔

Contents

Preface
저자 서문

"저 산에 금(gold)이 있다!"[1]

*'프로그래머를 위한 파이썬(Python for Programmer)'*의 세상에 온 것을 환영한다. 이 책을 통해 우리는 오늘날 가장 흥미로운 최신 컴퓨팅 기술을 다루는 법을 배우고, 그것들을 파이썬으로 프로그래밍해볼 것이다. 파이썬은 세상에서 가장 널리 사용되는 언어일 뿐만 아니라 컴퓨터 언어에서 가장 빠르게 성장하고 있는 언어이다.

개발자라면 자신이 파이썬을 좋아한다는 사실을 바로 알게 될 것이고, 파이썬의 놀라운 표현력과 가독성, 일관성과 상호대화방식을 좋아할 것이다. 개발자들은 오픈 소스 소프트웨어를 사랑한다. 오픈 소스는 광범위한 응용 분야에 재사용 가능한 소프트웨어의 기반을 만들고 있다.

수십 년 동안 컴퓨터의 발전 흐름에는 몇 가지 강력한 경향이 있었다. 컴퓨터 하드웨어는 더욱 빨라졌고, 더욱 저렴해졌으며, 더욱 작아졌다. 인터넷의 대역폭은 빠르게 커졌고, 저렴해졌다. 그리고 양질의 컴퓨터 소프트웨어는 '오픈 소스' 운동을 통해 더욱 풍부해졌고, 본질적으로 자유롭거나 거의 자유로워졌다. 이제 머지않아 '사물인터넷(IoT, Internet of Things)'은 수백억 개 이상의 상상할 수 있는 모든 종류의 장치들을 연결할 것이다. 사물인터넷은 엄청난 양의 데이터를 빠르게 생성할 것이다.

오늘날 컴퓨팅에서 혁신은 ***데이터***과학, ***데이터*** 분석, 빅***데이터***, 관계형 ***데이터***베이스(SQL) 그리고 NoSQL 및 NewSQL 데이터베이스와 같이 '모두 데이터에 관한' 것들이다. 우리는 이것을 각각 파이썬 프로그래밍의 혁신적인 방식으로 다루어 볼 것이다.

데이터과학 기술이 필요한 일

2011년 맥킨지 글로벌협회(McKinsey Global Institute)는 '빅데이터: 혁신, 경쟁, 생산성을 위한 다음 개척지'라는 보고서를 만들었다. 그 보고서에서는 "미국에서만 빅데이터를 분석하고, 분석된 내용을 바탕으로 판단하는 150만 명의 매니저와 분석가를 비롯해서 14만 명에서 19만 명의 심층 분석

1 출처를 알 수 없고, 종종 '마크 트웨인(Mark Twain)'으로 잘못 표기되는 경우가 많다.

전문가가 부족할 것이다."라고 이야기했다.[2] 그리고 이런한 분석은 또 있다. 2018년 8월 '링크드인 워크포스 리포트'에서는 데이터과학 기술을 가진 15만 명 이상의 인력이 부족하다고 했다.[3] IBM, 버닝 글라스 테크롤로지와 비즈니스-하이어 교육포럼(Burning Glass Technologies and the Business -Higher Education Forum)에서는 지난 2020년까지 미국에서 데이터과학 기술이 필요한 새로운 직업이 수십만 개 생길 것이라고 했다.[4]

모듈 아키텍처

이 책의 **모듈 아키텍처**(이 책의 앞 커버 뒤에 있는 **목차 그래프의 표** 참고)는 다양한 독자들의 수많은 요구 사항을 만족시키는 데 도움을 줄 것이다.

1장~10장까지는 파이썬 프로그래밍을 다룬다. 각각의 장(chapter)에는 '**데이터과학 개론**' 절이 포함되어 있다. 이 절에서는 인공지능, 기본적인 기술적 통계, 데이터의 중심 경향 및 분산 측정, 시뮬레이션, 정적 또는 동적 시각화, CSV 파일 다루기, 데이터 탐색 및 정리를 위한 판다스, 시계열과 단순 선형 회귀 같은 것을 소개한다. 이런 주제는 사례 연구에서 **실제 데이터세트**를 사용할 수 있는 11장~16장의 데이터과학, AI, 빅데이터 및 클라우드 사례 연구를 준비하는 데 유용할 것이다.

파이썬을 다루는 1장~5장과 6장~7장의 주요 부분을 마치고 나면, 11장~16장에 있는 사례 연구의 주요한 부분들을 다룰 수 있을 것이다. 각 장의 서문에 나오는 '장들의 의존 관계' 절을 살펴보면 이 책의 독특한 구조의 관점에서 학습 트레이너들이 그들의 전문 코스를 계획하는 데 도움을 줄 것이다.

11장~16장에는 정말 멋지고, 강력하며, 현실성 있는 예가 실려 있다. 이들 예제는 **자연 언어 처리, 트위터 데이터 마이닝, IBM의 왓슨의 인지 컴퓨팅, 분류와 회귀에 대한 지도 머신러닝, 클러스터링을 통한 비지도 머신러닝, 합성곱 신경망을 통한 딥러닝, 순환 신경망으로 하는 딥러닝, 하둡(Hadoop), 스파크 및 NoSQL 데이터베이스가 포함된 빅데이터, 사물인터넷** 등과 같은 주제에 대한 실제 구현 사례를 보여준다. 이 과정을 통해 간단한 정의부터 작은 크기, 중간 크기, 큰 프로그램에서의 개념에 이르기까지 광범위한 데이터과학 용어 및 개념을 이해하고 사용할 수 있는 능력을 갖게 될 것이다. 이 책의 자세한 **목차** 및 색인을 찾아보면 이 책이 다루는 폭넓은 범위를 알 수 있을 것이다.

주요 특징

단순하고, 짧고, 시대에 맞게

2 https://www.mckinsey.com/~/media/McKinsey/Business%20Functions/McKinsey%20Digital/Our%20Insights/Big%20data%20The%20next%20frontier%20for%20innovation/MGI_big_data_full_report.ashx(3페이지)

3 https://economicgraph.linkedin.com/resources/linkedin-workforce-report-august-2018

4 https://www.burning-glass.com/wp-content/uploads/The_Quant_Crunch.pdf(3페이지)

- **단순하다** – 우리는 모든 측면에서 **단순함과 명료함**을 추구한다. 예를 들어 자연어 처리를 소개할 때 복잡한 NLTK를 사용하지 않고 간단하고 직관적인 **TextBlob** 라이브러리를 사용했다. 딥러닝을 소개할 때는 텐서플로(TensorFlow)보다 **케라스(Keras)**를 더 선호했다. 일반적으로 비슷한 일을 하는 다양한 라이브러리가 있을 때 가장 단순한 것을 사용했다.
- **짧다** – 이 책에서 소개하는 538개의 예제는 대부분 짧기 때문에 **IPython**에서 즉시 실행하고 결과를 볼 수 있는 몇 줄의 코드로 구성되어 있다. 또한 40개의 좀 더 큰 스크립트와 상세한 사례 연구도 포함되어 있다.
- **시대에 맞는다** – 우리는 최근의 파이썬 프로그래밍과 데이터과학 책들을 읽고, 검토했다. 1만 5,000개의 최근 글과 연구 논문, 백서, 비디오, 블로그, 포럼, 글 그리고 수많은 문서들을 보았다. 이를 통해 파이썬, 컴퓨터과학, 데이터과학, AI, 빅데이터, 클라우드 커뮤니티의 흐름을 볼 수 있었다.

즉각적인 피드백: IPython으로 탐색 및 발견하고 실험하기

- 이 책을 통해서 배우는 가장 좋은 방법은 책을 읽고 예제를 실행해 보는 것이다. 이 책의 전반에 걸쳐서 **IPython 인터프리터**를 사용했는데, IPython은 쉽고 즉각적인 응답을 받을 수 있는 대화 모드를 제공한다. 파이썬과 IPython의 확장 라이브러리를 이용해서 빠르게 탐색하고 찾고 실험해 볼 수 있다.
- 대부분의 코드는 **짧고 대화형인 IPython 세션**으로 제공되므로 작성하는 코드는 IPython이 읽어서 곧바로 실행시키고 결과를 출력한다. 이런 **즉각적인 피드백**을 통해 흥미를 계속 유지시키면서 학습 능력을 향상시키고, 신속한 프로토타이핑을 촉진시키며, 소프트웨어 개발 프로세스를 가속화할 수 있다.
- 우리의 책은 항상 실시간 입력과 출력이 가능하고, 완전하게 동작하는 프로그램에 초점을 맞춘 **라이브 코드 방식**을 강조한다. IPython의 마법은 여러분이 입력하는 한 줄 한 줄의 코드를 살아있는 코드로 만들어준다. 이것은 학습을 증진시켜주고 실험을 독려한다.

파이썬 프로그래밍의 기본

- 무엇보다도 이 책은 파이썬의 많은 부분을 담고 있다.
- **절차식 프로그래밍, 함수형 스타일 프로그래밍** 그리고 **객체지향형 프로그래밍** 등 파이썬의 프로그래밍 모델에 대해서 이야기한다.
- 현재 사용되는 패턴을 강조하고 모범 사례를 사용했다.
- **함수형 스타일 프로그래밍**은 이 책의 전반에 걸쳐 적절하게 사용했다. 4장에 있는 차트는 대부분의 파이썬 주요 함수형 스타일 프로그래밍의 기능과 해당 기능을 다루고 있는 장을 나열했다.

538개의 예제 코드

- 짧은 코드에서부터 실질적인 컴퓨터과학, 데이터과학, 인공지능 및 빅데이터 사례 연구에 이르는 **538개의 실제 예제**를 통해 흥미롭고, 도전적이며, 재미있게 파이썬을 소개한다.
- **자연어 처리, 트위터 데이터 마이닝, 딥러닝, 하둡, 맵리듀스(MapReduce), 스파크(Spark), IBM 왓슨, 주요 데이터과학 라이브러리(넘파이, 판다스, 사이파이, NLTK TextBlob, spaCy, Textatistic, Tweepy, 사이킷-런, 케라스)**, 주요 시각화 라이브러리(**매트플롯리브(Matplotlib)**, 시본, 폴리엄) 등과 같이 **인공지능, 빅데이터, 클라우드** 기술로 중요한 작업을 공략해 본다.

어려운 수학을 피하고 쉬운 말로 설명하기

- 수학의 개념적인 핵심만 뽑아서 동작하는 예제로 담았다. **스태티스틱스(statistics), 넘파이, 사이파이, 판다스,** 그리고 다른 여러 라이브러리들을 사용하는데, 이 라이브러리들은 복잡한 수학적 복잡성을 숨겨준다. 이를 통해서 수학적인 내용을 공부하지 않고도 **선형회귀** 같은 수학적인 기술의 많은 장점을 쉽게 얻을 수 있다. **머신러닝**과 **딥러닝**의 예제에서는 내부적으로 계산을 담당하는 객체를 생성하는 것에 집중했다.

시각화

- 67개의 **정적 시각화, 동적 시각화, 애니메이션 시각화, 그리고 대화형 시각화**로 개념을 이해할 수 있게 했다(차트, 그래프, 그림, 애니메이션 등).
- 저수준의 그래픽 프로그래밍을 하지 않고 **매트플롯리브(Matplotlib), 시본, 판다스** 그리고 **폴리엄**(대화형 맵을 위한)으로 만들어지는 고수준의 시각화에 집중했다.
- 교육 도구로 시각화를 사용했다. 예를 들어 **동적 주사위 던지기 시뮬레이션**과 막대 차트를 이용해서 **대수의 법칙**을 '생생하게' 보여주었다. 주사위 던지는 횟수를 늘리면서 전체 주사위를 던진 횟수에 따라 각 면이 차지하는 비율이 16.667%(1/6)에 근접하고, 비율의 크기를 나타내는 막대의 크기가 비슷해지는 것을 보게 될 것이다.
- 시각화는 데이터 항목이 수백만 개 또는 수십억 개 이상이 되는 빅데이터에서 **데이터 탐색** 및 **재현 가능한 연구 결과를 교환**하는 데 매우 중요하다. 일반적으로 '한 장의 그림은 천 마디의 말보다 가치가 있다.'라고 한다.[5] **빅데이터**에서 시각화는 수십 억, 수 경 또는 데이터베이스에 있는 아이템의 수보다 훨씬 가치가 있다. 시각화를 통해 '데이터 위 4만 피트 상공에서' 데이터를 전체적으로 보고 파악할 수 있다. **기술적인 통계**가 도움이 되지만 오해를 불러일으킬 수 있다는 것에 주의해야 한다. 예를 들어 앤스컴 콰르텟[6]은 기술적 통계상으로는 *유사하지만*,

5 https://en.wikipedia.org/wiki/A_picture_is_worth_a_thousand_words

6 https://en.wikipedia.org/wiki/Anscombe%27s_quartet

시각적으로는 ***크게 다른*** 데이터세트를 보여준다.

- 시각화 및 애니메이션 코드를 제시해서 여러분이 스스로 무엇인가를 만들 수 있게 할 것이다. 그리고 애니메이션을 소스 코드 파일과 **주피터 노트북**으로 제공하여 코드와 애니메이션 매개변수를 쉽게 바꾼 후 애니메이션을 다시 실행해서 변경된 것을 확인할 수 있다.

데이터 경험

- **'데이터과학 개론'** 절들과 11장~16장에 있는 사례 연구를 통해서 데이터를 다루어 볼 것이다.
- **다양한 실세계 데이터세트와 데이터 소스**를 가지고 작업한다. 우리가 다양하게 실험해볼 수 있는 **무료 공개 데이터세트**가 매우 많은데, 이것은 온라인으로 접근할 수 있다. 여기서 언급하는 일부 사이트에서는 수백 또는 수천 개의 데이터세트가 있다.
- 우리가 사용할 수많은 라이브러리에도 널리 사용되는 데이터세트가 포함되어 있다.
- 데이터를 얻고 분석을 준비하는 데 필요한 단계를 배우고, 여러 기술을 사용하여 해당 데이터를 분석하며, 모델을 조정한다. 특히 시각화를 통해 결과를 효과적으로 전달할 것이다.

깃허브

- **깃허브(GitHub)**는 프로젝트에 통합할 오픈 소스 코드를 찾는 최적의 장소이고, 오픈 소스 공동체에 코드를 기여할 수 있는 곳이다. 또한 이곳은 개발자팀이 오픈 소스 및 개인 프로젝트를 관리하게 도와주는 버전 관리 도구가 있는 소프트웨어 개발자의 중요한 무기고이기도 하다.
- 여러분은 앞으로 아주 다양한 범위의 소프트웨어를 사용하게 될 것이다. 무료이고 오픈 소스인 파이썬과 데이터 과학 **라이브러리**들, 그리고 **무료**이거나 **무료 체험판** 혹은 무료로 제공되는 소프트웨어 및 클라우드 서비스 등 아주 다양하다. 이런 라이브러리들 상당수는 깃허브에서 호스팅하고 있다.

핸즈온 클라우드 컴퓨팅

- 대부분의 빅데이터는 애플리케이션에서 필요한 만큼의 하드웨어와 소프트웨어를 동적으로 조정하기 쉬운 클라우드에서 분석하고 있다. **트위터, 구글 번역, IBM 왓슨, 마이크로소프트 애저(Azure), OpenMapQuest, geopy,** Dweet.io와 PubNub와 같은 다양한 클라우드 기반의 서비스로 일부는 직접적으로, 일부는 간접적으로 작업하게 될 것이다.
- 여러분이 무료, 무료 체험판 또는 프리미엄인 클라우드 서비스를 사용할 수 있게 할 것이다. 큰 비용이 발생하지 않도록 신용카드가 필요 없는 서비스를 사용하려고 노력했다. **만약 신용카드가 필요한 서비스를 사용한다면 무료에서 유료로 자동으로 전환되는지 주의해야 한다.**

데이터베이스와 빅데이터 그리고 빅데이터 인프라

- IBM(2016년 11월)에 따르면, 전 세계 데이터의 90%가 지난 2년 동안 만들어졌다고 한다.[7] 그리고 데이터의 생성 속도가 급격하게 빨라지고 있다고 한다.
- 2016년 3월의 *애널리틱스 윅스(AnalyticsWeek)*의 글에 따르면, 5년 안에 인터넷에 연결되는 기기가 500억 개 이상이 되고, 지난 2020년까지 지구 상의 모든 사람들이 초당 1.7MB의 새로운 데이터를 만들게 될 것이라고 했다.[8]
- **SQLite**를 사용해서 **관계형 데이터베이스**와 SQL을 다루어 볼 것이다.
- 데이터베이스는 우리가 처리할 대규모의 데이터를 저장하고 조작하는 데 핵심적인 **빅데이터 인프라**이다. 관계형 데이터베이스는 *정형화된 데이터*를 처리한다. 이런 타입의 데이터베이스는 빅데이터 애플리케이션에 있는 **비정형화된 데이터**나 **반구조화된 데이터**에는 적합하지 않다. 그렇기 때문에 빅데이터가 발전함에 따라 *NoSQL과 NewSQL* **데이터베이스**가 이런 종류의 데이터를 효과적으로 처리하기 위해서 만들어졌다. 여기에서는 NoSQL과 NewSQL에 대한 개괄적인 내용과 **몽고DB JSON 도큐먼트 데이터베이스**를 이용한 핸즈온 사례 연구를 다룬다.
- 16장 '빅데이터: 하둡, 스파크, NoSQL, 사물인터넷'에서 **빅데이터 하드웨어**와 소프트웨어 **인프라 구조에** 대해서 설명한다.

인공지능 사례 연구

- 11장~15장에 있는 사례 연구에서 **인공지능**에 대한 주제를 다룬다. 여기에는 **자연어 처리, 감성 분석을 위한 트위터 데이터 마이닝, IBM 왓슨을 이용한 인지 컴퓨팅, 지도 머신러닝, 비지도 학습 및 딥러닝**을 포함한다. 16장에서는 컴퓨터 과학자와 데이터과학자들이 최신의 인공지능 기반 솔루션을 구현할 수 있게 해 주는 빅데이터 하드웨어와 소프트웨어를 소개한다.

내장된 컬렉션: 리스트, 튜플, 세트, 딕셔너리

- 오늘날에는 대부분의 애플리케이션 개발자들이 사용자 정의 데이터 구조를 별도로 만들 필요가 거의 없다. 이 책에는 **파이썬의 리스트, 튜플, 딕셔너리, 그리고 세트 같은 내장 데이터 구조에 대해서 풍부하게 다루고 있는 두 개의 장**이 있다. 이런 데이터 구조를 사용하면 대부분은 데이터를 구조화 하는 작업을 충분히 처리할 수 있다.

---

7 https://public.dhe.ibm.com/common/ssi/ecm/wr/en/wrl12345usen/watson-customerengagement-watson-marketing-wr-other-papers-and-reports-wrl12345usen-20170719.pdf

8 https://analyticsweek.com/content/big-data-facts/

넘파이 배열과 판다스 Series/DataFrame을 사용한 배열 지향 프로그래밍

- 오픈 소스 라이브러리에서 가져온 주요 데이터 구조인 **넘파이 배열, 판다스** Series 그리고 **판다스 DataFrame** 등을 집중적으로 살펴본다. 이것은 데이터과학, 컴퓨터과학, 인공지능 그리고 빅데이터에서 자주 사용한다. 넘파이는 내장된 파이썬 목록보다 두 자릿수 이상 성능이 우수하다.
- 넘파이 배열은 7장에서 많이 다룰 것이다. 판다스와 같은 라이브러리는 대부분 넘파이를 기반으로 만들어졌다. 7장~9장의 **'데이터과학 개론'** 절에서는 판다스의 Series와 DataFrame을 소개한다. 이 데이터의 구조는 넘파이의 배열과 함께 이후 장들에서 사용된다.

파일 처리 및 직렬화

- 9장에서는 **텍스트 파일 처리**를 소개하고 **JSON(자바스크립트 객체 표현법)** 포맷으로 객체를 직렬화하는 방법을 보여준다. JSON은 데이터과학을 다루는 장에서 자주 사용된다.
- 많은 데이터과학 라이브러리들은 파이썬 프로그램으로 데이터세트를 로딩하는 내장된 파일 처리 기능을 가지고 있다. 일반 텍스트 파일과 함께 많이 사용되는 **CSV(Comma-Seperated Values)** 포맷으로 된 파일을 파이썬 표준 라이브러리의 csv 모듈과 판다스 데이터과학 라이브러리의 기능을 이용해서 처리한다.

객체 기반 프로그래밍

- **파이썬 오픈 소스 공동체**는 업계 표준 클래스 라이브러리로 패키징된 좋은 클래스들을 사용하도록 강조한다. 여러분은 어떤 라이브러리들이 있는지 이해한 후 앱에 필요한 것을 선택해서 이미 만들어진 클래스로 객체를 생성하고, 보통 한 줄이나 두 줄의 코드로 해당 객체들을 사용해서 "뛰고, 춤추고 노래하는 것"에 집중하게 될 것이다. **객체 지향 프로그래밍**을 이용하면 매우 빠르고 정확하게 애플리케이션을 만들 수 있는데, 이것이 바로 파이썬이 내세우는 중요한 부분이다.
- 이런 식의 접근 방법으로 머신러닝, 딥러닝 그리고 다른 인공지능 기술을 사용해서 **음성 인식**과 **컴퓨터 비전** 같은 **인지 컴퓨팅** 문제가 포함된 넓은 영역의 흥미로운 문제들을 빠르게 풀 수 있다.

객체 지향 프로그래밍

- *사용자 정의* 클래스를 만드는 것은 상속, 다형성 그리고 덕타이핑과 함께 중요한 객체 지향 프로그래밍 기술이다. 10장에서 이런 것들을 논의한다.
- 10장에서는 doctest를 이용한 단위 테스트와 카드를 섞고 나누어 주는 시뮬레이션에 대해서 다룬다.

- 11-16장에서는 간단한 사용자 정의 클래스 몇 개만 있으면 된다. 파이썬에서는 완전한 객체 지향 프로그래밍보다 객체 기반 프로그래밍 방식을 더 많이 사용하게 될 것이다.

재현성

- 일반적으로 과학에서, 특히 데이터과학에서는 시험 결과를 재현하고, 연구하며, 이 결과를 효과적으로 교환하는 일이 필요하다. **주피터 노트북**은 이런 일을 하기 위한 좋은 방법을 제공해 준다.
- 이 책에서는 전반적으로 프로그래밍 기술과 주피터 노트북, **도커**와 같은 소프트웨어의 관점에서 재현성에 대해 많이 이야기한다.

성능

- 같은 작업을 수행할 때 서로 다른 접근 방법에 대한 성능을 비교하는 예제에서 **%timeit 프로파일링 툴**을 사용한다. 성능에 관련해서 제너레이터 표현식, 넘파이 배열과 파이썬 리스트의 비교, 머신러닝과 딥러닝 모델의 성능 그리고 하둡과 스파크 분산 컴퓨팅 성능 등을 포함해서 논의한다.

빅데이터와 병렬성

- 이 책에서는 병렬 코드를 작성하지 않고 텐서플로 위에서 동작하는 케라스 같은 라이브러리나 하둡, 스파크와 같은 빅데이터 툴을 이용해서 오퍼레이션을 병렬로 실행시킬 것이다. 오늘날과 같은 빅데이터/AI 시대에 대규모 데이터 애플리케이션의 프로세싱은 **멀티코어 프로세서, 그래픽 처리 장치(GPU), 텐서 처리 장치(TPU)** 및 **클라우드의** 거대한 **컴퓨터** *클러스터*가 제공하는 진정한 병렬 방식을 활용해야 한다. 일부 빅데이터 작업은 대규모 데이터를 신속하게 분석하기 위해서 병렬로 수천 개의 프로세스를 이용한다.

장들의 의존 관계

여러분이 전문적인 교육 코스에 대한 교육 항목에 대한 계획을 세우거나 어떤 장을 읽어야 할지 고르고 있는 개발자면 이번 절이 계획을 세우는 데 도움이 될 것이다. 이 책의 앞 표지 안쪽에서 색상이 있는 한 페이지 분량의 **목차**를 읽어보기 바란다. 이 목차를 통해서 이 책의 독특한 구조에 대해서 빠르게 파악할 수 있을 것이다. 이 책에 있는 장들을 순서대로 가르치거나 읽는 것이 가장 쉬운 방법이지만, '데이터과학 개론' 절에 들어가는 내용은 1장~10장의 뒷부분에 있다. 11장~16장에 있는 사례 연구 내용은 앞서 언급했듯이 1장~5장까지의 내용과 아래에서 6장~10장의 일부만 알면 된다.

1부: 파이썬의 기본 출발

이 장(Chapter)들은 순서대로 모두 읽으면 된다.

- **1장, '컴퓨터와 파이썬 개론'**에서는 2장~10장에서 다룰 파이썬 프로그래밍과 11장~16장에 있는 인공지능과 클라우드 기반 사례 연구에 쓰이는 기본적인 개념을 소개한다. 그리고 이 장은 **IPython** 인터프리터와 **주피터 노트북**의 **기본 사용 방법**을 포함하고 있다.
- **2장, '파이썬 프로그래밍 개론'**에서는 주요 언어 특징을 설명하는 코드 예제를 이용해서 파이썬 프로그래밍의 기초를 보여준다.
- **3장, '제어 구문'**에서는 파이썬의 **제어 구문**을 보여주고 기본적인 리스트 처리 방법을 소개한다.
- **4장, '함수'**에서는 사용자 정의 함수를 소개하고, **난수 발생기**를 이용해서 **시뮬레이션 기술**을 살펴보면서 **튜플의 기본적인 내용(펀더멘털)**을 소개한다.
- **5장, '시퀀스: 리스트와 튜플'**에서는 파이썬의 내장된 리스트와 튜플 컬렉션을 좀 더 자세히 알아보고 **함수형 스타일 프로그래밍**에 대해서 살펴본다.

2부: 파이썬 데이터의 구조, 문자열과 파일

다음은 6장~9장에 있는 파이썬에 대한 장들 간의 의존 관계를 설명한 것이다. 이때 1장~5장까지의 내용은 이미 모두 읽었다고 간주하고 설명한다.

- **6장, '딕셔너리와 세트'**에서는 '데이터과학 들어가기' 절을 이해하는데, 이 장에서 설명하는 내용은 없어도 된다.
- **7장, '넘파이를 이용한 배열 지향 프로그래밍'**의 '데이터과학 들어가기' 절에서는 딕셔너리(6장)와 배열(7장)을 알고 있어야 한다.
- **8장, '문자열: 한 걸음 더 들어가기'**의 '데이터과학 들어가기' 절에서는 원시 문자열과 정규 표현식(8.11절, 8.12절) 그리고 7.14절의 '데이터과학 들어가기'에서 다룬 판다스의 `Series`와 `DataFrame` 기능을 알아야 한다.
- **9장, '파일과 예외'**에서는 JSON 직렬화를 이해하기 위해서 딕셔너리의 기본적인 내용을 이해하는 것이 좋다(6.2절). 또한 '데이터과학 들어가기' 절에서는 내장 함수 `open`과 `with` 구문 그리고 7.14절의 '데이터과학 들어가기'에서 다룬 판다스의 `DataFrame` 기능을 알아야 한다.

3부: 파이썬의 고급 주제

다음은 10장에 대한 장들 간의 의존 관계를 정리한 것이다. 이때 1장~5장의 내용은 이미 모두 읽었다고 간주하고 설명한다.

- **10장, '객체 지향 프로그래밍'**의 '데이터과학 들어가기' 절에서는 7.14절에서 설명한 판다스 `DataFrame` 기능을 알아야 한다. **클래스와 객체**만 다루려면 10.1절~10.6절을 보면 된다.

상속, 다형성 그리고 덕타이핑과 같은 좀 더 깊은 주제를 다루려면 10.7절~10.9절까지의 내용을 살펴보자. 10.10절~10.15절의 내용은 추가적인 깊은 내용을 담고 있다.

4부: 인공지능, 클라우드 그리고 빅데이터 사례 연구

다음은 11장~16장에 대한 장들 간의 의존 관계를 요약한 것으로, 1장~5장까지의 내용은 이미 모두 읽었다고 가정하고 설명한다. 11장~16장에서는 6.2절에서 설명한 딕셔너리의 기본적인 내용을 알고 있어야 한다.

- **11장, '자연어 처리(NLP)'**에서는 7.14절의 '데이터과학 들어가기'에서 배운 판다스의 `DataFrame` 기능을 사용한다.
- **12장, '트위터 데이터마이닝'**에서는 7.14절의 '데이터과학 들어가기'에 있는 `DataFrame` 기능과 문자열 메서드 `join`(8.9절), JSON 기본적인 내용(9.5절), `TextBlob`(11.2절) 그리고 워드 클라우드(11.3절)를 사용한다. 일부 예제에서는 상속을 이용해서 클래스를 정의해야 한다(10장).
- **13장, 'IBM 왓슨과 인지 컴퓨팅'**에서는 내장된 함수인 `open`과 `with` 구문을 사용한다(9.3절).
- **14장, '머신러닝: 분류, 회귀, 클러스터링'**에서는 넘파이 배열의 기본적인 내용을 사용하고 `unique` 메서드(7장), 7.14절 '데이터과학 개론'의 판다스 `DataFrame` 기능과 매트플롯리브 함수인 `subplots`(10.6절)을 사용한다.
- **15장, '딥러닝'**에서는 넘파일 배열에 대한 내용(7장), 문자열 메서드인 `join`(8.9절), 14장의 일반적인 머신러닝 개념 그리고 14장의 '사례 연구: K-최근접 이웃(K-Nearest Neighbors) 방식을 사용한 분류와 Digits 데이터세트'의 기능을 사용한다.
- **16장, '빅데이터: 하둡, 스파크, NoSQL, 사물인터넷'**의 문자열에서는 `split` 메서드(6.2.7절), 6.4절의 '데이터과학 들어가기'에 있는 매트플롯리브의 `FuncAnimation` 함수, 7.14절의 '데이터과학 들어가기'에 있는 판다스의 `Series`, `DataFrame` 기능, 문자열의 `join` 메서드(8.9절), `json` 모듈(9.5절), NLTK 불용어(11.2.13절) 그리고 12장의 트위터 인증, 스트리밍 트윗을 위한 Tweepy의 `StreamListener`와 `geopy` 그리고 `folium` 라이브러리를 사용한다. 이때 일부 예제는 상속으로 클래스를 구현해야 하지만(10장), 10장을 읽지 않고도 우리가 제공하는 클래스 정의를 간단히 모방할 수 있다.

주피터 노트북

여러분의 편의를 위해서 이 책에 나오는 코드 예제들은 IPython 인터프리터 커맨드라인 창에서 사용할 수 있는 **파이썬 소스 코드 파일**(`.py`)과 웹 브라우저에 로드해서 실행할 수 있는 **주피터 노트북**(`.ipynb`) 파일로 제공된다.

주피터 노트북은 브라우저에서 빠르고 편리하게 코드를 입력, 편집, 실행, 디버깅, 수정할 수 있고, 텍스트, 그래픽, 오디오, 비디오 및 대화식 코딩 기능을 결합할 수 있는 무료 오픈 소스 프로젝트이다. 'What Is Jupyter?'(주피터가 무엇인가?) 라는 글에 따르면,

주피터는 과학 연구와 자료 분석의 표준이 되었다. 주피터는 계산과 인수를 함께 넣을 수 있어서 '컴퓨팅 내러티브'를 만들 수 있고, 팀을 독려하거나 관련된 사람들에게 작업 소프트웨어를 배포하는 문제를 단순하게 해결해 준다.[9]

우리의 경험으로 보면 주피터는 훌륭한 학습 환경일 뿐만 아니라 **빠른 프로토타이핑 툴**이기도 하다. 이런 이유 때문에 **이클립스, 비주얼 스튜디오, PyCharm**이나 **Spyder**와 같은 기존의 IDE보다 **주피터 노트북**을 사용한다. 학계와 전문가들은 이미 연구 결과를 공유하기 위해 주피터를 광범위하게 사용하고 있다. 주피터 노트북은 기존의 오픈 소스 메커니즘을 통해서 지원되고 있다.[10](이번 서문의 '주피터 도움받기' 절을 살펴보자.) 소프트웨어 설치 방법은 이 서문의 다음에 오는 '시작하기 전에' 절을, 이 책의 예제를 실행하는 방법을 알고 싶으면 1.5절을 참고한다.

협력과 결과 공유

팀으로 일하고 연구 결과를 교환하는 것은 산업계나 정부 또는 학계에서 개발자가 데이터 분석 직책을 맡거나 옮기는 데 중요하다.

- 생성한 노트북은 파일을 복사하거나 **깃허브**를 통해서 간단하게 팀원들과 공유할 수 있다.
- 코드와 인사이트가 담긴 연구 결과는 **nbviewer**(`https://nbviewer.jupyter.org`)나 **깃허브**를 통해서 정적 웹페이지로 공유할 수 있다. 두 가지 모두 자동으로 노트북을 웹페이지로 렌더링해 준다.

재현성: 주피터 노트북의 강력한 사례

데이터과학과 과학계에서는 일반적으로 실험과 연구를 재현할 수 있어야 한다. 이것에 대해서는 여러 해 동안 다음과 같은 문헌들에 쓰여졌다.

- 도널드 크누스의 1992 컴퓨터과학 출판물, <u>*〈문학적 프로그래밍(Literate Programming)〉*</u>[11]
- '문학적 프로그래밍을 이용한 언어에 구속받지 않고 재현 가능한 데이터 분석',[12] 이 글에서 'Lir(문학, 재현 가능한 컴퓨팅)는 도널드 크누스가 제안한 문학적 프로그래밍에 대한 생각을 바탕으로 한다.'라고 이야기했다.

본질적으로 재현성은 하드웨어, 소프트웨어, 통신, 알고리즘(특히 코드), 데이터 및 데이터의 출처

9 `https://www.oreilly.com/ideas/what-is-jupyter`

10 `https://jupyter.org/community`

11 Knuth, D., "Literate Programming"(PDF), *The Computer Journal*, British Computer Society, 1992. 12.

12 `http://journals.plos.org/plosone/article?id=10.1371/journal.pone.0164023`

(원본 및 계보)와 같은 결과를 생성하는 데 사용되는 모든 환경을 캡처해야 한다.

도커

16장에서는 소프트웨어를 플랫폼 간에 편리하고, 재현 가능하며, 이동 가능한 방식으로 실행하는 데 필요한 모든 것을 컨테이너에 패키징하는 툴인 **도커**를 사용할 것이다. 16장에서 사용하는 일부 소프트웨어는 복잡한 셋업과 설정이 필요하다. 이 경우에 기존 **도커 컨테이너**를 다운로드해서 무료로 사용할 수 있다. 이를 통해 복잡한 설치 문제를 피하고, 데스크톱이나 노트북 컴퓨터에서 로컬로 소프트웨어를 실행할 수 있으므로 도커는 새로운 기술을 빠르고 편리하게 시작할 수 있는 좋은 방법이다.

도커는 재현성에도 유용하기 때문에 사용하는 모든 소프트웨어 및 라이브러리들을 사용하는 버전으로 설정한 사용자 정의 도커 컨테이너를 만들 수 있다. 이것은 다른 개발자에게 여러분이 사용하는 환경은 재구축할 수 있게 해서 진행했던 작업을 다시 할 수 있기 때문에 작업 결과를 재현하는 데 도움이 된다. 16장에서는 도커로 컨테이너를 다운로드해서 실행해 볼 것이다. 이 컨테이너는 주피터 노트북을 사용해서 코딩하고 빅데이터 스파크 애플리케이션을 실행시킬 수 있게 설정되어 있다.

특별 기능: IBM 왓슨 애널리틱스와 인지 컴퓨팅

이 책을 위한 초기 조사를 진행하면서 **IBM의 왓슨**에 대한 관심이 급격히 증가하고 있음을 알게 되었다. 우리는 다른 경쟁 서비스를 조사했고 왓슨의 '무료 티어'에 대해서 '신용카드 무요구' 정책이 독자들에게 가장 좋다는 것을 알게 되었다.

IBM 왓슨은 폭넓은 실세상 시나리오에 사용되는 인지-컴퓨팅 플랫폼이다. **인지-컴퓨팅** 시스템은 많은 데이터를 처리해서 학습할 수 있게 사람의 두뇌가 가진 **패턴-인식** 및 **판단**을 **모방**한다.[13, 14, 15] 우리는 왓슨에 대한 핸즈온을 포함하고 있고, 무료 왓슨 개발자 클라우드: 파이썬 SDK를 사용한다. 이 SDK는 프로그래밍적으로 왓슨 서비스를 연동할 수 있는 API를 제공한다. 왓슨은 재미있고 사용자의 창의력을 끌어내는 최고의 플랫폼이다. 우리는 **대화, 디스커버리, 언어 번역, 자연어 분류, 자연어 이해, 개인화 인사이트, 음성-텍스트 변환, 텍스트-음성 변환, 톤 분석, 비전 인식**에 있는 서비스 데모를 해 보거나 왓슨 API를 사용할 것이다.

왓슨의 라이트 티어 서비스와 훌륭한 왓슨 사례 연구

IBM은 *무료 라이트 티어*를 제공해서 수많은 API를 배우고 경험할 수 있다.[16] 13장에서는 수많은

13 http://whatis.techtarget.com/definition/cognitive-computing

14 https://en.wikipedia.org/wiki/Cognitive_computing

15 https://www.forbes.com/sites/bernardmarr/2016/03/23/what-everyone-should-knowabout-cognitive-computing

16 용어나 서비스가 변경될 수 있으므로 항상 IBM 웹사이트의 최신 용어를 확인해야 한다.

왓슨 서비스 데모를 실행해 보고[17] **왓슨의 텍스트-음성 변환** 서비스, **음성-텍스트 변환** 서비스와 번역 서비스의 라이트 티어를 사용해서 **'여행자들의 비서' 여행 앱**을 구현해 본다. 영어로 질문을 하면 앱이 여러분의 음성을 텍스트로 만들고, 이 텍스트를 스페인어로 번역한 후 스페인 음성으로 바꿀 것이다. 다음으로 스페인어 응답을 듣게 된다. 이때 여러분이 스페인어를 못하는 경우를 대비해서 사용할 수 있는 음성 파일을 제공한다. 그러면 앱이 음성을 스페인어 텍스트로 만들고 그 텍스트를 영어로 번역해서 영어 음성으로 말한다. 정말 멋진 앱이다!

교수 방법

*'프로그래머를 위한 파이썬(Python for Programmers)'*에는 여러 영역에서 가져온 풍부한 예제들이 있기 때문에 **실세계 데이터세트**를 사용하는 흥미롭고 실용적인 예제를 가지고 작업할 것이다. 이 책은 좋은 **소프트웨어공학**이 가지는 원칙에 초점을 두고 **프로그램의 명확성**을 강조한다.

강조용 폰트

쉽게 참조할 수 있게 주요 용어 및 참조의 페이지에 있는 것을 **볼드**로 진하게 표시한다. 그리고 **볼드 헬베티카(bold Helvetica)** 폰트로 화면 요소를 표시하고(예를 들어 **File** 메뉴) 파이썬 코드는 **루시다(Lucida) 폰트**를 사용한다(예를 들어 `x = 5`).

구문 음영

가독성을 위해, 이 책은 모든 코드를 음영 처리한다. 이 책의 문법 음영 규칙은 다음과 같다.

- 주석은   # 들여쓰기가 되지 않음
- 키워드는   **break**
- 상수와 리터럴 값은   **85**
- 기타 다른 코드는   `In[3]:if grade >= 60:`

538개의 예제 코드

이 책에 있는 **538개의 예제**는 거의 **4,000줄**에 달한다. 파이썬이 표현력이 좋은 언어이기 때문에 예제는 이 책의 분량에 비해서 상대적으로 적다. 강력한 클래스 라이브러리를 사용해서 대부분의 작업을 진행하는 코딩 스타일을 적용했다.

160개의 표, 그림, 시각 요소

풍부한 테이블, 그림, 정적, 동적 및 대화형 시각화를 사용한다.

---

17 https://console.bluemix.net/catalog/

프로그래밍의 지혜

총 90년 동안의 저자들의 프로그래밍과 교육 경험에서 얻은 프로그래밍 지혜를 *통합*했다. 여기에는 다음과 같은 것이 포함되어 있다.

- 보다 명확하고, 이해하기 쉬우며, 유지 보수가 쉬운 프로그램을 작성하는 데 유용한 **좋은 프로그래밍 관행**과 많이 사용되는 파이썬 패턴
- 실수를 줄이기 위한 **일반적인 프로그래밍 오류에 대한 설명**
- 버그를 노출시키고 프로그램에서 버그를 제거하기 위한 **오류 방지 팁**. 수많은 팁들은 애초에 버그가 프로그램에 들어가지 못하게 하는 방법을 설명한다.
- 프로그램을 더 빠르게 실행하거나 사용하는 메모리 양을 최소화할 수 있는 **성능 팁**
- 대형 시스템의 경우 적절한 소프트웨어를 구축하기 위해 아키텍처 및 설계 문제를 강조하는 **소프트웨어 엔지니어링 관찰**

이 책에서 사용하는 소프트웨어

우리가 사용하는 소프트웨어는 윈도우, 맥, 리눅스에서 사용 가능하고 인터넷에서 무료로 다운로드할 수 있다. 이 책의 예제들은 **아나콘다 파이썬 배포판**을 사용해서 작성했다. 아나콘다에서는 IPython 인터프리터, 주피터 노트북 그리고 파이썬 데이터과학 IDE 중의 하나인 Spyder를 포함해서 일반적으로 사용하는 대부분의 파이썬, 시각화 그리고 데이터과학 라이브러리들이 포함되어 있다. 이 책에서 프로그램 개발은 IPython과 주피터 노트북만 사용한다. 서문 다음에 나오는 '시작하기 전에' 절에서는 아나콘다를 설치하는 방법과 예제를 실행하는 데 필요할 다른 것을 설명한다.

파이썬 문서

이 책을 진행하면서 다음 문서는 특히 유용할 것이다.

- 파이썬 언어 레퍼런스: `https://docs.python.org/3/reference/index.html`
- 파이썬 표준 라이브러리: `https://docs.python.org/3/library/index.html`
- 파이썬 문서 목록: `https://docs.python.org/3/`

질문에 대한 답 얻기

유명한 파이썬 및 일반 프로그래밍 온라인 포럼에는 다음과 같은 것이 있다.

- `python-forum.io`
- `https://www.dreamincode.net/forums/forum/29-python/`
- `StackOverflow.com`

수많은 업체에서 자신들의 툴과 라이브러리에 대한 포럼을 제공하고 있고, 이 책에서 사용할 많은 라이브러리들은 github.com를 통해서 관리되고 유지된다. 일부 라이브러리 관리자는 라이브러리의 깃허브 페이지에 **Issues** 탭을 통해서 지원하고 있다. 온라인에서 답을 구하지 못했다면 우리의 웹페이지를 참고하면 된다.

http://www.deitel.com[18]

주피터에 대한 도움 구하기

주피터 노트북은 다음 링크에서 지원 받을 수 있다.

- 주피터 프로젝트 구글그룹: https://groups.google.com/forum/#!forum/jupyter
- 주피터 실시간 채팅방: https://gitter.im/jupyter/jupyter
- 깃허브: https://github.com/jupyter/help
- 스택오버플로: https://stackoverflow.com/questions/tagged/jupyter
- 교육을 위한 주피터 구글그룹(주피터를 사용해서 가르치는 교사들을 위한: https://groups.google.com/forum/#!forum/jupyter-education

보충 자료

프레젠테이션을 최대한 활용하려면 책에서 해당 내용을 읽으면서 동시에 각 코드 예제를 실행해야 한다. 다음 링크에 있는 이 책의 웹페이지에서

http://www.deitel.com

다음과 같은 것을 제공한다.

- 이 책의 **예제 코드**에 대한 **파이썬 소스 코드(.py 파일) 및 주피터 노트북(.ipynb 파일)을 다운로드할 수 있다.**
- IPython과 주피터 노트북으로 예제 코드를 어떻게 사용하는지 보여주는 **영상을 얻을 수 있다.** 이 툴들은 1.5절에서도 설명한다.
- **블로그**와 **책에 대한 업데이트 정보**

다운로드 과정은 서문 다음에 나오는 '시작하기 전에' 절을 참고한다.

18 우리 웹사이트에서 필요한 것을 찾지 못했다면 deitel@deitel.com으로 직접 연락해주기 바란다.

저자에게 연락하기

질문을 하거나 오류를 알려주고 싶으면 우리에게 이메일을 보낼 수 있다.

deitel@deitel.com

또는 소셜 매체를 통해서 연락할 수 있다.

- Facebook®(http://www.deitel.com/deitelfan)
- Twitter®(@deitel)
- LinkedIn®(http://linkedin.com/company/deitel-&-associates)
- YouTube®(http://youtube.com/DeitelTV)

감사의 말

우리는 이번 프로젝트를 위해서 오랜 시간 인터넷 조사를 해 준 바바라 데이텔(Barbara Deitel)에게 감사를 전한다. 우리는 운 좋게도 피어슨에 있는 전문 출판 전담팀과 일하게 되었다. 피어슨 IT 전문가 그룹의 부사장인 마크 엘 타우브(Mark L. Taub)의 친구이자, 동료의 노력과 25년 간의 멘토링에 감사한다. 마크와 그의 팀이 우리의 전문 서적들과 Livelessons 비디오 제품들 그리고 러닝 패스를 사파리 서비스(https://learning.oreilly.com/)에 출시해 주었고, 사파리 라이브 온라인 교육 세미나를 지원해 주었다. 줄리 나힐은 이 책의 제작을 관리해 주었다. 우리는 커버 아트를 선택했고 추티 프라서트시스(Chuti Prasersith)가 커버를 디자인했다.

우리 책을 리뷰해 준 모든 분들께 감사를 전하고 싶다. 패트리시아 바이런-킴볼과 매건 제코비가 리뷰어를 모집했고 리뷰 과정을 관리해 주었다. 매우 바쁜 일정에 맞춰 리뷰어들은 내용의 정확성, 완성도 및 시의성을 향상시키기 위해 수많은 제안을 하면서 우리의 작업을 면밀하게 검토해 주었다.

리뷰어

- **책 리뷰어**
  - 데니얼 첸, 데이터과학이자, 랜더 애널리틱스
  - 개렛 댄식, 이스턴 코네티컷 주립 대학교 컴퓨터과학/바이오인포메이션학 부교수
  - 프란슈 굽타, 드세일즈 대학 컴퓨터과학과 조교수
  - 데이비드 쿱, 유매스 다트머스 대학교 데이터과학 프로그램 공동 책임자, 조교수
  - 라몬 마타 톨레도, 제임스 매디슨 대학교 컴퓨터과학과 교수
  - 샤말 미트라, 오스틴 텍사스 대학교 컴퓨터과학 선임 강사
  - 앨리슨 산체스, 샌디에고 대학교 경제학 조교수
  - 호세 안토니오 곤스 레세코, IT 컨설턴트
- **제안 리뷰어**
  - 랜스 브라이언트, 쉬펜스버그 대학교 수학과 부교수
  - 데니얼 첸, 랜더 애널리틱스 사의 데이터 과학자
  - 개렛 댄식, 이스턴 코네티컷 주립 대학교 컴퓨터과학/바이오인포메이션학 부교수
  - 마르샤 데이비스 박사, 이스턴 코네티컷 주립 대학교 수학과학부 학장
  - 롤랜드 디프래티, 이스턴 코네티컷 주립 대학교 컴퓨터과학 부교수
  - 샤말 미트라, 오스틴 텍사스 대학교 컴퓨터과학 선임 강사

• 책 리뷰어(이어서)

- 제이미 화이타크레, 인디펜던트 데이터과학 컨설턴트
- 엘리자베스 윅스, 일리노이 대학교 정보 과학부 강사

• 제안 리뷰어(이어서)

- 마크 폴리 박사, 수석 연구 동료, 생물정보학, 오마하 네브라스카 대학교 학제 간 정보학
- 아이린 브루노, 조지 메이슨 대학교 정보과학 기술 부교수
- 샌 롤리, 웨스트민스터 대학교의 데이터과학과 수학 부교수
- 앨리슨 산체스, 샌디에이고 대학교 경제학 조교수
- 하비 시이 박사, 오마하 네브라스카 대학교 컴퓨터과학 정보과학기술부 부교수
- 제이미 화이타크레, 인디펜던트 데이터과학 컨설턴트

이 책을 읽으면서 의견, 비판, 수정 및 개선 제안을 다음 이메일로 보내주면 매우 감사할 것이고, 즉시 응답을 보내겠다.

deitel@deitel.com

다시 한 번 파이썬 프로그래밍의 흥미진진한 오픈 소스 세상으로 온 것을 환영한다. 파이썬, IPython, 주피터 노트북, 데이터과학, 인공지능, 빅데이터, 클라우드를 활용한 첨단 컴퓨터 애플리케이션 개발 과정을 즐기기 바라고, 꼭 성공하기를 기원한다!

폴(Pau)과 하비 데이텔(Harvey Deitel)

저자에 대해

데이터&어소시에이트 사의 CEO 겸 최고 기술 책임자인 **폴 J. 데이텔**은 컴퓨팅 분야에서 38년의 컴퓨팅 경험을 가진 MIT 졸업생입니다. 폴은 가장 경험이 많은 프로그래밍 언어 강사 중 하나로 1992년부터 소프트웨어 개발자들에게 전문 과정을 가리켰다. 그는 시스코, IBM, 지멘스, 썬마이크로시스템즈(현재 오라클), 델, 피델리티, 케네디 우주 센터의 NASA, 국립폭풍연구소(NSSL), 화이트 샌드 미사일 레인지(WSMR), 루즈 웨이브 소프트웨어(Rouge Wave Software), 보잉, 노텔 네트워크, 푸마, 아이로봇 등을 포함해서 전 세계 기업 고객들에게 수백 개의 프로그래밍 과정을 공급했다.

그와 그의 공동 저자인 **하비 M. 데이텔 박사**는 세계에서 가장 많이 팔리는 프로그래밍 언어 교과서/전문 서적/비디오 저자이다. 데이터&어소시에이트 사의 회장 겸 최고 전략 책임자인 하비 M. 데이텔 박사는 58년의 컴퓨팅 경험을 가지고 있다. 데이털 박사는 MIT에서 전기공학 학사와 석사를 받고 보스턴 대학교에서는 수학 박사를 받았다. 그는 컴퓨터 과학이 분리되기 전에 각 과정에서 컴퓨팅을 공부했다. 그는 1991년 아들 폴과 함께 데이터&어소시에이트 사를 설립하기 전 테뉴어(종신재직권) 취득 및 보스턴 대학 컴퓨터공학부 회장직을 포함한 광범위한 대학 교육 경험을 가지고 있다. 데이텔 출판물은 일본어, 독일어, 러시아어, 스페인어, 프랑스어, 폴란드어, 이탈리아어, 중국어 간체, 중국어

번체, 한국어, 포르투갈어, 그리스어, 우르두어 및 터키어 등 100개가 넘는 번역본으로 국제적으로 인정을 받고 있다. 데이텔은 학계, 기업, 정부 및 군 고객에게 수백 개의 프로그래밍 과정을 제공했다.

데이텔®&어소시에이트 사에 대해

폴 데이텔과 하비 데이텔이 설립한 데이텔&어소시에이트 사는 컴퓨터 프로그래밍 언어, 객체 기술, 모바일 앱 개발 및 인터넷 및 웹 소프트웨어 기술을 전문으로 하는 국제적으로 유명한 저작 및 기업 교육기관이다. 이 회사의 교육 고객에는 세계 최대의 회사, 정부기관, 군사 및 교육기관의 지점들이 있다. 이 회사는 전 세계 고객 사이트에서 주요 프로그래밍 언어로 제공되는 강사 주도 교육 과정을 제공한다.

피어슨/프렌티스 홀과 44년 간 출판 파트너십을 유지하고 있는 데이텔&어소시에이트 사는 인쇄 및 전자책으로 최첨단 프로그래밍 교과서 및 전문 서적을 LiveLessons 비디오 코스(https://www.informit.com 에서 구입 가능하다) 출간했다. 그리고 사파리 서비스(https://learning.oreilly.com) 및 Revel™ 대화식 멀티미디어 과정에서 **러닝 패스** 및 실시간 온라인 교육 세미나를 한다.

데이텔&어소시에이트 사 및 저자에게 연락하거나 현장에서 강사가 진행하는 교육은 다음 주소로 요청하기 바란다.

deitel@deitel.com

데이털의 현상 기업 교육에 대해서 더 알고 싶다면 다음 사이트를 방문하기 바란다.

http://www.deitel.com/training

개인적으로 데이털 책을 구입하려면 다음 사이트에서 구입할 수 있다.

https://www.amazon.com

기업, 정부, 군 및 교육기관에서 대량 주문을 하려면 피어슨 사와 직접 연락해야 하고, 좀 더 자세한 내용은 다음을 참조하기 바란다.

https://www.informit.com/store/sales.aspx

Preface
역자 서문

요즘 주변에서 많은 사람들이 프로그래밍을 배우려고 한다. 그리고 그들이 배우는 첫 번째 언어는 대부분 파이썬이다. 어린 아이들부터 대학생, 그리고 직장인들까지 파이썬을 배우려고 한다. 그들 모두 각자의 이유를 가지고 있다. 알고리즘을 배우고 싶다거나, 업무 자동화를 해보려고 하거나, 심지어 주식 투자에 경향성을 분석하려는 사람까지 있다. 이처럼 다양한 사람들이 다양한 목적으로 파이썬을 배우려는 것은 그만큼 파이썬이 가진 장점이 많다는 것을 의미한다.

나의 경우에도 업무적으로, 그리고 개인적으로 파이썬을 많이 사용하고 있다. 업무적으로는 개발한 기능을 테스트하거나 PoC(Proof of Concept) 프로그램을 만들 때도 사용한다. 그리고 집에서 간단한 작업을 하거나 자료를 수집할 때도 가장 먼저 파이썬을 고려한다. 어떤 서비스가 나오면 관련 파이썬 라이브러리가 있는지 찾아보고, 그것으로 서비스를 테스트해 본 후 어떻게 활용할지 생각한다. 그렇기 때문에 컴퓨터에 가장 먼저 설치하는 것도 파이썬이다.

이 책은 파이썬의 전반적인 내용을 다루고 있다. 파이썬의 기본적인 내용부터 머신러닝, 신경망 그리고 클라우드까지 다루고 있어서 필요한 영역에 파이썬이 어떻게 쓰여지는지 알 수 있다. 그리고 이 책은 파이썬을 많이 사용하고 있는 나에게도 다소 독특하게 느껴졌다. 보통 프로그래밍을 배우면 알고리즘은 배우게 되고, 언어가 가진 독특한 특성을 배우는 데 시간을 많이 쓰는 경우가 많다. 하지만 이 책은 복잡하고 신경 써야 하는 것들을 잘 만들어진 라이브러리를 이용해서 어떻게 쉽게 해결할 수 있는지 예제를 통해서 보여주고 있다.

댓글이 부정적인지, 긍정적인지 조사하고 글을 다른 언어로 번역 등의 어려운 일을 단 몇 줄의 코드만 가지고 할 수 있다는 것을 보여준다. 또한 세세하고 복잡한 것들을 신경 쓰지 않고 원하는 작업에 집중할 수 있다. 처음 파이썬을 접하거나 파이썬으로 뭔가를 빨리 만들어야 할 때 이런 방법이 더욱 좋은 접근법이 될 것이다.

파이썬이라면 아무리 어려운 일도 적정한 라이브러리를 찾아서 간단히 함수를 호출하는 것만으로도 주요한 작업을 할 수 있다. 뉴턴의 비유처럼 파이썬이라는 거인 위에서 우리는 더 멀리 보고 더 많은 것을 할 수 있다는 것을 독자 여러분도 알 수 있었으면 한다.

파이썬은 정말 다양한 영역을 다루고 있다. 필요한 것이 있다면 구글로 다음과 같이 검색해 보자.

〈키워드〉 python

그러면 파이썬에 대해 아주 간단한 함수부터 잘 만들어진 라이브러리까지 다양한 것들을 쉽게 찾아 볼 수 있다. 따라서 이것들을 활용한다면 내가 원하는 것을 더 쉽게 더 빨리 할 수 있을 것이다.

마지막으로 이 번역서를 위해서 많은 노력을 해주신 조혜란 팀장님에 감사를 전한다. 조팀장님은 번역서에 대한 많은 조언을 아끼지 않으셨다. 그리고 번역을 위해서 격려와 소중한 시간을 내어준 우리 가족들, 특히 재율이, 재현에게도 감사와 사랑을 전한다.

– 안진섭

역자에 대해

안진섭 jinniahn@gmail.com

고려대학교 컴퓨터학과를 졸업하고 삼성SDS에서 여러 프로젝트의 개발자로 리눅스 미들웨어, 애플리케이션 가상화 솔루션, B2B 모바일 솔루션 등을 개발하였다. 이후 IoT 솔루션 개발 회사인 매직에코를 공동으로 창업해 CTO로 솔루션 개발에 힘썼다. 현재는 SAP Labs Korea에서 인메모리 데이터베이스 솔루션을 개발하고 있다.

저서로는 〈진짜 쉽고 쓸모 있는 언어 파이썬〉(2016, 성안당), 〈iPhone 실전 프로젝트〉(2012, 영진닷컴)가 있고, 역서로는 〈빅데이터 전문가의 하둡관리〉(2018, 성안당), 〈더 탄탄하게 배우는 파이썬3〉(2018, 성안당), 〈리눅스커널 디자인의 기술〉(2015, 영진닷컴)이 있다.

Before You Begin
시작하기 전에

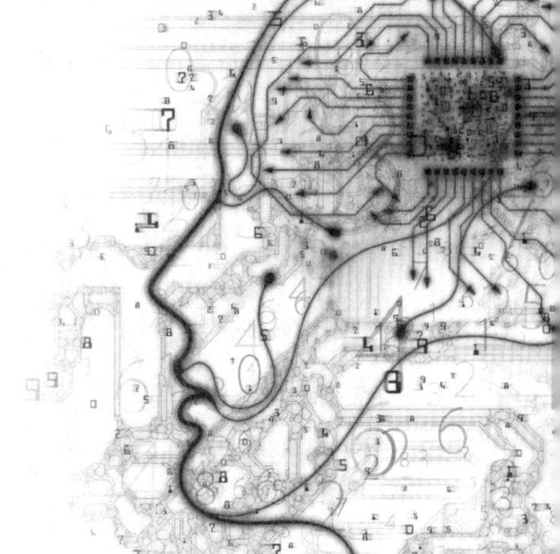

이번 절에서는 이 책을 보기 전에 알아야 할 내용을 담고 있다. 이 정보는 http://www.deitel.com을 통해 업데이트된 정보를 제공할 것이다.

폰트와 이름 짓는 규칙

파이썬 코드와 명령, 파일 그리고 폴더명은 산세리프 폰트산세리프 폰트(sans-serif font)로 표시한다. 그리고 화면에 표시되는 구성 요소 중 메뉴 이름과 같은 것은 **굵은 산세리프 폰트**로 표시한다. *강조하기 위해서 이탤릭체*를 사용하고, **가끔 강하게 강조하기 위해서 볼드체**를 사용한다.

코드 예제 구하기

'프로그래머를 위한 파이썬(Python for Programmers)' 웹페이지에서는 책의 예제가 포함되어 있는 **examples.zip** 파일을 다운로드할 수 있다.

http://www.deitel.com

Download Examples 링크를 클릭해서 로컬 컴퓨터에 파일로 저장한다. 대부분의 웹 브라우저는 파일을 현재 계정의 'Downloads' 폴더에 저장한다. 다운로드가 완료되면 이 파일의 위치를 파악하고 examples 폴더를 사용하는 계정의 Documents 폴더로 압축을 푼다.

- 윈도우: C:\Users*계정명*\Documents\examples
- 맥 또는 리눅스: ~/Documents/example

대부분의 운영체제에는 내장된 압축 해제 툴이 있다. 또는 7-Zip(www.7-zip.org)이나 WinZip(www.winzip.com)과 같은 다른 압축 툴을 사용할 수도 있다.

예제 폴더의 구조

이 책에는 세 종류의 예제를 사용한다.

- IPython 대화형 환경에서 사용할 별도의 코드 스니펫

- '스크립트'라고 하는 완성된 애플리케이션
- 주피터 노트북 – 편리한 대화형, 웹 기반 환경으로 코드를 작성하고 실행할 수 있을 뿐만 아니라 텍스트와 이미지 그리고 비디오와 코드를 모두 다룰 수 있다.

1.5절에서는 이들 각각을 어떻게 사용하는지 보여준다.

'example' 폴더에는 각 장별로 하나의 하위 폴더를 포함한다. 'ch##'이라는 이름을 가지는데, 여기서 ##에는 01에서 16까지의 두 자리 숫자가 들어간다. 즉 ch01과 같은 식이다.

13장, 15장, 16장은 예외적으로 다음과 같은 것들에 포함되어 있다.

- snippets_ipynb – 주피터 노트북 파일들이 있는 폴더
- snippets_py – 파이썬 소스 코드 파일이 있는 폴더이다. 이 소스 파일들은 빈 줄로 분리해서 보여주고 있는 각각의 스니펫들이 들어 있다. 이 스니펫들을 복사해서 IPython 또는 새로운 주피터 노트북으로 붙여넣을 수 있다.
- 스크립트 파일과 지원 파일들

13장에는 하나의 애플리케이션이 포함되어 있다. 15장과 16장은 ch15와 ch16 폴더에서 필요한 파일들을 찾을 수 있도록 각각 설명하고 있다.

아나콘다 설치하기

일반적으로 쉽게 설치할 수 있는 아나콘다 파이썬 배포판을 사용하는데, 여기에는 예제를 실행시키는 데 필요한 다음과 같은 것들이 포함되어 있다.

- IPython 인터프리터
- 우리가 사용하는 파이썬과 대부분의 데이터과학 라이브러리
- 로컬 주피터 노트북 서버. 이것으로 노트북의 로드 및 실행 가능
- 스파이더(Spyder) 통합 개발 환경(IDE)과 같은 다양한 소프트웨어 패키지. 이 책에서는 IPython과 주피터 노트북만 사용

윈도우나 맥 또는 리눅스용 Python 3.x 아나콘다 설치 프로그램을 다운로드한 후 설치 프로그램을 실행시키고 화면에서 보이는 명령에 따라서 설치한다. 아나콘다가 제대로 실행될 수 있도록 설치 후 설치된 파일을 옮기지 않도록 해야 한다.

```
https://www.anaconda.com/download/
```

아나콘다 업데이트

아나콘다를 최신 버전으로 유지시키기 위해서 시스템에 있는 커맨드라인 창을 연다.

- 맥에서는 **애플리케이션** 폴더의 **유틸리티** 하위 폴더에 있는 **터미널** 프로그램을 연다.
- 윈도우에서는 시작 메뉴에서 **아나콘다 프롬프트**를 찾아서 연다. 아나콘다를 업데이트 하거나 새로운 패키지를 설치할 경우 **아나콘다 프롬프트**에서 마우스 오른쪽 버튼을 클릭하고 **더 보기 → 관리자 권한으로 실행**을 선택해서 관리자로 실행시킨다. ('시작' 메뉴에서 아나콘다 프롬프트를 찾을 수 없으면 화면의 아래쪽에 있는 **검색** 필드에서 **간단히 검색**할 수 있다.)
- 리눅스에서는 시스템의 **터미널** 또는 셸을 연다. (리눅스 배포판에 따라서 달라질 수 있다.)

시스템의 커맨드라인 창에서 다음 명령을 실행해서 아나콘다를 최신 버전의 패키지로 업데이트한다.

```
❶ conda update conda
❷ conda update --all
```

패키지 매니저

위에서 사용한 conda 커맨드는 콘다 패키지 매니저를 호출한다. 이 책에서 사용할 두 가지 주요 파이썬 매니저 중 하나가 바로 콘다 패키지 매니저이고, 다른 패키지 매니저로 pip가 있다. 패키지에는 주어진 파이썬 라이브러리 또는 툴을 설치하기 필요한 파일들이 포함되어 있다. 이 책에서는 콘다를 통해서 사용할 수 없는 경우가 아니면 콘다를 사용해서 추가 패키지를 설치하고 콘다를 사용할 수 없을 때는 pip를 사용한다. 일부 사용자들은 pip가 더 많은 패키지를 지원하고 있어서 pip의 사용을 더 선호하기도 한다. 콘다로 설치하는 것에 문제가 있으면 pip를 사용해 보기 바란다.

프로스펙터 정적 코드 분석 툴 설치하기

프로스펙터(Prospector) 분석 툴을 사용해서 파이썬 코드를 분석할 수 있다. 이 툴은 코드의 일반적인 오류를 확인하고 코드를 개선하는 데 유용하다. 프로스펙터를 설치하고, 이 툴이 사용하는 파이썬 라이브러리를 설치하기 위해서 커맨드라인 창에 다음 명령을 실행한다.

```
pip install prospector
```

jupyter-matplotlib 설치하기

우리는 '매트플롯리브(Matplotlib)'라고 하는 시각화 라이브러리를 사용해서 여러 개의 애니메이션을 개발해볼 것이다. 주피터 노트북에서 이 라이브러리를 사용하기 위해서 'ipympl'이라는 툴을 설치해야 한다. 앞에서 열었던 **터미널, 아나콘다 커맨드 프롬프트** 또는 셸에서 다음 명령[1]을 한 번만 실행한다.

1 https://github.com/matplotlib/jupyter-matplotlib

```
conda install -c conda-forge ipympl
conda install nodejs
jupyter labextension install @jupyter-widgets/jupyterlab-manager
jupyter labextension install jupyter-matplotlib
```

다른 패키지 설치하기

아나콘다에는 넘파이, 매트플롯리브, 판다스, Regex, BeautifulSoup, requests, Bokeh, 사이파이, 사이킷-런, 시본, 스파이시(Spacy), sqlite, statsmodels 등 거의 300개의 널리 사용되는 파이썬 및 데이터과학 패키지가 포함되어 있다. 이 책에서 설치해야 하는 추가 패키지의 수는 매우 많으므로 필요하면 설치할 수 있는 방법을 알려줄 것이다. 여러분이 못 보던 패키지가 있다면 그 패키지의 문서에서 설치 방법을 설명하고 있을 것이다.

트위터 개발자 계정

'트위터 데이터 마이닝' 장과 이후의 장에서 트위터 기반 예제를 사용하려면 트위터 개발자 계정을 신청해야 한다. 트위터 API에 대한 접근을 위해서 등록 절차가 필요하다. 등록하기 위해서 다음 링크에 있는 신청서를 채워서 보내야 한다.

```
https://developer.twitter.com/en/apply-for-access
```

트위터에서는 모든 신청서를 리뷰한다. 글을 쓰는 시점에서 개인 개발자 계정은 즉시 승인되고, 회사 계정 애플리케이션의 경우, 수일에서 수주가 걸렸지만 항상 승인되는 것은 아니다.

일부 장에서는 인터넷 연결이 필수

이 책에서 파이썬 라이브러리를 추가 설치하려면 인터넷 연결이 필요하다. 일부 장에서는 클라우드 기반 서비스를 위한 계정을 등록해야 하고, 대부분은 무료로 사용할 수 있다. 일부 서비스는 사용자의 신분을 확인하기 위해서 신용카드를 요구하고, 몇 가지는 무료가 아닌 서비스를 이용한다. 이 경우 업체에서 제공하는 크레딧을 활용해서 추가 비용 없이 서비스를 이용할 수 있다. 이때 일부 클라우드 기반 서비스는 셋업만 해도 비용이 발생하는 것에 주의해야 한다. 서비스를 사용하는 사례 연구를 마치고 나면 할당했던 리소스를 즉시 삭제해야 한다.

프로그램 결과의 차이

예제를 실행할 때 우리가 보여주는 결과와 직접 실행한 결과가 다를 수 있다.

- 운영체제에서의 부동소수점 수(123.45, 7.5 또는 0.0236937과 같은)를 이용한 계산 방법의 차이 때문에 결과에서 작은 차이가 날 수 있다. 특히 소수점의 오른쪽에 있는 숫자가 다를 수 있다.
- 별도의 창에 결과가 보일 때 창의 경계를 자르기 위해서 크롭했다.

질문에 대한 답 얻기

온라인 포럼에서 다른 파이썬 프로그래머와 소통하고 파이썬 질문에 대한 답을 얻을 수 있다. 유명한 파이썬 및 일반 프로그래밍 포럼에는 다음과 같은 것이 있다.

- python-forum.io
- StackOverflow.com
- https://www.dreamincode.net/forums/forum/29-python/

수많은 업체들이 자신들의 툴과 라이브러리에 대한 포럼을 제공해 주고 있다. 이 책에서 사용하는 대부분의 라이브러리들은 github.com에서 관리하고, 일부 라이브러리는 해당 라이브러리의 깃허브 페이지의 **Issues** 탭을 통해서 지원받을 수 있다. 여러분이 질문에 대한 답을 온라인에서 찾을 수 없으면 다음 링크에 있는 이 책의 웹페이지를 참고하기 바란다.

http://www.deitel.com[2]

*'프로그래머를 위한 파이썬(Python for Programmers)'*을 읽을 준비가 끝났으므로 이 책과 함께 우리의 여정을 즐기길 바란다.

2 우리 웹사이트는 메이저 업데이트를 진행하고 있으므로 필요한 것을 찾지 못하면 'deitel@deitel.com'으로 직접 연락하기 바란다.

Chapter

1

컴퓨터와 파이썬 개론

학습 목표

이번 장에서는 다음과 같은 것을 다룬다.

- 컴퓨팅 분야의 최근의 흥미로운 개발 내용에 대해 알아본다.
- 객체 지향 프로그래밍에 대한 기본적인 내용을 살펴본다.
- 파이썬의 장점을 이해한다.
- 이 책에서 사용할 주요 파이썬 및 데이터과학 라이브러리를 소개한다.
- 파이썬 코드를 실행할 IPython 인터프리터의 대화형 모드를 사용해 본다.
- 막대 차트 애니메이션을 만드는 파이썬 스크립트를 실행해 본다.
- 파이썬 코드 실행을 위한 웹 브라우저 기반 주피터 노트북을 만들고 테스트해 본다.
- '빅데이터'가 얼마나 크고, 얼마나 빠르게 증가하는지 알아본다.
- 인기 있는 모바일 내비게이션 앱을 통해서 빅데이터 사례 연구를 읽어본다.
- 컴퓨터과학과 데이터과학이 교차하는 점에 있는 인공지능에 대해 소개한다.

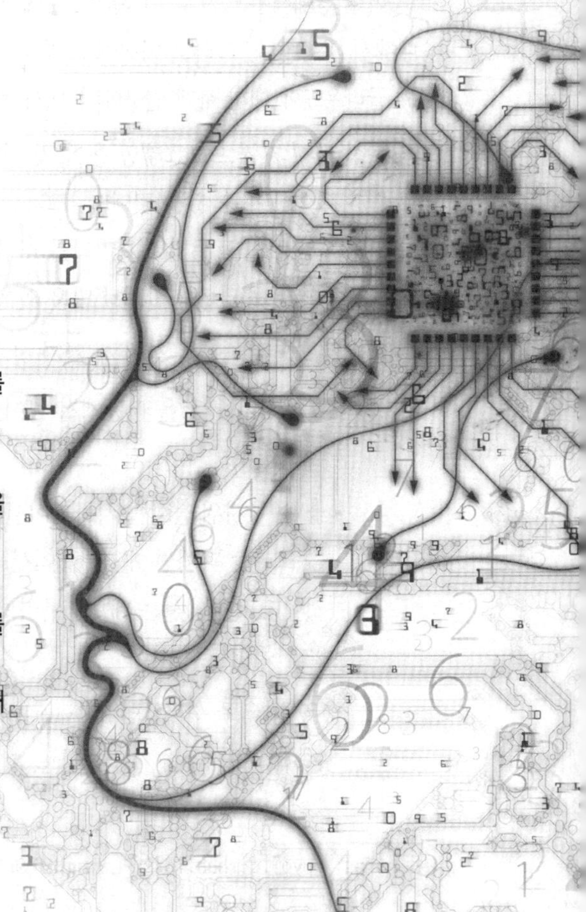

Outline

1.1 개요
1.2 객체 기술의 기본 리뷰
1.3 파이썬
1.4 라이브러리!
1.4.1 파이썬 표준 라이브러리
1.4.2 데이터과학 라이브러리
1.5 시운전: IPython과 주피터 노트북 사용하기
1.5.1 계산기로 IPython 대화형 모드 사용하기
1.5.2 IPython 인터프리터로 파이썬 프로그램 실행하기
1.5.3 주피터 노트북으로 코드 작성하고 실행하기
1.6 클라우드와 사물인터넷
1.6.1 클라우드
1.6.2 사물인터넷
1.7 빅데이터의 크기는?
1.7.1 빅데이터 분석
1.7.2 데이터과학과 빅데이터가 만들어내는 가치: 사례 연구
1.8 사례 - 빅데이터 모바일 애플리케이션
1.9 데이터과학 들어가기: 컴퓨터과학과 데이터 과학의 교차점에 있는 인공지능
1.10 요약

1.1 개요

파이썬의 세상에 온 것을 환영한다. 파이썬은 전 세계에서 가장 널리 사용되는 컴퓨터 프로그래밍 언어 중 하나로, *PYPL(Popularity of Programming Languages, 프로그래밍 언어 인기 지수)* 지수에 따르면 언어 중에서 점수가 가장 높다.[1]

이번 장에서는 앞으로 이 책의 2장에서 10장까지 배우게 될 파이썬의 기본이 되는 용어 및 개념에 대해서 알아본다. 그리고 이번에 소개할 내용은 11장에서 16장까지 알아볼 빅데이터, 인공지능 그리고 클라우드에 대한 사례 연구에서 보게 될 용어나 개념도 포함하고 있다.

우선 ***객체 지향 프로그래밍*** 용어 및 개념에 대해 알아보자. 이를 통해 파이썬이 왜 높은 인기를 얻고 있는지 이해할 수 있을 것이다. 그리고 '바퀴를 다시 발명하는 것'과 같은 불필요한 일을 하지 않도록 도와줄 파이썬 표준 라이브러리와 다양한 데이터과학 라이브러리를 소개한다. 이런 라이브러리를 잘 활용하면 몇 줄의 코드만으로 많은 일을 할 수 있는 소프트웨어를 만들 수 있다.

파이썬 코드는 다음과 같이 세 가지 방법을 이용해서 실행해 볼 것이다.

- 첫째, IPython을 사용해서 파이썬 명령을 대화식으로 실행하고 코드에 대한 결과를 곧바로 확인한다.
- 둘째, 주사위 놀이를 시뮬레이션하고, 그 정보를 요약해서 보여주는 애니메이션 막대 그래프를 그리는 파이썬 애플리케이션을 실행해 보고 이를 통해, '대수의 법칙'을 실제로 확인해 볼 것이다. 6장에서는 매트플롯리브(Matplotlib)의 시각화 라이브러리를 이용한 애플리케이션을 만들어 본다.
- 마지막으로 주피터랩(JupyterLab)을 사용하여 주피터 노트북을 소개한다. 주피터랩은 대화형이고 웹 브라우저 기반의 툴로, 이것을 통해서 파이썬 명령을 쉽게 작성하고 실행해 볼 수 있다.

1 https://pypl.github.io/PYPL.html(2019년 1월)

주피터 노트북에 텍스트, 이미지, 오디오, 비디오, 애니메이션 그리고 코드를 담을 수 있다.

과거에는 대부분의 컴퓨터 응용 프로그램이 독립된 컴퓨터에서 네트워크로 연결되지 않은 상태로 실행되었다. 하지만 오늘날의 애플리케이션은 인터넷을 통한 세계에 있는 수십억 대의 컴퓨터들과 통신 할 수 있다. 이번 장에서는 클라우드와 사물인터넷(IoT)을 소개한다. 이 내용은 11장에서 16장까지 개발하게 될 애플리케이션의 근간이 될 것이다.

'빅데이터'가 얼마나 큰지 그리고 얼마나 빠르게 커지고 있는지 알게 될 것이다. 그리고 나서 와이즈(Waze) 모바일 내비게이션 앱에 대해 빅데이터 사례를 소개한다. 이 앱은 빠르고 안전하게 목적지에 갈 수 있도록 동적으로 방향을 안내하기 위해서 수많은 최신 기술을 사용하고 있다. 이들 기술을 살펴보면서 이 책의 어떤 부분에서 사용하게 될지 언급할 것이다. 이번 장에서는 컴퓨터과학과 데이터과학의 교차점에 있는 인공지능에 대해서 간단히 소개하고 마무리한다.

1.2 객체 기술의 기본 리뷰

새롭고 더욱 강력한 소프트웨어에 대한 수요가 급증하고 있기 때문에 소프트웨어를 빠르고 정확하고 경제적으로 구축하는 것이 중요해졌다. ***객체***, 좀 더 정확히 말해서 클래스 객체는 본질적으로 ***재사용할 수 있는*** 소프트웨어 구성 요소이다. 객체에는 날짜 객체, 시간 객체, 오디오 객체, 비디오 객체, 자동차 객체, 사람 객체 등이 있다. 거의 모든 명사는 ***속성***(예: 이름, 색상 및 크기)과 ***동작***(예: 계산, 이동 및 통신) 측면에서 소프트웨어 객체로 합리적으로 표현할 수 있다. 소프트웨어 개발 팀은 '구조적 프로그래밍'과 같은 이전의 기법을 사용할 때보다 훨씬 더 높은 생산성을 가진 모듈형 객체 지향 설계 및 구현 접근 방식을 사용할 수 있게 되었다. 객체 지향 프로그램은 많은 경우에 프로그램을 이해하고, 문제를 해결하면 코드를 수정하기 더 쉽다.

객체로서의 자동차

객체와 객체의 대상에 대해 좀 더 쉽게 이해하기 위해서 간단한 비유를 해 보자. 자동차를 운전하고 있고, 이제 ***엑셀을 밟아서 속도를 내려고 한다***고 가정해 보자. 자동차 속도를 빠르게 하기 전에 어떤 일이 있었을까? 아마도 자동차를 운전하기 이전에 누군가가 자동차를 설계했을 것이다. 자동차는 일반적으로 공학적 도면으로 시작하는데, 이것은 집의 디자인을 표현하는 ***청사진***과 유사하다. 공학적 도면에는 분명 가속 페달에 대한 것도 있다. 브레이크 페달이 자동차의 속도를 늦추는 메커니즘을 ***'감추고'***, 핸들이 자동차 방향을 바꾸는 메커니즘을 '감추고' 있듯이, 가속 페달은 운전자에게서 자동차를 더 빨리 가게 하는 복잡한 메커니즘을 숨긴다. 이렇게 함으로써 엔진, 제동 및 스티어링 메커니즘이 어떻게 작동하는지 거의 또는 전혀 알지 못하는 사람들도 차량을 운전할 수 있다.

부엌 청사진으로 요리를 할 수 없는 것처럼 자동차의 공학적 도면으로 운전할 수 없다. 우리가 자동차를 운전하기 전에 공학적 설계도대로 자동자가 ***만들어졌어야*** 한다. 완성된 차에는 속도를 높일 수 있는 가속 페달이 *실제로* 달려있지만, 이것만으로는 부족하다. 가속 페달이 있다는 것만으로 자동차의 속도가 빨라질 수 없다. 운전자가 가속 페달을 *밟아서* 자동차의 속도를 높여야 한다.

메서드와 클래스

자동차를 통해 몇 가지 주요 객체 지향 프로그래밍 개념을 알아보자. 프로그램에서 어떤 작업을 하려면 **메서드**가 필요하다. 메서드에는 해당 작업을 수행하는 프로그램 설명서가 있고, 메서드를 통해서 사용자에게 이러한 상세한 내용을 숨긴다. 마치 자동차를 가속하는 메커니즘을 운전자에게 숨기고 있는 가속 페달과 같다. 파이썬에는 **'클래스'**라고 하는 프로그램 단위가 작업을 수행하는 일련의 메서드들이 있다. 예를 들어 은행 계정을 나타내는 클래스가 있다고 할 때, 이 클래스에는 돈을 *입금*하는 메서드가 있고 계좌에서 돈을 *인출*하는 또 다른 메서드가 있다. 그리고 계좌 잔액이 얼마나 되는지 *확인할 수 있는* 메서드도 있다. 클래스는 가속 페달, 스티어링 휠 등 디자인이 들어있는 자동차의 엔지니어링 도면과 개념적으로 유사하다.

인스턴시에이션(Instantiation)

여러분이 자동차를 사용하기 전에 누군가가 엔지니어링 도면을 이용해서 *자동차를 만들어야 하는 것처럼*, 프로그램이 클래스의 메서드에서 정의한 작업을 수행하기 전에 클래스의 *인스턴스를 만들어야 하는데*, 이런 과정을 *인스턴시에이션(Instantiation)*라고 한다. 객체는 클래스를 인스턴스화 한 것이다.

재사용

자동차의 엔지니어링 도면을 여러 번 재사용해서 다른 자동차를 만들 수 있듯이, 클래스를 여러 번 *재사용*해서 수많은 객체를 만들 수 있다. 새로운 클래스와 프로그램을 만들 때 기존 클래스를 재사용하면 시간과 노력을 절약할 수 있다. 또한 기존 클래스 및 구성 요소는 광범위한 *테스트*, *디버깅* 및 *성능 조정*을 거친 경우가 많기 때문에 *재사용*은 좀 더 신뢰할 수 있고 효과적인 시스템을 구축하는 데 유용하다. 상호 교환 가능한 부품에 대한 개념이 산업혁명에 아주 중요한 부분이었던 것처럼, 재사용할 수 있는 클래스는 객체 기술로 촉발된 소프트웨어 혁명에 필수품이다.

파이썬으로 프로그램을 만들기 위해서 일반적으로 빌딩 블록을 사용한다. '바퀴 재발명'과 같은 불필요한 일을 막기 위해서 가능한 기존에 만들어져 있는 고품질의 코드를 사용한다. 소프트웨어의 재사용은 객체 지향 프로그래밍의 가장 큰 장점이다.

메시지와 메서드 호출

운전할 때 가속 페달을 밟으면 차에 더 빨리 가라는 *메시지*를 보내진다. 이와 비슷하게 여러분도 객체에게 메시지를 보낸다. 메시지는 객체의 메서드가 동작하도록 하는 메서드 호출로 구현된다. 예를 들어 프로그램은 계좌 잔액을 늘리기 위해 은행 계좌 객체의 deposit 메서드를 호출할 수 있다.

속성과 인스턴스 변수

자동차는 자동차의 핵심 기능을 수행하는 것 외에 색상, 자동차 문 수, 탱크에 있는 연료량, 현재 속도 및 총 주행거리 기록, 즉 주행거리 측정값과 같은 ***속성***이 있다. 기능과 마찬가지로 자동차의 속성도 엔지니어링 설계의 일부된다. 예를 들어 주행 기록계 및 연료 게이지 같은 것도 여기에 포함된다. 실제 차를 운전하면 이러한 속성들은 차와 함께 따라다닌다. 모든 차들은 ***각자***의 속성을 유지한다. 예를 들어 자동차는 자신의 연료 탱크에 얼마나 연료가 남아 있는지 알지만, ***다른*** 자동차의 연료 탱크에 연료가 얼마나 남아 있는지는 알 수 없다.

마찬가지로 객체는 프로그램에서 사용되는 속성을 가지고, 이러한 속성은 객체의 일부로 지정된다. 예를 들어 은행 계좌 객체에는 예금되어 있는 돈의 액수를 ***잔액***이라는 속성으로 갖는다. 모든 은행 계좌 객체는 각자의 계좌의 잔액은 알고 있지만, 다른 계좌의 잔액은 알 수 없다. 속성은 클래스의 인스턴스 변수이다. 클래스(그리고 그 클래스의 객체)의 속성과 메서드는 밀접하게 관련되어 있으므로 클래스는 해당 속성과 메서드를 같이 묶는다.

상속

클래스는 상속을 이용해서 쉽게 만들 수 있다. 즉 새로 만드는 클래스('서브 클래스'라고도 부름)는 기존 클래스('슈퍼 클래스'라고도 부름)의 특성을 가지고 시작하고, 기존 특성을 변경한 후 자신만 특성을 추가하는 방식으로 변경할 수 있다. 앞에서 이야기한 자동차로 비유하자면, '컨버터블 자동차'는 일반적인 '자동차'의 ***한*** 종류라고 할 수 있다. 하지만 자동차 루프를 열고 닫을 수 있다는 좀 더 ***구체적인 특성***을 가지고 있다.

객체 지향 분석과 디자인(OOAD)

이제 곧 파이썬을 사용해서 프로그램을 작성해 볼 것인데, 프로그램의 코드를 어떻게 만들게 될까? 아마도 많은 프로그래머들처럼 컴퓨터를 켜고 키보드를 타이핑할 것이다. 이런 식의 접근은 작은 프로그램들(앞으로 이 책의 앞부분에서 볼 수 있는 것)에 적합한 방법이다. 하지만 주요 시중 은행의 수많은 자동화된 수납 장치들을 제어하는 소프트웨어를 만들어야 한다면 어떨까? 또는 차세대 미국 항공 관제 제어 시스템을 만들기 위해서 1,000명의 개발자들과 팀을 이루어 작업해야 한다고 가정하면 어떻게 개발할 수 있을까? 이런 종류의 프로젝트는 크고 복합하기 때문에 간단히 의자에 앉아서 키보드를 두드린다고 프로그램을 개발할 수 있는 것이 아니다.

좋은 솔루션을 만들기 위해서 프로젝트의 요구 사항(예를 들어 시스템이 ***어떤*** 일을 해야 하는 정의하는 등)을 세세하게 **분석**해야 한다. 그리고 나서 이러한 요구 사항을 만족시킬 수 있게 **설계**해야 한다. 예를 들어 시스템이 ***어떤*** 식으로 일을 해야 하는지 구체화한다. 이상적인 경우라면, 코드를 작성하기 전에 이런 프로세스를 거치고 디자인을 꼼꼼하게 검토할 것이다. 설계한 것은 다른 소프트웨어 전문가들이 다시 리뷰한다. 이 프로세스에는 객체 지향적인 관점에서 시스템을 분석하고 설계하는 과정이 포함되어 있는데, 이것이 소위 말하는 객체 지향 분석 설계(OOAD) 과정이다. 파이썬 같은 언어는 객체 지향적이다. '객체 지향 프로그래밍(OOP)'이라고 부르는 언어로 프로그래밍하면 작업 시스템으로서 객체 지향 설계를 구현할 수 있다.

1.3 파이썬

파이썬은 객체 지향 스크립트 언어로, 암스테르담에 있는 국립 수학 컴퓨터과학 연구소의 귀도 반로섬(Guido Van Rossum)이 개발했고, 1991년에 공식 릴리스가 되었다.

파이썬은 세계에서 가장 인기 있는 프로그래밍 언어 중 하나가 되었고, 현재는 교육과 과학 계산에 특히 인기가 높다.[2] 또한 최근 들어서 R과 같은 데이터과학 프로그래밍에서 가장 널리 사용되는 프로그래밍 언어를 능가하고 있다.[3,4,5] 다음은 파이썬이 인기가 있는 이유와 모두가 배워야 하는 언어로 인식되는 이유이다.[6,7,8]

- 오픈 소스이고, 다양한 분야에서 자유롭게 사용할 수 있으며, 거대한 오픈 소스 커뮤니티도 있다.
- C, C++, C#, 자바와 같은 언어보다 쉽게 배울 수 있어서 초보자와 전문 개발자들이 빠르게 개발할 수 있다.
- 다른 인기 있는 프로그래밍 언어들보다 코드를 보기 쉽다.
- 교육에서 광범위하게 사용된다.[9]
- 강력한 표준 라이브러리와 수많은 오픈 소스 라이브러리들이 있어서 개발자들이 높은 생산성을 보일 수 있도록 도와준다. 코드를 더 빠르게 작성할 수 있을 뿐만 아니라 최소한의 코드로 복잡한 일을 수행할 수 있다.
- 이미 수많은 오픈 소스 파이썬 애플리케이션이 있다.
- 웹 개발 분야에서도 인기가 높다. (장고(django), 플라스크(flask) 같은 것이 있다.)
- 인기 있는 프로그래밍 패러다임을 지원한다. 즉 절차형, 함수형, 객체 지향형 방식을 지원한

---

2 https://www.oreilly.com/ideas/5-things-to-watch-in-python-in-2017

3 https://www.kdnuggets.com/2017/08/python-overtakes-r-leader-analytics-datascience.html

4 https://www.r-bloggers.com/data-science-job-report-2017-r-passes-sas-but-pythonleaves-them-both-behind/

5 https://www.oreilly.com/ideas/5-things-to-watch-in-python-in-2017

6 https://dbader.org/blog/why-learn-python

7 https://simpleprogrammer.com/2017/01/18/7-reasons-why-you-should-learn-python/

8 https://www.oreilly.com/ideas/5-things-to-watch-in-python-in-2017

9 Tollervey, N., *Python in Education: Teach, Learn, Program* (O'Reilly Media, Inc., 2015)

다.[10] 4장에서 함수형 프로그래밍을 소개하고, 여기서 배운 것은 이후에 장에서 사용할 예정이다.

- asyncio나 async/await 같은 것을 이용해서 동시성 프로그램을 쉽게 작성할 수 있다. 싱글 스레드를 이용한 동시성 코드를 작성할 수 있다.[11] 이 방식은 본질적으로 동시에 코드를 작성하고, 디버깅과 유지 관리를 단순화시켜 준다.[12]
- 파이썬의 성능을 높일 수 있는 방법이 있다.
- 간단한 스크립트에서부터 수많은 사용자가 사용하는 복잡한 앱까지 모든 종류의 프로그램을 만들 수 있다. 드롭박스(Dropbox), 유튜브(YouTube), 레딧(Reddit), 인스타그램(Instagram), 쿼라(Quora)에서도 사용된다.[13]
- 데이터과학과의 특별한 관계 덕분에 폭발적인 성장을 누리고 있는 인공지능에서 인기가 높다.
- 금융계에서 널리 쓰이고 있다.[14]
- 파이썬 프로그래머가 필요한 일자리가 많은데, 특히 데이터과학 분야에서 할 수 있는 것이 많다. 그리고 파이썬 개발자는 모든 프로그래밍 작업 중 가장 높은 급여를 받는다.[15,16]
- R은 통계 애플리케이션과 시각화 분야에서 많이 사용되는 오픈 소스 프로그래밍 언어이다. 데이터과학 언어로는 파이썬과 R이 가장 많이 사용된다.

아나콘다 파이썬 배포판

일반적으로 아나콘다 파이썬 배포판을 사용한다. 아나콘다는 윈도우, 맥, 리눅스에 설치하기 쉽고 최신 버전의 파이썬, IPython 인터프리터(1.5.1절 참고) 그리고 주피터 노트북(1.5.3절 참고)을 지원한다. 또한 아나콘다는 파이썬 프로그래밍과 데이터과학에서 일반적으로 사용되는 여러 소프트웨어 패키지 및 라이브러리를 포함하고 있어서 소프트웨어 설치 문제를 피할 수 있고, 파이썬과 데이터과학 등의 문제에 더 집중할 수 있도록 해 준다. IPython 인터프리터[17]는 파이썬, 파이썬 표준 라이브러리 또는 다양한 라이브러리를 가지고 다양하게 조사해 보고, 기능을 살펴보거나 다양한 실험을 할 수 있게 지원한다.

---

10 https://en.wikipedia.org/wiki/Python_(programming_language)

11 https://docs.python.org/3/library/asyncio.html

12 https://www.oreilly.com/ideas/5-things-to-watch-in-python-in-2017

13 https://www.hartmannsoftware.com/Blog/Articles_from_Software_Fans/Most-Famous-Software-Programs-Written-in-Python

14 Kolanovic, M. and R. Krishnamachari, *Big Data and AI Strategies: Machine Learning and Alternative Data Approach to Investing* (J.P. Morgan, 2017).

15 https://www.infoworld.com/article/3170838/developer/get-paid-10-programming-languages-to-learn-in-2017.html

16 https://medium.com/@ChallengeRocket/top-10-of-programming-languages-with-thehighest-salaries-in-2017-4390f468256e

17 https://ipython.org/

파이썬 철학

파이썬을 만든 귀도 반 로섬의 언어에 대한 디자인 원칙을 요약한 팀 피터의 '*파이썬의 철학(The Zen of Python)*' 원칙을 준수한다. 이 원칙은 '`import this`'라는 명령을 IPython에 입력하면 볼 수 있다. 파이썬 철학은 PEP(파이썬 개선 제안서, Python Enhancement Proposal) 20에 정의되어 있다. 'PEP는 파이썬 공동체에 정보를 제공하거나 파이썬 또는 해당 프로세스나 환경에 대한 새로운 특징을 설명하는 설계 문서이다.[18]

1.4 라이브러리

이 책은 전반적으로 '바퀴를 다시 발명하는' 불필요한 일을 하지 않도록 기존 라이브러리를 사용하는 것에 초점을 맞출 것이고, 이를 통해서 프로그램 개발 역량을 높일 수 있다. 많은 경우에 완전히 새로운 코드를 개발하지 않고도(비용과 시간이 많이 들어가는) 기존 라이브러리에 있는 클래스를 이용해서 한 줄의 파이썬 코드로 객체를 생성할 수 있다. 따라서 라이브러리를 사용하면 적은 코드로 많은 일을 처리할 수 있다. 이 책에는 파이썬 표준 라이브러리, 데이터과학 라이브러리 그리고 여러 업체들의 라이브러리를 광범위하게 사용하게 될 것이다.

1.4.1 파이썬 표준 라이브러리

파이썬 표준 라이브러리는 텍스트/이진 데이터 처리를 위한 풍부한 기능을 제공한다. 수학, 함수형 프로그래밍, 파일/디렉토리 접근, 데이터 저장, 데이터 압축/아카이빙, 암호화, 운영체제 서비스, 동시 프로그래밍, 프로세스 간 통신(IPC), 네트워킹 프로토콜, JSON/XML/기타 인터넷 데이터 형식, 멀티미디어, 국제화, GUI, 디버깅, 프로파일링 등의 기능을 제공한다. 다음 표는 예제에서 사용하는 파이썬 표준 라이브러리 모듈을 나열한 것이다.

이 책에서 사용하고 있는 파이썬 표준 라이브러리

- `collections`: 리스트, 튜플, 딕셔너리, 세트 이외의 추가적인 데이터 구조체 제공
- `csv`: csv 데이터를 가지고 있는 파일 처리
- `datetime`, `time`: 날짜와 시간 데이터 조작
- `decimal`: 고정 소수점 및 부동소수점 계산, 통화 계산 처리
- `doctest`: 독스트링(docstrings)에 포함된 검증 로직과 기대값으로 간단한 단위 테스트 수행
- `json`: 웹 서비스와 NoSQL 데이터베이스에서 사용하는 자바 스크립트 객체 표기법(JSON) 데이터 처리
- `math`: 수학에서 사용하는 상수와 함수
- `os`: 운영체제 기능 처리
- `queue`: FIFO(선입선출) 자료 구조 제공
- `random`: 무작위 수
- `re`: 패턴 매칭을 위한 정규 표현식
- `sqlite3`: SQLite 데이터베이스
- `statistics`: 평균, 중위수, 최빈값 및 분산과 같은 수학 통계 기능
- `string`: 문자열 처리
- `sys`: 커맨드라인 인수 처리, 표준 입력, 표준 출력, 표준 오류
- `timeit`: 성능 분석

18 https://www.python.org/dev/peps/pep-0001/

1.4.2 데이터과학 라이브러리

다양한 분야에서 거대하고 빠르게 성장하는 파이썬 오픈 소스 개발자 공동체가 있다. 파이썬이 인기 있는 가장 큰 이유 중 하나는 특정 분야에 적합하도록 오픈 소스 커뮤니티에 의해 개발된 특정 분야에 특화되어 사용되는 오픈 소스 라이브러리가 있기 때문이다. 우리의 목표 중 하나는 파이썬 프로그래밍에 대해 매력적이고, 도전적이며, 재미를 느낄 수 있도록 하면서 동시에 직접 데이터과학을 해 보거나 주요 과학 라이브러리에 참여할 수 있도록 유도할 수 있는 예제와 개발 사례를 만드는 것이다. 몇 줄의 코드만으로 할 수 있는 실용적인 것에 놀랄 것이다. 다음 표는 많이 사용되는 다양한 데이터과학 라이브러리를 보여주는데, 데이터과학 예제를 다루면서 많이 사용할 것이다. 시각화에는 매트플롯리브(Matplotlib), 시본(Seaborn), 그리고 폴리엄(Folium)을 사용하고, 이외에도 많은 것이 있다. 파이썬의 시각화 라이브러리를 정리한 문서는 `http://pyviz.org/`에서 찾을 수 있다.

데이터과학 분야에서 많이 사용하는 파이썬 라이브러리
과학 계산 및 통계 • ***넘파이(NumPy,*** Numerical Python): 파이썬에는 내장된 배열 데이터 구조가 없어서 이런 용도에 리스트를 사용한다. 리스트는 편리하지만 상대적으로 느리다. 넘파이는 리스트나 행렬을 표현할 수 있는 고성능의 고차원 배열 구조체(ndarray)를 제공하고, 이 데이터 구조체를 처리하는 여러 루틴도 제공한다. • ***사이파이(SciPy,*** Scientific Python): 넘파이를 기반으로 만들어졌으며 과학 계산을 위한 다양한 루틴을 제공한다. 예를 들어 적분, 미분 그리고 추가적인 행렬 계산 등을 할 수 있다. `scipy.org` 에서 사이파이와 넘파이를 관리한다. • ***StatsModels***: 통계적 모델, 통계적 시험 및 통계적 데이터 탐색을 지원한다.
데이터 조작 및 분석 • ***판다스(Pandas)***: 데이터를 처리할 때 가장 인기 있는 라이브러리로, 넘파이의 ndarray를 다양하게 이용한다. 이때 두 가지 핵심 데이터의 구조는 `Series`(1차원)와 `DataFrame`(2차원)이다.
시각화 • ***매트플롯리브(Matplotlib)***: 세세한 부분까지 변경 가능한 시각화 및 화면 배치 라이브러리이다. 이 라이브러리에서 제공하는 플롯은 정규 그래프, 산점 그래프, 막대 그래프, 등고선 그래프, 원 그래프, 화살표 그래프, 그리드, 축, 3D 및 텍스트가 있다. • ***시본(Seaborn)***: 매트플롯리브을 기반으로 만들어진 시각화 라이브러리이다. 시본은 시각적으로 더 좋은 느낌을 주고, 추가적 시각화 요소를 제공하며, 더 적은 코드로 작업할 수 있다.
기계학습(머신러닝), 심층학습(딥러닝), 강화학습 • ***사이킷-런(scikit-learn)***: 최고의 머신러닝 라이브러리이다. 머신러닝은 AI의 한 분야이고, 딥러닝은 신경망 네트워크를 집중적으로 사용한 머신러닝의 한 분야이다. • ***케라스(Keras)***: 딥러닝 라이브러리를 가장 쉽게 사용할 수 있도록 한 라이브러리이다. 케라스는 텐서플로(구글), CNTK(마이크로소프트 사의 딥러닝 라이브러리를 위한 툴킷) 또는 테아노(Theano, 몬트리올 대학) 위에서 동작한다. • ***텐서플로(TensorFlow)***: 구글에서 시작한 것으로, 딥러닝에 가장 많이 사용한다. 텐서플로는 성능을 높이기 위해서 GPU(그래픽 처리 장치) 또는 구글의 TPU(텐서 처리 장치)와 같이 동작할 수 있다. 텐서플로는 인공지능과 빅데이터 분석 등 처리할 데이터가 많은 분야에서 중요하다. 여러분은 텐서플로에 내장된 케라스를 사용할 것이다. • ***오픈AI 짐(OpenAI Gym)***: 강화학습 알고리즘을 개발, 테스트 그리고 비교하는 라이브러리 및 환경을 제공한다.

자연어 처리(NLP)

- *NLTK*(자연어 툴킷, Natural Language Toolkit): 자연어 처리에 사용된다.
- *텍스트블랍(TextBlob)*: 객체 지향 NLP 문자열 처리 라이브러리로, NLTK와 패턴 NLP를 이용해서 만들어졌다. 텍스트블랍은 많은 NLP 과정을 단순화시켜준다.
- *젠심(Gensim)*: NLTK와 유사하다. 문서들의 인덱스를 만드는 데 사용하고, 인덱스를 이용해서 문서 간의 유사도를 결정한다.

1.5 시운전: IPython과 주피터 노트북 사용하기

이번 절에서는 IPython 인터프리터[19]를 두 가지 모드로 테스트해 본다.

- 대화형 모드에서는 '스니펫'이라고 하는 작은 파이썬 코드를 입력하고 그 결과를 즉시 확인할 수 있다.
- 스크립트 모드에서는 확장자가 `.py`(파이썬의 약자)인 파일에서 로드한 코드를 실행한다. 이 파일들은 '스크립트' 또는 '프로그램'이라고 하며, 일반적으로 대화형 모드에서 사용할 코드보다 길다.

파이썬 코드를 작성하고 실행하기 위해서 주피터 노트북으로 알려진 브라우저 기반 환경을 사용하는 방법을 배울 것이다.[20]

1.5.1 계산기로 IPython 대화형 모드 사용하기

IPython 대화형 모드를 사용하여 간단한 산술 표현을 실행시켜 보자.

대화형 모드로 IPython 실행하기

먼저 현재 사용하고 있는 시스템에서 커맨드라인 창을 실행한다.

- 맥의 경우 **응용 프로그램** 폴더의 **유틸리티** 폴더에 있는 **터미널** 프로그램을 연다.
- 윈도우의 경우 시작 메뉴에서 **아나콘다 커맨드 프롬프트**를 연다.
- 리눅스의 경우 터미널 또는 셸을 연다. (리눅스 배포판에 따라서 다를 수 있다.)

커맨드라인 창에서 `ipython`을 입력하고 Enter 를 누르면 다음과 같은 문자열이 보일 것이다. 메시지는 플래폼과 IPython의 버전에 따라서 다를 수 있다.

---

19 이번 절을 읽기 전에 IPython이 포함된 아나콘다 파이썬 배포판을 설치하는 '시작하기 전에' 절에 있는 명령을 실행하기 바란다.

20 주피터는 커널을 추가로 설치해서 다른 프로그래밍 언어를 지원한다. 상세한 정보는 다음 링크를 참고하라. `https://github.com/jupyter/jupyter/wiki/Jupyter-kernels`

```
Python 3.7.0 | packaged by conda-forge | (default, Jan 20 2019, 17:24:52)
Type 'copyright', 'credits' or 'license' for more information
IPython 6.5.0 -- An enhanced Interactive Python. Type '?' for help.

In [1]:
```

'In [1]:'은 IPython이 입력을 기다리고 있음을 나타내는 ***프롬프트***이다. 도움말이 필요하면 물음표(?)를 입력하고, 실행하고 싶은 코드를 입력할 수도 있다.

표현식 실행하기

대화형 모드로 표현식을 실행할 수 있다.

```
In [1]: 45 + 72
Out[1]: 117

In [2]:
```

45 + 72를 입력하고 Enter를 누르면 IPython은 스니펫을 ***읽고 실행***한 후 결과를 Out[1]로 ***표시***한다.[21] 그런 다음 IPython은 In [2] 프롬프트를 표시하여 두 번째 스니펫 입력을 기다리고 있음을 나타낸다. IPython은 각각의 스니펫에 대해서 숫자를 하나씩 크게 하면서 번호를 붙인다. In [1] 프롬프트는 우리가 새로운 대화형 세션을 시작했다는 것을 의미한다. 우리는 각 장마다 새로운 세션을 사용한다.

이제 더 복잡한 표현식을 실행해 보자.

```
In [2]: 5 * (12.7 - 4) / 2
Out[2]: 21.75
```

파이썬에서는 곱셈에는 별표(*)를, 나눗셈에는 슬래시(/)를 사용한다. 일반적인 수학과 같이 괄호가 있으면 먼저 계산할 수 있다. 즉 괄호가 있는 표현식 (12.7 - 4)이 먼저 계산되어 8.7이 되고, 그 다음으로 5 * 8.7을 실행해서 43.5가 된다. 그리고 43.5 / 2를 계산해서 Out[2]에 21.75의 결과를 표시한다. 5, 4, 2와 같은 숫자들은 정수이다. 12.7, 43.5, 21.75과 같은 숫자들은 부동소수점 수라고 한다.

대화형 모드에서 나가기

대화형 모드에서 나가려면 다음과 같이 한다.

21 다음 장에서는 Out[]이 표시되지 않는 경우를 볼것이다.

- In[ ] 프롬프트에 exit 명령을 입력하고 Enter를 누르면 바로 빠져나간다.
- Ctrl+D (또는 Control+D)를 동시에 누르면 "Do you really want to exit ([y]/n)?" (정말 나가겠습니까? ([y]/n)?) 메시지가 표시된다. y를 감싸고 있는 대괄호는 기본값을 의미한다. 즉 Enter를 누르면 기본값이 입력되고 빠져나간다.
- Ctrl+D (또는 Control+D)를 2번 누른다(맥과 리눅스에서 동작).

1.5.2 IPython 인터프리터로 파이썬 프로그램 실행하기

이번 절에서는 6장에서 작성할 RollDieDynamic.py라는 스크립트를 실행할 것이다. .py 확장자는 파일에 파이썬 소스 코드가 포함되어 있음을 나타낸다. RollDieDynamic.py 스크립트는 주사위를 굴리는 것을 시뮬레이션하고, 각 주사위의 수의 출현 빈도를 동적 그래프로 시각화한다.

예제 폴더로 이동하기

이 책의 ch01 소스 폴더에서 예제를 찾을 수 있다. 이번 섹션을 진행하기 전에 여러분의 **문서** 폴더에 **예제**의 압축을 풀고 시작한다. 각 장별 소스 코드는 별도의 폴더로 나누어 구성되어 있고, 폴더 이름이 ch##로 되어 있는데, 여기서 ##은 두 개의 숫자로, 01에서 16까지 있다. 먼저 시스템의 커맨드 라인 창을 연다. 그리고 cd(디렉토리 변경) 명령을 통해서 ch01 폴더로 이동한다.

- 맥/리눅스의 경우 cd ~/Documents/examples/ch01이라고 입력하고 Enter를 누른다.
- 윈도우의 경우 cd C:\Users*계정명*\Documents\examples\ch01이라고 입력하고 Enter를 누른다.

스크립트 실행하기

스크립트를 실행하려면 다음 명령을 커맨드라인에 입력하고 Enter를 누른다.

```
ipython RollDieDynamic.py 6000 1
```

이 스크립트는 창을 하나 열고 다이어그램을 표시한다. 6,000과 1이라는 숫자는 주사위 놀이를 수행할 수와 한 게임당 주사위를 몇 번 던질지 결정한다. 위 명령은 한 번에 주사위 하나를 던지고 그 결과를 업데이트하는 식으로 6,000번 차트를 업데이트 시킨다.

육면주사위의 경우 1에서 6까지의 숫자가 거의 동일하게 나온다. 각각의 확률은 1/6 또는 약 16.667%이다. 주사위를 6,000번 던지면 각각의 수가 1,000번 정도 나온다고 예상할 수 있다. 동전 던지기처럼 주사위 던지기도 *무작위*라서 나오는 숫자의 횟수가 1,000회보다 작은 것도 있고, 어떤 것은 1,000회 또는 1,000회 이상이 나올 수 있다.

스크립트 실행 화면은 아래에서 볼 수 있다. 이 스크립트는 무작위로 발생하는 수를 사용하기 때문에 여러분이 실행한 결과와 다를 수 있다. 여러분이 직접 수를 1에서 100, 1000 그리고 10,000까지 바꾸어가면서 테스트해 보자. 주사위를 던지는 횟수가 커지면서 확률이 16.667%로 근접한다는 것을 알 수 있는데, 이것을 '대수의 법칙'이라고 한다.

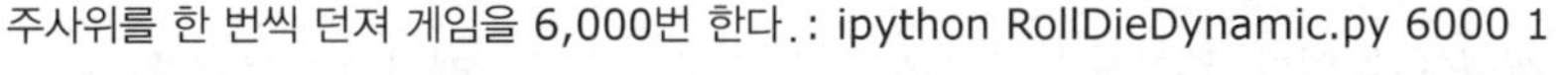
주사위를 한 번씩 던져 게임을 6,000번 한다.: ipython RollDieDynamic.py 6000 1

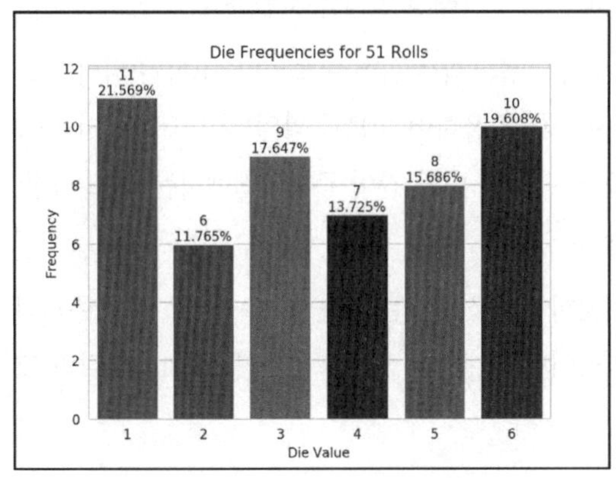

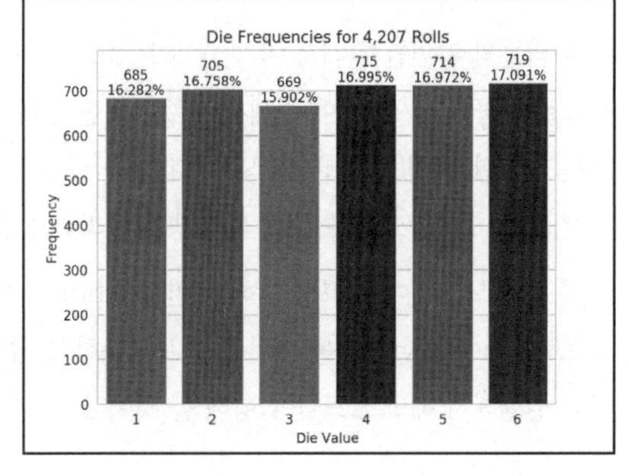

스크립트 작성하기

일반적으로 텍스트를 입력할 수 있는 에디터 툴을 통해서 파이썬 코드를 작성한다. 에디터를 사용해서 프로그램을 입력하고, 필요한 내용을 수정한 후 컴퓨터에 저장한다. 통합 개발 환경(IDE ; Integrated Development Environments)은 전체 소프트웨어 개발 프로세스를 지원하는 도구들을 제공해 준다. 예를 들어 문자 편집기, 프로그램이 오동작하는 로직 오류의 위치를 찾아주는 디버거 등이다. IDE 중에서 스파이더(Spyder)(아나콘다와 함께 제공), 파이참(PyCharm), 비주얼 스튜디오 코드(Visual Studio Code) 등이 많이 사용된다.

실행할 때 발생할 수 있는 문제

프로그램을 처음 동작시킬 때 제대로 동작하지 않는 경우가 많다. 예를 들어 프로그램에서 0으로 나누려고 할 수 있다. 이것은 파이썬에서 허용되지 않는 동작으로, 이렇게 되면 화면에 오류 메시지가 표시된다. 스크립트에서 이런 오류가 발생하면 에디터로 다시 돌아와서 오류를 수정하고 오류가 수정되었는지 확인하기 위해서 다시 스크립트를 실행한다.

프로그램을 수행했을 때 0으로 나누기 같은 오류가 발생하면 이런 오류를 '런타임 오류' 또는 '실행 시간 오류'라고 한다. 치명적인 런타임 오류가 발생하면 원래의 기능을 수행하지 못하고 즉시 중지된다. 반면 치명적이지 않은 런타임 오류이면 프로그램이 계속 동작할 수 있지만, 종종 부정확한 결과를 낸다.

1.5.3 주피터 노트북으로 코드 작성하고 실행하기

'시작하기 전에' 장에서 설치한 아나콘다 파이썬 배포판에는 주피터 노트북이 포함되어 있다. 주피터 노트북은 대화형이고 브라우저 기반의 환경으로, 이 안에서 코드를 작성하고 실행할 수 있으면 문자열, 이미지, 비디오까지 같이 사용할 수 있다. 특히 주피터 노트북은 데이터과학 커뮤니티와 일반적인 광범위한 과학 커뮤니티에서 널리 사용되고 있고, 파이썬을 기반으로 하는 데이터 분석 연구를 수행하고 결과를 ***재현***할 수 있다. 주피터 노트북은 점점 더 많은 프로그래밍 언어를 지원하고 있다.

여러분의 편의를 위해서 이 책의 모든 소스 코드는 쉽게 로드해서 실행해 볼 수 있도록 주피터 노트북으로 제공하고 있다. 이 절에서는 주피터랩 인터페이스를 사용하여 노트북 파일 및 노트북에서 사용하는 다양한 파일(예: 이미지 및 비디오)을 사용해 볼 수 있다. 이와 같이 주피터랩에서는 코드 작성, 실행, 결과 보기, 코드 수정 및 재실행을 편리하게 할 수 있다.

주피터 노트북에서 코딩을 해 보면 IPython과 비슷하게 동작한다는 것을 알 수 있다. 사실 주피터 노트북에서는 IPython을 기본적으로 사용하고 있다. 이번 절에서는 노트북을 만들고, 1.5.1절의 코드를 실행해서 해당 코드를 실행해 볼 것이다.

브라우저에서 주피터랩 열기

주피터랩을 열려면 터미널, 셸 또는 아나콘다 커맨드 프롬프트(1.5.2절에서 설명했던)에서 예제 폴더('examples' 폴더)의 **ch01** 폴더로 들어간 후 다음과 같은 명령을 입력하고 Enter(또는 Return)를 누른다.

```
jupyter lab
```

그러면 컴퓨터에서 주피터 노트북 서버가 실행되고 주피터랩이 열린다. 주피터랩 인터페이스의 왼쪽에 보이는 **파일 브라우저** 탭에 ch01 폴더가 보인다.

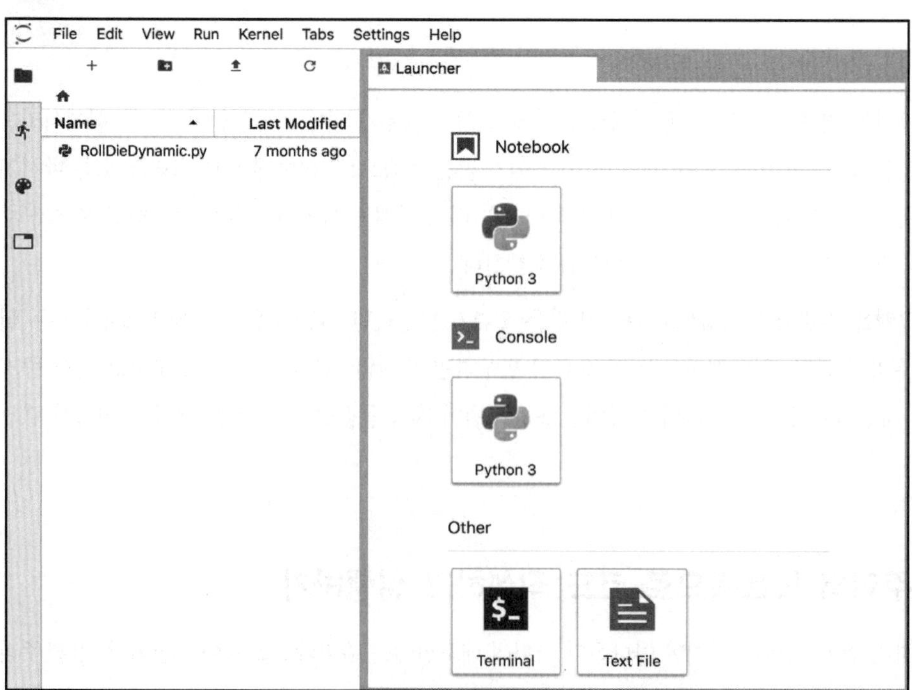

주피터 노트북 서버를 사용하면 웹 브라우저에서 주피터 노트북을 로드하고 실행할 수 있다. 주피터랩의 **File** 탭에서 파일을 두 번 클릭해서 현재 **Launcher** 탭이 표시되어 있는 곳에 파일을 열 수 있다. 열린 파일들은 파일 창의 별도의 탭으로 표시된다. 실수로 브라우저를 종료했다면 웹 브라우저에 다음의 주소를 입력하여 주피터랩을 다시 열 수 있다.

```
http://localhost:8888/lab
```

새로운 주피터 노트북 만들기

노트북의 **Launcher** 탭에서 **Python 3** 버튼을 클릭하여 파이썬 코드를 입력하고 실행할 수 있는 `Untitled.ipynb`라는 새로운 주피터 노트북을 만든다. 확장자 .ipynb는 주피터 노트북의 원래 이름인 IPython 노트북의 약자이다.

노트북 이름 바꾸기

'`Untitled.ipynb`'이라는 이름을 '`TestDrive.ipynb`'으로 바꿔보자.

❶ `Untitled.ipynb`에서 마우스 오른쪽 버튼을 클릭하고 **Rename Notebook(노트북 이름 바꾸기)**를 선택한다.

❷ 이름을 '`TestDrive.ipynb`'로 변경하고 **RENAME**을 클릭한다.

이제 주피터랩의 윗부분은 다음과 같이 보인다.

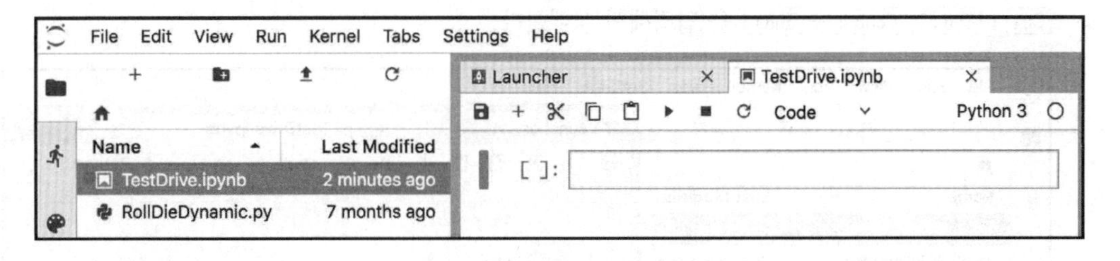

표현식 실행하기

노트북에서 처리하는 작업 단위는 여러분이 입력한 코드 조각인 셀이다. 기본적으로 새 노트북에는 `TestDrive.ipynb` 노트의 사각형으로 되어 있는 셀 하나가 포함되어 있지만, 셀을 더 추가할 수 있다. 셀의 왼쪽에 보이는 `[ ]:`에는 셀에 있는 소스가 실행된 후에 번호가 표시된다. 셀을 클릭하고 다음 식을 입력해 보자.

```
45 + 72
```

현재 셀의 코드를 실행시키려면 Ctrl + Enter (Control + Enter)을 누른다. 주피터랩은 IPython으로 코드를 실행한 후 셀의 아래쪽에 결과를 표시한다.

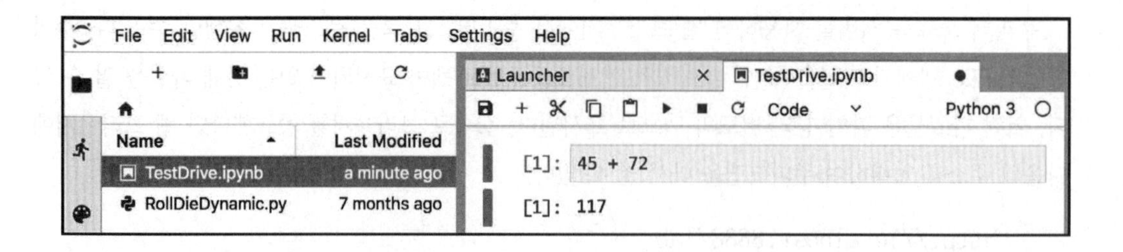

셀 추가하고 실행하기

좀 더 복잡한 식을 실행해 보자. 먼저 첫 번째 셀의 위에 있는 툴바에서 [+] 버튼을 누르면 현재 셀의 아래쪽에 새로운 셀이 만들어진다.

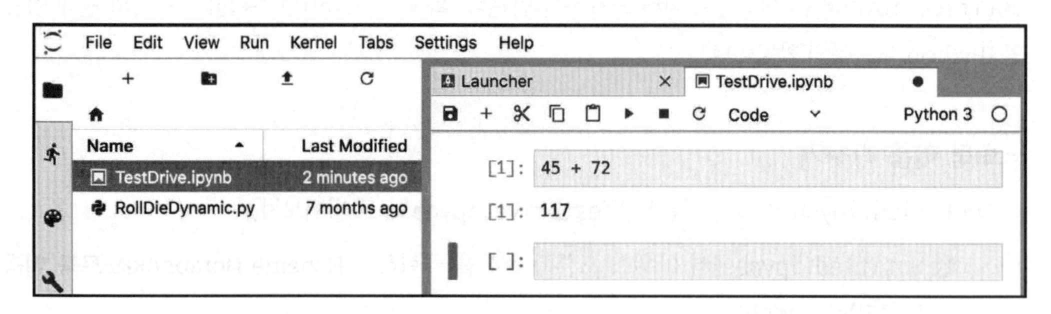

새로 만들어진 셀을 클릭하고 다음 식을 입력한다.

```
5 * (12.7 - 4) / 2
```

Ctrl + Enter (Control + Enter)을 입력해서 실행한다.

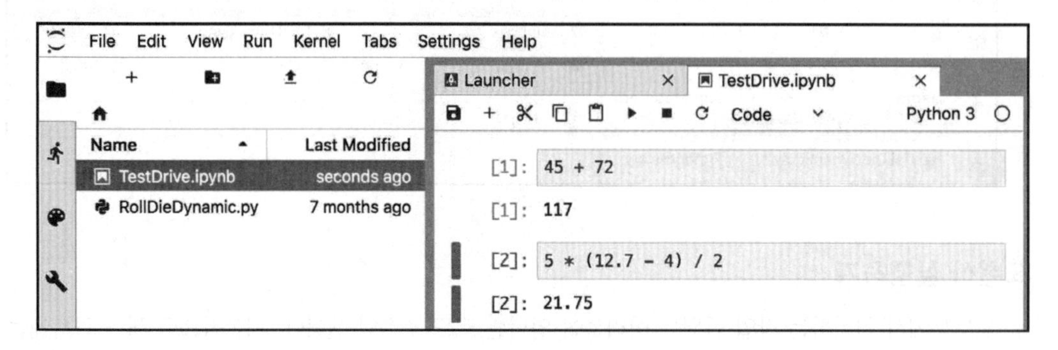

노트북 저장하기

노트북이 아직 저장되지 않았으면 노트북의 탭에 X로 되어 있는 것이 ●로 바뀐다. 노트북을 저장하려면 주피터랩에서 **File** → (브라우저 창에 있는 메뉴가 아님) **Save Notebook** 메뉴를 선택한다.

각 장의 예제 노트북

편의를 위해 각 장의 예제에는 결과가 포함되어 결과를 포함하고 있지 않지만 바로 실행 가능한 노트북들을 제공한다. 이 노트북들을 이용해서 스니펫을 하나하나 실행해가면서 코드가 실행되는 결과를 확인할 수 있다.

기존에 만들어진 노트북을 로드하고 각 셀의 코드를 실행하는 방법을 알아보자. `TestDrive.ipynb` 노트북의 결과와 스니펫에 붙어있는 번호를 제거하기 위해 초기화해서 이어지는 장들의 예제에 있는 노트북과 같은 상태로 되돌린다.

Kernel → Clear All Outputs 메뉴를 선택하고 **RESTART** 버튼을 클릭한다. 노트북의 스니펫을 다시 실행하려면 앞에서 보았던 명령들이 도움이 될 것이다. 이제 노트북은 다음과 같이 된다.

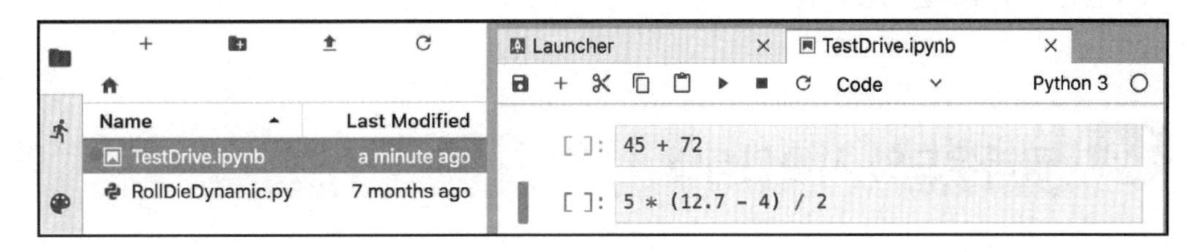

File → Save Notebook 메뉴를 선택하고 `TestDrive.ipynb` 탭의 **X** 버튼을 클릭해서 노트북을 닫는다.

기존에 있던 노트북 열고 실행하기

주어진 장의 예제 폴더에서 주피터랩을 시작하면 해당 폴더나 하위 폴더의 노트북을 열 수 있다. 원하는 노트북이 나타나면 클릭해서 노트북을 열고, **TestDrive.ipynb** 노트북을 다시 연다. 일단 노트북이 열리면, 이번 절의 앞부분에서 했던 것처럼 각 셀을 개별적으로 실행하거나 전체 노트북을 한 번에 실행할 수 있다. 노트북을 전부 실행하려면 **Run → Run All Cells** 메뉴를 선택한다. 노트북은 각 셀을 순서대로 실행하고 각 셀의 실행 결과를 해당 셀의 바로 아래에 표시한다.

주피터랩 닫기

주피터랩으로 하는 작업을 모두 마쳤다면 브라우저 탭을 닫고 주피터랩을 실행한 터미널, 셸 또는 아나콘다 커맨드 프롬프트에서 [Ctrl]+[C](또는 [Control]+[C])를 두 번 입력한다.

주피터랩의 팁

주피터랩으로 작업할 때 다음 팁들이 도움이 될 것이다.

- 많은 스니펫들을 입력하고 실행해야 할 때 입력하고 있는 셀을 실행하고 새로운 셀을 추가하려면 [Ctrl]+[Enter] 대신 [Shift]+[Enter]를 누른다.
- 다음에 이어지는 장을 진행하다 보면 주피터 노트북에 입력하는 스니펫 중에서 여러 줄로 되어 있는 것이 있다. 각 셀에 줄 번호를 표시하고 싶으면 주피터랩의 **View → Show line numbers** 메뉴를 선택한다.

주피터랩으로 작업할 때 좋은 정보

주피터랩에는 여러분에게 도움이 될 유용한 기능이 많다. 주피터 팀이 주피터랩에 대해서 소개하는 글을 읽어보면 도움이 될 것이다.

https://jupyterlab.readthedocs.io/en/stable/index.html

그냥 쭉 둘러보고 싶으면 **GETTING STARTED(시작하기)**에 있는 **Overview(둘러보기)**를 클릭한다. **USER GUIDE(사용자 가이드)**의 아래에는 **주피터랩 인터페이스, 파일 작업하기, 텍스트 편집기, 노트북**의 수많은 기능에 대한 내용을 볼 수 있다.

1.6 클라우드와 사물인터넷

1.6.1 클라우드

시간이 갈수록 인터넷상에 분산되어 있는 클라우드에서 컴퓨팅 작업이 이루어지고 있다. 우리가 매일 사용하고 있는 수많은 앱들은 클라우드를 기반으로 하고 있는 서비스이다. 어머어마한 컴퓨터 리소스(컴퓨터, 프로세서, 메모리, 디스크 드라이브 등)와 데이터베이스를 이용하고, 각각의 앱들은 인터넷을 통해서 서로 통신을 한다. '웹 서비스'라고 부르는 서비스는 인터넷을 통해서 접속할 수 있다. 여러분도 알게 되겠지만 파이썬으로 클라우드 기반 서비스를 사용하는 것은 파이썬으로 소프트웨어를 개발하고 상호연동하는 것만큼 쉽다. 객체들은 여러분은 대신해서 클라우드에서 연결하는 웹 서비스를 사용한다.

11장~16장에 있는 예제에서는 여러 클라우드 기반 서비스를 사용해 볼 것이다.

- 12장과 16장에서는 트위터 웹 서비스('Tweepy'라는 파이썬 라이브러리)를 이용해서 특정 트위터 사용자에 대한 정보를 가져오고 최근 7일의 트윗을 검색한다. 그리고 실시간으로 정보를 받을 수 있는 스트림을 받을 수 있다.
- 11장과 12장에서는 '텍스트블랍'이라는 파이썬 라이브러리를 사용해서 텍스트를 번역해 본다. 내부적으로 텍스트블랍은 구글의 번역 웹 서비스를 이용해서 번역한다.
- 13장에서는 IBM 왓슨의 TTS(Text to Speech, 글자를 음성으로 변환), STT(Speach to Text, 음성을 글자로 변환) 그리고 번역 서비스를 사용해 볼 것이고, 여행자를 위한 번역기 앱을 개발해 본다. 영어로 말을 하고, 말을 문자로 변환하며, 그 문장을 스페인어로 번역해서 이 스페인어를 음성으로 변환할 수 있다. 그러면 앱을 통해서 스페인어로 대답하고, (여러분이 스페인을 못하면 우리가 제공하는 파일을 이용한다.) 음성을 텍스트로 변환하며, 텍스트를 영어로 번역해서 이 영어 문장을 말할 수 있다. 13장에서 IBM 왓슨의 데모를 통해서 여러분도 왓슨의 여러 클라우드 서비스를 체험해 볼 수 있다.

- 16장에서는 아파지 하둡과 스파크를 이용해서 빅데이터 애플리케이션을 개발하면서 마이크로소프트 애저(Azure)의 HDInsight 서비스와 다양한 애저 웹 서비스를 사용할 것이다. 애저는 마이크로소프트의 클라우스 서비스이다.
- 16장에서는 인터넷에 연결된 온도계를 시뮬레이션해 보기 위해서 Dweet.io 웹 서비스를 사용해 볼 것이다. 또 읽어들인 온도를 시각화하고, 온도가 너무 낮거나 높아지면 알려주며, 대시보드를 만들기 위해서 웹 기반 서비스를 사용해 볼 것이다.
- 16장에서는 PubNub 웹 서비스에서 실시간 센서 데이터를 시뮬레이션하는 스트림을 시각화하는 웹 기반 대시보드를 사용할 것이다. 파이썬 앱을 사용해서 실시간으로 변하는 주식 시세 정보를 시뮬레이션한 스트림 정보를 시각화해 볼 것이다.

대부분의 경우 여러분을 대신해서 웹 서비스와 연동하는 파이썬 객체를 만든다. 이 객체는 인터넷으로 서비스를 어떻게 연결할지에 대한 상세한 내용을 숨긴다.

매시업

매시업 애플리케이션 개발 방법론은 (종종 무료인) 웹 서비스와 다른 여러 형태의 정보 피드를 결합해서 강력한 애플리케이션을 빠르게 개발할 수 있다. 이 방법으로 IBM 왓슨 여행자 번역 앱을 만들게 될 것이다. 초기의 매시업 중의 하나는 `http://www.craigslist.org`에서 제공하는 부동산 정보를 구글맵과 결합해서 주어진 영역에서 팔거나 빌려주는 주택의 위치를 보여주었다.

프로그래머블웹(`http://www.programmableweb.com`)은 2만 750개 이상의 웹 서비스와 거의 8,000개의 매시업 디렉토리를 제공한다. 또한 웹 서비스 작업 및 자체 매시업 생성을 위한 방법 가이드 및 샘플 코드를 제공한다. 이 웹사이트에 따르면, 가장 널리 사용되는 웹 서비스는 페이스북, 구글 지도, 트위터, 유튜브 등이라고 한다.

1.6.2 사물인터넷

인터넷은 단순히 ***컴퓨터*** 네트워크가 아니다. ***사물인터넷(IoT)***이라고 해야 한다. 여기서 ***사물***이란, IP 주소를 가지고 있고, 인터넷으로 데이터를 자동으로 보낼 수 있는 능력을 가지고 있는 것이다. 즉 다음과 같은 ***것***이 이 범주에 들어간다.

- 통행료를 지불하는 단말기
- 주차장에서 비어 있는 주차 공간을 찾아주는 감지 장치
- 사람 몸에 이식한 심장 감지 장치
- 수질 측정 장치
- 에너지 사용량을 측정해 주는 스마트 검침기
- 방사능 측정기

- 창고에 있는 물품 추적 장치
- 움직임과 위치 정보를 추적하는 모바일 앱
- 날씨 예보 및 가정에서의 활동 상황에 따라서 자동으로 방 온도를 조절하는 스마트 온도 조절 장치
- 지능형 가정기기

statista.com에 따르면 현재 이미 230억 개 이상의 IoT 기기가 사용되고 있으며, 2025년에는 750억대 이상의 IoT 기기가 존재할 것이라고 한다.[22]

1.7 빅데이터의 크기는?

컴퓨터과학자와 데이터과학자에게는 데이터가 프로그램을 작성하는 것만큼 중요하다. IBM에 따르면, 매일 약 25조 5,000억 바이트(2.5*엑사바이트*)의 데이터가 생성되고,[23] 전 세계 데이터의 90%가 지난 2년 간 생산되었다고 한다.[24] IDC에 따르면 2025년까지 전 세계 데이터 공급량은 연간 175*제타바이트*(약 175조 기가바이트 또는 1,750억 테라바이트)에 이를 것이라고 한다.[25] 자, 그러면 우리가 많이 사용하고 있는 것들을 예로 들어 데이터 단위를 알아보자.

메가바이트(MB)

1메가바이트는 약 100만 바이트(정확히 2^{20})이다. 매일 기본적으로 사용하고 있는 많은 파일들은 1메가바이트에서 수 메가바이트의 저장 공간이 필요하다. 예를 들어 들어보자.

- MP3 오디오 파일: 고음질의 MP3는 분당 1MB에서 2.4MB 정도 필요하다.[26]
- 사진: 디지털카메라에서 찍은 JPEG 포맷의 사진은 한 장당 8MB에서 10MB가 필요하다.
- 동영상: 스마트폰 카메라는 다양한 해상도로 영상을 녹화할 수 있다. 영상 1분을 저장하기 위해서 수 메가바이트가 있어야 한다. 예를 들어 아이폰에서 카메라 설정 앱을 보면, 초당 30프레임(30FPS)인 1,080p 동영상을 촬영하는 데 분당 130MB가 필요하고, 30FPS의 4K 영상은 분당 350MB가 필요하다.

22 https://www.statista.com/statistics/471264/iot-number-of-connected-devicesworldwide/

23 https://www.ibm.com/blogs/watson/2016/06/welcome-to-the-world-of-a-i/.

24 https://public.dhe.ibm.com/common/ssi/ecm/wr/en/wrl12345usen/watson-customer-engagement-watson-marketing-wr-other-papers-and-reports-wrl12345usen-20170719.pdf

25 https://www.networkworld.com/article/3325397/storage/idc-expect-175-zettabytesof-data-worldwide-by-2025.html

26 https://www.audiomountain.com/tech/audio-file-size.html

기가바이트(GB)

1기가바이트는 약 1,000메가바이트(정확히 2^{30}바이트)이다. 듀얼 레이어 DVD는 최대 8.5GB[27]까지 저장할 수 있는데, 이 용량은 다음과 같은 것과 비슷하다.

- 141시간의 MP3 오디오 파일
- 16메가 픽셀의 카메라로 찍은 1,000장의 사진
- 초당 30프레임의 1080p 수준의 영상의 7.7분 분량
- 초당 30프레임의 4K 수준의 영상의 2.85분 분량

현재 가장 고용량의 울트라 HD 블루레이 디스크는 최대 100GB까지의 영상을 저장할 수 있다.[28] 4K 영화를 스트리밍하려면 시간당 7GB에서 10GB (높은 압축률로 압축했을 때) 사이의 용량을 사용한다.

테라바이트(TB)

1테라바이트는 약 1,000기가바이트(정확히 2^{40}바이트)이다. 최근의 데스크톱 컴퓨터에서 사용하는 디스크 드라이브가 15TB까지 사용하는데,[29] 이 용량은 다음과 같다.

- 28년 동안 들을 수 있는 MP3 오디오 파일
- 16만 화소로 찍은 168만 장의 사진
- 초당 30FPS인 1080p 수준의 영상, 226시간 분량
- 초당 30FPS인 4K 수준의 영상, 84시간 분량

님버스데이터(Nimbus Data) 사는 100TB에 이르는 대용량의 SSD 디스크를 만든다. 이 디스크는 앞에서 설명했던 15TB 정도의 오디오, 사진, 영상을 6.67배나 더 저장할 수 있다.[30]

페타바이트, 엑사바이트 그리고 제타바이트

매일 약 40억 명의 사람들이 2,500페타바이트(페타바이트는 약 1,000테라바이트) 또는 2.5엑사바이트(엑사바이트는 약 1,000페타바이트)의 데이터를 온라인에서 만들고 있다.[31] 2016년 3월 ***아날리틱 윅스(AnalyticsWeek)***의 글에 따르면, 5년 안에 500억 개 이상의 장치가 인터넷에 연결된 것이고(대부분은 1.6.2절과 16.8절에서 논의한 사물인터넷 기기들) 지난 2020년까지 ***지구 상의 모든 사람들을 위해***

27 https://en.wikipedia.org/wiki/DVD

28 https://en.wikipedia.org/wiki/Ultra_HD_Blu-ray

29 https://www.zdnet.com/article/worlds-biggest-hard-drive-meet-western-digitals-15tb-monster/

30 https://www.cinema5d.com/nimbus-data-100tb-ssd-worlds-largest-ssd/

31 https://public.dhe.ibm.com/common/ssi/ecm/wr/en/wrl12345usen/watson-customer-engagement-watson-marketing-wr-other-papers-and-reports-wrl12345usen-20170719.pdf

매초 1.7메가바이트의 새로운 데이터를 생산할 것이라고 했다.[32]

최근에 업데이트 정보에 따르면 대략 77억 명의 사람들이[33] 생산하는 정보는 다음과 같다.

- 초당 13페타바이트의 데이터
- 분당 780페타바이트
- 시간당 4만 6,800페타바이트
- 하루에 1,123엑사바이트, 즉 1.123제타바이트(ZB)를 만든다. (제타바이트는 약 1,000엑사바이트이다.)

이 용량은 매일 4K 영상 550만 시간(600년 이상)이 만들어지고, 매일 116억 장의 사진과 비슷하다.

기타 빅데이터의 통계

빅데이터에 대해서 실감하고 싶다면 https://www.internetlivestats.com을 확인하면 된다. 이 사이트에서는 다음과 같은 것에 대한 실제 숫자를 확인할 수 있다.

- 구글 검색 수
- 트윗 수
- 유튜브로 보여지는 동영상 수
- 인스타그램에 업로드되는 사진 수

각 통계를 클릭하면 자세한 정보를 확인할 수 있다. 예를 들어 2018년에 2,500*억 개* 이상의 트윗이 전송되었다고 한다.

빅데이터에 대한 다른 흥미로운 사실도 있다.

- 매시간 유튜브 사용자들이 2만 4,000시간의 영상을 올리고, 거의 10억 시간의 비디오를 매일 보고 있다.[34]
- 매초마다 5만 1,773GB(51.773TB)의 인터넷 트래픽이 발생하고 있다. 7,894개의 트윗, 6만 4,332개의 구글 검색 그리고 7만 2,029개의 유튜브 비디오를 사용자들이 보고 있다.[35]

페이스북에서는 매일 8억 개의 **'좋아요'**가 생기고[36], 6억 개의 이모티콘이 보내지며,[37] 페이스북이 시작한 이례로 2조 5,000억 개 이상의 페이스북 게시물에 대한 20억 개 이상의 검색이 이루어졌다.[38]

2017년 6월, 플래닛 사의 CEO인 윌 마샬은 자신의 회사가 하루에 한 번씩 지구 전체 표면을 이미

---

32 https://analyticsweek.com/content/big-data-facts/

33 https://en.wikipedia.org/wiki/World_population

34 https://www.brandwatch.com/blog/youtube-stats/

35 http://www.internetlivestats.com/one-second

36 https://newsroom.fb.com/news/2017/06/two-billion-people-coming-together-on-facebook

37 https://mashable.com/2017/07/17/facebook-world-emoji-day/

38 https://techcrunch.com/2016/07/27/facebook-will-make-you-talk/

지화 하는 142개의 위성을 보유하고 있다고 말했다. 이 회사에서는 매일 100만 장의 이미지와 7 TB의 새로운 데이터를 만들고 있다고 한다. 그들은 파트너들과 함께 그 데이터에 대한 머신러닝을 통해서 농작물 수확량을 향상시키고, 특정 항구에 얼마나 많은 배들이 있는지 보며, 삼림 벌채를 추적하고 있다. 아마존의 삼림 벌채와 관련해서 그는 "우리는 몇 년이 지나고 나서야 아마존에 큰 구멍이 생겼다는 것을 알았는데, 이제는 말 그대로 매일 지구 상의 모든 나무들을 셀 수 있다."[39]라고 말했다.

도모 사(Domo, Inc)는 ***매분*** 생성되는 데이터의 양을 보여주는 'Data Never Sleeps 6.0'이라는 멋진 인포그래픽을 만들었다.[40] 이 인포그래픽에는 다음과 같은 것이 있다.

- 47만 3,400개의 트윗이 보내진다.
- 208만 3,333개의 스냅챗 사진이 공유된다.
- 9만 7,222시간의 넷플릭스 영상이 플레이된다.
- 12조 9,861억 1,100만 건의 문자 메시지가 발송된다.
- 4만 9,380개의 글이 인스타그램에 올라온다.
- 17만 6,220 스카이프 콜이 발생한다.
- 75만 곡이 스포티파이(Spotify)로 스트리밍된다.
- 387만 7,140개의 구글 검색이 이루어진다.
- 433만 3,560개의 유튜브 영상이 플레이된다.

늘어나는 컴퓨팅 파워

데이터는 점점 더 거대해지고 있고 그것을 처리하기 위한 컴퓨팅 능력도 향상되고 있다. 오늘날 프로세서의 성능은 흔히 FLOPS(초당 부동소수점 연산)로 측정된다. 1990년대 초에서 중반까지 가장 빠른 슈퍼컴퓨터 속도는 기가플롭스(10^9 FLOPS)로 측정되었다. 1990년대 후반까지 인텔은 최초의 테라플롭(10^{12} FLOPS) 슈퍼컴퓨터를 생산했다. 2000년대 초에서 중반까지, 속도는 수백 테라플롭에 달했고, 2008년에 IBM은 최초의 페타플롭(10^{15} FLOPS) 슈퍼컴퓨터를 출시했다. 현재 가장 빠른 슈퍼컴퓨터는 미국에너지국(DOE)의 오크리지 국립 연구소(ORNL)에 있는 IBM 서밋으로, 이 컴퓨터는 122.3페타플롭스의 계산 능력이 있다.[41]

분산 컴퓨팅은 훨씬 더 많은 FLOPS로 처리하기 위해서 인터넷으로 수천 대의 개인용 컴퓨터를 연결할 수 있다.[42] 2016년 말, 폴딩앳홈(Folding@home) 네트워크는 100페타플롭이 넘는 능력을 가지고 있었다.[43] 이 분산 네트워크는 질병 연구와 약물 설계에 사용할 수 있도록 사람들이 기부한 자신의 개인

39 https://www.bloomberg.com/news/videos/2017-06-30/learning-from-planet-s-shoe-boxed-sized-satellites-video, 2017년 6월 30일

40 https://www.domo.com/learn/data-never-sleeps-6

41 https://en.wikipedia.org/wiki/FLOPS

42 https://en.wikipedia.org/wiki/Folding@home

43 https://en.wikipedia.org/wiki/FLOPS

용 컴퓨터 자원을 연결한 것이다. IBM과 같은 회사들은 현재 엑사플롭스(10^{8} FLOPS)가 가능한 슈퍼컴퓨터를 개발 중이다.[44]

현재 개발 중인 양자 컴퓨터는 이론적으로 오늘날의 '전통 컴퓨터'의 속도보다 18,000,000,000,000,000,000,000,000,000,000,000,000,000,000,000,000배 빠른 속도로 작동할 수 있다![45] 이 숫자는 너무나 거대한 수로, 양자 컴퓨터는 이론적으로는 첫 번째 컴퓨터가 만들지고 난 이후의 모든 컴퓨터가 지금까지 했던 모든 계산보다 더 많은 계산을 단 1초 만에 할 수 있다. 거의 상상할 수 없는 이 컴퓨팅 파워는 비트코인과 같은 블록체인(blockchain)을 기반으로 한 암호로 대혼란을 일으킬 수 있다. 엔지니어들은 이미 블록체인을 재고해 컴퓨팅 파워가 크게 증가할 것에 대비하고 있다.[46]

슈퍼컴퓨팅의 역사는 결국 막대한 자금을 들여서 막강한 계산 능력을 달성하는 방법에서 합리적인 가격의 상용 컴퓨터 시스템, 심지어 개인용 컴퓨터, 랩톱, 태블릿 그리고 스마트폰을 이용하는 것으로 넘어갔다.

컴퓨팅 능력의 비용은 계속 내려간다. 특히 클라우드에서 더욱 그렇다. 사람들은 "내가 필요한 ***최대*** 처리량을 위해 얼마나 많은 컴퓨팅 파워가 필요한가?"라는 질문을 하곤 했다. 이제와서는 이런 생각이 "까다로운 컴퓨팅 작업을 하는데 ***일시적으로*** 필요한 리소스를 클라우드에서 빌려서 신속하게 처리할 수 있을까?"하는 식으로 바뀌었다. 우리는 일을 처리하는 데 사용한 것에 대한 비용만 지불하면 된다.

세계의 데이터를 처리하는 데 필요한 막대한 전력

전 세계의 인터넷에 연결된 장치에서 나온 데이터는 폭발적으로 증가하고 있으며, 그 데이터를 처리하려면 엄청난 에너지가 필요하다. 최근 기사에 따르면 2015년 데이터 처리에 사용되는 에너지 사용량은 연간 20%가 증가했으며, 세계 전력의 약 3~5%를 소비했다. 이 기사에서는 2025년까지 총 데이터 처리 전력 소비량이 20%에 이를 수 있다고 말하고 있다.[47]

많은 전기를 소모하는 또 다른 것으로 블록체인 기반의 암호 화폐인 비트코인이 있다. 한 건의 비트코인 거래를 처리하는 데 평균적으로 미국 가정에 일주일 동안 사용하는 전력과 비슷한 양의 에너지를 소비한다! 에너지 사용은 비트코인이 거래 데이터가 유효하다는 것을 증명하기 위해 사용하는 과정에서 발생한다.[48]

일부 추정에 따르면, 1년 간 비트코인 거래에 사용되는 에너지는 많은 나라에서 소비하는 에너지보

---

44 https://www.ibm.com/blogs/research/2017/06/supercomputing-weather-model-exascale/

45 https://medium.com/@n.biedrzycki/only-god-can-count-that-fast-the-world-of-quantum-computing-406a0a91fcf4

46 https://singularityhub.com/2017/11/05/is-quantum-computing-an-existential-threat-to-blockchain-technology/

47 https://www.theguardian.com/environment/2017/dec/11/tsunami-of-data-could-consume-fifth-global-electricity-by-2025

48 https://motherboard.vice.com/en_us/article/ywbbpm/bitcoin-mining-electricity-consumption-ethereum-energy-climate-change

다 많다고 한다고 한다.[49] 비트코인과 이더리움(또 다른 인기 블록체인 기반 플랫폼과 암호화폐)을 합하면 이스라엘보다 더 많은 에너지를 연간 소비하고 있으며, 그리스와 거의 비슷한 에너지를 사용한다.[50]

모건스탠리는 2018년 "올해 암호 화폐를 만드는 데 필요한 전력 소비량이 실제로 2025년까지 전 세계 전기 자동차가 필요한 전력량 예상치를 실제로 뛰어 넘을 수 있다."라고 전망했다.[51] 이러한 상황은 지속 가능하지 않다. 특히 암화 화폐의 폭발적 증가를 넘어 블록체인 기반 애플리케이션에 대한 기대가 큰 상황에서 더욱 그렇다. 블록체인 공동체에서는 이 문제를 해결하기 위해서 노력하고 있다.[52,53]

빅데이터에서 찾을 수 있는 기회

빅데이터의 폭발적인 증가는 앞으로 몇 년 동안 기하급수적으로 계속될 것 같다. 500억 개의 컴퓨팅 장치를 눈 앞에 두고 있는 우리는 앞으로 몇십 년 동안 얼마나 더 많은 컴퓨팅 장치가 더 있을지 상상만 할 수 있을 뿐이다. 기업, 정부, 군, 심지어 개인들도 이 모든 데이터를 다루는 것이 중요하다.

빅데이터, 데이터과학, 인공지능 등에 관한 좋은 글이 J.P.모건, 맥킨지 등 저명한 경제 단체에서 나오고 있다는 점이 흥미롭다. 빠르게 진행되는 성과에 비추어 볼 때 빅데이터의 매력을 부정할 수 없다. 많은 기업들이 빅데이터, 머신러닝, 딥러닝, 자연어 처리 등 이 책에서 다루는 기술을 통해 상당한 투자를 하고 귀중한 성과를 얻고 있다. 이 때문에 경쟁업체들도 투자를 하지 않을 수 없게 되었고, 데이터과학과 컴퓨터과학 경험을 가진 컴퓨터 전문가들에 대한 필요성이 빠르게 증가하고 있다. 이러한 성장은 수년 동안 계속될 것으로 보인다.

1.7.1 빅데이터의 분석

데이터 분석 분야는 성숙해 있고 잘 발달된 전문적 학문이다. '데이터 분석(data analysis)'이라는 용어는 1962년에 만들어졌지만, 사람들은[54] 고대 이집트인들로 거슬러 올라가 수천 년 동안 통계를 사용하여 데이터를 분석해왔다.[55] 빅데이터 분석은 2000년경에 '빅데이터(big data)'라는 용어가 만들어지면서 나타난 최근 현상이다.[56]

빅데이터는 다음과 같이 네 가지 요소를 생각해 볼 수 있다.[57,58]

---

49 https://digiconomist.net/bitcoin-energy-consumption

50 https://digiconomist.net/ethereum-energy-consumption

51 https://www.morganstanley.com/ideas/cryptocurrencies-global-utilities

52 https://www.technologyreview.com/s/609480/bitcoin-uses-massive-amounts-of-energybut-theres-a-plan-to-fix-it/

53 http://mashable.com/2017/12/01/bitcoin-energy/

54 https://www.forbes.com/sites/gilpress/2013/05/28/a-very-short-history-of-data-science/

55 https://www.flydata.com/blog/a-brief-history-of-data-analysis/

56 https://bits.blogs.nytimes.com/2013/02/01/the-origins-of-big-data-an-etymological-detective-story/

57 https://www.ibmbigdatahub.com/infographic/four-vs-big-data

58 영문자 V로 시작하는 다른 단어를 추가하는 많은 글과 논문들이 있다.

❶ **크기(Volume):** 전세계에서 생산하고 있는 데이터량 자체가 폭발적으로 증가하고 있다.

❷ **증가 속도(Velocity):** 데이터의 증가 속도, 이동 속도 그리고 데이터의 변화 속도가 빠르게 증가하고 있다.[59, 60, 61]

❸ **다양성(Variety):** 예전의 데이터는 글자와 숫자로 이루어졌다(글자, 숫자, 마침표와 같은 특수 문자들). 오늘날에는 이미지, 오디오, 영상뿐만 아니라 가정, 사무실, 자동차, 도시에 있는 사물인터넷의 기기들로부터 들어오는 데이터까지 있다.

❹ **정확성(Veracity):** 데이터의 유효성, 데이터가 완전하고 정확할까? 중대한 결정을 내릴 때 데이터를 믿을 수 있을까? 진짜일까?

대부분의 데이터는 ***다양한*** 형식과 ***엄청난*** 양의 데이터가 디지털적으로 만들어지고 ***놀라운 속도***로 이동하고 있다. 무어의 법칙과 그와 관련된 예측 덕분에 경제적으로 데이터를 저장 및 처리하고 더 빠르게 이동시킬 수 있게 되었다. 이 모든 것이 시간이 지나면서 기하급수적으로 증가하고 있다. 디지털 데이터 스토리지는 용량이 매우 방대하고, 저렴하며, 작아져서 이제 우리가 만들고 있는 모든 디지털 데이터를 편리하고 경제적으로 보존할 수 있게 되었다.[62] 진짜 빅데이터이다.

다음은 리처드 W. 해밍의 인용문으로, 비록 1962년에 이야기한 것이지만 이 책에서 이야기하려는 것을 잘 말해준다.

"계산을 하는 진정한 목적은 숫자를 보려는 것이 아니라 통찰을 얻으려는 것이다."[63]

데이터과학은 주목할 만한 속도로 새롭고, 더 깊으며, 더 섬세하고, 더 가치 있는 통찰력 제공해 주고 있다. 그리고 이것이 진정한 차이를 만들어낸다. 이제 빅데이터 분석은 답을 얻기 위해 필수적인 것이 되었다. 16장에서는 NoSQL 데이터베이스, 하둡 맵리듀스 프로그래밍, 스파크, 실시간 사물인터넷(IoT) 스트림 프로그래밍 등에 대한 실제 사례 연구를 통해 빅데이터 인프라를 다루어 볼 것이다.

산업, 정부 및 학계의 빅데이터의 영역에 대해서 알고 싶으면, 고해상도의 이 그래프를 참조하기 바란다.[64] 클릭해서 확대하면 더 쉽게 볼 수 있다.

http://mattturck.com/wp-content/uploads/2018/07/Matt_Turck_FirstMark_Big_Data_Landscape_2018_Final.png

---

59 https://www.zdnet.com/article/volume-velocity-and-variety-understanding-the-three-vs-of-big-data/

60 https://whatis.techtarget.com/definition/3Vs

61 https://www.forbes.com/sites/brentdykes/2017/06/28/big-data-forget-volume-and-variety-focus-on-velocity

62 http://www.lesk.com/mlesk/ksg97/ksg.html [다음 기사에서 마이클 레스크(Michael Lesk)의 글을 참고했다.: https://www.forbes.com/sites/gilpress/2013/05/28/a-very-short-history-of-data-science/]

63 Hamming, R. W., *Numerical Methods for Scientists and Engineers* (New York, NY., McGraw Hill, 1962). 다음 글은 우리가 인용하고 있는 해밍의 책과 인용문을 언급하고 있다. https://www.forbes.com/sites/gilpress/2013/05/28/a-very-short-history-of-data-science/.

64 Turck, M., and J. Hao, "Great Power, Great Responsibility: The 2018 Big Data & AI Landscape," http://mattturck.com/bigdata2018/

1.7.2 데이터과학과 빅데이터가 만들어내는 가치: 사례 연구

데이터과학이 차별화된 중요한 성과를 내고 있기 때문에 이 분야가 빠르게 성장하고 있다. 다음 표에서는 데이터과학과 빅데이터 사용 사례를 열거해 보았다. 이 책에서 전반적으로 보여주는 실제 사례와 예제를 통해서 영감을 받고 새로운 사례를 만들기 바란다. 빅데이터 분석은 수익 향상, 고객 관계 개선 그리고 심지어 스포츠팀들도 선수들에게 적은 돈을 쓰면서 더 많은 게임과 선수권 대회에서 우승하는 성과를 냈다.[65, 66, 67]

데이터과학 사례		
• 이상 징후 탐지	• 감성 인식	• 날씨 민감도 예측
• 장애인 보조	• 에너지 소비 감소	• 상품 판매
• 자동차 보험 위험 예측	• 안면 인식	• 예측 분석
• 자동화된 영상 자막	• 피트니스 트래킹	• 예방의학
• 자동화된 사진 설명	• 회계부정 적발	• 질병 발생 예방
• 자동화된 투자	• 게임	• 수화 읽기
• 자율 운전 배	• 유전학 및 헬스케어	• 부동산 평가
• 뇌 지도	• 지리 정보 시스템(GIS)	• 추천 시스템
• 발신자 식별	• GPS 시스템	• 오버부킹 감소
• 암 진단/치료	• 건강 개선	• 차량 공유
• 탄소 배출량 감소	• 병원 재입원 감소	• 위험 최소화
• 필적 분류	• 인간 게놈 배열	• 로보 재무 고문
• 컴퓨터 비전	• 신원 도용 방지	• 보안 강화
• 신용 평가	• 면역 치료	• 자율운전차
• 범죄: 발생 지역 예측	• 보험료 책정	• 정서 분석
• 범죄: 재범 예측	• 인텔리전트 어시스턴트	• 공유 경제
• 범죄: 예측 순찰	• 사물인터넷(IoT)과 의료기기 모니터링	• 유사도 분석
• 범죄: 예방	• 사물인터넷(IoT)와 날씨 예측	• 스마트 시티
• 크리스퍼(CRISPR)를 이용한 유전자 편집	• 재고 관리	• 스마트 홈
• 농작물 수확량 향상	• 번역	• 스마트 미터
• 고객 이탈	• 지역 기반 서비스	• 스마트 온도계
• 고객 경험	• 고객 보상 프로그램	• 스마트 교통 통제
• 고객 유지	• 악성 프로그램 탐지	• 사회 분석
• 고객 만족	• 맵핑 마케팅(mapping marketing)	• 사회 그래프 분석
• 고객 서비스	• 마케팅 분석	• 스팸 감지
• 고객 서비스 에이전트	• 음악 생성	• 공간 데이터 분석
• 맞춤 다이어트	• 자연어 변환	• 스포츠 리쿠르팅과 코칭
• 사이버 보안	• 신약	• 주식 시장 예측
• 데이터 마이닝	• 진통제 남용 방지 개인 비서	• 학생 성적 평가
• 데이터 시각화		• 글 요약하기
		• 원격 의료

65 Sawchik, T., *Big Data Baseball: Math, Miracles, and the End of a 20-Year Losing Streak* (New York, Flat Iron Books, 2015)

66 Ayres, I., *Super Crunchers* (Bantam Books, 2007), pp. 7–10

67 Lewis, M., *Moneyball: The Art of Winning an Unfair Game* (W. W. Norton & Company, 2004).

- 신종 바이러스 탐지
- 유방암 진단
- 심장 질환 진단
- 진단 의학
- 재난 피해자 확인
- 드론
- 동적 운행 경로 찾기
- 동적 가격 산출
- 전자 건강 기록
- 개인 맞춤 의약
- 개인 맞춤 쇼핑
- 피싱 방지
- 공해 감소
- 정밀 의학
- 암 생존 예측
- 질병 발생 예측
- 건강 결과 예측
- 학생 등록 예상
- 테러 공격 방지
- 도난 방지
- 여행 추천
- 트렌드 탐지
- 시각 제품 검색
- 음성 인식
- 음성 검색
- 날씨 예측

1.8 사례 – 빅데이터 모바일 애플리케이션

월 9,000만 명의 사용자를 가진 구글의 웨이즈(Waze) GPS 내비게이션 앱[68]은 가장 성공적인 빅데이터 앱 중 하나이다. 초기에 GPS 내비게이션 장치와 앱들은 목적지까지 가는 가장 좋은 경로를 찾기 위해서 정적 지도와 GPS 좌표를 사용했지만, 이것은 교통 상황에 따라서 경로를 수정할 수 없다.

웨이즈는 방대한 양의 크라우드소싱된 데이터, 즉 전 세계 사용자와 사용자 기기에서 지속적으로 제공하는 데이터를 처리한다. 그들은 이 데이터를 분석해서 가장 짧은 시간 안에 목적지까지 갈 수 있는 최적의 경로를 결정하기 때문에 이것을 위해 웨이즈는 스마트폰의 인터넷 연결에 의존한다. 앱은 서버에 위치 업데이트를 자동으로 전송한다(허용한다고 가정). 그들은 현재 교통 상황에 기초하여 동적으로 경로를 다시 라우팅하고 그들의 지도를 조정하기 위해 그 데이터를 사용한다. 사용자는 도로 봉쇄, 건설, 장애물, 갓길의 차량, 경찰 위치, 기름값 등과 같은 기타 정보를 알려준다. 그런 다음 웨이즈는 해당 위치에 있는 다른 운전자들에게 경고를 보내고, 서비스를 제공하기 위해 많은 기술을 사용한다.

웨이즈가 그런 기술을 어떻게 구현하는지 알지 못하지만, 그들이 사용했을 만한 것을 생각해 볼 수 있다. 11장~16장에서 이것을 사용해 볼 것이다.

- 오늘날 만들어진 대부분의 앱은 적어도 일부 오픈 소스 소프트웨어를 사용한다. 이 책 전반에 걸쳐 많은 오픈 소스 라이브러리와 툴을 사용할 것이다.
- 웨이즈는 서버와 사용자의 모바일 기기 간에 인터넷으로 정보를 주고받는다. 오늘날 이런 데이터는 종종 JSON(자바스크립트 객체 표기법) 형식으로 전송되는데, 9장에서 이것을 소개하고 이후의 장에서 사용할 것이다. 하지만 JSON 데이터는 일반적으로 라이브러리를 처리한다.
- 웨이즈는 운전 방향을 알려주고, 경고하기 위해서 음성 합성을 사용하며, 음성 인식을 사용

68 https://www.waze.com/brands/drivers/

하여 운전자의 음성 명령(NLP)을 이해한다. 우리는 13장에서 IBM 왓슨의 음성 합성 및 음성 인식 기능을 사용할 것이다.

- 웨이즈는 음성으로 된 자연어 명령을 텍스트로 변환한 후 수행할 올바른 동작을 결정해야 하는데, 여기에 NLP(자연어 처리)가 필요하다. 11장에서는 NLP를 소개할 것이고, 그 이후의 여러 장에서 그것을 사용할 예정이다.
- 웨이즈는 경고 및 지도와 같은 시각적 데이터를 동적으로 표시한다. 또한 웨이즈는 지도를 이동하거나 확대/축소하여 지도와 상호작용할 수 있게 해 준다. 이 책에서는 전반적으로 매트플롯리브(Matplotlib)와 시본(Seaborn)을 이용해서 시각화를 할 것이고, 12장과 16장에서 폴리엄(Folium)을 가지고 지표에 표시한다. 웨이즈는 휴대폰을 스트리밍 사물인터넷(IoT) 장치로 사용한다. 각 휴대폰은 GPS 센서로써 데이터를 지속적으로 인터넷을 통해 웨이즈로 보낸다. 16장에서 IoT를 소개하고 IoT 스트리밍 센서를 이용해 볼 것이다.
- 웨이즈는 수백만 대의 전화기에서 한 번에 IoT 스트림을 수신한다. 이 시스템은 해당 데이터를 즉시 처리, 저장 및 분석해서 기기의 맵을 업데이트하고, 관련 경고를 표시 및 음성화, 운전 방향을 업데이트해야 한다. 이를 위해서는 클라우드의 컴퓨터 클러스터와 함께 구현되는 대규모 병렬 처리 기능이 필요하다. 16장에서는 스트리밍 데이터를 수신하고, 빅데이터를 적절한 데이터베이스에 저장하며, 대량의 병렬 처리 기능을 제공하는 소프트웨어와 하드웨어로 데이터를 처리하는 다양한 빅데이터 인프라 기술을 소개한다.
- 웨이즈는 인공지능 기능을 사용하여 데이터 분석 작업을 수행하는데, 이 작업을 통해 자신이 수신하는 정보를 바탕으로 최적의 경로를 예측할 수 있다. 14장과 15장에서는 각각 머신러닝과 딥러닝으로 방대한 양의 데이터를 분석하고 그 데이터를 바탕으로 예측한다.
- 웨이즈는 아마도 라우팅 정보를 그래프 데이터베이스에 저장할 것이다. 이러한 데이터베이스는 최단 경로를 효율적으로 계산할 수 있다. 16장에서는 Neo4J와 같은 그래프 데이터베이스를 소개한다.
- 많은 자동차들이 자동차 주변의 차나 장애물을 볼 수 있는 장치를 갖추고 있다. 이런 장치들은 자동 제동 장치(ABS)를 만드는 데 도움이 되고, 이것은 자율 주행차 기술의 핵심 부분이기도 하다. 내비게이션 앱은 장애물과 도로 한쪽에 서 있는 자동차를 알기 위해서 사용자에게 의지하지 않고 카메라와 여러 센서들을 이용해서 정보를 얻는다. 그리고 그것을 딥러닝 컴퓨터-비전 기술을 사용해서 '즉각적으로' 이미지를 분석하고 그 항목들을 자동으로 보고할 수 있다. 15장에서는 컴퓨터 비전을 위한 딥러닝을 소개할 것이다.

1.9 데이터과학 들어가기: 컴퓨터과학과 데이터과학의 교차점에 있는 인공지능

아기가 처음 눈을 떴을 때 부모의 얼굴을 알아볼까? 얼굴이 무엇인지 또는 심지어 단순한 모양이 무엇인지에 대한 개념을 이해할까? 아기들은 그들 주변의 세상을 '학습'해야 한다. 그게 바로 오늘날 인공지능(AI)이 하고 있는 일이다. 엄청난 양의 데이터를 보고 거기서 배운다. 인공지능은 게임을 하고, 다양한 컴퓨터-비전 애플리케이션을 실행하고, 자율주행차를 활성화하고, 로봇들이 새로운 작업을 수행하는 법을 배우고, 의료 상황을 진단하고, 말을 실시간으로 다른 언어로 번역하고, 방대한 지식 데이터베이스를 사용하여 임의의 질문에 대응할 수 있는 채팅봇을 만드는 데 활용되고 있다. 인공지능 자율주행차가 우리 도로에서 허용되거나 심지어 일반화될 것이라고 누가 상상이나 했을까? 하지만 이제 이 분야는 치열한 경쟁이 벌어지고 있다. 이 모든 학습의 궁극적인 목표는 일반화된 인공지능, 즉 인간이 하는 것처럼 지능이 필요한 작업을 할 수 있는 AI를 만드는 것이다. 이것은 많은 사람들이 두려워하는 일이기도 하다

인공지능 이정표

특히 사람들의 관심과 상상력을 사로잡은 인공지능의 일련의 이정표 때문에 인공지능이 실제라고 생각되기도 한다. 그리고 인공지능의 상용화를 생각하기 시작했다.

- 1997년 IBM의 딥블루(DeepBlue) 컴퓨터 시스템과 체스 그랜드마스터 게리 카스파로프(Grand-master GaryKasparov)의 경기에서 딥블루는 토너먼트 조건 하에서 세계 체스 챔피언을 이긴 최초의 컴퓨터가 되었다.[69] IBM은 수십만 개의 그랜드마스터 체스 게임을 딥블루(DeepBlue)에 로드시켰고,[70] 딥블루는 초당 최대 2억 개의 움직임을 계산할 수 있는데,[71] 이게 빅데이터의 힘이다. IBM은 카네기 멜론 대학교 프레드킨 상을 받았다. 이 상은 1980년에 만들어진 세계 체스 챔피언을 이기는 컴퓨터를 만든 제작자에는 10만 달러를 주기로 한 상이다.[72]
- 2011년 IBM의 왓슨은 100만 달러의 경기인 제퍼디쇼에서 인간 최고의 두 선수를 이겼다. 왓슨은 동시에 수백 개의 언어 분석 기술을 사용하여 4TB테라바이트의 저장 공간이 필요한 2억 페이지 분량의 내용(위키피디아 전체 포함)에서 정답을 찾아냈다.[73,74] 왓슨은 **머신러닝**과 **강화학습 기술**을 통해서 학습했다.[75] 13장에서는 IBM 왓슨에 대해서 알아보고, 14장에서는

69 https://en.wikipedia.org/wiki/Deep_Blue_versus_Garry_Kasparov

70 https://en.wikipedia.org/wiki/Deep_Blue_(chess_computer)

71 https://en.wikipedia.org/wiki/Deep_Blue_(chess_computer)

72 https://articles.latimes.com/1997/jul/30/news/mn-17696

73 https://www.techrepublic.com/article/ibm-watson-the-inside-story-of-how-the-jeopardy-winning-supercomputer-was-born-and-what-it-wants-to-do-next/

74 https://en.wikipedia.org/wiki/Watson_(computer)

75 https://www.aaai.org/Magazine/Watson/watson.php, *AI 매거진, 2010 가을*

머신러닝에 대해서 논의할 것이다.

• 바둑(수천 년 전에 중국에서 만들어진 보드게임[76])은 10^{170}의 경우의 수를 가지고 있는 가장 복잡한 게임이라고 인식되고 있다.[77] 그 숫자가 얼마나 큰지 여러분에 알려주기 위해서 예를 하나 들어보자. 우리가 알고 있는 우주는 (단지) 10^{78}에서 10^{87}개의 원자로 이루어졌다고 믿고 있다.[78, 79] 2015년 알파고(구글의 딥마인드에서 제작)는 ***두 개의 신경망을 이용한 딥러닝을 이용해서 유럽 바둑 챔피언인 판후이(Fan Hui)를 이겼다.*** 바둑은 체스보다 훨씬 복잡한 게임이다. 15장에서는 신경망과 딥러닝을 논의할 것이다.

• 최근에 구글은 알파고 AI를 일반화하여 알파제로를 만들었다. 알파제로는 ***게임을 하면서 스스로 학습하는 인공지능***이다. 2017년 12월 알파제로는 강화학습으로 4시간도 안 되는 시간에 체스를 두는 법을 배우고 스스로 체스하는 법을 배웠다. 그 후 세계 챔피언 체스 프로그램인 스톡피쉬 8(Stockfish 8)을 100번의 게임에서 물리쳤다(이기거나 무승부). 8시간 동안 바둑을 ***자가학습***하고 나서 알파제로는 알파고와의 대국에서 100게임 중 60개의 게임을 이길 수 있었다.[80]

개인적인 일화

이 책의 저자 중 한 명인 하비 데이텔이 MIT의 학부생이였던 1960년대 중반, 인공지능(AI)의 창시자 중 한 사람인 마빈 민스키의 대학원 수준의 인공지능 강좌를 수강했다.

민스키 교수는 학기 프로젝트를 냈다. 우리에게 지능이 무엇이고 컴퓨터에게 지능적인 일을 시키도록 만드는 것이 무엇인지 생각해 보라고했다. 그 과목에서 우리의 성적은 거의 전적으로 그 프로젝트에 의해서 결정되었지만, 부담은 없었다!

나는 학교가 학생들의 지능을 평가하는 데 도움을 주는 표준화된 IQ 테스트를 연구했다. 마음 속으로 수학자가 되어서 다음 숫자를 임의의 길이와 복잡성의 순서로 예측하는 인기 있는 IQ-테스트 문제를 다루기로 결심했다. 초기 DEC 사의 PDP-1에서 동작하는 대화형 리스프를 사용했고, 꽤 복잡한 것 위에서 동작하는 순열 예측기를 갖추게 되었다. 이것으로 IQ 테스트에서 본 것 이상으로 문제를 처리할 수 있었다. 긴 리스트를 재귀적으로 조작할 수 있는 리스트는 프로젝트의 요구 사항을 정확히 만족시켰다. 파이썬은 재귀적인 기능과 일반화된 리스트 처리 기능을 제공한다(5장 참고).

나는 MIT 친구들에게 순열 예측기를 테스트해 보라고 했고, 숫자를 만들어서 예측기에 넣었다. PDP-1이 한동안(간혹 아주 긴 시간) 생각하고 나서 거의 항상 올바른 결과를 냈지만, 그러다가 문제

---

76 http://www.usgo.org/brief-history-go

77 https://www.pbs.org/newshour/science/google-artificial-intelligence-beats-champion-at-worlds-most-complicated-board-game

78 https://www.universetoday.com/36302/atoms-in-the-universe/

79 https://en.wikipedia.org/wiki/Observable_universe#Matter_content

80 https://www.theguardian.com/technology/2017/dec/07/alphazero-google-deepmind-ai-beats-champion-program-teaching-itself-to-play-four-hours

에 부딪혔다. 친구 한 명이 14, 23, 34, 42를 입력했고, 내 예측기가 동작을 시작했다. PDP-1이 아주 오랜 시간 열심히 일을 했지만 다음 수를 예측하지 못했다. 나는 이 상황을 이해할 수 없었다. 그 친구는 다음 날까지 생각해보라고 말했고, 이건 아주 간단한 순열이라고 말해주었다. 나의 노력은 헛수고였다.

다음 날 그가 내게 다음 번호는 57이라고 말했지만 나는 그 이유를 이해하지 못했다. 그리고 다시 하룻밤 더 생각해 보라고 하더니, 다음 날 그 다음 숫자가 125라고 했다. 하지만 그것은 조금도 도움이 되지 않았고, 나는 쩔쩔맸다. 그는 그 순열이 맨해튼의 양방향 교차점 거리의 숫자라고 말했다. 나는 엉터리라고 말했지만, 그는 그것이 숫자 순서대로 다음 숫자를 예측하는 나의 기준에 부합한다고 말했다. 나의 세계관은 수학이었지만 그의 세계관은 더 넓었던 것이다.

몇 년 동안 나는 친구, 친척, 전문 동료들을 대상으로 그 순열을 시도해 보았는데, 결국 맨해튼에서 시간을 함께 보낸 몇 명이 맞췄다. 나의 시퀀스 예측기는 이와 같은 (더 방대한 지식이 필요한) 문제를 다루기 위해서는 단순한 수학 지식 이상의 것이 필요했다.

왓슨과 빅데이터는 새로운 가능성을 열어준다.

폴과 내가 이 파이썬 책의 집필하기 시작할 때 우리는 IBM 왓슨에 순식간에 빠져들었다. 왓슨은 세계 최고의 제파티 플레이어를 이기기 위해서 자연어 처리 기술과 머신러닝과 같은 빅데이터와 인공지능을 사용했다. 우리는 왓슨이 문제의 순열과 같은 문제들을 다룰 수 있다는 것을 깨달았다. 왓슨에는 전 세계에 있는 거리에 대한 지도와 그 이외의 더 많은 것이 로드되어 있기 때문이다. 그것은 빅데이터와 오늘날의 인공지능 기술을 깊이 파고들려는 우리의 욕구를 불러일으켰고, 이 책의 11장~16장을 쓰는데 도움이 되었다.

11장에서 16장에서 다룰 데이터과학의 구현 사례는 인공지능 기술에 기반을 두고 있거나, 컴퓨터 과학자와 데이터과학자들이 최첨단의 인공지능 기반의 솔루션을 효과적으로 구현하기 위한 빅데이터 하드웨어와 소프트웨어에 대해서 다루고 있으니 주목하기 바란다.

인공지능: 솔루션이 없는 문제를 다루는 분야

수십 년 동안 AI는 문제가 있지만 해결책이 ***없는*** 분야로 여겨져 왔다. 그렇게 때문에 어떤 ***특정한*** 문제가 풀리고 나면 사람들은 "글쎄, 그건 지능이 아니고 컴퓨터에 정확히 무엇을 해야 하는지 알려주는 컴퓨터 프로그램일 뿐이야!"라고 했던 것이다. 그러나 머신러닝(14장)과 딥러닝(15장)에서 우리는 특정 문제에 대한 해결책을 미리 프로그래밍하지 않는다. 대신 컴퓨터에게 수많은 데이터에서 학습한 것을 가지고 문제를 풀도록 한다. 흥미롭고 도전적인 많은 문제들은 딥러닝으로 해결되는 것으로 보인다. 구글만 해도 수천 개의 딥러닝 프로젝트가 진행 중이며 그 수가 빠르게 증가하고 있다.[81, 82] 이 책을 통해서 우리는 여러분에게 많은 최첨단 인공지능, 빅데이터, 클라우드 기술을 소개할 것이다.

81 http://theweek.com/speedreads/654463/google-more-than-1000-artificial-intelligence-projects-works
82 https://www.zdnet.com/article/google-says-exponential-growth-of-ai-is-changing-nature-of-compute/

1.10 요약

이번 장을 통해서 우리는 2장~10장에서 배우게 될 파이썬을 위한 기본 지식에 해당하는 용어와 개념에 대해서 이야기했다. 그리고 11장~16장에서 보여줄 빅데이터, 인공지능 그리고 클라우드 기반의 사례들을 소개했다.

우리는 객체 지향 프로그래밍 개념을 살펴보고 파이썬이 왜 그렇게 인기가 있는지에 대해 논의했다. 파이썬 표준 라이브러리와 다양한 데이터과학 라이브러리를 소개함으로써 여러분이 '바퀴의 재발명'과 같은 잘못을 저지르지 않도록 했다. 앞으로 이어질 장에서 이 라이브러리를 가지고 적당한 길이의 명령만으로 중요한 작업을 할 수 있는 소프트웨어 객체를 만들 것이다.

IPython 인터프리터와 주피터 노트북으로 파이썬 코드를 어떻게 실행할지 세 가지 다른 방법으로 보여주었다. 우리는 11장~16장에서 개발하게 될 현대적인 애플리케이션의 근간이 되는 클라우드와 사물인터넷(IoT)를 소개했다.

또한 '빅데이터'가 얼마나 큰지, 얼마나 빠르게 커지고 있는지에 대해 논의했고, 가능한 안전하고 빠르게 목적지에 도달할 수 있도록 동적으로 운행 경로를 알려주기 위해 현재의 기술을 사용하는 웨이즈 모바일 내비게이션 앱에 대한 빅데이터 사례 연구도 소개했다. 그리고 여러분이 이 기술을 이 책의 어떤 부분에서 찾아볼 수 있는지 알려주었다. 이번 장은 컴퓨터과학과 데이터과학의 교차점에 있는 인공지능의 핵심 기능에 대해 이야기하는 것으로 '데이터과학 개론'을 마무리했다.

Chapter

2

파이썬 프로그래밍 개론

학습 목표

이번 장에서는 다음과 같은 것을 다룬다.

- IPython의 대화형 모드를 계속 사용해서 코드를 입력하고 결과를 확인한다.
- 간단한 파이썬 구문과 스크립트를 실행시킨다.
- 나중에 사용할 수 있도록 변수를 만들어 데이터를 저장해 본다.
- 내장된 데이터 타입에 익숙해진다.
- 산술 연산자, 비교 연산자를 사용해 보고 그것의 우선순위도 이해한다.
- 작은따옴표, 큰따옴표, 삼중 큰따옴표로 문자열을 만들어 본다.
- 내장 함수인 print 함수로 문자열을 출력해 본다.
- 내장 함수인 input 함수로 사용자에 데이터를 입력받을 수 있도록 프롬프트를 출력하고 데이터를 입력받는다.
- 내장 함수인 int를 이용해서 문자열을 숫자로 변환한다.
- 비교 연산자와 if 구문으로 어떤 구문을 실행할지 결정한다.
- 객체와 파이썬의 동적 타입에 대해서 배운다.
- 내장 함수인 type을 이용해서 객체의 타입을 알아낸다.

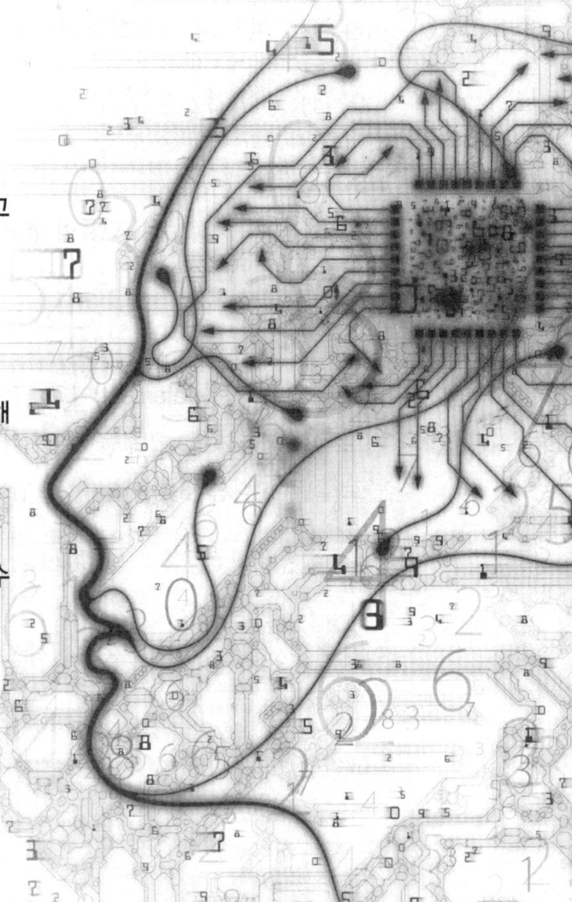

Outline

2.1 개요

이번 장에서는 파이썬 프로그램에 대한 소개하고 주요 언어적 특징에 대해서 소개하는 예제를 보여줄 것이다. 1장에서 IPython 인터프리터를 소개하고 간단한 산술 표현식을 실행해 보았던 '시운전: IPython과 주피터 노트북 사용해 보기' 절을 읽었다고 가정한다.

2.2 변수와 대입 구문

여러분은 이미 IPython 대화형 모드에서 다음과 같이 간단한 표현식으로 사용해 보았다.

```
In [1]: 45 + 72
Out[1]: 117
```

이제 x라는 이름의 변수를 만들어 정수 7을 저장해 보자.

```
In [2]: x = 7
```

스니펫 [2]은 **구문(statement)**이고, 각 구문은 수행할 작업을 지정한다. 앞의 구문은 x를 만들고 **대입 기호(=)**를 사용해서 x에 값을 대입한다. 한 줄 이상으로 되어 있는 구문도 있지만 대부분의 구문은 한 줄로 끝난다. 다음 구문은 변수 y를 만들고 3을 대입한다.

```
In [3]: y = 3
```

이제 변수 x와 변수 y의 값을 표현식으로 사용할 수 있게 된다.

```
In [4]: x + y
Out[4]: 10
```

할당 구문에서의 계산

다음 구문은 변수 x와 변수 y를 더해서 그 결과를 변수 total에 대입하고, 결과를 확인한다.

```
In [5]: total = x + y

In [6]: total
Out[6]: 10
```

= 기호는 연산자가 아니다. =의 오른쪽에 있는 표현식이 먼저 실행되고 그 결과를 =의 왼쪽에 있는 변수에 대입한다.

파이썬 스타일

파이썬의 스타일 가이드[1]는 파이썬의 코딩 관례에 따르는 코드를 작성할 수 있도록 도와준다. 스타일 가이드에서는 코드를 읽기 쉽도록 대입 기호인 =와 +같은 바이너리 연산자의 앞뒤에 공백을 추가하도록 권장하고 있다.

변수 이름

x와 같은 변수 이름은 **식별자**이다. 각각의 식별자는 문자, 숫자, 언더바(_)로 구성되지만, 숫자로 시작할 수는 없다. 파이썬은 ***영문자의 대소문자를 구분***하기 때문에 number와 Number는 ***서로 다른*** 식별자로 구분한다. 하나는 소문자로 시작하고 다른 하나는 대문자로 시작하기 때문이다.[1]

타입

파이썬에서 각각의 값은 데이터의 종류를 표현하는 타입을 가지고 있다. 파이썬의 type 함수를 통해서 값의 타입을 확인해 볼 수 있다.

```
In [7]: type(x)
Out[7]: int

In [8]: type(10.5)
Out[8]: float
```

변수 x는 정수 7을 가지고 있어서(스니펫 [2]) 파이썬은 int로 출력했다. (int는 integer의 약자이다.) 10.5 값은 부동소수점 수여서 float라고 출력되었다.

1 https://www.python.org/dev/peps/pep-0008/

2.3 산술

다음은 **산술 연산자**에 대해서 요약한 것이다. 여기서 사용한 기호 중에는 대수학에서 쓰지 않는 것도 있다.

파이썬 연산자	산술 연산자	대수학적 표현식	파이썬 표현식
덧셈	+	$f+7$	`f + 7`
뺄셈	−	$p-c$	`p - c`
곱셈	*	$b \cdot m$	`b * m`
지수	**	x^y	`x ** y`
나눗셈	/	x/y 또는 $\frac{x}{y}$ 또는 $x \div y$	`x / y`
몫	//	$[x/y]$ 또는 $[\frac{x}{y}]$ 또는 $[x \div y]$	`x // y`
나머지	%	$r \bmod s$	`r % s`

곱셈(*)

파이썬은 **곱셈 연산자**로 **별표**(*)를 사용한다.

```
In [1]: 7 * 4
Out[1]: 28
```

거듭제곱(**)

거듭제곱(**) 연산자는 주어진 수를 원하는 만큼 거듭제곱한다.

```
In [2]: 2 ** 10
Out[2]: 1024
```

제곱근을 계산하기 위해서 1/2(즉 0.5)을 지수부에 쓸 수 있다.

```
In [3]: 9 ** (1 / 2)
Out[3]: 3.0
```

나눗셈(/)과 몫(//)

나눗셈은 분자를 분모로 나누어서 소수점으로 부동소수점 수로 나타낸다.

```
In [4]: 7 / 4
Out[4]: 1.75
```

몫(//)은 분자를 분모로 나누는데, 결과보다 작은 정수 중에서 가장 큰 수로 계산한다. 파이썬은 소수부를 제거한다.

```
In [5]: 7 // 4
Out[5]: 1

In [6]: 3 // 5
Out[6]: 0

In [7]: 14 // 7
Out[7]: 2
```

나눗셈으로는 -13을 4로 나누면 -3.25이다.

```
In [8]: -13 / 4
Out[8]: -3.25
```

몫 계산으로는 -3.25보다 크지 않은 가장 큰 수이므로 -4가 된다.

```
In [9]: -13 // 4
Out[9]: -4
```

예외와 트레이스백

/와 // 연산자는 0으로 나누는 것이 허용되지 않기 때문에 **예외**가 발생한다. 예외는 문제가 발생했음을 알려준다.

```
In [10]: 123 / 0
-------------------------------------------------------------------------------------------
ZeroDivisionError                                 Traceback (most recent call last)
<ipython-input-10-cd759d3fcf39> in <module>()
----> 1 123 / 0

ZeroDivisionError: division by zero
```

파이썬은 **트레이스백**과 함께 예제를 표시한다. 이번 트레이스백에서는 ZeroDivisionError 타입의 예외가 발생했음을 보여주고 있다. 대부분의 예제 클래스 이름은 Error로 끝난다. 대화형 모드에서는 예외가 발생한 스니펫의 번호가 다음 라인에 있는 것처럼 지정된다.

```
<ipython-input-10-cd759d3fcf39> in <module>()
```

---->으로 시작하는 줄은 예외가 발생한 코드를 보여준다. 간혹 한 줄 이상의 줄로 이루어진 스니펫의 경우 ---->의 오른쪽에 있는 숫자 1은 예외가 발생할 스니펫의 첫 줄을 가리키고, 마지막 줄은 발생할 예외를 표시한다. 콜론 뒤에는 예외에 대한 상세한 정보를 가진 오류 메시지가 표시된다.

```
ZeroDivisionError: division by zero # 0으로 나눔
```

'파일과 예외'를 다루는 장에서 예외를 상세하게 알아보도록 하겠다.

만들지 않은 변수를 사용하는 것 역시 예외를 발생시킨다. 다음 코드에서 정의하지 않은 변수 z에 7을 더하려고 했기 때문에 NameError가 발생했다.

```
In [11]: z + 7
---------------------------------------------------------------------------
NameError                                 Traceback (most recent call last)
<ipython-input-11-f2cdbf4fe75d> in <module>()
----> 1 z + 7
NameError: name 'z' is not defined
```

나머지 연산자

파이썬의 **나머지 연산자 (%)**는 왼쪽의 수를 오른쪽으로 수로 나눈 나머지를 반환한다.

```
In [12]: 17 % 5
Out[12]: 2
```

이번 예제의 경우 17을 5로 나누면 몫이 3이고 나머지는 2가 된다. 이 연산자는 대부분 정수를 가지고 연산하지만, 다른 타입의 수도 사용할 수 있다.

```
In [13]: 7.5 % 3.5
Out[13]: 0.5
```

직선형 표기법

대수학적인 기호로 표기한 다음과 같은 식이 있다고 가정해 보자.

$$\frac{a}{b}$$

일반적으로 이런 식의 표현을 컴파일하거나 인터프리터가 처리하기 어렵다. 이런 이유 때문에 수학적인 표현법을 파이썬 연산자를 사용해서 **직선형 표기법**으로 입력해야 한다. 위에 있는 수학적 표기법은 a / b (몫만 계산한다면 a // b) 형태로 표기한다. 이런 식으로 해서 모든 연산자들을 가로로 길게 나타낸다.

괄호를 이용한 그룹 표현

괄호를 사용하는 파이썬 표현법은 수학에서의 표현 방법도 같다. 예를 들어 다음 코드는 10에 5 더하기 3을 한(5+3) 수를 곱한다.

```
In [14]: 10 * (5 + 3)
Out[14]: 80
```


괄호가 없으면 결과는 달라진다.

```
In [15]: 10 * 5 + 3
Out[15]: 53
```

괄호를 제거했을 때도 *같은* 결과가 나온다면 이때의 괄호는 **불필요한** 것이다.

연산자의 계산 우선순위

파이썬에서는 다음과 같은 **연산자 우선순위 규칙**을 가지고 산술식을 계산한다. 이것은 대수학과 규칙이 대부분 동일하다.

❶ 괄호를 먼저 계산한다. 원하는 순서로 계산하고 싶을 때 괄호를 사용해서 강제로 계산을 먼저 할 수 있다. (a / (b - c))와 같이 **괄호 안에 괄호가 있는 식**의 경우, *가장 안쪽에 있는 식*(여기서는 b - c가 여기에 해당)을 먼저 계산한다.

❷ 거듭제곱 연산자가 다음으로 계산된다. 계산식에 여러 개의 거듭제곱 연산자가 있으면 오른쪽에서 왼쪽으로 계산한다.

❸ 곱셈, 나눗셈 그리고 나머지 연산자는 그 다음 순서이다. 식에 여러 개의 곱셈, 나눗셈, 몫 연산자, 나머지 연산자가 있으면 파이썬은 왼쪽에서 오른쪽 방향으로 계산한다. 곱셈, 나눗셈, 나머지 연산자는 우선순위가 모두 같다.

❹ 덧셈과 뺄셈 연산자는 마지막에 계산한다. 계산식에 여러 개의 덧셈과 뺄셈 연산자가 있으면 파이썬은 왼쪽에서 오른쪽으로 계산해 나간다. 덧셈, 뺄셈 연산자도 우선순위가 같다.

모든 연산자들과 그것의 우선순위(낮은 것에서 높은 순으로)을 알고 싶다면 다음 링크를 참조한다.

https://docs.python.org/3/reference/expressions.html#operator-precedence

연산자 그룹핑

우리가 특정 연산자에 대해서 왼쪽에서 오른쪽으로 적용할 때 연산자 **그룹핑**을 이야기하는 것이다. 예를 들어 다음과 같은 식이 있다고 해 보자.

a + b + c

덧셈 연산자는 왼쪽에서 오른쪽으로 그룹을 만드는데, 이것을 위의 적용하면 (a + b) + c가 된다. 모든 파이썬 연산자는 모두 왼쪽에서 오른쪽으로 그룹을 만들지만, 거듭제곱 연산자(**)는 제외이다. 이 연산자는 오른쪽에서 왼쪽으로 그룹을 만든다.

중복 괄호

중복 괄호를 사용해서 하위 표현식을 그룹화할 수 있다. 예를 들어 2차 함수가 있다고 가정해 보자.

```
y = a * x ** 2 + b * x + c
```

이 식을 그룹화해서 명확히 하면 다음과 같다.

```
y = (a * (x ** 2)) + (b * x) + c
```

복잡한 표현을 좀 더 짧고 간단한 표현으로 만들면 더욱 명확해질 수 있다.

연산자 유형

각 산술 연산자는 정수와 부동소수점 수와 함께 사용할 수 있다. 두 피연산자가 모두 정수일 경우, 결과는 항상 부동소수점을 반환하는 나눗셈(/) 연산자를 제외하고 정수를 반환한다. 두 피연산자가 모두 부동소수점 수일 경우 결과는 부동소수점 수이다. 정수와 부동소수점 수를 포함하는 표현식은 **혼합형 표현식**으로, 이러한 표현식에는 항상 부동소수점 수가 반환된다.

2.4 print 함수와 작은따옴표와 큰따옴표의 문자열

내장 함수 print는 인수를 문자열로 출력한다.

```
In [1]: print('Welcome to Python!')
Welcome to Python!
```

위 예제의 경우 'Welcome to Python!'이라는 문자열이 인수가 되는데, 문자열은 작은따옴표(')로 둘러싸인 문자들을 말한다. 대화형 모드에서 식을 평가할 때와 달리 여기에 출력되는 텍스트는 Out[1]이 앞부분에 나타나지 않는다. 또한 print는 문자열의 따옴표를 표시하지 않는데, 문자열로 따옴표를 표시하는 방법은 나중에 설명할 것이다.

다음과 같이 문자열을 큰따옴표(")로 묶을 수도 있다.

```
In [2]: print("Welcome to Python!")
Welcome to Python!
```

파이썬 프로그래머들은 보통 작은따옴표를 더 선호한다. print 함수가 실행되면 화면의 커서를 다음 줄의 시작 위치로 이동시킨다.

콤마(,)로 아이템 구분해서 출력하기

print 함수는 콤마로 구분되는 여러 개의 인수를 받을 수 있다.

```
In [3]: print('Welcome', 'to', 'Python!')
Welcome to Python!
```


print 함수는 앞의 예제처럼 화면에 문자열을 출력하지만, 각각의 인수를 공백 문자로 분리한다. 이번 예제에서는 문자열들을 쉼표로 구분해서 입력하는 예를 보여주었지만, 다른 타입의 값도 가능하다. 다음 장에서는 값 사이의 간격을 다른 식으로 하거나 구분 기호를 바꾸는 방법을 보여줄 것이다.

한 번에 여러 줄의 문자열 출력하기

백슬래시(\)가 문자열에 나타나면 이 문자는 **이스케이프 문자**를 말한다. 백슬래시와 바로 뒤에 문자가 뒤따른다. 예를 들어 \n은 **줄 바꿈 문자**를 나타내는 **이스케이프 시퀀스**를 만든다. 이 문자는 `print` 함수에게 커서를 다음 줄로 이동하도록 한다. 다음 스니펫은 세 개의 줄 바꿈 문자를 사용해서 여러 줄의 결과를 만든다.

```
In [4]: print('Welcome\nto\n\nPython!')
Welcome
to

Python!
```

다른 유형의 이스케이프 시퀀스

다음 표는 일반적으로 쓰이는 이스케이프 시퀀스이다.

이스케이프 시퀀스	설명
\n	문자열에 줄 바꿈 문자를 삽입한다. 문자열이 출력될 때 각 줄 바꿈 문자는 화면의 커서를 다음 줄의 처음으로 이동시킨다.
\t	탭 문자를 삽입한다. 탭 문자가 화면이 출력되면 커서가 다음 탭의 위치로 이동한다.
\\	문자열에 백슬래시(\) 문자가 입력된다.
\"	문자열에 큰따옴표(") 문자가 입력된다.
\'	문자열에 작은따옴표(') 문자가 입력된다.

긴 문자열을 줄 바꿈하지 않고 표시하기

긴 문자열(또는 긴 구문)을 백슬래시(\) 문자를 사용해서 여러 줄로 나눌 수 있다. 각 줄의 마지막에 백슬래시(\) 문자가 있으면 줄 바꿈이 무시된다.

```
In [5]: print('this is a longer string, so we \
   ...: split it over two lines')
this is a longer string, so we split it over two lines
```

인터프리터가 문자열들을 줄 바꿈하지 않고 하나로 합쳐준다. 앞의 예에서는 백슬래시 문자가 있지만, 뒤에 문자가 없어서 이스케이스 시퀀스로 처리되지 않는다.

표현식의 값 출력하기

```
In [6]: print('Sum is', 7 + 3)
Sum is 10
```

print 구문 안에서 계산된다.

2.5 삼중 큰따옴표를 이용한 문자열

앞에서는 작은따옴표와 큰따옴표를 이용해서 만드는 문자열을 살펴보았다. **삼중 큰따옴표**나 **삼중 작은따옴표**를 앞뒤로 해서 문자열을 만들 수 있는데, ***파이썬의 스타일 가이드***에서는 삼중 큰따옴표(""")를 권장한다. 이 방법은 다음과 같은 것을 만드는 데 사용한다.

- 여러 줄로 된 문자열
- 작은따옴표, 큰따옴표가 포함된 문자열
- 프로그램 컴포넌트에 목적을 설명하는 **독스트링**

문자열에 따옴표 포함시키기

작은따옴표로 문자열을 만들었을 때 이 문자열에 큰따옴표를 포함시킬 수 있다.

```
In [1]: print('Display "hi" in quotes')
Display "hi" in quotes
```

하지만 따옴표가 들어가면 안 된다.

```
In [2]: print('Display 'hi' in quotes')
  File "<ipython-input-2-19bf596ccf72>", line 1
    print('Display 'hi' in quotes')
                     ^
SyntaxError: invalid syntax
```

이 경우에는 \'로 이스케이프 시퀀스를 사용한다.

```
In [3]: print('Display \'hi\' in quotes')
Display 'hi' in quotes
```

스니펫 [2]는 작은따옴표를 이용해서 만든 문자열의 내부에 작은따옴표가 사용되어서 발생한 문법 오류를 보여주고 있다. IPython은 문법 오류가 발생한 라인과 ^ 기호를 이용해서 위치 정보를 보여주고, SyntaxError: invalid syntax 메시지도 출력한다.

큰따옴표를 이용해서 문자열을 만들었다면 작은따옴표 문자열을 사용할 수 있다.

```
In [4]: print("Display the name O'Brien")
Display the name O'Brien
```

하지만 이때는 큰따옴표를 쓰지 못하고 \"로 이스케이프 시퀀스를 사용해야 한다.

```
In [5]: print("Display \"hi\" in quotes")
Display "hi" in quotes
```

문자열에 삼중 큰따옴표를 사용하면 \'와 \"를 쓰지 않아도 된다.

```
In [6]: print("""Display "hi" and 'bye' in quotes""")
Display "hi" and 'bye' in quotes
```

다중 문자열

다음 스니펫은 삼중 큰따옴표를 이용한 여러 줄의 문자열을 triple_quoted_string 변수에 할당한다.

```
In [7]: triple_quoted_string = """This is a triple-quoted
   ...: string that spans two lines"""
```

IPython은 Enter를 누르기 전에 """를 닫지 않아서 문자열이 아직 완료되지 않았다는 것을 알고 있다. 이 경우 IPython은 멀티라인 문자열의 다음 줄을 입력하는 위치에 ...:과 같은 프롬프트를 표시한다. 이것은 """로 문자열을 끝내고 Enter를 누를 때까지 반복된다. 다음은 triple_quoted_string 변수 내용을 출력한다.

```
In [8]: print(triple_quoted_string)
This is a triple-quoted
string that spans two lines
```

파이썬은 멀티라인 스트링에는 줄 바꿈 문자까지 저장한다. 우리가 이 문자열을 출력하면 IPython이 이 문자열을 우리가 입력했던 스니펫 [7]에서 Enter를 눌렀던 곳에 문자가 있고 작은따옴표로 감싼 상태로 출력된다. IPython이 출력한 작은따옴표는 triple_quoted_string이 문자열임을 알려주지만, 작은따옴표 자체가 문자열의 내용은 아니다.

```
In [9]: triple_quoted_string
Out[9]: 'This is a triple-quoted\nstring that spans two lines'
```

2.6 사용자 입력받기

내장된 input 함수는 사용자 입력을 받는다.

```
In [1]: name = input("What's your name? ")
What's your name? Paul

In [2]: name
Out[2]: 'Paul'

In [3]: print(name)
Paul
```

스니펫은 다음과 같이 실행된다.

- 첫째, input 함수는 문자열을 표시 – 프롬프트 – 해서 사용자에게 무엇을 입력해야 하는지 알려주고 사용자가 응답할 때까지 기다린다. Paul을 입력하고 Enter를 누른다. 사용자가 입력한 것과 input 함수에서 출력한 프롬프트 문자열을 구분하기 위해서 **볼드체**를 사용했다.
- input 함수는 프로그램이 사용할 수 있는 문자열을 반환하고, 이 문자열을 변수 name에 할당한다.

스니펫 [2]는 name 변수에 저장된 값을 보여준다. name 변수를 평가하면 문자열이기 때문에 'Paul'과 같이 작은따옴표로 둘러싸인 값이 출력된다. name을 출력하면 (스니펫 [3]) 작은따옴표 없이 문자열만 출력된다. 작은따옴표를 입력하면 이것도 문자열에 일부로 포함된다.

```
In [4]: name = input("What's your name? ")
What's your name? 'Paul'

In [5]: name
Out[5]: "'Paul'"

In [6]: print(name)
'Paul'
```

input 함수는 항상 문자열을 반환한다

두 개의 숫자를 읽고 이들 두 개의 수를 더하는 스니펫을 살펴보자.

```
In [7]: value1 = input('Enter first number: ')
Enter first number: 7

In [8]: value2 = input('Enter second number: ')
Enter second number: 3

In [9]: value1 + value2
Out[9]: '73'
```

정수 7과 3을 더하면 10이 된다. 하지만 파이썬은 ***문자열*** '7'과 '3'을 더해서 '73'이라는 ***문자열***이 되는데, 이것은 문자열이 합쳐진 것이다. 왼쪽 피연산자의 값 뒤에 오른쪽 피연산자의 값이 들어있는 새 문자열을 만든 것이다.

사용자에게 숫자 입력받기

정수가 필요하면 내장된 **함수 int**를 사용해서 문자열을 정수로 변환한다.

```
In [10]: value = input('Enter an integer: ')
Enter an integer: 7

In [11]: value = int(value)

In [12]: value
Out[12]: 7
```

스니펫 [10]과 [11]에 있는 코드를 합쳤다.

```
In [13]: another_value = int(input('Enter another integer: '))
Enter another integer: 13

In [14]: another_value
Out[14]: 13
```

value와 another_value 변수에는 정수가 저장되어 있고 이들 값을 합쳐서 결과를 낸다. (이때 단순히 이어붙이지 않는다.)

```
In [15]: value + another_value
Out[15]: 20
```

int로 보낸 문자열을 정수로 변경할 수 없으면 ValueError가 발생한다.

```
In [16]: bad_value = int(input('Enter another integer: '))
Enter another integer: hello
------------------------------------------------------------------------------------
```

```
ValueError                                Traceback (most recent call last)
<ipython-input-16-cd36e6cf8911> in <module>()
----> 1 bad_value = int(input('Enter another integer: '))

ValueError: invalid literal for int() with base 10: 'hello'
```

또한 int 함수는 부동소수점 수도 정수로 바꿀 수 있다.

```
In [17]: int(10.5)
Out[17]: 10
```

문자열을 부동소수점 수로 전환하기 위해서 내장 함수 float 함수를 사용한다.

2.7 판단하기: if 구문과 비교 연산자

조건은 True(참) 또는 False(거짓) 값을 갖는 불리언 표현식이다. 다음에서는 7이 4보다 큰지, 7이 4보다 작은지 확인해 본 것이다.

```
In [1]: 7 > 4
Out[1]: True

In [2]: 7 < 4
Out[2]: False
```

True와 False는 파이썬의 키워드이다. 식별자로 키워드로 사용하면 **문법 오류**가 발생한다. True와 False는 첫 글자가 영문 대문자이다.

다음 표에는 **비교 연산자**를 이용한 조건을 만들 수 있다.

수학 기호	파이썬 연산자	예제	의미
>	>	x > y	x가 y보다 크다.
<	<	x < y	x가 y보다 작다.
≥	>=	x >= y	x가 y보다 크거나 같다.
≤	<=	x <= y	x가 y보다 작거나 같다.
=	==	x == y	x와 y가 같다.
≠	!=	x != y	x와 y는 같지 않다.

>, <, >=, <= 연산자들은 모두 우선순위가 같다. 연산자 ==과 !=는 우선순위가 동일하고 >, <, >=, <= 연산자들보다 우선순위가 낮다. ==, !=, >=, <=의 경우 중간에 빈 칸이 있으면 문법 오류

가 발생한다.

```
In [3]: 7 > = 4
File "<ipython-input-3-5c6e2897f3b3>", line 1
  7 > = 4
     ^
SyntaxError: invalid syntax
```

!=, >=, <=을 반대로 써도 (예를 들어 =!, =>, =< 인 경우) 문법 오류가 발생한다.

if 구문으로 판단하기: 스크립트 소개

이제 조건에 따라서 어떤 구문(또는 여러 구문들)을 실행하도록 결정하는 간단한 if 구문을 살펴보자. 사용자에게서 받은 두 수를 읽고서 일렬로 나열된 여섯 개의 구문을 사용해서 비교한다. 이때 각각의 구문에는 비교 연산자가 사용된다. if 구문의 조건이 True(참)이면 그 안에 print 구문을 실행하고, 아니면 그대로 진행한다.

간단한 코드를 실행하고 그 결과를 바로 확인하려면 IPython 대화형 모드가 좋다. 하지만 여러 구문들을 한 번에 실행할 때 이번 예제의 경우에는 fig02_01.py와 같이 .py(파이썬의 약자)로 끝나는 파일에 스크립트로 저장한다. 스크립트를 '프로그램(program)'이라고도 한다. 이 책에 있는 스크립트가 어디에 있는지 확인하고, 그 스크립트를 실행하려면 1장의 '1.5 시운전' 절을 다시 읽어보기 바란다.

스크립트를 실행하면 여섯 개의 조건 중 세 개의 조건이 **True(참)**가 되는데, 이것을 확인하려면 스크립트를 세 번 실행해 본다. 먼저 첫 번째 정수가 두 번째 정수보다 ***작은 것***, 두 개의 정수가 ***같은*** 경우, 그리고 마지막은 첫 번째 정수가 두 번째 정수보다 ***큰 경우***인데, 실행 결과는 스크립트 다음에 나온다.

앞으로는 이번처럼 스크립트를 소개할 때 스크립트와 실행 화면을 차례대로 보여준 후에 스크립트 코드를 설명할 것이다. 코드를 쉽게 읽을 수 있도록 소스에 줄 번호를 붙여서 보여줄 것인데, 이때 줄 번호는 파이썬 코드에 포함되지 않는다. IDE를 이용하면 소스에 줄 번호를 붙일지 선택할 수 있다. 이번 예제를 실행하기 위해서 이번 장의 소스 파일이 있는 ch02 예제 폴더로 이동한 후에 다음 명령을 입력한다.

```
ipython fig02_01.py
```

또는 IPyhton 인터프리터에 들어가 있는 상태이면 다음 명령을 실행한다.

```
run fig02_01.py
```

```
1  # fig02_01.py
2  """if 구문과 비교 연산자를 이용해서 수를 비교한다."""
3
4  print('두 개의 정수를 입력하고 ',
5        '그들 간의 관계를 출력한다.')
```

```
6
7  # 첫 번째 정수를 읽는다.
8  number1 = int(input('첫 번째 정수를 입력하세요: '))
9
10 # 두 번째 정수를 읽는다.
11 number2 = int(input('두 번째 정수를 입력하세요: '))
12
13 if number1 == number2:
14     print(number1, '과(와)', number2, '가 동일하다.')

15
16 if number1 != number2:
17     print(number1, '과(와)', number2, '가 같지 않다.')
18
19 if number1 < number2:
20     print(number1, '이(가)', number2, '보다 작다.')
21
22 if number1 > number2:
23     print(number1, '이(가)', number2, '보다 크다.')
24
25 if number1 <= number2:
26     print(number1, '이(가)', number2, '보다 작거나 같다.')
27
28 if number1 >= number2:
29     print(number1, '이(가)', number2, '보다 크거나 같다.')
```

```
두 개의 정수를 입력하고 그들 간의 관계를 출력한다.
첫 번째 정수를 입력하세요: 37
두 번째 정수를 입력하세요: 42
37 과(와) 42 가 같지 않다.
37 이(가) 42 보다 작다.
37 이(가) 42 보다 작거나 같다.
```

```
두 개의 정수를 입력하고 그들 간의 관계를 출력한다.
첫 번째 정수를 입력하세요: 7
두 번째 정수를 입력하세요: 7
7 과(와) 7 가 동일하다.
7 이(가) 7 보다 작거나 같다.
7 이(가) 7 보다 크거나 같다.
```

```
두 개의 정수를 입력하고 그들 간의 관계를 출력한다.
첫 번째 정수를 입력하세요: 54
두 번째 정수를 입력하세요: 17
```

```
54 과(와) 17 가 같지 않다.
54 이(가) 17 보다 크다.
54 이(가) 17 보다 크거나 같다.
```

2

주석

라인 1은 해시 문자(#)로 시작해서, 이 줄이 **주석**임을 표시한다.

```
# fig02_01.py
```

파일을 쉽게 알아볼 수 있도록 스크립트마다 파일 이름을 주석으로 추가했다. 주석은 코드가 있는 줄에서 오른쪽에 넣어서 그 줄의 마지막까지를 주석으로 처리한다.

독스트링

*파이썬 코드 스타일 가이드*에 따르면 각 스크립트는 라인 2처럼 스크립트의 목적을 설명하는 독스트링으로 시작해야 한다.

```
"""if 구문과 비교 연산자를 이용해서 수를 비교한다."""
```

좀 더 복잡한 스크립트라면 독스트링이 여러 줄이 되기도 한다. 이후 장에서는 새로운 기능 및 클래스와 같이 사용자가 정의한 스크립트 구성 요소를 설명하기 위해 독스트링을 사용할 것이다. IPython의 도움말 기능을 사용해서 이 독스트링을 어떻게 볼 수 있는지 나중에 설명할 것이다.

빈 줄

라인 3은 아무것도 없는 빈 줄이다. 코드를 읽기 쉽게 만들기 위해서 빈 줄과 공백을 사용하는데, 빈 줄과 공백, 탭을 모두 공백이라고 할 수 있다. 파이썬은 대부분의 공백을 무시하지만, 일부 들여쓰기에 필요할 수 있다.

긴 구문을 여러 줄로 나누기

```
print('두 개의 정수를 입력하고 ',  '그들 간의 관계를 출력한다.')
```

라인 4~5는 사용자에게 지시 사항을 출력한다. 한 줄에 표시하기에는 명령이 너무 길어서 두 줄로 나누었다. `print` 함수에 콤마를 사용해서 여러 개의 값을 입력했던 것을 기억할 것이다. `print` 함수는 인수로 입력된 값을 공백으로 구분해서 각각을 별도로 출력했다.

보통은 한 줄에 쓰지만 백슬래시(\)를 이용해서 긴 구문을 여러 줄로 나눌 수 있다. 또한 파이썬은 괄호 안에 있는 긴 코드의 경우 백슬래시(\)를 사용하지 않고도 코드를 나눌 수 있다(라인 4~5처럼). 이 방법이 *파이썬 코드 스타일 가이드*에서 추천하는 긴 코드를 나누는 방법인데, 항상 적당한 위치를 찾아서 줄을 나누어야 한다. 예를 들어 `print` 함수에 대해서 했던 앞의 코드처럼 쉼표 뒤에서 끊거나 긴 표현식인 경우에 연산자 앞에서 끊어주는 방식이다.

사용자로부터 정수 읽어들이기

다음으로 라인 8과 라인 11은 내장 함수 `input`과 `int` 함수를 이용해서 사용자에게 프롬프트를 출력하고 두 개의 정수값을 받았다.

if 구문

```
if number1 == number2:
    print(number1, '과(와)', number2, '가 동일하다.')
```

라인 13~14에 있는 `if` 구문은 == 비교 연산자를 사용해서 number1과 number2가 같은 값을 갖는지 확인한다. 동일하다면 조건식은 True(**참**)이 되고 라인 14에서 값이 동일하다는 메시지를 출력한다. 나머지 `if` 구문의 조건들이 True(**참**)(라인 16, 19, 22, 25, 28)이면 그것에 해당하는 문자열이 출력된다.

각각의 구문은 `if` 키워드와 조건식, 콜론(:) 그리고 바로 뒤에 스위트라고 하는 들여쓰기된 코드로 구성된다. 각 스위트에는 하나 이상의 구문이 있어야 한다. 조건식의 뒤에 콜론도 기억해야 한다. 이것은 흔히 하는 문법 오류이다.

스위트 들여쓰기

파이썬은 스위트에 있는 구문들을 들여쓰기해야 한다. ***파이썬 코드 스타일 가이드***에서는 4개의 공백을 사용해서 들여쓰기를 하도록 권장하고 있고, 이 책에서는 이 관례를 따르고 있다. 다음 장에서 들여쓰기를 잘못했을 때 발생하는 오류를 설명할 것이다.

혼동하기 쉬운 ==와 =

`if` 구문의 조건절에서 동일 연산자(==) 대신 대입 심벌(=)을 사용하면 문법 오류가 발생한다. 이런 문제를 피하기 위해서 ==를 "~는 ~와 같다"라고 읽고, =를 "~에 ~를 대입한다"라고 읽는 것이 좋다. 다음 장에서는 대입 구문에서 = 대신 ==를 사용했을 때 발생하는 미묘한 문제를 보여줄 것이다.

범위 비교 연산자(Chaining Comparisons)

어떤 값의 범위를 확인하고 싶을 때 범위 비교를 사용할 수 있다. 다음 비교문은 x가 1과 5 사이의 값인지 확인한다.

```
In [1]: x = 3

In [2]: 1 <= x <= 5
Out[2]: True

In [3]: x = 10

In [4]: 1 <= x <= 5
Out[4]: False
```

지금까지 본 연산자들의 우선순위

이번 장에서 소개했던 연산자들은 다음과 같은 것이 있다.

연산자	결합 순서	타입
( )	오른쪽으로	괄호
**	왼쪽으로	거듭제곱
*, /, //, %	오른쪽으로	곱셈, 나눗셈, 몫, 나머지
+, −	오른쪽으로	덧셈, 뺄셈
<, <=, >, >=	오른쪽으로	보다 작은, 작거나 큰, 보다 큰, 크거나 같은
==, !=	오른쪽으로	같다, 같지 않다.

표에 있는 연산자들은 위에서 아래로 내려갈수록 우선순위가 떨어진다. 여러 개의 연산자가 포함된 식을 만들 때 여러분이 의도했던 순서로 평가될 수 있는지 표를 참고해서 확인하기 바란다.

https://docs.python.org/3/reference/expressions.html#operator-precedence

2.8 객체와 동적 타입

7(정수), 4.1(부동소수점 수) 그리고 'dog' 같은 값은 모두 객체들이다. 모든 객체들은 타입이 있고 값을 가진다.

```
In [1]: type(7)
Out[1]: int

In [2]: type(4.1)
Out[2]: float

In [3]: type('dog')
Out[3]: str 'dog'
```

객체의 값은 객체가 가지고 있는 데이터이다. 위에서 보았던 것은 int(정수용), float(부동소수점 숫자용) 그리고 str(문자열용) 같은 내장 타입의 객체이다.

객체를 참조하는 변수

객체를 변수에 설정하면 변수가 객체와 연동된다. 이미 살펴보았던 것처럼 코드에서 변수를 사용해서 객체의 값에 접근할 수 있다.

```
In [4]: x = 7

In [5]: x + 10
Out[5]: 17

In [6]: x
Out[6]: 7
```

스니펫 [4]의 대입문 이후에 변수 x는 7이라는 값을 가지고 있는 정수 객체를 참조한다. 스니펫 [6]에서 보여지는 것처럼 스니펫 [5]로는 x 값을 변경할 수 없지만, 다음과 같은 구문으로 x의 값을 변경할 수 있다.

```
In [7]: x = x + 10

In [8]: x
Out[8]: 17
```

동적 타입핑

파이썬은 코드를 실행하는 동안 변수가 참조하는 객체의 타입을 결정할 때 동적 타이핑을 사용한다. 변수 x에 다른 객체를 다시 바인딩시키고 그것의 타입을 확인해 보면 알 수 있다.

```
In [9]: type(x)
Out[9]: int

In [10]: x = 4.1

In [11]: type(x)
Out[11]: float

In [12]: x = 'dog'

In [13]: type(x)
Out[13]: str
```

가비지 컬렉션

파이썬은 메모리에 객체를 생성하고 필요에 따라 메모리에서 객체를 제거한다. 스니펫 [10] 이후에 변수 x는 float 객체를 참조한다. 스니펫 [7]에서 보았던 integer 객체는 더 이상 연결된 변수가 없다. 이후의 장에서 더 논의하겠지만 파이썬은 자동으로 이런 객체들을 메모리에서 제거한다. '가비지 컬렉션(garbage collection)'이라고 부르는 이 과정은 새로운 객체를 생성할 수 있는 메모리를 확보하는데 도움이 된다.

2.9 데이터과학 들어가기: 기본적인 기술적 통계

데이터과학에서 데이터를 설명하고 요약하는 데 통계를 자주 사용할 것이다. 우선 몇 가지 기술적인 통계에 대해서 소개하면서 시작해 본다.

- 최솟값: 값 중에서 가장 작은 값
- 최댓값: 값 중에서 가장 큰 값
- 범위: 가장 작은 값에서 가장 큰 값까지 영역
- 개수: 데이터에 있는 값의 개수
- 합: 데이터에 있는 값의 총합

다음 장에서 ***개수***와 ***합***을 구하는 방법을 살펴볼 것이다. 산포도('변동성 측정'이라고도 함)는 **범위**처럼, **분산 값**이 어떻게 분포되어 있는지 알아보는 데 좋다. 나중에 다른 장에서 설명할 또 다른 분산 측정 방식으로 ***분산***과 ***표준 편차***가 있다.

세 개의 값 중에 최솟값 구하기

먼저 최소 세 개의 값을 수동으로 결정하는 방법을 알아보자. 다음 스크립트는 세 개의 입력을 받고 if 구문으로 이 값 중에서 최솟값을 결정하고 출력한다.

```
1  # fig. 2.2: fig02_02.py
2  """세 개의 값 중에 최솟값 구하기"""
3
4  number1 = int(input('첫 번째 정수를 입력해 주세요: '))
5  number2 = int(input('두 번째 정수를 입력해 주세요: '))
6  number3 = int(input('세 번째 정수를 입력해 주세요: '))
7
8  minimum = number1
9
10 if number2 < minimum:
11     minimum = number2
```

```
12
13 if number3 < minimum:
14     minimum = number3
15
16 print('최솟값은', minimum)
```

```
첫 번째 정수를 입력해 주세요: 12
두 번째 정수를 입력해 주세요: 27
세 번째 정수를 입력해 주세요: 36
최솟값은 12
```

```
첫 번째 정수를 입력해 주세요: 27
두 번째 정수를 입력해 주세요: 12
세 번째 정수를 입력해 주세요: 36
최솟값은 12
```

```
첫 번째 정수를 입력해 주세요: 36
두 번째 정수를 입력해 주세요: 27
세 번째 정수를 입력해 주세요: 12
최솟값은 12
```

세 개의 값을 입력하고 나면 한 번에 하나의 값을 처리한다.

- 첫 번째로 number1에 가장 작은 값이 있다고 가정하면 라인 8에서 이 숫자를 minimum 변수에 대입한다. 물론 number2와 number3에도 실제로 가장 작은 값이 있을 수도 있기 때문에 minimum과 이들 값을 비교해야 한다.
- 첫 번째 if 구문(10~11행)은 number2 < minimum을 비교한다. 이 조건절이 **참**이면 number2에 있는 값을 minimum에 설정한다.
- 두 번째 if 구문(13~14행)은 number3 < minimum을 테스트해 본다. 이 조건절이 **참**이면 number3를 minimum에 대입한다.

이제 minimum 변수에 있는 값은 가장 작은 값으로, 이 값을 출력한다. 스크립트를 세 번 실행해 보았다. 프로그램은 사용자가 가장 작은 수를 언제 입력하는지에 상관없이 가장 작은 값을 찾아낸다.

내장 함수 min, max 이용해 최솟값, 최댓값 구하기

파이썬에는 내장 함수가 많아서 일반적인 작업을 할 수 있다. 내장 함수인 min, max 함수를 이용하면 여러 값들 중에서 최솟값, 최댓값을 각각 찾아낼 수 있다.

```
In [1]: min(36, 27, 12)
Out[1]: 12

In [2]: max(36, 27, 12)
Out[2]: 36
```

min, max 함수는 여러 개의 인수를 받을 수 있다.

값의 범위 알아내기

값의 ***범위***는 단순하게 최솟값과 최댓값으로, 위의 예에서 범위는 12에서 36까지이다. 대부분의 데이터과학은 데이터에 대해서 알아내는 것에 초점을 맞추고 있는데, 기술적 통계는 이런 과정에서 중요하다. 하지만 이 통계를 어떻게 해석해야 하는지도 알고 있어야 하다. 예를 들어 100개의 수가 있고 12에서 36까지의 범위의 숫자라고 가정해 보자. 이들 숫자는 고르게 분포되어 있을 수 있지만, 극단적으로 반대의 경우도 있다. 즉 12가 99개 있고 36이 하나만 있거나, 12가 한 개이고 나머지 36이 99개 있을 수도 있다.

함수형 프로그래밍: 리덕션(Reduction)

이 책에서는 다양한 ***함수형 프로그래밍*** 기능을 소개한다. 이것을 통해 더욱 간결하고, 명확하며, 디버깅하기 쉬운 코드, 즉 오류를 쉽게 찾고 수정할 수 있는 코드를 작성할 수 있다. min, max 함수는 **'리덕션'**이라는 함수형 프로그래밍 개념의 좋은 예이다. 이 함수는 수 집합을 하나의 값으로 줄인다. 다른 리덕션 기능으로 합, 평균, 분산 그리고 표준 편차가 있고, 여러분이 직접 리덕션함수를 정의하는 방법도 소개할 것이다.

데이터과학 섹션에서 소개할 것들

다음 두 장에서는 기본적인 기술 통계에 대해 계속 논의할 것이다. 또한 ***평균, 중위수 및 최빈수*** 그리고 ***분산 및 표준 편차를 포함한 산포도 측정*** 방법에 대해서도 이야기할 것이다.

2.10 요약

이번 장에서는 산술식에 대해서 더 알아보았다. 값을 나중에 사용하기 위해 변수에서 저장했다. 파이썬의 산술 연산자들을 소개했고, 모든 식들을 한 줄로 늘어선 형식으로 작성해야 한다는 것도 알아보았다. 내장 함수 print 함수를 통해서 데이터를 출력해 보았고, 작은따옴표, 큰따옴표 그리고 삼중 큰따옴표로 문자열을 만들었다. 삼중 큰따옴표를 이용해서 여러 줄의 문자열을 만들고, 문자열에 작은 따옴표나 큰따옴표도 포함시킬 수 있었다.

input 함수를 사용해서 프롬프트를 출력하고, 사용자로부터 키보드 입력을 받을 수 있으며, int와 float 함수를 이용해서 문자열을 숫자로 변환시켰다. 파이썬의 비교 연산자도 보여주었고, 이것을 스크립트에 사용해서 사용자로부터 두 개의 정수를 읽고 몇 개의 if 구문을 이용해서 값을 비교했다.

파이썬의 동적 타입과 type 함수를 사용해서 객체의 타입을 출력해 보기도 했다. 마지막으로 기본적인 기술적 통계를 소개했고, 최솟값과 최댓값 그리고 이들 값을 이용해서 데이터의 범위를 계산했다. 다음 장에서는 파이썬의 제어문을 소개할 것이다.

Chapter

3

제어문

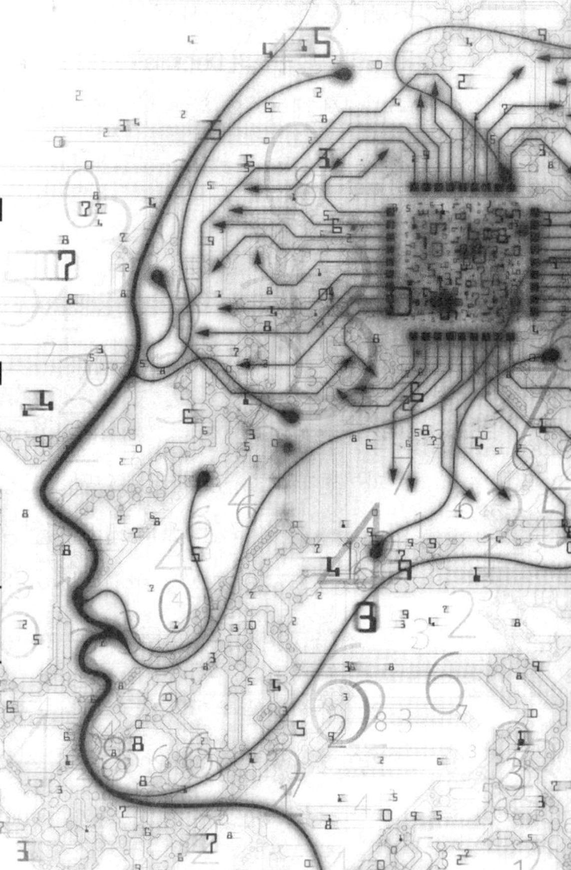

학습 목표

이번 장에서는 다음과 같은 것을 다룬다.

- if, if…else 그리고 if…elif…else로 어떤 것을 실행할지 결정한다.
- while과 for을 이용해서 반복적으로 명령을 실행해 본다.
- 다양한 대입 표현식을 알아본다.
- for문과 내장 함수 range 함수를 이용해서 연속된 숫자에 대해 반복 처리한다.
- while과 함께 제어 명령을 수행해 본다.
- and, or 그리고 not 이용해서 복잡한 조건을 만들어본다.
- break를 이용해서 루프를 중지해 본다.
- continue를 이용해서 바로 다음 회차 반복(loop)으로 강제로 넘어간다.
- 더욱 정확하고 쉽게 디버깅할 수 있으며, 병렬 처리가 쉬운 스크립트를 만들기 위해 함수 프로그래밍 기능을 사용해 본다.

Outline

3.1 개요

이번 장에서는 파이썬의 제어문, 즉 `if`, `if...else`, `if...elif...else`, `while`, `for`, `break`, `continue` 등을 소개하려고 한다. 시퀀스에 대한 순회를 할 때는 `for`문을 사용하는데, 시퀀스에 있는 요소들의 수가 `for`문에 수행하는 반복 횟수가 된다는 것을 보게 될 것이다. 내장 함수 `range` 함수를 이용해서 일련의 연속된 정수도 생성해 보자.

`while`문을 이용해서 조건으로 제어되는 반복 구문도 볼 것이다. 정확한 금융 계산을 위한 파이썬 표준 라이브러리의 `Decimal` 타입도 사용해 본다. 다양한 포맷 조정자를 이용해서 f-문자열(포맷 스트링)에서 데이터의 포맷을 조정해 보고, 불리언 연산자인 `and`, `or`, `not`으로 복잡한 조건을 만드는 방법도 살펴볼 것이다. 데이터과학을 소개하는 절에서는 파이썬 표준 라이브러리의 `statistics` 모듈을 이용해서 평균, 중앙값, 최빈값 등 데이터의 전체적인 경향을 측정하는 방법에 대해서 생각해 볼 것이다.

3.2 제어문

파이썬에는 조건에 따라서 어떤 코드를 실행할지 결정하는 세 가지 방법이 있다.

- `if`문은 조건이 `True`이면 동작을 수행하고, `False`이면 무시하고 지나간다.
- **`if...else`**문은 조건이 `True`이면 동작을 수행하고, `False`이면 *다르게* 동작한다.
- `if...elif...else`문은 여러 조건들의 참, 거짓에 따라서 다르게 동작한다.

위에서 실행한 동작은 하나 혹은 그 이상의 명령이 될 수 있다.

파이썬은 `while`, `for`이라는 두 가지 반복문이 있다.

- **`while`문**은 주어진 조건이 `True`이면 계속 동작한다.

• **for문**은 주어진 요소가 있을 때 각 아이템마다 동작한다.

키워드

if, elif, else, while, for, True, False 등은 파이썬 키워드이다. 변수 이름과 같이 식별자로 키워드를 사용하면 문법 오류가 발생한다. 다음의 표는 파이썬 키워드 목록이다.

파이썬 키워드				
and	as	assert	async	await
break	class	continue	def	del
elif	else	except	False	finally
for	from	global	if	import
in	is	lambda	None	nonlocal
not	or	pass	raise	return
True	try	while	with	yield

3.3 if문

if문을 직접 실행해 보자.

```
In [1]: grade = 85

In [2]: if grade >= 60:
   ...:     print('Passed')
   ...:
Passed
```

grade >= 60이라는 조건이 True가 되기 때문에 if의 스위트로 있는 'print' 명령이 문자열 'Passed'를 출력한다.

스위트의 들여쓰기

스위트에 있는 코드 들여쓰기는 필수이다. 만약 들여쓰기하지 않으면 IndentationError 문법 오류가 발생한다.

```
In [3]: if grade >= 60:
   ...: print('Passed') # 들여쓰기가 되지 않음
  File "<ipython-input-3-f42783904220>", line 2
    print('Passed') # 들여쓰기가 되지 않음
        ^
IndentationError: expected an indented block
```

또한 IndentationError는 같은 스위트에서 여러 구문이 있을 때 들여쓰기 방법이 ***동일하지*** 않아도 발생한다.

```
In [4]: if grade >= 60:
   ...:      print('Passed') # 빈칸 4개로 들여쓰기
   ...:    print('Good job!) # 잘못해서 빈칸 두 개로만 들여쓰기
  File <ipython-input-4-8c0d75c127bf>, line 3
    print('Good job!) # 잘못해서 빈칸 두 개로만 들여쓰기
    ^
IndentationError: unindent does not match any Outer indentation level
```

가끔 오류 메시지가 명확하지 않을 수 있지만, 파이썬이 강조하는 라인만으로 문제가 무엇인지 충분히 파악할 수 있다. 코드로 작성할 때는 들여쓰기를 동일하게 적용해야 한다. 일관성 있게 들여쓰기 된 프로그램은 코드를 읽기 어렵다.

모든 식은 참 또는 거짓으로 평가될 수 있다

어떤 식이든지 판단의 근거로 사용될 수 있다. 0이 아닌 값은 **참**이고, 0은 **거짓**이다.

```
In [5]: if 1:
   ...:      print('# 0이 아닌 값은 참이기 때문에 이 문장은 출력된다.')
   ...:
# 0이 아닌 값은 참이기 때문에 이 문장은 출력된다.

In [6]: if 0:
   ...:      print('0은 거짓이므로 이 문장은 출력되지 않는다.')

In [7]:
```

문자가 있는 문자열은 참(True)이고 비어 있는 문자열('', "", """""")은 거짓(False)이다.

혼동되는 ==와 =

대입 구문에서 = 대신 동등 연산자 ==를 사용하면 미묘한 문제가 발생할 수 있다. 예를 들어 이번 세션의 스니펫 [1]에서 grade에 값을 대입했다.

```
grade = 85
```

이것 대신 실수로 다음과 같이 썼다면

```
grade == 85
```

값이 grade에 할당되지 않고 NameError가 발생한다. grade가 앞에서 미리 설정이 되어 있다면 grade ==85는 단지 참 또는 거짓으로 평가되고 grade 값이 변경되지 않는데, 이것을 '로직 오류'라고 한다.

3.4 if…else와 if…elif…else문

if…else문은 조건절이 참 또는 거짓인지에 따라 다른 스위트 코드를 실행한다.

```
In [1]: grade = 85

In [2]: if grade >= 60:
   ...:     print('Passed')
   ...: else:
   ...:     print('Failed')
   ...:
Passed
```

위에서 본 조건절은 **참**이기 때문에 'Passed' 문자열을 출력한다. 이때 print('Passed')을 입력하고 Enter를 누르면 IPython이 자동으로 네 개의 공백으로 들여쓰기한다는 것에 주목해야 한다. 이 네 개의 공백을 제거하고 if의 i 자리에 else: 스위트가 올바르게 들어갈 수 있도록 해야 한다.

다음 코드는 변수 grade에 57을 대입하고, if…else문에서 조건이 거짓일 때, else 스위트가 실행되는 것을 보여준다.

```
In [3]: grade = 57

In [4]: if grade >= 60:
   ...:     print('Passed')
   ...: else:
   ...:     print('Failed')
   ...: Failed
```

↑, ↓를 사용하여 현재 대화형 세션에 있는 스니펫을 앞뒤로 탐색하고 Enter를 누르면 현재 보이는 스니펫을 다시 실행시킨다. grade 변수에 99를 설정하고, ↑를 두 번 눌러서 스니펫 [4]에 있는 코드로 이동한다. 그런 다음 Enter를 눌러서 다시 실행하면 스니펫 [6]처럼 다시 실행되고, 다시 실행된 스니펫은 새로운 ID를 할당받는다.

```
In [5]: grade = 99

In [6]: if grade >= 60:
   ...:     print('Passed')
   ...: else:
   ...:     print('Failed')
   ...:
Passed
```

조건식

간혹 if...else 절에서 조건에 따라서 다른 값을 변수에 실행해야 할 때가 있다.

```
In [7]: grade = 87

In [8]: if grade >= 60:
   ...:     result = 'Passed'
   ...: else:
   ...:     result = 'Failed'
      ...:
```

우리는 이 변수를 출력하거나 평가할 수 있다.

```
In [9]: result
Out[9]: 'Passed'
```

스니펫 [8]처럼 축약된 표현식으로 명령을 작성할 수 있다.

```
In [10]: result = ('Passed' if grade >= 60 else 'Failed')

In [11]: result
Out[11]: 'Passed'
```

괄호는 꼭 필요한 것은 아니지만, 이렇게 하면 조건식의 결과값을 변수에 분명하게 할당할 수 있다. 먼저 파이썬은 조건식 grade >= 60을 실행한다.

- 스니펫 [10]의 조건식이 **참**이면 if의 ***왼쪽*** 표현식의 값인 'Passed'가 **결과값**으로 설정된다. 이때 else에 있는 코드는 무시된다.
- 스니펫 [10]의 조건식이 **거짓**이면 else의 ***오른쪽***에 있는 표현식의 값이 result에 설정된다. 즉 'Failed'가 설정된다.

대화형 모드에서는 조건식을 바로 평가해 볼 수 있다. 다음을 살펴보자.

```
In [12]: 'Passed' if grade >= 60 else 'Failed'
Out[12]: 'Passed'
```

스위트에 여러 명령문 사용하기

다음 코드는 if...else문에서 else 부분에 두 개의 명령을 사용하고 있는 것을 보여준다.

```
In [13]: grade = 49

In [14]: if grade >= 60:
```

```
   ...:     print('Passed')
   ...: else:
   ...:     print('Failed')
   ...:     print('You must take this course again')
   ...:
Failed
You must take this course again
```

이 경우 grade는 60보다 작기 때문에 else에 있는 *두 개*의 명령이 실행된다.

두 번째 print 명령이 들여쓰기가 안 되어 있으면 else 스위트의 코드로 보지 않는다. 그렇게 되면 해당 코드는 *항상* 실행되기 때문에 이상한 결과가 나올 수 있다.

```
In [15]: grade = 100

In [16]: if grade >= 60:
    ...:     print('Passed')
    ...: else:
    ...:     print('Failed')
    ...: print('You must take this course again')
    ...:
Passed
You must take this course again
```

if…elif와 if…elif…else문

if…elif…else문을 사용하면 다양한 경우에 대해 처리할 수 있다. 다음 코드는 90보다 크면 'A', 80~89까지는 'B', 70~79까지는 'C', 60~69까지는 'D', 나머지는 'F'를 출력한다. ***첫 번째***로 조건이 **참**이 되는 것만 실행된다. 스니펫 [18]은 grade가 77이기 때문에 'C'를 출력한다.

```
In [17]: grade = 77

In [18]: if grade >= 90:
    ...:     print('A')
    ...: elif grade >= 80:
    ...:     print('B')
    ...: elif grade >= 70:
    ...:     print('C')
    ...: elif grade >= 60:
    ...:     print('D')
    ...: else:
    ...:     print('F')
    ...:
C
```

첫 번째 조건식(grade >= 90)은 **거짓**이기 때문에 print('A') 코드는 실행하지 않고 넘어가고, 두 번째 식(grade >=80)도 거짓이라서 print('B')를 실행하지 않는다. 세 번째 식 (grade >=70)이 참이므로 print('C') 명령이 실행되고, if…elif…else문에 있는 나머지 코드는 모두 실행되지 않고 무시된다. if…elif…else는 각각 별도로 if문을 나누어서 실행한 것보다 실행 속도가 빠르다. 테스트하려는 조건식이 참이 되면 거기서 나머지 조건을 확인하지 않기 때문이다.

else는 선택적이다

if…elif…else문에서 else는 선택해서 사용할 수 있다. else는 *모든* 조건이 맞지 않는 경우를 처리할 수 있게 해 준다. else 없이 if…elif문만 있을 때 모든 조건식을 거짓이 되면 프로그램은 if…elif 문의 어떤 코드도 실행하지 않고 if…elif문의 다음에 있는 명령을 순차적으로 실행한다. else를 지정할 때는 마지막 elif 다음에 오도록 해야 하고, 그렇지 않으면 SyntaxError 예외가 발생한다.

논리 오류

스니펫 [16]에 있는 것처럼 들여쓰기가 ***잘못된 코드***는 ***로직 오류***가 발생하는 좋은 예이다. 코드는 실행되지만 이상한 결과가 나온다. 스크립트에서 ***심각한 오류***가 발생하는 경우 (0으로 나눗셈을 하려고 할 때 발생하는 ZeroDivisionError 같은) 예외가 발생하고 파이썬은 트레이스백을 화면에서 출력하고 스크립트를 중단한다. ***대화형 모드에서 중대한 오류***가 발생하면 현재 실행한 스니펫만 중지하고, IPython은 다음 입력을 기다린다.

3.5 while문

while문을 사용하면 조건이 만족하는 동안 하나 또는 그 이상의 동작을 ***반복***할 수 있다. 50보다 큰 가장 작은 3의 거듭제곱수 찾는 데 while을 사용해 보자.

```
In [1]: product = 3

In [2]: while product <= 50:
   ...:     product = product * 3
   ...:
In [3]: product
Out[3]: 81
```

Snippet[3]에서 product 변수를 평가해서 81이라는 값을 확인할 수 있는데, 이 수가 바로 50보다 큰 첫 번째 3의 거듭제곱이다.

while의 스위트에 있는 코드가 product의 값을 바꾸고 이것이 결국 조건식을 거짓이 되도록 해야 한다. 그렇지 못하면 무한 루프에 빠진다. 터미널(또는 아나콘다 커맨드 프롬프트, 셸)에서 실행시킨 애플리케이션이라면 [Ctrl]+[C] 또는 [Control]+[C]를 눌러서 무한 루프를 중지시킬 수 있다. IDE에는 프로그램을 중지시키는 툴바 버튼이나 메뉴가 있다.

3.6 for문

for문을 사용하면 아이템 목록에서 각 아이템에 대해 하나 또는 여러 개의 동작을 ***반복***할 수 있다. 예를 들어 문자열에 있는 문자들을 순서대로 나열할 수 있다. 'Programming'이라는 문자열에 있는 문자를 두 칸의 공백으로 구분해서 출력한다고 가정해 보자.

```
In [1]: for character in 'Programming':
   ...:     print(character, end='  ')
   ...:
P  r  o  g  r  a  m  m  i  n  g
```

다음은 for문에서 실행되는 과정을 설명한 것이다.

- for문에 들어가면 'Programming' 문자열에서 'P' 글자를 for와 in 사이에 있는 **목표(target)**변수에 설정된다. 예제의 경우에는 character가 된다.
- 다음으로 스위트에 있는 구문을 실행한다. character에 있는 값을 출력하고 두 개의 공백을 뒤에 출력한다. 이 부분에 대해서 나중에 더 설명할 예정이다.
- 스위트를 실행하고 나면 파이썬은 목록에 있는 다음 요소를 character에 할당한 후 ('Programming' 문자열에서 'r') 다시 스위트를 실행한다.
- 이 동작은 처리할 요소들이 있으면 계속 반복한다. 예제에서는 'g' 문자와 두 개의 공백을 출력하고 중지된다.

일반적으로 스위트에서 목적 변수를 사용하지만 꼭 그래야 하는 것은 아니다.

print 함수의 end 키워드 인자

내장 함수 print는 주어진 인자들을 출력하고, 다음 줄로 커서를 이동한다.

end 키워드 인자로 이 동작을 바꿀 수 있다.

```
print(character, end='  ')
```

이 코드는 character의 값을 출력하고 뒤에 두 개의 공백을 출력하기 때문에 모든 문자들이 ***같은*** 줄에 출력된다. 파이썬에서 end를 '키워드 인자'라고 하지만, 이것 자체는 파이썬 키워드가 아니다. 키워드 인자는 '이름이 부여된 인자'라고도 부른다. end 키워드 인자는 선택적으로 사용할 수 있고, 이 키워드 인자를 사용하지 않으면 기본값인 줄 바꿈 문자('\n')가 출력된다. ***파이썬 코드 스타일 가이드***에서는 키워드 인자를 사용할 때는 =의 앞뒤에 공백을 사용하지 않도록 권장하고 있다.

print 함수의 sep 키워드 인자

출력하려는 인자들의 값 *사이*에 표시할 문자를 지정할 수 있는 **sep**(separator, 구별자의 약자)이라는 키워드 인자를 사용할 수 있다. 이 값을 지정하지 않으면 기본값으로 공백이 사용된다. 세 개의 숫자들을 출력한다고 가정해 보자. 그리고 각각의 숫자들을 쉼표와 공백 문자로 구분해 보자.

```
In [2]: print(10, 20, 30, sep=', ')
10, 20, 30
```

기본 공백 문자를 제거하고 싶으면 sep=' '(공백 문자열 의미)를 사용한다.

3.6.1 이터러블, 리스트, 이터레이터

for문에서 in의 오른쪽에서 올 수 있는 것은 반드시 이터러블(Iterable)이어야 한다. 즉 for문에서 이터러블에 있는 요소들을 하나씩 가져올 수 있다. 파이썬에서는 문자열 이외에도 많은 이터러블 데이터 타입이 있다. 그중 **list**가 가장 대표적인 유형이다. 이 데이터는 대괄호([,]) 사이에 쉼표로 구분되는 값으로 만들어진다. 다음 코드는 리스트로 된 다섯 개의 숫자의 합을 구한다.

```
In [3]: total = 0

In [4]: for number In [2, -3, 0, 17, 9]:
   ...:     total = total + number
   ...:
In [5]: total
Out[5]: 25
```

모든 시퀀스들은 이터레이터가 있다. for문은 내부적으로 이터레이터가 사용되어 더 이상 가져올 것이 없을 때까지 각 요소를 가져온다. 이터레이터는 책갈피와 비슷하다. 그래서 지금 처리하고 있는 시퀀스가 어디까지 처리되었는지 기억하기 때문에 다음에 호출되었을 때 다음에 처리할 요소를 리턴할 수 있다. '리스트와 튜플' 장에서 리스트에 대해 좀 더 자세히 다룰 것이다. 거기서 리스트에 있는 요소들의 순서에 대한 것과 요소들을 **변경할 수 있는지**에 대해서 알아볼 것이다.

3.6.2 내장 함수 range

for 구문과 내장 함수 range를 이용해 정확히 10번 반복해서 0에서 9까지 출력해 보자.

```
In [6]: for counter in range(10):
   ...:     print(counter, end=' ')
   ...:
0 1 2 3 4 5 6 7 8 9
```

range(10)을 호출하면 0에서 시작해서 하나씩 증가하면서 인자로 들어온 10을 포함하지 ***않는*** 연속된 정수들을 표현하는 이터레이터 객체를 만든다. 예제에서는 0, 1, 2, 3, 4, 5, 6, 7, 8, 9까지의 숫자들을 사용했다. for 구문은 range 함수가 만드는 마지막 정수를 끝내면 중지된다. 이터레이터와 이터러블 객체는 ***파이썬의 함수형 프로그램***을 위한 기능이다. 우리는 이런 기능들을 이 책의 곳곳에서 소개할 것이다.

3

오프-바이-원(Off-By-One) 에러

오프-바이-원 에러가 발생하는 가장 일반적인 경우는 range에 넣었던 값이 이 함수가 생성된 값 리스트에 들어간다고 생각할 때이다. 예를 들어 0에서 9까지의 값을 만들고 싶을 때 range 함수의 **인자**로 9를 입력했으면 range 함수는 0에서 8까지의 수만 만든다.

3.7 증분 대입(Augmented Assignments)

증분 대입(Augmented Assignments)은 할당 연산자(=)의 좌우로 같은 변수가 쓰이는 대입식을 짧게 표현할 수 있다. 다음 예제의 total과 같은 경우이다.

```
for number In  [1, 2, 3, 4, 5]:
    total = total + number
```

스니펫 [2]는 **덧셈 증분(+=) 문**으로 변경할 수 있다.

```
In [1]: total = 0
In [2]: for number In [1, 2, 3, 4, 5]:
   ...:     total += number # total에 number 값을 더한다.
   ...:
In [3]: total
Out[3]: 15
```

스니펫 [2]의 += 식은 먼저 number의 값을 total에 더하고, 이 값을 total 변수에 저장한다. 다음의 표는 증분 대입문을 보여준다.

가정: c = 3, d = 5, e = 4, f = 2, g = 9, h = 12

확장 할당	사용 예	설명	할당되는 값
+=	c += 7	c = c + 7	c에 10 할당
-=	d -= 4	d = d - 4	d에 1 할당
*=	e *= 5	e = e * 5	e에 20 할당
**=	f **= 3	f = f ** 3	f에 8 할당

/=	g /= 2	g = g / 2	g에 4.5 할당
//=	g //= 2	g = g // 2	g에 4 할당
%=	h %= 9	h = h % 9	h에 3 할당

3.8 시퀀스로 제어된 이터레이션; 포맷된 문자열

이번 절과 다음 절은 학급 평균과 관련된 두 가지 문제를 풀어볼 것이다. 이때 다음과 같은 요구 사항이 있다.

10명이 있는 한 학급에서 시험을 보았는데, 이 학생들의 점수(0에서 100까지 범위)가 98, 76, 71, 87, 83, 90, 57, 79, 82, 94이었다. 이 시험에 대한 학급 평균을 구하라.

이 문제를 풀기 위해서 다음 스크립트는 총점을 구하고 평균을 계산해서 결과를 출력한다. 여기서는 10개의 점수를 리스트로 만들어 사용했지만, 여러분은 키보드를 통해서 사용자로부터 점수를 입력받을 수 있다. (다음 예제에서 볼 것이다.) 또는 파일을 통해서 점수를 읽을 수도 있다. ('파일과 예외'에서 어떻게 읽는지 볼 것이다.) 16장에서는 SQL과 NoSQL 데이터베이스에서 데이터를 읽는 방법을 알아볼 것이다.

```
1  # class_average.py
2  """반복을 통해서 학급의 평균을 구하는 프로그램"""
3
4  # 초기화 단계
5  total = 0  # 점수의 총합
6  grade_counter = 0
7  grades = [98, 76, 71, 87, 83, 90, 57, 79, 82, 94]  # 10개의 점수 리스트
8
9  # 처리 단계
10 for grade in grades:
11     total += grade  # grade 값을 total에 더한다.
12     grade_counter += 1  # 처리한 횟수
13
14 # 마지막 단계
15 average = total / grade_counter
16 print(f'학급 평균은 {average}')
```

```
학급 평균은 81.7
```

라인 5~6은 변수 total, grade_counter를 생성하고 0으로 각각 초기화한다.

```
grades = [98, 76, 71, 87, 83, 90, 57, 79, 82, 94] # 10개의 점수 리스트
```

라인 7은 변수 grades를 생성하고 10개의 정수가 포함된 리스트로 초기화한다.

for문을 이용해서 리스트 grades에 있는 각각의 점수를 처리한다. 라인 11은 'grade'라는 값을 total에 저장한다. 그러면 라인 11에서 grades에 있는 수를 어디까지 처리했는지 기억하기 위해서 변수 grade_counter에 1을 더한다. 리스트에 있는 10의 점수를 다 처리하면 루프를 중지한다. *파이썬 스타일 가이드*에서는 라인 8과 라인 13처럼 제어 구문의 앞뒤에 빈 줄을 추가하도록 권장한다. for문이 끝나면, 라인 15는 평균을 계산하고 라인 16에서 값을 출력한다. 이 장의 뒷부분에서 우리는 함수형 프로그래밍을 이용해서 리스트에 있는 숫자들에 대해서 좀 더 정확하게 평균을 계산하는 방법을 사용해 볼 것이다.

포맷이 적용된 문자열

라인 16에서 간단한 f-문자열(formatted string의 약자)을 이용해서 average 변수의 값을 문자열에 삽입하는 방식으로 스크립트 결과 문자열을 만들었다.

```
f'학급 평균은 {average}'
```

문자열을 시작하기 전에 f 문자가 보이는데 이 문자는 f-문자열이라는 것을 명시한다. 중괄호({ 와 })로 값이 들어갈 자리인 *플레이스홀더(placeholder)*를 표시한다.

```
{average}
```

위의 플레이스홀더는 변수 average의 값을 문자열 표현식으로 변환하고 변환된 문자열이 {average}를 대체한다. 플레이스홀더의 표현식에는 값, 변수 또는 계산식이나 함수 같은 표현식도 사용할 수 있다. 라인 16에 있는 average 자리에 total / grade_counter를 사용할 수도 있는데, 이 경우 라인 15는 없어도 된다.

3.9 센티널로 제어되는 이터레이션

학급 평균을 구하는 작업을 일반화해 보자. 우선 다음 요구 사항을 생각해 보자.

프로그램이 실행될 때마다 임의의 수로 구성된 시험 점수를 처리하는 클래스 평균 프로그램을 개발하라.

위의 요구 사항은 점수가 어떻고, 얼마나 많은 점수가 있는지 명시하지 않았기 때문에 우리는 사용자에게 점수를 받을 것이다. 프로그램은 점수를 처리하고, 사용자는 모든 값을 입력할 때까지 한 번에 하나의 점수를 입력한다. 그리고 더 이상 입력할 점수가 없다는 것을 표시하기 위해서 *센티널*(*'시그널 값', '더미 값', '플래그 값'*이라고도 한다.)을 입력한다.

센티널로 제어되는 이터레이션(반복) 만들기

다음 스크립트는 센티널로 제어되는 반복문을 사용해서 구한다. 이 경우 0으로 나눌 가능성도 있기 때문에 이를 확인한다. 이것을 체크하지 않으면 중대한 로직 오류가 발생할 수 있다. '파일과 예외'에서 예외를 인식하고 적절하게 동작하는 프로그램을 작성할 것이다.

```
1  # class_average_sentinel.py
2  """센티널로 제어되는 반복으로 평균을 구하는 프로그램"""
3
4  # 초기화 단계
5  total = 0  # 점수의 총합
6  grade_counter = 0  # 입력한 점수들의 개수
7
8  # 처리 단계
9  grade = int(input('점수 입력, 없으면 -1: ')) # 점수 하나 입력 받기
10
11 while grade != -1:
12     total += grade
13     grade_counter += 1
14     grade = int(input('점수 입력, 없으면 -1: '))
15
16 # 마지막 단계
17 if grade_counter != 0:
18     average = total / grade_counter
19     print(f'학급 평균은 {average:.2f}')
20 else:
21     print('입력된 점수가 없습니다.')
```

```
점수 입력, 없으면 -1: 97
점수 입력, 없으면 -1: 88
점수 입력, 없으면 -1: 72
점수 입력, 없으면 -1: -1
학급 평균은 85.67
```

센티널로 제어되는 이터레이션에서의 프로그램 로직

센티널로 제어되는 반복 로직에서 프로그램은 while문에 도착하기 전에 첫 번째 값을 읽는다(라인 9). 라인 9에서 입력받은 값으로 프로그램이 while문(라인 12~14)으로 들어가야 할지 말지 결정한다. 라인 11에 있는 조건절이 거짓이라면 사용자가 경계값(-1)을 입력한 것이므로 사용자에게 더 이상 점수를 입력받지 않아도 되기 때문에 while문에 들어가지 않아도 된다. 조건식이 참이 되면 while문에 있는 스위트를 실행하고, 추가로 입력한 점수를 total에 추가해서 grade_counter 값을 증가시킨다.

다음으로 라인 14는 사용자로부터 새로운 값을 입력받는다. 조건절(라인 11)에서 사용했던 것과 동일한 조건절로 사용자로부터 받은 마지막 grade 변수를 사용한다. grade 변수의 값은 while문의 조건을 테스트하기 바로 전에 입력받는다. 그리고 grade의 값으로 작업하기 전에 이 값이 경계값인지 확인할 수 있다.

경계값이 들어오면 루프를 종료한다. 프로그램은 입력받은 -1을 total에 더하지 않는다. 사용자로부터 입력받는 루프에서는 프롬프트(라인 9, 14)로 반드시 사용자에게 어떤 값이 경계값인지 알려주어야 한다.

3

평균값을 소수점 이하 둘째 자리까지 포맷팅하기

이번 예제는 소수점이 포함된 수에서 소수점 이하 둘째 자리까지 보이도록 포맷팅을 한다. f-문자열에서 교체-문자열 표현식의 뒷부분에 콜론(:)을 하고 어떻게 표시할지를 지정하는 포맷 지정자를 넣을 수 있다. 포맷 지정자 .2f (라인 19)는 average 변수의 값을 부동소수점 수(f)로 보고 소수부를 두 자리까지만(.2) 표시한다. 예제에서 점수의 총합은 257이고, 이것을 3으로 나누면 85.666666666…이 된다. .2f로 **평균값**을 표시하면 값을 소수점 이하 셋째 자리에서 반올림해서 문자열에 들어갈 값은 85.67이 된다. average의 값에서 소수부가 한 자리만 있는 있는 경우에는 마지막 자리에 0을 추가한다(예를 들어 85.50). '8장 문자열: 한 걸음 더 들어가기'장에서 문자열 포맷팅 기능에 대해 좀 더 자세하게 알아볼 것이다.

3.10 내장 함수 range: 더 들어가기

range 함수는 인자를 두 개 또는 세 개 넣을 수도 있다. 여러분이 보았던 것처럼 range에 인수가 하나만 있는 경우에는 0에서 인수로 넣었던 숫자 바로 전까지의 연속된 정수값을 만든다. range 함수에 두 개의 인자가 들어가면 첫 번째 인자로 입력한 수에서 두 번째 인수로 넣은 숫자 바로 전까지의 연속된 정수값을 반환한다.

```
In [1]: for number in range(5, 10):
   ...:     print(number, end=' ')
   ...:
5 6 7 8 9
```

range 함수에 세 개의 인자가 들어가면 첫 번째 인자로 들어간 수에서 두 번째 인자값 바로 전까지 세 번째 인자로 넣은 값만큼씩 증가하는 (증가값) 수를 만든다.

```
In [2]: for number in range(0, 10, 2):
   ...:     print(number, end=' ')
   ...:
0 2 4 6 8
```

세 번째 인수가 음수이면 첫 번째 인수값으로 넣은 값에서부터 두 번째로 넣은 값 ***바로 전***까지 세 번째 인수만큼 ***줄어드는*** 수를 만든다.

```
In [3]: for number in range(10, 0, -2):
   ...:     print(number, end=' ')
   ...:
10 8 6 4 2
```

3.11 금융 계산을 위한 Decimal 타입 사용하기

이번 절에서는 정확한 금융 계산을 할 수 있는 **Decimal** 타입을 소개하려고 한다. 만약 은행업계같이 1원짜리 하나도 정확히 계산해야 하는 분야에서 일한다면 **Decimal**이 어떤 기능을 가지고 있는지 자세히 알고 있어야 한다.

소수점이 있는 수를 사용하는 최근의 과학 기술과 수학적인 애플리케이션에서 파이썬에 내장된 부동소수점 수는 잘 동작한다. 예를 들어 (화씨) 98.6도의 정상 체온을 이야기할 때 아주 정확한 수가 필요한 것은 아니다. 온도계의 온도를 볼 때 정확한 값 98.5999473210643이어도 98.6로 읽는다. 여기서 요점은 98.6이라는 수가 대부분의 체온 관련 애플리케이션에서는 적당하다는 점이다.

부동소수점 수는 바이너리로 저장된다.(바이너리에 대해서 첫 번째 장에서 소개했고 **부록 '숫자 시스템'**에서 더 깊이 설명할 것이다.) 숫자가 바이너리 표현식으로 바뀔 때 일부 부동소수점 수는 근사값으로만 표현할 수 있다. 예를 들어 112.31 값을 갖는 변수가 있다고 생각해 보자. 이 값을 표시할 때 할당했던 정확한 값이 표시된다.

```
In [1]: amount = 112.31

In [2]: print(amount)
112.31
```

하지만 소수점 20자리나 되는 **정확도**로 이 값을 출력해 보면 **112.31**라는 수가 아니라 메모리에 있는 실제 부동소수점 수를 볼 수 있다.

```
In [3]: print(f'{amount:.20f}')
112.31000000000000227374
```

많은 애플리케이션들은 소수점으로 된 수를 ***정확하게*** 표시할 수 있어야 한다. 하루에 수백만 또는 수십억 개의 거래를 처리하는 은행 같은 기관들은 그들의 거래를 원 단위로 처리해야 한다. 부동소수점 수는 동전을 사용하여 일부 또는 모든 통화 금액을 정확히 나타낼 수 없다.

파이썬의 표준 라이브러리[1]는 '바퀴를 재발명하는' 불필요한 일을 막기 위해서 파이썬 코드에 사용할 수 있는 많은 기능을 제공하고 있다. 금융 계산과 정확한 소수점 수 표현 또는 이것을 조작해야 하는 애플리케이션들을 위해서 파이썬 표준 라이브러리에 **Decimal** 타입을 제공하고 있다. 이 타입은 정확도 문제를 해결한 특별한 방법을 사용하고 있다. 이 방법을 사용하면 수를 저장하기 위해서 더 많은 메모리가 들어가고, 계산을 위해서도 추가적인 처리를 해야 하지만, 금융 계산에서 요구되는 정확도를 제공할 수 있다. 또한 은행에서는 매일 계좌별로 이자를 계산할 때나 ***공정한 반올림 알고리즘***을 사용해야 하는 문제들도 처리해야 하는데, Decimal 타입은 이런 기능도 제공한다.[2]

decimal 모듈에서 Decimal 타입 임포트하기

지금까지 여러 개의 ***내장 타입***을 사용해 보았는데 내장 타입에는 int(10 같은 정수용 타입), float(7.5 같은 부동소수점 숫자용 타입), str('Python'과 같은 문자열용 타입)이 있었다. Decimal 타입은 파이썬에 내장되어 있지 않지만, 이 타입은 파이썬 표준 라이브러리의 일부이고, 라이브러리는 모듈이라고 하는 것으로 나누어져 있다. decimal 모듈은 Decimal 타입과 관련된 다양한 것이 정의되어 있다. Decimal 타입을 사용하려면 먼저 decimal 모듈 전체를 임포트해야 한다.

```
import decimal
```

Decimal 타입은 decimal.Decimal로 사용할 수도 있다. 아니면 from…import 형식처럼 특정 기능만 로드할 수 있도록 지정해야 한다. 우리는 후자의 방법을 사용했다.

```
In [4]: from decimal import Decimal
```

위의 코드는 decimal 모듈에서 Decimal 타입만 임포트한다. 이제 Decimal을 코드에서 사용할 수 있게 되었는데, 다음 장의 앞 부분에서 다양한 import 형식에 대해 이야기해 볼 것이다.

Decimal 생성하기

일반적인 문자열로부터 Decimal 객체를 생성할 수 있다.

```
In [5]: principal = Decimal('1000.00')

In [6]: principal
Out[6]: Decimal('1000.00')

In [7]: rate = Decimal('0.05')

In [8]: rate
Out[8]: Decimal('0.05')
```

1 https://docs.python.org/3.7/library/index.html

2 decimal 모듈에 대한 상세한 내용은 다음을 살펴보자. https://docs.python.org/3.7/library/decimal.html

우리는 곧 principal과 rate 변수를 이용해서 복리 이자 계산을 해볼 것이다.

Decimal 타입 연산

Decimal은 표준 연산자들 +, -, *, /, //, **, %를 사용할 수도 있고, 증분 대입 연산자를 사용할 수도 있다.

```
In [9]: x = Decimal('10.5')
In [10]: y = Decimal('2')

In [11]: x + y
Out[11]: Decimal('12.5')

In [12]: x // y
Out[12]: Decimal('5')

In [13]: x += y

In [14]: x
Out[14]: Decimal('12.5')
```

Decimal 객체와 정수 사이에 연산은 할 수 있지만, Decimal과 부동소수점 수 간의 연산은 허용되지 *않는다*.

복리 이자 문제

Decimal 타입을 이용해서 정확하게 복리 이자를 계산해 보자. 다음과 같은 요구 사항이 있다.

한 사람이 저축 계좌에 1,000달러를 투자하여 5%의 이자를 얻는다. 예금 이자가 모두 계좌에 입금된다고 가정하면, 10년 동안 매년 연말에 계좌에 있는 돈을 계산해 표시한다. 다음 공식을 사용하여 이 금액을 결정해 보자.

$a = p(1+r)^n$

여기에서

p는 투자한 원금,

r은 연간 이자율,

n는 투자한 기간(년 단위),

a는 n년 말에 계좌에 있는 돈

복리 이자 계산

이 문제를 풀기 위해서 스니펫 [5], [7]에서 principal과 rate라는 변수를 정의한다. 그리고 for문에서 계좌에 있는 10년 간의 이자를 계산한다. 반복문에서 연도와 매년 말에 계좌에 있을 **돈**을 출력한다.

```
In [15]: for year in range(1, 11):
    ...:     amount = principal * (1 + rate) ** year
    ...:     print(f'{year:>2}{amount:>10.2f}')
    ...:
 1   1050.00
 2   1102.50
 3   1157.62
 4   1215.51
 5   1276.28
 6   1340.10
 7   1407.10
 8   1477.46
 9   1551.33
10   1628.89
```

요구 사항에 있던 수식 $(1 + r)^n$을 다음과 같이 파이썬으로 작성한다.

```
(1 + rate) ** year
```

*r*에 대응하는 변수 rate를 사용했고 *n*에 대응하는 변수 year를 사용했다.

연도와 계좌 액수 포맷핑하기

```
print(f'{year:>2}{amount:>10.2f}')
```

위의 구문은 루프 결과를 보여주기 위해서 두 개의 플레이홀더를 가지고 있는 f-문자열 사용한다.

```
{year:>2}
```

플레이스홀더는 포맷 지정자 >2를 사용해서 값이 두 자리이고 **오른쪽 정렬(>)**해야 한다고 지정했다. 값의 **자리 크기**는 값을 표시할 때 표시할 글자의 수를 의미한다. 1~9처럼 year 값이 한 자리만 있는 경우 포맷 지정자 >2에 의해서 공백 글자가 앞에 오고 그 다음에 값이 온다. 따라서 첫 번째 열은 year가 오른쪽으로 정렬되는 값이 출력된다. 다음에 나오는 다이어그램은 가로 크기를 2로 지정했을 때 1과 10을 표시하는 방법을 보여준다.

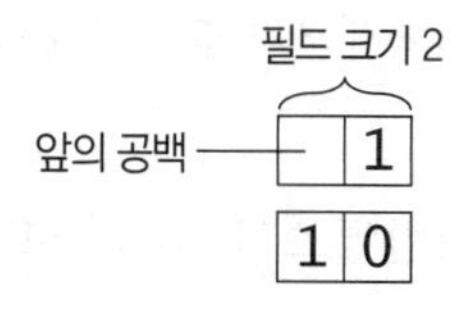

<를 사용하면 **왼쪽 정렬**한다.

```
{amount:>10.2f}
```

플레이스홀더에 있는 포맷 지정자 10.2f는 amount를 부동소수점 수(f)로 보고 숫자가 차지할 자릿수 열자리에 소수부는 두 자리(.2)로 해서 오른쪽 정렬(>)을 한다고 지정한다. 이런 식으로 값을 포맷팅을 하면 ***소수점들이 세로로 나란히 보인다***. 금융에서 돈을 표시할 때 사용하는 것처럼 소수점이 정렬되어 표시되는데, 일반적으로 돈의 액수를 표시할 때 볼 수 있다. 열 자리에서 맨 오른쪽에 표시될 세 글자는 소수점과 소수점 이하에 있는 두 개의 숫자이다. 나머지 일곱 자리에는 앞의 공백과 표시할 수의 왼쪽에 있는 숫자가 온다. 앞의 예제에서는 정수부에 해당하는 수가 네 자리이기 때문에 각 숫자를 표시할 때 세 개의 ***공백 글자***가 앞에 온다. 다음 다이어그램은 1050.00 포맷팅 방식을 방법을 보여주고 있다.

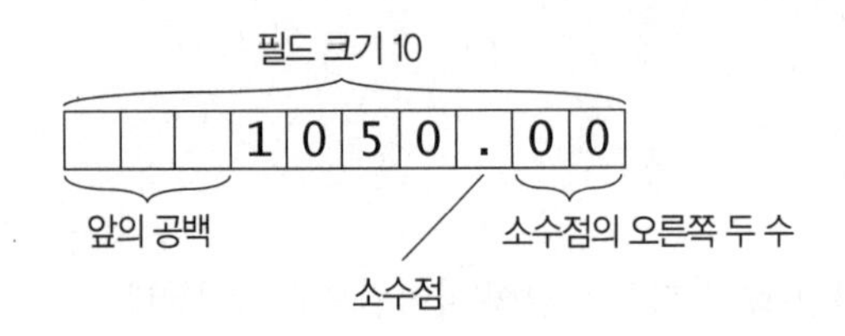

3.12 break와 continue문

break와 continue문은 루프의 흐름을 바꿀 수 있다. while 또는 for문에서 break를 실행하면 루프에서 즉각 빠져나온다. 다음 코드에서 range는 0에서 99까지의 연속된 정수를 만들지만, number가 10이 되면 루프에서 빠져나간다.

```
In [1]: for number in range(100):
   ...:     if number == 10:
   ...:         break
   ...:     print(number, end=' ')
   ...:
0 1 2 3 4 5 6 7 8 9
```

스크립트에서는 for 루프 바로 다음의 명령을 계속 실행하는데, while문이나 for문에는 옵션으로 else 구문을 가질 수 있다. 이 구문은 정상적으로 루프가 종료했을 때, 즉 break로 중지되지 않은 경우에 실행된다.

while과 for 루프에서 **continue**문을 실행하면 루프의 나머지 코드를 실행하지 않는다. while문에서는 조건을 테스트해서 루프를 계속 실행할지 결정한다. for문에서는 다음에 실행할 요소가 있을 때 루프를 실행한다.

```
In [2]: for number in range(10):
   ...:     if number == 5:
   ...:         continue
   ...:     print(number, end=' ')
   ...:
0 1 2 3 4 6 7 8 9
```

3

3.13 불리언 연산자 and, or, not

비교 연산자 >, <, >=, <=, ==, !=는 grade >= 60 처럼 간단한 조건식 형태에 사용할 수 있다. 간단한 조건을 연결해서 좀 더 복잡한 조건을 만들고 싶을 때 and, or, not 등 불리언 연산자를 사용한다.

불리언 and 연산자

제어문을 실행하기 전에 두 가지 조건이 ***모두 참***인지 확인할 때 두 개의 조건은 **불리언 and 연산자**로 연결된다. 다음 코드는 두 개의 변수를 정의한다. 간단한 두 개의 식이 ***모두 참***일 때만 전체 조건식이 **참**이다. 내부의 조건식이 하나 또는 두 개 모두 **거짓**이면 전체 조건식이 **거짓**이 된다.

```
In [1]: gender = 'Female'

In [2]: age = 70

In [3]: if gender == 'Female' and age >= 65:
   ...:     print('Senior female')
   ...:
Senior female
```

위에서 사용하는 if문에는 두 개의 단순 조건을 사용하고 있다.

- gender == 'Female'은 성별이 여성인지 확인한다. 그리고
- age >= 65는 노년인지, 아닌지를 판별한다.

== 연산자가 and보다 우선순위가 높기 때문에 and의 왼쪽에 있는 조건이 먼저 평가된다. >= 연산자가 and보다 우선순위가 높아서 필요하면 and의 오른쪽 조건식이 그 다음으로 평가된다.(나중에 왼쪽 연산자가 **참**인 *경우에만* 오른쪽 식이 실행되는 이유를 간단하게 논의할 것이다.) 두 개의 간단한 조건식이 *모두*가 **참**일 때만, if문의 전체 조건이 **참**이다. 여러 조건이 있는 경우 괄호를 사용해서 더 명확하게 의미를 나타낼 수 있다.

```
(gender == 'Female') and (age >= 65)
```

다음의 표는 and 연산자의 *식1*과 *식2*에서 **참**(True)과 **거짓**(False)으로 나타낼 수 있는 모든 가능한 조합을 보여주고 있는데, 이것을 '*진리표*'라고 한다.

식 1	식 2	식 1 and 식 2
거짓(False)	거짓(False)	거짓(False)
거짓(False)	참(True)	거짓(False)
참(True)	거짓(False)	거짓(False)
참(True)	참(True)	참(True)

불리언 or 연산자

불리언 or 연산자를 사용해서 두 가지 조건 중 하나 ***또는*** 두 가지 조건 모두 **참**일 때를 알 수 있다. 다음 코드는 두 개의 단순식이 하나 ***또는*** 두 개가 모두 **참**인지 테스트하고, 식이 ***모두*** **거짓**일 때만 전체 식이 **거짓**이 된다.

```
In [4]: semester_average = 83

In [5]: final_exam = 95

In [6]: if semester_average >= 90 or final_exam >= 90:
   ...:     print('Student gets an A')
   ...:
Student gets an A
```

스니펫 [6] 은 다음 두 개의 단순 조건식으로 구성되어 있다.

- semester_average >= 90은 학기의 평균 점수가 A (90점 이상)인지 판단한다. 그리고
- final_exam >= 90은 학기말 시험 등급이 A인지 판단한다.

다음은 or 연산자에 대해 요약한 진로표로, or 연산자보다 and 연산자의 우선순위가 더 높다.

식 1	식 2	식 1 or 식 2
거짓(False)	거짓(False)	거짓(False)
거짓(False)	참(True)	참(True)
참(True)	거짓(False)	참(True)
참(True)	참(True)	참(True)

단락 회로 평가 성능 향상시키기

파이썬은 전체 조건문이 **거짓**(False)인지 아는 순간 식의 평가를 바로 중지한다. 마찬가지로 전체 조건식이 참이 된다는 것을 알게 되는 순간 식 평가를 중단하는데, 이것을 '***단락 회로 평가***(*short-*

circuit evaluation)'라고 한다. 따라서 다음과 같은 조건식이 있을 때

```
gender == 'Female' and age >= 65
```

gender 변수가 'Female'이 아닐 경우 전체 식이 반드시 거짓이기 때문에 남아 있는 식을 평가하지 않는다. gender가 'Female'이면 조건식을 계속 수행해야 한다. 왜냐하면 전체 조건식은 age가 65보다 크거나 같은지에 따라서 전체 식이 **참**이 될 수 있기 때문이다.

3

조건식이 다음과 같다면

```
semester_average >= 90 or final_exam >= 90
```

semester_average가 90보다 크거나 같으면 전체 식이 반드시 참이 되기 때문에 식 평가를 즉시 중단한다. semester_average가 90보다 작으면 조건식을 계속 확인해야 한다. 조건식이 final_exam이 90보다 크거나 같을 경우에는 참이 될 수 있기 때문이다.

and가 사용된 식의 경우에는 거짓이 될 수 있는 확률이 높은 조건식을 가장 왼쪽에 오도록 만들어야 한다. or 연산자가 쓰이는 식이면 True가 될 확률이 높은 조건식을 왼쪽에 오게 해야 한다. 이런 기법을 통해서 프로그램의 실행 시간을 단축시킬 수 있다.

불리언 not 연산자

불리언 not 연산자는 조건식의 결과를 뒤집는다. 즉 **참**을 **거짓**으로, **거짓**을 **참**으로 바꾼다. 이것은 단항 연산자로, *하나의* 인수만 갖는다. 원래의 조건(not 연산자가 없는)이 **거짓**인 경우에 실행 경로를 선택하게 하려면 not 연산자를 실행 경로를 선택하는 조건식의 앞에 놓아야 한다. 다음의 코드를 살펴보자.

```
In [7]: grade = 87

In [8]: if not grade == -1:
   ...:     print('The next grade is', grade)
   ...:
The next grade is 87
```

조건식이 좀 더 자연스럽고 편하게 사용할 수 있도록 조건식에서 not을 사용하지 않는 경우도 있다. 예를 들어 앞의 예제에서 보았던 if문을 다음과 같이 다시 작성할 수 있다.

```
In [9]: if grade != -1:
   ...:     print('The next grade is', grade)
   ...:
The next grade is 87
```

다음은 not 연산자에 대한 진리표이다.

식	not 식
거짓(False)	참(True)
참(True)	거짓(False)

다음의 표에서는 지금까지 소개했던 연산자들의 우선순위와 결합 순서를 보여주고 있다. 위에서 아래로 갈수록 우선순위가 낮다.

연산자	결합 순서
()	왼쪽에서 오른쪽으로
**	오른쪽에서 왼쪽으로
* / // %	왼쪽에서 오른쪽으로
+ -	왼쪽에서 오른쪽으로
< <= > >= == !=	왼쪽에서 오른쪽으로
not	왼쪽에서 오른쪽으로
and	왼쪽에서 오른쪽으로
or	왼쪽에서 오른쪽으로

3.14 데이터과학 들어가기: 중심 경향 측정 방법 – 평균, 중앙값, 최빈값

여기서는 통계를 통해서 데이터를 분석하는 방법에 대해 계속 논의한다. 추가적인 기술 통계 방법에는 다음과 같은 것이 더 있다.

- **평균**: 여러 값의 ***평균값***
- **중앙값**: ***모든 값***을 정렬해서 ***가장 중앙에 있는 값***
- **최빈값**: ***가장 많이 등장하는 값***

이런 것은 **중심 경향을 측정하는 방법**이다. 각각은 어떤 값의 집합에 있는 하나의 '중심' 값을 나타내는 대표값이다. 예를 들어 다른 값들의 경향을 알려주는 값이다.

정수 리스트에 대해서 평균, 중앙값, 최빈값을 계산해 보자. 다음 세션은 grades라는 변수에 리스트를 생성하고, 내장 함수 sum, len을 통해서 직접 평균을 계산한다. **sum** 함수는 grades 리스트에 있는 모든 값의 총합(397)을 계산하고 **len** 함수는 grades의 요소 개수(5)를 반환한다.

```
In [1]: grades = [85, 93, 45, 89, 85]

In [2]: sum(grades) / len(grades)
Out[2]: 79.4
```

이전 장에서 개수와 총합이라는 ***기술 통계 정보***를 설명했다. 파이썬에서는 내장 함수 len 함수와 sum 함수로 구현되어 있다. 앞의 장에서 소개했던 min 함수와 max 함수처럼 sum 함수와 len 함수 모두 함수 프로그래밍의 리덕션의 예이다. 이 함수들은 여러 값을 하나의 값으로 줄이고, 모든 값의 합과 대상이 되는 값의 개수를 각각 만든다. 3.8절의 학급 평균 예제에서 스크립트의 라인 10~15를 제거하고 라인 16을 스니펫 [2]의 것으로 바꿀 수 있다.

3

파이썬의 표준 라이브러리의 **statistics 모듈**에서는 평균, 중앙값, 최빈값을 계산하는 함수들이 제공된다. 이런 함수들도 리덕션이고, 이 기능을 사용하기 위해서 먼저 statistics 모듈을 로드해야 한다.

```
In [3]: import statistics
```

일단 모듈을 로드하면 statistics의 뒤에 함수 이름을 적어서 모듈의 함수를 호출할 수 있다. 다음은 grades 리스트 값의 평균, 중앙값, 최빈값을 statistics 모듈의 **mean, median, mode** 함수를 사용해서 계산하고 있다.

```
In [4]: statistics.mean(grades)
Out[4]: 79.4

In [5]: statistics.median(grades)
Out[5]: 85

In [6]: statistics.mode(grades)
Out[6]: 85
```

각 함수의 인자는 반드시 ***이터러블***이어야 하는데, 예제에서는 리스트 grades가 바로 이터러블이다. 중앙값과 최빈값이 맞는지 확인하기 위해 **내장 함수 sorted**를 사용해서 grades에 있는 값을 오름차순으로 정렬한 값이 있는 새로운 리스트를 얻을 수 있다.

```
In [7]: sorted(grades)
Out[7]: [45, 85, 85, 89, 93]
```

grades 리스트에는 홀수 개의 수(5)가 있으므로 median 함수는 리스트의 ***중간에 있는 값***(85)을 반환한다. 리스트에 있는 개수가 짝수이면 median 함수는 중앙에 있는 두 수의 ***평균값***을 반환한다. 앞에서 정렬된 값을 보고 있으면 85가 가장 많이 등장하고 있기(2회) 때문에 최빈값이 된다는 것을 알 수 있다. 다음과 같은 리스트에서라면 mode 함수에서 StatisticsError가 발생한다.

```
[85, 93, 45, 89, 85, 93]
```

최빈값으로 볼 수 있는 값이 두 개 이상이기 때문인데, 이런 값으로 이루어진 집합을 '**바이모달(bimodal)**'이라고 한다. 주어진 예에서는 85와 93이 두 번씩 있다.

3.15 요약

이번 장에서 우리는 파이썬의 제어문, 즉 if, if...else, if...elif...else, while, for, break, continue문을 살펴보았다. for문은 시퀀스로 제어되는 이터레이션을 수행한다. 즉 range로 생성되는 일련의 정수들, 문자열 또는 리스트 등의 이터러블 타입에 있는 각 요소를 처리할 수 있다. 0부터 시작해서 증가하는 연속된 정수를 생성하는 내장 함수 range를 사용했는데, 이것이 for문의 반복 횟수를 결정한다.

특정 값이 만들어질 때까지 반복하는 반복문을 만들기 위해서 while문으로 센티널로 제어되는 이터레이션을 사용해 보았다. 그리고 내장 함수 range에 두 인자를 넣어서 첫 번째 인자의 수에서 시작해서 두 번째 인자의 수 바로 전까지의 연속되는 수를 만들었다. range 함수에 세 개의 인자를 사용하는 경우 세 번째 인자가 두 수 사이의 증가값이 된다.

금융 계산을 할 수 있는 Decimal 타입을 소개했고, 이 타입을 사용해서 복리 이자를 계산했다. f-문자열과 다양한 포맷 지정자를 이용해서 특정 포맷의 결과를 만들었고, 루프에서 제어 흐름을 바꿀 수 있는 break문과 continue문을 알아보았다. 또한 간단한 식을 묶어서 복합한 식을 만들기 위해 and, or, not 연산자를 사용하는 것에 대해서도 논의했다.

마지막으로 중심 경향 측정 방법, 즉 평균, 중앙값, 최빈값을 소개했고, 파이썬의 표준 라이브러리인 statistics 모듈을 이용해 계산해 보면서 기술적인 통계에 대해 계속 논의했다. 다음 장에서는 사용자 함수를 만들어보고 파이썬의 math, random 모듈의 함수를 이용해 본다. 미리 정의된 몇 가지 함수 프로그래밍 리덕션 함수들을 살펴보고, 또 다른 함수 프로그래밍 기능에 대해서도 살펴보겠다.

Chapter

4

함수

학습 목표

이번 장에서는 다음과 같은 것을 다룬다.

- 사용자 정의 함수를 만들어본다.
- 불필요한 중복 개발을 피하고 코드를 재사용하기 위해서 random, math 같은 파이썬 표준 라이브러리 모듈을 로드해서 사용한다.
- 함수들 간의 데이터를 전달해 본다.
- 특정 범위의 난수를 생성해 본다.
- 난수를 이용한 시뮬레이션 기술을 알아본다.
- 재현을 위해서 난수 씨드를 설정해 본다.
- 튜플로 데이터를 패킹해 보고 튜플에 있는 값을 언패킹한다.
- 튜플을 이용해 함수에서 다양한 값을 반환해 본다.
- 프로그램에서 식별자의 스코프가 결정되는 방법을 이해한다.
- 기본 인자 값을 가진 함수를 만들어본다.
- 키워드 인자를 사용해서 함수를 호출해 본다.
- 많은 수의 인자들을 받을 수 있는 함수를 만들어본다.
- 객체의 메서드를 사용한다.
- 재귀함수를 작성하고 사용한다.

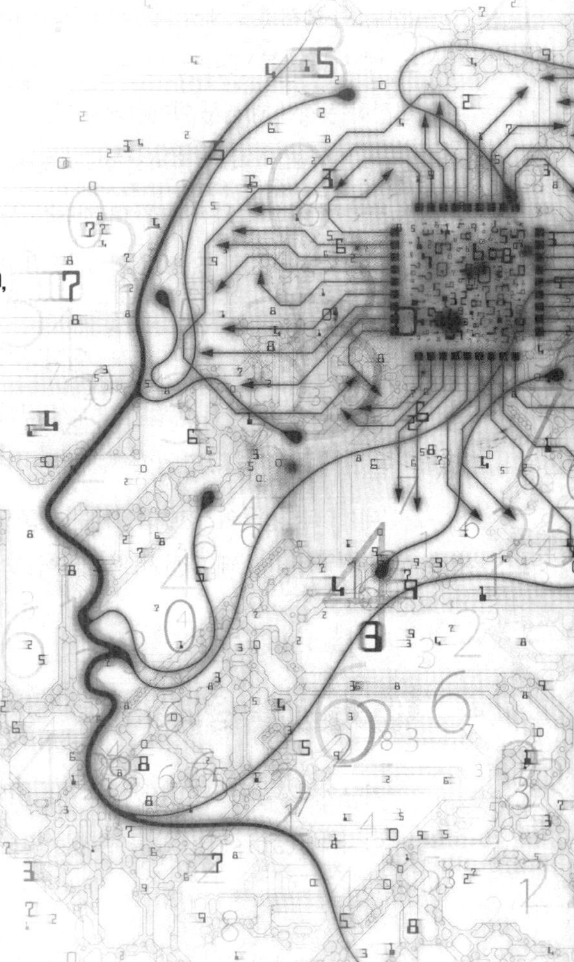

Outline

4.1 개요

이번 장에서는 사용자 정의 함수와 그와 관련된 주제에 대한 파이썬의 기본 지식에 대해 좀 더 이야기해 보려고 한다. 파이썬 표준 라이브러리인 random 모듈과 난수 발생기를 사용해서 주사위 놀이를 시뮬레이션해 볼 것이고, 주사위 게임 스크립트에서 사용자 정의 함수와 난수 생성기를 같이 사용해 본다. 이 예제를 통해서 파이썬의 튜플 타입과 튜플을 이용해서 함수로부터 하나 이상의 값을 반환하는 데 사용해 볼 것이다. 난수를 생성할 때 매번 같은 결과가 나올 수 있도록 난수 생성기에 초기값을 설정하는 것에 대해서 이야기해 본다.

파이썬 표준 라이브러리에 있는 math 모듈을 임포트하고, 이 모듈을 이용해서 IPython의 자동 완성 기능에 대해서 알아본다. 이 기능을 사용하면 더 빠르게 코딩할 수 있고, 다른 기능을 탐구해 보는 데도 좋다. 또 기본값을 가지고 있는 함수를 만들고, 키워드 인자를 사용해서 함수를 호출해 보며, 함수 인자를 리스트로 받는 함수도 만들어볼 것이다. 객체의 메서드를 호출하는 방법도 보여줄 예정이고, 프로그램에서 식별자의 코드가 어떻게 결정되는지도 알아보겠다.

모듈을 임포트하는 방법에 대해서 깊이 다룰 예정이다. 함수에 데이터를 넘길 때 참조로 값을 넘긴다는 알게 될 것이고, 재귀함수를 직접 시현해 본 후 파이썬의 함수형 프로그래밍 기능을 살펴보겠다.

'데이터과학 들어가기' 절에서는 산포도를 측정하는 방법, 즉 분산 및 표준 편차를 소개할 것이다. 이들 값을 구하는 데 파이썬 표준 라이브러리의 statistics 모듈을 이용한다.

4.2 함수 정의하기

지금까지 이미 많은 내장 함수(int, float, print, input, type, sum, len, min, max)뿐만 아니라 statistics 모듈에 있는 몇 가지 함수(mean, median, mode 함수)도 사용했다. 이 함수

들은 각각의 한 가지 작업, 잘 정의된 작업을 수행한다. 이번에는 ***사용자 정의*** 함수를 만들고 호출해 볼 것이다. 다음 절에서는 주어진 인자로 된 정사각형의 면적을 계산하는 **square** 함수를 정의하고, 이 함수를 두 번 호출하는데, 한 번은 **int** 값 7(Int 값 49 반환), 또 다른 한 번은 **float** 값 2.5(float 값 6.25 반환)를 인자로 해서 호출한다.

```
In [1]: def square(number):
   ...:     """정사각형의 넓이를 계산한다."""
   ...:     return number ** 2
   ...:

In [2]: square(7)
Out[2]: 49

In [3]: square(2.5)
Out[3]: 6.25
```


함수는 딱 한 번만 정의한다. 하지만 이렇게 정의된 함수는 프로그램 전체에서 원하는 만큼 정의된 일을 하도록 호출될 수 있다. **hello**처럼 숫자가 아닌 값으로 **square** 함수를 호출하면 **TypeError**가 발생한다. 제곱연산자(**)는 숫자에만 동작하기 때문이다.

사용자 함수 정의하기

스니펫 [1]의 square처럼 함수 정의부는 **def 키워드**로 시작하고, 바로 뒤에 함수 이름 (square)가 따라오며, 괄호와 콜론(:)이 온다. 변수의 식별자와 마찬가지로 함수 이름 관례에 따라 소문자로 시작해야 하고, 여러 단어를 사용할 때는 밑줄(_)로 단어를 구분해야 한다.

괄호 안에는 함수의 인자들이 들어간다. 인자들은 함수가 정해진 작업을 수행하는 데 필요한 데이터를 의미하고, 콤마로 구분된다. 함수 **square**는 **number**라는 하나의 인자만 가지고, 이 값으로 정사각형의 넓이를 구한다. 괄호 사이에 아무것도 없으면 함수는 아무런 인자를 사용하지 않고 작업을 수행한다.

콜론(:) 다음에 들여쓰기된 라인들은 함수의 **블록**을 의미한다. 이 블록에는 독스트링이 올 수 있고, 바로 실제 함수가 수행하는 명령이 온다. 뒤에서 곧 함수의 블록과 제어문에 있는 스위트 코드 간의 차이가 무엇인지 알아볼 것이다.

사용자 함수의 독스트링 작성하기

파이썬 코드의 스타일 가이드에서는 함수의 블록의 첫 번째 줄은 함수 목적을 간단하게 설명하는 독스트링(docstring)을 작성하도록 하고 있다.

```
"""정사각형의 넓이를 계산한다."""
```

더 상세하게 내용을 쓰기 위해서 여러 줄로 된 독스트링을 사용할 수 있다. 스타일 가이드에서는 간단한 설명을 한 줄 쓰고 줄을 비운 후에 상세한 내용을 쓸 수 있다고 설명한다.

호출자에게 함수 결과 반환하기

함수의 실행이 끝나면 함수는 제어권을 다시 호출자에게 되돌려준다. 즉 함수를 호출했던 줄로 다시 돌아간다. square 블록을 보면 **return**문이 있다.

```
return number ** 2
```

먼저 number의 수를 제곱한 후 함수가 끝나고 결과를 다시 호출자에게 반환한다. 예제에서는 스니펫 [2]에 첫 번째 호출자가 있고, IPython은 결과를 Out[2]에 표시한다. 두 번째 호출자는 스니펫 [3]에 있고 IPython은 Out[3]에 결과를 표시한다.

표현식에도 함수를 호출할 수 있다. 다음 코드는 square를 호출하고 그 결과를 출력하고 있다.

```
In [4]: print('한 변이 7인 정사각형의 넓이는', square(7))
한 변이 7인 정사각형의 넓이는 49
```

함수에서 호출자에게 반환하는 방법에는 두 가지 방법이 있다.

- 단순하게 return문만 실행하면 함수가 끝난 후 암묵적으로 None 값을 반환한다. 파이썬 문서에서 None은 값이 없음을 의미한다고 명시하고 있다. None을 조건식에 쓰면 거짓으로 평가된다.
- return문이 없으면 함수 블록의 마지막 명령을 실행하고 암묵적으로 None을 반환한다.

로컬 변수

square 블록에 변수를 정의하지는 않았지만, 변수를 정의할 수도 있다. 함수의 인자와 블록 안에서 정의한 변수는 모두 로컬 변수가 된다. 이 변수들은 함수 안에서만 사용될 수 있고 함수가 실행되고 있을 때만 존재한다. 함수 블록의 바깥에서 로컬 변수에 접근하려면 NameError가 발생한다. 이때 NameError는 변수가 정의되지 않았다는 것을 의미한다.

IPython의 도움말을 통해서 함수의 독스트링 보기

IPython은 코드에서 사용하려고 하는 모듈이나 함수에 대해서 알고 싶을 때 유용하다. 물론 IPython 자체에 대해서도 마찬가지다. 예를 들어 함수를 어떻게 쓰는지 알아보기 위해서 함수의 독스트링을 보려고 할 때 함수 이름을 입력하고 **물음표(?)**를 입력한다.

```
In [5]: square?
Signature: square(number)
Docstring: 정사각형의 넓이를 계산한다.
File:      ~/Documents/examples/ch04/<ipython-input-1-7268c8ff93a9>
Type:      function
```

앞에서 정의했던 square 함수에 대해서 표시된 정보에는 다음과 같은 것이 있다.

- 함수 이름과 함수 인자들, 즉 함수의 시그너처 정보
- 함수의 독스트링
- 함수가 정의된 파일 이름. 대화 세션에서는 정의된 함수라면 함수가 정의된 스니펫에 대한 정보가 표시된다. 즉 "<ipython-input-1-7268c8ff93a9>"에서 1이라는 수가 바로 스니펫 [1]을 의미한다.
- IPython의 도움말에서 접근하는 아이템의 타입, 여기서는 함수(function)

4

함수의 소스 코드가 IPython에서 접근할 수 있는 것, 즉 현재 세션에서 정의했거나 .py 파일을 임포트한 것이라면 ??을 사용해서 함수의 전체 소스 코드를 볼 수 있다.

```
In [6]: square??
Signature: square(number)
Source:
def square(number):
    """정사각형의 넓이를 계산한다."""
    return number ** 2
File:      ~/Documents/examples/ch04/<ipython-input-1-7268c8ff93a9>
Type:      function
```

IPython에서 접근할 수 없는 소스 코드라면 ??에 대한 응답으로 독스트링만 출력한다.

독스트링을 윈도우에 모두 출력할 수 있다면 IPython은 독스트링을 출력하고 In [] 프롬프트를 표시한다. 독스트링이 너무 길어서 다 표시하지 못하면 윈도우의 마지막에 콜론(:)을 출력해서 더 출력할 것이 있음을 표시한다. 다음 화면을 보고 싶으면 Spacebar를 누른다. ↑/↓를 사용해서 독스트링의 앞뒤를 볼 수 있다. IPython은 독스트링의 마지막에 문자열 (END)를 표시한다. (END)가 나오거나 :가 표시될 때 *q* ('quit' 의미)를 누르면 In [] 프롬프트로 넘어간다. IPython의 기능에 대해 알고 싶으면 In [] 프롬프트에 ?를 입력하고 Enter를 누르면 도움말을 볼 수 있다.

4.3 다수의 매개변수가 있는 함수

세 개의 값 중에서 가장 큰 수를 구해 반환하는 maximum 함수를 정의해 보자. 다음 예제에서 세 개의 정수와 세 개의 부동소수점 수 그리고 문자열을 각각의 인자로 호출할 것이다.

```
In [1]: def maximum(value1, value2, value3):
   ...:     """세 개의 값 중 가장 큰 수를 반환한다."""
   ...:     max_value = value1
   ...:     if value2 > max_value:
   ...:         max_value = value2
   ...:     if value3 > max_value:
```

```
   ...:             max_value = value3
   ...:         return max_value
   ...:

In [2]: maximum(12, 27, 36)
Out[2]: 36

In [3]: maximum(12.3, 45.6, 9.7)
Out[3]: 45.6

In [4]: maximum('yellow', 'red', 'orange')
Out[4]: 'yellow'
```

if 구문의 위아래로 빈 줄을 넣지 않았다. 대화형 모드에서 빈 줄을 입력하고 Enter를 누르면 함수 정의가 끝나기 때문이다.

int와 float 타입의 수를 섞어서 maximum 함수를 호출할 수도 있다.

```
In [5]: maximum(13.5, -3, 7)
Out[5]: 13.5
```

maximum(13.5, 'hello', 7)을 호출하면 문자열과 숫자는 > 연산자로 비교할 수 없기 때문에 TypeError가 발생한다.

maximum 함수 정의하기

maximum 함수는 콤마로 세 개의 매개변수를 지정하고 있다. 스니펫 [2]의 인수 12, 27, 36은 각각 매개변수 value1, value2, value3에 대입된다.

가장 큰 값을 결정하기 위해서 한 번에 하나씩 처리한다.

- 초기에 value1에 가장 큰 값이 있을 것이라고 가정하기 때문에 이 값을 max_value라는 로컬 변수에 저장한다. 물론 value2나 value3에 실제로 가장 큰 수가 있을 수 있으므로 max_value를 각각 비교해 보아야 한다.
- 첫 번째 if문에서 value2 > max_value를 수행하고, 이 조건식이 참이면 value2를 max_value에 저장한다.
- 두 번째 if문은 value3 > max_value를 테스트하고 이 조건식이 참이면 value3를 max_value에 저장한다.

이제 max_value는 가장 큰 값이 저장되어 있고 이 값을 반환한다. 제어권이 호출자에게 넘어올 때 매개변수 value1, value2, value3과 함수 블록에서 정의한 max_value 변수(모든 ***로컬 변수***)는 사라진다.

내장 함수 min, max 함수

파이썬에는 대부분의 작업에서 사용할 수 있는 함수들이 이미 정의되어 있다. 예를 들어 내장 함수인 **max, min** 함수는 두 개 또는 그 이상의 인자들 중에서 가장 큰 수와 가장 작은 수를 찾는 방법을 알고 있다.

```
In [6]: max('yellow', 'red', 'orange', 'blue', 'green')
Out[6]: 'yellow'

In [7]: min(15, 9, 27, 14)
Out[7]: 9
```

4

이런 함수들은 리스트나 문자열 같은 이터러블 인자를 받을 수 있다. 내장 함수나 파이썬 표준 라이브러리 모듈에 있는 함수들을 사용하는 것이 직접 함수를 만들어 사용하는 것보다 개발 시간을 단축시킬 수 있다. 또한 프로그램의 신뢰성, 이식성과 성능에도 이득을 얻을 수 있다. 파이썬의 내장 함수와 모듈은 다음 링크에서 확인할 수 있다.

https://docs.python.org/3/library/index.html

4.4 난수 발생

프로그래밍 애플리케이션에서 인기 있는 시뮬레이션과 게임을 살펴보자. 파이썬 표준 라이브러리의 **random** 모듈을 통해서 우연성에 대해서 알아보자.

주사위 놀이

주사위 놀이를 시뮬레이션하기 위해서 1에서 6 사이에 있는 10개의 난수를 만들어보자.

```
In [1]: import random

In [2]: for roll in range(10):
   ...:     print(random.randrange(1, 7), end=' ')
   ...:
4 2 5 5 4 6 4 6 1 5
```

먼저 random 모듈을 임포트해야 모듈의 기능을 사용할 수 있다. randrange 함수는 첫 번째 인자 수보다 크거나 같고 두 번째 인자보다 작은 숫자 중에서 하나를 반환한다. ↑를 사용해서 앞에서 사용한 **for**문을 찾아서 Enter를 누르면 해당 코드가 다시 실행된다. 매번 ***다른*** 값이 출력된다는 것을 알 수 있다.

```
In [3]: for roll in range(10):
   ...:     print(random.randrange(1, 7), end=' ')
   ...:
4 5 4 5 1 4 1 4 6 5
```

경우에 따라서는 난수로 발생했던 수들을 다시 동일하게 만들고 싶을 때가 있다. 디버깅을 해야 할 때가 그렇다. 이번 절의 끝에 random 모듈의 seed 함수를 사용해서 이것을 해 보겠다.

주사위 6백만 번 던지기

randrange가 진짜 무작위로 숫자를 만들어낸다면 매번 호출하는 수들이 동일한 확률(또는 ***우연성*** 또는 ***가능성***)을 보일 것이다. 주사위의 1~6까지의 수가 같은 확률로 발생하는지 확인하기 위해 다음 스크립트를 통해서 주사위를 6,000,000번 던지는 시뮬레이션을 해 보자. 스크립트를 실행하면 다음에 보이는 실행 결과와 같이 각 주사위의 수가 거의 동일하게 1,000,000번씩 발생해야 한다.

```
1  # fig04_01.py
2  """육면 주사위 6,000,000번 던지기"""
3  import random
4
5  # 출현 횟수 카운터
6  frequency1 = 0
7  frequency2 = 0
8  frequency3 = 0
9  frequency4 = 0
10 frequency5 = 0
11 frequency6 = 0
12
13 # 6,000,000 주사위 던지기
14 for roll in range(6_000_000):  # 밑줄로 자리 구분
15     face = random.randrange(1, 7)
16
17     # 주사위의 수 별로 출현 횟수를 계산한다.
18     if face == 1:
19         frequency1 += 1
20     elif face == 2:
21         frequency2 += 1
22     elif face == 3:
23         frequency3 += 1
24     elif face == 4:
25         frequency4 += 1
26     elif face == 5:
27         frequency5 += 1
```

```
28        elif face == 6:
29            frequency6 += 1
30
31 print(f'Face{"Frequency":>13}')
32 print(f'{1:>4}{frequency1:>13}')
33 print(f'{2:>4}{frequency2:>13}')
34 print(f'{3:>4}{frequency3:>13}')
35 print(f'{4:>4}{frequency4:>13}')
36 print(f'{5:>4}{frequency5:>13}')
37 print(f'{6:>4}{frequency6:>>13}')
```

```
Face    Frequency
   1       998686
   2      1001481
   3       999900
   4      1000453
   5       999953
   6       999527
```

스크립트는 ***내부에 있는*** 제어문(for문의 내부에 if...elif문 사용)을 사용해서 매번 주사위에 나오는 숫자가 무엇인지를 확인한다. for문은 6,000,000번 반복된다. 파이썬의 밑줄(_)를 사용해서 6000000이라는 수를 나누어서 편하게 읽을 수 있도록 했다. range(6,000,000)이라는 쓰면 파이썬에서는 잘못된 표현이다. 함수를 호출할 인자들을 콤마(,)로 구분하기 때문에 파이썬에서는 range(6,000,000)을 range라는 함수에 6, 0, 0인 ***세 개***의 별도 인자로 취급된다.

스크립트는 주사위를 던질 때마다 발생 횟수를 세는 적당한 변수를 찾아서 1을 증가시킨다. 프로그램을 실행시키고 결과를 살펴보자. 이 프로그램은 실행이 완료될 때까지 몇 초 걸릴 수 있고, 매번 실행을 할 때마다 결과가 ***다르다***. 코드에서 if...elif문의 else는 사용하지 않았다는 것에 주목한다.

난수 발생기의 초기값 설정하기

randrange 함수는 실제로 '시드'라고 하는 초기값에서 시작해서 내부 계산을 통해 난수를 생성한다. randrange를 반복적으로 생성하면 무작위하게 ***보이는*** 숫자가 만들어진다. 새로운 대화형 세션을 시작하거나 스크립트를 실행할 때마다 파이썬은 내부적으로 ***다른*** 시드 값을 사용하기 때문이다.[1] 무작위로 생성된 데이터를 사용하는 프로그램의 로직 오류를 디버깅할 때 ***동일*** 순서로 난수가 발생되도록 하면 좋다. 그러기 위해 random 모듈의 seed 함수를 사용해서 난수 발생기의 초기값을 설정해야 한다. 즉 randrange 함수가 새로 설정한 시드 값을 이용해서 강제로 난수를 계산하도록 할 수 있다. 다

---

1 문서에 따르면, 파이썬은 시스템 시계 또는 운영체제에 의존적인 무작위 소스에 있는 시드 값을 사용한다. 암호화 같이 안전한 난수가 필요한 애플리케이션의 경우 문서에서는 random 모듈을 사용하지 말고 secrets 모듈을 사용하도록 권장하고 있다.

음 세션에서 스니펫 [5]와 스니펫 [8]은 같은 결과를 반환하는데, 이것은 스니펫 [4]와 [7]에서 같은 초기값(32)을 사용하고 있기 때문이다.

```
In [4]: random.seed(32)

In [5]: for roll in range(10):
   ...:     print(random.randrange(1, 7), end=' ')
   ...:
1 2 2 3 6 2 4 1 6 1

In [6]: for roll in range(10):
   ...:     print(random.randrange(1, 7), end=' ')
   ...:
1 3 5 3 1 5 6 4 3 5

In [7]: random.seed(32)

In [8]: for roll in range(10):
   ...:     print(random.randrange(1, 7), end=' ')
   ...:
1 2 2 3 6 2 4 1 6 1
```

스니펫[6]은 스니펫 [5]에서 시작된 난수 생성을 계속했기 때문에 *다른* 값이 생성된 것이다.

4.5 사례 연구: 확률 게임

이번 절에서는 '크랩스'라는 유명한 주사위 게임을 시뮬레이션해 볼 것이다. 다음은 게임 규칙(요구사항 설명 구문)이다.

> *두 개의 육면체 주사위를 굴린다. 주사위의 면에는 한 개부터 여섯 개의 점이 각각 찍혀 있다. 주사위가 멈추면 위로 향하고 있는 쪽에 보이는 점들의 개수를 합한다. 첫 번째 주사위 놀이에서 주사위 점들의 합이 7이나 11이면 이긴다. 또한 첫 번째 놀이('크랩스'라고 함)에서 합이 2, 3이나 12이면 진다('하우스'가 이김). 첫 번째 롤에서 합이 4, 5, 6, 8, 9 또는 10이면 합이 '포인트'가 되고, 이기려면 포인트를 다시 만들 때까지 반복한다. (앞에서 설정한 포인트와 동일한 수가 나오게 주사위를 굴린다.) 만약 포인터를 만들기 전에 7이 나오면 진다.*

다음 스크립트는 위에서 설명한 게임을 시뮬레이션하고 여러 번 실행한 결과를 보여준다. 첫 롤에서 이기는 것, 첫 롤에서 지는 것, 이후에 이어지는 롤에서 이기고 지는 것을 보여준다.

```
1  # fig04_02.py
2  """크랩스 주사위 게임 시뮬레이션하기."""
3  import random
4
```

```
5  def roll_dice():
6      """두개의 주사위를 던지고 튜플로 각 주사위의 숫자를 반환한다."""
7      die1 = random.randrange(1, 7)
8      die2 = random.randrange(1, 7)
9      return (die1, die2)  # 주사위 숫자를 튜플로 묶는다.
10
11 def display_dice(dice):
12     """두 개의 주사위 숫자를 한번에 출력한다."""
13     die1, die2 = dice  # 튜 플을 변수 die1과 die2에 푼다.
14     print(f'플레이어가 던진 주사위는 {die1} + {die2} = {sum(dice)}')
15
16 die_values = roll_dice()  # 첫 번째 게임
17 display_dice(die_values)
18
19 # 첫 번째 게임을 보고 게임 승패 또는 포인트 점수를 결정한다.
20 sum_of_dice = sum(die_values)
21
22 if sum_of_dice in (7, 11):  # 승리
23     game_status = '승리'
24 elif sum_of_dice in (2, 3, 12):  # 패배
25     game_status = '패배'
26 else:  # 포인트 값 저장
27     game_status = '계속'
28     my_point = sum_of_dice
29     print('포인트는', my_point)
30
31 # 플레이어가 이기거나 질 때까지 반복한다.
32 while game_status == '계속':
33     die_values = roll_dice()
34     display_dice(die_values)
35     sum_of_dice = sum(die_values)
36
37     if sum_of_dice == my_point:  # 포인트 값을 만들면 승리한다.
38         game_status = '승리'
39     elif sum_of_dice == 7:  # 7이 나오면 패배한다.
40         game_status = '패배'
41
42 # 승패에 대한 메시지 출력한다.
43 if game_status == '승리':
44     print('플레이어 승리')
45 else:
46     print('플레이어 패배')
```

```
플레이어가 던진 주사위는 2 + 5 = 7
플레이어 승리
```

```
플레이어가 던진 주사위는 1 + 2 = 3
플레이어 패배
```

```
플레이어가 던진 주사위는 1 + 2 = 3
포인트는 9
플레이어가 던진 주사위는 4 + 4 = 8
플레이어가 던진 주사위는 2 + 3 = 5
플레이어가 던진 주사위는 5 + 4 = 9
플레이어 승리
```

```
플레이어가 던진 주사위는 1 + 5 = 6
포인트는 6
플레이어가 던진 주사위는 1 + 6 = 7
플레이어 패배
```

roll_dice 함수: 튜플로 다수의 값 반환하기

함수 roll_dice(라인 5~9)는 두 개의 주사위를 각각 던지는 것을 시뮬레이션하고 있다. 이 함수는 한 번 정의하고 프로그램의 여러 곳에서 호출된다(라인 16, 33). 매개변수 리스트가 없으므로 roll_dice 함수는 실행하는 데 필요한 인자가 없다.

지금까지 사용했던 내장 함수와 사용자 정의 함수는 하나의 값만 반환했다. 간혹 roll_dice 함수에서 보여주고 있는 것처럼 하나 이상의 값을 반환하는 것이 좋을 때가 있다. roll_dice 함수는 두 개의 주사위 값을 **튜플**로 반환한다(라인 9). 튜플은 값을 한 줄로 나열한 것으로, **변경 불가**(immutable)이다. 튜플을 만들기 위해서 라인 9와 같이 콤마로 구분해서 나열한다.

```
(die1, die2)
```

위의 코드는 **튜플로 패킹한 것**이다. 괄호는 없어도 되지만 튜플임을 분명하게 나타내기 위해서 괄호를 사용하는 것이 좋다. 다음 장에서 튜플에 대해서 다시 자세히 알아볼 것이다.

display_dice 함수

튜플에 있는 값을 사용하기 위해서 콤마로 변수들을 나누어 튜플을 **언패킹**하는 방식을 사용할 수 있다. 주사위 값을 표시하기 위해서 display_dice 함수(라인 11~14에서 정의하고 라인 17, 34에서 호출함)는 인자로 받은 튜플을 풀어서(라인 13) 사용하고 있다. 등호(=)의 왼쪽에 위치하는 변수들의 개수가 튜플에 있는 값의 개수와 정확히 일치해야 하고, 일치하지 않으면 ValueError 예외가 발생한다. 라인 14는 주사위 값과 그것의 합을 표현한 문자열을 **출력**한다. 이제 내장 함수 sum에 튜플을 전달해서 두 개의 주사위 값의 합을 구한다. 리스트나 튜플은 시퀀스 자료형이다.

roll_dice와 display_dice 함수들은 각각 함수가 어떤 일을 하는지 설명하는 독스트링으로 시작한다. 또한 각 함수들은 로컬 변수 die1, die2를 가지고 있다. 각 함수에 정의된 변수는 서로 다른 함수에서 정의하고 있기 때문에 서로 중복되지 않고, 로컬 변수는 변수가 정의된 블록에서만 접근할 수 있다.

첫 번째 롤

스크립트를 실행할 때 라인 16~17에서 주사위를 던지고 그 결과를 화면에 출력한다. 라인 22~29에서 사용할 수 있도록 주사위 점들의 합을 라인 20에서 계산한다. 첫 번째 롤에서 승패가 결정될 수도 있고, 아니면 다음 번 롤까지 가봐야 한다. game_status 변수는 승패의 상태를 계속 추적한다.

라인 22에서 **in 연산자**는

```
sum_of_dice in (7, 11)
```

sum_of_dice에 있는 값이 튜플 (7, 11)에 있는 값인지 확인한다. 이 조건이 **참**이면 주사위의 눈이 7 아니면 11인 것이다. 그렇다고 하면 첫 번째 롤에서 승리한 것이므로 스크립트는 game_status에 **'승리'**라고 설정한다. in 연산자의 오른쪽에 있는 데이터는 이터러블이라면 어떤 것이든지 올 수 있다. 또한 **not in** 연산자를 사용하면 어떤 값이 이터러블 데이터에 없는지 확인할 수 있다. 앞에서 본 식은 다음과 같은 식을 축약한 것이다.

```
(sum_of_dice == 7) or (sum_of_dice == 11)
```

마찬가지로 라인 24에 조건식은

```
sum_of_dice in (2, 3, 12)
```

sum_of_dice에 있는 값이 튜플 (2, 3, 12)에 있는지 테스트한다. 이 조건이 참이면 첫 롤에서 진 것이고, 스크립트는 game_status에 **'패배'**라고 기록한다.

주사위 합이 4, 5, 6, 8, 9, 10인 경우

- 라인 27에서 game_status에 **'계속'**이라고 기록하고 게임을 이어간다.
- 라인 28은 주사위의 합을 my_point에 기록해서 다음 번 롤에서 이기려면 어떤 수가 나와야 하는지 추적한다.
- 라인 29에서 my_point에 있는 값을 출력한다.

이어지는 게임

game_status 변수가 **'계속'**이면(라인 32) 아직 이기지도, 지지도 않았으므로 while문의 스위트(라인 33~40)를 실행한다. 각 루프마다 roll_dice 함수를 호출하고 주사위 숫자를 출력한 후 합을 계산한다. sum_of_dice가 my_point와 같거나(라인 37) 7인지(라인 39) 확인해서 game_status에 **'승리'** 또는 **'패배'**를 각각 설정한다. 그렇지 않으면 while 루프는 계속 다음 게임을 이어간다.

최종 결과 출력하기

루프가 끝나면 스크립트는 if...else 구문(라인 43~46)으로 진행한다. 여기서 game_status에 **'승리'**라고 기록되어 있으면 **'플레이어 승리'**라고 출력하고, 그렇지 않으면 **'플레이어 패배'**라고 출력한다.

4.6 파이썬 표준 라이브러리

일반적으로 파이썬 프로그램을 작성할 때 파이썬 표준 라이브러리와 여러 다른 라이브러리에 있는 모듈에 정의된 함수나 클래스를 가지고 만든 함수 또는 클래스(사용자 정의 타입)를 결합한다. 프로그래밍에서는 최대한 불필요한 중복 개발을 피하는 것이 매우 중요하다.

모듈(module)은 서로 관련성이 있는 함수, 데이터와 클래스들을 하나로 묶은 파일이다. 파이썬 표준 라이브러리의 decimal 모듈에 있는 Decimal 타입은 실제로 클래스이다. 1장에서는 간단하게 클래스에 대해 소개하고 10장 '객체 지향 프로그래밍'에서 자세히 논의했다. **패키지**는 관련된 모듈을 묶은 것이다. 이 책에서는 이미 존재하는 모듈과 패키지를 가지고 작업할 것이고, 여러분만의 모듈을 만들기도 할 것이다. 사실 여기서 만드는 모든 파이썬 소스 코드(.py)는 그 자체가 모듈이고, 패키지를 만드는 것은 이 책에서 다루려는 범위를 벗어난다. 이것은 일반적으로 큰 라이브러리의 기능을 더 작은 것으로 나누어서 관리하기 쉽고, 기능의 일부만 따로 임포트하기 좋게 할 때 사용한다. 예를 들어 5.17 절에서 사용할 matplotlib라는 시각화 라이브러리는 기능이 아주 많다. (이 라이브러리의 문서가 2,300페이지가 넘는다.) 따라서 예제에서 필요로 하는 일부만 임포트할 것이다(pyplot과 animation).

파이썬 표준 라이브러리는 파이썬과 같이 제공되는 라이브러리로, 이 라이브러리의 패키지와 모듈에는 매일 사용하는 프로그래밍 작업에 광범위하게 사용되는 기능이 포함되어 있다.[2] 표준 라이브러리 전체 목록을 보려면 다음 사이트에서 확인할 수 있다.

https://docs.python.org/3/library/

우리는 이미 decimal, statistics와 random 모듈의 기능을 사용해 보았다. 다음 장에서는 여러분이 math 모듈에 있는 수학적인 기능을 사용해 볼 것이다. 그리고 이 책에 있는 예제들을 통해서 다른 파이썬 표준 라이브러리도 많이 보게 될 것이다. 다음 표에 있는 모듈들이 그런 것들이다.

많이 사용하는 파이썬 표준 라이브러리 모듈들

- collections: 리스트, 튜플, 딕셔너리, 세트 이외의 다른 데이터의 구조
- 암호(Cryptography) 모듈들: 데이터를 안전하게 전송하기 위한 데이터 암호화
- csv: 콤마로 데이터의 각 필드가 나누어져 있는 파일 처리(엑셀과 비슷한 것)
- os: 운영체제와 상호 연동을 위한 모듈
- profile, pstats, timeit: 성능 분석
- random: 난수
- re: 패턴 매칭을 위한 정규 표현식
- sqlite3: SQLite 데이터베이스 접근

2 파이썬 튜토리얼에서는 이를 '배터리 포함' 접근 방식이라고 한다.

- datetime: 날짜, 시간. time, calendar라는 모듈도 있다.
- decimal: 금융 계산을 포함한 고정 소수점과 부동 소수점 수의 연산
- doctest: 독스트링에 포함되어 있는 검증 코드와 예상 결과를 가지고 간단한 단위를 테스트한다.
- gettext와 locale: 국제화 및 지역화를 위한 모듈
- json: 웹 서비스나 NoSQL 데이터베이스에서 사용하는 자바 스크립트 객체 표기법(JSON) 처리
- math: 수학에서 일반적으로 사용하는 상수와 연산
- statistics: mean, median, mode, variance 같은 수학적 통계 함수들
- string: 문자열 처리
- sys: 커맨드라인 인자 처리, 표준 입력, 표준 출력, 표준 오류
- tkinter: 그래픽 사용자 인터페이스(GUI), 캔버스 기반 그래픽
- turtle: 터틀 그래픽
- webbrowser: 파이썬 앱에서 편리하게 웹 페이지를 표시할 수 있도록 한다.

4.7 math 모듈의 함수

math 모듈에 다양한 수학적 계산을 할 수 있는 함수가 정의되어 있다. 앞 장에서 다음과 같은 형식의 import문을 사용해서 로드했고, 모듈 이름과 점(.)을 사용해서 모듈에 정의되어 있는 함수를 사용했다.

```
In [1]: import math
```

예를 들어 다음 스니펫은 math 모듈의 **sqrt 함수**를 호출해서 900의 제곱근을 계산한다. 이 함수는 float 타입의 값을 반환한다.

```
In [2]: math.sqrt(900)
Out[2]: 30.0
```

유사하게 다음 스니펫은 모듈의 **fabs 함수**를 호출해서 -10의 절대값을 계산하고, 결과를 float 값으로 반환한다.

```
In [3]: math.fabs(-10)
Out[3]: 10.0
```

다음은 math 모듈에 있는 함수이다. math 모듈의 전제 함수는 다음 링크를 참고한다.

https://docs.python.org/3/library/math.html

함수	설명	사용 예
ceil(x)	x를 x보다 작지 않으면서 가장 작은 정수로 반올림	ceil(9.2)는 10.0, ceil(-9.8)은 -9.0
floor(x)	x를 x보다 크지 않으면서 가장 큰 정수로 반올림	floor(9.2)는 9.0, floor(-9.8)은 -10.0
sin(x)	x의 삼각법의 사인값 계산(x는 라디언 단위)	sin(0.0)은 0.0
cos(x)	x의 삼각법의 코사인값 계산(x는 라디언 단위)	cos(0.0)은 1.0
tan(x)	x의 삼각법의 탄젠트값 계산(x는 라디언 단위)	tan(0.0)은 0.0
exp(x)	지수 함수 e^x	exp(1.0)은 2.718282, exp(2.0)은 7.389056
log(x)	e를 밑으로 하는 x의 자연 로그	log(2.718282)는 1.0, log(7.389056)는 2.0
log10(x)	x의 로그 (로그의 밑이 10)	log10(10.0)는 1.0 , log10(100.0)은 2.0
pow(x, y)	x의 y 승 (x^y)	pow(2.0, 7.0)는 128.0, pow(9.0, .5)는 3.0
sqrt(x)	x의 제곱근	sqrt(900.0)은 30.0, sqrt(9.0)은 3.0
fabs(x)	x의 절대값, 항상 float로 반환. 파이썬에 내장 함수 abs도 있다. 이 함수는 인자의 타입에 따라서 int 또는 float로 반환한다.	fabs(5.1)은 5.1, fabs(-5.1)은 5.1
fmod(x, y)	x/y의 나머지 값을 부동소수점 수로 반환한다.	fmod(9.8, 4.0)은 1.8

4.8 IPython에서 탭으로 자동 완성시키기

IPython 대화형 모드에서 **탭 자동 완성** 기능을 이용해서 모듈의 문서를 볼 수 있다. 이것은 **디스커버리** 기능으로, 코딩과 이것에 대한 내용을 찾아보는 시간을 단축시킨다. 이름의 일부분만 입력하고 Tab을 누르면 IPython이 나머지 식별자의 이름을 완성하거나 입력한 것으로 시작하는 식별자 리스트를 보여준다. 이 기능은 사용하는 운영체제나 IPython 세션에 임포트시킨 것이 무엇이냐에 따라서 달라질 수 있다.

```
In [1]: import math

In [2]: ma Tab
        map         %macro      %%markdown
        math        %magic      %matplotlib
        max()       %man
```

↑, ↓를 사용해서 주어진 식별자 목록을 스크롤할 수 있다. 그리고 입력하는 것에 따라서 IPyton은 식별자들을 하이라이트시키고 **In [ ] 프롬프트**의 오른쪽에 보여준다.

모듈에 있는 식별자 보기

모듈에 정의된 식별자 목록을 보려면 모듈의 이름과 점(.)을 입력하고 Tab 을 누른다.

```
In [3]: math.<Tab>
        acos()      atan()      copysign()      e       expm1()
        acosh()     atan2()     cos()           erf()   fabs()
        asin()      atanh()     cosh()          erfc()  factorial() >
        asinh()     ceil()      degrees()       exp()   floor()
```

4

현재 보이는 것보다 많을 경우 식별자들이 있으면 IPython은 > 기호(플랫폼에 따라 다름)를 표시한다. 앞의 예제에서는 **factorial()**의 오른쪽에 표시되었는데, ↑, ↓를 사용해서 리스트를 스크롤할 수 있다. 식별자 목록을 보면 다음과 같은 사항을 알 수 있다.

- 뒤에 괄호가 있으면 함수이다. (또는 메서드인데, 메서드는 나중에 볼 것이다.)
- 대문자로 시작하는 단어(**Employee** 같은)와 각 단어가 대문자로 시작하는 복합 단어(CommissionEmployee 같은)는 클래스를 나타낸다. (앞의 예제에는 이 경우가 없었다.) ***파이썬 코드 스타일 가이드***에서 권장하는 이름에 대한 관례는 낙타의 혹처럼 단어를 대문자로 시작하기 때문에 '카멜 표기법(**CamelCase**)'이라고 한다.
- (앞의 예제에서는 없었던) **pi**와 **e** 같이 괄호 없는 소문자는 변수이다. **pi** 식별자는 **3.141592653589793**으로, **e**는 **2.718281828459045** 값으로 평가된다. **math** 모듈에 **pi**와 **e**는 원주율 π와 e 값이다.

비록 파이썬의 객체에 수정할 수 없는 객체가 있지만, 파이썬에는 *상수(constant)* 타입이 없다. 따라서 **pi**와 **e**가 사용하는 상수이지만, 파이썬에는 이들 값을 변경할 수 있기 때문에 ***새로운 값을 설정하지 말아야 한다***. 스타일 가이드에서는 다른 변수와 상수를 구별하기 위해서 변수의 모든 글자를 대문자로 명명해야 한다.

현재 하이라이트된 함수 사용하기

사용할 수 있는 식별자들을 보다가 지금 하이라이트되어 있는 함수를 사용하려면 괄호에 인자를 입력하면 된다. 그러면 IPython은 자동 완성을 위해서 표시했던 것을 숨겨준다. 현재 하이라이트되어 있는 항목에 대해서 정보를 더 알고 싶으면 함수 이름을 쓰고 물음표(?)를 입력한 후 Enter 를 눌러서 설명을 볼 수 있다. 다음은 **fabs** 함수의 독스트링을 보여주고 있다.

```
In [4]: math.fabs?
Docstring:
fabs(x)

Return the absolute value of the float x.
Type:       builtin_function_or_method
```

앞에서 본 builtin_function_or_method는 fabs이라는 함수가 파이썬의 표준 라이브러리 모듈의 일부라는 것을 나타낸다. 이 모듈들은 파이썬의 일부라고 생각하면 된다. fabs는 math 모듈에 있는 내장 함수이다.

4.9 매개변수 기본값

함수를 정의할 때 매개변수에 기본값을 설정할 수 있다. 함수를 호출할 때 매개변수 기본값을 설정한 매개변수에 대해 인자를 생략하면 매개변수에 설정된 기본값이 자동으로 전달된다. 이번에는 매개변수 기본값을 설정한 rectangle_area 함수를 정의해 보자.

```
In [1]: def rectangle_area(length=2, width=3):
   ...:     """사각형의 넓이 반환."""
   ...:     return length * width
   ...:
```

매개변수명을 쓰고 등호(=)와 값을 차례로 써서 매개변수의 기본값을 설정할 수 있다. 예제의 경우에 매개변수의 기본값은 length, width에 각각 2 와 3이다. 기본값을 가진 매개변수는 반드시 그렇지 않은 매개변수들의 *오른쪽*에 위치해야 한다.

다음과 같이 rectangle_area에 매개변수를 넣지 않고 호출하면 IPython은 기본값을 사용해서 호출한다. 마치 rectangle_area(2, 3)으로 호출한 것과 같다.

```
In [2]: rectangle_area()
Out[2]: 6
```

다음은 rectangle_area 함수에 하나의 인자만 사용해서 호출해 본다. 인자가 매개변수에 할당할 때는 왼쪽부터 오른쪽 순서로 설정되기 때문에 10은 length의 인자로 사용된다. 인터프리터는 매개변수 기본값 3을 width에 설정해서 최종적으로 rectangle_area(10, 3)처럼 호출한 것이 된다.

```
In [3]: rectangle_area(10)
Out[3]: 30
```

다음 함수를 호출할 때는 rectangle_area에 두 개의 인자 length, width를 모두 사용한다. IPython은 기본값을 사용하지 않는다.

```
In [4]: rectangle_area(10, 5)
Out[4]: 50
```

4.10 키워드 인자

함수를 호출할 때 **키워드 인자**를 사용해서 순서에 상관없이 인자를 전달할 수 있다. 키워드 인자를 사용하는 것을 보여주기 위해 rectangle_area 함수를 재정의하는데, 이번에는 매개변수 기본값을 설정하지 않았다.

```
In [1]: def rectangle_area(length, width):
   ...:     """사각형 넓이 계산."""
   ...:     return length * width
   ...:
```

함수 호출할 때의 각 키워드 ***인자***는 ***매개변수이름 = 값*** 형식을 갖는다. 다음의 함수 호출 예를 살펴보면 키워드 인자의 순서가 중요하지 않다는 것을 알 수 있다. 이때의 인자를 함수가 정의될 때의 해당 매개변수의 위치와 일치할 필요가 없다.

```
In [2]: rectangle_area(width=5, length=10)
Out[3]: 50
```

함수 호출에서 키워드 인자는 매개변수 이름을 지정하지 않고 사용하는 위치 인자(positional argument)들의 ***뒤에*** 와야 한다. 위치 인자들은 매개변수의 위치를 바탕으로 왼쪽에서 오른쪽으로 차례대로 설정된다. 또한 키워드 인자는 함수 호출 코드를 쉽게 읽을 수 있도록 하는데, 특히 인자를 많이 사용하는 함수의 경우에는 더욱 그렇다.

4.11 임의의 인자 리스트

내장 함수 min, max와 같이 임의의 **인자 리스트(arbitrary argument list)를 받을** 수 있는 함수들은 인자가 ***많아도*** 받을 수 있다. 다음의 min 함수의 호출 방법을 살펴보자.

```
min(88, 75, 96, 55, 83)
```

함수 문서를 보면 min 함수는 두 개의 ***필수*** 매개변수(arg1, arg2라는 이름)를 가지고 있고, ***args** 형식으로는 세 번째 옵션 매개변수를 가지고 있다. 이 매개변수는 두 개 이상의 추가 인자들을 모두 받아서 처리할 수 있다는 것을 보여준다. 매개변수 이름의 앞에 있는 별표(*)는 파이썬에게 나머지 인자들은 튜플로 묶어서 args 매개변수로 넘기라고 지시하는 것을 의미한다. 위에서 보았던 함수 호출에서는 매개변수 arg1이 88을 받고, 매개변수 arg2가 75를 받으며, args 매개변수가 튜플 (96, 55, 83)을 받는다.

인자 리스트를 가지고 함수 정의하기

다수의 인자들을 받을 수 있는 average 함수를 정의해 보자.

```
In [1]: def average(*args):
   ...:     return sum(args) / len(args)
   ...:
```

매개변수 args라는 이름은 관용적으로 사용되지만, 다른 이름을 사용해도 된다. 함수에 다른 매개변수들이 있다면 *args라는 매개변수는 반드시 ***가장 오른쪽***에 와야 한다.

이제 average 함수를 호출할 때 인자의 개수를 바꿔가면서 호출해 보자.

```
In [2]: average(5, 10)
Out[2]: 7.5

In [3]: average(5, 10, 15)
Out[3]: 10.0

In [4]: average(5, 10, 15, 20)
Out[4]: 12.5
```

평균값을 계산하기 위해서 args 튜플의 원소들의 합(내장 함수 sum 함수가 반환하는 값)을 튜플 원소 개수(내장 함수 len의 반환값)로 나눈다. average를 정의해서 args의 원소 개수가 0이면 ZeroDivisionError가 발생한다. 다음 장에서는 튜플 요소들을 언패킹하지 않고 접근하는 방법을 알아볼 것이다.

함수 인자로 이터러블의 각 원소 전달하기

튜플, 리스트 또는 다른 이터러블들의 원소를 언패킹하고 그것을 각각 함수의 인자로 넘길 수 있다. 함수 호출에서 이터러블 인자에 적용되는 * **연산자**는 이터러블의 각 원소를 언패킹한다. 다음 코드는 다섯 개의 점수를 갖는 리스트를 생성하고, *grades 표현식을 사용해서 average의 인자로써 각 원소를 언패킹한다.

```
In [5]: grades = [88, 75, 96, 55, 83]

In [6]: average(*grades)
Out[6]: 79.4
```

위에서 본 함수 호출은 average(88, 75, 96, 55, 83)과 같다.

4.12 메서드: 객체에 정의된 함수

메서드는 간단하게 말해서 다음과 같은 형태로 호출할 수 있는 객체의 함수이다.

객체_이름.메서드_이름(인자들)

예를 들어 다음 세션은 문자열 변수 s를 만들고, 그 변수에 문자열 객체 'Hello' 할당한 후 그 객체의 **lower**와 **upper** 메서드를 호출한다. 이 메서드들은 원래의 문자열의 글자들의 소문자 문자열과 대문자 문자열로 된 새로운 문자열을 만든다. 이때 원래의 문자열은 변경되지 않는다.

4

```
In [1]: s = 'Hello'

In [2]: s.lower() # 문자열 객체 s의 lower 메서드 호출
Out[2]: 'hello'

In [3]: s.upper()
Out[3]: 'HELLO'

In [4]: s
Out[4]: 'Hello'
```

파이썬 표준 라이브러리는 다음 링크에서 볼 수 있다.

https://docs.python.org/3/library/index.html

이 문서를 보면 내장 타입과 여러 다른 타입들의 메서드들이 설명되어 있다. 10장 '객체 지향 프로그래밍'에서 클래스라고 하는 ***사용자 정의*** 타입을 정의하고, 클래스의 객체에서 호출할 수 있는 사용자 정의 메서드를 만들어볼 것이다.

4.13 스코프 규칙

각 식별자는 프로그램에서 사용할 수 있는 범위를 의미하는 **스코프**(scope)를 갖는다. 프로그램에서 식별자는 '스코프 안에' 있다고 말할 수 있다.

로컬 스코프

로컬 변수의 식별자는 **로컬 스코프**를 갖는다. 변수가 정의된 위치에서 시작해서 함수 블록이 끝나는 시점까지가 스코프 범위이다. 함수가 끝나고 호출자에게 돌아가면 스코프를 벗어나므로 로컬 변수는 변수가 정의된 함수 안에서만 사용될 수 있다.

글로벌 스코프

함수(또는 클래스) 밖에서 정의된 식별자는 **글로벌 스코프**를 갖고, 글로벌 스코프에는 함수, 변수, 클래스들이 있을 수 있다. 글로벌 스코프에 있는 변수는 '글로벌 변수'라고 한다. 글로벌 스코프에 있는 식별자는 정의된 시점 이후에 .py 파일이나 대화형 세션에서 모두 사용할 수 있다.

함수에서 글로벌 변수 사용하기

함수에서 글로벌 변수의 값을 접근할 수 있다.

```
In [1]: x = 7

In [2]: def access_global():
   ...:     print('access_global 함수에서 출력한 x 값:', x)
   ...:

In [3]: access_global()
access_global 함수에서 출력한 x 값: 7
```

하지만 기본적으로 함수에서 글로벌 변수를 *수정할* 수 없다. 함수 블록에서 변수에 값을 처음 할당할 때 파이썬은 *새로운* 로컬 변수를 만든다.

```
In [4]: def try_to_modify_global():
   ...:     x = 3.5
   ...:     print('try_to_modify_global 함수에서 출력한 x 값: ', x)
   ...:

In [5]: try_to_modify_global()
try_to_modify_global 함수에서 출력한 x 값: 3.5

In [6]: x
Out[6]: 7
```

try_to_modify_global의 함수 블록에서 로컬 변수 x는 글로벌 변수 x를 가린다. 즉 함수 블록의 스코프에서 글로벌 변수 x에 접근할 수 없게 된다. 스니펫 [6]은 try_to_modify_global 함수가 호출된 이후에도 글로벌 변수 x가 아직 존재하고 원래의 값(7)을 가지고 있다.

함수 블록에서 글로벌 변수를 수정하기 위해 global문을 사용해서 글로벌 스코프에 변수가 정의될 수 있도록 해야 한다.

```
In [7]: def modify_global():
   ...:     global x
   ...:     x = 'hello'
   ...:     print('modify_global 함수에서 출력한 x 값: ', x)
   ...:
```

```
In [8]: modify_global()
modify_global 함수에서 출력한 x 값: hello

In [9]: x
Out[9]: 'hello'
```

블록과 스위트

지금까지 함수 ***블록***과 제어문의 ***스위트***를 정의해 보았다. 블록에서 변수 정의할 때 이 변수는 블록의 ***로컬*** 변수이다. 하지만 제어문의 스위트에서 변수를 만들면 이 변수의 스코프는 제어문이 어디에 있느냐에 따라서 달라진다.

- 제어문이 글로벌 스코프에 있으면 제어문에서 정의된 모든 변수는 글로벌 스코프에 있는다.
- 함수의 블록에 제어문이 있으면 제어문에서 정의하는 모든 변수가 로컬 스코프에 위치한다.

스코프에 대한 논의는 10장 '객체 지향 프로그래밍'에서 사용자 정의 클래스를 소개하면서 계속할 것이다.

함수 가리기

이전 장에서는 여러 값들의 합을 구할 때 'total'이라는 이름의 변수에 저장했다. sum이 내장 함수로 이미 사용되어 있기 때문이다. sum이라는 변수를 정의하면 코드에서 원래 함수를 더 이상 ***사용할 수 없다***. 다음 코드를 실행하면 파이썬은 sum이라는 식별자에 15라는 값을 가지고 있는 int 객체를 할당한다. 이렇게 되면 식별자 sum은 더 이상 내장 함수를 참조하지 않기 때문에 sum을 함수로 사용하면 TypeError가 발생한다.

```
In [10]: sum = 10 + 5

In [11]: sum
Out[11]: 15

In [12]: sum([10, 5])
---------------------------------------------------------------------------------------
TypeError                                 Traceback (most recent call last)
<ipython-input-12-1237d97a65fb> in <module>()
----> 1 sum([10, 5])

TypeError: 'int' object is not callable
```

글로벌 스코프의 명령 구문

지금까지 살펴보았던 스크립트에서 글로벌 스코프인 함수의 바깥쪽에 코드를 작성했고, 일부의 코드는 함수 내에 정의했다. 글로벌 스코프에 있는 명령은 인터프리터가 보자마자 실행하지만, 블록에 있는 명령들은 함수가 호출되었을 때만 실행된다.

4.14 import: 더 깊이 들어가기

다음과 같은 명령으로 모듈(math나 random 같은)을 임포트했다.

```
import module_name
```

임포트되면 각 모듈의 이름과 점(.)을 이용해서 모듈의 기능을 이용할 수 있다. 또한 다음과 같은 명령으로 모듈의 특정 식별자(decimal 모듈의 Decimal 타입 같은)만 임포트하는 것도 해 보았다.

```
from module_name import identifier
```

모듈 이름과 점(.)으로 지정하지 않고 식별자를 사용할 수 있다.

모듈에서 여러 개의 식별자 임포트하기

from…import문을 사용해서 모듈에 있는 식별자들을 임포트하는데, 이때 임포트할 식별자를 콤마로 구분한다. 이렇게 로드된 식별자들은 모듈의 이름과 점(.)을 이용하지 않고 곧바로 사용할 수 있다.

```
In [1]: from math import ceil, floor

In [2]: ceil(10.3)
Out[2]: 11

In [3]: floor(10.7)
Out[3]: 10
```

임포트하지 않은 함수를 사용하면 NameError가 발생한다. 이것은 사용한 이름이 정의되지 않았다는 것을 의미한다.

주의: 와일드카드로 임포트하지 않기

다음과 같은 코드처럼 **와일드카드를 사용하면** 모듈에 정의된 *모든* 식별자를 임포트할 수 있다.

```
from modulename import *
```

이 명령은 모듈에서 사용할 수 있는 모든 식별자들을 사용할 수 있게 해 준다. 모듈에 있는 식별자들을 와일드카드로 import하면 미묘한 오류가 발생할 수 있으므로 이 방법은 반드시 피해야 한다. 다음 스니펫을 보자.

```
In [4]: e = 'hello'
In [5]: from math import *

In [6]: e
Out[6]: 2.718281828459045
```

처음에 우리는 'hello' 문자열을 e이라는 이름에 할당했다. 스니펫 [5]를 실행하면 변수 e가 바뀐다. 수학적으로 사용되는 부동소수점 수를 나타내는 math 모듈의 상수 e로 의도치 않게 바뀐다.

모듈과 모듈의 식별자에 이름 부여하기

가끔 모듈을 임포트하고 이 모듈에 짧은 이름으로 바꾸는 것이 코드를 더 간단하게 만드는 데 좋을 수 있다. import문에 as를 이용하면 모듈의 식별자들을 참조하는 별도의 이름을 부여할 수 있다. 예를 들어 3.14절에서는 statistics 모듈을 임포트해서 그 모듈에 있는 mean 함수에 대해 다음과 같이 사용할 수 있다.

```
In [7]: import statistics as stats

In [8]: grades = [85, 93, 45, 87, 93]

In [9]: stats.mean(grades)
Out[9]: 80.6
```

다음 장에서 보겠지만, import…as문으로 statistics 모듈을 stats라고 사용한 방식처럼 파이썬 라이브러리를 축약해서 사용하기도 한다. 다음 예제에서는 다음과 같이 numpy 모듈을 임포트한다.

```
import numpy as np
```

라이브러리 문서에서도 많이 사용되는 축약명을 언급하기도 한다.

보통 모듈을 임포트할 때 import 또는 import…as문을 사용해야 한다. 그리고 모듈의 이름이나 as 다음에 지정한 축약명으로 모듈에 접근해서 사용한다. 이렇게 해야 의도하지 않게 기존 것과 충돌하는 식별자를 임포트하지 않을 수 있다.

4.15 함수에 인자 전달하기: 더 깊이 들어가기

인자를 어떻게 함수에 전달하는지 좀 더 자세히 알아보자. 많은 프로그래밍 언어에서 인자를 넘기는 두 가지 방법이 있다. 즉 **값으로 넘기기**(pass-by-value)와 **참조로 넘기기**(pass-by-reference)다. ('값으로 호출하기(call-by-value)', '참조로 호출하기(call-by-refereence)'라고도 한다.)

- 값으로 넘기기는 함수에서 인자들의 ***값***을 복사해서 받고 이 ***복사된*** 값을 가지고 함수를 실행한다. 복사된 값을 변경해도 호출자가 넘겨준 원래의 변수의 값에 영향을 주지 않는다.
- 참조로 넘기기이면 함수에서 인자의 값을 직접 접근할 수 있다. 그리고 이것을 변경할 수 있으면 변경도 가능하다.

파이썬의 인자는 항상 '참조로 넘기기'를 사용한다. 파이썬에서 모든 것이 객체이기 때문에[3] 어떤 사람들은 이것을 '객체 참조 넘기기(pass-by-object-reference)'라고 한다. 함수를 호출할 때 인자를 사용하면 파이썬은 대응하는 매개변수로 인자의 객체 자체를 복사하는 것이 아니라 객체의 ***참조***를 복사하는데, 이것이 성능에 아주 중요하다. 함수는 종종 큰 객체를 조작한다. 이런 큰 객체를 자주 복사하면 메모리를 많이 사용할 뿐만 아니라 프로그램 성능도 심각하게 떨어뜨릴 수 있다.

메모리 주소, 참조, 포인터

일반적으로 참조(reference)를 통해서 객체와 연동한다. 참조는 내부적으로 컴퓨터 메모리에 있는 객체 주소(또는 위치)로, 다른 언어에서는 '포인터'라고 부른다.

다음과 같은 대입문 이후에

```
x = 7
```

변수 x가 실제로 7이라는 값을 가지고 있는 것이 아니다. 변수는 메모리의 ***어딘가***에 있는 7이라는 값을 가진 ***객체***를 참조하는 참조 정보를 가지고 있다. 다음 다이어그램에 보이는 것처럼 x가 7을 가지고 있는 객체를 '가리키고 있다(참조하고 있다)' 라고 말할 수 있다.

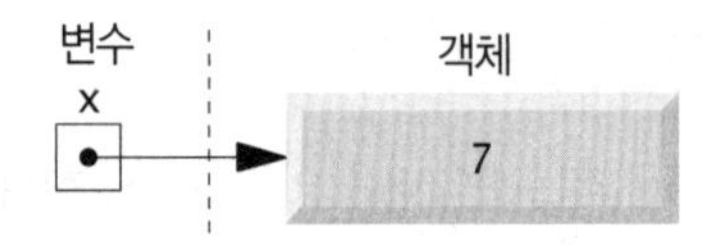

내장 함수 id와 객체의 동일성

함수에 인자를 어떻게 전달하는 확인해 보자. 먼저 위에서 언급했던 것처럼 변수 x를 만드는데, 여기서는 x를 함수 인자로 사용할 것이다.

```
In [2]: x = 7
```

이제 x는 7이라는 값을 가지고 있는 integer 객체를 참조한다(또는 '가리킨다'). 두 개의 다른 객체가 메모리의 같은 주소에 있을 수 없으므로 메모리에 있는 모든 객체는 ***모두 다른 주소***를 가진다. 객체의 주소를 볼 수는 없지만, **내장 함수 id**를 사용해서 메모리에 있는 객체를 구분할 수 있는 ***유일한*** 정수값을 얻을 수 있다. (여러분의 컴퓨터에서 실행하면 다른 값을 얻을 수 있다.)

```
In [2]: id(x)
Out[2]: 4350477840
```

3 이번 장에서 정의했던 함수들과 다음 장에서 정의할 클래스들(사용자 정의 타입) 모두 파이썬에서는 객체이다.

id를 호출해서 얻는 정수값은 객체의 **'식별값(identity)'**라고 한다.[4] 메모리에 있는 서로 다른 두 객체는 동일한 ***식별값***을 가질 수 없고, 객체의 식별값을 가지고 객체가 참조로 전달되었는지 확인하는 데 사용할 것이다.

함수에 객체 넘기기

매개변수의 식별값을 출력하고 정육면체의 부피를 구하는 cube 함수를 정의해 보자.

```
In [3]: def cube(number):
   ...:     print('id(number):', id(number))
   ...:     return number ** 3
   ...:
```

다음 코드에서 인자 x를 가지고 cube 함수를 호출해 보자. x는 7을 가지고 있는 정수 객체를 참조하고 있다.

```
In [4]: cube(x)
id(number): 4350477840
Out[4]: 343
```

cube 함수가 출력된 매개변수의 식별값(4350477840) 앞에서 x에 대해서 보았던 식별값과 동***일하다***. 모든 객체는 유일한 식별값을 가지고 있기 때문에 결국 인자 x와 ***매개변수*** number는 ***동일한 객체***를 가지고 있는 것이다. 따라서 함수 cube가 계산에 쓰인 매개변수 number를 사용할 때 함수는 호출자에 있는 원래의 객체에서 값을 가져온 것이다.

is 연산자로 객체의 동일성 확인하기

인자와 매개변수가 동일한지 파이썬의 **is 연산자**를 이용해서 증명할 수 있다. 이 연산자는 두 개의 피연산자가 ***동일하면*** True를 반환한다.

```
In [5]: def cube(number):
   ...:     print('number is x:', number is x) # x 는 글로벌 변수이다.
   ...:     return number ** 3
   ...:

In [6]: cube(x)
number is x: True
Out[6]: 343
```

4 파이썬의 문서에 따르면 사용하는 파이썬 구현체에 따라서 객체의 식별값이 객체의 실제 메모리 주소가 될 수 있지만, 꼭 그런 것은 아니다.

불변 객체를 인자로 사용하기

함수가 인자로 int, float, string, tuple과 같이 수정할 수 없는 객체를 사용할 수 있다. 비록 호출자가 넘겨준 객체에 직접 접근할 수 있어도 불변 객체의 값은 ***수정할 수 없다***. 이것을 증명하기 위해 cube 함수에서 매개변수 number에 새로운 값을 할당하기 전과 후에 id(number)를 수행할 결과를 출력해 보자.

```
In [7]: def cube(number):
   ...:     print('number 값을 수정하기 전 id(number) :', id(number))
   ...:     number **= 3
   ...:     print('number 값을 수정한 후 id(number) :', id(number))
   ...:     return number
   ...:

In [8]: cube(x)
number 값을 수정하기 전 id(number): 4350477840
number 값을 수정한 후 id(number): 4396653744
Out[8]: 343
```

cube(x)를 호출할 때 첫 번째 print문은 스니펫 [2]의 id(x)와 같다는 것을 보여준다. 숫자는 불변이므로 다음 명령의 경우

```
number **= 3
```

사실 부피를 계산한 값을 가지고 있는 ***새로운 객체***를 생성하고 이 객체의 참조를 매개변수 number에 설정하는 것이다. ***원래의*** 객체를 가리키는 참조가 없으면 이 객체는 ***가비지 컬렉션(garbage collection)된다***고 했던 것을 기억할 것이다. cube 함수의 두 번째 print문은 새로운 객체의 식별값을 보여주고 있다. 객체의 식별값은 유일한 값이므로 number는 ***다른*** 객체를 참조하는 것이다. x가 수정되지 않았음을 보여주기 위해서 이 변수의 값과 식별값을 다시 출력해 보자.

```
In [9]: print(f'x = {x}; id(x) = {id(x)}')
x = 7; id(x) = 4350477840
```

수정 가능한 객체를 인자로 사용하기

다음 장에서는 리스트 객체 같이 ***수정 가능한*** 객체를 참조하는 참조를 함수에 넘겼을 때 함수가 원래의 값을 수정***할 수 있다***는 것을 보여줄 것이다.

4.16 재귀 호출

유명한 수학 계산을 수행하는 프로그램을 작성해 보자. 양의 정수 n의 ***팩토리얼 값***을 구하는 것으

로, 팩토리얼은 '$n!$'이라고 쓰고 'n 팩토리얼'이라고 부른다.

이 식은 다음과 같은 식으로 계산한다.

$$n \cdot (n - 1) \cdot (n - 2) \cdot \cdots \cdot 1$$

이때 1!은 1이고 0!도 1이라고 정의한다. 예를 들어 5!은 5 · 4 · 3 · 2 · 1로 계산해서 120이 된다.

반복을 이용한 접근법

for문을 *반복 사용해서* 5!을 계산할 수 있다. 다음을 살펴보자.

```
In [1]: factorial = 1

In [2]: for number in range(5, 0, -1):
   ...:         factorial *= number
   ...:

In [3]: factorial
Out[3]: 120
```

재귀적인 문제 풀이

재귀 문제의 해법은 몇 가지 공통적 요소들이 있다. 문제를 풀기 위해 재귀함수를 호출할 때, 실제로 가장 **간단한 케이스** 또는 베이스 케이스만으로 문제를 풀 수 있다. 만약 ***베이스 케이스***에 해당하는 것에 대해 함수를 호출하면 함수는 즉시 결과를 반환한다. 좀 더 복잡한 문제에 대해서 함수를 호출하면 함수는 이 문제를 두 부분으로 나눈다. 하나는 함수가 풀 방법을 알고 있는 것이고, 다른 하나는 그렇지 못한 것이다. 재귀적으로 문제를 풀기 위해서 후자의 문제가 원래의 문제보다 더 단순하거나 더 작은 버전이어야 한다. 이 새로운 **문제**는 원래의 문제와 유사하기 때문에 함수는 더 작은 문제를 풀기 위해서 다시 함수 자신의 **새 사본(fresh copy)을** 호출하는데, 이것을 **'재귀적 호출'** 또는 **'재귀적 단계'**라고 부른다. 문제를 두 개의 작은 부분으로 구분하는 이 개념은 이 책의 앞부분에서 소개한 *분할-정복* 접근 방식이다.

재귀 단계는 원래의 함수를 끝날 때까지 계속 실행된다. 함수가 문제를 각각의 문제를 개념적으로 두 부분으로 나누기 때문에 더 많은 재귀 호출이 발생한다. 결국 재귀가 끝나려면 함수가 원래의 문제를 더 작은 문제로 나누어서 재귀 호출을 할 때마다 작은 문제들이 **베이스 케이스**로 *바뀔 수 있어야* 한다. 함수는 베이스 케이스에 도달하면 결과값을 반환한다. 일련의 함수 반환이 원래의 함수 호출까지 가면 최종 결과를 반환한다.

재귀를 이용한 접근법

$n!$을 다음과 같이 쓸 수 있으므로 재귀적으로 풀 수 있다.

$$n! = n \cdot (n - 1)!$$

예를 들어 5!은 5 · 4!과 같다. 다음을 살펴보자.

$5! = 5 \cdot 4 \cdot 3 \cdot 2 \cdot 1$

$5! = 5 \cdot (4 \cdot 3 \cdot 2 \cdot 1)$

$5! = 5 \cdot (4!)$

재귀 실행의 시각화

5!은 다음과 같이 계산된다. 왼쪽 칼럼은 연속적으로 재귀 호출되면서 1!(베이스 케이스)이 1로 계산될 때까지 진행한다. 오른쪽 칼럼은 바닥부터 위까지 재귀 호출이 다시 돌아와서 최종값이 계산 및 반환되는 과정을 보여주고 있다.

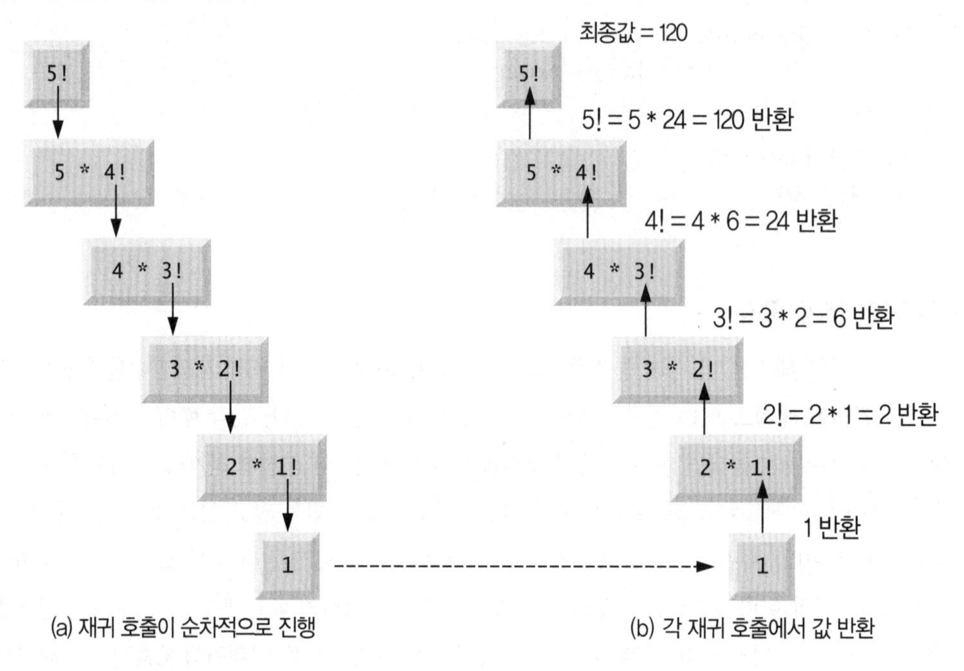

(a) 재귀 호출이 순차적으로 진행　　(b) 각 재귀 호출에서 값 반환

재귀적 팩토리얼 함수 구현하기

다음 세션은 재귀적인 방법을 이용해서 0에서 10까지의 팩토리얼 값을 계산 및 출력하고 있다.

```
In [4]: def factorial(number):
   ...:     """팩토리얼 값 계산"""
   ...:     if number <= 1:
   ...:         return 1
   ...:     return number * factorial(number - 1) # 재귀 호출
   ...:
In [5]: for i in range(11):
   ...:     print(f'{i}! = {factorial(i)}')
   ...:
```

```
0! = 1
1! = 1
2! = 2
3! = 6
4! = 24
5! = 120
6! = 720
7! = 5040
8! = 40320
9! = 362880
10! = 3628800
```

스니펫 [4]에 있는 재귀함수 factorial은 먼저 *종료 조건*인 number <= 1이 참인지 확인한다. 이 조건이 **참**(베이스 케이스)이면 **팩토리얼 함수**는 1을 반환하고 더 이상 재귀 호출을 하지 않는다. number가 1보다 크면 두 번째 return문에서 number와 factorial(number - 1)의 팩토리얼 값을 구하는 *재귀 호출*의 곱을 표현한다. 이런 식으로 원래의 값 factorial(number)를 더 작은 문제로 바꾸는 바꾸는 것이다. factorial 함수는 반드시 *음수가 아닌* 인자를 받아야 한다. 이런 경우를 테스트해 보지 않았다.

스니펫 [5]에 있는 루프는 0에서 10까지 수에 대해 factorial 함수를 호출한 후 결과를 살펴보면 값이 빠르게 증가하고 있다. *파이썬*은 다른 프로그래밍 언어와는 다르게 *정수의 크기 제한이 없다*.

간접적인 재귀

재귀 함수는 다른 함수를 호출할 수 있고, 그 함수가 다시 재귀함수를 호출할 수 있는데, 이것을 **'간접 재귀 호출'** 또는 **'간접 재귀'**라고 한다. 예를 들어 함수 A가 함수 B를 호출하고, 함수 B는 다시 함수 A를 호출하는 것이다. 이런 호출도 '재귀'라고 할 수 있는데, 함수 A를 호출하는 두 번째 호출이 첫 번째 호출 A가 끝나지 않은 상태에서 이루어지기 때문이다. 즉 함수 A를 호출한 첫 번째 호출이 끝나지 않고 실행되어 있고 (함수 B가 끝나고 반환되기를 기다리고 있기 때문에) 함수 A를 호출한 호출자에게 제어권이 아직 넘어가지 않았다.

스택 오버플로와 무한 재귀

컴퓨터 메모리는 유한하기 때문에 가지고 있는 메모리만큼만 함수 호출 스택으로 실행 정보를 저장할 수 있다. 스택에 저장할 수 있는 활성 레코드 이상으로 재귀 호출이 이루어지면, **'스택 오버 플로'**라는 중대한 오류가 발생할 수 있다. 이것은 **무한 재귀**의 전형적인 결과로, 베이스케이스를 생략하거나 재귀 단계를 잘못 작성해서 문제를 베이스케이스로 만들지 못했기 때문이다. 이러한 오류는 *반복*(재귀 방식이 아닌)을 사용하는 해법에서의 *무한 루프* 문제와 비슷하다.

4.17 함수형 프로그래밍

자바나 C#과 같은 많이 사용되는 언어들과 마찬가지로 파이썬은 순수 함수형 언어는 아니다. 그보다는 '함수형 스타일'을 제공해서 코드를 작성할 때, 오류가 더 적게 발생하고, 코드의 가독성을 높이며, 디버깅과 수정을 더 정확하고 쉽게 할 수 있도록 해 준다. 또한 함수 스타일 프로그램은 오늘날의 멀티코어 프로세서에서 더 좋은 성능을 내기 위해 더 쉽게 병렬 실행을 할 수 있다. 다음의 표는 파이썬의 주요한 함수 스타일 기능을 나열하고 있다. 괄호 안에 표시한 수는 해당 기능을 설명하고 있는 장을 나타낸다.

함수형 스타일 프로그래밍 토픽		
• 사이드 이펙트(side effect) 피하기 (4)	• 제너레이터 표현식 (5)	• 실행 지연 (5)
• 클로저	• 제너레이터 함수	• 리스트 컴프리헨션 (5)
• 선언적 프로그래밍 (4)	• 고차 함수들 (5)	• operator 모듈 (5, 11, 16)
• 데코레이터 (10)	• 불변성 (4)	• 순수 함수 (4)
• 딕셔너리 컴프리헨션 (6)	• 내부 반복 (4)	• range 함수 (3, 4)
• filter/map/reduce (5)	• 이터레이터 (3)	• 리덕션 (3, 5)
• functools 모듈	• itertools 모듈 (16)	• 세트 컴프리헨션 (6)
	• 람다 표현식 (5)	

이 책에서는 전반적으로 이러한 특징을 대부분 예시로 다루고 있고, 나머지는 코드를 읽고 쓰는 관점에서 다룰 것이다. 이미 리스트, 문자열과 내장 함수인 `range` ***이터레이터***를 `for`문과 여러 ***리덕션 함수***들(`sum`, `len`, `min`, `max` 같은)과 함께 사용해 보았다. 이제부터는 선언적 프로그램, 불변성과 내부 반복에 대해서 알아보려고 한다.

대상과 방법

수행하는 작업이 점점 더 복잡해지면서 코드 읽기와 디버깅 및 수정하는 것이 더 어려워졌고, 더 많은 오류가 발생할 수 있다. 그리고 코드가 동작하는 ***방식***을 구체화하는 것이 점점 더 복잡해지고 있다.

함수 스타일 프로그래밍은 하려는 것이 ***무엇인지*** 쉽게 설명할 수 있다. 이 방법은 각 작업 실행 ***방법***에 대한 상세한 것을 숨기고, 일반적으로 라이브러리에서 ***구체적인 것***을 처리한다. 앞으로 이런 방식을 사용하면 많은 오류를 없앨 수 있다.

다른 프로그램 언어에 있는 `for`문을 생각해 보자. 일반적으로 카운터로 제어되는 반복에 대해 모든 내용을 알고 있어야 한다. 제어 변수, 초기값, 어떻게 제어 변수를 증가시킬지와 제어 변수를 사용해서 더 반복할 조건 등 모든 것을 지정해야 한다. 이런 식으로 반복하는 것을 **'익스터널 이터레이션'**이라고 하는데, 이 방식은 오류가 발생할 여지가 많다.

예를 들어 초기화 값을 잘못 지정하거나 증가 또는 반복 조건을 잘못 처리할 수 있다. 익스터널 이터레이션은 제어 변수를 **조작하고**(즉, 수정하고) for문의 스위트 안에서도 다른 변수들을 변경할 수 있는데, 변수를 변경할 때마다 오류가 발생할 수도 있다. 함수 스타일 프로그래밍은 불변성을 강조한다. 즉 이 방식은 변수의 값을 변경하는 동작을 피한다. 이 불변성에 대해서는 다음 장에서 더 자세하게 설명할 것이다.

파이썬의 for문과 range 함수를 사용하면 대부분의 카운트로 제어되는 반복 과정에서 상세한 내용을 *숨길 수 있다*. 따라서 *어떤* 범위의 수를 만들어야 하는지와 그 값을 받을 변수를 지정만 하면 된다. range함수는 지정한 범위의 수를 생성하는 *방법을 알고 있다*. 이와 마찬가지로 for문도 range에서 생성한 것을 어떻게 받고, 언제 반복을 멈춰야 하는지 *알고 있다*. *어떻게* 할지를 지정하는 대신 *무엇을* 할지 지정하는 것이 인터널 이터레이션의 가장 중요한 관점이고, 이것이 함수형 **스타일 프로그래밍**의 개념이다.

sum, min, max 같은 내장 함수들은 각각 인터널 이터레이션을 사용하고 있다. grades라는 리스트의 각 요소의 합을 구하고 싶을 때 sum(grades)처럼 무엇을 원하는지 간단히 선언만 하면 된다. sum 함수는 리스트를 어떻게 순회하고 각 요소의 합을 계산하는 변수에 *더할지 알고 있다*. *어떻게* 작업해야 하는지 프로그래밍하는 것보다 무엇을 원하는지 선언하는 것을 **'선언적 프로그래밍'**이라고 한다.

순수 함수

순수 함수형 프로그래밍 언어에서는 **순수 함수**를 작성하는 것에 집중하고, 순수 함수의 결과는 함수에 전달되는 인자에만 의존한다. 또한 주어진 특정 인자나 인자들에 대해서 이 함수는 항상 같은 결과를 반환한다. 예를 들어 내장 함수 sum의 결과값은 전달받은 이터러블에만 의존한다. 리스트 [1,2,3]이 주어지면 sum 함수는 몇 번을 호출하든지 *항상* 6을 반환한다. 또한 순수 함수는 *사이드 이펙트*가 없다. 예를 들어 *변경 가능(mutable)* 리스트를 순수 함수에 전달해도 리스트는 함수 호출 이전과 이후가 동일하다. 따라서 순수 함수 sum을 호출해도 이 함수는 인자를 수정하지 않는다.

```
In [1]: values = [1, 2, 3]

In [2]: sum(values)
Out[2]: 6

In [3]: sum(values) # 동일하게 호출하면 항상 동일한 값을 반환한다.
Out[3]: 6

In [4]: values
Out[5]: [1, 2, 3]
```

다음 장에서 함수형 스타일 프로그래밍의 개념을 더 사용할 것이다. 또한 이 함수가 데이터로 다른 함수에 전달할 수 있는 *객체*라는 것도 알게 될 것이다.

4.18 데이터과학 들어가기: 분산 측정

기술적 통계에 대해 설명하면서 평균값, 중앙값, 최빈값 등 데이터의 중심 경향을 측정하는 것에 대해 알아보았다. 이런 값은 데이터를 분류하는 데 좋다. 즉 친구들의 평균 키나 특정 국가에서 가장 많이 팔리는 자동차 브랜드(최빈값) 같은 것 말이다.

집단에 대해 이야기할 때 전체 집단을 **'모집단'**이라고 부르는데, 간혹 모집단이 너무 클 수 있다. 예를 들어 차기 미국 대통령 선거에 참여할 국민이 모집단이 될 경우, 이 숫자는 10만 명이 넘는다. 이러한 실용적인 이유 때문에 차기 대통령이 누가 될지를 예측하는 조사 기관은 모집단에서 표본이라고 하는 작은 집단에 대해서 다룬다. 2016년에 있었던 많은 여론 조사들은 **표본** 크기가 1,000명 정도였다.

이번 절에서는 기본적인 기술적 통계에 대해 더 알아보면서 값이 어떻게 흩어져 있는지 알 수 있는 **분산도**(또는 **'변동성'**이라고 함)에 대해서 소개한다. 예를 들어 학급에서 대부분의 학생들이 평균 키에 근접하지만, 더 작거나 더 큰 학생들이 일부 있을 수 있다. 이 경우 분산도를 직접 계산해 보고 statistics 모듈의 함수를 이용해 볼 것이다. 다음 주사위를 10번 던져 나온 수이다.

```
1, 3, 4, 2, 6, 5, 3, 4, 5, 2
```

분산

분산 정도를 알기 위해서[5] 이들 값의 평균을 구하는 것부터 시작한다. 평균은 3.5이고, 이 값은 주사위 수들의 합(35)을 주사위 놀이를 한 횟수(10)로 나누어서 얻을 수 있다. 다음으로 각 주사위의 값에서 평균을 뺀다. (이때 음수도 나올 수 있다.)

```
-2.5, -0.5, 0.5, -1.5, 2.5, 1.5, -0.5, 0.5, 1.5, -1.5
```

그리고 나서 이들 값에 제곱을 한다. (양수만 나온다.)

```
6.25, 0.25, 0.25, 2.25, 6.25, 2.25, 0.25, 0.25, 2.25, 2.25
```

마지막으로 이 제곱한 값의 평균을 계산하는데, 이 값은 2.25이다(22.5/10). 즉 이 값은 모집단의 분산값이다. 주사위 값과 평균값의 차이를 제곱해서 **이상 수치**를 강조한다. 이상 수치는 평균값에서 가장 멀리 떨어져 있는 값을 말한다. 데이터를 깊게 분석하다 보면 간혹 이상치를 주의 깊게 처리해야 하거나 무시해야 할 때가 있다. 다음 코드는 statistics 모듈의 pvariance 함수를 통해서 이 값을 계산할 수 있다.

---

5 단순화를 위해서 *모집단 분산(population variance)*을 계산한다. 모집단 분산과 *표본 분산(sample vairance)* 간에는 미묘한 차이가 있다. 샘플 분산은 *n*(이 예에서는 주사위의 롤 수)으로 나누지 않고 n–1로 나눈다. 샘플의 수가 작은 경우 그 차이가 뚜렷하지만, 샘플 크기가 증가함에 따라 차이가 중요하지 않게 된다. statistics 모듈은 모집단 분산과 표본 분산을 각각 계산하기 위해 함수 pvariance와 variance를 제공하고 있다. 마찬가지로 statistics 모듈은 pstdev 및 stdev 함수를 제공하여 모집단 표준 편차와 표본 표준 편차를 각각 계산한다.

```
In [1]: import statistics

In [2]: statistics.pvariance([1, 3, 4, 2, 6, 5, 3, 4, 5, 2])
Out[2]: 2.25
```

표준 편차

표준 편차는 분산에 대한 제곱근이다. (예제의 이 값은 1.5이다.) 이 값은 이상 수치가 주는 영향을 조정한다. 분산과 표준 편차가 작을수록 데이터 수치가 평균에 근접하고, 전체적인 분산 정도(흩어져 있는 정도)도 작아진다. 다음 코드는 **모집단의 표준 편차**를 statistics 모듈의 **pstdev** 함수를 사용해서 계산하는데, 앞에서 직접 계산했던 값과 비교해 보자.

```
In [3]: statistics.pstdev([1, 3, 4, 2, 6, 5, 3, 4, 5, 2])
Out[3]: 1.5
```

pvariance 함수의 결과를 math 모듈의 sqrt 함수에 전달해서 그 값이 1.5인지 확인해 보자.

```
In [4]: import math

In [5]: math.sqrt(statistics.pvariance([1, 3, 4, 2, 6, 5, 3, 4, 5, 2]))
Out[5]: 1.5
```

모집단의 표준 편차와 분산

현재 사는 곳의 3월 화씨 온도를 기록했다고 가정해 보자. 19, 32, 28, 35와 같은 값이 31개가 있다. 이 숫자의 단위는 '도'이고, 분산을 계산하기 위해서 각 온도를 제곱한다. 분산의 단위는 '도 제곱'이고, 분산에 제곱근을 취해서 표준 편차를 계산한다. 이때 단위가 다시 '도'가 되는데, 이 단위는 이제까지 사용했던 온도와 같은 단위이다.

4.19 요약

이번 장에서는 사용자 정의 함수를 만들어보았고, random과 math 모듈의 기능을 임포트해 보았다. 난수를 발생시킨 후 그 난수를 사용해서 육면 주사위를 시뮬레이션하는 데 사용했다. 함수에서 하나 이상의 값을 반환하기 위해서 다양한 값을 튜플로 묶었고, 튜플을 풀어서 각각의 값을 사용했다. 그리고 '바퀴 재발명'하는 일이 없도록 파이썬 표준 라이브러리 모듈을 사용하는 것에 대해 설명했다.

매개변수에 기본값이 설정된 함수를 만들고, 키워드 인자를 이용해서 함수를 호출해 보았다. 또한 여러 인자 리스트를 처리할 수 있는 함수도 정의했고, 객체의 메서드로 호출해 보았으며, 프로그램에서 식별자를 사용할 때 이것의 스코프를 어떻게 결정하는지도 알아보았다.

모듈을 임포트하는 다른 방법을 살펴보았다. 함수 인자를 참조로 전달했고, 함수 호출 스택과 스택 프레임이 어떻게 함수 호출과 반환 매커니즘을 지원하는지 보았다. 또한 재귀함수를 살펴보았고, 파이썬의 함수형 스타일 프로그래밍 기능을 소개했다. 기본적인 리스트와 튜플의 기능을 앞의 두 장을 통해서 살펴보았는데, 다음 장에는 이것에 대해서 더욱 자세하게 살펴볼 것이다.

마지막으로 기술적 통계 중에 분산 측정(분산과 표준 편차)을 소개하고, 파이썬 표준 라이브러리의 `statistics` 모듈의 함수를 이용해서 이것을 계산해 보았다. 문제에 따라서 스스로의 함수를 호출하는 것이 좋을 때도 있다. 재귀함수는 직접 스스로를 호출하거나 다른 함수를 통해서 간접적으로 호출하기도 한다.

Chapter

5

시퀀스: 리스트와 튜플

학습 목표

이번 장에서는 다음과 같은 것을 다룬다.

- 리스트와 튜플을 생성하고 초기화한다.
- 리스트, 튜플, 문자열의 각 요소를 참조해 본다.
- 리스트를 정렬 및 검색하고 튜플을 검색해 본다.
- 리스트와 튜플을 함수 또는 메서드에 전달해 본다.
- 리스트의 메서드를 사용해서 검색, 정렬, 요소 추가/삭제 등 리스트를 조작해 본다.
- 파이썬의 함수형 스타일 프로그래밍 기능인 람다를 사용해 보고 filter, map, reduce 같은 연산자를 사용해 본다.
- 함수형 스타일의 리스트 컴프리헨션 기능을 이용해서 더 빠르고 쉽게 리스트를 생성해 보고, 필요할 때 값을 생성하는 제너레이터를 사용해 본다.
- 2차원 리스트를 사용해 본다.
- 시본(Seaborn)과 매트플롯리브(Matplotlib) 등 시각화 라이브러리를 이용해서 데이터를 분석해 보는 능력을 키워본다.

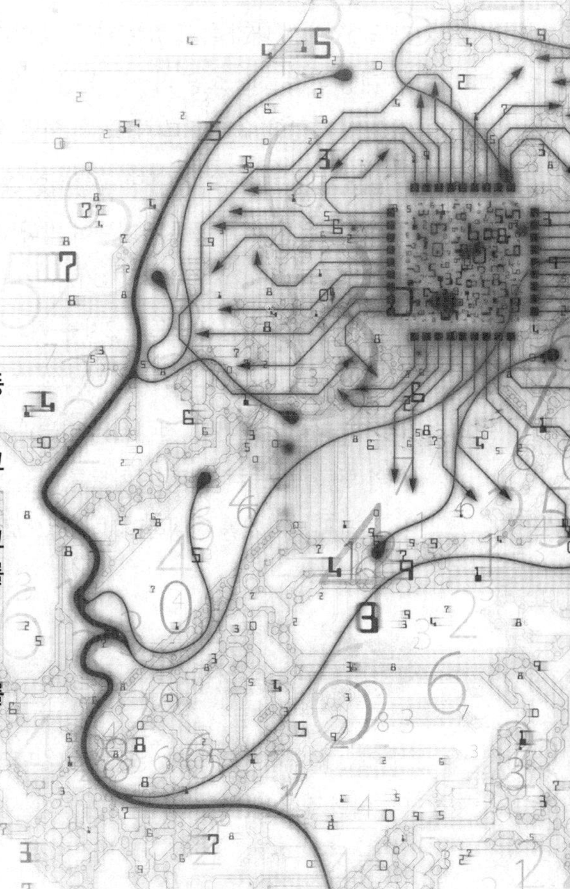

Outline

5.1 개요

앞의 두 장에서 순서가 있는 요소들의 컬렉션을 표현하기 위한 리스트와 튜플 시퀀스 타입을 간단하게 소개했다. **컬렉션(collection)**은 관련성 있는 아이템을 구성하기 위해 미리 준비되어 있는 데이터 구조체이다. 컬렉션이라고 하면 스마트폰에 있는 좋아하는 노래, 연락처 리스트, 도서관 책들, 카드게임에서 내가 들고 있는 카드, 좋아하는 스포츠팀의 선수들, 투자 포트폴리오에 있는 주식, 암 연구 대상 환자들과 쇼핑 리스트 등을 말한다. 파이썬의 내장 구조체는 데이터를 편리하고 효과적으로 저장 및 접근할 수 있도록 해 준다. 이번 장에서는 리스트와 튜플을 좀 더 상세하게 알아보겠다.

여기서는 리스트와 튜플의 공통적인 조작 방법을 실습해 볼 것이다. 리스트(수정 가능한)와 튜플(수정이 불가능한)에는 공통된 기능이 많다. 이들 각각은 같은 타입이나 다른 타입의 요소들을 가질 수 있다. 리스트는 필요에 따라서 크기가 늘어나거나 줄어드는 등 실행 시간에 **동적으로 크기가 조절**되는데, 이제부터 1차원 리스트와 2차원 리스트에 대해 설명할 것이다.

이전 장에서는 난수를 발생시켜서 주사위 던지기를 시뮬레이션했다. 이번 장의 마지막에 다루는 '데이터 과학 들어가기' 절에서는 시본과 매트플롯리브(Matplotlib) 시각화 라이브러리를 이용해서 주사위 확률을 보여주는 정적 차트를 만들어볼 것이다. 그리고 다음 장의 '데이터과학 들어가기' 절에서는 주사위 던지기를 진행하면서 *동적으로* 업데이트되는 동적 시각화를 해 볼 것이다.

5.2 리스트

이번 절에서 리스트를 상세하게 알아보고 특정 리스트 요소를 어떻게 참조할 수 있는지 설명하겠다. 이번 절에서는 보여주는 것은 모든 시퀀스 타입에 적용된다.

리스트 생성하기

일반적으로 리스트는 **유사한 데이터**를 저장한다. 즉 *같은* 데이터 타입의 값을 저장할 수 있다. 우선 다섯 개의 정수를 가지고 있는 리스트 c를 보자.

```
In [1]: c = [-45, 6, 0, 72, 1543]

In [2]: c
Out[2]: [-45, 6, 0, 72, 1543]
```

리스트는 **이종 데이터**도 저장할 수 있다. 즉 다른 종류의 데이터 타입도 저장할 수 있다. 예를 들어 다음 리스트는 학생들의 이름(문자열), 성(문자열), 점수 평균(float), 졸업 연도(int)를 저장한다.

```
['Mary', 'Smith', 3.57, 2022]
```

리스트에 있는 요소에 접근하기

리스트 이름의 뒤에 대괄호([ ], **서브스크립션 연산자**)로 요소의 **인덱스**(위치를 나타내는 수)를 감싸는 방식으로 리스트의 요소를 참고할 수 있다.

다음 다이어그램은 각 요소의 이름을 표시한 리스트 c를 보여주고 있다.

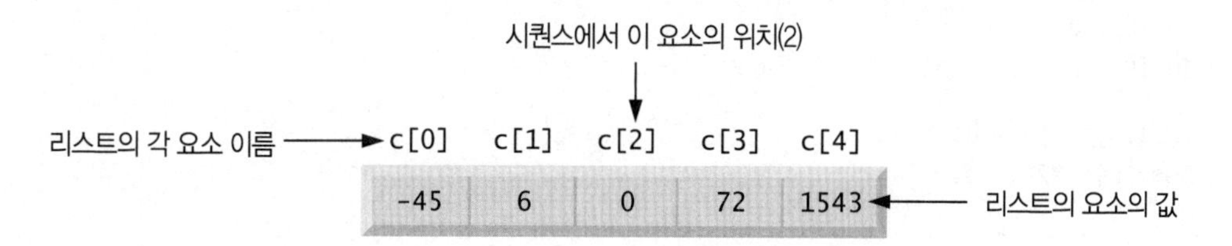

리스트의 첫 번째 요소는 인덱스 0 위치에 있다. 따라서 다섯 개의 요소를 가지고 있는 리스트 c에서 첫 번째 요소는 c[0], 마지막 요소는 c[4]이다.

```
In [3]: c[0]
Out[3]: -45

In [4]: c[4]
Out[4]: 1543
```

리스트 길이 알아내기

리스트의 길이를 얻기 위해서 **내장 함수 len**을 사용한다.

```
In [5]: len(c)
Out[5]: 5
```

음수 인덱스를 사용해 리스트의 마지막을 기준으로 요소에 접근하기

리스트는 *음수로 된 인덱스*를 이용해서 리스트의 마지막을 기준으로 특정 요소에 접근할 수 있다.

양수 인덱스를 사용할 때의 요소 이름 →	c[0]	c[1]	c[2]	c[3]	c[4]	
	-45	6	0	72	1543	
	c[-5]	c[-4]	c[-3]	c[-2]	c[-1]	← 음수 인덱스를 사용할 때의 요소 이름

따라서 리스트 c의 마지막 요소(c[4])는 c[-1]로 접근할 수 있고, 첫 번째 요소는 c[-5]로 접근할 수 있다.

```
In [6]: c[-1]
Out[6]: 1543

In [7]: c[-5]
Out[7]: -45
```

인덱스로는 정수 또는 정수 표현식만 사용하기

인덱스는 반드시 정수 또는 정수 표현식(또는 앞으로 보게 될 *슬라이스*)을 사용해야만 한다.

```
In [8]: a = 1
In [9]: b = 2

In [10]: c[a + b]
Out[10]: 72
```

정수 이외의 것을 인덱스로 사용하면 TypeErorr가 발생한다.

리스트는 수정 가능

리스트 객체는 수정할 수 있다. 즉 리스트의 요소를 변경할 수 있다.

```
In [11]: c[4] = 17

In [12]: c
Out[12]: [-45, 6, 0, 72, 17]
```

이제 곧 리스트에 새로운 요소를 추가하거나 기존 요소를 삭제해 볼 것이다. 이것은 리스트의 길이를 변경시킨다.

일부 시퀀스는 수정 불가

파이썬의 문자열과 튜플 시퀀스는 불변 객체여서 수정할 수 없다. 문자열의 각 글자 하나하나는 얻을 수 있지만, 기존 글자에 새로운 값을 설정하려면 TypeError가 발생한다.

```
In [13]: s = 'hello'

In [14]: s[0]
Out[14]: 'h'

In [15]: s[0] = 'H'
---------------------------------------------------------------------------
TypeError                                 Traceback (most recent call last)
<ipython-input-15-812ef2514689> in <module>()
----> 1 s[0] = 'H'

TypeError: 'str' object does not support item assignment
```


없는 요소에 대한 접근 시도하기

리스트, 튜플 또는 문자열에서 범위를 벗어난 인덱스를 사용하면 IndexError가 발생한다.

```
In [16]: c[100]
---------------------------------------------------------------------------
IndexError                                Traceback (most recent call last)
<ipython-input-16-9a31ea1e1a13> in <module>()
----> 1 c[100]

IndexError: list index Out of range
```

표현식에 리스트 요소 사용하기

표현식에서 리스트의 요소는 변수처럼 사용할 수 있다.

```
In [17]: c[0] + c[1] + c[2]
Out[17]: -39
```

+= 이용해서 리스트에 요소 추가하기

빈 리스트 [ ]에 for문과 += 연산자를 이용해서 1에서 5까지의 수를 리스트에 추가해 보자. 각 요소를 저장하기 위해 리스트의 크기가 동적으로 증가한다.

```
In [18]: a_list = []

In [19]: for number in range(1, 6):
    ...:     a_list += [number]
    ...:

In [20]: a_list
Out[20]: [1, 2, 3, 4, 5]
```

+= 연산자의 왼쪽이 리스트일 때 오른쪽 연산자는 반드시 ***이터러블***이어야 하고, 그렇지 않으면 TypeError가 발생한다. 스니펫 [19]의 스위트에서 number 변수의 주변을 감싸고 있는 대괄호([,])로 a_list에 추가할 요소만 있는 리스트를 만든다. += 연산자의 오른쪽에 여러 개의 요소가 있으면 이것을 모두 추가한다. 다음 코드는 'Python' 문자열에 있는 모든 글자를 letters 변수에 추가한다.

```
In [21]: letters = []

In [22]: letters += 'Python'

In [23]: letters
Out[23]: ['P', 'y', 't', 'h', 'o', 'n']
```

+= 연산자의 오른쪽이 튜플이면 각 요소를 리스트에 추가한다. 이번 장의 뒤에서 리스트의 메서드인 append를 사용해서 리스트에 아이템을 추가해 볼 것이다.

+ 연산자로 리스트 이어붙이기

+ 연산자를 사용해서 두 개의 리스트, 두 개의 튜플, 두 개의 문자열을 ***이어붙일*** 수 있다. 왼쪽 피연산자의 요소들 뒤에 오른쪽 피연산자들을 포함하는 같은 타입의 시퀀스를 만들어서 반환한다. 원래의 시퀀스는 변경되지 않는다.

```
In [24]: list1 = [10, 20, 30]

In [25]: list2 = [40, 50]

In [26]: concatenated_list = list1 + list2

In [In [27]: concatenated_list
Out[27]: [10, 20, 30, 40, 50]
```

연산자의 피연자들이 타입이 다르면 TypeError가 발생한다. 예를 들어 리스트와 튜플을 붙이려고 하면 오류가 발생한다.

for, range 이용해 리스트의 인덱스와 값 접근하기

리스트 요소들을 인덱스와 서브스크립션 연산자([ ])를 통해서 접근할 수 있다.

```
In [28]: for i in range(len(concatenated_list)):
    ...:     print(f'{i}: {concatenated_list[i]}')
    ...:
0: 10
1: 20
2: 30
3: 40
4: 50
```

range(len(concatenated_list)) 함수를 호출하면 concatenated_list의 인덱스로 사용할 수 있는 정수 시퀀스가 만들어진다(위의 예제에서는 0에서 4까지의 정수). 이 방법을 사용할 때 인덱스가 범위에 있는지 확인해야 한다. 조금 뒤에서 내장 함수 enumerate를 이용해서 인덱스와 값을 접근할 수 있는 더 안전한 방법을 소개할 것이다.

비교 연산자

비교 연산자를 통해서 리스트 간의 요소별로 비교할 수 있다.

```
In [29]: a = [1, 2, 3]

In [30]: b = [1, 2, 3]

In [31]: c = [1, 2, 3, 4]

In [32]: a == b    # True: 대응하는 각 요소가 같다.
Out[32]: True

In [33]: a == c    # False: a와 c는 내용도 다르고 리스트 길이도 다르다.
Out[33]: False

In [34]: a < c     # True: a는 c보다 적은 수의 요소를 가지고 있다.
Out[34]: True

In [35]: c >= b    # True: 0~2까지의 요소는 동일하지만, c가 더 많은 요소를 가지고 있다.
Out[35]: True
```

5.3 튜플

앞의 장에서 설명했던 것처럼 튜플은 불변 데이터이고 보통 이종 데이터를 저장한다. 물론 같은 타입 데이터도 저장할 수 있다. 튜플의 길이는 포함되어 있는 요소들의 개수이고 프로그램이 실행되고 있는 동안 변경될 수 없다.

튜플 생성하기

빈 튜플을 생성하려면 빈 괄호(( ))를 사용한다.

```
In [1]: student_tuple = ()

In [2]: student_tuple
Out[2]: ()

In [3]: len(student_tuple)
Out[3]: 0
```

값을 콤마로 구분해서 표현하는 방식으로, 튜플을 만들었던 것을 기억할 것이다.

```
In [4]: student_tuple = 'John', 'Green', 3.3

In [5]: student_tuple
Out[5]: ('John', 'Green', 3.3)

In [6]: len(student_tuple)
Out[6]: 3
```

튜플을 출력하면 파이썬은 괄호와 그 안에 튜플의 요소들의 값을 출력한다. 콤마로 값을 구분해서 쓰고 값을 감싸는 괄호는 생략할 수 있다.

```
In [7]: another_student_tuple = ('Mary', 'Red', 3.3)

In [8]: another_student_tuple

Out[8]: ('Mary', 'Red', 3.3)
```

다음 코드는 요소가 하나 있는 튜플을 만든다.

```
In [9]: a_singleton_tuple = ('red',)  # 콤마가 뒤에 있다.

In [10]: a_singleton_tuple
Out[10]: ('red',)
```

`'red'` 문자열 뒤에 있는 콤마(,)는 `a_singleton_tuple`이 튜플이라는 것을 명시한 것으로, 괄호는 생략할 수 있다. 콤마를 생략하면 괄호는 의미가 없어지고, `a_singleton_tuple`은 튜플이 아니라 단순하게 `'red'` 문자열을 참조하게 된다.

튜플 요소 접근하기

튜플의 요소들은 보통 서로 관련이 있지만 다른 타입이다. 일반적으로 이런 요소들을 순회하는 식으로 사용하지 않고, 그보다는 각각의 요소를 별도로 접근한다. 리스트 인덱스처럼 튜플 인덱스도 0에서 시작한다. 다음 코드는 시, 분, 초를 나타내는 `time_tuple`을 생성하고 출력한다. 그리고 이 요소들을 이용해서 자정을 기준으로 얼마나 시간이 지났는지를 초 단위로 계산한다. 튜플에 있는 요소들을 *서로 다른* 연산을 하는 데 사용한다.

```
In [11]: time_tuple = (9, 16, 1)

In [12]: time_tuple
Out[12]: (9, 16, 1)

In [13]: time_tuple[0] * 3600 + time_tuple[1] * 60 + time_tuple[2]
Out[13]: 33361
```

튜플 요소를 다른 값으로 할당하면 TypeError가 발생한다.

문자열 또는 튜플에 값 넣기

리스트에서 했던 것처럼 += 대입문은 문자열과 튜플에도 사용될 수 있다. 문자열과 튜플이 ***불변 객체***이지만 가능한다. 다음 코드에서 두 개의 대입문 이후에 tuple1과 tuple2는 같은 tuple 객체를 참조하고 있다.

```
In [14]: tuple1 = (10, 20, 30)

In [15]: tuple2 = tuple1

In [16]: tuple2
Out[16]: (10, 20, 30)
```

tuple1에 튜플 (40, 50)을 붙여서 ***새로운*** 튜플을 만든다. 그리고 이렇게 새로 만든 튜플에 대한 참조를 tuple1 변수에 할당한다. tuple2는 여전히 원래의 튜플을 참조하고 있다.

```
In [17]: tuple1 += (40, 50)

In [18]: tuple1
Out[18]: (10, 20, 30, 40, 50)

In [19]: tuple2
Out[19]: (10, 20, 30)
```

문자열 또는 튜플에 대해서 += 연산자의 오른쪽 피연산자는 반드시 대응하는 문자열 또는 튜플이어야 한다. 타입을 맞추지 않으면 TypeError 예외가 발생한다.

리스트에 튜플 이어붙이기

+= 연산자를 사용해서 리스트에 튜플 데이터를 붙일 수 있다.

```
In [20]: numbers = [1, 2, 3, 4, 5]

In [21]: numbers += (6, 7)

In [22]: numbers
Out[22]: [1, 2, 3, 4, 5, 6, 7]
```

튜플은 수정 가능한 객체 포함 가능

이름, 성, 점수로 student_tuple을 만들어 보자.

```
In [23]: student_tuple = ('Amanda', 'Blue', [98, 75, 87])
```

튜플이 불변 객체이지만, 그 요소는 수정 가능한 객체일 수 있다.

```
In [24]: student_tuple[2][1] = 85

In [25]: student_tuple
Out[25]: ('Amanda', 'Blue', [98, 85, 87])
```

서브스크립트를 두 번 사용해서 student_tuple[2][1]처럼 사용하면 파이썬은 student_tuple[2]를 튜플에 있는 요소 중 리스트 [98, 75, 87]을 본 후 [1]을 사용해서 해당 리스트에 75에 접근한다. 스니펫 [24]의 대입 명령으로 85로 교체한다.

5.4 언패킹 시퀀스

이전 장에서 튜플의 언패킹을 소개했는데, 어떤 시퀀스든지 그 시퀀스를 콤마로 구분한 변수에 한 번에 대입하는 방식으로 언패킹할 수 있다. 대입 연산자의 왼쪽에 있는 변수들의 수와 오른쪽에 있는 시퀀스의 요소 수가 같지 않으면 ValueError가 발생한다.

```
In [1]: student_tuple = ('Amanda', [98, 85, 87])

In [2]: first_name, grades = student_tuple

In [3]: first_name
Out[3]: 'Amanda'

In [4]: grades
Out[4]: [98, 85, 87]
```

다음 코드는 문자열, 리스트, range가 만들어내는 시퀀스를 언패킹한다.

```
In [5]: first, second = 'hi'

In [6]: print(f'{first} {second}')
h i

In [7]: number1, number2, number3 = [2, 3, 5]

In [8]: print(f'{number1} {number2} {number3}')
2 3 5

In [9]: number1, number2, number3 = range(10, 40, 10)

In [10]: print(f'{number1} {number2} {number3}')
10 20 30
```

패킹과 언패킹 이용해 값 교환하기

두 개의 변수에 있는 값을 패킹과 언패킹을 이용해서 교환할 수 있다.

```
In [11]: number1 = 99

In [12]: number2 = 22

In [13]: number1, number2 = (number2, number1)

In [14]: print(f'number1 = {number1}; number2 = {number2}')
number1 = 22; number2 = 99
```

내장 함수 enumerate로 안전하게 인덱스와 값에 접근하기

앞에서는 range 함수를 호출해서 인덱스로 사용할 값을 만들고, 이 인덱스와 서브스크립션 연산자([ ])를 사용해서 루프 속에서 리스트 요소에 접근했다. range에 실수로 잘못된 인자를 넘길 수도 있기 때문에 이 방법은 쉽게 오류가 발생할 수 있다. range에서 생성된 값이 허용된 인덱스의 범위를 넘어서서 이것을 인덱스로 사용하면 IndexError가 발생한다.

요소의 인덱스와 값을 접근하는 더 좋은 방식은 내장 함수 **enumerate**를 사용하는 것이다. 이 함수는 이터러블을 받고 그것에 대응하는 이터레이터를 생성하는데, 이 이터레이터는 요소의 인덱스와 그 값을 튜플로 반환한다. 다음 코드는 내장 함수 **list**를 사용해서 enumerate의 결과를 갖는 리스트를 만든다.

```
In [15]: colors = ['red', 'orange', 'yellow']

In [16]: list(enumerate(colors))
Out[16]: [(0, 'red'), (1, 'orange'), (2, 'yellow')]
```

비슷하게 내장 함수 **tuple**은 시퀀스로부터 튜플을 생성한다.

```
In [17]: tuple(enumerate(colors))
Out[17]: ((0, 'red'), (1, 'orange'), (2, 'yellow'))
```

다음 for 루프는 enumerate가 반환하는 각 튜플을 index와 value 변수에 언패킹하고 이것을 출력한다.

```
In [18]: for index, value in enumerate(colors):
    ...:     print(f'{index}: {value}')
    ...:
0: red
1: orange
2: yellow
```

간단한 막대 차트 만들기

다음 스크립트는 각각의 막대(bar)의 크기를 별표(*)로 만들고 리스트의 각 요소의 크기에 비례해서 표시하는 가장 원시적인 **막대 차트**를 만든다. enumerate 함수를 사용해서 리스트의 인덱스와 값을 안전하게 접근할 수 있다. 이번 예제를 실행하기 위해서 ch05 예제 폴더로 이동해서 다음 명령을 입력한다.

```
ipython fig05_01.py
```

또는 IPython에 이미 있는 상태이면 다음 명령을 사용한다.

```
%run fig05_01.py
```

```
1  # fig05_01.py
2  """막대 차트를 표시한다"""
3  numbers = [19, 3, 15, 7, 11]
4
5  print('\nnumbers 변수의 값으로 막대 차트 만들기')
6  print(f'Index{"Value":>8}   Bar')
7
8  for index, value in enumerate(numbers):
9      print(f'{index:>5}{value:>8}   {"*" * value}')
```

```
numbers 변수의 값으로 막대 차트 만들기
Index   Value   Bar
    0      19   *******************
    1       3   ***
    2      15   ***************
    3       7   *******
    4      11   ***********
```

for문은 enumerate 함수를 사용해서 각 요소의 인덱스와 값을 얻는다. 그런 다음 인덱스와 요소 값, 그리고 그 값에 해당하는 별표(*)로 구성된 차트를 출력한다.

```
"*" * value
```

위의 표현식은 value의 값에 해당하는 별표 문자열을 만든다. 시퀀스 데이터에 곱셈 연산자(*)를 사용하면 이 연산자는 해당 시퀀스를 ***반복한다***. 예제의 경우이면 문자열 '*'를 value번 반복한다. 뒤에서 오픈 소스 시본과 매트플롯리브 라이브러리를 사용해서 출판물 수준의 막대 차트를 만들어볼 것이다.

5.5 시퀀스 슬라이싱

원래 시퀀스의 일부 요소들만 포함하고 있는 같은 타입의 새로운 시퀀스를 만들 수 있다. 슬라이스 연산자는 변경 가능한 시퀀스를 변경할 수도 있다. 데이터를 변경하지 않는 기능은 리스트, 튜플, 문자열에 대해서 동일하게 동작한다.

시작과 끝 인덱스로 슬라이스 만들기

리스트의 인덱스 2에서 5까지 요소를 포함하고 있는 슬라이스를 만들어 보자.

```
In [1]: numbers = [2, 3, 5, 7, 11, 13, 17, 19]

In [2]: numbers[2:6]
Out[2]: [5, 7, 11, 13]
```

슬라이스는 콜론의 왼쪽에 있는 ***시작 인덱스***(2)에서 시작해서 콜론의 오른쪽에 있는 ***끝 인덱스***(6) 이전까지의 요소를 포함하는 요소들을 ***복사한다***. 이때 원래의 리스트는 수정하지 않는다.

5

끝 인덱스만으로 슬라이스 만들기

시작 인덱스를 생략하고 끝 인덱스만으로 슬라이스를 지정하면 시작 인덱스가 0이라고 가정한다. 따라서 numbers[:6]은 numbers[0:6]과 같다.

```
In [3]: numbers[:6]
Out[3]: [2, 3, 5, 7, 11, 13]

In [4]: numbers[0:6]
Out[4]: [2, 3, 5, 7, 11, 13]
```

시작 인덱스만으로 슬라이스 지정하기

끝 인덱스를 생략하면 파이썬은 시퀀스를 길이(여기서는 8)라고 가정한다. 따라서 스니펫 [5]의 슬라이스에는 인덱스 6과 7에 해당하는 요소가 포함된다.

```
In [5]: numbers[6:]
Out[5]: [17, 19]

In [6]: numbers[6:len(numbers)]
Out[6]: [17, 19]
```

인덱스 지정하지 않고 슬라이스 지정하기

시작과 끝 인덱스를 모두 생략하면 전체 시퀀스를 복사한다.

```
In [7]: numbers[:]
Out[7]: [2, 3, 5, 7, 11, 13, 17, 19]
```

슬라이스가 새로운 객체를 생성하지만 각 요소를 **얕게 복사**한다. 즉 요소들의 참조값만 복사하고 이 참조가 가리키는 원본 객체를 복사하지는 않는다. 따라서 위의 스니펫에서 새로운 리스트의 요소들은 원래의 리스트가 가리키고 있는 ***같은 객체***를 참조한다. 7장 '넘파이를 이용한 배열 지향 프로그래밍'에서는 참조되는 객체 자체를 실제로 복사하는 ***깊은*** 복사를 설명할 것이다. 또한 언제 깊은 복사를 해야 좋은지도 알아볼 것이다.

증가값을 이용한 슬라이싱

다음 코드는 numbers에 있는 요소 중에서 띄엄띄엄 요소를 지정하는 슬라이스를 만들기 위해서 *증가값*으로 2를 사용한다.

```
In [8]: numbers[::2]
Out[8]: [2, 5, 11, 17]
```

시작과 끝 인덱스를 생략했으므로 각각 0과 len(numbers)라고 가정한다.

음수 인덱스와 증가값으로 슬라이싱하기

요소들을 ***반대*** 순서로 선택하려면 증가값을 음수로 사용한다. 다음 코드는 요소들을 반대 방향으로 만든 새로운 리스트를 생성한다.

```
In [9]: numbers[::-1]
Out[9]: [19, 17, 13, 11, 7, 5, 3, 2]
```

위의 코드는 다음 코드와 같다.

```
In [10]: numbers[-1:-9:-1]
Out[10]: [19, 17, 13, 11, 7, 5, 3, 2]
```

슬라이스 이용해서 리스트 수정하기

리스트의 슬라이스에 대입하는 방식으로 리스트를 수정할 수 있고 나머지 부분은 변경되지 않는다. 다음 코드는 numbers의 첫 번째 세 개의 요소들을 교체하고 나머지 요소는 변경하지 않는다.

```
In [11]: numbers[0:3] = ['two', 'three', 'five']

In [12]: numbers
Out[12]: ['two', 'three', 'five', 7, 11, 13, 17, 19]
```

다음 코드는 슬라이스에 ***빈*** 리스트를 대입하는 방식으로, numbers의 첫 번째 세 개의 요소만 삭제하고 있다.

```
In [13]: numbers[0:3] = []

In [14]: numbers
Out[14]: [7, 11, 13, 17, 19]
```

다음 코드는 numbers의 띄엄띄엄 요소에 대한 슬라이스에 리스트의 요소들을 대입한다.

```
In [15]: numbers = [2, 3, 5, 7, 11, 13, 17, 19]

In [16]: numbers[::2] = [100, 100, 100, 100]

In [17]: numbers
Out[17]: [100, 3, 100, 7, 100, 13, 100, 19]

In [18]: id(numbers)
Out[18]: 4434456648
```

numbers의 모든 요소들을 삭제해서 리스트를 빈 리스트로 만들어 보자.

```
In [19]: numbers[:] = []

In [20]: numbers
Out[20]: []

In [21]: id(numbers)
Out[21]: 4434456648
```

numbers의 내용을 지우는 방법(스니펫 [19])은 새로운 빈 리스트[]를 대입하는 방식(스니펫 [22])과 다르다. 이것을 증명하기 위해서 각각 연산자를 실행한 후 **numbers**의 **id** 값(identity)을 출력해 보자. **id** 값이 다르므로 다른 메모리를 차지하는 별개의 값이다.

```
In [22]: numbers = []

In [23]: numbers
Out[23]: []

In [24]: id(numbers)
Out[24]: 4406030920
```

새로운 객체를 변수에 할당한 후 (스니펫 [21]처럼) 원래의 객체가 다른 변수에서 참조하고 있지 않으면 이 객체는 가비지 컬렉션된다.

5.6 del문

del문으로도 리스트에 있는 요소를 삭제할 수도 있고, 대화형 세션에서 변수를 삭제할 수도 있다. 정상적인 인덱스 또는 정상적인 슬라이스로 지정한 요소들을 삭제할 수 있다.

특정 리스트의 인덱스로 지정한 요소 삭제하기

리스트를 생성하고 del을 이용해서 마지막 요소를 삭제해 보자.

```
In [1]: numbers = list(range(0, 10))

In [2]: numbers
Out[2]: [0, 1, 2, 3, 4, 5, 6, 7, 8, 9]

In [3]: del numbers[-1]

In [4]: numbers
Out[4]: [0, 1, 2, 3, 4, 5, 6, 7, 8]
```

슬라이스로 리스트 삭제하기

다음은 리스트의 처음 두 가지 요소를 삭제한다.

```
In [5]: del numbers[0:2]

In [6]: numbers
Out[6]: [2, 3, 4, 5, 6, 7, 8]
```

다음 코드는 전체 리스트에서 띄엄띄엄 있는 요소들을 삭제하기 위해 슬라이스에 증가값을 사용하고 있다.

```
In [7]: del numbers[::2]
In [8]: numbers
Out[8]: [3, 5, 7]
```

전체 리스트에 해당하는 슬라이스 삭제하기

다음 코드는 리스트의 모든 요소를 삭제한다.

```
In [9]: del numbers[:]

In [10]: numbers
Out[10]: []
```

현재 세션에 있는 변수 삭제하기

del문으로 변수를 삭제할 수 있다. 대화형 세션에서 numbers 변수를 삭제한 후 해당 변수를 출력하려면 NameError가 발생한다.

```
In [11]: del numbers

In [12]: numbers
---------------------------------------------------------------------------
NameError                                 Traceback (most recent call last)
<ipython-input-12-426f8401232b> in <module>()
```

```
----> 1 numbers

NameError: name 'numbers' is not defined
```

5.7 함수에 리스트 넘기기

이전 장에서는 모든 요소들을 참조로 함수에 넘기고, 함수의 인자로 불변 객체를 전달하는 것도 실습해 보았다. 이번에는 함수에 수정 가능한 리스트 객체를 전달할 때 무슨 일이 발생하는지 실험해 보면서 참조에 대해서 더 논의해 보자.

함수에 전체 리스트 넘기기

modify_elements 함수는 리스트를 가리키는 참조를 받고 리스트의 각 요소에 2를 곱한다고 가정해 보자.

```
In [1]: def modify_elements(items):
   ...:     """각 요소에 2를 곱한다."""
   ...:     for i in range(len(items)):
   ...:         items[i] *= 2
   ...:

In [2]: numbers = [10, 3, 7, 1, 9]

In [3]: modify_elements(numbers)

In [4]: numbers
Out[4]: [20, 6, 14, 2, 18]
```

함수 modify_elements의 items 매개변수는 *원래* 리스트의 참조를 받는다. 따라서 루프의 스위트의 명령들은 원래의 리스트 객체에 있는 각 요소를 수정하게 된다.

함수로 튜플 전달하기

튜플을 함수에 전달할 때 튜플의 불변 요소를 수정하려면 TypeError가 발생한다.

```
In [5]: numbers_tuple = (10, 20, 30)

In [6]: numbers_tuple
Out[6]: (10, 20, 30)

In [7]: modify_elements(numbers_tuple)
---------------------------------------------------------------------------
TypeError                                 Traceback(most recent call last)
<ipython-input-7-9339741cd595> in <module>()
```

```
----> 1 modify_elements(numbers_tuple)
<ipython-input-1-27acb8f8f44c> in modify_elements(items)
      2     """Multiplies all element values in items by 2."""
      3     for i in range(len(items)):
----> 4         items[i] *= 2
      5
      6

TypeError: 'tuple' object does not support item assignment
```

튜플이 리스트처럼 변경 가능한 객체를 가지고 있는 경우, 이 객체들은 함수에 튜플이 전달되어도 여전히 변경할 수 있다.

트레이스백과 관련된 사항

앞의 트레이스백은 TypeError가 발생시킨 두 개의 스니펫을 보여주고 있다. 첫 번째 스니펫은 스니펫 [7] 함수 호출이고, 두 번째 스니펫은 스니펫 [1]의 함수 정의부이다. 각 스니펫 코드의 앞에 라인 번호가 있다. 지금까지 우리는 대부분 한 줄로 된 스니펫을 실습해왔다. 이런 스니펫에서 예외가 발생하면 ---> 1이 항상 앞에 있고, 라인 1(스니펫에 유일하게 있는 줄)이 예외를 발생시키고 있다는 것을 나타낸다. modify_elements 함수의 정의부처럼 여러 줄로 된 스니펫은 1로 시작하는 줄 수를 보여준다. 위에 있는 ---> 4는 modify_elements의 라인 4에서 예외가 발생했다고 가리키고 있다. 트레이스백이 얼마나 길든지 관계 없이 ---> 가 있는 마지막 줄이 예외를 발생시키는 것이다.

5.8 리스트 정렬하기

sort 메서드를 이용해서 데이터를 오름차순 또는 내림차순으로 다시 정렬시킬 수 있다.

오름차순으로 리스트 정렬하기

리스트의 sort 메서드는 리스트의 요소들을 오름차순으로 정렬한다.

```
In [1]: numbers = [10, 3, 7, 1, 9, 4, 2, 8, 5, 6]

In [2]: numbers.sort()

In [3]: numbers
Out[3]: [1, 2, 3, 4, 5, 6, 7, 8, 9, 10]
```

내림차순으로 리스트 정렬하기

내림차순으로 리스트를 정렬하려면 리스트의 sort 메서드에 옵션으로 있는 **reverse** 키워드 인자를 True로 설정하고(기본값은 False) 호출한다.

```
In [4]: numbers.sort(reverse=True)

In [5]: numbers
Out[5]: [10, 9, 8, 7, 6, 5, 4, 3, 2, 1]
```

내장 함수 sorted

내장 함수 **sorted**는 인자로 전달된 *시퀀스*를 정렬한 새로운 ***리스트를 반환하고***, 원래의 시퀀스를 ***변경하지 않는다***. 다음 코드는 리스트, 문자열, 튜플에 sorted 함수를 실습해 본 것이다.

5

```
In [6]: numbers = [10, 3, 7, 1, 9, 4, 2, 8, 5, 6]

In [7]: ascending_numbers = sorted(numbers)

In [8]: ascending_numbers
Out[8]: [1, 2, 3, 4, 5, 6, 7, 8, 9, 10]

In [9]: numbers
Out[9]: [10, 3, 7, 1, 9, 4, 2, 8, 5, 6]

In [10]: letters = 'fadgchjebi'

In [11]: ascending_letters = sorted(letters)

In [12]: ascending_letters
Out[12]: ['a', 'b', 'c', 'd', 'e', 'f', 'g', 'h', 'i', 'j']

In [13]: letters
Out[13]: 'fadgchjebi'

In [14]: colors = ('red', 'orange', 'yellow', 'green', 'blue')

In [15]: ascending_colors = sorted(colors)

In [16]: ascending_colors
Out[16]: ['blue', 'green', 'orange', 'red', 'yellow']

In [17]: colors
Out[17]: ('red', 'orange', 'yellow', 'green', 'blue')
```

요소들을 내림차순으로 정렬하려면 옵션으로 있는 키워드 인자 reverse에 True를 설정한다.

5.9 시퀀스에서 요소 찾아보기

종종, 시퀀스(리스트, 튜플, 문자열 같은)에 특정 값과 일치하는 키 값이 있는지 확인하고 싶을 때가 있다. 검색은 어떤 키의 위치를 찾아가는 과정이다.

리스트의 index 메서드

리스트 메서드 **index**는 리스트에서 특정 값의 위치를 찾기 위해서 찾으려는 값을 인자로 받고 리스트를 인덱스 0부터 찾아 나간다. 주어진 값과 일치하는 ***첫 번째*** 요소가 있는 인덱스를 반환한다.

```
In [1]: numbers = [3, 7, 1, 4, 2, 8, 5, 6]

In [2]: numbers.index(5)
Out[2]: 6
```

리스트에서 찾으려고 하는 값을 찾을 수 없으면 ValueError가 발생한다.

검색 시작 인덱스 지정하기

index 메서드에 옵션 인자를 사용해서 리스트의 일부 요소들만 대상으로 조회할 수 있고, *=를 사용해서 *시퀀스를 반복시킬 수* 있다. 즉 자신의 시퀀스를 몇 번 반복해서 이어 붙일 수 있다. 다음 스니펫 코드를 수행하고 나면 numbers에는 원래 가지고 있던 요소들의 두 배의 요소가 있는 복사본을 갖게 된다.

```
In [3]: numbers *= 2

In [4]: numbers
Out[4]: [3, 7, 1, 4, 2, 8, 5, 6, 3, 7, 1, 4, 2, 8, 5, 6]
```

다음은 업데이트한 리스트에서 5라는 값을 인덱스 7부터 리스트의 끝까지 찾아보는 코드이다.

```
In [5]: numbers.index(5, 7)
Out[5]: 14
```

조회할 시작과 끝 인덱스 지정하기

시작과 끝 인덱스를 지정하면 주어진 시작 인덱스부터 끝 인덱스 바로 전까지의 범위에서 조회한다. 스니펫 [5]에서 index는 다음과 같이 호출한다.

```
numbers.index(5, 7)
```

세 번째 인자의 수의 크기가 numbers라고 가정하면 코드는 다음과 같다.

```
numbers.index(5, 7, len(numbers))
```

다음 코드는 7이라는 값을 인덱스 0에서 3까지의 요소 범위 안에서 찾는다.

```
In [6]: numbers.index(7, 0, 4)
Out[6]: 1
```

in 연산자와 not in 연산자

in 연산자는 연산자의 오른쪽에 있는 이터러블에서 연산자의 왼쪽에 있는 값이 있는지 테스트한다.

```
In [7]: 1000 in numbers
Out[7]: False

In [8]: 5 in numbers
Out[8]: True
```

비슷하게 not in 연산자는 오른쪽의 이터러블에서 연산자 왼쪽에 있는 값이 포함되었는지 확인한다.

```
In [9]: 1000 not in numbers
Out[9]: True

In [10]: 5 not in numbers
Out[10]: False
```

in 연산자 이용해서 ValueErorr 방지하기

in 연산자를 사용해서 index 메서드를 호출할 때 ValueError가 발생하지 않는다고 보장할 수 있다.

```
In [11]: key = 1000

In [12]: if key in numbers:
    ...:     print(f'인덱스 {numbers.index(search_key)}에서 {key}가 발견됨')
    ...: else:
    ...:     print(f'{key}가 없음')
    ...:
1000 이 없음
```

내장 함수 any와 all

가끔은 간단히 *어떤* 이터러블에 하나 이상의 요소가 True인지 알고 싶거나 모든 요소가 True인지 알아야 할 때가 있다. 내장 함수 **any**는 이터러블의 한 요소라도 True이면 True를 반환하고, **all** 함수는 이터러블의 모든 요소가 True여야 True를 반환한다. 0이 아닌 값은 True이고 0은 False이다. 내용이 있는 이터러블 객체는 True이고, 그렇지 않고 비어 있는 이터러블은 False로 평가된다. 함수 any와 all에 대해서는 함수형 스타일 프로그래밍을 하면서 추가 예제를 살펴볼 것이다.

5.10 다른 리스트 메서드

리스트에는 요소를 추가하고 제거하는 메서드가 있다. 여기 color_names 리스트가 있다고 가정해 보자.

```
In [1]: color_names = ['orange', 'yellow', 'green']
```

특정 리스트 인덱스에 요소 삽입하기

insert 메서드는 특정 인덱스에 **새로운 아이템**을 삽입한다. 다음 코드는 'red'를 인덱스 0에 삽입한다.

```
In [2]: color_names.insert(0, 'red')

In [3]: color_names
Out[3]: ['red', 'orange', 'yellow', 'green']
```

리스트의 마지막 요소 추가하기

append 메서드를 이용해서 새로운 아이템을 리스트의 끝에 **추가(append)**할 수 있다.

```
In [4]: color_names.append('blue')

In [5]: color_names
Out[5]: ['red', 'orange', 'yellow', 'green', 'blue']
```

리스트 끝에 시퀀스의 모든 요소 추가하기

리스트의 마지막에 다른 시퀀스의 모든 요소들을 **추가**하려면 리스트의 **extend** 메서드를 이용한다.

```
In [6]: color_names.extend(['indigo', 'violet'])

In [7]: color_names
Out[7]: ['red', 'orange', 'yellow', 'green', 'blue', 'indigo', 'violet']
```

이것은 += 연산자를 사용하는 것과 같다. 다음 코드는 문자열의 모든 글자를 추가한 후 튜플의 요소들도 리스트에 추가한다.

```
In [8]: sample_list = []

In [9]: s = 'abc'

In [10]: sample_list.extend(s)

In [11]: sample_list
```

```
Out[11]: ['a', 'b', 'c']

In [12]: t = (1, 2, 3)

In [13]: sample_list.extend(t)

In [14]: sample_list
Out[14]: ['a', 'b', 'c', 1, 2, 3]
```

리스트에 튜플을 추가하기 전에 튜플을 저장하는 임시 변수(**t** 같은)를 사용하지 않고 튜플을 바로 **extend**에 전달하고 싶을 때도 있다. 이때 **extend** 메서드는 하나의 이터러블 인자를 받기 때문에 튜플을 표시하는 괄호는 필수이다.

```
In [15]: sample_list.extend((4, 5, 6)) # 괄호가 더 있다는 것에 주목한다.

In [16]: sample_list
Out[16]: ['a', 'b', 'c', 1, 2, 3, 4, 5, 6]
```

괄호를 생략하면 TypeError가 발생한다.

리스트에서 일치하는 첫 번째 요소 제거하기

remove 메서드는 특정 값의 첫 번째 요소를 **제거**한다. 삭제하려는 요소가 리스트에 없으면 ValueError가 발생한다.

```
In [17]: color_names.remove('green')

In [18]: color_names
Out[18]: ['red', 'orange', 'yellow', 'blue', 'indigo', 'violet']
```

리스트 비우기

리스트의 모든 요소들을 삭제하기 위해서 **clear** 메서드를 호출한다.

```
In [19]: color_names.clear()

In [20]: color_names
Out[20]: []
```

이것은 앞에서 슬라이드를 설명하면서 보았던 다음과 같은 코드와 같다.

```
color_names[:] = []
```

특정 값을 가진 요소 수 세기

리스트의 **count** 메서드는 주어진 인자를 찾아서 그것이 몇 개가 있는지 반환한다.

```
In [21]: responses = [1, 2, 5, 4, 3, 5, 2, 1, 3, 3,
    ...:              1, 4, 3, 3, 3, 2, 3, 3, 2, 2]
    ...:

In [22]: for i in range(1, 6):
    ...:     print(f'{i} 는 responsed 변수에 {responses.count(i)}개 있다. ')
    ...:
: 1 는 responsed 변수에 3개 있다.
: 2 는 responsed 변수에 5개 있다.
: 3 는 responsed 변수에 8개 있다.
: 4 는 responsed 변수에 2개 있다.
: 5 는 responsed 변수에 2개 있다.
```

리스트의 요소들의 순서 뒤집기

리스트의 **reverse** 메서드는 리스트에 있는 요소들의 순서를 바꾼다. 슬라이드를 다루면서 했던 것처럼 순서가 바뀐 새로운 복사본을 만드는 것이 아니다.

```
In [23]: color_names = ['red', 'orange', 'yellow', 'green', 'blue']

In [24]: color_names.reverse()

In [25]: color_names
Out[25]: ['blue', 'green', 'yellow', 'orange', 'red']
```

리스트 복사하기

리스트의 copy 메서드는 원래 리스트를 ***얕게*** 복사해서 ***새로운*** 리스트를 반환한다.

```
In [26]: copied_list = color_names.copy()

In [27]: copied_list
Out[27]: ['blue', 'green', 'yellow', 'orange', 'red']
```

이것은 앞의 슬라이드 연산자를 실습하면서 보았던 다음 코드와 같다.

```
copied_list = color_names[:]
```

5.11 리스트로 스택 만들기

앞 장에서는 함수의 콜 스택(function-call stack)을 설명했다. 파이썬은 내장된 스택 타입이 없지만, 리스트를 스택으로 생각할 수 있다. 리스트의 마지막에 요소를 추가하는 리스트의 **append** 메서드를 이용해서 스택의 *push* 연산을 대신한다. 리스트의 **pop** 메서드를 매개변수 없이 사용하면 마지막에 있는 요소를 반환하는데 이것으로 스택의 *pop* 연산을 한다. stack이라는 빈 리스트를 하나 만든다. 그리고 문자열 하나를 스택에 push(append, 추가)하고, 다시 pop(꺼내기)해서 후입선출(LIFO)로 데이터 조회를 할 수 있는지 확인해 보자.

```
In [1]: stack = []

In [2]: stack.append('red')

In [3]: stack
Out[3]: ['red']

In [4]: stack.append('green')

In [5]: stack
Out[5]: ['red', 'green']

In [6]: stack.pop()
Out[6]: 'green'

In [7]: stack
Out[7]: ['red']

In [8]: stack.pop()
Out[8]: 'red'

In [9]: stack
Out[9]: []

In [10]: stack.pop()
-------------------------------------------------------------------------------
IndexError                                Traceback (most recent call last)
<ipython-input-10-50ea7ec13fbe> in <module>()
----> 1 stack.pop()

IndexError: pop from empty list
```

pop을 사용할 때마다 pop 메서드가 요소를 제거하고 반환된 값을 출력한다. 빈 스택에서 pop 함수를 호출하면 IndexError가 발생하는데, 이것은 빈 리스트에 없는 요소를 접근하려고 한 것과 같다. IndexError가 발생하는 것을 막으려면 pop 메서드를 호출하기 전에 len(stack)이 0 이상인지 확인해야 한다. 요소를 스택에 넣는 속도가 빼는 것보다 빠르면 메모리가 부족해질 수 있다.

리스트를 이용해서 **큐**라고 하는 잘 알려진 자료형으로 대신 사용할 수 있다. 큐에서는 뒤로 요소를 추가하고, 앞에서 뺄 수 있으며, 선입선출(FIFO) 방식으로 큐에서 요소들을 꺼내온다.

5.12 리스트 컴프리헨션(List Comprehension)

이번에는 리스트 컨프리헨션을 가지고 ***함수형 스타일*** 기능에 대해서 계속 논의해 볼 것이다. 이것은 이 기능을 새로운 리스트를 만들 수 있는 명확하면서도 편리한 방법이다. **리스트 컴프리헨션**은 기존 시퀀스를 순회해서 새로운 리스트를 생성하는 코드를 대체할 수 있다.

```
In [1]: list1 = []

In [2]: for item in range(1, 6):
   ...:     list1.append(item)
   ...:

In [3]: list1
Out[3]: [1, 2, 3, 4, 5]
```

리스트 컴프리헨션 이용해서 정수 리스트 만들기

리스트 컴프리헨션을 이용해서 한 줄의 코드로 같은 일을 할 수 있다.

```
In [4]: list2 = [item for item in range(1, 6)]

In [5]: list2

Out[5]: [1, 2, 3, 4, 5]
```

스니펫 [2]에 있는 for문과 같이 리스트 컴프리헨션의 for 구문은 range(1, 6)에서 만들어내는 것을 반복한다.

```
for item in range(1, 6)
```

각각의 아이템에 대해서 리스트 컴프리헨션은 for 구문의 왼쪽의 식을 평가하고, 새로운 리스트에 표현식(item의 예)의 값이 들어간다. 스니펫 [4]의 컴프리헨션은 list 함수를 이용해서 더욱 간결하게 표현할 수 있다.

```
list2 = list(range(1, 6))
```

맵핑: 리스트 컴프리헨션의 연산 수행

리스트 컴프리헨션은 각 요소들을 새로운 값으로 맵핑하는 연산(다른 타입이 될 수도 있다.) 작업을 수행한다. 맵핑은 함수형 스타일 프로그래밍의 연산에 흔히 사용되는 것으로, 원래의 데이터에 대응되는 *같은* 수의 요소를 만들어낸다. 다음 컴프리헨션은 각 요소의 값을 item ** 3으로 맵핑한다.

```
In [6]: list3 = [item ** 3 for item in range(1, 6)]

In [7]: list3
Out[7]: [1, 8, 27, 64, 125]
```

필터링: if 구문이 있는 리스트 컴프리헨션

또 다른 일반적 함수형 프로그래밍 연산으로 요소들을 필터링해서 조건에 맞는 요소를 걸러내는 연산이 있다. 이 연산은 필터링 대상이 되는 데이터보다 ***더 작은 수의*** 요소를 가진 리스트를 만든다. 리스트 컴프리헨션으로 이런 동작을 하려면 if 구문을 이용한다. 다음 코드에 있는 list4는 for 구문으로 만들어낸 값 중에서 짝수만 담는다.

```
In [8]: list4 = [item for item in range(1, 11) if item % 2 == 0]

In [9]: list4
Out[9]: [2, 4, 6, 8, 10]
```

다른 리스트의 인자를 처리하는 리스트 컴프리헨션

for 구문은 모든 이터러블을 처리할 수 있다. 소문자로 된 문자열 리스트를 만들어보자. 그리고 리스트 컴프리헨션을 이용해서 이것을 대문자로 바꾼 새로운 리스트를 만들어보자.

```
In [10]: colors = ['red', 'orange', 'yellow', 'green', 'blue']

In [11]: colors2 = [item.upper() for item in colors]

In [12]: colors2
Out[12]: ['RED', 'ORANGE', 'YELLOW', 'GREEN', 'BLUE']

In [13]: colors
Out[13]: ['red', 'orange', 'yellow', 'green', 'blue']
```

5.13 제너레이터 표현식

제너레이터 표현식은 리스트 컴프리헨션과 비슷하지만, ***요구가 있을 때*** 실제 값을 생성하는 이터러블 제너레이터 객체를 생성하는 것이 다른데, 이 기법을 '지연 평가(lazy evaluation)'라고 한다. 리스트 컴프리헨션은 탐욕 평가(greedy evaluation)를 사용한다. 실행 ***즉각*** 리스트를 만든다. 수많은 요소에 대해서 리스트를 생성하면 상당한 양의 메모리와 시간이 걸린다. 따라서 제너레이터 표현식은 전체 리스트를 한 번에 요구하지 않는 한 프로그램의 메모리 소모를 줄이고 성능을 높일 수 있다.

제너레이터 표현식은 리스트 컴프리헨션과 기능이 같다. 단 이것을 정의할 때 큰괄호 대신 소괄호를 사용한다. 스니펫 [2]에 있는 제너레이터 표현식은 numbers에 있는 홀수들만 제곱하고 반환한다.

```
In [1]: numbers = [10, 3, 7, 1, 9, 4, 2, 8, 5, 6]

In [2]: for value in (x ** 2 for x in numbers if x % 2 != 0):
   ...:     print(value, end=' ')
   ...:
9 49 1 81 25
```

제너레이터 표현식이 리스트를 만들지 않는다는 것을 확인해 보자. 이전 스니펫에 있는 제너레이터 표현식을 변수에 대입시키고 그 변수를 평가해 보자.

```
In [3]: squares_of_odds = (x ** 2 for x in numbers if x % 2 != 0)

In [3]: squares_of_odds
Out[3]: <generator object <genexpr> at 0x1085e84c0>
```

"generator object <genexpr>"라는 문자열은 square_of_odds가 제너레이터 표현식(genexpr)으로 만든 제너레이터 객체라는 것을 가리킨다.

5.14 필터, 맵, 리듀스

앞 절에서 리스트 컴프리헨션, 필터링, 맵핑 등의 여러 가지 함수형 스타일 프로그래밍 기능을 소개했다. 이번에는 내장 함수 filter와 map을 사용해서 필터링, 맵핑을 각각 실습해 보고, 리덕션에 대해 논의해 볼 것이다. 리덕션을 이용해서 여러 요소들을 처리해서 ***하나의*** 값으로 변환할 수 있고, 요소들의 수, 총합, 곱셈, 평균, 최솟값 또는 최댓값 값 등을 구할 수 있다.

내장 함수 filter로 시퀀스 필터링하기

내장 함수 filter를 이용해서 numbers에서 홀수만 구해보자.

```
In [1]: numbers = [10, 3, 7, 1, 9, 4, 2, 8, 5, 6]

In [2]: def is_odd(x):
   ...:     """x가 홀수일 때만 True 반환"""
   ...:     return x % 2 != 0
   ...:

In [3]: list(filter(is_odd, numbers))
Out[3]: [3, 7, 1, 9, 5]
```

데이터처럼 파이썬 함수도 변수에 할당하고, 다른 함수에 전달할 수 있으며, 반환받을 수 있다. 인자로 함수를 받는 함수들은 '고차함수(higher-order function)'라고 하는 함수형 프로그래밍의 기능이다. 예를 들어 filter 함수의 첫 번째 인자는 함수여야 한다. 즉, 인자 하나를 받아서 이 값이 남아 있어야 할 요소에 대해서 True를 반환하는 함수여야 한다. is_odd 함수는 주어진 인자가 홀수일 때만 True를 반환한다. filter 함수는 두 번째 인자로 받는 이터러블(numbers)의 요소에 대해서 각각 is_odd 함수를 호출한다. 고차함수는 함수의 결과로 다른 함수를 반환할 수도 있다.

filter 함수는 이터레이터를 반환한다. 따라서 filter의 결과는 값을 확인하기 전까지 만들어지지 않는다. 스니펫 [3]에서 list 함수는 결과를 모두 순회하면서 그 값으로 이루어진 새로운 리스트를 만든다. if 구문을 가지고 있는 리스트 컴프리헨션에서 했던 것과 같은 결과를 얻을 수 있다.

```
In [4]: [item for item in numbers if is_odd(item)]
Out[4]: [3, 7, 1, 9, 5]
```

함수 대신 lamda 사용하기

is_odd와 같이 *단일 표현식의 값*만 return하는 간단한 함수라면, 람다 표현식(줄여서 '람다')을 사용해서 필요한 곳(다른 함수에 함수를 전달할 때)에 인라인으로 함수를 정의할 수 있다.

```
In [5]: list(filter(lambda x: x % 2 != 0, numbers))
Out[5]: [3, 7, 1, 9, 5]
```

filter의 결과값(이터레이터)을 list 함수에 전달해서 리스트로 결과를 변환시키고 화면에 표시했다. 람다 표현식은 *익명함수로, 이름이 없다*. filter 함수를 호출할 때

```
filter(lambda x: x % 2 != 0, numbers)
```

첫 번째 인자가 람다이다.

```
lambda x: x % 2 != 0
```

람다는 lambda라는 키워드로 시작해서 콤마로 구분되는 매개변수와 콜롬(:) 그리고 표현식이 뒤따른다. 예제에서는 매개변수 목록은 x라고 하는 매개변수 하나만 가진다. lamda는 ***암묵적으로*** 람다를 구성하는 표현식의 결과를 반환한다.

def *함수 이름(매개변수_리스트):*
    return *표현식*

따라서 다음과 같은 형태의 일반적인 함수를 간결한 lamda식으로 표현할 수도 있다.

lambda *매개변수_리스트: 표현식*

시퀀스의 값을 새로운 값으로 맵핑하기

numbers에 있는 값을 제곱하는 lamda와 함께 내장 함수 **map**을 사용해 보자.

```
In [6]: numbers
Out[6]: [10, 3, 7, 1, 9, 4, 2, 8, 5, 6]

In [7]: list(map(lambda x: x ** 2, numbers))
Out[7]: [100, 9, 49, 1, 81, 16, 4, 64, 25, 36]
```

map의 첫 번째 인자는 하나의 인자를 받아서 새로운 값을 만드는 함수이다. 예제에서는 인자로 입력받은 값을 제곱하는 람다를 받는다. 두 번째 인자는 맵핑의 대상이 되는 이터러블이다. map 함수는

지연 평가를 하기 때문에 map 함수의 결과로 받은 이터레이터를 list 함수에 전달한다. 이러면 이터레이터를 순회하면서 처리된 값으로 리스트를 만든다. 이것은 다음 리스트 컴프리헨션과 동일하다.

```
In [8]: [item ** 2 for item in numbers]
Out[8]: [100, 9, 49, 1, 81, 16, 4, 64, 25, 36]
```

filter와 map 결합하기

다음 코드처럼 filter와 map 연산을 결합할 수 있다.

```
In [9]: list(map(lambda x: x ** 2,
   ...:     filter(lambda x: x % 2 != 0, numbers)))
   ...:
Out[9]: [9, 49, 1, 81, 25]
```

스니펫 [9]에서 많은 일이 일어나므로 이 과정을 자세히 살펴보자. 먼저 filter는 numbers의 홀수만 표현하는 이터러블을 반환한다. 그러면 map은 이 필터에서 나온 결과 값에 각각 제곱을 표현하는 이터러블을 반환한다. 마지막으로 list는 map의 이터러블을 사용해서 리스트를 만드는데, 앞의 예제과 같은 결과를 얻을 수 있는 다음과 같은 리스트 컴프리헨션을 더 선호할 수도 있다.

```
In [10]: [x ** 2 for x in numbers if x % 2 != 0]
Out[10]: [9, 49, 1, 81, 25]
```

numbers에 있는 각각의 값을 x라고 할 때 x % 2 != 0이 True인 것들만 x ** 2 표현식을 수행한다.

리덕션: sum으로 시퀀스의 요소 종합하기

이미 알고 있는 것처럼 리덕션은 시퀀스의 모든 요소들을 하나의 값으로 만들고, 내장 함수 len, sum, min, max 등으로 리덕션을 해 보았다. functools 모듈에 있는 reduce 함수를 사용해서 사용자 정의 리덕션함수를 만들 수 있고, 이것에 대한 예제는 https://docs.python.org/3/library/functools.html에 있다. 16장에서 빅데이터나 하둡을 다룰 때 맵리듀스 프로그래밍에 대해서 실습해 볼 것이다. 맵리듀스 프로그래밍은 함수형 스타일 프로그래밍의 필터, 맵, 리듀스 연산을 기반으로 한다.

5.15 다른 시퀀스 처리 함수

파이썬에서는 시퀀스를 조작하기 위해서 다양한 내장 함수를 제공한다.

key를 이용해 최솟값과 최댓값 찾기

앞에서 내장 리덕션함수인 min, max에 인자로 정수들 또는 정수들의 리스트들을 넣어서 실행해 보았다. 가끔 문자열처럼 더 복잡한 객체들에 대해서 최솟값과 최댓값을 구해야 할 때가 있는데, 다음과 같은 비교문을 살펴보자.

```
In [1]: 'Red' < 'orange'
Out[1]: True
```

글자 'R'은 알파벳 순서로 'o'보다 뒤에 오므로 'Red'가 'orange'보다 작다고 생각할 수 있다. 위의 조건식이 False가 될 것이라고 생각할 것이지만, 문자열에서 각각의 글자는 ***숫자값***으로 비교된다. 그리고 소문자는 대문자보다 숫자 상으로는 ***더 큰 수***다. 내장 함수 ord를 이용해서 이것을 확인할 수 있다. ord 함수는 각 글자에 대응하는 숫자를 반환한다.

```
In [2]: ord('R')
Out[2]: 82

In [3]: ord('o')
Out[3]: 111
```

리스트 colors에 대문자와 소문자로 된 글자가 있다고 가정해 보자.

```
In [4]: colors = ['Red', 'orange', 'Yellow', 'green', 'Blue']
```

자, 그럼 문자열을 숫자가 아닌 알파벳 순서로 최소 문자열과 최대 문자열을 결정하고 싶다고 가정하고 색을 알파벳 순으로 정렬해 보자.

```
'Blue', 'green', 'orange', 'Red', 'Yellow'
```

'Blue'는 최소 문자열(알파벨의 시작에 가장 가까운), 'Yellow'는 최대 문자열(알파벳의 뒤쪽에 가장 가까운)이 된다.

파이썬은 문자열을 숫자로 비교하기 때문에 먼저 각 문자열을 모두 소문자 또는 대문자로 바꿔주어야 한다. 그러면 이 문자열에 대응하는 숫자는 ***알파벳의*** 순서를 반영할 것이다. 다음 코드는 min과 max로 알파벳 순서로 문자열의 최댓값과 최솟값을 구할 수 있다.

```
In [5]: min(colors, key=lambda s: s.lower())
Out[5]: 'Blue'

In [6]: max(colors, key=lambda s: s.lower())
Out[6]: 'Yellow'
```

key라고 하는 키워드 인자는 하나의 인자를 가지는 함수로 이 함수는 값을 반환해야 한다. 예제에서는 문자열의 메서드 lower를 호출해서 소문자 문자열로 만드는 람다를 만들어 사용하고 있다. min과 max 함수는 각 요소에 대해서 key 인자의 함수를 호출하고 결과값으로 각 요소들을 비교한다.

시퀀스를 반대로 순회하기

내장 함수 reversed는 주어진 시퀀스를 반대로 순회할 수 있는 이터레이터를 반환한다. 다음 리스트 컴프리헨션은 numbers의 값을 반대로 순회하면서 제곱해서 얻은 값으로 구성된 새로운 리스트를 만든다.

```
In [7]: numbers = [10, 3, 7, 1, 9, 4, 2, 8, 5, 6]

In [7]: reversed_numbers = [item for item in reversed(numbers)]

In [8]: reversed_numbers
Out[8]: [36, 25, 64, 4, 16, 81, 1, 49, 9, 100]
```

이터러블을 합쳐서 대응하는 요소들로 된 튜플 만들기

내장 함수 **zip**으로 *여러 개의* 이터러블들을 동시에 순회할 수 있다. 이 함수는 인자로 여러 개의 이터러블을 받아서 각 이터러블의 같은 위치에 있는 요소들로 구성된 튜플들을 만든다. 예를 들어 스니펫 [11]의 zip은 튜플 ('Bob', 3.5), ('Sue', 4.0), ('Amanda', 3.75)를 만든다. 각 리스트의 인덱스 0, 1, 2에 있었던 요소들이다.

```
In [9]: names = ['Bob', 'Sue', 'Amanda']

In [10]: grade_point_averages = [3.5, 4.0, 3.75]

In [11]: for name, gpa in zip(names, grade_point_averages):
    ...:     print(f'Name={name}; GPA={gpa}')
    ...:
Name=Bob; GPA=3.5
Name=Sue; GPA=4.0
Name=Amanda; GPA=3.75
```

각각 튜플을 언패킹해서 name과 gpa에 할당하고 그것을 출력한다. zip 함수의 인자 중 가장 짧은 요소를 가진 이터러블이 zip로 생성되는 튜플의 개수를 결정한다. 예제에서 본 것은 길이가 같았다.

5.16 2차원 리스트

리스트에 다른 리스트를 요소를 넣을 수 있다. 이렇게 리스트에 다른 리스트가 포함된 형태를 사용하는 전형적인 예는 행(column)과 열(row)로 정보를 표현하는 테이블이다. 테이블의 특정 요소를 지정하기 위해서 두 개의 인덱스를 사용한다. 관습적으로 첫 번째 것이 행을 지정하고 두 번째 인덱스가 열을 지정한다.

특정 요소를 지정하기 위해서 두 개의 인덱스가 필요한 리스트를 '2차원 리스트'(또는 '두 인덱스 리스트'나 '두 서브스크립트 리스트')라고 한다. 고차원 리스트는 두 개 이상의 인덱스를 가질 수 있는데, 여기서는 2차원 리스트를 소개한다.

2차원 리스트 생성하기

세 개의 행과 네 개의 열을 가지고 있는 2차원 리스트(3×4 리스트)가 있다고 가정해 보자. 이 리스트는 수업에서 세 명의 학생이 각각 본 네 개의 시험 점수를 표현한다.

```
In [1]: a = [[77, 68, 86, 73], [96, 87, 89, 81], [70, 90, 86, 81]]
```

다음과 같이 코드를 작성하면 열과 행을 테이블 형태로 더 깔끔하게 표현할 수 있다.

```
a = [[77, 68, 86, 73], # 첫 번째 학생의 점수
     [96, 87, 89, 81], # 두 번째 학생의 점수
     [70, 90, 86, 81]] # 세 번째 학생의 점수
```

2차원은 도표로 리스트 설명하기

아래 다이어그램에 보이는 리스트 a는 시험 점수를 표현한 행과 열로 되어 있다.

	열 0	열 1	열 2	열 3
행 0	77	68	86	73
행 1	96	87	89	81
행 2	70	90	86	81

2차원 리스트에서 요소 지정하기

다음 다이어그램은 리스트 a의 각 요소의 이름을 보여주고 있다.

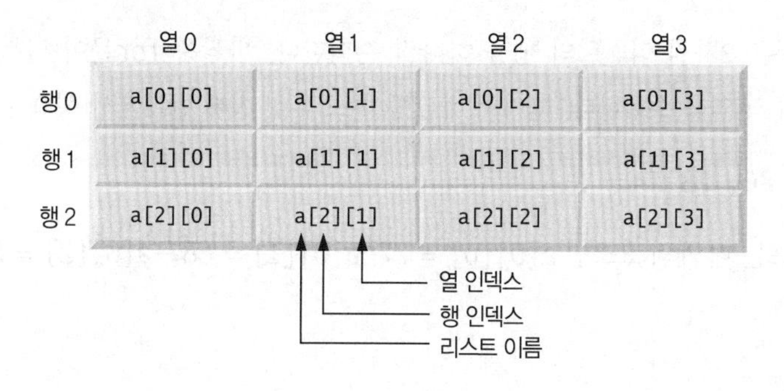

열 0
열 1
열 2
열 3
행 0
a[0][0]
a[0][1]
a[0][2]
a[0][3]
행 1
a[1][0]
a[1][1]
a[1][2]
a[1][3]
행 2
a[2][0]
a[2][1]
a[2][2]
a[2][3]
열 인덱스
행 인덱스
리스트 이름

모든 요소들은 a[*i*][*j*]와 같은 형식으로 지정할 수 있다. 여기서 a는 리스트 이름이고, *i*와 *j*는 각 요소의 행과 열을 유일하게 지정하는 인덱스이다. 행 0에 있는 요소 이름에는 첫 번째 인덱스가 모두 0이고, 열 3에 있는 요소들은 두 번째 인덱스가 모두 3이다.

2차원 리스트 a는

- a[0][0], a[0][1], a[0][2], a[0][3]은 각각 77, 68, 86, 73으로 초기화되고,
- a[1][0], a[1][1], a[1][2], a[1][3]은 각각 96, 87, 89, 81로 초기화되며,
- a[2][0], a[2][1], a[2][2], a[2][3]은 각각 70, 90, 86, 81로 초기화된다.

m개의 행과 n개의 열을 가지고 있는 리스트를 'm행-n열 리스트'라고 부르고 $m \times n$개의 요소를 가지고 있다.

다음과 같이 중첩된 for문은 앞의 2차원 리스트의 행을 한 줄씩 출력한다.

```
In [2]: for row in a:
   ...:     for item in row:
   ...:         print(item, end=' ')
   ...:     print()
   ...:
77 68 86 73
96 87 89 81
70 90 86 81
```

중첩 루프 실행하기

중첩 루프를 수정해서 리스트의 이름, 행과 열의 인덱스와 각 요소의 값을 출력해 보자.

```
In [3]: for i, row in enumerate(a):
   ...:     for j, item in enumerate(row):
   ...:         print(f'a[{i}][{j}]={item} ', end=' ')
   ...:     print()
   ...:
a[0][0]=77  a[0][1]=68  a[0][2]=86  a[0][3]=73
a[1][0]=96  a[1][1]=87  a[1][2]=89  a[1][3]=81
a[2][0]=70  a[2][1]=90  a[2][2]=86  a[2][3]=81
```

바깥쪽의 for문은 2차원 리스트의 행을 하나씩 순회한다. 바깥쪽 for문이 반복되는 동안 안쪽 for문은 현재 행의 각 열을 순회한다. 따라서 바깥쪽 루프의 첫 번째 반복에서 행 0은 다음과 같다.

```
[77, 68, 86, 73]
```

또한 내부의 루프는 네 개의 요소인 a[0][0] = 77, a[0][1] = 68, a[0][2] = 86, a[0][3] = 73을 순회한다.

바깥쪽 루프의 두 번째 반복에서 처리할 행 1은 다음과 같다.

```
[96, 87, 89, 81]
```

내부에 있는 루프는 a[1][0] = 96, a[1][1] = 87, a[1][2] = 89, a[1][3] = 81의 네 개의 요소를 순회한다.

바깥쪽 루트의 세 번째 루프에서 처리할 행 2는 다음과 같다.

```
[70, 90, 86, 81]
```

내부의 루프는 a[2][0] = 70, a[2][1] =90, a[2][2] = 86, a[2][3] = 81과 같은 네 개의 요소를 순회한다.

7장 '넘파이(NumPy)를 이용한 배열 지향 프로그래밍'에서는 넘파이 라이브러리의 ndarray와 판다스(Pandas) 라이브러리의 DataFrame을 다룰 예정이다. 이것들을 이용하면 이번 절에서 살펴 보았던 2차원 리스트를 다루는 방법보다 더 간결하고 편리하게 고차원 데이터를 처리할 수 있다.

5.17 데이터과학 들어가기: 시뮬레이션과 정적 시각화

4장의 데이터과학 들어가기 절에서는 기본적인 기술적 통계에 대해서 논의했다. 여기서는 데이터를 더 잘 이해하는데 도움이 되는 데이터 시각화에 대해서 집중적으로 설명할 것이다. 시각화는 원시 데이터를 단순히 보는 것 이상으로 데이터를 이해하는 강력한 방법이다.

두 개의 오픈 소스 시각화 라이브러리를 사용해서 시본과 매트플롯리브으로 주사위 시뮬레이션의 최종 결과를 보여주는 *막대* 차트를 표시해 볼 것이다. 시본 시각화 라이브러리는 매트플롯리브 시각화 라이브러리를 바탕으로 만들어졌고, 많은 매트플롯리브 명령을 단순화했는데, 두 가지 라이브러리 관점에서 모두 사용해 볼 예정이다. 시본 명령 중 일부는 매트플롯리브 라이브러리의 객체를 반환한다. 6장의 데이터과학 들어가기 절에서는 **동적인 시각화**를 통해서 변화를 줄 것이다.

5.17.1 600, 6만, 600만 번의 주사위 놀이 그래프

다음의 그림은 600번의 주사위 놀이 결과를 세로 축 막대 차트로 보여주면서, 각 숫자의 빈도와 전체에서 차지하는 비율을 종합한 것이다. 시본에서는 이런 종류의 그래프를 '바 플롯(bar plot)'이라고 한다.

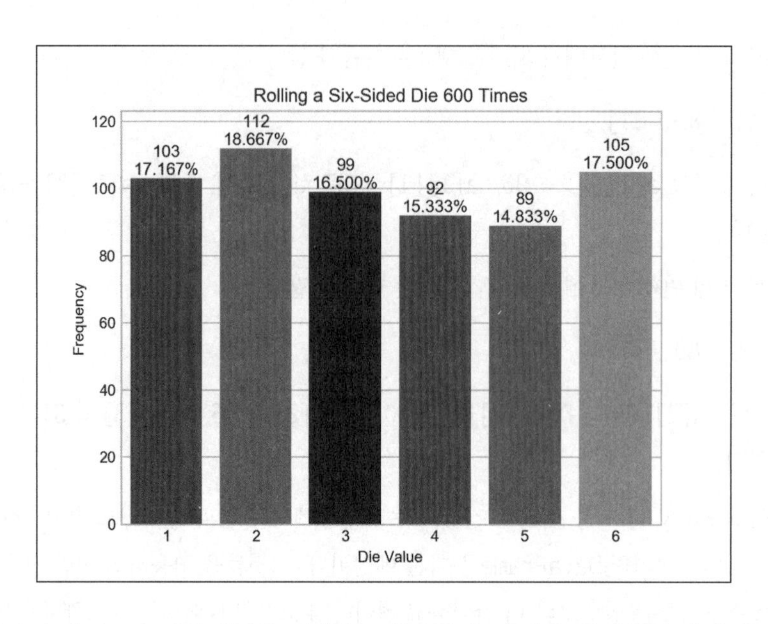

각 주사위의 수가 약 100번씩 발생할 것이라고 생각할 수 있지만, 주사위를 던진 총 수가 많지 않아 정확히 100개의 발생 빈도를 보이는 것이 없다(거의 근접한 것은 있지만). 그리고 대부분의 백분율도 16.667%(약 1/6에 해당하는)에 근접하지 못한다. 6만 번의 주사위를 시뮬레이션하면 예상했던 값에 훨씬 근접해 있을 것이고, 600만 번을 하면 거의 동일하게 나오는데, 이것을 '대수의 법칙(law of large numbers)'이라고 한다. 다음 장에서는 막대의 크기가 계속 동적으로 변하는 것을 보게 될 것이다.

플롯의 외형이나 내용을 어떻게 제어하는지 알아보고, 다음과 같은 것도 살펴볼 것이다.

- 윈도우에 있는 그래프 제목**(600번 주사위 던지기)**
- x축을 **주사위 수**로, Y축을 **빈도**로 라벨 붙이기
- 각 막대 그래프 위에 *빈도* 및 총 횟수 대비 *비율*을 문자열 표시하기
- 막대 그래프의 색 지정

다양한 시본 기본 옵션을 사용할 것이다. 예를 들어 시본은 X축에는 주사위의 숫자인 1~6의 수를, Y축에는 실제 주사위의 출현 빈도를 라벨로 사용한다. 내부적으로 매트플롯리브이 막대의 위치와 크기를 결정하는데, 막대로 표현하는 수치의 비율과 창의 크기를 바탕으로 결정한다. 막대는 실제 막대의 출력 횟수를 바탕으로 **출현 빈도**를 나타내는 축의 라벨도 위치시킨다. 여기서는 수정할 수 있는 부분이 많은데, 이들 속성을 자신에게 맞게 조정해야 한다.

다음 그림에서 첫 번째 다이어그램은 6만 번의 주사위 던지기를 한 결과를 보여주고 있다. 6만 번을 직접 손으로 던진다고 생각해 보자. 이 경우 각 수가 만 번씩 나올 것이라고 기대한다. 두 번째의 다이어그램은 600만 번의 실험 결과로, 이 정도가 되면 절대 손으로 던질 수 없을 정도이다. 그리고 각 수가 100만 번씩 나오는 것을 예상하고 출현 빈도를 나타내는 막대가 같은 길이일 것으로 기대한다. (거의 근접하지만 정확히 같지는 않다.) 주사위를 더 많이 던지면, 출현 빈도 비율이 예상값인 16.667%에 아주 근접하게 된다.

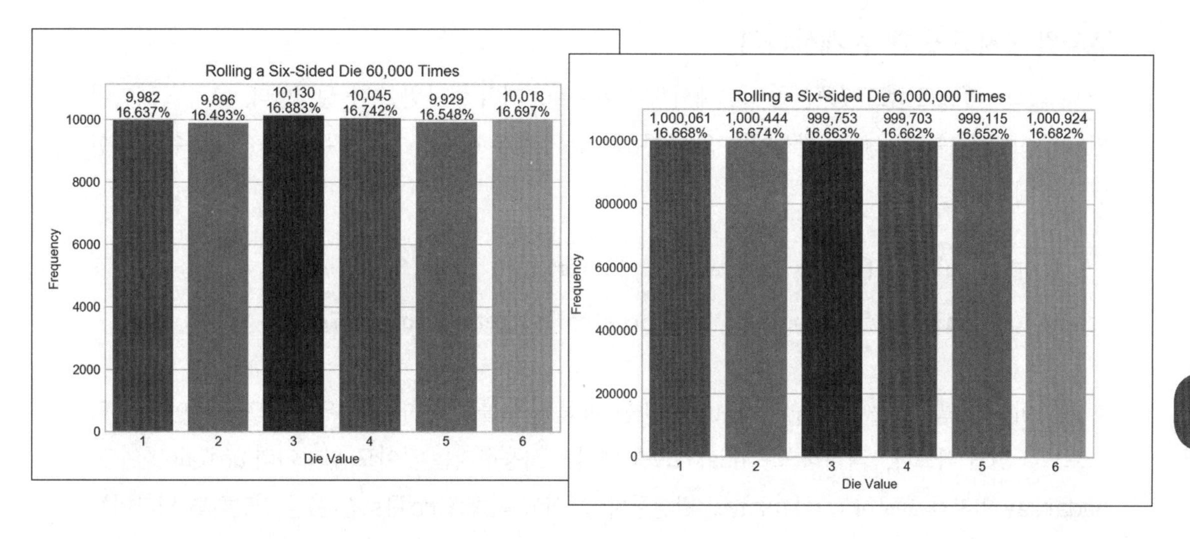

5.17.2 주사위 출현 빈도와 비율 시각화하기

이번 절에는 앞에서 보여주었던 바 플롯을 직접 만들어볼 것이다.

대화형 모드에서 매트플롯리브 사용하기 위해 IPython 실행하기

IPython은 매트플롯리브 그래프를 대화형으로 개발할 수 있도록 지원하고 있다. 간단히 IPython을 다음 명령으로 실행하면 시본 그래프도 개발할 수 있다.

```
ipython --matplotlib
```

라이브러리 임포트하기

먼저 사용할 라이브러리를 임포트해 보자.

```
In [1]: import matplotlib.pyplot as plt
In [2]: import numpy as np
In [3]: import random
In [4]: import seaborn as sns
```

❶ `matplotlib.pyplot` 모듈은 사용할 매트플롯리브 라이브러리의 그래프를 그리는 기능을 포함하고 있다. 이 모듈은 보통 `plt`라는 이름으로 임포트한다.

❷ 넘파이(Numerical Python) 라이브러리는 주사위 놀이를 종합할 때 사용하는 `unique` 함수가 포함되어 있다. `numpy` 모듈은 일반적으로 `np`라는 이름으로 임포트한다.

❸ `random` 모듈에는 난수를 발생시키는 함수들이 포함되어 있다.

❹ `seaborn` 모듈은 사용할 시본 라이브러리의 그래프 만드는 기능을 포함하고 있다. 이 모듈들은 대개 `sns`라는 이름으로 임포트하는데, 왜 이런 약자를 사용하는지 찾아보기 바란다.

주사위 던지고 출현 수 계산하기

다음으로 *리스트 컴프리헨션*을 사용해서 무작위로 600개의 주사위 수를 생성한다. 그리고 넘파이의 unique 함수를 사용해서 발생한 수의 종류(대부분의 경우 6개의 수가 모두 있음)와 각 수의 출현 빈도를 계산한다.

```
In [5]: rolls = [random.randrange(1, 7) for i in range(600)]

In [6]: values, frequencies = np.unique(rolls, return_counts=True)
```

넘파이 라이브러리는 고성능의 ndarray라는 자료 구조를 제공하는데, 일반적으로 파이썬의 리스트보다 훨씬 빠르다.[1] 직접적으로 ndarray를 여기서 사용하지는 않아도 넘파이의 unique 함수는 nadarray 인자를 요구하고 ndarray를 반환한다. 그리고 리스트(rolls 같은)를 전달하면 넘파이는 성능을 위해서 ndarray로 바꾼다. unique 함수가 반환하는 ndarray를 시본 플롯함수에서 사용할 수 있도록 변수에 할당할 것이다.

return_counts=True 키워드 인자를 지정하면 unique에는 각 수에 대한 출현 빈도를 계산한다. 예제의 경우 unique 함수는 두 개의 1차원 ndarrays를 반환한다. 각각 정렬된 유일한 숫자들과 이것에 대응하는 출현 빈도를 포함한다. 튜플의 ndarray들은 변수 values와 frequencies에 언패킹하는데, return_counts가 False이면 숫자들의 리스트만 반환된다.

초기 바 플롯 만들기

바 플롯의 제목, 막대의 스타일을 만들고 주사위 수와 빈도를 그래프로 만든다.

```
In [7]: title = f'Rolling a Six-Sided Die {len(rolls):,} Times'

In [8]: sns.set_style('whitegrid')

In [9]: axes = sns.barplot(x=values, y=frequencies, palette='bright')
```

스니펫 [7]에 있는 f-문자열은 바 플롯의 제목에 들어갈 주사위 놀이의 반복 횟수가 들어 있다. 콤마(,) 포맷 지정자는

```
{len(rolls):,}
```

*천 단위*로 수를 *구분해서* 출력한다. 따라서 60000을 출력하면 60,000으로 된다.

기본적으로 시본은 흰색 바탕 그래프를 그리지만, ('darkgrid', 'whitegrid', 'dark', 'white', 'ticks') 중에서 스타일을 선택할 수 있다. 스니펫 [8]은 'whitegrid' 스타일을 선택했다. 이 스타일은 세로 바 플롯에 가로선으로 밝은 회색을 표시한다. 이렇게 하면 막대의 높이가 왼쪽

1 ndarray에 대해 깊게 논의할 7장에서 성능을 비교해 볼 것이다.

에 있는 출현 빈도 라벨과 쉽게 맞춰 볼 수 있어 좋다.

스니펫 [9]는 시본의 barplot 함수를 사용해서 주사위 수의 출현 빈도를 도식화한다. 이 스니펫을 시작할 때 (IPython을 시작할 때 --matplotlib 옵션을 지정하고 시작했기 때문에 다음과 같은 창이 나타난다.

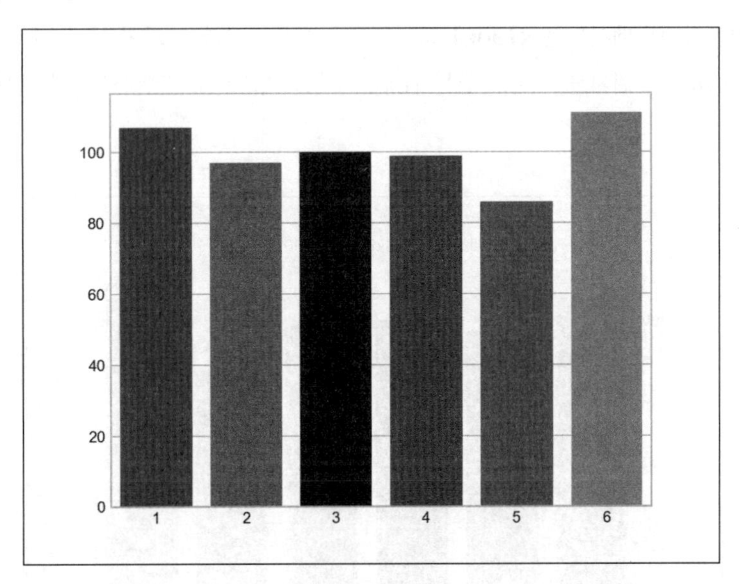

시본이 매트플롯리브과 연동한 후 매트플롯리브의 Axes 객체를 생성해서 막대를 표시하고, Axes 객체가 창에 표시되는 내용을 관리한다. 내부적으로 시본은 매트플롯리브의 Figure 객체를 사용해서 창을 관리하고 그 안에 Axes를 표시한다. barplot 함수의 처음 두 인자는 ndarrays로, 각각 x축과 y축에 표시할 값을 담고 있다. 시본에서 미리 정의한 'bright'라는 팔레트를 사용하기 위해 palette라는 키워드 인자를 사용했다. palette 옵션에 대해서는 다음 링크에서 자세한 내용을 확인할 수 있다.

https://seaborn.pydata.org/tutorial/color_palettes.html

barplot 함수는 내부적으로 속성이 설정된 Axes 객체를 반환한다. 여기서는 이 객체를 axes 변수에 할당해서 최종 플롯에 다른 속성들을 설정해 볼 것이다. 이 시점 이후에 바 플롯에 속성을 변경하면 해당 스니펫이 실행되는 *즉시* 반영된다.

창 타이틀 설정하고 X축, Y축 라벨 설정하기

다음 두 스니펫은 바 플롯을 설명하는 문자열을 추가한다.

```
In [10]: axes.set_title(title)
Out[10]: Text(0.5,1,'Rolling a Six-Sided Die 600 Times')

In [11]: axes.set(xlabel='Die Value', ylabel='Frequency')
Out[11]: [Text(92.6667,0.5,'Frequency'), Text(0.5,58.7667,'Die Value')]
```

스니펫 [10]에서 axes 객체의 **set_title** 메서드를 사용해서 플롯의 위쪽 중앙에 도표 명을 표시한다. 이 메서드는 타이틀과 창에서의 *위치*하는 Text 객체를 반환하고, IPython은 확인할 수 있도록 결과를 바로 표시한다. 앞의 스니펫에서는 Out[ ]들은 무시해도 좋다.

스니펫 [11]은 축에 라벨을 추가하고, **set** 메서드는 Axes 객체의 속성을 설정하기 위해 키워드 인자를 받는다. 이 메서드는 **xlabel** 문자열을 *x*축에 표시하고 ylabel 문자열을 *y*축에 표시한다. 그리고 라벨과 그 위치를 가지고 있는 Text 객체를 리스트로 반환하고, 바 플롯은 다음과 같이 표시된다.

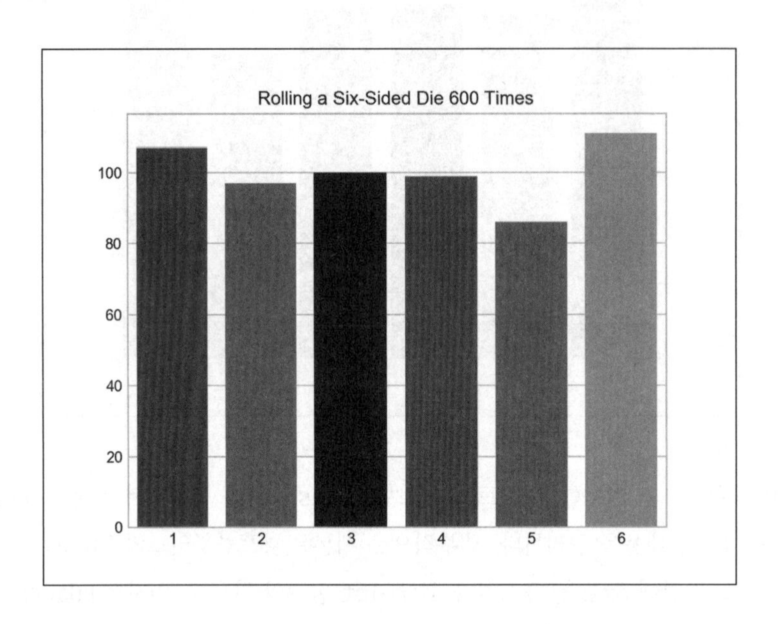

바 플롯 마무리하기

다음 두 스니펫은 각 막대 그래프의 위에 올라갈 문자열을 위한 공간을 만든다. 그리고 막대의 위에 문자열을 표시한다.

```
In [12]: axes.set_ylim(top=max(frequencies) * 1.10)
Out[12]: (0.0, 122.10000000000001)

In [13]: for bar, frequency in zip(axes.patches, frequencies):
    ...:     text_x = bar.get_x() + bar.get_width() / 2.0
    ...:     text_y = bar.get_height()
    ...:     text = f'{frequency:,}\n{frequency / len(rolls):.3%}'
    ...:     axes.text(text_x, text_y, text,
    ...:               fontsize=11, ha='center', va='bottom')
    ...:
```

막대 위에 올라갈 문자열을 놓을 공간을 만들기 위해 스니펫 [12]에서 *y*축을 10% 정도 늘리는데, 실험을 통해서 이 값을 찾았다. Axes 객체의 set_ylim 메서드는 사용할 수 있는 여러 키워드 인자들이 있다. 여기서는 *y*축에서 표시할 수 있는 최대 값을 바꾸기 위해서 top 키워드만 사용했고, 1.10으로 최대 빈도를 곱해서 y축이 막대의 최대 크기보다 10% 더 크게 만들었다.

마지막으로 스니펫 [13]은 각 막대 그래프의 출현 빈도 수를 출력하고 전체에서 차지하는 비율도 표시한다. axes 객체의 patches에는 플롯의 막대를 나타내는 색이 있는 2차원 도형을 가지고 있다. 그리고 for문은 zip 함수를 이용해서 patches의 각 요소들과 그에 대응하는 출현 빈도값을 순회한다. 각 반복마다 zip이 반환한다는 튜플을 변수 bar, frequency로 언패킹한다. for문의 스위트에서 다음과 같은 것을 한다.

- 첫 번째 명령에서 문자열이 표시된 *x*축 중앙값을 계산한다. 이것을 막대의 왼쪽 좌표(bar.get_x())에 막대의 넓이의 반(bar.get_width() / 2.0)에 해당하는 값을 더해서 구했다.
- 두 번째 명령은 문자열을 표시할 *y*축을 얻는다. bar.get_height()는 상단의 위치를 의미한다.
- 세 번째 명령은 주사위 출현 빈도와 전체에서 차지하는 비율을 표시하는 두 줄의 문자열을 만든다.
- 마지막 명령은 Axes 객체의 **text** 메서드를 사용해서 막대의 위쪽에 문자열을 표시한다. 이 메서드의 처음 두 인자는 문자열의 *x*, *y* 좌표를 지정하고, 세 번째 인자는 화면에 표시할 문자열이다. 키워드 인자 ha는 *가로 정렬 방식*을 지정하고, *x* 좌표의 중앙에 문자열을 위치시킨다. 키워드 인자 va는 세로 정렬 방식을 결정하고, *y*축으로 지정한 좌표가 문자열의 바닥이 되도록 정렬한다. 최종적인 바 플롯은 다음과 같다.

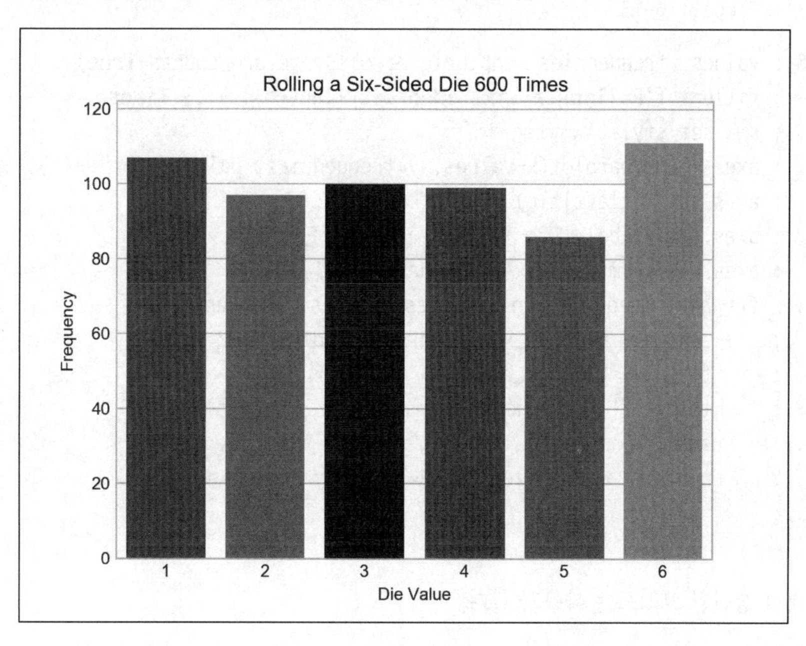

다시 주사위 게임하고 바 플롯 업데이트하기 - IPython의 놀라운 기능 소개

이제 멋진 바 폴롯을 만들었으니 놀이 횟수를 바꿔가면서 시도해 보고 싶을 것이다. 그러기 위해서 먼저 매트플롯리브의 cla(clear axes) 함수를 호출해서 기존의 그래프를 지워야 한다.

```
In [14]: plt.cla()
```

IPython은 다양한 일을 편리하게 하기 위한 매직이라는 특별한 명령을 제공해 준다.

%recall 매직을 이용해서 rolls 리스트를 만들었던 스니펫 [5]의 코드를 가져와서 다음 In [ ] 프롬프트에 넣어준다.

```
In [15]: %recall 5

In [16]: rolls = [random.randrange(1, 7) for i in range(600)]
```

이 스니펫을 수정해서 rolls의 개수를 60,000개로 변경하고 Enter를 눌러서 새로운 리스트를 만든다.

```
In [16]: rolls = [random.randrange(1, 7) for i in range(60000)]
```

다음은 스니펫 [6]에서 스니펫 [13]까지를 가져온다. 이렇게 하면 주어진 범위의 모든 스니펫을 다음 In [ ] 프롬프트에 표시한다. 여기서 Enter를 눌러서 이 스니펫들을 다시 실행할 수 있다.

```
In [17]: %recall 6-13

In [18]: values, frequencies = np.unique(rolls, return_counts=True)
    ...: title = f'Rolling a Six-Sided Die {len(rolls):,} Times'
    ...: sns.set_style('whitegrid')
    ...: axes = sns.barplot(x=values, y=frequencies, palette='bright')
    ...: axes.set_title(title)
    ...: axes.set(xlabel='Die Value', ylabel='Frequency')
    ...: axes.set_ylim(top=max(frequencies) * 1.10)
    ...: for bar, frequency in zip(axes.patches, frequencies):
    ...:     text_x = bar.get_x() + bar.get_width() / 2.0
    ...:     text_y = bar.get_height()
    ...:     text = f'{frequency:,}\n{frequency / len(rolls):.3%}'
    ...:     axes.text(text_x, text_y, text,
    ...:               fontsize=11, ha='center', va='bottom')
    ...:
```

이렇게 해서 갱신된 그래프는 다음과 같다.

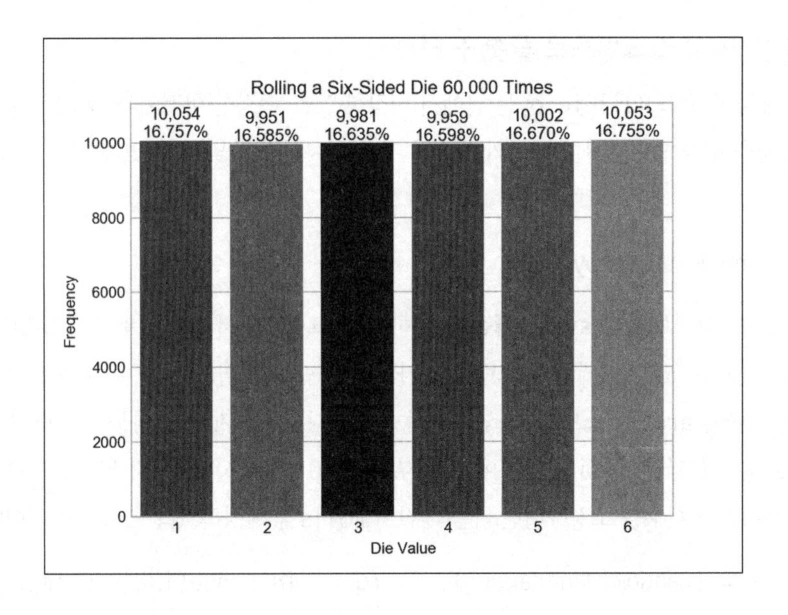

%save 매직으로 파일에 스니펫 저장하기

대화형 모드에서 플롯을 만들었으면 이 코드를 파일에 저장하고 싶을 것이다. 그러면 코드를 스크립트로 만들어서 나중에 다시 실행할 수 있다. **%save 매직**을 사용해서 스니펫 1에서 스니펫 13까지를 `Rolldie.py`라는 파일 이름으로 저장해 보자. IPython은 코드를 저장한 파일 위치를 표시해 주고 화면에 저장한 것을 표시한다.

```
In [19]: %save RollDie.py 1-13
The following commands were written to file 'RollDie.py':
import matplotlib.pyplot as plt
import numpy as np
import random
import seaborn as sns
rolls = [random.randrange(1, 7) for i in range(600)]
values, frequencies = np.unique(rolls, return_counts=True)
title = f'Rolling a Six-Sided Die {len(rolls):,} Times'
sns.set_style("whitegrid")
axes = sns.barplot(values, frequencies, palette='bright')
axes.set_title(title)
axes.set(xlabel='Die Value', ylabel='Frequency')
axes.set_ylim(top=max(frequencies) * 1.10)
for bar, frequency in zip(axes.patches, frequencies):
    text_x = bar.get_x() + bar.get_width() / 2.0
    text_y = bar.get_height()
    text = f'{frequency:,}\n{frequency / len(rolls):.3%}'
    axes.text(text_x, text_y, text,
              fontsize=11, ha='center', va='bottom')
```

커맨드라인 인자; 스크립트로 플롯 표시하기

예제로 제공한 소스 RollDie.py는 앞에서 저장한 것을 수정한 버전이다. 여기에서는 주석을 추가하고 두 부분을 수정해서 주사위 놀이의 횟수를 지정하는 인자를 넣을 수 있게 한 후 다음과 같이 실행한다.

```
ipython RollDie.py 600
```

파이썬 표준 라이브러리 **sys 모듈**을 이용하면 스크립트에서 프로그램으로 전달되는 ***커맨드라인 인자***를 얻을 수 있다. 여기에 스크립트 인자와 스크립트를 실행할 때 뒤에 붙는 모든 값이 포함된다. sys 모듈의 argv 리스트에 이 인자들이 저장된다. 위 예제의 명령을 실행하면 argv[0]에는 'RollDie.py' *문자열*, 이 argv[1]에는 *문자열* '600'이 저장된다. 커맨드라인 인자에서 주어진 값으로 주사위놀이 횟수를 조정하려면 다음과 같이 rolls를 생성하도록 코드를 수정했다.

```
rolls = [random.randrange(1, 7) for i in range(int(sys.argv[1]))]
```

argv[1] 문자열을 int로 변경했다는 것을 주의해서 보자.

매트플롯리브과 시본은 스크립트에서 플롯을 만들었다고 자동으로 이것을 화면에 표시해주지 않는다. 따라서 스크립트의 마지막에 매트플롯리브의 show 함수를 호출하도록 추가했다. 다음 코드는 그래프를 포함하는 창을 표시한다.

```
plt.show()
```

5.18 요약

이번 장에서 리스트와 튜플에 대해 상세하게 다루었다. 리스트를 만들어보고, 리스트에 있는 요소들에 접근하여 요소의 크기도 알아냈다. 리스트는 수정할 수 있어서 프로그램 실행 중에는 리스트를 늘리거나 줄일 수 있다. 없는 요소에 접근할 때 IndexError가 발생하는 것도 보았고, for문을 사용해서 리스트의 요소들을 순회해 보기도 했다.

튜플이 리스트와 같은 시퀀스이지만 불변 자료형이라고 설명했다. 튜플의 요소들을 언패킹해서 별도의 변수에서 할당했고, enumerate 함수를 통해서 리스트의 인덱스와 요소의 값으로 된 튜플 이터러블을 만들었다.

모든 시퀀스들은 슬라이싱이 가능하다. 슬라이싱은 원래 요소들의 일부를 새로운 시퀀스로 만든다. del문을 사용해서 리스트의 요소들을 제거하고 대화형 세션에서 변수를 제거했다. 리스트와 리스트 요소, 리스트의 슬라이스를 함수에 전달했다. 리스트의 내용을 살펴보고, 정렬 및 순회하는 방법도 알아보았다. 리스트의 메서드를 사용해서 요소를 삽입, 추가, 삭제할 수 있었고, 리스트의 요소를 반대로 정렬하며, 리스트를 복사도 했다.

리스트를 스택으로 사용하는 방법을 살펴보았고, 간결한 리스트 컴프리헨션 표현식으로 새로운 리스트를 만들었다. 추가로 내장된 메서드를 사용해서 리스트의 요소들을 합하고, 리스트를 반대로 순회하거나 최솟값/최댓값을 찾았다. 값을 필터링하고 맵핑을 통해서 새로운 값으로 만들기도 했다. 중첩 리스트를 이용해서 행과 열로 나열된 2차원 데이터를 어떻게 표현하는지 살펴보았고, 중첩 for 루프를 이용해서 2차원 리스트를 순회하는 것을 보았다.

이번 장은 주사위 놀이 시뮬레이션과 정적인 시각화를 소개하는 데이터과학 들어가기 절로 끝을 맺었다. 예제에서 시본과 매트플롯리브 시각화 라이브러리를 사용해서 ***정적인*** 바 폴롯으로 시뮬레이션 최종 결과를 시각화했다. 6장의 데이터과학 들어가기 절에서 주사위 놀이를 시뮬레이션해서 ***동적인*** *(dynamic)* 바 플롯으로 시각화해 볼 것이다.

6장의 '딕셔너리와 세트'에서는 파이썬의 내장 자료형에 대해 계속 논의할 것이다. 딕셔너리를 사용해서 정렬되지 않는 키-값 쌍 데이터를 저장해 본다. 딕셔너리는 불변 키를 값에 맵핑하는데, 마치 사전에서 각 단어를 뜻에 맵핑시키는 것과 같다. 세트를 사용해서 중복되지 않는 요소들을 순서 없이 저장하는 데 사용할 것이다.

7장 '넘파이를 이용한 배열 지향 프로그래밍'에서는 넘파이의 ndarray를 좀 더 자세히 논의해 볼 것이다. 파이썬의 리스트가 작은 크기의 데이터에는 좋을 수 있지만, 빅데이터 분석 애플리케이션에서 접하는 아주 큰 데이터에 비효율적이라는 것을 알게 될 것이다. 이런 경우에는 넘파이 라이브러리의 고도로 최적화된 ndarray를 사용해야 한다. ndarray(*n*차원 배열)는 리스트보다 훨씬 빠른데, 파이썬의 프로파일링 테스트를 실행해서 얼마나 빠른지 확인해 볼 것이다. 앞으로 살펴보겠지만 넘파이도 배열을 쉽고 효과적으로 조작할 수 있는 ***많은*** 함수를 제공한다. 빅데이터 분석 애플리케이션에서 처리해야 할 것이 매우 많아질 수 있으므로 성능을 높이는 것이 매우 중요해진다. 16장 '빅데이터: 하둡, 스파크, NoSQL, 사물인터넷' 장에서는 고성능 빅데이터 데이터베이스 중 하나인 몽고디비(MongoDB)를 사용해 볼 것이다.[2]

2 이 데이터베이스의 이름은 'humongous(거대한)'이라는 이름에서 유래했다.

Chapter

6

딕셔너리와 세트

학습 목표

이번 장에서는 다음과 같은 것을 다룬다.

- 딕셔너리를 사용해서 키/값 쌍을 순서 없이 표현해 본다.
- 세트를 사용해서 중복 없는 값을 순서 없이 표현해 본다.
- 딕셔너리와 세트의 요소를 생성 및 초기화, 참조해 본다.
- 딕셔너리의 키, 값 , 키/값 쌍을 순회해 본다.
- 딕셔너리의 키/값 쌍을 추가 및 삭제, 및 수정해 본다.
- 딕셔너리와 세트의 비교 연산자를 사용해 본다.
- 세트 연산자와 메서드를 사용해서 세트들을 합쳐본다.
- in과 not in 연산자를 사용해서 딕셔너리에 특정 키가 있는지 또는 세트에 값이 있는지 확인해 본다.
- 수정 가능한 세트 연산자를 사용해서 세트를 변경해 본다.
- 컴프리헨션을 이용해서 딕셔너리와 세트를 빠르고 편리하게 만들어 본다.
- 동적 시각화를 어떻게 만드는지 배운다.
- 수정 가능한 것과 수정 불가능한 것에 대해 이해한다.

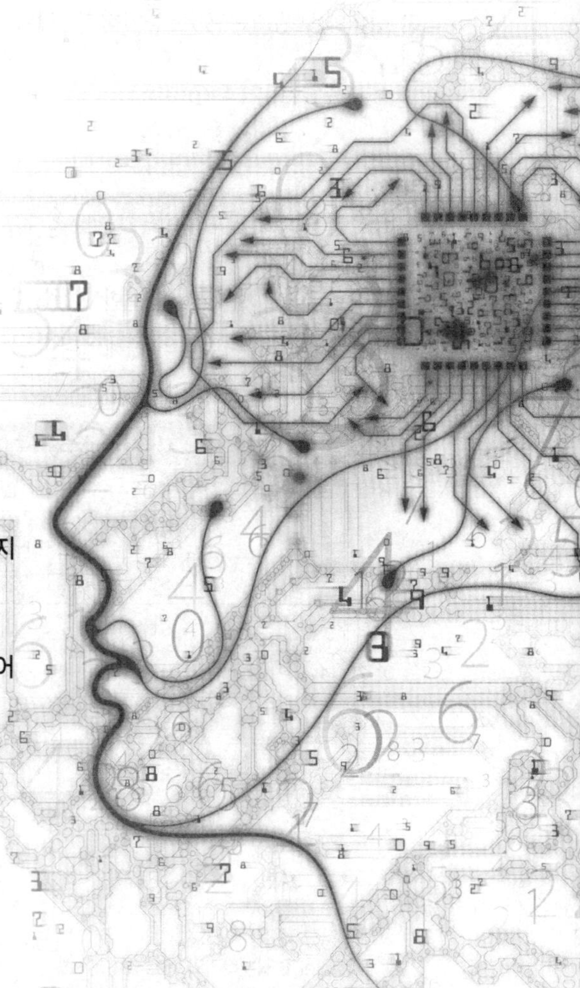

Outline

6.1 개요

지금까지 문자열, 리스트, 튜플 등 세 가지 내장 시퀀스 자료형에 대해 알아보았다. 이번 장에서는 내장된 비시퀀스 자료형, 즉 딕셔너리와 세트를 알아보려고 한다. **딕셔너리**는 불변 키를 특정 값에 맵핑하는 **키/값 쌍**을 저장하는 ***순서 없는*** 자료형이다. 이 자료형은 단어 사전에서 단어를 그 단어에 대한 정의에 맵핑하는 것과 동일하다. **세트**는 중복되지 않는 불변 요소들을 순서 없이 저장하는 자료형이다.

6.2 딕셔너리

딕셔너리는 키를 값에 연결한다. 즉 각각의 키는 특정 값에 *연결*된다. 다음 표는 키와 키 타입, 값, 값 타입을 갖는 딕셔너리의 예제이다.

키	키 타입	값	값 타입
나라 이름	str	인터넷 국가 코드	str
숫자	int	로마 숫자	str
주 이름	str	농산품	str 리스트
병원 환자	str	바이탈 사인	int와 float의 튜플
야구 선수	str	타율	float
평가 지표	str	약어	str
상품 코드	str	보유 수량	int

유일 키

딕셔너리의 키는 반드시 ***불변***(문자열, 숫자 또는 튜플 같은)이어야 하고 ***유일***(즉 중복이 없어야)해야 한다. 여러 키들은 동일한 값이어도 괜찮고, 두 개의 다른 상품 코드가 동일한 보유 수량값을 가질 수 있다.

6.2.1 딕셔너리 생성하기

딕셔너리는 중괄호({})로 데이터를 감싸는 방식으로 만들 수 있다. 괄호의 내부에 ***키: 값*** 형식으로 된 키와 값 쌍을 콤마로 구분한다. {}를 사용해서 빈 딕셔너리를 만들 수 있다. 'Finland', 'South Africa', 'Nepal' 등 나라 이름을 키로 하고, 그것에 대응하는 인터넷 나라 코드를 값 'fi', 'za', 'np'로 하는 딕셔너리를 만들어보자.

```
In [1]: country_codes = {'Finland': 'fi', 'South Africa': 'za',
   ...:                  'Nepal': 'np'}
   ...:

In [2]: country_codes
Out[2]: {'Finland': 'fi', 'South Africa': 'za', 'Nepal': 'np'}
```

딕셔너리를 출력할 때, 키/값이 콤마로 구분되어 중괄호로 감싸져 있다. 딕셔너리는 ***순서 없는*** 컬렉션이기 때문에 출력할 때의 순서는 딕셔너리에 키/값 쌍을 추가하는 순서와 다를 수 있다. 스니펫 [2]의 출력 결과에서 키/값 쌍은 추가된 순서대로 출력되지만, 키/값 쌍의 순서에 의존하여 코드를 작성하지 않아야 한다.

딕셔너리가 비어 있는지 검사하기

내장 함수 len은 딕셔너리에 있는 키/값 쌍의 수를 반환한다.

```
In [3]: len(country_codes)
Out[3]: 3
```

딕셔너리 자체를 조건문으로 사용해서 딕셔너리가 비어 있는지 확인할 수 있다. 즉 빈 딕셔너리가 아니면 True로 평가된다.

```
In [4]: if country_codes:
   ...:     print('country_codes가 비어 있지 않다.')
   ...: else:
   ...:     print('country_codes가 비어 있다.')
   ...:
country_codes가 비어있지 않다.
```

빈 딕셔너리는 False로 평가되는데, 이것을 실습에서 확인해 보자. 다음 코드에서 딕셔너리의 키/값 쌍을 제거하기 위해서 **clear** 함수를 호출한 후 스니펫 [6]에서 다시 스니펫 [4] 코드를 호출했다.

```
In [5]: country_codes.clear()

In [6]: if country_codes:
   ...:     print('country_codes가 비어 있지 않다. ')
   ...: else:
   ...:     print('country_codes가 비어 있다. ')
   ...:
country_codes is empty
```

6.2.2 딕셔너리 순회하기

다음 딕셔너리는 달의 이름에 해당 달의 날 수를 의미하는 정수와 맵핑한다. 이때 ***여러*** 키들이 ***같은*** 값을 가질 수 있다.

```
In [1]: days_per_month = {'1월': 31, '2월': 28, '3월': 31}

In [2]: days_per_month
Out[2]: {'1월': 31, '2월': 28, '3월': 31}
```

위의 딕셔너리 문자열을 보면 데이터를 입력한 순서대로 키/값 쌍이 보이지만, 딕셔너리에 ***순서가 없기*** 때문에 항상 이렇게 된다는 보장이 없다. 이번 장의 뒷부분에서는 키를 순서대로 ***정렬하는*** 방법에 대해 알아볼 것이다. 다음 for문은 days_per_month의 키/값 쌍 전체를 순회한다. 딕셔너리의 items 메서드는 키/값 쌍을 튜플로 반환하고, 이것을 언패킹해서 month와 days 변수에 넣었다.

```
In [3]: for month, days in days_per_month.items():
   ...:     print(f'{month}은 {days}일이다. ')
   ...:
1월은 31일이다.
2월은 28일이다.
3월은 31일이다.
```

6.2.3 딕셔너리의 기본 동작

이번 절은 roman_numerals 딕셔너리를 생성하고 출력하는 것으로 시작한다. 일부러 'X' 키에 대해서 100이라는 엉뚱한 값을 넣고 그것을 간단히 고쳐보겠다.

```
In [1]: roman_numerals = {'I': 1, 'II': 2, 'III': 3, 'V': 5, 'X': 100}

In [2]: roman_numerals
Out[2]: {'I': 1, 'II': 2, 'III': 3, 'V': 5, 'X': 100}
```

키에 연관된 값에 접근하기

'V'라는 키에 연관된 값을 가져와보자.

```
In [3]: roman_numerals['V']
Out[3]: 5
```

기존의 키/값 쌍의 값 수정하기

어떤 키에 연관된 키를 대입문을 통해서 수정할 수 있다. 여기서 'X'라는 키에 있는 잘못된 값을 교체한다.

```
In [4]: roman_numerals['X'] = 10

In [5]: roman_numerals
Out[5]: {'I': 1, 'II': 2, 'III': 3, 'V': 5, 'X': 10}
```

6

새로운 키/값 쌍 추가하기

기존에 없던 키에 대해서 어떤 값을 대입하면 딕셔너리에 해당 키/값 쌍이 추가된다.

```
In [6]: roman_numerals['L'] = 50

In [7]: roman_numerals
Out[7]: {'I': 1, 'II': 2, 'III': 3, 'V': 5, 'X': 10, 'L': 50}
```

문자열을 키로 사용하면 대소문자를 구분한다. 없던 키에 대해 대입하면 새로운 키/값 쌍이 추가된다. 이런 동작이 의도한 것이 될 수도 있지만, 논리적 오류일 수도 있다.

키/값 쌍 제거하기

del문을 통해서 딕셔너리에 있는 키/값 쌍을 제거할 수 있다.

```
In [8]: del roman_numerals['III']

In [9]: roman_numerals
Out[9]: {'I': 1, 'II': 2, 'V': 5, 'X': 10, 'L': 50}
```

또한 딕셔너리의 메서드 **pop**를 통해서도 키/값 쌍을 제거할 수 있다. pop 메서드는 제거한 키의 값을 반환한다.

```
In [10]: roman_numerals.pop('X')
Out[10]: 10

In [11]: roman_numerals
Out[11]: {'I': 1, 'II': 2, 'V': 5, 'L': 50}
```

존재하지 않는 키에 접근하기

없는 키에 접근하려면 KeyError가 발생한다.

```
In [12]: roman_numerals['III']
---------------------------------------------------------------------------
KeyError                                  Traceback (most recent call last)
<ipython-input-12-ccd50c7f0c8b> in <module>()
----> 1 roman_numerals['III']

KeyError: 'III'
```

이런 오류를 방지하기 위해서 딕셔너리의 **get** 메서드를 사용한다. 이 메서드는 인자로 주어진 키에 해당하는 값을 반환하고, 키가 없으면 get를 None을 반환한다. IPython은 스니펫 [13]에서 None을 반환되면 아무 것도 출력하지 않는다. get 메서드에 두 번째 인자를 주면 찾으려는 키가 없을 때 두 번째 인자로 넣었던 값을 반환한다.

```
In [13]: roman_numerals.get('III')

In [14]: roman_numerals.get('III', 'III은 딕셔너리에 없다.')
Out[14]: 'III은 딕셔너리에 없다.'

In [15]: roman_numerals.get('V')
Out[15]: 5
```

딕셔너리에 특정 키가 있는지 테스트하기

in 과 not in 연산자는 딕셔너리에 특정한 키가 있는지 확인한다.

```
In [16]: 'V' in roman_numerals
Out[16]: True

In [17]: 'III' in roman_numerals
Out[17]: False

In [18]: 'III' not in roman_numerals
Out[18]: True
```

6.2.4 딕셔너리의 메서드 keys와 values

앞에서는 items 메서드를 사용해서 딕셔너리의 키와 값 쌍으로 된 튜플들을 순회했다. 마찬가지로 **keys**와 **values** 메서드는 딕셔너리의 키 또는 값만 각각 순회할 때 사용한다.

```
In [1]: months = {'January': 1, 'February': 2, 'March': 3}
```

```
In [2]: for month_name in months.keys():
   ...:     print(month_name, end=' ')
   ...:
January February March

In [3]: for month_number in months.values():
   ...:     print(month_number, end=' ')
   ...:
1 2 3
```

딕셔너리의 뷰

딕셔너리 메서드인 items, keys, values는 각각 딕셔너리 데이터의 뷰를 반환한다. 이 **뷰**를 순회하면 딕셔너리의 내용을 보는 것으로, 뷰는 데이터를 복사하지 ***않는다***.

뷰가 딕셔너리의 데이터를 복사하지 ***않는*** 것을 확인하기 위해서 먼저 months_view 변수에 keys 메서드로 반환된 것을 저장하고, 그것으로 순회해 보자.

```
In [4]: months_view = months.keys()

In [5]: for key in months_view:
   ...:     print(key, end=' ')
   ...:
January February March
```

다음으로 새로운 키/값 쌍을 months에 추가하고 수정한 딕셔너리를 출력해 보자.

```
In [6]: months['December'] = 12

In [7]: months
Out[7]: {'January': 1, 'February': 2, 'March': 3, 'December': 12}
```

이제 months_view를 다시 순회해 보자. 위에서 추가했던 키가 실제로 보인다.

```
In [8]: for key in months_view:
   ...:     print(key, end=' ')
   ...:
January February March December
```

뷰을 이용해서 순회하는 동안 딕셔너리를 수정하지 않도록 주의해야 한다. 파이썬 표준 라이브러리 문서의 4.10.1절[1]에 따르면 RuntimeError가 발생하거나 뷰를 통해서 모든 값을 순회하지 못할 수 있다.

1 https://docs.python.org/3/library/stdtypes.html#dictionary-view-objects

딕셔너리 키, 값, 키/값 쌍을 리스트로 변환하기

가끔 딕셔너리의 키들, 값 또는 키/값 쌍에 대한 *리스트*가 필요할 때가 있다. 이들 데이터의 리스트를 얻기 위해서 keys, values 또는 items 메서드가 반환하는 뷰를 내장 함수 list에 전달해 준다. 이렇게 만든 리스트를 수정한다고 해서 원래의 딕셔너리가 변경되지는 않는다.

```
In [9]: list(months.keys())
Out[9]: ['January', 'February', 'March', 'December']

In [10]: list(months.values())
Out[10]: [1, 2, 3, 12]

In [11]: list(months.items())
Out[11]: [('January', 1), ('February', 2), ('March', 3), ('December', 12)]
```

정렬된 키로 처리하기

정렬된 키를 가지고 작업하려면 내장 함수 sorted를 다음과 같이 사용할 수 있다.

```
In [12]: for month_name in sorted(months.keys()):
    ...:     print(month_name, end=' ')
    ...:
February December January March
```

6.2.5 딕셔너리 비교하기

비교 연산자 ==와 !=를 사용해서 두 개의 딕셔너리가 동일한지 또는 다른 것이 있는지를 확인할 수 있다. 동등(==) 비교는 두 개의 딕셔너리가 동일한 키/값 쌍을 가지고 있으면 True를 반환한다. 이때 각각의 딕셔너리에 키/값을 추가하는 순서와 *상관없다*.

```
In [1]: country_capitals1 = {'Belgium': 'Brussels',
   ...:                      'Haiti': 'Port-au-Prince'}
   ...:

In [2]: country_capitals2 = {'Nepal': 'Kathmandu',
   ...:                      'Uruguay': 'Montevideo'}
   ...:

In [3]: country_capitals3 = {'Haiti': 'Port-au-Prince',
   ...:                      'Belgium': 'Brussels'}
   ...:

In [4]: country_capitals1 == country_capitals2
Out[4]: False
```

```
In [5]: country_capitals1 == country_capitals3
Out[5]: True

In [6]: country_capitals1 != country_capitals2
Out[6]: True
```

6.2.6 예: 학생 점수 딕셔너리

다음은 딕셔너리를 이용해서 학생 생활기록부를 만드는 스크립트이다. 딕셔너리에는 각 학생들의 이름(문자열)에 세 번의 시험에 대한 학생들의 점수들을 의미하는 정수 리스트를 맵핑한다. 데이터(라인 13~17)를 출력하는 루프의 각 반복에서 키/값 쌍을 **name**과 **grades**라는 변수에 언패킹한다. 여기에는 각각 학생 이름과 세 번의 시험 점수에 대한 리스트가 들어있다. 라인 14는 내장 함수 **sum**을 사용해서 주어진 학생의 시험 점수에 대한 합계를 구하고, 라인 15에서 합계 점수를 학생들의 수(len(grades))로 나눠서 학생의 평균 점수를 계산해서 출력한다. 라인 13~17에는 네 명의 학생들 총점수와 모든 학생들이 치른 시험 점수횟수의 수를 각각 계산하고, 라인 19는 전체 시험에서 전체 학생 평균을 출력한다.

```
1 # fig06_01.py
2 """딕셔너리로 만든 학생 생활 기록부"""
3 grade_book = {
4     'Susan': [92, 85, 100],
5     'Eduardo': [83, 95, 79],
6     'Azizi': [91, 89, 82],
7     'Pantipa': [97, 91, 92]
8 }
9
10 all_grades_total = 0
11 all_grades_count = 0
12
13 for name, grades  in grade_book.items():
14     total = sum(grades)
15     print(f'{name} 의 평균 점수는 {total/len(grades):.2f} 이다.')
16     all_grades_total += total
17     all_grades_count += len(grades)
18
19 print(f"학급 평균: {all_grades_total / all_grades_count:.2f}")
```

```
Susan 의 평균 점수는 92.33 이다.
Eduardo 의 평균 점수는 85.67 이다.
Azizi 의 평균 점수는 87.33 이다.
Pantipa 의 평균 점수는 93.33 이다.
학급 평균: 89.67
```

6.2.7 예: 단어 세기[2]

다음 스크립트는 문자열에 있는 각 단어의 출현 횟수를 세는 데 딕셔너리를 사용한다. 라인 4~5는 단어를 나눌 **텍스트**를 만든다. 문자열은 각각 단어로 나누는 것을 **'문자열 토큰화 과정'**이라고 한다. 파이썬은 괄호 안에 공백으로 구분된 문자열을 자동으로 연결하고, 라인 7은 빈 딕셔너리를 만든다. 이때 딕셔너리의 단어들이 키가 될 것이고, 대응하는 값은 **문장**에서 각 단어가 얼마나 등장하는지 횟수가 될 것이다.

```
1 # fig06_02.py
2 """문장의 토큰을 분리하고 단어의 수를 센다."""
3
4 text = ('this is sample text with several words '
5         'this is more sample text with some different words')
6
7 word_counts = {}
8
9 # 각 단어의 횟수를 센다.
10 for word in text.split():
11     if word in word_counts:
12         word_counts[word] += 1  # 키/값 쌍이 있으면 업데이트
13     else:
14         word_counts[word] = 1  # 키/값 쌍을 생성한다.
15
16 print(f'{"WORD":<12}COUNT')
17
18 for word, count in sorted(word_counts.items()):
19     print(f'{word:<12}{count}')
20
21 print('\n등장한 단어 수:', len(word_counts))
```

```
WORD        COUNT
different   1
is          2
more        1
sample      2
several     1
some        1
text        2
this        2
with        2
words       2

등장한 단어 수: 10
```

2 단어의 출현 빈도를 세는 기술은 출간된 책들을 분석하는 데 많이 사용된다. 예를 들어 일부 사람들은 윌리엄 세익스피어(William Shakespeare)의 작품들이 실제로는 프랜시스 베이컨 경(Sir Fransis Bacon), 크리스토퍼 말로(Christopher Marlow) 또는 다른 사람이 쓴 것이라고 생각한다. 그들의 작품에 등장하는 단어의 출현 빈도와 세익스피어의 작품에서의 단어 출현 빈도를 비교해서 글 쓰기 스타일의 유사성을 보일 수 있다. 이것과 관련해서 11장 '자연어 처리(NLP)'을 통해 문서 분석 기술에 대해 알아볼 것이다.

라인 10은 문자열의 **split** 메서드를 호출해서 텍스트의 토큰을 분리한다. 이 메서드는 구분자를 인자로 받아서 여러 단어로 분리하고, split에 인자를 주지 않으면 기본값으로 공백 문자를 사용한다. 이 메서드는 토큰들(즉 텍스트에 있는 단어들)의 리스트를 반환한다. 라인 10~14는 단어들을 모두 순회하고, 각 단어들은 라인 11에서 딕셔너리에 이미 단어가 있는지 확인한다. 단어가 이미 있으면 라인 12는 단어의 횟수를 증가시키고, 그렇지 않으면 라인 14에서 단어의 횟수를 1로 하는 새로운 키/값 쌍을 추가한다.

라인 16~21은 각 단어와 그 단어의 출현 횟수가 포함된 두 개의 칼럼으로 된 테이블로 결과를 요약한다. 라인 18과 라인 19의 for문은 딕셔너리의 키/값 쌍을 순회한다. 각 키와 값을 언패킹해서 word와 count 변수에 저장하고, 이것을 두 개의 칼럼으로 나누어 출력한다. 라인 21은 중복 없는 단어들의 수를 출력한다.

6

파이썬 표준 라이브러리 모듈 collections

라인 10~14에서 딕셔너리와 루프로 구현한 카운팅 기능이 이미 파이썬 표준 라이브러리에 있다. **collections** 모듈에 **Counter** 타입이 있고, 이 타입은 이터러블을 받아서 각 요소들의 정보를 요약한다. 이번에는 Counter를 이용해서 더 짧은 코드로 앞에서 보았던 스크립트를 다시 만들어보자.

```
In [1]: from collections import Counter
In [2]: text = ('this is sample text with several words '
   ...:         'this is more sample text with some different words')
   ...:

In [3]: counter = Counter(text.split())

In [4]: for word, count in sorted(counter.items()):
   ...:     print(f'{word:<12}{count}')
   ...:
different   1
is          2
more        1
sample      2
several     1
some        1
text        2
this        2
with        2
words       2

In [5]: print('키수: ', len(counter.keys()))
키수: 10
```

스니펫 [3]에서 text.split()에서 반환한 문자열 리스트를 요약하는 Counter를 생성한다. 스니펫 [4]에서 Counter의 **items** 메서드는 각 문자열과 그것의 횟수를 튜플로 반환하고 내장 함수

sorted를 사용해서 이런 튜플들을 오름차순으로 얻어올 수 있다. 기본적으로 sorted는 첫 번째 요소를 가지고 튜플을 정렬하는데, 첫 번째 요소가 동일하면 두 번째 요소를 본다. 그것도 같으면 다음 요소를 본다. for문은 정렬 리스트의 결과를 순회하면서 각 단어와 횟수를 두 개의 열로 출력한다.

6.2.8 딕셔너리 메서드 update

딕셔너리의 메서드 **update**를 이용해서 키/값 쌍을 추가하고 업데이트할 수 있다. 먼저 빈 딕셔너리 country_codes를 만든다.

```
In [1]: country_codes = {}
```

다음 update 메서드 호출은 키/값 쌍의 딕셔너리를 받아서 추가 또는 업데이트한다.

```
In [2]: country_codes.update({'South Africa': 'za'})
In [3]: country_codes
Out[3]: {'South Africa': 'za'}
```

update 메서드는 키워드 인자를 키/값 쌍으로 변환시켜서 삽입한다. 다음 호출에서 매개변수 Australia를 문자열 키인 'Australia'로 변환하고 'ar'을 이 키에 대응시킨다.

```
In [4]: country_codes.update(Australia='ar')

In [5]: country_codes
Out[5]: {'SOuth Africa': 'za', 'Australia': 'ar'}
```

스니펫 [4]에 Australia에 대한 국가 코드를 잘못 입력했으므로 'Australia'에 대한 값을 다시 키워드 인자를 사용해서 잘못된 것을 바로잡아보자.

```
In [6]: country_codes.update(Australia='au')

In [7]: country_codes
Out[7]: {'SOuth Africa': 'za', 'Australia': 'au'}
```

update 메서드는 키/값 쌍을 가지고 있는 이터러블 객체, 즉 두 가지 요소를 가지고 있는 튜플 리스트를 받을 수 있다.

6.2.9 딕셔너리 컴프리헨션

딕셔너리 컴프리헨션은 종종 딕셔너리를 다른 딕셔너리로 맵핑시키는 방식으로 딕셔너리를 빠르고 편리하게 생성하는 표현 방식이다. 예를 들어 값이 ***중복되지 않는*** 딕셔너리에서 키와 값을 서로 바꿀 수도 있다.

```
In [1]: months = {'January': 1, 'February': 2, 'March': 3}

In [2]: months2 = {number: name for name, number in months.items()}

In [3]: months2
Out[3]: {1: 'January', 2: 'February', 3: 'March'}
```

중괄호가 ***딕셔너리 컴프리헨션***의 범위를 정하고, for 구문의 왼쪽에 표현식은 ***'키: 값'*** 형식으로 키/값 쌍을 지정한다. 이 컴프리헨션은 months.items()를 통해서 순회하고, 각 키/값 쌍 튜플을 변수 name과 number로 언패킹한다. number: name 표현식으로 기존의 키와 값을 뒤집으므로 새로 만들어지는 딕셔너리는 달을 나타내는 수를 달의 이름으로 맵핑한다.

months에 ***중복되는*** 값이 있으면 어떻게 될까? months2에 ***중복된*** 키가 입력되면 기존 키의 값이 변경된다. 'February'와 'March'가 모두 2에 맵핑된다고 가정하고 앞의 코드를 실행하면 결과는 다음과 같다.

```
{1: 'January', 2: 'March'}
```

딕셔너리 컴프리헨션은 딕셔너리 값을 다른 값으로 변경할 수 있다. 다음 컴프리헨션은 딕셔너리의 이름과 점수 리스트를 이름과 평균 점수로 변환할 수 있다. 변수 k와 v는 일반적으로 *키(key)*와 *값(value)*을 의미한다.

```
In [4]: grades = {'Sue': [98, 87, 94], 'Bob': [84, 95, 91]}

In [5]: grades2 = {k: sum(v) / len(v) for k, v in grades.items()}

In [6]: grades2
Out[6]: {'Sue': 93.0, 'Bob': 90.0}
```

컴프리헨션은 grades.items()에서 반환하는 각 튜플을 k(이름)와 v(점수 리스트)로 언패킹한다. 그러면 컴프리헨션은 키 k와 리스트의 평균인 sum(v) / len(v)의 값으로 만든 새로운 튜플을 만든다.

6.3 세트

세트는 ***중복되지 않는*** 값을 순서 없이 저장하는 컬렉션이다. 세트는 불변 객체, 즉 문자열, int, float, 불변 요소만 포함하는 튜플을 저장한다. 세트는 이터러블이지만, 시퀀스는 아니다. 또한 대괄호([ ])를 이용한 인덱스나 슬라이스를 사용할 수 없다. 딕셔너리도 슬라이스를 사용할 수 없다.

중괄호로 세트 생성하기

다음 코드는 색상명으로 된 세트를 생성한다.

```
In [1]: colors = {'red', 'orange', 'yellow', 'green', 'red', 'blue'}

In [2]: colors
Out[2]: {'blue', 'green', 'orange', 'red', 'yellow'}
```

중복된 문자열 'red'는 무시된다. 즉 오류가 발생하지 않는다. 세트의 중요한 용도는 **중복되는 것을 제거**하는 것이다. 세트로 생성하면 자동으로 중복된 값들이 제거된다. 세트의 결과값이 스니펫 [1]에서 나열한 순서와 동일하게 표시되지 *않을 수* 있다. 색의 이름이 순차적으로 표시되어도 세트에는 *순서가 없다*. 따라서 요소들의 순서에 의존하는 코드를 작성하지 말아야 한다.

세트의 길이 알아내기

내장 함수 len을 이용해서 세트에 포함되는 아이템의 수를 확인할 수 있다.

```
In [3]: len(colors)
Out[3]: 5
```

세트에 어떤 값이 있는지 확인하기

세트에 특정 값이 있는지 in과 not in 연산자를 사용해서 체크할 수 있다.

```
In [4]: 'red' in colors
Out[4]: True

In [5]: 'purple' in colors
Out[5]: False

In [6]: 'purple' not in colors
Out[6]: True
```

세트의 요소들 순회하기

세트는 이터러블이므로 for 반복문에서 세트의 각 요소를 처리할 수 있다.

```
In [7]: for color in colors:
   ...:     print(color.upper(), end=' ')
   ...:
RED GREEN YELLOW BLUE ORANGE
```

세트에는 ***순서가 없기 때문에*** 순서가 중요하지 않다.

내장 함수 set 이용해 세트 생성하기

내장 함수 **set**를 사용해서 다른 컬렉션에 있는 값으로부터 세트를 만들 수 있다. 여기서 중복된 정수 값이 포함된 리스트를 만들고, 그 리스트를 set 함수의 인자로 사용한다.

```
In [8]: numbers = list(range(10)) + list(range(5))

In [9]: numbers
Out[9]: [0, 1, 2, 3, 4, 5, 6, 7, 8, 9, 0, 1, 2, 3, 4]

In [10]: set(numbers)
Out[10]: {0, 1, 2, 3, 4, 5, 6, 7, 8, 9}
```

빈 세트를 만들어야 한다면 set 함수에 빈 중괄호({ })뿐만 아니라 아무것도 인자로 넣지 말아야 한다. 빈 중괄호({ })는 빈 딕셔너리를 의미한다.

```
In [11]: set()
Out[11]: set()
```

파이썬은 빈 딕셔너리({ }) 표기 방법과 혼동을 피하기 위해 빈 세트를 set( )로 표시한다.

프로즌세트: 불변 세트 타입

세트는 ***수정할 수 있는*** 데이터여서 요소를 추가하고 삭제할 수 있다. 하지만 세트에 들어가는 ***요소***는 반드시 ***불변이어야*** 하므로 세트는 다른 세트에 요소가 될 수 없다. **프로즌세트**는 불변 세트여서 한 번 생성하면 변경할 수 없으므로 세트에 프로즌세트를 포함시킬 수 있다. 내장 함수 **forzenset**는 이터러블을 이용해 프로즌세트를 생성한다.

6.3.1 세트 비교하기

다양한 연산자와 메서드를 사용해서 세트를 비교할 수 있다. 다음 세트는 동일한 값을 포함하고 있으므로 ==는 True, !=은 False를 반환한다.

```
In [1]: {1, 3, 5} == {3, 5, 1}
Out[1]: True

In [2]: {1, 3, 5} != {3, 5, 1}
Out[2]: False
```

< 연산자는 연산자의 왼쪽에 있는 세트가 오른쪽에 있는 것의 **진부분집합(proper subset)**인지 확인한다. 즉 왼쪽에 있는 모든 요소가 연산자의 오른쪽에도 있지만, 완전히 동일하지는 않다.

```
In [3]: {1, 3, 5} < {3, 5, 1}
Out[3]: False

In [4]: {1, 3, 5} < {7, 3, 5, 1}
Out[4]: True
```

<= 연산자는 연산자의 왼쪽에 있는 세트가 오른쪽에 있는 집합이 **부분 집합(improper subset)**인지를 확인한다. 즉 왼쪽 연산자 세트에 있는 모든 요소가 오른쪽에 있는 세트도 있으며, 요소가 동일할 수도 있다.

```
In [5]: {1, 3, 5} <= {3, 5, 1}
Out[5]: True

In [6]: {1, 3} <= {3, 5, 1}
Out[6]: True
```

또한 set의 **issubset** 메서드를 사용해서 부분 집합을 테스트할 수도 있다.

```
In [7]: {1, 3, 5}.issubset({3, 5, 1})
Out[7]: True

In [8]: {1, 2}.issubset({3, 5, 1})
Out[8]: False
```

> 연산자는 연산자의 왼쪽 세트가 오른쪽의 세트의 **진상위집합(proper superset)**인지 확인할 수 있다. 즉 연산자 오른쪽 세트의 모든 요소가 왼쪽에 있는 집합에도 있으면서 그것보다 더 많은 요소가 있어야 한다.

```
In [9]: {1, 3, 5} > {3, 5, 1}
Out[9]: False

In [10]: {1, 3, 5, 7} > {3, 5, 1}
Out[10]: True
```

>= 연산자는 연산자의 왼쪽에 있는 세트가 오른쪽 집합이 **상위 집합(improper subset)**인지 확인한다. 즉 오른쪽 세트에 있는 모든 요소가 왼쪽 집합에 모두 있고, 같을 수도 있다.

```
In [11]: {1, 3, 5} >= {3, 5, 1}
Out[11]: True

In [12]: {1, 3, 5} >= {3, 1}
Out[12]: True

In [13]: {1, 3} >= {3, 1, 7}
Out[13]: False
```

set의 **issuperset** 메서드를 사용해서 상위 집합 여부를 확인할 수 있다.

```
In [14]: {1, 3, 5}.issuperset({3, 5, 1})
Out[14]: True

In [15]: {1, 3, 5}.issuperset({3, 2})
Out[15]: False
```

issubset과 issuperset 메서드는 이터러블*이기만 하면* 인자가 될 수 있다. 이 메서드들이 세트가 아니라 이터러블을 인자로 받으면, 먼저 이터러블을 세트로 만들고 나서 연산자를 수행한다.

6.3.2 수학적 집합 연산

이번 절에서는 세트 타입의 수학적 연산 |, &, -, ^을 보여주고 그것에 해당하는 메서드도 보여준다.

합집합

두 세트의 합집합은 두 세트에 있는 요소 중에서 유일한 값들만 포함한 세트이다. | 연산자나 set 타입의 **union** 메서드를 사용해서 계산할 수 있다.

```
In [1]: {1, 3, 5} | {2, 3, 4}
Out[1]: {1, 2, 3, 4, 5}

In [2]: {1, 3, 5}.union([20, 20, 3, 40, 40])
Out[2]: {1, 3, 5, 20, 40}
```

| 같은 세트의 이항 연산자들의 피연산자는 반드시 세트여야 하지만, 연산자에 대응하는 세트의 메서드는 인자로 이터러블 객체를 받을 수 있다. 여기서 리스트 타입의 객체를 인자로 사용했다. 세트 메서드에 세트 이터러블을 인자로 사용하지 않으면 메서드는 이터러블을 세트로 변환하고 연산을 수행한다. 또한 세트를 출력할 때 값이 오름차순으로 보이지만, 코드를 작성할 때 순서에 의존하도록 작성하면 안 된다.

교집합

두 집합의 **교집합**은 두 개의 세트에 공통적으로 있는 요소들만 있는 세트이다. 이 연산은 **& 연산자**를 사용하거나 세트의 intersection 메서드를 이용해서 계산할 수 있다.

```
In [3]: {1, 3, 5} & {2, 3, 4}
Out[3]: {3}

In [4]: {1, 3, 5}.intersection([1, 2, 2, 3, 3, 4, 4])
Out[4]: {1, 3}
```

차집합

두 집합의 차집합은 왼쪽 집합에는 있지만, 오른쪽 집합에는 없는 요소들만으로 구성된 집합이다. 이것을 계산하려면 **- 연산자**나 세트의 `difference` 메서드를 사용할 수 있다.

```
In [5]: {1, 3, 5} - {2, 3, 4}
Out[5]: {1, 5}

In [6]: {1, 3, 5, 7}.difference([2, 2, 3, 3, 4, 4])
Out[6]: {1, 5, 7}
```

대칭 차집합

두 집합의 대칭 차집합은 양쪽 집합에서 공통으로 있는 요소들이 **포함되지 않는** 집합이다. ^ 연산자를 사용하거나 세트 타입의 **symmetric_difference** 메서드를 사용해서 계산할 수 있다.

```
In [7]: {1, 3, 5} ^ {2, 3, 4}
Out[7]: {1, 2, 4, 5}

In [8]: {1, 3, 5, 7}.symmetric_difference([2, 2, 3, 3, 4, 4])
Out[8]: {1, 2, 4, 5, 7}
```

서로소

두 집합에 공통적으로 있는 요소가 **없으면** 두 집합은 **'서로소 관계'**라고 한다. 세트 타입의 **isdisjoint** 메서드를 사용해서 확인할 수 있다.

```
In [9]: {1, 3, 5}.isdisjoint({2, 4, 6})
Out[9]: True

In [10]: {1, 3, 5}.isdisjoint({4, 6, 1})
Out[10]: False
```

6.3.3 세트를 수정하는 연산자와 메서드

앞 절에서 보았던 연산자와 메서드는 새로운 세트를 만든다. 여기서 *기존에 있는* 세트를 수정하는 연산자와 메서드를 살펴볼 것이다.

집합을 수정하는 세트 연산자

합집합 증분 연산자 |= 는 | 연산자처럼 합집합을 만든다. |= 연산자는 왼쪽 피연산자 자체를 수정한다는 점이 다르다.

```
In [1]: numbers = {1, 3, 5}

In [2]: numbers |= {2, 3, 4}

In [3]: numbers
Out[3]: {1, 2, 3, 4, 5}
```

마찬가지로 세트 타입의 **update** 메서드는 메서드를 호출한 세트 객체 자체를 수정해서 합집합을 만든다. 인자에는 이터러블이라면 모든 인자가 올 수 있다.

```
In [4]: numbers.update(range(10))

In [5]: numbers
Out[5]: {0, 1, 2, 3, 4, 5, 6, 7, 8, 9}
```

세트를 수정하는 다른 연산자에는 다음과 같은 것이 있다.

- 교집합 증분 연산자 &=
- 차집합 증분 연산자 -=
- 대칭 차집합 증분 연산자 ^=

각각의 연산자에 대응하는 이터러블을 받을 수 있는 메서드는 다음과 같다.

- intersection_update
- difference_update
- symmetric_difference_update

요소를 추가하고 삭제하는 메서드

세트 메서드 add는 주어진 인자가 기존에 ***없었던*** 것이면 추가하고, 있는 값이면 변경하지 않는다.

```
In [6]: numbers.add(17)

In [7]: numbers.add(3)

In [8]: numbers
Out[8]: {0, 1, 2, 3, 4, 5, 6, 7, 8, 9, 17}
```

세트의 remove 메서드는 기존 세트에서 인자로 주어진 요소를 제거한다. 세트에 없는 값을 입력하면 KeyError가 발생한다.

```
In [9]: numbers.remove(3)

In [10]: numbers
Out[10]: {0, 1, 2, 4, 5, 6, 7, 8, 9, 17}
```

discard 메서드는 주어진 인자를 세트에서 제거하지만, 기존에 없던 값을 입력해도 예외가 발생하지 않는다.

pop 메서드를 사용하면 ***임의의*** 세트에 있는 하나의 요소를 제거하고 반환한다. 하지만 세트는 데이터의 순서가 없기 때문에 어떤 요소가 반환될지 알 수 없다.

```
In [11]: numbers.pop()
Out[11]: 0

In [12]: numbers
Out[12]: {1, 2, 4, 5, 6, 7, 8, 9, 17}
```

빈 세트에 pop를 호출하면 KeyError가 발생한다. 마지막으로 **clear** 메서드는 세트를 비운다.

```
In [13]: numbers.clear()

In [14]: numbers
Out[14]: set()
```

6.3.4 세트 컴프리헨션

딕셔너리 컴프리헨션처럼 중괄호를 이용해서 세트 컴프리헨션을 정의할 수 있다. 리스트의 데이터 **numbers**를 이용해서 세트를 만들어보자.

```
In [1]: numbers = [1, 2, 2, 3, 4, 5, 6, 6, 7, 8, 9, 10, 10]
In [2]: evens = {item for item in numbers if item % 2 == 0}

In [3]: evens
Out[3]: {2, 4, 6, 8, 10}
```

6.4 데이터과학 들어가기: 동적 시각화

이전 장에 있는 '데이터과학 들어가기' 절에서는 시각화에 대해 소개했다. 육면체 주사위 놀이를 시뮬레이션하고, 시본과 매트플롯리브 시각화 라이브러리를 사용해서 출판물 수준의 ***정적*** 바 플롯을 만들어서 주사위의 수의 출현 횟수 및 각 주사위 수의 출현 비율을 보여주었다. 이번 절에서는 ***동적 시각화*** 기법을 이용해서 더 재미있게 만들어보자.

대수의 법칙

난수의 생성에 대해 소개할 때 random 모듈의 randrange 함수가 진짜 무작위로 정수를 만들고 있으면 특정 범위 안에서 선택되는 수가 동일한 확률(또는 거의 비슷하게)이 된다고 설명했다. 육면체 주사위에 있는 1에서 6까지의 각 수는 전체에서 1/6번 발생해야 한다. 즉 각 수가 나올 확률은 1/6 또는 거의 16.667%이다.

다음 절에서는 ***동적(움직이는)으로*** 주사위 시뮬레이션을 하는 스크립트를 만들고 실행해 볼 것이다. 일반적으로 주사위 놀이를 많이 할수록 주사위 눈의 수가 전체 횟수에서 차지하는 비율이 16.667%에 근접한다. 이때 그래프의 막대 크기도 ***대수 법칙*** 때문에 점차 동일해진다.

6.4.1 동적 시각화의 동작 원리

앞 장의 '데이터과학 들어가기' 절에서 시본과 매트플롯리브으로 만든 플롯은 시뮬레이션이 ***끝나고*** 정해진 횟수만큼 주사위 놀이 결과를 최종 분석하는 데 도움을 주었다. 이번 절에서는 매트플롯리브의 **animation** 모듈에 있는 **FuncAnimation** 함수를 가지고 코드를 작성해 본다. 이 함수는 ***동적으로*** 바 플롯을 업데이트한다. 주사위 놀이가 진행되면서 주사위 수의 출현 횟수와 비율이 ***지속적으로*** 업데이트되는 것을 볼 수 있다.

애니메이션 프레임

FuncAnimation은 **프레임별로 애니메이션**을 만든다. 각 **애니메이션** 프레임은 플롯 업데이트 중에서 변경해야 하는 모든 것을 지정한다. 긴 시간에 걸쳐서 이렇게 이렇게 계속 업데이트하면 애니메이션 효과를 얻을 수 있다. 따라서 무엇을 표시할지 함수로 정의하고 그것을 FuncAnimation에 전달해야 한다.

각 애니메이션 프레임에서는 다음과 같은 것을 한다.

- 특정 횟수만큼(1부터 원하는 횟수만큼) 주사위를 던진다. 각 롤마다 주사위의 출현 횟수를 업데이트한다.
- 현재 플롯을 지운다.
- 갱신된 출현 횟수를 의미하는 막대(bar)를 생성한다.
- 각 막대별로 횟수와 빈도를 나타내는 새로운 문자열을 만든다.

일반적으로 출력되는 초당 프레임이 많을수록 애니메이션이 부드러워진다. 예를 들어 빠르게 움직이는 물체가 있는 비디오 게임은 ***최소한*** 초당 30프레임의 속도 또는 그 이상의 속도로 표시하려고 한다. 애니메이션 프레임 사이에 수 밀리초를 지정해도 실제 초당 프레임 수는 각 프레임에서 해야 하는 일과 컴퓨터의 프로세서 속도에 영향을 받는다. 이번 예제는 33밀리초마다 애니메이션 프레임을 출력해서 거의 초당 프레임이 30(1000/33)이다. 지정하는 수를 더 크게 또는 더 작게 해서 애니메이션에 어떤 영향을 주는지 알아보기 바란다. 이런 실험은 좋은 솔루션을 시각화 개발하는데 있어서 매우 중요하다.

RollDieDynamic.py 실행하기

이전 장의 '데이터과학 들어가기' 절에서는 정적인 시작화를 ***대화형 모드로*** 개발했기 때문에 명령을 실행함에 따라 바 플롯이 어떻게 업데이트되는지 볼 수 있었다. 최종 출현 빈도와 비율이 있은 실제 바 플롯을 한 번만 만들었다.

이번 동적 시각화에서는 화면에 보이는 결과를 주기적으로 업데이트하기 때문에 애니메이션으로 결과를 확인할 수 있는데, 많은 것이 지속적으로 변경된다. 즉 막대의 길이, 막대 위에 표시되는 출현 빈도와 비율, 축의 공간 및 라벨 그리고 플롯의 타이틀에 보이는 주사위 던진 횟수 등이 바뀐다. 이런 이유 때문에 이번 시각화를 대화형으로 개발하지 않고 스크립트로 만들었다.

이 스크립트는 다음 두 개의 커맨드라인 인자를 가진다.

- **number_of_frames** – 표시할 애니메이션의 프레임 수. 이 값은 **FuncAnimation** 함수가 그래프를 업데이트하게 될 총 시간을 결정한다. 각 애니메이션 프레임에서 **FuncAnimation**은 플롯을 어떻게 바꿔야 하는지 정의한 함수(예제에서는 update 함수)를 호출한다.
- **rolls_per_frame** – 각 애니메이션 프레임에서 주사위를 던진 횟수. 루프를 사용해서 주어진 수만큼 주사위를 던지고 결과를 종합한다. 그리고 막대 그래프를 업데이트하고 새로운 출현 빈도를 나타내도록 문자열을 업데이트한다.

이들 두 값을 어떻게 사용해야 하는지 알아보기 위해서 다음과 같은 명령을 생각해 볼 수 있다.

```
ipython RollDieDynamic.py 6000 1
```

위 예제의 경우 6,000번의 주사위 놀이를 하는데, 프레임별로 주사위를 한 번 던진다. **FuncAnimation**은 **update** 함수를 6,000번 호출하는데, 이렇게 하면 주사위를 한 번 던질 때마다 막대와 출현 빈도, 비율이 업데이트된다. 현재 시스템에서 이 애니메이션은 6,000번의 주사위 게임을 보여주고, 3.33분(6,000프레임/초당 30프레임/분당 60초)의 시간이 걸린다.

화면에 애니메이션 프레임을 표시하는 것은 CPU 속도로 아주 빠르게 하는 주사위 시뮬레이션보다 상대적으로 느린 ***입력-출력 속도***에 영향을 받는다. 애니메이션 프레임마다 하나의 주사위 게임을 할 경우 주사위 놀이 횟수를 크게 늘리면 합리적인 시간 안에 끝나지 않는다. 또한 주사위놀이 횟수가 적으면 기대하는 각 수가 전체 실행 횟수의 16.667%의 비율로 나오지 않는다.

실제로 대수의 법칙을 확인하려면 애니메이션 프레임당 주사위를 굴리는 횟수를 늘려서 실행 속도를 높일 수 있는 다음 명령을 사용하자.

```
ipython RollDieDynamic.py 10000 600
```

예제의 경우 **FuncAnimation**이 **update** 함수를 1만 번 호출할 것이다. 프레임별로 600번 주사위를 던져서 총 600만 번 주사위 놀이를 한다. 시스템에서 이 명령은 5.55분(10,000프레임/초당 프레임 수 30/60초) 소요되지만, 거의 초당 1만 8,000번(30초당 프레임×600 초당 주사위 놀이)의 주사위 놀이 결과가 출력된다.

따라서 빠르게 출현 빈도와 비율이 각각 각 숫자별로 거의 100개, 비율이 16.667%가 된다.

이 프로그램으로 최대한 효과적으로 결과를 보여줄 수 있다고 느낄 때까지 주사위를 던지는 수와 프레임을 가지고 실험해 보자. 애니메이션의 수준에 만족할 때까지 실행해 보고 조정하는 것이 더욱 재미있고 도움이 될 것이다.

샘플 실행

두 가지 샘플 실행에서 네 개의 화면을 캡처했다. 첫 번째에서는 총 6,000번의 주사위 실험 중에서 64번의 주사위 던지기 실험 이후의 결과와 604번 이후의 상황을 보여준다. 스크립트를 실행시킨 후 시간이 지나면서 막대가 어떻게 동적으로 바뀌는지 확인해 보자. 두 번째 실행에서는 총 600만 번의 주사위 놀이 실험 중에서 7,200번 주사위 놀이 이후의 그래프를 보여주고, 또 다시 16만 6,200번 이후의 그래프를 보여준다. 더 많은 횟수로 실험하면 대수의 법칙으로 예상되는 16.667%에 근접해지는 것을 확인할 수 있다.

프레임별 한 번 주사위놀이와 6,000번의 프레임: ipython RollDieDynamic.*py 6000 1*

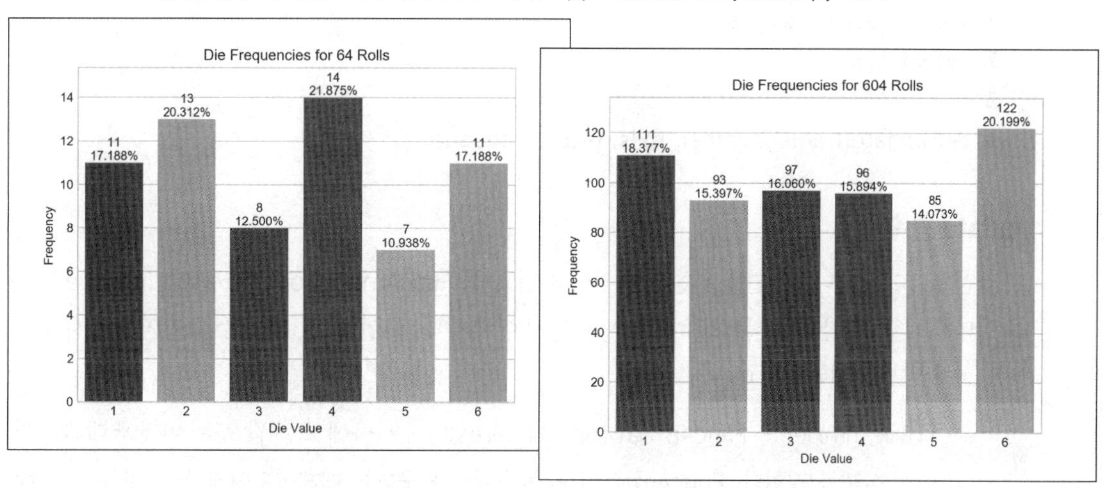

프레임별 600번의 주사위놀이와 1만 번의 프레임: ipython RollDieDynamic.*py 10000 600*

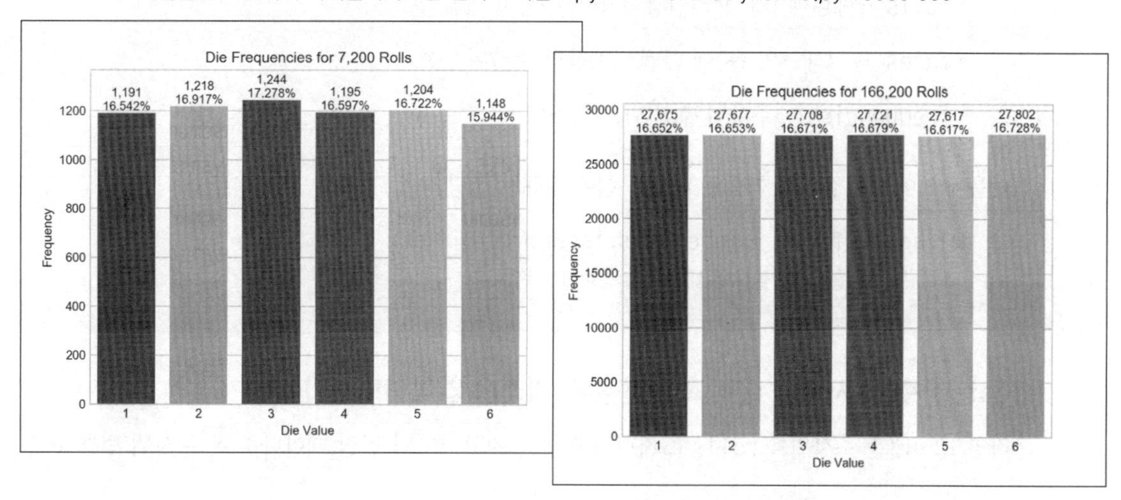

6.4.2 동적 시각화 구현하기

이번 절에서 보여줄 스크립트는 이전 장의 '데이터과학 들어가기' 절에서 보았던 시본과 매트플롯리브을 사용한다. 매트플롯리브의 *애니메이션* 기능을 사용할 수 있도록 코드를 수정했다.

매트플롯리브 라이브러리의 animation 모듈 임포트하기

이번 예제에서 사용하는 새로운 기능에 대해서 집중할 것이다. 라인 3은 매트플롯리브 라이브러리의 animation 모듈을 임포트한다.

```
1 # RollDieDynamic.py
2 """주사위놀이에서 주사위 눈의 출현 횟수를 동적으로 보여준다."""
3 from matplotlib import animation
4 import matplotlib.pyplot as plt
5 import random
6 import seaborn as sns
7 import sys
8
9 def update(frame_number, rolls, faces, frequencies):
```

update 함수

라인 9~27은 애니메이션을 위한 프레임마다 한 번씩 FuncAnimation이 호출하는 update 함수를 정의하는데, 이 함수는 최소한 하나의 인자는 있어야 한다. 라인 9~10은 함수를 정의하는 시작 부분을 보여주고, 매개변수는 다음과 같다.

- frame_number – FuncAnimation의 frames 인자 다음에 오는 값으로, 이것에 대해서 간단히 살펴볼 것이다. FuncAnimation 함수에서 요구하는 매개변수이지만, 이것을 update 함수에서 사용하지 않는다.
- rolls – 애니메이션 프레임당 수행할 주사위 게임 수
- faces – 그래프의 x축에 라벨로 사용할 주사위 번호
- frequencies – 주사위 출현 빈도 리스트

다음에 이어지는 절에서 함수의 내부 구현에 대해서 설명한다.

```
 9 def update(frame_number, rolls, faces, frequencies):
10     """프레임마다 바 플롯의 내용을 설정한다. """
```

update 함수: 주사위를 굴리고 출현 횟수 리스트 업데이트하기

라인 12~13은 주사위를 rolls로 지정한 만큼 던지고, 한 번 던질 때마다 나온 주사위 번호 요소

의 빈도를 증가시킨다. 대응하는 frequencies 요소에 빈도 수를 증가시키기 전에 주사위 값(1에서 6까지인)에서 1을 뺀 것을 주의해서 보아야 한다. frequencies는 여섯 개의 요소를 가지고 있는 리스트(라인 36에서 정의했던)이므로 이것의 인덱스는 0에서 5가 된다.

```
11 # 주사위를 던지고 출현 횟수를 업데이트한다.
12 for i in range(rolls):
13     frequencies[random.randrange(1, 7) - 1] += 1
```

update: 바 플롯과 텍스트 설정하기

update 함수에서 라인 16은 현재 프레임을 그리기 전에 matplotlib.pyplot 모듈의 cla (clear axes) 함수를 호출해서 기존에 있던 바 플롯을 제거한다. 라인 17~27은 이전 장의 '5.17 데이터과학 들어가기: 시뮬레이션과 정적 시각화' 절에서 설명했으니 참고하기 바란다. 라인 17~20은 막대를 생성하고, 바 플롯의 제목을 설정한 후 x축과 y축 라벨을 설정한다. 그리고 각 막대의 위쪽에 빈도 수와 비율을 표시할 공간을 마련하기 위해서 스케일을 조정한다. 라인 23~27은 빈도와 비율 텍스트를 표시한다.

```
15 # 업데이트된 출현 빈도에 대해서 플롯을 재설정한다.
16 plt.cla()  # 이전 내용을 제거한다.
17 axes = sns.barplot(faces, frequencies, palette='bright')  # 새로 바 플롯을 생성한다.
18 axes.set_title(f'{sum(frequencies):,} 번 던졌을 때, 주사위 출현 횟수')
19 axes.set(xlabel='주사위 면', ylabel='횟수')
20 axes.set_ylim(top=max(frequencies) * 1.10)  # Y축으로 10% 공간을 늘린다.
21
22 # 각 막대 그래프에 출현 횟수 및 비율을 표시한다.
23 for bar, frequency in zip(axes.patches, frequencies):
24     text_x = bar.get_x() + bar.get_width() / 2.0
25     text_y = bar.get_height()
26     text = f'{frequency:,}\n{frequency / sum(frequencies):.3%}'
27     axes.text(text_x, text_y, text, ha='center', va='bottom')
28
```

그래프 설정과 상태 유지를 위한 변수들

라인 30과 라인 31은 sys 모듈의 argv 리스트를 사용해서 스크립트의 커맨드라인 인자들을 가져온다. 라인 33은 시본의 'whitegrid' 스타일을 지정하고, 라인 34는 matplotlib.pyplot 모듈의 **figure** 함수를 호출해서 Figure 객체를 얻어온다. FuncAnimation이 애니메이션을 이 객체에 표시하는데, 이 함수의 인자는 창의 제목이다. 앞으로 살펴보겠지만, 이것은 FuncAnimation이 요구하는 인자 중 하나이다. 라인 35는 1~6까지 플롯의 X축에 표시할 주사위 숫자를 가지고 있는 리스트를 만들고, 라인 36은 6개의 요소가 있는 frequencies 리스트를 만든다. 각 요소의 값은 0으로 초기화 되고, 주사위 게임을 할 때마다 이 리스트의 수를 업데이트한다.

```
29 # 프레임 수 및 프레임별 주사위를 던질 횟수를 커맨드라인에서 읽는다.
30 number_of_frames = int(sys.argv[1])
31 rolls_per_frame = int(sys.argv[2])
32
33 sns.set_style('whitegrid') # 흰색 바탕에 회색 선
34 figure = plt.figure('육면 주사위 던지기') # 애니메이션을 위한 figure
35 values = list(range(1, 7)) # X축에 표시할 주사위 눈 수
36 frequencies = [0] * 6 # 주사위의 출현 횟수를 저장할 리스트로 6개의 요소가 있다.
```

animation 모듈의 FuncAnimation 함수 호출하기

라인 39~41은 매트플롯리브의 animation 모듈의 FuncAnimation 함수를 호출해서 차트를 동적으로 업데이트한다. 이 함수는 애니메이션 객체를 반환하는데, 이 객체를 직접 사용하지 않지만, 애니메이션을 위해서 참조를 저장*해야 한다*. 그렇지 않으면 파이썬이 즉시 애니메이션을 중지시키고 메모리를 시스템에 반환한다.

```
38 # update 함수를 호출하는 애니메이션을 설정하고 시작한다.
39 die_animation = animation.FuncAnimation(
40     figure, update, repeat=False, frames=number_of_frames, interval=33,
41     fargs=(rolls_per_frame, values, frequencies))
42
43 plt.show() # 창 표시
```

FuncAnimation는 두 개의 필수 인자가 있다.

- figure – 애니메이션을 표시할 Figure 객체
- update – 각 애니메이션 프레임마다 호출할 함수

이번 예제에서는 다음과 같은 키워드 인자를 사용했다.

- **repeat** – False이면 정해진 프레임 수만 동작하고 중지한다. True(기본값)이면 애니메이션이 끝나면 처음부터 다시 시작한다.
- **frames** – 애니메이션을 실행할 총 프레임 수로, 이 값은 FuncAnimation이 update 함수를 얼마나 많이 호출할지 결정한다. 정수를 사용하면 range를 사용하는 것과 같다. 예를 들어 600은 range(600)과 같다. FuncAnimation은 이 range 함수에서 받은 값을 update 함수를 호출할 때 첫 번째 인자로 전달한다.
- **interval** – 프레임과 프레임 사이의 밀리초 단위 간격(예제는 33)으로, update를 호출하고 FuncAnimation은 다음 호출까지 33밀리초를 기다린다.
- **fargs**(function arguments, '함수 인자들'의 약자) – FuncAnimation 함수의 두 번째 인자로, 지정한 함수에 넘길 인자들의 튜플. fargs 튜플에 지정한 인자들은 update 매개변수

인 `rolls`, `faces`, `frequencies`에 대응한다(라인 9).

`FuncAnimation` 함수의 다른 인자들은 다음 링크에서 볼 수 있다.

https://matplotlib.org/api/_as_gen/matplotlib.animation.FuncAnimation.html

마지막으로 라인 43은 창을 표시한다.

6.5 요약

이번 장에서는 파이썬의 딕셔너리와 세트 컬렉션에 대해 설명했다. 딕셔너리가 무엇인지 살펴보고 다양한 예제를 보여주었다. 키/값 쌍의 문법을 보여주고, 이것을 이용해서 중괄호({})에 콤마로 키/값 쌍을 구분한 리스트로 딕셔너리를 만드는 방법을 보여주었다. 또한 딕셔너리 컴프리헨션으로 딕셔너리를 만들어보았다.

대괄호([])를 사용해서 키에 해당하는 값을 얻어오고, 키/값 쌍을 추가했으며 값을 업데이트했다. 또한 어떤 키에 대응하는 값을 변경하는데, 딕셔너리 메서드 **update**를 이용했다. 딕셔너리의 키들과 값 그리고 아이템을 모두 순회해 보았다.

중복 없는 수정 불가능한 값들의 세트를 만들었다. 비교 연산자로 세트들을 비교했고 집합 연산자들과 메서드를 이용해서 세트를 합쳐보았다. 세트를 변경하는 연산자를 이용해서 세트를 변경했고, 세트 컴프리헨션으로 세트를 만들었는데, 세트가 변경될 수 있다는 것을 알았다. **Frozenset** 타입은 변경이 불가능하므로 이 타입의 객체는 세트와 **forzenset**의 요소로 사용될 수 있다.

'데이터과학 들어가기' 절에서는 시각화에 대해서 더 알아보았다. 대수의 법칙을 확인하기 위해서 ***동적으로*** 변경되는 바 플롯을 이용해서 주사위 던지기 게임을 시뮬레이션해 보았다. 이전 장의 '데이터과학 들어가기' 절에서 살펴보았던 시본과 매트플롯리브의 기능과 함께 프레임과 프레임 사이의 애니메이션을 제어하기 위해서 매트플롯리브의 `FuncAnimation` 함수를 사용했다. `FuncAnimation`은 각 프레임에 보여지는 것들을 정의한 함수를 호출한다.

다음 장에서는 널리 사용되는 넘파이 라이브러리를 이용해서 배열 지향 프로그래밍에 대해 논의할 것이다. 곧 살펴볼 넘파이의 **ndarray** 컬렉션은 파이썬의 내장 리스트로 하는 같은 동작을 두 자릿수 이상 빠르게 하는데, 이러한 특성은 오늘날의 빅데이터를 애플리케이션에서 쉽게 처리할 수 있도록 해 준다.

Chapter

7

넘파이를 이용한 배열 지향 프로그래밍

학습 목표

이번 장에서는 다음과 같은 것을 다룬다.

- 배열과 리스트가 어떻게 다른지 알아본다.
- 넘파이(numpy)의 고성능 ndarray를 사용해 본다.
- IPython %timeit 매직으로 리스트와 ndarray의 성능을 비교해 본다.
- 효율적으로 데이터를 저장하고 저장된 것을 가져오기 위해서 ndarray를 사용해 본다.
- ndarray를 생성하고 초기화해 본다.
- ndarray 요소를 각각 참조해 본다.
- ndarray 요소를 순회해 본다.
- 다차원 ndarray를 생성하고 조작해 본다.
- 공통적인 ndarray의 조작 방법을 알아본다.
- 판다스의 1차원 Series와 2차원 DataFrame을 만들고 조작해 본다.
- Series와 DataFrame의 사용자 정의 인덱스를 만들어본다.
- Series와 DataFrame에 있는 데이터에 대해서 기본적인 기술적 통계를 계산해 본다.
- 판다스(pandas) 출력 형식을 바꾸기 위해 부동소수점 수의 정확도를 조정해 본다.

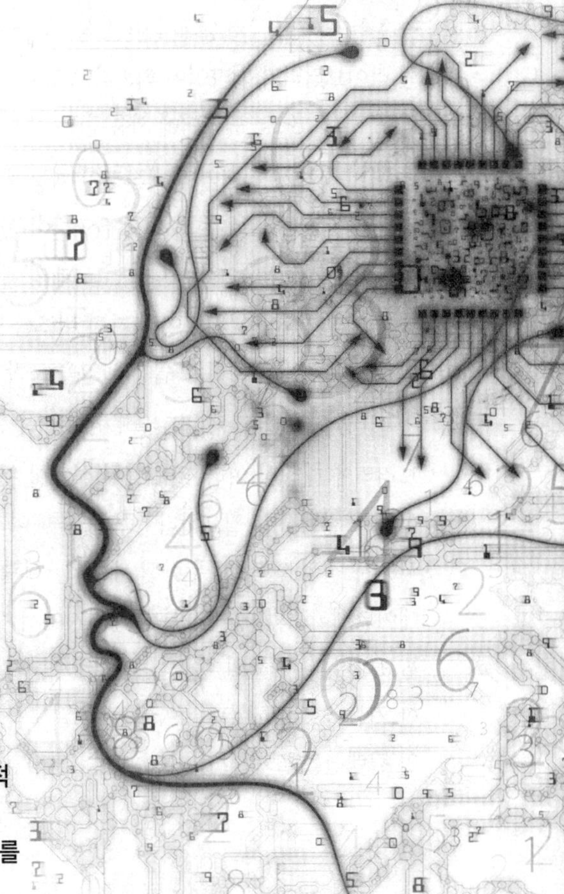

Outline

7.1 개요

넘파이(NumPy, Numerical Python) 라이브러리는 2006년에 처음 등장했고, 파이썬의 배열 구현체로 많이 사용되고 있다. 넘파이는 성능이 우수하면서 다양한 기능을 가진 **ndarray**라는 n-차원 배열을 제공하고 있다. 이런 관점에서 앞으로 ndarray를 동의어인 배열(**어레이**)로 부를 것이다. 넘파이는 아나콘다 파이썬 배포판에서 설치하는 많은 오픈 소스 라이브러리 중 하나이다. 배열에 대한 동작은 파이썬의 리스트보다 두 자릿수 이상 빠르다. 애플리케이션이 방대한 **배열** 기반 데이터를 처리해야 하는 빅데이터 세상에서 이런 성능적 장점은 매우 중요하다. libraries.io에 따르면 450개의 파이썬 라이브러리가 넘파이에 의존하고 있다고 한다. 판다스(Pandas), 사이파이(SciPy, Scientific Python)와 케라스(Keras, 딥러닝에 사용됨)는 넘파이를 기반으로 하고 있거나 의존하고 있다.

이번 장에서는 **배열**의 기본적인 기능에 대해 알아볼 것이다. 리스트는 다차원을 가질 수 있다. 일반적으로 중첩 루프나 여러 개의 for문이 있는 리스트 컴프리헨션을 가지고 다차원 리스트를 처리한다. 넘파이의 강점은 '배열 지향 프로그래밍'에 있다. 이 방식은 명시적인 루프를 만드는 외부 반복을 사용했을 때 발생할 수 있는 여러 가지 버그를 방지한다. 그리고 *내부* 반복과 함께 함수형 스타일 프로그래밍을 사용해서 정확하고 쉽게 배열을 조작할 수 있다.

이번 장의 '데이터과학 들어가기' 절에서는 데이터과학 사례 연구 장에서 많이 사용할 ***판다스*** 라이브러리에 대해서 여러 절에 걸쳐 설명할 것이다. 빅데이터 애플리케이션은 종종 넘파이의 배열보다 더 유연한 컬렉션이 필요하다. 즉 여러 데이터를 혼용해서 쓸 수 있는 데이터 타입(mixed data type), 사용자 정의 인덱싱, 누락된 데이터, 일관적으로 구조화되지 못한 데이터뿐만 아니라 사용하고 있는 데이터베이스와 데이터 분석 패키지에서 사용하는 형태로 변환이 필요한 데이터를 지원하는 컬렉션이 필요하다. 판다스의 배열과 같이 1차원의 Series와 2차원의 DataFrame, 그리고 이들 타입의 강력한 기능을 실습해 본다. 이번 장을 읽고 나면 리스트, 배열, Series, DataFrame 등 네 개의 유사 배열 컬렉션을 알게 될 것이다. 15장 '딥러닝'에서는 다섯 번째로 텐서(tensor)를 추가적으로 알아본다.

7.2 기존 데이터에서 배열 생성하기

넘파이 문서에서는 **numpy 모듈**을 np로 임포트하는 것을 권장하고 있다. "np."로 넘파이의 멤버들에게 접근할 수 있다.

```
In [1]: import numpy as np
```

numpy 모듈에는 배열을 만드는 다양한 함수가 있는데, 여기서 **array** 함수를 사용한다. 이 함수는 인자로 배열이나 다른 컬렉션들을 받는다. 그러면 인자로 받은 컬렉션에 있는 요소들을 가지고 있는 새로운 배열 객체를 만든다. 우선 리스트를 이 함수에 넣어보자.

```
In [2]: numbers = np.array([2, 3, 5, 7, 11])
```

7

array 함수는 인자로 주어진 것을 배열로 복사한다. array 함수가 반환하는 객체의 타입을 확인하고 내용도 출력해 보자.

```
In [3]: type(numbers)
Out[3]: numpy.ndarray

In [4]: numbers
Out[4]: array([ 2,  3,  5,  7, 11])
```

타입이 numpy.ndarray이지만 **배열**을 출력할 때 'array'로 출력된다는 점을 주목해야 한다. **배열**을 출력할 때 넘파이는 콤마로 각 값을 구분하고 각 필드의 넓이를 동일하게 해서 ***오른쪽 정렬***한다. 필드 넓이는 ***가장 큰*** 수가 차지하는 글자의 값을 기준으로 결정된다. 이번 예제에서 11이라는 값이 두 글자를 차지하므로 모든 값은 두 글자로 포맷팅하는데, 이런 이유 때문에 [와 2 사이에 빈 공간이 있다.

다차원 인자들

array 함수는 주어진 인자의 차원도 복사한다. 2행 3열 리스트로부터 배열을 만들어보자.

```
In [5]: np.array([[1, 2, 3], [4, 5, 6]])
Out[5]:
array([[1, 2, 3],
       [4, 5, 6]])
```

넘파이는 차원 수를 기준으로 각 열의 칼럼을 정렬하는 방식으로 **배열**을 자동으로 줄 맞춤해서 출력한다.

7.3 배열의 속성

배열 객체는 자신의 구조와 저장하고 있는 자료에 대해 정보의 속성을 제공한다. 이번 절에서는 다음 배열을 예로 사용할 것이다.

```
In [1]: import numpy as np

In [2]: integers = np.array([[1, 2, 3], [4, 5, 6]])

In [3]: integers
Out[3]:
array([[1, 2, 3],
       [4, 5, 6]])

In [4]: floats = np.array([0.0, 0.1, 0.2, 0.3, 0.4])

In [5]: floats
Out[5]: array([ 0. , 0.1, 0.2, 0.3, 0.4])
```

넘파이는 부동소수점 수에서 소수점의 오른쪽에 붙는 0을 표시하지 않는다.

배열의 요소 타입 확인하기

array 함수는 인자로 받은 요소들로부터 배열의 요소 타입을 결정한다. array의 **dtype** 속성을 이용해서 요소 타입을 확인해 볼 수 있다.

```
In [6]: integers.dtype
Out[6]: dtype('int64') # 사용하는 플랫폼에 따라서 int32일 수 있다.

In [7]: floats.dtype
Out[7]: dtype('float64')
```

다음 절에서 살펴본 것처럼 다양한 배열 생성 함수들은 dtype 키워드 인자를 받고, 이 인자를 이용해서 **배열**의 요소 타입을 지정할 수 있다.

성능상의 이유로 넘파이는 C 언어로 작성되었고, C의 데이터 타입을 이용하고 있다. 기본적으로 넘파이는 정수를 넘파이의 int64 타입으로 저장하고, 이 값은 C 언어에서 64비트(8바이트) 정수 타입에 대응한다. 그리고 부동소수점 수는 넘파이 타입 float64 값으로 저장된다. 이것은 C언어의 64비트 (8바이트) 부동소수점 값에 대응한다. 예제에서는 거의 대부분 int64, float64, bool(부울 값을 위해) 그리고 숫자가 아닌 데이터(문자열 같은)를 위한 object를 볼 것이다. 지원하는 모든 타입에 대한 목록은 다음 링크에서 볼 수 있다.

https://docs.scipy.org/doc/numpy/user/basics.types.html

배열의 차원 확인하기

속성 **ndim**은 배열의 차원 수를 가지고 있다. **shape**는 배열의 차원을 ***튜플***로 가지고 있다.

```
In [8]: integers.ndim
Out[8]: 2

In [9]: floats.ndim
Out[9]: 1

In [10]: integers.shape
Out[10]: (2, 3)

In [11]: floats.shape
Out[11]: (5,)
```

여기서 integers는 2행 3열(6개의 요소)를 가지고 있고, floats는 1차원이다. 따라서 스니펫 [11]에서 floats요소의 수(5)가 하나만 있는 튜플이 보인다. (콤마가 있는 것을 보고 튜플인지 알 수 있다.)

7

배열의 요소들 수와 크기 확인하기

array의 **size** 속성을 통해서 배열에 있는 요소들의 총 수를 볼 수도 있고, **itemsize**를 통해서 하나의 요소를 저장하는 데 필요한 바이트 수를 볼 수도 있다.

```
In [12]: integers.size
Out[12]: 6

In [13]: integers.itemsize  # C 컴파일러가 32비트 정수를 사용하면 4가 된다.
Out[13]: 8

In [14]: floats.size
Out[14]: 5

In [15]: floats.itemsize
Out[15]: 8
```

integers의 size는 shape 속성에 있는 튜플의 요소들을 곱한 값이 된다는 것을 알아야 한다. 두 개의 행이 있고, 각 행별로 세 개의 요소가 있으므로 총 6개의 요소가 있다. integers는 int64 값을 저장하고 floats는 float64 값을 가진다. 각각 8바이트씩 차지하기 때문에 itemsize는 각각 8이다.

다차원 배열의 요소 순회하기

일반적으로 간결한 함수 스타일 프로그래밍 기술을 이용해서 **배열**을 조작해 볼 것이다. 하지만 **배열**도 ***이터러블***이기 때문에 원하면 외부 반복 방식을 이용할 수 있다.

```
In [16]: for row in integers:
    ...:     for column in row:
    ...:         print(column, end='  ')
    ...:     print()
    ...:
1  2  3
4  5  6
```

flat 속성을 사용하면 1차원 **배열**을 사용하는 것처럼 다차원 배열을 순회할 수 있다.

```
In [17]: for i in integers.flat:
    ...:     print(i, end='  ')
    ...:
1  2  3  4  5  6
```

7.4 특정 값으로 배열 채우기

넘파이는 0, 1 또는 특정 값을 가지는 **배열**을 생성하는 **zeros**, **ones**, **full** 함수를 제공한다. 기본적으로 zeros와 ones는 float64 값을 갖는 배열을 생성하는데, 이런 요소들의 타입을 어떻게 바꿀 수 있는지 살펴보자. 이들 함수의 첫 번째 인자는 정수값이나 원하는 차원을 표현하는 정수 튜플이다. 각 함수들은 주어진 정수에 대해서 정해진 수만큼의 1차원 **배열**을 반환한다.

```
In [1]: import numpy as np

In [2]: np.zeros(5)
Out[2]: array([ 0., 0., 0., 0., 0.])
```

정수 튜플이면 이 함수들은 주어진 차원의 다차원 배열을 반환한다. zeors와 ones 함수의 dtype 키워드 인자를 사용해서 배열의 요소 타입을 지정할 수 있다.

```
In [3]: np.ones((2, 4), dtype=int)
Out[3]: array([[1, 1, 1, 1],
               [1, 1, 1, 1]])
```

full이 반환하는 배열은 두 번째 인자의 값과 타입의 요소를 가진다.

```
In [4]: np.full((3, 5), 13)
Out[4]:
array([[13, 13, 13, 13, 13],
       [13, 13, 13, 13, 13],
       [13, 13, 13, 13, 13]])
```

7.5 특정 범위의 값을 가진 배열 생성하기

넘파이는 특정 범위의 값을 갖는 배열을 생성하는 최적화된 함수를 제공한다. 우리는 여기서 일정 간격의 정수와 부동소수점 값의 범위에 값들을 만드는데 집중할 것이다. 하지만 넘파이는 비선형적 범위에 대한 것도 지원한다.[1]

arange로 특정 범위의 정수로 배열 만들기

정수 범위의 수를 만들기 위해서 넘파이의 arange 함수를 사용해 보자. arange 함수는 내장 함수 range와 사용법이 비슷하다. 각 예제에서 **arange**는 먼저 최종 배열의 요소 수를 결정하고 메모리를 할당한 후 특정한 범위의 값으로 이 배열을 채운다.

```
In [1]: import numpy as np

In [2]: np.arange(5)
Out[2]: array([0, 1, 2, 3, 4])

In [3]: np.arange(5, 10)
Out[3]: array([5, 6, 7, 8, 9])

In [4]: np.arange(10, 1, -2)
Out[4]: array([10, 8, 6, 4, 2])
```

인자로 range를 직접 넘겨서 **배열**을 만들 수도 있지만, arange 함수가 **배열**에 최적화되어 있기 때문에 정수 범위의 배열을 만들 때는 항상 이 함수를 사용한다. 이제 다양한 명령의 실행 시간을 측정해서 이들의 성능을 비교해 볼 것이다.

linspace로 부동소수점 범위의 수 만들기

넘파이의 **linspace** 함수를 사용해서 일정한 간격의 부동소수점 범위에 있는 수를 만들 수 있다. 이 함수의 처음 두 인자는 범위를 나타내는 처음과 끝 수를 지정한다. **배열**에서는 끝 수까지 ***포함한다.*** 선택적 키워드 인자로 num은 일정한 간격으로 생성될 값의 총 수를 지정하는데, 이 인자의 기본값은 50이다.

```
In [5]: np.linspace(0.0, 1.0, num=5)
Out[5]: array([ 0. , 0.25, 0.5 , 0.75, 1. ])
```

1 https://docs.scipy.org/doc/numpy/reference/routines.array-creation.html

배열의 모양 바꾸기

어떤 범위의 요소들로 **배열**을 만든 후 array의 메서드 **reshape**를 이용해서 1차원 배열을 다차원 배열로 만들 수 있다. 1에서 20까지의 값을 갖는 배열을 만들고 이것을 4행 5열로 바꿔보자.

```
In [6]: np.arange(1, 21).reshape(4, 5)
Out[6]:
array([[ 1,  2,  3,  4,  5],
       [ 6,  7,  8,  9, 10],
       [11, 12, 13, 14, 15],
       [16, 17, 18, 19, 20]])
```

앞의 스니펫에서 ***메서드들을 연결해서 호출***하고 있는 것을 주목해야 한다. 먼저 arange 함수가 1~20까지의 수를 갖는 **배열**을 만든 후 4행 5열 배열을 만들기 위해서 reshape를 호출한다.

원래 **배열**이 가진 요소들의 수와 ***동일한*** 수를 가지는 모양의 배열이라면 어떤 배열이든 변경할 수 있다. 따라서 6개의 1차원 **배열**은 3행 2열이나 2행 3열의 **배열**이 될 수 있고, 그 반대도 가능한다. 하지만 15개의 요소를 가진 **배열**을 4행 4열 배열(16개 요소)로 크기를 바꾸려면 ValueError가 발생한다.

화면에 큰 배열 출력하기

배열을 출력할 때 1,000개 또는 그 이상의 요소가 있으면 넘파이는 중간의 행, 열 또는 모두를 결과에서 생략한다. 다음 스니펫은 10만 개의 요소를 생성한다. 첫 번째 경우는 4행 모두 출력되었지만, 25,000개의 열에서 처음 세 개의 열과 마지막 세 개의 열만 출력된다. … 기호는 데이터가 생략된 것을 의미한다. 두 번째의 경우는 100개의 행 중에서 처음과 마지막 세 개의 행만 출력되고 1,000개의 열 중에서 처음과 마지막 세 개의 행만 출력된다.

```
In [7]: np.arange(1, 100001).reshape(4, 25000)
Out[7]:
array([[     1,      2,      3, ...,  24998,  24999,  25000],
       [ 25001,  25002,  25003, ...,  49998,  49999,  50000],
       [ 50001,  50002,  50003, ...,  74998,  74999,  75000],
       [ 75001,  75002,  75003, ...,  99998,  99999, 100000]])

In [8]: np.arange(1, 100001).reshape(100, 1000)
Out[8]:
array([[     1,      2,      3, ...,    998,    999,   1000],
       [  1001,   1002,   1003, ...,   1998,   1999,   2000],
       [  2001,   2002,   2003, ...,   2998,   2999,   3000],
       ...,
       [ 97001,  97002,  97003, ...,  97998,  97999,  98000],
```

```
        [ 98001, 98002, 98003, ..., 98998, 98999, 99000],
        [ 99001, 99002, 99003, ..., 99998, 99999,100000]])
```

7.6 리스트와 배열의 성능: %timeit 소개하기

배열의 대부분의 명령들은 리스트에 있는 동일한 명령보다 ***놀랄 만큼*** 더 빠르다. 실습을 위해서 IPython의 **%timeit 매직** 명령을 사용할 것이다. 이 명령은 명령 실행의 평균 소요 시간을 측정한다. 이때 실습에서 측정된 시간은 책에 있는 시간과 다를 수 있다는 것을 기억하자.

600만 번 주사위 던지기의 결과를 가진 리스트 생성 시간

육면 주사위를 600만 번 던지는 실행을 했다. 여기서 리스트 컴프리헨션으로 random 모듈의 randrange 함수를 사용해서 600만 개의 주사위 결과를 가진 리스트를 만들고 %timeit으로 시간을 재 보자. 스니펫 [2]에서 두 줄로 구문을 나누기 위해서 줄 계속 문자(\)를 사용하고 있다는 것을 알아두자.

```
In [1]: import random

In [2]: %timeit rolls_list = \
   ...:     [random.randrange(1, 7) for i in range(0, 6_000_000)]
6.29 s ± 119 ms per loop (mean ± std. dev. of 7 runs, 1 loop each)
```

기본적으로 %timeit은 주어진 구문을 루프로 반복하고 그 안에서 *7번* 반복 실행한다. 반복하는 수를 특별히 지정하지 않으면 %timeit이 적당한 값을 선택한다. 테스트해 보니 평균 500밀리초 이상 걸리는 것은 한 번 수행되고, 500밀리초보다 더 빨리 실행되면 10번 또는 그 이상을 반복한다.

구문을 실행한 후 %timeit은 구문의 ***평균*** 실행 시간을 출력하고 실행의 표준편차도 출력한다. %timeit은 평균적으로 리스트를 생성하는 데 6.29초(s)가 걸리고, 표준 편차가 119밀리초(ms)였다는 것을 알려준다. 전체적으로 앞의 스니펫은 7번 실행하는 데 대략 44초가 걸렸다.

600만 번의 주사위 놀이 결과를 보관하는 배열 생성 시간 측정하기

이제 600만 개의 주사위 결과를 담은 배열을 생성하기 위해서 **numpy.random 모듈**의 randint 함수를 사용해 보자.

```
In [3]: import numpy as np

In [4]: %timeit rolls_array = np.random.randint(1, 7, 6_000_000)
72.4 ms ± 635 µs per loop (mean ± std. dev. of 7 runs, 10 loops each)
```

%timeit은 평균적으로 배열을 생성하는 데 단 *72.4밀리초* 걸리고, 이때의 표준 편차는 635마이크로초(us)였다는 것을 보여준다. 전체적으로 앞의 스니펫은 컴퓨터에서 0.5초도 걸리지 않았다. 이 시간은 스니펫 [2]에서 걸렸던 시간의 1/100이다. ***배열***의 명령이 ***두 자릿수 이상 빠르다.***

600만 번 그리고 600만 번 주사위 던지기

이제 주사위를 600만 번 던진 결과를 담은 배열을 만들어 보자.

```
In [5]: %timeit rolls_array = np.random.randint(1, 7, 60_000_000)
873 ms ± 29.4 ms per loop (mean ± std. dev. of 7 runs, 1 loop each)
```

평균적으로 배열을 만드는 데 단지 873밀리초 걸렸다.

마지막으로 600만 번의 주사위 던지기를 해 보자.

```
In [6]: %timeit rolls_array = np.random.randint(1, 7, 600_000_000)
10.1 s ± 232 ms per loop (mean ± std. dev. of 7 runs, 1 loop each)
```

넘파이로 6억 개의 요소를 생성하는 약 10초 걸리지만, 리스트 컴프리헨션으로 600만 개를 만드는 데 6초 걸렸다.

이번 성능 테스트를 통해 계산이 많은 오퍼레이션에 대해서 **배열**이 리스트보다 더 좋다고 한 이유를 분명히 알 수 있다. 데이터과학 사례에서는 빅데이터와 AI의 성능 집약적 세계로 들어가 볼 것이다. 오늘날의 애플리케이션들이 거대한 컴퓨팅 과제를 해결하기 위해 어떤 방식으로 하드웨어와 소프트웨어, 통신 및 알고리즘 설계가 잘 결합되는지를 알아 볼 것이다.

%timeit 반복 조절하기

각 %timeit 루프의 내부에서 하는 반복 횟수와 루프 수는 -n과 -r 옵션으로 변경할 수 있다. 다음 실행은 스니펫 [4]의 구문을 루프당 세 번 실행하고, 루프는 두 번 씩 실행한다.[2]

```
In [7]: %timeit -n3 -r2 rolls_array = np.random.randint(1, 7, 6_000_000)
85.5 ms ± 5.32 ms per loop (mean ± std. dev. of 2 runs, 3 loops each)
```

다른 IPython의 매직

IPython은 다양한 일을 하기 위해서 수십 개의 매직 명령을 제공한다. 모든 명령 리스트는 IPython의 매직에 대한 문서에서 볼 수 있다.[3] 다음 목록은 몇 가지 도움이 될 만한 것을 뽑은 것이다.

---

2 대부분의 경우 %timeit의 기본 설정만으로 충분할 것이다.

3 http://ipython.readthedocs.io/en/stable/interactive/magics.html

- **%load**는 로컬 파일이나 URL에서 가져온 코드를 IPython으로 가져온다.
- **%save**는 스니펫을 파일에 저장한다.
- **%run**은 .py 파일을 IPython에서 실행시킨다.
- **%precision**은 IPython에서 출력할 때 부동소수점의 정확도를 변경한다.
- **%cd**는 IPython을 종료하지 않고 현재 디렉토리를 변경한다.
- **%edit**는 외부 에디터를 실행한다. 이것은 좀 복잡한 스니펫을 수정해야 할 때 좋다.
- **%history**는 현재 IPython 세션에서 실행한 스니펫과 명령들의 모든 리스트를 보여준다.

7.7 배열 연산

7

넘파이에는 전체 **배열**을 대상으로 수행할 오퍼레이션을 간단한 표현식으로 작성할 수 있는 오퍼레이션들이 많다. 여기서는 **배열**과 숫자 간의 연산과 크기가 같은 배열들 사이의 연산을 실습해 볼 것이다.

배열과 개별 수치 값으로 산술 연산하기

먼저 산술 연산자와 산술 증분 연산자를 이용해서 배열과 숫자로 **배열**의 각 ***요소에 대한 연산***을 해보자. 요소 단위 연산은 모든 요소에 적용되므로 스니펫 [4]는 모든 요소들을 2로 곱하고, 스니펫 [5]에서 모든 요소들을 세제곱한다. 각각의 연산은 결과를 담은 ***새로운* 배열**이 반환된다.

```
In [1]: import numpy as np

In [2]: numbers = np.arange(1, 6)

In [3]: numbers
Out[3]: array([1, 2, 3, 4, 5])

In [4]: numbers * 2
Out[4]: array([ 2,  4,  6,  8, 10])

In [5]: numbers ** 3
Out[5]: array([  1,   8,  27,  64, 125])

In [6]: numbers # 연산을 하고 나서도 numbers는 변경되지 않는다.
Out[6]: array([1, 2, 3, 4, 5])
```

스니펫 [6]을 보면 산술 연산자가 numbers를 변경하지 않았다는 것을 알 수 있다. +, * ***연산자는 계산할 때 순서를 변경해도 결과가 같기(가환성(commutative)) 때문에*** 스니펫 [4]에서 2 * numbers로 작성 하는 것도 가능하다. 증분 대입 연산자는 왼쪽 피연산자의 모든 요소를 ***바꾼다.***

```
In [7]: numbers += 10

In [8]: numbers
Out[8]: array([11, 12, 13, 14, 15])
```

브로드캐스팅

보통 산술 연산자는 피연산자로 ***크기와 모양이 같은*** 두 개의 **배열**이 필요하다. 만약 피연산자 하나가 **스칼라(scalar)** 라고 하는 단일 값이면, 넘파이는 스칼라 값이 다른 피연산자와 동일한 크기의 **배열**이고, 요소들이 모두 주어진 스칼라 값이라고 여기고 계산한다. 이것을 **'브로드캐스팅(broadcasting)'** 이라고 하는데, 스니펫 [4], [5], [7]은 각각 이 기능을 사용하고 있다. 예를 들어 스니펫 [4]는 다음과 같다.

```
numbers * [2, 2, 2, 2, 2]
```

브로드캐스팅은 배열의 크기와 모양이 다른 배열에도 적용할 수 있어서 간결하고 강력한 조작이 가능하다. 넘파일의 universal 함수를 소개할 때 브로드캐스팅에 대해 더 많은 예제를 살펴보자.

배열 간의 산술 연산

동일한 크기의 배열 간의 산술 연산과 복합 대입 연산을 수행할 수 있다. 1차원 배열에 각각 5개의 요소를 가지고 있는 배열 numbers와 다음에서 생성한 numbers2를 곱해보자.

```
In [9]: numbers2 = np.linspace(1.1, 5.5, 5)

In [10]: numbers2
Out[10]: array([ 1.1, 2.2, 3.3, 4.4, 5.5])

In [11]: numbers * numbers2
Out[11]: array([ 12.1, 26.4, 42.9, 61.6, 82.5])
```

결과는 11 * 1.1, 12 * 22, 13 * 3.3 등 각 피연산자에 대해서 **배열**을 곱해서 ***만들어진*** 값으로 된 배열을 만든다. 정수, 부동소수점 수로 이루어진 배열 간의 산술 연산은 부동소수점 수로 된 배열을 만든다.

배열 비교

배열을 어떤 개별값과 비교하거나 다른 **배열**과 비교도 할 수 있다. 비교는 각 요소별로 한다. 이런 비교 연산은 부울값으로 된 **배열**을 만든다. 각 부울값(각 요소의 True나 False)은 요소 간의 결과를 가리킨다.

```
In [12]: numbers
Out[12]: array([11, 12, 13, 14, 15])

In [13]: numbers >= 13
Out[13]: array([False, False,  True,  True,  True])

In [14]: numbers2
Out[14]: array([1.1, 2.2, 3.3, 4.4, 5.5])

In [15]: numbers2 < numbers
Out[15]: array([ True,  True,  True,  True,  True])

In [16]: numbers == numbers2
Out[16]: array([False, False, False, False, False])

In [17]: numbers == numbers
Out[17]: array([ True,  True,  True,  True,  True])
```

7

스니펫 [13]은 numbers의 각 요소가 13보다 크거나 같은지를 확인하기 위해서 브로드캐스팅을 이용한다. 나머지 스니펫들은 각 **배열**에서 대응하는 요소들끼리 비교한다.

7.8 넘파이 계산 메서드

배열에는 요소를 계산하는 메서드들이 많다. 기본적으로 이런 메서드들은 **배열**의 모양과 상관없이 *모든* 요소들을 계산한다. 예를 들어 **배열**의 평균을 구할 경우 배열의 모양과 상관없이 요소 값의 합을 구하고, 이것을 요소 개수로 나누는데, 이런 계산은 차원별로 할 수 있다. 예를 들어 2차원 배열에서 각 행의 평균과 각 열의 평균을 계산할 수 있다.

세 개의 시험에 대해 네 명의 학생 점수를 표현하는 배열이 있다고 가정해 보자.

```
In [1]: import numpy as np

In [2]: grades = np.array([[87, 96, 70], [100, 87, 90],
   ...:                    [94, 77, 90], [100, 81, 82]])
   ...:
In [3]: grades
Out[3]:
array([[87,  96,  70],
       [100,  87,  90],
       [ 94,  77,  90],
       [100,  81,  82]])
```

sum, min, max, mean, std(standard deviation), var(variance) 메서드들을 통해서 총합, 최솟값, 최댓값, 평균값, 표준 편차, 분산을 계산할 수 있다. 각 함수들은 함수형 스타일 프로그래밍의 ***리덕션*** 함수들이다.

```
In [4]: grades.sum()
Out[4]: 1054

In [5]: grades.min()
Out[5]: 70

In [6]: grades.max()
Out[6]: 100

In [7]: grades.mean()
Out[7]: 87.83333333333333

In [8]: grades.std()
Out[8]: 8.792357792739987

In [9]: grades.var()
Out[9]: 77.30555555555556
```

행별 또는 열별로 계산하기

메서드들 중에는 array의 **축**으로 알려진 특정 **배열**차원에서만 동작하는 것이 많다. 이런 메서드들은 어떤 축을 계산해야 하는지 지정하는 axis 키워드 인자를 받는다. 이 방법은 2차원 **배열**에서 행 또는 열 단위로 계산하는 빠른 방법이다. 각 시험의 평균을 **성적**의 열 단위로 계산한다고 가정해 보자. axis=0으로 지정하면 각 열에 대해서 모든 행의 값을 계산한다.

```
In [10]: grades.mean(axis=0)
Out[10]: array([95.25, 85.25, 83.  ])
```

위의 예제에 있는 95.25는 첫 번째 열의 성적(87, 100, 94, 100)에 대한 평균이고, 85.25는 두 번째 점수(96, 87, 77, 81)에 대한 평균이며, 83은 세 번째 열에 있는 성적(70, 90, 90, 82)에 대한 평균이다. 또한 넘파이는 '83.'에서 소수점 오른쪽 부분의 끝에 있는 0을 출력하지 않는다. IPython은 모든 요소값을 동일한 크기의 자릿수에 필드를 출력한다. 이 때문에 '83.' 이후에 두 칸의 공백이 생긴다.

비슷하게 axis=1을 지정하면 각 행에 있는 모든 **열**값을 계산한다. 각 학생들의 모든 시험에 대한 평균 점수는 다음과 같이 계산할 수 있다.

```
In [11]: grades.mean(axis=1)
Out[11]: array([84.33333333, 92.33333333, 87.        , 87.66666667])
```

이 명령은 네 개의 평균을 구하는데, 각각의 명령은 각 행에 있는 값으로 계산한 것이다. 84.33333333은 행 0의 점수(87,96,70)에 대한 평균이고, 다른 값은 남아 있는 행으로부터 계산된 값이다.

넘파이 **배열**에는 더 많은 계산 메서드들이 있는데, 모든 리스트를 보고 싶으면 다음 링크를 참고한다.

https://docs.scipy.org/doc/numpy/reference/arrays.ndarray.html

7.9 유니버설 함수

넘파이는 다양한 요소 단위 연산을 수행하는 수십 개의 독립된 **유니버설 함수들**(또는 **ufuncs**)이 있다. 이들은 각각 한 개나 두 개의 배열 또는 유사 배열(리스트 같은) 인자로 받아서 동작한다. 이런 함수들 중에는 배열에 대해서 +, *와 같은 연산자를 사용할 때 호출되는 것도 있다. 각 함수는 연산 결과를 포함하는 새로운 배열을 만들어서 반환한다.

배열을 만들고 sqrt **유니버설 함수**를 사용해서 **배열**의 값에 제곱근을 계산해 보자.

7

```
In [1]: import numpy as np

In [2]: numbers = np.array([1, 4, 9, 16, 25, 36])

In [3]: np.sqrt(numbers)
Out[3]: array([1., 2., 3., 4., 5., 6.])
```

같은 크기의 **배열**을 **add** 유니버설 함수를 이용해서 더해보자.

```
In [4]: numbers2 = np.arange(1, 7) * 10

In [5]: numbers2
Out[5]: array([10, 20, 30, 40, 50, 60])

In [6]: np.add(numbers, numbers2)
Out[6]: array([11, 24, 39, 56, 75, 96])
```

np.add(numbers, numbers2) 식은 다음 식과 동일하다.

```
numbers + numbers2
```

유니버설 함수를 이용한 브로드캐스팅

number2의 모든 요소에 스칼라 값 5를 곱하기 위해서 **multiply 유니버설 함수**를 사용해 보자.

```
In [7]: np.multiply(numbers2, 5)
Out[7]: array([ 50, 100, 150, 200, 250, 300])
```

np.multiply(numbers2, 5)는 다음과 같다.

```
numbers2 * 5
```

number2를 2열 3행 배열로 크기를 변경하고, 세 개의 요소로 구성된 1차원 **배열**로 곱해 보자.

```
In [8]: numbers3 = numbers2.reshape(2, 3)

In [9]: numbers3
Out[9]:
array([[10, 20, 30],
       [40, 50, 60]])

In [10]: numbers4 = np.array([2, 4, 6])

In [11]: np.multiply(numbers3, numbers4)
Out[11]:
array([[ 20,  80, 180],
       [80, 200, 360]])
```

numbers4가 numbers3의 각 행의 길이와 같아서 연산을 수행할 수 있었다. 넘파이는 number4를 다음의 **배열**처럼 생각하고 곱셈 연산한다.

```
array([[2, 4, 6],
       [2, 4, 6]])
```

유니버설 함수가 브로드캐스팅을 할 수 없는 배열을 받으면 ValueError가 발생한다. 다음 링크에서 브로드캐스팅의 규칙을 볼 수 있다.

https://docs.scipy.org/doc/numpy/user/basics.broadcasting.html

다른 유니버설 함수들

넘파이 문서는 수학(math), 삼각법(trigonometry), 비트 조작(bit manipulation), 비교(comparison), 부동소수점(floating point) 등의 다섯 종류로 유니버설 함수들을 분류한다. 다음 표에서는 각 종류별로 몇 가지 함수를 나열하고 있다. 유니버설 함수에 대한 모든 항목, 설명과 다른 정보는 다음 링크에서 확인해 볼 수 있다.

https://docs.scipy.org/doc/numpy/reference/ufuncs.html

넘파이의 유니버설 함수	
수학	add, subtract, multiply, divide, remainder, exp, log, sqrt, power 등
삼각법	sin, cos, tan, hypot, arcsin, arccos, arctan 등
비트 조작	bitwise_and, bitwise_or, bitwise_xor, invert, left_shift 그리고 right_shift
비교	greater, greater_equal, less, less_equal, equal, not_equal, logical_and, logical_or, logical_xor, logical_not, minimum, maximum 등
부동소수점	floor, ceil, isinf, isnan, fabs, trunc 등

7.10 인덱싱과 슬라이싱

1차원 **배열**은 5장 '시퀀스: 리스트와 튜플'에서 설명한 것과 같은 문법과 기술을 이용해서 인덱스와 슬라이싱을 할 수 있다. 여기서는 **배열**에 특화된 인덱싱과 슬라이싱 기능을 집중적으로 알아본다.

2차원 배열 인덱싱하기

2차원 **배열**에 있는 요소를 선택하기 위해서 (스니펫 [4]에서 보는 것처럼) 대괄호에 요소의 열과 행 인덱스를 지정한다.

```
In [1]: import numpy as np

In [2]: grades = np.array([[87, 96, 70], [100, 87, 90],
   ...:                    [94, 77, 90], [100, 81, 82]])

In [3]: grades
Out[3]:
array([[ 87,  96,  70],
       [100,  87,  90],
       [ 94,  77,  90],
       [100,  81,  82]])

In [4]: grades[0, 1] # 0행, 1열
Out[4]: 96
```

2차원 배열의 일부 영역 선택하기

한 행을 선택하기 위해서 대괄호에 인덱스 하나만 지정하면 된다.

```
In [5]: grades[1]
Out[5]: array([100, 87, 90])
```

여러 개의 행을 선택하려면 슬라이스 표기법을 사용한다.

```
In [6]: grades[0:2]
Out[6]: array([[ 87, 96, 70],
               [100, 87, 90]])
```

비연속적으로 행들을 선택하려면 행의 인덱스를 리스트로 사용한다.

```
In [7]: grades[[1, 3]]
Out[7]: array([[100, 87, 90],
               [100, 81, 82]])
```

2차원 배열에서 열 선택하기

행과 열을 지정하는 튜플을 이용해서 열의 일부를 선택할 수 있다. 이때 사용할 수 있는 데이터로 인덱스나 슬라이스 또는 리스트가 될 수 있다. 먼저 첫 번째 열의 요소들만 선택해 보자.

```
In [8]: grades[:, 0]
Out[8]: array([ 87, 100, 94, 100])
```

콤마 이후의 0은 열 0만 선택한다는 것을 의미한다. 콤마 전에 있는 :은 선택하는 열에 있는 행들을 지정한다. 예제에서 :은 *모든* 행을 의미하는 ***슬라이스***이다. 그리고 스니펫 [5]에서 스니펫 [7]에서처럼 선택할 행의 일부 또는 특정 행 인덱스 리스트를 의미하는 행 번호 또는 슬라이스를 사용할 수 있다.

슬라이스를 이용해서 연속된 열을 선택할 수 있다.

```
In [9]: grades[:, 1:3]
Out[9]:
array([[96, 70],
       [87, 90],
       [77, 90],
       [81, 82]])
```

또는 열 인덱스를 리스트로 표현해서 특정 열을 선택할 수 있다.

```
In [10]: grades[:, [0, 2]]
Out[10]:
array([[ 87, 70],
       [100, 90],
       [ 94, 90],
       [100, 82]])
```

7.11 뷰: 얕은 복사

이전 장에서는 다른 객체에 있는 데이터를 복사하지 않고 내용을 보여주는 ***뷰 객체***를 소개했다. 뷰는 얕은 복사가 된 객체이다. 다양한 배열의 메서드와 슬라이싱 오퍼레이션은 **배열** 데이터의 뷰를 생성한다.

배열 메서드 **view**는 원본 배열 객체의 데이터 *뷰*를 가진 ***새로운*** 배열 객체를 반환한다. 먼저 배열을 만들고 그 배열에 뷰를 만들어보자.

```
In [1]: import numpy as np
In [2]: numbers = np.arange(1, 6)
```

```
In [3]: numbers
Out[3]: array([1, 2, 3, 4, 5])

In [4]: numbers2 = numbers.view()

In [5]: numbers2
Out[5]: array([1, 2, 3, 4, 5])
```

내장 함수 id를 사용해서 numbers와 number2가 ***다른*** 객체인지 알아볼 수 있다.

```
In [6]: id(numbers)
Out[6]: 4462958592

In [7]: id(numbers2)
Out[7]: 4590846240
```

numbers2는 numbers와 ***동일한*** 데이터를 보고 있다는 것을 증명하기 위해서 하나의 요소를 수정하고 두 개의 배열을 출력해 보자.

```
In [8]: numbers[1] *= 10

In [9]: numbers2
Out[9]: array([1, 20, 3, 4, 5])

In [10]: numbers
Out[10]: array([1, 20, 3, 4, 5])
```

마찬가지로 뷰에 있는 값을 변경하면 원래의 **배열**에 있는 값도 바뀐다.

```
In [11]: numbers2[1] /= 10

In [12]: numbers
Out[12]: array([1, 2, 3, 4, 5])

In [13]: numbers2
Out[13]: array([1, 2, 3, 4, 5])
```

슬라이스 뷰

슬라이스는 뷰를 생성한다. numbers에 있는 세 개의 요소만 보는 슬라이스를 number2로 만들어 보자.

```
In [14]: numbers2 = numbers[0:3]

In [15]: numbers2
Out[15]: array([1, 2, 3])
```

다시 한 번 id를 이용해서 numbers와 numbers2가 다른 객체인지 확인한다.

```
In [16]: id(numbers)
Out[16]: 4462958592

In [17]: id(numbers2)
Out[17]: 4590848000
```

number2[3]에 대해서 접근해 보면 IndexError가 발생하는데, 이를 통해서 number2가 처음 *세 개*의 요소*만* 보고 있는지 확인할 수 있다.

```
In [18]: numbers2[3]
--------------------------------------------------------------------------------
IndexError                                Traceback (most recent call last)
<ipython-input-18-582053f52daa> in <module>()
----> 1 numbers2[3]

IndexError: index 3 is Out of bounds for axis 0 with size 3
```

이번에는 두 개의 **배열**이 공유하고 있는 요소를 수정하고 출력해 보자. 그러면 number2가 numbers의 뷰라는 것을 다시 한 번 확인할 수 있다.

```
In [19]: numbers[1] *= 20

In [20]: numbers
Out[20]: array([1, 40, 3, 4, 5])

In [21]: numbers2
Out[21]: array([ 1, 40,  3])
```

7.12 깊은 복사(deep copy)

뷰는 ***별개의* 배열** 객체이지만, 다른 **배열**의 요소들을 공유하는 방식으로 메모리를 줄인다. 하지만 변경될 수 있는 값을 공유한다면, 경우에 따라서는 원래 데이터를 복사하기 위해서 **깊은 복사**(deep copy)를 해야 한다. 이것은 멀티코어 프로그래밍에서 특히 중요하다. 멀티코어 프로그래밍에서는 프로그램의 여러 곳에서 데이터를 동시에 수정 할 수 있는데, 이러면 데이터가 의도치 않게 손상될수 있다.

배열의 메서드 copy는 원본 배열 객체의 데이터를 *깊은 복사*로 새로운 **배열** 객체로 만들어서 반환한다. 먼저 **배열**을 하나 만들고 **배열**의 깊은 복사를 해 보자.

```
In [1]: import numpy as np

In [2]: numbers = np.arange(1, 6)

In [3]: numbers
Out[3]: array([1, 2, 3, 4, 5])

In [4]: numbers2 = numbers.copy()

In [5]: numbers2
Out[5]: array([1, 2, 3, 4, 5])
```

numbers2가 numbers의 데이터를 복사했는지 확인하기 위해서 numbers에 있는 요소를 변경하고 양쪽 **배열**을 출력해 보자.

```
In [6]: numbers[1] *= 10

In [7]: numbers
Out[7]: array([ 1, 20, 3, 4, 5])

In [8]: numbers2
Out[8]: array([ 1, 2, 3, 4, 5])
```

결과를 보면 numbers만 변경되었다.

copy 모듈-파이썬 객체의 여러 타입에 대한 얕은 복사와 깊은 복사

이전 장에서는 *얕은 복사*를 다루었고, 이번 장에서는 **배열** 객체의 copy 메서드를 이용해서 *깊은 복사*를 하는 방법을 알아보았다. 파이썬의 다른 타입의 객체들을 깊은 복사를 해야 한다면 해당 객체를 **copy** 모듈의 **deepcopy** 함수의 인자로 전달하면 된다.

7.13 배열의 모양 변경 및 전치

1차원 배열에서 2차원 배열을 만드는 데 **배열** reshape 메서드를 이용했다. 넘파이는 **배열**의 크기를 변경하기 위해 다양한 방법을 제공하고 있다.

reshape과 resize

배열 메서드인 reshape와 resize 모두 배열의 차원을 변경할 수 있다. reshpae 메서드는 원래의 **배열**에 *뷰*(얕은 복사)를 다른 차원으로 바꿔 반환한다. 이 메서드는 원래의 **배열**을 변경하지 *않는다*.

```
In [1]: import numpy as np

In [2]: grades = np.array([[87, 96, 70], [100, 87, 90]])

In [3]: grades
Out[3]:
array([[ 87, 96, 70],
       [100, 87, 90]])

In [4]: grades.reshape(1, 6)
Out[4]: array([[ 87, 96, 70, 100, 87, 90]])

In [5]: grades
Out[5]:
array([[ 87, 96, 70],
       [100, 87, 90]])
```

resize 메서드는 ***원래 배열의 모양을 변경한다.***

```
In [6]: grades.resize(1, 6)

In [7]: grades
Out[7]: array([[ 87,  96,  70, 100,  87,  90]])
```

flatten과 ravel

다차원 배열을 받아서 그것을 **flatten**과 **ravel** 메서드를 이용해서 1차원 배열로 만들 수 있다. flatten 메서드는 원래의 배열 데이터를 *깊은 복사*를 한다.

```
In [8]: grades = np.array([[87, 96, 70], [100, 87, 90]])

In [9]: grades
Out[9]:
array([[ 87,  96,  70],
       [100,  87,  90]])

In [10]: flattened = grades.flatten()

In [11]: flattened
Out[11]: array([ 87,  96,  70, 100,  87,  90])

In [12]: grades
Out[12]:
array([[ 87,  96,  70],
       [100,  87,  90]])
```

grades와 flattened가 데이터를 *공유하지 않는다*는 것을 확인하기 위해서 flattened에 있는 요소를 수정하고 각 배열을 출력해 보자.

```
In [13]: flattened[0] = 100

In [14]: flattened
Out[14]: array([100,  96,  70, 100,  87,  90])

In [15]: grades
Out[15]:
array([[ 87,  96,  70],
       [100,  87,  90]])
```

ravel 메서드는 원래 **배열**의 *뷰*를 만든다. 이 뷰는 grades **배열**의 데이터를 *공유한다*.

```
In [16]: raveled = grades.ravel()

In [17]: raveled
Out[17]: array([ 87,  96,  70, 100,  87,  90])

In [18]: grades
Out[18]:
array([[ 87,  96,  70],
       [100,  87,  90]])
```

grades와 raveled 변수가 같은 데이터를 공유하는지 확인하기 위해서 raveled의 하나의 요소를 변경하고 배열들을 모두 출력해 보자.

```
In [19]: raveled[0] = 100

In [20]: raveled
Out[20]: array([100,  96,  70, 100,  87,  90])

In [21]: grades
Out[21]:
array([[100,  96,  70],
       [100,  87,  90]])
```

행과 열 전치하기

배열의 행과 열을 빠르게 **전치**할 수 있다. 즉 배열을 뒤집는 것으로, 행이 열이 되고, 열이 행이 된다. **T 속성**은 **배열**의 전치된 *뷰*(얕은 복사)를 반환한다. 원래의 grades 배열은 세 개(열) 시험에 대해서 두 학생의 점수(행)를 표현한다. 두 학생(열)의 세 개의 시험(행)에 대한 점수로 데이터를 보기 위해서 행과 열을 전치해 보자.

```
In [22]: grades.T
Out[22]:
array([[100, 100],
       [ 96,  87],
       [ 70,  90]])
```

전치가 원래의 **배열**을 변경하지 *않았다*.

```
In [23]: grades
Out[23]:
array([[100,  96,  70],
       [100,  87,  90]])
```

가로로 쌓거나 세로로 쌓기

열을 추가하거나 행을 추가하는 방식으로 배열을 합칠 수 있는데, 이것을 *'가로 쌓기(horizontal stacking)'*와 *'세로 쌓기(vertial stacking)'*라고 한다. 시험 점수가 담긴 또 다른 2행 3열 배열을 만들어 보자.

```
In [24]: grades2 = np.array([[94, 77, 90], [100, 81, 82]])
```

grades2에는 grades 배열에 있는 두 학생이 추가로 본 세 과목의 시험 점수를 가지고 있다고 가정해 보자. grades와 grades2를 넘파이의 **hstack(가로 쌓기) 함수**를 이용해서 합치려는 배열을 튜플로 넘겨서 합칠 수 있다. hstack 함수는 하나의 인자만 받기 때문에 괄호를 추가로 사용했다.

```
In [25]: np.hstack((grades, grades2))
Out[25]:
array([[100,  96,  70,  94,  77,  90],
       [100,  87,  90, 100,  81,  82]])
```

만약 grades2에 다른 두 학생의 시험 점수가 있다고 가정해 보자. 예제에서 grades와 grades2 배열을 넘파이의 **vstack(세로 쌓기)** 함수로 합칠 수 있다.

```
In [26]: np.vstack((grades, grades2))
Out[26]:
array([[100,  96,  70],
       [100,  87,  90],
       [ 94,  77,  90],
       [100,  81,  82]])
```

7.14 데이터과학 들어가기: 판다스의 Series와 DataFrame

넘파이의 **배열**은 정수 인덱스로 접근할 수 있는 동일한 타입의 숫자 데이터에 최적화되어 있다. 데이터과학에는 맞춤형 데이터 구조가 많이 필요하다. 빅데이터 애플리케이션은 혼합 데이터 유형, 사용자 지정 인덱싱, 누락 데이터, 비정형 데이터 및 사용하는 데이터베이스와 데이터 분석 패키지에 적합한 형태로 조작해야 하는 데이터를 지원해야 한다.

판다스는 이러한 데이터를 다루는 데 가장 널리 사용되는 라이브러리이다. 이 라이브러리는 '데이터과학 들어가기' 절과 데이터과학 사례 연구에서 사용할 두 개의 주요 컬렉션, 즉 1차원 컬렉션인 **Series**와 2차원 컬렉션을 위한 **DataFrame**을 제공한다. **Series**와 **DataFrame**에 있는 다차원 데이터를 다루기 위해서 판다스의 **MultiIndex**를 사용할 수 있다.

판다스는 *웨스 맥키니(Wes Mckinney)*가 2008년 자신의 업계에서 일하면서 이 라이브러리를 만들었다. 판다스라는 이름은 '패널 데이터'라는 용어에서 유래되었는데, 이것은 주가나 과거 온도와 같이 긴 시간에 걸쳐 측정한 데이터이다. 맥키니는 동일한 타입의 데이터 정렬, 누락된 데이터 처리, 일반적인 데이터베이스 방식의 데이터 조작 등을 지원하며 시계열 데이터 및 비시계열 데이터를 모두 처리할 수 있는 라이브러리가 필요했다.[4] 넘파이와 판다스는 밀접한 관계를 맺고 있다. Series와 DataFrame은 내부적으로 **배열**을 사용하며, 넘파이 연산의 인자로 사용할 수 있다. 이와 마찬가지로 **배열**도 Series와 DataFrame 연산의 인자로 Series와 DataFrame을 사용할 수 있다.

판다스는 방대한 주제로, 이것에 대한 PDF 문서는 2,000쪽이 넘는데,[5] 이번 장과 다음 장의 '데이터과학 들어가기' 절에서 판다스에 대해 살펴볼 것이다. 컬렉션에 대해서 이야기해 보고 데이터를 준비하는 데 판다스의 Series와 DataFrame을 사용한다. Series와 DataFrame을 통해 다양한 방법으로 요소 선택, 필터링/맵/리덕션 작업(함수형 스타일 프로그래밍과 빅데이터를 중심으로), 수학 연산, 시각화 등과 같은 일반적인 작업을 쉽게 수행할 수 있음을 알게 될 것이다.

7.14.1 판다스 Series

Series는 향상된 1차원 **배열**이다. 배열은 0으로 시작하는 정수를 인덱스로 사용하지만, Series는 문자열처럼 정수가 아닌 것도 인덱스로 사용할 수 있는 맞춤형 인덱스를 지원한다. 또한 Series는 데이터과학을 지향하는 많은 작업을 좀 더 편리하게 하는 추가 기능을 제공한다. 예를 들어 Series에 누락 데이터가 있을 수 있고, 많은 Series 오퍼레이션들은 기본적으로 누락된 데이터를 무시한다.

기본 인덱스로 Series 생성하기

기본적으로 Series는 0부터 순차적으로 부여되는 정수 인덱스를 가진다. 다음은 정수의 리스트로 학생들 점수가 있는 Series를 만든다.

---

4 McKinney, Wes. *Python for Data Analysis: Data Wrangling with Pandas, NumPy, and IPython*, pp. 123~165. Sebastopol, CA: OReilly Media, 2018.

5 최신 판다스 문서는 다음 링크에서 찾을 수 있다. http://pandas.pydata.org/pandas-docs/stable/

```
In [1]: import pandas as pd

In [2]: grades = pd.Series([87, 100, 94])
```

초기값은 튜플, 딕셔너리, **배열**, 다른 Series나 단일 값도 사용할 수 있는데, 여기서는 단일 값을 사용한다.

Series 출력하기

판다스는 Series를 두 개의 칼럼 형식으로 보여준다. 왼쪽 칼럼에는 ***왼쪽 정렬***된 인덱스가 보이고, ***오른쪽 칼럼에는 오른쪽 정렬된*** 값이 보인다. 우선 Series 요소를 나열한 후 배열 요소를 저장하는 데이터 타입(dtype)을 보여준다.

```
In [3]: grades
Out[3]:
0      87
1     100
2      94
dtype: int64
```

이런 형식으로 Series를 출력하면 동일한 두 개의 칼럼으로 리스트를 출력하는 것보다 더 쉽게 데이터를 볼 수 있다.

모든 요소의 값이 동일한 Series 생성하기

모든 요소의 값이 동일한 Series를 만들 수 있다.

```
In [4]: pd.Series(98.6, range(3))
Out[4]:
0    98.6
1    98.6
2    98.6
dtype: float64
```

두 번째 인자로 Series의 인덱스를 가진 1차원 이터러블 객체(리스트, **배열** 또는 range)가 올 수 있다. 인덱스의 개수가 요소의 개수를 결정한다.

Series 요소에 접근하기

대괄호에 인덱스를 표시하는 방식으로 Series의 요소를 접근할 수 있다.

```
In [5]: grades[0]
Out[5]: 87
```

Series의 기술적 통계 정보 생성하기

Series는 다양한 기술적 통계 정보를 생성할 수 있는 메서드들이 많이 있다. 여기서는 count, mean, min, max, std(표준 편차)를 보여줄 것이다.

```
In [6]: grades.count()
Out[6]: 3

In [7]: grades.mean()
Out[7]: 93.66666666666667

In [8]: grades.min()
Out[8]: 87

In [9]: grades.max()
Out[9]: 100

In [10]: grades.std()
Out[10]: 6.506407098647712
```

이들 각각은 함수형 스타일의 리덕션이다. Sereis 메서드와 **describe** 메서드를 호출하면 모든 통계 정보와 추가 정보들도 생성해준다.

```
In [11]: grades.describe()
Out[11]:
count      3.000000
mean      93.666667
std        6.506407
min       87.000000
25%       90.500000
50%       94.000000
75%       97.000000
max      100.000000
dtype: float64
```

25%, 50%, 75%는 **사분위수**를 말한다.

- 50%는 정렬된 값 중에서 중간을 의미한다.
- 25%는 정렬된 값 중에서 첫 번째 절반에서 중간값을 의미한다.
- 75%는 정렬된 값 중에서 두 번째 절반에서 중간값을 의미한다.

사분위수의 경우, 두 개의 중간 원소가 있으면 그것들의 평균이 사분위수의 중앙값 된다. 예제로

Series에 3개의 값만 있다면 25% 사분위 값은 87과 94의 평균이고, 75% 사분위 값은 94와 100의 평균이다. **사분위수 범위**(interquartile range)는 75% 사분위수에서 25%를 뺀 것으로, 표준 편차 및 분산과 같은 산포의 또 다른 척도가 된다. 물론 사분위수와 사분위수 범위는 큰 데이터 집합에서 더 유용하다.

사용자 정의 인덱스 이용해 Series 만들기

index라는 키워드 인자를 이용해서 ***사용자 정의* 인덱스**를 지정할 수 있다.

```
In [12]: grades = pd.Series([87, 100, 94], index=['Wally', 'Eva', 'Sam'])

In [13]: grades
Out[13]:
Wally     87
Eva      100
Sam       94
dtype: int64
```

예제의 경우 문자열을 인덱스로 사용했지만, 0에서 시작하지 않는 정수와 연속되지 않는 정수들을 포함해서 불변 타입을 사용할 수 있다. 판다스는 Series 데이터를 훌륭하고 간결하게 출력한다.

딕셔너리로 초기화하기

딕셔너리를 사용해서 Series를 초기화한다면 딕셔너리의 키는 Series의 인덱스가 되고, 값은 Series의 요소값이 된다.

```
In [14]: grades = pd.Series({'Wally': 87, 'Eva': 100, 'Sam': 94})

In [15]: grades
Out[15]:
Wally     87
Eva      100
Sam       94
dtype: int64
```

사용자 정의 인덱스로 Series 요소 접근하기

사용자 정의 인덱스가 사용된 Series에서 대괄호에 사용자 정의 인덱스를 넣어 각 요소에 접근할 수 있다.

```
In [16]: grades['Eva']
Out[16]: 100
```

사용자 정의 인덱스가 파이썬에서 변수 이름으로 쓸 수 있는 문자열이면, 판다스는 자동으로 이것을 속성으로 Series에 추가한다. 그러면 다음과 같이 점(.)으로 접근할 수 있다.

```
In [17]: grades.Wally
Out[17]: 87
```

Series에는 내장된 속성도 있다. 예를 들어 **dtype 속성**은 내부적으로 사용하는 배열의 요소 데이터 타입을 반환한다.

```
In [18]: grades.dtype
Out[18]: dtype('int64')
```

그리고 **values 타입**은 내부에 있는 배열을 반환한다.

```
In [19]: grades.values
Out[19]: array([ 87, 100, 94])
```

문자열로 된 Series 만들기

Series에 문자열이 저장되어 있을 때, **str 속성**을 사용해서 요소로 있는 문자열의 메서드를 호출할 수 있다. 먼저 공구 이름을 가진 Series를 생성해 보자.

```
In [20]: hardware = pd.Series(['Hammer', 'Saw', 'Wrench'])

In [21]: hardware
Out[21]:
0    Hammer
1       Saw
2    Wrench
dtype: object
```

판다스는 문자열을 ***오른쪽 정렬***로 출력하고 있고 문자열의 dtype은 **객체(object)**로 되어 있다.

각각의 요소에 소문자 'a'가 있는지 확인하기 위해서 각 요소에 contains 메서드를 호출해 보자.

```
In [22]: hardware.str.contains('a')
Out[22]:
0     True
1     True
2    False
dtype: bool
```

판다스는 각 요소에 대해서 contains 메서드의 결과인 부울값을 포함하는 Series 객체를 반환한다. 인덱스 2에 있는 요소('Wrench')에는 'a'가 없으므로 결과 Series에 있는 값에는 False가 기록된다. 판다스는 함수형 스타일 프로그래밍의 특징 중 하나인 내부 반복을 사용한다는 점에 주목해야 한다. str 속성은 파이썬의 문자열 타입에 있는 것과 비슷한 문자열 처리 메서드가 많다. 지원하는 모든 기능을 보고 알고 싶다면 다음 링크에서 확인할 수 있다.

https://pandas.pydata.org/pandas-docs/stable/api.html#string-handling

다음은 hardware에 있는 각 요소의 문자열이 대문자인 *새로운* Series를 만들기 위해서 문자열 메서드 upper를 이용한다.

```
In [23]: hardware.str.upper()
Out[23]:
0    HAMMER
1       SAW
2    WRENCH
dtype: object
```

7.14.2 판다스 DataFrame

DataFrame은 향상된 2차원 **배열**이다. Series와 마찬가지로 DataFrame은 사용자 맞춤 행과 열 인덱스를 가질 수 있고, 추가적인 오퍼레이션과 데이터과학에 특화된 작업을 더욱 쉽게 할 수 있는 기능이 제공된다. DataFrame도 누락 데이터를 지원한다. DataFrame에서 각각의 열은 Series이고, DataFrame의 각 열을 구성하는 Series는 다른 요소 타입을 가질 수 있다. 이것은 DataFrame에 데이터세트를 로딩할 때 볼 것이다.

딕셔너리로 DataFrame만들기

세 시험 점수를 가지고 있는 딕셔너리에서 DataFrame을 만들어보자.

```
In [1]: import pandas as pd

In [2]: grades_dict = {'Wally': [87, 96, 70], 'Eva': [100, 87, 90],
   ...:                'Sam': [94, 77, 90], 'Katie': [100, 81, 82],
   ...:                'Bob': [83, 65, 85]}
   ...:

In [3]: grades = pd.DataFrame(grades_dict)

In [4]: grades
Out[4]:
   Wally  Eva  Sam  Katie  Bob
0     87  100   94    100   83
1     96   87   77     81   65
2     70   90   90     82   85
```

판다스는 DataFrame을 출력할 때 인덱스 열은 ***왼쪽에 정렬***하고, 나머지 열들은 ***오른쪽 정렬***해서 테이블 형식으로 데이터를 출력한다. 딕셔너리의 키는 열의 이름이 되고, 딕셔너리의 ***값***은 대응하는 열의 값이 된다. 뒤에서 행과 열을 어떻게 뒤집는지 보여줄 것이다. 기본적으로 행 인덱스는 0부터 자동으로 증가하는 정수이다.

DataFrame의 인덱스를 index 속성으로 설정하기

DataFrame을 만들 때 index 키워드 인자를 사용해서 사용자 맞춤 인덱스를 지정할 수 있다.

```
pd.DataFrame(grades_dict, index=['Test1', 'Test2', 'Test3'])
```

연속된 정수에서 라벨로 DataFrame의 인덱스를 변경하기 위해서 **index 속성**을 사용해 보자.

```
In [5]: grades.index = ['Test1', 'Test2', 'Test3']

In [6]: grades
Out[6]:
       Wally  Eva  Sam  Katie  Katie
Test1     87  100   94    100    100
Test2     96   87   77     81     81
Test3     70   90   90     82     82
```

인덱스를 지정할 때 DataFrame에서 ***행***으로 있는 요소들과 개수가 같은 1차원 컬렉션을 주어야 한다. 그렇지 않으면 ValueError가 발생한다. Series도 **index 속성**을 제공해서 기존 인덱스를 바꾸는 데 이 속성을 사용할 수 있다.

DataFrame의 열에 접근하기

판다스는 데이터의 일부를 선택하는 등 데이터를 여러 가지 방법으로 빠르고 쉽게 접근할 수 있다는 장점이 있다. Eva라는 이름으로 점수를 가져와서 그 열을 Series로 출력해 보자.

```
In [7]: grades['Eva']
Out[7]:
Test1    100
Test2     87
Test3     90
Name: Eva, dtype: int64
```

DataFrame의 열 이름 문자열이 파이썬의 식별자로 사용할 수 있는 것이면 이름을 속성처럼 사용할 수 있다. Sam이라는 ***속성***으로 Sam의 성적을 가져와보자.

```
In [8]: grades.Sam
Out[8]:
Test1    94
Test2    77
Test3    90
Name: Sam, dtype: int64
```

loc과 iloc 속성으로 열 선택하기

[]로 DataFrame 인덱싱을 할 수 있지만 판다스의 문서는 loc, iloc, at, iat 속성을 사용하는 것을 권장한다. 이런 속성은 DataFrame에 접근하는 데 최적화되어 있고, []로 할 수 있는 것 이상의 추가적인 기능을 제공한다. 또한 문서에서는 []를 동한 인덱싱의 경우 종종 데이터가 복사될 수 있다고 명시하고 있다. 만약 새로운 값을 DataFrame에 할당하기 위해 []으로 가져온 것에 할당하면 로직 오류가 발생할 수 있다. 그리고 DataFrame의 **loc 속성**에 라벨을 이용해서 열에 접근할 수 있다. 다음은 'Test1' 열에 있는 모든 성적을 나열하고 있다.

```
In [9]: grades.loc['Test1']
Out[9]:
Wally     87
Eva      100
Sam       94
Katie    100
Bob       83
Name: Test1, dtype: int64
```

iloc 속성으로 0에서 시작하는 정수를 인덱스로 사용해서 행에 접근할 수 있다. (iloc의 i는 정수 인덱스를 사용한다는 의미이다.) 다음은 두 번째 행에 있는 모든 성적을 나열해 보자.

```
In [10]: grades.iloc[1]
Out[10]:
Wally    96
Eva      87
Sam      77
Katie    81
Bob      65
Name: Test2, dtype: int64
```

loc과 iloc 속성에 슬라이스와 리스트 이용해 행 선택하기

인덱스를 넣는 자리에 ***슬라이스***가 들어갈 수 있다. loc 속성에 라벨로 슬라이스로 범위를 지정하면 지정 된 범위의 높은 쪽 인덱스에 있는 값('Test3')도 ***포함된다.***

```
In [11]: grades.loc['Test1':'Test3']
Out[11]:
       Wally  Eva  Sam  Katie  Bob
Test1     87  100   94    100   83
Test2     96   87   77     81   65
Test3     70   90   90     82   85
```

iloc에 정수로 슬라이스를 만들면 지정되는 영역에서 높은 쪽의 인덱스(2)에 있는 데이터는 ***빠진다.***

```
In [12]: grades.iloc[0:2]
Out[12]:
       Wally  Eva  Sam  Katie  Bob
Test1     87  100   94    100   83
Test2     96   87   77     81   65
```

특정 열을 지정할 때, loc 또는 iloc에 슬라이스를 사용하지 않고 리스트를 사용할 수 있다.

```
In [13]: grades.loc[['Test1', 'Test3']]
Out[13]:
       Wally  Eva  Sam  Katie  Bob
Test1     87  100   94    100   83
Test3     70   90   90     82   85

In [14]: grades.iloc[[0, 2]]
Out[14]:
       Wally  Eva  Sam  Katie  Bob
Test1     87  100   94    100   83
Test3     70   90   90     82   85
```

행과 열의 일부 선택하기

지금까지 열 ***전체***만 선택해 보았다. 두 개의 슬라이스와 두 개의 리스트를 이용하거나 슬라이스와 리스트를 조합해서 특정 행*과* 열을 선택해 보자. DataFrame의 일부에 집중할 수 있다.

Test1과 Test2에 있는 Eva와 Katie의 성적만 보고 싶다고 가정하자. 연속된 두 행에는 슬라이스를 사용하고, 연속적이지 않은 행은 loc에 리스트를 사용해서 지정할 수 있다.

```
In [15]: grades.loc['Test1':'Test2', ['Eva', 'Katie']]
Out[15]:
       Eva  Katie
Test1  100    100
Test2   87     81
```

'Test1':'Test2' 슬라이스는 Test1과 Test2의 행을 선택한다. ['Eva', 'Katie'] 리스트는

grades에서 이들 두 개의 열에 대응하는 것만 선택한다.

iloc에 리스트와 슬라이스를 사용해서 첫 번째 시험과 세 번째 시험에 처음 세 개의 열에 대한 것을 선택해 보자.

```
In [16]: grades.iloc[[0, 2], 0:3]
Out[16]:
       Wally  Eva  Sam
Test1     87  100   94
Test3     70   90   90
```

부울 인덱싱

판다스의 강력한 데이터 조회 기능 중 하나는 **불리언 인덱싱**이다. 예를 들어 모든 A등급, 즉 90점 이상의 점수을 선택해 보자.

```
In [17]: grades[grades >= 90]
Out[17]:
      Wally    Eva   Sam  Katie  Bob
Test1   NaN  100.0  94.0  100.0  NaN
Test2  96.0    NaN   NaN    NaN  NaN
Test3   NaN   90.0  90.0    NaN  NaN
```

판다스는 값이 90 이상인지 확인하기 위해서 모든 점수를 확인한다. 만약 조건에 맞으면 그 값을 새로운 DataFrame에 포함시킨다. 조건식이 False인 것은 **NaN(not a number**, 숫자가 아니라는 의미)으로 새로운 DataFrame에 표시한다. NaN은 누락된 값을 의미하는 판다스의 표현법으로, 80~89에 속하는 B등급을 선택해 보자.

```
In [18]: grades[(grades >= 80) & (grades < 90)]
Out[18]:
       Wally   Eva  Sam  Katie   Bob
Test1   87.0   NaN  NaN    NaN  83.0
Test2    NaN  87.0  NaN   81.0   NaN
Test3    NaN   NaN  NaN   82.0  85.0
```

판다스의 부울 인덱스는 파이썬의 and 부울 연산자를 ***사용하지 않고*** &연산자(비트 AND)를 이용해서 복합 조건을 만든다. or 조건은 연산자 | (비트 OR)를 사용한다. 넘파이도 배열에 대해 부울 인덱싱을 지원하지만, 조건을 만족시키는 것만 포함된 1차원 배열만 반환한다.

열과 행으로 특정 셀 접근하기

DataFrame의 **at**과 **iat** 속성을 이용해서 DataFrame에 있는 단일 값을 가져올 수 있다. loc와

iloc처럼 at은 라벨을, iat는 정수 인덱스를 사용한다. 예제는 열과 행 인덱스를 콤마로 구분해서 지정한다. Eva의 Test2에 대한 점수(87)와 Wally의 Test3 점수(70)를 지정해 보자.

```
In [19]: grades.at['Test2', 'Eva']
Out[19]: 87

In [20]: grades.iat[2, 0]
Out[20]: 70
```

이 특정 요소에 새로운 값을 할당할 수도 있다. at을 이용해서 Eva의 Test2 점수를 100으로 바꾸고, 이것을 다시 iat으로 바꿔보자.

```
In [21]: grades.at['Test2', 'Eva'] = 100

In [22]: grades.at['Test2', 'Eva']
Out[22]: 100

In [23]: grades.iat[1, 2] = 87

In [24]: grades.iat[1, 2]
Out[24]: 87.0
```

기술적 통계

Series와 DataFrame에는 데이터에 대한 기본적인 통계값을 계산하는 **describe 메서드**가 있다. 이 메서드는 결과를 DataFrame으로 반환한다. DataFrame의 통계값은 열 단위(행과 열을 바꾸는 방법을 이제 곧 살펴볼 것이다.)로 계산된다.

```
In [25]: grades.describe()
Out[25]:
           Wally        Eva        Sam       Katie        Bob
count   3.000000   3.000000   3.000000    3.000000   3.000000
mean   84.333333  92.333333  87.000000   87.666667  77.666667
std    13.203535   6.806859   8.888194   10.692677  11.015141
min    70.000000  87.000000  77.000000   81.000000  65.000000
25%    78.500000  88.500000  83.500000   81.500000  74.000000
50%    87.000000  90.000000  90.000000   82.000000  83.000000
75%    91.500000  95.000000  92.000000   91.000000  84.000000
max    96.000000 100.000000  94.000000  100.000000  85.000000
```

describe 메서드는 데이터를 요약해서 보여주는 빠른 방법으로, 깔끔하고 간결한 함수형 스타일 호출을 통해 배열 지향 프로그래밍의 힘을 잘 보여준다. 판다스는 각 열의 통계 계산을 내부적으로 처리하고, 시험을 기준으로 해서 비슷한 통계치를 볼 수도 있다. 그러면 Test1, Test2 그리고 Test3에 대해 학생들이 어떻게 시험을 보았는지 알아보자.

기본적으로 판다스는 부동소수점 수로 기술적 통계치를 계산하고, 여섯 자리 정확도로 이것들을 표시한다. 판다스의 **set_opt ion 함수**를 이용해서 정확도나 다른 기본 설정값을 바꿀 수 있다.

```
In [26]: pd.set_option('precision', 2)

In [27]: grades.describe()
Out[27]:
          Wally     Eva    Sam   Katie    Bob
count      3.00    3.00   3.00    3.00   3.00
mean      84.33   92.33  87.00   87.67  77.67
std       13.20    6.81   8.89   10.69  11.02
min       70.00   87.00  77.00   81.00  65.00
25%       78.50   88.50  83.50   81.50  74.00
50%       87.00   90.00  90.00   82.00  83.00
75%       91.50   95.00  92.00   91.00  84.00
max       96.00  100.00  94.00  100.00  85.00
```

학생들의 점수에서 가장 중요한 통계는 아마도 평균 점수일 것이다. DataFrame의 mean 메서드를 호출해서 각 학생들의 평균을 계산할 수 있다.

```
In [28]: grades.mean()
Out[28]:
Wally     84.33
Eva       92.33
Sam       87.00
Katie     87.67
Bob       77.67
dtype: float64
```

잠시 후 각각의 시험에서 모든 학생들의 평균 성적을 한 줄의 추가 코드로 가져오는 방법을 살펴볼 것이다.

T 속성으로 DataFrame 전치시키기

T 속성을 사용해서 행과 열을 빠르게 **전치시킬 수** 있다. 전치를 하면 행은 열이 되고, 열은 행이 된다.

```
In [29]: grades.T
Out[29]:
       Test1  Test2  Test3
Wally     87     96     70
Eva      100     87     90
Sam       94     77     90
Katie    100     81     82
Bob       83     65     85
```

T는 DataFrame의 전치된 *뷰*(데이트를 복사하지 않는다.)를 반환한다.

학생별로 통계를 내지 않고 시험별로의 통계 결과를 보려면, 다음과 같이 간단하게 **grades.T**에 **describe**를 호출하면 된다.

```
In [30]: grades.T.describe()
Out[30]:
        Test1   Test2   Test3
count    5.00    5.00    5.00
mean    92.80   81.20   83.40
std      7.66   11.54    8.23
min     83.00   65.00   70.00
25%     87.00   77.00   82.00
50%     94.00   81.00   85.00
75%    100.00   87.00   90.00
max    100.00   96.00   90.00
```

각 시험에 대한 학생들의 모든 점수의 평균을 보려면 T 속성에 **mean**을 호출한다.

```
In [31]: grades.T.mean()
Out[31]:
Test1      92.8
Test2      81.2
Test3      83.4
dtype: float64
```

인덱스로 행 정렬하기

가독성을 위해서 데이터를 정렬할 때가 있다. DataFrame의 데이터를 인덱스와 값을 기준으로 행과 열을 정렬시킬 수 있다. **sort_index**와 메서드의 키워드 인자 ascending=False(기본값은 *오름차순* 정렬)를 사용해서 *인덱스를 기준으로 내림차순*으로 정렬시켜 보자. 이 메서드는 정렬된 데이터를 가진 새로운 DataFrame을 반환한다.

```
In [32]: grades.sort_index(ascending=False)
Out[32]:
       Wally  Eva  Sam  Katie  Bob
Test3     70   90   90     82   85
Test2     96   87   77     81   65
Test1     87  100   94    100   83
```

열 인덱스로 정렬하기

이번에는 열의 이름 기준으로 오름차순(왼쪽에서 오른쪽으로) 열을 정렬시켜 보자. **axis=1 키워드**

인자를 넘기는 것은 행을 정렬하지 않고 *열* 인덱스를 정렬한다는 것을 표시한다. 그리고 axis=0(기본 값)은 *행* 인덱스를 정렬한다.

```
In [33]: grades.sort_index(axis=1)
Out[33]:
       Bob  Eva  Katie  Sam  Wally
Test1   83  100    100   94     87
Test2   65   87     81   77     96
Test3   85   90     82   90     70
```

열의 값을 기준으로 정렬하기

Test1의 점수를 내림차순으로 정렬해서 점수가 높은 학생부터 낮은 순으로 학생들의 이름으로 보고 싶다고 가정해 보자. 이 경우 다음과 같이 **sort_values** 메서드를 호출할 수 있다.

```
In [34]: grades.sort_values(by='Test1', axis=1, ascending=False)
Out[34]:
       Eva  Katie  Sam  Wally  Bob
Test1  100    100   94     87   83
Test2   87     81   77     96   65
Test3   90     82   90     70   85
```

by와 axis 키워드 인자는 어떤 값을 기준으로 정렬할지 결정하는 데 영향을 준다. 이번 예제에서 Test1의 열 값(axis=1)을 기준으로 정렬한다.

물론 시험 점수와 이름들이 열에 있으면 더 읽기 편하기 때문에 전치된 DataFrame을 대신 정렬할 수 있다. 여기서는 sort_values가 기본적으로 특정 칼럼을 기준으로 데이터를 정렬하기 때문에 axis 키워드 인자를 지정하지 않았다.

```
In [35]: grades.T.sort_values(by='Test1', ascending=False)
Out[35]:
       Test1  Test2  Test3
Eva      100     87     90
Katie    100     81     82
Sam       94     77     90
Wally     87     96     70
Bob       83     65     85
```

마지막으로 Test1의 점수만으로 정렬하면 되기 때문에 다른 시험에 대해서 전혀 보고 싶지 않을 수 있다. 그러면 열을 한 번에 선택하고 정렬해 보자.

```
In [36]: grades.loc['Test1'].sort_values(ascending=False)
Out[36]:
Katie     100
Eva       100
Sam        94
Wally      87
Bob        83
Name: Test1, dtype: int64
```

복사 정렬 대 제자리 정렬

기본적으로 sort_index와 sort_values는 원래 DataFrame의 *복사본*을 반환하며, 이 복사본을 만드는데 빅데이터 애플리케이션에서 상당한 메모리가 필요할 수 있다. 데이터를 *복사하는* 대신 DataFrame을 *제자리에* 정렬할 수 있는데, 이렇게 하려면 sort_index나 sort_values에 inplace=True라는 키워드 인자를 전달한다.

지금까지 많은 Series와 DataFrame의 기능을 살펴보았다. 다음 장의 '데이터과학 들어가기' 절에서는 *데이터 먼징(data munging)*을 할 것이다. 여기에서는 Series와 DataFrame을 사용하여 데이터베이스 또는 분석 소프트웨어에서 사용할 데이터를 정리하고 준비하는 작업을 해 볼 것이다.

7.15 요약

이 장에서는 넘파이의 고성능 ndarray를 사용하여 데이터를 저장 및 검색하고, 함수형 스타일 프로그래밍에서 오류 발생 가능성을 줄이면서 간결하게 데이터를 처리하는 방법을 살펴보았다. 그리고 ndarray를 단순히 배열로 부르기로 했다.

이 장의 예에서는 1차원 및 2차원 배열의 개별 요소를 작성하고 초기화 및 참조하는 방법을 보여주었다. 배열의 사이즈, 모양, 요소의 타입을 확인하기 위해서 속성을 사용했다. 또한 0, 1, 특정 값이나 특정 범위의 값을 갖는 배열을 만드는 함수들도 소개했다. IPython %timeit 매직으로 리스트와 배열의 성능을 비교했고, 배열이 두 자릿수 이상 빠르다는 것을 알게 되었다.

배열 연산자와 넘파일 유니버설 함수를 사용하여 모양이 동일한 배열의 모든 요소에 대해 요소별로 계산했다. 또한 넘파이는 브로드캐스팅을 사용하여 배열과 스칼라 사이, 뿐만 아니라 서로 다른 모양의 배열 사이의 요소별 계산을 수행하는 것을 보았다. 배열의 모든 요소에 대해서 계산하는 다양한 내장 배열 메서드를 소개하고, 행별 또는 열별로 계산하는 방법을 보여주었다. 파이썬의 기본 컬렉션에서 제공하는 것보다 더욱 강력하고 다양한 배열 슬라이싱 및 인덱싱 기능과 배열의 모양을 바꾸는 다양한 방법을 시연했다. 또한 배열과 다른 파이썬 객체를 얕게 복사하고 깊이 복사하는 방법에 대해서도 설명했다.

데이터과학 사례 연구를 다루는 장에서 많이 사용할 유명한 판다스 라이브러리를 여러 절을 거쳐서 소개했다. 수많은 빅데이터 애플리케이션은 넘파이의 배열보다 유연한 컬렉션이 필요하며, 혼합 데이터 유형, 사용자 지정 인덱싱, 누락 데이터, 일관성 없는 비구조적 데이터와 사용하고 있는 데이터베이스 및 데이터 분석 패키지에 적합한 형태로 조작되어야 하는 데이터를 지원하는 컬렉션이 필요하다는 것을 이야기했다.

배열과 비슷한 1차원 Series와 2차원 DataFrame을 만들고 조작하는 방법을 살펴보았고, Series와 DataFrame의 인덱스를 사용자 정의 인덱스로 사용해 보았다. 판다스의 깔끔한 데이터 출력과 함께 부동소수점 수의 정확도를 바꿀 수 있다는 것도 보았다. Series와 DataFrame에 있는 데이터에 접근하고 선택할 수 있는 다양한 방법도 알아보았다. Series와 DataFrame의 기본적인 통계를 계산하기 위해서 describe 메서드를 사용했다. 또한 T 속성을 통해서 DataFrame의 행과 열을 전치시키는 방법도 알아보았다. DataFrame를 인덱스, 열 이름, 행에 있는 데이터와 열에 있는 데이터를 이용해서 정렬하는 다양한 방법을 살펴보았다. 이제 네 개의 유사 배열 컬렉션들, 즉 리스트와 배열, Series, DataFrame에 익숙해졌고, 이것을 언제 사용해야 하는지도 알게 되었다. 여기에 15장 '딥러닝'에서 다섯 번째 텐서를 추가하게 될 것이다.

다음 장에서는 문자열, 문자열 형식 및 문자열 메서드에 대해 자세히 살펴볼 것이다. 정규 표현식에 대한 것도 소개하면서 텍스트에 대해 패턴을 맵핑할 때 이 표현식을 사용할 것이다. 이렇게 살펴본 기능은 11장 '자연 언어 처리(NLP)' 와 다른 주요 데이터과학을 다루는 장을 준비하는 데 유용할 것이다. 다음 장의 '데이터과학 들어가기' 절에서 판다스의 ***데이터 먼징(data munging)*** 과정을 소개하게 되는데, 이 과정은 데이터베이스와 분석 소프트웨어에 사용할 수 있도록 데이터를 준비하는 과정이다. 다음에 이어지는 장에서는 기본적인 시계열 데이터 분석을 위해서 판다스를 사용하고 판다스의 시각화 기능에 대해서도 소개할 것이다.

Chapter

8

문자열: 한 걸음 더 들어가기

학습 목표

이번 장에서는 다음과 같은 것을 다룬다.

- 텍스트 처리 과정을 이해한다.
- 문자열 메서드를 사용해 본다.
- 포맷 문자열을 다루어본다.
- 문자열을 이어붙이고 반복해 본다.
- 문자열 끝에 있는 공백을 제거해 본다.
- 소문자에서 대문자로 바꾸거나 반대로 변경해 본다.
- 비교 연산자로 문자열을 비교해 본다.
- 문자열의 일부를 추출하거나 바꾸기 위해서 문자열을 찾아본다.
- 문자열을 토큰으로 분리한다.
- 특정 구분자를 사용해서 여러 문자열들을 하나로 합쳐본다.
- 문자열의 패턴 일치 확인, 문자열 교체와 데이터 검증을 위해 정규 표현식을 만들고 사용해 본다.
- 정규 표현식의 메타문자, 수량자(quantifier), 문자 클래스, 그룹화 같은 것을 사용해 본다.
- 문자열을 다루는 것이 자연어 처리에 얼마나 중요한지 이해한다.
- 데이터과학 용어인 데이터 먼징(data munging), 데이터 랭글링(data wrangling)과 데이터 전처리(data cleaning)를 이해하고, 정규 표현식으로 데이터를 전처리해서 선호하는 포맷으로 변환해 본다.

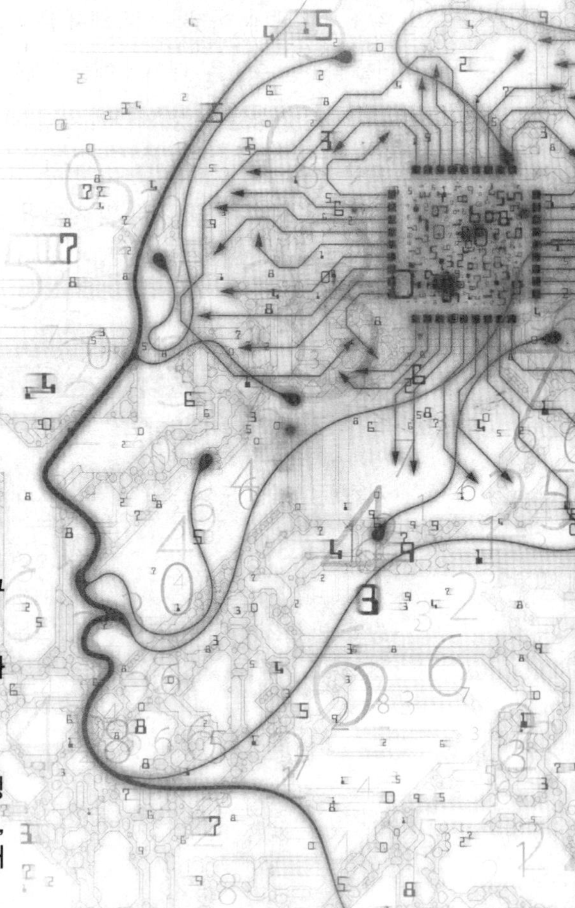

Outline

8.1 개요

앞에서 문자열, 기본 문자열 포맷팅과 여러 가지 문자열 오퍼레이션과 메서드를 소개했다. 문자열이 리스트와 튜플과 같은 시퀀스 오퍼레이션들을 지원하고 있다는 것과 튜플처럼 문자열이 불변이라는 것을 살펴보았다. 이제 문자열에 대해서 조금 더 자세히 살펴보자. 여기서는 정규 표현식과 re 모듈을 소개할 텐데, 이것을 이용해서 문자열에서 일치하는 패턴[1]이 있는지 찾아볼 것이다. 오늘날의 데이터를 다루는 수많은 데이터 애플리케이션에서는 정규 표현식은 아주 중요한 위치를 차지한다. 여기서 소개하는 기능은 11장 '자연어 처리(NLP)'와 기타 주요 데이터과학 장을 이해하는 데 도움이 될 것이다. 11장 '자연어 처리'에서는 컴퓨터가 텍스트를 조작하고 이해시키는 다양한 방법을 살펴볼 것이다. 다음의 표는 문자열 처리 및 자연어 처리와 관련된 많은 응용 프로그램을 보여준다. '데이터과학 들어가기' 절에서는 판다스의 Series 및 DataFrame과 함께 데이터 정리/먼징/랭글링을 간략하게 소개한다.

문자열 처리 및 자연어 처리 애플리케이션

- 철자의 순서 변경(Anagrams)
- 필기 숙제의 자동 채점기
- 자동화된 학습 지도 시스템
- 글 분류
- 채팅봇
- 컴파일러와 인터프리터
- 창의적인 글쓰기
- 암호 작성 및 해독
- 언어 번역
- 법률 문서 작성
- 소셜 미디어 게시물 모니터링
- 자연어의 이해
- 의견 분석
- 페이지 구성 소프트웨어
- 회문(Palingdromes)
- 품사 태깅
- 음성-텍스트 엔진
- 철자 검사기
- 심층 암호(스테가노그래피)
- 텍스트 편집기
- 텍스트 음성 변환 엔진
- 웹 스크랩
- 누가 셰익스피어의 작품을 썼는가?

1 데이터과학 사례 연구 장에서는 텍스트에서 패턴을 찾는 것이 기계 학습의 중요한 부분임을 알게 될 것이다.

- 문서 분리
- 문서 유사성 측정
- 문서 요약
- 전자책 리더
- 부정 행위 탐지
- 문법 체크기
- 구텐베르크 무료 도서 프로젝트
- 책, 글, 문서 읽기와 지식 습득
- 검색 엔진
- 감성 분석
- 스팸 구분
- 워드 클라우드
- 단어 게임
- 엑스레이, 스캔, 혈액 검사로 진단서 작성
- 기타 등등

8.2 문자열 포맷팅

텍스트 서식이 적절하면 데이터를 더 쉽게 읽고 이해할 수 있다. 여기서는 텍스트 포맷 기능들을 소개한다.

8.2.1 표현 타입

앞에서는 f-문자열에 사용하는 기본적인 문자열 서식을 살펴보았다. f-문자열의 내부에 값을 위한 위치를 지정할 때 특별히 타입을 지정해 주지 않으면 파이썬은 문자열로 출력되어야 한다고 가정한다. 그리고 어떤 경우에는 타입을 꼭 지정해 주어야 한다. 예를 들어 **부동소수점 수** 17.489를 소수점 이하 둘째 자리까지 반올림한다고 가정해 보자.

```
In [1]: f'{17.489:.2f}'
Out[1]: '17.49'
```

파이썬은 부동소수점 수와 Decimal 타입의 수에 대해서만 정확도를 지정할 수 있다. 포맷팅은 *타입에 의존적이기 때문에* .2f를 지정하면 'hello'와 같은 문자열에 사용하면 ValueError가 발생한다. 따라서 *포맷 지정자* .2f에서 **표현 타입** f는 꼭 필요한 부분으로, 어떤 타입에 포맷을 적용할지를 지정한다. 그리고 이것으로 파이썬은 타입에 허용된 서식 정보를 알 수 있다. 이번 절에서는 공통적으로 사용되는 몇 가지 표현 타입을 살펴볼 것인데, 사용할 수 있는 모든 타입은 다음 링크에서 볼 수 있다.

https://docs.python.org/3/library/string.html#formatspec

정수

d 표현 타입은 정수값을 문자열로 포맷팅한다.

```
In [2]: f'{10:d}'
Out[2]: '10'
```

정수의 다른 표현 타입(b, o, x나 X)이 있고, 이것은 정수를 2진수나 8진수 또는 16진수로 표시한다.[2]

문자

c 표현 타입은 정수 문자 코드를 그에 대응하는 문자로 표현한다.

```
In [3]: f'{65:c} {97:c}'
Out[3]: 'A a'
```

문자열

s 표현 타입은 기본값이다. 다음 예제에서 첫 번째 플레이스홀더에 명시적으로 s를 지정하면 포맷팅을 하려는 값이 문자열을 참조하는 변수이거나 문자열을 생성하는 표현식 또는 문자열 리터럴이어야 한다. 두 번째 플레이스홀더에 있는 것처럼 표현 타입을 지정하지 않으면 정수 7 같이 문자열이 아닌 값을 문자열로 변환한다.

```
In [4]: f'{"hello":s} {7}'
Out[4]: 'hello 7'
```

이전 스니펫에서 "hello"는 큰따옴표로 감싸여 있다. 왜냐하면 작은따옴표 안에 작은따옴표를 위치시킬 수 없기 때문이다.

부동소수점 수와 Decimal 값

부동소수점 수와 Decimal 값을 포맷팅하기 위해서 f 표현 타입을 사용했다. 이 타입의 값이 매우 크거나 작으면, **지수 표기법(과학적 표기법)**으로 줄여서 값을 표기할 수 있다. 아주 큰 값에 대해서 f와 e 사이의 차이점을 살펴보자. 각각 소수점의 오른쪽에 세 개의 숫자가 올 수 있게 했다.

```
In [5]: from decimal import Decimal

In [6]: f'{Decimal("10000000000000000000000000.0"):.3f}'
Out[6]: '10000000000000000000000000.000'

In [7]: f'{Decimal("10000000000000000000000000.0"):.3e}'
Out[7]: '1.000e+25'
```

스니펫 [5]에 있는 **e 표현 타입**은 1.000e+25로, 포맷된 값은 다음과 같다.

$$1.000 \times 10^{25}$$

2 2진수, 8진수 및 16진수 시스템에 대한 자세한 내용은 온라인 부록 '숫자 시스템'을 참조한다.

지수를 대문자 E로 하려면 표현 타입으로 e 대신 E를 사용한다.

8.2.2 필드 길이와 정렬

앞에서 특정 길이의 문자열이 배치되도록 ***필드 길이***를 지정했다. 기본적으로 파이썬은 숫자를 ***오른쪽 정렬***하고 문자열과 같이 숫자가 다른 타입의 값은 ***왼쪽 정렬***한다. 아래에서 결과를 대괄호([ ])로 감싸서 필드가 어떻게 정렬되는지 볼 수 있도록 했다.

```
In [1]: f'[{27:10d}]'
Out[1]: '[        27]'

In [2]: f'[{3.5:10f}]'
Out[2]: '[  3.500000]'

In [3]: f'[{"hello":10}]'
Out[3]: '[hello     ]'
```

스니펫 [2]는 파이썬이 **부동소수점 수**를 여섯 자리의 정확도로 표시하고, 기본적으로 오른쪽으로 정렬한다. 필드 너비보다 표시한 문자가 적은 경우, 나머지 문자의 위치는 공백으로 채워지고, 필드 너비보다 문자가 많은 값은 필요한 만큼 사용한다.

필드에 명시적으로 왼쪽 정렬 및 오른쪽 정렬 지정하기

<와 >를 사용해서 왼쪽 정렬과 오른쪽 정렬을 지정했던 것을 기억할 것이다.

```
In [4]: f'[{27:<15d}]'
Out[4]: '[27             ]'

In [5]: f'[{3.5:<15f}]'
Out[5]: '[3.500000       ]'

In [6]: f'[{"hello":>15}]'
Out[6]: '[          hello]'
```

필드의 중앙에 값 위치시키기

값을 필드의 중심에 위치시킬 수도 있다.

```
In [7]: f'[{27:^7d}]'
Out[7]: '[  27   ]'

In [8]: f'[{3.5:^7.1f}]'
```

```
Out[8]: '[  3.5  ]'

In [9]: f'[{"hello":^7}]'
Out[9]: '[ hello ]'
```

값을 중앙에 위치시킨다는 것은 사용하지 않는 자리를 표시하는 값의 왼쪽과 오른쪽을 동일하게 한다는 의미이다. 파이썬은 남아 있는 자리가 홀수라고 하면 오른쪽에 남은 자리를 위치시킨다.

8.2.3 숫자 포맷팅

숫자를 포맷팅하는 다양한 기능이 있다.

기호가 포함된 양수를 포맷팅하기

가끔 양수에 기호를 강제로 넣고 싶을 때가 있다.

```
In [1]: f'[{27:+10d}]'
Out[1]: '[       +27]'
```

필드 너비의 앞에 +를 지정하면 양수의 앞에는 +가 앞에 오고, 음수는 -가 앞에 표시된다. 값을 표시하고 남은 공간에 공백 대신 0을 넣으려면 필드 너비의 앞에 0을 지정한다(+가 이미 있으면 + 바로 *뒤에*).

```
In [2]: f'[{27:+010d}]'
Out[2]: '[+000000027]'
```

양수의 + 기호 자리에 공백 넣기

공백을 지정하면 양수일 때 기호가 있을 자리에 공백 글자가 표시된다. 이 기능을 음수와 양수가 잘 정렬되도록 하고 싶을 때 유용하다.

```
In [3]: print(f'{27:d}\n{27: d}\n{-27: d}')
27
 27
-27
```

공백으로 포맷을 지정한 두 수가 잘 정렬된 것을 확인할 수 있다. 필드 너비가 지정되어 ***있었다면*** 필드 너비 ***앞 부분에*** 공백이 왔을 것이다.

자릿수 표시하기

다음 코드처럼 **콤마(,)**를 사용해서 **천 단위**로 숫자를 포맷팅할 수 있다.

```
In [4]: f'{12345678:,d}'
Out[4]: '12,345,678'

In [5]: f'{123456.78:,.2f}'
Out[5]: '123,456.78'
```

8.2.4 문자열의 format 메서드

파이썬의 f-문자열은 파이썬 버전 3.6에서 추가된 기능으로, 이전 버전에서는 문자열의 **format**메서드를 사용했다. 사실 f-문자열 포맷팅은 이 format 메서드의 기능을 기반으로 한다. 파이썬 3.6 이전에 쓰여진 코드를 볼 수도 있으니 format 메서드를 알아두자. 파이썬 문서 혹은 f-문자열 이전에 쓰여진 파이썬 책과 글에서 format 메서드를 자주 보겠지만, 여기서는 f-문자열 포맷을 사용한다.

8

대괄호({}) ***플레이스 홀더***가 있는 ***포맷 문자열***을 가지고 format 메서드를 호출할 수도 있고, 포맷 문자열에 포맷 지정자가 올 수도 있다. 이 메서드에 포맷팅할 값을 전달한다. 그럼 17.489 부동소수점 수를 소수점 두 번째 자리까지 반올림해보자.

```
In [1]: '{:.2f}'.format(17.489)
Out[1]: '17.49'
```

자리 지정자에 포맷 지정자가 있으면 콜론 기호(:)가 앞에 와야 하는데, 이것은 f-문자열과 같다. format 메서드의 호출 결과는 포맷이 적용된 새로운 문자열이다.

다수의 플레이스 홀더

포맷 문자열에는 다수의 플레이스 홀더들이 있을 수 있다. 이 경우 format 메서드의 인자들은 왼쪽에서 오른쪽 순으로 각각 플레이스 홀더와 대응된다.

```
In [2]: '{} {}'.format('Amanda', 'Cyan')
Out[2]: 'Amanda Cyan'
```

자리 번호로 인자 참조하기

포맷 문자열에서 format 메서드의 인자 리스트에 있는 특정 인자들을 자리 번호로 참조할 수 있다. 자리 번호는 0부터 시작한다.

```
In [3]: '{0} {0} {1}'.format('Happy', 'Birthday')
Out[3]: 'Happy Happy Birthday'
```

위치 번호 0 ('Happy')을 두 번 사용했다. 각각의 인자를 원하는 만큼 원하는 순서대로 사용할 수 있다.

키워드 인자 참조하기

자리 지정자에서 키를 이용해 키워드 인자들을 참조할 수 있다.

```
In [4]: '{first} {last}'.format(first='Amanda', last='Gray')
Out[4]: 'Amanda Gray'

In [5]: '{last} {first}'.format(first='Amanda', last='Gray')
Out[5]: 'Gray Amanda'
```

8.3 문자열 이어붙이고 반복시키기

이전 장에서 + 연산자를 사용해서 문자열들을 이어붙이고 * 연산자를 사용해서 문자열을 반복해 보았다. 증분 대입 연산자를 사용해서 동일한 연산을 할 수 있는데, 문자열은 불변이기 때문에 각각의 오퍼레이션은 새로운 객체를 변수에 할당한다.

```
In [1]: s1 = 'happy'

In [2]: s2 = 'birthday'

In [3]: s1 += ' ' + s2

In [4]: s1
Out[4]: 'happy birthday'

In [5]: symbol = '>'
In [6]: symbol *= 5

In [7]: symbol
Out[7]: '>>>>>'
```

8.4 문자열에서 공백 제거하기

문자열의 뒤에 붙은 공백을 제거하는 문자열 메서드가 여럿 있다. 각각의 메서드는 원래 데이터를 그대로 두고 새로운 문자열을 반환한다. 문자열은 불변이기 때문에 문자열을 수정하는 것으로 보이는 메서드들은 모두 새로운 문자열을 만들어 반환한다.

문자열의 앞뒤에 있는 공백 제거하기

문자열의 **strip** 메서드를 사용해서 문자열의 앞뒤에 있는 공백을 제거해 보자.

```
In [1]: sentence = '\t \n This is a test string. \t\t \n'

In [2]: sentence.strip()
Out[2]: 'This is a test string.'
```

앞에 있는 공백 제거하기

lstrip 메서드는 문자열의 앞에 있는 공백만 제거한다.

```
In [3]: sentence.lstrip()
Out[3]: 'This is a test string. \t\t \n'
```

뒤에 있는 공백 제거하기

rstrip는 뒤에 있는 공백만 제거한다.

```
In [4]: sentence.rstrip()
Out[4]: '\t \n This is a test string.'
```

앞의 실습과 같이 이런 메서드들은 공백 글자, 줄 바꿈 문자, 탭 문자 등 모든 종류의 공백 문자들을 제거한다.

8.5 영문자의 대소문자 바꾸기

앞 장에서 문자열의 lower 메서드와 upper 메서드를 통해서 문자열에 있는 모든 문자를 소문자 또는 대문자로 바꿔보았다. 또한 **capitalize** 메서드와 **title** 메서드를 이용해서 문자의 일부를 대문자로 시작하도록 변경할 수도 있다.

문자열의 첫 번째 글자만 대문자로 변경하기

capitalize 메서드는 원래의 문자열을 복사해서 첫 번째 글자만 대문자로 바꾸는데, 이것을 *'문장 대문자화(sentence capitalization)'*라고 한다.

```
In [1]: 'happy birthday'.capitalize()
Out[1]: 'Happy birthday'
```

문자열에 있는 각 단의 첫 글자를 대문자로 만들기

title 메서드는 원래의 문자열을 복사해서 각 단어의 첫 글자만 대문자가 되도록 만들어서 반환하는데, 이것을 *'책 제목 대문자화(book-title capitalization)'*라고 한다.

```
In [2]: 'strings: a deeper look'.title()
Out[2]: 'Strings: A Deeper Look'
```

8.6 문자열 비교 연산자

문자열들은 비교 연산자를 사용해서 비교할 수 있다. 문자열들은 내부적으로 정수값을 기반으로 비교된다. 따라서 영문 대문자는 소문자에 비해 작은 정수값을 갖기 때문에 대문자는 소문자에 비해서 작다. 예를 들어 'A'는 65이고 'a'는 97이다. ord를 이용해서 글자 코드값을 확인해 볼 수 있다.

```
In [1]: print(f'A: {ord("A")}; a: {ord("a")}')
A: 65; a: 97
```

'Orange'와 'orange'를 비교 연산자로 비교해 보자.

```
In [2]: 'Orange' == 'orange'
Out[2]: False

In [3]: 'Orange' != 'orange'
Out[3]: True

In [4]: 'Orange' < 'orange'
Out[4]: True

In [5]: 'Orange' <= 'orange'
Out[5]: True

In [6]: 'Orange' > 'orange'
Out[6]: False

In [7]: 'Orange' >= 'orange'
Out[7]: False
```

8.7 부분 문자열 찾기

문자열에서 하나 또는 그 이상의 인접한 글자들(*'부분 문자열'*이라고 알려진)이 반복적으로 등장하는 횟수를 세거나 포함되어 있는지 또는 문자열에서 어떤 위치에 있는지 인덱스를 알아보기 위해서 검색할 수 있다. 이번 절에서 다루는 메서드들은 내부적인 숫자값을 이용해서 사전적으로 비교한다.

등장 횟수 세기

문자열의 **count** 메서드는 전체 문자열에서 인자로 주어진 부분 문자열이 얼마나 등장하는지 그 횟수를 반환한다.

```
In [1]: sentence = 'to be or not to be that is the question'

In [2]: sentence.count('to')
Out[2]: 2
```

두 번째 인자, *start_index*를 지정하면 count 메서드는 *string[start_index:]*의 슬라이스에 대해서만 검색한다. 즉 *start_index*에서 시작해서 문자열의 마지막까지 대상이 된다.

```
In [3]: sentence.count('to', 12)
Out[3]: 1
```

두 번째 인자와 세 번째 인자 *start_index, end_index*를 지정하면 count 메서드는 *string[start_index:end_index]*의 슬라이스에 대해서만 검색한다. 즉 *start_index*에서 시작해서 *end_index* 바로 전까지만 검색 대상이 된다.

```
In [4]: sentence.count('that', 12, 25)
Out[4]: 1
```

count 메서드와 마찬가지로 이번 절에 등장하는 다른 메서드들도 *start_index*와 *end_index* 인자를 사용해서 원래 문자열의 일부 슬라이스만 검색할 수 있다.

문자열에서 부분 문자열의 위치 파악하기

문자열의 **index** 메서드는 문자열의 내부에 있는 부분 문자열의 첫 번째 인덱스를 반환한다. 만약 부분 문자열을 찾지 못하면 ValueError가 발생한다.

```
In [5]: sentence.index('be')
Out[5]: 3
```

문자열의 **rindex** 메서드는 index와 동일하게 동작한다. 단 문자열의 ***마지막***부터 검색하고 부분 문자열이 발견된 가장 뒷부분의 인덱스를 반환한다. 만약 찾지 못하면 ValueError가 발생한다.

```
In [6]: sentence.rindex('be')
Out[6]: 16
```

문자열 메서드 **find**와 **rfind**는 index와 rindex와 동일한 일을 수행하지만, 찾으려는 부분 문자열이 없을 경우에는 ValueError를 발생시키지 않고 -1을 반환한다.

부분 문자열이 포함되어 있는지 알아내기

문자열에 특정 부분 문자열이 있는지 확인하려면 in 또는 not in 연산자를 사용한다.

```
In [7]: 'that' in sentence
Out[7]: True

In [8]: 'THAT' in sentence
Out[8]: False

In [9]: 'THAT' not in sentence
Out[9]: True
```

문자열이 특정 부분 문자열로 시작 또는 끝나는지 알아내기

문자열의 **startswith** 메서드와 **endswith** 메서드는 어떤 문자열이 특정 부분 문자열로 시작하거나 끝나면 True를 반환한다.

```
In [10]: sentence.startswith('to')
Out[10]: True

In [11]: sentence.startswith('be')
Out[11]: False

In [12]: sentence.endswith('question')
Out[12]: True

In [13]: sentence.endswith('quest')
Out[13]: False
```

8.8 부분 문자열 교체하기

일반적으로 텍스트 변경 작업은 부분 문자열의 위치를 찾아서 다른 값으로 교체한다. **replace** 메서드는 두 개의 부분 문자열을 받는다. 이 메서드는 첫 번째 인자로 주어진 부분 문자열을 찾고, 찾은 부분 문자열들을 두 번째 인자로 *각각* 교체한다. 이 메서드는 최종 결과를 가지고 있는 새로운 문자열을 반환한다. 탭 문자를 콤마(,)로 바꿔보자.

```
In [1]: values = '1\t2\t3\t4\t5'

In [2]: values.replace('\t', ',')
Out[2]: '1,2,3,4,5'
```

replace 메서드는 문자열을 교체하고 최대 횟수를 지정하는 세 번째 인자를 선택해서 받을 수 있다.

8.9 문자열 나누고 합치기

우리가 문장을 읽을 때 머릿속에서 그 문장을 별도의 단어나 **토큰**, 즉 의미가 있는 것으로 나눈다. 그리고 IPython과 같은 인터프리터는 구문을 키워드, 식별자, 오퍼레이터와 프로그래밍 언어의 각 요소들로 나눈다. 일반적으로 토큰은 공백, 탭 및 줄 바꿈과 같은 공백 문자로 구분되며, 다른 문자들은 토큰으로 사용될 수 있는데, 이렇게 나누는 기호를 **'구분자(delimiter)'**라고 한다.

문자열 나누기

앞에서 문자열의 split 메서드에 *아무* 인자도 *주지 않고* 호출한 후 공백 문자를 기준으로 문자열을 여러 부분 문자열로 나누어서 리스트로 반환하는 것을 살펴보았다. 특정 구분자(콤마와 공백 등)로 토큰을 나누려면 구분자(', ' 같은)를 지정해서 split 메서드가 이 구분자로 문자열을 나눌 수 있도록 해야 한다.

```
In [1]: letters = 'A, B, C, D'

In [2]: letters.split(', ')
Out[2]: ['A', 'B', 'C', 'D']
```

두 번째 인자에 정수를 넣으면 나누는 최대 횟수를 지정한다. 최대 횟수로 나눈 후 나누지 못한 나머지 문자열이 마지막 토큰이 된다.

```
In [3]: letters.split(', ', 2)
Out[3]: ['A', 'B', 'C, D']
```

rsplit 메서드는 split 메서드와 같은 동작을 하는 메서드로, 문자열의 뒤에서 앞으로 오면서 문자열을 최대 횟수까지 나눈다.

문자열 합치기

문자열의 **join** 메서드는 인자로 받은 문자열들을 하나로 만든다. 이때 주어지는 인자는 문자열만 포함된 이터러블이어야 한다. 그렇지 않으면 TypeError가 발생한다. 문자열들을 이어붙이는 사이사이에 넣어주는 문자열은 join을 호출하는 문자열이다. 다음 코드는 리스트의 값을 콤마로 구분된 하나의 문자열을 만든다.

```
In [4]: letters_list = ['A', 'B', 'C', 'D']

In [5]: ','.join(letters_list)
Out[5]: 'A,B,C,D'
```

다음 스니펫은 문자열 리스트를 만드는 리스트 컴프리헨션의 결과를 합친다.

```
In [6]: ','.join([str(i) for i in range(10)])
Out[6]: '0,1,2,3,4,5,6,7,8,9'
```

9장 '파일과 예외'에서는 콤마로 구분된 값을 가지고 있는 파일을 어떻게 다루는지 살펴볼 것이다. 이것은 **'CSV 파일'**이라고 알려진 것으로, 마이크로소프트 엑셀이나 구글 스프레드시트 같은 애플리케이션에서 로드할 수 있는 일반적인 데이터 저장 포맷이다. 데이터과학 사례 연구 장에서는 넘파이, 판다스와 시본 같은 주요 라이브러리들이 CSV 데이터를 다룰 수 있는 기능을 알아볼 것이다.

문자열의 partition 메서드와 rpartition 메서드

문자열의 **partition** 메서드는 문자열을 메서드의 주어진 구분자를 이용해서 세 개의 문자열 튜플로 나눈다. 만들어지는 세 개의 문자열은 다음과 같다.

- 구분자 앞에 있던 문자열
- 구분자 자신
- 구분자 뒤에 있는 문자열

이 메서드는 복잡한 문자열을 분리하는 데 유용하다. 학생들의 이름과 점수를 표현하고 있는 문자열이 있다고 가정해 보자.

'Amanda: 89, 97, 92'

원래의 문자열을 나누어서 학생들의 이름, 구분자 :와 학생들의 점수를 리스트로 표현한 문자열로 나누어보자.

```
In [7]: 'Amanda: 89, 97, 92'.partition(': ')
Out[7]: ('Amanda', ': ', '89, 97, 92')
```

문자열 구분자를 뒤에서부터 찾으려면 **rpartition** 메서드를 사용해서 나누면 된다. 예를 들어 다음과 같은 URL 문자열이 있다고 가정해 보자.

'http://www.deitel.com/books/PyCDS/table_of_contents.html'

rpartition을 이용해서 'table_of_contents.html'을 URL의 나머지와 분리해 보자.

```
In [8]: url = 'http://www.deitel.com/books/PyCDS/table_of_contents.html'

In [9]: rest_of_url, separator, document = url.rpartition('/')

In [10]: document
Out[10]: 'table_of_contents.html'

In [11]: rest_of_url
Out[11]: 'http://www.deitel.com/books/PyCDS'
```

문자열의 splitlines 메서드

9장 '파일과 예외'에서 파일에 있는 텍스트를 읽어볼 것이다. 큰 텍스트를 문자열로 읽으려면 줄 바꿈 문자를 기준으로 해서 각 줄을 리스트로 나누어야 할 때가 있다. **splitlines** 메서드는 원래 문자열을 줄 바꿈 문자를 기준으로 나누고 텍스트의 각 줄에 해당하는 문자열을 만들어서 리스트로 반환한다. 파이썬은 여러 줄이 있는 문자열을 다음 스니펫 [13]에서와 같이 문자를 이용해서 각 줄을 표현한다.

```
In [12]: lines = """This is line 1
    ...: This is line2
    ...: This is line3"""

In [13]: lines
Out[13]: 'This is line 1\nThis is line2\nThis is line3'

In [14]: lines.splitlines()
Out[14]: ['This is line 1', 'This is line2', 'This is line3']
```

splitlines 메서드에 True를 인자로 전달하면 각 줄의 마지막에 줄 바꿈 문자가 유지된다.

```
In [15]: lines.splitlines(True)
Out[15]: ['This is line 1\n', 'This is line2\n', 'This is line3']
```

8.10 문자들과 문자 조사 메서드

많은 프로그래밍 언어들은 문자열과 문자 타입을 구분한다. 파이썬에서 문자는 단순히 문자가 하나만 있는 스트링이다.

파이썬에는 문자열이 어떤 특성을 가지고 있는지 확인할 수 있는 문자열의 메서드들이 있다. 예를 들어 문자열의 **isdigit** 메서드는 문자열에 숫자(0~9)만 있으면 True를 반환한다. 이 메서드를 이용해서 숫자만 입력해야 하는 사용자 입력을 검증할 수 있다.

```
In [1]: '-27'.isdigit()
Out[1]: False

In [2]: '27'.isdigit()
Out[2]: True
```

isalnum 메서드는 메서드를 호출한 문자열이 글자와 숫자만으로 되어 있으면 True를 반환한다.

```
In [3]: 'A9876'.isalnum()
Out[3]: True

In [4]: '123 Main Street'.isalnum()
Out[4]: False
```

다음 표는 다양한 문자 조사 메서드들을 보여주는데, 각 메서드는 설명한 조건에 맞지 않으면 False를 반환한다.

문자열 메서드	설명
isalnum()	문자열에 *글자와 숫자*만 포함되어 있으면 True 반환
isalpha()	문자열에 *글자*만 포함되어 있으면 True 반환
isdecimal()	문자열에 *숫자*(즉 10진수의 숫자들)만 있고 + 또는 - 기호가 없으면 True 반환
isdigit()	문자열에 숫자만 포함하고 있으면 True 반환 (예: '0', '1', '2')
isidentifier()	*식별자*로 사용할 수 있는 문자열이면 True 반환
islower()	문자열의 문자들이 모두 *소문자*이면 True 반환 (예: 'a', 'b', 'c')
isnumeric()	문자열에 포함된 글자들이 수를 의미하는 것으로, +와 - 같은 기호와 소수점이 포함되어 있지 않으면 True 반환
isspace()	문자열에 *공백*을 의미하는 문자들만 있으면 True 반환
istitle()	문자열에 있는 각 단어에 첫 글자만 *대문자*로 되어 있으면 True 반환
isupper()	문자열의 있는 모든 문지기 *대문자*로 되어 있으면 True 반환 (예: 'A', 'B', 'C').

※ 역자 주: isdecimal(), isnumeric(), isdigit() 메서드들은 모두 숫자로 이루어진 문자열을 확인하는 데 사용된다. 이때 각 메서드에서 사용되는 숫자에 대한 범위가 서로 다르다. 즉, isdecimal()메서드는 가장 작은 범위의 숫자로, 0~9까지의 숫자를 말한다. 이 숫자를 int() 함수를 사용해서 정수 타입으로 바꿀 수 있다. isdigit()메서드는 0~9 숫자 이외에 문자에서 숫자로 분류된 것도 모두 숫자로 인식한다. 예를 들어 1^2와 같이 윗첨자로 된 숫자로 본다. 반면 isnumeric() 메서드는 더 넓은 범위를 숫자로 보고, ½와 같은 문자도 isnumeric()메서드는 True를 반환한다.

8.11 원시(Raw) 문자열

문자열에 있는 백슬래시 문자는 ***이스케이프 시퀀스***(줄 바꿈의 \n, 탭 문자의 \t)라고 소개했던 것을 기억할 것이다. 문자열에 백슬래시 문자를 포함시키려면 \\처럼 두 개의 백슬래시를 사용해야 한다. 이런 방식은 문자열을 읽기 어렵게 한다. 예를 들어 마이크로소프트 윈도우는 파일의 위치를 지정할 때 백슬래시를 사용해서 폴더 이름을 구분하는데, 윈도우에서 파일의 위치를 표현하기 위해 다음과 같이 써야 한다.

```
In [1]: file_path = 'C:\\MyFolder\\MySubFolder\\MyFile.txt'

In [2]: file_path
Out[2]: 'C:\\MyFolder\\MySubFolder\\MyFile.txt'
```

이 경우 r 문자를 앞에 써서 원시 문자열을 사용하면 편리하다. 이 원시 문자열은 백슬래시를 이스케이프 시퀀스를 표시하는 용도가 아닌 일반적인 문자로 취급한다.

```
In [3]: file_path = r'C:\MyFolder\MySubFolder\MyFile.txt'

In [4]: file_path
Out[4]: 'C:\\MyFolder\\MySubFolder\\MyFile.txt'
```

바로 위에 있는 스니펫에 보이는 것처럼 파이썬은 원시 문자열을 내부 표현식에 두 개의 백슬래시를 사용하는 일반적 문자열로 바꿔준다. 다음 절에서 논의할 정규 표현식을 사용할 때 원시 문자열을 사용하면 코드를 더 쉽게 만들 수 있다. 정규식에 백슬래시 문자가 많이 쓰인다.

8.12 정규 표현식 소개하기

가끔 텍스트에 있는 전화번호, 이메일 주소, ZIP 코드, 웹페이지 주소, 사회보장번호 등과 같이 특정 ***패턴***을 인식해야 할 경우가 있다. **정규 표현식** 다른 문자열에 있는 문자들을 ***매칭***하는 ***검색 패턴***을 기술한다.

정규 표현식은 소셜 미디어의 글처럼 비구조적인 텍스트에서 ***데이터를 추출***할 때 유용하다. 그리고 작업을 시작하기 전에 데이터가 정확한 포맷으로 되어 있는지 확인할 때 정규 표현식을 사용한다.[3]

3 정규 표현에 대한 주제는 지금까지 사용한 대부분의 파이썬 특징보다 더 어렵게 느껴질 수 있다. 이 과목을 숙달한 후에는 기존의 문자열 처리 기법보다 더 간결한 코드를 작성하여 코드 개발 과정을 가속화할 수 있다. 일반적으로 생각지도 못했던 이상한 경우를 처리하게 될 것이고, 어쩌면 미묘한 버그를 피할 수도 있을 것이다.

데이터 검증하기

텍스트 데이터를 가지고 작업하기 전에 정규 표현식을 이용해서 데이터 검증할 수 있다. 예를 들어 다음과 같은 것을 체크할 수 있다.

- 다섯 개의 숫자로 구성된 미국의 ZIP 코드(예: 02215) 또는 다섯 개의 숫자가 나오고 하이픈이 온 후 뒤에 숫자 네 개(예: 02215-4775)가 오는지 확인한다.
- 성(이름)에 글자, 공백, 아포스트로피, 하이픈으로만 되어 있는지 확인한다.
- 이메일 주소가 정해진 순서로 되어 있고 정해진 문자만 썼는지 확인한다.
- 미국의 사회보장번호가 세 자리, 하이픈, 두 자리, 하이픈 및 네 자리 숫자를 포함하고 있으며, 각 숫자 그룹에 사용할 수 있는 특정 숫자에 대한 규칙에 맞는지 확인한다.

많이 사용되는 패턴은 정규 표현을 새로 만들 필요도 거의 없다.

- `https://regex101.com`
- `http://www.regexlib.com`
- `https://www.regular-expressions.info`

위와 같은 웹사이트나 이와 유사한 곳에서 복사만해서 사용할 수 있는 정규식을 얻을 수 있다. 이런 종류의 수많은 사이트들은 정규 표현식이 요구하는 것을 만족시킬 수 있는지 정규 표현식을 테스트할 수 있는 인터페이스도 제공하고 있다.

정규 표현식의 다른 용도

정규 표현식은 데이터를 검증할 뿐만 아니라 다음과 같은 용도로도 쓰이고 있다.

- 텍스트에서 *'스크래핑'(scraping)*이라고 알려진 기술을 이용해서 데이터를 추출한다. 예를 들어 웹페이지에 있는 모든 URL을 찾는다. [BeautifulSoup, XPath, lxml 같은 툴이 더 좋을 수 있다.]
- 데이터를 정제한다. 예를 들어 필요 없는 데이터 제거 및 중복 데이터 제거, 불완전 데이터 처리, 오타 수정, 일관된 데이터 포맷 유지, 이상한 데이터 처리 등을 할 수 있다.
- 데이터를 다른 포맷으로 변경한다. 예를 들어 탭 또는 공백으로 구분된 값을 CSV 포맷으로 된 데이터가 필요한 애플리케이션을 위해 콤마로 구분하는 값(CSV)으로 변경한다.

8.12.1 re 모듈과 fullmatch 함수

정규 표현식을 사용하기 위해서 파이썬 표준 라이브러리의 **re** 모듈을 임포트한다.

```
In [1]: import re
```

가장 간단한 정규 표현식 함수 중 하나는 **fullmatch**이다. 이 함수는 첫 번째 인자로 주어지는 패턴을 두 번째 인자로 주어지는 문자열에 *모두* 매칭되는지 확인한다.

리터럴 문자 매칭하기

리터럴 문자들을 매칭하는 것부터 시작해 보자. 문자들은 동일한 문자를 매칭한다.

```
In [2]: pattern = '02215'

In [3]: 'Match' if re.fullmatch(pattern, '02215') else 'No match'
Out[3]: 'Match'

In [4]: 'Match' if re.fullmatch(pattern, '51220') else 'No match'
Out[4]: 'No match'
```

이 함수의 첫 번째 인자는 매칭할 정규 표현식 패턴이다. 모든 문자열은 정규 표현식이 될 수 있지만, pattern 변수에 할당된 '02215'는 특정 순서로 자신과 동일한 문자를 매칭시키는 *리터럴 숫자*만으로 구성되어 있다. 두 번째 인자는 패턴에 전체적으로 매칭되어야 하는 문자열이 온다.

fullmatch 함수는 두 번째 인자가 첫 번째 인자에 있는 패턴에 매칭되면 매칭된 문자열을 포함하는 객체를 반환하는데, 이것이 True로 평가된다. 이 객체에 대해서는 나중에 좀 더 자세하게 설명할 것이다. 스니펫 [4]에서 두 번째 인자에 정규 표현식과 *동일한 숫자*로 되어 있어도 순서가 *다르기 때문에* 매칭되지 않고 fullmatch는 None을 반환한다. 그리고 그 값을 False로 평가된다.

메타문자, 문자 클래스, 수량자

정규 표현식은 보통 '메타문자'라는 특수한 기호를 포함한다. 즉 다음 표에 있는 것이다.

정규 표현식 메타문자
[] {} () \ * + ^ $? . |

\ 메타문자는 미리 정의된 문자 클래스의 앞에 오고, 각 메타문자는 어떤 특정 문자 집합을 매칭한다. 다섯 개의 숫자로 이루어진 ZIP 코드를 검증해 보자.

```
In [5]: 'Valid' if re.fullmatch(r'\d{5}', '02215') else 'Invalid'
Out[5]: 'Valid'

In [6]: 'Valid' if re.fullmatch(r'\d{5}', '9876') else 'Invalid'
Out[6]: 'Invalid'
```

정규 표현식 **\d{5}**에서 **\d**는 숫자(0~9)를 의미하는 문자 클래스이다. 문자 클래스는 하나의 문자를 매칭시키는 *정규 표현식의 특별한 형태*로, *하나* 이상의 문자를 매칭시키려면 **수량자**(quantifier)

를 문자 클래스의 다음에 오게 해야 한다. 수량자 {5}는 \d를 다섯 번 반복매칭 한다. 마치 다섯 개의 연속된 숫자를 매칭시키기 위해서 '\d\d\d\d\d'라고 작성한 것과 같다. '9876'에는 네 개의 숫자만 있었기 때문에 스니펫 [6]에서 fullmatch 메서드는 None을 반환한다.

미리 정의된 다른 문자 클래스들

다음 표는 일반적으로 사용되는 미리 정의된 문자 클래스와 그것에 매칭되는 문자 그룹을 보여주고 있다. 메타문자를 문자 그대로 매칭시키려면 앞에 백슬래시(\)가 오게 한다. 예를 들어 \\는 백슬래시(\)를 매칭시키고 \$는 달러 기호($)를 매칭시킨다.

문자 클래스	매칭 문자
\d	모든 숫자(0~9)
\D	숫자가 *아닌* 모든 문자
\s	모든 공백 문자(공백, 택, 줄 바꿈)
\S	공백 문자가 *아닌* 모든 문자
\w	모든 **단어 문자(글자와 숫자)**. 즉 모든 대문자, 소문자, 숫자 또는 밑줄(_) 매칭 (!역자 주: 영어뿐만 아니라 한글도 매칭한다.)
\W	단어 문자가 *아닌* 모든 문자

사용자 정의 문자 클래스

대괄호([ ])는 *하나의* 문자를 **매칭시키는 사용자 정의 문자 클래스**를 정의한다. 예를 들어 [aeiou]는 소문자로 된 모음을 매칭한다. [A-Z]는 대문자를, [a-z]는 모든 소문자를, 그리고 [a-zA-Z]는 모든 소문자와 대문자를 매칭시킨다.

이름에 공백이나 구두점이 있는지 검증해 보자. 이름의 경우 첫 번째 글자가 대문자(A~Z)로 시작하고, 뒤로 소문자(a~z)가 따르는지 확인해 볼 것이다.

```
In [7]: 'Valid' if re.fullmatch('[A-Z][a-z]*', 'Wally') else 'Invalid'
Out[7]: 'Valid'

In [8]: 'Valid' if re.fullmatch('[A-Z][a-z]*', 'eva') else 'Invalid'
Out[8]: 'Invalid'
```

이름에 여러 글자들이 올 수 있다. * **수량자**는 왼쪽에 정의한 표현식(예제의 경우 [a-z])이 0번 ***또는 그 이상*** 반복되는 것을 매칭한다. 따라서 [A-Z][a-z]*는 'Amanda', 'Bo' 또는 심지어 'E'처럼 대문자로 시작하고, 그 뒤로 소문자가 없거나 ***하나 이상*** 있는 경우를 매칭한다.

사용자 정의 문자 클래스가 캐럿(^)으로 시작하면, 이 문자 클래스는 지정한 문자가 *아닌* 문자들을 매칭한다. 즉 [^a-z]는 소문자가 *아닌* 문자를 매칭한다.

```
In [9]: 'Match' if re.fullmatch('[^a-z]', 'A') else 'No match'
Out[9]: 'Match'

In [10]: 'Match' if re.fullmatch('[^a-z]', 'a') else 'No match'
Out[10]: 'No match'
```

사용자 정의 문자 클래스에 있는 메타 문자는 평범한 문자로 취급된다. 즉 글자 그 자체를 의미하는 것이다. 따라서 [*+$]는 *단일**, + 또는 $ 문자는 그 문자 그대로 매칭한다.

```
In [11]: 'Match' if re.fullmatch('[*+$]', '*') else 'No match'
Out[11]: 'Match'

In [12]: 'Match' if re.fullmatch('[*+$]', '!') else 'No match'
Out[12]: 'No match'
```

*와 + 수량자

이름에 최소한 소문자 하나는 들어가야 한다면 스니펫 [7]에 있는 * 수량자를 +로 바꿀 수 있다. 이것은 앞에 있는 표현이 한 번 이상 매칭되어야 한다는 의미이다.

```
In [13]: 'Valid' if re.fullmatch('[A-Z][a-z]+', 'Wally') else 'Invalid'
Out[13]: 'Valid'

In [14]: 'Valid' if re.fullmatch('[A-Z][a-z]+', 'E') else 'Invalid'
Out[14]: 'Invalid'
```

*와 + 모두 최대 일치(greedy) 방식을 사용하는데, 이것은 가능한 많은 문자를 매칭시킨다는 뜻이다. 따라서 정규 표현식 [A-Z][a-z]+는 'Al', 'Eva', 'Samantha', 'Benjamin'과 대문자로 시작해서 하나 이상의 소문자로 된 모든 문자들을 매칭한다.

다른 수량자들

? 수량자는 앞에 있는 수식이 매칭이 안 되거나 한 번 매칭한다.

```
In [15]: 'Match' if re.fullmatch('labell?ed', 'labelled') else 'No match'
Out[15]: 'Match'

In [16]: 'Match' if re.fullmatch('labell?ed', 'labeled') else 'No match'
Out[16]: 'Match'

In [17]: 'Match' if re.fullmatch('labell?ed', 'labellled') else 'No match'
Out[17]: 'No match'
```

정규 표현식 labell?ed는 labelled(영국 영어)와 labeled(미국 영어)는 매칭시키지만,

labelled와 같이 잘못 쓴 단어는 매칭하지 못한다. 앞의 스니펫에서 정규 표현식의 첫 번째 다섯 글자(label)는 두 번째 인자의 처음 다섯 글자에 매칭한다. 그러면 l?는 남아있는 글자 ed의 바로 앞에 l이 *오지 않거나 한 번만 와야 한다는* 의미이다.

{n,}* 수량자**를 사용해서 최소 *n번 이상 등장하는* 것을 매칭시킬 수 있다. 다음의 정규 표현식은 ***최소 세 개의 숫자가 포함되어 있는 문자열을 매칭시킨다.

```
In [18]: 'Match' if re.fullmatch(r'\d{3,}', '123') else 'No match'
Out[18]: 'Match'

In [19]: 'Match' if re.fullmatch(r'\d{3,}', '1234567890') else 'No match'
Out[19]: 'Match'

In [20]: 'Match' if re.fullmatch(r'\d{3,}', '12') else 'No match'
Out[20]: 'No match'
```

***{n,m}* 수량자**로 *n번에서 m번(m번도 포함)*까지 등장하는 경우에 매칭시킬 수 있다. 다음 정규 표현식은 세 개에서 여섯 개까지의 숫자가 있는 문자열을 매칭시킨다.

```
In [21]: 'Match' if re.fullmatch(r'\d{3,6}', '123') else 'No match'
Out[21]: 'Match'

In [22]: 'Match' if re.fullmatch(r'\d{3,6}', '123456') else 'No match'
Out[22]: 'Match'

In [23]: 'Match' if re.fullmatch(r'\d{3,6}', '1234567') else 'No match'
Out[23]: 'No match'

In [24]: 'Match' if re.fullmatch(r'\d{3,6}', '12') else 'No match'
Out[24]: 'No match'
```

8.12.2 부분 문자열 교체하고 문자열 나누기

re 모듈은 문자열에서 특정 패턴에 해당하는 부분 문자열을 교체할 수 있는 sub 함수와 패턴을 이용해서 문자열을 나눌 수 있는 split 함수를 제공한다.

함수 sub – 특정 패턴 교체하기

기본적으로 re 모듈의 **sub 함수**는 특정 패턴의 *모든* 부분 문자열을 주어진 텍스트로 모두 교체한다. 탭으로 구분되는 문자열을 콤마로 구분되는 문자열로 바꿔보자.

```
In [1]: import re

In [2]: re.sub(r'\t', ', ', '1\t2\t3\t4')
Out[2]: '1, 2, 3, 4'
```

sub 함수는 다음 세 개의 필수 인자를 받는다.

- *매칭시킬 패턴* (탭 문자 '\t')
- *바뀔 문자*(', ')
- *검색 대상이 되는 문자열*('1\t2\t3\t4\')

이 함수는 새로운 문자열을 만들어 반환한다. 키워드 인자 count를 이용해서 최대 교체 횟수를 지정할 수 있다.

```
In [3]: re.sub(r'\t', ', ', '1\t2\t3\t4', count=2)
Out[3]: '1, 2, 3\t4'
```

split 함수

split 함수는 *구분자*를 표현하는 정규 표현식을 사용해서 문자열을 ***표식화하고(tokenize)***, 이것을 문자열 리스트로 만들어 반환한다. 콤마가 나오고 뒤에 나오는 공백이 0개 이상 되는 위치에서 \s 문자열을 나누어보자. 공백 문자 클래스이고 *는 ***없거나 하나 이상*** 등장한다는 것을 의미한다.

```
In [4]: re.split(r',\s*', '1, 2, 3,4, 5,6,7,8')
Out[4]: ['1', '2', '3', '4', '5', '6', '7', '8']
```

maxsplit 키워드 인자를 사용해서 분리하는 최대 횟수를 지정한다.

```
In [5]: re.split(r',\s*', '1,  2,  3,4,     5,6,7,8', maxsplit=3)
Out[5]: ['1', '2', '3', '4', '5', '6', '7', '8']
```

이 경우 문자열을 **세 번** 나누고, 네 번째 문자열은 원래 문자열의 나머지 부분이 된다.

8.12.3 다른 검색 함수; 매칭된 문자열에 접근하기

앞에서 fullmatch 함수를 사용해서 *전체* 문자열이 어떤 정규 표현식에 매칭되는지 확인했다. 이 함수 이외에 다른 검색 함수들도 많다. 여기서는 search, match, findall, finditer 함수들을 알아보고 매칭된 부분 문자열에 어떻게 접근하는지 보여주려고 한다.

search 함수 – 문자열에서 첫 번째로 매칭되는 것 찾기

search 함수는 문자열에서 정규 표현식에 매칭되는 첫 번째 부분 문자열을 찾는다. 그리고 매칭된 부분 문자열을 가진 match 객체(타입은 **SRE_Match**)를 반환한다. match 객체의 **group** 메서드는 매칭된 부분 문자열을 반환한다.

```
In [1]: import re

In [2]: result = re.search('Python', 'Python is fun')

In [3]: result.group() if result else 'not found'
Out[3]: 'Python'
```

search 함수는 문자열 패턴에 매칭되는 것이 없으면 None을 반환한다.

```
In [4]: result2 = re.search('fun!', 'Python is fun')

In [5]: result2.group() if result2 else 'not found'
Out[5]: 'not found'
```

match 함수를 이용해서 문자열의 *시작부터* 매칭되는 문자열을 찾을 수 있다.

선택 인자인 flags 키워드 이용해 대소문자를 무시하도록 설정하기

re 모듈의 많은 함수들은 옵션으로 flags 키워드 인자를 받는다. 이 인자는 정규 표현식의 매칭 방식을 바꾼다. 예를 들어 기본적으로 패턴 매칭에는 대소문자를 구별한다. 하지만 re 모듈의 IGNORECASE 상수를 사용해서 *영문자의 대소문자를 구별하지 않고* 검색할 수 있다.

```
In [6]: result3 = re.search('Sam', 'SAM WHITE', flags=re.IGNORECASE)

In [7]: result3.group() if result3 else 'not found'
Out[7]: 'SAM'
```

여기서 'SAM'는 패턴 'Sam'에 매칭된다. 비록 'SAM'이 대문자만으로 구성되어 있지만, 모두 같은 글자로 취급한다.

문자열의 시작과 끝에 매칭되는 메타문자

정규 표현식의 시작 부분에 있는 **^ 메타문자**(대괄호에 쓰이는 경우가 아님)는 정규 표현식이 문자열의 *첫 부분에* 매칭해야 한다는 것을 가리킨다.

```
In [8]: result = re.search('^Python', 'Python is fun')

In [9]: result.group() if result else 'not found'
Out[9]: 'Python'

In [10]: result = re.search('^fun', 'Python is fun')

In [11]: result.group() if result else 'not found'
Out[11]: 'not found'
```

마찬가지로 정규식의 끝에 있는 **$ 메타문자**는 문장의 ***마지막***을 의미한다.

```
In [12]: result = re.search('Python$', 'Python is fun')

In [13]: result.group() if result else 'not found'
Out[13]: 'not found'

In [14]: result = re.search('fun$', 'Python is fun')

In [15]: result.group() if result else 'not found'
Out[15]: 'fun'
```

findall과 finditer 함수 - 문자열에 있는 모든 패턴 찾기

findall 함수는 문자열에서 일치하는 ***모든*** 부분 문자열을 찾고 해당 부분 문자열을 리스트로 반환한다. 문자열에서 모든 전화번호를 추출해 보자. 간단히 추출하기 위해서 전화번호는 ***###-###-####*** 형식을 갖는다고 가정한다.

```
In [16]: contact = 'Wally White, Home: 555-555-1234, Work: 555-555-4321'

In [17]: re.findall(r'\d{3}-\d{3}-\d{4}', contact)
Out[17]: ['555-555-1234', '555-555-4321']
```

finditer 함수는 findall 함수다. 같이 동작하지만, match 객체를 필요할 때마다 만들어내는 지연 ***이터러블***을 반환한다. match 객체가 아주 많은 경우 finditer를 사용하면 메모리를 아낄 수 있다. 이 함수는 한 번에 하나의 일치하는 것만 반환한다. 반면 findall은 모든 것을 한번에 반환한다.

```
In [18]: for phone in re.finditer(r'\d{3}-\d{3}-\d{4}', contact):
    ...:     print(phone.group())
    ...:
555-555-1234
555-555-4321
```

부분 문자열 캡처링

괄호(( )) 문자를 사용해서 **일치하는 메타문자들**의 일부를 캡처할 수 있다. 예제를 위해서 text문자열에 있는 이름과 이메일 주소를 분리해서 캡처해 보자.

```
In [19]: text = 'Charlie Cyan, e-mail: demo1@deitel.com'

In [20]: pattern = r'([A-Z][a-z]+ [A-Z][a-z]+), e-mail: (\w+@\w+\.\w{3})'

In [21]: result = re.search(pattern, text)
```

이 정규 표현식은 두 개의 부분 문자열을 캡처하도록 지정하고 있다. 이것은 각각 메타문자 (와)

로 지정하고, 이 메타문자는 문자열에서 **패턴** 매칭하는 데 영향을 주지 ***않는다.*** 즉 match 함수는 text 문자열이 ***전체* 패턴**에 일치하는 ***경우에만*** match 객체를 반환한다.

위의 정규식을 좀 더 자세히 보자.

- '([A-Z][a-z]+ [A-Z][a-z]+)'는 공백으로 나누어져 있는 두 개의 단어를 매칭한다. 각 단어는 대문자로 시작해야 한다.
- ', e-mail: '은 보통 글자로 동일한 문자열을 매칭한다.
- '(\w+@\w+\.\w{3})'는 ***단순한*** 이메일을 매칭한다. @ 문자는 하나 이상의 글자나 숫자 (\w+), 점(.), 글자 혹은, 숫자 셋 (\w{3})으로 된 이메일이다. 점(.)의 바로 앞에 \를 두었는데, 일반적인 점(.)은 정규식의 메타문자로 글자 하나를 의미하기 때문이다.

match 객체의 **groups** 메서드는 캡처된 부분 문자열들을 튜플로 반환한다.

```
In [22]: result.groups()
Out[22]: ('Charlie Cyan', 'demo1@deitel.com')
```

match 객체의 group 메서드는 매칭된 문자열 ***전체를*** 하나의 문자열로 반환한다.

```
In [23]: result.group()
Out[23]: 'Charlie Cyan, e-mail: demo1@deitel.com'
```

이 group 메서드에 정수를 넘겨주면 캡처된 부분 문자열을 각각 별도로 접근할 수 있다. 캡처된 부분 문자열은 *1부터 숫자가 부여된다*(0에서 시작하는 리스트의 인덱스와 다르다.).

```
In [24]: result.group(1)
Out[24]: 'Charlie Cyan'

In [25]: result.group(2)
Out[25]: 'demo1@deitel.com'
```

8.13 데이터과학 도입부: 판다스, 정규식, 데이터 먼징

데이터가 항상 분석할 수 있는 형태로 제공되지는 않는다. 예를 들어 데이터가 잘못된 형식이거나, 정확하지 않거나, 일부가 누락되어 있을 수 있다. 업계 사람들에 따르면 데이터과학자는 연구를 시작하기 전에 데이터를 준비하는 데 최대 75%의 시간을 쓴다고 한다. 분석을 위해 데이터를 준비하는 것을 ***'데이터 먼징(data munging)'*** 또는 ***'데이터 랭글링(data wrangling)'***이라고 한다. 이 둘은 같은 의미이므로 앞으로 '데이터 먼징'이라고 부르기로 하겠다.

데이터 먼징 과정에서 가장 중요한 두 가지 단계는 ***데이터 정리***와 데이터베이스 시스템 및 분석 소프트웨어에 최적화된 형식으로 ***데이터를 변환***하는 것이다. 일반적인 데이터 정리 과정에는 다음과 같은 것들이 있다.

- 누락된 측정값 제거하기
- 누락된 값을 의미 있는 값으로 교체하기
- 이상 수치 제거하기(가끔 이런 값을 유지하기도 하지만)
- 중복된 값 제거하기(가끔 중복된 값이 정당할 수도 있지만)
- 일관성 없는 데이터 처리하기
- 기타 등등

여러분은 이미 데이터 정리 과정이 결과에 부정적인 영향을 주기 쉬운 어렵고 복잡한 일임을 느낄 것이다. 실제로 그렇다. 뒤에 이어지는 장에서 소개하는 데이터과학 사례 연구를 살펴보면, 데이터과학은 이론 물리학처럼 이론적인 과학이라기보다 의학처럼 **경험 과학(empirical science)**에 가깝다는 것을 알게 될 것이다. 경험 과학은 관찰과 경험에 기초한다. 예를 들어 오늘날 의학적인 문제를 효과적으로 해결하는 많은 약들은 초기 버전의 약을 실험용 동물에 적용하고, 나중에는 사람에도 적용해서 그 영향을 관찰해 보고 점차적으로 성분과 복용량을 정제해 가면서 개발되었다. 과학자들이 취하는 데이터는 프로젝트별로 다를 수 있고, 데이터의 품질과 특성에 기초하며, 발전하는 조직과 전문화된 표준에 의해 영향을 받을 수 있다.

일반적인 데이터 변환에는 다음과 같은 것들이 있다.

- 불필요한 데이터나 ***특성***을 제거한다. (데이터과학 사례 연구에서 특성에 대해 더 설명할 것이다.)
- 관련 특성을 합친다.
- 대표성이 있는 서브셋을 얻기 위해서 데이터를 샘플링한다. (데이터과학 사례 연구에서는 ***무작위 샘플링***이 특별히 효과적임을 볼 것이고 왜 그런 지도 설명할 것이다.)
- 데이터 포맷을 표준화한다.
- 데이터를 그룹핑한다.
- 기타 등등

항상 원본 데이터를 보관하는 것이 좋다. 이번에는 판다스의 `Series`와 `DataFrame`에 있는 데이터를 정리하고 변환하는 간단한 예를 보여줄 것이다.

데이터 클리닝(data cleaning)

잘못된 데이터 값과 누락된 값은 데이터 분석에 큰 영향을 미칠 수 있다. 일부 데이터과학자들은 '합리적인 값'을 삽입하려는 어떠한 시도도 하지 않는 것이 좋다고 한다. 대신 그들은 누락된 데이터를 명확하게 표시하고 이 문제를 처리하기 위해 데이터 분석 패키지에 맡겨야 한다고 주장한다. 그리고 또

다른 데이터과학자들은 굉장히 주의해야 한다고 권고한다.[4]

환자의 체온(그리고 아마도 다른 활력 징후)을 하루에 4번 기록하는 병원을 생각해 보자. 그리고 데이터는 다음과 같이 이름과 네 개의 float 값으로 되어 있다고 가정해 보자.

```
['Brown, Sue', 98.6, 98.4, 98.7, 0.0]
```

이 환자의 처음 기록된 세 개의 온도는 98.6, 98.4, 98.7이다. 마지막 온도는 센서가 오작동했기 때문인지 누락되어 0.0으로 기록되었다. 처음 세 값의 평균은 98.57로, 정상치에 가깝다. 그러나 0.0을 ***포함해서*** 평균 온도를 계산해 보면 평균은 73.93에 불과해 결과가 매우 의심스럽다. 분명히 의사들은 이 환자에게 과감한 조치를 해야 한다고 생각하지 않을 것이다. '데이터를 올바르게 만드는 것'은 매우 중요하다.

데이터를 정리하는 한 가지 일반적인 방법은 환자의 다른 판독값의 평균과 같이 누락된 온도에 대해 ***합리적인*** 값을 대체하는 것이다. 만약 그렇게 했다면, 환자의 평균 체온은 98.57로 유지될 것이다. 이 값을 다른 측정값을 기준으로 보았을 때 평균 온도에 훨씬 더 가깝다.

데이터 검증

먼저 도시 이름/다섯 자리 ZIP 코드의 키-값 쌍으로 되어 있는 딕셔너리에서 다섯 자리 ZIP 코드 Series 객체를 생성하는 것부터 시작해 보자. 마이애미의 ZIP 코드를 잘못 입력했다.

```
In [1]: import pandas as pd

In [2]: zips = pd.Series({'Boston': '02215', 'Miami': '3310'})

In [3]: zips
Out[3]:
Boston    02215
Miami      3310
dtype: object
```

zips는 2차원 배열로 보이지만 사실 1차원이다. 두 번째 열은 Series의 ZIP 코드***값***(딕셔너리의 값에서 가져온)이고, 첫 번째 열은 그것의 ***인덱스***(딕셔너리에서의 키값)를 의미한다.

데이터를 검증하기 위해 판다스와 함께 정규식을 사용한다. Series의 **str 속성**은 문자열 처리와 다양한 정규식 메서드들을 제공한다. str **속성**의 **match 메서드**를 사용해서 각 ZIP 코드가 올바른지 확인해 보자.

---

4 이 각주는 이 책의 리뷰어 중 한 명인 샌디에이고 경영대학원의 앨리슨 산체스 박사(Dr. Alison Sanchez)가 2018년 7월 20일 우리에게 보낸 리뷰에서 발췌한 것이다. 그녀는 "누락되거나 올바르지 못한 값을 합리적인 값으로 교체한다"라고 말할 때는 주의해야 합니다. 엄격하게 경고하자면 통계적 유의성을 증가시키거나 '합리적' 또는 '더 나은' 결과를 내는 값으로 '대체하는 것'은 허용되지 않습니다. 독자들이 배워야 할 첫 번째 원칙은 가설에 모순되는 값을 제거하거나 바꾸지 않는 것입니다. '합리적인 값으로 대체한다'는 것이 독자들이 그들이 원하는 결과를 얻기 위해 자유롭게 값을 바꾸어야 한다는 것을 의미하지는 않습니다."라고 강조했다.

```
In  [4]: zips.str.match(r'\d{5}')
Out[4]:
Boston     True
Miami     False
dtype: bool
```

match 메서드는 *각* Series 요소에 정규식 \d{5}를 적용하여 요소가 정확히 다섯 자리 숫자로 구성되어 있는지 확인한다. 모든 ZIP 코드를 처리하기 위해서 반복을 직접 사용할 필요가 없는데, match 메서드가 이 일을 처리해 준다. 이것은 외적 반복보다는 내적 반복을 사용하는 함수형 스타일 프로그래밍의 또 다른 예이다. 이 메서드는 조건에 부합하는 요소를 True로 하는 새로운 Series 객체를 반환한다. 앞의 데이터에서 마이애미의 ZIP 코드는 조건에 맞지 않아서 요소는 False가 된다.

부적합한 데이터를 처리하는 방법은 다양하다. 이런 방법 중 하나는 데이터가 만들어지는 곳에서 오류를 찾아 올바른 값이 나올 수 있도록 조치하는 것이지만, 이것이 항상 가능한 것은 아니다. 예를 들어 사물인터넷 상에 있는 고속 센서로부터 데이터가 올 수도 있다. 이 경우 데이터가 만들어지는 곳에서 수정할 수 없다. 이때 데이터를 정제하는 기술을 적용할 수 있다. 마이애미의 ZIP 코드가 3310로 잘못된 경우 3310으로 시작하는 마이애미 ZIP 코드를 찾아볼 수 있다. 여기에는 33101과 33109, 이렇게 두 개의 코드가 있고, 이 중에서 하나를 선택할 수도 있다.

때로는 ***전체*** 값을 패턴에 일치시키는 대신 값에 패턴과 일치하는 ***하위 문자열***이 포함되어 있는지의 여부를 알고 싶을 수 있다. 이 경우 match 대신 contains 메서드를 사용할 수 있다. 문자열들의 Series를 만들어보자. 각각의 문자열은 미국의 도시, 주와 ZIP 코드가 포함되어 있다. 그리고 나서 각 문자열에 ' [A-Z]{2} ' 패턴(공백, 두 개의 대문자가 뒤를 따르고 공백으로 끝남)에 매칭되는 부분 문자열이 있는지 확인해 보자.

```
In [5]: cities = pd.Series(['Boston, MA 02215', 'Miami, FL 33101'])

In [6]: cities
Out[6]:

0    Boston, MA 02215
1     Miami, FL 33101
dtype: object

In [7]: cities.str.contains(r' [A-Z]{2} ')
Out[7]:
0     True
1     True
dtype: bool

In [8]: cities.str.match(r' [A-Z]{2} ')
Out[9]:
0    False
1    False
dtype: bool
```

인덱스 값을 지정하지 않았기 때문에 Series는 기본적으로 0을 기반으로 인덱스를 사용한다(스니펫 [6]). 스니펫 [7]은 contains 메서드를 사용해서 Series의 두 요소들이 '[A-Z]{2}'에 매칭되는 부분 문자열이 있다는 것을 보여준다. 스니펫 [8]은 match 메서드를 사용해서 패턴에 일치하는 요소가 없다는 것을 보여준다. 각각의 요소들에게 주어진 패턴 이외의 글자가 있기 때문이다.

데이터 다시 포맷팅하기

데이터 정리에 대해서 이야기했는데, 이제 데이터를 다른 포맷으로 바꾸는 것을 생각해 보자. 간단한 예로 애플리케이션에 ###-###-#### 형식의 미국 전화번호가 필요하다고 가정하고, 하이픈은 각 숫자 그룹을 구분한다. 이들 전화번호에는 하이픈 없이 열 자리 숫자로 된 문자열이 주어진다. DataFrame을 만들어보자.

```
In [9]: contacts = [['Mike Green', 'demo1@deitel.com', '5555555555'],
   ...:             ['Sue Brown', 'demo2@deitel.com', '5555551234']]
   ...:

In [10]: contactsdf = pd.DataFrame(contacts,
    ...:                           columns=['Name', 'Email', 'Phone'])
    ...:

In [11]: contactsdf
Out[11]:
         Name             Email       Phone
0  Mike Green  demo1@deitel.com  5555555555
1   Sue Brown  demo2@deitel.com  5555551234
```

이 DataFrame에서는 columns 키워드 인자를 통해서 열 인덱스를 지정했지만, 행 인덱스를 따로 지정하지 *않아서* 행은 0으로 시작하는 인덱스를 사용한다. 또한 결과는 기본적으로 오른쪽 정렬되어 출력된다. 이것이 기본적으로 필드의 숫자는 ***오른쪽 정렬***하고 숫자가 아닌 것은 ***왼쪽 정렬***되는 파이썬의 포맷팅과 다르다.

이제 데이터를 좀 더 함수형 스타일 프로그래밍 방법으로 처리해 보자. DataFrame의 'Phone' 열에 대해서 Series의 **map** 메서드를 호출해서 전화번호를 적절한 포맷으로 ***맵핑시킬*** 수 있다. map 메서드의 인자는 값을 받아서 맵핑된 다른 값으로 반환하는 함수이다. get_formatted_phone 함수는 10개의 연속된 숫자를 ###-###-####으로 변환한다.

```
In [12]: import re

In [13]: def get_formatted_phone(value):
    ...:     result = re.fullmatch(r'(\d{3})(\d{3})(\d{4})', value)
    ...:     return '-'.join(result.groups()) if result else value
    ...:
```

앞의 코드 블록에서 첫 번째 구문에 있는 정규식은 ***단지*** 10개의 연속된 숫자만 매칭시킨다. 이 정규식은 처음 세 자리의 숫자, 다음 세 숫자와 나머지 네 개의 숫자의 부분 문자열들을 캡처한다. `return` 구문은 다음과 같이 동작한다.

- `result`가 None이면 간단히 변경되지 않은 `value`를 반환한다.
- 그렇지 않으면 정해진 형식의 전화번호로 만들기 위해 `result.groups()`를 호출해서 캡처한 부분 문자열의 튜플을 얻은 후, 이 튜플을 string 메서드 `join`으로 넘겨서 각 요소들을 이어 붙인다. 이때 `'-'`를 사이에 넣는다.

`Series`의 `map` 메서드는 해당 열의 각 값에 대해 주어진 함수 인자를 호출해서 얻은 결과를 가지고 있는 새로운 `Series`를 반환한다. 스니펫 `[15]`는 해당 열의 이름과 타입을 포함한 결과를 반환한다.

```
In [14]: formatted_phone = contactsdf['Phone'].map(get_formatted_phone)

In [15]: formatted_phone
0      555-555-5555
1      555-555-1234
Name: Phone, dtype: object
```

8

데이터가 올바른 포맷으로 되어 있는 것을 확인했으며, 이 `Series`를 `'Phone'` 열에 할당해서 원래의 DataFrame으로 업데이트할 수 있다.

```
In [16]: contactsdf['Phone'] = formatted_phone

In [17]: contactsdf
Out[17]:
         Name              Email         Phone
0  Mike Green  demo1@deitel.com  555-555-5555
1   Sue Brown  demo2@deitel.com  555-555-1234
```

판다스에 대해서는 다음 장의 '데이터과학 들어가기' 절에서 계속 알아볼 것이다. 그리고 이후에 나오는 여러 장에서 판다스를 사용하게 될 것이다.

8.14 요약

이 장에서는 다양한 문자열 포맷팅과 문자열 처리 기능에 대해 살펴보면서 f-문자열과 문자열의 `format` 메서드를 통해서 데이터를 포맷팅했다. 그리고 증분 대입 연산자를 활용해 문자열을 이어붙이고 문자열을 반복시켜 보았다. 문자열의 처음과 끝에 있는 공백 문자를 제거하고 대소문자를 바꾸는 데 문자열의 메서드를 사용했다. 문자열을 분리하고 문자열 이터러블들을 합치는 추가적인 메서드도 설명했고, 다양한 글자들의 특성을 테스트하는 메서드도 소개했다.

백슬래시(\)를 이스케이프 시퀀스의 시작으로 사용하지 않고 문자 그대로 취급하는 원시 문자열을 보았다. 이것은 백슬래시를 많이 사용하는 정규식을 정의할 때 특히 유용하다.

다음으로 re 모듈에 있는 함수들을 이용해서 정규식의 강력한 패턴 매칭 기능을 소개했다. fullmatch 함수를 사용해서 전체 문자열이 패턴에 매칭되는지 확인했는데, 이것은 데이터를 검증하는 데 매우 유용하다. 부분 문자열을 찾아서 교체하는 데 replace 함수를 어떻게 사용하는지도 살펴보았다. 정규식 패턴에 매칭되는 구분자를 바탕으로 문자열을 토큰으로 나누는 데 split 함수를 사용했고, 문자열에 있는 패턴으로 찾고 결과를 얻는 다양한 방법을 살펴보았다.

'데이터과학 들어가기' 절에서는 데이터 먼징(date munging)과 데이터 랭글링(data wrangling)이 동의어라고 소개했다. 데이터 정리 연산을 보여주었다. 판다스의 Series와 DataFrame에 대해서 데이터를 검증하고 정제하기 위해 정규식을 어떻게 사용하는지 보았다.

다음 장에서는 파일에서 텍스트를 읽고, 파일에 기록하는 방법을 소개하면서 다양한 문자열 처리 기능을 계속 사용할 것이다. csv 모듈을 이용해서 콤마로 구분되는 값(CSV) 파일을 조작해 본다. 또한 예외 처리를 소개하고 예외가 발생하면 트레이스백을 화면에 출력하지 않고 예외를 처리하는 방법도 살펴본다.

Chapter

9

파일과 예외

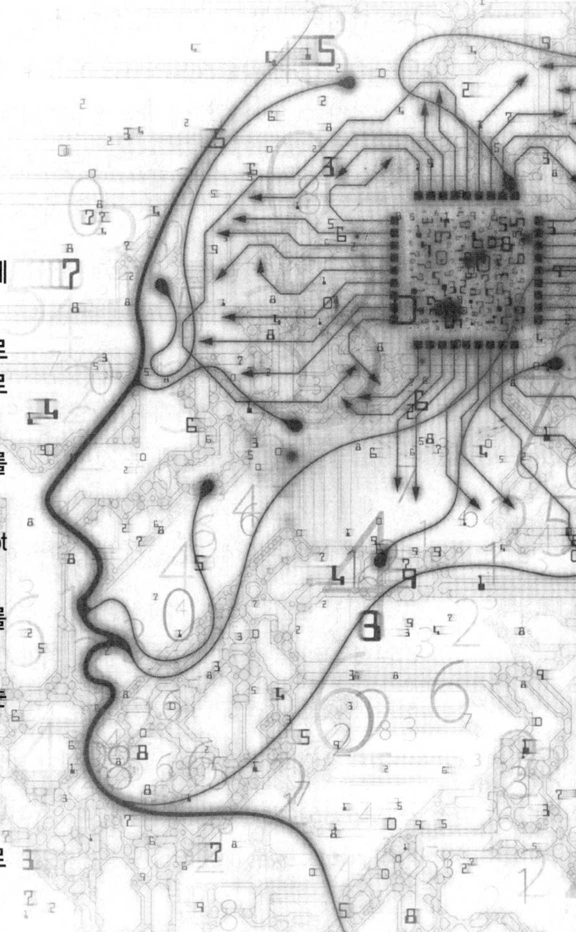

학습 목표

이번 장에서는 다음과 같은 것을 다룬다.

- 파일과 영구적인 데이터의 개념을 이해한다.
- 파일을 읽고 쓰고 업데이트해 본다.
- 머신러닝 데이터세트의 일반적인 포맷인 CSV 파일을 읽고 파일에 기록한다.
- 객체를 JSON 데이터 교환 포맷(인터넷으로 전송할 때 일반적으로 사용되는)으로 직렬화하고 JSON을 역직렬화해서 객체로 만들어본다.
- with 구문을 사용해서 리소스 누수가 발생하지 않도록 리소스를 적절하게 해제해 본다.
- try 구문을 사용해서 예외가 발생하는 코드를 구분하고 except 절에서 예외 처리를 해제해 본다.
- try 스위트에서 예외가 발생하지 않았을 때 실행해야 하는 코드를 try 구문의 else절을 사용해서 실행시켜 본다.
- try 구문의 finally절을 사용해서 try 구문에서 예외가 발생하는 것과 상관없이 항상 코드의 실행을 시켜 본다.
- 실행중에 발생하는 문제를 나타내기 위해 예외를 발생시켜본다.
- 예외를 발생하게 한 함수와 메서드의 트레이스백을 이해한다.
- 판다스를 이용해서 타이타닉 재난 CSV 데이터세트를 DataFrame으로 로드하고 처리한다.

Outline

9.1 개요

변수, 리스트, 튜플, 딕셔너리, 세트, 배열, 판다스 `Series` 및 판다스 `DataFrame`은 *임시로* 사용하는 데이터 저장 공간만 제공한다. 로컬 변수가 '범위 밖으로 이동'하거나 프로그램이 종료될 때 데이터가 손실된다. **파일**은 데이터를 생성한 프로그램이 종료된 후에도 일반적으로 대량의 데이터를 장기간 보존할 수 있기 때문에 파일에 유지되는 데이터는 영구적이다. 컴퓨터는 솔리드 스테이트 드라이브(SSD), 하드디스크 등을 포함한 보조 저장 장치에 파일을 저장한다. 이 장에서는 파이썬 프로그램이 데이터 파일을 생성, 업데이트 및 처리하는 방법을 설명한다.

텍스트 파일로 유명한 포맷을 생각해 볼 수 있다. 예를 들어 일반 텍스트와 JSON(자바스크립트 객체 표현법), 그리고 CSV(콤마로 분리된 값)이 있다. JSON을 사용하여 객체를 직렬화 및 역직렬화하고, 이런 객체를 보조 기억 장치에 저장한 후 인터넷을 통해 전송할 수 있게 할 것이다. 이번 장의 '9.12 데이터과학 들어가기' 절에서는 파이썬 표준 라이브러리의 `csv` 모듈과 판다스를 사용하여 CSV 데이터를 로드하고 조작해 볼 것이다. 특히 타이타닉 재난 데이터세트의 CSV 버전을 조작해볼 것이다. 자연어 처리, 트위터의 데이터 마이닝, IBM 왓슨, 머신러닝, 딥러닝 및 빅데이터를 다루는 데이터과학 사례 연구 장에서도 널리 사용되는 데이터세트를 이용하게 될 것이다.

파이썬 보안에 대한 지속적인 강조의 일환으로, 파이썬 표준 라이브러리의 `pickle` 모듈과 함께 데이터의 직렬화 및 역직렬화의 보안 취약점에 대해 설명할 것이다. 일반적으로 `pickle`보다 JSON 직렬화가 더 좋다.

그리고 **예외 처리** 방법도 소개한다. 예외는 실행 시점에서 발생한 문제를 나타내는데, 지금까지 `ZeroDivisionError`, `NameError`, `ValueError`, `StatisticsError`, `TypeError`, `IndexError`, `KeyError`, `RuntimeError` 등 수많은 예외를 보았다. 예외를 처리하기 위해서 `try` 구문과 그것과 연

관된 except절을 사용하여 발생한 예외를 ***어떻게 처리하는지*** 보여줄 것이다. 또한 `try` 구문의 `else`와 `finally`절에 대해서도 살펴볼 것이다. 여기에 설명할 기능을 사용하면 문제가 발생했을 때 문제를 처리해서 프로그램을 ***멈추지 않고*** 계속 실행할 수 있게 할 수 있다. 혹은 프로그램을 잘 종료해서 ***강력하고 내결함성이 강한 프로그램***을 작성하는 데 도움이 될 것이다.

일반적으로 프로그램은 실행 중에 리소스(예: 파일)를 요청하고 해제한다. 이 리소스들은 사용 가능한 양이 제한되어 있거나 한 번에 한 프로그램에서만 사용 가능한 경우가 있다. 프로그램이 리소스를 사용한 후 예외가 발생해도 이 리소스를 해제해서 다른 프로그램이 리소스를 사용할 수 있도록 보장하는 방법을 보여줄 것이다. 이것을 위해서 `with` 구문을 사용해 본다.

9.2 파일

파이썬은 **텍스트 파일**을 문자들의 시퀀스로 취급하고, **2진 파일**(이미지, 동영상 등)은 바이트들의 시퀀스로 본다. 리스트와 배열처럼 텍스트 파일에서의 첫 번째 문자와 바이너리 파일의 첫 번째 바이트는 0 위치에 있다. 따라서 n개의 문자 바이트를 저장하고 있는 파일에서 가장 마지막 위치는 $n-1$이 된다. 다음 그림은 파일을 개념적으로 보여주고 있다.

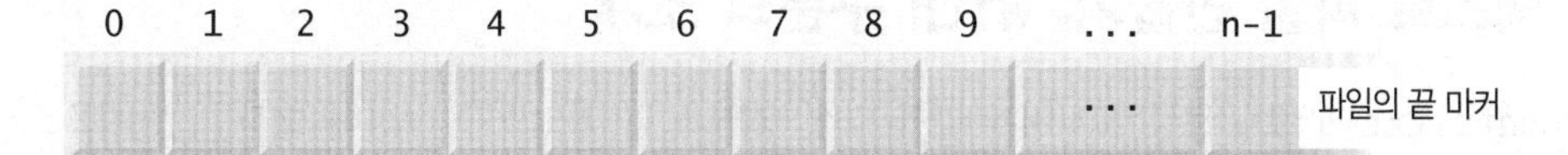

파이썬에서 파일을 열 때 파이썬은 파일과 함께 해당파일과 연동할 `file` 객체를 생성한다.

파일의 끝

모든 운영체제에는 파일의 끝을 표시하는 메커니즘을 가지고 있다. 어떤 운영체제는 **파일의 끝을 나타내는 마커**(앞에서 보았던 그림처럼)를 이용해서 표시하지만, 다른 운영체제에서는 파일의 총 문자 수 또는 바이트 수를 이용한다. 보통 프로그래밍 언어에서는 이런 운영체제의 상세한 내용을 숨겨준다.

표준 파일 객체

파이썬 프로그램이 실행될 때 파이썬은 세 개의 표준 파일 객체를 생성한다.

- **`sys.stdin`** – 표준 입력 파일 객체
- **`sys.stdout`** – 표준 출력 파일 객체
- **`sys.stderr`** – 표준 오류 파일 객체

이들은 파일 객체로 취급되지만, 실제로 파일을 읽거나 기록하지는 않는다. `input` 함수는 키보드에서 사용자 입력을 받기 위해서 `sys.stdin`을 암묵적으로 사용한다. `print` 함수가 암묵적으로

sys.stdout에 출력하면 화면에 표시된다. 파이썬은 sys.stderr에 프로그램 오류와 트레이스백을 출력하며, 이것도 화면에 나타난다. 코드에서 이 객체들을 명시적으로 참조하려면 sys 모듈을 로드해서 가져와야 하지만, 이렇게 해야 하는 경우는 흔하지 않다.

9.3 텍스트 파일 처리하기

이번 절에서는 한 회사에서 고객들에게 빌려 준 돈을 기록하는 미수금 시스템에서 사용할 간단한 텍스트 파일을 만들어본 후 해당 텍스트 파일을 읽고 데이터가 들어있는지 확인할 것이다. 각 고객에 대해 고객의 계좌번호와 이름, 그리고 회사에 지불해야 할 계좌 잔액을 저장할 것이다. 이러한 데이터 필드는 클라이언트 **레코드**를 나타낸다. 파이썬은 파일의 구조를 강제적으로 구성하고 있지 않기 때문에 레코드와 같은 개념은 기본적으로 파이썬에 없다. 프로그래머들은 자신들이 만들고 있는 애플리케이션의 요구 조건을 만족시킬 수 있도록 파일을 구조화해야만 한다. 이 파일을 계좌번호 순으로 만들고 관리할 것인데, 이런 관점에서 계좌번호는 **레코드 키**라고 생각할 수 있다. 이번 장에서는 ch09 예제 폴더에서 IPython을 실행한다고 가정한다.

9.3.1 텍스트 파일 만들기: with 구문의 소개

accounts.txt 파일을 생성하고 이 파일에 다섯 명의 고객 레코드를 작성해 보자. 일반적으로 텍스트 파일에 있는 레코드들은 각 라인별로 고객 정보를 저장되는데, 이렇게 하려면 각 레코드는 줄 바꿈 문자로 끝낸다.

```
In  [1]: with open('accounts.txt', mode='w') as accounts:
    ...:     accounts.write('100 Jones 24.98\n')
    ...:     accounts.write('200 Doe 345.67\n')
    ...:     accounts.write('300 White 0.00\n')
    ...:     accounts.write('400 Stone -42.16\n')
    ...:     accounts.write('500 Rich 224.62\n')
    ...:
```

다음 코드처럼 print 함수(자동으로 \n 출력)를 이용해서 파일에 기록할 수도 있다.

```
print('100 Jones 24.98', file=accounts)
```

with 구문

많은 애플리케이션은 파일, 네트워크 연결, 데이터베이스 연결 등과 같은 리소스를 ***할당받는다.*** 이런 리소스는 필요없어지면 바로 해제해서 다른 애플리케이션이 한정된 리소스를 같이 사용할 수 있도록 해야 한다. 파이썬의 **with 구문**은 다음과 같은 일을 한다.

- 리소스를 얻고 (예제에서는 accounts.txt의 파일 객체) 그 리소스에 대응하는 객체를 변수에 할당한다(예제에서는 accounts).
- 애플리케이션이 이 변수를 사용해서 리소스를 사용한다.
- 프로그램이 with 구문 스위트의 **마지막**에 이르면 리소스 객체의 close 메서드를 호출한다.

open 내장 함수

내장된 open 함수는 파일 accounts.txt를 열어서 그것을 파일 객체에 연결한다. mode 인자는 **파일의 오픈 모드**를 지정하고 파일을 읽기 위해서 사용할지, 쓰기 위해 또는 둘 다를 위해서 파일을 사용할지 지정한다. **'w'** 모드는 파일에 데이터를 쓰기 위해서 파일을 열고, 파일이 없으면 파일을 생성한다. 파일에 대한 경로를 지정하지 않으면 파이썬은 현재 폴더(ch09)에 파일을 만든다. 파일에 기록하기 위해서 파일을 열면 기존에 있던 데이터는 삭제되므로 주의해야 한다. 관례상 **.txt 파일 확장자**는 일반적인 텍스트 파일을 의미한다.

9

파일에 쓰기

with 구문은 open에서 반환되는 객체를 **as절**에 있는 accounts 변수에 객체를 할당한다. with 구문의 스위트에서 이 accounts 변수를 사용해서 파일과 연동한다. 예제에는 파일 객체의 **write 메서드**를 다섯 번 호출해서 파일에 다섯 개의 레코드를 기록했다. 각각은 줄 바꿈 문자로 끝내서 줄 단위로 구분한다. with 구문의 스위트의 마지막에 with 구문은 ***암묵적으로*** 파일 객체의 **close** 메서드를 호출해서 파일을 닫는다.

accounts.txt의 내용

앞의 스니펫을 실행하면 ch09 디렉토리에 다음과 같은 내용의 accounts.txt 파일이 생긴다. 텍스트 에디터로 파일을 열어서 파일 내용을 확인할 수 있다.

```
100 Jones 24.98
200 Doe 345.67
300 White 0.00
400 Stone -42.16
500 Rich 224.62
```

다음 절에서 파일을 읽고 해당 내용을 출력해 볼 것이다.

9.3.2 텍스트 파일에서 데이터 읽기

텍스트 파일 accounts.txt를 생성하고 이 파일에 데이터를 기록했다. 이제 이 파일로부터 데이터를 처음부터 끝까지 순차적으로 읽어보자. 다음 세션에서는 accounts.txt 파일에서 레코드를 읽고 각 레코드를 출력할 것이다. Account와 Name 열은 ***왼쪽 정렬***하고, Balance 열은 ***오른쪽 정렬***해서 소수점이 위아래로 일치되도록 한다.

```
In  [1]: with open('accounts.txt', mode='r') as accounts:
    ...:     print(f'{"Account":<10}{"Name":<10}{"Balance":>10}')
    ...:     for record in accounts:
    ...:         account, name, balance = record.split()
    ...:         print(f'{account:<10}{name:<10}{balance:>10}')
    ...:
Account   Name         Balance
100       Jones          24.98
200       Doe           345.67
300       White           0.00
400       Stone         -42.16
500       Rich          224.62
```

파일 내용이 변경되지 않아야 한다면 읽기 전용으로 파일을 열어야 프로그래머의 실수로 파일을 수정하는 일을 방지할 수 있다. open 함수의 두 번째 인자로 **'r'** 파일 열기 모드를 전달하면 읽기 전용 모드로 파일을 연다. 파일이 저장된 폴더를 지정하지 않았으면 open 함수는 파일이 현재 폴더에 있다고 가정한다.

앞의 for 구문에서 살펴보았던 것처럼 파일 객체를 순회하면 파일로부터 한 줄씩 읽어서 문자열로 반환한다. 파일의 각 **레코드**, 즉 한 줄에 대해서 문자열의 split 메서드는 해당 줄의 토큰을 분리해서 리스트로 반환한다. 그것을 변수 account, name, balance로 언패킹한다.[1] for 구문의 스위트에 있는 마지막 구문은 이 변수들을 필드 너비를 사용해서 열별로 구분해서 출력한다.

파일의 readlines 메서드

파일 객체의 **readlines** 메서드는 ***전체*** 텍스트 파일을 읽는 데 사용할 수 있다. 이 메서드는 각 줄을 문자열로 하는 리스트를 반환한다. 작은 파일의 경우 이 메서드가 잘 동작하지만, 위에서 보여주고 있는 것처럼 파일 객체를 줄 단위로 순회해야 더 효율적일 수 있다.[2] 큰 파일에 대해서 readlines를 호출하면 시간이 많이 걸릴 수 있다. 이 메서드는 데이터를 사용하기 전에 문자열 리스트를 모두 만들어야 한다. for 구문에 파일 객체를 사용하면 프로그램을 줄 단위로 읽어서 처리할 수 있다.

1 문자열을 공백(기본값)으로 나눌 때 split 함수는 자동으로 줄 바꿈 문자를 무시한다.

2 https://docs.python.org/3/tutorial/inputoutput.html#methods-of-file-objects

파일의 특정 위치로 이동하기

파일을 읽는 동안 시스템은 다음에 읽을 파일의 위치를 표현하기 위해서 **파일 위치 포인터**를 유지한다. *가끔* 프로그램을 실행하면서 처음부터 순차적으로 *여러 번* 처리해야 하는 경우가 있다. 그때마다 파일의 시작점으로 파일 위치 포인터를 옮겨주어야 하는데, 이렇게 하기 위해 파일을 닫고 다시 열거나 파일 객체의 **seek** 메서드를 다음처럼 사용할 수 있다.

파일_객체.seek(0)

후자가 더 빠르다.

9.4 텍스트 파일 업데이트하기

텍스트 파일에 기록된 데이터는 다른 데이터로 의도치 않게 수정될 수 있다. accounts.txt 파일에 'White'라는 이름을 'Williams'로 바꾸려면 이전 이름을 간단히 덮어쓸 수는 없다. White에 해당하는 레코드가 다음과 같이 저장되어 있다.

```
300 White 0.00
```

'White'라는 이름을 'Williams'로 덮어버리면 레코드가 다음과 같이 된다.

```
300 Williams00
```

새 이름이 원래보다 세 글자가 더 많아서 'Williams'의 두 번째 i 이후의 문자들이 다른 문자들을 덮어버렸다. 이 경우 포맷이 정해진 입·출력 모델에서 레코드와 레코드를 구성하는 각 필드의 길이가 다양할 수 있다는 것이 문제이다. 예를 들어 7, 14, 1117, 2017, 27383은 모두 정수들로 내부적으로 동일한 바이트를 사용해서 저장된다. (오늘날의 시스템에서는 보통 4바이트나 8바이트를 사용한다.) 하지만 이런 정수들을 텍스트로 출력하면 서로 다른 크기의 필드가 된다. 예를 들어 7은 한 글자, 14는 두 글자, 그리고 27383은 다섯 글자이다.

다음과 같은 방법으로 앞에서 보았던 이름을 변경할 수 있다.

- 300 White 0.00 앞에 있는 레코드들을 임시 파일로 복사한다.
- 300계좌를 갱신하고 포맷을 맞춘 레코드를 이 파일에 복사한다.
- 300 White 0.00 이후의 레코드를 임시 파일에 복사한다.
- 이전 파일을 삭제한다.
- 임시 파일을 원래의 파일 이름으로 바꾼다.

한 개의 레코드만 업데이트해야 하는 경우에도 파일의 *모든* 레코드를 처리해야 하기 때문에 이것은 번거롭다. 위에서 설명한 대로 파일을 업데이트하는 것은 애플리케이션이 한 번에 많은 레코드를 업데

이트해야 할 때 더 효율적이다.[3]

accounts.txt 업데이트하기

with 구문을 사용해서 accounts.txt 파일을 업데이트하고 account 300의 이름을 'White'에서 'Williams'로 위에서 설명한 대로 업데이트해 보자.

```
In [1]: accounts = open('accounts.txt', 'r')

In [2]: temp_file = open('temp_file.txt', 'w')

In [3]: with accounts, temp_file:
   ...:     for record in accounts:
   ...:         account, name, balance = record.split()
   ...:         if account != '300':
   ...:             temp_file.write(record)
   ...:         else:
   ...:             new_record = ' '.join([account, 'Williams', balance])
   ...:             temp_file.write(new_record + '\n')
   ...:
```

코드의 가독성을 위해서 파일 객체를 열고 (스니펫 [1]과 스니펫 [2]에서) 스니펫 [3]의 첫 번째 줄에서 변수 이름을 지정했다. 이 with 구문은 콤마로 구분해서 지정한 두 개의 리소스 객체를 관리한다. for 구문은 각 레코드를 account, name, balance 변수로 언패킹한다. account가 300이 아니면 레코드(줄 바꿈 문자가 포함된)를 temp_file에 기록한다. 그렇지 않으면 White가 있던 자리에 'Williams'를 포함시킨 새로운 레코드를 만들고, 그 레코드를 파일에 기록한다. 스니펫 [3] 이후에 temp_file.txt에는 다음과 같은 내용이 된다.

```
100 Jones 24.98
200 Doe 345.67
300 Williams 0.00
400 Stone -42.16
500 Rich 224.62
```

os 모듈의 파일 처리 함수

지금까지 잘 따라왔다면, 이전의 accounts.txt 파일과 새로운 temp_file.txt 파일이 같이 있을 것이다. 업데이트를 완료하기 위해서 이전 파일인 accounts.txt 파일을 삭제하고 temp_file.txt 파일을 accounts.txt로 이름을 변경해야 한다. **os 모듈**[4]은 운영체제와 연동하는 함수들을 제공하고,

3 '빅데이터, 하둡, 스파크, NoSQL, IoT' 장에서 이 '제자리 업데이트' 문제를 효과적으로 해결해 주는 데이터베이스를 볼 것이다.

4 https://docs.python.org/3/library/os.html

시스템 파일과 디렉토리를 조작할 수 있는 함수들도 있다. 임시 파일을 만들었으니 **remove 함수**[5]를 사용하여 원본 파일을 삭제한다.

```
In [4]: import os

In [5]: os.remove('accounts.txt')
```

다음으로 **rename 함수**를 사용해서 임시 파일을 'accounts.txt'로 변경해 보자.

```
In [6]: os.rename('temp_file.txt', 'accounts.txt')
```

9.5 JSON으로 직렬화하기

트위터, IBM 왓슨, 그리고 이외의 클라우드 기반 서비스와 연동하기 위해 사용하는 많은 라이브러리들은 JSON 객체를 통해서 애플리케이션과 통신한다. **JSON(자바스크립트 객체 표기법)**은 텍스트 기반으로 사람과 컴퓨터 모두 읽을 수 있으며, 이름과 값의 집합으로 객체를 표현하는 데이터 교환 포맷이다. JSON은 다음에서 만들어보게 될 것처럼 사용자 클래스의 객체들까지 표현할 수 있다.

JSON은 플랫폼 간에 객체를 전송하는 데 많이 사용하는 데이터 형식이 되었다. 특히 인터넷을 통해 호출하는 함수나 메서드들인 클라우드 기반 웹 서비스를 호출할 경우에는 더욱 그러한데, 아마도 JSON 데이터로 작업하는 데 능숙해질 것이다. 12장 '트위터 데이터 마이닝'에서는 트윗과 해당 메타데이터를 포함한 JSON 객체에 액세스해 볼 것이다. 13장 'IBM 왓슨과 인지 컴퓨팅'장에서는 왓슨 서비스가 반환하는 JSON 응답 데이터를 볼 것이다. 16장 '빅데이터: 하둡, 스파크, NoSQL, 사물인터넷'에서는 트위터에서 얻은 JSON 트윗 객체를 널리 사용되는 NoSQL 데이터베이스인 몽고DB에 저장한다. 이 장에서는 JSON 객체로서 데이터를 송·수신하는 다른 웹 서비스와도 연동하게 될 것이다.

JSON 데이터 포맷

JSON 객체는 파이썬의 딕셔너리와 비슷하다. 각 JSON 객체는 중괄호({}) 안에 적절한 ***이름과 값***의 리스트를 콤마로 구분해서 기록하고 있다. 예를 들어 다음과 같은 키/값 쌍은 고객 레코드를 의미한다.

```
{"account": 100, "name": "Jones", "balance": 24.98}
```

또한 JSON은 파이썬 리스트와 같이 배열도 지원한다. 배열은 대괄호([ ]) 안에 콤마로 값을 구분하는 방식으로 표시한다. 예를 들어 다음은 숫자들을 JSON 배열로 만든 것이다.

5 remove 함수를 주의해서 사용해야 한다. 파일을 영원히 지울 때 경고하지 않는다.

```
[100, 200, 300]
```

JSON 객체와 배열에 들어갈 수 있는 값은 다음과 같다.

- *큰따옴표로 감싼* 문자열 ("Jones"와 같이)
- 숫자(100, 24.98과 같이)
- JSON 부울값(JSON에서는 true 또는 false로 표기)
- null(값이 없음을 의미, 파이썬의 None에 해당)
- 배열([100,200, 300]과 같이)
- 다른 JSON 객체

파이썬 표준 라이브러리 모듈 json

json 모듈을 사용하면 객체를 JSON(자바스크립트 객체 표시법) 텍스트 형식으로 변환할 수 있는데, 이것은 데이터를 **'직렬화한다'**라고 한다. 다음 딕셔너리를 생각해 보자. 이 딕셔너리는 'accounts'라고 하는 키에 두 개의 계정 정보를 가지고 있는 딕셔너리 리스트를 연관시키고 있다. 각각의 계정 딕셔너리는 계좌 번호(account), 이름(name), 잔액(balance)에 대한 세 개의 키-값 쌍을 가진다.

```
In  [1]: accounts_dict = {'accounts': [
    ...:     {'account': 100, 'name': 'Jones', 'balance': 24.98},
    ...:     {'account': 200, 'name': 'Doe', 'balance': 345.67}]}
```

객체를 JSON으로 직렬화하기

객체를 JSON 포맷으로 파일에 기록해 보자.

```
In  [2]: import json

In  [3]: with open('accounts.json', 'w') as accounts:
    ...:     json.dump(accounts_dict, accounts)
    ...:
```

스니펫 [3]은 파일 accounts.json을 열고 json 모듈의 **dump 함수**를 사용해서 accounts_dict 딕셔너리 정보를 파일로 직렬화한다. 파일에 다음과 같은 텍스트로 기록되는데, 이 텍스트는 가독성을 높이기 위해서 약간 수정한 것이다.

```
{"accounts": [
    {"account": 100, "name": "Jones", "balance": 24.98},
    {"account": 200, "name": "Doe", "balance": 345.67}]}
```

JSON은 *큰따옴표*를 사용해서 문자열을 표시하고 있다는 점을 주의한다.

JSON 텍스트 역직렬화하기

json 모듈의 **load 함수**는 파일 객체의 전체 JSON을 읽어서 파이썬 객체로 만드는데, 이 과정을 '데이터 **역직렬화**'라고 한다. JSON 텍스트에서 원래의 파이썬 객체로 다시 만들어보자.

```
In  [4]: with open('accounts.json', 'r') as accounts:
    ...:     accounts_json = json.load(accounts)
    ...:
    ...:
```

이제 로드된 객체를 사용할 수 있다. 예를 들어 이 딕셔너리를 출력할 수 있다.

```
In [5]: accounts_json
Out[5]:
{'accounts': [{'account': 100, 'name': 'Jones', 'balance': 24.98},
  {'account': 200, 'name': 'Doe', 'balance': 345.67}]}
```

예상했던 것처럼 딕셔너리 내용에 접근할 수 있다. accounts 키에 연관된 딕셔너리 리스트를 가져와보자.

```
In [6]: accounts_json['accounts']
Out[6]:
[{'account': 100, 'name': 'Jones', 'balance': 24.98},
 {'account': 200, 'name': 'Doe', 'balance': 345.67}]
```

이번에는 각 계좌 딕셔너리를 가져와보자.

```
In [7]: accounts_json['accounts'][0]
Out[7]: {'account': 100, 'name': 'Jones', 'balance': 24.98}

In [8]: accounts_json['accounts'][1]
Out[8]: {'account': 200, 'name': 'Doe', 'balance': 345.67}
```

여기서 해 보지는 않았지만, 이 딕셔너리를 수정하는 것도 가능하다. 예를 들어 이 리스트에 계정을 추가하거나 삭제할 수도 있고, 이렇게 수정한 딕셔너리를 다시 JSON 파일로 기록할 수도 있다.

JSON 텍스트 출력하기

json 모듈의 **dumps 함수**(dumps는 'dump string'의 약자)는 객체를 JSON 포맷으로 바꿔서 파이썬 문자열을 반환한다. load 함수에 dumps 함수를 사용하면 파일로부터 JSON을 읽고 잘 포맷팅된 형태로 출력할 수 있다. 이런 것을 JSON을 '보기 좋게 출력하기(pretty printing)'라고 한다.

dumps 함수 호출에 indent 키워드 인자를 넣으면 반환되는 문자열이 보기 좋게 보이도록 줄 바꿈 문자와 들여쓰기가 적용된다. 파일에 쓸 때는 dump 함수에 indent 키워드를 사용할 수 있다.

```
In [9]: with open('accounts.json', 'r') as accounts:
   ...:     print(json.dumps(json.load(accounts), indent=4))
   ...:
{
    "accounts": [
        {
            "account": 100,
            "name": "Jones",
            "balance": 24.98
        },
        {
            "account": 200,
            "name": "Doe",
            "balance": 345.67
        }
    ]
}
```

9.6 보안: pickle을 이용해 직렬화와 역직렬화하기

파이썬 표준 라이브러리에 있는 **pickle 모듈은** 객체를 파이썬만의 데이터 포맷으로 직렬화할 수 있다. **다만 파이썬 문서에는 pickle에 대해 다음과 같이 경고하고 있다.**

- 피클 파일은 해킹될 수 있다. 네트워크로 피클 파일을 받았다면 내부에 악성 코드가 있을 수 있으므로 그 파일을 믿지 말아야 한다. 이 악성 코드는 데이터를 로드할 때 임의의 파이썬 코드를 실행시킬 수 있다. 단 직접 데이터를 쓰거나 읽을 때는 안전하다. (물론 피클 파일에 다른 사람들이 접근하지 않을 때 안전하다.)[6]
- 피클은 임의의 복잡한 파이썬 객체를 직렬화할 수 있는 프로토콜이다. 그렇기 때문에 파이썬에 한정되어 있으며, 다른 언어로 작성된 애플리케이션과 통신하는 데 사용할 수 없다. 피클은 기본적으로 안전하지 않다. 숙련된 공격자가 데이터를 수정할 수 있기 때문에 믿을 수 없는 곳에서 받는 피클 데이터를 역직렬화하면 임의의 코드가 실행될 수 있다.[7]

6 https://wiki.python.org/moin/UsingPickle

7 https://docs.python.org/3/tutorial/inputoutput.html#reading-and-writing-files

피클 사용을 권장하지 않지만, 이미 수년 동안 사용되어 왔기 때문에 **기존 코드**(legaye code: 더 이상 지원되지 않는 옛날 코드)에서 피클이 사용되는 것을 볼 수 있다.

9.7 파일과 관련된 부연 설명

다음 표는 텍스트 파일을 위한 다양한 파일 오픈 모드를 설명하는데, 앞에서 설명했던 읽기 모드와 쓰기 모드도 포함되어 있다. *읽기/쓰기* 모드는 파일이 없으면 생성된다. 파일이 없는데 *읽기* 모드를 사용하면 `FileNotFoundError` 예외가 발생한다. 각 텍스트 파일 모드는 `'rb'` 또는 `'wb+'`처럼 b로 지정되는 바이너리 파일 모드를 가지고 있다. 예를 들어 이미지, 오디오, 비디오, ZIP으로 압축된 파일, 그리고 다른 유명한 파일 포맷을 읽거나 쓰려고 할 때 이런 모드를 사용할 것이다.

모드	설명
'r'	읽기 용도로 텍스트 파일을 연다. open 함수를 호출할 때 파일 오픈 모드를 특별히 지정하지 않으면 사용되는 기본값이다.
'w'	쓰기 용도로 텍스트 파일을 연다. 파일이 있으면 *삭제된다.*
'a'	파일의 끝부분에 내용을 추가하기 위해 텍스트 파일을 연다. 파일이 없으면 생성하고, 추가 데이터는 파일의 마지막에 쓰여진다.
'r+'	읽기/쓰기 용도로 텍스트 파일을 연다.
'w+'	읽기/쓰기 용도로 텍스트 파일을 연다. 기존 파일이 있으면 *삭제된다.*
'a+'	읽기 그리고 파일의 마지막에 데이터를 추가하기 위해 텍스트 파일을 연다. 새로운 데이터는 파일의 마지막에 기록되고, 파일이 없으면 생성한다.

파일 객체의 다양한 메서드

파일 객체에서 많이 사용하는 몇 가지 메서드가 있다.

- 텍스트 파일의 경우 **read** 메서드는 정수 인자로 지정한 문자 수만큼 가진 문자열을 반환한다. 바이너리 파일의 경우 이 메서드에 지정된 바이트 수만큼 반환한다. 인자를 지정하지 않으면 파일 전체를 반환한다.
- **`readline`** 메서드는 텍스트에서 한 줄만 문자열로 반환한다. 줄 바꿈 문자가 있으면 그것까지 포함해서 반환하고, 파일의 마지막에 다다르면 빈 문자열을 반환한다.
- **`writelines`** 메서드는 문자열 리스트를 받아서 파일에 기록한다.

파이썬이 파일 객체를 생성하기 위해 사용하는 모든 클래스들은 파이썬 표준 라이브러리의 **io 모듈**에 정의되어 있다(`https://docs.python.org/3/library/io.html`).

9.8 예외 처리하기

파일 작업을 하다 보면 다음과 같은 다양한 예외가 발생할 수 있다.

- 'r' 또는 'r+'로 기존에 없던 파일을 열려고 하면 **FileNotFoundError** 예외가 발생한다.
- 필요한 권한이 없으면 **PermissionError** 예외가 발생한다. 이 문제는 액세스할 수 없는 파일을 열거나 운영체제가 저장된 위치와 같이 계정에 쓰기 권한이 없는 폴더에 파일을 만들 경우 발생할 수 있다.
- ValueError('I/O operation on closed file.'**(닫힌 파일에 대한** I/O **작업)** 오류 메시지와 함께)는 이미 닫힌 파일에 쓰려고 할 때 발생한다.

9.8.1 0으로 나누기와 잘못된 입력

앞에서 보았던 두 가지 예외를 다시 살펴보자.

0으로 나누기

0으로 나누려면 ZeroDivisionError가 예외가 발생한다.

```
In [1]: 10 / 0
-------------------------------------------------------------------------------
ZeroDivisionError                          Traceback (most recent call last)
<ipython-input-1-a243dfbf119d> in <module>()
----> 1 10 / 0

ZeroDivisionError: division by zero

In [2]:
```

이 경우 인터프리터는 ZeroDivisionError **예외를 발생시킨다.** IPython에서 예외가 발생할 경우:

- 스니펫을 중지한다.
- 예외 트레이스백을 출력한다.
- In [ ] 프롬프트를 출력해서 다음 스니펫을 입력할 수 있게 한다.

스크립트에서 예외가 발생했다면 스크립트는 중지되고, IPython은 트레이스백을 출력한다.

잘못된 입력

숫자가 아닌 문자열('hello' 같은)을 정수로 변환하려면 int 함수가 ValueError 예외를 발생시켰던 것을 기억할 것이다.

```
In [2]: value = int(input('Enter an integer: '))
Enter an integer: hello
---------------------------------------------------------------------------
ValueError                                Traceback (most recent call last)
<ipython-input-2-b521605464d6> in <module>()
----> 1 value = int(input('Enter an integer: '))
ValueError: invalid literal for int() with base 10: 'hello'

In [3]:
```

9.8.2 try 구문

예외를 어떻게 *처리하는지* 살펴보고 코드를 계속 시킬 수 있도록 해 보자. 다음 스크립트와 해당 스크립트의 실행 결과를 살펴보자. 스크립트에 있는 반복문은 사용자로부터 두 개의 정수를 입력받아서, 첫 번째 수를 두 번째 수로 나눈 결과를 출력한다. 스크립트는 ZeroDivisionError와 ValueError 예외를 잡아서 처리하고 있다. 예제에서 예외가 발생하는 경우 다시 입력하도록 한다.

```
1  # dividebyzero.py
2  """간단한 예외 처리 예제."""
3
4  while True:
5      # 변환를 하고 나눗셈을 해 본다.
6      try:
7          number1 = int(input('분자를 입력하세요: '))
8          number2 = int(input('분모를 입력하세요: '))
9          result = number1 / number2
10     except ValueError:  # 숫자가 아닌 값을 변환하려고 했다.
11         print('두 개의 정수를 입력하세요\n')
12     except ZeroDivisionError:  # 분모가 0이었다.
13         print('0으로 나누려고 했습니다.\n')
14     else:  # 예외가 발생하지 않았을 때만 수행된다.
15         print(f'{number1:.3f} / {number2:.3f} = {result:.3f}')
16         break  # 루프를 끝낸다.
```

```
분자를 입력하세요: 100
분모를 입력하세요: 0
0으로 나누려고 했습니다.

분자를 입력하세요: 100
분모를 입력하세요: hello
두 개의 정수를 입력하세요

분자를 입력하세요: 100
분모를 입력하세요: 7
100.000 / 7.000 = 14.286
```

try절

파이썬은 **try 구문**(라인 6~16)을 사용해서 예외 처리를 한다. try 구문의 **try절**(라인 6~9)은 키워드 try로 시작하고, 뒤이어 콜론(:)이 온 후 예외가 발생할 수 있는 코드가 뒤에 온다.

except절

try절은 try절의 스위트 바로 뒤에 하나 또는 그 이상의 **except절**(라인 10~11과 라인 12~13)이 올 수 있는데, 이것을 *'예외 핸들러'*라고도 한다. 각 **예외** 절은 처리할 예외 타입을 지정한다. 이번 예제에서 각 예외 핸들러는 발생한 문제가 무엇인지 출력하고 있다.

else절

마지막 except절 이후에 **else절**(라인 14~16)은 try 스위트에서 예외가 발생하지 않을 때만 실행되는 코드를 지정한다. else절은 선택 사항이다. 이번 예제의 try 스위트에서 예외가 발생하지 않으면 라인 15에서 나누기 결과를 출력하고, 라인 16에서 루프를 끝낸다.

ZeroDivisionError 예외가 발생했을 때 흐름 제어

실행 예제에 있는 첫 번째 세 줄을 바탕으로 이번 예제의 흐름이 어떻게 되는지 살펴보자.

- 첫 번째로 사용자는 try 스위트의 라인 7에 대한 응답으로 분자에 쓰일 100을 입력한다
- 다음으로 사용자는 try 스위트의 라인 8에 대한 응답으로 분자에 쓰일 0을 입력한다.
- 이 시점에서 두 개의 정수값을 가진다. 라인 9에서 100을 0으로 나누려고 하면 파이썬에서는 ZeroDivisionError 예외가 발생한다. 예외가 발생한 프로그램의 위치를 **예외 발생 위치(raise point)**라 한다.

try 스위트에서 예외가 발생하면 실행이 즉시 중지된다. try 스위트의 뒤에 있는 예외 핸들러가 있으면 프로그램을 제어권을 첫 번째 핸들러에게 넘긴다. **예외** 핸들러가 없으면 *스택 해제(stack unwinding)* 과정이 발생하는데, 이 부분은 뒤에서 논의하겠다.

예제에서 **예외**에 대한 핸들러가 정의되어 *있기* 때문에 인터프리터가 발생한 예외 타입과 일치하는 *첫 번째 예외*를 찾는다.

- 라인 10~11에 있는 except절에서 ValueError 예외를 처리한다. 이 예외는 ZeroDivisionError 예외와 일치하지 않아서 이 **예외** 핸들러의 스위트는 실행되지 않고 프로그램 제어권을 다음 핸들러에게 넘긴다.
- 라인 12~13에 있는 except절은 ZeroDivisionError 예외를 처리하고 있다. 예외와 핸들러에 처리할 수 있는 예외가 일치하기 때문에 이 except절의 스위트 코드가 실행된다. 그리고 **'0으로 나누려고 했습니다.'**라는 메시지를 출력한다.

except절에서 예외가 잘 처리되면 프로그램이 finally절(있으면)로 넘어가서 실행된 후 try 구문의 다음 구문이 실행된다. 이번 예제에서는 루프의 마지막에 다다르고, 다음 루프가 계속 실행된다. 예외를 처리하고 나서 제어권이 예외가 발생했던 위치로 돌아가지 않는다는 점을 주의해야 한다. 예외 발생 위치로 돌아가지 않고 try 구문 다음으로 제어권을 넘기는데, 이것에 대해서는 finally절에서 간단히 다룰 것이다.

ValueError 예외가 발생했을 때의 실행 흐름

다음으로 표시된 세 줄의 출력 결과를 바탕으로 제어 흐름이 어떻게 되는지 생각해 보자.

- 첫 번째, 사용자가 try 스위트의 라인 7에서 분자값으로 100을 입력한다.
- 다음으로 사용자 try 스위트의 라인 8에서 분모값으로 hello를 입력한다. 이 입력이 정수값이 아니기 때문에 int 함수는 ValueError 예외를 발생시킨다.

예외는 try 스위트를 종료시키고, 제어권을 첫 번째 **예외** 핸들러로 넘긴다. 예제에서는 라인 10~11에 있는 except절과 일치하면 이렇게 일치한 핸들러의 스위트를 실행해서 **"두 개의 정수를 입력하세요"**라는 메시지를 출력한다. 프로그램 실행은 try 구문의 다음 구문에서 다시 시작되고, 다시 루프의 끝에 다다른 후 다음 루프를 시작한다.

성공적으로 나눗셈을 했을 때의 실행 흐름

예제 실행 결과의 마지막 세 줄을 기준으로 제어의 흐름을 생각해 보자.

- 먼저 사용자는 try 스위트의 라인 7로 분자값 100을 입력한다.
- 다음으로 try 스위트의 라인 8에 대한 응답으로 7을 분자로 입력받는다.
- 이 시점에는 두 개의 정수를 받았고 분모값은 0이 아니다. 따라서 라인 9는 성공적으로 100을 7로 나눈다.

try 스위트에 예외가 없는 경우 프로그램은 else절(있는 경우)을 실행한다. else절이 없으면 try 구문의 다음을 실행한다. 이 예제의 else절에서는 나눗셈 결과를 표시하고 루프를 종료해서 프로그램을 종료한다.

9.8.3 하나의 except절에서 여러 예외 처리하기

여러 타입의 예외를 처리하기 위해 일반적으로 하나의 try절에 여러 except절이 있다. except 절에 있는 스위트가 같으면 *하나의* except 핸들러에 여러 종류의 예외를 튜플로 지정해서 처리할 수 있다.

except (*예외 타입 1, 예외 타입 2,* …) as *변수 이름*:

as 구문은 선택 사항이다. 일반적으로 프로그램은 잡은 예외 객체를 직접 참조해서 쓸 일이 없다. 만약 잡아서 무엇인가를 하려면 as절에 변수를 지정해서 except 스위트에서 exception 객체를 참조할 수 있다.

9.8.4 함수 또는 메서드가 어떤 예외를 발생시키나?

예외는 try 스위트에 있는 구문이나 try 스위트에서 직접 또는 간접적으로 호출된 함수나 메서드에서 발생할 수 있다. 또는 코드를 실행할 때 파이썬 인터프리터가 예외를 발생시킬 수 있다(예: ZeroDivisionError).

함수나 메서드를 사용하기 전에 함수나 메서드에서 발생할 수 있는 예외(있는 경우)를 알아 보고, 예외가 발생할 수 있는 이유를 설명하는 온라인 API 문서를 읽어 보는 것이 좋다. 예외가 발생할 수 있는 잠재적인 원인을 파악하기 위해서 각 예외 타입에 대한 온라인 API 문서를 확인한다.

9.8.5 try 스위트에 와야 하는 코드는 어떤 것이 있나?

예외를 발생하는 모든 구문에 별도의 try 구문을 감싸는 것보다 예외가 발생할 수 있는 여러 구문이 있는 주요한 로직을 try 스위트에 두는 것이 좋다. 단 적절하게 예외 처리를 세분화하기 위해 각 try 구문은 예외가 발생할 때 특정 맥락을 알고 핸들러가 예외를 적절하게 처리할 수 있을 정도로 충분히 작은 코드로 작성해야 한다. try 스위트의 수많은 구문이 동일한 타입의 예외를 발생시키는 경우 각 예외의 맥락을 결정하기 위해 여러 개의 try 구문이 필요할 수 있다.

9.9 finally절

운영체제는 일반적으로 두 개 이상의 프로그램이 동시에 한 파일을 조작하는 것을 허용하지 않을 수 있다. 프로그램은 파일 처리를 마치면 다른 프로그램이 이 파일에 액세스할 수 있도록 파일을 닫아서 리소스를 해제해야 한다. 파일을 적절히 닫음으로써 **리소스의 유출**을 막을 수 있다.

try 구문의 finally절

try 구문에서 finally절은 except절이나 else절의 다음에 올 수 있다. finally절은 항상 실행된다[8].

finally를 사용하는 다른 언어에서는 try 스위트에서 얻은 리소스를 finally 절에서 해제하는 것이 가장 좋다. 하지만 파이썬에서는 with절이 이런 목적에 더 적합하다. finally 스위트에 있는 정리 코드를 여기에 배치시키는 것이 더 파이썬답다.

예제

다음 IPython 세션은 finally절이 항상 실행되는 것을 보여준다. try 스위트에서 예외의 발생여부에 관계없이 항상 실행된다. 먼저 try 스위트에서 예외가 발생하지 않는 경우를 살펴보자.

```
In [1]: try:
   ...:     print('try 스위트에서 예외가 발생하지 않는다.')
   ...: except:
   ...:     print('이 코드는 실행되지 않는다.')
   ...: else:
   ...:     print('try 스위트에서 예외가 발생하지 않았기 때문에 else절이 실행된다.')
   ...: finally:
   ...:     print('finally는 항상 실행된다.')
   ...:
try 스위트에서 예외가 발생하지 않는다.
try 스위트에서 예외가 발생하지 않았기 때문에 else절이 실행된다.
finally는 항상 실행된다.

In [2]:
```

앞의 try 스위트는 메시지를 출력하면서 어떤 예외도 발생하지 않는다. 프로그램이 try 스위트의 끝에 성공적으로 도달하면 except절을 건너뛰고, else절이 실행되며, finally절에는 항상 실행된다는 메시지가 표시된다. finally절이 끝나면, 프로그램 제어가 try 구문의 다음에 있는 구문으로 넘어간다. IPython 세션에서는 In [ ] 프롬프트가 표시된다.

이제 try 스위트에서 예외가 발생하는 경우를 생각해 보자.

```
In [2]: try:
   ...:     print('try 스위트에서 예외가 발생한다.')
   ...:     int('안녕')
   ...:     print('이 코드는 실행되지 않는다.')
   ...: except ValueError:
   ...:     print('ValueError 예외 발생')
   ...: else:
```

8 프로그램이 try 스위트에 들어갔을 때 finally 스위트가 실행되지 않는 유일한 경우는 응용 프로그램이 먼저 종료되는 경우뿐이다. 예를 들어 sys 모듈의 exit 함수를 호출한 경우이다.

```
   ...:     print('예외가 발생했기 때문에 else절은 실행되지 않는다.')
   ...: finally:
   ...:     print('finally는 항상 실행된다.')
   ...:
try 스위트에서 예외가 발생한다.
ValueError 예외 발생
finally는 항상 실행된다.

In [3]:
```

이번 try 스위트는 메시지를 출력하는 동작과 함께 실행된다. 두 번째 구문은 문자열 '**안녕**'을 정수로 변환할 것인데, 이때 int 함수가 ValueError 예외를 발생시킨다. try 스위트는 즉시 실행을 중지해서 스위트의 마지막에 있는 print 구문을 실행하지 않는다. except절은 ValueError 예외를 잡고 메시지를 출력한다. else절은 앞에서 예외가 발생했기 때문에 실행되지 않고, finally절이 'finally절은 항상 실행된다'라는 메시지를 출력한다. finally절이 끝나면 프로그램은 try 구문의 다음 구문을 실행한다. IPython 세션에서는 In [ ] 프롬프트가 표시된다.

with 구문과 try...except 구문의 조합

파일과 네트워트 연결, 그리고 데이터베이스 연결과 같이 분명하게 해제해야 하는 대부분의 리소스는 이런 리소스를 사용하는 것과 관련된 잠재적인 예외가 발생할 수 있다. 예를 들어 파일을 처리하는 프로그램은 IOError를 발생시킬 수 있다. 이 때문에 안정적인 파일 프로세싱 코드는 리소스 해제를 보장하기 위해서 try 스위트 내에 with 구문을 사용한다. try 스위트에 코드가 있기 때문에 예외가 발생해도 except 핸들러에서 잡을 수 있고, with 구문이 리소스 해제를 처리하기 때문에 finally절이 필요 없다.

이것을 실습하기 위해서 먼저 사용자에게 파일을 이름을 입력받는데, 그 이름에 문제가 있다고 가정한다. 앞에서 만든 grades.txt를 입력하지 않고 gradez.txt와 같은 이름을 입력했다고 가정해보자. 이 경우 open 함수는 없는 파일을 열려고 하기 때문에 FileNotFoundError 예외가 발생한다.

```
In [3]: open('gradez.txt')
---------------------------------------------------------------------------
FileNotFoundError                         Traceback (most recent call last)
<ipython-input-3-b7f41b2d5969> in <module>()
----> 1 open('gradez.txt')

FileNotFoundError: [Errno 2] No such file or directory: 'gradez.txt'
```

파일을 읽기 위해 열 때 FileNotFoundError와 같은 예외를 처리하기 위해서 다음과 같이 try 스위트에 with 구문을 사용할 수 있다.

```
In [4]: try:
   ...:     with open('gradez.txt', 'r') as accounts:
   ...:         print(f'{"ID":<3}{"Name":<7}{"Grade"}')
   ...:         for record in accounts:
   ...:             student_id, name, grade = record.split()
   ...:             print(f'{student_id:<3}{name:<7}{grade}')
   ...: except FileNotFoundError:
   ...:     print('지정한 파일 이름이 없습니다.')
   ...:
지정한 파일 이름이 없습니다.
```

9.10 명시적으로 예외 발생시키기

파이썬 코드에서 다양한 예외가 발생되는 것을 보았다. 가끔 오류가 발생했다는 것을 호출자에게 알리기 위해서 예외를 직접 던지는 함수를 작성해야 할 때도 있다. **raise** 구문은 명시적으로 예외를 발생시킨다. raise 구문의 가장 간단한 형태는 다음과 같다.

raise *예외 클래스명*

raise 구문은 특정 예외 클래스의 객체를 생성한다. 선택적으로 예외 클래스 이름은 예외 객체를 초기화하는 인자들을 괄호 안에 넣을 수 있는데, 보통 사용자 정의 오류 메시지를 전달할 때 사용한다. 예외가 발생하는 코드는 먼저 예외를 발생시키기 전에 얻은 리소스를 해제해야 한다. 다음 절에서는 예외를 발생시키는 예제들을 보여줄 것이다.

대부분의 경우 예외를 발생시킬 때 다음 링크에 나열되어 있는 파이썬 내장 예외 타입[9] 중 하나를 사용하는 것이 좋다.

https://docs.python.org/3/library/exceptions.html

9.11 (선택) 스택 언와인딩과 트레이스백

각 예외 객체들은 예외를 발생시킨 함수를 호출할 때 정확한 호출 경로를 알려주는 정보를 가지고 있는데, 이 정보는 코드를 디버깅할 때 유용하다. 다음과 같이 함수를 정의한다고 가정해 보자. (function1이 function2를 호출하고 function2에서 예외가 발생한다.)

9 애플리케이션에 특화된 사용자 정의 예외 클래스를 만들 수 있다. 이것에 대해서는 다음 장에서 자세히 다룰 예정이다.

```
In [1]: def function1():
   ...:     function2()
   ...:

In [2]: def function2():
   ...:     raise Exception('An exception occurred')
   ...:
```

funtion1을 호출하면 다음과 같은 결과가 발생한다. 예외가 발생하는 과정을 강조하기 위해 트레이스백에서 예외가 발생하는 코드 라인은 굵게 표시했다.

```
In  [3]: function1()
-------------------------------------------------------------------------
Exception                                 Traceback (most recent call last)
<ipython-input-3-c0b3cafe2087> in <module>()
----> 1 function1()

<ipython-input-1-a9f4faeeeb0c> in function1()
      1 def function1():
----> 2     function2()
      3

<ipython-input-2-c65e19d6b45b> in function2()
      1 def function2():
----> 2     raise Exception('An exception occurred')

Exception: An exception occurred
```

트레이스백의 상세 내용

트레이이트백은 발생한 예외의 타입을 보여주고 **예외**가 어떻게 발생했는지 보여주는 함수 콜 스택을 보여준다. 스택에서 가장 아래에 있는 함수가 ***가장 먼저*** 호출된 함수이고, 가장 위쪽에 있는 함수를 트레이드백에서 ***마지막에*** 표시한다. 인터프리터는 이것을 분명히 하는 차원에서 다음과 같은 메시지도 출력한다.

```
Traceback (most recent call last)
```

이번 트레이스백에서 다음은 함수 호출 스택의 가장 아래에 있는 함수 호출을 보여주고 있다. 즉 스니펫 [3]에 있는 function1 함수 호출이다. (ipython-input-3으로 표시되어 있다)

```
<ipython-input-3-c0b3cafe2087> in <module>()
----> 1 function1()
```

다음으로 스니펫 [1]의 라인 2에서 function1이 function2를 호출한 것을 볼 수 있다.

```
<ipython-input-1-a9f4faeeeb0c> in function1()
      1 def function1():
----> 2     function2()
      3
```

마지막으로 예외가 발생한 지점을 살펴보면 스니펫 [2]의 라인 2에서 예외가 발생했다.

```
<ipython-input-2-c65e19d6b45b> in function2()
      1 def function2():
----> 2     raise Exception('An exception occurred')
```

스택 언와인딩(stack unwinding)

앞의 예외 처리 예제에서 예외가 try 스위트에서 발생했다. 그리고 try 구문에 있는 except 핸들러 중 하나에서 예외를 처리한다. 함수에서 예외가 처리되지 않으면 스택 언와인딩이 발생하는데, 앞의 예제에서 **스택 언와인딩**을 생각해 보자.

- function2 함수에서 raise 구문으로 예외가 발생한다. 이 코드는 try 스위트에 없기 때문에 function2는 종료된다. function2 함수의 스택 프레임은 함수 호출 스택에서 제거되고, 제어권이 function2를 호출했던 function1의 코드로 넘어간다.
- function1에서 function2를 호출했던 구문이 try 스위트가 없어서 function1의 실행이 중지되고, 함수 호출 스택에서 이 스택 프레임이 제거된다. 그리고 제어권은 function1을 호출했던 구문으로 간다(IPython 세션의 스니펫 [3]에 있는).
- 스니펫 [3]에서의 함수 호출할 때 try 구문을 사용하지 않아서 예외 처리를 하지 못하고 함수 호출이 종료된다. 예외가 처리되지 못했기 때문에(**'처리되지 못한 예외(uncaught exception)'**라고 함) IPython은 이것의 트레이스백을 출력하고 다음 입력을 기다린다. 일반적 스크립트에서 발생했다면 스크립트가 종료된다.[10]

트레이스백을 읽는 팁

직접 작성하지 않은 라이브러리의 함수나 메서드를 호출할 일이 많고, 이런 함수와 메서드에서 예외가 발생하는 경우가 있다. 트레이스백을 읽을 때 트레이스백의 마지막에 있는 오류 메시지를 먼저 읽는 것이 좋다. 그리고 나서 트레이스백을 따라 올라가면서 읽고, 프로그램에서 우리가 작성한 코드가 있는 첫 번째 라인을 찾는다. 일반적으로 이 지점이 코드에서 예외가 발생한 코드의 위치이다.

10 스레드를 사용하는 고급 애플리케이션에서 예외를 처리하지 못하면 전체 애플리케이션 아닌 예외가 발생한 스레드만 종료시킨다.

finally 스위트에서 발생한 예외

finally 스위트에서 예외가 발생하면 미묘하고 찾기 어려운 문제를 일으킬 수 있다. 예외가 발생하고 finally 스위트가 실행되는 시점까지 예외가 처리되지 않았다면 스택 언와인딩이 일어난다. finally 스위트에서 새로운 예외가 발생하고 내부에서 예외 처리하지 못하면, 첫 번째 예외가 ***없어지고 새로 발생한*** 예외가 바깥쪽에는 있는 try 구문으로 전달된다. 이러한 이유 때문에 finally 스위트에서는 예외가 발생할 수 있는 모든 코드를 try 구문으로 감싸서 스위트에서 예외가 처리될 수 있도록 해야 한다.

9.12 데이터과학 도입부: CSV 파일 다루기

이 책을 통해 데이터과학의 개념을 소개하면서 많은 데이터세트로 작업할 것이다. CSV(comma-separated values, 쉼표로 구분되는 값)는 특히 많이 사용되는 파일 포맷이다. 이번 절에서는 파이썬 표준 라이브러리 모듈과 판다스를 이용해서 CSV 파일을 다루는 것을 실습해 볼 것이다.

9.12.1 파이썬 표준 라이브러리 모듈 csv

csv 모듈[11]은 CSV 파일을 다루는 다양한 함수를 제공한다. 다른 파이썬 라이브러리들도 자체적으로 CSV를 지원한다.

CSV 파일 만들기

accounts.csv 파일을 CSV 포맷으로 만들어보자. csv 모듈의 문서에서 줄 바꿈을 적절하게 처리하도록 보장하기 위해서 CSV 파일을 열 때 newline='' 키워드 인자를 추가하는 것이 좋다.

```
In [1]: import csv

In [2]: with open('accounts.csv', mode='w', newline='') as accounts:
   ...:     writer = csv.writer(accounts)
   ...:     writer.writerow([100, 'Jones', 24.98])
   ...:     writer.writerow([200, 'Doe', 345.67])
   ...:     writer.writerow([300, 'White', 0.00])
   ...:     writer.writerow([400, 'Stone', -42.16])
   ...:     writer.writerow([500, 'Rich', 224.62])
   ...:
```

.csv 파일 확장자는 파일이 CSV 포맷임을 나타낸다. csv 모듈의 **writer 함수**는 지정한 파일 객

11 https://docs.python.org/3/library/csv.html

체에 CSV 데이터를 쓸 수 있는 객체를 반환한다. writer의 **writerow 메서드**는 파일에 저장할 이터러블을 받는데, 여기서는 리스트를 사용하고 있다. 기본적으로 writerow는 콤마로 값을 나누는데, 임의의 구분자를 지정할 수도 있다.[12] 앞의 스니펫을 실행하면 accounts.csv 파일에는 다음과 같은 내용이 담긴다.

```
100,Jones,24.98
200,Doe,345.67
300,White,0.00
400,Stone,-42.16
500,Rich,224.62
```

CSV 파일은 일반적으로 쉼표의 뒤에 공백을 포함하지 않지만, 일부의 사람들은 가독성을 향상시키기 위해 이 방식을 사용하기도 한다. 위의 writerow 함수들을 하나의 **writerows**로 대체할 수 있다. writerows는 레코드들이 있는 이터러블의 리스트를 출력한다.

주어진 문자열에 쉼표가 포함되어 있으면 writerow는 큰따옴표로 문자열을 감싼다. 예를 들어 다음 파이썬 리스트가 있다고 가정해 보자.

```
[100, 'Jones, Sue', 24.98]
```

작은따옴표로 감싼 문자열 'Jones, Sue'는 성과 이름을 쉼표로 구분하고 있다. 이 경우 writerow는 다음과 같이 레코드를 출력한다.

```
100,"Jones, Sue",24.98
```

"Jones, Sue"를 큰따옴표로 감싼 것은 이 값이 하나의 값이라는 의미이다. CSV 파일에서 이것을 읽는 프로그램은 이 레코드를 100, 'Jones, Sue', 24.98과 같이 세 부분으로 구분할 것이다.

CSV 파일 읽기

파일에서 CSV 데이터를 읽어보자. 다음 스니펫은 accounts.csv 파일에서 레코드를 읽어서 각 레코드를 출력한다. 그러면 앞에서 보여주었던 것과 동일한 값이 출력된다.

```
In [3]: with open('accounts.csv', 'r', newline='') as accounts:
   ...:     print(f'{"Account":<10}{"Name":<10}{"Balance":>10}')
   ...:     reader = csv.reader(accounts)
   ...:     for record in reader:
   ...:         account, name, balance = record
   ...:         print(f'{account:<10}{name:<10}{balance:>10}')
   ...:
```

12 https://docs.python.org/3/library/csv.html#csv-fmt-params

```
Account     Name      Balance
100         Jones       24.98
200         Doe        345.67
300         White        0.00
400         Stone      -42.16
500         Rich       224.62
```

csv 모듈의 **reader 함수**는 특정 파일 객체에서 CSV 포맷의 데이터를 읽는 객체를 반환한다. 파일 객체를 통해서 순회할 수 있는 것과 정확하게 같은 방식으로 reader 객체를 통해서 한 번에 하나의 레코드(쉼표로 구분된 값)를 순회할 수 있다. 앞에서 본 for 구문은 각 레코드를 리스트로 반환한다. 그리고 이 레코드를 언패킹해서 변수 account, name, balance에 할당하고 출력한다.

주의: CSV 데이터에 있는 쉼표

'Jones, Sue' 이름처럼 내부에 쉼표가 포함되어 있는 문자열로 작업할 때는 주의해야 한다. 만약 실수로 이것을 'jones'와 'Sue'라는 두 개의 문자열로 입력한다면, writerow는 *세 개의* 필드가 아닌 *네 개*의 필드로 CSV 레코드를 만들 것이다. CSV 파일을 읽는 프로그램은 모든 레코드가 *동일한* 수의 필드를 갖는다고 가정하고, 이 규칙이 깨지면 문제가 발생한다. 예를 들어 다음 두 개의 리스트가 있다고 생각해 보자.

```
[100, 'Jones', 'Sue', 24.98]
[200, 'Doe', 345.67]
```

첫 번째 라인에는 *네 개의* 값이 있고 두 번째 줄에는 *세 개의* 값만 있다. 이 두 레코드가 CSV 파일로 작성되어 있고 이 파일을 앞의 스니펫을 이용해서 읽었다면, 네 개의 필드가 있는 레코드를 세 개의 변수에 언패킹하는 다음 코드에서 문제가 발생한다.

```
account, name, balance = record
```

주의: CSV 파일에 부족하거나 남는 쉼표

CSV 파일을 준비하고 처리할 때 주의해야 한다. 예를 들어 파일이 여러 개의 레코드로 구성되어 있고, 각 레코드는 다음과 같이 *네 개의* 쉼표로 구분된 int 값이 있다고 가정해 보자.

```
100,85,77,9
```

실수로 다음과 같이 이 쉼표 중에 하나를 제거하면

```
100,8577,9
```

레코드는 *세 개의* 필드만 있게 되고, 이 중 하나는 비정상인 8577이라는 값을 갖는다.

하나의 쉼표만 있어야 하는 위치에 두 개의 쉼표가 나란히 있다고 해 보자.

```
100,85,,77,9
```

그러면 ***네 개의*** 필드가 아닌 ***다섯 개의*** 필드가 되고, 이 필드값 중 하나는 오류로 ***빈 값***이 된다. 이런 쉼표와 관련된 각각의 오류는 레코드를 처리하는 프로그램을 어렵게 만든다.

9.12.2 CSV 파일을 판다스 DataFrame으로 읽어오기

앞의 두 장의 '데이터과학 들어가기' 절에서 판다스의 기초에 대해서 많이 소개했다. 여기서는 CSV 포맷 파일을 로드하는 판다스의 함수를 실습하면서 몇 가지 기본적인 데이터 분석 작업을 해 보자.

데이터세트

데이터과학 사례 연구에서 머신러닝과 자연어 처리 개념을 실습하기 위해 무료로 사용할 수 있는 공개된 데이터세트를 사용하려고 한다. 이때 온라인으로 방대하고 다양한 무료 데이터세트를 사용할 수 있다. 인기 높은 **Rdatasets 리파지토리**는 CSV 포맷으로 된 1,100개가 넘는 무료 데이터세트 링크를 제공하고 있다. 이것이 R 언어에 특화된 것이 아니지만, 원래 통계 소프트웨어에 대해 배우고 개발하려는 사람들을 위한 R 프로그래밍 언어와 함께 제공되었던 것이다. 지금은 다음 링크에 있는 깃허브에서 얻을 수 있다.

https://vincentarelbundock.github.io/Rdatasets/datasets.html

이 리파지토리는 너무도 유명해서 Rdatasets에 접근하는 **pydataset**이라는 특별한 모듈도 있다. pydataset를 설치하는 절차와 이 모듈로 데이터세트에 접근하는 방법은 다음 링크를 참고하기 바란다.

https://github.com/iamaziz/PyDataset

다음 링크에서도 다양한 데이터세트를 얻을 수 있다.

https://github.com/awesomedata/awesome-public-datasets

입문자들이 일반적으로 사용하는 머신러닝 데이터세트는 **타이타닉 재난 데이터세트**이다. 이 데이터는 타이타닉이 빙하에 부딪쳐서 가라앉은 1912년 4월 14일부터 15일에 배의 있던 모든 승객 리스트와 그들이 살아남았는지를 기록하고 있다. 여기서는 데이터를 어떻게 로드하는지 보여주고, 이 데이터의 일부를 보고 기술적인 통계 정보를 알아 볼 것이다. 이 책 뒤에 있는 데이터과학 장에서는 더욱 다양한 데이터세트를 더 알아볼 것이다.

저장되어 있는 CSV 파일로 작업하기

판다스의 함수 **read_csv**를 이용해서 CSV 데이터세트를 DataFrame으로 로드시킬 수 있다. 다음 코드는 이번 장의 앞에서 만들었던 CSV 파일 `accounts.csv`를 로드해서 보여준다.

```
In [1]: import pandas as pd

In [2]: df = pd.read_csv('accounts.csv',
   ...:                  names=['account', 'name', 'balance'])
   ...:

In [3]: df
Out[3]:
   account   name  balance
0      100  Jones    24.98
1      200    Doe   345.67
2      300  White     0.00
3      400  Stone   -42.16
4      500   Rich   224.62
```

name 인자는 DataFrame의 열 이름을 지정한다. 이 인자를 사용하지 않으면 read_csv 함수는 CSV 파일의 첫 번째 행을 리스트의 열 이름으로 간주한다.

DataFrame을 CSV 포맷의 파일로 저장하기 위해서 DataFrame 외 **to_csv** 메서드를 호출한다.

```
In [4]: df.to_csv('accounts_from_dataframe.csv', index=False)
```

index=False 키워드 인자는 열 이름(스니펫 [3]에 있는 DataFrame의 왼쪽에 출력된 0~4)이 파일에 사용되지 않도록 지정한다. 최종 파일은 첫 줄에 열의 이름이 포함된다.

```
account,name,balance
100,Jones,24.98
200,Doe,345.67
300,White,0.0
400,Stone,-42.16
500,Rich,224.62
```

9.12.3 타이타닉 재난 데이터세트 읽기

타이타닉 재난 데이터세트는 머신러닝 데이터세트로 아주 많이 사용되는 데이타세트이다. 이 데이터세트는 다양한 포맷으로 제공되는데, CSV 포맷으로도 제공된다.

URL을 통해서 데이터세트 로딩하기

CSV 데이터세트를 가리키는 URL이 있다면 read_csv를 통해서 이것을 로드할 수 있다. 타이타닉 재난 데이터세트를 깃허브에서 직접 로드해 보자.

```
In [1]: import pandas as pd

In [2]: titanic = pd.read_csv('https://vincentarelbundock.github.io/' +
   ...:                       'Rdatasets/csv/carData/TitanicSurvival.csv')
   ...:
```

타이타닉 데이터세트의 데이터 살펴보기

이 데이터세트에는 1,300행 이상이 있는데, 이것은 각각의 승객을 의미한다. 위키피디아에 따르면 1,317명의 승객이 있었고, 그중에서 815명의 승객이 죽었다고 한다.[13] 큰 데이터세트의 경우 DataFrame을 출력하면 처음 30행을 보여주고 "…"를 표시한 후 마지막 30행을 출력한다. 공간을 더 절약하기 위해서 처음과 끝의 다섯 행만 DataFrame의 **head**와 **tail** 메서드로 보자. 두 메서드 모두 기본적으로 다섯 행만 반환하지만, 인자를 통해서 출력하려고 하는 행의 수를 지정할 수 있다.

```
In [3]: pd.set_option('precision', 2) # 부동소수점 값의 포맷 지정

In [4]: titanic.head()
Out[4]:
                     Unnamed: 0  survived     sex    age  passenger Class
0     Allen, Miss. Elisabeth Walton      yes  female  29.00              1st
1   Allison, Master. Hudson Trevor      yes    male   0.92              1st
2       Allison, Miss. Helen Loraine       no  female   2.00              1st
3  Allison, Mr. Hudson Joshua Crei       no    male  30.00              1st
4Allison, Mrs. Hudson J C (Bessi       no  female  25.00              1st

In [5]: titanic.head()
Out[5]:
                     Unnamed: 0  survived     sex    age  passengerClass
0     Allen, Miss. Elisabeth Walton      yes  female  29.00             1st
1   Allison, Master. Hudson Trevor      yes    male   0.92             1st
2       Allison, Miss. Helen Loraine       no  female   2.00             1st
3  Allison, Mr. Hudson Joshua Crei       no    male  30.00             1st
4  Allison, Mrs. Hudson J C (Bessi       no  female  25.00             1st
```

판다스는 각 열의 너비를 열에 있는 값과 열 이름 중에서 더 넓은 것을 가지고 조정한다. 또한 1305행의 age 열에 값이 NaN(Not a Number, 숫자가 아님)이라는 것도 알아두자. 이 값은 데이터세트에 누락된 값을 의미한다.

열 이름으로 변경하기

이 데이터세트에 있는 첫 번째 열에는 이상한 이름('Unnamed: 0')이 있는데, 이 열의 이름을 변경할 수 있다. 'Unanemd: 0'으로 되어 있는 이름을 'name'으로 변경하고, 'passengerClass'를

13 https://en.wikipedia.org/wiki/Passengers_of_the_RMS_Titanic

'class'로 짧게 변경해 보자.

```
In [6]: titanic.columns = ['name', 'survived', 'sex', 'age', 'class']

In [7]: titanic.head()
Out[7]:
                            name  survived     sex    age   class
0        Allen, Miss. Elisabeth Walton       yes  female  29.00   1st
1     Allison, Master. Hudson Trevor       yes    male   0.92   1st
2        Allison, Miss. Helen Loraine        no  female   2.00   1st
3     Allison, Mr. Hudson Joshua Crei        no    male  30.00   1st
4  Allison, Mrs. Hudson J C (Bessi        no  female  25.00   1st
```

9.12.4 타이타닉 데이터세트로 간단하게 데이터 분석하기

판다스를 사용해서 몇 가지 간단한 분석을 해 볼 수 있다. 예를 들어 기술적 통계를 계산해 보자. 숫자 데이터인 열과 그렇지 않은 열을 모두 가지고 있는 DataFrame에 대해 describe 메서드를 호출하면, describe는 ***숫자 데이터를 가진 열에 대해서만*** 통계 정보를 계산한다. 이번 예제의 경우 age 열만 계산한다.

```
In [8]: titanic.describe()
Out[8]:
             age
count    1046.00
mean       29.88
std        14.41
min         0.17
25%        21.00
50%        28.00
75%        39.00
max        80.00
```

위의 결과에서 보이는 count 값(1046)과 데이터세트의 행 수(1309, tail을 호출하면 마지막 인덱스가 1308임)에 차이가 있다는 것을 주의해서 보자. 레코드 중에서 1,046개(위에서 본 count 값)의 행만 age 값을 가지고 있고, 나머지 행들은 ***누락되고*** 1,305행에 있는 것처럼 NaN으로 표시되어 있다. 계산할 때 판다스는 ***기본적으로 누락된 데이터는 무시한다.*** age 값을 가지고 있는 1,046명의 경우 평균(mean) 나이는 29.88세이다. 가장 어린 승객의 나이(min)는 이제 막 두 달 지난 아기였고(0.17 ×12=2.04), 가장 많은 나이(max)는 80세였으며, 중간 나이는 28세였다(50% 사분위 값이 가리키는 값). 25% 사분위 값은 승객들의 나이로 정렬했을 때 첫 번째 반에 해당하는 영역의 중간 지점이고, 75% 사분위 값은 승객들의 두 번째 반에 해당하는 영역의 중간 지점이다.

살아남은 사람들에 대해 몇 가지 통계를 산출해 보자. survied 열을 'yes'와 비교하여 True/False 값으로 되어 있는 새 Series를 만들어 describe 메서드를 사용해서 데이터를 요약해 보자.

```
In [9]: (titanic.survived == 'yes').describe()
Out[9]:
count        1309
unique          2
top         False
freq          809
Name: survived, dtype: object
```

숫자가 아닌 데이터에 대해 describe 메서드는 기술적 통계값을 출력한다.

- count 값은 결과에 포함된 아이템들의 총 개수이다.
- unique는 결과값에서 중복된 것을 모두 제거한 아이템의 수(2)이다. 즉 True(생존), False(사망)이다.
- top은 결과에서 가장 많이 등장한 값이다.
- freq는 top 값이 등장한 횟수이다.

9.12.5 승객들의 나이 히스토그램

시각화는 데이터를 이해할 수 있는 훌륭한 방법이다. 판다스는 매트플롯리브 라이브러리로 구현되었고, 다양하게 여러 내장된 시각화 기능을 가지고 있다. 이 기능을 사용하면 먼저 IPython에서 매트플롯리브를 활성화해야 한다.

```
In [10]: %matplotlib
```

히스토그램은 숫자값의 분포를 영역별로 시각화한다. DataFrame의 **hist** 메서드는 각 숫자 데이터가 있는 열을 분석하고 각 열에 대한 히스토그램을 만든다. 각 데이터 열들의 히스토그램을 보려면 DataFrame의 hist 메서드를 호출해야 한다.

```
In [11]: histogram = titanic.hist()
```

타이타닉 데이터세트는 하나의 숫자 데이터 열만 포함하므로 다이어그램은 연령 분포에 대한 하나의 히스토그램을 보여준다. 여러 개의 숫자 열이 있는 데이터세트라면 **히스토그램**은 각 숫자 열에 대해 별도의 히스토그램을 생성한다.

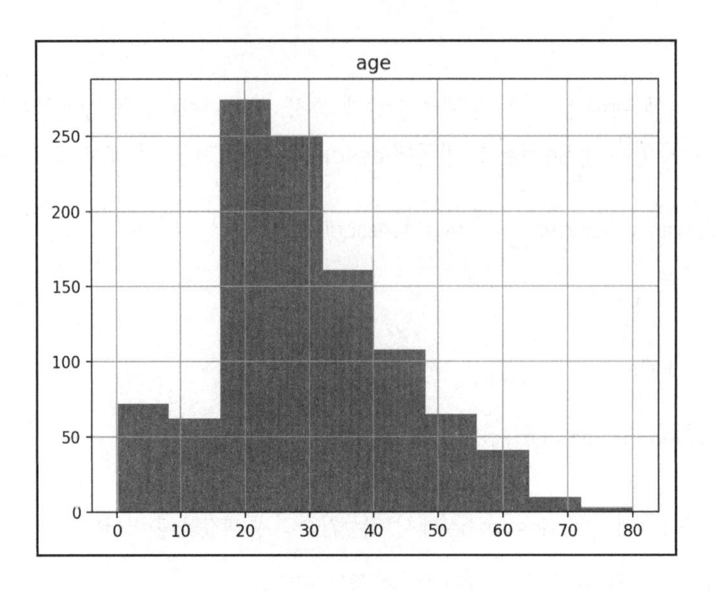

9.13 요약

이번 장에서는 텍스트 파일을 처리하고 예외 처리하는 방법을 소개했다. 파일은 데이터를 저장하는 목적으로 사용된다. 파일 객체에 대해 설명하고, 파이썬이 파일을 문자나 바이트의 시퀀스로 본다고 언급했다. 또한 파이썬 프로그램이 실행되기 시작할 때 자동으로 생성되는 표준 파일 객체에 대해서도 알아보았다.

텍스트 파일을 생성하고, 읽고 쓰는 방법과 업데이트하는 방법도 보여주었고, 일반 텍스트와 JSON(자바스크립트 객체 표기법), 그리고 CSV(쉼표로 구분하는 값) 등 많이 사용되는 다양한 파일 포맷을 살펴보았다. 파일을 열고 읽고 쓰기 위해서 내장된 `open` 함수와 `with` 구문을 사용했는데, 이렇게 하면 `with` 구문이 종료되는 시점에는 리소스 누수를 방지하기 위해 파일이 자동으로 닫힌다. 파이썬 표준 라이브러리의 `json` 모듈을 사용해 객체를 JSON 포맷으로 직렬화해서 파일에 저장했다. 그리고 파일에서 JSON 객체를 로드한 후 이것을 역직렬화해서 파이썬 객체로 만들었고, JSON 객체를 보기 좋게 만들기도 했다.

예외가 실행되는 시점에서 발생하는 문제를 어떻게 표시하는지 논의했고, 이전에 보았던 다양한 예외를 하나하나 살펴보았다. `try` 구문으로 코드를 감싸서 예외를 다루는 방법을 통해서 프로그램을 튼튼하고 오류에 강하게 만들어 보았다. 이때 `try` 스위트에서 발생할 수 있는 예외를 처리하는 `except` 절을 살펴보았다.

'데이터과학 들어가기' 절에서는 파이썬 표준 라이브러리의 `csv` 모듈과 판다스 라이브러리의 함수를 이용해서 CSV 데이터를 로드하고 조작해서 저장하는 것을 살펴보았다. 마지막으로 타이타닉 재난 데이터세트를 판다스 `DataFrame`으로 로드해서 열 이름을 읽기 좋게 만들고, 데이터세트의 처음과 끝에 있는 데이터를 출력해 보았으며, 이 데이터를 간단하게 분석했다.

Chapter

10

객체 지향 프로그래밍

학습 목표

이번 장에서는 다음과 같은 것을 다룬다.

- 사용자 클래스를 만들고 만든 클래스로 객체를 만들어본다.
- 잘 만든 클래스의 이점을 이해한다.
- 속성에 대한 접근을 제어해 본다.
- 객체 지향의 진가를 안다.
- 객체의 문자열 표현을 만드는 파이썬의 특수 메서드 __repr__, __str__, __format__을 사용해 본다.
- 새 클래스에서 사용할 오퍼레이터를 재정의(오버로드)하기 위한 특수 메서드를 사용해 본다.
- 기존 클래스에서 메서드, 프로퍼티(properties)와 속성(attribute)을 새 클래스로 상속하고 이 클래스를 수정해 본다.
- 기반 클래스(슈퍼 클래스)와 상속받은 클래스(서브 클래스)에 대한 개념을 이해한다.
- 프로그래밍 일반화를 가능하게 하는 덕타이핑(duck typing)과 다형성(polymorphism)을 이해한다.
- 모든 클래스가 기본 기능을 위해서 상속받는 object 클래스를 이해한다.
- 결합(composition)과 상속(inheritance)을 비교해 본다.
- 독스트링(docstring)에 테스트 코드를 넣고 doctest로 테스트를 코드를 실행해 본다.
- 네임스페이스를 이해하고 이것이 스코프에 주는 영향을 이해한다.

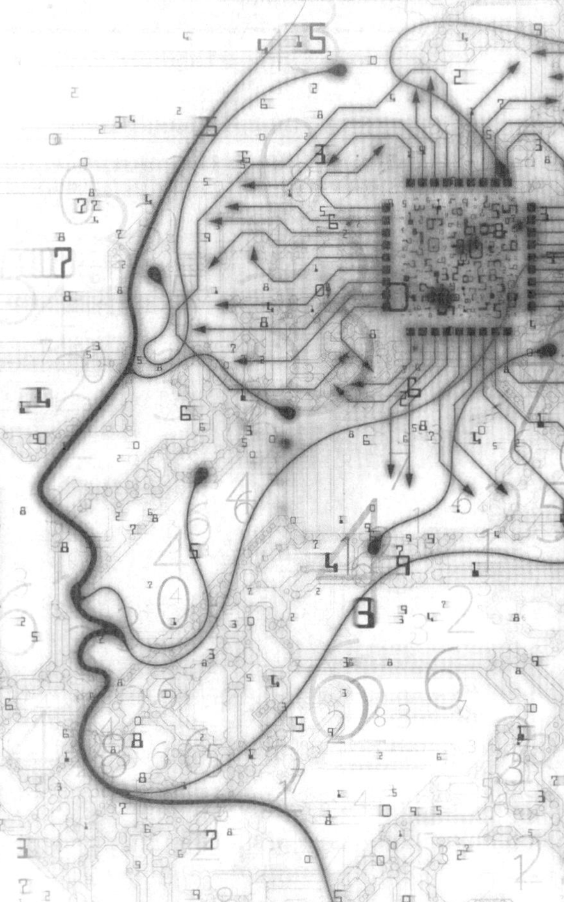

Outline

10.1 개요

1.2절에서는 객체 지향 프로그래밍에 대한 기본적인 용어와 개념에 대해서 소개했다. 파이썬에서 모든 것은 객체이고, 이런 의미에서 이 책 전체에서 꾸준히 객체들을 사용해 온 셈이다. 설계도를 바탕으로 집을 만드는 것처럼 클래스를 가지고 객체를 만든다. 객체 지향 프로그래밍에서 코어 기술 중 하나가 바로 이것이다. 설령 아주 큰 클래스여도 이것으로부터 새로운 객체를 만드는 것은 간단해서 한 줄의 명령으로 쓸 수 있다.

좋은 클래스 만들기

이미 다른 사람들이 작성한 수많은 클래스를 사용했지만, 이번 장에서는 ***사용자 정의*** 클래스를 만들어볼 것이다. 그리고 앞으로 만들 애플리케이션의 요구 사항을 만족시키는 좋은 클래스를 어떻게 만들지에 집중할 것이다. 클래스, 객체, 상속, 다양성과 같은 핵심 기술을 가지고 객체 지향 프로그래밍을 하게 된다. 객체 지향 프로그래밍은 애플리케이션을 더 쉽게 디자인하고 구현 및 테스트, 디버그그리고 변경할 수 있도록 해 준다. 이런 것들에 대해서 알고 싶다면 코드를 중심으로 소개하는 10.1절에서 10.9절까지 읽어보면 된다. 일반적으로는 10.10절에서 10.15절까지는 읽지 않아도 된다. 여기서는 이 기술에 대한 다른 관점을 제공하고 관련 기능에 대해 소개한다.

클래스 라이브러리와 객체 기반 프로그래밍

파이썬으로 하게 될 대부분의 **객체 기반 프로그래밍**은 주로 기존에 있던 클래스의 객체를 만들고 사용하는 식이다. 이 책을 통해 int, float, str, list, tuple, dict, set와 같은 내장된 타입과 Decimal같은 파이썬 표준 라이브러리에 있는 타입, 그리고 넘파이(Numpy)의 array, 매트플롯리브(Matplotlib)의 Figure와 Axes, 판다스의 Series, DataFrame으로 작업해 왔다.

파이썬의 최대 장점을 살리려면 기존에 있는 수많은 클래스에 익숙해져야 한다. 수년 동안 파이썬 오픈 소스 커뮤니티에서는 방대한 수의 유용한 클래스를 만들었고 그것을 클래스 라이브러리로 패키징을 했다. 그래서 '바퀴를 다시 발명하는' 일을 하지 않고 기존 클래스를 재사용하는 것이 쉬워졌다. 폭넓게 사용되는 오픈 소스 라이브러리 클래스들은 테스트가 잘 되어 있고, 버그도 없으며, 성능이 개선되었고, 디바이스와 운영체제, 그리고 파이썬의 다양한 버전에도 적용할 수 있다. 깃허브(GitHub), 비트버킷(BitBucket), 소스포지(SourceForge) 등과 같은 인터넷 사이트에서 다양한 파이썬 라이브러리를 찾을 수 있는데, (conda나 pip을 이용하면 훨씬 쉽게 설치할 수 있다.) 이런 것들 때문에 사람들이 파이썬을 많이 사용한다. 필요한 대부분의 클래스는 오픈 소스 라이브러리로 자유롭게 사용할 수 있다.

사용자 정의 클래스 만들기

클래스는 새로운 데이터 타입이다. 각 파이썬 표준 라이브러리 클래스와 서드파티 라이브러리 클래스는 누군가가 만든 사용자 정의 타입이다. 이번 장에서는 CommissionEmployee, Time, Card, DeckOfCards, 그리고 기타 등등의 애플리케이션에 특화된 클래스를 개발하게 될 것이다.

대부분의 간단한 애플리케이션은 일반적으로 사용자 정의 클래스를 사용하지 않거나 몇 개만 사용해도 된다. 업계 현장에서 개발 팀의 일원으로 일한다면, 수백 개의 클래스나 심지어 수천 개의 클래스를 가진 애플리케이션으로 작업할 수도 있다. 파이썬 오픈 소스 공동체에 직접 만든 클래스를 기여할 수도 있지만, 그래야 할 의무는 없다. 조직에서는 코드를 공개하는 것과 관련된 자체 정책과 절차가 있는 경우가 많다.

상속(Inheritance)

아마도 클래스 라이브러리의 클래스를 상속(Inheritance)하고 조합해서 새로운 클래스를 만들 수 있다는 개념이 가장 흥미로울 것이다. 결국 오늘날 하드웨어가 교환 가능한 부품으로 구성되는 것처럼 소프트웨어도 **표준화되고, 재사용 가능한 부품**으로 주로 구성될 것이고, 이것은 더 강력한 소프트웨어를 개발하는 데 도움을 준다.

새 클래스를 만들 때 모든 코드를 새로 작성하는 대신 이전에 정의된 **기반 클래스**(**'슈퍼클래스'**라고도 함)의 속성(변수)과 메서드(함수의 클래스 버전)을 **상속하여** 새 클래스의 기초를 형성하도록 지정할 수 있는데, 새 클래스를 **'파생된 클래스'** 또는 **'서브 클래스'**라고 한다. 상속을 하면 파생된 클래스를 수정해서 애플리케이션에 필요한 요구 사항을 만족시킨다. 이때 수정을 최소화하기 위해서 필요한 것에 가장 근접한 기반 클래스를 상속해야 한다. 이것을 효과적으로 작업하려면 앞으로 만들 애플리케이션의 종류에 적합한 클래스 라이브러리에 익숙해져야 한다.

다형성(polymorphism)

매번 특별하게 새로 만들지 않고 일반적인 방식으로 프로그래밍할 수 있게 해 주는 **다형성(polymorphism)**에 대해 살펴볼 것이다. 이 특징을 이용하면 *다른* 종류의 객체에 대해 동일한 메서드를 호출할 수 있다. 각각의 객체들은 '적합한 동작'을 하고, 동일한 메서드 호출은 '많은 형태'를 의미하기 때문에 '다형성'이라는 용어를 사용한다. 상속과 '덕타이핑(duck typing)'이라는 파이썬의 기능을 통해서 다형성을 어떻게 구현하는지와 각각에 대해 설명하고 예제도 보여줄 것이다.

사례 연구: 카드를 섞고 카드 게임 시뮬레이션하기

이미 난수를 이용해서 주사위 던지기 게임을 시뮬레이션해 보았고, 이 기술을 이용해서 주사위게임인 크랩스를 만들어보았다. 여기서는 카드를 섞어 게임을 하는 시뮬레이션을 해 보려고 한다. 이 시뮬레이션을 이용해서 카드 게임을 만들어볼 수 있다. 카드를 섞기 전후의 모든 카드를 보여주기 위해서 공개된 카드 이미지를 매트플롯리브로 보여준다.

Data 클래스

파이썬 3.7에 도입된 새로운 ***데이터 클래스***는 보다 간결한 표기법을 사용하고, 클래스의 일부를 자동으로 생성하여 클래스를 더 빠르게 구축할 수 있도록 도와준다. 파이썬 커뮤니티의 데이터 클래스에 대한 초기 반응은 긍정적이었다. 하지만 다른 주요한 새로운 기능처럼 널리 사용되기까지는 시간이 걸릴 것이다. 이전 방식과 새로운 방식으로 클래스를 만드는 것을 보여줄 것이다.

이번 장에서 소개할 개념

이번 장에서 소개할 개념은 다음과 같다.

- 클래스의 내부에서만 사용하고, 클래스를 사용하는 입장에서 접근할 수 없는 특정 식별자를 지정하는 방법
- 클래스의 객체를 표현하는 문자열을 생성하는 특별한 메서드와 파이썬의 내장 오퍼레이터와 클래스의 객체를 어떻게 연동시키는지 지정하는 방법(***오퍼레이션 오버로딩*** 과정)
- 파이썬의 예외 클래스의 계층 구조와 사용자 정의 예외 클래스를 지정하는 방법
- 파이썬 표준 라이브러리의 `doctest` 모듈 이용할 코드 테스트
- 파이썬이 네임스페이스 사용해 식별자의 스코프 결정

10.2 사용자 정의 클래스 Account

계좌 소유자의 이름과 잔고 정보를 가지고 있는 Account 클래스를 만들어보자. 실제 은행 Account 클래스에는 주소, 생년월일, 전화번호, 계좌번호 등 수많은 정보가 포함될 수 있다. 이 Account 클래스는 잔고를 늘리는 저축과 잔고가 줄어드는 인출을 할 수 있다.

10.2.1 Account 클래스 테스트하기

새로 만드는 클래스는 새로운 객체를 만드는 데 사용하는 새로운 ***데이터 타입***이 된다. 이것이 바로 파이썬이 **확장 가능한 언어**라고 말하는 한 가지 이유이다. Account 클래스를 구현하기 보기 전에 기능에 대해 살펴보자.

Account 클래스와 Decimal 클래스 임포팅하기

새로운 Account 클래스를 사용하기 위해서 ch10 예제 폴더에서 IPython 세션을 시작하고 Account 클래스를 임포트한다.

```
In [1]: from account import Account
```

Account 클래스는 Decimal로 계좌 잔고를 유지하고 조작하므로 Decimal 클래스도 임포트시킨다.

```
In [2]: from decimal import Decimal
```

생성자로 Account 객체 만들기

Decmial 객체를 만들기 위해서 다음과 같이 작성할 수 있다.

```
value = Decimal('12.34')
```

이 코드는 클래스의 객체를 생성하고 초기화하기 때문에 생성자 표현식이라고 한다. 이 방식은 집 청사진을 가지고 집을 만들고 고객이 좋아하는 색으로 나중에 페인트를 칠하는 것과 비슷하다. 생성자는 새로운 객체를 생성하고 괄호 안에 지정된 인자들을 이용해서 객체 데이터를 초기화한다. 클래스 이름 다음에 오는 괄호는 필수여서 인자가 없어도 있어야 한다.

생성자를 이용해서 Account 객체를 만들고 account의 소유자 이름(문자열)과 **잔고**(Decimal)를 초기화한다.

```
In [3]: account1 = Account('John Green', Decimal('50.00'))
```

Account의 이름과 계좌 정보 얻기

Account 객체의 name과 balance 속성에 접근해 보자.

```
In [4]: account1.name
Out[4]: 'John Green'

In [5]: account1.balance
Out[5]: Decimal('50.00')
```

돈을 Account에 저축하기

Account의 deposit 메서드는 돈을 받아서 이 돈을 balance에 더한다.

```
In [6]: account1.deposit(Decimal('25.53'))

In [7]: account1.balance
Out[7]: Decimal('75.53')
```

Account의 데이터 검증을 하는 메서드

Account 클래스의 메서드들은 인자로 들어온 값을 검증한다. 예를 들어 deposit 메서드는 인자로 들어온 금액이 음수이면 ValueError가 발생한다.

```
In [8]: account1.deposit(Decimal('-123.45'))
---------------------------------------------------------------------------
ValueError                                Traceback(most recent call last)
<ipython-input-8-27dc468365a7> in <module>()
----> 1 account1.deposit(Decimal('-123.45'))

~/Documents/examples/ch10/account.py in deposit(self, amount)
     21         # 금액이 0.00보다 작으면 예외를 발생시킨다.
     22         if amount < Decimal('0.00'):
---> 23             raise ValueError('Deposit amount must be positive.')
     24
     25         self.balance += amount

ValueError: 입금액은 양수여야 한다.
```

10.2.2 Account 클래스 정의하기

account.py 파일에 있는 Account 클래스 정의 부분을 살펴보자.

클래스 정의하기

클래스 정의는 **class** 키워드(라인 5)로 시작해서 클래스 이름과 콜론(:)이 뒤에 따라오는데, 이 줄을 **'클래스 헤더'**라고 한다. *파이썬 코드 스타일 가이드*에서는 여러 단어를 클래스 이름으로 할 경우 각 단어를 대문자로 시작하도록 권장한다. (예를 들어 CommissionEmployee) 클래스의 스위트 코드는 들여쓰기 해야 한다.

```
1  # account.py
2  """Account 클래스 정의."""
3  from decimal import Decimal
4
5  class Account:
6      """은행 계좌를 관리하는 Account 클래스"""
7
```

각 클래스는 일반적으로 클래스를 설명하는 독스트링이 있다(라인 6). 이것은 클래스 헤더의 바로 다음에 한 줄 또는 여러 줄로 쓸 수 있다. IPython에서 어떤 클래스의 독스트링을 보고 싶으면 클래스 이름과 물음표(?)를 입력하고 Enter를 누른다.

```
In [9]: Account?
Init signature: Account(name, balance)
Docstring:      은행 계좌를 관리하는 Account 클래스
Init docstring: Account 객체 초기화
File:           ~/Documents/examples/ch10/account.py
Type:           type
```

Account 식별자는 클래스 이름이면서 Account 객체를 생성하고 클래스의 __init__ 메서드를 호출하는 생성자 표현식이기도 하다. 이렇게 때문에 IPython의 help는 클래스의 독스트링("Docstrig:")과 __init__ 메서드의 독스트링("Init docstring:")을 모두 보여준다.

Account 객체 초기화: 메서드 __init__

앞 절에서 스니펫 [3]의 생성자 표현식에서

```
account1 = Account('John Green', Decimal('50.00'))
```

새로운 객체를 생성하고 클래스의 __init__ 메서드를 호출해서 데이터를 초기화한다. 여러분이 만든 클래스는 객체의 데이터 속성을 초기화하는 방법을 지정하는 **__init__** 메서드를 만들 수 있다. __init__ 메서드에서 None이 아닌 다른 값을 반환하면 TypeError가 발생한다. 일반적으로 함수나 메서드에서 None을 반환하는 것은 return 구문이 없다는 의미이다. 클래스 Account의 __init__ 메서드(라인 8~16)에서 balance 값이 올바른 값이면 Account 객체의 name과 balance 속성을 초기화했다.

```
8  def _ _init_ _(self, name, balance):
9      """Account 객체 초기화"""
10
11     # 잔액이 0.00보다 작으면 예외 발생
12     if balance < Decimal('0.00'):
13         raise ValueError('Initial balance must be >= to 0.00.')
14
15     self.name = name
16     self.balance = balance
17
```

특정 객체에 대한 메서드를 호출할 때 파이썬은 암묵적으로 메서드의 첫 번째 인자로 객체의 참조를 넘기기 때문에 클래스의 모든 메서드는 최소한 하나의 인자를 가져야 한다. 관례에 따라 대부분의 파이썬 개발자들은 메서드 첫 번째 인자를 **self**라고 한다. 클래스 메서드는 이 참조(self)를 사용해서 객체의 속성과 메서드에 접근한다. Account 클래스의 __init__ 메서드는 name과 balance에 대한 매개변수도 있다.

if 구문은 balance 매개변수를 *검증한* 후 balance 값이 0.00보다 작으면 __init__ 메서드는 ValueError를 발생시키고 중지된다. 그렇지 않다면 이 메서드는 Account 객체를 생성하고 객체의 name과 balance 속성값을 초기화한다. Account 클래스의 객체가 만들어질 때 이 객체는 속성값이 없어서 할당을 통해 동적으로 속성을 추가한다.

self.*속성_이름* = *값*

파이썬 클래스에는 수많은 특수 메서드들이 있다. __init__ 같은 것으로, 이런 메서드들은 메서드 이름의 앞뒤에 두 개의 밑줄(__)이 있다. 나중에 이번 장에서 설명할 파이썬의 **object** 클래스는 파이썬의 *모든* 객체에서 사용할 수 있는 특수 메서드들을 정의하고 있다.

deposit 메서드

Account 클래스의 deposit 메서드는 account 객체의 balance 속성에 양수의 금액을 더한다. amount 인자가 0.00보다 작으면 이 메서드는 ValueError를 발생시켜서 양수의 금액만 허용한다고 표시한다. amount 값이 맞다면 라인 25에서 이 금액을 객체의 balance 속성에 더한다.

```
18  def deposit(self, amount):
19      """계좌에 돈을 예금한다."""
20
21      # 잔액이 0.00보다 작으면 예외가 발생한다.
22      if amount < Decimal('0.00'):
23          raise ValueError('amount must be positive.')
24
25      self.balance += amount
```

10.2.3 구성: 클래스 멤버로서의 객체 참조

Account는 name과 balance를 *속성으로 갖는다.* "파이썬에서는 모든 것이 객체"라고 했는데, 이 말은 객체의 속성은 다른 클래스 객체들에 대한 참조라는 것을 의미한다. 예를 들어 Account 객체의 name 속성은 문자열 객체의 참조이고, Account 객체의 balance 속성은 Decimal 객체에 대한 참조이다. 다른 타입에 대한 참조는 **합성(Composition)**라고 하는 소프트웨어 재사용의 한 형태이고, 이것을 **소유 관계('*has a*' relationship)**라고도 한다. 이번 장의 뒤에서 상속 관계를 만드는 **상속(포함 관계('*is a*' relationship)**를 설정한다.) 에 대해서도 알아볼 것이다.

10.3 속성에 대한 접근 제어

Account 클래스의 메서드들은 balance 값이 ***항상*** 올바른 상태가 되도록 보장하기 위해서 인자들을 검증한다. 즉 balance 값은 0.00보다 같거나 커야 한다. 앞의 예제에서 name과 balance를 속성값을 ***가져오는*** 데만 사용했는데, 속성값을 ***수정하는*** 데도 사용할 수 있다. 다음 IPython 세션에서 Account 객체를 생각해 보자.

```
In [1]: from account import Account

In [2]: from decimal import Decimal

In [3]: account1 = Account('John Green', Decimal('50.00'))

In [4]: account1.balance
Out[4]: Decimal('50.00')
```

초기에 account1에 있는 balance 변수에 정상적인 값이 있다. 이제 balance 속성에 음수값을 설정하고 balance를 출력해 보자.

```
In [5]: account1.balance = Decimal('-1000.00')

In [6]: account1.balance
Out[6]: Decimal('-1000.00')
```

스니펫 [6]의 출력은 account1의 balance 값이 현재 음수라는 것을 보여준다. 메서드와 다르게 balance 속성은 자신에게 할당되는 값을 검증할 수 ***없다.***

은닉성(encapsulation)

대부분의 객체 지향 프로그래밍 언어는 객체의 데이터를 사용자가 사용하지 못하도록 **은닉**(또는 ***숨김***) 기능이 있다. 이런 언어는 ***은닉***하는 데이터를 ***'비공개 데이터(private data)'***라고 한다.

밑줄로 시작하는 네이밍 관례

파이썬은 비공개 데이터라는 것이 ***없고*** 대신 ***네이밍 관례***를 이용해서 비슷한 것을 할 수 있다. 관례에 따라서 파이썬 프로그래머들은 밑줄(_)로 시작하는 이름을 가진 속성은 클래스 ***내부에서만 사용한다는*** 것을 알고 있다. 사용자 코드는 내부적으로 사용하는 데이터 속성과 상호작용하기 위해서 클래스의 메서드와 (다음 절에서 살펴볼) 프로퍼티를 사용해야만 한다. 밑줄(_)로 시작하지 않는 속성의 식별자는 사용자 코드에서 ***공개적으로 사용될*** 수 있다. 다음 절에서 Time 클래스를 정의하면서 이 관례를 사용할 것이지만, 이런 관례를 따른다고 해도 속성에 접근할 수 있다.

10.4 데이터 접근을 위한 프로퍼티

시간은 0~23 범위이고, 분초는 각각 0~59의 범위를 갖는 24시간 포맷으로 시간을 저장하는 Time 클래스를 만들어보자. 이 클래스의 경우에는 ***프로퍼티***를 만들려고 한다. 프로퍼티는 사용자에게는 데이터 속성으로 보이지만, 객체의 데이터를 가져오고 수정하는 과정을 제어할 수 있다. 모든 프로그래머들이 클래스의 객체를 올바르게 사용하기 위해서 파이썬 관례를 따른다고 가정한다.

10.4.1 테스트 주도로 개발하는 Time 클래스

Time을 정의하기 전에 이 클래스가 가지고 있는 기능을 실습해 보자. 먼저 ch10 폴더의 timewithproperties.py로부터 Time 클래스를 임포트한다.

```
In [1]: from timewithproperties import Time
```

Time 객체 생성하기

다음으로 Time 객체를 만들어보자. Time 클래스의 __init__ 메서드에는 hour, minute, second 매개변수가 있고, 각 변수에는 기본 인자값으로 0이 주어진다. 여기서 hour와 minute만 지정하고, second는 기본값 0이 지정된다.

```
In [2]: wake_up = Time(hour=6, minute=30)
```

Time 객체 출력하기

Time 클래스에는 Time 객체를 문자열로 표현하는 두 개의 메서드를 정의한다. 스니펫 [3]에서처럼 IPython에서 변수를 평가하면 IPython은 객체를 나타내는 문자열을 만들기 위해서 객체의 __repr__이라는 특별한 메서드를 호출한다. __repr__은 다음과 같은 형식으로 문자열을 만든다.

```
In [3]: wake_up
Out[3]: Time(hour=6, minute=30, second=0)
```

__str__ 특별 메서드를 만들게 되면 print 함수를 사용해서 객체를 출력하는 것처럼 객체를 문자열로 변환할 때 호출된다.[1] 앞에서 구현한 __str__ 메서드는 12시간 표기 방법의 문자열을 만든다.

```
In [4]: print(wake_up)
6:30:00 AM
```

프로퍼티로 속성값 가져오기

Time 클래스는 hour, minute, second **속성**을 제공한다. 이 속성은 객체 데이터를 가져오고 수정하는 데 편리하지만, 프로퍼티는 메서드로 개발되기 때문에 추가 로직, 즉 데이터 속성값을 반환할 때 포맷을 지정하거나 속성을 수정하기 전에 새로운 값을 검증하는 등의 일을 할 수 있다. 여기서 wake_up 객체의 hour 값을 가져올 것이다.

```
In [5]: wake_up.hour
Out[5]: 6
```

이번 스니펫은 hour 속성의 값을 간단히 가져오는 것으로 보이지만, 실제로 데이터 속성의 값을 반환하는 hour *메서드*를 호출하는 것이다. (다음 절에서 살펴볼 것처럼 이 데이터 속성은 _hour라는 이름을 사용했다.)

Time 설정하기

Time 객체의 set_time 메서드를 사용해서 새로운 시간을 설정할 수 있다. __init__ 메서드처럼 set_time 메서드는 hour, minute, second 매개변수를 사용하고 각각의 기본값은 0이다.

```
In [6]: wake_up.set_time(hour=7, minute=45)

In [7]: wake_up
Out[7]: Time(hour=7, minute=45, second=0)
```

프로퍼티로 속성값 변경하기

Time 클래스도 프로퍼티를 통해서 hour, minute, second 값을 각각 설정할 수 있다. hour 값

1 클래스에서 __str__을 제공해 주지 않았는데, 클래스의 객체가 문자열로 변환되면 이 클래스의 __repr__ 메서드가 대신 호출된다.

을 6으로 바꿔보자.

```
In [8]: wake_up.hour = 6

In [9]: wake_up
Out[9]: Time(hour=6, minute=45, second=0)
```

스니펫 [8]은 데이터 속성에 어떤 값을 할당하는 것처럼 보이지만, 실제로는 6을 인자로 받는 hour 메서드를 호출하는 것이다. 이 메서드는 값을 검증하고 이 값을 대응하는 데이터 속성(다음 절에서 살펴보는 것처럼 _hour라고 명명한 속성)에 할당한다.

잘못된 값을 설정할 경우

Time 클래스의 프로퍼티가 설정한 값을 검증하는지 확인하기 위해서 hour 프로퍼티에 엉뚱한 값을 넣어보자. 이렇게 하면 ValueError가 발생한다.

```
In [10]: wake_up.hour = 100
---------------------------------------------------------------------------
ValueError Traceback                                  (most recent call last)
<ipython-input-10-1fce0716ef14> in <module>()
----> 1 wake_up.hour = 100

~/Documents/examples/ch10/timewithproperties.py in hour(self, hour)
     20           """Set the hour."""
     21           if not (0 <= hour < 24):
---> 22               raise ValueError(f'Hour ({hour}) must be 0-23')
     23
     24           self._hour = hour

ValueError: Hour (100) must be 0-23
```

10.4.2 Time 클래스 정의하기

지금까지 Time이 동작하는 것을 살펴보았는데, 이제 이 클래스의 정의 부분을 살펴보자.

Time 클래스: 기본 매개변수 값이 있는 __init__ 메서드

Time 클래스의 __init__ 메서드는 hour, minute, second 매개변수를 지정한다. 각각의 기본값은 0으로 지정한다. Account의 __init__ 메서드와 비슷하게 self 매개변수는 초기화될 Time 객체에 대한 참조이다. self.hour, self.minute, self.second가 포함된 명령은 새로 생성된 Time 객체(self)에 hour, minute, second 속성을 생성한다. 하지만 이들 구문은 실제로 hour, minute,second *프로퍼티*를 구현하는 메서드를 호출한다. 이 메서드는 클래스의 내부에서만 사용되는 의미로 _hour, _minute, _second라고 하는 속성을 생성한다.

```
1  # timewithproperties.py
2  """읽기 전용 프로퍼티를 가진 Time 클래스"""
3
4  class Time:
5      """읽기 전용 프로퍼티를 가진 Time 클래스"""
6
7      def __init__(self, hour=0, minute=0, second=0):
8          """각 속성 초기화."""
9          self.hour = hour  # 0-23
10         self.minute = minute  # 0-59
11         self.second = second  # 0-59
12
```

Time 클래스: 읽기 쓰기가 가능한 hour 속성

라인 13~24는 _hour라는 이름의 데이터 속성을 변경하는 hour라는 *공개적으로 접근가능한* **읽기 쓰기 가능한 속성**을 정의한다. 하나의 밑줄(_)로 시작하는 명명법은 사용자 코드에서 _hour에 직접 접근하지 않아야 한다는 의미이다. 이전 장의 스니펫 [5]와 스니펫 [8]에서 보았던 것처럼 프로퍼티는 프로그래머에게 Time 객체에 동작하는 데이터 속성으로 보인다. 하지만 이들 프로퍼티는 *메서드*로 개발이 된다는 점을 알아야 한다. 각 프로퍼티는 데이터 속성의 값을 *가져오는* (실제로는 반환하는) *게터(getter)* 메서드를 정의하고, 데이터의 속성에 값을 설정하는 *세터(setter)*를 *선택적으로* 정의할 수 있다.

```
13  @property
14  def hour(self):
15      """시 반환"""
16      return self._hour
17
18  @hour.setter
19  def hour(self, hour):
20      """시 설정"""
21      if not (0 <= hour < 24):
22          raise ValueError(f'Hour ({hour}) must be 0-23')
23
24      self._hour = hour
25
```

@property 데코레이터가 프로퍼티의 *게터* 메서드의 앞에 오고, 이 게터 메서드는 self 매개변수만 받는다. 내부적으로 데코레이터는 함수에 코드를 추가한다. 이번 경우에는 속성 문법에 동작하는 hour 함수를 만든다. *게터* 메서드의 이름이 프로퍼티 이름이고, 이 게터 함수는 _hour 데이터 속성

10

의 값을 반환한다. 다음 사용자 코드는 *게터* 메서드를 호출한다.

```
wake_up.hour
```

클래스의 내부에서도 이 *게터* 메서드를 사용할 수도 있다.

***@프로퍼티_이름*.setter** (이번 경우에는 @hour.setter) 형태의 데코레이터가 프로퍼티 *세터(setter)* 메서드의 앞에 온다. 이 메서드는 두 개의 매개변수, 즉 self와 프로퍼티에 설정할 값을 표현한 매개변수(hour)를 받는다. hour 매개변수 값이 *유효하면* 이 메서드는 주어진 값을 self 객체의 _hour 속성에 설정한다. 그렇지 않으면 ValueError를 반환한다. 다음 사용자 코드는 프로퍼티에 값을 할당하는 식으로 *세터* 함수 메서드를 호출한다.

```
wake_up.hour = 8
```

이 메서드를 라인 9의 __init__ 메서드에서도 사용했다.

```
self.hour = hour
```

*세터*를 사용하면 객체의 _hour 속성을 생성하고 초기화하기 전에 __init__ 메서드의 hour 인자를 *검증할* 수 있다. 이것은 라인 9의 결과처럼 프로퍼티의 세터가 처음 실행될 때 일어난다. **읽기-쓰기 프로퍼티**는 *게터*와 *세터*를 모두 가지고 있고, 읽기 전용 프로퍼티는 *게터*만 있다.

Time 클래스: 읽고 쓰기 프로퍼티인 minute와 second

라인 26~37과 39~50은 읽기-쓰기 프로퍼티 minute과 second를 정의한다. 각 프로퍼티의 세터는 이 메서드의 두 번째 인자가 0~59 사이의 값(분과 초의 유효 범위)이라는 것을 보장한다.

```
26  @property
27  def minute(self):
28      """분 반환"""
29      return self._minute
30
31  @minute.setter
32  def minute(self, minute):
33      """분 설정"""
34      if not (0 <= minute < 60):
35          raise ValueError(f'Minute ({minute}) must be 0-59')
36
37      self._minute = minute
38
39  @property
40  def second(self):
41      """초 반환."""
42      return self._second
```

```
43
44 @second.setter
45 def second(self, second):
46     """초 설정"""
47     if not (0 <= second < 60):
48         raise ValueError(f'Second ({second}) must be 0-59')
49
50     self._second = second
51
```

Time 클래스: set_time 메서드

한 번의 메서드 호출로 *세 개의 속성*을 변경하는 set_time 메서드를 제공한다. 라인 54~56에서 hour, minute, second 프로퍼티의 *세터*를 호출한다.

```
52 def set_time(self, hour=0, minute=0, second=0):
53     """시, 분, 초 설정"""
54     self.hour = hour
55     self.minute = minute
56     self.second = second
57
```

10

Time 클래스: __repr__ 특수 메서드

객체를 내장 함수 repr에 전달할 때(IPython 세션에서 변수를 평가할 때 암묵적으로 호출됨) 객체의 문자열을 표현하기 위해서 클래스의 **__repr__ 특수 메서드**가 호출된다.

```
58 def __repr__(self):
59     """repr()를 위한 Time 객체 문자 표현 반환"""
60     return (f'Time(hour={self.hour}, minute={self.minute}, ' +
61             f'second={self.second})')
62
```

파이썬 문서에서 __repr__은 객체의 공식적인 문자열 표현을 반환한다. 일반적으로 이 문자열은 다음과 같이 객체를 생성하고 초기화하는 생성자 표현식과 비슷하다.

```
'Time(hour=6, minute=30, second=0)'
```

이것은 이전 절의 스니펫 [2]에서 보았던 생성자 표현법과 비슷하게 생겼다. 파이썬에는 인자로 앞의 문자열을 받은 후 이것을 이용해 문자열에서 지정한 값을 갖는 Time 객체[2]를 생성하고 초기화하는 내장 함수 **eval**이 있다.

2 https://docs.python.org/3/reference/datamodel.html

Time 클래스: __str__ 특수 메서드

Time 클래스에서는 **__str__** 특수 메서드로 정의하고 있다. 이 메서드는 객체를 출력하거나 str 함수로 객체를 문자열로 변환할 때 암묵적으로 호출된다. __str__을 구현하면 '7:59:59 AM'이나 '12:30:45 PM'과 같은 12시간 표기법의 문자열을 만든다.

```
63  def __str__(self):
64      """Time을 12시간 포맷으로 반환"""
65      return (('12' if self.hour in (0, 12) else str(self.hour % 12)) +
66              f':{self.minute:0>2}:{self.second:0>2}' +
67              (' AM' if self.hour < 12 else ' PM'))
```

10.4.3 Time 클래스의 디자인노트

Time 클래스에서 몇 가지 클래스 설계 이슈를 생각해 보자.

클래스의 인터페이스

Time 클래스의 프로퍼티와 메서드는 클래스의 **공개 인터페이스**를 정의한다. 즉 프로그래머가 클래스의 객체와 연동하기 위해서 사용해야 하는 프로퍼티와 메서드 모음이다.

항상 접근 가능한 속성

우리가 인터페이스를 잘 만들어도 파이썬은 다음과 같이 _hour, _minute, _second 데이터 속성을 직접 조작할 수 있다.

```
In [1]: from timewithproperties import Time

In [2]: wake_up = Time(hour=7, minute=45, second=30)

In [3]: wake_up._hour
Out[3]: 7

In [4]: wake_up._hour = 100

In [5]: wake_up
Out[5]: Time(hour=100, minute=45, second=30)
```

스니펫 [4] 이후에 wake_up 객체에는 ***비정상적인*** 데이터가 들어있다. C++, 자바, C#과 같은 다른 많은 객체 지향 프로그래밍 언어와 다르게 파이썬의 데이터 속성은 사용자로부터 숨길 수 없다. 파이썬 튜토리얼에는 '**파이썬에서는 데이터를 완전히 숨길 수 방법이 없다. 관례에 따라서 사용하지 않을 뿐이다.**'라고 되어 있다.[3]

3 https://docs.python.org/3/tutorial/classes.html#random-remarks

내부의 데이터 표현법

시, 분, 초를 세 개의 정수로 이용해서 시간을 표현한다. 자정 이후에 지난 시간의 초를 이용해서 내부적으로 시간을 표현하는 방식을 쓸 수도 있다. 비록 `hour`, `minute`, `second` 프로퍼티는 다시 구현해야 하지만, 프로그래머들은 뭐가 ***동일한*** 인터페이스를 사용해서 ***같은*** 결과를 얻을 수 있다. `Time` 객체를 변경하고 `Time` 객체를 사용하는 사용자 코드를 변경하지 않아도 된다는 사실을 확인하는 일은 여러분에게 숙제로 남기겠다.

클래스 구현 바꾸기

클래스를 설계할 때는 클래스를 다른 프로그래머들이 사용하기 전에 클래스 인터페이스를 주의 깊게 고려해야 한다. 클래스의 내부 데이터 표현이나 메서드의 구현 내용과 같은 클래스의 상세 내용이 변경되어도 기존 코드가 깨지 않도록 인터페이스를 설계하는 것이 가장 이상적이다.

파이썬 프로그래머가 관례에 따라서 밑줄(_)로 시작하는 속성을 사용하지 않으면 클래스 설계자는 사용자의 코드를 깨지 않고 클래스의 상세 내용을 변경할 수 있다.

프로퍼티

세터(setter)와 ***게터***(getter)를 모두 제공하는 프로퍼티는 데이터를 직접 접근하는 것에 비해 아무런 이득이 없는 것처럼 보이지만, 여기에는 미묘한 차이가 있다. ***게터***는 사용자가 데이터를 마음대로 읽을 수 있도록 하는 것 같지만, 데이터의 형식을 제어할 수 있다. ***세터***는 데이터가 잘못된 값으로 설정되는 것을 막기 위해서 데이터 속성의 값을 수정하려는 동작을 감시할 수 있다.

유틸리티 메서드

모든 메서드가 클래스 인터페이스로 제공될 필요는 없어서 어떤 것은 **유틸리티 메서드**로 클래스 ***내부***에서만 쓰이는 것도 있다. 이 메서드는 사용자 코드에서 사용되는 클래스 공개 인터페이스의 일부로 쓰이는 것을 의도하지 않는다. 이런 메서드는 밑줄 하나(_)로 시작하는 이름을 갖는다. C++, 자바, C#과 같은 다른 객체 지향 언어에서는 이런 메서드들을 비공개 메서드(private method)로 구현한다.

`datetime` 모듈

실제 파이썬 개발 현장에서는 시간과 날짜를 표현하기 위해서 별도의 클래스를 만드는 대신 일반적으로 파이썬 표준 라이브러리에 있는 `datetime` 모듈을 사용한다. `datetime` 모듈에 대한 자세한 내용은 다음을 참고한다.

```
https://docs.python.org/3/library/datetime.html
```

10.5 비공개 속성 흉내내기

C++, 자바, C# 같은 프로그래밍 언어에서 클래스는 어떤 멤버가 *공개적으로 접근 가능한지* 명시한다. 클래스의 바깥쪽에서 접근하지 못하는 클래스 멤버는 비공개(private)이고 내부에서만 볼 수 있다. 파이썬 프로그래머는 종종 데이터를 비공개 속성으로 사용하거나, 클래스의 내부 동작에 필수적이지만 클래스의 공개 인터페이스는 아닌 유틸리티 메서드들을 사용한다.

지금까지 살펴본 것처럼 파이썬 객체의 속성은 ***항상*** 접근 가능하지만, 파이썬은 비공개 속성을 의미하는 명명 관례가 있다. Time 클래스의 객체를 생성하는 다음과 같이 값을 직접 할당하는 구문을 ***막고*** 싶다고 가정해 보자.

```
wake_up._hour = 100
```

이때 hour에 잘못된 값이 설정될 수 있다. 예를 들어 _hour를 사용하는 대신 밑줄 ***두*** 줄이 앞에 오는 __hour라는 이름을 사용할 수 있다. 이 관례는 __hour가 비공개이고 클래스를 사용하는 사용자가 접근하지 말아야 한다는 의미이다. 사용자가 이 비공개 속성 접근을 막기 위해서 파이썬은 이것의 이름 앞에 _클래스 이름을 붙인다. 예를 들어 _Time__hour라는 식으로 바꾼다. 이것을 **'이름 난독화(name mangling)'**라고 한다. __hour에 값을 할당하려고 다음과 같이 한다면 파이썬은 AttributeError를 발생시킨다.

```
wake_up.__hour = 100
```

이 예외는 클래스에 __hour라는 속성이 없다는 것을 의미하는데, 이것을 잠깐 살펴볼 것이다.

IPython의 자동 완성 기능은 '공개' 속성만 보여준다

IPython은 다음과 같이 하고 ***탭***을 눌러서 자동 완성할 때 밑줄이 한 줄이나 두 줄 있는 속성을 보여주지 않는다.

```
wake_up.
```

wake_up 객체의 '공개' 인터페이스에 있는 속성만 IPython의 자동 완성 리스트에 표시된다.

'비공개' 속성 실습하기

이름 난독화를 확인하기 위해서 '공개' 데이터 속성인 public_data와 비공개 데이터 속성인 __private_data가 포함된 PrivateClass라는 클래스가 있다고 가정해 보자.

```
1  # private.py
2  """공개와 비공개 속성을 가진 클래스"""
3
```

```
4  class PrivateClass:
5      """공개와 비공개 속성을 가진 클래스"""
6
7      def __init__(self):
8          """공개와 비공개 속성 초기화하기"""
9          self.public_data = "public"  # 공개 속성
10         self.__private_data = "private"  # 비공개 속성
```

이 데이터 속성을 실습하기 위해서 PrivateData 클래스의 객체를 생성해 보자.

```
In [1]: from private import PrivateClass

In [2]: my_object = PrivateClass()
```

스니펫 [3]은 public_data 속성에 직접 접근할 수 있음을 보여준다.

```
In [3]: my_object.public_data
Out[3]: 'public'
```

하지만 스니펫 [4]에서 __private_data 속성을 직접 접근하려고 하면 클래스에 주어진 이름의 속성이 없다고 알려주는 AttributeError를 볼 수 있다.

```
In [4]: my_object._ _private_data
-------------------------------------------------------------------------------
AttributeError                              Traceback(most recent call last)
<ipython-input-4-d896bfdf2053> in <module>()
----> 1 my_object._ _private_data

AttributeError: 'PrivateClass' object has no attribute '__private_data'
```

이것은 파이썬이 속성 이름을 바꾸기 때문에 발생한다. 하지만 불행하게도 __private_data 속성은 여전히 간접적으로 접근할 수 있다.

10.6 사례: 카드 섞고 나눠주기

다음 예제는 카드를 섞고 게이머들에게 카드를 나누어줄 수 있는 두 개의 클래스를 보여준다. Card 클래스는 끗수('**에이스**', '2', '3', ……, '**잭**', '**퀸**', '**킹**')와 슈트('**하트**', '**다이어몬드**', '**클럽**', '**스페이드**')가 있는 플레잉카드를 나타낸다. DeckOfCards 클래스는 Card 객체의 리스트로 52장의 플레잉카드 덱을 나타낸다. 먼저 IPython에서 이 클래스를 사용해서 카드를 섞고 나누어주는 기능을 시현해 본 후 실제 클래스를 어떻게 정의하는지 알아보자. 마지막으로 다른 IPython 세션을 사용해서 52장의 카드

를 매트플롯리브로 표시해 본다. 또한 공공 도메인의 카드 이미지를 얻을 수 있는 곳도 알려줄 것이다.

10.6.1 Car, DeckOfCards 클래스 시운전하기

Card와 DeckOfcars 클래스를 살펴보기 전에 IPython 세션에서 이것들의 기능을 시험해 보자.

생성, 카드 섞기와 카드 나눠주기

먼저 DeckOfCards 클래스를 deck.py에서 임포트해서 클래스의 객체를 만들어보자.

```
In [1]: from deck import DeckOfCards

In [2]: deck_of_cards = DeckOfCards()
```

DeckOfCards의 __init__ 메서드는 슈트별로 그리고 슈트 안에서는 끗수의 순서대로 52개의 Card 객체를 생성한다. deck_of_cards 객체를 출력하면 내용을 볼 수 있다. 출력하면 덱을 표현한 문자열을 얻기 위해서 DeckOfCards 클래스의 __str__ 메서드가 호출된다. 각 행을 왼쪽에서 오른쪽으로 읽어보면, 모든 카드가 각 슈트(**하트, 다이아몬드, 클럽, 스페이드**)별로 순서대로 출력되는 것을 확인할 수 있다.

```
In [3]: print(deck_of_cards)
Ace of Hearts        2 of Hearts          3 of Hearts          4 of Hearts
5 of Hearts          6 of Hearts          7 of Hearts          8 of Hearts
9 of Hearts          10 of Hearts         Jack of Hearts       Queen of Hearts
King of Hearts       Ace of Diamonds      2 of Diamonds        3 of Diamonds
4 of Diamonds        5 of Diamonds        6 of Diamonds        7 of Diamonds
8 of Diamonds        9 of Diamonds        10 of Diamonds       Jack of Diamonds
Queen of Diamonds    King of Diamonds     Ace of Clubs         2 of Clubs
3 of Clubs           4 of Clubs           5 of Clubs           6 of Clubs
7 of Clubs           8 of Clubs           9 of Clubs           10 of Clubs
Jack of Clubs        Queen of Clubs       King of Clubs        Ace of Spades
2 of Spades          3 of Spades          4 of Spades          5 of Spades
6 of Spades          7 of Spades          8 of Spades          9 of Spades
10 of Spades         Jack of Spades       Queen of Spades      King of Spades
```

다음으로 덱을 혼합해서 deck_of_cards 객체를 다시 출력해 보자. 같은 결과를 재현하기 위한 시드값을 따로 설정하지 않아서 매번 결과가 다를 것이다.

```
In [4]: deck_of_cards.shuffle()

In [5]: print(deck_of_cards)
```

```
King of Hearts        Queen of Clubs       Queen of Diamonds    10 of Clubs
5 of Hearts           7 of Hearts          4 of Hearts          2 of Hearts
5 of Clubs            8 of Diamonds        3 of Hearts          10 of Hearts
8 of Spades           5 of Spades          Queen of Spades      Ace of Clubs
8 of Clubs            7 of Spades          Jack of Diamonds     10 of Spades
4 of Diamonds         8 of Hearts          6 of Spades          King of Spades
9 of Hearts           4 of Spades          6 of Clubs           King of Clubs
3 of Spades           9 of Diamonds        3 of Clubs           Ace of Spades
Ace of Hearts         3 of Diamonds        2 of Diamonds        6 of Hearts
King of Diamonds      Jack of Spades       Jack of Clubs        2 of Spades
5 of Diamonds         4 of Clubs           Queen of Hearts      9 of Clubs
10 of Diamonds        2 of Clubs           Ace of Diamonds      7 of Diamonds
9 of Spades           ack of Hearts        6 of Diamonds        7 of Clubs
```

카드 나누어주기

deal_card 메서드를 호출해서 한 번에 하나의 카드를 나누어줄 수 있다. IPython은 반환된 Card 객체의 __repr__ 메서드를 호출해서 Out[ ] 프롬프트에 표시될 문자열을 만든다.

```
In [6]: deck_of_cards.deal_card()
Out[6]: Card(face='King', suit='Hearts')
```

Card 클래스의 다른 기능

Card 클래스의 __str__ 메서드를 확인하기 위해 다른 카드를 뽑아서 내장 함수 str에 넣어보자.

```
In [7]: card = deck_of_cards.deal_card()

In [8]: str(card)
Out[8]: 'Queen of Clubs'
```

각 카드는 대응하는 이미지 파일명이 있는데, 이 값은 image_name 읽기 전용 프로퍼티를 통해서 얻을 수 있다. **카드**를 이미지로 보여줄 때 이것을 이용할 것이다.

```
In [9]: card.image_name
Out[9]: 'Queen_of_Clubs.png'
```

10.6.2 Card 클래스 – 클래스 속성

각 Card 객체는 세 개의 문자열 프로퍼티, 즉 각 **카드**의 face(**끗수**), suit(**슈트**)와 image_name(카드의 이미지를 가지고 있는 파일명)을 가지고 있다. 앞 절의 IPython 세션에서 본 것처럼

Card 클래스도 카드 정보를 초기화하고 다양한 문자열을 얻어오는 메서드들이 있다.

클래스 속성, FACES와 SUITS

클래스의 각 객체는 클래스 데이터의 속성에 대한 복사본을 가지고 있다. 예를 들어 각 Account 객체는 자신의 name과 balance를 가지고 있다. 가끔 클래스의 *모든* 객체가 속성을 공유해야 할 때도 있다. **클래스 속성**(**'클래스 변수'**라고도 함)은 클래스 전체에 적용되는 정보를 나타낸다. 이 속성은 클래스에 속하고 클래스의 각 객체에 따로 존재하지 않는다. Card 클래스에서는 두 개의 클래스 속성(라인 5~7)을 정의하고 있다.

- FACES는 카드의 끗수의 리스트이다.
- SUITS는 카드의 슈트 이름 리스트이다.

```
1  # card.py
2  """카드와 그 카드의 이미지 파일명을 표현하는 Card 클래스."""
3
4  class Card:
5      FACES = ['Ace', '2', '3', '4', '5', '6',
6               '7', '8', '9', '10', 'Jack', 'Queen', 'King']
7      SUITS = ['Hearts', 'Diamonds', 'Clubs', 'Spades']
8
```

클래스 정의부에 값을 할당하는 방식으로 클래스 속성을 정의할 수 있다. 하지만 클래스의 메서드나 프로퍼티에 정의하면 안 된다. (이렇게 되면 지역 변수가 된다.) FACES와 SUITS는 값이 변경되지 않는 *상수*이다. *파이썬 코드 스타일 가이드*에 따라 이런 상수들을 대문자로 쓴다.[4]

이 리스트에 있는 요소를 사용해서 각 Card를 초기화하겠지만, 각 Card 객체에 각 리스트의 복사본이 따로 있어야 할 필요가 없다. 클래스 속성은 클래스 객체의 어디에서나 접근할 수 있는데, 보통 클래스 이름으로 접근한다(Card.FACES 또는 Card.SUITS처럼). 클래스 속성은 클래스 정의를 임포트하는 순간 만들어진다.

Card 메서드 __init__

Card 객체를 생성할 때 __init__ 메서드는 객체에 _face와 _suit 데이터 속성을 정의한다.

```
9      def __init__(self, face, suit):
10         """페이스와 스위트로 Card 객체를 초기화한다."""
11         self._face = face
12         self._suit = suit
13
```

4 파이썬은 진정한 의미의 상수를 제공하지 않기 때문에 FACES와 SUITS도 변경될 수 있다.

읽기 전용 프로퍼티인 face, suit, image_name

일단 Card 객체가 만들어지면 face, suit, image_name은 변경되지 않아서 이것을 읽기 전용 프로퍼티로 만들었다(라인 14~17, 라인 19~22, 라인 24~27). face, suit 프로퍼티들은 각각 대응하는 _face와 _suit를 반환하지만, 프로퍼티에 대응하는 데이터 속성이 있어야만 하는 것은 아니다. Card 프로퍼티 image_name의 값은 str(self)로 Card 객체의 문자열을 얻어서 공백은 밑줄(_)로 교체하고 마지막에 파일 확장자 '.png'를 붙이는 방식을 이용해 ***동적으로 만든다.*** 이 방식에 따라서 'Ace of Spades'는 'Ace_of_Spades.png'가 된다. 이 파일 이름을 이용해서 PNG 포맷 이미지를 로드한다. PNG(Portable Netwrok Garphics) 포맷은 웹 기반 이미지를 위해 폭넓게 사용되는 이미지 포맷이다.

```
14  @property
15  def face(self):
16      """Card의 self._face를 반환한다. """
17      return self._face
18
19  @property
20  def suit(self):
21      """Card의 self._suit를 반환한다. """
22      return self._suit
23
24  @property
25  def image_name(self):
26      """Card의 이미지 파일명을 반환한다."""
27      return str(self).replace(' ', '_') + '.png'
28
```

Card 객체를 문자열로 반환하는 메서드

Card 클래스에는 객체를 문자열로 표현할 수 있는 세 개의 특수 메서드를 지원하고 있다. Time 클래스에 있던 것처럼 __repr__ 메서드는 Card 객체를 생성하고 초기화하는 생성자 표현식처럼 생긴 문자열을 반환한다.

```
29  def __repr__(self):
30      """repr() 함수에 사용될 문자열 반환"""
31      return f"Card(face='{self.face}', suit='{self.suit}')"
32
```

__str__ 메서드는 '*face* of *suit*' 형식의 문자열, 예를 들어 'Ace of Hearts' 같은 문자열을 만든다.

```
33 def __str__(self):
34     """str() 함수에 사용될 문자열 반환"""
35     return f'{self.face} of {self.suit}'
36
```

이전 절의 IPython 세션에서 전체 덱을 출력할 때 카드가 왼쪽으로 정렬된 네 개의 열로 출력되었다. DeckOfCards의 __str__ 메서드에서 보게 될 것처럼 f-문자열을 사용해서 각 19자리 필드에 카드를 출력할 것이다. Card 클래스의 특수 메서드 __format__은 카드 객체가 f-문자열에 있는 것처럼 문자열을 포맷팅할 때 호출된다.

```
37 def __format__(self, format):
38     """서식이 적용된 문자열을 반환"""
39     return f'{str(self):{format}}'
```

이 메서드의 두 번째 인자가 객체에 포맷을 적용할 때 사용되는 포맷 문자열이다. 이 매개변수를 포맷 지정자로 사용하기 위해서 콜론의 ***오른쪽***에 중괄호로 매개변수 이름을 감싼다. 이번 예제에서는 str(self)에서 반환되는 Card 객체의 문자열 표현을 포맷팅한다. DeckOfCards 클래스에서 __str__ 메서드를 소개할 때 이 __format__을 다시 알아볼 것이다.

10.6.3 DeckOfCards 클래스

DeckOfCards 클래스는 덱에 있는 카드들의 수를 나타내는 NUMBER_OF_CARDS라는 클래스 속성이 있고, 두 개의 데이터 속성을 생성한다.

- _current_card는 다음 줄 **카드**(0~51)를 가지고 있다.
- _deck(라인 12)는 52개의 Card 객체 리스트이다.

__init__ 메서드

DeckOfCards의 __init__ 메서드는 _deck을 초기화하고, for 구문은 새로운 Card 객체를 _desk 리스트에 추가한다. 각각의 객체는 두 개의 문자열로 초기화되는데, 하나는 Card.FACES에 있는 문자열이고, 다른 하나는 Card.SUITS에 있는 값이다. count % 13으로 계산되는 값은 ***항상*** 0에서 12(Card.FACES의 13개 인덱스)까지의 값을 가진다. 그리고 count // 13은 ***항상*** 0에서 3(Card.SUITS의 네 개 인덱스)까지의 값을 반환한다. _deck 리스트를 초기화할 때 끗수 **'에이스'**부터 **'킹'**까지 카드들이 포함된다. **하트** 슈트가 들어가고 **다이아몬드**, **클럽**이 들어간 후 **스페이드**가 들어간다.

```
1 # deck.py
2 """카드 덱을 표현하는 Deck 클래스"""
3 import random
4 from card import Card
```

```
 5
 6 class DeckOfCards:
 7     NUMBER_OF_CARDS = 52  # 카드 숫자 상수
 8
 9     def __init__(self):
10         """덱 초기화."""
11         self._current_card = 0
12         self._deck = []
13
14         for count in range(DeckOfCards.NUMBER_OF_CARDS):
15             self._deck.append(Card(Card.FACES[count % 13],
16                 Card.SUITS[count // 13]))
17
```

shuffle 메서드

shuffle 메서드는 _current_card를 0으로 초기화한 후 random 모듈의 shuffle 함수를 사용해서 _deck에 있는 카드를 섞는다.

```
18 def shuffle(self):
19     """덱 섞기."""
20     self._current_card = 0
21     random.shuffle(self._deck)
22
```

deal_card 메서드

deal_card 메서드는 _deck에서 하나의 Card를 뽑아서 나누어준다. _current_card는 다음에 뽑을 카드의 인덱스를 의미한다. 라인 26은 _current_card 인덱스에 있는 _deck의 요소를 가져오고, 이 메서드가 성공하면 _current_card를 1 증가시킨 후 나누어줄 카드를 반환한다. 만약 성공하지 못하면 None을 반환해서 더 이상 카드가 없음을 표시한다.

```
23 def deal_card(self):
24     """카드 하나 반환하기. """
25     try:
26         card = self._deck[self._current_card]
27         self._current_card += 1
28         return card
29     except:
30         return None
31
```

__str__ 메서드

DeckOfCards 클래스는 덱의 문자열을 얻기 위해서 __str__ 특수 메서드도 정의한다. 이 메서드는 각 카드를 19자리 필드에 왼쪽으로 정렬해서 네 개 열의 문자열로 만든다. 라인 37은 주어진 Card 객체에 포맷을 적용할 때 __format__ 특수 메서드와 포맷 지정자('<19')가 이 메서드의 format 인자와 함께 호출된다. 그리고 나서 __format__ 메서드는 '<19'를 사용해서 Card를 서식이 적용된 문자열로 만든다.

```
32 def __str__(self):
33     """현재 _deck의 문자열 표현 반환."""
34     s = ''
35
36     for index, card in enumerate(self._deck):
37         s += f'{self._deck[index]:<19}'
38         if (index + 1) % 4 == 0:
39             s += '\n'
40
41     return s
```

10.6.4 매트플롯리브로 카드 이미지 출력하기

지금까지 **카드**를 문자열로 출력했고 이번에는 **카드**를 이미지로 출력해 보자. 이 실습을 위해서 위키미디어 코먼스(Wikimedia Commons)[5]에서 공개 도메인의 카드 이미지를 다운로드했다.

> https://commons.wikimedia.org/wiki/Category:SVG_English_pattern_playing_cards

이들 이미지는 ch10 예제 폴더의 card_images 서브 폴더에 저장되어 있다. 먼저 DeckOfCards를 만들어보자.

```
In [1]: from deck import DeckOfCards

In [2]: deck_of_cards = DeckOfCards()
```

IPython에서 매트플롯리브 활성화하기

다음으로 %matplotlib 매직 명령을 사용해서 IPython에서 매트플롯리브를 활성화시킨다.

```
In [3]: %matplotlib
Using matplotlib backend: Qt5Agg
```

5 https://creativecommons.org/publicdomain/zero/1.0/deed.en

각 이미지별 기본 경로 생성하기

각 이미지를 출력하기 전에 card_imeags 폴더에서 이미지를 로드해야 한다. pathlib 모듈의 **Path 클래스**를 사용해서 우리 시스템에서 각 이미지의 전체 경로를 만들어볼 것이다. 스니펫 [5]는 '.'로 표현된 현재 폴더(ch10 예제 폴더)에 대한 Path 객체를 생성한 후 Path의 **joinpath** 메서드를 사용해서 카드 이미지가 있는 서브 폴더를 붙인다.

```
In [4]: from pathlib import Path

In [5]: path = Path('.').joinpath('card_images')
```

매트플롯리브 함수 임포트하기

다음으로 이미지를 표시하는 데 필요한 매트플롯리브 모듈을 임포트한다. 이미지를 로드하는 경우 **matplotlib.image**에 있는 함수를 사용한다.

```
In [6]: import matplotlib.pyplot as plt

In [7]: import matplotlib.image as mpimg
```


Figure와 Axes 객체 생성하기

다음에 보이는 스니펫에서 매트플롯리브의 **subplots** 함수를 사용해서 Figure 객체를 생성한다. 이 객체에 4행(nrows) 13열(ncols)로, 총 52개의 *서브플롯*으로 표시할 것이다. 이 함수는 Figure와 서브플롯의 Axes 객체들을 가지고 있는 튜플을 반환하고, 이것을 figure와 axes_list 변수로 언패킹한다.

```
In [8]: figure, axes_list = plt.subplots(nrows=4, ncols=13)
```

IPython에서 이 명령을 수행하면 매트플롯리브 창이 52개의 빈 서버플롯과 함께 즉시 표시된다.

Axes 객체 설정과 이미지 표시

다음으로 axes_list에 있는 모든 Axes 객체들을 순회한다. ravel 함수는 다차원 배열의 1차원 뷰를 제공하고, 각 Axes 객체에 대해 다음과 같은 일을 한다.

- 데이터를 표시할 것이 아니기 때문에 각 이미지를 위한 축이나 라벨이 없어도 된다. 루프의 처음 두 구문은 *x*축과 *y*축을 보이지 않게 한다.
- 세 번째 구문은 Card를 뽑아서 그것의 image_name 정보를 가져온다.
- 네 번째 구문은 Path의 joinpath 메서드를 사용해서 image_name을 현재의 Path 객체를 붙인 후 **resolve** 메서드를 호출해서 시스템에 있는 이미지의 전체 경로를 결정한다. Path

객체를 내장 함수 **str**에 넘겨서 이미지의 위치를 의미하는 문자열을 얻는다. 그리고 그 문자열을 matplotlib.image 모듈의 **imread 함수**로 넘기면 이 함수가 이미지를 로드한다.

- 마지막 구문은 Axes의 **imshow** 메서드를 호출해서 현재 서브플롯에 이미지를 출력한다.

```
In [9]: for axes in axes_list.ravel():
   ...:     axes.get_xaxis().set_visible(False)
   ...:     axes.get_yaxis().set_visible(False)
   ...:     image_name = deck_of_cards.deal_card().image_name
   ...:     img = mpimg.imread(str(path.joinpath(image_name).resolve()))
   ...:     axes.imshow(img)
   ...:
```

이미지의 크기 최대화하기

여기까지 해서 모든 이미지가 출력되면 이 카드들을 최대한 크게 만들기 위해 창을 최대화할 수 있다. 매트플롯리브의 Figure 객체의 **tight_layout 메서드**를 호출한다. 이 메서드는 창에 있는 여백을 최대한 제거한다.

```
In [10]: figure.tight_layout()
```

최종적으로 보이는 창에는 다음과 같은 이미지가 보인다.

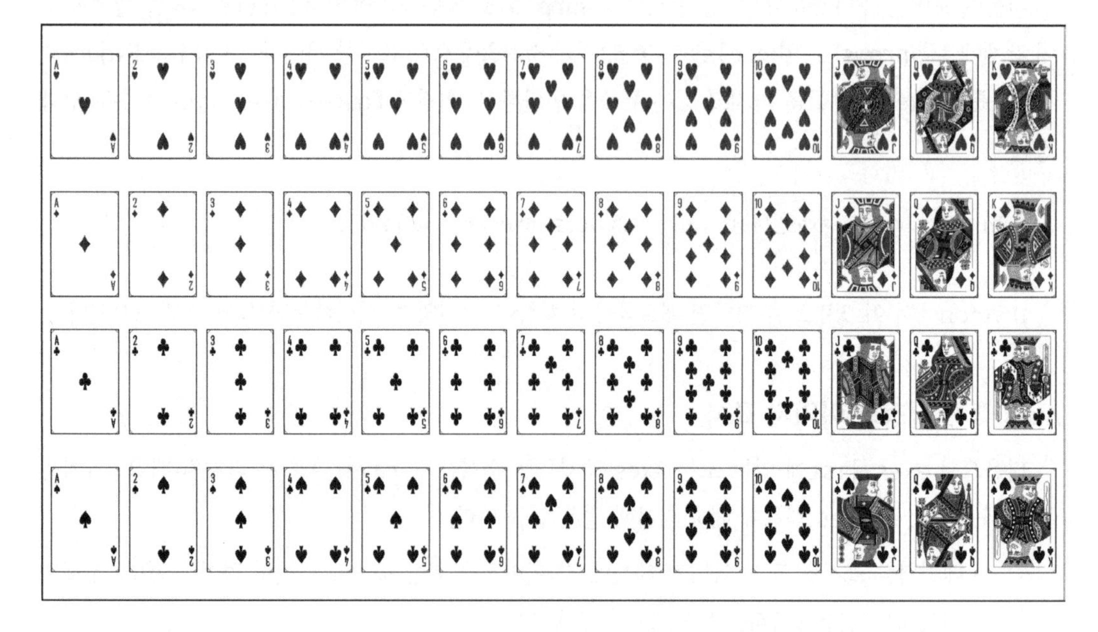

데크를 섞고 다시 나누기

이미지를 무작위로 섞기 위해서 **shuffle** 메서드를 호출하고 다시 스니펫 [9]의 코드를 실행한다.

```
In [11]: deck_of_cards.shuffle()

In [12]: for axes in axes_list.ravel():
    ...:     axes.get_xaxis().set_visible(False)
    ...:     axes.get_yaxis().set_visible(False)
    ...:     image_name = deck_of_cards.deal_card().image_name
    ...:     img = mpimg.imread(str(path.joinpath(image_name).resolve()))
    ...:     axes.imshow(img)
    ...:
```

10.7 상속: 기반 클래스와 서브 클래스

종종 어떤 클래스의 객체는 다른 클래스의 객체*이기도 하다.* 예를 들어 **자동차 대출**(CarLoan)은 **주택 개선 대출**(HomeImprovementLoan)이나 **부동산 대출**(MortrageLoan)과 마찬가지로 **대출***이다.* CarLoad 클래스는 Loan 클래스를 상속한다고 할 수 있다. 이런 맥락에서 Loan 클래스는 기반 클래스(base class)이고 CarLoan는 서브 클래스(subclass)이다. CarLoan은 Loan의 특수한 타입*이지만*, 모든 Loan이 CarLoan이라는 것은 아니고 Loan은 모든 유형이 될 수 *있다.* 다음 표는 기반 클래스와 서브 클래스의 간단한 예를 나열한 것으로, 기반 클래스는 좀 더 일반적이고 서브 클래스는 좀 더 구체적이다.

기반 클래스	서브 클래스
학생(Student)	대학원생(GraduateStudent), 학부생(UndergraduateStudent)
도형(Shape)	원(Circle), 삼각형(Triangle), 사각형(Rectangle), 구(Sphere), 정육면체(Cube)
대출(Loan)	자동차대출(CarLoan), 주택개선대출(HomeImprovementLoan), 부동산대출(MortgageLoan)
종업원(Employee)	교수(Faculty), 직원(Staff)
은행계좌(BankAccount)	당좌예금계좌(CheckingAccount), 저축계좌(SavingsAccount)

모든 서브 클래스 객체는 그 기반 클래스의 한 객체이고, 기반 클래스는 많은 서브 클래스들을 가질 수 있다. 기반 클래스로 표현되는 객체들의 집합이 서브 클래스로 표현할 수 있는 객체의 집합보다 크다. 예를 들어 기반 클래스 **운송 수단(Vehicle)**은 자동차(car), 트럭(truck), 보트(boat), 자전거(bicycle) 등을 포함한 *모든* 운송 수단을 나타낸다. 반대로 서브 클래스 **자동차(Car)**는 더 작고 더 명확한 운송 수단의 일부를 표현한다.

회원의 상속 계층

상속 관계는 트리와 비슷한 *계층* 구조를 형성하고, 기반 클래스는 서브 클래스와 계층 관계를 이룬다. (다음 다이어그램에 나와 있는) 샘플 클래스 계층 구조를 만들어보자. 클래스 계층(class hierarchy)은 **'상속 계층(inheritance hierarchy)'**이라고도 한다. 대학 커뮤니티에는 직원, 학생 및 동문을 포함한 수천 명의 회원이 있는데, 교직원은 교수진이나 사무직원이고 교수진은 관리자(예: 학과장 또는 학부장)나 교수이다. 계층 구조에는 많은 클래스가 포함될 수 있다. 예를 들어 학생은 대학원생이나 학부생이 될 수 있고, 학부생은 신입생, 2학년, 3학년 또는 4학년이 될 수 있다. **단일 상속**으로 클래스는 하나의 기본 클래스에서 파생된다. **다중 상속**을 사용하면 하위 클래스는 *둘 이상의* 기본 클래스를 상속할 수 있다. 단일 상속은 간단해서 책에서 다루겠지만 다중 상속은 이 책의 범위를 벗어난다. 다중 상속을 사용하기 전에 '파이썬 다중 상속의 다이아몬드 문제(diamond problem in Python multiple inheritance)'를 검색해 보기 바란다.

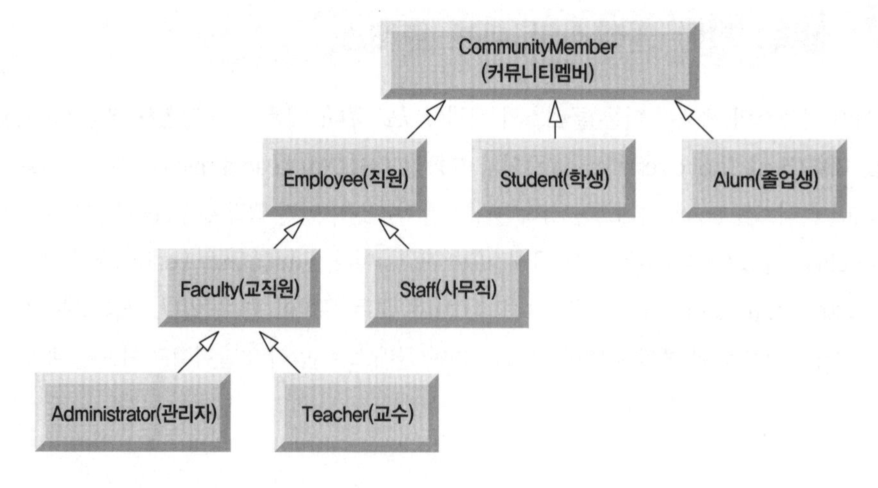

계층 구조에서 각 화살표는 *is-a* 관계(상속관계)를 나타낸다. 예를 들어 클래스 계층 구조에서 위쪽으로 화살표를 따라가면서 "직원은 커뮤니티 멤버*이다.*" 그리고 "교사는 교직원*이다.*"라고 말할 수 있다. 커뮤니티 멤버는 직원, 학생과 졸업생의 직접적인 기반 클래스이고, 다이어그램에서 다른 모든 클래스의 간접적인 기반 클래스이다. 바닥에서 출발해서 화살표를 따라 올라가서 상속 관계의 가장 상위 클래스(superclass)까지 적용할 수 있다. 예를 들어 관리자는 교직원이고, 직원이자 커뮤니티 멤버이며, 궁극적으로는 객체이다.

도형의 상속 구조

이번에는 다음 클래스 다이어그램에 있는 도형의 상속 구조가 있다고 가정해 보자. 이 다이어그램에는 도형 기반 클래스로 이 클래스의 서브클래스로 2차원 도형과 3차원 도형 클래스가 있다. 도형은 2차원 도형이거나 3차원 도형이다. 계층 구조에서 세 번째 층에는 2차원 도형과 3차원 도형의 구체적인 타입이 등장한다. 다이어그램의 바닥부터 가장 위 기반 클래스까지 화살표를 따라 여러 개의 is-a 관계를 확인할 수 있다. 예를 들어 삼각형은 2차원 도형이면서 도형이지만, 구는 3차원 도형이면서 도형이다. 이 계층 구조에는 다른 클래스들로 포함이 될 수 있다. 예를 들어 타원과 부등변사각형은 2차원 도형이고, 원뿔과 원통은 3차원 도형이다.

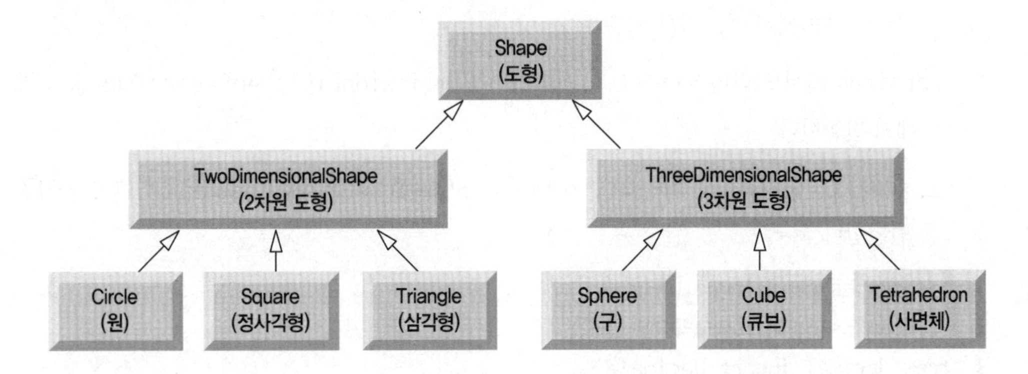

'is' a와 'has a'

상속은 하위 클래스의 객체도 기반 클래스의 객체로 취급할 수 있는 **'is-a' 관계**를 생성한다. 반면 클래스가 다른 클래스의 하나 이상의 객체를 멤버로 참조하는 'has-a'(구성) 관계도 생성한다.

10.8 상속 구조 만들기: 다형성의 소개

기반 클래스와 서브 클래스 사이의 관계를 설명하기 위해서 회사의 임금 앱에 있는 다양한 타입의 종업원들이 포함된 계층 구조를 생각해 보자. 모든 직원은 공통점이 많지만, *수수료 직원*(기반 클래스의 객체로 표시)은 판매의 일부를 지급받는 반면, *급여를 받는 수수료 직원*(서브 클래스의 오브젝트로 표시됨)은 기본 급여에 판매 비율 금액을 받는다. 먼저 ***기반 클래스*** *CommissionEmployee*(수수료 직원)를 보여주고, 다음으로 클래스를 상속받아서 ***서브 클래스*** *SalariedCommissionEmployee*(월급을 받는 수수료 직원)를 CommissionEmployee 정의한다. 그리고 나서 IPython 세션에서 SalariedCommissionEmployee 객체를 생성하고 이 객체가 기반 클래스***와*** 서브 클래스의 기능을 모두 가지고 있는지 본다. 이때 서브 클래스의 객체는 수입금을 다르게 계산한다.

10.8.1 기반 클래스 CommissionEmployee

다음과 같은 기능을 가진 CommissionEmployee 클래스를 생각해 보자.

- 메서드 __init__(라인 8~15)는 _file_name, _last_name, _ssn(사회보장번호) 속성을 만든다. 그리고 gross_sales, commission_rate 프로퍼티의 세터를 사용해서 그것에 대응하는 데이터 속성을 만든다.
- first_name(라인 17~19), last_name(라인 21~23), ssn(라인 25~27) 읽기 전용 프로퍼티는 각 프로퍼티에 대응하는 데이터 속성을 반환한다.
- 읽기 쓰기 프로퍼티 gross_sales(라인 29~39)와 commission_rate(라인 41~52), 이 프로퍼티의 세터에서 데이터를 검증한다.
- earnings 메서드(라인 54~56), 이 메서드는 CommissionEmployee의 earnings 값을 계산해서 반환한다.
- __repr__ 메서드(라인 58~64), 이 메서드는 CommissionEmployee를 표현하는 문자열을 반환한다.

```
1  # commmissionemployee.py
2  """CommissionEmployee의 기반 클래스"""
3  from decimal import Decimal
4
5  class CommissionEmployee:
6      """총 판매액을 기초로 수수료를 받는 직원"""
7
8      def _ _init_ _(self, first_name, last_name, ssn,
9                   gross_sales, commission_rate):
10         """CommissionEmployee의 속성 초기화"""
11         self._first_name = first_name
12         self._last_name = last_name
13         self._ssn = ssn
14         self.gross_sales = gross_sales  # 프로퍼티로 검증
15         self.commission_rate = commission_rate  # 프로퍼티로 검증
16
```

```
17      @property
18      def first_name(self):
19          return self._first_name
20
21      @property
22      def last_name(self):
23          return self._last_name
24
25      @property
26      def ssn(self):
27          return self._ssn
28
29      @property
30      def gross_sales(self):
31          return self._gross_sales
32
33      @gross_sales.setter
34      def gross_sales(self, sales):
35          """판매액 설정한다. 올바르지 않은 데이터가 있으면 ValueError 발생"""
36          if sales < Decimal('0.00'):
37              raise ValueError('Gross sales must be >= to 0')
38
39          self._gross_sales = sales
40
41      @property
42      def commission_rate(self):
43          return self._commission_rate
44
45      @commission_rate.setter
46      def commission_rate(self, rate):
47          """수수료율 설정, 데이터가 올바르지 않으면 ValueError 발생"""
48          if not (Decimal('0.0') < rate < Decimal('1.0')):
49              raise ValueError(
50                  'Interest rate must be greater than 0 and less than 1')
51
52          self._commission_rate = rate
53
54      def earnings(self):
55          """임금 계산하기"""
56          return self.gross_sales * self.commission_rate
57
```

```
58      def __repr__(self):
59          """repr()에 대한 문자열 표현 반환"""
60          return ('CommissionEmployee: ' +
61              f'{self.first_name} {self.last_name}\n' +
62              f'사회 보정 번호: {self.ssn}\n' +
63              f'총 판매액: {self.gross_sales:.2f}\n' +
64              f'수수료 률: {self.commission_rate:.2f}')
```

프로퍼티 first_name, last_name, ssn에 대해서 올바른 값인지 검증하는 것이 가능하지만 읽기 전용이어서 이것들의 값을 검증하지 않기로 했다. 예를 들어 이름(first name)과 성(last name)을 이름에 쓸 수 있는 길이인지 확인하는 방식으로 검증할 수 있다. 사회보장번호는 대시를 포함하거나 포함하지 않는 아홉 개의 수가 있는지 확인할 수 있다. (예를 들어 *###-##-####* 형태나 *#########* 형태인지 확인한다. 여기서 *#*은 숫자를 의미한다.)

모든 클래스는 object 클래스를 직·간접적으로 상속받는다

상속을 사용해서 기존에 있던 클래스로부터 새로운 클래스를 만든다. 사실 *모든* 파이썬 클래스는 기존 클래스를 상속한 것이다. 클래스에 기반 클래스를 분명하게 명시하지 않으면 파이썬은 object 클래스를 직접 상속한다고 가정한다. 파이썬 클래스 계층은 object 클래스에서 시작하고, *모든* 클래스의 직접 또는 간접적인 기반 클래스이기 때문에 CommissionEmployee 클래스의 헤더는 다음과 같이 작성할 수 있다.

```
class CommissionEmployee(object):
```

CommissionEmployee 다음에 있는 괄호는 상속을 가리킨다. 단일 상속이면 하나의 클래스가 오고, 다중 상속에서는 여러 기반의 클래스를 쉼표로 구분해서 입력한다. 다시 한 번 말하지만 다중 상속은 이 책의 범위를 벗어난다.

CommissionEmployee 클래스는 object 클래스의 모든 메서드를 상속한다. object 클래스는 데이터 속성이 없다. object에서 상속받은 많은 메서드 중에서 __repr__와 __str__ 메서드가 있어서 객체의 문자열 표현을 반환할 수 있다. 기반 클래스의 메서드 구현이 클래스에 적합하지 않으면 상속받는 클래스에서 **재정의(오버라이드)**해서 그 클래스에 적합하게 구현할 수 있다. 메서드 __repr__(라인 58~64)은 object 클래스에서 CommissionEmployee로 상속한 기본 구현을 재정의한다.[6]

CommissionEmployee 클래스 테스트하기

CommissionEmployee의 몇 가지 기능을 간단히 테스트해 보자. 먼저 CommissionEmployee를

6 객체의 재정의 가능한 메서드 목록은 다음 링크를 참고한다. https://docs.python.org/3/reference/datamodel.html

생성하고 출력한다.

```
In [1]: from commissionemployee import CommissionEmployee

In [2]: from decimal import Decimal

In [3]: c = CommissionEmployee('Sue', 'Jones', '333-33-3333',
   ...:     Decimal('10000.00'), Decimal('0.06'))
   ...:

In [4]: c
Out[4]:
CommissionEmployee: Sue Jones
social security number: 333-33-3333
gross sales: 10000.00
commission rate: 0.06
```

그 다음에는 CommissionEmployee의 수입을 계산하고 출력해 보자.

```
In [5]: print(f'{c.earnings():,.2f}')
600.00
```

마지막으로 CommissionEmployee의 총 판매액과 수수료율을 변경하고 수입을 다시 계산해 보자.

```
In [6]: c.gross_sales = Decimal('20000.00')

In [7]: c.commission_rate = Decimal('0.1')

In [8]: print(f'{c.earnings():,.2f}')
2,000.00
```

10.8.2 서브 클래스 SalariedCommissionEmployee

단일 상속을 한 서브 클래스는 기반 클래스와 본질적으로 동일하게 출발한다. 상속의 진짜 강점은 기반 클래스에서 상속받는 기능에 대해 추가 및 교체, 개선할 수 있는 능력에 있다.

SalariedCommissionEmployee의 에러 기능들은 CommissionEmployee의 기능과 동일하지는 않지만 비슷하다. 두 가지 타입 모두 이름, 성, 사회보장번호, 총 판매액, 그리고 수수료율에 대한 데이터 속성과 프로퍼티뿐만 아니라 각 데이터를 수정할 수 있는 메서드도 가지고 있다. 상속을 사용하지 않고 SalariedCommissionEmployee 클래스를 만들려면, CommissionEmployee의 코드를 ***복사해서*** SalariedCommissionEmployee에 붙여넣기해야 한다. 그런 다음 새로운 클래스를 변경해서 기본 데이터 속성과 프로퍼티, 그리고 그것을 변경할 메서드와 새로운 earings 메서드도 추가한다. 이 ***복사-붙여넣기 접근 방법***은 쉽게 오류가 발생한다. 더 나쁜 것은 시스템 전체에 동일한 코드(오류 포함)의 많은 물리적 사본이 흩어져 있어 코드를 유지 및 관리하기가 더 어려워진다는 점이다. 상속을 통해 코드를 복제하지 ***않고도*** 클래스의 기능을 가져올 수 있다. 이번에는 그 방법을 알아보자.

SalariedCommissionEmployee 클래스 선언하기

서브 클래스 SalariedCommissionEmployee를 선언한다. 이 클래스는 대부분의 기능을 CommissionEmployee 클래스(라인 6)에서 ***상속한다.*** SalariedCommissionEmployee는 CommissionEmployee(상속으로 CommissionEmployee 클래스의 기능을 그대로 가져왔으니)와 동일하다고 할 수 있지만, SalariedCommissionEmployee 클래스에는 다음과 같은 기능이 추가로 필요하다.

- __init__ 메서드(라인 10~15), 여기서는 CommissionEmployee 클래스에서 상속받은 모든 데이터를 초기화한다. (이 부분에서 대해서 더 이야기할 기회가 있을 것이다.) 그런 다음 base_salary 프로퍼티의 세터를 이용해서 _base_salary 데이터 속성을 만든다.
- 읽기/쓰기 프로퍼티 base_salary(라인 17~27), 이 프로퍼티의 세터에서 데이터를 검증한다.
- 수정된 earnings 메서드(라인 29~31)
- 수정된 __repr__ 메서드(라인 33~36)

```
1  # salariedcommissionemployee.py
2  """CommissionEmployee를 상속한 SalariedCommissionEmployee"""
3  from commissionemployee import CommissionEmployee
4  from decimal import Decimal
5
6  class SalariedCommissionEmployee(CommissionEmployee):
7      """기본급과 총 판매액을 기반으로 수수료를 받는
8      직원."""
9
10     def __init__(self, first_name, last_name, ssn,
11                  gross_sales, commission_rate, base_salary):
12         """SalariedCommissionEmployee 속성 초기화"""
13         super().__init__(first_name, last_name, ssn,
14                          gross_sales, commission_rate)
15         self.base_salary = base_salary  # 프로퍼티로 검증하기
16
17     @property
18     def base_salary(self):
19         return self._base_salary
20
21     @base_salary.setter
22     def base_salary(self, salary):
23         """기본급을 설정한다. 올바르지 못하면 ValueError 발생."""
```

```
24          if salary < Decimal('0.00'):
25              raise ValueError('Base salary must be >= to 0')
26
27          self._base_salary = salary
28
29      def earnings(self):
30          """급여 계산하기."""
31          return super().earnings() + self.base_salary
32
33      def __repr__(self):
34          """repr() 함수를 위한 문자열 표현 반환"""
35          return ('Salaried' + super().__repr__() +
36              f'\n기본급: {self.base_salary:.2f}')
```

CommissionEmployee 클래스 상속하기

클래스를 상속하기 위해서 먼저 상속한 클래스를 **임포트**해야 한다(라인 3).

```
class SalariedCommissionEmployee(CommissionEmployee):
```

라인 6은 클래스 SalariedCommissionEmployee가 CommissionEmployee에서 상속받는다고 명시한다. SalariedCommissionEmployee 클래스에서 CommissionEmployee의 데이터 속성, 프로퍼티, 그리고 메서드가 보이지 않아도 새로운 클래스의 일부가 되는데, 이 부분은 곧 보게 될 것이다.

__init__ 메서드와 내장 함수 super

각 서브 클래스의 __init__ 메서드는 반드시 명시적으로 기반 클래스의 __init__ 메서드를 호출해서 기반 클래스에서 가져온 데이터 속성을 초기화해야 한다. 서브 클래스의 __init__ 메서드에 있는 첫 번째 구문에서 호출해야 한다. SalariedCommissionEmployee의 __init__ 메서드는 명시적으로 CommissionEmployee 클래스의 __init__ 메서드를 호출해서(라인 13~14) SalariedCommissionEmployee 객체에 있는 기반 클래스의 데이터(즉 CommissionEmployee 클래스에서 상속한 다섯 개의 데이터 속성)를 초기화한다. super().__init__은 내장 함수 **super**를 사용해서 기반 클래스의 __init__ 메서드를 가져와서 상속된 데이터 속성을 초기화할 다섯 개의 인자와 함께 호출한다.

earnings 메서드 재정의하기

SalariedCommissionEmployee 클래스의 earnings 메서드(라인 29~31)는 CommissionEmployee 클래스의 earings 메서드(10.8.1절, 라인 54~56)를 재정의해서 SalariedCommissionEmployee

의 총 수입을 계산한다. 새 버전의 이 메서드는 super().earnings()(라인 31) 표현식을 사용해서 CommissionEmployee 클래스의 earnings 메서드를 호출한 후 *수수료를 기반으로만* 계산하는 부분을 가져온다. 그런 다음 SalariedCommissionEmployee의 earnings 메서드는 총 수입을 계산하기 위해서 base_salary를 더한다. SalariedCommissionEmployee의 earnings 메서드가 CommissionEmployee 클래스의 earnings 메서드를 호출해서 SalariedCommissionEmployee의 수입의 일부를 계산하여 코드 중복을 피하고 코드 관리의 문제를 줄일 수 있다.

__repr__ 메서드 재정의하기

SalariedCommissionEmployee의 __repr__ 메서드(라인 33~36)는 CommissionEmployee 클래스의 __repr__ 메서드(10.8.1절, 라인 58~64)를 재정의해서 SalariedCommissionEmployee에 적합한 문자열 표현식을 반환한다. 이 서브 클래스는 'Salaried'라는 문자열에 CommissionEmployee의 __repr__ 메서드를 호출하는 super().__repr__()의 반환값을 더하는 방식으로 반환할 문자열 일부를 만든 후 기본급 정보를 추가해서 결과를 반환한다.

SalariedCommissionEmployee 클래스 테스트하기

CommissionEmployee 클래스에서 진짜 상속되었는지 보기 위해서 SalariedCommissionEmployee 클래스를 테스트해 보자. 먼저 SalariedCommissionEmployee 객체를 만들고, 이것의 프로퍼티를 모두 출력해 보자.

```
In [9]: from salariedcommissionemployee import SalariedCommissionEmployee

In [10]: s = SalariedCommissionEmployee('Bob', 'Lewis', '444-44-4444',
    ...:         Decimal('5000.00'), Decimal('0.04'), Decimal('300.00'))
    ...:

In [11]: print(s.first_name, s.last_name, s.ssn, s.gross_sales,
    ...:       s.commission_rate, s.base_salary)
Bob Lewis 444-44-4444 5000.00 0.04 300.00
```

SalariedCommissionEmployee 객체는 CommissionEmployee 클래스와 SalariedCommissionEmployee 클래스가 가지고 있는 *모든* 속성을 가진다.

다음으로 SalariedCommissionEmployee의 earnings 값을 계산하고 출력한다. SalariedCommissionEmployee 객체에 대해 earnings 메서드를 호출했기 때문에 *서브 클래스 버전*에 있는 메서드가 실행된다.

```
In [12]: print(f'{s.earnings():,.2f}')
500.00
```

이제 gross_sales, commission_rate, base_salary 프로퍼티를 변경하고 SalariedCommissionEmployee의 __repr__ 메서드를 통해서 업데이트된 값을 출력해 보자.

```
In [13]: s.gross_sales = Decimal('10000.00')

In [14]: s.commission_rate = Decimal('0.05')

In [15]: s.base_salary = Decimal('1000.00')

In [16]: print(s)
SalariedCommissionEmployee: Bob Lewis
social security number: 444-44-4444
gross sales: 10000.00
commission rate: 0.05
base salary: 1000.00
```

다시 한 번 이 메서드는 SalariedCommissionEmployee 객체에 대해 호출했기 때문에 *서브 클래스 버전*에 있는 메서드가 호출되었다. 마지막으로 SalariedCommissionEmployee에서 업데이트한 메서드 결과를 출력해 보자.

```
In [17]: print(f'{s.earnings():,.2f}')
1,500.00
```

'is a' 관계 테스트하기

파이썬은 'is a' 관계인지 확인하기 위해서 내장 함수 **issubclass**와 **isinstance**를 제공한다. 이 중에서 issubclass 함수는 한 클래스가 다른 클래스를 상속하고 있는지 확인할 수 있다.

```
In [18]: issubclass(SalariedCommissionEmployee, CommissionEmployee)
Out[18]: True
```

isinstance 함수는 어떤 객체가 'is a' 관계에 있는 타입의 객체인지 확인한다. SalariedCommissionEmployee는 CommissionEmployee를 상속했기 때문에 다음 스니펫 모두 'is a' 관계를 나타내는 True를 반환한다.

```
In [19]: isinstance(s, CommissionEmployee)
Out[19]: True

In [20]: isinstance(s, SalariedCommissionEmployee)
Out[20]: True
```

10.8.3 CommissionEmployee와 SalariedCommissionEmployee를 다형성으로 처리하기

상속을 한 서브 클래스의 모든 객체는 기반 클래스의 객체로 취급될 수도 있다. 이 '서브 클래스 객체는 기반 클래스의 객체이다'라는 관계를 이용해서 몇 가지 흥미로운 일을 할 수 있다. 예를 들어 상속으로 연관되어 있는 객체들을 리스트로 넣고 그 리스트를 순회하면서 모든 객체를 기반 클래스의 객체로 취급할 수 있다. 이렇게 하면 객체의 다양성을 ***일반적인*** 방법으로 처리할 수 있다. CommissionEmployee와 SalariedCommissionEmployee 객체를 리스트로 넣고 각 요소를 문자열로 출력한 후 earnings 값을 출력해서 확인해 보자.

```
In [21]: employees = [c, s]

In [22]: for employee in employees:
    ...:     print(employee)
    ...:     print(f'{employee.earnings():,.2f}\n')
    ...:
CommissionEmployee: Sue Jones
social security number: 333-33-3333
gross sales: 10000.00
commission rate: 0.06
600.00

SalariedCommissionEmployee: Bob Lewis
social security number: 444-44-4444
gross sales: 10000.00
commission rate: 0.05
base salary: 1000.00
1,500.00
```

각 employee 객체에 대해 각각 적합한 문자열 표현식과 earnings 값을 출력하고 있는데, 이것을 ***'다형성'***이라고 한다. 다형성은 객체 지향 프로그래밍(OOP; Object-Oriented Programming)의 주요 기능이다.

10.8.4 객체 기반과 객체 지향 프로그래밍에 대해

상속을 받아서 메서드 재정의를 하는 방식은 기존 컴포넌트와 유사하지만, 애플리케이션 고유한 요구 사항에 맞게 변경이 필요한 컴포넌트를 만드는 강력한 방법이다. 파이썬 오픈 소스 세계에는 다음과 같은 방식으로 개발하는데 적합한 클래스 라이브러리가 많다.

- 사용할 수 있는 라이브러리를 알아내고
- 어떤 클래스를 사용할 수 있는지 확인해서

- 기존에 정의된 클래스의 객체를 만들어
- 그 객체에 메시지를 보낸다. (즉 메서드를 호출한다.)

이런 스타일의 프로그래밍을 ***'객체 기반 프로그램(OBP; Object-Based Programming)'***이라고 한다. 즉 기존에 있던 클래스의 객체를 조합해서 사용하고 있다면 객체 기반 프로그래밍을 하고 있는 것이다. 여기에 애플리케이션 고유의 요구 사항을 맞추기 위해 상속과 다형성을 추가한 것이 ***'객체 지향 프로그래밍(OOP; Object-Oriented Programming)'***이라고 한다. 상속한 클래스의 객체를 가지고 조합해서 개발을 한다면 이것도 객체 지향 프로그래밍이라고 할 수 있다.

10.9 덕타이핑과 다형성

대부분의 다른 객체 지향 프로그래밍 언어는 다형성을 위해서 상속 기반의 'is a' 관계가 필요하지만, 파이썬은 좀 더 유연하다. 파이썬에서는 '덕타이핑(duck typing)'이라는 개념을 사용하는데, 파이썬 문서에서는 다음과 같이 설명하고 있다.

> ***객체에 적합한 인터페이스가 있는지 알기 위해서 객체의 타입을 확인하지 않는 프로그래밍 스타일이다. 대신 간단히 메서드나 속성을 호출하거나 사용해서 인터페이스를 확인한다. ("오리처럼 보이고 오리처럼 소리를 내면, 분명 오리다.").***[7]

실행 시간에 객체를 처리하는 시점에는 타입에 신경 쓰지 않는다. 객체에 접근하려고 하는 특정 데이터 속성이나 프로퍼티 또는 메서드(적당한 매개변수가 있는)만 있으면 코드는 잘 돌아간다.

10.8.3절의 마지막에 employees 리스트를 처리하는 루프를 다시 살펴보자.

```
for employee in employees:
    print(employee)
    print(f'{employee.earnings():,.2f}\n')
```

파이썬에서 이 루프는 `employees`가 가지고 있는 객체가 다음과 같은 조건을 만족하기만 하면 잘 동작한다.

- `print` 함수로 출력할 수 있다. (즉 문자열 표현식을 가지고 있다.)
- 인자 없이 호출할 수 있는 `earnings` 메서드를 가지고 있다.

모든 클래스는 `object`를 직접적 또는 간접적으로 상속하므로 *모든* 객체들은 `print`로 출력할 수 있는 객체 문자열을 얻을 수 있는 기본 메서드를 상속받는다. 클래스에 인자 없이 호출될 수 있는 `earnings` 메서드를 가지고 있기만 하면 `employees` 리스트에 들어갈 수 있다. 예를 들어 이 객체의 클래스가 `CommissionEmployee` 클래스와 'is a' 관계가 아니어도 괜찮다.

---

7 https://docs.python.org/3/glossary.html#term-duck-typing

이것을 확인하기 위해 WellPaidDuck 클래스를 생각해 보자.

```
In [1]: class WellPaidDuck:
   ...:     def __repr__(self):
   ...:         return 'I am a well-paid duck'
   ...:     def earnings(self):
   ...:         return Decimal('1_000_000.00')
   ...:
```

확실히 employees가 될 수 없는 WellPaidDuck 객체가 앞에서 살펴보았던 루프에서 잘 동작될 것이다. 이것을 증명하기 위해서 CommissionEmployee, SalariedCommissionEmployee, WellPaidDuck 클래스들의 객체를 만들고 리스트에 넣어보자.

```
In [2]: from decimal import Decimal

In [3]: from commissionemployee import CommissionEmployee

In [4]: from salariedcommissionemployee import SalariedCommissionEmployee

In [5]: c = CommissionEmployee('Sue', 'Jones', '333-33-3333',
   ...:                        Decimal('10000.00'), Decimal('0.06'))
   ...:

In [6]: s = SalariedCommissionEmployee('Bob', 'Lewis', '444-44-4444',
   ...:     Decimal('5000.00'), Decimal('0.04'), Decimal('300.00'))
   ...:

In [7]: d = WellPaidDuck()

In [8]: employees = [c, s, d]
```

10.8.3절에 있는 루프를 사용해서 리스트를 처리해 보자. 결과에서 볼 수 있는 것처럼 파이썬은 덕 타이핑을 이용해서 리스트에 있는 세 개의 객체를 모두 ***다형성적으로*** 처리하려고 한다.

```
In [9]: for employee in employees:
   ...:     print(employee)
   ...:     print(f'{employee.earnings():,.2f}\n')
   ...:
CommissionEmployee: Sue Jones
social security number: 333-33-3333
gross sales: 10000.00
commission rate: 0.06
600.00

SalariedCommissionEmployee: Bob Lewis
social security number: 444-44-4444
gross sales: 5000.00
```

```
commission rate: 0.04
base salary: 300.00
500.00

I am a well-paid duck
1,000,000.00
```

10.10 연산자 재정의하기

객체 속성과 프로퍼티에 접근하고 메서드를 호출하는 방식으로 객체와 상호작용할 수 있다는 것을 보았다. 메서드 호출 표기법은 산술과 같은 특정 종류의 작업에 번거롭다. 이 경우 파이썬의 다양한 내장 연산자를 사용하는 것이 더 편리하다.

이 절에서는 파이썬의 연산자가 타입 객체를 어떻게 처리해야 하는지를 정의하기 위해 **연산자를 재정의**하는 방법을 보여줄 것이다. 이미 여러 타입을 통해서 재정의된 연산자를 자주 사용해 왔다. 예를 들어 다음과 같은 식으로 사용했다.

- 숫자를 더하고, 리스트를 연장시키며, 문자열을 이어붙이고, 넘파이 배열의 모든 요소들을 더하는 데 + 연산자를 사용했다.
- 리스트, 튜플, 문자열, 배열의 요소에 접근하고, 딕셔너리에 있는 특정 키에 대응하는 값에 접근하는 데 `[]` 연산자를 사용했다.
- 숫자를 곱하고, 시퀀스를 반복하며, 넘파이 배열을 특정 값으로 곱하는 데 * 연산자를 사용했다.

대부분 연산자는 재정의할 수 있다. 재정의 가능한 모든 연산자에 대해 클래스 객체는 덧셈(+) 연산자의 경우에는 `__add__`를, 또는 곱셈(*) 연산자의 경우에는 `__mul__`과 같은 특수 메서드를 정의한다. 이러한 메서드를 재정의하면 지정된 연산자가 사용자 정의 클래스의 객체에 대해 동작하는 방식을 정의할 수 있다. 모든 특수 메서드를 알고 싶다면 다음 링크를 참고하기 바란다.

https://docs.python.org/3/reference/datamodel.html#special-methodnames

연산자를 재정의할 때의 제약 사항

연산자 재정의를 할 때는 다음과 같은 몇 가지 제약 사항이 있다.

- 연산자 우선순위는 변경할 수 없다. 하지만 괄호를 사용해서 표현식의 평가 순서를 강제로 지정하는 것은 가능하다.
- 연산자의 왼쪽에서 오른쪽으로 또는 오른쪽에서 왼쪽으로 결합하는 순서도 변경할 수 없다.

- 연산자의 종류, 즉 단항 연산자나 이항 연산자와 같은 것을 변경할 수 없다.
- 새로운 연산자를 만들 수 없고 기존에 있던 연산자만 재정의할 수 있다.
- 연산자가 내장 타입에 대해서 동작했던 것과 다른 의미로 변경할 수 없다. 예를 들어 + 연산자를 두 정수를 빼는 연산자로 변경하지 못한다.
- 연산자 재정의는 사용자 정의 클래스의 객체에만 동작하거나 사용자 정의 클래스 객체와 내장 타입의 객체를 같이 쓰는 경우에만 동작한다.

복소수

연산자 재정의를 실습해 보기 위해 복소수를 표현하는 Complex라는 이름의 클래스를 정의해 볼 것이다.[8] 3+4i와 6.2−11.73i와 같은 복소수는 다음과 같은 형식으로 이루어졌다.

실수부 + *허수부* * i

여기서 i는 $\sqrt{-1}$이다. int, float, Decimal과 마찬가지로 복소수도 산술 타입이다. 이번 절에서는 +(덧셈) 연산자와 +=(복합 덧셈 증분) 연산자를 재정의한 Complex 클래스를 만들고, 이를 통해서 파이썬의 수학 표기를 사용해서 복소수를 더할 수 있다.

10.10.1 Complex 클래스 사용하기

Complex 클래스를 사용해서 이 클래스의 기능을 사용해 보자. 클래스의 상세한 내용은 다음 절에서 논의할 것이다. complexnumber.py 파일에서 Complex 클래스를 임포트한다.

```
In [1]: from complexnumber import Complex
```

다음으로 두 개의 Complex 객체를 만들어서 출력해 보자. 스니펫 [3]과 스니펫 [5]는 암묵적으로 Complex 클래스의 __repr__ 메서드를 호출해서 각 객체의 문자열을 만든다.

```
In [2]: x = Complex(real=2, imaginary=4)

In [3]: x
Out[3]: (2 + 4i)

In [4]: y = Complex(real=5, imaginary=-1)

In [5]: y
Out[5]: (5 - 1i)
```

파이썬의 내장 복소수 타입이 만드는 __repr__의 문자열을 본따서 스니펫 [3]과 스니펫 [5]에

8 파이썬은 복소수를 위한 내장 타입을 가지고 있기 때문에 이 클래스는 단순히 데모를 위한 클래스이다.

보이는 __repr__ 문자열 형식을 채택했다.[9]

+ 연산자를 사용해서 Complex 객체 x 와 y를 더해보자. 이 표현식은 두 개의 실수부(2와 5)를 더하고 두 개의 허수부(4i 와 -1i)를 더해서 이 값을 담은 새로운 Complex 객체를 반환한다.

```
In [6]: x + y
Out[6]: (7 + 3i)
```

+ 연산자는 두 피연산자를 변경하지 않는다.

```
In [7]: x
Out[7]: (2 + 4i)

In [8]: y
Out[8]: (5 - 1i)
```

마지막으로 += 연산자를 사용해서 x에 y를 더하고 결과를 x에 저장해 보자. += 연산자는 왼쪽 피연산자를 ***변경하지만*** 오른쪽은 변경하지 않는다.

```
In [9]: x += y

In [10]: x
Out[10]: (7 + 3i)

In [11]: y
Out[11]: (5 - 1i)
```

10.10.2 Complex 클래스 정의하기

지금까지 Complex 클래스가 동작하는 것을 살펴보았다. 이제 이 기능이 어떻게 구현되었는지 클래스를 정의할 차례이다.

__init__ 메서드

이 클래스의 __init__ 메서드는 real(**실수**)과 imaginary(**허수**) 데이터를 초기화하기 위해서 매개변수를 받는다.

```
1  # complexnumber.py
2  """연산자 재정의해서 만드는 Complex 클래스"""
3
```

9 파이썬은 $\sqrt{-1}$를 의미하는 i 대신 j를 사용하고 있다. 예를 들어 3+4j(연산자의 주변에 공백 없이)는 real과 imag 속성으로 복소수를 만든다. 이 객체에 대한 __repr__ 문자열은 '(3+4j)'가 된다.

```
4  class Complex:
5      """허수를 표현하기 위해서 실수부와 허수부를 따로 표현하는
6      Complex 클래스"""
7
8      def __init__(self, real, imaginary):
9          """Complex 클래스의 속성을 초기화한다."""
10         self.real = real
11         self.imaginary = imaginary
12
```

재정의된 + 연산자

다음에 재정의된 특수 메서드 **__add__**는 두 개의 Complex 객체가 사용될 때 + 연산자의 동작을 정의한다.

```
13 def __add__(self, right):
14     """+ 연산자를 재정의한다."""
15     return Complex(self.real + right.real,
16                    self.imaginary + right.imaginary)
17
```

이항 연산자를 재정의하는 메서드는 반드시 두 개의 매개변수를 받아야 한다. ***첫 번째 매개변수***(self)는 ***왼쪽*** 피연산자이고, ***두 번째 매개변수***(right)는 ***오른쪽*** 피연산자이다. Complex 클래스의 __add__ 메서드는 두 개의 Complex 객체를 인자로 받아서 **실수부**를 더하고, **허수부**를 더한 값이 포함된 새로운 Complex 객체를 반환한다.

원본 피연자의 내용을 변경하지 ***않았다.*** 이것은 이 연산자가 가져야 하는 방식과도 일치한다. 두 수의 덧셈은 원래의 값을 변경하지 않는다.

재정의된 += 복합 할당 연산자

라인 18~22는 += 연산자가 두 개의 Complex 객체를 어떻게 할지를 정의하기 위해서 특수 메서드 **__iadd__**를 재정의한다.

```
18 def __iadd__(self, right):
19     """+= 연산자를 재정의한다."""
20     self.real += right.real
21     self.imaginary += right.imaginary
22     return self
23
```

복합 할당 연산자는 왼쪽 피연산자를 조작하기 때문에 __iadd__ 메서드는 왼쪽 피연산자 self 객체를 조작해서 self를 반환한다.

__repr__ 메서드

라인 24~28은 **복소수**를 문자열로 반환한다.

```
24 def __repr__(self):
25     """repr() 함수를 위한 문자열 표현 반환"""
26     return (f'({self.real} ' +
27             ('+' if self.imaginary >= 0 else '-') +
28             f'{abs(self.imaginary)}i)')
```

10.11 Exception 클래스 계층 구조와 사용자 정의 예외

이전 장에서 예외를 처리하는 방식을 소개했다. 모든 예외는 파이썬의 예외 클래스의 계층 구조[10]에 있는 클래스의 객체이거나 이것 중 하나에서 상속받는 클래스의 객체이다. Exception 클래스들은 직접적 또는 간접적으로 기반 클래스인 BaseException 클래스를 상속하고 **exceptions** 모듈에 정의되어 있다.

파이썬은 네 개의 BaseException 서브 클래스를 정의하고 있다. 바로 **SystemExit, KeyboardInterrupt, GeneratorExit, Exception**이다.

- SystemExit는 프로그램의 실행을 중지시키고 (또는 대화형 세션을 중지시키고) 다른 예외 타입과 다르게 트레이스백을 만들지 않는다.
- KeyboardInterrupt 예외는 사용자가 인터럽트 명령, 대부분의 시스템의 경우 Ctrl+C (또는 Control+C)를 누르면 발생한다.
- GeneratorExit 예외는 제너레이터가 끝날 때, 즉 정상적으로 제너레이터가 값을 만드는 절차가 종료되거나 명시적으로 close 메서드가 호출될 때 발생한다.
- Exception은 모든 일반 예외를 기반으로 하는 클래스이다. 이미 ZeroDivisionError, NameError, ValueError, StatisticsError, TypeError, IndexError, KeyError, RuntimeError와 AttributeError 같은 Exception 클래스의 서브 클래스를 보았다. 일반적인 오류는 예외로 잡아서 적절한 처리를 할 수 있어서 프로그램을 계속 동작시킬 수 있다.

기반 클래스 예외 잡기

예외 클래스 계층 구조의 장점 중 하나는 **예외** 핸들러에서 특정 타입의 예외를 처리하거나 이것의 기반 클래스들과 관련된 모든 서브 클래스의 예외를 잡기 위해서 기반 클래스 타입을 이용할 수 있다는 점이다. 예를 들어 기반 클래스인 Exception 클래스를 특정하는 예외 핸들러는 Exception 클래

10 https://docs.python.org/3/library/exceptions.html

스의 서브 클래스의 *어떤* 객체들도 처리할 수 있다. 따라서 좀 더 구체적인 다른 예외 핸들러가 오기 전에 Exception 타입을 잡아서 처리하는 핸들러가 위치시키는 것은 논리적인 오류이다. 모든 예외가 다른 핸들러에 잡혀서 처리하기 전에 여기에 걸려서 뒤에 있는 예외 핸들러를 처리할 기회가 없어진다.

사용자 정의 예외 클래스

사용자 코드에서 예외를 발생시킬 경우, 일반적으로 파이썬 표준 라이브러리에 있는 예외 클래스 중 하나를 사용해야 한다. 하지만 앞 장에서 보았던 상속을 사용해서 Exception 클래스를 직접적 또는 간접적으로 상속한 사용자 정의 예외 클래스를 만들 수 있다. 일반적으로 이 방법을 사용하지 않는 것이 좋은데, 특히 초보자 프로그래머에게는 더욱 그렇다. 사용자 정의 예외 클래스를 만들기 전에 파이썬 예외 계층의 예외 클래스에 적당한 것이 있는지 찾아보자. 잡아서 처리해야 하는 예외가 기존에 있던 예외 클래스 타입과 다른 경우에만 예외 클래스를 만들어야 한다. 하지만 일반적으로 이런 경우는 많지 않다.

10.12 네임드튜플

다양한 데이터 속성을 하나의 객체로 모으려 할 때 튜플을 사용했다. 파이썬 표준 라이브러리의 **collections 모듈**에는 **네임드튜플**을 지원하는데, 이것을 사용하면 튜플의 멤버를 인덱스가 아닌 이름으로 참조할 수 있다.

덱에 있는 카드를 표현할 때 사용할 수 있는 간단한 네임드튜플을 만들어보자. 먼저 namedtuple 함수를 임포트한다.

```
In [1]: from collections import namedtuple
```

namedtuple 함수는 내장 튜플 타입의 서브 클래스를 만든다. 이 함수의 첫 번째 인자는 새로운 타입의 이름이고, 두 번째 인자는 만들려는 타입의 멤버로 사용될 식별자 리스트이다.

```
In [2]: Card = namedtuple('Card', ['face', 'suit'])
```

이것으로 Card라고 하는 새로운 튜플 타입을 만들었는데, 튜플을 사용할 수 있는 곳이면 모두 사용할 수 있다. Card 객체를 만들어서 이름으로 멤버를 접근해 보고 해당 객체를 출력해 보자.

```
In [3]: card = Card(face='Ace', suit='Spades')

In [4]: card.face
Out[4]: 'Ace'

In [5]: card.suit
```

```
Out[5]: 'Spades'

In [6]: card
Out[6]: Card(face='Ace', suit='Spades')
```

네임드튜플의 다른 기능

네임드튜플 타입에는 추가적인 메서드가 있다. 타입의 **_make 클래스 메서드**(즉 *클래스*로 호출할 수 있는 메서드)는 값의 이터러블을 받아서 해당 네임드튜플 타입의 객체를 반환한다.

```
In [7]: values = ['Queen', 'Hearts']

In [8]: card = Card._make(values)

In [9]: card
Out[9]: Card(face='Queen', suit='Hearts')
```

이 메서드가 유용하게 사용될 때가 있다. 예를 들어 CSV 파일에서 레코드를 표현하는 네임드튜플이 있을 때 좋다. CSV 레코드를 읽어서 토큰으로 만들고, 그것으로 네임드튜플 객체를 만들 수 있다.

주어진 네임드튜플 타입의 객체를 객체 멤버 이름과 값으로 된 **OrderedDict** 딕셔너리를 구할 수 있다. OrderedDict는 딕셔너리에 추가되는 키-값 쌍들의 순서를 기억한다.

```
In [10]: card._asdict()
Out[10]: OrderedDict([('face', 'Queen'), ('suit', 'Hearts')])
```

네임드튜플의 다른 기능들은 다음 링크에서 볼 수 있다.

https://docs.python.org/3/library/collections.html#collections.namedtuple

10.13 파이썬 3.7의 새로운 데이터 클래스에 대한 간단한 개요

네임드튜플을 통해서 이름으로 멤버들을 참조할 수 있지만, 이것도 단지 튜플일 뿐이지 클래스는 아니다. 네임드튜플의 장점에 전통적인 파이썬 클래스의 기능을 더하려면, 파이썬 표준 라이브러리의 **dataclasses 모듈**에 있는 파이썬 3.7의 새로운 **데이터 클래스들**[11]을 사용할 수 있다.

데이터 클래스는 파이썬 3.7에서 소개된 가장 중요한 기능이다. 이 기능은 더 ***간단한*** 표기법을 사용해서, 일반적으로 사용되는 기본 코드를 ***자동으로*** 만들 수 있도록 해서 ***더 빠르게*** 클래스를 만들 수 있도록 도와준다. 이 방식은 많은 파이썬 클래스를 정의하는데 유용할 수 있다. 이번 절에서는 데이터

11 https://www.python.org/dev/peps/pep-0557/

클래스의 기본에 대해 소개할 것이고, 이번 절의 끝부분에서는 더 많은 정보를 얻을 수 있는 링크도 알려줄 것이다.

데이터 클래스 자동 생성 코드

앞으로 정의할 대부분의 클래스는 `__init__` 메서드로 객체의 속성을 생성 및 초기화하고 `__repr__` 메서드로 객체를 문자열로 표기하는 방법을 지정한다. 클래스에 데이터 속성이 많은 경우 이러한 메서드를 작성하는 것은 매우 지루하다.

데이터 클래스는 데이터 속성을 *자동으로 생성하고* `__init__`와 `__repr__` 메서드를 대신 만들어준다. 이것은 관련 데이터 항목을 집계하는 클래스에 유용할 수 있다. 예를 들어 CSV 레코드를 처리하는 응용 프로그램에서 각 레코드 필드를 객체 데이터 속성으로 나타내는 클래스가 필요할 수 있다.

데이터 클래스는 필드 이름에서 자동으로 생성할 수도 있고, == 연산자를 재정의하는 `__eq__` 메서드를 생성할 수도 있다. `__eq__` 메서드를 가지고 있는 모든 클래스들은 암묵적으로 !=를 지원한다. 모든 클래스는 `object`의 **`__ne__`**(not equals) 메서드를 상속받는데, 이 메서드는 `__eq__`의 반대값을 반환한다. (또는 `__eq__`가 정의되지 않았다면 `NotImplemented`를 반환한다.) 데이터 클래스는 `<`, `<=`, `>`, `>=` 비교 연산자에 대한 메서드를 자동으로 만들어주지 않지만 그렇게 하도록 지정할 수 있다.

10.13.1 Card 데이터 클래스 만들기

10.6.2절에서 만든 `Card` 클래스를 데이터 클래스로 다시 만들어보자. 새로운 클래스는 `carddataclass.py`에 정의되어 있다. 앞으로 보게 될 것처럼 데이터 클래스를 정의하기 위해 새로운 문법이 필요하다. 다음 하위 절에서는 `DeckOfCards` 클래스의 새로운 `Card` 데이터 클래스를 사용하여 원래 `Card` 클래스와 상호교환할 수 있음을 보여준 후 네임드튜플 및 기존 파이썬 클래스에 비해 데이터 클래스의 이점이 무엇인지 설명할 것이다.

dataclasses와 typing 모듈 임포트하기

파이썬 표준 라이브러리의 `dataclasses` 모듈에서는 데이터 클래스를 구현하기 위해 데코레이터와 함수가 정의되어 있다. **`@dataclass` 데코레이터**(라인 4에서 임포트한)를 사용해서 새로운 클래스가 데이터 클래스라는 것을 지정하고 다양한 코드들이 작성될 수 있도록 한다. 원래의 `Card` 클래스가 ***클래스 변수*** FACES와 SUITS를 구현했던 것을 기억할 것이다. 이 변수들은 카드를 초기화할 때 사용할 문자열 리스트이다. 파이썬 표준 라이브러리의 **`typing` 모듈**(라인 5에서 임포트했다)에서 **`ClassVar`**와 `List`를 사용해서 FACES와 SUITS가 리스트를 참조하는 ***클래스 변수***라는 것을 지정한다. 뒤에서 이것을 좀 더 알아볼 것이다.

```
1  # carddataclass.py
2  """클래스 속성, 데이터 속성, 생성되는 메서드,
3  명시적으로 정의한 메서드를 가진 카드 데이터 클래스"""
4  from dataclasses import dataclass, field
5  from typing import ClassVar, List
6
```

@dataclass 데코레이터 사용하기

어떤 클래스가 ***데이터 클래스***인지 지정하기 위해서 해당 클래스의 정의를 @dataclass 데코레이터로 시작해야 한다.[12]

```
7  @dataclass
8  class card:
```

선택적으로 @dataclass 데코레이터에 데이터 클래스가 추가할 메서드가 무엇인지 지정하는 인자를 넣을 수 있다. 예를 들어 @dataclass(order=True)라는 데코레이터는 데이터 클래스에 <, <=, >=를 위한 비교 연산자를 재정의하는 코드를 생성하도록 만든다. 이것은 데이터 클래스 객체를 정렬해야 할 때 유용할 수 있다.

변수 어노테이션: 클래스 속성

일반 클래스와 달리 데이터 클래스는 메서드 ***외부에*** 클래스 속성과 데이터 속성을 모두 선언한다. 일반 클래스에서는 ***클래스 속성***만 이렇게 선언하고 데이터 속성은 일반적으로 __init__ 내부에서 생성한다. 데이터 클래스는 데이터 속성에서 클래스 속성을 구별하기 위해서 추가적인 정보나 ***힌트***가 필요하다. 이것은 자동 생성되는 메서드 구현 내용에도 영향을 준다.

라인 9~11은 FACES과 SUITS ***클래스 속성***을 정의하고 초기화한다.

```
9   FACES: ClassVar[List[str]] = ['Ace', '2', '3', '4', '5', '6', '7',
10                                '8', '9', '10', 'Jack', 'Queen', 'King']
11  SUITS: ClassVar[List[str]] = ['Hearts', 'Diamonds', 'Clubs', 'Spades']
12
```

라인 9와 라인 11에서 사용한 표현식은 다음과 같다.

```
: ClassVar[List[str]]
```

변수 어노테이션[13, 14] (***'타입 힌트'***라고도 함)은 FACES가 ***문자열*** 리스트(List[str])를 참조하는 클

12 https://docs.python.org/3/library/dataclasses.html#module-level-decoratorsclasses-and-functions

13 https://www.python.org/dev/peps/pep-0526/

14 변수 어노테이션은 최근에 생긴 언어 특성으로, 일반 클래스에서는 선택적으로 사용할 수 있다. 대부분의 기존 파이썬 코드에서는 보지 못했을 것이다.

래스 속성(ClassVar)이라고 지정한다. SUITS도 문자열 리스트를 참조하는 클래스 속성이다.

클래스 변수는 정의할 때 초기화된다. 그 **클래스**의 개별 **객체**가 아니라 클래스에 지정되지만, 메서드 __init__, __repr__ , __eq__ 메서드는 이 클래스의 *객체*에 사용된다. 데이터 클래스가 이들 메서드를 만들 때 모든 변수 어노테이션을 조사해서 메서드 구현에 ***데이터 속성***만 포함시킨다.

변수 어노테이션: 데이터 속성

일반적으로 객체의 데이터 속성을 클래스의 __init__ 메서드(또는 __init__에서 부르는 메서드)에서 'self.*속성 이름=값*' 형식으로 만든다. 데이터 클래스는 __init__ 메서드를 *자동으로 생성*하기 때문에 데이터 클래스를 정의하는 경우에 데이터 속성을 지정하는 다른 방법이 필요하다. 클래스에 속성 이름을 그냥 넣을 수는 없고, 이렇게 하면 다음과 같은 NameError 예외가 발생한다.

```
In [1]: from dataclasses import dataclass

In [2]: @dataclass
   ...: class Demo:
   ...:     x # attempting to create a data attribute x
   ...:
---------------------------------------------------------------------------
NameError                                 Traceback (most recent call last)
<ipython-input-2-79ffe37b1ba2> in <module>()
----> 1 @dataclass
      2 class Demo:
      3     x # attempting to create a data attribute x
      4
<ipython-input-2-79ffe37b1ba2> in Demo()
       1 @dataclass
       2 class Demo:
----> 3     x # attempting to create a data attribute x
      4

NameError: name 'x' is not defined
```

클래스 속성과 마찬가지로 각 데이터 속성은 변수 어노테이션으로 선언해야 한다. 라인 13~14는 데이터 속성인 face와 suit를 정의하고 있다. 변수 어노테이션 ": str"은 각 데이터 속성이 문자열 객체를 참조한다는 것을 의미한다.

```
13      face: str
14      suit: str
```

프로퍼티와 다른 메서드 정의하기

데이터 클래스는 클래스이기 때문에 프로퍼티와 메서드를 가지고 있고 클래스의 계층 구조에도 들어갈 수 있다. Card 데이터 클래스에서 이번 장의 앞에 보았던 원래의 Card 클래스와 동일하게 읽기 전용 image_name 프로퍼티와 재정의 특수 메서드인 __str__와 __format__을 정의했다.

```
15        @property
16        def image_name(self):
17            """Card의 이미지 파일명을 반환한다."""
18            return str(self).replace(' ', '_') + '.png'
19
20        def __str__(self):
21            """str()함수에 사용될 문자열 반환"""
22            return f'{self.face} of {self.suit}'
23
24        def __format__(self, format):
25            """서식이 적용된 문자열을 반환"""
26         return f'{str(self):{format}}'
```

변수 어노테이션

내장 타입(예를 들어 str, int, float 같은), 클래스 타입 또는 typing 모듈로 정의된 타입(앞에서 본 ClassVar, List 같은)을 이용해서 변수 어노테이션을 지정할 수 있다. 타입 어노테이션을 지정한다고 파이썬은 여전히 ***동적인 타입 언어***이므로 타입 어노테이션이라고 해도 실행 시간에 타입을 강제할 수 ***없다***. 즉, Card의 face가 문자열을 지정했어도 face에 다른 타입 객체를 설정할 수 있다.

10

10.13.2 Card 데이터 클래스 사용하기

새로 만든 데이터 클래스를 사용해 보자. 먼저 Card 객체를 만들어야 한다.

```
In [1]: from carddataclass import Card

In [2]: c1 = Card(Card.FACES[0], Card.SUITS[3])
```

다음으로 Card에 자동 생성된 __repr__ 메서드를 사용해서 Card 객체를 출력해 보자.

```
In [3]: c1
Out[3]: Card(face='Ace', suit='Spades')
```

재정의한 __str__ 메서드(Card 객체를 print 함수 인자로 넣고 호출했을 때 호출되는)는 '*face* of *suit*' 형식의 문자열을 반환한다.

```
In [4]: print(c1)
Ace of Spades
```

데이터 클래스의 속성과 읽기 전용 프로퍼티에 접근해 보자.

```
In [5]: c1.face
Out[5]: 'Ace'

In [6]: c1.suit
Out[6]: 'Spades'

In [7]: c1.image_name
Out[7]: 'Ace_of_Spades.png'
```

다음으로 Card 객체가 ***자동으로 생성된*** == 연산자와 상속받은 != 연산자를 이용해서 비교할 수 있는지 살펴보자. 먼저 두 개의 Card 객체를 더 생성한다. 하나는 처음에 만든 것과 동일하고 다른 하나는 다른 방식으로 만든다.

```
In [8]: c2 = Card(Card.FACES[0], Card.SUITS[3])

In [9]: c2
Out[9]: Card(face='Ace', suit='Spades')

In [10]: c3 = Card(Card.FACES[0], Card.SUITS[0])

In [11]: c3
Out[11]: Card(face='Ace', suit='Hearts')
```

이제 객체들을 ==와 !=로 비교해 보자.

```
In [12]: c1 == c2
Out[12]: True

In [13]: c1 == c3
Out[13]: False

In [14]: c1 != c3
Out[14]: True
```

Card 데이터 클래스는 이번 장의 앞에서 개발했던 Card 클래스와 바꿀 수 있고, 이것을 증명하기 위해서 deck2.py라는 파일을 만들었다. 이 파일에는 앞에서 본 DeckOfCards 클래스를 복사해서 넣었고 Card 데이터 클래스를 임포트하도록 했다. 다음 스니펫들은 DeckOfCards 클래스를 임포트하고 이 클래스의 객체를 생성한 후 해당 객체를 출력한다. print 함수는 암묵적으로 DeckOfCards 클래스의 __str__ 메서드(**카드**명을 19자리에 출력하도록 포맷팅함)를 호출하고, 이것은 각 Card 객체의 __format__ 메서드를 호출한다. 각 행을 왼쪽에서 오른쪽으로 읽어보면 모든 카드가 슈트(하트, 다이어몬드, 클럽, 스페이드)별로 순서대로 출력된 것을 확인할 수 있다.

```
In [15]: from deck2 import DeckOfCards # Card 데이터 클래스를 사용한다.

In [16]: deck_of_cards = DeckOfCards()

In [17]: print(deck_of_cards)
Ace of Hearts       2 of Hearts         3 of Hearts         4 of Hearts
5 of Hearts         6 of Hearts         7 of Hearts         8 of Hearts
9 of Hearts         10 of Hearts        Jack of Hearts      Queen of Hearts
King of Hearts      Ace of Diamonds     2 of Diamonds       3 of Diamonds
4 of Diamonds       5 of Diamonds       6 of Diamonds       7 of Diamonds
8 of Diamonds       9 of Diamonds       10 of Diamonds      Jack of Diamonds
Queen of Diamonds   King of Diamonds    Ace of Clubs        2 of Clubs
3 of Clubs          4 of Clubs          5 of Clubs          6 of Clubs
7 of Clubs          8 of Clubs          9 of Clubs          10 of Clubs
Jack of Clubs       Queen of Clubs      King of Clubs       Ace of Spades
2 of Spades         3 of Spades         4 of Spades         5 of Spades
6 of Spades         7 of Spades         8 of Spades         9 of Spades
10 of Spades        Jack of Spades      Queen of Spades     King of Spades
```

10.13.3 데이터 클래스가 가지는 네임드튜플 이상의 장점

데이터 클래스는 네임드튜플 이상의 장점이 있다.[15]

- 각 네임드튜플은 기술적으로 별개의 타입이지만, 네임드튜플은 튜플이고 *모든* 튜플은 서로 비교할 수 있다. 따라서 서로 *다른* 네임드튜플 타입의 객체들이 동일한 수의 멤버와 이 멤버에 있는 값이 같으면 동일하다고 비교된다. 서로 다른 데이터 클래스의 객체를 비교하면 데이터 클래스 객체를 튜플 객체와 비교하는 것과 마찬가지로 *항상* False가 반환된다.
- 튜플을 언패킹하는 코드가 있을 때 튜플에 더 많은 멤버가 있으면 코드에 문제가 생긴다. 데이터 클래스 객체는 언패킹할 수 없기 때문에 기존 코드를 깨지 않으면서 데이터 클래스에 데이터 속성을 더 추가할 수 있다.
- 데이터 클래스는 기반 클래스가 되거나 상속 구조에서 서브 클래스가 될 수 있다.

10.13.4 기존의 클래스보다 데이터 클래스가 갖는 이점

데이터 클래스는 이번 장의 앞부분에서 보았던 전통적인 파이썬 클래스 이상의 장점을 가지고 있다.

- 데이터 클래스는 __init__, __repr__, __eq__를 자동으로 생성하기 때문에 작업 시간을 절약할 수 있다.

15 https://www.python.org/dev/peps/pep-0526/

- 데이터 클래스는 `<`, `<=`, `>`, `>=` 비교 연산자를 재정의하는 특수 메서드를 자동으로 만들어 준다.
- 데이터 클래스에서 정의한 데이터 속성을 변경하고 이것을 스크립트 또는 대화형 세션에서 사용하면 생성된 코드가 자동으로 업데이트된다. 따라서 코드를 유지 보수하고 디버깅해야 하는 코드가 줄어든다.
- 클래스 속성과 데이터 속성을 위해 필요한 변수 어노테이션으로 정적 코드 분석 툴을 이용할 수 있다. 따라서 실행 시점에서 문제가 발생하기 전에 오류를 제거할 수도 있다.
- 정적 코드 분석 툴과 IDE 중에는 변수의 어노테이션을 조사하고, 코드에 잘못 사용하는 부분이 있으면 경고해 주는 툴이 있다. 이런 툴을 사용하면 코드를 실행하기 ***전에*** 로직에 문제가 있는 부분을 찾을 수 있다.

추가 정보

데이터 클래스에는 지금까지 설명한 것보다 많은 기능이 있다. 예를 들어 객체가 생성된 후 데이터 클래스 객체의 속성에 값을 설정하지 못하게 하는 '프로즌' 인스턴스(fronzen instance, 읽기 전용 객체)를 생성할 수 있다.

데이터 클래스가 가지고 있는 모든 장점과 기능은 다음 링크에서 확인할 수 있다.

```
https://www.python.org/dev/peps/pep-0557/
https://docs.python.org/3/library/dataclasses.html
```

10.14 독스트링과 doctest 모듈을 이용한 단위 테스팅

소프트웨어 개발의 핵심은 코드가 올바르게 작동하는지 테스트하는 것이다. 그러나 광범위한 테스트를 해도 코드에는 여전히 버그가 있을 수 있다. 유명한 네덜란드 컴퓨터과학자인 에츠허르 데이크스트라(Edsger Dijkstra)는 "테스팅은 버그가 없다는 것을 보여주는 것이 아니라 버그가 존재함을 보여준다."[16]고 말했다.

doctest 모듈과 testmod 함수

파이썬 표준 라이브러리는 코드를 테스트하고 수정한 후에도 편리하게 다시 테스트할 수 있는 `doctest` 모듈을 제공하고 있다. **`doctest` 모듈**의 `testmod` 함수를 실행하면 함수와 메서드 및 클

16 J. N. Buxton and B. Randell, eds, *Software Engineering Techniques*, April 1970, p. 16. Report on a conference sponsored by the NATO Science Committee, Rome, Italy, 27 31 October 1969

래스의 독스트링에서 >>>가 앞에 오는 파이썬 코드를 찾아서 각각 다음 줄에서 주어진 명령문의 예상 결과 (있는 경우)를 찾는다.[17] 그러고 나면 testmod 함수는 각 명령을 실행하고 그 결과가 예상한 결과인지를 확인한다. 결과가 다르면 testmod 함수는 어떤 테스트가 실패했는지 표시해서 코드에 문제를 발견하고 수정할 수 있도록 해준다. 독스트링에 정의한 각 테스트는 일반적으로 ***코드의 특정 부분***, 예를 들어 함수나 메서드 또는 클래스를 테스트하는데, 이런 테스트를 **'단위 테스트(유닛 테스트)'**라고 한다.

Account 클래스 수정하기

accountdoctest.py 파일은 이번 장의 첫 번째 예제에서 본 Account 클래스를 가지고 있다. __init__ 메서드의 독스트링을 수정해서 메서드가 정상적으로 동작하는지 확인할 수 있는 네 개의 테스트를 추가했다.

- 라인 11의 테스트는 account1이라는 Account 객체를 생성한다. 이 명령은 출력되는 결과가 없다.
- 라인 12의 테스트는 라인 11이 잘 실행되었다면 account1의 name 속성의 값이 무엇이어야 하는지 확인한다. 라인 13에 코드 실행 결과가 있다.
- 라인 14에 있는 테스트는 라인 11의 코드가 잘 실행되었다면 account1의 balance 속성이 무엇이어야 하는지 확인한다. 라인 15에 코드 실행 결과가 있다.
- 라인 18에 있는 테스트는 잘못 초기화된 balance 값을 가지고 있는 Account 객체를 만든다. 출력 결과는 ValueError 예외가 여기서는 발생한다는 것을 보여준다. doctest 모듈의 문서에 따르면 예외는 트레이스백의 첫 번째 줄과 마지막 줄을 사용한다.[18]

라인 17에 있는 것처럼 테스트에 설명을 추가할 수도 있다.

```
1  # accountdoctest.py
2  """Account 클래스 정의"""
3  from decimal import Decimal
4
5  class Account:
6  """은행 계좌를 관리하는 Account 클래스"""
7
8  def __init__(self, name, balance):
9      """Account 객체 초기화
10
11         >>> account1 = Account('John Green', Decimal('50.00'))
```

17 >>>기호는 표준 파이썬 인터프리터의 입력 프롬프트를 흉내낸 것이다.

18 https://docs.python.org/3/library/doctest.html?highlight=doctest#module-doctest

```
12        >>> account1.name
13        'John Green'
14        >>> account1.balance
15        Decimal('50.00')
16
17        balance는 0 이상이어야 한다.
18        >>> account2 = Account('John Green', Decimal('-50.00'))
19        Traceback (most recent call last):
20           ...
21        ValueError: Initial balance must be >= to 0.00.
22        """
23
24        # 잔액이 0.00보다 작으면 예외 발생
25        if balance < Decimal('0.00'):
26           raise ValueError('Initial balance must be >= to 0.00.')
27
28        self.name = name
29        self.balance = balance
30
31     def deposit(self, amount):
32        """계좌에 돈을 예금한다."""
33
34        # 잔액이 0.00보다 작으면 예외가 발생한다.
35        if amount < Decimal('0.00'):
36           raise ValueError('amount must be positive.')
37
38        self.balance += amount
39
40  if __name__ == '__main__':
41     import doctest
42     doctest.testmod(verbose=True)
```

__main__ 모듈

모듈을 로드할 때 파이썬은 __name__이라는 모듈 전역 속성에 모듈 이름을 설정한다. 파이썬 소스 파일(accountdoctest.py 같은)을 ***스크립트***로 실행시킬 때 파이썬은 '__main__'이라는 문자열을 모듈 이름으로 사용한다. 라인 40~42에 있는 if문에서 __name__을 사용하여 소스 코드 파일이 ***스크립트***로 실행될 때 실행되어야 하는 코드를 지정할 수 있다. 이번 예제에서 라인 41은 doctest 모듈을 임포트하고, 독스트링의 단위 테스트를 실행하기 위해서 라인 42에서 이 모듈의 testmod 함수를 호출한다.

테스트 실행하기

테스트를 실행하기 위해서 accountdoctest.py 파일을 스크립트로 실행시킨다. 기본적으로 testmod 함수에 인자를 주지 않고 실행하면 테스트를 *성공한* 결과를 보여주지 않는다. 이 경우 출력이 없으면 모든 테스트가 성공적으로 실행된 것이다. 예제에서 라인 42는 verbose=True라고 하는 키워드 인자를 사용해서 testmod 함수를 호출한다. 이 인자는 testmod에게 모든 테스트 결과를 보여주는 상세한 결과를 만든다.

```
Trying:
    account1 = Account('John Green', Decimal('50.00'))
Expecting nothing
ok
Trying:
    account1.name
Expecting:
    'John Green'
ok
Trying:
    account1.balance
Expecting:
    Decimal('50.00')
ok
Trying:
    account2 = Account('John Green', Decimal('-50.00'))
Expecting:
    Traceback (most recent call last):
        ...
    ValueError: Initial balance must be >= to 0.00.
ok
3 items had no tests:
    __main__
    __main__.Account
    __main__.Account.deposit
1 items passed all tests:
   4 tests in __main__.Account.__init__
4 tests in 4 items.
4 passed and 0 failed.
Test passed.
```

상세 모드에서 testmod는 각 테스트에 대해 "Trying(**실행하려는 것**)"과 결과로 "Expecting(**예상되는 것**)"을 보여주고 테스트가 성공하면 뒤에 **"OK"**를 표시한다. 상세 모드에서 테스트를 모두 마치면 testmod가 결과를 요약해서 보여준다.

실패한 테스트를 확인하기 위해서 accountdoctest.py에 있는 라인 25~26에 #으로 주석 처리

한 후 accountdoctest.py 파일을 스크립트로 실행한다. 지면을 아끼기 위해서 실패한 테스트에 대한 doctest의 일부만 표시했다.

```
...
**********************************************************************
File "accountdoctest.py", line 18, in __main__.Account.__init__
Failed example:
    account2 = Account('John Green', Decimal('-50.00'))
Expected:
    Traceback (most recent call last):
        ...
    ValueError: Initial balance must be >= to 0.00.
Got nothing
3 items had no tests:
    __main__
    __main__.Account
    __main__.Account.deposit
**********************************************************************
1 items had failures:
   1 of   4 in __main__.Account.__init__
4 tests in 4 items.
3 passed and 1 failed.
***Test Failed*** 1 failures.
```

예제를 보면 라인 18에 있는 테스트가 실패한 것을 알 수 있다. testmod 함수는 초기화된 balance 값이 비정상적이기 때문에 ValueError가 발생한 트레이스백을 ***예상했다.*** 예상한 예외가 발생하지 ***않아서*** 테스트가 실패했다. 이 클래스를 정의한 프로그래머의 입장에서 보면 __init__ 메서드의 유효성 검사 코드에 문제가 있어서 테스트가 실패했다는 것을 알 수 있다.

IPython의 %doctest_mode 매직

기존 코드에 독테스트를 만드는 쉬운 방법은 IPython 대화형 세션을 사용해서 코드를 테스트하고, 그 세션을 복사해서 독스트링에 붙여넣는 것이다. IPython의 In [] 과 Out[] 프롬프트는 독테스트와 호환되지 않기 때문에 IPython에서는 **%doctest_mode**를 제공해서 독테스트 포맷에 맞는 프롬프트를 출력할 수 있도록 한다. 이 매직은 두 프롬프트 스타일을 교대로 선택한다. %doctest_mode를 처음 실행할 때 IPython은 입력에 대해서 >>> 프롬프트로 바꾸고 출력 프롬프트는 보이지 않게 한다. %doctest_mode를 다시 실행하면 IPython은 다시 In []과 Out[] 프롬프트로 돌아온다.

10.15 네임스페이스와 스코프

'함수'를 다루는 장에서 각각의 식별자가 스코프를 가졌고, 이것으로 프로그램에서 식별자를 사용할 수 있는지 결정한다는 것을 살펴보았다. 그리고 지역 스코드와 전역 스코프를 소개했다. 이번에는 네임스페이스를 소개하면서 스코프에 대해 좀 더 이야기해 볼 것이다.

스코프는 **네임스페이스**로 결정된다. 이것은 객체의 식별자와 연관이 있고 내부적으로 딕셔너리로 만들어졌다. 모든 네임스페이스는 서로 독립적이기 때문에 동일한 식별자가 여러 네임스페이스에 보일 수 있다. 세 개의 주요한 네임스페이스가 있는데, 바로 local(지역), global(전역)과 built-in(내장 함수 등이 있는)이다.

지역(Local) 네임스페이스

각 함수와 메서드는 **지역 네임스페이스**를 가지고 지역 식별자들, 예를 들어 매개변수나 지역변수와 같은 객체와 연관시킨다. 지역 네임스페이스는 함수나 메서드가 호출되는 순간부터 그것이 종료되고 함수나 메서드가 접근할 수 있을 ***때까지만*** 존재한다. 함수나 메서드 안에 없었던 변수에 무언가를 ***설정하면*** 지역 변수가 만들어진다. 그리고 이 변수는 지역 네임스페이스에 추가된다. 지역 네임스페이스에 있는 식별자들은 그것을 정의하는 그 시점부터 함수 또는 메서드가 종료할 때까지 스코프에 존재한다.

전역(Global) 네임스페이스

각 모듈은 모듈의 전역 식별자들, 예를 들어 전역 변수, 함수 이름, 클래스 이름과 같은 객체와 연관시키는 **전역 네임스페이스**를 가지고 있다. 파이썬은 모듈을 로드할 때 모듈의 전역 네임스페이스를 생성한다. 모듈의 전역 네임스페이스가 존재하며, 그 식별자는 프로그램(또는 인터랙티브 세션)이 종료될 때까지 해당 모듈 코드의 스코프*(in scope)*에 적용된다. IPython 세션은 해당 세션에서 만든 모든 식별자들을 저장하기 위한 자체 전역 네임스페이스를 가지고 있다.

각 모듈의 전역 네임스페이스 모듈의 이름을 가지고 있는 **`__name__`**이라는 식별자를 가지고 있다. 예를 들어 `math` 모듈은 `'math'` 를 `random` 모듈은 `'random'`이라는 문자열을 가진다. 이전 절의 독테스트 예제에서 보았던 것처럼 스크립트로 `.py` 파일을 실행하면 `__name__`에 `'__main__'`이라는 문자열이 설정된다.

빌트인(Built-In) 네임스페이스

빌트인 네임스페이스는 파이썬의 내장 함수(`input`, `range` 같은)와 내장 타입(`int`, `float`, `str` 같은)을 해당 함수와 타입을 정의하는 객체와 연관시킨다. 파이썬은 인터프리터가 실행을 시작할 때 빌트인 네임스페이스를 만든다. 빌트인 네임스페이스의 식별자는 프로그램(또는 대화형 세션)이 종료

할 때까지 *스코프*에 모든 코드를 유지한다.[19]

네임스페이스에서 식별자 찾기

식별자를 사용할 때 파이썬은 현재 사용할 수 있는 네임스페이스를 *지역*, *전역*, *빌트인* 네임스페이스 순으로 식별자를 찾는다. 네임스페이스 검색 순서를 이해하는 데 도움을 주기 위해서 다음과 같은 IPython 세션을 살펴보자.

```
In [1]: z = 'global z'
In [2]: def print_variables():
   ...:     y = 'local y in print_variables'
   ...:     print(y)
   ...:     print(z)
   ...:
In [3]:
print_variables()
local y in print_variables
global z
```

IPython 세션에서 정의하고 있는 식별자는 세션의 *전역* 네임스페이스에 위치하고 있다. 스니펫 [3]에서는 print_variables를 호출할 때 파이썬은 *지역*, *전역*, *빌트인* 네임스페이스를 다음과 같이 검색한다.

- 스니펫 [3]은 함수 또는 메서드에 있는 것이 아니기 때문에 세션의 *전역* 네임스페이스와 *빌트인* 네임스페이스를 접근할 수 있다. 파이썬은 먼저 print_variables가 있는 세션의 전역 네임스페이스를 검색한다. print_variables가 *스코프*에 있고 파이썬은 이것에 연결된 객체를 찾아서 print_variables 함수를 호출한다.
- print_variables가 실행되면 파이썬은 이 함수의 지역 네임스페이스를 생성한다. print_variables 함수에서 지역변수 y를 정의할 때 파이썬은 이 y를 함수의 *지역* 네임스페이스에 추가한다. 함수 실행이 끝날 때까지 변수 y가 이 *스코프*에 위치한다.
- 다음으로 print_variables는 y를 인자로 해서 *내장 함수* print를 호출한다. 이 함수를 실행하기 위해서 파이썬은 y와 print 식별자를 확인해야 한다. 식별자 y는 *지역* 네임스페이스에 정의되어 있기 때문에 *스코프 내*에 있다. 파이썬은 이 식별자에 대응하는 객체('local y in print_variables'라는 문자열)를 print 인자로 사용한다. 함수를 호출하기 위해서 파이썬은 print에 대응하는 객체를 찾아야 한다. 먼저 print가 정의되어 있지 *않은 지역* 네임스페이스를 찾는다. 다음으로 세션의 *전역* 네임스페이스를 찾는데, 여기에도 정의된 것

19 지역 또는 전역 네임스페이스에 있는 식별자를 재정의하는 방식으로 내장 함수나 타입을 가리지 않는 것을 가정한다. 4장 '함수'에서 식별자가 교체되는 것에 대해서 설명했다.

이 ***없다.*** 마지막으로 print가 정의된 ***빌트인*** 네임스페이스를 살펴본다. print가 스코프에 있고 파이썬은 이것 대응 객체를 사용해서 print 함수를 호출한다.

- 다음으로 print_variables는 z를 인자로 해서 ***내장*** 함수 print를 호출한다. z는 지역 네임스페이스에 정의되어 있지 ***않기*** 때문에 파이썬은 ***전역*** 네임스페이스를 본다. z 인자는 ***전역*** 네임스페이스에 정의되어 있어서 z 식별자를 스코프에서 찾을 수 있고, 파이썬은 이 식별자의 대응하는 객체('global z' 문자열)를 print의 인자로 사용하게 된다. 다시 파이썬은 식별자 print를 ***빌트인*** 네임스페이스에서 찾고 이것의 대응 객체를 찾아서 print를 호출한다.
- 여기까지 오면 print_variables 함수의 스위트 끝에 도달해서 함수가 종료된다. 따라서 이 함수의 ***지역*** 네임스페이스가 더 이상 없고 지역(로컬) 변수 y가 사라진다.

y 식별자가 없다는 것을 확인하기 위해서 y를 출력해 보자.

```
In [4]: y
---------------------------------------------------------------------------
NameError                                 Traceback (most recent call last)
<ipython-input-4-9063a9f0e032> in <module>()
----> 1 y

NameError: name 'y' is not defined
```

이 경우 ***지역*** 네임스페이스가 없으므로 파이썬은 세션의 ***전역*** 네임스페이스에서 y를 검색한다. y를 찾을 수 없으므로 빌트인 네임스페이스에서 y를 찾아보는데, 여기서도 y를 찾지 못한다. 더 이상 찾을 네임스페이스가 없기 때문에 파이썬은 NameError를 발생시켜서 정의된 y를 찾을 수 없다는 것을 표시한다.

print_variables와 z 식별자는 세션의 전역 스코프에 아직 있기 때문에 이 식별자들을 사용할 수 있다. 예를 들어 z를 평가해 보면 그 값을 볼 수 있다.

```
In [5]: z
Out[5]: 'global z'
```

중첩 함수

앞의 논의에서 다루지 않은 네임 스페이스 중 하나는 **내부 네임스페이스(enclosing namespace)**이다. 파이썬은 함수 또는 메서드에 **중첩 함수**를 정의할 수 있다. 예를 들어 함수 또는 메서드에서 동일한 작업을 여러 번 해야 한다고 했을 때 중첩함수를 정의해서 함수의 내부에서 코드가 중복되는 것을 피할 수 있다. 중첩 함수의 내부에서 식별자에 접근하려고 할 때 파이썬은 중첩 함수의 ***지역*** 네임스페이스를 먼저 찾아보고 중첩 함수를 ***감싸고 있는*** 함수의 네임스페이스를 찾은 후 ***전역*** 네임스페이스를 찾고 마지막으로 *내장(빌트인)* 네임스페이스를 찾는다. 이것을 **'LEGB(Local, Enclosing, Global, Built-in) 룰'**이라고 한다.

클래스 네임스페이스

클래스는 클래스 속성이 저장되는 네임스페이스를 갖는다. 클래스 속성을 접근할 때 파이썬은 먼저 클래스의 네임스페이스에서 속성을 찾은 후 기반 클래스의 네임스페이스 순으로 검색하면서 속성을 찾거나 object 클래스에 도달할 때까지 찾는다. 해당 속성을 찾지 못하면 NameError가 발생한다.

객체 네임스페이스

각 객체는 그 자신의 네임스페이스를 가지는데, 여기에는 객체의 메서드와 데이터 속성이 포함되어 있다. 클래스의 `__init__` 메서드는 빈 객체(`self`)에서 시작해서 각 속성을 객체의 네임스페이스에 추가한다. 객체의 네임스페이스에 속성을 정의하면 객체를 사용하는 사용자가 속성의 값에 접근할 수 있다.

10.16 데이터과학의 개요: 시계열 데이터와 간단한 선형 회귀

리스트, 튜플, 배열 같은 시퀀스를 살펴보았는데, 이번 절에서는 **시계열**에 대해 논의해 보려고 한다. 이것은 시간과 연결된 값의 시퀀스(**'관측값'**이 담긴)이다. 시계열 데이터의 예로 주식 일일 종가, 시간별 온도 측정값, 비행중인 비행기의 위치 변화, 연간 수확량 및 분기별 회사 이익 등이 있다. 아마도 궁극의 시계열 데이터는 전 세계의 트위터 사용자들로부터 오는 트윗들일 것이다. 12장 '트위터 데이터 마이닝하기'에서 트위터의 데이터를 자세히 공부할 것이다.

이번 섹션에서는 간단한 선형 회귀 기법을 사용하여 시계열 데이터를 예측해볼 것이다. 1895년부터 2018년 1월까지 뉴욕시의 평균 고온 데이터를 사용하여 미래의 1월 평균 기온을 예측하고 1895년 이전의 1월 평균 기온을 추정해 볼 것이다.

14층 '머신러닝': 분류, 회귀, 군집화' 사이킷-런(scikit-learn) 라이브러리를 사용해서 이 예제를 다시 살펴볼 것다 그리고 15장 '딥러닝'에서는 *순환신경망(RNN)*을 사용하여 시계열을 분석해 본다.

이후 장에서는 시계열이 금융 응용 프로그램 및 사물인터넷(IoT)에서 인기가 있음을 확인할 수 있는데, 이것에 대해서는 16장 '빅데이터: 하둡, 스파크, NoSQL, 사물인터넷'에서 설명한다. 이 절에서는 시본과 판다스를 사용하여 그래프를 그리고, 두 라이브러리 모두 매트플롯리브 라이브러리를 사용하므로 IPython을 시작할 때 매트플롯리브을 지원할 수 있도록 설정한다.

```
ipython --matplotlib
```

시계열(Time Series)

사용할 데이터는 관측값이 연도별로 ***정렬된*** 시계열 데이터이다. **일변량 시계열**은 특정 연도에 대한 뉴욕시의 1월 고온 평균과 같이 시간당 ***하나의*** 관측 데이터가 있다. **다변량 시계열**은 날씨에 대한 온도, 습도 및 기압 측정 값과 같이 시간당 두 개 이상의 관측치를 갖는데, 여기에서는 일변량 시계열데이터를 분석할 것이다.

시계열 데이터를 다룰 때 다음과 같은 두 가지 작업을 자주 수행한다.

- **시계열 분석**. 기존 시계열 데이터 살펴보고 패턴을 찾는다. 데이터 분석가들이 데이터를 이해하는 데 도움을 준다. 일반적인 분석 과제는 데이터에서 **계절성**을 찾는 것이다. 예를 들어 뉴욕시의 월 평균 고온은 계절(겨울, 봄, 여름 또는 가을)에 따라 크게 달라진다.
- **시계열 예측**. 과거 데이터를 사용하여 **미래를 예측**한다.

이번 섹션에서는 시계열 예측을 수행해 볼 것이다.

단순 선형 회귀

단순 선형 회귀(simple linear regression) 기법을 사용하여 월(매년 1월)과 뉴욕시의 평균 1월 고온 사이의 선형 관계를 찾아 예측할 것이다. **독립 변수**(월/년 조합)와 **종속 변수**(그 달의 평균 고온)를 나타내는 값의 집합을 고려할 때 단순 선형 회귀는 **회귀선**이라고 알려진 직선과의 관계를 설명한다.

10

선형 관계

선형 관계의 일반적인 개념을 이해하려면 화씨 온도와 섭씨 온도를 생각해 보자. 화씨 온도가 주어지면 다음 공식을 사용하여 해당 섭씨 온도를 계산할 수 있다.

```
c = 5 / 9 * (f - 32)
```

이 공식에서 f(화씨 온도)는 ***독립 변수***이고 c(섭씨 온도)는 ***종속 변수***이다. c 값은 계산에 사용된 f의 값에 따라 ***달라진다***.

화씨온도와 그에 상응하는 섭씨온도를 그림으로 그리면 일직선이 된다. 이것을 보여주기 위해 먼저 앞의 공식에 대한 **람다**를 만들어서 화씨 온도 0~100를 10도 단위로 섭씨 온도로 계산한다. 그리고 각 화씨/섭씨 쌍은 튜플로 temps에 저장한다.

```
In [1]: c = lambda f: 5 / 9 * (f - 32)

In [2]: temps = [(f, c(f)) for f in range(0, 101, 10)]
```

다음으로 데이터를 DataFrame에 저장하고 그것의 **plot 메서드**를 사용해서 온도와 섭씨 온도 사이의 선형 관계를 표시한다. plot 메서드의 style 키워드 인수는 데이터의 모양을 제어한다. 문자열

'.-'의 마침표는 각 값이 점으로 표시되어야 하고, 대시는 점들이 선으로 연결되어야 한다는 의미이다. plot 메서드는 기본적으로 그래프의 왼쪽 위의 범례에만 'Celsius'를 표시하므로 y축 라벨을 'Celsius'로 수동으로 설정한다.

```
In [3]: import pandas as pd

In [4]: temps_df = pd.DataFrame(temps, columns=['Fahrenheit', 'Celsius'])

In [5]: axes = temps_df.plot(x='Fahrenheit', y='Celsius', style='.-')

In [6]: y_label = axes.set_ylabel('Celsius')
```

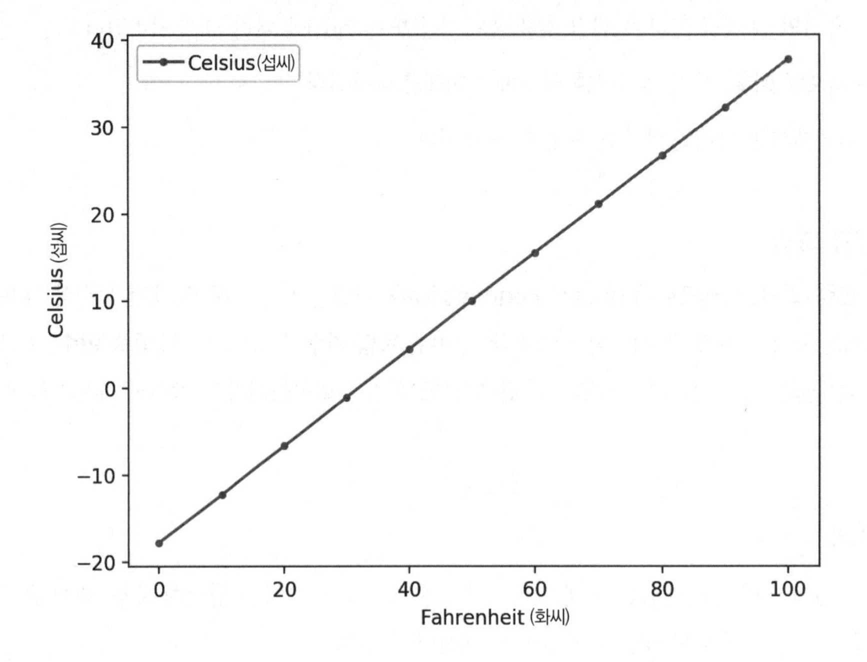

단순 선형 관계식의 요소

앞의 그래프에 표시된 것과 같은 직선(2차원)을 따르는 점은 다음 방정식으로 계산할 수 있다.

$$y = mx + b$$

각 요소는 다음과 같은 의미를 가진다.

- m은 선의 **기울기**
- b는 Y축과의 **교차점**(x=0일 때)
- x는 독립 변수(이번 예제에서 날짜)
- y는 종속 변수(이번 예제에서 온도)

단순 선형 회귀에서 y는 주어진 x에 대한 ***예측값***이다.

사이파이 라이브러리의 stats 모듈에 있는 `linregress` 함수

단순 선형 회귀 분석은 데이터에 가장 적합한 직선 기울기(m)와 절편(b)을 결정하는 것이다. 이번 절에서 처리할 몇 가지 시계열 데이터 포인트와 해당 회귀선을 보여주는 다음 다이어그램을 살펴보자. 각 데이터 포인트의 회귀선과의 거리를 나타내기 위해 수직선을 추가했다.

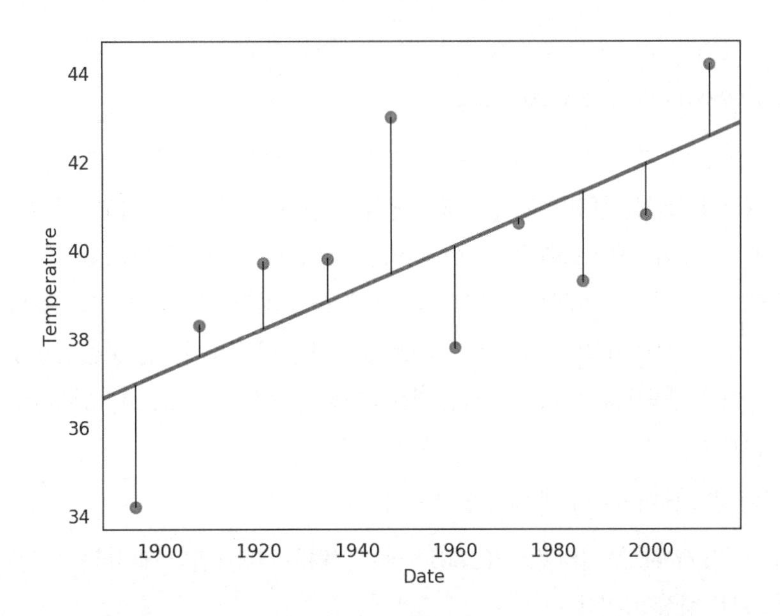

단순 선형 회귀 알고리즘은 기울기와 절편을 반복적으로 조정하고, 각 조절에 대해 선으로부터 각 점 거리의 제곱을 계산한다. '최적값'은 각 점과 직선 간의 제곱거리의 합을 최소화시키는 기울기와 절편값으로, 이것을 일반적으로 **'최소 제곱법'**이라고 한다.[20]

사이파이(SciPy, Scientific Python) 라이브러리는 파이썬의 공학, 과학 및 수학에 널리 사용된다. 이 라이브러리의 **`linregress`** 함수(**`scipy.stats` 모듈**에 있는)는 간단한 선형 회귀 분석을 한다. `linregress`를 호출한 후 계산된 기울기와 절편을 $y = mx + b$ 방정식에 넣어서 예측해 볼 것이다.

판다스

앞에서 보았던 세 번의 '데이터과학 들어가기' 절에서 판다스를 사용해 데이터 작업을 했는데, 이 책의 나머지 부분에서도 판다스를 계속 사용할 것이다. 이번 예제에서는 뉴욕시의 1895년~2018년 사이의 1월 평균 고온에 대한 데이터를 CSV 파일에서 `DataFrame`으로 로드한 후 예제에서 사용하기 위해 데이터 형식으로 데이터를 변환한다.

시본 시각화 라이브러리

시본(Seaborn)을 사용해서 **데이터프레임** 데이터를 시각화해서 1895년~2018년 기간 동안 평균 고온 추세를 보여주는 회귀선을 만들어볼 것이다.

---

20 https://en.wikipedia.org/wiki/Ordinary_least_squares

NOAA에서 날씨 정보 가져오기

실습에 사용할 데이터를 얻어와야 한다. 국립해양대기청(NOAA)[21]은 다양한 시간 간격으로 특정 도시의 평균 고온에 대한 시계열을 포함한 많은 공공 역사 자료를 제공한다.

1895년부터 2018년까지 뉴욕시의 1월 평균 고온 현상을 NOAA의 'Climate at a Glance' 시계열에서 가져왔다.

https://www.ncdc.noaa.gov/cag/

이 웹페이지에서 미국 전역, 미국 내 지역, 주, 도시 등에 대한 온도, 강수량 및 기타 데이터를 선택할 수 있다. 영역과 시간을 설정하고 나면 **플롯**을 눌러 다이어그램을 표시하고 선택한 데이터의 표를 볼 수 있다. 이 표의 위쪽에는 CSV를 포함한 다양한 형식으로 데이터를 다운로드하기 위한 링크가 있는데, 이 링크는 9장 '파일과 예외'에서 설명했다. 책을 쓰는 시점에서 NOAA의 사용할 수 있는 최대 날짜 범위는 1895~2018이었다. 편의를 위해 ch10 예제 폴더에 ave_hi_nec_jan_1895-2018.csv 파일로 데이터를 제공했다. 데이터를 직접 다운로드하는 경우에는 "Date, Value, Anomaly"가 있는 행을 삭제한다.

이 데이터에는 관측 데이터마다 세 개의 열이 있다.

- Date – 'YYYYMM' 형식의 값('201801' 같은). MM은 매년 1월의 데이터만 있는 것을 다운로드했으므로 항상 01이다.
- Value – 부동소수점 수로 표현한 화씨 온도
- Anomaly – 이번 예제에는 **이상 징후**값을 사용하지 않기 때문에 이 값은 무시할 것이다.

데이터프레임으로 평균 고온 데이터 로드하기

뉴욕시의 데이터를 ave_hi_nyc_jan_1895-2018.csv에서 로드해서 표시해 보자.

```
In [7]: nyc = pd.read_csv('ave_hi_nyc_jan_1895-2018.csv')
```

어떤 데이터가 있는지 살펴보기 위해서 DataFrame의 head와 tail 메서드를 사용한다.

```
In [8]: nyc.head()
Out[8]:
     Date  Value  Anomaly

0  189501   34.2     -3.2
1  189601   34.7     -2.7
2  189701   35.5     -1.9
3  189801   39.6      2.2
```

21 http://www.noaa.gov

```
4  189901   36.4        -1.0

In [9]: nyc.tail()
Out[9]:
       Date  Value  Anomaly
119  201401   35.5     -1.9
120  201501   36.1     -1.3
121  201601   40.8      3.4
122  201701   42.8      5.4
123  201801   38.7      1.3
```

데이터 정리하기

시본을 사용해서 **날짜/값** 쌍과 회귀선을 그래프로 표시할 것이다. DataFrame의 데이터로 그래프를 그릴 때 시본은 DataFrame의 열 이름을 사용하여 그래프 축에 라벨을 지정한다. 데이터를 쉽게 이해할 수 있도록 'Value' 열의 이름을 'Temperature'**(온도)**로 바꾸어보자.

```
In [10]: nyc.columns = ['Date', 'Temperature', 'Anomaly']

In [11]: nyc.head(3)
Out[11]:
     Date  Temperature  Anomaly
0  189501         34.2     -3.2
1  189601         34.7     -2.7
2  189701         35.5     -1.9
```

시본은 x축을 날짜값으로 표시한다. 예제에서는 1월 온도만 처리하므로 x축 라벨이 01(1월)을 각 날짜에서 제거한다. 먼저 열의 타입을 확인해 보자.

```
In [12]: nyc.Date.dtype
Out[12]: dtype('int64')
```

이 값이 정수이기 때문에 100으로 나누어 마지막 두 자리를 얻을 수 있다. DataFrame의 각 열이 Series 타입임을 기억하고, Series의 floordiv 메서드를 호출해서 Series에 있는 모든 요소에 대해 *나눗셈*을 수행한다.

```
In [13]: nyc.Date = nyc.Date.floordiv(100)

In [14]: nyc.head(3)
Out[14]:
   Date  Temperature     Anomaly
0  1895         34.2        -3.2
1  1896         34.7        -2.7
2  1897         35.5        -1.9
```

데이터세트의 기본 통계 정보 계산하기

데이터세트의 온도에 대해서 몇 가지 통계 정보를 얻기 위해서 `Temperature` 열에 대해 `describe` 메서드를 호출한다. 124개의 관측치가 있고, 관측치의 평균값은 37.60이며, 가장 낮은 관측치와 가장 높은 관측치는 각각 26.10도와 47.60도임을 알 수 있다.

```
In [15]: pd.set_option('precision', 2)

In [16]: nyc.Temperature.describe()
Out[16]:
count    124.00
mean      37.60
std        4.54
min       26.10
25%       34.58
50%       37.60
75%       40.60
max       47.60
Name: Temperature, dtype: float64
```

미래의 1월 평균 고온 예측하기

사이파이(Scipy(Scientific Python)) 라이브러리는 파이썬의 공학, 과학 및 수학에 널리 사용된다. **`stats`모듈**에 함수 **`linregress`**가 있다. 이 함수는 회귀선의 기울기와 주어진 데이터 포인트 세트에 대한 절편을 계산한다.

```
In [17]: from scipy import stats

In [18]: linear_regression = stats.linregress(x=nyc.Date,
    ...:                                      y=nyc.Temperature)
    ...:
```

함수 `linregress`는 데이터 포인트의 x 및 y 좌표를 나타내는 동일한 길이의 두 개의 1차원 배열[22]을 받는다. 키워드 인수 x와 y는 각각 독립 변수와 종속 변수를 나타낸다. **`linregress`**에 의해 반환된 객체에는 회귀선의 기울기와 절편이 포함되어 있다.

```
In [19]: linear_regression.slope
Out[19]: 0.00014771361132966167

In [20]: linear_regression.intercept
Out[20]: 8.694845520062952
```

22 이 인자들로 리스트나 판다스의 Series 같은 1차원 유사 배열 객체들이 올 수 있다.

이 값을 직선 $y=mx+b$에 대한 단순한 선형 회귀 방정식으로 사용하여 특정 연도의 뉴욕시의 평균 1월 온도를 예측할 수 있다. 2019년 1월의 화씨 평균 기온을 예측해 보자. 다음의 계산을 보면 `linear_regression.slope`는 m에 해당하고, 2019년은 x(온도를 예측할 날짜)에, `linear_regression.intercept`는 b에 해당한다.

```
In [21]: linear_regression.slope * 2019 + linear_regression.intercept
Out[21]: 38.51837136113298
```

1895년 이전의 평균 기온이 얼마였을지도 대략 알 수 있다. 예를 들어 1890년 1월의 평균 온도를 대략적으로 살펴보자.

```
In [22]: linear_regression.slope * 1890 + linear_regression.intercept
Out[22]: 36.612865774980335
```

이 예에서는 1895년~2018년의 데이터를 가지고 있는데, 이 범위를 벗어날수록 예측의 신뢰성이 떨어질 것이라고 예상해야 한다.

평균 고온과 회귀선 그리기

이번에는 시본의 **regplot 함수**를 사용하여 x축의 날짜와 y축의 온도로 각 데이터 포인트를 표시해 보자. regplot 함수는 지정된 날짜에 대한 **온도**를 나타내는 **산점도(scatter plot 또는 scattergram)**를 생성하며, 점을 점들 사이에 표시된 직선은 회귀선이다.

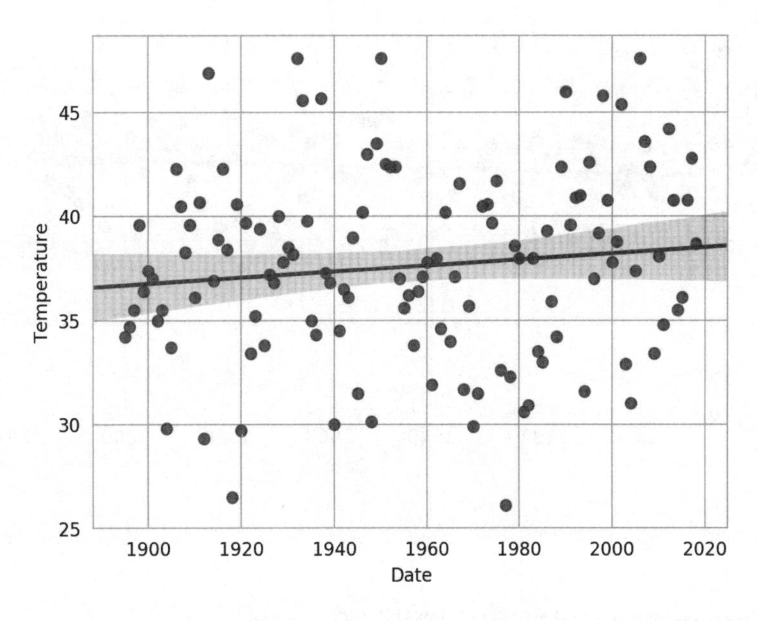

먼저 이전 매트플롯리브 창을 닫아야 한다. 그렇지 않으면 regplot은 이미 그래프가 포함된 기존 창을 사용한다. 함수 regplot의 x 및 y 키워드 인수는 표시할 x-y 좌표 쌍을 나타내는 동일한 길이의 1차원 배열[23]이다. 판다스는 파이썬의 식별자로 사용할 수 있는 열 이름이면 해당 이름으로 객체의 속성을 자동으로 생성한다.[24]

```
In [23]: import seaborn as sns

In [24]: sns.set_style('whitegrid')

In [25]: axes = sns.regplot(x=nyc.Date, y=nyc.Temperature)
```

회귀선의 기울기(왼쪽 아래, 오른쪽 위)는 지난 124년 동안의 온난화 추세를 나타낸다. 이 그래프에서 y축은 최소 26.1도에서 최대 47.6도 사이의 21.5도 온도 범위를 나타내므로 데이터가 회귀선의 위아래로 크게 분산되어 있어서 선형 관계를 보기 어려운데, 이것은 데이터 분석 시각화에서 흔한 문제다. 다른 종류의 데이터(이 경우 날짜 및 온도)를 반영하는 축이 있을 때 각 축의 척도를 어떻게 합리적으로 결정할까? 앞의 그래프에서 이것은 그래프의 높이에 관한 문제로, 시본과 매트플롯리브은 데이터의 값 범위에 근거하여 축을 ***자동으로 스케일링***한다. 선형 관계를 강조하기 위해 값의 y축 범위를 조정할 수 있다. 여기서는 y축을 21.5도 범위에서 60도 범위(10~70도)로 조정했다.

```
In [26]: axes.set_ylim(10, 70)
Out[26]: (10, 70)
```

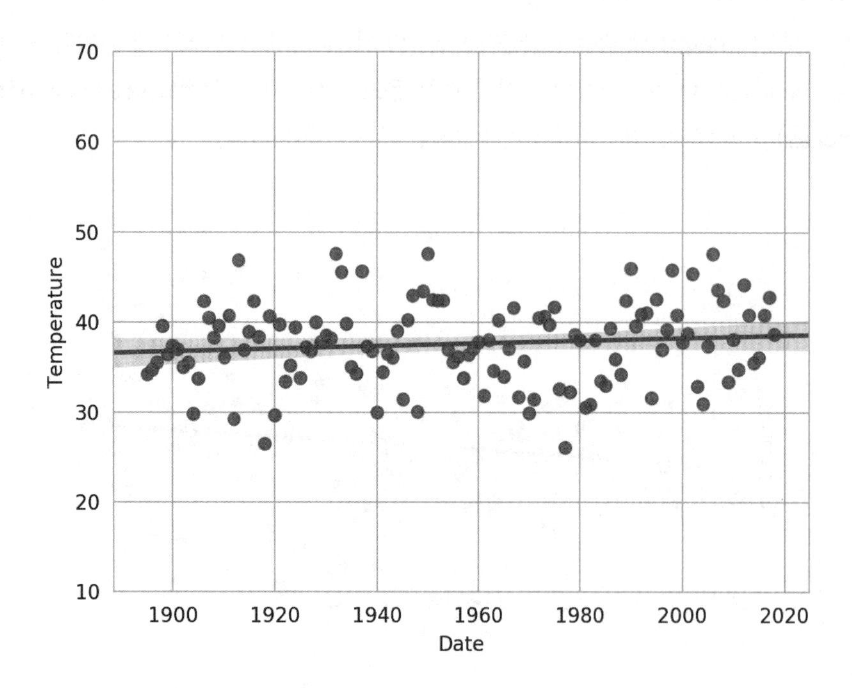

23 리스트나 판다스의 Series 1차원 유사 배열 객체도 사용될 수 있다.

24 통계적 배경이 더 많은 독자를 위해서 말하자면, 회귀선을 둘러싼 음영 영역은 회귀선의 95% *신뢰 구간*이다. (https://en.wikipedia.org/wiki/Simple_linear_regression#Confidence_intervals) 신뢰 구간 없이 다이어그램을 그리려면 키워드 인수 ci=None을 regplot 함수의 인수로 추가한다.

시계열 데이터세트 구하기

다음은 시계열 데이터를 구할 수 있는 유명한 사이트이다.

시계열 데이터세트를 구할 수 있는 곳	
https://data.gov/	미국 정부의 공개 데이터 포털 사이트로, 'time series'를 검색하면 7,200개 이상의 시계열 데이터세트를 구할 수 있다.
https://www.ncdc.noaa.gov/cag/	미국 국립해양대기청(NOAA, The National Oceanic and Atmospheric Administration) Climate at a Glance(기후 한눈에 보기) 포털은 세계와 미국의 날씨 관련 시계열을 모두 제공한다.
https://www.esrl.noaa.gov/psd/data/timeseries/	NOAA의 지구시스템연구소(ESRL) 포털은 월별 및 계절별 기후 관련 시계열 데이터를 제공한다.
https://www.quandl.com/search	Quandl은 유료로 사용할 수 있는 시계열 데이터뿐만 아니라 수백 개의 무료 금융 관련 시계열도 제공한다.
https://datamarket.com/data/list/?q=provider:tsdl	시계열 데이터 라이브러리(TSDL)에서는 여러 업종에 있는 수백 개의 시계열 데이터세트에 대한 링크를 제공한다.
http://archive.ics.uci.edu/ml/datasets.html	캘리포니아대학교 어바인(UCI) 머신러닝 저장소에는 다양한 주제에 대한 수십 개의 시계열 데이터세트가 있다.
http://inforumweb.umd.edu/econdata/econdata.html	메릴랜드 대학교의 EconData 서비스는 다양한 미국 정부 기관으로부터 수천 개의 경제 시계열 데이터에 대한 링크를 제공한다.

10

10.17 요약

이 장에서는 클래스를 만드는 방법에 관한 세부 사항에 대해 설명했다. 클래스를 정의하고, 클래스의 객체를 생성하며, 해당 객체의 속성에 액세스하여 메서드를 호출하는 방법을 살펴보았다. 그리고 새로운 객체의 데이터 속성을 생성 및 초기화하기 위한 특수 메서드인 `__init__`를 정의해 보았다.

속성에 대한 접근 제어와 속성 사용에 대해 설명했고, 모든 객체 속성을 사용자가 직접 접근할 수 있다는 것을 살펴보았다. 사용자 코드로 액세스하지 않는 속성을 표현하기 위해서 식별자의 앞에 밑줄(_)이 오게 하는 것에 대해 설명했고, 이중 밑줄(__) 명명 규칙을 통해 '비공개' 속성을 만드는 방법을 보여주었다. 이 방식으로 이름을 만들면 파이썬이 속성 이름을 내부적으로 바꾼다(속성 이름 난독화).

`Card` 클래스와 카드 목록을 관리하는 `DeckOfCards` 클래스로 카드 시뮬레이션을 만들었다. 카드를 섞고 나누어 주는 일을 했고 문자열과 매트플롯리브을 이용해서 카드 이미지로 덱을 표시했다. 객체를 문자열로 표시하기 위해서 `__repr__`, `__str__`, `__format__` 특수 메서드를 사용했다.

기본 클래스와 서브 클래스를 생성하는 파이썬의 기능을 살펴보았고, 슈퍼 클래스에서 기능을 상속받아서 서브 클래스를 생성한 후 기반 클래스에 있던 메서드를 재정하는 방식으로 기능을 추가하는 방법을 보여주었다. 파이썬의 다형성 프로그래밍 기능을 보여주기 위해 기반 클래스와 하위 클래스 객체를 모두 가지고 있는 리스트 객체를 만들었다.

연산자 재정의 방법을 소개했다. 파이썬의 내장된 연산자로 사용자 정의 클래스 객체들을 처리할 수 있도록 재정의한다. 연산자 재정의 방식은 모든 클래스에서 상속받고 있는 `object` 클래스의 특수 메서드를 재정의하는 것이다. 파이썬 예외 클래스 계층 구조와 사용자 정의 예외 클래스를 만드는 것에 대해서도 설명했다.

인덱스 번호가 아닌 속성 이름을 통해 튜플 요소에 액세스할 수 있는 네임드튜플을 만드는 방법을 보여주었고, 파이썬 3.7의 새로운 데이터 클래스를 사용해 보았다. 이 클래스는 `__init__`, `__repr__` 및 `__eq__` 특수 메서드와 같이 클래스 정의에서 일반적으로 사용되는 코드를 자동으로 생성할 수 있다.

독스트링에서 코드에 대한 단위 테스트를 작성하는 방법과 해당 테스트를 `doctest` 모듈의 `testmod` 함수를 통해 쉽게 실행시키는 방법도 살펴보았다. 마지막으로 파이썬이 식별자의 스코프를 결정하기 위해 사용하는 다양한 네임스페이스에 대해 논의했다.

이 책의 다음 파트에서는 AI와 빅데이터 기술을 혼합하여 사용하는 일련의 구현 사례를 보여줄 것이다. 그리고 자연어 처리, 트위트 데이터 마이닝, IBM 왓슨 및 인지 컴퓨팅, 지도 및 비지도 머신러닝, 합성곱 신경망을 이용한 딥러닝, 순환 신경망을 탐구할 것이다. 성능에 중점을 둔 NoSQL 데이터베이스, 하둡과 스파크를 포함한 빅데이터 소프트웨어 및 하드웨어 인프라에 대해서도 논의할 것이다.

Chapter

11

자연어 처리(NLP)

학습 목표

이번 장에서는 다음과 같은 것을 다룬다.

- 앞으로 살펴볼 데이터과학 사례 연구에서 기본적으로 사용할 자연어 처리 작업을 해 본다.
- 많은 자연어 처리 예제를 실행해 본다.
- TextBlob, NLTK, Textatistic, spaCy 자연어 처리 라이브러리와 트레이닝되어 있는 모델을 이용해서 다양한 NLP 작업을 한다.
- 텍스트를 단어와 문장으로 나눈다.
- 품사를 알아낸다.
- 감성 분석 기술을 이용해서 텍스트가 긍정이나 부정 또는 중립인지를 결정한다.
- 텍스트가 어떤 언어로 쓰여 있는지 확인하고 TextBlob에서 지원하는 구글 번역기를 사용해서 번역해 본다.
- 형태소 분석 및 분류를 통해 어근을 찾아본다.
- TextBlob의 철자 검사 및 교정 기능을 사용해 본다.
- 단어의 정의, 동의어, 반의어를 찾아본다.
- 텍스트에서 불용어를 제거해 본다.
- 워드 클라우드를 생성해 본다.
- Textatistic으로 가독성이 좋은지 알아낸다.
- 명명된 개체 인식 및 유사성 감지를 위해 spyCy 라이브러리를 이용해 본다.

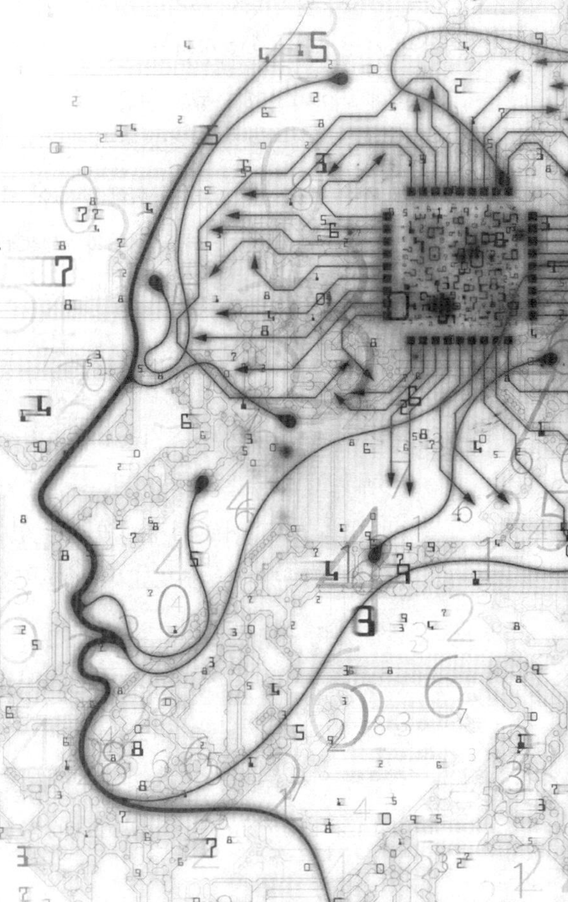

Outline

11.1 개요

여러분은 알람이 울리면 '알람 끄기' 버튼을 누르고, 스마트폰에 손을 뻗어서 문자 메시지를 읽은 후 최신 뉴스클립을 확인한다. TV 호스트가 연예인들을 인터뷰하는 것을 듣고, 가족이나 친구들, 동료들에게 이야기하고 그들의 반응을 듣는다. 여러분에게는 수화를 통해 의사소통을 하고, 청각 장애인용 비디오 프로그램을 즐기는 청각 장애가 있는 친구가 있다. 또, 점자를 읽고, 컴퓨터 책 리더가 읽어주는 책을 들으며, 컴퓨터 화면에 무엇이 있는지 읽어주는 스크린 리더로 듣는 시각 장애인 동료도 있다. 정크 메일을 중요한 다른 메일과 구분해서 필요한 메일을 읽고 이메일을 보내고, 소설이나 논픽션을 읽는다. '정지', '시속 56km 속도 제한', 그리고 '건설 중인 도로'와 같은 도로 표지판을 주의 깊게 보면서 운전한다. '집으로 전화 걸기', '클래식 음악 재생'과 같이 자동차에 음성 명령을 내리거나 "가장 가까운 주유소는 어디야?"와 같은 질문을 한다. 아이에게 말하고 읽는 법을 가르치고 친구에게 조문카드를 보낸다. 책과 신문, 잡지를 읽고 수업이나 미팅에서 노트한다. 외국 여행을 준비하기 위해서 외국어를 배우고, 스페인어로 작성된 고객 메일을 받은 후 그것을 무료 번역 프로그램으로 번역한다. 고객이 이메일을 스페인어로 쉽게 번역할 수 있다는 것을 알고 있기 때문에 영어로 응답한다. 이메일에 쓰여진 언어에 대해서는 잘 모르지만, 언어 감지 소프트웨어는 이것을 즉시 파악하여 이메일을 영어로 번역한다.

앞에서 예로 든 것들은 **자연어**로 하는 의사소통 방식의 예들이다. 문자, 음성, 비디오, 수화, 점자, 영어, 스페인어, 프랑스어, 러시아어, 중국어, 일본어뿐만 아니라 수백 개의 언어를 통해 다양한 방식으로 의사소통을 한다. 이번 장에서는 일련의 데모와 IPython 세션을 통해서 자연어 처리(NLP; Natural Language Processing) 기능을 공부해 볼 것이다. 여기서 배우게 될 NLP 기능은 앞으로 할 데이터과학 사례 연구에서도 사용할 것이다.

자연어 처리는 트윗, 페이스북 게시물, 대화, 영화 리뷰, 셰익스피어의 연극, 역사적인 문서, 뉴스 항목, 회의 기록 등으로 구성된 텍스트 모음을 가지고 수행한다. 텍스트 모음집은 **'말뭉치(corpus)'**라고 하는 것으로, 이것의 복수형이 **말뭉치들(corpora)**이다.

자연어는 수학적인 정확성이 부족하다. 의미의 뉘앙스 때문에 자연어를 이해하는 것이 어렵다. 문장의 의미는 이것이 가지는 문맥과 독자의 세계관의 영향을 받는다. 예를 들어 검색엔진은 이전 검색을 통해서 원하는 것이 무엇인지 더 정확하게 파악할 수 있다. 이 방식으로 검색 결과가 더 좋아질 수 있지만 사생활이 침해될 수 있다는 단점이 있다.

11.2 텍스트블랍[1]

텍스트블랍(TextBlob)은 NLTK 및 패턴(pattern) NLP 라이브러리를 기반으로 구축된 객체 지향 NLP 텍스트 처리 라이브러리로, NLTK와 패턴 라이브러리의 많은 기능을 단순화시켰다. 텍스트블랍(TextBlob)이 처리할 수 있는 NLP 작업으로는 다음과 같은 것들이 있다.

- **토큰화(Tokenization)** – 텍스트를 의미 단위의 토큰으로 나눈다.
- **품사(POS, Parts-of-speech)** – 명사, 동사, 형용사 등과 같이 각 단어의 품사를 구별한다.
- **명사구 추출** – '빨간 벽돌공장'처럼 명사로 표현되는 일련의 단어 위치를 파악한다.[2]
- **감성 분석** – 텍스트가 긍정적, 중립적 또는 부정적인 정서를 가지고 있는지 알아낸다.
- 구글 번역기를 이용해 **언어 변환**과 **언어를 구별**한다.
- **언어의 굴절(inflection)**[3] – 단어의 복수형과 단수형. TextBlob에 포함되지 않는 여러 측면에서의 언어 변형이 있다.
- **철자 검사** 및 **교정**
- **어근 추출(Stemming)** – 단어에서 접두사 또는 접미사를 제거하여 어근을 찾는다. 예를 들어 'varieties'의 어근은 'varieri'이다.
- **표제어 추출(Lemmatization)** – 어근 추출과 같지만, 원래의 단어 문맥을 바탕으로 실제 단어를 만든다.
- **단어 출현 빈도** – 말뭉치에서 각 단어가 얼마나 자주 등장하는지 판단한다.

1 https://textblob.readthedocs.io/en/latest/

2 '붉은 벽돌공장'이라는 말은 자연어가 왜 그렇게 어려운지를 설명하고 있다. '붉은 벽돌공장'이 붉은 벽돌을 만드는 공장을 말하는지, 아니면 모든 색의 벽돌을 생산하는 붉은 공장인지 또는 다른 종류의 제품을 만드는 붉은 벽돌로 지어진 공장인지 알 수 없다. 오늘날에는 록밴드의 이름 또는 스마트폰 게임의 이름이 될 수도 있다.

3 https://en.wikipedia.org/wiki/Inflection

- 단어의 뜻, 동의어와 반의어를 찾기 위해서 **WordNet**을 이용한다.
- **불용어(Stopword) 제거** – 말뭉치에서 중요한 단어를 분석하기 위해서 일반적으로 사용되는 단어, a, an, the, I, we, you 등을 제거한다.
- **n-그램** – 말뭉치에 연속적인 단어 집합을 만들어 서로 인접해서 자주 나타나는 단어를 식별하는 데 사용한다.

이런 수많은 기능은 복잡한 NLP 작업에 사용된다. 이번 절에서는 TextBlob과 NLTK를 가지고 이런 작업을 해 볼 것이다.

텍스트블랍 모듈 설치하기

텍스트블랍(TextBlob)을 설치하기 위해서 아나콘다 프롬프트(윈도우)나 터미널(맥/리눅스) 또는 셸(리눅스)을 열고 다음 명령을 실행한다.

```
conda install -c conda-forge textblob
```

윈도우 사용자라면 소프트웨어 설치 권한이 있는 관리자로 아나콘다 프롬프트를 실행해야 할 수도 있다. 이렇게 하려면 '시작' 메뉴의 '아나콘다 프롬프트'에서 마우스 오른쪽 버튼을 클릭하고 **More > Run as administrator(더 보기→ 권한으로 실행)**을 선택한다.

설치를 마치면 다음 명령을 실행해서 TextBlob에서 사용할 NLTK 말뭉치를 다운로드한다.

```
ipython -m textblob.download_corpora
```

여기에서는 다음과 같은 것이 포함되어 있다.

- 품사를 위한 브라운 말뭉치(브라운대학교에서 제작)[4]
- 영어 문장 토큰화를 위한 Punkt
- 단어의 의미, 동의어와 반의어를 위한 워드넷(WordNet). 품사를 위한 태거(Averaged Perceptron Tagger)
- 텍스트를 구성 요소로 분리하기 위한 conll2000. 명사, 동사, 명사구 등과 같은 것이 구성 요소이며 **'청킹(chunking)'**라고도 한다. 'conll2000'이라는 이름은 이 청킹 데이터를 만든 컨퍼런스인 컴퓨터 자연언어 학습에 관한 컴퍼런스에서 유래되었다.
- 감성을 분석할 수 있는 영화 리뷰 데이터

프로젝트 구텐베르크

분석용 텍스트의 훌륭한 자료로 프로젝트 구텐베르크의 무료 전자책이 있다.

4 https://en.wikipedia.org/wiki/Brown_Corpus

https://www.gutenberg.org

이 사이트에는 57,000개 이상의 전자책이 일반 텍스트 파일을 포함해 다양한 포맷으로 보관되어 있는데, 이것들은 미국에서 저작권이 만료된 것들이다. 프로젝트 구텐베르크의 이용약관 및 다른 나라의 저작권에 대한 정보를 보려면 다음 링크를 살펴본다.

https://www.gutenberg.org/wiki/Gutenberg:Terms_of_Use

이번 절에서는 셰익스피어의 '로미오와 줄리엣'에 대한 일반 텍스트 전자책 파일을 예제로 사용하는데, 다음 링크에서 파일을 찾을 수 있다.

https://www.gutenberg.org/ebooks/1513

프로젝트 구텐베르크는 프로그램으로 전자책을 가져가는 것을 허용하지 않기 때문에 이 목적으로 사용하려면 책을 복사해야 한다.[5] *'로미오와 줄리엣'*을 평문으로 다운로드하기 위해서 이 책의 웹페이지에 있는 **Plain Text UTF-8** 링크에서 마우스 오른쪽 버튼을 클릭하고 **Save Link As…**(크롬/파이어폭스)나 **Download Linked File As…**(사파리) 또는 **Save target as**(마이크로소프트 엣지) 옵션을 선택해서 책을 시스템에 저장한다. 이 파일을 ch11 예제 폴더에 'RomeoAndJuliet.txt'라는 이름으로 저장해서 예제에 있는 코드가 동작할 수 있도록 해야 한다. 그리고 분석하기 위해서 프로젝트 구텐베르크 "THE TRAGEDY OF ROMEO AND JULIET" 이전 텍스트를 제거하고 파일의 마지막에 다음과 같이 시작하는 프로젝트 구텐베르크 정보도 제거했다.

End of the Project Gutenberg EBook of Romeo and Juliet,
by William Shakespeare

11.2.1 텍스트블랍 생성하기

텍스트블랍(TextBlob)[6]은 **textblob 모듈**을 가지고 NLP 작업을 할 때 가장 기본이 되는 클래스다. 두 문장을 가지고 있는 TextBlob 객체를 만들어보자.

```
In [1]: from textblob import TextBlob

In [2]: text = 'Today is a beautiful day. Tomorrow looks like bad weather.'

In [3]: blob = TextBlob(text)

In [4]: blob
Out[4]: TextBlob("Today is a beautiful day. Tomorrow looks like bad weather.")
```

텍스트블랍(Sentence와 Word 클래스도 곧 보게 될 것이다.)은 문자열 메서드를 지원하고 문자열

5 https://www.gutenberg.org/wiki/Gutenberg:Information_About_Robot_Access_to_our_Pages
6 http://textblob.readthedocs.io/en/latest/api_reference.html#textblob.blob.TextBlob

과 비교할 수 있다. 이들 클래스는 다양한 NLP 작업을 위한 메서드들도 지원하고 있고, Sentence와 Word, TextBlob은 BaseBlob을 상속받고 있어서 공통된 메서드와 속성을 가지고 있다.

11.2.2 텍스트를 문장과 단어로 토큰화하기

자연어 처리에서 다른 NLP 작업을 수행하기 전에 텍스트를 토큰으로 나누어야 할 때가 있다. TextBlob은 TextBlob에 있는 문장과 단어에 쉽게 접근할 수 있는 편리한 프로퍼티를 제공하고 있다. **sentence 프로퍼티**를 사용해서 **Sentence** 객체 리스트를 가져오자.

```
In [5]: blob.sentences
Out[5]:
[Sentence("Today is a beautiful day."),
 Sentence("Tomorrow looks like bad weather.")]
```

words 프로퍼티는 TextBlob에 있는 문자열에서 구두점을 제거한 각 단어에 해당하는 **Word** 객체 리스트가 포함된 **WordList** 객체를 반환한다.

```
In [6]: blob.words
Out[6]: WordList(['Today', 'is', 'a', 'beautiful', 'day', 'Tomorrow',
'looks', 'like', 'bad', 'weather'])
```

11.2.3 품사 결정하기

품사(POS) 태그 지정은 문맥에 따라 단어를 평가해서 각 단어의 품사를 결정하는 프로세스이다. 영어에는 명사, 대명사, 동사, 형용사, 부사, 전치사, 연결사 및 감탄사(감정을 표현하고 일반적으로 "예!" 또는 "하!"와 같이 문장 부호가 나오는 단어)와 같이 8개의 주요 품사가 있고, 각 범주에는 많은 소범주가 있다.

일부 단어는 다양한 의미를 가지고 있다. 예를 들어 'set'과 'run'이라는 단어는 각각 수백 가지의 의미를 갖는다! 'run'이라는 단어를 dictionary.com에서 정의한 것을 보면 동사, 명사, 형용사 또는 동사구의 일부가 될 수 있다. 품사 태깅의 중요한 용도는 단어의 여러 의미 중에서 단어의 의미를 결정하는 것으로, 이것은 컴퓨터가 자연어를 이해할 수 있게 하는 데 매우 중요하다.

tags 프로퍼티는 튜플 리스트를 반환한다. 각각은 단어와 그 단어의 품사를 의미하는 문자열이 들어있다.

```
In [7]: blob
Out[7]: TextBlob("Today is a beautiful day. Tomorrow looks like bad weather.")
```

```
In [8]: blob.tags
Out[8]:
[('Today', 'NN'),
 ('is', 'VBZ'),
 ('a', 'DT'),
 ('beautiful', 'JJ'),
 ('day', 'NN'),
 ('Tomorrow', 'NNP'),
 ('looks', 'VBZ'),
 ('like', 'IN'),
 ('bad', 'JJ'),
 ('weather', 'NN')]
```

기본적으로 텍스트블랍은 품사를 결정하기 위해서 PatternTagger를 사용한다. 이 클래스는 *pattern 라이브러리*의 품사 태깅 기능을 사용한다.

https://www.clips.uantwerpen.be/pattern

다음 링크에서 이 라이브러리의 63개의 품사 태그를 확인할 수 있다.

https://www.clips.uantwerpen.be/pages/MBSP-tags

앞에서 있던 스니펫의 결과를 살펴보면

- Today, day, weather는 NN으로 태그된다. 단수 명사 또는 물질 명사다.
- is와 looks는 VBZ로 태그된다. 3인칭 단수 동사다.
- a는 DT로 태그된다. 한정사를 의미한다.[7]
- beautiful과 bad는 JJ로 태그된다. 형용사이다.
- Tomorrow는 NNP로 태그된다. 고유 단수 명사다.
- like는 IN로 태그된다. 후순위 접속사 또는 전치사를 의미한다.

11.2.4 명사구 추출하기

워터스키를 구매하려고 할 때, 우리는 경우 관련 정보를 온라인에서 찾기 시작할 것이다. 즉 'best water ski(가장 좋은 워터스키)'라고 검색한다. 여기서 'water ski'는 명사구이다. 만약 검색엔진이 이 명사구를 적절하게 분리하지 못하면 좋은 결과를 얻을 수 없다. 인터넷에 접속해서 'best water', 'best ski', 'best water ski'를 검색해 보고 어떤 것이 검색되는지 살펴보자.

TextBlob의 **noun_phrases 프로퍼티**는 텍스트에서 각 명사구에 해당하는 Word 객체 리스트를 가지고 있는 WordList 객체를 반환한다.

7 https://en.wikipedia.org/wiki/Determiner

```
In [9]: blob
Out[9]: TextBlob("Today is a beautiful day. Tomorrow looks like bad weather.")

In [10]: blob.noun_phrases
Out[10]: WordList(['beautiful day', 'tomorrow', 'bad weather'])
```

명사구를 표현하는 **word**는 여러 단어로 구성될 수 있다. WordList는 파이썬의 리스트 타입을 확장한 것으로, 어근 추출, 표제어 추출, 단수화와 복수화를 위한 별도의 메서드를 제공한다.

11.2.5 텍스트블랍의 기본 감성 분석기를 이용한 감성 분석

내부분의 일반적이고 의미 있는 NLP 삭업 중 하나는 **감성 분석**이다. 어떤 텍스트가 긍정적인지, 중립적인지 또는 부정적인지를 결정한다. 예를 들어 기업에는 이것을 이용해서 사람들이 그들의 제품에 대해 온라인에서 긍정적 또는 부정적으로 이야기하고 있는지를 확인하는 데 사용할 수 있다. 긍정적인 단어 'good'과 부정적인 단어 'bad'를 생각해 보자. 단순히 문장에 'good' 또는 'bad' 단어가 있다고 해서 그 문장이 반드시 긍정적이거나 부정적이라고 볼 수는 없다. 예를 들어 다음 문장은 분명히 부정적인 문장이다.

```
The food is not good.
```

마찬가지로 다음 문장은 분명히 긍정적인 감정을 표현하고 있다.

```
The movie was not bad.
```

다음 문장처럼 확실한 긍정은 아니어도 말이다.

```
The movie was excellent!
```

감성 분석은 복잡한 머신러닝 문제에 해당한다. 하지만 텍스트블랍 같은 라이브러리는 감성 분석을 수행하기 위해 미리 학습된 머신러닝 모델을 가지고 있다.

텍스트블랍의 sentiment 값 가져오기

텍스트블랍의 **sentiment 프로퍼티**는 텍스트가 긍정적 또는 부정적인지, 그것이 객관적인지 또는 주관적인지를 나타내는 **Sentiment** 객체를 반환한다.

```
In [11]: blob
Out[11]: TextBlob("Today is a beautiful day. Tomorrow looks like bad weather.")

In [12]: blob.sentiment
Out[12]: Sentiment(polarity=0.07500000000000007,
subjectivty=0.8333333333333333)
```

결과에서 polarity의 경우 0.0은 중립이기 때문에 -1.0(부정)에서 1.0(긍정)까지의 값으로 감성을 표시한다. subjectivity는 0.0(객관적)에서 1.0(주관적)까지의 값을 가진다. TextBlob 값을 보면 전체적으로 감성은 중립에 가깝고 텍스트는 대체로 주관적이다.

Sentiment 객체의 polarity와 subjectivity 프로퍼티 값 가져오기

위에 나와 있는 값은 아마도 대부분 필요한 것보다 더 정밀한 값이지만, 이렇게 하면 결과의 가독성을 떨어뜨릴 수 있다. IPython의 **%precision** 매직은 ***독립형***의 float 객체뿐만 아니라 리스트, 딕셔너리, 튜플과 같은 ***내장 타입***에 있는 float 객체들의 정확도를 조정할 수 있다. 이 매직을 사용해서 polarity와 subjectivity 값을 소수점 이하 셋째 자리까지 나오도록 ***반올림해*** 보자.

```
In [13]: %precision 3
Out[13]: '%.3f'

In [14]: blob.sentiment.polarity
Out[14]: 0.075

In [15]: blob.sentiment.subjectivity
Out[15]: 0.833
```

문장의 감성지수 구하기

각 문장별로 별도의 감성지수를 구할 수 있다. sentence 프로퍼티를 사용해서 Sentence[8] 객체들을 구하고, 이것을 순회하면서 각 Sentence 객체의 sentiment 프로퍼티를 출력해 보자.

```
In [16]: for sentence in blob.sentences:
    ...:     print(sentence.sentiment)
    ...:
Sentiment(polarity=0.85, subjectivity=1.0)
Sentiment(polarity=-0.6999999999999998, subjectivity=0.6666666666666666)
```

위의 결과를 살펴보면 TextBlob의 sentiment 값이 0.0(중립)에 근접하게 나왔는지를 알 수 있다. 한 문장은 긍정적(0.85)이고 다른 하나는 부정적(-0.6999999999999998)이다.

11.2.6 NaiveBayesAnalyzer를 이용한 감성 분석

기본적으로 Textblob과 그것으로부터 얻을 수 있는 Sentence, 그리고 Word는 PatternAnalyzer를 사용해서 감성지수를 구한다. 이 클래스는 Pattern 라이브러리에 있는 동일한 감성 분석 기술을 사

8 http://textblob.readthedocs.io/en/latest/api_reference.html#textblob.blob.Sentence

용하고 있다. 텍스트블랍 라이브러리는 **NaiveBayesAnalyzer**[9](**textblob.sentiments** 모듈)도 가지고 있는데, 이 클래스는 영화 리뷰 데이터베이스를 이용해서 학습시킨 모델을 사용한다. 나이브 베이즈[10]는 널리 사용되는 머신러닝 텍스트 분류 알고리즘이다. 다음은 텍스트블랍의 감성 분석기를 analyzer 키워드 인자를 사용해서 지정하고 있다. 현재 IPython 세션에서 text는 'Today is a beautiful day. Tomorrow looks like bad weather.'라는 값을 가지고 있다.

```
In [17]: from textblob.sentiments import NaiveBayesAnalyzer

In [18]: blob = TextBlob(text, analyzer=NaiveBayesAnalyzer())

In [19]: blob
Out[19]: TextBlob("Today is a beautiful day. Tomorrow looks like bad weather.")
```

텍스트블랍의 sentiment 프로퍼티를 사용해서 NaiveBayesAnalyzer로 분석한 텍스트의 감성 지수를 출력해 보자.

```
In [20]: blob.sentiment
Out[20]: Sentiment(classification='neg', p_pos=0.47662917962091056,
p_neg=0.5233708203790892)
```

이번 예제의 경우 전체 감성은 부정적으로 분류되었다(classification='neg'). Sentiment 객체의 p_pos 값은 이 TextBlob이 47.66% 긍정적이라는 것을 보여주고 있다. 그리고 p_neg 값을 보면 이 TextBlob이 52.34% 부정적이라고 한다. 전체적인 감성 평가는 아주 약간 부정적이기 때문에 이 TextBlob의 정서가 전반적으로 중립적이라고 볼 수 있다.

이제 각 Sentence 객체의 sentiment 값을 구해보자.

```
In [21]: for sentence in blob.sentences:
    ...:     print(sentence.sentiment)
    ...:
Sentiment(classification='pos', p_pos=0.8117563121751951,
p_neg=0.18824368782480477)
Sentiment(classification='neg', p_pos=0.174363226578349,
p_neg=0.8256367734216521)
```

NaiveBayesAnalyzer에서 얻은 Sentiment 객체는 polarity과 subjectivity 대신 'pos' 또는 'neg'로 분류되는 *classification* 값과 0.0에서 1.0 사이의 값을 갖는 p_pos(양수 백분율) 및 p_neg(음수 백분율)를 가진다. 다시 한 번 살펴보면 첫 번째 문장은 긍정적이고 두 번째는 부정적이라는 것을 볼 수 있다.

---

9 https://textblob.readthedocs.io/en/latest/api_reference.html#moduletextblob.en.sentiments

10 https://en.wikipedia.org/wiki/Naive_Bayes_classifier

11.2.7 언어 판별 및 번역

언어 간 번역은 자연 언어 처리 및 인공지능 분야의 어려운 문제이다. 머신러닝, 인공지능 및 자연 언어 처리의 발전으로 구글 번역(100개 이상의 언어) 및 마이크로소프트 빙 번역기(60개 이상의 언어)와 같은 서비스는 언어를 즉시 번역할 수 있다.

외국어 번역은 외국으로 여행하는 사람들에게 특히 유용한 기능이다. 번역 앱을 사용하여 메뉴, 도로 표지판 등을 번역할 수 있다. 라이브 언어 번역에도 있어서 자연어를 모르는 사람들과 실시간으로 대화도 할 수 있다.[11, 12] 일부 스마트폰은 이제 인이어 헤드폰과 연동해서 많은 언어를 거의 실시간으로 번역할 수 있다.[13, 14, 15] 13장 'IBM 왓슨과 인지 컴퓨팅'에서는 왓슨이 지원하는 언어 간에 거의 실시간 번역하는 스크립트를 개발해 볼 것이다.

텍스트블랍 라이브러리는 구글 번역을 사용해서 텍스트 언어를 감지하고 TextBlob, Sentence 및 Word를 다른 언어로 번역한다.[16] **detect_language** 메서드를 사용하여 작업하고 있는 텍스트의 언어를 감지한다('en'은 영어 의미).

```
In [22]: blob
Out[22]: TextBlob("Today is a beautiful day. Tomorrow looks like bad weather.")

In [23]: blob.detect_language()
Out[23]: 'en'
```

다음으로 **translate 메서드**를 사용해서 텍스트를 스페인어('es')로 번역해 보고, 결과로 나왔으면 다시 그것이 어떤 언어인지 확인해보자. to 키워드 인자는 목적 언어를 명시한다.

```
In [24]: spanish = blob.translate(to='es')

In [25]: spanish
Out[25]: TextBlob("Hoy es un hermoso dia. Ma ana parece mal tiempo.")

In [26]: spanish.detect_language()
Out[26]: 'es'
```

다음으로 텍스트블랍을 중국어('zh' 또는 'zh-CN'으로 지정)으로 번역하고 그 결과로 나온 것의 언어를 판별해 보자.

---

11 https://www.skype.com/en/features/skype-translator/

12 https://www.microsoft.com/en-us/translator/business/live/

13 https://www.telegraph.co.uk/technology/2017/10/04/googles-new-headphones-cantranslate-foreign-languages-real/

14 https://store.google.com/us/product/google_pixel_buds?hl=en-US

15 http://www.chicagotribune.com/bluesky/originals/ct-bsi-google-pixel-buds-review20171115-story.html

16 이 기능을 사용하려면 인터넷 연결이 필요하다.

```
In [27]: chinese = blob.translate(to='zh')

In [28]: chinese
Out[28]: TextBlob("今天是美好的一天。明天看起来像恶劣的天气。")

In [29]: chinese.detect_language()
Out[29]: 'zh-CN'
```

translate 함수는 'zh' 또는 'zh-CN' 같은 중국어를 인수로 받을 수 있지만 detect_language 메서드의 결과는 항상 'zh-CN'으로 간체로 반환한다.

앞의 예를 보면 구글 번역은 자동으로 입력된 문자열의 언어를 판별한다. 물론 소스로 들어오는 언어를 translate 메서드에게 from_lang 키워드 인자로 명시적으로 지정할 수 있다.

```
chinese = blob.translate(from_lang='en', to='zh')
```

구글 번역은 다음 링크에 나열되어 있는 iso-639-1[17] 언어 코드를 사용한다.

https://en.wikipedia.org/wiki/List_of_ISO_639-1_codes

지원되는 언어의 경우 from_lang과 to 키워드 인자의 값으로 이 언어 코드를 사용한다. 구글 번역에서 지원하고 있는 언어 목록은 다음 링크에서 확인할 수 있다.

https://cloud.google.com/translate/docs/languages

translate 메서드를 인자 없이 호출하면 자동으로 감지된 언어를 영어로 번역한다.

```
In [30]: spanish.translate()
Out[30]: TextBlob("Today is a beautiful day. Tomorrow seems like bad weather.")

In [31]: chinese.translate()
Out[31]: TextBlob("Today is a beautiful day. Tomorrow looks like bad weather.")
```

번역된 결과를 보면 번역된 영어에 약간 다르다는 점에 주목해야 한다.

11.2.8 굴절(inflection): 복수화 및 단수화

굴절은 단수형, 복수형('person(사람)'과 'people(사람들)' 같은) 및 다른 동사 시제(예: 'run(달리다)' 및 'ran(달렸다)')와 같은 동일한 단어의 다른 형태를 말한다. 단어의 출현 빈도를 계산할 때 정확하게 계산하기 위해서 먼저 변형된 모든 단어들을 동일한 형태로 만들어야 한다. Word와 WordList 클래스는 각각 단어를 단수형 또는 복수형으로 변환하는 기능을 지원한다. Word 객체를 복수화와 단수화 해 보자.

17 ISO는 국제 표준화 기구이다(https://www.iso.org/).

```
In [1]: from textblob import Word

In [2]: index = Word('index')

In [3]: index.pluralize()
Out[3]: 'indices'

In [4]: cacti = Word('cacti')

In [5]: cacti.singularize()
Out[5]: 'cactus'
```

복수화와 단수화는 섬세한 작업으로, 위에서 살펴보았던 것처럼 단어의 뒤에 있는 단순히 's'나 'es'를 붙이거나 제거하는 작업이 아니다. WordList로도 같은 작업을 할 수 있다.

```
In [6]: from textblob import TextBlob
In [7]: animals = TextBlob('dog cat fish bird').words

In [8]: animals.pluralize()
Out[8]: WordList(['dogs', 'cats', 'fish', 'birds'])
```

'fish(물고기)'는 단수형과 복수형이 동일하다.

11.2.9 철자 검사와 교정

자연어를 처리하려면 작업하는 텍스트에 철자 오류가 없는 것이 중요하다. 마이크로소프트 워드, 구글 독스와 같은 텍스트를 작성하고 수정하는 소프트웨어 패키지들은 타이핑 하면 자동으로 철자를 검사한 후 잘못된 단어는 빨간색 줄로 표시해 준다. 수동으로 단어 체커를 호출할 수 있는 툴도 있다.

Word의 **spellcheck 메서드**를 사용해서 철자를 검사할 수 있다. 이 메서드는 후보 단어와 신뢰도를 튜플로 만들어서 반환한다. 'they'라는 단어를 입력하려고 했는데 'theyr'로 잘못 입력한다고 가정해 보자. 철자 검사 결과는 두 가지 가능한 후보를 보여주는데, 'they'가 가장 신뢰도가 높다.

```
In [1]: from textblob import Word

In [2]: word = Word('theyr')

In [3]: %precision 2
Out[3]: '%.2f'

In [4]: word.spellcheck()
Out[4]: [('they', 0.57), ('their', 0.43)]
```

가장 신뢰도가 높은 단어가 문맥상으로 어울리는 단어가 아닐 수도 있다.

TextBlob과 Sentence, 그리고 Word 모두 단어를 교정하기 위해서 호출할 수 있는 **correct 메서드**를 가지고 있다. Word 객체에 correct 메서드를 호출하면 가장 높은 신뢰도 값(spellcheck 메서드로 반환된)을 갖는 단어를 반환한다.

```
In [5]: word.correct()  # 가장 높은 신뢰도를 갖는 단어 선택
Out[5]: 'they'
```

TextBlob이나 Sentence 객체에 correct 메서드를 호출하면 각 단어의 철자를 검사한다. correct 메서드는 틀린 단어를 가장 높은 신뢰도를 가지는 단어로 교체한다.

```
In [6]: from textblob import Word

In [7]: sentence = TextBlob('Ths sentense has missplled wrds.')

In [8]: sentence.correct()
Out[8]: TextBlob("The sentence has misspelled words.")
```

11.2.10 정규화: 어근 추출 및 표제어 추출

어근 추출은 단어에서 접두사 또는 접미사를 제거해서 어근만 남기는데, 어근이 실제 단어일 수도, 그렇지 않을 수도 있다. **표제어 추출**은 어근 추출과 비슷하지만, 말과 의미를 고려하고 실제 단어를 구한다.

어근 추출과 표제어 추출은 **정규화** 작업으로, 이 과정을 통해 분석을 위한 단어를 준비한다. 예를 들어 텍스트의 본문에 있는 단어에 대해 통계를 내기 전에 모든 단어를 소문자로 바꿔서 대문자 단어와 소문자 단어가 다르게 취급되지 않도록 한다. 간혹 한 단어의 여러 형태를 그 단어의 어근으로 표현해야 할 때도 있다. 예를 들어 주어진 애플리케이션에서 program, programs, programmer, programming 그리고 programmed(영국 영어를 사용하고 있으면 prgrammes도 마찬가지로)와 같은 단어를 모두 'program'으로 취급하는 경우이다.

Word와 WordList 모두 **stem**과 **lemmatize** 메서드를 통해서 어근 추출과 표제어 추출을 지원한다. Word 객체에 대해서 두 개의 메서드를 사용해 보자.

```
In [1]: from textblob import Word

In [2]: word = Word('varieties')

In [3]: word.stem()
Out[3]: 'varieti'

In [4]: word.lemmatize()
Out[4]: 'variety'
```

11.2.11 단어 출현 빈도 계산하기

문서의 유사도를 평가하는 기술들은 대부분 단어의 출현 빈도를 근거로 한다. TextBlob은 자동으로 단어의 출현 빈도를 계산한다. 먼저 셰익스피어의 *'로미오와 줄리엣'*을 로드해서 TextBlob으로 만들어보자. 이를 위해 파이썬 표준 라이브러리의 **pathlib 모듈**에 있는 Path 클래스를 사용해 볼 것이다.

```
In [1]: from pathlib import Path

In [2]: from textblob import TextBlob

In [3]: blob = TextBlob(Path('RomeoAndJuliet.txt').read_text())
```

앞에서 다운로드한 'RomeoAndJuliet.txt'[18] 파일을 사용할 것이다.파일이 있는 폴더에서 IPython 세션을 시작했다고 가정한다. 파일을 Path의 **read_text 메서드**는 파일을 읽고 나서 바로 파일을 닫는다.

TextBlob의 **word_counts** 딕셔너리를 통해서 단어의 출현 빈도를 알 수 있다. 여러 단어들의 실제 출현 빈도를 직접 구해보자.

```
In [4]: blob.word_counts['juliet']
Out[4]: 190

In [5]: blob.word_counts['romeo']
Out[5]: 315

In [6]: blob.word_counts['thou']
Out[6]: 278
```

TextBlob을 WordList로 이미 토큰화를 했다면 **count 메서드**를 통해서 리스트의 특정 단어를 셀 수 있다.

```
In [7]: blob.words.count('joy')
Out[7]: 14

In [8]: blob.noun_phrases.count('lady capulet')
Out[8]: 46
```

11.2.12 WordNet에 단어의 뜻, 동의어와 반의어 구하기

WordNet[19]은 프린스턴대학교에서 만든 단어 데이터베이스이다. TextBlob 라이브러리는 NLTK

18 구텐베르그 프로젝트의 e-북에는 책 내용 이외에 라이선스 정보 같은 추가적인 텍스트가 포함되어 있다. 이번 예제에서는 텍스트 에디터를 사용해서 e-북의 복사본에서 이 텍스트를 제거했다.

19 https://wordnet.princeton.edu/

라이브러리의 WordNet 인터페이스를 사용해서 단어의 뜻과 동의어와 반의어를 찾아볼 수 있다. 더 많은 정보를 알려면 다음 링크에 있는 NLTK의 WordNet 인터페이스 문서를 확인해 보자.

https://www.nltk.org/api/nltk.corpus.reader.html#modulenltk.corpus.reader.wordnet

단어 뜻 가져오기

먼저 Word 객체를 만든다.

```
In [1]: from textblob import Word

In [2]: happy = Word('happy')
```

Word 클래스의 **definitions 프로퍼티**는 WordNet 데이터베이스에 있는 해당 단어의 모든 정의를 리스트로 반환한다.

```
In [3]: happy.definitions
Out[3]:
['enjoying or showing or marked by joy or pleasure',
 'marked by good fortune',
 'eagerly disposed to act or to be of service',
 'well expressed and to the point']
```

데이터베이스가 반드시 주어진 단어의 모든 사전 정의를 포함하지는 않는다. **define 메서드**도 있는데, 인자로 품사를 넘겨서 일치하는 품사에 해당하는 정의만 가져올 수 있다.

동의어 구하기

Word의 **synsets 프로퍼티**를 통해서 Word의 동의어들(동의어가 있는 집합)을 구할 수 있다. 결과는 Synset 객체의 리스트로 반환한다.

```
In [4]: happy.synsets
Out[4]:
[Synset('happy.a.01'),
 Synset('felicitous.s.02'),
 Synset('glad.s.02'),
 Synset('happy.s.04')]
```

각 Synset 객체는 동의어 그룹을 의미한다. happy.a.01은 다음과 같은 의미를 가지고 있다.

- happy는 원래의 단어의 표제어이다. (위의 예제에서는 원래의 단어와 동일하다.)

- a는 품사를 의미하는데, a는 형용사, n은 명사, v는 동사, r는 부사, s는 의존 형용사이다. 워드넷에 있는 형용사는 비슷한 의미를 나타내는 동의어가 많다.
- 01은 0을 기반으로 하는 인덱스 번호이다. 많은 단어들은 여러 뜻을 가지고 있는데, 이 인덱스는 WordNet 데이터베이스에 있는 대응하는 단어의 의미에 대한 인덱스이다.

get_synsets 메서드가 있는데, 이 메서드에 인자로 품사를 넘겨주면 일치하는 품사에 해당하는 Synset 객체들을 얻을 수 있다.

원래 단어의 동의어를 찾기 위해서 synset 리스트를 순회할 수 있다. 각 Synset 객체는 **lemmas 메서드**가 있어서 동의어를 의미하는 Lemma 객체 리스트를 반환한다. Lemma의 name 메서드는 동의어 단어를 문자열로 반환한다. 다음 코드를 보면, synsets 리스트에 있는 각 Synset 객체에 대해 중첩 for 루프를 이용해서 Synset의 Lemma들(있으면)을 순회한다. 동의어가 있으면 synonyms라는 이름의 세트에 동의어를 추가한다. 세트를 사용하면 자동으로 중복을 제거해 주기 때문에 세트 를 사용했다.

```
In [5]: synonyms = set()
In [6]: for synset in happy.synsets:
   ...:     for lemma in synset.lemmas():
   ...:         synonyms.add(lemma.name())
   ...:

In [7]: synonyms
Out[7]: {'felicitous', 'glad', 'happy', 'well-chosen'}
```

반의어 구하기

Lemma로 표현되는 단어가 워드넷 데이터베이스에 반의어를 가지고 있는 경우, Lemma의 antonyms 메서드를 호출하면 Lemma 객체 리스트를 반환한다. (데이터베이스에 반의어가 없으면 빈 리스트가 반환된다.) 스니펫 [4]에서 'happy'의 네 개의 Synset이 있다는 것을 살펴보았다. 먼저 synsets 리스트의 0번째 인덱스에 해당하는 Synset의 Lemmas를 보자.

```
In [8]: lemmas = happy.synsets[0].lemmas()

In [9]: lemmas
Out[9]: [Lemma('happy.a.01.happy')]
```

예제에서 lemmas 메서드는 Lemma 요소 리스트를 반환한다. 이제 데이터베이스에 Lemma에 대응하는 반의어가 있는지 확인할 수 있다.

```
In [10]: lemmas[0].antonyms()
Out[10]: [Lemma('unhappy.a.01.unhappy')]
```

반의어를 의미하는 Lemmas의 리스트를 반환한다. 여기서 데이터베이스에 있는 단어 'happy'의 반의어가 'unhappy'라는 것을 알 수 있다.

11.2.13 불용어 제거하기

불용어(stop word)는 일반적으로 유용한 정보를 제공하지 않기 때문에 분석하기 전에 텍스트에서 종종 제거되는 공통된 단어이다. 다음 표는 NLTK에 있는 영어의 불용어 목록으로, NLTK의 stopwords 모듈의 words 함수에서 반환되는 단어다.[20] (이 함수는 잠시 후에 사용해 볼 것이다.)

NLTK의 영어 불용어 목록

```
['a', 'abOut', 'above', 'after', 'again', 'against', 'ain', 'all', 'am', 'an', 'and',
'any', 'are', 'aren', "aren't", 'as', 'at', 'be', 'because', 'been', 'before',
'being', 'below', 'between', 'both', 'but', 'by', 'can', 'couldn', "couldn't", 'd',
'did', 'didn', "didn't", 'do', 'does', 'doesn', "doesn't", 'doing', 'don', "don't",
'down', 'during', 'each', 'few', 'for', 'from', 'further', 'had', 'hadn', "hadn't",
'has', 'hasn', "hasn't", 'have', 'haven', "haven't", 'having', 'he', 'her', 'here',
'hers', 'herself', 'him', 'himself', 'his', 'how', 'i', 'if', 'in', 'into', 'is',
'isn', "isn't", 'it', "it's", 'its', 'itself', 'just', 'll', 'm', 'ma', 'me',
'mightn', "mightn't", 'more', 'most', 'mustn', "mustn't", 'my', 'myself', 'needn',
"needn't", 'no', 'nor', 'not', 'now', 'o', 'of', 'off', 'on', 'once', 'only', 'or',
'other', 'our', 'ours', 'ourselves', 'Out', 'over', 'own', 're', 's', 'same', 'shan',
"shan't", 'she', "she's", 'should', "should've", 'shouldn', "shouldn't", 'so', 'some',
'such', 't', 'than', 'that', "that'll", 'the', 'their', 'theirs', 'them',
'themselves', 'then', 'there', 'these', 'they', 'this', 'those', 'through', 'to',
'too', 'under', 'until', 'up', 've', 'very', 'was', 'wasn', "wasn't", 'we', 'were',
'weren', "weren't", 'what', 'when', 'where', 'which', 'while', 'who', 'whom', 'why',
'will', 'with', 'won', "won't", 'wouldn', "wouldn't", 'y', 'you', "you'd", "you'll",
"you're", "you've", 'your', 'yours', 'yourself', 'yourselves']
```

NLTK 라이브러리에는 다른 언어에 있는 불용어 목록도 있다. NLTK의 불용어를 사용하기 전에 데이터를 다운로드해야 한다. 이 경우 nltk 모듈의 **download 함수**를 통해서 불용어를 다운로드할 수 있다.

```
In [1]: import nltk

In [2]: nltk.download('stopwords')
[nltk_data] Downloading package stopwords to
[nltk_data] C:\Users\PaulDeitel\AppData\Roaming\nltk_data...
[nltk_data] Unzipping corpora\stopwords.zip.
Out[2]: True
```

20 https://www.nltk.org/book/ch02.html

이번 예제에서는 영어의 불용어('english')를 로드해 볼 것이다. 처음에 stopwords를 nltk.corpus 모듈을 통해서 임포트한다. stopwords의 words 메서드를 사용해서 'english' 불용어를 로드한다.

```
In [3]: from nltk.corpus import stopwords

In [4]: stops = stopwords.words('english')
```

다음으로 불용어를 제거할 TextBlob을 만든다.

```
In [5]: from textblob import TextBlob

In [6]: blob = TextBlob('Today is a beautiful day.')
```

마지막으로 불용어를 제거하기 위해 리스트 컴프리헨션에서 TextBlob의 단어를 사용해서 **불용어**가 아닌 단어들만 리스트에 추가한다.

```
In [7]: [word for word in blob.words if word not in stops]
Out[7]: ['Today', 'beautiful', 'day']
```

11.2.14 n-그램

n-그램[21]은 단어의 문자 또는 문장의 단어와 같은 *n*개의 텍스트 요소들의 시퀀스다. 자연어 처리에서 n-그램은 근접해서 자주 등장하는 문자나 단어를 확인하는 데 사용할 수 있다. IPython에서 탭으로 입력을 완성하거나 스마트폰 메시징 앱에서 친구에게 메시지를 보낼 때처럼 텍스트를 기반으로 하는 사용자 입력에서 *n*-그램은 다음에 사용자가 입력할 문자 또는 단어를 예측하는 데 사용될 수 있다. 또한 음성을 텍스트로 변환할 때 *n*-그램은 변환의 품질을 높이는 데 사용할 수도 있다. n-그램은 텍스트 본문에서 단어나 문자가 서로 가까이 동시에 등장하는 형태를 말한다.

TextBlob의 **ngrams 메서드**는 기본적으로 길이가 3인 n-그램 WordList 리스트를 만드는데, 길이가 3인 n-그램을 *'트라이그램(trigram)'*이라고 한다. n 키워드 인자를 넘겨서 원하는 길이의 n-그램을 만들 수 있다. 출력된 결과는 첫 번째 트라이그램에 문장의 처음 세 단어('Today', 'is'. 'a')가 포함되어 있음을 보여준다. 그리고 ngrams 메서드는 두 번째 단어로 시작하는 트라이그램('is', 'a', 'beautiful')을 생성하고, TextBlob의 마지막 세 단어가 포함된 트라이그램을 만들 때까지 반복한다.

21 https://en.wikipedia.org/wiki/N-gram

```
In [1]: from textblob import TextBlob

In [2]: text = 'Today is a beautiful day. Tomorrow looks like bad weather.'

In [3]: blob = TextBlob(text)
In [4]: blob.ngrams()
Out[4]:
[WordList(['Today', 'is', 'a']),
 WordList(['is', 'a', 'beautiful']),
 WordList(['a', 'beautiful', 'day']),
 WordList(['beautiful', 'day', 'Tomorrow']),
 WordList(['day', 'Tomorrow', 'looks']),
 WordList(['Tomorrow', 'looks', 'like']),
 WordList(['looks', 'like', 'bad']),
 WordList(['like', 'bad', 'weather'])]
```

다음은 다섯 개의 단어로 된 n–그램을 만든다.

```
In [5]: blob.ngrams(n=5)
Out[5]:
[WordList(['Today', 'is', 'a', 'beautiful', 'day']),
 WordList(['is', 'a', 'beautiful', 'day', 'Tomorrow']),
 WordList(['a', 'beautiful', 'day', 'Tomorrow', 'looks']),
 WordList(['beautiful', 'day', 'Tomorrow', 'looks', 'like']),
 WordList(['day', 'Tomorrow', 'looks', 'like', 'bad']),
 WordList(['Tomorrow', 'looks', 'like', 'bad', 'weather'])]
```

11.3 막대 차트와 워드 클라우드로 단어 출현 빈도 시각화하기

앞에서는 ***'로미오와 줄리엣'***의 단어에 대해서 출현 빈도를 구했는데, 출현 빈도를 시각화하는 것이 말뭉치 분석에 도움이 된다. 데이터를 시각화하는 방법은 다양하지만, 때때로 그 중 하나가 다른 것보다 좋을 수 있다. 예를 들어 다른 것보다 단어의 출현 빈도에만 또는 말뭉치에 있는 단어들의 상대적인 쓰임에만 관심이 있을 수 있다. 이번 절에서는 단어의 출현 빈도를 시각화하는 두 가지 방법을 살펴볼 것이다.

- 막대 차트, ***'로미오와 줄리엣'***에 많이 등장하는 상위 20개의 단어를 단어와 그 단어의 빈도를 나타내는 막대 그래프로 시각화한다.
- **워드 클라우드**, 더 자주 등장하는 단어는 더 큰 폰트를 사용하고 더 작은 빈도의 단어는 더 작은 폰트로 시각화한다.

11.3.1 판다스로 단어 빈도 시각화하기

불용어를 *제외한 '로미오와 줄리엣'*의 상위 20개의 단어를 시각화해 볼 것이다. 그러기 위해 TextBlob, NLTK와 판다스의 기능을 사용할 것이다. 판다스 시각화 기능은 매트플롯리브를 기반으로 한다. 그러기 위해서 이번 세션은 다음 명령으로 IPython을 실행시킨다.

```
ipython --matplotlib
```

데이터 로드하기

먼저 *'로미오와 줄리엣'*을 로드해 보자. 다음 코드를 실행하기 전에 `ch11` 예제 폴더에서 IPython을 실행시킨 후 이전 장에서 다운로드한 `RomeoAndJuliet.txt`의 전자책에 접근할 수 있어야 한다.

```
In [1]: from pathlib import Path

In [2]: from textblob import TextBlob

In [3]: blob = TextBlob(Path('RomeoAndJuliet.txt').read_text())
```

다음으로 NLTK의 stopwords를 로드한다.

```
In [4]: from nltk.corpus import stopwords
In [5]: stop_words = stopwords.words('english')
```

단어 출현 빈도 구하기

상위 20개의 단어를 시각화하기 위해서 각 단어와 단어의 출현 빈도를 구해야 한다. `blob.word_counts` 딕셔너리의 `items` 메서드를 호출해서 단어-출현 빈도 튜플 리스트를 구해보자.

```
In [6]: items = blob.word_counts.items()
```

다음으로 리스트 컴프리헨션을 사용해서 불용어가 포함된 튜플들을 제거한다.

```
In [7]: items = [item for item in items if item[0] not in stop_words]
```

`item[0]` 표현식으로 각 튜플에서 단어를 가져와서 그것이 `stop_words`에 있는지 확인한다.

빈도로 단어 정렬시키기

상위 20개의 단어를 구하기 위해서 빈도의 내림차순으로 **요소**의 튜플들을 정렬해 보자. 내장 함수 `sorted`를 `key` 인자와 같이 사용해서 튜플에 있는 빈도를 기준으로 튜플을 정렬할 수 있다. 정렬할 튜플의 요소를 지정하기 위해서 파이썬의 표준 라이브러리에 있는 **`operator` 모듈**의 **`itemgetter` 함수**를 사용한다.

```
In [8]: from operator import itemgetter
In [9]: sorted_items = sorted(items, key=itemgetter(1), reverse=True)
```

sorted 함수는 items의 요소들을 정렬하면서 itemgetter(1) 표현식으로 각 튜플의 인덱스 1의 요소에 접근한다. reverse=True 키워드 인자는 튜플이 *내림차순*으로 정렬되어야 한다는 것을 표시한다.

상위 20개의 단어 얻어오기

다음으로 슬라이스를 이용해서 sorted_items의 상위 20개의 단어를 구한다. TextBlob이 말뭉치를 토큰화할 때 TextBlob은 모든 축약형을 아포스트로피를 기준으로 분리하고 이것들을 하나의 단어로 보고 수를 센다. *'로미오와 줄리엣'*에는 축약형이 많이 쓰였다. sorted_items[0]을 출력해 보면 가장 많은 빈도가 발생한 단어가 867개임을 알 수 있다.[22] 단어만 출력하고 싶어해서 0번 인덱스를 무시하고 sorted_items의 1에서 20까지 요소의 슬라이스를 사용한다.

```
In [10]: top20 = sorted_items[1:21]
```

top20은 DataFrame으로 변환하기

이번에는 top20 튜플 리스트를 판다스의 DataFrame으로 변환해서 이것을 쉽게 시각화해 보자.

```
In [11]: import pandas as pd
In [12]: df = pd.DataFrame(top20, columns=['word', 'count'])
In [13]: df
          word     count
0        romeo       320
1         thou       278
2       juliet       195
3          thy       170
4      capulet       163
5        nurse       149
6         love       148
7         thee       138
8         lady       117
9        shall       112
10       friar       105
11        come        95
12     project        90
13    mercutio        88
14    lawrence        82
15        good        80
```

22 일부 다른 로케일에서는 이런 일이 발생하지 않는다. 0번째 요소가 'romeo'이다.

```
16    benvolio     79
17      tybalt     79
18       enter     75
19          go     75
```

DataFrame 시각화하기

데이터를 시각화하기 위해서 데이터 프레임의 **plot 프로퍼티**에 있는 **bar 메서드**를 사용할 것이다. 인자를 사용해서 어떤 컬럼의 데이터를 *x*축과 *y*축으로 출력할지를 결정하고, 도표에 범주를 보이지 않도록 지정한다.

```
In [14]: axes = df.plot.bar(x='word', y='count', legend=False)
```

bar 메서드는 매트플롯리브의 막대 차트를 만들어서 표시한다.

처음 표시되는 막대 차트를 살펴보면 몇몇 단어들이 잘려있다. 이 문제를 해결하기 위해서 매트플롯리브의 gcf(get current figure) 함수를 사용해서 판다스에서 표시할 매트플롯리브의 Figure 객체를 가져온 후 Figure 객체의 tight_layout 메서드를 호출한다. 이 메서드는 막대 차트를 조정해서 모든 컴포넌트가 보이게 한다.

```
In [15]: import matplotlib.pyplot as plt

In [16]: plt.gcf().tight_layOut()
```

최종 그래프는 다음과 같다.

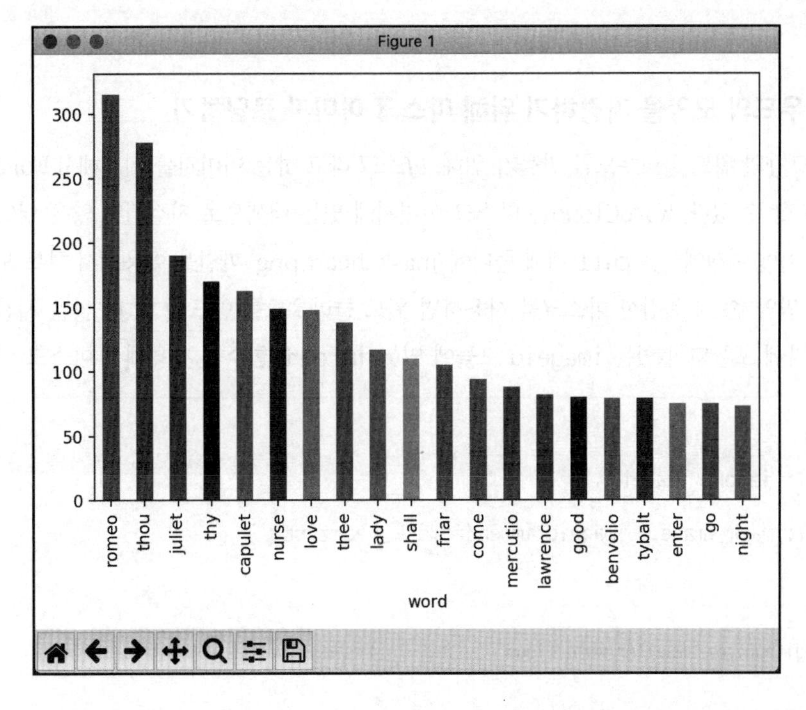

11.3.2 워드 클라우드로 단어의 출현 빈도 시각화하기

다음으로 *'로미오와 줄리엣'*에 있는 최상위 200개의 단어를 시각화한 워드 클라우드를 만들어볼 것이다. 오픈 소스 **wordcloud 모듈**[23]의 **WordCloud 클래스**를 사용해서 단 몇 줄의 코드만으로 워드 클라우드를 만들 수 있다. 기본적으로 사각형의 워드 클라우드를 만들지만, 이 라이브러리를 이용하면 다른 모양의 워드 클라우드를 만들 수도 있다.

wordcloud 모듈 설치하기

wordcloud 모듈을 설치하기 위해 아나콘다 프롬프트(윈도우), 터미널(맥/리눅스) 또는 셸(리눅스)을 열고 다음 명령을 입력한다.

```
conda install -c conda-forge wordcloud
```

윈도우 사용자라면 소프트웨어 설치 권한 있는 관리자로 아나콘다 프롬프트를 실행해야 할 수도 있다. 이렇게 하려면 '시작' 메뉴에 있는 아나콘다 프롬프트에서 마우스 오른쪽 버튼을 클릭하고 **More > Run as administrator(더 보기→ 권한으로 실행)**을 선택한다.

텍스트 로딩하기

먼저 *'로미오와 줄리엣'* 데이터를 로드해 보자. IPython을 ch11 예제 폴더에서 실행하고 앞에서 다운로드했던 RomeoAndJuliet.txt 전자책 파일을 액세스할 수 있게 한다.

```
In [1]: from pathlib import Path

In [2]: text = Path('RomeoAndJuliet.txt').read_text()
```

워드 클라우드의 모양을 지정하기 위해 마스크 이미지 로딩하기

주어진 모양의 워드 클라우드를 만들기 위해 *'마스크'*라고 하는 이미지를 이용해서 WordCloud 객체를 초기화할 수 있다. WordCloud는 마스크 이미지에 있는 백색으로 지정되지 않은 영역을 텍스트로 채운다. 이번 예제에서는 ch11 예제 폴더에 'mask_heart.png' 파일을 이용해서 하트 모양을 사용할 것이다. 만약 좀 더 복잡한 마스크를 사용하면 워드 클라우드를 만드는 데 더 많은 시간이 필요하다. 아나콘다에 포함되어 있는 imageio 모듈에 있는 **imread 함수**를 사용해서 마스크 이미지를 로드해 보자.

```
In [3]: import imageio

In [4]: mask_image = imageio.imread('mask_heart.png')
```

23 https://github.com/amueller/word_cloud

이 함수는 이미지를 넘파이의 **배열** 객체로 반환하는데, 이 타입이 WordCloud에서 필요한 타입이다.

워드 클라우드 객체 설정하기

다음으로 WordCloud 객체를 생성하고 설정해 보자.

```
In [5]: from wordcloud import WordCloud
In [6]: wordcloud = WordCloud(colormap='prism', mask=mask_image,
   ...:     background_color='white')
   ...:
```

width와 height 키워드 인자를 사용해서 지정하거나 마스크 이미지를 사용하지 않으면 워드 클라우드(WordCloud)의 기본 너비와 높이는 픽셀로 400×200이다. 마스크 이미지가 주어지면 워드 클라우드크기는 마스크 이미지의 크기와 같다. 워드클라우드는 내부적으로 매트플롯리브를 사용하고 색상 맵에서 무작위로 색상을 지정한다. colormap 키워드 인자를 사용해서 매트플롯리브에 있는 색상 맵을 지정할 수 있는데, 사용할 수 있는 색상 맵과 색상은 다음 링크에서 확인할 수 있다.

https://matplotlib.org/examples/color/colormaps_reference.html

mask 키워드 인자는 앞에서 로드했던 mask_image를 지정한다. 기본적으로 단어들은 검은색 배경으로 사용되지만, 이것을 background_color 키워드 인자로 사용해서 'white(**흰색**)' 배경으로 지정할 수 있다. WordCloud에서 사용할 수 있는 모든 키워드 인자를 다음 링크에서 확인할 수 있다.

http://amueller.github.io/word_cloud/generated/wordcloud.WordCloud.html

워드 클라우드 생성하기

WordCloud의 **generate 메서드**는 워드 클라우드에서 사용할 텍스트를 인자로 받아서 워드 클라우드를 WordCloud 객체로 반환한다.

```
In [7]: wordcloud = wordcloud.generate(text)
```

generate 메서드는 워드 클라우드를 생성하기 전에 먼저 워드 클라우드 모듈에 내장된 불용어 리스트를 사용해서 불용어를 제거한 후 남아있는 단어의 출현 빈도를 계산한다. 이 메서드는 기본적으로 워드 클라우드에 최대 200개의 단어를 사용하지만, max_words 키워드를 인자로 사용해서 수정할 수 있다.

워드 클라우드를 이미지로 저장하기

마지막으로 워드 클라우드의 **to_file 메서드**를 사용해서 워드 클라우드 이미지를 특정 파일로 저장할 수 있다.

```
In [8]: wordcloud = wordcloud.to_file('RomeoAndJulietHeart.png')
```

ch11 예제 폴더로 이동한 후 시스템에 있는 RomeoAndJulietHeart.png 파일을 더블클릭해서 워드 클라우드를 볼 수 있다. 이렇게 만든 버전은 단어들의 위치나 색상이 다를 수 있다.

딕셔너리로부터 워드 클라우드 만들기

단어의 출현 빈도를 딕셔너리의 키-값 쌍으로 가지고 있다면 WordCloud의 **fit_words 메서드**에 이것을 넘겨줄 수 있다. 이 메서드는 불용어가 이미 제거되었다고 가정한다.

이미지를 매트플롯리브로 표시하기

화면에 이미지를 표시하고 싶을 때 IPython의 매직을 사용할 수 있다.

```
%matplotlib
```

이 매직은 IPython의 대화형 세션에서 매트플롯리브를 사용할 수 있게 한다. 이제 다음 구문을 실행한다.

```
import matplotlib.pyplot as plt
plt.imshow(wordcloud)
```

11.4 텍스태티스틱으로 가독성 평가하기

자연어를 처리하는 재미있는 분야 중에 텍스트의 가독성 평가가 있다. 가독성은 사용된 어휘, 문장 구조, 문장 길이, 주제 등의 영향을 받는다. 필자도 이 책을 쓰면서 유료인 그래머리(Grammarly) 툴을 사용해서 글을 교정하고 더 많은 독자들이 볼 수 있도록 가독성을 확인하는 데 도움을 받았다.

이번 절에서는 **텍스태티스틱 라이브러리**[24]를 사용해서 가독성을 평가하는 데 사용해 볼 것이다.[25] 자연어 처리에서 가독성을 계산하는 다양한 공식이 있다. Textatistic은 Flesch Reading Ease, Flesch–Kincaid, Gunning Fog, Simple Measure of Gobbledygook(SMOG), Dale–Chall 등 다섯 개의 가독성 평가 방식을 많이 사용한다.

텍스태티스틱 설치하기

텍스태티스틱을 설치하기 위해서 아나콘다 프롬프트(윈도우)나 터미널(맥/리눅스) 또는 셸(리눅스)을 열고 나서 다음 명령을 실행한다.

```
pip install textatistic
```

윈도우 사용자라면 소프트웨어 설치 권한 있는 관리자로 아나콘다 프롬프트를 실행해야 할 수도 있다. 그러기 위해서 '시작' 메뉴에 있는 아나콘다 프롬프트에서 마우스 오른쪽 버튼을 클릭하고 **More > Run as administrator(더 보기 → 관리자 권한으로 실행)**을 선택한다.

통계와 가독성 점수 계산하기

먼저 *'로미오와 줄리엣'*을 text 변수에 로드한다.

```
In [1]: from pathlib import Path

In [2]: text = Path('RomeoAndJuliet.txt').read_text()
```

통계를 내고 가독성을 계산하려면 계산하려는 텍스트를 가지고 **Textatistic** 객체를 초기화해야 한다.

```
In [3]: from textatistic import Textatistic

In [4]: readability = Textatistic(text)
```

텍스태티스틱의 **dict** 메서드는 다양한 통계치와 가독성 점수를 가지고 있는 딕셔너리를 반환한다.[26]

```
In [5]: %precision 3
Out[5]: '%.3f'
```

24 https://github.com/erinhengel/Textatistic

25 다른 파이썬 가독성 평가 라이브러리에는 리더빌리티-스코어(readability-score), 텍스트스탯(textstat), 리더빌러티(readability), 파이링귀스틱스(pylinguistics) 등이 있다.

26 구텐베르그 프로젝트의 e-북에는 e-북의 내용과 더불어 라이선스 정보 같은 추가적인 텍스트가 포함되어 있다. 이번 예제에서는 텍스트 에디터를 사용해서 e-북의 복사본에서 이 텍스트를 제거했다.

```
In [6]: readability.dict()
Out[6]:
{'char_count': 131781,
 'word_count': 29318,
 'sent_count': 3403,
 'sybl_count': 34817,
 'notdalechall_count': 6922,
 'polysyblword_count': 884,
 'flesch_score': 97.623,
 'fleschkincaid_score': 1.783,
 'gunningfog_score': 4.652,
 'smog_score': 6.041,
 'dalechall_score': 7.792}
```

앞의 출력물에 나타난 키와 동일한 Textatistic의 프로퍼티를 통해서 딕셔너리에 있는 각 값에 접근할 수 있다.

앞의 통계에는 다음과 같은 값이 있다.

- char_count – 텍스트에 있는 문자들의 수
- word_count – 텍스트에 있는 단어들의 수
- sent_count – 텍스트에 있는 문장의 수
- sybl_count – 텍스트에 있는 음절의 수
- notdalechall_count – 초등학교 5학년 학생의 80%가 이해하는 단어인 DAle-Chall 리스트에 없는 단어의 수.[27] 이 숫자가 총 단어 수에 비해 높을수록 텍스트를 읽기 어려운 것으로 간주한다.
- polysyblword_count – 음절이 세 개 이상인 단어의 수
- flesch_score-Flesch Reading Ease 점수로 학년 수준에 대응시킬 수 있다. 점수가 90이 넘으면 초등학교 5학년(Grade 5)이 읽을 수 있다고 본다. 점수가 30점보다 낮으면 대학생 수준은 되어야 하고, 이 사이의 점수 범위는 다른 학년 수준에 대응한다.
- fleschkincaid_score – Flesh-Kincaid 점수로 특정 학년 수준에 대응하는 점수이다.
- gunningfog_score – Gunning Fog 인덱스로 특정 학년 수준에 대응한다.
- smog_score – Simple Measure of Gobbledygook(SMOG) 점수로 텍스트를 이해하는데 필요한 교육 기간에 대응한다. 이 방법은 의료 관련 자료에 특히 잘 적용된다.[28]
- dalechall_score – Dale-Chall 점수로 4학년 이하부터 대졸(16학년, Grade 6) 이상

27 http://www.readabilityformulas.com/articles/dale-chall-readability-word-list.php
28 https://en.wikipedia.org/wiki/SMOG

까지의 학년 수준에 대응될 수 있다. 이 점수는 광범위한 텍스트 유형에 가장 신뢰할 수 있는 점수이다.[29, 30]

여기서 계산되는 점수와 이외에 다른 것에 대해 상세한 내용을 알고 싶으면 다음 링크를 확인해 보자.

https://en.wikipedia.org/wiki/Readability

Textatistic 문서에서도 사용하고 있는 산출 공식을 볼 수 있다.

http://www.erinhengel.com/software/textatistic/

11.5 spaCy로 네임드 엔티티 인식(NER)

NLP는 텍스트가 어떤 것에 대한 것인지를 구별할 수 있다. 이것의 주요 쓰임은 **네임드 엔티티** 인식(named entity recognition)으로, 날짜, 시간, 수량, 장소, 사람, 사물, 조직 등과 같은 항목을 찾아 분류하려는 것이다. 이번 절에서는 텍스트 분석을 위해서 **NLP 라이브러리인 spaCy**[31, 32]에 있는 객체명 인지 기능을 사용할 것이다.

spaCy 설치하기

spaCy를 설치하기 위해서 아나콘다 프롬프트(윈도우), 터미널(맥/리눅스) 또는 셸(리눅스)을 열고 다음 명령을 실행한다.

```
conda install -c conda-forge spacy
```

윈도우 사용자라면 소프트웨어 설치 권한이 있는 관리자로 아나콘다 프롬프트를 실행해야 할 수도 있다. 이렇게 하려면 '시작' 메뉴에 있는 아나콘다 프롬프트에서 마우스 오른쪽 버튼을 클릭하고 **More > Run as administrator(더 보기→관리자 권한으로 실행)**을 선택한다.

설치를 완료하면 다음 명령을 실행해서 spaCy가 영어(en) 텍스트를 처리하는 데 필요한 추가적인 컴포넌트를 다운로드한다.

```
python -m spacy download en
```

언어 모델 로딩하기

spaCy를 사용하는 첫 번째 단계에서는 분석하려는 자연어의 언어 모델을 로드하는데, 그러기 위해

29 https://en.wikipedia.org/wiki/Readability#The_Dale%E2%80%93Chall_formula

30 http://www.readabilityformulas.com/articles/how-do-i-decide-which-readabilityformula-to-use.php

31 https://spacy.io/

32 Textacy를 체크아웃할 수도 있다. (https://github.com/chartbeat-labs/textacy) – 이 라이브러리는 spaCy를 기반으로 만들어졌고 추가적인 NLP 작업을 지원한다.

서 spacy 모듈의 **load 함수**를 호출한다. 위에서 다운로드했던 영어 모델을 로드해 보자.

```
In [1]: import spacy

In [2]: nlp = spacy.load('en')
```

spaCy 문서에서는 nlp라는 변수명을 사용하도록 권장하고 있다.

spaCy Doc 생성하기

다음으로 nlp 객체를 사용해서 처리할 문서를 나타내는 spaCy의 **Doc** 객체[33]를 생성한다. 여기서는 월드 와이드 웹을 소개하는 문장을 사용했다.

```
In [3]: document = nlp('In 1994, Tim Berners-Lee founded the ' +
   ...:     'World Wide Web Consortium (W3C), devoted to ' +
   ...:     'developing web technologies')
   ...:
```

네임드 엔티티 얻기

Doc 객체의 **ents 프로퍼티**는 Doc 객체에서 찾는 네임드 엔티티를 의미하는 **Span** 객체 튜플을 반환한다. 각 Span 객체에는 많은 속성이 있다.[34] Span 목록을 순회하면서 text와 label_ 프로퍼티를 출력해 보자.

```
In [4]: for entity in document.ents:
   ...:     print(f'{entity.text}: {entity.label_}')
   ...:
1994: DATE
Tim Berners-Lee: PERSON
the World Wide Web Consortium: ORG
```

Span 객체의 **text 프로퍼티**는 엔티티를 문자열로 반환하고, **label_ 프로퍼티**는 엔티티의 종류를 의미하는 문자열을 반환한다. 예제에서 spaCy는 DATE(1994), PERSON(Time Berners-Lee, **팀 버너스-리**)과 ORG(조직명, the World Wide Web Consortium) 등 세 개의 엔티티를 찾았다.

spaCy의 더 자세한 정보와 퀵가이드를 보려면 다음 링크를 보자.

https://spacy.io/usage/models#section-quickstart

33 https://spacy.io/api/doc

34 https://spacy.io/api/span

11.6 spaCy로 유사도 측정하기

유사도 측정(similarity detection)은 문서가 얼마나 비슷한지 확인하기 위한 문서를 분석하는 프로세스이다. 쉽게 사용할 수 있는 유사도 측정 기술 중 하나는 단어의 빈도를 세는 것이다. 예를 들어 윌리엄 셰익스피어(William Shakespeare)의 작품이 실제로는 프랜시스 베이컨 경(Sir Francis Bacon)이나 크리스토퍼 말로(Christopher Marlowe) 또는 다른 사람이 썼다고 믿는 사람들이 있다.[35] 그들의 작품을 셰익스피어의 작품과 단어의 빈도를 비교해 보면 쓰는 문체가 어느 정도 비슷한지 확인할 수 있다.

뒷장에서 논의할 될 다양한 머신러닝 기술을 이용해도 문서의 유사성을 조사할 수 있다. 하지만 파이썬에서는 흔히 그런 것처럼 spaCy 및 Gensim과 같이 쉽게 사용할 수 있는 라이브러리가 준비되어 있다. 여기에서는 spaCy의 유사성 탐지 기능을 사용하여 셰익스피어의 *'로미오와 줄리엣'*의 Doc 객체를 크리스토퍼 말로의 *'에드워드 2세(Edward the Second)'*와 비교해 볼 것이다. 앞에서 *'로미오와 줄리엣'*을 다운로드한 것처럼 '에드워드 2세'도 프로젝트 구텐베르크에서 다운로드할 수 있다.[36]

언어 모델 로딩하고 spaCy의 Doc 객체 생성하기

앞 절에서와 같이 먼저 영어 모델을 로드한다.

```
In [1]: import spacy

In [2]: nlp = spacy.load('en')
```

spaCy의 Doc 생성하기

다음으로 두 개의 Doc 객체를 생성한다. 하나는 *로미오와 줄리엣*이고 다른 하나는 *에드워드 2세*이다.

```
In [3]: from pathlib import Path

In [4]: document1 = nlp(Path('RomeoAndJuliet.txt').read_text())

In [5]: document2 = nlp(Path('EdwardTheSecond.txt').read_text())
```

유사도 비교하기

마지막으로 Doc 클래스의 **similarity 메서드**를 사용해서 문서가 얼마나 비슷한지 의미하는 0.0(다름)에서 1.0(동일함)까지의 값을 구한다.

---

35 https://en.wikipedia.org/wiki/Shakespeare_authorship_question

36 구텐베르그 프로젝트의 e-북에는 e-북의 내용 이외에 텍스트 에디터 라이선스 정보 같은 추가 텍스트가 포함되어 있다. 이번 예제에서는 텍스트 에디터를 사용해서 e-북의 복사본에서 이 텍스트를 제거했다.

```
In [6]: document1.similarity(document2)
Out[6]: 0.9349950179100041
```

spaCy는 이들 두 문서가 아주 비슷하다고 본다. 이것들을 비교하기 위해서 오늘날의 뉴스를 Doc 객체로 만들고 그것을 *'로미오와 줄리엣'*과 비교했다. 예상했던 것처럼 spaCy는 이들 둘 사이의 유사성이 희박하다는 의미의 낮은 값을 반환했다. 직접 뉴스를 텍스트 파일로 복사해서 유사도를 측정해 보도록 하자.

11.7 기타 NLP 라이브러리와 툴

앞에서 다양한 NLP 라이브러리를 알아보았다. 하지만 이외에 사용할 수 있는 다양한 옵션을 조사해 보는 것이 좋다. 이런 작업을 통해 가장 좋은 툴의 장점을 이용할 수 있다. 다음 목록은 대부분 무료이고 오픈 소스인 NLP 라이브러리와 API이다.

- Gensim – 유사도 측정 및 토픽 모델링
- 구글의 Cloud Natural Language API – 명명 개체 인식, 감성 분석, 품사 분석 및 시각화, 내용 분류 등 NLP 작업을 위한 클라우드 기반 API
- 마이크로소프트의 Linguistic Analysis API.
- 빙(Bing)의 sentiment analysis – 마이크로소프트 빙 검색엔진은 검색 결과에 감성 정보를 이용한다. 이 글을 쓰는 이 시점에서 검색 결과의 감성 분석은 미국에서만 사용 가능하다.
- PyTorch NLP – NLP용 딥러닝 라이브러리
- 스탠포드 CoreNLP – 파이썬 래퍼도 제공하는 자바 NLP 라이브러리. 참조를 찾아주는 상호 참조 찾기(coreference resolution) 기능을 포함하고 있다.
- 아파치 OpenNLP – 일반적인 작업을 위한 자바 기반 NLP 라이브러리로 상호 참조 찾기 기능을 가지고 있다. 파이썬 래퍼도 있다.
- PyNLPl(pineapple) – 파이썬 NLP 라이브러리로 기본 NLP 기능 및 고급 기능을 갖추고 있다.
- SnowNLP – 중국어 텍스트를 쉽게 처리할 수 있는 파이썬 라이브러리
- KoNLPy – 한국어 처리를 위한 NLP 라이브러리
- `stop-words` – 수많은 언어의 불용어를 가지고 있는 파이썬 라이브러리. 이번 장에서 NLTK의 불용어를 사용했다.
- `TextRazor` – 무료로 사용해 볼 수 있는 유료 클라우드 기반 NLP API

11.8 머신러닝과 딥러닝 자연어 애플리케이션

머신러닝과 딥러닝 기술이 필요한 자연어 애플리케이션들이 많다. 14장 '머신러닝: 분류, 회귀, 군집화'와 15장 '딥러닝'에서 다음 중 몇 가지는 논의해 볼 것이다.

- 자연어로 묻고 답하기 – 예를 들어 우리 출판사인 피어슨에듀케이션은 IBM 왓슨과 제휴하고 있어서 왓슨을 가상 튜터로 사용할 수 있다. 학생들은 일상의 언어로 질문을 하고 답을 얻을 수 있다.
- 문서 요약하기 – 문서를 분석하고 요약문을 만든다. 예를 들어 이것은 검색 결과에 포함될 수 있고 요약문으로 내용을 읽을지 여부를 결정하는 데 도움을 줄 수 있다.
- 음성을 텍스트로 변환(speech-to-text), 텍스트를 음성으로 변환(text-to-speech) – 거의 실시간 음성 번역기를 만들기 위해서 13장 'IBM 왓슨과 인지 컴퓨팅'에서 언어 간 텍스트 변환 기능과 함께 이 기능을 사용한다.
- 협업 필터링 – 추천 시스템을 구현할 때 사용한다(이 영화를 좋아한다면 이것도 좋아할 것이다.).
- 텍스트 분류 – 예를 들어 세계 뉴스, 나라 뉴스, 지역 뉴스, 스포츠, 경제, 연예 등 카테고리로 뉴스를 분류한다.
- 토픽 모델링 – 문서에서 논의하고 있는 토픽을 찾는다.
- 모욕글 탐지 – 감성 분석을 사용한다.
- 텍스트 단순화 – 텍스트를 더 간결하고 더 읽기 쉽게 만들어준다.
- 음성을 수화로, 수화를 음성으로 변화 – 청각 장애를 가진 사람과 대화에 사용할 수 있다.
- 구화(口話) 기술 – 말을 하지 못하는 사람들을 위해서 입술의 움직임을 텍스트나 음성으로 변환해서 대화가 가능하도록 한다.
- 캡션 생성 – 동영상에 텍스트 캡션 추가하기

11.9 자연어 데이터세트

자연어 처리를 통해서 작업할 수 있는 방대한 양의 데이터 소스가 있다.

- 위키피디아 – 일부 또는 모든 위키피디아 데이터(https://meta.wikimedia.org/wiki/Datasets).
- IMDB(인터넷 영화 데이터베이스) – 다양한 영화와 TV 데이터세트
- UCI 텍스트 데이터세트 – 스팸 데이터세트를 포함한 많은 데이터세트
- 프로젝트 구텐베르크 – 미국에서 저작권이 만료된 5만 개 이상의 무료 전자책 제공
- 제파디 데이터세트 – 제파디 TV쇼의 20만 개 이상의 질문. 2011년에 IBM 왓슨이 세계 최고

의 두 명의 제파디 플레이어를 이겨서 AI 분야의 큰 이정표를 마련했다.

- 자연어 처리 데이터세트 – https://machinelearningmastery.com/datasets-natural-language-processing/
- NLTK 데이터 – https://www.nltk.org/data.html
- 감성 라벨이 붙어있는 문자 데이터세트(IBDB.com, amazon.com, yelp.com을 포함한 소스에서 가져옴)
- AWS에 있는 공개 데이터 레지스트리 – 아마존 웹 서비스에서 호스팅되는 검색 가능한 데이터세트(https://registry.opendata.aws)
- 아마존 고객 리뷰 데이터세트 – 1억 3,000만 개의 제품 리뷰(https://registry.opendata.aws/amazon-reviews/)
- Pitt.edu 말뭉치(http://mpqa.cs.pitt.edu/corpora/)

11.10 요약

이번 장에서는 여러 개의 NLP 라이브러리를 사용하여 광범위한 자연어 처리(NLP) 작업을 실행해 보았다. NLP가 말뭉치로 알려진 텍스트 컬렉션에 대해서 작업하는 것도 보았고, 자연어를 이해하기 어렵게 만드는 뉘앙스에 대해서도 논의했다.

NLTK 및 패턴 라이브러리를 기반으로 만들어졌지만, 더 쉽게 사용할 수 있는 텍스트블랍 NLP 라이브러리를 중점적으로 다루었다. 텍스트블랍을 만들고, 텍스트를 문장과 단어로 토큰화했으며, 텍스트블랍에서 각 단어의 품사를 알아내고 명사구를 추출했다.

텍스트블랍 라이브러리의 기본 감정 분석기와 나이브베이즈애널라이저(NaiveBayesAnalyzer)를 사용하여 텍스트블랍과 문장의 긍정적 또는 부정적 감정을 평가하는 방법을 실습했다. 텍스트블랍 라이브러리와 구글 번역을 통합해서 텍스트의 언어 탐지 및 언어 간 번역을 수행했다.

단어의 단수화 및 복수화, 철자 검사 및 교정, 어근 추출 및 표제어 추출을 통한 정규화, 단어 빈도 계산 등 다양한 NLP 작업을 보여주었다. 워드넷(WordNet)에서 단어 정의, 동의어 및 반의어에 대한 데이터를 얻었다. 또한 NLTK의 불용어 단어 목록을 사용하여 텍스트에서 불용어를 제거하고 연속 단어 그룹을 포함하는 n-그램을 만들었다.

판다스의 내장된 플롯 기능을 사용하여 단어 빈도를 정량적으로 계산해서 막대 차트로 시각화하는 방법을 보여주었고, 워드 클라우드(wordcloud) 라이브러리를 사용하여 단어 빈도를 워드 클라우드로 시각화했다. 텍스태티스틱(Textatistic) 라이브러리를 사용하여 가독성 평가를 수행했다. 마지막으로 스파사이(spaCy)를 사용하여 명명 엔티티를 찾고 문서 간의 유사성 검사를 수행했다. 다음 장에서 트위터 API를 사용하여 '트위터 데이터 마이닝'을 소개하면서 자연어 처리에 대해서 더 알아볼 것이다.

Chapter

12

트위터 데이터 마이닝

학습 목표

이번 장에서는 다음과 같은 것을 다룬다.

- 트위터가 비즈니스, 브랜드, 평판, 감정 분석과 예측 등에 미친 영향을 이해한다.
- 트위피(Tweepy)를 이용해 본다. 트위피는 트윗을 데이터 마이닝하는 데 가장 널리 쓰이는 파이썬 트위터 API 클라이언트이다.
- 사용자가 정한 기준을 만족시킬 정도의 과거 트윗을 다운로드하기 위해서 트윗 검색 API를 사용해 본다.
- 트위터 스트리밍 API를 사용해서 트윗이 발생하면 바로 해당 트윗을 스트리밍으로 가져온다.
- 트위터에서 주는 트윗 객체에는 본문 외에 다양하고 의미 있는 정보가 있음을 확인해 본다.
- 분석에 쓸 수 있는 데이터를 만들기 위해 지난 장에서 설명한 자연어 처리 기술로 트윗 데이터를 정리하고 전처리해 본다.
- 트윗에 대해서 감정 분석을 해 본다.
- 트위터의 트렌드 API를 통해서 트렌드를 확인해 본다.
- 폴리엄(folium)과 오픈스트리트맵(OpenStreetMap)을 이용해서 트윗을 지도에 연동한다.
- 이 책 전반에 걸쳐 논의했던 기술을 사용해서 트윗을 저장하는 다양한 방법을 이해한다.

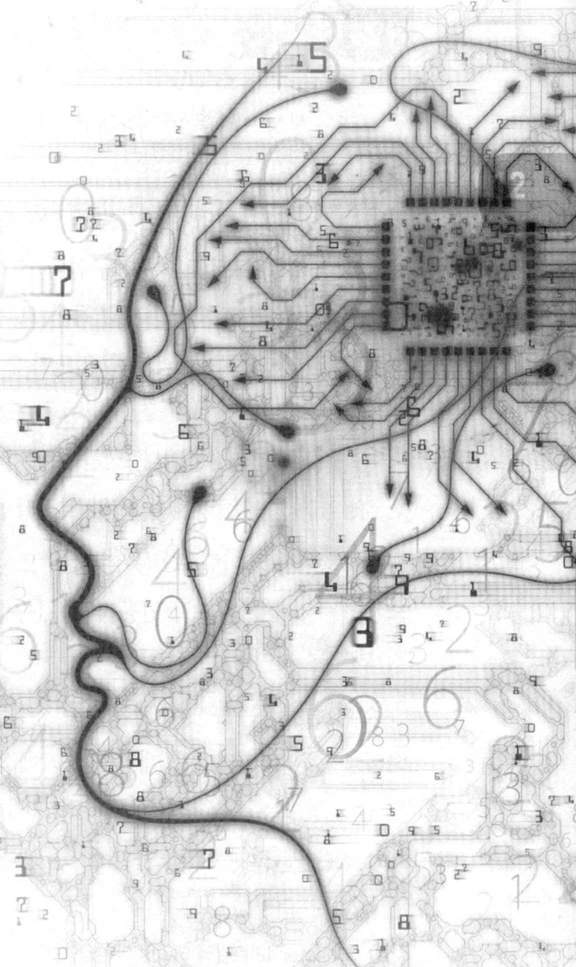

Outline

12.1 개요

우리는 항상 미래를 예측하려고 노력한다. 곧 있을 소풍에 비가 올지, 주식시장이나 개인증권은 언제, 얼마나 많이 상승 또는 하락할지, 다음 선거에서 사람들이 얼마나 선거에 참여할지, 새로운 석유 탐사 사업이 기존 석유 산업에 타격을 줄 가능성이 얼마나 되는지, 또 영향을 준다고 하면 그 사업이 얼마나 많은 석유를 생산할 것인지, 야구팀이 타격 철학을 '강하게 치기'로 바꾸면 더 많은 게임에서 이길 수 있을지, 항공사는 향후 몇 개월 동안 고객의 트래픽을 얼마로 예상할지, 그래서 회사는 필요한 만큼을 최소한의 비용으로 공급받을 수 있도록 연료를 어떻게 구매해야 할지, 허리케인은 어떤 경로로 진행하고 얼마나 강해질 것인지(1, 2, 3, 4등급 또는 5등급) 등을 알고 싶어 한다. 이런 정보는 만일의 사태를 대비할 때 중요한 것들이다. 금융 거래가 사기일 가능성이 있는지, 주택담보대출이 실현될 수 있는지, 전염병이 빠르게 전파될지, 만약 퍼진다면 어느 지역까지 퍼질 것인지 등을 예측하려고 한다.

'예측'은 항상 어렵고 비용이 많이 드는 작업이지만, 잠재적인 보상이 크다. 이번 장과 다음 장에서 소개하는 기술을 가지고 인공지능이 (종종 빅데이터와 관련해서) 얼마나 빠르게 예측 능력을 키워가는지 보게 될 것이다.

이번 장에서는 트윗에 담겨있는 감정을 분석하는 방법으로 트위터를 데이터 마이닝해본다. **데이터 마이닝**은 큰 데이터에서 개인과 조직에 의미 있는 통찰을 얻는 탐색 과정이다. 트윗에서 찾은 사람들의 감정 정보는 선거 결과를 예측하고 새 영화로 벌어들일 수 있는 수익, 그리고 회사에서 하는 마케팅의 성공을 예측하는 데 도움이 될 수 있다. 또한 이것은 회사들이 경쟁업체의 제품 판매에서 약점을 발견하는 데 도움을 줄 수 있다.

웹 서비스를 통해서 트위터에 접속해 볼 것이고 트위터의 검색 API를 사용해서 막대한 과거 트윗을 활용할 것이다. 트위터의 스트리밍 API를 이용해서 실시간으로 발생하는 새로운 트윗의 홍수에서 샘플링해 볼 것이고, 트위터의 트랜드 API를 가지고 어떤 주제가 유행하고 있는지도 확인할 것이다. 트위터 애플리케이션을 만드는 데 11장 '자연어 처리(NLP)'에서 소개했던 많은 기술들이 유용하게 쓰일 수 있다는 것을 알게 될 것이다.

이 책을 전반에서 살펴보았던 것처럼 강력한 라이브러리가 있어서 단 몇 줄의 코드만으로도 중요한 것들을 많이 처리할 수 있다. 이것이 바로 파이썬과 오픈 소스 공통체가 주목받는 이유이다.

트위터는 주요 뉴스 기관을 제치고 더욱 가치가 있는 뉴스를 공급하는 공급처가 되었다. 대다수의 트위터 게시물은 공개되어 있으면 전 세계적인 사건들을 다루는데, 이것은 실시간으로 발생한다. 사람들은 어떤 주제에 대해서 솔직하게 이야기를 한다. 그리고 그들의 사적이고 공적인 삶에 대해서 트윗을 한다. 트위터 사용자들은 사회, 연예, 정치 장면과 그 밖의 다른 생각나는 것에 대해 이야기하고, 모바일 폰으로 각자에게 일어나는 사건을 사진과 동영상으로 찍어서 올린다. 트위터를 주고받고 분석하는 것과 관련된 수억 명의 사용자를 의미하는 **'트위터 우주(Twitterverse)'**와 **'트위터 세상(Twittersphere)'**라는 용어를 자주 듣게 될 것이다.

트위터란 무엇인가?

트위터는 마이크로블로깅 회사로 2006년 만들어졌다. 오늘날에는 인터넷에서 가장 유명한 사이트 중 하나가 되었다. 트위터의 개념은 아주 간단하다. 사람들은 '트윗(tweet)'이라고 부르는 짧은 문자를 작성한다. 초기에 140자로 제한되지만, 최근에는 모든 언어에 대해 280자로 늘어났다. 일반적으로 누구든지 다른 누군가를 팔로우할 수 있다. 이런 점은 상호간의 팔로우를 해야 하는 페이스북과 링크드인, 그리고 수많은 다른 사이트들의 소셜 미디어 플랫폼에서 보이는 폐쇄적이고 친밀한 커뮤니티와 다른 점이다.

트위터에 대한 통계

트위터는 수억 명의 사용자를 보유하고 있고, 수억 개의 트윗이 매일 전송되고 있으며, 초당 수천 개의 트윗이 보내진다.[1] 온라인에서 '인터넷 통계'와 '트위터 통계'를 검색해 보면 이 숫자들의 의미를 파악하는 데 도움이 될 것이다. 어떤 트위터 가입자는 1억 명의 팔로워를 거느리고 있다. 트위터를 전문적으로 하는 사람들은 일반적으로 추종자들의 참여를 유지하기 위해 하루에 여러 게시물을 게시한다. 가장 많은 팔로워를 가지고 있는 트위터 사용자는 일반적으로 연예인이나 정치인이다. 개발자들은 트윗이 발생하면 실시간 스트리밍으로 가져올 수 있다. 트윗이 너무 빨리 오기 때문에 이것을 '소방 호스로 물 마시기'에 비유되곤 한다.

1 http://www.internetlivestats.com/twitter-statistics/

트위터와 빅데이터

트위터는 연구자들과 전 세계의 사업가들에게 매력적인 빅데이터 원천이 되었다. 트위터는 일반 사용자들이 최근 트윗의 일부를 자유롭게 접근해서 가져갈 수 있도록 허용하고 있다. 일부 제3자 기업(및 트위터 자체)은 트위터와 특별 계약을 통해 모든 시간의 트윗 데이터베이스에 유료로 접근할 수 있다.

주의할 것

인터넷에 읽은 모든 것을 항상 믿을 만한 것이라고 생각하면 안 된다. 이것은 트윗도 예외가 아니다. 예를 들어 일부 사람들은 거짓 정보를 이용해서 금융 시장을 조종하고 정치적 선거에 영향을 주려고 한다. 헤지펀드는 종종 팔로우하는 트윗 스트림을 기반으로 유가 증권을 거래하지만, 신중하게 한다. 이것은 소셜 미디어 콘텐츠를 기반으로 하는 ***비즈니스 크리티컬 시스템*** 또는 ***미션 크리티컬 시스템***을 구축하는 데 해결해야 하는 문제 중 하나이다.

앞으로 웹 서비스를 광범위하게 사용할 것이고, 인터넷 접속이 끊길 수 있다. 서비스는 바뀔 수 있고, 일부 서비스는 모든 나라에서 사용할 수 없다. 이것은 클라우드를 기반으로 하는 프로그래밍의 실제 세상이다. 웹 서비스를 이용할 때는 데스크톱 앱처럼 동일한 신뢰성을 가진 것으로 프로그래밍할 수 없다.

12.2 트위터 API 개관

트위터 API는 클라우드 기반 웹 서비스이므로 이번 장에 있는 코드를 실행하려면 인터넷에 연결해야 한다. **웹 서비스**는 클라우드에서 호출하는 방법이며, 이 장에서는 트위터 API가, 다음 장에서는 IBM 왓슨 API 및 컴퓨팅이 클라우드 기반화되면서 앞으로 사용하게 될 다른 API를 말한다. 각 API는 웹서비스 **엔드포인트**를 가지고 있다. 이것은 URL로 표현되는데, 인터넷으로 메서드를 호출할 때 사용된다.

트위터의 API는 기능적으로 다양한 것이 포함되어 있다. 어떤 것은 무료로 이용할 수 있고, 어떤 것은 돈을 지불해야 한다. 대부분은 15분 간격으로 사용할 수 있는 횟수가 제한되어 있다. 이번 장에서는 **Tweepy 라이브러리**를 사용해서 다음 트위터 API의 메서드를 호출할 것이다.

- **인증 API** – 트위터 자격 검증 데이터를 트위터에 넘기고 나서 다른 API들을 호출할 수 있다.
- **계정과 사용자 API** – 계정에 대한 접속 정보
- **트윗 API** – 과거 트윗을 검색하고 지금 게시되는 것을 스트리밍으로 가져올 수 있다.
- **트렌드 API** – 트렌딩 토픽의 위치를 파악하고 지역을 기준으로 트렌딩 토픽 리스트를 얻어온다.

트위터 API 카테고리와 하위 카테고리, 그리고 각각의 메서드에 대한 자세한 정보를 다음 링크에서 볼 수 있다.

https://developer.twitter.com/en/docs/api-reference-index.html

속도 제한: 주의

트위터는 개발자들이 자신들의 서비스를 책임감 있게 사용하기를 원한다. 각 트위터 API 메서드들은 **속도 제한**이 걸려 있다. 즉 15분간 요청할 수 있는 최대 요청 수를 정해 두었다. 트위터가 걸어둔 이 메서드에 대한 속도 제한을 넘기면 그 이후의 API 메서드를 계속 호출해도 해당 API를 사용하지 못한다.

API 메서드를 사용하기 전에 문서를 읽어보고 속도 제한에 대한 내용을 파악해야 한다.[2] 속도 제한에 걸렸을 때 기다리도록 트위피에 설정할 것이다. 이렇게 하면 속도 제한을 초과하는 것을 방지할 수 있다. 일부 메서드는 사용자 속도와 앱 속도를 각각 제한한다. 이번 장에서 보게 될 모든 예제는 ***앱 속도 제한***이 걸려있다. 사용자 속도 제한은 사용자를 대신하여 트위터와 상호작용하는 타사 앱과 같이 개별 사용자가 트위터에 로그인할 수 있는 앱에 적용된다.

속도 제한에 대한 상세한 정보는 다음 링크에서 확인해 본다.

https://developer.twitter.com/en/docs/basics/rate-limiting

개별 API 메서드에 대한 속도 제한 내용은 다음 링크를 보자.

https://developer.twitter.com/en/docs/basics/rate-limits

그리고 각 API 메서드에 대해 문서를 확인한다.

기타 제약 사항

트위터는 데이터마이닝을 위한 금광이다. 트위터에서는 사람들이 무료로 서비스를 사용할 수 있도록 허용하고 있다. 여러분들은 아마도 미래에 자신이 만들 수 있는 가치 있는 애플리케이션에 놀랄 것이다. 그리고 트위터에 대한 데이터마이닝이 개인적으로나 커리어적으로 크게 성장하는 데 도움이 될 수 있다는 것에도 놀랄 것이다. **하지만 트위터의 규칙과 규정을 따르지 않으면 개발자 계정이 중지될 수 있다. 다음에 나오는 것과 트위터의 문서를 주의 깊게 읽어야 한다.**

- 서비스 약관: https://twitter.com/tos
- 개발자 동의 사항: https://developer.twitter.com/en/developerterms/agreement-and-policy.html
- 개발자 정책: https://developer.twitter.com/en/developer-terms/policy.html
- 기타 제약 사항: https://developer.twitter.com/en/developer-terms/more-on-restricted-use-cases

2 미래에 트위터가 이런 제한 사항들을 변경할 수도 있다.

일부 책과 글에서는 `twitter.com`에서 직접 트윗을 스크래핑하는 방식으로 이러한 제한을 극복할 수 있다고 한다. 하지만 서비스 약관에서는 **'트위터의 사전 동의 없이 서비스를 스크랩하는 것은 명시적으로 금지된다.'**고 명시하고 있다.

12.3 트위터 계정 만들기

트위터는 트위터 API를 사용하기 위해서 개발자 계정을 만들도록 하고 있다. 다음 링크에 가서 계정을 등록해 보자.

`https://developer.twitter.com/en/apply-for-access`

기존에 계정을 등록하지 않았다고 하면 먼저 등록부터 해야 한다. 트위터는 사용자가 만들려고 하는 계정의 목적에 대해서 묻는다. 지원서를 등록하려면 트위터의 서비스 약관을 *신중하게* 읽고 동의한 후 이메일을 확인해야 한다.

트위터에서는 모든 지원서를 리뷰하고 있지만, 반드시 통과한다는 보장은 없다. 그러나 이 책을 쓰는 시점에서 *개인적으로 사용하려는 계정*은 즉시 허용해 주었다. 회사 계정의 경우 트위터 개발자 포럼에 따르면 이 과정이 수일에서 수주까지 걸릴 수 있다고 한다.

12.4 트위터의 자격 증명(credentials) 데이터 얻기 – 앱 만들기

트위터 계정을 만들었다면 트위터 API과 연동하기 위한 자격 증명서를 얻어와야 한다. 이렇게 하기 위해서 앱을 만드는데, 각각의 앱은 별도의 자격 증명서를 가지고 있다. 앱을 만들려면 다음 링크에 로그인한다.

`https://developer.twitter.com`

그리고 다음 절차에 따라서 수행한다.

❶ 페이지의 오른쪽 위에 있는 드롭다운 메뉴를 클릭하고 **Apps**를 클릭한다. (역자 주 : https://developer.twitter.com/en/apps로 바로 갈 수 있다.)

❷ **Create an app**을 클릭한다.

❸ **App name(앱 이름)** 필드에 만들 앱 이름을 넣는다. API를 통해서 트윗을 *보낸다면* 트윗 발신자로 이 앱 이름이 사용된다. 앱을 사용하기 위해서 트위터에 로그인해야 하는 애플리케이션을 만든다면 사용자에게 앱 이름이 표시된다. 두 가지 모두 안 할 것이기 때문에 *성명* **Test App** 정도로 만들어도 괜찮다.

❹ **Application description(애플리케이션 설명란)**에 앱에 대한 설명을 적는다. 다른 사람

들이 사용할 트위터 기반 앱을 만들 경우 여기에 입력한 내용이 사용자들에게 표시되어 앱이 무엇인지 설명한다. 이번 장에 사용할 것이므로 간단히 **트위터 API의 사용법 배우기**라고 입력한다.

❺ **Website URL(웹사이트 URL)** 항목에 자신의 웹사이트를 입력한다. 트윗 기반 앱을 만들 때 이 정보가 앱을 호스팅하는 웹사이트가 되는데, 자신의 트위터 URL, 'https://twitter.com/*YourUserName*'으로 입력할 수 있다. 이때 *YourUserName*에는 자신의 트위터 계정 이름이다. 예를 들어 'https://twitter.com/nasa'는 NASA 계정 이름 @nasa에 대응하는 주소이다.

❻ **Tell us how this app will be used(앱이 어떻게 사용되는지 알려주세요)** 항목은 최소 100자로 트위터 직원에게 자신의 앱이 무엇인지 이해할 수 있도록 도와주는 설명을 넣는다. 여기서는 'I am new to Twitter app development and am simply learning how to use the Twitter APIs for educational purposes.**(저는 트위터 앱 개발이 처음인 개발자입니다. 교육 목적으로 트위터 API를 어떻게 사용하는지 공부하고 있습니다.)**'라고 적는다.

❼ 나머지 항목들은 비워둔 상태에서 Create 버튼을 클릭하고 개발자 약관을 주의 깊게 리뷰한 후 Create 버튼을 다시 클릭한다.

자격 검증(Credentials) 가져오기

위에서 설명한 7단계를 모두 마치면 트위터는 자신의 앱을 관리할 수 있는 웹페이지를 보여준다. 그 페이지의 위쪽에 **App details(앱 상세 내용)**와 **Keys and tokens(키와 토큰)**, 그리고 **Permissions(퍼미션)** 탭이 보인다. 앱의 자격 검증 데이터를 보기 위해서 **'Keys and tokens'** 탭을 클릭한다. 초기에 이 페이지는 Consumer API 키들(API 키와 API 비밀키)을 보여주는데, 접근 토큰과 접근 토큰 비밀키를 생성하기 위해서 Create 버튼을 클릭한다. 트위터에 인증을 거치기 위해서 이들 네 개의 키를 모두 사용하게 될 것이다. 이제 트위터의 API를 호출할 수 있다.

자격 검증 데이터 저장하기

API 키와 액세스 토큰(또는 사용자 이름 및 암호와 같은 다른 자격 검증)은 코드를 보는 모든 사용자에게 노출될 수 있기 때문에 소스 코드에 직접 포함시키지 않아야 한다. 그리고 키를 별도의 파일에 저장하고 다른 사람들과 공유하지 않아야 한다.[3]

다음 절에서 실행할 코드는 소비자 키, 소비자 비밀키, 액세스 토큰 및 액세스 토큰 비밀키를 아래에 표시된 파일 keys.py에 적었다고 가정한다. ch12 예제 폴더에서 이 파일을 찾을 수 있다.

3 bcrypt(https://github.com/pyca/bcrypt/) 같은 암호화 라이브러리를 사용해서 키, 접근 토큰이나 코드에 사용하는 자격 검증 데이터를 암호화해서 트위터에 보내는 경우에만 읽은 후 해제해서 사용하는 것이 좋다.

```
consumer_key='YourConsumerKey'
consumer_secret='YourConsumerSecret'
access_token='YourAccessToken'
access_token_secret='YourAccessTokenSecret'
```

이 파일을 수정해서 **YourAccessTokenSecret, YourConsumerKey, YourConsumerSecret, YourAccessToken** 값을 자신의 소비자 키, 소비자 비밀키, 액세스 토큰 및 액세스 토큰 비밀키로 변경한 후 파일을 저장한다.

OAuth 2.0

소비자 키, 소비자 비밀키, 접근 토큰, 그리고 접근 토큰 비밀키는 트위터에서 자신들의 API 접속을 허용하는 데 사용하는 OAuth 2.0 *인증 절차*[4,5](*'OAuth dance'*라고도 함)에 쓰인다. Tweepy 라이브러리를 사용하면 소비자 키, 소비자 비밀키, 접근 토큰, 그리고 접근 토큰 비밀키를 전달하고 OAuth 2.0 인증 절차의 세세한 부분을 대신 처리해 준다.

12.5 트윗에 담겨있는 것은?

트위터 API 메서드는 JSON 객체를 반환한다. **JSON(자바스크립트 객체 표기법)**은 텍스트 기반의 데이터 교환 포맷으로, 객체를 이름과 값의 쌍들의 집합으로 표현한다. 이 포맷은 웹 서비스를 호출할 때 일반적으로 사용된다. JSON은 사람과 컴퓨터가 모두 읽을 수 있는 포맷으로, 데이터를 인터넷으로 주고받는데 쓰인다.

JSON 객체는 파이썬의 딕셔너리와 비슷하다. 각각의 JSON 객체는 다음과 같이 중괄호로 ***프로퍼티 이름과 값***의 리스트를 감싼다.

{프로퍼티이름1: 값1, 프로퍼티이름2: 값2}

파이썬에서와 마찬가지로 JSON 리스트는 대괄호 안에 콤마로 값을 분리해서 적는다.

[값1, 값2, 값3]

Tweepy는 편리하게 사용할 수 있도록 Tweepy 라이브러리에 정의한 클래스를 사용해서 JSON을 파이썬의 객체로 변환하는 방식으로 JSON을 내부적으로 처리한다.

---

4 https://developer.twitter.com/en/docs/basics/authentication/overview
5 https://oauth.net/

Tweet 객체의 키 프로퍼티

트윗(*'상태 업데이트'*라고도 함)은 최대 280자의 글을 가질 수 있다. 하지만 트위터 API의 경우 반환하는 트윗 객체에는 다음과 같이 트윗을 설명하는 많은 **메타데이터** 속성들이 있다.

- 트윗이 언제 만들어졌는지
- 누가 트윗을 생성했는지
- 트윗에 있는 해시태그 리스트, URL, @맨션, 그리고 미디어 정보(URL로 지정되는 이미지, 비디오 등)
- 기타 등등

다음 표는 트윗 객체의 주요 속성을 표시한다.

속성	기능
created_at	UTC(협정 세계시) 형식으로 표시한 생성 날짜와 시간
entities	트위터는 **해시태그**(hashtags), URL(urls), **사용자 맨션**(user_mentions)(@*사용자*로 표시한), **미디어**(media) 이미지, 비디오 같은, **심벌**(symbols), 그리고 **투표**(polls) 같은 정보를 트윗에서 추출한 후 해당 항목의 키를 사용해서 접근할 수 있는 리스트 형식으로 entities 딕셔너리를 등록한다.
extended_tweet	140자가 넘는 트윗의 경우, 트윗 객체의 full_text와 entities와 같은 상세한 정보를 가지고 있다.
favorite_count	다른 사람들이 이 트윗에 '좋아요'를 클릭한 수
coordinates	트윗이 보내진 좌표(위도와 경도). 많은 사용자들이 위치 정보를 비활성화시켰기 때문에 이 항목은 종종 null(파이썬의 None에 해당함)로 되어 있는 경우가 많다.
place	사용자들은 트윗에 장소를 연관시킬 수 있다. 사용자가 지정한다면 이 정보는 place 객체(https://developer.twitter.com/en/docs/tweets/data-dictionary/overview/geo-objects#place-dictionary)가 되고, 그렇지 않은 경우에는 null(파이썬에서 None)이 된다.
id	트윗의 정수 ID 값. 트위터는 호환성을 위해서 id_str을 사용하도록 권장한다.
id_str	트윗의 정수 ID를 문자열로 표시한 것
lang	트윗에 쓰인 언어. 영어는 'en', 프랑스어는 'fr' 같은 값을 갖는다.
retweet_count	다른 사용자들이 리트윗한 횟수
text	트윗의 본문. 트윗이 280자 제한을 사용하고 있고, 140자 이상의 텍스트를 가지고 있으면 이 프로퍼티는 내용이 잘리면서 truncated 프로퍼티 값에 *true*가 설정된다. 이것은 140자 트윗이 리트윗되어 결과적으로 140 이상 되어도 발생한다.
user	트윗을 게시한 사용자를 표현한 사용자 객체. User 객체의 JSON 프로퍼티 정보는 다음 링크에서 자세히 알 수 있다. https://developer.twitter.com/en/docs/tweets/data-dictionary/overview/user-object

트윗 JSON 샘플

@nasa 계정에서 가져온 다음 트윗에 대한 JSON 샘플을 살펴보자.

> @NoFear1075 Great question, Anthony! Throughout its seven-year mission, our Parker #SolarProbe spacecraft... https://t.co/xKd6ym8waT'

데이터를 보여주기 위해서 줄 번호를 넣고 JSON의 포맷을 변경했다. 이때 Tweet JSON 객체에 있는 몇몇 필드는 모든 트위터 API 메서드에서 지원하는 것은 아니다. 이런 차이는 각 메서드의 온라인 문서에 설명되어 있다.

```
1  {'created_at': 'Wed Sep 05 18:19:34 +0000 2018',
2   'id': 1037404890354606082,
3   'id_str': '1037404890354606082',
4   'text': '@NoFear1075 Great question, Anthony! Throughout its seven-year
        mission, our Parker #SolarProbe spacecraft... https://t.co/xKd6ym8waT',
5   'truncated': True,
6   'entities': {'hashtags': [{'text': 'SolarProbe', 'indices': [84, 95]}],
7      'symbols': [],
8      'user_mentions': [{'screen_name': 'NoFear1075',
9          'name': 'Anthony Perrone',
10         'id': 284339791,
11         'id_str': '284339791',
12         'indices': [0, 11]}],
13     'urls': [{'url': 'https://t.co/xKd6ym8waT',
14         'expanded_url': 'https://twitter.com/i/web/status/
           1037404890354606082',
15         'display_url': 'twitter.com/i/web/status/1...',
16         'indices': [117, 140]}]},
17  'source': '<a href="http://twitter.com" rel="nofollow">Twitter Web
        Client</a>',
18  'in_reply_to_status_id': 1037390542424956928,
19  'in_reply_to_status_id_str': '1037390542424956928',
20  'in_reply_to_user_id': 284339791,
21  'in_reply_to_user_id_str': '284339791',
22  'in_reply_to_screen_name': 'NoFear1075',
23  'user': {'id': 11348282,
24     'id_str': '11348282',
25     'name': 'NASA',
26     'screen_name': 'NASA',
27     'location': '',
28     'description': 'Explore the universe and discover our home planet with
29      @NASA. We usually post in EST (UTC-5)',
```

```
30        'url': 'https://t.co/TcEE6NS8nD',
31        'entities': {'url': {'urls': [{'url': 'https://t.co/TcEE6NS8nD',
32                'expanded_url': 'http://www.nasa.gov',
33                'display_url': 'nasa.gov',
34                'indices': [0, 23]}]},
35        'description': {'urls': []}},
36        'protected': False,
37        'followers_count': 29486081,
38        'friends_count': 287,
39        'listed_count': 91928,
40        'created_at': 'Wed Dec 19 20:20:32 +0000 2007',
41        'favourites_count': 3963,
42        'time_zone': None,
43        'geo_enabled': False,
44        'verified': True,
45        'statuses_count': 53147,
46        'lang': 'en',
47        'contributors_enabled': False,
48        'is_translator': False,
49        'is_translation_enabled': False,
50        'profile_background_color': '000000',
51        'profile_background_image_url': 'http://abs.twimg.com/images/themes/
              theme1/bg.png',
52        'profile_background_image_url_https': 'https://abs.twimg.com/images/
              themes/theme1/bg.png',
53        'profile_image_url': 'http://pbs.twimg.com/profile_images/188302352/
              nasalogo_twitter_normal.jpg',
54        'profile_image_url_https': 'https://pbs.twimg.com/profile_images/
              188302352/nasalogo_twitter_normal.jpg',
55        'profile_banner_url': 'https://pbs.twimg.com/profile_banners/11348282/
              1535145490',
56        'profile_link_color': '205BA7',
57        'profile_sidebar_border_color': '000000',
58        'profile_sidebar_fill_color': 'F3F2F2',
59        'profile_text_color': '000000',
60        'profile_use_background_image': True,
61        'has_extended_profile': True,
62        'default_profile': False,
63        'default_profile_image': False,
64        'following': True,
65        'follow_request_sent': False,
66    'notifications': False,
67    'translator_type': 'regular'},
```

```
68  'geo': None,
69  'coordinates': None,
70  'place': None,
71  'contributors': None,
72  'is_quote_status': False,
73  'retweet_count': 7,
74  'favorite_count': 19,
75  'favorited': False,
76  'retweeted': False,
77  'possibly_sensitive': False,
78  'lang': 'en'}
```

트위터 JSON 객체 리소스

트윗 객체의 모든 속성을 보려면 다음 링크를 살펴보자.

https://developer.twitter.com/en/docs/tweets/data-dictionary/overview/
tweet-object.html

트윗당 쓸 수 있는 글이 140자에서 280자로 변경했을 때 추가되는 정보는 다음 링크에서 볼 수 있다.

https://developer.twitter.com/en/docs/tweets/data-dictionary/overview/
intro-to-tweet-json.html#extendedtweet

트위터 API가 반환하는 모든 JSON 객체들의 일반적인 내용과 그 객체의 상세한 정보를 보려면 다음 링크를 살펴보자.

https://developer.twitter.com/en/docs/tweets/data-dictionary/overview/
intro-to-tweet-json

12.6 트위피 라이브러리

트위피(Tweepy) 라이브러리[6](http://www.tweepy.org)는 트위터 API와 연동하는 라이브러리

6 트위터에서 추천하고 있는 다른 파이썬 라이브러리에는 버디(Birdy), 파이썬 트위터(python-twitter), 파이썬 트위터 툴(Python Twitter Tools), T트위트포니(weetPony), 트위터API(TwitterAPI), 트위터-지오브젝트(twitter-gobject), 트위터서치(TweitterSearch), 그리고 트위썬(Twython)이 있다. 이것에 대한 자세한 내용은 다음 링크를 참고한다.
https://developer.twitter.com/en/docs/developer-utilities/twitter-libraries.html

중에서 가장 많이 사용되는 라이브러리 중 하나이다. 트위피는 트위터의 기능을 쉽게 사용할 수 있도록 하면서 트위터 API가 반환하는 JSON 객체를 처리하는 상세한 내용을 숨겨준다. 트위피의 문서[7]는 다음 링크에서 볼 수 있다.

```
http://docs.tweepy.org/en/latest/
```

추가 정보와 Tweepy 소스 코드를 보려면 다음 사이트를 참고한다.

```
https://github.com/tweepy/tweepy
```

트위피 설치하기

트위피를 설치하려면 아나콘다 프롬프트(윈도우)나 터미널(맥/리눅스) 또는 셸(리눅스)을 열고 다음 명령을 실행한다.

```
pip install tweepy==3.7
```

윈도우 사용자라면 소프트웨어 설치 권한 있는 관리자로 아나콘다 프롬프트를 실행해야 할 수도 있다. 이렇게 하려면 '시작' 메뉴에 있는 아나콘다 프롬프트에서 마우스 오른쪽 버튼을 클릭하고 **더 보기 관리자 권한으로 실행(More > Run as administrator)**을 선택한다.

geopy 설치하기

트위피로 작업하면서 작성한 tweetutilities.py 파일(이번 장의 예제 코드와 함께 제공)에 있는 함수도 사용하게 된다. 이 파일에 포함된 이 유틸리티 함수 중 하나가 **geopy 라이브러리**(https://github.com/geopy/geopy)에 의존적인데, 이것에 대해서는 12.15절에서 논의할 것이다. geopy를 설치하려면 다음 명령을 실행한다.

```
conda install -c conda-forge geopy
```

12

12.7 트위피를 통해 트위터와 인증 절차 진행하기

다음 여러 절에서는 다양한 클라우드 기반의 트위터 API를 트위피를 통해서 호출한다. 여기서는 트위피를 사용하여 트위터로 인증하고, 인터넷을 통해 트위터 API를 사용하는 게이트웨이인 **Tweepy API 객체**를 생성하는 것으로 시작해 보자. 하위 절에서는 API 객체에 메서드를 호출하는 방식으로 여러 트위터 API를 동작시켜 볼 것이다.

7 트위피(Tweepy) 문서화는 진행 중이다. 글을 쓰는 시점에 트위피는 트위터 API에서 반환하는 JSON 객체에 대응하는 클래스에 대한 문서가 없었다. 트위피의 클래스는 JSON 객체와 동일한 속성 이름과 구조를 사용한다. 속성 이름은 트위터의 JSON 문서를 통해 확인할 수 있다. 코드에서 사용하는 속성은 각주를 통해서 트위터 JSON 설명에 대한 링크를 알려줄 것이다.

트위터 API를 호출하기 전에 API 키, API 비밀키, 접근 토큰, 그리고 접근 토큰 비밀키를 사용해서 트위터의 인증 과정을 거쳐야 한다.[8] ch12 예제 폴더에서 IPython을 실행하고 tweepy 모듈을 임포트한 후 이번 장의 앞에서 수정했던 keys.py 파일을 로드한다. 모든 .py 파일은 import 구문에 파일 이름에서 .py 확장자를 *제거한 이름을 사용해서* 모듈로 임포트할 수 있다.

```
In [1]: import tweepy

In [2]: import keys
```

keys.py를 모듈로 임포트하면 파일에서 정의한 네 개의 변수를 keys.*변수명* 형식으로 각각 접근할 수 있다.

트위터 인증을 위해 OAuthHandler 생성 및 설정하기

Tweepy를 통해 트위터를 인증하려면 두 단계를 거쳐야 한다. 첫째, 트위피 모듈의 **OAuthHandler 클래스** 객체를 생성한다. 이때 API 키와 API 비밀키를 이 클래스의 생성자로 넘겨준다. **생성자**는 클래스(여기서는 OAuthHandler)와 이름이 같은 함수로 새로 생성된 객체를 초기화하기 위한 인자를 받는다.

```
In [3]: auth = tweepy.OAuthHandler(keys.consumer_key,
   ...:                            keys.consumer_secret)
   ...:
```

접근 토큰과 접근 토큰 비밀키를 OAuthHandler 객체의 **set_access_token 메서드**를 호출하면서 지정한다.

```
In [4]: auth.set_access_token(keys.access_token,
   ...:                       keys.access_token_secret)
   ...:
```

API 객체 생성하기

트위터와 연동을 위해서 사용할 API 객체를 생성한다.

```
In [5]: api = tweepy.API(auth, wait_on_rate_limit=True,
   ...:                  wait_on_rate_limit_notify=True)
   ...:
```

8 앱을 만들어서 사용자가 자신의 트위터 계정으로 로그인하고 계정 관리를 관리하고 트윗 보내고 다른 사람이 보낸 트윗을 읽고 검색할 수 있다. 사용자 인증에 대한 자세한 내용은 트위피 인증 튜토리얼을 참고한다. http://docs.tweepy.org/en/latest/auth_tutorial.html

이번 호출에서 API 생성자에 세 개의 인자를 사용한다.

- auth는 자격 검증 정보를 담고 있는 OAuthHandler 객체이다.
- 키워드 인자 wait_on_rate_limit=True는 Tweepy에게 주어진 API 메서드의 속도 제한에 걸릴 때마다 15분 대기하도록 지정한다. 이 기능은 트위터의 속도 제한 규정을 어기지 않도록 보장해 준다.
- 키워드 인자 wait_on_rate_limit_notify=True는 Tweepy가 속도 제한 때문에 기다려야 할 때 커맨드라인에 메시지를 출력해서 상황을 알려달라고 지정한다.

트위피를 통해서 트위터와 연동한 준비가 끝났다. 다음 절에 있는 코드 예제들은 IPython 세션에서 계속한다. 앞에서 했던 인증 프로세스를 여기서 다시 반복할 필요 없다.

12.8 트위터 계정에 대해 정보 수집하기

트위터 인증을 거치고 나서 Tweepy API 객체의 **get_user 메서드**를 사용해서 이용자의 트위터 계정에 대한 정보를 가지고 있는 **tweepy.models.User 객체**를 가져올 수 있다. NASA의 @nasa 트위터 계정에 대한 User 객체를 가져오자.

```
In [6]: nasa = api.get_user('nasa')
```

get_user 메서드는 트위터 API users/show 메서드를 호출한다.[9] Tweepy로 호출한 각 트위터 메서드는 속도 제한이 있다. 트위터의 users/show 메서드를 15분마다 900번까지 호출해서 특정 사용자 계정의 정보를 가져올 수 있다. 트위터 API 메서드를 소개할 때마다 각주로 메서드의 속도 제한이 어떤지 알려주는 메서드의 문서에 대한 링크를 보여줄 것이다.

tweepy.models의 클래스들은 각각 트위터가 반환하는 JSON에 대응한다. 예를 들어 User 클래스는 트위터의 user 객체에 대응한다.

https://developer.twitter.com/en/docs/tweets/data-dictionary/overview/user-object

각각의 tweepy.models 클래스에는 JSON을 읽고 그것을 Tweepy 클래스에 대응하는 객체로 바꿔주는 메서드를 가지고 있다.

9 https://developer.twitter.com/en/docs/accounts-and-users/follow-search-get-users/api-reference/get-users-show

기본 계정 정보 가져오기

@nasa 계정에 대한 정보를 표시하기 위해서 User 객체의 프로퍼티에 접근해 보자.

- **id 프로퍼티**는 트위터에 가입할 때 트위터가 생성한 계정 ID 번호이다.
- **name 프로퍼티**는 사용자 계정에 연결된 이름이다.
- **screen_name 프로퍼티**는 사용자의 트위터 핸들(@nasa)이다. name과 screen_name 모두 사용자의 사생활을 보호하기 위해 생성된 이름일 수 있다.
- **description 프로퍼티**는 사용자의 프로파일에 있는 설명이다.

```
In [7]: nasa.id
Out[7]: 11348282

In [8]: nasa.name
Out[8]: 'NASA'

In [9]: nasa.screen_name
Out[9]: 'NASA'

In [10]: nasa.description
Out[10]: 'Explore the universe and discover our home planet with @NASA.
We usually post in EST (UTC-5)'
```

최근 업데이트된 상태 가져오기

User 객체의 **status 프로퍼티**는 **tweepy.models.Status** 객체를 반환한다. 이 객체는 트위터의 tweet 객체에 대응하는 값이다.

https://developer.twitter.com/en/docs/tweets/data-dictionary/overview/tweet-object

Status 객체의 **text 프로퍼티**에는 계정의 가장 최근 트윗의 텍스트가 있다.

```
In [11]: nasa.status.text
Out[11]: 'The interaction of a high-velocity young star with the cloud of gas and
dust may have created this unusually sharp-... https://t.co/ J6uUf7MYMI'
```

text 프로퍼티는 원래 140자까지만 사용할 수 있었다. 위에서 보았던 ...는 트윗의 text가 ***생략된 것을*** 의미한다. 트위터가 이 텍스트 제한을 280자로 늘렸을 때 트위터는 트윗의 141자에서 280자 사이의 텍스트와 다른 정보에 접근하기 위해서 **extended_tweet 프로퍼티**(나중에 실습해 볼 것이다.)를 추가했다. 이번 경우에 트위터는 extended_tweet의 text의 축약된 버전을 text에 설정한다. 또한 리트윗에 글을 추가하면 문자 제한을 넘을 수 있기 때문에 리트윗을 하면 종종 내용이 이렇게 잘린다.

팔로워 수 구하기

followers_count 프로퍼티로 팔로워의 수를 볼 수 있다.

```
In [12]: nasa.followers_count
Out[12]: 29453541
```

여기 보이는 숫자가 매우 큰데, 팔로워가 1억 명이 넘는 계정도 있다.[10]

친구들의 수 구하기

friends_count 프로퍼티를 이용해서도 계정에 등록된 친구들의 수를 볼 수 있다. (즉 팔로우를 하고 있는 계정의 수이다.)

```
In [13]: nasa.friends_count
Out[13]: 287
```

자신의 계정 정보 얻어오기

이번 절에서 설명하는 속성은 자기 계정에도 사용해 볼 수 있다. 이렇게 하려면 Tweepy의 API 객체에 있는 **me 메서드**를 다음과 같이 호출한다.

```
me = api.me()
```

이 코드는 앞 절에서 했던 트위터에 인증을 거친 계정에 대한 User 객체를 반환한다.

12

12.9 트위피 커서의 개요: 팔로워와 친구 정보 얻기

트위터 API 메서드를 호출하면 트위터 타임라인에 있는 트윗이나 다른 계정의 타임라인에 있는 트윗 또는 검색 조건에 매칭되는 트윗과 같이 객체들을 컬렉션으로 받는 경우가 많다. 타임라인은 사용자가 보낸 트윗과 친구들(즉 팔로우하고 있는 계정)이 보낸 트윗 등으로 구성된다.

각 트위터 API 메서드의 문서에서는 한 번의 호출로 메서드가 반환할 수 있는 최대 항목 수(이것을 '결과 페이지'라고 함)에 대해 설명하고 있다. 요청한 결과가 메서드에서 반환하는 것보다 많으면 트위터의 JSON에 가져올 페이지가 더 있음을 표시한다. 트위피(Tweepy)의 Cursor 클래스는 이런 세세한 것을 대신 처리한다. Cursor는 특정 메서드를 호출해서 트위터의 결과가 더 있는지 체크한다. 만약 그렇다면 커서는 자동으로 같은 메서드를 호출해서 결과를 더 가져온다. 이 클래스는 메서드의 속도 제한 조건에 따라서 더 이상 가져올 데이터가 없을 때까지 계속한다. 속도 제한에 도달했을 때 대기

10 https://friendorfollow.com/twitter/most-followers/

하도록 API 객체를 구성하면 Cursor는 속도 제한을 준수해서 필요에 따라 대기한다. 다음 하위 절에서는 커서의 기본에 대해서 논의할 것인데, 좀 더 상세한 것을 보고 싶다면 다음 링크에 있는 **커서** 튜토리얼을 보자.

http://docs.tweepy.org/en/latest/cursor_tutorial.html

12.9.1 팔로워 확인하기

트위피의 Cursor 클래스를 사용해서 API 객체의 **followers 메서드**를 호출해 보자. 이 메서드는 트위터 API의 follower/list 메서드[11]를 호출해서 특정 계정의 팔로워를 가져올 수 있다. 트위터는 기본적으로 20개 단위로 묶어서 반환하지만, 한 번에 200개까지 요청할 수 있다. 여기에서는 실습을 위해서 10개의 NASA의 팔로워를 가져올 것이다.

followers 메서드는 각 **팔로워**에 대한 정보가 담긴 tweepy.models.User 객체를 반환한다. 리스트를 만드는 것부터 시작한다. 여기에 User 객체를 담게 될 것이다.

```
In [14]: followers = []
```

Cursor 객체 생성하기

다음으로 NANA 계정에 followers 메서드를 호출할 Cursor 객체를 만든다. NANA 계정은 screen_name 키워드 인자로 지정한다.

```
In [15]: cursor = tweepy.Cursor(api.followers, screen_name='nasa')
```

Cursor의 생성자는 인자로 호출한 메서드 이름을 받는다. api.followers는 Cursor가 api 객체의 followers 메서드를 호출할 것임을 의미한다. Cursor의 생성자는 screen_name과 같은 다른 키워드 인자를 받는다. 이것은 생성자 첫 번째 인자로 지정된 메서드에 넘겨진다. 이 Cursor는 구체적으로 @nasa 트위터 계정의 팔로워들의 정보를 가져온다.

결과 받아오기

이제 Cursor를 사용해서 팔로워 정보를 가져올 수 있다. 다음에 나오는 for 구문은 cursor.items(10) 표현식의 결과를 순회한다. Cursor의 **items 메서드**는 api.followers를 호출해서 초기화하고 followers 메서드의 결과를 반환한다. 이번 예제에서는 10을 items 메서드에 넘겨서 10개의 결과만 받아온다.

---

11 https://developer.twitter.com/en/docs/accounts-and-users/follow-search-get-users/api-reference/get-followers-list

```
In [16]: for account in cursor.items(10):
    ...:         followers.append(account.screen_name)
    ...:

In [17]: print('Followers:',
    ...:       ' '.join(sorted(followers, key=lambda s: s.lower())))
    ...:
Followers: abhinavborra BHood1976 Eshwar12341 Harish90469614 heshamkisha
Highyaan2407 JiraaJaarra KimYooJ91459029 Lindsey06771483 Wendy_UAE_NL
```

앞의 스니펫은 내장 함수를 호출해서 팔로워를 오름차순으로 출력한다. 이 함수의 두 번째 인자는 팔로워 요소들을 어떻게 정렬할지 결정하는 데 사용하는 함수이다. 이번 예제에서는 각 팔로워 이름을 소문자로 변환시키는 **람다**를 사용해서 정렬할 때 영문자의 대소문자를 구별하지 않고 정렬할 수 있도록 했다.

자동 페이징

요청한 결과가 `followers` 메서드를 한 번 호출해서 받을 수 있는 수보다 많다면, 이 `items` 메서드는 `api.followers` 메서드를 여러 번 호출해서 결과를 자동으로 페이징한다. `followers`는 기본적으로 한 번에 20명의 팔로우만 반환하므로 앞의 코드는 한 번의 `followers`만 호출해도 된다. 한 번에 200명의 팔로워까지 가져오려면 다음 코드처럼 `count` 키워드 인자와 함께 `Cursor`를 생성할 수 있다.

```
cursor = tweepy.Cursor(api.followers, screen_name='nasa', count=200)
```

`items` 메서드에 인자를 따로 지정하지 않으면 `Cursor`는 계정이 가지고 있는 *모든* 팔로워를 가져오려고 한다. 팔로워가 아주 많은 경우, 이 명령은 트위터의 속도 제한 때문에 오래 걸릴 수 있다. 트위터 API의 `followers/list` 메서드는 한 번에 최대 200명의 팔로워만 반환할 수 있고, 15분마다 최대 15번만 호출된다. 따라서 트위터 무료 API를 사용하고 있으면 15분마다 3,000명의 팔로워를 가져올 수 있을 뿐이다. 속도 제한에 도달했을 때 자동으로 대기하도록 설정했다는 것을 기억할 것이다. 따라서 모든 팔로워를 가져오려고 하고 해당 계정에 3,000명 이상의 팔로워가 있다면 트위피는 3,000명마다 팔로워를 가져온 후 15분 동안 대기하고 메시지를 출력한다. 이 글을 쓰는 시점에서 NASA는 2,950만 명의 팔로워를 가지고 있다. 매시간 1.2만 명의 팔로워를 가져오는 속도로 모든 NASA 팔로워를 가져오려면 100일 이상의 시간이 걸린다.

가져오려는 팔로워 수가 아주 적기 때문에 이번 예제에서는 `Cursor`를 사용하지 않고 `followers` 메서드를 직접 사용할 수도 있었다. 일반적으로 `followers`를 호출하는 방법을 보여주기 위해서 `Cursor`를 사용했다. 뒤에 나올 예제에서 많지 않은 결과를 가져올 때는 `Cursor`를 사용하지 않고 직접 API 메서드를 호출할 것이다.

팔로워 대신 팔로워 ID 가져오기

한번에 최대 200명의 팔로워에 대한 User 객체를 가져올 수 있는 반면 API 객체의 **followers_ids 메서드**를 호출하면 더 많은 트위터 ID들을 가져올 수 있다. 이 메서드는 트위터 API의 followers/ids 메서드를 호출하는데, 이 메서드는 한 번에 5,000개의 ID까지 반환할 수 있다. (다시 말하지만 이 속도 제한은 변경될 수 있다.)[12] 이 메서드를 15분마다 최대 15번까지 호출할 수 있기 때문에 속도 제한 구간마다 7만 5,000개의 계정 ID를 얻을 수 있다. 이 기능은 API 객체의 **lookup_users 메서드**와 결합해서 사용할 때 특히 유용하다. 이 메서드는 트위터 API의 users/lookup 메서드[13]를 호출하는 데 한 번에 100명의 User 객체를 반환할 수 있고, 15분마다 300번까지 호출할 수 있다. 이것을 결합하면 속도 제한 구간마다 최대 30,000 User 객체를 구할 수 있다.

12.9.2 팔로우하고 있는 계정 알아내기

API 객체의 **friends 메서드**는 트위터 API의 friends/list 메서드[14]를 호출해서 팔로우하고 있는 User 객체 리스트를 얻는다. 트위터는 기본적으로 20명을 한 그룹으로 반환하지만, followers 메서드에서 설명했던 것처럼 한 번에 200개까지 가져오도록 요청할 수 있다. 트위터는 friends/list 메서드를 15분마다 최대 15회까지 호출할 수 있다.

```
In [18]: friends = []

In [19]: cursor = tweepy.Cursor(api.friends, screen_name='nasa')

In [20]: for friend in cursor.items(10):
    ...:     friends.append(friend.screen_name)
    ...:

In [21]: print('Friends:',
    ...:       ' '.join(sorted(friends, key=lambda s: s.lower())))
    ...:
Friends: AFSpace Astro2fish Astro_Kimiya AstroAnnimal AstroDuke NASA3DPrinter
NASASMAP Outpost_42 POTUS44 VicGlover
```

12.9.3 사용자 최근 트윗 가져오기

API의 **user_timeline** 메서드는 특정 계정의 타임라인에 있는 트윗을 반환하고, 타임라인에는

12 https://developer.twitter.com/en/docs/accounts-and-users/follow-search-get-users/api-reference/get-followers-ids

13 https://developer.twitter.com/en/docs/accounts-and-users/follow-search-get-users/api-reference/get-users-lookup

14 https://developer.twitter.com/en/docs/accounts-and-users/follow-search-get-users/api-reference/get-friends-list

해당 계정의 사용자가 올린 트윗과 친구들이 올린 트윗이 포함되어 있다. 이 메서드는 트위터 API의 statuses/user_timeline 메서드[15]를 호출하는데, 최근 20개의 트윗을 반환한다. 하지만 한 번에 200개까지 반환할 수 있다. 이 메서드는 최근 트윗을 최대 3,200개까지 반환할 수 있다. 그리고 이 메서드를 사용하는 애플리케이션은 15분마다 최대 1,500번까지 호출할 수 있다.

user_timeline 메서드는 트윗을 나타내는 Status 객체들을 반환한다. 각 Status의 user 프로퍼티는 tweepy.models.User 객체를 참조하는데, 트윗을 보낸 사용자에 대한 정보, 즉 사용자의 screen_name 등을 담고 있다. Status의 text 프로퍼티는 트윗 본문이 들어있다. @nasa에서 가져온 세 개의 트윗에 있는 screen_name과 text를 출력해 보자.

```
In [22]: nasa_tweets = api.user_timeline(screen_name='nasa', count=3)

In [23]: for tweet in nasa_tweets:
    ...:     print(f'{tweet.user.screen_name}: {tweet.text}\n')
    ...:
NASA: Your Gut in Space: Microorganisms in the intestinal tract play an especially
important role in human health. But wh... https://t.co/uLOsUhwn5p

NASA: We need your help! Want to see panels at @SXSW related to space exploration?
There are a number of exciting panels... https://t.co/ycqMMdGKUB

NASA: "You are as good as anyone in this town, but you are no better than any of
them," says retired @NASA_Langley mathem... https://t.co/nhMD4n84Nf
```

이들 트윗은 (…로 표시되는 것처럼) 생략된 부분이 있는데, 트윗이 새롭게 280자로 제한하는 트윗을 사용하고 있다는 의미이다. 이런 트윗의 전체 본문을 보기 위해서 extended_tweet 프로퍼티를 사용할 수 있다.

앞의 스니펫에서는 user_timeline 메서드를 직접 호출했고, count 키워드 인자를 사용해서 가져올 트윗의 수를 지정했다. 한 번 호출해서 가져올 수 있는 최대 수(200)보다 더 많은 것을 가져오려면 앞에서 보여주었던 Cursor를 이용해서 user_timeline를 호출해야 한다. Cursor는 필요하면 자동으로 메서드를 여러 번 호출하는 방식으로 결과를 가져온다.

자신의 타임라인에서 최근 트윗 가져오기

다음에 있는 코드처럼 API의 **home_timeline** 메서드를 호출할 수 있다.

```
api.home_timeline()
```

이 메서드는 타임라인에서 트윗을 가져올 수 있다.[16] 즉 자신의 트윗과 팔로우하고 있는 사람들의

15 https://developer.twitter.com/en/docs/tweets/timelines/api-reference/get-statuses-user_timeline

16 특히 트위터 인증에 사용한 계정의 경우

트윗을 가져온다. 이 메서드는 트위터의 statuses/home_timeline 메서드[17]를 호출한다. 기본적으로 home_timeline 메서드는 최근 트윗을 20개 반환하지만, 200개까지 한 번에 가져오도록 할 수 있다. 다시 한 번 말하지만 타임라인에서 200 이상의 트윗을 가져오려면 Tweepy Cursor를 사용해서 home_timeline을 호출해야 한다.

12.10 최근 트윗 검색하기

트위피 API의 **search** 메서드는 검색 대상 문자열에 매칭되는 트윗을 반환한다. 이 메서드의 문서에 따르면 트위터는 이전 일주일의 트윗의 검색 인덱스만 관리하고 있어서 모든 매칭된 트윗을 반환한다고 보장하지 않는다. search 메서드는 트위터의 search/tweets 메서드[18]를 호출하는데, 이 메서드는 기본적으로 한 번에 15개의 트윗을 반환하지만, 100개까지 반환할 수 있다.

tweetutilities.py에 있는 print_tweets 유틸리티 함수

이번 절에서는 API 메서드 **search**를 호출한 결과를 받아서 각각의 트윗에 대해 사용자의 screen_name과 트윗 본문을 출력하는 print_tweets 유틸리티 함수를 만든다. 트윗이 영어가 아니고 tweet.lang이 'und'(undefined, 정의되지 않음)이 아니면, 11장 '자연어 처리(NLP)'에서 했던 것처럼 TextBlob을 사용해서 트윗을 영어로 번역해 볼 것이다. 이 함수를 사용하기 위해서 tweetutilities.py에서 이 함수를 임포트해 보자.

```
In [24]: from tweetutilities import print_tweets
```

파일에서 print_tweets 함수를 가져오면 다음과 같다.

```
def print_tweets(tweets):
    """각각의 tweets에 있는 Tweepy Status 객체에 대해서 사용자의
    screen_name과 트윗 본문을 출력한다. 언어가 영어가 아니면
    TextBlob을 사용해서 번역한다."""
    for tweet in tweets:
        print(f'{tweet.user.screen_name}:', end=' ')

        if 'en' in tweet.lang:
            print(f'{tweet.text}\n')
        elif 'und' not in tweet.lang:  # 먼저 영어로 번역해본다
            print(f'\n  ORIGINAL: {tweet.text}')
            print(f'TRANSLATED: {TextBlob(tweet.text).translate()}\n')
```

17 https://developer.twitter.com/en/docs/tweets/timelines/api-reference/getstatuses-home_timeline
18 https://developer.twitter.com/en/docs/tweets/search/api-reference/get-searchtweets

특정 단어 검색하기

NASA의 화성 오퍼튜니티 로버(Opportunity Rover)에 대한 세 개의 최근 트윗을 찾아보자. search 메서드의 q 키워드 인자는 검색할 문자열을 지정한다. count 키워드 인자는 반환할 트윗의 수를 지정한다.

```
In [25]: tweets = api.search(q='Mars Opportunity Rover', count = 3)

In [26]: print_tweets(tweets)
Jacker760: NASA set a deadline on the Mars Rover opportunity! As the dust on Mars
settles the Rover will start to regain power... https://t.co/KQ7xaFgrzr

Shivak32637174: RT @Gadgets360: NASA 'Cautiously Optimistic' of Hearing Back From
Opportunity Rover as Mars Dust Storm Settles https://t.co/O1iTTwRvFq

ladyanakina: NASA's Opportunity Rover Still Silent on #Mars. https://t.co/
njcyP6zCm3
```

다른 메서드와 마찬가지로 한 번의 호출로 반환할 수 있는 것 이상의 결과를 요청하려면 Cursor 객체를 사용해야 한다.

트위터의 검색 연산자 이용해 검색하기

검색 문자열에 다양한 트위터의 검색 연산자를 사용해서 검색 결과를 더 정확하게 얻을 수 있다. 다음 테이블에서 트위터의 검색 연산자들을 보여준다. 여러 연산자들을 조합해서 더 복잡하게 검색할 수 있다. 모든 연산자를 보려면 다음 링크를 참고한다.

https://twitter.com/search-home

페이지에 있는 각 **연산자**들의 링크를 클릭해 보자.

사용 예	조건에 맞는 트윗 검색
python twitter	암묵적으로 *논리적 AND* 연산자로, 파이썬*과* 트위터가 모두 포함된 트윗을 찾는다.
python OR twitter	논리적 OR 연산자로, 파이썬 또는 트위터 아니면 모두를 포함하고 있는 트윗을 찾는다.
python ?	?(물음표) - 파이썬에 대한 질문을 하는 트윗을 찾는다.
planets -mars	-(뺄셈 기호) - 트윗에 행성이 포함되어 있지만 화성은 포함되지 않는 트윗을 찾는다.
python :)	:)(기쁜 얼굴 기호) - 파이썬에 포함되어 있으면서 *긍정적인 감정*을 가진 트윗을 찾는다.
python :(	:((슬픈 얼굴 기호) - 파이썬이 포함되어 있으면서 *부정적인 감정*을 가진 트윗을 찾는다.
since:2018-09-01	특정 날짜 *이후 또는 그날*의 트윗을 찾는다. 이때 날짜는 YYYY-MM-DD 형태여야 한다.
near:"New York City"	'뉴욕시' 근처에서 보낸 트윗을 찾는다.
from:nasa	@nasa 계정이 보낸 트윗을 찾는다.
to:nasa	@nasa 계정으로 보낸 트윗을 찾는다.

from과 since 연산자를 사용해서 NASA 계정에서 2018년 9월 1일 이후에 보낸 세 개의 트윗을 찾아보자. 이 코드를 실행하는 시점에서 최근 7일 이내의 날짜를 사용해야 한다.

```
In [27]: tweets = api.search(q='from:nasa since:2018-09-01', count = 3)

In [28]: print_tweets(tweets)
NASA: @WYSIW Our missions detect active burning fires, track the transport of fire
smoke, provide info for fire managemen... https://t.co/jx2iUoMlIy

NASA: Scarring of the landscape is evident in the wake of the Mendocino Complex
fire, the largest #wildfire in California... https://t.co/Nboo5GD90m

NASA: RT @NASAglenn: To celebrate the #NASA60th anniversary, we're exploring our
history. In this image, Research Pilot Bill Swann prepares for a...
```

해시태그 검색하기

트윗에는 유행하는 주제와 같이 중요한 것을 표시하기 위해 #으로 시작하는 **해시태그**가 있는 경우가 많다. #collegefootball 해시태그를 포함하고 있는 두 개의 트윗을 검색하자.

```
In [29]: tweets = api.search(q='#collegefootball', count=2)

In [30]: print_tweets(tweets)
dmcreek: So much for #FAU giving #OU a game. #Oklahoma #FloridaAtlantic
#CollegeFootball #LWOS

theangrychef: It's game day folks! And our BBQ game is strong. #bbq #atlanta
#collegefootball #gameday @ Smoke Ring https://t.co/J4lkKhCQE7
```

12.11 트렌드 확인하기: 트위터의 트렌드 API

유행하는 토픽이 있으면 한 번에 관련된 트윗을 수천 명이나 수백만 명의 사람들이 트윗할 수 있다. 트위터는 이것을 **'트렌딩 토픽'**이라고 부르고, 전 세계적으로 트렌드 화제의 목록을 관리한다. 트위터 트렌드 API를 통해 인기 주제와 연관된 위치 목록과 각 위치에 대한 상위 50개의 인기 주제 목록을 얻을 수 있다.

12.11.1 트렌딩 토픽과 관련된 지역

Tweepy API의 **trends_available 메서드**는 트위터 API의 trends/available[19] 메서드를

19 https://developer.twitter.com/en/docs/trends/locations-with-trending-topics/apireference/get-trends-available

호출해서 트위터가 인지한 트렌딩 토픽에 대한 모든 지역 목록을 가져온다. **trends_available** 메서드는 이런 장소를 의미하는 ***딕셔너리 목록***을 반환한다. 이 코드를 실행할 때 트렌딩 토픽에 연관된 467개의 위치 정보가 있다.

```
In [31]: trends_available = api.trends_available()

In [32]: len(trends_available)
Out[32]: 467
```

trends_available이 반환하는 리스트의 각 요소에 있는 딕셔너리는 다양한 정보를 담고 있다. 그리고 **지명**과 woeid(뒤에서 논의할)가 포함되어 있다.

```
In [33]: trends_available[0]
Out[33]:
{'name': 'Worldwide',
 'placeType': {'code': 19, 'name': 'Supername'},
 'url': 'http://where.yahooapis.com/v1/place/1',
 'parentid': 0,
 'country': '', 'woeid': 1,
 'countryCode': None}

In [34]: trends_available[1]
Out[34]:
  {'name': 'Winnipeg',
   'placeType': {'code': 7, 'name': 'Town'},
   'url': 'http://where.yahooapis.com/v1/place/2972',
   'parentid': 23424775,
   'country': 'Canada',
   'woeid': 2972,
   'countryCode': 'CA'}
```

트위터의 트렌드 API의 trends/place 메서드(잠시 논의했던)는 **Yahoo! Where on Earth IDs(WOEIDs)**를 사용해서 트렌딩 토픽을 찾는다. 여기서 WOEID 1은 ***전 세계***를 의미하고, 다른 장소는 1보다 큰 유일한 WOEID 값을 가진다. 다음 두 개의 하위 절에서는 WOEID 값을 사용해서 전 세계의 트렌딩 토픽과 특정 도시의 트렌딩 토픽을 구할 수 있다. 다음 표는 랜드마크, 도시, 주와 대륙의 몇 가지 WOEID 값을 보여준다. 이것은 모든 유효한 WOEID 값이지만 트위터가 모든 위치에 대한 트렌딩 토픽을 가지고 있다고 보장할 수 없다.

장소	WOEID	장소	WOEID
자유의 여신상	23617050	이구아수 폭포	468785
로스앤젤레스	2442047	미국	23424977
워싱턴 D.C.	2514815	북아메리카	24865672
프랑스 파리	615702	유럽	24865675

12

위도와 경도로 지정한 위치와 가까운 위치를 검색할 수 있다. 이렇게 하려면 Tweepy API의 **trends_closest 메서드**를 호출하여 트위터 API를 호출한다.[20]

12.11.2 트렌딩 토픽 목록 구하기

Tweepy API의 **trends_closest 메서드**는 트위터 트렌드 API의 trends/place 메서드[21]를 호출해서 특정 WOEID로 해당 장소에 대한 상위 50개의 트렌딩 토픽을 가져올 수 있다. 이전 장에서 논의했던 trends_available이나 trends_closest 메서드에서 반환하는 각 딕셔너리에는 woeid 속성에서 WOEID 값을 얻을 수 있다. 또는 다음 링크에서 도시/마을, 주, 나라, 주소, 우편번호 또는 랜드마크를 찾아서 어떤 지역의 Yahoo! Where on Earth ID(WOEID)를 찾을 수 있다.

http://www.woeidlookup.com

woeid와 같은 파이썬 라이브러리를 통해 야후의 웹 서비스를 사용해서 프로그래밍적으로 WOEID를 찾을 수 있다.[22]

https://github.com/Ray-SunR/woeid

전 세계적인 트렌딩 토픽

오늘의 트렌딩 토픽을 구해보자(여러분의 결과와 다를 수 있다.).

```
In [35]: world_trends = api.trends_place(id=1)
```

trends_place 메서드는 딕셔너리가 있는 하나의 요소만 있는 리스트를 반환한다. 이 딕셔너리의 'trends' 키는 각 트렌드를 의미하는 딕셔너리들의 리스트를 참조한다.

```
In [36]: trends_list = world_trends[0]['trends']
```

각 딕셔너리에는 name, url, promoted_content(광고 트윗인지 지정하는), query와 tweet_volume 키들을 가지고 있다(아래 표 참고). 다음 트렌드는 스페인어로 되어 있다. #Bienvenido Septiembre는 '어서와 9월아'라는 의미이다.

---

20 https://developer.twitter.com/en/docs/trends/locations-with-trending-topics/apireference/get-trends-closest

21 https://developer.twitter.com/en/docs/trends/trends-for-location/api-reference/get-trends-place

22 woeid 모듈의 문서에서 설명되어 있는 것처럼 야후 API 키가 필요하다.

```
In [37]: trends_list[0]
Out[37]:
{'name': '#BienvenidoSeptiembre',
 'url': 'http://twitter.com/search?q=%23BienvenidoSeptiembre',
 'promoted_content': None,
 'query': '%23BienvenidoSeptiembre',
 'tweet_volume': 15186}
```

10,000개 이상의 트윗 트렌드의 경우, tweet_volume에 트윗의 수를 표시하고, 그렇지 않으면 None이다. 리스트 컴프리헨션을 사용해서 리스트를 필터링하고 1만 개 이상의 트윗이 있는 트렌드만 포함시켜보자.

```
In [38]: trends_list = [t for t in trends_list if t['tweet_volume']]
```

다음은 트렌드 목록을 tweet_volume의 *내림차순*으로 정렬해 보자.

```
In [39]: from operator import itemgetter

In [40]: trends_list.sort(key=itemgetter('tweet_volume'), reverse=True)
```

이제 최상위 다섯 개의 트렌딩 토픽의 이름을 출력해 보자.

```
In [41]: for trend in trends_list[:5]:
    ...:     print(trend['name'])
    ...:
#HBDJanaSenaniPawanKalyan
#BackToHogwarts
Khalil Mack
#ItalianGP
Alisson
```

뉴욕시 트렌딩 토픽

이번에는 뉴욕시(WOEID 2459115)의 최상의 트렌딩 토픽을 구해보자. 다음 코드는 위에서 했던 것과 같은 작업을 한다. 다만 WOEID만 다를 뿐이다.

```
In [42]: nyc_trends = api.trends_place(id=2459115) # New York City WOEID

In [43]: nyc_list = nyc_trends[0]['trends']

In [44]: nyc_list = [t for t in nyc_list if t['tweet_volume']]

In [45]: nyc_list.sort(key=itemgetter('tweet_volume'), reverse=True)
```

```
In [46]: for trend in nyc_list[:5]:
    ...:     print(trend['name'])
    ...:
#IDOL100M
#TuesdayThoughts
#HappyBirthdayLiam
NAFTA
#USOpen
```

12.11.3 트렌딩 토픽 이용해 워드 클라우드 만들기

11장 '자연어 처리(NLP)'에서 WordCloud 라이브러리를 이용해 워드 클라우드를 만들었는데, 여기서는 다시 이 라이브러리를 사용해서 각각 1만 이상의 트윗을 가진 뉴욕시의 트렌딩 토픽을 시각화해 보자. 먼저 트렌딩 토픽의 name과 tweet_volume의 값으로 구성된 키-값 쌍으로 된 딕셔너리를 만들어보자.

```
In [47]: topics = {}

In [48]: for trend in nyc_list:
    ...:     topics[trend['name']] = trend['tweet_volume']
    ...:
```

다음으로 topics 딕셔너리의 키-값 쌍을 이용해서 WordCloud를 만들어본 후 이 워드 클라우드를 이미지 파일 TrendingTwitter.png(코드 다음에 보이는 그림)로 출력한다. prefer_horizontal=0.5 인자는 단어의 50%는 가로로 보이도록 시스템에게 ***요청한다***. 단 소프트웨어가 내용을 맞추기 위해서 이 설정을 무시할 수 있다.

```
In [49]: from wordcloud import WordCloud

In [50]: wordcloud = WordCloud(width=1600, height=900,
    ...:     prefer_horizontal=0.5, min_font_size=10, colormap='prism',
    ...:     background_color='white')
    ...:

In [51]: wordcloud = wordcloud.fit_words(topics)

In [52]: wordcloud = wordcloud.to_file('TrendingTwitter.png')
```

최종적으로 만들어진 이미지는 다음과 같다. 코드를 실행시킨 날의 트렌딩 토픽을 사용하기 때문에 여러분이 만든 이미지와 다를 수 있다.

12.12 분석을 위해 트윗 정리/전처리하기

데이터 정리 작업은 데이터 과학자들이 가장 많이 하는 작업 중 하나이다. 트윗을 어떻게 처리할지에 따라 다음 표의 데이터 정리 작업을 일부 또는 전부 수행해서 트윗 정규화를 해야 한다. 이 과정 중 많은 부분은 11장 '자연어 처리(NLP)'에서 소개했던 라이브러리를 이용해서 수행할 수 있다.

트윗 정리 작업	
• 모든 텍스트를 소문자 또는 대문자로 통일하기	• 구두 문자 제거하기
• 해시태그에서 # 심벌 제거하기	• 불용어 제거하기
• @-멘션 제거하기	• RT(리트윗)과 FAV(좋아하는 트윗) 제거하기
• 중복 제거하기	• URL 제거하기
• 연속된 공백문자 제거하기	• 어간 찾기
• 해시태그 제거하기	• 표제문자 찾기
	• 토큰으로 분리하기

트윗-프리프로세서 라이브러리와 텍스트블랍 유틸리티 함수

이번 절에서 트윗을 정리하는 기본적인 작업을 위해 **tweet-preprocessor 라이브러리**를 사용할 것이다.

`https://github.com/s/preprocessor`

트윗-프리프로세서(tweet-preprocessor) 라이브러리는 다음 조합을 자동으로 제거할 수 있다.

- URL
- @-멘션들(**@nasa** 같은)
- 해시태그(**#mars** 같은)

- 트위터의 예약된 단어(리트윗을 의미하는 RT, 관심글을 의미하는 FAV 같은 것. 여기서 FAV는 다른 소셜 네트워크의 '좋아요'와 비슷하다.)
- 이모지(모든 이모지 또는 스마일리만)
- 숫자

다음 표는 각 옵션이 의미하는 이 모듈의 상수를 보여준다.

옵션	옵션 상수
@-멘션(예: @nasa)	OPT.MENTION
이모지	OPT.EMOJI
해시태그(예: #mars)	OPT.HASHTAG
숫자	OPT.NUMBER
예약어(RT와 FAV)	OPT.RESERVED
스마일리	OPT.SMILEY
URL	OPT.URL

트윗-프리프로세서 설치하기

트윗-프리프로세서(tweet-preprocessor)를 설치하기 위해서 아나콘다 프롬프트(윈도우)나 터미널(맥/리눅스) 또는 셸(리눅스)를 열고 다음 명령을 실행한다.

```
pip install tweet-preprocessor
```

윈도우 사용자라면 소프트웨어 설치 권한이 있는 관리자로 아나콘다 프롬프트를 실행해야 할 수도 있다. 이렇게 하려면 '시작' 메뉴에 있는 아나콘다 프롬프트에서 마우스 오른쪽 버튼을 클릭하고 **더 보기 > 관리자 권한으로 실행(More > Run as administator)**을 선택한다.

트윗 정리하기

이번 장의 뒤쪽 예제에서 사용할 트윗에 대해 기본적인 정리 작업을 해 보자. tweet-preprocessor 라이브러리의 모듈 이름은 preprocessor이다. 이 모듈의 문서에는 다음과 같이 모듈을 임포트한다.

```
In [1]: import preprocessor as p
```

옵션을 설정하기 위해서 이 모듈의 **set_options 함수**를 호출한다. 이번 예제의 경우 URL을 제거하고 트위터 예약어를 제거한다.

```
In [2]: p.set_options(p.OPT.URL, p.OPT.RESERVED)
```

예약어(RT)와 URL이 포함된 샘플 트윗을 정리해 보자.

```
In [3]: tweet_text = 'RT A sample retweet with a URL https://nasa.gov'

In [4]: p.clean(tweet_text)
Out[4]: 'A sample retweet with a URL'
```

12.13 트위터 스트리밍 API

트위터의 무료 스트리밍 API는 하루에 발생하는 트윗에 최대 1%의 트윗을 ***무작위로 선택***해서 앱으로 보낸다. InternetLiveStats.com에 따르면 초당 약 6,000개의 트윗이 있었는데, 이것은 하루 5억 개 이상의 트윗을 의미한다.[23] 따라서 스트리밍 API를 사용하면 하루에 약 500만 개의 트윗에 접근할 수 있다. 트위터는 스트리밍 트윗의 10%를 무료로 접속할 수 있게 허용했었지만, 현재는 이 서비스, 즉 ***'파이어 호스'***는 유료 서비스로만 이용할 수 있다. 이번 절에서는 클래스 정의와 IPython 세션을 사용하여 스트리밍 트윗을 처리하는 과정을 살펴보자. 트윗 스트림을 받기 위한 코드는 다른 클래스를 ***상속받아*** 사용자 정의 클래스를 만들어야 한다. 상속에 대해서는 10장 '객체 지향 프로그래밍'에서 다루었다.

12.13.1 StreamListener를 상속받은 서브 클래스 만들기

스트리밍 API는 검색 조건에 일치하는 트윗이 발생할 때 트윗을 반환한다. 스트림은 메서드를 호출할 때마다 트위터에 연결하는 대신 연결을 ***유지해서*** 트위터에서 트윗을 앱으로 **보낼 수 있도록** 한다. 사용자가 설정한 검색 기준에 따라 트윗이 도착하는 속도가 차이날 수 있다. 토픽이 유명할수록 트윗이 더 빨리 도착한다.

트윗 스트림을 처리하기 위해서 트위피의 **StreamListener 클래스**의 서브 클래스를 만든다. 이 클래스의 객체는 새로운 트윗이 도착할 때(또는 트윗터에서 보내오는 메시지들[24]) 받아주는 ***리스너***이다. 트위터가 보내는 각 메시지마다 StreamListener 메서드가 호출된다. 다음 표는 이런 메서드 중에서 몇 가지 메서드를 요약한 것이다. StreamListener에 몇 가지 메서드가 이미 정의되어 있으므로 필요한 메서드만 다시 정의하면 되는데, 이것을 ***'함수 재정의(오버라이드)'***라고 한다. StreamListener의 다른 메서드는 다음 링크를 참고한다.

https://github.com/tweepy/tweepy/blob/master/tweepy/streaming.py

---

23 http://www.internetlivestats.com/twitter-statistics/

24 메시지에 대한 자세한 설명은 다음 링크를 참고한다. https://developer.twitter.com/en/docs/tweets/filterrealtime/guides/streaming-message-types.html

메서드	기능
on_connect(self)	트위터 스트림에 성공적으로 접속했을 때 호출된다. 이 메서드는 앱이 스트림 서버에 접속했을 때만 실행되어야 하는 구문용이다.
on_status(self, status)	트윗이 들어왔을 때 호출된다. status는 트위피의 Status 객체이다.
on_limit(self, track)	속도 제한에 도달했을 때 호출된다. 이 메서드는 현재 스트리밍 속도 제한 기준으로 트위터가 보낼 수 있는 것 이상의 트윗이 매칭되었을 때 발생한다. 이 경우 전달하지 못한 매칭된 트윗 수가 포함되어 있다.
on_error(self, status_code)	트위터가 보내는 오류 코드에 대응해서 호출된다.
on_timeout(self)	연결이 타임아웃되었을 때 호출된다. 즉 트위터 서버가 응답하지 않는 것이다.
on_warning(self, notice)	트위터가 연결이 끊어질 수 있다는 것을 알리는 연결 종료 알림을 보냈을 때 호출된다. 예를 들어 트위터는 여러분의 앱으로 보낼 트윗의 큐를 관리한다. 앱에서 충분히 빠르게 트윗을 읽지 않으면 on_warning의 notice 인자에 큐가 가득 차서 연결이 끊어질 거라는 경고 메시지를 보낸다.

TweetListener 클래스

StreamListener 서브 클래스 Tweetlistener는 tweetlistener.py에 정의되어 있는데, 여기서는 TweetListener의 컴포넌트를 논의할 것이다. 라인 6은 TweetListener 클래스가 tweepy.StreamListener의 서브 클래스임을 표시하고, 이것으로 새로운 클래스에 StreamListener 클래스의 기본 메서드가 구현되어 있음을 보장한다.

```
1  # tweetlistener.py
2  """트윗이 왔을 때 처리할 tweepy.StreamListener의 서브 클래스"""
3  import tweepy
4  from textblob import TextBlob
5
6  class TweetListener(tweepy.StreamListener):
7      """들어오는 Tweet 스트림을 처리한다."""
8
```

TweetListener 클래스: __init__ 메서드

다음 라인은 TweetListener 클래스의 __init__ 메서드를 정의하고, 이 메서드는 TweetListener 객체를 생성할 때 호출된다. api 매개변수는 TweetListener가 트위터와 연동하기 위해서 사용할 트위피 API 객체이다. limit 매개변수는 처리할 총 트윗 수를 의미하고, 기본값은 10이다. 받을 트윗 수를 조정할 수 있도록 이 매개변수를 설정했다. 앞으로 살펴볼 것처럼 한계에 도달하면 스트림을 종료시킨다. limit를 None으로 설정하면 스트림이 자동으로 종료되지 않는다. 라인 11은 인스턴스 변수를 만들어서 처리되는 트윗 수를 추적할 수 있도록 하고, 라인 12는 limit를 저장하기 위해서 상수를 만든다. 라인 13은 리스너 객체가 사용할 api 객체를 저장한다.

```
9        def __init__(self, api, limit=10):
10           """트윗 수를 추적하기 위한 변수 생성"""
11           self.tweet_count = 0
12           self.TWEET_LIMIT = limit
13           super().__init__(api)  # 수퍼클래스의 init 메서드 호출
14
```

TweetListener 클래스: on_connect 메서드

on_connect 메서드는 앱이 트위터 스트림에 성공적으로 접속되었을 때 호출된다. 'Connection successful'(성공적으로 접속함)' 메시지를 출력하도록 기본 구현을 재정의했다.

```
15       def on_connect(self):
16           """연결이 성공했을 때 호출됨, 연결되었을 때 해야 할 적절할 애플리케이션
17           작업을 할 수 있도록 해 준다."""
18           print('Connection successful\n')
19
```

TweetListener 클래스: on_status 메서드

on_status 메서드는 트위피에서 각각의 트윗이 왔을 때 호출한다. 이 메서드의 두 번째 매개변수는 트윗을 나타내는 트위피의 Status 객체를 받고, 라인 23~26에서 트윗의 본문을 가져온다. 먼저 트윗이 새로운 280자 방식을 사용하는 것으로 가정하므로 트윗의 extended_tweet 프로퍼티를 접근해서 그 객체의 full_text를 가져오려고 한다. 트윗에 extended_tweet 프로퍼티가 없으면 예외가 발생한다. 이 경우 text 프로퍼티를 대신 가져오면 라인 28~30에서 트윗을 보낸 user의 screen_name 프로퍼티, 트윗의 lang(즉, 언어)과 tweet_text를 출력한다. 언어가 영어('en')이 아니면 라인 32~33에서 Textblob을 사용해 트윗을 영어로 번역해서 출력한다. self.tweet_count(라인 36)를 증가시키고 그 값을 self.TWEET_LIMIT와 return 구문에서 비교한다. on_status에서 True가 반환되면 스트림을 계속 열려있는 상태로 유지한다. on_statuts에서 False를 반환하면 트위피는 스트림 연결을 끊는다.

```
20       def on_status(self, status):
21            """트위터에서 새로운 트윗을 보내주었을 때 호출됨"""
22            # 트윗 본문 가져오기
23            try:
24                tweet_text = status.extended_tweet.full_text
25            except:
26                tweet_text = status.text
27
28            print(f'Screen name: {status.user.screen_name}:')
29            print(f'    Language: {status.lang}')
30            print(f'      Status: {tweet_text}')
```

```
31
32            if status.lang != 'en':
33                print(f' Translated: {TextBlob(tweet_text).translate()}')
34
35            print()
36            self.tweet_count += 1  # 처리된 트윗 수
37
38            # TWEET_LIMIT에 도달하면 스트림을 끝내기 위해서 False를 반환
39            return self.tweet_count <= self.TWEET_LIMIT
```

12.13.2 스트림 처리 초기화하기

IPython 세션을 사용해서 TweetListener를 테스트해 보자.

인증하기

먼저 트위터에 인증을 거치고 트위피 API 객체를 만들어야 한다.

```
In [1]: import tweepy

In [2]: import keys

In [3]: auth = tweepy.OAuthHandler(keys.consumer_key,
   ...:                            keys.consumer_secret)
   ...:

In [4]: auth.set_access_token(keys.access_token,
   ...:                       keys.access_token_secret)
   ...:

In [5]: api = tweepy.API(auth, wait_on_rate_limit=True,
   ...:                  wait_on_rate_limit_notify=True)
   ...:
```

TweetListner 생성하기

다음으로 TweetListener 클래스의 객체를 생성하고 이것을 api 객체를 이용해서 초기화한다.

```
In [6]: from tweetlistener import TweetListener

In [7]: tweet_listener = TweetListener(api)
```

limit 인자를 지정하지 않아 TweetListener는 10개의 트윗을 받으면 종료될 것이다.

스트림 생성하기

트위피의 **Stream** 객체는 트위터 스트림과의 연결을 관리하고 사용자가 만든 Tweetlistener에 메시지를 전달한다. Stream 생성자의 auth 키워드 인자로 api 객체의 auth 프로퍼티를 받는다. auth는 앞에서 설정한 OAuthHandler 객체를 가지고 있다. listener 키워드 인자는 사용자의 listener 객체를 받는다.

```
In [8]: tweet_stream = tweepy.Stream(auth=api.auth,
   ...:                              listener=tweet_listener)
   ...:
```

트윗 스트림 시작하기

Stream 객체의 **filter 메서드**는 스트리밍을 시작한다. NASA의 Mars rover에 대한 트윗을 받아 보자. 여기서 track 매개인자를 사용해 검색 단어를 리스트로 넘겨준다.

```
In [9]: tweet_stream.filter(track=['Mars Rover'], is_async=True)
```

스트리밍 API는 검색 단어에 매칭되는 모든 트윗에 대한 전체 JSON 객체를 반환한다. 매칭되는 트윗을 검색할 때 본문뿐만 아니라 @-멘션, 해시태그, 확장된 URL, 그리고 트윗 객체의 JSON으로 관리하고 있는 다른 정보도 검색의 대상이 되므로 본문만 본다면 찾으려는 검색 단어가 보이지 않을 수도 있다.

비동기식 스트림과 동기식 스트림

is_async=True 인자는 필터가 **비동기식 트윗 스트림**을 초기화해야 한다는 것을 표시한다. 이 방식은 리스너에서 트윗을 받는 동안 사용자의 코드를 계속 실행시키는데, 스트림을 빨리 종료시킬 때 유용하다. IPython에서 비동기 트윗 스트림을 실행할 경우 다음 In [] 프롬프트가 바로 보일 것이다. 그리고 Stream 객체의 **running 프로퍼티**에 False 값을 다음과 같이 설정해서 트윗 스트림을 종료할 수 있다.

```
tweet_stream.running=False
```

is_async=True 인자를 사용하지 않으면 filter는 **동기식 트윗 스트림**을 초기화한다. 이 경우 IPython는 스트림이 종료된 ***뒤에야*** 다음 In [] 프롬프트가 표시된다. 비동기 스트림은 GUI 애플리케이션에서 유용하다. 비동기 방식을 사용하면 트윗을 받는 사용자는 애플리케이션의 다른 기능을 계속 사용할 수 있다. 다음은 두 개의 트윗이 있는 출력 결과를 보여주고 있다.

```
Connection successful

Screen name: bevjoy:
     Language: en
       Status: RT @SPACEdotcom: With Mars Dust Storm Clearing, Opportunity Rover
Could Finally Wake Up https://t.co/OIRP9UyB8C https://t.co/ gTfFR3RUkG

Screen name: tourmaline1973:
   Language: en
     Status: RT @BennuBirdy: Our beloved Mars rover isn't done yet, but
she urgently needs our support! Spread the word that you want to keep
calling ou...

...
```

filter 메서드의 다른 매개변수

filter 메서드는 특별한 매개변수들이 더 있다. 트윗 사용자 ID 번호(특정 사용자에게서 온 트윗 팔로우하기 위해)와 위치로 트윗을 필터링할 수 있다. 자세한 정보는 다음을 살펴보자.

https://developer.twitter.com/en/docs/tweets/filter-realtime/guides/basic-stream-parameters

트위터 제한 사항

마케터, 연구자, 그리고 기타 사람들이 스트리밍 API를 통해서 받은 트윗을 저장하는 경우가 많다. 만약 트윗을 저장한다면 트위터는 사용자가 삭제 요청을 받았을 때 해당 트윗에 대해 모든 메시지나 위치 데이터를 삭제하도록 요구한다. 이 삭제 메시지는 트위터가 트윗으로 사용자에게 보내고, 이후에 사용자가 트윗 또는 트윗의 위치 데이터를 삭제하면 발생한다. 각각의 상황에서 리스너의 **on_delete 메서드**가 호출된다. 삭제 규칙 및 상세한 내용은 다음 링크를 참고하기 바란다.

https://developer.twitter.com/en/docs/tweets/filter-realtime/guides/streaming-message-types

12.14 트윗 감성 분석

11장 '자연어 처리(NLP)'에서는 문장에 대한 감성 분석하는 것을 살펴보았다. 많은 연구자들과 회사에서는 트윗에 대해서 감성 분석을 시행하고 있다. 예를 들어 정치 연구자들은 사람들이 특정 정치인이나 이슈에 대해 어떻게 느끼는지 알아보기 위해서 선거 기간 동안 트윗에 대해 감성 분석을 할 수 있다. 회사에서는 자신들의 제품과 경쟁사 제품에 대해 사람들이 무슨 이야기를 하는지 알아보기 위해서 트윗의 감성을 체크할 수도 있다.

이번 절은 앞에서 소개한 기술을 사용해서 특정 주제에 대한 감성을 체크하는 스크립트(sentimentlistener.py)를 만들어본다. 이 스크립트는 트윗을 분석해서 긍정적, 중립적 또는 부정적인 트윗을 통합해서 그 결과를 출력한다.

이 스크립트는 두 개의 커맨드라인 인자를 받는다. 각각 받으려는 트윗의 주제와 감성 분석 대상이 될 총 트윗의 수이다. 제거되어 않은 트윗만 수를 센다. 활발한 주제는 리트윗되는 경우가 많은데, 이런 것은 세지 않기 때문에 사용자가 지정한 수만큼의 트윗을 분석하기 위해서 시간이 걸릴 수 있다. ch12 예제 폴더에서 다음과 같이 실행할 수 있다.

```
ipython sentimentlistener.py football 10
```

그러면 스크립트는 다음과 비슷한 결과를 출력한다. 긍정적인 트윗은 +, 부정적인 트윗은 -, 중립적 트윗은 공백으로 시작한다.

```
- ftblNeutral: Awful game of football. So boring slow hoofball complete waste of
another 90 minutes of my life that I'll never get back #BURMUN

+ TBulmer28: I've seen 2 successful onside kicks within a 40 minute span. I love
college football

+ CMayADay12: The last normal Sunday for the next couple months. Don't text me
don't call me. I am busy. Football season is finally here?

  rpimusic: My heart legitimately hurts for Kansas football fans

+ DSCunningham30: @LeahShieldsWPSD It's awsome that u like college football, but my
favorite team is ND - GO IRISH!!!

  damanr: I'm bummed I don't know enough abOut football to roast @samesfandiari
properly abOut the

+ jamesianosborne: @TheRochaSays @WatfordFC @JackHind Haha.... just when you think
an American understands Football.... so close. Wat...

+ Tshanerbeer: @PennStateFball @PennStateOnBTN Ah yes, welcome back college
football. You've been missed.

- cougarhokie: @hokiehack @skiptyler I can verify the badness of that football

+ Unite_Reddevils: @Pablo_di_Don Well make yourself clear it's football not soccer
we follow European football not MLS soccer

Tweet sentiment for "football"
 Positive: 6
  Neutral: 2
 Negative: 2
```

이 스크립트(sentimentlistener.py)의 내용은 이후에 살펴볼 것이고, 여기서는 이번 예제의 새로운 기능에 대해서만 집중할 것이다.

임포트하기

라인 4~8은 keys.py 파일을 임포트하고 스크립트 전체에서 이것을 사용한다.

```
1  # sentimentlisener.py
2  """검색 문자열에 일치하는 트윗을 검색하고 긍정, 중립, 부정 트윗의 수를
3  기록하는 스크립트 """
4  import keys
5  import preprocessor as p
6  import sys
7  from textblob import TextBlob
8  import tweepy
9
```

SentimentListener 클래스: __init__ 메서드

__init__ 메서드는 트위터와 연동하는 API 객체 이외에 세 개의 매개변수를 더 받는다.

- sentiment_dict – 트윗의 감성 정보를 보관하기 위한 딕셔너리
- topic – 검색 주제. 이것으로 트윗이 검색 대상인지 확인할 수 있다.
- limit – 처리할 트윗의 수(제거한 것은 포함되지 않는다.)

각각의 매개변수는 SentimentListener 객체(self)에 저장된다.

```
10 class SentimentListener(tweepy.StreamListener):
11     """들어오는 트윗 스트림을 처리한다."""
12
13     def __init__(self, api, sentiment_dict, topic, limit=10):
14         """SentimentListener를 설정한다"""
15         self.sentiment_dict = sentiment_dict
16         self.tweet_count = 0
17         self.topic = topic
18         self.TWEET_LIMIT = limit
19
20         # tweet-preprocessor에 URL 및 예약된 단어를 제거하도록 설정한다.
21         p.set_options(p.OPT.URL, p.OPT.RESERVED)
22         super().__init__(api)  # 슈퍼클래스의 init 메서드 호출
23
```

on_status 메서드

트윗을 받으면 on_status 메서드가 호출된다.

- 트윗의 본문을 가져온다(라인 27~30).
- 해당 트윗이 리트윗한 것이면 무시한다(라인 33~34).

- URL, RT와 FAV 같은 예약어를 제거하기 위해서 트윗을 정리한다(라인 36).
- 트윗의 본문에서 특정 주제가 없으면 무시한다(라인 39~40).
- TextBlob을 사용해서 트윗의 감성을 분석하고 sentiment_dict를 업데이트한다(라인 43~52).
- 긍정적인 트윗은 +, 중립적인 트윗은 공백, 부정적인 트윗은 -가 앞에 오도록 하고 본문을 출력한다(라인 55).
- 지정된 수만큼의 트윗을 처리했는지 확인한다(라인 57~60).

```
24 def on_status(self, status):
25         """트위터에서 새로운 트윗을 보내주었을 때 호출됨"""
26         # 트윗 본문 가져오기
27         try:
28             tweet_text = status.extended_tweet.full_text
29         except:
30             tweet_text = status.text
31 
32         # 리트윗 무시
33         if tweet_text.startswith('RT'):
34             return
35 
36         tweet_text = p.clean(tweet_text)  # 트윗 본문 정리
37 
38         # 본문이 트윗 주제와 관련 없으면 무시
39         if self.topic.lower() not in tweet_text.lower():
40             return
41 
42         # polarity 값에 따라서 self.sentiment_dict 업데이트
43         blob = TextBlob(tweet_text)
44         if blob.sentiment.polarity > 0:
45             sentiment = '+'
46             self.sentiment_dict['positive'] += 1
47         elif blob.sentiment.polarity == 0:
48             sentiment = ' '
49             self.sentiment_dict['neutral'] += 1
50         else:
51             sentiment = '-'
52             self.sentiment_dict['negative'] += 1
53 
54         # 트윗 표시
55         print(f'{sentiment} {status.user.screen_name}: {tweet_text}\n')
```

```
56
57         self.tweet_count += 1  # 처리된 트윗 수
58
59         # TWEET_LIMIT에 도달하면 스트림을 끝내기 위해서 False를 반환
60         return self.tweet_count <= self.TWEET_LIMIT
61
```

메인 애플리케이션

메인 애플리케이션은 main 함수(라인 62~87; 다음에 보는 코드는 이후에 논의 예정)에 정의되어 있다. 이 함수는 스크립트로 파일을 실행할 때 라인 90~91에서 호출한다. 따라서 sentimentlistener.py는 이번 절에서 TweetListener로 했던 것처럼 SentimentListener 클래스를 사용하기 위해 IPython이나 다른 모듈에서 임포트할 수 있다.

```
62     def main():
63         # OAuthHandler 설정
64         auth = tweepy.OAuthHandler(keys.consumer_key, keys.consumer_secret)
65         auth.set_access_token(keys.access_token, keys.access_token_secret)
66
67         # API 객체 얻어오기
68         api = tweepy.API(auth, wait_on_rate_limit=True,
69                          wait_on_rate_limit_notify=True)
70
71         # StreamListener 서브 클래스 객체 생성
72         search_key = sys.argv[1]
73         limit = int(sys.argv[2])  # 총 트윗 수
74         sentiment_dict = {'positive': 0, 'neutral': 0, 'negative': 0}
75            sentiment_listener = SentimentListener(api,
76         sentiment_dict, search_key, limit)
77
78         # 스트림 생성
79         stream = tweepy.Stream(auth=api.auth, listener=sentiment_listener)
80
81         # search_key에 있는 내용이 포함된 영어 트윗 가져오기 시작
82         stream.filter(track=[search_key], languages=['en'], is_async=False)
83
84         print(f'Tweet sentiment for "{search_key}"')
85         print('Positive:', sentiment_dict['positive'])
86         print(' Neutral:', sentiment_dict['neutral'])
87         print('Negative:', sentiment_dict['negative'])
88
```

```
89    # 스크립트로 파일 실행했을 때 main 함수 호출
90    if __name__ == '__main__':
91        main()
```

라인 72~73은 커맨드라인의 인자를 가져오고, 라인 74는 트윗의 감성 데이터를 종합하기 위해서 sentiment_dict 딕셔너리를 생성한다. 라인 75~76은 SentimentListener를 생성하고, 라인 79에서는 Stream 객체를 생성한다. Stream의 filter 메서드를 호출해서 stream을 다시 한 번 초기화한다(라인 82). 하지만 이번 예제에서는 동기적으로 스트림을 사용하기 때문에 라인 84~87은 지정된 수의 트윗(limit)을 처리한 이후에나 감성 분석 결과를 출력한다. 이번 filter 메서드 호출에서 languages 키워드 인자도 사용하고, 이 키워드 인자는 언어 코드 리스트를 지정한다. 'en' 언어 코드 하나만 지정해서 트위터가 영어로 쓰여진 트윗만 반환하도록 지정한다.

12.15 지오코딩과 맵핑

이번 절에서 스트리밍 트윗을 모아서 해당 트윗이 발생한 위치를 그림으로 만들어볼 것이다. 트위터는 이 기능을 기본적으로 사용하지 않도록 설정되어 있어서 대부분의 트윗에는 위도와 경도 좌표가 없다. 자신의 정확한 위치를 트윗에 포함시키려면 기능을 켜야 한다. 대부분의 트윗에 정확한 위치 정보가 없지만, 사용자의 집 위치는 대부분 있다. 하지만 그것도 가끔은 아주 동떨어져 있거나 좋아하는 소설에서 가져온 가상의 장소인 경우처럼 부정확하다.

이번 절에서는 트윗의 User 객체 location 프로퍼티를 사용해서 대화형 맵에 사용자 위치를 표시할 것이다. 이 맵은 줌인/줌아웃을 하고 지도를 드래그해서 움직일 수 있어서('***패닝(panning)***'이라고 알려진 것) 다른 지역들도 볼 수 있다. 각 트윗에 대해서 사용자의 스크린 이름과 트윗 본문을 팝업으로 보기 위해서 클릭할 수 있는 마커를 표시할 것이다.

리트윗과 검색대상이 아닌 트윗들은 무시한다. 그렇지 않은 트윗에 대해서 위치 정보를 포함하고 있는 트윗의 백분율을 알아본다. 트윗의 위치에 대한 위도와 경도 정보를 가져올 때 이상한 위치 데이터를 가지고 있는 트윗의 백분율도 추적한다.

geopy 라이브러리

geopy 라이브러리(https://github.com/geopy/geopy)를 사용해서 장소를 위도와 경도 좌표('**지오코딩**'이라고 하는)로 변환할 것이다. 이 라이브러리는 수십 개의 지오코딩 웹 서비스를 지원하고, 이들 중 다수는 무료 또는 저렴한 가격으로 이용할 수 있다. 이 예제를 위해서 **OpenMapQuest 지오코딩 서비스**(앞서 잠깐 이야기했던)를 사용할 것이다. 이미 12.6절에서 지도파이(geopy)를 설치했다.

오픈맵퀘스트 지오코딩 API

오픈맵퀘스트(OpenMapQuest) 지오코딩 API를 사용해서 메사추세츠 보스턴 같은 장소를 지도에 표시하기 위해서 42.3602534, −71.0582912와 같이 위도/경도로 변환한다. 현재 오픈맵퀘스트는 한 달에 15,000 트랜잭션을 무료로 사용할 수 있다. 이 서비스를 이용하려면 다음 링크에 가서 가입해야 한다.

```
https://developer.mapquest.com/
```

로그인한 후 다음 링크로 간다.

```
https://developer.mapquest.com/user/me/apps
```

Create a New Key(새 키 생성하기)를 클릭하고 **App Name(앱 이름)** 필드에 선택한 이름을 넣는다. **Callback URL**은 빈 칸으로 남기고 API 키를 생성하기 위해서 **Create App**을 클릭한 후 소비자 키를 보기 위해서 웹페이지에 있는 앱 이름을 클릭한다. 이번 장 앞에서 사용했던 `keys.py` 파일에 다음 줄에 있는 *YourKeyHere* 부분을 소비자 키로 바꿔서 저장한다.

```
mapquest_key = 'YourKeyHere'
```

이번 장에서도 앞에서 했던 것처럼 키를 가져오기 위해서 `keys.py`를 임포트한다.

폴리엄 라이브러리와 Leaflet.js 자바스크립트 맵핑 라이브러리

이번 예제에 사용하는 지도에는 **폴리엄(folium) 라이브러리**를 사용할 것이다.

```
https://github.com/python-visualization/folium
```

이 라이브러리는 맵을 표시하기 위해서 널리 사용되는 Leaflet.js 자바스크립트 맵핑 라이브러리를 사용한다. 폴리엄이 만드는 맵은 웹 브라우저에서 볼 수 있는 HTML 파일로 저장된다. folium을 설치하기 위해서 다음 명령을 실행한다.

```
pip install folium
```

OpenStreetMap.org에서 가져온 맵

기본적으로 Leaflet.js는 `OpenStreetMap.org`에서 가져온 오픈 소스 맵을 사용한다. 이런 맵들은 OpenStreetMap.org 기여자들이 저작권을 가지고 있고, 이 맵[25]을 사용하기 위해서 다음에 나오는 저작권을 표시해야 한다.

```
Map data © OpenStreetMap contributors
```

그리고 다음과 같이 명시하고 있다.

25 https://wiki.osmfoundation.org/wiki/Licence/Licence_and_Legal_FAQ

오픈 데이터베이스 라이선스에 따라 데이터를 사용할 수 있다는 것을 분명히 해야 한다. www.openstreetmap.org/copyright 또는 www.opendatacommons.org/licenses/odbl에 링크되는 '라이센스'나 '약관' 링크로 표시할 수 있다.

12.15.1 트윗 가져와서 지도에 맵핑하기

트윗 장소를 도식화하는 코드를 대화형으로 개발해 보자. tweetutilities.py 파일에 있는 유틸리티 함수를 사용하고 locationistener.py에 있는 LocationListener 클래스를 사용할 것이다. 그리고 이어지는 하위 절에서는 유틸리티 함수와 클래스에 대한 자세한 내용을 설명할 것이다.

API 객체 가져오기

스트리밍 예제처럼 트위터에 인증 과정을 거치고 Tweepy API 객체를 얻어온다. 이번 예제에서는 이 작업을 tweetutilities.py에 있는 get_API 유틸리티 함수를 사용한다.

```
In [1]: from tweetutilities import get_API
In [2]: api = get_API()
```

LocationListener에서 필요로 하는 컬렉션

LocationListener 클래스는 두 개의 컬렉션이 필요하다. 즉 트윗을 저장한 리스트(tweets)와 트윗의 총 수, 그리고 위치 데이터가 있는 트윗의 수를 저장한 딕셔너리(counts)이다.

```
In [3]: tweets = []

In [4]: counts = {'total_tweets': 0, 'locations': 0}
```

LocationListener 만들기

이번 예제에서는 LocationListener는 'football'(미식축구)에 대한 50개의 트윗을 수집할 것이다.

```
In [5]: from locationlistener import LocationListener

In [6]: location_listener = LocationListener(api, counts_dict=counts,
   ...:        tweets_list=tweets, topic='football', limit=50)
   ...:
```

LocationListener는 유틸리티 함수인 get_tweet_content를 사용해서 각 트윗에 있는 이름, 본문과 장소 정보를 추출하고 해당 데이터를 딕셔너리에 저장한다.

트윗 스트림 설정하고 시작하기

다음으로 영어로 쓰여진 `'football'`(미식축구) 트윗에 대한 **스트림**을 만들어보자.

```
In [7]: import tweepy

In [8]: stream = tweepy.Stream(auth=api.auth, listener=location_listener)

In [9]: stream.filter(track=['football'], languages=['en'], is_async=False)
```

이제 트윗이 도착할 때까지 기다린다. 여기에 보여주고 있지는 않지만, (지면을 아끼는 차원에서) `LocationListener`는 각 트윗의 화면 이름과 본문을 각각 출력해서 라이브 스트림으로 진행되는 것을 볼 수 있다. (아마도 축구 시즌이 아니라서) 아무것도 받지 못했다면, Ctrl+C를 눌러서 스니펫 실행을 중지하고 다른 검색어를 사용해서 다시 시도해보자.

장소 정보의 통계 출력하기

다음 In [ ] 프롬프트가 화면이 보일 때 얼마나 많은 트윗을 처리했는지, 장소를 가진 트윗이 얼마나 많고 비율이 얼마나 되는지 확인할 수 있다.

```
In [10]: counts['total_tweets']
Out[10]: 63

In [11]: counts['locations']
Out[11]: 50

In [12]: print(f'{counts["locations"] / counts["total_tweets"]:.1%}')
79.4%
```

이번 실행에서는 79.4%의 트윗에 장소 데이터가 포함되어 있었다.

장소에 대한 좌표 구하기(지오코딩)

`tweetutilities.py` 파일에 있는 `get_geocodes` 유틸리티 함수를 사용해서 트윗 리스트에 저장되어 있는 각 트윗의 장소에 대한 좌표를 구해보자.

```
In [13]: from tweetutilities import get_geocodes

In [14]: bad_locations = get_geocodes(tweets)
Getting coordinates for tweet locations...
OpenMapQuest service timed Out. Waiting.
OpenMapQuest service timed Out. Waiting.
Done geocoding
```

가끔 `OpenMapQuest` 지오코딩 서비스가 시간 초과되는 경우가 있는데, `OpenMapQuest`에서 요청을 바로 처리할 수 없으므로 다시 한 번 시도해야 한다. 이 경우 **get_geocodes** 함수는 메시지를 출력하고 짧게 대기한 후 다시 좌표 변환을 요청한다.

정상적인 장소 정보가 있는 트윗의 경우에 **get_geocodes** 함수는 **tweets**에 있는 트윗 딕셔너리에 두 개의 새로운 키('latitude', 'longitude')를 추가한다. 각각의 키에 대응하는 값은 OpenMapQuest에서 반환하는 트윗의 좌표를 사용한다.

비정상 장소에 대한 통계 출력하기

In [ ] 프롬프트가 출력되었을 때 트윗 중에서 비정상 장소 데이터를 가진 트윗의 비율을 확인할 수 있다.

```
In [15]: bad_locations
Out[15]: 7

In [16]: print(f'{bad_locations / counts["locations"]:.1%}')
14.0%
```

이 경우 장소 데이터가 있는 50개의 트윗 중에서 7개(14%)에 비정상 정보가 있었다.

데이터 정리하기

지도에 트윗 위치를 표시하기 전에 판다스의 DataFrame을 사용해서 데이터를 정리해 보자. **tweets** 리스트로부터 DataFrame을 생성할 때 비정상적인 장소 데이터가 있는 트윗의 'latitude'와 'longitude' 값에 NaN이 포함되어 있을 것이다. DataFrame의 **dropna 메서드**를 사용해서 이 데이터가 있는 행을 제거한다.

```
In [17]: import pandas as pd

In [18]: df = pd.DataFrame(tweets)

In [19]: df = df.dropna()
```

폴리엄으로 지도 만들기

트윗 장소를 표시할 폴리엄 **지도**를 만들어보자.

```
In [20]: import folium

In [21]: usmap = folium.Map(location=[39.8283, -98.5795],
    ...:                    tiles='Stamen Terrain',
    ...:                    zoom_start=5, detect_retina=True)
    ...:
```

12

location 키워드 인자로 지도의 중앙 지점에 대한 위도와 경도를 가진 시퀀스를 지정한다. 위에서 사용한 값은 미국 대륙(http://bit.ly/CenterOfTheUS)의 지리적 중앙 지점이다. 지도에 표시할 트윗은 미국 바깥쪽에 표시될 수 있는데, 이 경우 지도를 열었을 때 처음부터 보지는 않을 것이다. 지도의 왼쪽 위에 있는 + 버튼과 - 버튼으로 지도를 확대/축소할 수 있다. 또는 마우스로 드래그하여 지도를 움직이면서 전 세계 어느 곳이든지 찾아볼 수 있다.

zoom_start 키워드 인자는 맵의 초기 확대 레벨을 지정한다. 낮은 레벨일수록 지역을 더 볼 수 있고, 높은 레벨로 갈수록 한 번에 보이는 곳이 적다. 우리 시스템에서는 5 레벨이 전체 미국 대륙을 표시하는 값이다. detect_retina 키워드 인자는 folium이 고해상도인지 감지할 수 있도록 한다. 이렇게 하면 OpenStreetMap.org에서 고해상도 지도를 요청하고 줌 레벨도 변경한다.

트윗 장소에 대한 팝업 마커 만들기

다음으로 DataFrame 전체를 순회해서 각 트윗의 본문을 가지고 있는 folium Popup 객체를 지도에 추가해 보자. 이 경우 **itertuples** 메서드를 사용해서 DataFrame의 각 행으로부터 튜플을 생성한다. 각 튜플에는 DataFrame 컬럼을 프로퍼티로 가지고 있다.

```
In [22]: for t in df.itertuples():
    ...:     text = ': '.join([t.screen_name, t.text])
    ...:     popup = folium.Popup(text, parse_html=True)
    ...:     marker = folium.Marker((t.latitude, t.longitude),
    ...:                            popup=popup)
    ...:     marker.add_to(usmap)
    ...:
```

먼저 사용자의 스크린 이름과 트윗 본문을 콜론(:)으로 구분한 문자열(text)을 만든다. 이 문자열은 마커를 클릭될 때 화면에 표시된다. 두 번째 구문은 folium **Popup** 객체를 만들고 텍스트를 화면에 표시한다. 세 번째 구문은 폴리엄 **Marker** 객체를 마커의 위도와 경도를 지정하는데, 튜플을 사용해서 생성한다. popup 키워드 인자는 트윗의 Popup 객체를 Marker와 연관시킨다. 마지막 구문은 Marker 객체의 **add_to 메서드**를 호출해서 Marker를 표시할 Map을 지정한다.

지도 저장하기

마지막 단계는 HTML 파일로 지도를 저장하기 위해서 맵의 **save** 메서드를 호출한다. 저장된 파일을 더블클릭하여 웹 브라우저에서 열어볼 수 있다.

```
In [23]: usmap.save('tweet_map.html')
```

최종적으로 만들어진 지도는 다음과 같다. 지도에 표시되는 마커들이 여러분이 실행할 것과 다를 수 있다.

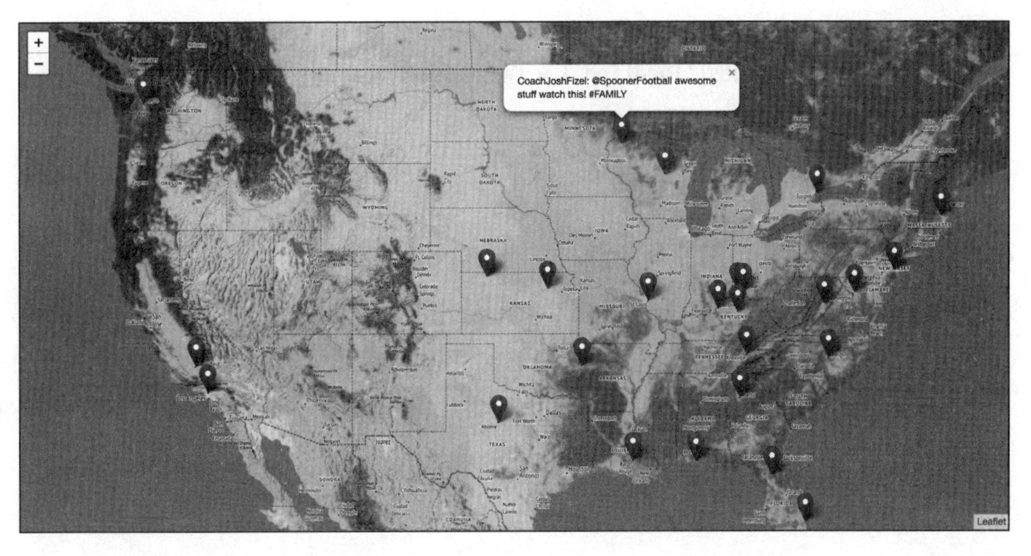

• 지도 데이터 © OpenStreetMap 제공자.
• 이 데이터는 Open Database License(www.openstreetmap.org/copyright)에 따라 제공된다.

12.15.2 tweetutilities.py에 있는 유틸리티 함수

이번에는 앞 절의 IPython 세션에서 사용했던 get_tweet_content와 get_geo_codes 유틸리티 함수들을 알아볼 것이다. 설명을 위해 각각의 함수마다 줄 번호를 1부터 시작했다. 이들 두 함수는 모두 tweetutilities.py에 정의되어 있고, 이 파일은 ch12 예제 폴더에 있다.

get_tweet_content 유틸리티 함수

get_tweet_content 함수는 Status 객체(tweet)를 받고 트윗의 screen_name(라인 4), text(라인 7~10), location(라인 12~13)을 포함하는 딕셔너리를 생성한다. 장소 정보는 location 키워드 인자를 True로 설정했을 때만 포함된다. 트윗 본문의 경우 extended_tweet에 있는 full_text 프로퍼티를 이용해서 구하고, 여기서 데이터를 못 구하면 text 프로퍼티를 사용한다.

```
1   def get_tweet_content(tweet, location=False):
2       """tweet (Status 객체) 데이터를 딕셔너리로 반환한다."""
3       fields = {}
4       fields['screen_name'] = tweet.user.screen_name
5
6       # 트윗 본문 얻기
7       try:
8           fields['text'] = tweet.extended_tweet.full_text
9       except:
10          fields['text'] = tweet.text
11
```

```
12        if location:
13            fields['location'] = tweet.user.location
14
15        return fields
```

get_geocodes 유틸리티 함수

get_geocodes 함수는 트윗이 포함되어 있는 딕셔너리의 리스트를 받아서 장소 정보를 지오코드로 바꾼다. 이 함수는 트윗에 대한 지오코드를 구하는 데 성공하면 tweet_list에 있는 트윗 딕셔너리에 위도와 경도를 추가한다. 이 코드는 geopy 모듈에 있는 **OpenMapQuest** 클래스가 필요해서, 다음과 같이 tweetutilities.py 파일에서 이 모듈을 임포트했다.

```
from geopy import OpenMapQuest
```

```
1   def get_geocodes(tweet_list):
2       """트윗 location 정보에서 위도와 경도를 얻는다.
3       무효한 위치 정보를 가지고 있는 트윗의 개수를 반환한다."""
4       print('Getting coordinates for tweet locations...')
5       geo = OpenMapQuest(api_key=keys.mapquest_key)  # 지오코더
6       bad_locations = 0
7
8       for tweet in tweet_list:
9           processed = False
10          delay = .1  # OpenMapQuest가 타임아웃이 걸렸을 때 다음 호출까지의 지연시간으로 사용
11          while not processed:
12              try:  # tweet['location']에 대한 좌표 구하기
13                  geo_location = geo.geocode(tweet['location'])
14                  processed = True
15              except:  # 타임아웃이 되었다. 기다렸다가 다시 시도한다.
16                  print('OpenMapQuest service timed out. Waiting.')
17                  time.sleep(delay)
18                  delay += .1
19
20          if geo_location:
21              tweet['latitude'] = geo_location.latitude
22              tweet['longitude'] = geo_location.longitude
23          else:
24              bad_locations += 1  # tweet['location']가 무효인 정보다.
25
26      print('Done geocoding')
27      return bad_locations
```

이 함수는 다음과 같이 동작한다.

- 라인 5에서 장소에 대한 지오코드를 변환할 때 사용할 OpenMapQuest 객체를 생성한다. api_key 키워드 인자에 쓰인 데이터는 앞에서 수정했던 keys.py 파일을 로드한 것이다.
- 라인 6은 bad_locations를 초기화한다. 수집된 트윗 객체들 중에서 비정상적인 장소 정보를 가지고 있는 트윗 수를 기록하는 데 사용한다.
- 루프에서 라인 9~18은 현재 트윗의 장소를 지오코드로 변환하기 위해 시도한다. 가끔 일시적으로 서비스를 사용할 수 없어서 OpenMapQuest 지오코딩 서비스가 시간 초과하는 경우가 있다. 빠른 시간에 너무 많이 요청하면 이런 일이 발생할 수 있다. while 루프에서 processed 값이 False로 있으면 계속 반복 실행하고 각각의 반복에서 OpenMapQuest 객체의 geocode 메서드를 트윗의 장소 문자열을 인자로 해서 호출한다. 메서드가 성공적으로 실행되면 processed 값이 True로 설정해서 루프에서 빠져나온다. 그렇지 않다면 라인 16~18에서 시간 초과 메시지를 출력하고 delay 초 동안 기다린 후 또 다시 시간 초과가 발생할 것을 대비해서 delay 값을 늘린다. 라인 17은 파이썬 표준 라이브러리에 있는 time 모듈의 sleep 메서드를 호출해서 코드 실행을 잠시 중지한다.
- while 루프가 끝나고 나서 라인 20~24에서 장소 데이터가 반환되었는지 확인하고, 반환된 값이 있으면 tweet 딕셔너리에 추가한다. 반환된 값이 없으면 라인 24에서 bad_locations의 값을 증가시킨다.
- 마지막으로 지오코딩이 완료되었다는 메시지를 출력하고 bad_locations 값을 반환한다.

12.15.3 LocationListener 클래스

```
1   # locationlistener.py
2   """검색 문자열과 일치하는 트윗을 반환하고 각 트윗의 스크린 이름/본문/위치를
3   가지고 있는 딕셔너리 리스트를 저장한다."""
4   import tweepy
5   from tweetutilities import get_tweet_content
6
7   class LocationListener(tweepy.StreamListener):
8       """위치 정보를 얻기 위해서 들어오는 트윗 스트림을 처리한다."""
9
10      def __init__(self, api, counts_dict, tweets_list, topic, limit=10):
11          """LocationListener를 설정한다."""
12          self.tweets_list = tweets_list
13          self.counts_dict = counts_dict
14          self.topic = topic
15          self.TWEET_LIMIT = limit
```

```
16            super().__init__(api)  # 슈퍼클래스의 init 메서드 호출
17
18        def on_status(self, status):
19            """트위터에서 새로운 트윗을 보내주었을 때 호출됨"""
20            # 각 트윗의 스크린이름, 본문, 위치 정보를 가져온다.
21            tweet_data = get_tweet_content(status, location=True)
22
23            # 리트윗과 주제가 포함되어 있지 않는 트윗을 무시한다.
24            if (tweet_data['text'].startswith('RT') or
25               self.topic.lower() not in tweet_data['text'].lower()):
26               return
27
28            self.counts_dict['total_tweets'] += 1  # 원본 트윗
29
30            # 위치 정보가 없는 트윗은 무시한다.
31            if not status.user.location:
32                return
33
34            self.counts_dict['locations'] += 1  # 위치 정보를 가진 트윗
35            self.tweets_list.append(tweet_data)  # 트윗 저장
36            print(f'{status.user.screen_name}: {tweet_data["text"]}\n')
37
38            # TWEET_LIMIT에 도달하면 스트림을 끝내기 위해서 False를 반환한다.
39            return self.counts_dict['locations'] != self.TWEET_LIMIT
```

이 경우 __init__ 메서드는 처리 트윗 수를 기록하는 데 사용할 counts_dict 딕셔너리와 get_tweet_content 유틸리티 함수에서 반환하는 딕셔너리를 저장할 tweet_list를 받는다.

on_status 메서드:

- 각 트윗의 스크린 이름, 본문과 장소 정보를 얻기 위해서 get_tweet_content를 기록한다.
- 트윗이 리트윗한 것이거나 텍스트에 검색 중인 주제가 포함되어 있지 않으면 무시한다. 검색 문자열이 포함된 원본 트윗만 사용한다.
- counts 딕셔너리의 'total_tweets' 키 값에 1을 증가시켜서 처리한 원본 트윗의 수를 추적한다.
- 장소 데이터가 없는 트윗은 무시한다.
- 찾은 장소 정보가 있는 트윗을 표시하기 위해서 counts 딕셔너리의 'locations' 키 값에 1을 증가시킨다.
- get_tweet_content에서 반환한 tweet_data 딕셔너리를 tweets_list에 추가한다.

- 트윗의 스크린 이름과 본문을 출력해서 앱이 처리하고 있는 트윗을 볼 수 있다.
- TWEET_LIMIT에 도달했는지 확인하고, 그렇다면 False를 반환해서 스트림을 중지한다.

12.16 트윗을 저장하는 방법

분석을 위해서 일반적으로 다음과 같은 방법으로 트윗을 저장한다.

- CSV 파일 – 9장 '파일과 예외'에서 소개했던 파일 포맷
- 메모리에 데이터를 저장하는 판다스 DataFrame – CSV 파일은 DataFrame으로 쉽게 로드해서 데이터를 정리하고 조작할 수 있다.
- SQL 데이터베이스 – MySQL은 무료이고 오픈 소스 관계형 데이터베이스이다.
- NoSQL 데이터베이스 – 트위터는 JSON으로 트윗을 반환하므로 이것을 MongoDB와 같이 NoSQL JSON 도큐먼트 데이터베이스에 자연스럽게 저장할 수 있다. 일반적으로 Tweepy는 개발자가 직접 JSON을 다루지 않도록 한다. JSON을 직접적으로 조작하려면 16장 '빅데이터: 하둡, 스파크, NoSQL, 사물인터넷'에서 소개하는 기술을 사용하면 되고, 거기서 PyMongo 라이브러리를 알아볼 것이다.

12.17 트위터와 시계열

시계열은 타임 스탬프가 있는 값들의 시퀀스로, 일일종가, 특정 지역의 일일 최고 온도, 미국의 월별 일자리 창출 수, 특정 기업의 분기별 수익 등이 그 예이다. 트윗은 타임스탬프가 찍혀 있어서 시계열 분석이 자연스럽다. 14장 '머신러닝: 분류, 회귀, 클러스터링'에서는 간단한 선형 회귀법이라는 기법을 사용하여 시계열을 예측해 볼 것이고, 순환신경망을 설명할 때 15장 '딥러닝'에서 시계열을 다시 살펴볼 것이다.

12.18 요약

이번 장에서는 트위터를 데이터 마이닝해 보았다. 트위터는 모든 소셜 미디어 사이트 중에서 가장 개방적이고, 접근하기 쉬우며 가장 많이 사용하는 빅데이터 소스 중 하나이다. 트위터 개발자 계정을 만들었고 그 계정의 자격증명 데이터를 사용해서 트위터에 접근했다. 트위터의 속도 제한과 몇 가지 다른 규칙, 그리고 이것을 준수하는 것의 중요성에 대해서 논의했다.

트윗의 JSON을 살펴보았다. 트위피(트위터 API 클라이언트로 가장 폭넓게 사용되는 것 중 하나)를 이용해서 트위터에 인증하고 API에 접속했다. 트위터 API에서 반환하는 트윗 정보에는 트윗 본문 이외에 많은 메타데이터가 포함된 것을 보았다. 계정의 팔로워와 그 계정이 팔로우하고 있는 계정을 알아내고 특정 사용자의 최근 트윗을 가져올 수 있었다.

트위피의 **Cursor**를 이용해서 다양한 트위터 API의 페이징된 결과를 쉽게 요청했다. 트위터의 검색 API를 사용해서 특정 조건에 맞는 과거 트윗을 다운로드했고, 트위터의 스트리밍 API를 사용하여 트위터의 실시간 트윗의 스트림을 이용해 보았다. 트위터의 트렌드 API를 사용해서 다양한 장소에 대한 트렌딩 토픽을 알아내고 트렌딩 토픽으로 워드 클라우드를 만들었다.

트윗-프리프로세서 라이브러리를 사용해서 트윗을 정리하고 전처리해서 분석 준비를 했고, 트윗에 대한 감성 분석을 했다. 폴리엄 라이브러리를 사용해서 트윗의 장소에 대한 지도를 생성하고 그것과 상호연동을해서 특정 장소에서 보낸 트윗을 보았다. 트윗을 저장하는 다양한 방법에 대해서 나열해 보았고 트윗이 시계열 데이터의 형태라는 것도 설명했다. 다음 장에서는 IBM 왓슨과 왓슨의 인지 컴퓨팅 기능에 대해 소개할 것이다.

Chapter 13

IBM 왓슨과 인지 컴퓨팅

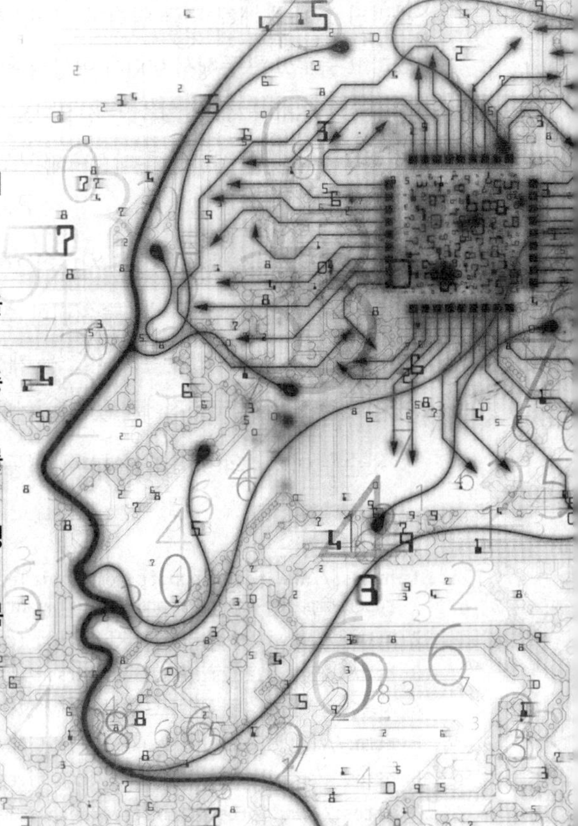

학습 목표

이번 장에서는 다음과 같은 것을 다룬다.

- 왓슨의 서비스를 살펴보고 라이트 요금제를 사용해서 왓슨과 친해져 본다.
- 왓슨 서비스의 데모를 실행해 본다.
- 인지 컴퓨팅이 무엇인지 이해하고, 어떤 방식으로 인지 컴퓨팅을 애플리케이션에 적용할 수 있는지 알아본다.
- IBM 클라우드 계정을 만들고 서비스를 이용하기 위한 자격 검증 데이터를 얻어온다.
- 왓슨 서비스와 연동하기 위해 왓슨 개발자 클라우드 파이썬 SDK를 설치한다.
- 파이썬으로 왓슨의 음성-텍스트 변환, 언어 번역기와 텍스트-음성 변환 서비스를 통합해서 여행자 언어 번역기 앱을 개발해 본다.
- 왓슨 애플리케이션 개발을 시작할 때 도움이 되는 IBM 왓슨 레드북 같은 자료를 알아본다.

Outline

13.1 개요: IBM 왓슨과 인지 컴퓨팅

Chapter 1에서 IBM이 100만 달러의 상금을 두고 두 명의 최고 제퍼디(Jeopardy) 선수들과의 대결에서 이겼던 것을 포함해서 IBM이 달성한 인공지능 분야에서의 주요 성과에 대해 설명했다. 왓슨(Watson)은 경연대회에서 승리를 거두었고 그 상금을 자선단체에 기부했다. 왓슨은 4테라바이트 용량의 2억 개의 페이지(위키피디아를 포함한)에서 정답의 위치를 찾기 위해 수백 개의 언어 분석 알고리즘을 동시에 실행시켰다.[1,2] IBM 연구자들은 머신러닝과 강화학습 기술을 활용해서 왓슨을 학습시켰다.[3] 다음 장에서 머신러닝에 대해서 논의할 것이다.

이 책을 위한 자료 조사를 하면서 왓슨의 중요성이 급속도로 증가하고 있음을 알고, 왓슨과 그것에 관련된 주제에 대해 구글 알리미 서비스를 설정해 두었다. 우리가 구독하고 있는 알림과 뉴스레터, 그리고 블로그를 통해서 900개 이상의 왓슨과 관련된 최신 글, 문서와 비디오를 수집했다. 많은 경쟁 서비스를 조사한 결과, 왓슨은 '신용카드 불필요' 정책 및 무료 ***라이트 티어***(Lite tier) 서비스[4]로 경제적 부담없이 왓슨 서비스를 테스트해 보고 싶은 사람들에게 가장 쉽게 다가갈 수 있는 서비스로 나타났다.

IBM 왓슨은 광범위한 실제 시나리오에서 사용되는 클라우드 기반 인지 컴퓨팅 플랫폼이다. 인지 컴퓨팅 시스템은 많은 데이터를 처리한 후 학습을 위해서 인간 뇌의 패턴 인식 및 의사 결정 능력을 모방한다.[5,6,7] 왓슨의 수많은 웹 서비스를 개괄적으로 살펴보고 여러 기능을 직접 사용해 볼 것이다. 다음에 나오는 표는 여러 조직에서 왓슨을 어떻게 사용하고 있는지 보여주는 몇 가지 사례이다.

왓슨은 여러분의 애플리케이션에 연동될 수 있는 흥미로운 기능을 제공한다. 이번 장에는 IBM 클

1 https://www.techrepublic.com/article/ibm-watson-the-inside-story-of-how-thejeopardy-winning-supercomputer-was-born-and-what-it-wants-to-do-next/
2 https://en.wikipedia.org/wiki/Watson_(computer)
3 https://www.aaai.org/Magazine/Watson/watson.php, *AI 매거진*, 2010 가을
4 사용자 약관은 변경될 수 있으므로 항상 IBM 웹사이트에서 최신 내용을 확인해야 한다.
5 http://whatis.techtarget.com/definition/cognitive-computing
6 https://en.wikipedia.org/wiki/Cognitive_computing
7 https://www.forbes.com/sites/bernardmarr/2016/03/23/what-everyone-should-know-about-cognitive-computing

라우드[8] 계정을 만들고, ***라이트 티어*** 서비스를 사용해서 다양한 웹 서비스를 실험해 볼 것이다. 자연어 번역, 음성-텍스트 변환, 텍스트-음성 변환, 자연어 이해, 챗봇, 텍스트의 문체 분석, 그리고 이미지와 비디오에서 시각적 물체 인지 등 다양한 웹 서비스가 있다. 다른 추가적인 왓슨 서비스와 툴들에 대해서도 개괄적으로 살펴볼 것이다.

왓슨의 사용 예

• 광고 타켓 선정	• 사기 방지	• 개인 비서
• 인공지능	• 게임 플레이	• 예측 정비
• 증강지능	• 유전학	• 제품 추천
• 증강현실	• 건강 관리	• 로봇과 드론
• 챗봇	• 이미지 프로세싱	• 자율주행 차
• 자막 방송	• IoT(사물인터넷)	• 정서 및 분위기 분석
• 인지 컴퓨팅	• 언어 번역	• 스마트 홈
• 대화형 인터페이스	• 머신러닝	• 스포츠
• 범죄 예방	• 악성 소프트웨어 탐지	• 공급 체인 관리
• 고객 지원	• 의료 진단 및 치료	• 위험 탐지
• 사이버 폭력 탐지	• 의료 영상	• 가상현실
• 신약 개발	• 음악	• 음성 분석
• 교육	• 자연어 처리	• 날씨 예보
• 얼굴 인식	• 자연어 이해	• 산업 안전
• 금융	• 사물 인지	

파이썬으로 왓슨 서비스에 프로그램적으로 접근하기 위해서 왓슨 개발자 클라우드 파이썬 소프트웨어 개발 키트(SDK)를 설치한다. 그리고 나서 실제 구현 사례 연구로 몇 가지 왓슨 서비스를 쉽고 빠르게 ***조합해서*** 여행자 번역 앱을 만들어볼 것이다. 이 앱은 영어만 사용하거나 스페인어만 말할 수 있는 사람들이 언어 장벽을 극복하고 다른 언어를 말하는 사람들과 의사소통을 할 수 있도록 도와줄 것이다. 영어와 스페인어 음성을 텍스트로 만들고 그 텍스트를 다른 언어로 번역한 후 번역된 텍스트를 영어와 스페인어 음성으로 만들어 재생한다.

왓슨은 역동적이며 진화하고 있는 기능의 집합이다. 우리가 이 책을 쓰고 있는 동안에도 새로운 서비스가 추가되고 기본 서비스는 여러 차례 개선되거나 사라졌다. 우리가 소개하는 왓슨 서비스의 설명과 진행 순서는 글을 쓰는 현재 시점에 맞추었는데, 필요하면 `www.deitel.com`에 있는 이 책의 웹페이지를 통해서 업데이트할 것이다.

13.2 IBM 클라우드 계정과 클라우드 콘솔

왓슨의 라이트 티어 서비스를 사용하려면 무료 IBM 클라우드 계정이 필요하다. 각 서비스의 웹페

8 IBM 클라우드는 이전에는 '블루믹스(Bluemix)'라고 했다. 이번 장에서 소개하는 URL에 아직도 'bluemix'라고 되어 있어 있는 곳이 다수 있다.

이지를 통해서 어떤 티어를 제공하고 각 티어가 어떤 것을 할 수 있는지 설명하고 있다. 라이트 티어 서비스가 제한적이지만, 일반적으로 왓슨 기능을 익히고 앱 개발을 시작하는 데 필요한 기능을 제공한다. 서비스 제한은 변경될 수 있기 때문에 여기서는 이것을 나열하지는 않을 것이므로 각 서비스의 페이지를 참조하도록 하자. IBM은 이 책을 쓰고 있는 시점에서 일부 서비스에 대해 제한을 강화했다. 유료 티어는 상업적인 애플리케이션에 사용할 수 있다.

IBM 클라우드 계정을 만들려면 다음 링크를 참고해야 한다.

`https://console.bluemix.net/docs/services/watson/index.html#about`

이메일을 받으면 계정을 확인하기 위해서 메일에 나와 있는 지시에 따라 IBM 클라우드 콘솔에 로그인할 수 있다. 이 단계까지 오면 다음 링크에 있는 **왓슨 대시보드**에 갈 수 있다.

`https://console.bluemix.net/developer/watson/dashboard`

대시보드에서는 다음과 같은 일을 할 수 있다.

- 왓슨 서비스를 볼 수 있다.
- 이미 등록해서 사용하고 있는 서비스를 연결할 수 있다.
- 왓슨 문서, SDK, 왓슨에 대해 배울 수 있는 다양한 자료 등을 포함한 개발자 리소스를 볼 수 있다.
- 왓슨으로 만든 앱을 볼 수 있다.

뒤에서 다양한 왓슨 서비스를 등록하거나 자격 증명데이터를 구할 때 이용하게 된다. **IBM 클라우드 대시보드**를 통해서 서비스와 자격 증명 데이터를 보고 관리할 수 있다.

`https://console.bluemix.net/dashboard/apps`

왓슨 대시보드에 있는 **Existing Services(기존 서비스)**를 클릭해서 이 목록을 가져올 수도 있다.

13.3 왓슨 서비스

이번 절에서는 왓슨 서비스들에 대해서 개괄적으로 살펴보고 각 서비스에 대한 상세 내용을 제공하는 링크를 알려줄 것이다. 그리고 데모를 실행해서 서비스가 잘 되는지 확인한다. 각각의 왓슨 서비스에 대한 문서와 API 레퍼런스에 대한 링크는 다음을 참고한다.

`https://console.bluemix.net/developer/watson/documentation`

각 서비스의 상세한 내용에 대한 링크를 각주로 달 것이다. 특정 서비스를 사용할 준비가 되면 자격 증명을 설정하기 위해 상세 페이지에서 **Create** 버튼을 클릭한다.

왓슨 어시스턴트

왓슨 어시스턴트(Watson Assitant) 서비스[9]는 자연어 텍스트를 이용해서 연동할 수 있는 챗봇과 가상 비서를 만드는 데 도움을 준다. IBM은 앱과 특화된 특정 시나리오에 적용할 수 있도록 왓슨 어시스턴트 서비스를 훈련시킬 수 있는 웹 인터페이스를 제공한다. 예를 들어 날씨 챗봇은 "뉴욕의 날씨는 어때?"와 같은 질문에 반응하도록 훈련시킬 수 있다. 필요하면 고객 서비스 시나리오에서 고객 질문에 답하고 고객을 적절한 부서로 연결해 주는 챗봇을 만들 수 있다. 몇 가지 샘플을 실행해 보려면 다음 사이트에 있는 데모를 실행해 보자.

https://www.ibm.com/watson/services/conversation/demo/index.html#demo

시각 인식

시각 인식(Visual Recognition) 서비스[10]는 앱이 색상, 사물, 얼굴, 텍스트, 음식, 그리고 부적절한 것을 포함해서 이미지와 비디오에 있는 정보의 위치를 파악하고 이해할 수 있도록 해 준다. IBM은 이미 정의된 모델(서비스 데모에서 사용한)을 제공한다. 또는 자신만의 모델을 훈련시키고 사용할 수 있다(15장 '딥러닝'에서 만들어볼 것이다.). 다음 데모를 실행해서 제공된 이미지나 여러분의 이미지를 업로드해서 실행해 보자.

https://watson-visual-recognition-duo-dev.ng.bluemix.net/

음성-텍스트 변환

이번 장에서 앱을 만들면서 사용할 **음성-텍스트 변환(Speech to Text) 서비스**[11]는 음성 오디오 파일을 텍스트로 변환하고, 서비스 키워드를 이 서비스에 줄 수 있다. 그러면 이 서비스는 주어진 키워드가 있는지, 매칭될 수 있는 것이 있는지, 그리고 오디오에서 매칭되는 부분이 어디인지 알려준다. 이 서비스는 여러 명의 화자를 구별할 수 있고, 이 서비스를 이용해서 음성 명령 앱, 실시간 오디오를 텍스트로 기록할 때 도움을 받을 수 있다. 샘플 오디오 혹은 자신의 오디오를 업로드해서 데모를 실행해 보자.

https://speech-to-text-demo.ng.bluemix.net/

텍스트-음성 변환

이번 장에서 만들 앱에서 이용할 **텍스트-음성 변환(Text to Speech) 서비스**[12]는 텍스트를 음성으로 만들 수 있다. **음성 합성 마크업 언어(SSML; Speech Synthesis Markup Language)**를 사용해서 텍스트로 목소리 어조, 억양, 음높이 등에 대한 제어 명령을 줄 수 있다. 현재 이 서비스는 영어(미국과 영국), 프랑스어, 독일어, 이탈리아어, 스페인어, 포르투갈어와 일본어를 지원하고 있다. 평범

9 https://console.bluemix.net/catalog/services/watson-assistant-formerlyconversation

10 https://console.bluemix.net/catalog/services/visual-recognition

11 https://console.bluemix.net/catalog/services/speech-to-text

12 https://console.bluemix.net/catalog/services/text-to-speech

한 텍스트, SSML이 포함된 샘플 텍스트, 그리고 여러분이 직접 만든 텍스트를 사용해서 데모를 실행해 보자.

https://text-to-speech-demo.ng.bluemix.net/

언어 번역

이번 장에서 만들 앱에서 사용할 **언어 번역(Language Translator) 서비스**[13]는 다음 두 가지 주요한 컴포넌트로 되어 있다.

- 언어 간의 텍스트 번역
- 텍스트가 60개 이상인 언어 중에서 어떤 언어로 쓰여 있는지 판별

번역은 영어와 다른 언어 간의 번역을 지원할 뿐만 아니라 다양한 언어 간의 번역을 지원한다. 다음 데모를 통해서 텍스트를 다양한 언어로 번역해 보자.

https://language-translator-demo.ng.bluemix.net/

자연어 이해

자연어 이해(Natural Language Understanding) 서비스[14]는 텍스트를 분석해서 텍스트의 전체적인 정서와 감정, 그리고 관련성에 따라 순위를 매긴 키워드를 포함한 정보를 만든다. 이 서비스를 다음과 같은 것을 알아낸다.

- 사람들, 장소, 직업, 조직, 회사, 양
- 스포츠, 정부, 정책과 같은 분류와 개념
- 주어와 동사 같은 품사

왓슨 지식 스튜디오(Watson Knowledge Studio)를 이용해서 산업과 애플리케이션에 특화된 도메인 서비스를 훈련시킬 수 있다. 앞에서 짧게 설명했는데, 다음 데모에서 샘플 텍스트를 사용하거나 직접 붙여넣은 텍스트 또는 온라인에 있는 링크로 글이나 문서를 이용해서 데모를 실행해 보자.

https://natural-language-understanding-demo.ng.bluemix.net/

디스커버리

왓슨 디스커버리(Watson Discovery) 서비스[15]는 자연어 이해 서비스와 많은 기능을 공유하는데 여기에 기업들이 문서를 저장하고 관리할 수 있게 해 준다. 예를 들어 조직에서 왓슨 디스커버리 서비스를 이용해서 자신들의 모든 텍스트 문서를 저장하고 그 전체 문서를 대상으로 자연어 이해 기능을

---

13 https://console.bluemix.net/catalog/services/language-translator

14 https://console.bluemix.net/catalog/services/natural-language-understanding

15 https://console.bluemix.net/catalog/services/discovery

이용할 수 있다. 서비스 데모를 해 보자. 데모에서는 기업에 대한 최신 뉴스를 검색할 수 있다.

https://discovery-news-demo.ng.bluemix.net/

퍼스널리티 인사이트

퍼스널리티 인사이트(Personality Insights) 서비스[16]는 텍스트를 분석해서 개인화 특성을 분석한다. 서비스 설명에 따르면, '사람들이 어떻게, 왜 사람들이 생각하고 행동하고 느끼는지에 대한 통찰력'을 얻는 데 도움이 될 수 있다. 이 서비스는 언어 분석 및 성격 이론을 적용하여 개인의 구조화되지 않은 텍스트에서 속성을 유추한다. 이 정보는 제품을 구매할 수 있는 사람들에게 제품을 홍보하는 데 사용할 수 있다. 다음에 나오는 데모를 해 보자. 이 데모는 다양한 트위터 계정에서 가져온 트윗이나 데모에 내장된 문서를 이용하거나 여러분이 붙여넣은 문서 또는 트위터 계정을 가지고도 할 수 있다.

https://personality-insights-livedemo.ng.bluemix.net/

어조 분석기

어조 분석기(Tone Analyzer) 서비스[17]는 텍스트를 분석해서 다음 세 종류에 대해 어조를 분석한다.

- 감성 – 분노, 혐오, 공포, 즐거움, 슬픔
- 사회 성향 – 솔직함, 양심, 외향성, 우호성, 감정적 범위
- 언어 스타일 – 분석적, 자신감 있는, 자신감이 부족한

샘플 트윗, 샘플 제품 리뷰, 샘플 이메일 또는 직접 입력할 텍스트를 가지고 다음 데모를 실행해 보자. 문서 수준과 문장 수준 모두에 대해 어조를 분석한 것을 볼 수 있다.

https://tone-analyzer-demo.ng.bluemix.net/

자연어 분류기

애플리케이션에 특화된 문장과 구를 이용해서 **자연어 분류기(Natural Language Classifier) 서비스**[18]를 *훈련시켜서* 각 문장과 구를 분류할 수 있다. 예를 들어 '제품과 관련해서 도움이 필요합니다.'라는 문장을 '기술 지원'에 분류하고 '비용이 잘못되었어요.'라는 것을 '비용'으로 분류할 수 있다. 일단 분류기를 실행하면 이 서비스는 문장과 구를 받을 수 있고, 왓슨의 인지 컴퓨팅 기능과 분류기를 이용해서 최적의 매칭 분류와 매칭 확률을 반환한다. 그리고 나서 반환된 분류와 확률을 이용해서 앱에서 다음 단계를 어떻게 할지 결정하는 데 사용할 수 있다. 예를 들어 고객 서비스 앱으로 누군가가 특정 제품에 대해서 질문하려고 전화하는 경우 음성–텍스트 변환 서비스를 이용해서 질문을 텍스트로

---

16 https://console.bluemix.net/catalog/services/personality-insights

17 https://console.bluemix.net/catalog/services/tone-analyzer

18 https://console.bluemix.net/catalog/services/natural-language-classifier

바꾸고 자연어 분류기 서비스를 이용해서 텍스트를 분류한 후 해당 전화를 적절한 담당자 또는 부서로 넘겨줄 수 있다. 이 서비스는 ***라이트 티어로 제공되지 않는다.*** 다음 데모에서 날씨에 대해서 질문해 보자. 이 서비스는 질문이 온도 또는 기상 조건에 대한 것인지 알려준다.

https://natural-language-classifier-demo.ng.bluemix.net/

동기식, 비동기식 기능

이 책 전반에서 이야기하고 있는 많은 API들은 **동기식**이다. 즉 함수나 메서드를 호출했을 때 다음으로 넘어가기 전에 프로그램은 해당 함수나 메서드가 반환되기를 ***기다린다.*** **비동기식** 프로그램은 작업을 시작하고 다른 일을 계속 할 수 있을 뿐만 아니라 원래의 작업이 완료되고 결과를 반환했을 때 ***알림을 받는다.*** 많은 왓슨 서비스는 동기식 API와 비동기식 API를 모두 제공한다.

음성-텍스트 변환 데모는 비동기적 API의 좋은 예이다. 이 데모는 두 화자의 음성 샘플을 처리한다. 이 서비스는 화자를 구분하지 못해도 오디오를 텍스트로 받아 적으면서 결과를 즉각 반환한다. 이 데모는 계속 서비스하면서 병렬로 즉각적인 결과를 화면에 출력한다. 가끔 이 데모에는 서비스에서 누가 말하고 있는지 확인하면서 'Detecting speakers(화자 확인 중)'라는 메시지를 출력한다. 최종적으로 이 서비스는 화자를 구별해서 변환된 결과를 보내 데모 앱으로 보내서 이전 결과를 교체한다.

오늘날의 멀티코어 컴퓨터와 멀티컴퓨터 클러스터 환경에서 비동기 API는 프로그램 성능을 높이는 데 도움이 된다. 하지만 비동기 API를 사용해서 프로그래밍하는 것은 동기 API를 사용해서 프로그래밍하는 것보다 더 복잡하다. 왓슨 개발자 클라우드 파이썬 SDK를 설치하는 방법을 이야기하면서 깃허브(GitHub)에 있는 SDK 코드 예제에 대한 링크를 줄 것이다. 거기서 서비스의 동기식, 비동기식 API를 사용하는 예제를 볼 수 있다. 그리고 각 서비스의 API 레퍼런스에서 상세한 설명을 볼 수 있다.

13.4 추가적인 서비스와 툴

이번 절에서는 다양한 왓슨의 앞선 서비스와 툴을 알아본다.

왓슨 스튜디오

왓슨 스튜디오(Watson Studio)[19]는 왓슨 프로젝트를 만들고 관리하기 위한 새로운 왓슨 인터페이스이자, 팀원들과 협업을 위한 인터페이스이기도 하다. 데이터를 추가하고, 분석을 위해 데이터를 준비하며, 데이터와 상호작용할 주피터 노트북을 생성하고, 모델을 생성 및 훈련시키고, 왓슨의 딥러닝 기능을 사용할 수 있다. 왓슨 스튜디오는 단일 사용자 라이트 티어에 제공된다. 이 서비스의 상세 웹페이지에서 **Create** 버튼을 클릭해서 왓슨 스튜디오 라이트를 설정하면

19 https://console.bluemix.net/catalog/services/data-science-experience

https://console.bluemix.net/catalog/services/data-science-experience

다음 링크에서 왓슨 스튜디오에 접근할 수 있다.

https://dataplatform.cloud.ibm.com/

왓슨 스튜디오에는 미리 설정된 프로젝트가 포함되어 있다.[20] 이것을 보려면 **Create a project**를 클릭한다.

- 스탠다드 – "모든 유형의 에셋들과 작업한다. 필요에 따라 분석 에셋을 위한 서비스를 추가한다."
- 데이터 사이언스 – "인사이트를 얻기 위해서 데이터를 분석하고 다른 사람들과 발견한 것을 공유한다."
- 시각 인식 – "왓슨 시각 인식 서비스를 사용해서 시각적인 내용을 태그하고 분류한다."
- 딥러닝 – "신경망을 만들고 딥러닝 모델을 배포한다."
- 모델러 – "SPSS 모델을 훈련시키기 위해 모델러 흐름을 만들거나 심층 신경망을 디자인한다."
- 비지니스 분석 – "인사이트를 더 빨리 얻기 위해서 데이터를 가지고 대시보드를 생성한다."
- 데이터 엔지니어링 – "데이터 리파이너리(Data Refinery)를 이용해서 데이터를 통합 및 정리, 분석, 정형화한다."
- 스트림 플로 – "스트리밍 분석 서비스(Streaming Analytics)를 이용해서 스트리밍 데이터를 가져오고 분석한다."

지식 스튜디오

다양한 왓슨 서비스가 ***미리 정의된*** 모델을 이용해서 동작하지만, 특정 산업 또는 애플리케이션에 특화되어 훈련된 맞춤 모델을 사용할 수도 있다. 왓슨의 **지식 스튜디오(Knowledge Studio)**[21]는 맞춤 모델을 만들 수 있도록 도와 준다. 이 서비스는 기업의 팀들이 같이 새로운 모델을 생성하고 훈련시킬 수 있게 해 준다. 이렇게 만들어진 모델은 왓슨 서비스가 사용할 수 있도록 배포될 수 있다.

머신러닝

왓슨 머신러닝 서비스[22]는 텐서플로, 케라스, 사이킷-런 등의 많이 사용되는 머신러닝 프레임워크를 통해서 앱에 예측 기능을 추가할 수 있도록 해 준다. 다음 두 장에서 사이킷-런과 케라스를 사용하게 될 것이다.

20 https://dataplatform.cloud.ibm.com/

21 https://console.bluemix.net/catalog/services/knowledge-studio

22 https://console.bluemix.net/catalog/services/machine-learning

지식 카탈로그

왓슨 지식 카탈로그(Knowledge Catalog)[23,24]는 조직의 데이터를 안전하게 관리, 검색 및 공유할 수 있는 고급 엔터프라이즈급 툴이다. 이 툴은 다음과 같은 것을 제공한다.

- 기업의 로컬 및 클라우드 기반 데이터, 그리고 머신러닝 모델에 대한 중앙 집중적 접근
- 왓슨 스튜디오 지원. 이를 통해 사용자가 데이터를 찾아 액세스하고 이것을 머신러닝 프로젝트에서 쉽게 사용할 수 있다.
- 특정 데이터에 접근해야 하는 사람들이 접근할 수 있도록 해 주는 보안 정책
- 100개 이상의 데이터 정리 및 랭글링 오퍼레이터 지원
- 기타

코그노스 분석

IBM **코그노스 분석(Cognos Analytics)**[25] 서비스(30일 동안 무료로 이용할 수 있음)는 프로그래밍을 전혀 하지 않고 AI와 머신러닝을 사용해 데이터에서 정보를 찾아내고 시각화한다. 또한 이 서비스는 자연어 인터페이스를 제공해서 사용자가 질문을 하면 코그노스 분석 서비스가 데이터에서 수집한 지식을 바탕으로 질문에 답한다.

13.5 왓슨 개발자 클라우드 파이썬 SDK

이번 절에서는 다음 절의 왓슨 사례 연구 개발에 필요한 모듈들을 설치한다. 쉽게 코딩하기 위해서 IBM에서는 **왓슨 개발자 클라우드 파이썬 SDK**(Software Development Kit)를 제공한다. 여기에 **watson_developer_cloud 모듈**에는 왓슨 서비스와 연동하기 위해서 사용할 수 있는 클래스가 포함되어 있다. 필요한 각 서비스에 대한 객체를 생성하고 객체의 메서드를 호출하는 방식으로 서비스와 상호연동해 볼 것이다.

이 SDK[26]를 설치하기 위해서 아나콘다 프롬프트(윈도우)나 터미널(맥/리눅스) 또는 셸(리눅스)을 열고 다음 명령을 실행한다.[27]

```
pip install --upgrade watson-developer-cloud
```

23 https://medium.com/ibm-watson/introducing-ibm-watson-knowledge-catalog-cf42c13032c1

24 https://dataplatform.cloud.ibm.com/docs/content/catalog/overview-wkc.html

25 https://www.ibm.com/products/cognos-analytics

26 더 상세한 설치 과정과 트러블슈팅 팁을 보려면 https://github.com/watson-developer-cloud/python-sdk/blob/develop/README.md를 참고한다.

27 윈도우 사용자라면 https://visualstudio.microsoft.com/visual-cpp-build-tools에서 마이크로소프트의 C++ 빌드 툴을 설치하고 watson-developer-cloud 모듈을 설치해야 할 수 있다.

오디오 녹음과 재생에 필요한 모듈

오디오 녹음(PyAudio)과 재생(PyDub)을 위해서 추가 모듈이 필요하고, 이것을 설치하기 위해서 다음 명령을 사용한다.[28]

```
pip install pyaudio
pip install pydub
```

SDK 예제

IBM은 왓슨 개발자 클라우드 파이썬 SDK의 클래스를 사용해서 왓슨 서비스에 어떻게 접속하는지 보여주기 위해 깃허브를 통해 샘플 코드를 제공하고 있다. 다음 링크에서 예제를 찾아볼 수 있다.

https://github.com/watson-developer-cloud/python-sdk/tree/master/examples

13.6 사례 연구: 여행자 번역 앱

스페인어를 못하는데 스페인어를 사용하는 나라를 여행하고 있다고 가정해 보자. 그런데 영어를 못하는 누군가와 대화해야 한다. 이 때 번역 앱을 사용해서 영어로 말하고 앱이 이것을 번역해서 스페인어로 말하게 할 수 있다. 그러면 스페인어를 말하는 사람이 대답하고 앱이 그 대답을 번역해서 영어로 대답한다.

여기서 세 가지 강력한 IBM 왓슨 서비스를 사용해 다른 언어를 사용하는 사람과 거의 실시간으로 대화할 수 있는 여행자 번역 앱[29]을 구현할 수 있는데, 이렇게 서비스를 조합하는 것을 '매시업한다'라고 한다. 이 앱은 9장 '파일과 예외'에서 소개했던 간단한 파일 프로세싱 기능도 사용한다.

13.6.1 앱을 실행하기 전

IBM 왓슨 서비스의 라이트 (무료) 티어를 사용해서 앱을 만들어본다. 앱을 실행하기 전에 이 장의 초기에 설명했던 것처럼 IBM 클라우드 계정이 등록되어 있어야 앱이 사용하는 세 가지 각 서비스에 대한 자격 검증 데이터를 얻을 수 있다. 자격 검증 데이터를 구하면 (뒤에 설명한 것처럼) 이 정보를 예제로 임포트할 `keys.py` 파일(ch13 예외 폴더에 있는)에 추가한다. 이때 자격 검증 데이터는 절대 공유하지 말아야 한다.

---

28 맥 사용자라면 `conda install -c conda-forge portaudio`를 먼저 실행해야 할 수 있다.

29 이런 서비스는 변경될 수 있다. 서비스가 변경되면 http://www.deitel.com/books/IntroToPython에 있는 웹 페이지에 내용을 업데이트할 것이다.

다음과 같이 서비스를 설정하면 각 서비스의 자격 검증 페이지에서도 서비스 URL을 보여준다. 이것은 왓슨 개발자 클라이드 파이썬 SDK가 사용하는 기본 URL이므로 이것을 따로 복사할 필요는 없다. 13.6.3절에서 `SimpleLanguageTranslator.py` 스크립트와 코드의 상세한 내용을 소개할 것이다.

음성-텍스트 변환 서비스 등록하기

이 앱은 왓슨의 음성-텍스트 변환 서비스를 사용해서 영어와 스페인어 오디오 파일을 영어와 스페인어로 된 텍스트로 각각 변환한다. 이 서비스와 연동하기 위해서 사용자 이름과 암호를 얻어야 하고, 이를 위해 다음과 같이 한다.

❶ *서비스 인스턴스 생성하기*: `https://console.bluemix.net/catalog/services/speech-to-text`로 이동해서 이 페이지의 아랫부분에 있는 **Create** 버튼을 클릭한다. 이렇게 하면 API 키를 자동으로 생성해 주고 음성-텍스트 변환 서비스와 연동을 위한 튜토리얼을 보여준다.

❷ *자격 검증 데이터 가져오기*: API 키를 보려면 이 페이지의 왼쪽 위에 있는 **Manage**를 클릭한다. **Credentials**의 오른쪽에 **Show credentials**를 클릭한 후 **API 키**를 복사해서 `ch13` 예제 폴더의 `keys.py` 파일에 있는 `speech_to_text_key` 변수에 붙여넣는다.

텍스트-음성 변환 서비스 등록하기

이 앱에서 왓슨 텍스트-음성 변환 서비스를 이용해서 텍스트를 음성으로 합성한다. 이 서비스도 사용자 이름과 암호가 있어야 한다. 다음과 같이 진행하면 된다.

❶ *서비스 인스턴스 생성하기*: `https://console.bluemix.net/catalog/services/text-to-speech`로 가서 이 페이지의 아래쪽에 있는 **Create** 버튼을 클릭한다. 그러면 API 키가 생성되고 텍스트-음성 변환 서비스와 연동할 수 있는 튜토리얼이 있는 곳으로 이동한다.

❷ *자격 검증 데이터 가져오기*: API 키를 보려면 이 페이지의 왼쪽 위에 있는 **Manage**를 클릭한다. **Credentials**의 오른쪽에 **Show credentials**를 클릭하고 **API 키**를 복사한 후 `ch13` 예제 폴더의 `keys.py` 파일에 있는 `text_to_speech_key` 변수에 붙여넣는다.

언어 번역기 서비스 등록하기

앱에서 왓슨 언어 번역기 서비스를 사용해서 텍스트를 왓슨에게 주고 다른 언어로 번역된 문자를 받는다. 이 서비스를 사용하려면 API 키가 필요한데, 다음과 같이 진행하면 된다.

❶ *서비스 인스턴스 생성하기*: `https://console.bluemix.net/catalog/services/language-translator`로 가서 이 페이지의 아래쪽에 있는 **Create** 버튼을 클릭한다. 그러면 API 키가 생성되고 서비스 인스턴스를 관리하라는 페이지로 이동한다.

❷ *자격 검증 데이터 가져오기*: Credentials의 오른쪽에 있는 Show credentials를 클릭하고 API 키를 복사한 후 ch13 예제 폴더의 keys.py 파일에 있는 translate_key 변수에 문자열로 붙여넣는다.

자격 검증 데이터 가져오기

자격 검증 데이터를 보려면 다음 링크에 있는 페이지에서 서비스 인스턴스를 클릭한다.

https://console.bluemix.net/dashboard/apps

13.6.2 앱 시운전하기

스크립트에 자격 검증 데이터를 추가하면 아나콘다 프롬프트(윈도우)나 터미널(맥/리눅스) 또는 셸(리눅스)를 연다. ch13 예제 폴더에서 다음 명령을 실행하여 스크립트[30]를 실행한다.

```
ipython SimpleLanguageTranslator.py
```

질문 처리하기

이 앱은 열 단계를 실행한다. 각 단계는 코드에 주석으로 표시했다. 앱이 실행되면

1단계 프롬프트로 메시지를 출력하고 질문을 녹음한다. 먼저 앱은 다음과 같은 메시지를 출력한다.

Press Enter then ask your question in English (Enter를 누르고 영어로 질문을 하세요.)

그리고 Enter를 누를 때까지 기다린다. Enter를 누르면 앱이 다음과 같이 메시지를 출력한다.

Recording 5 seconds of audio (5초간 음성을 녹음합니다.)

질문을 말한다. 즉 "Where is the closest bathroom?"(가장 가까운 화장실은 어디 있나요?)이라고 말하면 5초 후에 앱이 메시지를 출력한다.

Recording complete (녹음 완료)

2단계 왓슨 음성-텍스트 변환 서비스와 연동해서 음성을 텍스트로 변환하고 결과를 출력한다.

English: where is the closest bathroom (영어 질문)

3단계 왓슨의 언어 번역기 서비스를 사용해서 영어 텍스트를 스페인어로 번역하고 왓슨이 번역한 텍스트를 출력한다.

30 이번 앱에서 사용하는 pydub.playback 모듈은 스크립트에서 동작시킬 때 경고(warning)를 출력한다. 이 경고는 우리가 사용하지 않는 모듈 기능에 대한 것으로 무시해도 된다. 이 경고를 나오지 않도록 하려면 https://www.ffmpeg.org에서 윈도우, 맥, 리눅스에 맞는 ffmpeg를 설치해야 한다.

Spanish: ¿Dónde está el baño más cercano? (스페인어 질문)

4단계 이 스페인어 텍스트를 왓슨의 텍스트-음성 변환 서비스를 사용해서 텍스트를 오디오 파일로 변환한다.

5단계 최종 스페인어 오디오 파일을 재생한다.

답변 처리하기

이제 스페인어를 말하는 사람의 답변을 처리할 준비가 끝난다.

6단계 메시지를 출력한다.

Press Enter then speak the Spanish answer (Enter를 누르고 스페인어로 응답을 해주세요.)

그리고 Enter를 누를 때까지 기다린다. 키를 누르면 다음 메시지를 출력한다.

Recording 5 seconds of audio (5초간 음성을 녹음합니다.)

스페인어를 말하는 사람의 답변을 녹음한다. 우리가 스페인어를 말할 수 없어서 왓슨의 텍스트-음성 변환 서비스를 사용해서 왓슨이 스페인어로 응답하는 음성("El baño más cercanoestá en el restaurante, 가장 가까운 화장실은 식당에 있어요.")을 ***미리 녹음해 둔다***. 그리고 그 오디오를 컴퓨터의 마이크에 들어갈 수 있도록 크게 재생해서 녹음한다. ch13 폴더에 미리 녹음된 오디오 파일(SpokenResponse.wav)이 있다. 이 파일을 사용한다면 앱이 5초간 녹음하기 때문에 Enter를 누르고 나서 빨리 재생시켜야 한다.[31] 오디오를 로드하고 빠르게 재생하기 위해서 녹음을 시작하는 Enter를 누르기 전에 이 오디오를 재생하는 것도 방법이다. 5초가 지난 이후에 앱이 메시지를 출력한다.

Recording complete (녹음 완료)

7단계 스페인어 오디오를 텍스트로 변환하기 위해서 왓슨의 음성-텍스트 변환 서비스와 연동 결과를 출력한다.

Spanish response: el baño más cercano está en el restaurante (스페인어 응답)

8단계 왓슨의 언어 번역기 서비스를 사용해서 스페인어 텍스트를 영어로 변환하고 결과를 출력한다.

English response: The nearest bathroom is in the restaurant (영어 응답)

9단계 영어 텍스트를 왓슨의 텍스트-음성 변환 서비스를 통과시켜서 텍스트를 오디오 파일로 변환한다.

9단계 최종 결과인 영어 음성 파일을 재생한다.

31 단순화시키기 위해 앱에서 5초만 녹음했다. record_audio 함수에서 SECONDS 변수로 시간을 조절할 수 있다. 말을 시작하면 감지해서 녹음을 시작하고, 말을 하지 않으면 녹음을 중지하도록 만들 수도 있지만, 그렇게 하려면 코드가 더욱 복잡해진다.

13.6.3 SimpleLanguageTranslator.py 스크립트 살펴보기

이번 절에서는 SimpleLanguageTranslator.py 스크립트를 살펴볼 것이다. 이 소스는 연속으로 부여된 숫자로 구분된 작은 부분으로 나누어져 있다. 3장 '제어 구문'에서 살펴보았던 것처럼 톱다운 방식을 살펴보자. 우선 가장 위쪽을 살펴보자.

> 영어권 사람과 스페인어권 사람 간의 대화를 가능하게 하는 번역기 앱을 만든다.

이것을 구체화해 보면

> 영어로 묻는 질문을 스페인어로 번역한다.
> 스페인어로 한 대답을 영어로 번역한다.

첫 번째 문장을 다섯 단계로 구체화할 수 있다.

> **1단계** 음성 입력을 요청하고 영어 음성을 오디오 파일로 만든다.
> **2단계** 영어 음성을 텍스트로 바꾼다.
> **3단계** 영어 텍스트를 스페인어 텍스트로 번역한다.
> **4단계** 스페인 텍스트를 스페인어 음성으로 합성하고 그것을 파일로 저장한다.
> **5단계** 스페인 오디오 파일을 재생한다.

두 번째로 구체화했던 문장의 두 번째 줄을 다섯 단계로 구체화할 수 있다.

> **6단계** 음성 입력을 요청하고 스페인어 음성을 오디오 파일로 저장한다.
> **7단계** 스페인어 음성을 스페인어 텍스트로 변환한다.
> **8단계** 스페인어 텍스트를 영어 텍스트로 번역한다.
> **9단계** 영어 텍스트를 영어 음성으로 합성하고 그것을 오디오 파일로 저장한다.
> **10단계** 영어 오디오를 재생한다.

이런 하향식 개발 방식은 더 중요한 작은 부분에 집중할 수 있게 하는 분할 정복 접근 방식의 장점을 활용할 수 있다.

이번 절에서 소개할 스크립트에서는 두 번째 구체화 단계에서 설명했던 10단계를 개발할 것이다.

2단계와 **7단계**는 왓슨의 음성-텍스트 서비스를 사용하고, **3단계**와 **8단계**는 왓슨의 언어 번역기 서비스를 사용하며, **4단계**와 **9단계**는 왓슨의 텍스트-음성 서비스를 사용한다.

왓슨 SDK 클래스 임포트하기

라인 4~6은 왓슨 개발자 클라우드 파이썬 SDK와 함께 설치된 watson_developer_cloud 모듈에서 클래스를 임포트한다. 각각의 클래스는 왓슨 서비스와 연동하기 위해 앞에서 구했던 자격 검증 데이터를 사용한다.

- **SpeechToTextV1** 클래스는[32] 오디오 파일을 왓슨 음성-텍스트 변환 서비스에 파일을 전달하고, 변환된 텍스트가 포함된 JSON[33] 문서를 받는다.
- **LanguageTranslatorV3** 클래스는 왓슨 번역기 서비스에 텍스트를 넘겨서 번역된 텍스트가 포함된 JSON 문서를 받는다.
- **TextToSpeechV1** 클래스는 텍스트를 왓슨 텍스트-음성 변환 서비스에 넘겨주고 특정 언어의 음성으로 녹음된 오디오 파일을 받는다.

```
1  # SimpleLanguageTranslator.py
2  """IBM 왓슨 음성-텍스트 변환, 언어 번역, 텍스트 음성 변환 API를 이용해서
3     영어와 스페인어 화자 간에 의사소통을 할 수 있도록 한다."""
4  from watson_developer_cloud import SpeechToTextV1
5  from watson_developer_cloud import LanguageTranslatorV3
6  from watson_developer_cloud import TextToSpeechV1
```

임포트된 다른 모듈들

라인 7은 왓슨의 자격 검증 데이터를 가지고 있는 keys.py 파일을 임포트한다. 라인 8~11은 앱의 오디오 처리 기능을 지원하는 모듈을 임포트한다.

- pyaudio 모듈은 마이크에서 음성을 녹음할 수 있다.
- pydub과 pydub.playback 모듈은 오디오 파일을 로드하고 재생한다.
- 파이썬 표준 라이브러리의 wave 모듈은 WAV(파형 오디오 파일 포맷) 파일로 저장할 수 있다. WAV는 원래 마이크로소프트와 IBM에서 개발되어 폭넓게 사용된 오디오 포맷이다. 이 앱은 wave 모듈을 사용해서 녹음된 오디오 파일을 .wav 파일로 저장한 후 텍스트로 변환하기 위해서 음성-텍스트 변환 서비스로 오디오 파일을 보낸다.

```
7  import keys  # 왓슨 서비스 접근을 위한 API 키가 포함되어 있다.
8  import pyaudio  # 마이크로 들어오는 음성을 녹음하는 데 사용
9  import pydub  # WAV 파일을 로드하는 데 사용
10 import pydub.playback  # WAV 파일을 재생하는 데 사용
11 import wave  # WAV 파일을 저장하는 데 사용
```

메인 프로그램: run_translator 함수

이 프로그램의 메인에 해당하는 run_translator(라인 13~54) 함수를 보자. 이 함수는 스크립트에서 나중에 정의할 함수들을 호출한다. 쉽게 설명하기 위해 run_translator 함수 내용을 10단계

32 클래스 이름에 V1이 들어간 것은 서비스 버전이다. IBM이 서비스를 변경되면 기존의 클래스를 수정하지 않고 watson_developer_cloud 모듈에 새로운 클래스가 추가한다. 이렇게 하는 것은 서비스가 업데이트되었을 때 기존 앱에 문제가 발생하지 않게 하려는 것이다. 이 글을 쓰는 시점에서 음성-텍스트 서비스와 텍스트-음성 서비스는 각각 버전 1(V1)이고, 언어 번역 서비스는 버전 3(V3)이다.

33 12장 '트위터 데이터 마이닝'에서 JSON에 대해 소개했다.

로 나누었다.

1단계 (라인 15~17), 사용자에게 Enter를 누르는 메시지를 출력한 후 질문 음성을 녹음한다. record_audio 함수는 5초간 오디오를 녹음하고 해당 데이터를 english.wav 파일에 저장한다.

```
13 def run_translator():
14     """왓슨 서비스와 연동하는 함수를 호출한다. """
15     # 1단계: 영어 음성을 노음해서 오디오 파일로 만들기 위한 프롬프트
16     input('Press Enter then ask your question in English')
17     record_audio('english.wav')
```

2단계 speech_to_text 함수를 호출한다. english.wav 파일을 텍스트로 만들기 위해 파일을 넘겨서 음성-텍스트 변환 서비스에 *미리 정의된* 'en-US_BroadbandModel' 모델을 이용해서 음성 텍스트로 변환하도록 한다. 호출 결과로 받은 텍스트를 출력한다.[34]

```
19     # 2단계: 영어 음성을 영어 텍스트로 변환한다.
20     english = speech_to_text(
21         file_name='english.wav', model_id='en-US_BroadbandModel')
22     print('English:', english)
```

3단계, 2단계에서 변환된 텍스트를 translate 함수에 인자로 넘긴다. 영어(en)에서 스페인어(es)로 번역하기 위해서 미리 정의된 'en-es' 모델을 사용하도록 지정해서 번역된 결과를 출력한다.

```
24     # 3단계: 영어 텍스트를 스페인어 텍스트로 번역한다.
25     spanish = translate(text_to_translate=english, model='en-es')
26     print('Spanish:', spanish)
27
```

4단계 텍스트-음성 변환 서비스가 'en-US_SofiaVoice' 음성으로 합성할 수 있도록 3단계에서 스페인어로 번역된 텍스트를 text_to_speech 함수에 인자로 넘겨 호출한다. 그리고, 오디오 파일이 저장될 파일을 지정한다.

```
28     # 4단계: 스페인어 텍스트를 스페인어 음성으로 합성한다.
29     text_to_speech(text_to_speak=spanish, voice_to_use='es-US_SofiaVoice',
30         file_name='spanish.wav')
31
```

5단계 'spanish.wav' 파일을 재생시키기 위해서 play_audio 함수를 호출한다. 이 음성 파

34 왓슨의 음성-텍스트 변환 서비스(Watson Speech to Text)는 대부분 언어에 대해서 *광대역*과 *협대역* 모델을 지원한다. 이것은 오디오 품질과 관련 있다. 16kHZ나 그 이상으로 오디오를 녹음한 경우, IBM은 광대역 모델을 사용하도록 권장하고 있다. 이번 앱에서는 44.1kHZ로 오디오를 녹음했다.

일은 3단계 에서 번역된 텍스트를 스페인어로 합성한 것이다.

```
32        # 5단계: 스페인어 오디오 파일을 재생한다.
33        play_audio(file_name='spanish.wav')
34
```

마지막으로 6~10단계 는 1~5단계 에서 했던 과정을 반복한다. 단 이번에는 스페인어를 영어로 바꾼다.

- 6단계 *스페인어* 오디오를 녹음한다.
- 7단계 미리 정의된 'es-ES_BroadbandModel' 모델을 이용하는 음성-텍스트 변환 서비스를 이용해서 스페인어 음성을 스페인어 텍스트로 바꾼다.
- 8단계 언어 번역기 서비스의 'es-en'(스페인어-영어) 모델을 사용해서 스페인어 텍스트를 영어 텍스트로 변환한다.
- 9단계 텍스트-음성 서비스의 'US_AllisonVoice' 목소리를 이용해서 영어로 된 음성을 만든다.
- 10단계 영어 오디오를 재생한다.

```
35        # 6단계: 스페인어 음성을 오디오 파일로 녹음하라는 프롬프트
36        input('Press Enter then speak the Spanish answer')
37        record_audio('spanishresponse.wav')
38
39        # 7단계: 스페인어 음성을 스페인어 텍스트로 변한
40        spanish = speech_to_text(
41            file_name='spanishresponse.wav', model_id='es-ES_BroadbandModel')
42        print('Spanish response:', spanish)
43
44        # 8단계: 스페인어 텍스트를 영어 텍스트로 번역
45        english = translate(text_to_translate=spanish, model='es-en')
46        print('English response:', english)
47
48        # 9단계: 영어 텍스트를 영어 음성으로 합성
49        text_to_speech(text_to_speak=english,
50            voice_to_use='en-US_AllisonVoice',
51            file_name='englishresponse.wav')
52
53        # 10단계: 영어 오디오 재생
54        play_audio(file_name='englishresponse.wav')
55
```

이제 1단계 에서 10단계 까지 사용자가 호출하는 함수를 만들어보자.

speech_to_text 함수

왓슨의 음성-텍스트 변환 서비스에 접근하기 위해 speech_to_text(라인 56~87) 함수에서 앞에서 설정했던 API 키를 인자로 넘겨서 stt('speech-to-text'의 줄임말)라는 이름의 SpeechToTextV1 객체를 만든다. with 구문(라인 62~65)은 file_name 매개변수로 지정된 오디오 파일을 열고 파일 객체를 audio_file 변수에 설정한다. 열기 모드 'rb'는 바이너리 데이터(b)를 읽을(r) 것이라는 의미다. 오디오 파일은 바이너리 포맷으로 바이트 단위로 저장되고, 라인 64~65는 SpeechToTextV1 객체의 **recognize 메서드**를 사용해서 음성-텍스트 서비스를 실행한다. 이들 메서드는 세 개의 키워드 인자를 받는다.

- audio는 음성-텍스트 서비스로 전달할 파일(audio_file)이다.
- content_type은 파일에 있는 미디어 타입이다. 'audio/wav'는 이 파일이 WAV 포맷으로 저장된 오디오 파일이라는 것을 의미한다.[35]
- model는 서비스가 사용할 언어 모델을 지정하는 것으로 음성을 인지하고 이것을 텍스트로 변환하는 데 사용된다. 이 앱은 미리 정의된 모델을 사용한다. 'en-US_BroadbandModel'(영어) 또는 'es-ES_BroadbandModel'(스페인어), 두 가지이다.

```
56 def speech_to_text(file_name, model_id):
57     """왓슨의 음성-텍스트 서비스를 이용해서 오디오 파일을 텍스트로 변환한다"""
58     # 왓슨 음성-텍스트 클라이언트 생성
59     stt = SpeechToTextV1(iam_apikey=keys.speech_to_text_key)
60
61     # 오디오 파일을 연다.
62     with open(file_name, 'rb') as audio_file:
63         # 파일을 왓슨에게 넘겨 변환한다.
64         result = stt.recognize(audio=audio_file,
65             content_type='audio/wav', model=model_id).get_result()
66
67     # 'results' 리스트를 얻는다. 여기에 recognize 메서드의 인자에 따라서
68     # 중간 결과와 최종 결과가 있을 수 있다. 최종 결과만 요청했다.
69     # 따라서 하나의 요소만 있는 리스트일 것이다.
70     results_list = result['results']
71
72     # 최종 음성 인지 결과를 가져온다. 리스트에 하나의 요소만 있다.
73     speech_recognition_result = results_list[0]
74
75     # 'alternatives' 리스트를 가져온다. recognize 메서드의 인자에 따라서
```

35 미디어 타입은 이전에 **MIME(Multipurpose Internet Mail Extensions, 다용도 인터넷 메일 확장) 타입**이라고 알려진 것으로, 프로그램에서 데이터를 올바르게 처리하는 데 사용되는 데이터 포맷을 지정하는 표준이다.

```
76        # 여러 개의 다른 결과가 포함될 수 있다. 여기서는 요청하지 않았으므로
77        # 하나의 값만 포함되어 있다.
78        alternatives_list = speech_recognition_result['alternatives']
79
80        # 변환의 다른 대안 하나를 alternatives_list에서 가져온다.
81        first_alternative = alternatives_list[0]
82
83        # 'transcript' 키의 값을 가져온다. 여기에 오디오의 텍스트 변환값이
84        # 들어있다.
85        transcript = first_alternative['transcript']
86
87        return transcript  # 오디오에 대한 텍스트 반환
88
```

recognize 메서드는 DetailedResponse 객체를 반환하고, 이 객체의 getResult 메서드는 텍스트로 변환된 JSON 도큐먼트를 반환한다. 이게 이것을 result에 저장한다. JSON은 다음과 같다. 다만, 사용자가 질문한 내용에 따라 결과가 달라질 수 있다.

```
{
  "results": [                                                  라인 70
    {                                                           라인 73
      "alternatives": [                                         라인 78
        {                                                       라인 81
          "confidence": 0.983,
          "transcript": "where is the closest bathroom "        라인 85
        }
      ],
      "final": true
    }
  ],
  "result_index": 0
}
```

JSON에는 ***중첩된*** 딕셔너리와 리스트가 포함되어 있다. 이 데이터의 구조를 탐색하기 위해 라인 70~85를 구분하는 짧은 구문을 사용해서 텍스트로 변환하는 텍스트, 즉 "where is the closest bathroom"을 찾고 이렇게 해서 나온 것을 반환한다. JSON에 있는 박스와 각 박스에 붙은 줄 번호는 라인 70~85에 있는 구문과 대응되고, 각 구문은 다음과 같이 동작한다.

- 라인 70은 results_list에 results 키에 대응하는 리스트를 할당한다.

```
results_list = result['results']
```

recognize 메서드에 전달하는 인자에 따라서 이 리스트는 중간 결과와 최종 결과를 포함할 수 있다. 중간 결과는 뉴스처럼 생방송 음성을 텍스트로 만들 때 유용하다. 최종 결과만 요청했으

므로 이 리스트에서는 하나의 요소만 들어있다.[36]

- 라인 73은 최종 음성 인식 결과, 즉 results_list에 하나만 있던 요소를 speech_recognition_result에 할당한다.

```
speech_recognition_result = results_list[0]
```

- 라인 78은 'alternatives' 키에 맵핑된 리스트를 alternatives_list에 할당한다.

```
alternatives_list = speech_recognition_result['alternatives']
```

이 리스트에는 recognize 메서드의 인자에 따라 여러 개의 다른 텍스트가 포함될 수 있다. 여기서는 하나의 요소가 있는 리스트만 받았다.

- 라인 81은 alternatives_list 리스트에서 있는 하나뿐인 요소를 first_alternative에 할당한다.

```
first_alternative = alternatives_list[0]
```

- 라인 85는 'transcript' 키에 있는 값을 transcript에 할당한다. 이 값은 오디오를 텍스트로 변환한 것이 들어있다.

```
transcript = first_alternative['transcript']
```

- 마지막으로 라인 87은 오디오를 텍스트로 변환한 결과를 반환한다.

라인 70~85를 더 짧은 코드로 바꿀 수 있다.

```
return result['results'][0]['alternatives'][0]['transcript']
```

하지만 이렇게 압축된 형태보다는 여러 개의 짧은 구문으로 나누어 작성하는 것이 더 좋다고 생각한다.

translate 함수

왓슨 언어 번역기 서비스에 접근하기 위해서 translate 함수(라인 89~111)는 먼저 **서비스 버전**('2018-05-31'[37])과, 앞에서 설정한 API 키, 그리고 서비스 URL을 인자로 넘겨서 language_translator라는 이름으로 LanguageTranslatorV3 객체를 생성한다. 라인 93~94는 LanguageTranslatorV3 객체의 **translate 메서드**를 사용해서 언어 번역기 서비스를 호출한다. 이때 두 개의 키워드 인자를 넘긴다.

---

36 recognize 메서드의 인자와 JSON 응답에 대한 상세한 내용은 다음 링크를 살펴보자. https://www.ibm.com/watson/developercloud/speech-to-text/api/v1/python.html?python#recognize-sessionless

37 언어 번역 서비스 API 레퍼런스에 의하면 이 글을 쓰는 시점에서 현재 버전은 '2018-05-31'이다. IBM은 하위 버전에 호환되지 않는 API 변경될 때만 버전 문자열을 변경한다. IBM에서 버전을 변경할 경우에도 이 서비스는 버전 문자열에서 지정하고 있는 API 버전으로 응답한다. 상세한 내용은 다음 링크를 참조한다. https://www.ibm.com/watson/developercloud/language-translator/api/v3/python.html?python#versioning

- text는 다른 언어로 번역할 문자열이다.
- model_id는 원래의 텍스트를 이해하고, 이것을 다른 언어로 번역하기 위해서 언어 번역 서비스가 사용할 미리 정의된 모델이다. 이 앱에서 모델은 IBM에서 ***미리 정의한*** 번역 모델을 사용한다. 즉 'en-es'(영어를 스페인어로) 또는 'es-en'(스페인어를 영어로)이다.

```
89  def translate(text_to_translate, model):
90      """왓슨의 언어 번역 서비스에 모델을 지정해서 영어를 스페인어 (en-es)
91         또는 스페인어를 영어로 (es-en) 번역한다."""
92      # 왓슨 클라이언트를 생성한다
93      language_translator = LanguageTranslatorV3(version='2018-05-31',
94          iam_apikey=keys.translate_key)
95
96      # 번역 수행
97      translated_text = language_translator.translate(
98          text=text_to_translate, model_id=model).get_result()
99
100     # 'translations' 리스트를 얻는다. translate 메서드의 text 인자에
101     # 여러 문자열을 넣으면 이 리스트에 다수의 엔트리가 올 수 있다.
102     # 문자열 하나만 넘겼으므로 이 리스트에는 하나의 요소만 있다.
103     translations_list = translated_text['translations']
104
105     # translations_list의 첫 번째 요소를 가져온다.
106     first_translation = translations_list[0]
107
108     # 번역된 텍스트가 있는 'translation' 키의 값을 가져온다.
109     translation = first_translation['translation']
110
111     return translation # 번역된 문자열을 반환
112
```

이 메서드는 DetailedResponse 객체를 반환한다. 이 객체의 getResult 메서드는 다음과 같은 JSON 도큐먼트를 반환한다.

```
{
  "translations": [                                           라인 103
    {                                                         라인 105
      "translation": "¿Dónde está el baño más cercano? "      라인 109
    }
  ],
  "word_count": 5,
  "character_count": 30
}
```

결과로 받은 JSON은 사용자가 했던 질문에 따라 달랐지만, JSON에는 내부에 중첩된 딕셔러리와 리스트가 포함되어 있다. 라인 103~109는 번역된 텍스트, 즉 "¿Dónde está el baño más cercano?"를 찾기 위해 여러 개의 간단한 구문을 사용한다. JSON을 감싸고 있는 박스와 각 박스에 있는 줄 번호는 라인 103~109에 대응하고, 이들 구문은 다음과 같이 동작한다.

- 라인 103은 번역된 문자열 리스트를 받는다.

```
translations_list = translated_text['translations']
```

  translate 메서드의 text 인자에 여러 개의 문자열을 넣으면 이 리스트에도 여러 개의 요소가 있을 것이다. 하나의 문자열만 보냈으므로 이 리스트에도 하나의 요소만 있다.

- 라인 106은 translations_list가 가지고 있는 유일한 요소를 가져온다.

```
first_translation = translations_list[0]
```

- 109 라인은 'translation' 키에 대응하는 값을 가져오는데, 이 값에 바로 번역된 문자열이 들어있다.

```
translation = first_translation['translation']
```

- 라인 111은 번역된 문자열을 반환한다.

라인 103~109는 더 짧은 구문으로 바꿀 수 있다.

```
return translated_text['translations'][0]['translation']
```

하지만 여러 개의 간단한 구문을 사용하는 것을 더 선호한다.

text_to_speech 함수

왓슨의 텍스트-음성 변환 서비스에 접근하기 위해서 text_to_speech 함수(라인 113~122)는 tts(text-to-speech의 약자)라는 TextToSpeechV1 객체를 만든다. 인자로 앞에서 설정했던 API 키를 넘겨준다. with 구문은 file_name으로 지정된 파일을 열고 그 파일을 audio_file이라는 이름으로 연관시킨다. 'wb' 모드는 바이너리 포맷(b)으로 쓰기(w)를 하기 위해 연다고 의미다. 음성-텍스트 변환 서비스가 반환하는 오디오를 이 파일에 저장할 것이다.

```
113 def text_to_speech(text_to_speak, voice_to_use, file_name):
114         """왓슨 텍스트-음성 서비스를 사용해서 텍스트를 특정 음성으로 변환하고
115            WAV 파일로 저장한다."""
116         # 텍스트-음성 클라이언트 생성
117         tts = TextToSpeechV1(iam_apikey=keys.text_to_speech_key)
118 
119         # 파일을 열고 합성된 오디오 컨텐츠를 파일로 쓴다.
120         with open(file_name, 'wb') as audio_file:
```

```
121             audio_file.write(tts.synthesize(text_to_speak,
122                 accept='audio/wav', voice=voice_to_use).get_result().content)
123
```

라인 121~122에서 두 메서드를 호출한다. 첫 번째, TextToSpeechV1 객체의 **synthesize 메서드**를 호출해서 음성-텍스트 변환 서비스를 호출한다. 이때 세 개의 인자를 넘긴다.

- text_to_speak는 음성으로 합성할 문자열이다.
- 키워드 인자 accept는 음성-텍스트 변환 서비스가 만들어야 하는 오디오 포맷을 의미하는 미디어 타입이다. 다시 말해서 'audio/wav'는 WAV 포맷으로 된 오디오 파일을 의미한다.
- voice 키워드 인자는 텍스트 음성 변환 서비스에 미리 정의된 목소리 중 하나를 넣는다. 이번 앱에서는 'en-US_AllisonVoice'를 사용해서 영어 텍스트를 음성으로 말했고, 'es-US_SofiaVoice'를 사용해서 스페인어 텍스트를 음성으로 변환했다. 왓슨은 다양한 언어에 대해 남성과 여성의 목소리를 제공하고 있다.[38]

왓슨의 DetailedResponse에는 음성 오디오 파일이 포함되어 있고, get_result 메서드를 통해서 접근할 수 있다. 이 오디오의 바이트 정보를 얻기 위해서 반환된 파일의 내용에 접근하고, 이것을 audio_file 객체의 write 메서드를 사용해서 .wav 파일에 저장한다.

record_audio 함수

pyaudio 모듈은 마이크로 들어오는 음성을 기록할 수 있다. record_audio 함수(라인 124~154)는 컴퓨터의 마이크로 들어오는 오디오 스트림 정보를 조정하는 데 사용되는 여러 개의 상수들(라인 126~130)을 정의한다. pyaudio 모듈의 온라인 문서에서 가져온 세팅을 사용했다.

- FRAME_RATE - 44100 초당 프레임 수는 44.1kHz를 의미한다. 이 값은 CD 수준의 오디오에 많이 사용된다.
- CHUNK - 1024는 스트리밍되어 프로그램에 들어오는 프레임 수이다.
- FORMAT - pyaudio.paInt16은 각 프레임의 크기이다(예제의 경우 16비트나 2바이트의 정수).
- CHANNELS - 2는 프레임별 샘플의 수를 의미한다.
- SECONDS - 5는 이 앱에서 녹음하는 시간을 초로 나타낸 값이다.

```
124 def record_audio(file_name):
125     """pyaudio를 사용해서 5초가 오디오를 녹음하고 WAV 파일로 만든다."""
126     FRAME_RATE = 44100  # 초당 프레임 수
127     CHUNK = 1024   # 한 번에 읽을 프레임 수
```

38 사용할 수 있는 목소리 리스트를 보고 싶으면 다음을 참고한다. https://www.ibm.com/watson/developercloud/text-to-speech/api/v1/python.html?python#get-voice. 다른 목소리로 실험해 보자.

```
128        FORMAT = pyaudio.paInt16  # 각 프레임이 16비트(2바이트)이다.
129        CHANNELS = 2  # 프레임당 2개의 샘플
130        SECONDS = 5  # 전체 레코딩 시간
131
132        recorder = pyaudio.PyAudio()  # 오디오 스트림을 읽고 닫는데 사용
133
134        # 녹음을 위해 오디오 스트림을 설정하고 연다. (input=True)
135        audio_stream = recorder.open(format=FORMAT, channels=CHANNELS,
136            rate=FRAME_RATE, input=True, frames_per_buffer=CHUNK)
137        audio_frames = []  # 마이크 입력을 바이트로 저장
138        print('Recording 5 seconds of audio')
139
140        # 청크 크기 단위로 오디오를 5초간 읽는다.
141        for i in range(0, int(FRAME_RATE * SECONDS / CHUNK)):
142            audio_frames.append(audio_stream.read(CHUNK))
143
144        print('Recording complete')
145        audio_stream.stop_stream()  # 레코드 중지
146        audio_stream.close()
147        recorder.terminate()  # PyAudio가 사용하던 리소스를 해제한다.
148
149        # audio_frames를 WAV 파일로 저장한다.
150        with wave.open(file_name, 'wb') as output_file:
151            output_file.setnchannels(CHANNELS)
152            output_file.setsampwidth(recorder.get_sample_size(FORMAT))
153            output_file.setframerate(FRAME_RATE)
154            output_file.writeframes(b''.join(audio_frames))
155
```

라인 132는 **PyAudio** 객체를 생성하고, 이 객체는 마이크로부터 음성을 녹음할 입력 스트림을 가져온다. 라인 135~136은 PyAudio 객체의 **open 메서드**를 사용해서 입력 스트림을 연다. 이때 FORMAT, CHANNELS, FRAME_RATE, 그리고 CHUNK 상수들로 스트림을 설정한다. input 키워드 인자를 True로 설정해서 스트림이 오디오 입력을 ***받는 데*** 사용한다고 명시한다. open 메서드는 시스템과 연동할 수 있는 pyaudio **스트림** 객체를 반환한다.

라인 141~142는 스트림 객체의 **read 메서드**를 사용해서 입력 스트림에서 1,024프레임(즉 **청크**)을 가져오고, 이것을 audio_frames 리스트에 추가한다. 한 번에 CHUNK 프레임을 사용하는 5초 오디오를 만들고, 필요한 반복 횟수를 결정하기 위해 FRAME_RATE에 SECONDS를 곱한 후 이것을 CHUNK로 나눈다. 읽는 작업이 끝나면 라인 145에서 Stream 객체의 **stop_stream 메서드**를 호출해서 레코드를 끝낸다. 라인 146은 Stream 객체의 **close 메서드**를 호출해서 스크림을 닫는다. 그리고 라인

147에서 PyAudio 객체의 **terminate 메서드**를 호출해서 오디오 스트림을 관리하는 데 사용하는 내부의 오디오 리소스를 해제한다.

라인 150~154에 있는 with 구문은 바이너리 포맷으로 파일을 만들기 위해 ('wb') file_name으로 지정된 WAV 파일을 wave 모듈의 open 함수에 사용한다. 라인 151~153은 WAV 파일의 채널 수, 샘플링 크기(PyAudion 객체의 **get_sample_size 메서드**로 얻는)와 프레임 속도를 설정하고, 라인 154에서 오디오를 파일로 저장한다. b''.join(audio_frames) 표현식은 모든 프레임 바이트들을 하나의 **바이트 스트링**으로 합친다. 문자열 앞에 b가 붙은 것은 이 문자열이 문자가 아닌 바이트로 된 문자열임을 가리킨다.

play_audio 함수

왓슨의 텍스트-음성 변환 서비스에서 반환되는 오디오 파일을 재생하기 위해서 pydub와 pydub.playback 모듈의 기능을 사용한다. 먼저 라인 158에서 pydub 모듈에 있는 **AudioSegment** 클래스에서 **from_wav 메서드**를 사용해 WAV 파일을 로드한다. 이 메서드는 오디오 파일을 나타내는 AudioSegment 객체를 반환하고, AudioSegment를 재생하기 위해 라인 159에서 pydub.playback 모듈의 **play 함수**를 호출한다. 이때 AudioSegment를 인자로 넘겨준다.

```
156 def play_audio(file_name):
157     """pydub 모듈 (pip install pydub)를 이용해서 WAV 파일을 재생한다."""
158     sound = pydub.AudioSegment.from_wav(file_name)
159     pydub.playback.play(sound)
160
```

run_translator 함수 실행하기

SimpleLanguageTranslator.py를 스크립트로 실행하면 run_translator 함수를 실행된다.

```
161 if __name__ == '__main__':
162     run_translator()
```

이번 예제에서는 분할 정복 접근 방식을 사용해서 스크립트를 관리하기 쉽게 만들었다. 각 단계들이 주요 왓슨 서비스와 잘 맞아떨어졌고, 강력한 매시업 애플리케이션을 빠르게 만들 수 있었다.

13.7 왓슨 리소스

IBM은 자신들의 서비스를 익히거나 자사 서비스를 이용해서 애플리케이션을 만들 수 있도록 다양한 개발자 리소스를 제공한다.

왓슨 서비스 문서

왓슨 서비스 문서는 다음 링크를 참고한다.

https://console.bluemix.net/developer/watson/documentation

각 서비스에 대해서 문서와 API 레퍼런스 링크가 있다. 각 서비스의 문서는 보통 다음과 같은 것 중 일부 또는 모두 포함하고 있다.

- 시작하기 튜토리얼
- 서비스를 개괄적으로 설명하는 비디오
- 서비스 데모 링크
- 더 많은 하우투 문서와 튜토리얼 문서에 대한 링크
- 샘플 앱
- 추가 리소스(예: 고급 튜토리얼, 비디오, 블로그 게시물 등)

각 서비스 API 레퍼런스는 다양한 언어로 서비스와 연동하는 상세한 내용을 보여주는데, 여기에는 파이썬도 포함된다. 파이썬에 특화된 문서와 왓슨 개발자 클라우드 파이썬 SDK를 위한 대응 코드를 보려면 **Python** 탭을 클릭한다. 이 API 레퍼런스에는 주어진 서비스를 호출하는 데 사용되는 모든 옵션과 반환되는 응답 종류, 응답 예제 등이 있다.

왓슨 SDK

왓슨 개발자 클라우드 파이썬 SDK를 사용해서 이번 장의 스크립트를 개발해 보았다. 다른 언어와 플랫폼에서 사용할 수 있는 SDK가 있고, 이 리스트는 다음 링크에 모두 나열되어 있다.

https://console.bluemix.net/developer/watson/sdks-and-tools

13

학습 자료

다음 학습 자료 페이지에서

https://console.bluemix.net/developer/watson/learning-resources

다음과 같은 것을 볼 수 있다.

- 왓슨 기능과 왓슨과 AI가 산업에서 어떻게 사용되는지에 대한 블로그 글
- 왓슨의 깃허브 리파지토리(개발자 도구, SDK, 샘플 코드)
- 왓슨 유튜브 채널(뒤에서 더 알아볼 것)
- IBM이 '복잡한 프로그래밍 과제를 해결하기 위한 로드맵'이라고 부르는 코드 패턴. 일부는 파이썬에서 구현되지만, 다른 코드 패턴도 파이썬 앱을 설계하고 구현하는 데 도움이 될 수 있다.

왓슨 비디오

왓슨 유튜브 채널은 다음 링크에 있다.

https://www.youtube.com/user/IBMWatsonSolutions/

유튜브에는 왓슨을 어떻게 사용하는지를 보여주는 수백 개의 비디오와 함께 왓슨이 어떻게 동작하는지 보여주는 영상이 있다.

IBM 레드북스

다음의 IBM 레드북스 **출간물**은 IBM 클라우드와 왓슨 서비스를 상세하게 다루고 있으므로 왓슨 기술을 공부하는 데 매우 유용하다.

- IBM 클라우드를 기반으로 하는 애플리케이션 개발의 핵심:

  http://www.redbooks.ibm.com/abstracts/sg248374.html
- IBM 왓슨 서비스로 인지 애플리케이션 개발하기: **제1권 시작하기**

  http://www.redbooks.ibm.com/abstracts/sg248387.html
- IBM 왓슨 서비스로 인지 애플리케이션 개발하기: **제2권 컨버세이션**(현재의 왓슨 어시스턴트)

  http://www.redbooks.ibm.com/abstracts/sg248394.html
- IBM 왓슨 서비스로 인지 애플리케이션 개발하기: **제3권 시각적 인식**

  http://www.redbooks.ibm.com/abstracts/sg248393.html
- IBM 왓슨 서비스로 인지 애플리케이션 개발하기: **제4권 자연어 분류기**

  http://www.redbooks.ibm.com/abstracts/sg248391.html
- IBM 왓슨 서비스로 인지 애플리케이션 개발하기: **제5권 언어 번역기**

  http://www.redbooks.ibm.com/abstracts/sg248392.html
- IBM 왓슨 서비스로 인지 애플리케이션 개발하기: **제6권 음성-텍스트 변환과 텍스트-음성 변환**

  http://www.redbooks.ibm.com/abstracts/sg248388.html
- IBM 왓슨 서비스로 인지 애플리케이션 개발하기: **제7권 자연어 이해**

  http://www.redbooks.ibm.com/abstracts/sg248398.html

13.8 요약

이번 장에서는 IBM의 왓슨 인지 컴퓨팅 플랫폼을 소개하고 광범위한 서비스를 개괄적으로 살펴보았다. 왓슨은 애플리케이션에 통합할 수 있는 흥미로운 기능을 제공한다. IBM의 무료 요금제를 통해 왓슨을 공부하고, 테스트할 수 있었다. 왓슨을 활용하기 위해 IBM 클라우드 계정을 만들었다. 왓슨 데모로 자연어 번역, 음성-텍스트 변환, 텍스트-음성 변환, 자연어 이해, 챗봇, 이미지 및 비디오의 톤 및 시각적 개체 인식을 위한 텍스트 분석과 같은 다양한 서비스를 실험했다.

파이썬 코드로 왓슨 서비스에 접근할 수 있도록 왓슨 개발자 클라우드 파이썬 SDK를 설치했다. 왓슨 서비스를 사용해서 영어와 스페인어를 사용하는 사람들이 말로 쉽게 의사소통할 수 있는 '여행자를 위한 번역 앱'을 만들었다. 영어와 스페인어를 오디오로 녹음한 후 이것을 텍스트로 번역했고, 텍스트를 다른 언어로 번역한 후 번역된 텍스트에서 영어와 스페인어 오디오를 합성했다. 마지막으로 문서, 블로그, 왓슨 깃허브 리파지토리, 왓슨 유튜브 채널, 파이썬(및 기타 언어)으로 구현된 코드 패턴과 IBM 레드북스을 포함한 다양한 왓슨 리소스에 대해 살펴보았다.

Chapter

14

머신러닝: 분류, 회귀, 클러스터링

학습 목표

이번 장에서는 다음과 같은 것을 다룬다.

- 널리 사용되는 데이터세트와 함께 사이킷-런을 사용해서 머신러닝을 해 본다.
- 시본과 매트플롯리브을 사용해서 데이터를 시각화하고 탐색해 본다.
- k-최근접 이웃 분류(k-nearest neighbors classification)와 선형 회귀 분석(linear regression)을 통해 지도 머신러닝을 한다.
- Digits 데이터세트를 이용해서 다중분류(multi-classification)를 실행한다.
- 데이터세트를 '훈련용 세트'와 '테스트용 세트', '검증용 세트'로 나눈다.
- k-폴드 교차검증(k-fold cross-validation)으로 모델의 하이퍼파라미터(hyperparameter)를 조정한다.
- 모델 성능을 측정한다.
- 분류 예측 적중 및 실패를 보여주는 혼동 행렬(confusion matrix)을 알아본다.
- 캘리포니아 주택 데이터세트 다중 선형 회귀법을 적용해 본다
- Iris 및 Digits 데이터세트에서 PCA 및 t-SNE를 이용한 차원 축소를 이용해서 클러스터링 2차원 시각화를 준비한다.
- k-평균 군집화(k-means clustering)과 Iris 데이터세트를 이용해서 비지도 머신러닝을 수행한다.

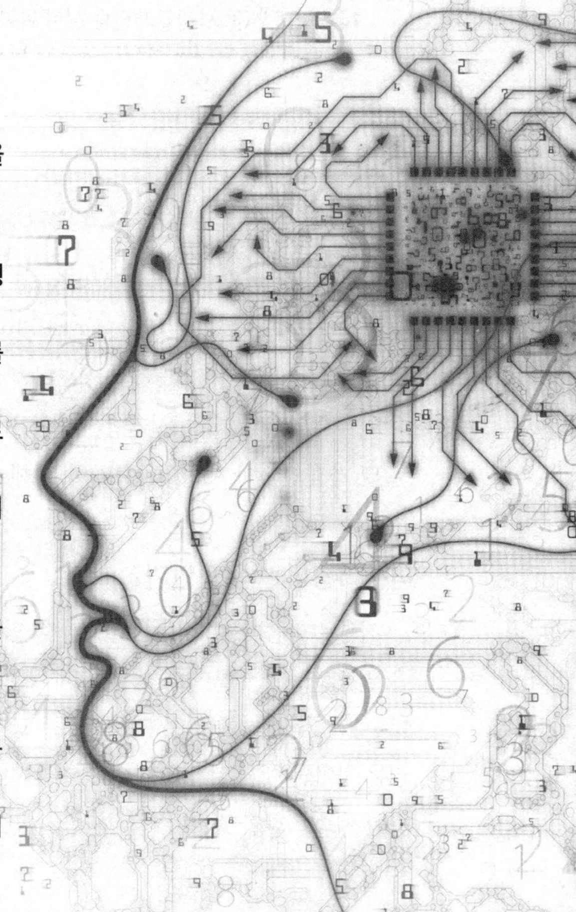

Outline

14.1 머신러닝의 개요

머신러닝은 가장 흥미로운 분야일 뿐 아니라 인공지능에서 유망한 분야이기도 하다. 이번 장과 다음 장에서는 머신러닝에 대해 소개할 것이다. 초보자뿐만 아니라 경험이 풍부한 대부분의 프로그래머들도 불과 몇 년 전까지만 해도 시도하지 않았을 도전적이고 흥미로운 문제를 어떻게 신속하게 해결할 수 있는지 알아 보자. 머신러닝은 수많은 미묘한 문제가 발생하는 크고 복잡한 주제이다. 우리의 목표는 몇 가지 간단한 머신러닝 기술에 대해 쉽고 실제적인 방법으로 소개하는 것이다.

머신러닝이란 무엇인가?

진짜로 학습하는 기계(즉 컴퓨터)를 만들 수 있을까? 이번 장과 다음 장에서는 어떻게 이런 마술 같은 일을 가능한지 보여줄 것이다. 이 새로운 애플케이션 개발 방식의 '비법'은 바로 방대한 데이터에 있다. 애플리케이션에 전문 지식을 프로그래밍하는 대신 데이터로부터 학습하도록 프로그래밍한다. 우리는 파이썬 예제 코드를 다수 보여줄 것이다. 머신러닝 모델을 구축하고 이것을 가지고 놀랍도록 정확한 예측을 해볼 것이다.

예측

날씨를 더 잘 예측해서 생명을 구하고 부상이나 재산 피해를 최소화할 수 있다면 정말 멋진 일이다. 암 진단과 치료법을 발전시켜서 생명을 구하거나 비즈니스 예측을 더욱 잘해서 이익을 최대한 늘리고 사람들의 직업을 지킬 수 있다면 어떨까? 신용카드 구매 사기와 보험 사기를 찾아내는 것은 어떨까? 고객 '이탈'을 예측하고, 주택이 어떤 가격에 팔릴지, 신작 영화 티켓의 판매뿐만 아니라 신제품과 서비스의 예상 매출을 예측하는 것은 어떨까? 감독과 선수들이 더 많은 경기에서 우승하기 위해 사용할 최상의 전략을 예측하는 것은 어떨까? 오늘날에는 머신러닝으로 이런 종류의 예측을 하고 있다.

머신러닝 애플리케이션

다음 표는 널리 사용하는 머신러닝 애플리케이션을 보여주고 있다.

머신러닝 애플리케이션		
• 이상 징후 감지 • 챗봇 • 스팸 메일과 스팸이 아닌 메일 분류 • 뉴스를 스포츠, 경제, 정치 등으로 분류 • 컴퓨터 비전 및 이미지 분류 • 신용카드 사기 감지 • 고객 이탈 예측 • 데이터 압축 • 데이터 검색 • 소셜 미디어(페이스북, 트위터, 링크드인 같은)의 데이터 마이닝	• 물체 감지 • 데이터 패턴 감지 • 진단 의학 • 안면 인식 • 보험 사기 감지 • 컴퓨터 네트워크의 침해 감지 • 필기체 인식 • 마케팅: 고객 세분화 • 자연어 번역(영어를 스페인어로, 프랑스어를 일본어로 등등) • 담보 대출 부실 예측	• 추천 시스템("이 제품을 사는 사람은 이것도 샀다.") • 자율주행 차 • 감정 분석(영화 리뷰를 긍정, 부정 또는 중립으로 분류 같은) • 스팸 필터링 • 주가 예측과 날씨 예측 같은 시계열 예측 • 목소리 인식

14.1.1 사이킷-런

우리는 널리 사용되는 *사이킷-런 머신러닝 라이브러리*를 사용할 것이다. 'sklearn'이라고도 하는 사이킷-런은 가장 효과적인 머신러닝 알고리즘을 *추정자(Estimator)*라는 것으로 편리하게 패키징했다. 각각의 알고리즘은 캡슐화되어 있기 때문에 이 알고리즘들이 어떻게 작동하는지에 대한 복잡한 세부 사항과 복잡한 수학을 몰라도 된다. 이런 방식에 익숙해지는 것이 좋다. 우리는 엔진과 변속기, 제동 시스템, 그리고 조향 시스템이 어떻게 동작하는지는 세세한 것까지 몰라도 운전을 한다. 엘리베이터에 타서 목적지를 누르고 텔레비전을 켜서 보고 싶은 프로그램을 선택할 때를 생각해 보자. 우리가 진짜로 스마트폰 하드웨어와 소프트웨어가 내부적으로 동작하는 방식을 이해하면서 이것들을 사용하고 있는지 생각해 보자.

사이킷-런과 짧은 파이썬 코드만으로도 데이터를 분석하고, 데이터에서 통찰력을 얻으며, 가장 중요한 예측을 할 수 있는 강력한 모델을 신속하게 만들 수 있다. 사이킷-런을 사용하여 일부의 데이터로 모델을 *훈련*시키고, 나머지 데이터로 이 모델을 테스트해서 모델이 얼마나 잘 동작하는지 확인해 볼 것이다. 일단 모델이 훈련되면 보지 않았던 데이터를 기반으로 예측을 수행하는데 모델을 사용할 수 있다. 모델이 도출하는 결과에 놀라게 될 것이다.

무언가를 기억하는 일을 주로 했던 컴퓨터가 갑자기 지능적인 특성을 갖게 된 것이다. 사이킷-런에는 모델 훈련과 테스트를 자동으로 할 수 있는 툴도 있다. 모델을 정의하고 성능을 향상시키기 위해 매개변수를 지정할 수 있지만, 이번 장에서는 일반적으로 모델의 *기본 매개변수*를 사용한다. 하지만 여전히 인상적인 결과를 얻을 수 있다. 또 사이킷-런으로 할 수 있는 많은 작업을 자동으로 해 주는 auto-sklearn(`https://automl.github.io/auto-sklearn`) 같은 툴도 있다.

프로젝트에 사이킷-런의 어떤 추정자를 적용할까?

어떤 모델로 데이터를 처리하는 게 좋은지 알아내는 것은 매우 어려운 일이므로 보통 여러 개의 모델을 시도해 보고 실행한 것 중에서 가장 적합한 것을 선택한다. 앞으로 알게 되겠지만 사이킷-런은 이런 일을 쉽게 할 수 있게 하는데, 가장 많이 사용하는 접근 방법은 많은 모델을 실행시키고 좋은 모델을 선택하는 것이다. 그러면 어떤 모델이 가장 적합한지 어떻게 평가할 수 있을까?

다양한 종류의 데이터세트에 대해 다양한 모델을 시도해 보고 싶을 것이다. 사이킷-런에 있는 추정자 내부의 복잡한 수학적 알고리즘에 대한 세부 사항을 알지 못하겠지만, 경험적으로 어떤 알고리즘이 특정 종류의 데이터세트와 문제에 적합한지에 대해 익숙해질 수 있을 것이다. 이런 경험이 있어도 각각의 새로운 데이터세트에 대한 최적의 모델을 직관적으로 찾아낼 수 있다고 확신할 수 없으므로 사이킷-런은 쉽게 모든 모델을 시도해 볼 수 있도록 해 준다. 몇 줄의 코드만으로 모델을 만들고 사용할 수 있다. 모델에 대한 성능을 리포트해 주기 때문에 결과를 비교해 보고 최적의 성능을 내는 모델을 선택할 수 있다.

14.1.2 머신러닝의 종류

이번에는 *라벨이 있는 데이터를 처리하는 지도(supervised) 머신러닝*과 *라벨이 없는 데이터를 처리하는 비지도(unsupervised) 머신러닝*, 이렇게 머신러닝의 두 가지 주요 타입을 소개할 것이다.

예를 들어 개와 고양이를 인식하기 위해서 컴퓨터 비전 애플리케이션을 개발하고 있다고 가정해 보자. '개'라고 라벨링되어 있는 수많은 개사진과 '고양이'라고 라벨링되어 있는 고양이사진을 가지고 모델을 훈련시킬 것이다. 모델이 효과적이라면 라벨링되어 있지 않은 사진을 모델에 넣었을 때 개와 고양이를 구별할 것이다. 모델에 더 많은 사진을 훈련시킬수록 새로운 사진이 개인지, 고양이인지 더 정확하게 예측할 수 있다. 빅데이터와 거대하고 경제적인 컴퓨터 파워의 시대에 곧 보게 될 기술로 꽤 정확한 모델을 만들 수 있다.

라벨이 없는 데이터를 처리하는 것이 우리에게 어떤 식으로 유용할 수 있는가? 수많은 책을 팔고 있는 온라인 서점에서는 방대한 양의 (라벨이 없는) 책 구매 데이터를 기록하고 있다. 어떤 책을 구매

한 사람이 같은 주제의 또는 비슷한 주제의 다른 책을 구매할 수 있다는 것을 빨리 파악할 수 있다. 이것이 ***추천 시스템***으로 연결된다. 그래서 이제는 서점 사이트에서 책을 검색하면 '이 책을 산 사람들이 같이 산 책'과 같은 추천 항목들을 볼 수 있다. 추천 시스템은 요즘은 큰 비스니스 분야로 모든 종류의 제품 판매를 극대화하는 데 도움을 주고 있다.

지도 머신러닝

지도 머신러닝은 ***'분류'***와 ***'회귀'***라는 두 가지 범주로 나뉜다. 행과 열로 구성된 데이터세트에 대해 머신러닝 모델을 훈련시키는데, 각 행은 데이터 ***샘플***을, 각 열은 이 샘플의 ***특성***을 의미한다. 지도 머신러닝에서 각 샘플은 ***'타깃'***이라고 부르는 라벨('개' 또는 '고양이' 같은)을 가지고 있는데, 이 값이 바로 모델을 사용해서 새로운 데이터를 예측하려는 값이다.

데이터세트

이번에는 '단순한' 데이터세트('toy' dataset)를 가지고 머신러닝을 해 볼 것이다. 이 데이터세트는 제한된 수의 특성을 가지고 있는 샘플을 가지고 있다. 그리고 수천 개의 샘플과 수만 개의 샘플이 포함된 여러 개의 풍부한 특징을 갖는 실제 데이터세트를 가지고도 작업해 볼 것이다. 빅데이터 세상에서 데이터세트는 일반적으로 수만 개나 수십억 개의 샘플 또는 그 이상을 가지고 있다.

데이터과학 연구에 사용할 수 있는 무료이면서 공개된 데이터세트가 많다. 사이킷-런 같은 라이브러리는 실험해 볼 수 있는 유명한 데이터세트를 패키지로 제공하고 있고, 다양한 저장소(`openml.org` 같은)에서 데이터세트를 로딩할 수 있는 메커니즘도 제공한다. 전 세계 정부와, 기업 및 기타 조직은 광범위한 주제에 대한 데이터세트를 제공하고 있다.우리는 그 중 가장 많이 쓰이는 무료 데이터세트를 이용해서 다양한 머신러닝 기술을 적용해 볼 것이다.

분류

가장 간단한 분류 알고리즘 중에서 하나인 ***k-최근접 이웃*** 알고리즘을 사용해 사이킷-런으로 제공되는 Digits 데이터세트를 분석해 볼 것이다. 분류 알고리즘은 샘플이 속하는 분류를 예측한다. 이항 분류는 데이터를 둘로 분류한다. 예를 들어 이메일 분류 애플리케이션은 '스팸' 또는 '스팸이 아닌' 이메일로 분류한다. 다항 분류는 데이터는 두 가지 이상의 종류로 분류하는 데 사용한다. Digits 데이터세트에서는 0에서 9까지 열 가지로 분류된다. 또 이 분류 방식을 사용해서 영화 소개를 보고 장르를 '액션', '모험', '판타지', '로맨스', '역사' 등으로 분류할 수 있다.

회귀 분석

회귀 분석 모델은 ***연속적인 결과***를 예측한다. 예를 들어 10장의 '데이터과학 들어가기' 절의 예제처럼 날씨의 ***시계열*** 데이터를 분석해서 온도를 예측하는 방식이다. 이번 장에서는 간단한 선형 회귀 예제를 다시 살펴보면서 사이킷-런의 `LinearRegression` 추정자를 사용해서 구현해 볼 것이다. 다음으로 `LinearRegression` 추정자를 사용해서 사이킷-런에 번들로 있는 캘리포니아 주택 데이터세트를 가지고 ***다중 선형 회귀 분석***을 해 본다. 조사 단위 블록당 평균 방 수, 중간 주택 연령, 평균 침실 수 및 중간 소득 여덟 가지 특징을 고려하여 미국 인구 조사 블록의 주택 평균값을 예측한다. 기본적으로 `LinearRegression` 추정자는 데이터세트의 ***모든*** 특성을 사용해서 예측하기 때문에 하나의 특성의 이용한 간단한 선형 회귀 분석보다 더 정교하게 예측해 볼 수 있다.

비지도 머신러닝

다음으로 ***클러스터링*** 알고리즘을 이용한 비지도 머신러닝을 소개한다. ***차원 축소***(사이킷-런의 TSNE 추정자로)를 사용해서 시각화를 위해 Digits 데이터세트의 64개 특성을 두 개로 ***압축해*** 본다. 이 방식으로 얼마나 Digits 데이터를 잘 클러스터링하는지 볼 수 있다. 이 데이터세트에는 우체국의 컴퓨터가 각 우편물을 지정된 우편번호로 보내기 위해서 구분했던 수기로 작성한 숫자 이미지들이 들어있다. 사람들의 필체가 독특하다는 것을 고려할 때 매우 도전적인 컴퓨터-비전 문제에 해당하지만, 단 몇 줄의 코드를 가지고 클러스터링 모델을 만들고 놀라운 결과를 얻게 될 것이다. 클러스터링 알고리즘이 내부적으로 동작하는 원리를 이해하지 않고도 이런 일을 할 수 있는데, 이것이 바로 객체 지향 프로그래밍의 묘미이다. 다음 장에서는 이런 편리한 객체 기반 프로그래밍을 다시 살펴보면서 오픈 소스인 케라스 라이브러리를 사용해 강력한 딥러닝 모델을 만들어볼 것이다.

K-평균 클러스터링과 Iris 데이터세트

가장 간단한 비지도 머신러닝 알고리즘인, ***K-평균 클러스터링***을 소개하고 사이킷-런과 함께 번들로 제공되는 Iris DataSet(붓꽃 데이터세트)에서 사용해 볼 것이다. 차원 축소(사이킷-런의 PCA 추정자) 사용를 사용해서 시각화를 위해서 Iris 데이터세트의 네 가지 특성을 두 개로 압축한다. 데이터세트에 ***붓꽃*** 3종의 클러스터링을 보여주고 각 군집의 ***중심점***을 그래프로 표시한다. 마지막으로 다중 클러스터링 추정자를 실행시켜서 Iris 데이터세트를 효과적으로 세 분류로 분류하는 능력을 비교해 볼 것이다.

보통 분류하려는 클러스터의 수, *k*를 지정하고, K-평균 알고리즘은 데이터를 지정된 수의 여러 클러스터로 나눈다. 많은 머신러닝 알고리즘처럼 k-평균 알고리즘도 ***반복적이면서*** 클러스터가 지정한 숫자와 일치되도록 한다.

K-평균 클러스터링은 라벨이 없는 데이터로부터 비슷한 것을 찾을 수 있다. 이것은 궁극적으로 해당 데이터에 라벨을 지정해서 지도 함수 추정자가 해당 데이터를 잘 처리하는 데 도움이 될 수 있다. 라벨이 없는 데이터에 사람이 일일이 라벨을 붙이는 것은 지루하고 오류가 발생하기 쉬운 일이다. 또한, 전 세계 대부분의 데이터에 라벨이 되어 있지 않았다는 것을 고려하면 비지도 머신러닝은 매우 중요하다.

빅데이터와 강력한 컴퓨터 프로세싱 파워

오늘날에 사용할 수 있는 데이터의 양은 이미 방대하고 지수적으로 계속해서 증가하고 있다. 지난 몇 년간 세계에서 생산된 데이터는 문명이 발생한 이후 그 시점까지 생성된 데이터의 양과 같다. 일반적으로 빅데이터를 이야기하지만, 여기서 '빅(크다)'이라는 말은 데이터가 얼마나 커지는지를 충분히 설명하지 못한다.

사람들은 "데이터의 바다에 빠져서 어떻게 해야 할지 모르겠다."고 말하곤 했다. 하지만 머신러닝 때문에 이제는 "큰 데이터를 내게 보내줘, 내가 머신러닝 기술을 사용하여 데이터를 분석하고 그것으로부터 예측해 볼게."라고 말하게 되었다.

이런 변화는 컴퓨팅파워가 ***폭발적으로*** 증가하고 컴퓨터 메모리와 2차 저장장치가 ***폭발적으로*** 증가하는 상황에서 일어난 변화이지만, 비용은 급격하게 감소하고 있다. 이 모든 것이 문제에 대한 해법을 다른 방식으로 생각할 수 있도록 해 준다. 이제 데이터를 통해 ***배울 수*** 있도록 컴퓨터를 프로그래밍할 수 있고, 많은 것을 할 수 있게 되었으며, 모든 것을 데이터로 예측하는 것이 가능해졌다.

14.1.3 사이킷-런에 포함된 데이터세트

다음 표는 사이킷-런에 번들로 있는 데이터세트를 나열하고 있다.[1] 사이킷-런은 openml.org에서 사용할 수 있는 2만 개 이상의 데이터세트처럼 다른 곳에 있는 데이터세트를 로딩할 수 있는 기능도 제공한다.

사이킷-런에 포함된 데이터세트	
• ***간단한 데이터세트(Toy Dataset)***	• ***실세계 데이터세트***
– 보스톤 주택 가격	– 올리버티 얼굴 사진
– 붓꽃	– 20개 뉴스그룹의 글
– 당뇨병	– LFW(Labeled Faces in the Wild) 안면 인식
– 필기체 숫자 인식	– 산림 분포 종류
– 체력 검사	– RCV1
– 와인 인식	– Kddcup 99
– 위스콘신 유방암(진단)	– 캘리포니아 주택

14.1.4 데이터과학 연구의 일반적인 순서

다음과 같은 일반적인 머신러닝 과정을 우리도 해보자.

• 데이터세트를 로드한다.

• 판다스와 시각화를 이용해서 데이터를 살펴본다.

---

1 http://scikit-learn.org/stable/datasets/index.html

- 데이터를 변환한(사이킷-런은 숫자 데이터를 필요로 하기 때문에 숫자가 아닌 데이터를 숫자 데이터로 바꾼다. 이번 장에서는 이런 과정을 거친 데이터를 사용하지만, 15장 '딥러닝'에서는 이 이슈에 대해 다시 논의해 볼 것이다.).
- 데이터를 훈련 데이터와 검증 데이터로 나눈다.
- 모델을 만든다.
- 모델을 훈련시키고 테스트한다.
- 모델을 튜닝하고 그 정확도를 평가한다.
- 모델에서 본 적 없는 실제 데이터에 대해 예측한다.

7장 '넘파이를 이용한 배열 지향 프로그래밍'과 8장 '문자열: 한 걸음 더 들어가기'에 있는 '데이터과학 들어가기' 절을 통해서 판다스를 사용해서 빠져있거나 잘못 들어가 있는 값을 처리하는 것에 대해 설명했다. 이 과정은 머신러닝을 시작하기 전에 데이터를 정리하는 중요한 단계이다.

14.2 사례 연구: k-최근접 이웃 알고리즘과 Digits 데이터세트로 분류하기, 파트 1

메일을 효과적으로 처리하고 각각의 편지를 올바른 목적지로 보내기 위해서 우체국 컴퓨터는 손으로 쓴 이름, 주소, 우편번호를 스캔할 수 있어야 하고 글자와 숫자를 인식할 수 있어야 한다. 이번 장에서 보겠지만 사이킷-런과 같은 강력한 라이브러리는 초보자 프로그래머들도 머신러닝 문제를 어느 정도 처리할 수 있도록 해 주었다. 다음 장에서는 딥러닝의 합성곱 신경망(convolutional neural networks)을 소개하면서 훨씬 강력한 컴퓨터 비전 기능을 사용해 볼 것이다.

분류 문제

이번 절에서는 지도 머신러닝의 분류를 살펴보려고 한다. 이 방법은 표본에 속하는 분명한 **분류**[2]를 예측해 본다. 예를 들어 개 이미지와 고양이 이미지가 있을 때 각 사진에 대해 이것이 '개' 또는 '고양이'라고 구분할 수 있다. 이것은 *두* 가지 분류이기 때문에 **이항 분류 문제**이다.

사이킷-런에 포함된 **Digits 데이터세트**[3]를 사용하려고 한다. 이 데이터세트는 0에서 9까지의 필기 숫자 1,797개를 표현한 8×8 픽셀 이미지로 구성되어 있고, 이미지가 나타내는 숫자가 어떤 것인지 예측해 보는 것이 목표이다. 10개의 숫자(분류)가 있기 때문에 이것은 **다중 분류 문제**에 해당한다. 라벨이 있는 데이터, 즉 미리 알고 있는 숫자 분류를 사용해서 **라벨 데이터(Labeled data)**, 즉 미리 알고 있는 숫자 분류 정보를 이용해서 분류 모델을 훈련시킨다. 이번 사례에서는 가장 간단한 머신러닝 분류 알고리즘인 *K-최근접 이웃(k-NN)* 알고리즘을 사용해서 필사된 숫자를 인식시켜 볼 것이다.

2 이번 사례 연구에서 '클래스'라는 용어는 카테고리를 의미한다. 파이썬의 클래스 개념은 아니다.

3 http://scikit-learn.org/stable/datasets/index.html#optical-recognition-of-handwritten-digits-dataset

다음에 보이는 숫자 5에 대한 이미지는 8×8 픽셀 데이터를 매트플롯리브로 사용해서 만든 것이다. 이미지를 매트플롯리브을 사용해서 이것처럼 표시하는 방법을 잠시 후 알아볼 것이다.

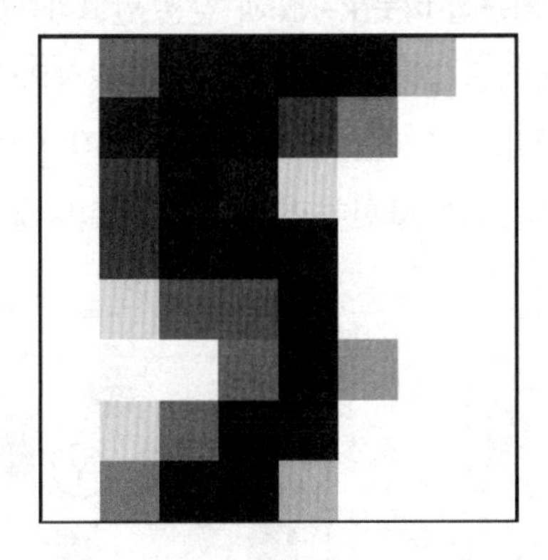

연구자들은 1990년대 초에 제작된 MNIST 데이터베이스의 수만 개의 32×32 픽셀 이미지를 이용해서 데이터세트를 생성했다. 오늘날의 고화질 카메라와 스캐너는 훨씬 높은 해상도로 캡처할 수 있다.

우리의 접근 방법

앞으로 섹션을 통해서 사례 연구를 해 볼 것이다. 이번 절에서는 머신러닝 연구의 기본적인 단계부터 시작한다.

- 모델을 훈련시킬 데이터를 결정한다.
- 데이트를 로드해서 살펴본다.
- 데이터를 '훈련용 데이터'와 '검증용 데이터'로 나눈다.
- 모델을 선택해서 만든다.
- 모델을 훈련시킨다.
- 예측해 본다.

사이킷-런으로 하는 머신러닝의 각 단계는 단지 몇 줄의 코드만으로도 할 수 있다. 다음 절에서 다음과 같은 것을 해본다.

- 결과를 평가한다.
- 모델을 튜닝한다.
- 최적의 모델을 선택하기 위해서 여러 개의 분류 모델을 실행해 본다.

매트플롯리브와 시본을 사용해서 데이터를 시각화해 보자. 이를 위해 매트롯플롯리브를 지원하도록 IPython을 실행한다.

```
ipython --matplotlib
```

14.2.1 k-최근접 이웃 알고리즘

사이킷-런은 가장 간단한 **k-최근접 이웃(k-NN)**과 같은 알고리즘을 포함해서 다수의 **분류 알고리즘**을 지원한다. 이 알고리즘은 테스트 샘플과 가장 가까운 (거리적으로) k개의 훈련 샘플을 보고 테스트 샘플의 클래스를 예측한다. 예를 들어 다음 다이어그램을 생각해 보자. 이 다이어그램에 있는 점들은 네 가지의 샘플 클래스 A, B, C, D를 표현하고 있다. 이번 설명에서는 이 문자를 분류명으로 사용할 것이다.

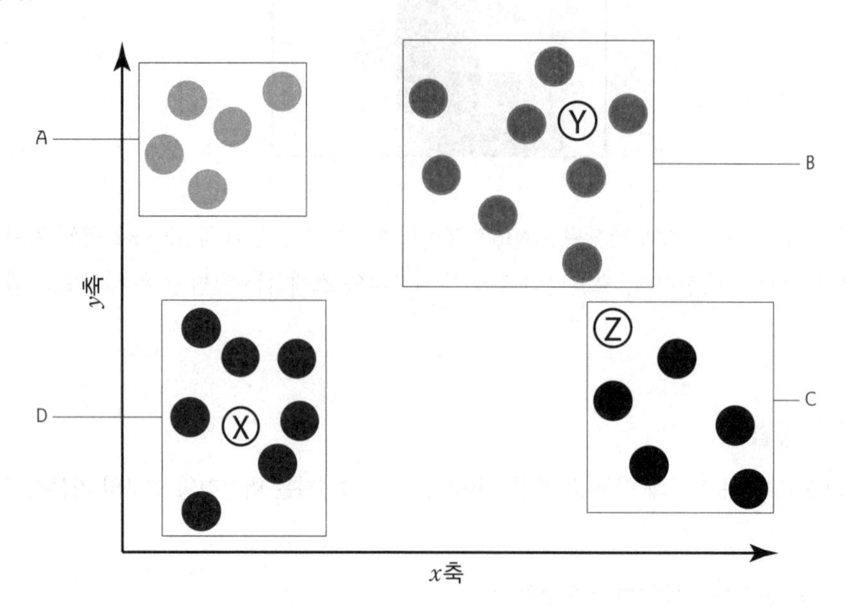

새로운 샘플 **X, Y, Z**가 속하는 클래스를 예측하려고 한다. 각 표본의 *세 개*의 최근접 이웃을 이용해서 예측한다고 가정하는데, 여기서 *3*이 k-최근접 이웃 알고리즘의 *k*의 값이 된다.

- 표본 **X**의 세 개의 최근접 이웃은 모두 D에 속하는 점들이므로 **X**의 분류는 D라고 예측한다.
- 표본 **Y**의 최근접 이웃은 모두 B에 속하는 점들이므로 **Y**의 분류는 B라고 예측한다.
- **Z**의 경우 이 표본은 B점*과* C점 *사이에* 있기 때문에 선택하는 것이 분명하지 않다. 세 개의 최근 근접 이웃의 경우 하나는 B에서 속하고 다른 두 개는 C에 속한다. k-최근접 이웃 알고리즘은 가장 많은 표를 얻는 쪽으로 분류를 하기 때문에 두 개의 C와 한 개의 B를 보았을 때 **Z**의 분류는 C라고 예측할 수 있다. k-NN 알고리즘에서 홀수 *k* 값을 선택하는 것은 표가 동일하게 나오는 것을 방지하기 위해서이다.

하이퍼파라미터와 하이퍼파라미터 튜닝

머신러닝에서 모델은 머신러닝 알고리즘을 구현하는 것으로, 사이킷-런에서는 **모델**을 **'추정자(estimator)'**라고 부른다. 머신러닝에서 두 종류의 매개변수가 있다.

- 데이터를 통해 학습할 때 추정자가 계산하는 매개변수

• 모델에 해당하는 사이킷-런 추정자 객체를 생성할 때 미리 설정하는 매개변수

미리 설정하는 이 매개변수를 **'하이퍼파라미터(hyperparameter)'**라고 한다.

k-최근접 이웃 알고리즘에서는 *k*가 하이퍼파라미터로, 쉽게 진행하기 위해서 사이킷-런의 *기본* 하이퍼파라미터 값을 사용할 것이다. 실제 머신러닝 연구에서는 다양한 *k* 값을 실험해서 가장 좋은 모델을 선택하고 싶을 것이다. 이 과정을 **'하이퍼파라미터 튜닝'**이라고 한다. 나중에 하이퍼파라미터 튜닝을 사용해서 k-최근접 이웃 알고리즘이 Digits 데이터세트에 대해 가장 잘 예측할 수 있도록 *k* 값을 선택하는 튜닝을 해 볼 것이다. 사이킷-런은 *자동으로* 하이퍼파라미터를 튜닝하는 기능도 있다.

14.2.2 데이터세트 로딩하기

sklearn.datasets 모듈에 있는 **load_digits** 함수는 Digits 데이터와 이 데이터세트에 *대한* 정보(메타데이터)가 담겨있는 사이킷-런의 **Bunch** 객체를 반환한다.

```
In [1]: from sklearn.datasets import load_digits

In [2]: digits = load_digits()
```

Bunch는 데이터세트와 연동하기 위한 추가 속성을 가지고 있는 **딕셔너리**의 서브 클래스이다.

데이터세트 설명 출력하기

사이킷-런에 포함된 Digits 데이터세트는 다음 링크에 있는 **UCI(캘리포니아대학교 어바인 캠퍼스) ML 수기로 작성된 숫자 데이터세트**의 일부이다.

http://archive.ics.uci.edu/ml/datasets/
Optical+Recognition+of+Handwritten+Digits

원래의 UCI 데이터세트에는 5,620개의 샘플이 있는데, 3,823개는 훈련용이고 1,797개는 테스트용이다. 사이킷-런에 포함된 데이터세트는 ***1,797개의 테스트용 샘플***만 포함되어 있다. Bunch 객체의 **DESCR 속성**에는 이 데이터세트 설명이 있다. Digits 데이터세트의 설명[4]에 따르면 각각의 샘플과 64개의 **속성 정보(Number of Attributer)**에서 지정되어 있는 것처럼 0~16 사이의 값으로 픽셀 값을 가진 8×8 이미지이다. 이 데이터세트는 ***누락된 값***은 없다(누락된 **속성 값(Missing Attribute Values)**에서 지정되어 있는 것처럼). 64개의 특성이 많아 보이지만, 실제 세상의 데이터세트는 수백, 수천, 심지어 수만 개의 특성을 가진 것도 있다.

4 일부 주요 정보를 볼드체로 강조했다.

```
In [3]: print(digits.DESCR)
.. _digits_dataset:

수기로 작성된 숫자 데이터의 인지
--------------------------------------------------

**데이터세트의 특징:**

    :데이터 수: 5620
    :속성 수: 64
    :속성 정보: 픽셀당 0..16 까지의 정수로 이루어진 8x8 이미지
    :누락된 속성 값: 없음
    :작성자: E. Alpaydin (alpaydin '@' boun.edu.tr)
    :날짜: 7월; 1998

이 데이터세트는 UCI ML 수기 숫자 데이터세트의 테스트 세트의 사본이다.
http://archive.ics.uci.edu/ml/datasets/Optical+Recognition+of+Handwritten+Digits

이 데이터세트는 수기로 작성된 숫자 이미지들이 담겨있다. 10개의 분류가 있고 각각의 분류가 숫자에 대응된다.

NIST에서 제공하는 전처리 프로그램을 이용해서 수기로 작성된 숫자를 정규화된 비트맵으로 만들었다. 총 43명의
사람 중, 30명은 훈련 세트를 나머지 13명은 테스트 세트를 만드는 데 기여를 해주었다. 32x32 비트맵은 서로
겹치지 않게 4x4 크기의 블록으로 나누고 각 블록이 픽셀로 계산되었다. 이것으로 각 요소가 0..16 범위의 정수
인 8x8의 입력 행렬을 생성한다. 이를 통해서 차수를 줄이고 왜곡 최소화했다.

NIST 전처리 루틴에 대한 자세한 정보는 다음 참고 문헌을 찾아보기 바란다. M. D. Garris, J. L. Blue,
G. T. Candela, D. L. Dimmick, J. Geist, P. J. Grother, S. A. Janet, and C. L.
Wilson, NIST Form-Based Handprint Recognition System, NISTIR 5469, 1994.

.. topic:: 참고 문헌

  - C. Kaynak (1995) Methods of Combining Multiple Classifiers and Their
    Applications to Handwritten Digit Recognition, MSc Thesis, Institute of
    Graduate Studies in Science and Engineering, Bogazici University.
  - E. Alpaydin, C. Kaynak (1998) Cascading Classifiers, Kybernetika.
  - Ken Tang and Ponnuthurai N. Suganthan and Xi Yao and A. Kai Qin. Linear
    dimensionality reduction using relevance weighted LDA. School of Electrical
    and Electronic Engineering Nanyang Technological University. 2005.
  - Claudio Gentile. A New Approximate Maximal Margin Classification Algorithm.
    NIPS. 2000
```

샘플과 목표 크기 확인하기

Bunch 객체의 **data**와 **target** 속성은 넘파이 배열이다.

- 이 **데이터** 배열에는 1,797개의 샘플(숫자 이미지)을 가지고 있다. 각각의 데이터 배열은 64개의 특성을 가지고 있고, ***픽셀의 감도***를 표현하는 0~16 사이의 값을 갖는다. 매트플롯리브을 이용해서 이런 감도를 백색(0)에서 검정(16)까지의 그레이로 시각화할 수 있다.

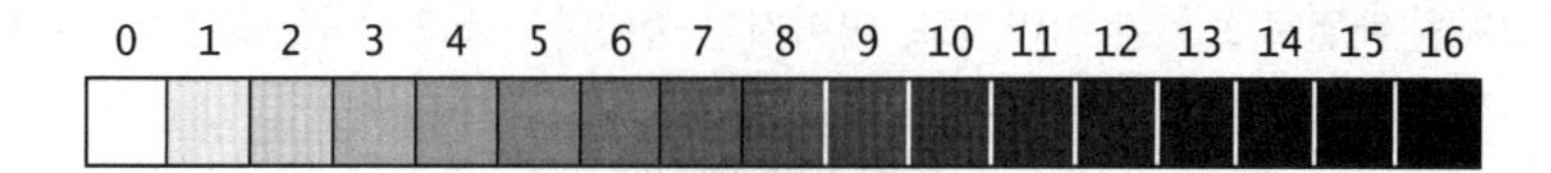

• **target** 배열에는 이미지에 대한 라벨이 있다. 즉 이 분류는 각 이미지가 표현하는 숫자를 가리킨다. 예측할 때 이 값에 일치하는 것을 목표로 하기 때문에 이 배열을 '타깃'이라고 한다. 데이터세트 전체에서 샘플 라벨을 확인하기 위해 100개의 샘플마다 타깃값을 표시해 보자.

```
In [4]: digits.target[::100]
Out[4]: array([0, 4, 1, 7, 4, 8, 2, 2, 4, 4, 1, 9, 7, 3, 2, 1, 2, 5])
```

data 배열의 **shape** 속성을 보면 샘플의 수와 샘플당 특징의 수를 확인할 수 있다. 이 값으로 1,797개의 행(샘플)이 있고 64개의 열(특징)이 있다는 것을 보여준다.

```
In [5]: digits.data.shape
Out[5]: (1797, 64)
```

타깃의 값이 샘플과 동일한지는 **target** 배열의 **shape**를 보고 확인할 수 있다.

```
In [6]: digits.target.shape
Out[6]: (1797,)
```

샘플 디지트 이미지

각 이미지는 2차원으로, 픽셀 단위로 너비와 높이가 있다. **load_digits**로 반환되는 **Bunch** 객체에는 **images** 속성이 포함되어 있고, 각 요소는 숫자 이미지의 픽셀 강도를 나타내는 2차원 8×8 배열이다. 원본 데이터세트에서는 각 픽셀을 0~16 사이의 정수값으로 표현하고 있지만, 사이킷-런에서는 이 값을 ***부동소수점 수***(넘파이 타입인 **float64**)로 저장한다. 예를 들어 다음은 인덱스 13에 해당하는 샘플을 나타내는 2차원 배열이다.

```
In [7]: digits.images[13]
Out[7]:
array([[ 0.,  2.,  9., 15., 14.,  9.,  3.,  0.],
       [ 0.,  4., 13.,  8.,  9., 16.,  8.,  0.],
       [ 0.,  0.,  0.,  6., 14., 15.,  3.,  0.],
       [ 0.,  0.,  0., 11., 14.,  2.,  0.,  0.],
       [ 0.,  0.,  0.,  2., 15., 11.,  0.,  0.],
       [ 0.,  0.,  0.,  0.,  2., 15.,  4.,  0.],
       [ 0.,  1.,  5.,  6., 13., 16.,  6.,  0.],
       [ 0.,  2., 12., 12., 13., 11.,  0.,  0.]])
```

다음은 이 2차원 배열로 표현한 이미지로, 이미지를 출력하는 코드를 곧 보게 될 것이다.

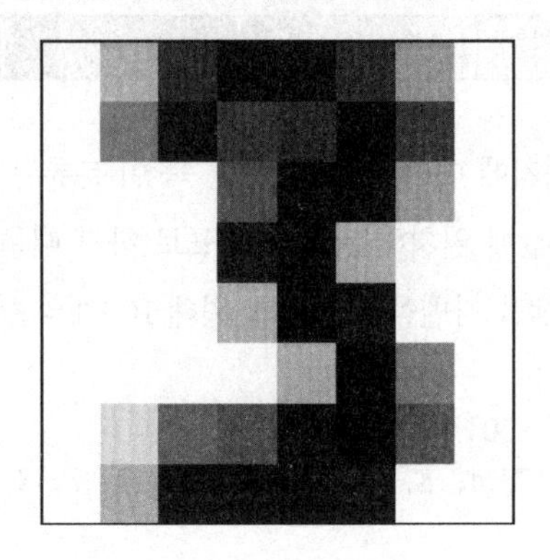

사이킷-런 사용해 데이터 준비하기

사이킷-런의 머신러닝 알고리즘은 ***부동소수점*** 값의 ***2차원 배열***로 저장된 샘플(또는 리스트의 리스트나 판다스의 DataFrame과 같은 ***배열***과 ***유사한*** 2차원 컬렉션)이 필요하다.

- 각 행은 하나의 샘플을 의미한다.
- 주어진 행의 각 열은 샘플이 가지고 있는 하나의 ***특징***을 표현한다.

각 샘플을 하나의 행으로 표현하기 위해서 스니펫 [7]에 있는 2차원 이미지 배열과 같은 다차원 데이터를 1차원 배열로 ***만들어야*** 한다.

범주형 특징(일반적으로 **'스팸'** 또는 **'스팸 아님'**과 같이 문자열로 표시된 것)을 포함하는 데이터를 사용할 경우 다음 장에서 다루는 원-핫 인코딩으로 이러한 특징을 ***전처리***해야 할 수도 있다. 사이킷-런의 **sklearn.preprocessing** 모듈은 범주형 데이터를 숫자 데이터로 변화하는 기능을 제공한다. Digits 데이터세트에서는 범주형 특징이 없다.

편의상 load_digits 함수는 머신러닝에 쓰일 수 있도록 미리 전처리되어 있는 데이터를 반환한다. Digits 데이터세트는 숫자 데이터이기 때문에 load_digits는 각 이미지의 2차원 배열을 1차원 배열로 만든다. 예를 들어 스니펫 [7]에 보이는 digits.images[13]의 8×8 배열은 다음의 1×64 배열과 일치한다.

```
In [8]: digits.data[13]
Out[8]:
array([ 0.,   2.,   9., 15.,  14.,  9.,   3.,  0.,   0.,  4.,  13.,   8.,  9.,
       16.,   8.,   0.,  0.,   0.,  0.,   6., 14.,  15.,  3.,   0.,   0.,  0.,
        0.,  11.,  14.,  2.,   0.,  0.,   0.,  0.,   0.,  2.,  15.,  11.,  0.,
        0.,   0.,   0.,  0.,   0.,  2.,  15.,  4.,   0.,  0.,   1.,   5.,  6.,
       13.,  16.,   6.,  0.,   0.,  2.,  12., 12.,  13., 11.,   0.,   0.])
```

1차원 배열에서 첫 번째 여덟 개의 요소들은 2차원 배열에서 0번째 행에 해당한다. 다음 여덟 개의 요소들은 2차원 배열에서 첫 번째 행이 되는 식이다.

14.2.3 데이터 시각화하기

항상 데이터에 익숙해지는 과정이 필요하다. 이 과정을 '데이터 탐색'이라고 한다. 숫자 이미지의 경우 매트플롯리브의 `implot` 메서드를 사용해 이미지를 출력해 보면 그것이 어떻게 보이는지 감을 얻을 수 있다. 다음 이미지는 데이터세트에 있는 처음 24개의 이미지를 보여준다. 필기로 쓰여진 숫자를 인식하는 문제가 어떤 것인지 알려면 첫 번째와 세 번째, 그리고 네 번째 줄에 있는 숫자 3의 이미지 간의 ***다양성***을 확인해 보자. 그리고 첫 번째, 세 번째, 그리고 네 번째 행에 있는 2의 이미지를 보아도 알 수 있다.

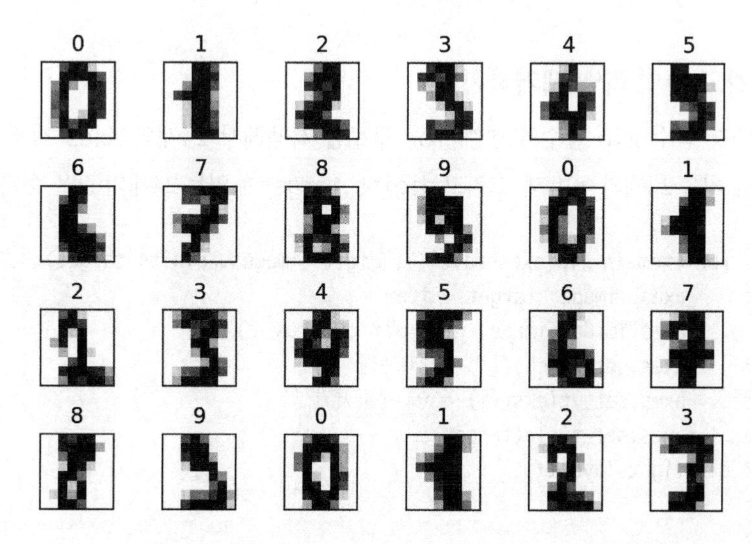

다이어그램 생성하기

위에서 본 24개의 숫자를 출력하는 코드를 살펴보자. `subplots` 함수를 다음과 같이 호출하면 6×4인치의 `Figure` 객체가 생성된다(`figsize(6,4)`를 키워드 인자로 지정). 이 객체에는 4개의 행(`nrows=4`)과 6개의 열(`ncols=6`)로 되어 있는 24개의 서브플롯이 포함되어 있다. 각 서브플롯은 각각 `Axes` 객체를 가지고 있는데, 이것을 이용해서 숫자 이미지를 출력한다.

```
In [9]: import matplotlib.pyplot as plt

In [10]: figure, axes = plt.subplots(nrows=4, ncols=6, figsize=(6, 4))
```

`subplots` 함수는 2차원의 넘파이 배열로 `Axes` 객체를 반환한다. 원래 `Figure` 객체는 각 서브플롯의 x축과 y축마다 라벨(이 라벨은 필요치 않아 제거한다)이 표시된다.

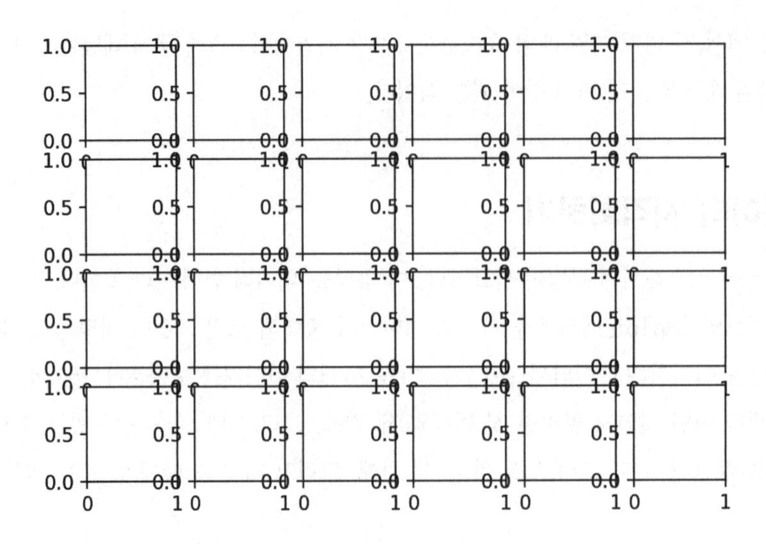

이미지 출력하고 축의 라벨 제거하기

다음으로 내장 함수 zip 함수와 함께 for 구문을 사용해서 24개의 Axes 객체들, digits.images에 있는 처음 24개의 이미지, 그리고 digits.target에 있는 24개의 값을 순회한다.

```
In [11]: for item in zip(axes.ravel(), digits.images, digits.target):
    ...:     axes, image, target = item
    ...:     axes.imshow(image, cmap=plt.cm.gray_r)
    ...:     axes.set_xticks([]) # x축 눈금 제거
    ...:     axes.set_yticks([]) # y축 눈금 제거
    ...:     axes.set_title(target)
    ...: plt.tight_layout()
    ...:
    ...:
```

넘파이 배열의 ravel 메서드는 다차원 배열의 *1차원 뷰*를 생성한다. 또한 zip 함수는 zip의 각 인자에서 같은 인덱스 요소를 포함하는 튜플을 생성하고, 가장 적은 요소를 가진 인자가 zip 함수가 반환하는 튜플 수를 결정한다는 것을 기억하자.

반복문에서는 다음 사항을 반복한다.

- 데이터가 zip 함수에 의해 튜플로 **묶여 있는데**, 이것을 세 변수로 다시 언패킹한다. 각각 Axes 객체, 이미지 값, 타깃값이다.
- Axes 객체의 imshow 메서드를 호출해서 이미지를 출력한다. cmap=plt.cm.gray_r 키워드 인자를 이용해서 이미지에 사용되는 색을 결정한다. plt.cm.gray_r 값은 **색상 맵**으로, 일반적으로 잘 어울리는 색을 모아 놓은 색상 그룹이다. 이 특정 색상 맵은 이미지의 픽셀을 흑백으로 출력할 수 있게 한다. 0은 흰색, 16은 검은색이고 그 사이의 값은 숫자가 클수록 점점 짙은 회색이 된다. 매트플롯리브의 색상 맵 이름에 대해서는 https://matplotlib.

org/examples/color/colormaps_reference.html을 참고한다. 각각은 plt.cm 객체 또는 'gray_r'과 같이 문자열로 접근할 수 있다.

- Axes 객체의 set_xticks와 set_yticks 메서드를 빈 리스트와 함께 호출해서 *x*축과 *y*축에 눈금을 제거한다.
- Axes 객체의 set_title 메서드를 호출해서 이미지 위에 타깃값을 출력한다. 이 값이 이미지가 실제로 의미하는 숫자를 보여준다.

반복문을 마치면 tight_layout을 호출해서 Figure의 상하 좌우에 있는 여백을 제거해서 숫자 이미지를 Figure에 더 채운다.

14.2.4 훈련용과 테스트용으로 데이터 나누기

머신러닝을 할 때 일반적으로 데이터의 일부를 가지고 모델을 훈련시킨다. 보통 훈련용으로 사용하는 데이터가 많을수록 모델을 잘 훈련시킬 수 있다. 이때 데이터의 일부를 테스트용으로 따로 마련하는 것이 중요하다. 이를 통해 모델이 아직 본 적 없는 데이터를 사용했을 때의 모델 성능을 측정할 수 있다. 모델이 잘 동작한다고 생각되면 이 훈련에 사용하지 않은 데이터를 사용해서 예측해 본다.

먼저 모델 훈련 및 테스트를 위해서 데이터를 **'훈련용 세트'**와 **'테스트용 세트'**로 나눈다. **sklearn.model_selection** 모듈에 있는 **train_test_split** 함수는 데이터를 *무작위로 섞고 나서* data 배열에 있는 샘플과 target 배열에 있는 타깃값을 훈련용과 테스트용으로 나눈다. 이 함수는 훈련용과 테스트용 데이터가 동일한 특성을 갖도록 한다.

무작위 섞기와 나누기는 sklearn.model_selection 모듈에 있는 **ShuffleSplit** 객체를 통해서 수행한다. train_test_split 함수는 네 개의 요소를 가진 튜플을 리턴하는데, 처음 두 개는 훈련용과 테스트용 *샘플들*을 나눈 것이고, 마지만 두 개는 그것에 대응하는 *타깃값*을 훈련용과 테스트용으로 나눈 것이다. 관례적으로 대문자 X는 샘플을 표현하는 사용되고 소문자 y는 타깃값에 사용한다.

```
In [12]: from sklearn.model_selection import train_test_split

In [13]: X_train, X_test, y_train, y_test = train_test_split(
    ...:     digits.data, digits.target, random_state=11)
    ...:
```

데이터가 **균형 잡혀 있는 클래스**라고 가정한다. 즉 샘플이 동일한 비율로 각 분류에 속하는 것이다. 사이킷-런에 포함된 분류 데이터세트들은 균형잡혀 있다. 불균형하게 분류되면 정확한 결과를 얻을 수 없다.

4장 '함수'에서 무작위 수 생성기를 *재현 가능하게 하기* 위한 방법을 살펴보았다. 머신러닝 연구에서 이 방법은 무작위로 선택된 *동일한* 데이터를 가지고 다른 사람들이 *'같은'* 결과를 얻는데 도움을 줄 수 있다. train_test_split 함수는 *재현*을 위해서 키워드 인자인 random_state를 제공하고 있다.

다음에 ***동일한*** 시드값을 주고 코드를 실행시켰을 때 `train_test_split` 함수는 ***동일한*** 훈련 데이터와 ***같은*** 테스트 데이터를 선택한다. 여기서는 시드값으로 11을 선택했다.

훈련 데이터와 검증 데이터의 크기

X_train과 X_test의 shape 값을 살펴보면, ***기본적으로*** `train_test_split` 함수가 75% 데이터는 훈련용으로, 25% 데이터는 테스트용으로 정했다는 것을 알 수 있다.

```
In [14]: X_train.shape
Out[14]: (1347, 64)

In [15]: X_test.shape
Out[15]: (450, 64)
```

다른 비율로 나누려면 검증용 세트와 훈련용 세트의 크기를 `train_test_split` 함수에 있는 `test_size`와 `train_size` 키워드 인자로 설정할 수 있다. 0.0에서 1.0 사이의 부동소수점 수를 사용해서 각각에 사용하는 데이터의 비율을 지정할 수도 있고, 정수값을 사용해서 정확한 샘플 수를 설정할 수도 있다. 이 키워드 인자 중 하나를 결정하면 다른 것을 자동으로 결정된다. 예를 들어 다음의 구문은 20%의 데이터를 테스트용으로 사용한다. 그러면 `train_size`는 0.80이 된다.

```
X_train, X_test, y_train, y_test = train_test_split(digits.data,
    digits.target, random_state=11, test_size=0.20)
```

14.2.5 모델 생성하기

KNeighborsClassifier 추정자(**sklearn.neighbors** 모듈)는 k-최근접 이웃 알고리즘을 구현한 것이다. 먼저 KNeighborsClassifier 추정자 객체를 생성한다.

```
In [16]: from sklearn.neighbors import KNeighborsClassifier

In [17]: knn = KNeighborsClassifier()
```

이 객체가 어떻게 k-최근접 이웃 알고리즘을 구현하는지에 대한 상세한 것은 객체로 숨겨져 있다. 간단히 객체의 메서드만 호출하면 되는데, 바로 이것이 파이썬의 핵심인 ***객체 기반 프로그래밍***이다.

14.2.6 모델 훈련시키기

다음으로 KNeighborsClassifier 객체의 `fit` 메서드를 호출한다. 이 메서드는 훈련 샘플(X_train)과 훈련용 타깃(y_train)을 추정자에 로드시킨다.

```
In [18]: knn.fit(X=X_train, y=y_train)

Out[18]:
KNeighborsClassifier(algorithm='auto', leaf_size=30, metric='minkowski',
          metric_params=None, n_jobs=None, n_neighbors=5, p=2,
          weights='uniform')
```

대부분의 사이킷-런 추정자의 fit 메서드는 데이터를 추정자로 로드하고 나서 데이터로부터 학습하고 모델을 훈련시키는 복잡한 계산을 내부적으로 수행한다. k-NN은 초기 학습 과정이 없기 때문에 KNeighborsClassifier의 fit 메서드는 데이터를 로드하는 것만 수행한다. 이 추정자를 이용해서 예측할 때만 작업하기 때문에 이 추정자를 '게으르다'라고 한다. **(역자 주: 컴퓨터 분야에서 '게으르다(lazy)'라는 표현은 지연 실행을 말하는 것이다. 명령하는 즉시 실행하지 않고 필요할 때 수행하는 것을 의미한다.)** 이번 장과 다음 장에서는 훈련 과정을 거치는 모델을 사용하는데, 실세계의 머신러닝 애플리케이션의 경우 이 과정에서 모델을 훈련시키는 데 몇 분, 몇 시간, 며칠 또는 몇 달씩 걸릴 수 있다. 다음 장의 '딥러닝'에서 GPU와 TPU라는 특수 목적의 고성능 하드웨어를 이용해 모델 훈련 시간을 크게 줄일 수 있음을 볼 것이다.

스니펫 [18]의 결과처럼 fit 메서드는 추정자를 반환한다. IPython은 이것을 문자열로 출력하는데 여기에 이 추정자의 *기본* 설정이 보인다. n_neighbors 의 값은 k-최근접 이웃 알고리즘의 k 값이다. 기본적으로 KNeighborsClassifier는 예정을 위해서 5개의 가장 가까운 이웃을 보는데, 단순화하기 위해서 설정을 그대로 사용할 것이다. KNeighborsClassifier의 상세한 내용을 다음 링크에 설명되어 있다.

http://scikit-learn.org/stable/modules/generated/sklearn.neighbors.KNeighborsClassifier.html

대부분의 설정은 이 책이 다루는 범위를 벗어나는 것이다. 이번 사례 연구의 두 번째 파트에서는 n_neighbors의 최적값을 어떻게 찾는지 논의해 볼 것이다.

14.2.7 숫자 분류 예측하기

이제 KNeighborsClassifier에 데이터를 로드했고, 이것을 가지고 테스트 샘플에 대해 예측해 볼 수 있다. 이 추정자의 **predict 메서드**에 X_test를 인자로 넣고 호출하면 각 테스트 이미지에 대해 예측 값을 가진 배열을 반환한다.

```
In [19]: predicted = knn.predict(X=X_test)

In [20]: expected = y_test
```

처음 20개에 대해 predicted 값과 expected 값을 비교해 보자.

```
In [21]: predicted[:20]
Out[21]: array([0, 4, 9, 9, 3, 1, 4, 1, 5, 0, 4, 9, 4, 1, 5, 3, 3, 8, 5, 6])

In [22]: expected[:20]
Out[22]: array([0, 4, 9, 9, 3, 1, 4, 1, 5, 0, 4, 9, 4, 1, 5, 3, 3, 8, 3, 6])
```

결과를 보면 처음 20개의 요소에서 predicted 값과 expected 값의 배열에서 인덱스 18에 있는 것만 일치하지 않는다. 3을 기대했는데 모델은 5를 예측했다.

리스트 컴프리헨션을 이용해서 ***전체*** 테스트에 대해 잘못된 예측을 확인해 보자. 즉 예측과 기대가 일치하지 않는 경우이다.

```
In [23]: wrong = [(p, e) for (p, e) in zip(predicted, expected) if p != e]

In [24]: wrong
Out[24]:
[(5, 3),
 (8, 9),
 (4, 9),
 (7, 3),
 (7, 4),
 (2, 8),
 (9, 8),
 (3, 8),
 (3, 8),
 (1, 8)]
```

이 리스트 컴프리헨션은 zip을 이용해서 대응하는 요소의 predicted 값과 expected 값을 가지는 튜플을 생성한다. p(예측 값)과 e(기대 값)이 다른 것만 결과에 포함되도록 한다. 즉 이것들은 예측이 틀린 것들이다. 이 예제에서 추정자는 450개의 테스트 샘플 중에서 단지 10개만 잘못된 예측을 했다. 따라서 이 추정자의 예측 정확도는 놀랍게도 97.78%이다. 그것도 이 추정자의 기본 매개변수를 사용했는데도 말이다.

14.3 사례 연구: k-최근접 이웃 알고리즘과 Digits 데이터세트로 분류하기, 파트 2

이번 절에서는 숫자를 분류하는 사례 연구를 더 진행해 볼 것이다. 다음과 같은 것을 해보자.

- k-NN 분류 추정자의 정확도를 평가한다.
- 여러 개의 추정자를 실행하고 그 결과를 비교해서 최적의 추정자를 선택한다.
- KNeighborsClassifier에 최고의 성능을 얻기 위해서 k-NN의 하이퍼파라미터 k를 어떻게 튜닝하는지 본다.

14.3.1 모델 정확도 평가

모델을 훈련시키고 테스트했으면 그 모델의 정확도를 측정하고 싶을 것이다. 이번에는 모델을 평가하는 두 가지 방법을 알아본다. 바로 분류 추정자의 score 메서드와 *혼동행렬(confusion matrix)*이다.

Estimator의 score 메서드

각 추정자 클래스는 인자로 넘겨준 테스트 데이터에 대해 얼마나 예측을 잘하는지 알려주는 지표를 반환하는 **score** 메서드를 가지고 있다. 분류 추정자의 경우, 이 메서드는 테스트 데이터에 대해 ***예측 정확도***를 반환한다.

```
In [25]: print(f'{knn.score(X_test, y_test):.2%}')
97.78%
```

kNeighborsClassifier은 기본 *k* 값(즉 n_neighbors=5)을 가지고 97.78%를 달성했다. 간단히 말해서 *k*의 최적값을 알아내기 위해 하이퍼파라미터 튜닝 과정을 수행해서 더 좋은 정확도를 얻자는 것이다.

혼동행렬

분류 추정자의 정확도를 체크하는 다른 방법으로 **혼동행렬(Confusion Matrix)**을 이용하는 방법이 있다. 이것은 주어진 분류에 대해 정확한 예측과 틀린 예측값(히트와 미스라고도 함)을 보여준다. 간단히 **sklearn.metrics 모듈**에서 **confusion_matrix** 함수를 다음과 같이 **expected 클래스**와 **predicted 클래스**를 인자로 넘겨주면서 호출한다.

```
In [26]: from sklearn.metrics import confusion_matrix

In [27]: confusion = confusion_matrix(y_true=expected, y_pred=predicted)
```

y_true 키워드 인자는 테스트 샘플의 정확한 분류를 지정한다. 데이터세트의 이미지를 보고 특정 클래스(숫자값)로 라벨을 붙였다. y_pred 키워드 인자는 테스트 이미지에 대해 예측한 값을 지정한다.

다음은 앞에서 만든 혼동행렬이다. 맞는 예측은 왼쪽 위에서 오른쪽 아래까지 사선 위에 보여지는데, 이것을 ***'주 대각선'***이라고 한다. 주 대각선에 있지 않는 0이 아닌 값은 틀린 예측을 나타낸다.

```
In [28]: confusion
Out[28]:
array([[45,  0,  0,  0,  0,  0,  0,  0,  0,  0],
       [ 0, 45,  0,  0,  0,  0,  0,  0,  0,  0],
       [ 0,  0, 54,  0,  0,  0,  0,  0,  0,  0],
```

```
       [ 0,  0,  0, 42,  0,  1,  0,  1,  0,  0],
       [ 0,  0,  0,  0, 49,  0,  0,  1,  0,  0],
       [ 0,  0,  0,  0,  0, 38,  0,  0,  0,  0],
       [ 0,  0,  0,  0,  0,  0, 42,  0,  0,  0],
       [ 0,  0,  0,  0,  0,  0,  0, 45,  0,  0],
       [ 0,  1,  1,  2,  0,  0,  0,  0, 39,  1],
       [ 0,  0,  0,  0,  1,  0,  0,  0,  1, 41]])
```

각 행은 하나의 분류값을 나타낸다. 즉 0~9 사이의 하나이다. 행에 있는 열들은 테스트 샘플 중에서 얼마나 많은 것이 다른 클래스로 분류되었는지 지정한 것이다. 예를 들어 0번 행은

```
[45, 0, 0, 0, 0, 0, 0, 0, 0, 0]
```

숫자 0 분류에 의미한다. 각 열은 0에서 9까지의 10개의 가능한 타깃을 의미한다. 숫자를 가지고 작업하고 있기 때문에 분류(0~9)와 행과 열 인덱스(0~9)로 일치한다. 0번 행렬에 따르면 45개의 테스트 샘플이 숫자 0으로 분류되었고, 테스트 샘플 중에서 숫자 1에서 9까지 잘못 분류되는 경우는 ***없었다***. 따라서 0은 100% 정확하게 예측했다.

반면 숫자 8에 대한 결과를 나타내는 여덟 번째 행을 살펴보자.

```
[0, 1, 1, 2, 0, 0, 0, 0, 39, 1]
```

- 인덱스 1열에 있는 1은 1로, ***잘못*** 분류된 8이 하나 있다는 것을 가리킨다.
- 인덱스 2열에 있는 1은 2로, ***잘못*** 분류된 8이 하나 있다는 것을 가리킨다.
- 인덱스 3열에 있는 2는 3으로, ***잘못*** 분류된 8이 두 개가 있다는 것을 가리킨다.
- 인덱스 8열에 있는 39는 8로, ***잘*** 분류된 것이 39개 있다는 것을 가리킨다.
- 인덱스 9에 있는 1은 9로, ***잘못*** 분류된 것이 한 개 있다는 것을 가리킨다.

따라서 이 알고리즘은 8에 대해 정확히 88.63%(44개중 39개)를 예측했다. 앞에서 이 추정자의 전체 예측 정확도가 97.78%였다고 했다. 8에 대해 더 낮은 예측 정확성은 다른 숫자에 비해 인식하는 데 분명히 더 어렵다는 것을 가리킨다.

분류 성능 보고

sklearn.metrics 모듈에는 **classification_report** 함수도 있는데, 이 함수는 기대한 값과 예측한 값을 바탕으로 **분류 평가표**[5]를 만든다.

```
In [29]: from sklearn.metrics import classification_report

In [30]: names = [str(digit) for digit in digits.target_names]
```

5 http://scikit-learn.org/stable/modules/model_evaluation.html#precision-recalland-f-measures

```
In [31]: print(classification_report(expected, predicted,
    ...:          target_names=names))
    ...:
              precision    recall  f1-score   support

           0       1.00      1.00      1.00        45
           1       0.98      1.00      0.99        45
           2       0.98      1.00      0.99        54
           3       0.95      0.95      0.95        44
           4       0.98      0.98      0.98        50
           5       0.97      1.00      0.99        38
           6       1.00      1.00      1.00        42
           7       0.96      1.00      0.98        45
           8       0.97      0.89      0.93        44
           9       0.98      0.95      0.96        43

   micro avg       0.98      0.98      0.98       450
   macro avg       0.98      0.98      0.98       450
weighted avg       0.98      0.98      0.98       450
```

성능 보고서에 의하면

- **정확도(precision)**는 주어진 숫자에 대한 정확히 예측한 수를 총 예측 수로 나눈 값이다. 혼동행렬의 각 열을 보고 정확성을 확인해 볼 수 있다. 예를 들어 인덱스 7열의 경우 3행과 4행에 1이 있다. 이 값은 3과 4의 숫자가 7로 잘못 분류되었다는 것이고, 7행의 45는 숫자 이미지 45개가 7로 잘 분류되었다는 것을 의미한다. 따라서 숫자 7의 ***정확도***는 45/47 또는 0.96이다.
- **재현율(recall)**은 주어진 숫자에 대해 올바르게 예측한 총 수를 그 숫자로 예측해야 하는 샘플의 수로 나눈다. 혼동행렬의 각 행을 살펴보면 재현율을 확인할 수 있다. 예를 들어 인덱스 8행을 보면 1은 세 개, 2는 하나 있는데, 이것은 8을 다른 숫자로 잘못 예측한 수를 의미한다. 그리고 39는 39개의 이미지가 잘 분류되었다는 것을 가리키므로 숫자 8에 대한 ***재현율***은 39/44 또는 0.89이다.
- f1-점수(f1-score) – 이 값은 ***정확도***와 ***재현률***의 평균값이다.
- 서포트(support) – 주어진 기댓값을 가진 샘플의 수이다. 예를 들어 4로 라벨링되어 있는 샘플이 50개이고, 5로 라벨링된 샘플이 38개이다.

리포트의 아래에 표시되는 평균에 대한 자세한 내용은 다음을 참조하자.

http://scikit-learn.org/stable/modules/generated/sklearn.metrics
classification_report.html

혼동행렬 시각화하기

히트맵(heat map)은 값을 색상으로 표현한다. 더 큰 값을 더 강렬한 색으로 표시된다. 시본의 그래프 함수는 2차원 데이터와 잘 어울린다. 판다스의 DataFrame을 데이터 소스로 사용할 때 시본은 열의 이름과 행의 인덱스를 이용해서 라벨을 자동으로 만든다. 혼동행렬을 DataFrame으로 변경해서 그림으로 만들어보자.

```
In [32]: import pandas as pd

In [33]: confusion_df = pd.DataFrame(confusion, index=range(10),
    ...:     columns=range(10))
    ...:

In [34]: import seaborn as sns

In [35]: axes = sns.heatmap(confusion_df, annot=True,
    ...:                    cmap='nipy_spectral_r')
    ...:
```

시본의 **heatmap** 함수는 지정한 DataFrame으로 히트맵을 생성한다. 키워드 인자 annot=True ('annotation'의 줄임말)는 색상바(color bar)를 다이어그램의 오른쪽에 위치시키고 어떤 값이 히트맵에서 어떤 색상에 대응되는지 보여준다. cmap='nipy_spectral_r' 키워드 인자는 어떤 색상맵을 사용할지 지정한다. 히트맵의 색상바에 표시할 색상으로 nipy_spectral_r 색상맵을 사용했다. 혼동행렬을 히트맵으로 만들면 주 대각선과 잘못된 예측한 것들을 쉽게 확인할 수 있다.

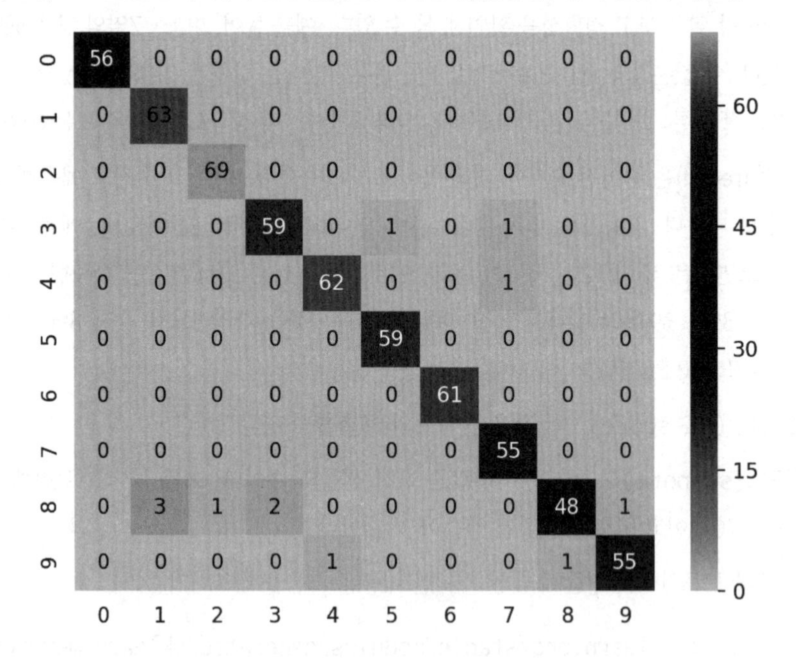

14.3.2 K-폴드 교차 검증

K-폴드 교차 검증 방법을 사용하면 모든 데이터를 훈련과 테스트에 *모두* 사용할 수 있다. 또, 모델을 훈련시킬 때 데이터세트를 다른 비율로 나누어 모델을 반복적으로 훈련시키고 테스트해서 모델이

새로운 데이터를 얼마나 잘 예측하는지 알 수 있다. K-폴드 교차 검증은 데이터세트를 *k*개의 동일한 크기의 폴드들로 나누고(여기서 *k*는 *k*-최근접 이웃 알고리즘의 *k*와 관련 없다.) *k*-1 폴드를 이용해서 모델을 훈련시키고, 남아 있는 폴더를 가지고 반복해서 테스트한다. 예를 들어 폴드를 1에서 10까지 번호를 부여하는 방식인 *k*=10 인 경우를 생각해 보자. 10개의 폴드를 가지고 10번 연속적으로 훈련과 테스트를 반복 수행한다.

- 먼저 폴드 1~9까지의 폴드를 이용해서 훈련시키고 폴드 10으로 테스트한다.
- 다음으로 1~8까지의 폴드와 10폴드를 이용해서 훈련시키고 폴드 9로 테스트한다.
- 다음에는 1~7까지의 폴드와 9~10까지의 폴드를 이용해서 훈련시키고 폴드 8로 테스트한다.

이 훈련과 테스트 주기는 각각의 폴드가 모델을 테스트할 때까지 계속된다.

KFold 클래스

사이킷-런은 **KFold** 클래스와 **cross_val_score 함수**(두 개 모두 sklearn.model_selection에 있다.)를 제공해서 앞에서 설명했던 훈련과 테스트를 쉽게 반복할 수 있다. Digits 데이터세트와 앞에서 생성했던 KNeighborsClassifier를 이용해서 k-폴드 교차검증을 해 보자. 먼저 KFold 객체를 만든다.

```
In [36]: from sklearn.model_selection import KFold

In [37]: kfold = KFold(n_splits=10, random_state=11, shuffle=True)
```

키워드 인자들은 다음과 같은 의미이다.

- n_splits=10으로 폴드의 수를 지정한다.
- random_state=11로 *재현할 수 있도록* 난수 생성 시드를 지정한다.
- shuffle=True는 KFold 객체가 폴드로 데이터를 나누기 전에 데이터를 섞는 방식으로 무작위 상태가 되도록 한다. 샘플이 순서대로 되어 있거나 한쪽으로 몰려있는 경우라면 특히 중요하다. 예를 들어 이번 장의 뒤에서 사용할 붓꽃 데이터세트에는 세 개의 *붓꽃* 종 150개 샘플을 가지고 있다. 처음 50개는 *Iris setosa*, 다음 50개는 *Iris versicolor*, 마지막 50개는 *Iris virginica*이다. 샘플이 잘 섞여 있지 않았으면 훈련용 데이터에는 특정 종의 붓꽃이 포함되지 않고 테스트 데이터에 한 종만 있을 수도 있다.

cross_val_score 함수와 함께 KFold 객체 사용하기

다음으로 cross_val_score 함수를 사용해서 모델을 훈련시키고 테스트해 보자.

```
In [38]: from sklearn.model_selection import cross_val_score

In [39]: scores = cross_val_score(estimator=knn, X=digits.data,
```

```
   ...:         y=digits.target, cv=kfold)
   ...:
```

키워드 인자로 다음을 사용했다.

- estimator=knn은 검증을 위해서 사용할 추정자를 지정한다.
- X=digits.data는 훈련과 테스트에 사용할 샘플을 지정한다.
- y=digits.target은 샘플에 대한 타깃값을 지정한다.
- cv=kfold는 훈련과 테스트를 위해서 샘플과 타깃을 어떻게 나눌지를 정하는 교차 검증 생성기를 지정한다.

cross_val_score 함수는 정확도 스코어 배열을 반환한다. 각 폴드에 대한 정확도 값으로, 아래에서 볼 수 있는 것처럼 이 모델은 매우 정확하다. ***가장 낮은*** 정확도가 0.97777778(97.78%)이었고, 어떤 경우에는 전체 폴드를 예측하는 데 100% 정확했다.

```
In [40]: scores
Out[40]:
array([0.97777778, 0.99444444, 0.98888889, 0.97777778, 0.98888889,
       0.99444444, 0.97777778, 0.98882682, 1.        , 0.98324022])
```

정확도 점수 배열을 얻고 나면 전체적으로 이 모델의 정확도가 어떻게 되는지 10개의 정확도(또는 다른 번호의 폴드를 선택하든) 간의 평균과 표준편차를 계산해서 알 수 있다.

```
In [41]: print(f'Mean accuracy: {scores.mean():.2%}')
Mean accuracy: 98.72%

In [42]: print(f'Accuracy standard deviation: {scores.std():.2%}')
Accuracy standard deviation: 0.75%
```

평균적으로 이 모델은 정확도가 98.72%이다. 앞에서 데이터의 75%를 이용해서 훈련시키고 25%로 테스트했던 97.78%보다 결과가 좋다.

14.3.3 최선의 모델을 찾기 위해 다수의 모델 실행하기

어떤 머신러닝 모델이 주어진 데이터세트에서 최고의 성능을 낼지 미리 알기 어렵다. 특히 사용자에게 내부 동작이 어떻게 되는지 상세한 것을 숨기는 경우에는 특히 그렇다. KNeighborsClassifier는 높은 정확도를 가지고 숫자 이미지를 예측했지만 사이키-런의 다른 추정자를 사용할 때 더 정확한 결과를 낼 수도 있다. 사이킷-런에서는 데이터를 빠르게 훈련시키고 테스트할 수 있는 ***다양한 모델***이 있다. 여러 모델을 실행해 보고 각각의 머신러닝 연구에 따라 최적의 것을 결정할 수 있다.

앞 절부터 사용했던 기술을 사용해서 여러 분류 추정자들을 비교해 보자. KNeighborsClassifier, SVC, GaussianNB(더 많은 추정자들이 있음)를 비교한다. SVC과 GaussianNB 추정자를 따로 공부하지 않았지만, 쉽게 기본 설정을 사용해서 실행할 수 있다.[6] 먼저 두 추정자를 로드해 보자.

```
In [43]: from sklearn.svm import SVC

In [44]: from sklearn.naive_bayes import GaussianNB
```

다음으로 추정자(estimators)를 생성한다. 다음의 딕셔너리들은 앞에서 생성한 기존의 KNeighbors Classifier에 더해 SVC 와 GaussianNB 추정자들을 추가적으로 키-값 쌍으로 만든 것이다.

```
In [45]: estimators = {
    ...:     'KNeighborsClassifier': knn,
    ...:     'SVC': SVC(gamma='scale'),
    ...:     'GaussianNB': GaussianNB()}
    ...:
```

이제 이 모델들을 실행해 볼 수 있다.

```
In [46]: for estimator_name, estimator_object in estimators.items():
    ...:     kfold = KFold(n_splits=10, random_state=11, shuffle=True)
    ...:     scores = cross_val_score(estimator=estimator_object,
    ...:         X=digits.data, y=digits.target, cv=kfold)
    ...:     print(f'{estimator_name:>20}: ' +
    ...:           f'mean accuracy={scores.mean():.2%}; ' +
    ...:           f'standard deviation={scores.std():.2%}')
    ...:
KNeighborsClassifier: mean accuracy=98.72%; standard deviation=0.75%
                 SVC: mean accuracy=98.72%; standard deviation=0.79%
          GaussianNB: mean accuracy=84.48%; standard deviation=3.47%
```

이 루프는 estimators 딕셔너리의 아이템을 순회하고 각각의 키-값 쌍에 대해 다음을 수행한다.

- 키는 estimator_name으로, 값은 estimator_object로 언패킹한다.
- 데이터를 잘 섞어서 10 폴드를 생성하는 KFold 객체를 생성한다. random_state 키워드 인자는 여기서 특히 중요한데, 각 추정자들이 동일한 폴드를 가지고 작업한다는 것을 보장할 수 있기 때문이다. 이를 통해 추정자를 공정하게 비교할 수 있다.
- cross_val_score를 사용해서 현재의 estimator_object를 평가한다.
- 추정자의 이름을 출력하고 10개의 각 폴드에 대해 정확도를 계산한 값의 평균과 표준 편차를

6 이 글을 쓰는 시점의 사이킷-런버전(버전 0.20)에 출력되는 경고문을 보이지 않도록 SVC 추정자를 생성할 때 하나의 키워드 인자를 사용했다. 사이킷-런 버전 0.22에는 이 인자가 기본값이 되었다.

표시한다.

결과를 살펴보면 SVC 추정자의 정확도가 약간 더 좋다. 기본 설정을 한 추정자들을 사용했을 때의 결과이다. 추정자의 설정을 약간 수정하는 것으로 훨씬 더 좋은 결과를 얻을 수도 있다. KNeighborsClassifier와 SVC 추정자의 정확도는 거의 동일하므로 최적의 알고리즘을 확인하려면 각각에 대한 하이퍼파라미터 튜닝을 해 보자.

사이킷-런 추정자 다이어그램

사이킷-런 문서에 데이터의 종류와 크기, 그리고 수행하려는 머신러닝 작업을 바탕으로 적합한 추정자를 선택하는 데 도움이 되는 다이어그램이 있다.

https://scikit-learn.org/stable/tutorial/machine_learning_map/index.html

14.3.4 하이퍼파라미터 튜닝

이번 절의 앞에서는 k-최근접 이웃 알고리즘에서 *k*가 이 알고리즘의 하이퍼파라미터라고 설명했다. 하이퍼파라미터는 이 알고리즘으로 모델을 훈련시키기 ***전에*** 설정할 수 있다. 실제 머신러닝 연구에서는 하이퍼파라미터 튜닝을 이용해서 가장 좋은 결과는 얻을 수 있는 하이퍼파라미터 값을 선택하려고 노력한다.

kNN 알고리즘에서 가장 적합한 *k* 값을 결정할 때 *k* 값으로 다양한 값들을 시도해 보고 이 추정자의 성능을 비교한다. 추정자들을 비교했던 것과 비슷한 기술을 사용해서 하이퍼파라미터를 결정할 수 있다. 다음의 루프는 1에서 19까지 중 홀수의 *k* 값(kNN에서 동률이 나오는 것을 방지하기 위해 홀수를 사용한다.)으로 KNeighborsClassifiers를 생성하고 K-폴드 교체 검증을 각각 수행한다. 정확도 점수에서 알 수 있는 것처럼 kNN에서 *k*의 값이 1이 경우가 Digits 데이터세트에서 가장 정확하게 예측했다. *k* 값이 더 높은 경우 정확도의 경향이 낮아지는 것도 볼 수 있다.

```
In [47]: for k in range(1, 20, 2):
    ...:     kfold = KFold(n_splits=10, random_state=11, shuffle=True)
    ...:     knn = KNeighborsClassifier(n_neighbors=k)
    ...:     scores = cross_val_score(estimator=knn,
    ...:         X=digits.data, y=digits.target, cv=kfold)
    ...:     print(f'k={k:<2}; mean accuracy={scores.mean():.2%}; ' +
    ...:           f'standard deviation={scores.std():.2%}')
    ...:
k=1 ; mean accuracy=98.83%; standard deviation=0.58%
k=3 ; mean accuracy=98.78%; standard deviation=0.78%
k=5 ; mean accuracy=98.72%; standard deviation=0.75%
k=7 ; mean accuracy=98.44%; standard deviation=0.96%
k=9 ; mean accuracy=98.39%; standard deviation=0.80%
```

```
k=11; mean accuracy=98.39%; standard deviation=0.80%
k=13; mean accuracy=97.89%; standard deviation=0.89%
k=15; mean accuracy=97.89%; standard deviation=1.02%
k=17; mean accuracy=97.50%; standard deviation=1.00%
k=19; mean accuracy=97.66%; standard deviation=0.96%
```

머신러닝을 수행할 때 비용이 발생하는데, 특히 빅데이터와 딥러닝으로 가면 더 많은 비용이 발생한다. 그렇기 때문에 데이터에 대해 더 많이 알아야 하고 툴에 대해서도 알아야 한다. 예를 들어 k-NN은 가장 가까운 이웃을 찾기 위해서 더 많은 계산을 하기 때문에 *k* 값에 따라서 계산 시간이 늘어난다. `cross_validate`라는 함수도 있는데, 이 함수는 교차 검증을 ***하고*** 그 결과를 내는 시간을 잰다.

14.4 사례 연구: 시계열과 단순 선형 회귀

앞 절에서 데이터를 분류해 보았는데, 이때 각각의 샘플은 ***별개의*** 종류로 구분되었다. 이번 절에서는 10장의 '데이터과학 들어가기' 전에서 시작했던 단순 선형 회귀(가장 간단한 선형 회귀 알고리즘)에 대해 계속 논의할 것이다. 독립 변수와 종속 변수를 나타내는 숫자값의 집합이 주어졌을 때 단순 선형 회귀분석은 회귀선이라고 하는 직선으로 이러한 변수 사이의 관계를 설명한다.

앞에서 1885년에서 2018년 사이의 뉴욕시 1월 평균 고온의 시계열 데이터에 대해 단순 선형 회귀를 수행했다. 거기서는 시본의 `regplot` 함수를 사용해서 대응하는 회귀선과 함께 데이터의 산점도를 만들었다. 그리고 `scipy.stats` 모듈의 `linregress` 함수를 사용해서 회귀선의 기울기와 절편값을 계산한 후 이 값을 사용해서 미래의 온도를 예측하고 과거의 온도를 추정해 했었다.

이번 절에서는 다음과 같은 것을 해 본다.

- ***사이킷-런 추정자***를 사용해서 10장에서 살펴보았던 단순 선형 회귀를 다시 만들어본다.
- 시본(Seabon)의 `scatterplot` 함수를 사용해서 데이터를 도식화하고 매트플롯리브의 `plot` 함수를 사용해서 회귀선으로 그린다.
- 사이킷-런 추정자로 계산한 계수와 절편값을 사용해서 예측해 본다.

다음으로 ***다중 선형 회귀***를 살펴본다(간단히 ***'선형 회귀'***라고도 부른다.).

편의상 `ch14` 예제 폴더에 파일명이 `ave_hi_nyc_jan_1895-2018.csv`인 CSV 파일로 이 온도 데이터를 제공한다. 다시 한 번 `IPython`을 `--matplotlib` 옵션과 함께 실행한다.

```
ipython --matplotlib
```

DataFrame으로 평균 고온 데이터 로딩하기

10장에서 했던 것처럼 데이터를 `ave_hi_nyc_jan_1895-2018.csv`에서 로드하고 `'Value'` 열

을 Temperature로 변경한다. 그리고 날짜의 뒷부분에 있는 01을 제거하고 일부 데이터를 출력해 본다.

```
In [1]: import pandas as pd

In [2]: nyc = pd.read_csv('ave_hi_nyc_jan_1895-2018.csv')

In [3]: nyc.columns = ['Date', 'Temperature', 'Anomaly']

In [4]: nyc.Date = nyc.Date.floordiv(100)

In [5]: nyc.head(3)
Out[5]:
    Date  Temperature  Anomaly
0  1895         34.2     -3.2
1  1896         34.7     -2.7
2  1897         35.5     -1.9
```

훈련과 테스트용 데이터 나누기

이번 예제에서는 **sklearn.linear_model**에 있는 **LinearRegression** 추정자를 사용할 것이다. 기본적으로 이 추정자는 **다중 선형 회귀**를 수행할 때 데이터세트에 *모든* 숫자 특징을 사용한다. (이 부분에 대해는 다음 장에서 더 논의할 것이다.) 여기서 독립 변수인 특징 값 하나를 사용해서 ***단순 선형 회귀***를 해 보자. 그러기 위해 데이터세트에서 특징 하나(Date)만 선택한다.

2차원 DataFrame에서 하나의 열을 선택하면 *1차원* Series를 얻을 수 있다. 하지만 사이킷-런의 추정자는 **2차원 배열**의 훈련용 데이터와 테스트용 데이터 또는 리스트의 리스트나 판다스의 DataFrame 같은 2차원을 요구한다. 1차원 데이터를 추정자와 같이 사용하려면 *n*개의 요소를 가지고 있는 1차원 데이터를 다음 코드에서 보게 될 *n행 1열*을 가지고 2차원 데이터로 변환해야 한다.

이전 사례에서 연구했던 것처럼 데이터를 훈련용과 테스트용으로 나눠보자. 재현을 위해서 random_state 키워드 인자를 사용했다.

```
In [6]: from sklearn.model_selection import train_test_split

In [7]: X_train, X_test, y_train, y_test = train_test_split(
   ...:     nyc.Date.values.reshape(-1, 1), nyc.Temperature.values,
   ...:     random_state=11)
   ...:
```

nyc.Date는 Date열의 Series를 반환한다. 이 Series에 있는 값의 attribute 속성은 Series 값 가지고 있는 넘파이 배열을 반환한다. 이 1차원 배열을 2차원으로 변환하기 위해서 이 배열 객체의 reshape 메서드를 호출한다. 일반적으로 두 인자들은 행과 열의 수를 정확히 지정해 두어야 하는데 예제에 보이는 첫 번째 인자에 있는 -1은 **reshpae 메서드**에게 배열에 있는 열의 수(1)과 요소 수(124)를 바탕으로 행의 수를 자동으로 계산하게 한다. 이렇게 만들어진 배열에는 열이 하나만 있다. 124개의 요소를 열이 하나인 배열에 맞추기 위해서 124개의 행이 되어야 하기 때문에 **reshape** 메서드는 행을 124개로 만든다. X_train과 X_test의 크기를 확인해서 훈련과 테스트용 데이터가 각각 75%, 25%인 것을 확인할 수 있다.

```
In [8]: X_train.shape
Out[8]: (93, 1)

In [9]: X_test.shape
Out[9]: (31, 1)
```

모델 훈련시키기

사이킷-런에는 단순 선형 회귀를 위한 별도의 클래스를 제공하지 않는다. 단순 선형 회귀는 다중 선형 회귀의 특별한 경우일 뿐이므로 LinearRegression 추정자를 훈련시켜 보자.

```
In [10]: from sklearn.linear_model import LinearRegression

In [11]: linear_regression = LinearRegression()

In [12]: linear_regression.fit(X=X_train, y=y_train)
Out[12]:
LinearRegression(copy_X=True, fit_intercept=True, n_jobs=None, normalize=False)
```

이 추정자를 훈련시키고 나서 fit 메서드가 추정자 객체를 반환하 IPython은 이 객체의 문자열 표현식을 출력한다. 다음 링크에서 이 측정자의 기본 설정에 대한 설명을 볼 수 있다.

http://scikit-learn.org/stable/modules/generated/
sklearn.linear_model.LinearRegression.html

데이터에 대해 최적의 회귀선을 찾기 위해서 LinearRegression 추정자는 이 선에서 데이터까지의 거리제곱의 합을 최소화하기 위해 기울기와 절편값을 계속 조정한다. 10장의 '데이터과학 들어가기' 절에서는 기울기와 절편의 값을 어떻게 찾는지에 대해 약간의 설명을 했다.

이제 예측을 위한 $y = mx + b$ 계산에 사용되는 기울기와 절편값을 얻을 수 있다. 기울기는 이 추정자의 **coeff_** 속성(방정식의 m)에, 절편은 **intercept_** 속성(방정식에서 b)에 저장되어 있다.

```
In [13]: linear_regression.coef_
Out[13]: array([0.01939167])

In [14]: linear_regression.intercept_
Out[14]: -0.30779820252656265
```

이 값은 회귀선을 도식화하고 특정 날짜에 대해 예측할 때 사용할 것이다.

모델 테스트하기

X_test에 있는 데이터를 사용해서 모델을 테스트하고 각 다섯 번째 요소에 대해 preicted 값과 expected 값을 표시해서 전체 데이터세트의 예측 정확도를 확인해 보자. 14.5.8절에서 회귀 모델의 정확도를 어떻게 평가한지 논의할 것이다.

```
In [15]: predicted = linear_regression.predict(X_test)

In [16]: expected = y_test

In [17]: for p, e in zip(predicted[::5], expected[::5]):
    ...:     print(f'predicted: {p:.2f}, expected: {e:.2f}')
    ...:
predicted: 37.86, expected: 31.70
predicted: 38.69, expected: 34.80
predicted: 37.00, expected: 39.40
predicted: 37.25, expected: 45.70
predicted: 38.05, expected: 32.30
predicted: 37.64, expected: 33.80
predicted: 36.94, expected: 39.70
```

미래의 온도 예측하고 과거 온도 추정하기

상관도와 절편값을 사용해서 2019년 1월의 평균 고온을 예측해 보고 1890년 1월의 평균 고온 온도가 어땠는지 추정해 보자. 다음 코드에서 보이는 lambda는 회귀선에 대한 방정식을 구현한 것이다.

$$y = mx + b$$

coef_를 m으로, intercept_를 b로 사용했다.

```
In [18]: predict = (lambda x: linear_regression.coef_ * x +
    ...:                      linear_regression.intercept_)
    ...:

In [19]: predict(2019)
Out[19]: array([38.84399018])

In [20]: predict(1890)
Out[20]: array([36.34246432])
```

회귀선으로 데이터세트 시각화하기

이번에는 시본의 scatterplot 함수와 매트플롯리브의 **plot** 함수를 사용해서 데이터세트의 산점도를 생성해 보자. 먼저 nyc DataFrame을 scatterplot에 사용해서 데이터를 표시한다.

```
In [21]: import seaborn as sns

In [22]: axes = sns.scatterplot(data=nyc, x='Date', y='Temperature',
    ...:     hue='Temperature', palette='winter', legend=False)
    ...:
```

키워드 인자는 다음과 같다.

- data는 표시할 데이터가 있는 DataFrame (nyc)를 지정한다.
- x와 y는 각각 x축과 y축에 표시할 nyc의 열 이름을 지정한다. 이 경우 x는 **'날짜'**이고 y는 **'온도'**이다. 각 열의 해당 값은 점을 그리기 위한 x-y 좌표 쌍을 만든다.
- hue는 점의 색을 결정하는 데 어떤 열 데이터를 사용해야 할지 지정한다. 이번 예제의 경우 'Temperature' 열을 사용했다. 이번 예제에서 색상이 그렇게 중요한 것은 아니지만, 그래프에서 시각적으로 흥미를 더할 수 있다.
- palette는 점 색상을 선택할 때 사용하게 될 매트플롯리브의 색상 맵을 지정한다.
- legend=False는 scatterplot이 범례를 표시하지 않도록 지정한다. 기본값은 True이지만 이번 예제에서 범례가 필요 없다.

10장에서 했던 것처럼 y축의 값의 범위를 정해 보자. 회귀선을 표시하면 선형 관계를 한눈에 잘 볼 수 있을 것이다.

```
In [23]: axes.set_ylim(10, 70)
Out[23]: (10, 70)
```

다음으로 회귀선을 표시해 보자. 먼저 nyc.Date에서 최솟값과 최댓값을 가진 배열을 생성한다. 이 값이 회귀선의 시작점과 끝점에 대한 x 좌표값이다.

```
In [24]: import numpy as np

In [25]: x = np.array([min(nyc.Date.values), max(nyc.Date.values)])
```

스니펫 [16]에서 정의한 predict **람다식**에 넘겨서 예측된 값을 가진 x배열을 생성한다. 이 값이 y축 좌표가 된다.

```
In [26]: y = predict(x)
```

마지막으로 매트플롯리브의 plot 함수를 사용해서 x축과 y축 값을 표현한 x, y 배열을 가지고 직선을 도식화한다.

```
In [27]: import matplotlib.pyplot as plt

In [28]: line = plt.plot(x, y)
```

산점도와 회귀선으로 볼 수 있다. 이 그래프는 10장의 '데이터과학 들어가기' 절에서 보여주는 것과 거의 동일하다.

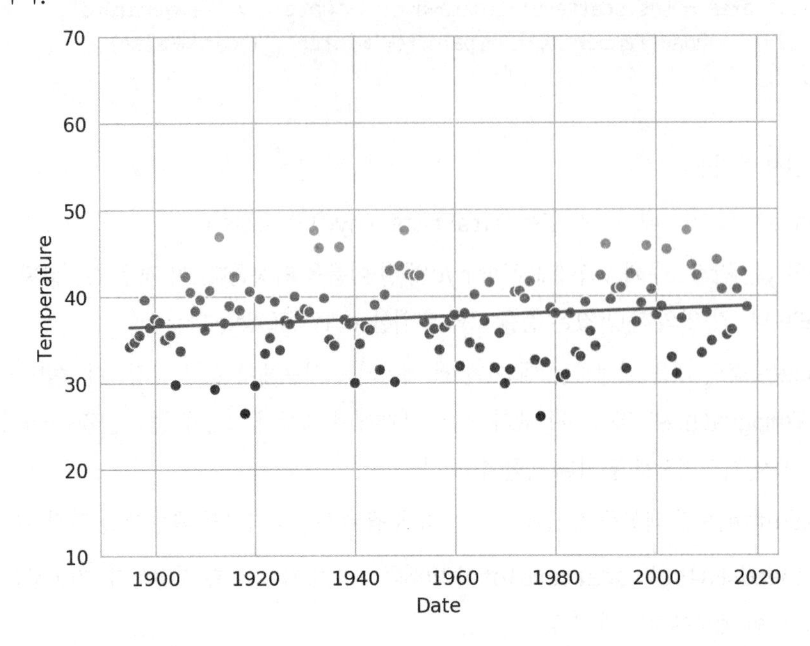

과적합/과소적합

모델을 만드는 목적은 아직 보지 못한 데이터에 대해 정확하게 예측하는 것이다. 정확하게 예측하지 못하는 일반적인 두 가지 문제는 과적합과 과소적합이다.

- **과소적합**(underfitting)은 훈련 데이터를 기반으로 훈련한 모델이 너무 단순할 때 발생한다. 예를 들어 실제로 문제는 비선형 모델이 필요한데, 간단한 선형 회귀와 같은 선형 모델을 사용하는 경우이다. 예를 들어 온도는 계절에 따라 매우 다른 양상을 보인다. 따라서 연중 온도를 예측할 수 있는 일반적인 모델을 만들려면 단순 선형 회귀 모델로는 데이터에 과소적합하게 된다.
- **과적합**(overfitting)은 모델이 너무 복잡할 때 발생한다. 가장 극단적인 경우는 훈련 데이터를 모델이 기억하는 경우이다. 만약 새로운 데이터가 훈련 데이터와 ***동일하면*** 괜찮지만 보통은 그렇지 않다. 과적합된 모델을 이용해서 예측할 때 훈련 데이터와 같은 데이터는 정확하게 예측하지만, 본적 없는 데이터를 주면 모델은 어떻게 해야 할지 모른다.

과소적합과 과적합에 대한 추가 정보를 알고 싶으면 다음 링크를 참고하자.

- https://en.wikipedia.org/wiki/Overfitting
- https://machinelearningmastery.com/overfitting-and-underfitting-with-machine-learning-algorithms

14.5 사례 연구: 캘리포니아 주택 데이터에 다중 선형 회귀 적용하기

10장의 '데이터과학 들어가기' 절에서는 판다스, 시본의 `regplot` 함수, 그리고 사이파이의 `stats` 모듈의 `lingress` 함수를 사용해서 작은 날씨 시계열 데이터에 대해 단순 선형 회귀를 적용해 보았다. 앞 절에서는 동일한 예제를 가지고 사이킷-런의 `LinearRegression` 추정자, 시본의 `scatterplot` 함수, 그리고 매트플롯리브의 `plot` 함수를 사용해서 다시 개발해 보았는데, 이번에는 훨씬 큰 실세계 데이터를 가지고 선형 회귀를 적용해 볼 것이다.

사이킷-런에 포함되어 있는 **캘리포니아 주택 데이터세트**[7]는 20,640개의 표본을 가지고 있고, 각 표본은 여덟 개의 숫자로 된 특성을 가지고 있다. 여덟 개의 숫자 특성을 모두를 사용해서 하나의 특성이나 일부 특성을 사용했을 때보다 좀 더 정확하게 주택 가격을 예측하는 ***다중 선형 회귀***를 해 볼 것이다. 다시 말하지만 사이킷-런이 대부분의 작업을 해 준다. `LinearRegression`은 기본적으로 다중 선형 회귀를 수행한다. 매트플롯리브과 시본을 사용해서 데이터의 일부를 시각화할 텐데, 그러기 위해 IPython을 실행할 때 매트플롯리브을 지원하도록 실행해 준다.

```
ipython --matplotlib
```

14.5.1 데이터세트 로딩하기

사이킷-런에 있는 캘리포니아 주택 가격 데이터세트의 설명에 따르면, 이 데이터세트는 1990년 미국 인구 조사에서 가져온 것으로 인구 조사 블록 그룹당 하나의 행을 가진다. 블록 그룹은 미국 인구 조사국에서 발간하는 표본 데이터(블록 그룹은 일반적으로 600명에서 3,000명으로 이루어진다)에 사용되는 가장 작은 지리적 단위이다. 이 데이터는 블록 그룹당 하나의 행을 가지는 20,640개의 표본이 있고 각각 여덟 개의 특성을 가지고 있다.

- 평균 소득, 이 항목의 단위는 만 달러이다. 즉 8.37은 8만 3,700달러를 의미한다.
- 평균 주택 연식, 데이터세트에서 이 특성의 최댓값은 52이다.
- 평균 방의 수
- 평균 욕실의 수
- 블록에 있는 인구 수
- 평균 주택 점유율
- 집 블록 위도
- 집 블록 경도

각 표본에는 10만 달러 단위로 평균 주택 가치를 ***타깃***으로 가지고 있다. 여기서 3.55라는 값은 35만 5,000달러를 나타낸다. 데이터세트에서 이 특징의 최댓값은 50만 달러를 의미하는 5이다.

더 많은 욕실이나 방 수 또는 높은 평균 소득이 더 높은 주택 값을 갖는다고 보는 것이 합리적이다.

---

7 `http://lib.stat.cmu.edu/datasets`. Pace, R. Kelley and Ronald Barry, Sparse Spatial Autoregressions, Statistics and Probability Letters, 33 (1997) 291–297. 켈리 페이스가 StatLib 데이터세트 아카이브에 제출했다. (`kpace@unix1.sncc.lsu.edu`). [9/Nov/99]

이러한 특성을 결합하여 예측하면 보다 정확하게 예측할 수 있다.

데이터 로딩하기

데이터세트를 로드해서 데이터를 살펴보자. sklearn.datasets 모듈의 **fetch_california_housing** 함수는 데이터와 이 데이터세트에 대한 다른 정보를 가지고 있는 Bunch 객체를 반환한다.

```
In [1]: from sklearn.datasets import fetch_california_housing

In [2]: california = fetch_california_housing()
```

데이터세트 살펴보기

DESCR 정보에는 다음과 같은 것이 포함되어 있다.

- **표본 수**(Number of Instances) – 데이터세트에는 2만 640개의 샘플이 포함되어 있다.
- **속성 수**(Number of Attributes) – 표본당 8개의 특성(속성)이 있다.
- **속성 정보**(Attribute Information) – 특성에 대한 설명
- **누락된 속성 값**(Missing Attribute Values) – 이 데이터세트에는 누락된 데이터가 없다.

데이터세트에 대한 설명에 따르면 데이터세트의 타깃값은 ***평균 주택 가격***이다. 이것은 다중 선형 회귀를 통해서 예측하려는 값이다.

```
In [3]: print(california.DESCR)
.. _california_housing_dataset:

캘리포니아 주택 데이터세트
--------------------------

**데이트 세트의 특징:**

    :데이터 수: 20640

    :속성 수: 숫자로된 추정값 8 개와 타깃값

    :속성 정보:
        - MedInc        블록에서의 중간 수입
        - HouseAge      블록에서의 중간 건물 연령
        - AveRooms      평균 방 수
        - AveBedrms     평균 침실 수
        - Population    블록의 인구
        - AveOccup      평균 주택 점유율
        - Latitude      주택 블록의 위도
        - Longitude     주택 블록의 경도

    :누락 속성값: 없음
```

```
이 데이터세트는 StatLib 저장소에서 가져왔다.
http://lib.stat.cmu.edu/datasets/

타깃값은 캘리포니아 지역의 주택 가격의 중간값이다.

이 데이터세트는 1990년 미국의 인구 조사에서 가져온 것으로 한 행이 인구
조사 블록 그룹이다.  블록 그룹은 미국 인구 조사국이 표본 데이터를 발표
발표할 때 사용하는 가장 작은 지리적 단위이다. (블록 그룹의 인구는
일반적으로 600 ~ 3,000 명 임)

이 데이터는 `sklearn.datasets.fetch_california_housing` 함수를 통해서
다운로드 받고 로드할 수 있다.

.. topic:: 참고 문헌

    - Pace, R. Kelley and Ronald Barry, Sparse Spatial Autoregressions,
      Statistics and Probability Letters, 33 (1997) 291-297

#+end_example
```

Bunch 객체의 *data*와 *target* 속성은 20,640개의 샘플과 타깃값이 각각 들어있는 넘파이 ***배열***이다. data 배열의 shape 속성에서 표본(행)의 수와 특징(열)의 수를 확인해 볼 수 있다. 이 값을 보면 20,640행과 8열이 있다는 것을 알 수 있다.

```
In [4]: california.data.shape
Out[4]: (20640, 8)
```

마찬가지로 타깃값(즉 평균 주택 가격)의 수가 표본의 수와 일치한다는 것을 target 배열의 shape 값을 보면 알 수 있다.

```
In [5]: california.target.shape
Out[5]: (20640,)
```

Bunch의 **feature_names 속성**에는 데이터 배열에 있는 각 열에 대응하는 이름이 있다.

```
In [6]: california.feature_names
Out[6]:
['MedInc',
 'HouseAge',
 'AveRooms',
 'AveBedrms',
 'Population',
 'AveOccup',
 'Latitude',
 'Longitude']
```

14.5.2 판다스로 데이터 조사하기

판다스 DataFrame을 사용해서 데이터를 좀 더 자세히 살펴보자. 다음 절에서는 시본과 DataFrame을 사용해서 데이터를 시각화해 볼 것이다. 먼저 판다스 모듈을 임포트하고 옵션을 설정한다.

```
In [7]: import pandas as pd

In [8]: pd.set_option('precision', 4)

In [9]: pd.set_option('max_columns', 9)

In [10]: pd.set_option('display.width', None)
```

앞에서 set_option으로 호출한 것은 다음과 같다.

- 'precision'은 소수점의 오른쪽에 표시되는 최대 자리수를 지정한다.

- 'max_columns'는 DataFrame의 문자열 표현식을 출력할 때 표시되는 최대 열의 수이다. 기본적으로 판다스는 왼쪽에서 오른쪽으로 모든 열을 표시하지 못하면 판다스는 중간에 있는 열을 잘라내고 줄임말 표시(…)를 대신 출력한다. 'max_columns'로 설정하면 판다스가 출력에 다수의 행으로 모든 열을 출력한다. 앞으로 잠깐 살펴볼 텐데 DataFrame에는 아홉 개의 열이 있다. 즉 california.data에 있는 여덟 개의 데이터세트 특징과 타깃 평균 주택 가격(california.target)에 대한 열이다.

- 'display.width'는 커맨드 프롬프트(윈도우), 터미널(맥/리눅스) 또는 셸(리눅스)에서 한 줄에 표시하는 문자 수를 지정한다. None으로 지정하면 판다스가 Series와 DataFrame을 서식을 적용한 문자열을 만들 때 화면의 너비를 자동으로 판단한다.

이번에는 Bunch 객체의 data와 target, 그리고 feature_names 배열을 이용해서 DataFrame을 만들어보자. 아래에 있는 첫 번째 스니펫에서는 california.data에 있는 데이터에 california.feature_names에서 지정한 열 이름으로 DataFrame을 생성한다. 두 번째 구문에서는 california.target에 저장된 평균 주택 가격에 대한 열을 추가한다.

```
In [11]: california_df = pd.DataFrame(california.data,
    ...:                              columns=california.feature_names)
    ...:

In [12]: california_df['MedHouseValue'] = pd.Series(california.target)
```

head 메서드를 사용해서 데이터의 일부를 볼 수 있다. 판다스는 DataFrame의 처음 6열을 출력하고 한 줄을 건너뛰고 나머지 열을 표시한다. "AveOccup" 열 오른쪽에 있는 \는 아래쪽에 열들이 더 출력되어 있음을 표시한다. IPython이 실행되는 창이 모든 열들을 왼쪽에서 오른쪽으로 출력하기에 작을 때만 \가 표시된다.

```
In [13]: california_df.head()
Out[13]:
  MedInc  HouseAge  AveRooms  AveBedrms  Population  AveOccup  \
0 8.3252      41.0    6.9841     1.0238       322.0    2.5556
1 8.3014      21.0    6.2381     0.9719      2401.0   2.1098
2 7.2574      52.0    8.2881     1.0734       496.0    2.8023
3 5.6431      52.0    5.8174     1.0731       558.0    2.5479
4 3.8462      52.0    6.2819     1.0811       565.0    2.1815

  Latitude   Longitude   MedHouseValue
0    37.88     -122.23           4.526
1    37.86     -122.22           3.585
2    37.85     -122.24           3.521
3    37.85     -122.25           3.413
4    37.85     -122.25           3.422
```

DataFrame의 통계 정보를 통해서 각 열에 있는 데이터에 대해 알아보자. 소득 및 주택 평균값(10만 단위로 계산된)은 1990년 것으로, 오늘날에는 훨씬 더 높다는 점에 유의해야 한다.

```
In [14]: california_df.describe()
Out[14]:
           MedInc    HouseAge    AveRooms   AveBedrms  Population  \
count  20640.0000  20640.0000  20640.0000  20640.0000  20640.0000
mean       3.8707     28.6395      5.4290      1.0967   1425.4767
std        1.8998     12.5856      2.4742      0.4739   1132.4621
min        0.4999      1.0000      0.8462      0.3333      3.0000
25%        2.5634     18.0000      4.4407      1.0061    787.0000
50%        3.5348     29.0000      5.2291      1.0488   1166.0000
75%        4.7432     37.0000      6.0524      1.0995   1725.0000
max       15.0001     52.0000    141.9091     34.0667  35682.0000

         AveOccup    Latitude   Longitude  MedHouseValue
count  20640.0000  20640.0000  20640.0000     20640.0000
mean       3.0707     35.6319   -119.5697         2.0686
std       10.3860      2.1360      2.0035         1.1540
min        0.6923     32.5400   -124.3500         0.1500
25%        2.4297     33.9300   -121.8000         1.1960
50%        2.8181     34.2600   -118.4900         1.7970
75%        3.2823     37.7100   -118.0100         2.6472
max     1243.3333     41.9500   -114.3100         5.0000
```

14.5.3 특성 시각화하기

데이터를 *각* 특성에 대응하는 타깃값을 시각화해 보면 데이터를 이해하는데 도움이 된다. 예제에서는 경우에는 평균 주택 가격이 어떻게 각 특징과 연관되어 있는지 알아보는 데 좋다. 시각화 내용을 분명히 하기 위해서 전체 2만 640개의 10%를 무작위로 선택하는 DataFrame의 **sample** 메서드를 사용해 보자.

```
In  [15]: sample_df = california_df.sample(frac=0.1, random_state=17)
```

키워드 인자 frac는 선택할 데이터의 비율(10%를 의미하는 0.1)을 지정하고, random_state 키워드 인자는 무작위 수 발생기에 초깃값을 지정한다. 이 초깃값(17, 임의로 선택한 값)은 ***같은 내용을 만들기*** 위해서 매우 중요하다. ***같은*** 초깃값을 사용하면 sample 메서드는 DataFrame의 행 중에서 ***동일한*** 행들을 선택한다. 이 데이터를 시각화하면 ***같은*** 결과가 나와야 한다.

다음으로 매트플롯리브과 시본을 사용해서 여덟 개 각각의 특징에 대한 산점도를 만든다. 이 두 라이브러리 모두 산점도을 표시할 수 있다. 시본이 좀 더 적은 코드로 좀 더 좋은 그래프를 보여주므로 시본을 사용해서 다음에 나오는 산점도를 생성할 것이다. 먼저 두 라이브러리를 임포트하고 시본의 set 함수를 이용해서 각 다이어그램의 폰트를 기본 크기의 두 배로 한다.

```
In [16]: import matplotlib.pyplot as plt

In [17]: import seaborn as sns

In [18]: sns.set(font_scale=2)

In [19]: sns.set_style('whitegrid')
```

다음 스니펫은 산점도를 표시한다.[8] 각각은 특성값이 x축에 있고 평균 주택 가격(california.target)이 y축의 값이 된다. 따라서 각 특성과 평균 주택 가격이 어떻게 연관되는지 볼 수 있다. 각 스타터 플롯을 별도의 창에 표시한다. 스니펫 [6]에 나열된 순서대로 창이 표시되며, 가장 최근에 표시된 창이 가장 앞의 화면으로 나온다.

```
In [20]: for feature in california.feature_names:
    ...:     plt.figure(figsize=(16, 9))
    ...:     sns.scatterplot(data=sample_df, x=feature,
    ...:                     y='MedHouseValue', hue='MedHouseValue',
    ...:                     palette='cool', legend=False)
    ...:
```

이 스니펫은 각 특성의 이름에 대해 16×9인치의 매트플롯리브 Figure 객체를 먼저 생성한다. 많

8 IPython에서 이 코드를 실행하면 각 창이 이전 창에 표시된다. 하나씩 종료하면 뒤에 있는 창을 볼 수 있다.

은 데이터를 표시해야 하기 때문에 큰 창을 사용했다. 창이 화면보다 크면 매트플롯리브은 Figure를 화면에 맞도록 크기를 조정한다. 시본은 만들어진 Figure에 산점도을 표시한다. Figure 객체를 먼저 생성하지 않았다면 시본이 Figure를 대신 생성한다. 예제에서는 2,000개 이상의 점들을 표시할 수 있는 Figure를 먼저 생성했기 때문에 화면에 큰 창이 표시될 수 있다.

다음으로 이 스니펫은 시본의 scatterplot을 생성한다. 이것은 *x*축에 특성을 표시하고, *y*축에 'MedHouseValue(*평균 주택 가격*)'를 보여주며, 점의 색상(hue)은 'MedHouseValue'에 있는 값에 따라 결정된다. 이 그래프에서는 다음과 같은 점에 주목해야 한다.

- 위도와 경도를 각각 보여주는 그래프를 보면 특히 밀도가 높은 두 지역이 있다. 밀도가 높은 곳의 위도와 경도를 온라인으로 찾아보면, 이 두 지역은 주택 가격이 대체로 높은 로스앤젤레스와 샌프란시스코 지역임을 알 수 있다.
- 각 그래프를 살펴보면 평균 주택 가격 50만 달러를 의미하는 *y*축의 5에 가로 선이 그어져 있다. 1990년 인구 조사에서 선택한 가장 높은 주택 가격은 '50만 달러 또는 그 이상'이었다.[9] 따라서 50만 달러 이상의 평균 주택 가격인 블록 그룹은 데이터세트에서 모두 5라고 표시되어 있다. 데이터 탐색과 시각화를 해야 하는 이유가 바로 이런 특성을 알아보려는 것이다.
- HouseAge 그래프에서 *x*축 값이 52인 곳에서 세로 선이 그어져 있다. 1990년 인구 조사에서 정한 가장 높은 주택 나이가 52였다. 따라서 52년 이상의 평균 주택 나이는 데이터세트에서 52로 되어 있다.

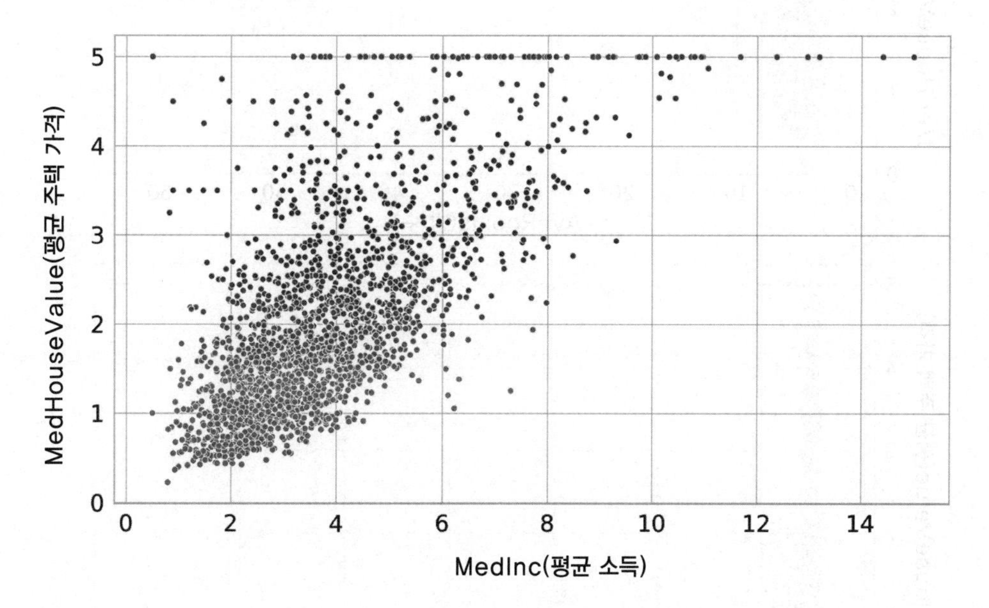

9 https://www.census.gov/prod/1/90dec/cph4/appdxe.pdf

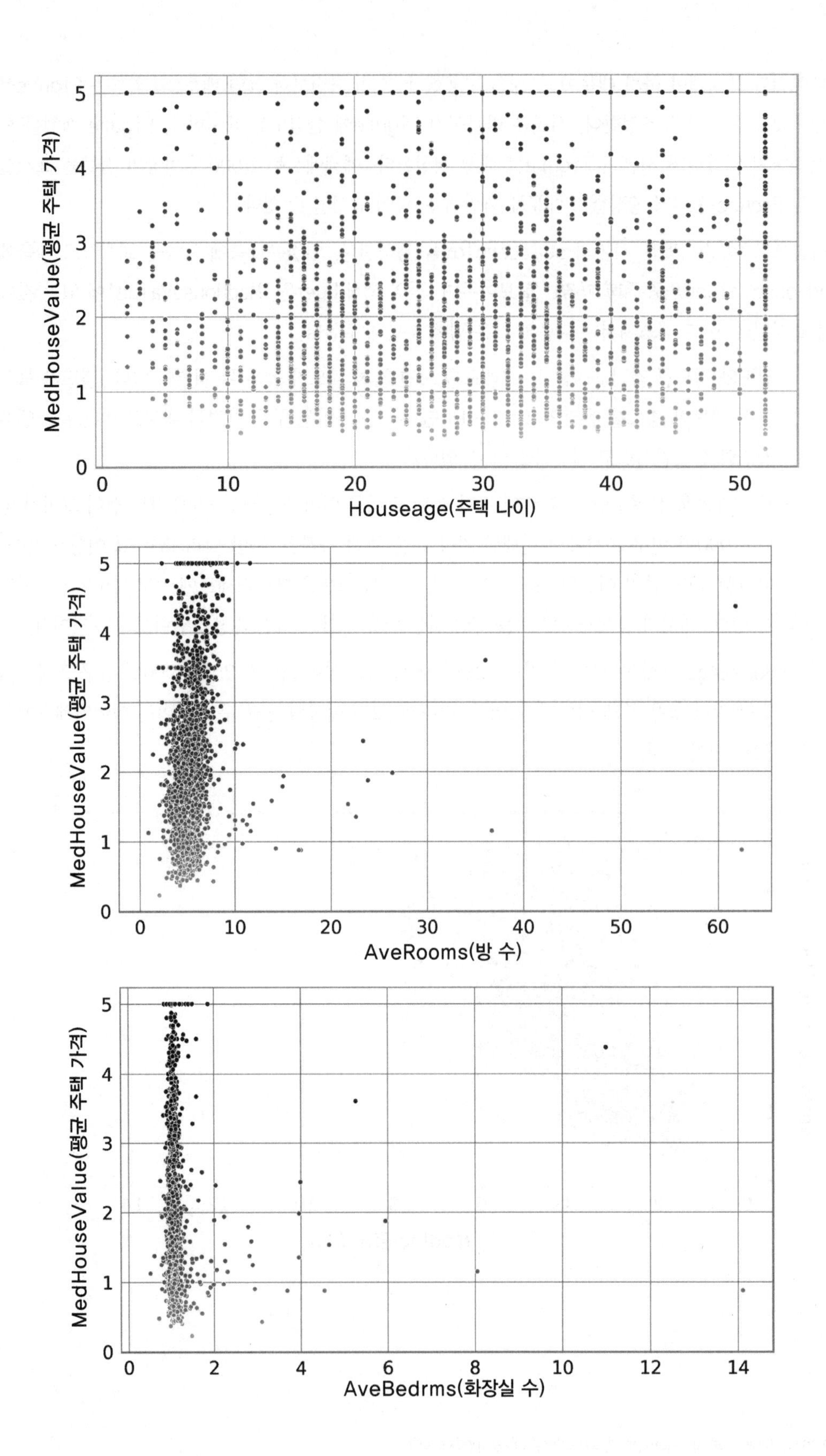
MedHouseValue(평균 주택 가격)
Houseage(주택 나이)
0
1
2
3
4
5
0
10
20
30
40
50
MedHouseValue(평균 주택 가격)
AveRooms(방 수)
0
1
2
3
4
5
0
10
20
30
40
50
60
MedHouseValue(평균 주택 가격)
AveBedrms(화장실 수)
0
1
2
3
4
5
0
2
4
6
8
10
12
14

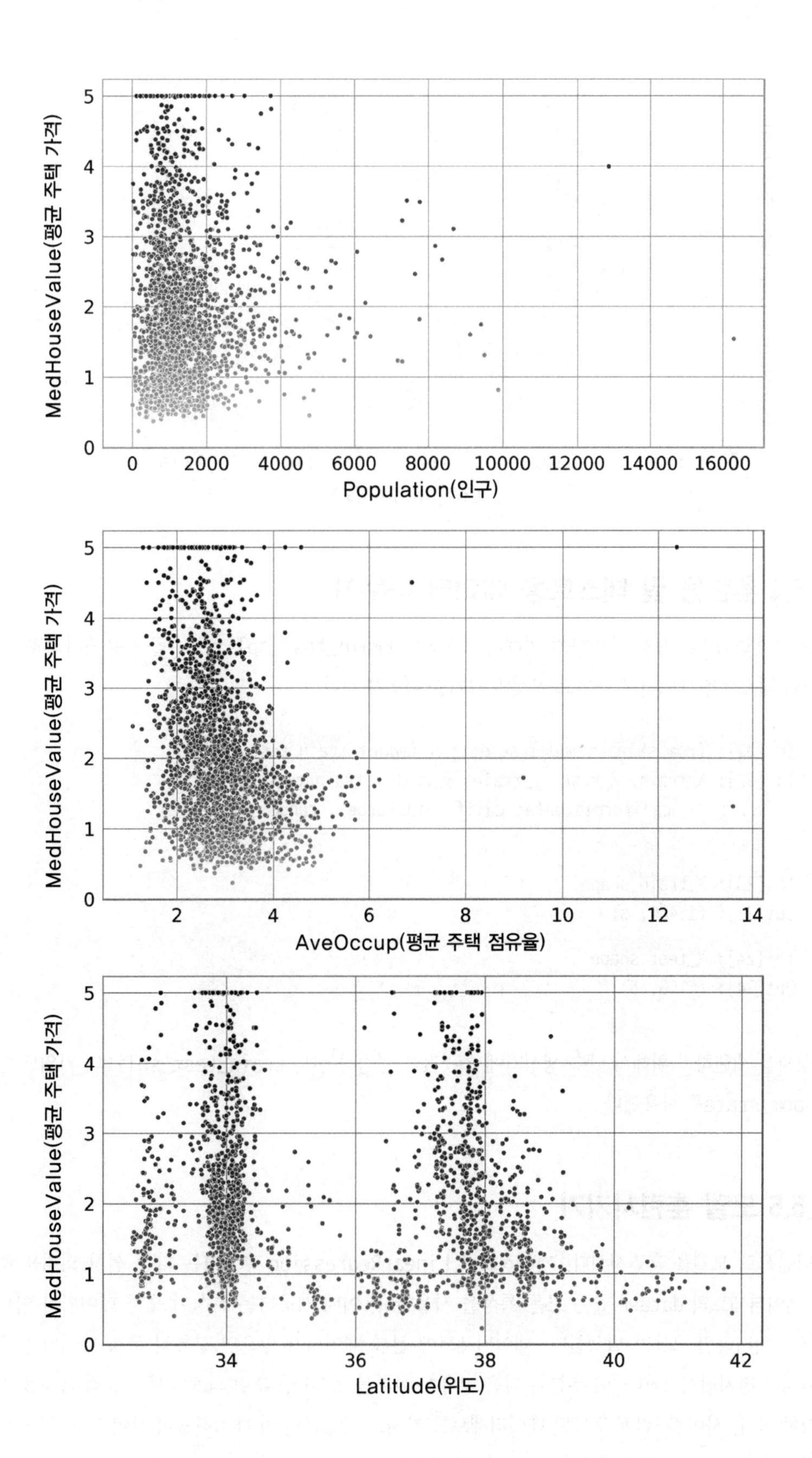

MedHouseValue(평균 주택 가격)
0
1
2
3
4
5
0
2000
4000
6000
8000
10000
12000
14000
16000
Population(인구)
MedHouseValue(평균 주택 가격)
2
4
6
8
10
12
14
AveOccup(평균 주택 점유율)
MedHouseValue(평균 주택 가격)
34
36
38
40
42
Latitude(위도)

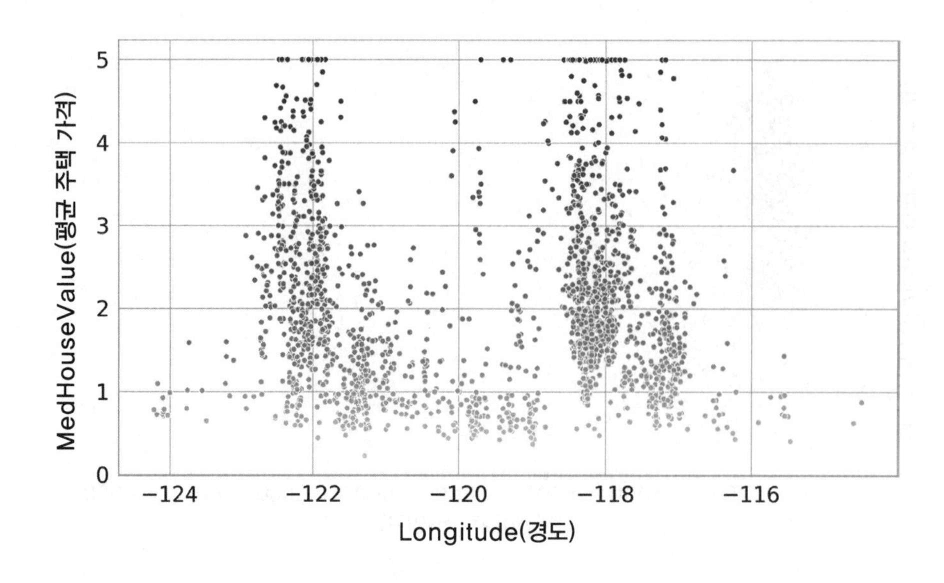

14.5.4 훈련용 및 테스트용 데이터 나누기

모델 훈련과 테스트를 준비하기 위해서 데이터를 `train_test_split` 함수를 사용해서 훈련용 데이터와 테스트용 데이터로 나누고 이것의 크기를 확인해 보자.

```
In [21]: from sklearn.model_selection import train_test_split
In [22]: X_train, X_test, y_train, y_test = train_test_split(
    ...:     california.data, california.target, random_state=11)
    ...:

In [23]: X_train.shape
Out[23]: (15480, 8)

In [24]: X_test.shape
Out[24]: (5160, 8)
```

상황을 재현하기 위해서 난수 생성기에 초깃값을 설정하는데, `train_test_split`의 키워드 인자 `random_state`를 사용했다.

14.5.5 모델 훈련시키기

다음으로 모델을 훈련시킨다. 기본적으로 `LinearRegression` 추정자는 다중 선형 회귀를 하는데, 데이터세트의 `data`에 있는 *모든* 특성을 사용한다. 이때 사용하는 특성이 숫자 데이터가 아니라 *분류* 데이터라면 오류가 발생한다. 데이터세트에 분류 데이터가 있으면 분류적 특성 데이터를 숫자 데이터로 전처리시키거나 (이 부분은 다음 장에서 살펴볼 것이다.) 훈련 과정에서 분류적 특성을 제외시켜야 한다. 사이킷-런에 포함된 데이터세트를 가지고 작업하면 이 데이터들이 사이킷-런의 모델로 머신러닝하는 데 적합한 포맷으로 미리 처리되어 있다는 장점이 있다.

앞의 두 스니펫에서 보았던 것처럼 X_train과 X_test는 각각 여덟 개의 열을 가지고 있다. 특성 하나가 하나의 열에 해당한다. LinearRegression 추정자를 생성하고 그 객체의 fit 메서드를 호출해서 X_train과 y_train을 사용해서 이 추정자를 훈련시킨다.

```
In [25]: from sklearn.linear_model import LinearRegression

In [26]: linear_regression = LinearRegression()

In [27]: linear_regression.fit(X=X_train, y=y_train)
Out[27]:
LinearRegression(copy_X=True, fit_intercept=True, n_jobs=None,
        normalize=False)
```

다중 선형 회귀는 데이터세트에 있는 각 특성별로 연관성(coeff_에 저장된)과 절편(intercept_에 저장된)을 계산한다.

```
In [28]: for i, name in enumerate(california.feature_names):
    ...:     print(f'{name:>10}: {linear_regression.coef_[i]}')
    ...:
    MedInc: 0.4377030215382206
  HouseAge: 0.009216834565797713
  AveRooms: -0.10732526637360985
 AveBedrms: 0.611713307391811
Population: -5.756822009298454e-06
  AveOccup: -0.0033845664657163703
  Latitude: -0.419481860964907
 Longitude: -0.4337713349874016

In [29]: linear_regression.intercept_
Out[29]: -36.88295065605547
```

양의 상관 관계라면 평균 주택 가격이 특성값이 ***증가함에 따라 증가한다***. 음의 상관 관계라면 평균 주택 가격이 특성값이 ***증가함에 따라*** 그 값이 ***감소한다***. 인구의 상관 계수값이 ***음의 지수***(e-06)를 가지고 있으므로 계수값은 실제로 -0.000005756822009298454이다. 거의 0에 가까운 값이므로 블록 그룹의 인구와 평균 주택 가격과의 관계가 거의 없다는 것을 분명하게 보여준다.

예측을 위해서 다음 방정식에 이 값을 적용할 수 있다.

$$y = m_1x_1 + m_2x_2 + \ldots m_nx_n + b$$

기호들의 의미는 다음과 같다.

- $m_1, m_2, \cdots, m_n$은 특성의 상관 계수를 의미한다.
- b는 절편이다.

- $x_1, x_2, \cdots, x_n$은 특성값이다(독립 변수값).
- y는 예측값이다(종속변수).

14.5.6 모델 테스트하기

이제 테스트 샘플을 추정자의 predict 메서드에 넣어서 호출하는 방식으로 모델을 테스트해 보자. 이전 예제에서 했던 것처럼 predicted 변수에 예측값을 배열로 저장하고 expected에 기댓값을 저장한다.

```
In [30]: predicted = linear_regression.predict(X_test)

In [31]: expected = y_test
```

다음 다섯 개의 예측값과 기댓값을 살펴보자.

```
In [32]: predicted[:5]
Out[32]: array([1.25396876, 2.34693107, 2.03794745, 1.8701254 , 2.53608339])

In [33]: expected[:5]
Out[33]: array([0.762, 1.732, 1.125, 1.37 , 1.856])
```

분류할 때는 예측된 값이 기존 데이터세트에 있는 분류와 매칭되는 분류값인지 확인했다. 회귀에서는 값이 연속된 값이기 때문에 정확하게 예측하기 힘들다. 계산식에서 $x_1, x_2, \cdots, x_n$의 모든 가능한 것들에 대한 예측을 한다.

$$y = m_1x_1 + m_2x_2 + \ldots m_nx_n + b$$

14.5.7 expected와 predicted 변수값 시각화하기

테스트 데이터에 대해 평균 주택 가격의 기댓값 대 예측값을 살펴보자. 먼저 expected, predicted 변수에 있는 값을 열로 가지고 있는 DataFrame을 생성한다.

```
In  [34]: df = pd.DataFrame()

In  [35]: df['Expected'] = pd.Series(expected)

In  [36]: df['Predicted'] = pd.Series(predicted)
```

이제 데이터를 expected(타깃값) 가격을 x축으로 하고 predicted 가격을 y축으로 해서 산점도를 만들어보자.

```
In  [37]: figure = plt.figure(figsize=(9, 9))

In  [38]: axes = sns.scatterplot(data=df, x='Expected', y='Predicted',
    ...:      hue='Predicted', palette='cool', legend=False)
    ...:
```

x축과 y축의 한계값을 양쪽에 동일한 스케일로 설정한다.

```
In  [39]: start = min(expected.min(), predicted.min())

In  [40]: end = max(expected.max(), predicted.max())

In  [41]: axes.set_xlim(start, end)
Out [41]: (-0.6830978604144491, 7.155719818496834)

In  [42]: axes.set_ylim(start, end)
Out [42]: (-0.6830978604144491, 7.155719818496834)
```

이제 ***완벽한 예측***을 의미하는 라인을 그려 보자. (여기서 이 라인은 회귀선은 ***아니다***.) 다음의 스니펫은 그래프의 왼쪽 아래 코너(**start, start**)와 오른쪽 위(**end, end**)의 점들 라인으로 표시하고, 세 번째 인자(**'k--'**)가 라인의 스타일을 지정한다. 글자 **k**는 검은색을, **--**는 점선으로 표시해야 한다는 것을 의미한다.

```
In  [43]: line = plt.plot([start, start], [end, end], 'k--')
```

모든 예측값이 기댓값과 일치하면, 모든 점들이 점선 위에 놓인다. 다음 다이어그램에서 예상한 평균 주택 가격이 증가함에 따라서 예측값이 이 선의 아래쪽으로 떨어지는 것을 확인할 수 있다. 따라서 이 모델은 ***기대하는*** 평균 주택 가격이 증가하면 더 낮은 가격을 ***예측하는*** 것으로 보인다.

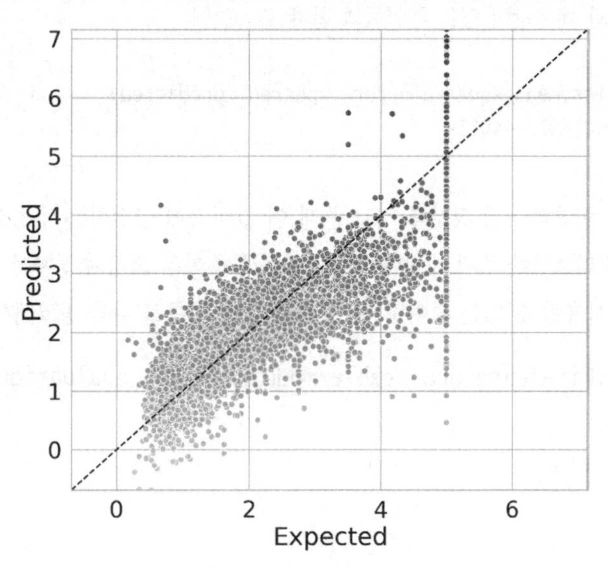

14

14.5.8 회귀 모델 평가 지표

사이킷-런은 추정자가 결과를 얼마나 잘 예측하는지 평가할 수 있다. 또한 특정 연구에 최적인 추정자를 선택하기 위해서 추정자들을 비교하는 다양한 평가 함수를 제공하고 있다. 평가 지표는 추정자의 종류에 따라서 다양하다. 예를 들어 Digits 데이터세트 분류 사례 연구에서 사용했던 `sklearn.metrics`에 있는 `confusion_matrix`, `classification_report` 함수들은 특히 ***분류*** 추정자들을 평가하는 데 사용하는 평가함수이다.

회귀 추정자에 대한 많은 지표 중 ***R^2 점수***라고 하는 모델의 **결정계수**가 있다. 이것은 추정자의 R^2 점수를 계산하기 위해서 `sklearn.metrics` 모듈에 **`r2_score`** 함수를 기댓값, 예측값을 표현한 배열과 함께 호출한다.

```
In  [44]: from sklearn import metrics

In  [45]: metrics.r2_score(expected, predicted)
Out [45]: 0.6008983115964333
```

R^2 점수는 0.0에서 1.0 사이의 값을 가지며 1.0이 가장 좋은 점수이다. R^2 점수가 1.0이라는 의미는 이 추정자가 주어진 독립 변수값에 대해 종속 변수의 값을 정확하게 예측하고 있다는 것이다. 0.0이라는 R^2 점수는 모델이 독립 변수를 기반으로 정확한 예측을 전혀 하지 못하고 있다는 의미이다.

회귀 모델을 위한 다른 평가 지표로 **평균 제곱 오차**가 있다.

- 각각의 기댓값과 예측값 사이의 차이를 계산한다. (이 값을 ***'오차'***라고 한다.)
- 이 차이값을 제곱한다.
- 제곱한 값의 평균값을 계산한다.

추정자의 평균 제곱 오차를 계산하기 위해서 **`mean_squared_error`**(`sklearn.metrics` 모듈에 있는) 함수를 기댓값과 예측값이 있는 배열들과 함께 호출한다.

```
In [46]: metrics.mean_squared_error(expected, predicted)
Out[46]: 0.5350149774449119
```

평균 제곱 오차를 이용해서 추정자를 비교할 때 이 값이 0에 근접하는 추정자가 데이터에 최적이다. 다음 절에서는 캘리포니아 주택 데이터세트를 이용해서 여러 회귀 추정자를 실행해 볼 것이다. 추정자의 종류에 따라 사용할 수 있는 사이킷-런에 평가 함수 목록을 다음 링크에서 볼 수 있다.

`https://scikit-learn.org/stable/modules/model_evaluation.html`

14.5.9 최적의 모델 선택하기

분류 사례 연구에서처럼 어떤 추정자가 LinearRegression보다 더 좋은 결과를 내는지 확인하기 위해 여러 추정자를 시도해 보자. 이번 예제에서는 이미 만들었던 linear_regression 추정자와 함께 ElasticNet, Lasso 그리고 Ridge 회귀 추정자들(모두 sklearn.linear_model 모듈에 있는)도 사용할 것이다. 다음 링크에서 이 추정자들에 대한 정보들을 볼 수 있다.

https://scikit-learn.org/stable/modules/linear_model.html

```
In [47]: from sklearn.linear_model import ElasticNet, Lasso, Ridge

In [48]: estimators = {
    ...:     'LinearRegression': linear_regression,
    ...:     'ElasticNet': ElasticNet(),
    ...:     'Lasso': Lasso(),
    ...:     'Ridge': Ridge()
    ...: }
```

다시 한번 KFold 객체와 corss_val_score 함수로 k-폴드 교차 검증하는 데 이 추정자들을 사용할 것이다. 여기서는 corss_val_score 함수에 키워드 인자 scoring='r2'를 넘기는데, 이 인자는 각 폴드에 대해 R^2 점수를 계산하도록 지정한다. (1.0이 가장 좋은 값이다.) 따라서 LinearRegression과 Ridge가 이 데이터세트에 최적인 모델로 보인다.

```
In [49]: from sklearn.model_selection import KFold, cross_val_score

In [50]: for estimator_name, estimator_object in estimators.items():
    ...:     kfold = KFold(n_splits=10, random_state=11, shuffle=True)
    ...:     scores = cross_val_score(estimator=estimator_object,
    ...:         X=california.data, y=california.target, cv=kfold,
    ...:         scoring='r2')
    ...:     print(f'{estimator_name:>16}: ' +
    ...:           f'mean of r2 scores={scores.mean():.3f}')
    ...:
LinearRegression: mean of r2 scores=0.599
      ElasticNet: mean of r2 scores=0.423
           Lasso: mean of r2 scores=0.285
           Ridge: mean of r2 scores=0.599
```

14.6 사례 연구: 비지도 머신러닝, 1부 – 차원 축소

데이터과학에 대해 소개하면 우리는 데이터를 이해하는 것에 집중했다. **비지도 머신러닝**과 시각화는 라벨이 없는 샘플에서 패턴과 상관 관계를 찾는데 도움이 된다.

이번 장 초기에 사용했던 일변량 시계열류의 데이터세트의 경우 데이터의 시각화가 쉬웠다. 이때는 두 개의 변수, 즉 날짜와 온도를 사용했다. 변수를 한 축으로 해서 2차원으로 데이터를 도식화했다. 매트플롯리브, 시본과 다른 기타 시각화 라이브러리를 사용해서 3D 시각화를 이용해 세 개의 변수를 가진 데이터세트도 도식화할 수 있다. 하지만 3차원 이상의 데이터를 시각화하려면 어떻게 해야 할까? 예를 들어 Digits 데이터세트에서 각 샘플은 64개의 특징값과 타깃값이 있다. 빅데이터의 샘플은 수백이나 수천 또는 심지어 수백만 개의 특징을 가질 수도 있다.

다수의 특징(즉 다차원)을 가진 데이터세트를 시각하기 위해 먼저 데이터를 2차원이나 3차원으로 차원을 *줄여야* 한다. 이것을 위해서 **'차원 축소(dimensionality reduction)'**라고 부르는 비지도 머신러닝 기술이 필요하다. 축소된 정보를 시각화 해보면 적합한 머신러닝 알고리즘을 선택하는 데 유용한 데이터 속의 패턴을 찾아낼 수 있다. 예를 들어 시각화된 점들이 ***그룹지어져 있다면*** 이것은 데이터세트를 명확하게 분류할 수 있다는 의미로, 이런 경우 분류 알고리즘이 적합할 수 있다. 물론 먼저 각 클러스터에 있는 샘플의 분류를 결정할 필요가 있으므로 샘플이 공통적으로 가지고 있는 것이 무엇인지 알아보기 위해 클러스터에 있는 샘플을 살펴야 한다.

차원 축소는 다른 목적에도 쓰인다. 아주 큰 차원을 가진 빅데이터에 대해 추정자의 훈련은 며칠, 몇 주 또는 더 긴 시간이 걸릴 수 있다. 우리가 큰 차원의 데이터를 생각하는 것조차 쉽지 않다. 이것을 **'차원의 저주(curse of dimensionality)'**라고 한다. 이 데이터에 연관성이 큰 특징이 있다고 하면 훈련 성능을 높이기 위해 차원 축소를 이용해서 일부 특징을 제거할 수 있다. 단, 이렇게 하면 모델의 정확도가 떨어질 수 있다.

Digit 데이터세트에는 숫자 0~9를 나타내는 열 가지 분류로 라벨링되어 있다. 이 라벨을 사용하지 않고 차원 축소 기술을 이용해서 데이터세트의 특성을 2차원으로 줄인 후 그 결과 데이터를 이용해서 시각화해 보자.

Digits 데이터세트 로딩하기

다음과 같이 IPython을 시작한다.

```
ipython --matplotlib
```

그리고 나서 데이터세트를 로드한다.

```
In  [1]: from sklearn.datasets import load_digits

In  [2]: digits = load_digits()
```

차원 축소 위해 TSNE 추정자 생성하기

다음으로 **TSNE 추정자**(**`sklearn.manifold`** 모듈에 있는)를 사용해서 차원 축소한다. 이 추정자는 T-분포 확률적 임베딩(t-distributed Stochastic Neighbor Embedding, t-SNE)[10]이 알고리즘을 사용해서 데이터세트의 특징을 분석하고, 이것을 특정 수의 차원으로 줄인다. 처음에 **PCA**(주성분 분석) 추정자로 시도해 보았지만, 결과가 좋지 않아서 TSNE로 변경했다. PCA는 뒤에서 보여줄 것이다.

키워드 인수 **n_components**에 지정한 것처럼 데이터세트의 특징을 2차원으로 줄이기 위한 **TSNE** 객체를 만들어보자. 다른 추정자에서처럼 **random_state** 키워드 인자를 사용해서 숫자 클러스터를 표시할 때 순서를 동일하게 재현할 수 있도록 한다.

```
In [3]: from sklearn.manifold import TSNE

In [4]: tsne = TSNE(n_components=2, random_state=11)
```

Digits 데이터세트의 특징을 2차원 데이터로 변환하기

사이킷-런의 차원 축소는 두 단계로 이루어진다. 데이터세트로 추정자를 훈련시킨 후 이 추정자를 이용해서 데이터를 특정 차원으로 변환한다. 이런 단계는 TSNE 메서드 **fit**과 **transform**으로 별도로 실행될 수도 있고, **fit_transform** 메서드를 사용해서 한 번에 수행할 수도 있다.[11]

```
In [5]: reduced_data = tsne.fit_transform(digits.data)
```

TSNE의 fit_transfrom 메서드는 추정자를 훈련시키고 차원을 축소하는 데 어느 정도의 시간이 소요된다. 우리의 시스템에서는 대략 20초 정도 걸렸다. 이 메서드가 완료되면 **digits.data**와 행의 수는 같지만, 두 개의 열만 가지고 있는 배열을 반환한다. **reduced_data**의 **shape** 값을 확인해 보면 알 수 있다.

```
In [6]: reduced_data.shape
Out[6]: (1797, 2)
```

축소된 데이터 시각화하기

이것으로 원래의 데이터세트를 2차원의 데이터로 줄였다. 산점도을 사용해서 데이터를 표시해 보자. 이번에는 시본의 **scatterplot 함수**를 사용하지 않고 매트플롯리브의 **scatter 함수**를 사용할 것이다. 이 함수는 도식화한 아이템을 컬렉션으로 반환한다. 두 번째 산점도에서 이 기능을 사용할

---

10 알고리즘의 상세한 내용을 이 책의 범위를 벗어난다. 더 많은 정보를 원하면 다음 링크를 확인한다. https://scikitlearn.org/stable/modules/manifold.html#t-sne

11 fit_transform을 호출할 때마다 추정자를 훈련시킨다. 샘플의 차원을 줄이기 위해서 추정자를 여러 번 재사용하는 것이라면 fit를 사용해서 추정자를 한 번 훈련시키고 transform을 사용해서 차원을 축소해야 한다. 이번 사례 연구에서 이 기술을 PCA와 함께 사용할 것이다.

것이다.

```
In [7]: import matplotlib.pyplot as plt
In [8]: dots = plt.scatter(reduced_data[:, 0], reduced_data[:, 1],
   ...:                     c='black')
   ...:
```

scatter의 첫 두 인자는 reduced_data의 열(0과 1)로 각각 *x*축과 *y*축으로 표시한 데이터를 가지고 있다. c='black' 키워드 인자는 표시할 점의 색상을 지정한다. 원래 데이터의 특징에 대응하지 않기 때문에 축에 라벨을 지정하지 않았다. TSNE 추정자로 만들어지는 새로운 특징은 데이터세트의 원래 특징과 많이 다를 수 있다.

다음 다이어그램은 최종 결과를 보여준다. 비록 열 개가 아니라 열한 개의 주요 ***클러스터***로 되어 있는 것처럼 보이지만, 분명히 연관된 데이터의 클러스터가 보인다. 특정 클러스터의 속하지 않는 것으로 보이는 손실 데이터도 있다. Digits 데이터세트에 대한 초기 조사에서 어떤 숫자는 분류하기가 어려웠던 것을 비춰보면 이런 결과는 이해할 수 있다.

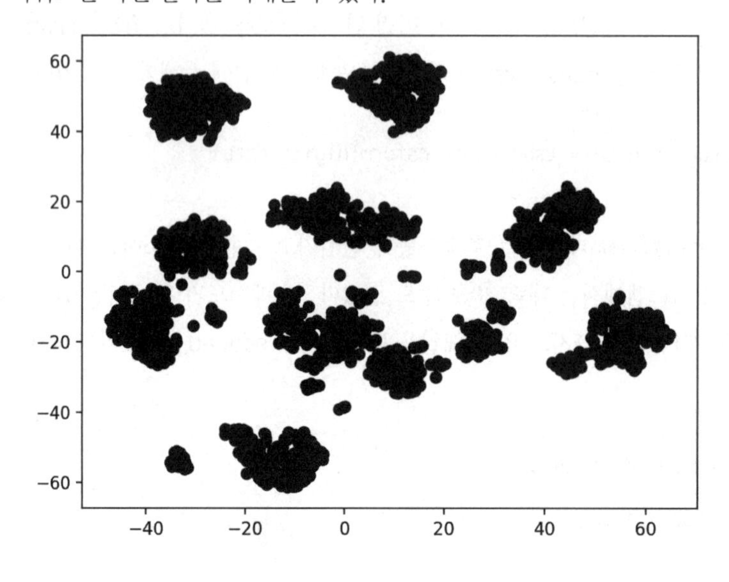

각 숫자별로 별도의 색 사용해서 축소된 데이터 시각화하기

앞에서 살펴본 다이어그램에서 클러스터가 보였지만, 각 클러스터의 모든 아이템이 같은 숫자인지 확인할 수는 없다. 동일한 숫자가 아니라면 이런 클러스터가 아무 도움도 되지 못한다. Digits 데이터세트에 있는 이미 알고 있는 **타깃**을 사용해서 모든 점에 색을 입히고 클러스터가 특정 숫자를 표현하고 있는지 확인해 보자.

```
In [9]: dots = plt.scatter(reduced_data[:, 0], reduced_data[:, 1],
   ...:     c=digits.target, cmap=plt.cm.get_cmap('nipy_spectral_r', 10))
   ...:
   ...:
```

이 경우 scatter의 키워드 인자 c=digits.target은 타깃값이 점들의 색을 결정하도록 지정한다. 또한 다음과 같은 키워드 인자도 추가했다.

```
cmap=plt.cm.get_cmap('nipy_spectral_r', 10)
```

이 키워드 인자는 사용할 색상 맵을 지정한다. 이 경우에는 10개의 수에 대한 색을 입힌다는 것을 알고 있기 때문에 Matplotlib의 cm 객체(matplotlib.pyplot에 있는)에 있는 get_cmap 메서드를 사용해서 색상 맵('nipy_spectral_r')을 로드하고, 이 색상 맵에서 10개의 색을 선정한다.

다음 구문은 다이어그램의 오른쪽에 색상바를 추가하는 구문으로, 이것을 통해서 각 숫자를 의미하는 색상을 알 수 있다.

```
In  [10]: colorbar = plt.colorbar(dots)
```

0~9까지의 숫자에 대응하는 10개의 클러스터뿐만 아니라 별도로 있는 작은 그룹의 점들도 보인다. 이것을 바탕으로 볼 때 k-최근접 이웃 알고리즘과 같은 지도-학습 방식이 이 데이터에 적합한 것을 알 수 있는데, 실험적으로 매트플롯리브의 **Axes3D**를 조사해 볼 수 있다. 이것은 3차원 그래프로 플로팅하기 위한 x축과 y축, 그리고 z축을 제공해 준다.

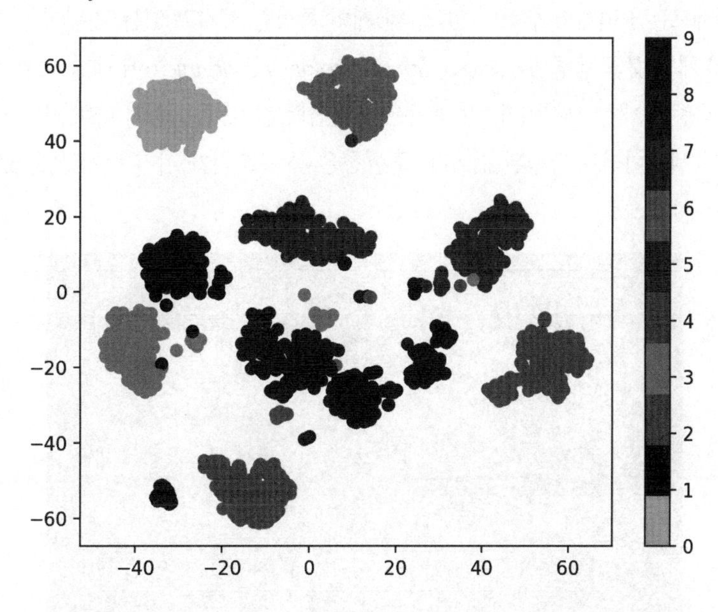

14.7 사례 연구: 비지도 머신러닝, 2부 - k-평균 클러스터링

이번 절에서는 가장 간단한 비지도 머신러닝 알고리즘인 **k-평균 클러스터링**을 소개한다. 이 알고리즘은 ***라벨링되어 있지 않은*** 샘플을 분석해서 그것을 관계가 있어 보이는 것끼리 묶는 것이다. 'k-평균'에서의 k는 데이터를 몇 개의 클러스터로 묶을지를 의미한다.

이 알고리즘은 샘플을 k-최근접 이웃 클러스터링 알고리즘과 비슷하게 거리를 계산해서 미리 지정한 수의 묶음으로 재조직화한다. 샘플들의 각 클러스터는 **어떤 중심으로** 그룹을 묶는데, 이것을 '클러스터의 중심점'이라고 한다. 초기에 이 알고리즘은 데이터세트 샘플에서 무작위로 *k*개의 중심점을 선택한 후 남은 샘플들을 중심점에 가까운 클러스터에 위치시킨다. 모든 클러스터에 대해 주어진 중심점과 클러스터의 샘플들 간의 거리가 최소화될 때까지 이 중심점들을 반복해서 다시 계산한 후 샘플을 클러스터에 재할당한다. 이 알고리즘은 다음과 같은 결과를 낸다.

- 각 샘플이 속하는 클러스터의 라벨이 포함된 1차원 배열
- 각 클러스터의 중심점을 나타내는 2차원 배열

Iris 데이터세트

사이킷-런에 포함되어 있고 널리 사용되는 **Iris 데이터세트**[12]를 가지고 작업하려고 한다. 이 데이터세트는 일반적으로 분류와 클러스터링으로 분석된다. 이 데이터세트는 라벨이 있지만, 클러스터링을 실습할 때는 이 라벨을 사용하지 않기도 하자. 단, k-평균 알고리즘이 얼마나 잘 클러스링했는지를 판단하기 위해서 나중에 사용한다.

Iris 데이터세트는 150개의 샘플이 있고, 네 개의 특성만 가지고 있는 '간단한 데이터세트'다. 이 데이터세트는 세 개의 *붓꽃* 품종(*Iris setosa, Iris versicolor, Iris virginica*)에 대한 50개의 샘플이 있고, 다음 그림은 그 품종에 대한 사진이다. 각 샘플은 꽃받침의 길이, 꽃받침의 너비, 꽃잎의 길이, 꽃잎의 너비가 있고 모두 센티미터로 측정된 값이다. *꽃받침*은 꽃 봉오리가 피기 전에 작은 *꽃잎*을 보호하는 꽃의 큰 바깥 부분이다.

Iris setosa: https://commons.wikimedia.org/wiki/File:Wild_iris_KEFJ_(9025144383).jpg
Credit: Courtesy of Nation Park services.

12 Fisher, R.A., "The use of multiple measurements in taxonomic problems," Annual Eugenics, 7, Part II, 179–188 (1936); also in "Contributions to Mathematical Statistics" (John Wiley, NY, 1950)

Iris versicolor: https://commons.wikimedia.org/wiki/Iris_versicolor#/media/File:IrisVersicolor-FoxRoost-Newfoundland.jpg
Credit: Courtesy of Jefficus,
https://commons.wikimedia.org/w/index.php?title=User:Jefficus&action=edit&redlink=1

Iris virginica: https://commons.wikimedia.org/wiki/File:IMG_7911-Iris_virginica.jpg
Credit: Christer T Johansson.

14.7.1 Iris 데이터세트 로딩하기

ipython --matplotlib으로 IPython을 실행하고 sklearn.datasets 모델에 있는 **load_iris 함수**를 사용해서 데이터세트가 있는 Bunch 객체를 얻어온다.

```
In [1]: from sklearn.datasets import load_iris

In [2]: iris = load_iris()
```

이 Bunch 객체의 DESCR 속성을 보면 150개의 샘플(Number of Instances)이 있고, 각각 네 개의 특성(Number of Attributes)이 있다. 이 데이터세트에는 누락된 값이 없고 샘플들을 정수 0, 1, 2로 라벨링해서 분류한다. 각 분류 번호는 *Iris setosa, Iris versicolor, Iris virginica* 품종을 의미하는데, 이 라벨을 *무시하고* k-평균 클러스터링 알고리즘을 사용해서 샘플을 분류할 것이다. DESCR에 있는 주요 정보를 볼드체로 보여주면 다음과 같다.

```
In  [3]: print(iris.DESCR)
.. _iris_dataset:

아이리스 데이터세트
--------------------

**데이터세트 특징:**

    :데이터 수: 150 (세 종마다 50개의 샘플)
    :속성 수: 숫자로된 추정 속성 값 4개와 종 분류
    :속성 정보:
        - cm 단위의 꽃받침 길이
        - cm 단위의 꽃받침 폭
        - cm 단위의 꽃잎 길이
        - cm 단위의 꽃잎 폭
        - 분류:
                - Iris-Setosa
                - Iris-Versicolour
                - Iris-Virginica

    :통계 정보:
    ============== ==== ==== ======= ===== ====================
                    최소  최대   평균    편차       분류 정확도
    ============== ==== ==== ======= ===== ====================
    꽃받침 길이:      4.3  7.9   5.84  0.83    0.7826
    꽃받침 폭:        2.0  4.4   3.05  0.43   -0.4194
    꽃잎 길이:        1.0  6.9   3.76  1.76    0.9490  (높음!)
    꽃잎 폭:          0.1  2.5   1.20  0.76    0.9565  (높음!)
    ============== ==== ==== ======= ===== ====================
    :누락 속성값: 없음
    :분류: 세 분류 당 각각 33.3%
    :작성자: R.A. Fisherr
    :기증자: Michael Marshall (MARSHALL%PLU@io.arc.nasa.gov)
    :날짜: 1988년 7월

R.A. 피셔경이 처음 사용했던 유명한 아이리스 데이터베이스로 이 데이터세트는 피셔(Fisher)의 논문에서 가져 왔다. R에 있는 것과 동일한 데이터이지만 두 개의 잘못된 데이터 값을 가진 UCI Machine Learning Repository에 있는 것과는 다르다는 것을 유의해야 한다.

이 데이터세트는 패턴 인지 문헌에서 찾아볼 수 있는 가장 많이 알려진 데이터이다. Fisher의 논문은 이 분야에서의 고전일 뿐 아니라 요즘에도 자주 참조되고 있는 논문이다. (예를 들어, Duda 와 Hart 같은 경우가 그렇다.) 이 데이터세트는 세가지 분류가 있는데 각각 50개의 샘플이 있다. 이 세 분류는 붓꽃의 품종을 의미한다. 한 분류는 다른 두개의 분류와 선형적으로 분류 가능하다. 나머지는 서로 선형적으로 분리할 수 없다.
```

```
.. topic:: 참고문헌

   - Fisher, R.A. "The use of multiple measurements in taxonomic problems"
     Annual Eugenics, 7, Part II, 179-188 (1936); also in "Contributions to
     Mathematical Statistics" (John Wiley, NY, 1950).
   - Duda, R.O., & Hart, P.E. (1973) Pattern Classification and Scene Analysis.
     (Q327.D83) John Wiley & Sons.  ISBN 0-471-22361-1.  See page 218.
   - Dasarathy, B.V. (1980) "Nosing Around the Neighborhood: A New System
     Structure and Classification Rule for Recognition in Partially Exposed
     Environments".  IEEE Transactions on Pattern Analysis and Machine
     Intelligence, Vol. PAMI-2, No. 1, 67-71.
   - Gates, G.W. (1972) "The Reduced Nearest Neighbor Rule".  IEEE Transactions
     on Information Theory, May 1972, 431-433.
   - See also: 1988 MLC Proceedings, 54-64.  Cheeseman et al"s AUTOCLASS II
     conceptual clustering system finds 3 classes in the data.
   - Many, many more ...
```

샘플, 특징, 타깃값의 개수 확인하기

data 배열의 shape를 통해서 샘플의 개수와 샘플의 특징의 개수를 확인할 수 있다. 그리고 target 배열의 shape를 통해서 타깃의 개수도 확인할 수 있다.

```
In [4]: iris.data.shape
Out[4]: (150, 4)

In [5]: iris.target.shape
Out[5]: (150,)
```

target_names 배열에는 타깃 배열에 있는 숫자로 된 라벨의 실제 이름을 가지고 있다. dtype='<U10'은 최대 열 자리까지인 문자열 요소라는 것을 가리킨다.

```
In [6]: iris.target_names
Out[6]: array(['setosa', 'versicolor', 'virginica'], dtype='<U10')
```

feature_names 배열에는 data 배열에 있는 각 열의 문자열 이름을 가지고 있다.

```
In [7]: iris.feature_names
Out[7]:
['sepal length (cm)',
 'sepal width (cm)',
 'petal length (cm)',
 'petal width (cm)']
```

14.7.2 Iris 데이터세트 조사하기: 판다스를 이용한 기술적 통계

DataFrame을 사용해서 iris 데이터세트를 조사해 보자. 켈리포니아 주택 사례 연구와 마찬가지로 열 기반으로 데이터를 출력하기 위해 판다스의 옵션을 조정해 보자.

```
In  [8]: import pandas as pd

In  [9]: pd.set_option('max_columns', 5)

In  [10]: pd.set_option('display.width', None)
```

data 배열의 내용을 담고 있는 DataFrame을 생성한다. feature_names를 열의 이름으로 사용한다.

```
In  [11]: iris_df = pd.DataFrame(iris.data, columns=iris.feature_names)
```

다음으로 각 샘플의 품종 이름을 가지고 있는 열을 추가한다. 다음 스니펫에 있는 리스트 컴프리헨션은 target 배열에 있는 각 값에 대해 target_names 배열에서 대응하는 이름을 찾는다.

```
In  [12]: iris_df['species'] = [iris.target_names[i] for i in iris.target]
```

판다스의 기능을 사용해서 일부 샘플을 확인한다. 판다스가 열의 오른쪽 위에 \를 출력하는 것은 아랫부분에 다른 열들이 더 출력되어 있다는 의미이다.

```
In [13]: iris_df.head()
Out[13]:
   sepal length (cm)  sepal width (cm)  petal length (cm)  \
0                5.1               3.5                1.4
1                4.9               3.0                1.4
2                4.7               3.2                1.3
3                4.6               3.1                1.5
4                5.0               3.6                1.4

   petal width (cm) species
0               0.2  setosa
1               0.2  setosa
2               0.2  setosa
3               0.2  setosa
4               0.2  setosa
```

숫자 데이터가 있는 열에 대해 기술적 통계를 계산해 보자.

```
In [14]: pd.set_option('precision', 2)

In [15]: iris_df.describe()
```

```
Out[15]:
       sepal length (cm)  sepal width (cm)  petal length (cm)  \
count             150.00            150.00             150.00
mean                5.84              3.06               3.76
std                 0.83              0.44               1.77
min                 4.30              2.00               1.00
25%                 5.10              2.80               1.60
50%                 5.80              3.00               4.35
75%                 6.40              3.30               5.10
max                 7.90              4.40               6.90
petal width (cm)
count        150.00
mean           1.20
std            0.76
min            0.10
25%            0.30
50%            1.30
75%            1.80
max  2.50
```

'species'(종) 열에 대해 describe 메서드는 호출해서 세 종류의 값만 있다는 사실을 확인했다. 여기서 작업할 데이터의 샘플이 세 분류로 되어 있다는 것을 알수 있다. 비지도 머신러닝에서 이런 경우가 항상 있는 일은 아니다.

```
In [16]: iris_df['species'].describe()
Out[16]:
count         150
unique          3
top    versicolor
freq           50
Name: species, dtype: object
```

14.7.3 시본의 pairplot으로 시각화하기

이 데이터세트의 특징을 시각화해 보자. 데이터에 대해 더 많이 알 수 있는 방법은 데이터의 특징이 다른 것과 어떻게 연관성이 있는지 알아보는 것이다. 이 데이터세트에는 네 가지 특성이 있다. 그래프 하나로는 하나의 특성을 다른 세 가지 특성과 비교하는 그래프를 그릴 수 없다. 하지만 특징을 다른 특징과 쌍으로 도식화할 수 있다. 스니펫 [20]은 시본 함수인 **pairplot**를 사용해서 하나의 특징을 자신과 다른 특징에 대해 도식화하는 그래프 그리드를 생성한다.

```
In [17]: import seaborn as sns

In [18]: sns.set(font_scale=1.1)

In [19]: sns.set_style('whitegrid')
In [20]: grid = sns.pairplot(data=iris_df, vars=iris_df.columns[0:4],
    ...:     hue='species')
    ...:
```

앞에서 사용한 키워드 인자는 다음과 같은 의미이다.

- data – 그래프로 만들 데이터가 포함되어 있는 DataFrame[13]
- vars – 도식화할 변수의 이름이 담긴 시퀀스. DataFrame이라면 도식화할 열의 이름이 된다. 여기서는 꽃받침의 길이, 꽃받침의 너비, 꽃잎의 길이, 꽃잎의 너비를 나타내는 DataFrame 열의 처음 네 개를 사용했다.
- hue – 플롯된 데이터의 색을 결정하는 데 사용하는 DataFrame의 열. 이번 예제에서는 *붓꽃*의 품종에 따라서 데이터에 색을 입힌다.

앞에서 호출한 pairplot은 다음과 같은 4×4 격자 그래프를 만든다.

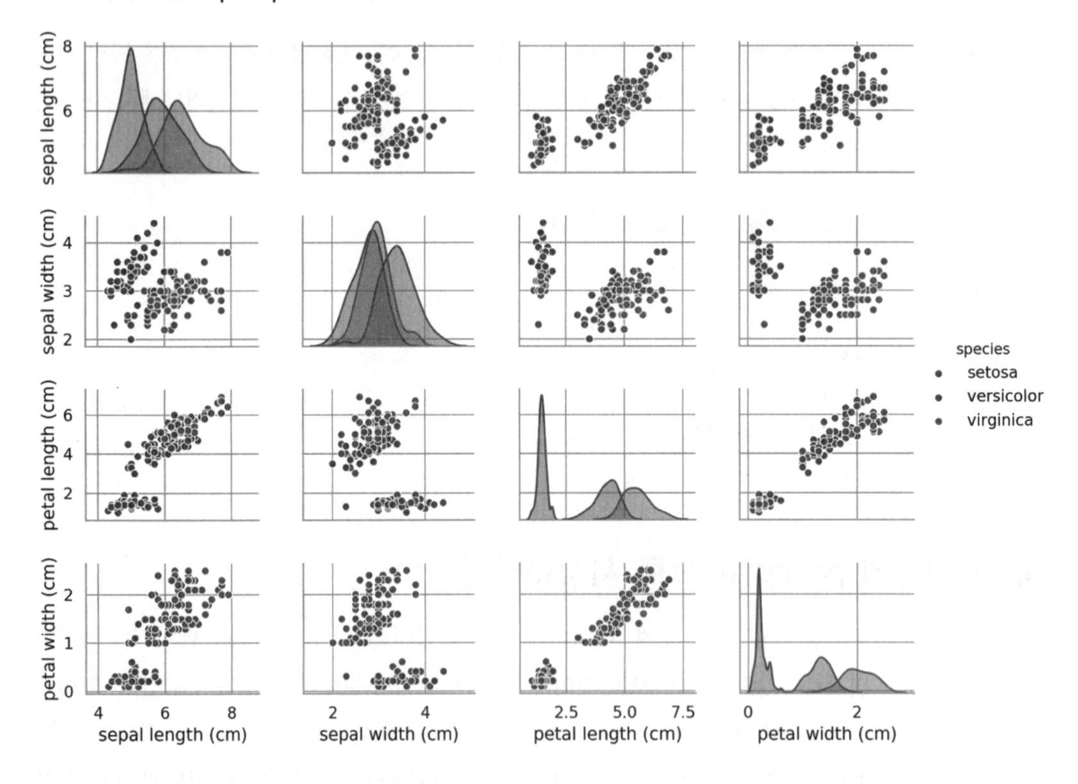

왼쪽 위에서 오른쪽 아래로 향하는 대각선에 있는 그래프는 값의 범위(왼쪽으로 오른쪽으로)와 해당 값을 가지고 있는 샘플의 수(위쪽에서 아래쪽으로)로 해당 열에 있는 특징의 **분포**를 보여준다. 꽃받

13 이것은 2차원 배열이나 리스트가 될 수도 있다.

침 길이의 분포를 생각해 보자.

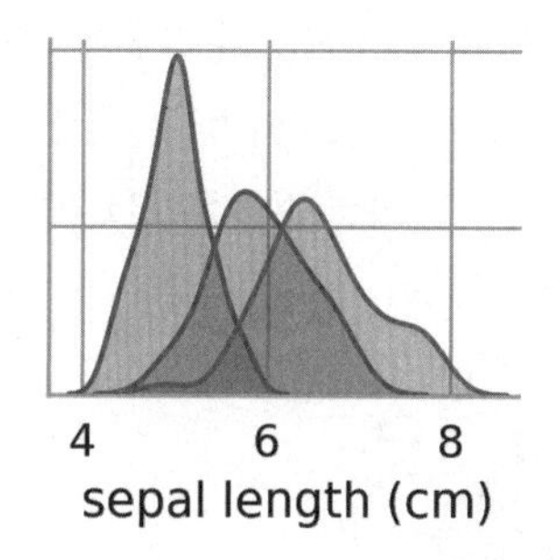

가장 크게 칠해진 영역은 *Iris setosa* 품종의 꽃받침의 길이 범위(*x*축에 있는)가 대략 4~6cm이고, 대부분의 *Iris setosa* 품종의 샘플이 영역의 중앙에 위치한다(대략 5cm). 마찬가지로 가장 오른쪽 영역은 *Iris virginica* 품종의 꽃받침 길이가 대략 4~8.5cm이고, 대부분의 샘플이 6~7cm 사이의 꽃받침 길이를 가지고 있다.

다른 그래프는 *x*축에 대상이 되는 특성을 두고 다른 특징을 산점도로 표시한 것이다. 첫 번째 열에서 다른 세 개의 그래프들은 꽃받침 너비와 꽃잎 길이, 그리고 꽃잎의 너비를 *y*축으로 하고 *x*축에 꽃받침을 두고 그래프를 그린 것이다.

이 코드를 실행한 후 각 붓꽃 품종에 대해 다른 색상을 사용해서 보면 한 품종이 다른 품종과 특성에 따라 얼마나 관련성이 있는지를 알 수 있다. 흥미롭게도 모든 산점도의 경우 파란색 점의 *Iris setosa* 품종은 오렌지색 점과 녹색 점으로 된 다른 품종과 분명하게 분리해서 표시되고 있다. 이것은 *Iris setosa* 품종이 다른 품종과 전혀 다르다는 것을 보여주고 있다. 또한 다른 두 품종은 오렌지색 점과 녹색 점이 겹쳐있는 것처럼 어떤 것은 서로 구별하기 힘들다. 예를 들어 꽃받침 너비 대 꽃받침 길이에 대한 산점도를 살펴보면 *Iris versicolor* 품종과 *Iris virginica* 품종의 점들이 서로 섞여있다. 이것은 꽃받침에 대한 측정 정보만으로 이 두 품종을 구별하기 어렵다는 것을 의미한다.

단일 색으로 페어플롯(pairplot) 표시하기

hue 키워드 인자를 쓰지 않으면 pairplot 함수는 어떻게 품종을 구별해야 하는지 알 수 없어서 단일 색을 사용해서 전체 데이터를 출력한다.

```
In [21]: grid = sns.pairplot(data=iris_df, vars=iris_df.columns[0:4])
```

다음 페이지에 있는 만들어진 페어플롯에서 볼 수 있는 것처럼 대각선에 있는 그래프는 품종에 상관없이 해당 특징에 대한 모든 값의 분포를 보여준다. 각각의 산점도를 보면 이 데이터세트에 세 개의 품종이 있지만 *두 개의* 클러스터만 보인다. 클러스터의 수를 미리 알고 있지 않다면 이 데이터에 대해 아주 잘 알고 있는 **도메인 전문가**에게 도움을 요청해 볼 수 있다. 전문가라면 이 데이터세트에 *세 개의* 품종이 있다는 것을 알 수 있다. 이 정보는 데이터에 대해 머신러닝을 수행할 때 아주 소중한 정보가 될 수 있다.

페어플롯 다이어그램은 ***특징의 수가*** 작거나 특징의 일부에 적용할 때는 잘 동작한다. 행과 열의 수가 작고 샘플이 상대적으로 작은 경우에 데이터를 의미하는 점들을 볼 수 있다. 하지만 특징의 수와 샘플의 수가 증가하면 각각 산점도가 너무 작아져서 보기 힘들어진다. 데이터세트가 큰 경우 데이터를 알아보기 위해 특징의 일부와 샘플을 무작위로 선택해서 도식화하는 방식을 쓸 수 있다.

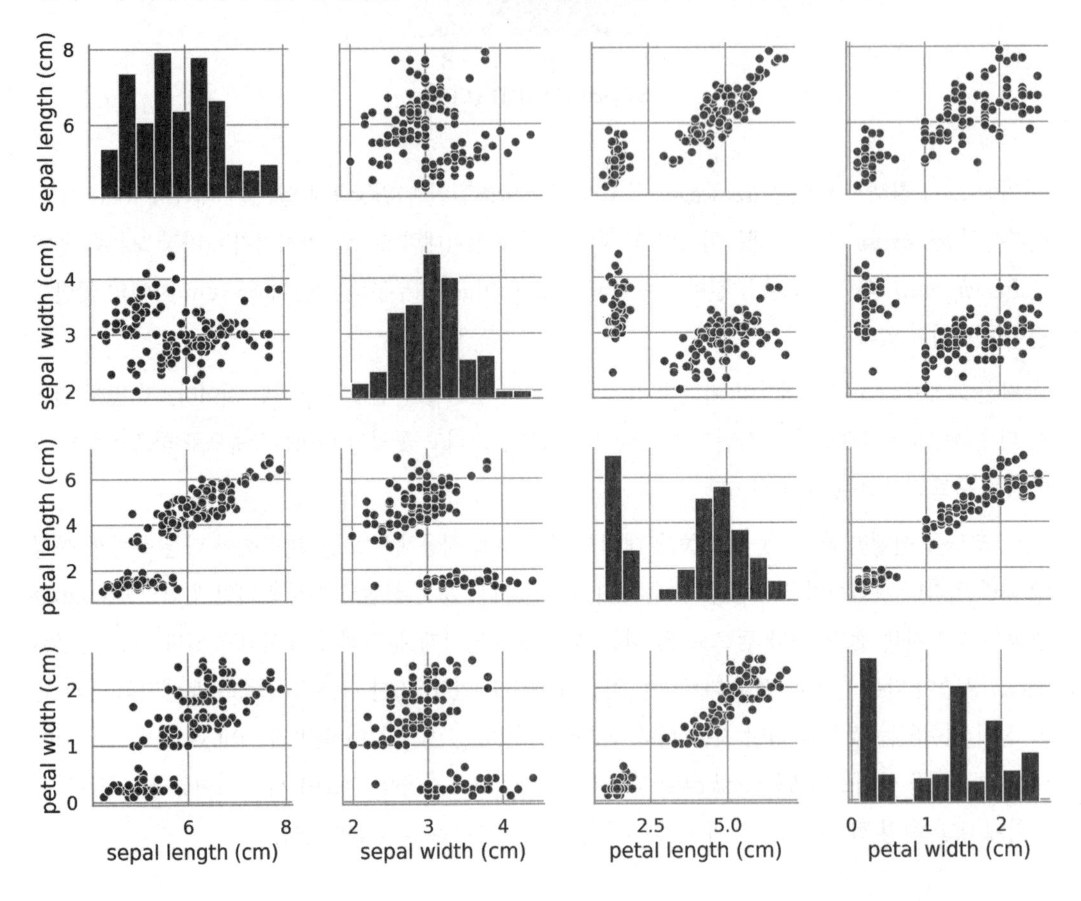

14.7.4 KMeans 추정자 사용하기

이번 절에서는 사이킷-런의 **KMeans 추정자**(**`sklearn.cluster`** 모듈에 있는)를 가지고 k-평균 클러스터링을 적용해서 `Iris` 데이터세트의 샘플들을 클러스터로 묶어볼 것이다. 지금까지 사용했던 다른 추정자들처럼 KMeans 추정자는 알고리즘의 복잡한 수학적 내용을 몰라도 쉽게 사용할 수 있다.

추정자 객체 만들기

KMeans 객체를 생성해 보자.

```
In [22]: from sklearn.cluster import KMeans

In [23]: kmeans = KMeans(n_clusters=3, random_state=11)
```

n_clusters 키워드 인자는 k-평균 클러스터링 알고리즘의 하이퍼파라미터 *k* 값을 지정한다. 이 값은 KMeans가 클러스터를 계산하고 각각의 샘플에 라벨을 붙일 때 필요한 값이다. KMeans 추정자를 훈련시킬 때 이 알고리즘은 클러스터의 중심 데이터를 나타내는 각 클러스터의 중심점을 계산한다.

n_clusters 파라미터의 기본값은 8이다. 적당한 *k* 값을 선택하기 위해서 데이터에 대한 도메인 지식을 가지고 있는 전문가의 도움을 받는 경우가 많지만, 하이퍼파라미터 튜닝을 이용해서 적당한 *k* 값을 추정해 볼 수도 있다. 이것은 뒤에서 해 볼 것이다. 이번 예제에서는 세 개의 품종이 있기 때문에 n_clusters=3을 사용해서 KMeans가 붓꽃을 얼마나 잘 구별하는지 살펴볼 것이다. random_state 키워드 인자를 사용해서 나중에 재현할 수 있도록 한다.

모델 훈련시키기

다음으로 KMenas 객체의 fit 메서드를 호출해서 추정자를 훈련시킨다. 이 단계는 앞에서 논의했던 k-평균 알고리즘을 수행한다.

```
In [24]: kmeans.fit(iris.data)
Out[24]:
KMeans(algorithm='auto', copy_x=True, init='k-means++', max_iter=300,
    n_clusters=3, n_init=10, n_jobs=None, precompute_distances='auto',
    random_state=11, tol=0.0001, verbose=0)
```

다른 추정자처럼 fit 메서드는 추정자 객체를 반환하고 IPython은 이것을 문자열 표현식으로 출력한다.

다음 링크에서 KMeans 기본 인자에 대한 자세한 설명을 볼 수 있다.

https://scikit-learn.org/stable/modules/generated/sklearn.cluster. KMeans.html

훈련이 끝나면 KMenas 객체에는 다음과 같은 정보가 있다.

- labels_ 배열에는 샘플이 속하는 클러스터를 나타내는 0부터 n_clusters-1까지의 값(예제에서는 0-2값)이 있다.
- cluster_centers 배열에서 각 값의 중심점을 나타낸다.

계산된 클러스터 라벨과 붓꽃의 타깃값 비교하기

Iris 데이터세트에 라벨이 있으므로 k-평균 알고리즘으로 세 *Iris* 품종으로 샘플을 얼마나 잘 분류하는지 평가하기 위해 target 값을 사용할 수 있다. 라벨이 없는 데이터이면 도메인 전문가에게 예측한 분류가 얼마나 잘 되었는지 평가받아야 한다.

이 데이터세트에서 처음 50개 샘플은 *Iris setosa* 이고, 다음 50개의 샘플은 *Iris versicolor*, 그리고 마지막 50개는 *Iris virginica* 품종이다. Iris 데이터세트의 target 배열은 0~2의 값으로 품종을 표현한다. KMeans 추정자가 클러스터를 완벽하게 결정했다면 이 추정자의 labels_ 배열에 각 그룹이 50개씩 다른 라벨이 부여되어 있어야 한다. 다음 결과를 보면 KMeans 추정자가 0에서 $k-1$까지의 값을 사용해서 클러스터에 라벨을 부여하지만, 이 값이 붓꽃 데이터세트의 target 배열에 있는 것과 연관되어 있지는 않다.

슬라이싱을 사용해서 50개의 붓꽃 샘플을 얼마나 잘 분류하고 있는지 알아보자. 다음 스니펫은 처음 50개의 샘플들이 모두 클러스터 1로 분류되었다는 것을 보여준다.

```
In [25]: print(kmeans.labels_[0:50])
[1 1 1 1 1 1 1 1 1 1 1 1 1 1 1 1 1 1 1 1 1 1 1 1 1 1 1 1 1 1 1 1 1 1 1
 1 1 1 1 1 1 1 1 1 1 1 1 1 1 1]
```

다음 50개의 샘플은 두 번째 클러스터로 분류되어야 한다. 다음 스니펫은 대부분이 클러스터 0으로 분류되었는데, 두 개의 샘플이 클러스터 2로 분류되어 있다는 것을 보여주고 있다.

```
In [26]: print(kmeans.labels_[50:100])
[0 0 2 0 0 0 0 0 0 0 0 0 0 0 0 0 0 0 0 0 0 0 0 0 0 0 0 2 0 0 0 0 0 0 0
 0 0 0 0 0 0 0 0 0 0 0 0 0 0 0]
```

마찬가지로 마지막 50개의 샘플은 세 번째 클러스터로 분류되어야 한다. 다음 스니펫은 많은 샘플들이 클러스터 2로 분류되었지만, 14개는 클러스터 0으로 분류하고 있다. 알고리즘은 14개의 샘플들이 다른 클러스터에 속한다고 보는 것이다.

```
In [27]: print(kmeans.labels_[100:150])
[2 0 2 2 2 2 0 2 2 2 2 2 2 0 0 2 2 2 2 0 2 0 2 0 2 2 0 0 2 2 2 2 2 0 2 2
 2 2 0 2 2 2 0 2 2 2 0 2 2 0]
```

이 세 개의 스니펫의 결과는 이번 절 앞에서 소개한 **페어플롯** 다이어그램에서 보았던 것을 재확인해 준다. 즉 *Iris setosa*는 분명하게 구별할 수 있지만 *Iris versicolor*와 *Iris virginica*를 구별하는 데 어려움이 있다.

14.7.5 주성분 분석으로 차원 축소하기

이번에는 **PCA 추정자**(**sklearn.decomposition** 모듈에 있는)를 사용해서 차원을 축소해 보자. 이 추정자는 '주성분 분석'[14]이라고 부르는 알고리즘을 사용해서 데이터세트의 특징을 분석하고 데이터를 특정 수의 차원으로 줄인다. 붓꽃 데이터세트의 경우 처음에 TSNE 추정자를 사용했지만 그것으로 얻은 결과가 좋지 않았기 때문에 이어지는 실습을 위해서 PCA로 바꿨다.

PCA 객체 생성하기

TSNE 추정자처럼 PCA 추정자도 n_components 키워드 인자를 사용해서 차원 수를 지정한다.

```
In [28]: from sklearn.decomposition import PCA

In [29]: pca = PCA(n_components=2, random_state=11)
```

Iris 데이터세트의 특징을 2차원으로 변경하기

PCA 추정자의 **fit** 메서드와 **transform** 메서드를 호출해서 이 추정자를 훈련시키고 차원을 줄인 데이터를 만들어보자.

```
In [30]: pca.fit(iris.data)
Out[30]:
PCA(copy=True, iterated_power='auto', n_components=2, random_state=11,
    svd_solver='auto', tol=0.0, whiten=False)

In [31]: iris_pca = pca.transform(iris.data)
```

이 메서드가 끝나면 iris.data와 행의 수가 같지만 두 개의 열만 있는 배열을 반환한다. Iris_pca의 shape를 확인해서 이것이 맞는지 확인해 보자.

```
In [32]: iris_pca.shape
Out[32]: (150, 2)
```

PCA 추정자의 fit_transform(TSNE 추정자에서 사용했던)을 사용하지 않고 fit과 transform 메서드를 *따로* 호출했다는 것에 주목해야 한다. 이번 예제에서 훈련된 추정자(fit 메서드로 만들어진)를 *다시 사용해서* 두 번째 *변환*에 사용할 것이다. 두 번째 변환은 클러스터 중심점을 4차원에서 2차원으로 줄이고, 이것으로 각 클러스터의 중심점을 도식화할 수 있다.

14 알고리즘의 상세한 내용을 이 책의 범위를 벗어난다. 더 많은 정보를 원한다면 다음 링크를 확인한다. https://scikitlearn.org/stable/modules/decomposition.html#pca

차원이 축소된 데이터 시각화하기

이것으로 원래 데이터세트를 2차원으로 줄였다. 이렇게 줄어든 데이터를 산점도로 표현해 보자. 이 예제에서는 시본의 scatterplot 함수를 사용한다. 먼저 축소된 데이터를 DataFrame으로 변환시키고 표시할 점의 색상을 결정하는 데 사용할 별도의 열을 추가한다.

```
In [33]: iris_pca_df = pd.DataFrame(iris_pca,
    ...:                            columns=['Component1', 'Component2'])
    ...:
In [34]: iris_pca_df['species'] = iris_df.species
```

시본으로 데이터를 산점도로 만들어보자.

```
In [35]: axes = sns.scatterplot(data=iris_pca_df, x='Component1',
    ...:        y='Component2', hue='species', legend='brief',
    ...:        palette='cool')
    ...:
```

KMeans 객체의 cluster_centers_ 배열에 있는 중심점에는 원래의 데이터세트에 있는 것과 동일한 수의 특성 개수를 가지고 있다. (이번 예제에서는 네 개이다.) 중심점을 표시하기 위해서 차원을 줄여야 한다. 중심점을 클러스터의 평균 샘플이라고 생각해도 되므로 각 중심점은 클러스터의 샘플들의 차원을 줄이는 데 사용했던 같은 PCA 추정자를 사용해서 변형되어야 한다.

```
In [36]: iris_centers = pca.transform(kmeans.cluster_centers_)
```

이제 세 개의 클러스터 중심점을 큰 검은색의 점으로 표시할 것이다. iris_centers 배열을 DataFrame으로 변환시키지 않고 매트플롯리브의 scatter 함수를 사용해서 세 개의 중심점을 도식화해 보자.

```
In [37]: import matplotlib.pyplot as plt
In [38]: dots = plt.scatter(iris_centers[:,0], iris_centers[:,1],
    ...:                    s=100, c='k')
    ...:
```

키워드 인자 s=100으로 그래프에 그릴 점의 크기를 지정한다. 키워드 인자 c='k'를 지정해서 점을 검은색으로 표시하도록 지정한다.

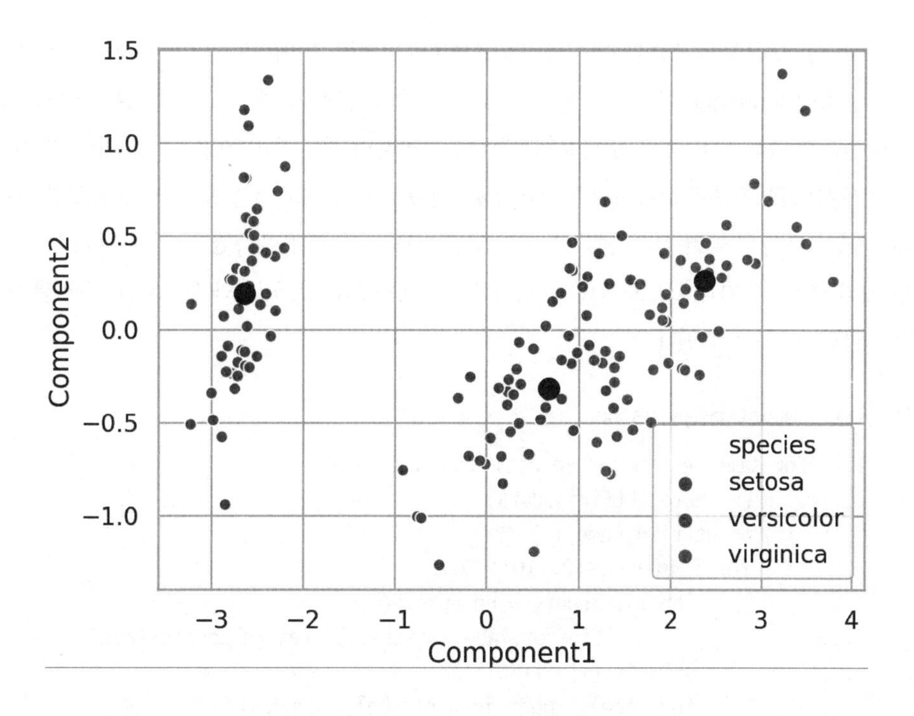

14.7.6 최적의 클러스터링 추정자 선정하기

분류와 회귀에 대한 사례 연구와 마찬가지로 여러 클러스터링 알고리즘을 실행해 보고 각 알고리즘들이 세 붓꽃들의 품종을 얼마나 잘 분류하는지 평가해 보자. 여기서는 앞에서 만든 KMeans 객체[15]와 사이킷-런의 DBSCAN, MeanShift, SpectralClustering 그리고 AgglomerativeClustering 추정자를 사용해서 붓꽃 데이터세트의 샘플을 분류해 본다. KMeans처럼 SpectralClustering과 AgglomerativeClustering 추정자에 대해 클러스터 수를 미리 설정한다.

```
In [39]: from sklearn.cluster import DBSCAN, MeanShift,\
    ...:          SpectralClustering, AgglomerativeClustering
In [40]: estimators = {
    ...:     'KMeans': kmeans,
    ...:     'DBSCAN': DBSCAN(),
    ...:     'MeanShift': MeanShift(),
    ...:     'SpectralClustering': SpectralClustering(n_clusters=3),
    ...:     'AgglomerativeClustering':
    ...:         AgglomerativeClustering(n_clusters=3)
    ...: }
```

15 작은 붓꽃 데이터세트에 대해 KMeans를 실행해 본다. 좀 더 큰 데이터세트에 KMeans를 적용할 때 성능 문제가 있다면 MiniBatchKMeans 추정자를 사용해 보자. 사이킷-런 문서에서는 MiniBatchKMeans가 큰 데이터세트에 더 빠르고 결과도 좋게 나온다고한다.

다음에 보이는 반복문의 각 반복마다 `iris.data` 데이터를 인자로 넘겨서 추정자의 fit 메서드를 호출한다. 넘파이의 `unique` 함수를 사용해서 클러스터의 라벨과 세 개의 그룹에 있는 50개의 샘플을 세어본 후 결과를 출력한다. DBSCAN과 `MeanShift` 추정자의 경우 클러스터의 수를 미리 지정하지 ***않았다***. 흥미롭게도 DBSCAN은 100개의 *Iris verginica*와 *Iris versicolor* 샘플 중 84개를 동일한 클러스터에 분류했지만, 세 개의 클러스터(라벨 −1, 0, 1로 표시)를 정확하게 예측했다. 반면 `MeanShift` 추정자는 두 개의 클러스터(0과 1로 표시)만 예측하고 100개의 *Iris verginica*와 *Iris versicolor* 샘플 중 99개를 같은 클러스터로 분류했다.

```
In [41]: import numpy as np

In [42]: for name, estimator in estimators.items():
    ...:     estimator.fit(iris.data)
    ...:     print(f'\n{name}:')
    ...:     for i in range(0, 101, 50):
    ...:         labels, counts = np.unique(
    ...:             estimator.labels_[i:i+50], return_counts=True)
    ...:         print(f'{i}-{i+50}:')
    ...:         for label, count in zip(labels, counts):
    ...:             print(f'   label={label}, count={count}')
    ...:
KMeans:
0-50:
   label=1, count=50
50-100:
   label=0, count=48
   label=2, count=2
100-150:
   label=0, count=14
   label=2, count=36

DBSCAN:
0-50:
   label=-1, count=1
   label=0, count=49
50-100:
   label=-1, count=6
   label=1, count=44
100-150:
   label=-1, count=10
   label=1, count=40

MeanShift:
0-50:
   label=1, count=50
50-100:
   label=0, count=49
   label=1, count=1
```

```
100-150:
    label=0, count=50

SpectralClustering:
0-50:
    label=0, count=50
50-100:
    label=2, count=50
100-150:
    label=1, count=35
    label=2, count=15

AgglomerativeClustering:
0-50:
    label=1, count=50
50-100:
    label=0, count=49
    label=2, count=1
100-150:
    label=0, count=15
    label=2, count=35
```

알고리즘들은 모든 표본에 라벨들을 표시하지만 사실 라벨은 단순히 클러스터를 나타낸다. 이렇게 라벨이 표시된 클러스터 정보를 가지고 무엇을 할 수 있을까? 지도 학습에 쓰는 데이터를 만드는 것이 목표이면 일반적으로 데이터가 어떤 식으로 연관되어 있고 라벨이 되었는지 확인하기 위해 각 클러스터의 샘플을 연구해야 한다. 다음 장에서도 살펴보겠지만, 비지도 학습은 딥러닝 애플리케이션에서 많이 사용된다. 비지도 학습으로 처리된 라벨 없는 데이터들로 트위터의 트윗들, 페이스북 글, 비디오, 사진, 뉴스 글, 고객 제품 리뷰, 영화 리뷰뿐만 아니라 더 많은 것들이 있다.

14

14.8 요약

이번 장에서는 사람들이 많이 사용하고 있는 사이킷-런 라이브러리를 이용해서 머신러닝에 대해 공부를 시작했다. 머신러닝은 라벨링되어 있는 데이터로 동작하는 '지도 머신러닝'과 라벨링되어 있지 않은 데이터를 이용하는 '비지도 머신러닝', 두 종류로 나뉜다. 이렇게 이번 장에서는 데이터에 대해 더 알아보기 위해 매트플롯리브과 시본을 사용해서 시각화했다.

사이킷-런이 추정자라는 것으로 머신러닝 알고리즘을 패키징해서 우리가 어떻게 편리하게 사용할 수 있는지 이야기했다. 각 알고리즘들이 캡슐화되어 있어서 알고리즘이 어떻게 동작하는지 자세히 몰라도 짧은 코드로 모델을 빠르게 생성할 수 있었다.

분류와 회귀를 주제로 지도 머신러닝을 알아보았다. 분류 알고리즘에서 가장 간단한 알고리즘인

k-최근접 이웃 알고리즘을 사용해서 사이킷-런에 포함되어 있는 Digits 데이터를 분석했다. 분류 알고리즘이 샘플이 속한 그룹을 예측하는 것을 보았다. 이항 분류는 두 가지 분류('스팸' 또는 '스팸 아닌 것'으로)를 사용하고, 다항 분류는 두 가지 이상의 분류(Digits 데이터세트에는 열 가지로 분류)를 사용한다.

일반적인 머신러닝에서 수행하는 각 단계를 해보았다. 즉 데이터세트 로딩, 판다스와 시각화를 통해서 데이터 탐색, 훈련용과 테스트용 데이터 나누기, 모델 생성, 모델 훈련시키기, 그리고 예측해 보기 등이다. 데이터를 나누어서 훈련용 세트와 테스트용 세트로 나누어야 하는 이유에 대해 논의했다. 혼동행렬과 분류 리포트를 통해서 분류 추정자의 정확도를 평가하는 방법에 대해서도 알아보았다.

어떤 모델이 데이터에 최적인지 미리 아는 것이 어렵기 때문에 여러 개의 모델을 실험해 보고 그 중에 가장 좋은 것을 선택해야 한다고도 했다. 여러 추정자를 실행시키는 것이 어렵지 않다는 것을 보여주었다. k-NN 알고리즘에서 가장 적합한 k 값을 선택하기 위해서 k-폴드 교차 검증으로 하이퍼파라미터 튜닝도 해 보았다.

10장위 '데이터과학 들어가기' 전에 있던 시계열 데이터에 대한 선형 회귀 예제를 다시 가져와서 사이킷-런의 `LinearRegression`을 이용해서 다시 개발해 보았다. 다음으로 사이킷-런에 번들로 포함되어 있는 캘리포니아 주택 데이터세트를 가지고 `LinearRegression` 추정자를 이용해서 다항 선형 회귀 분석을 수행했다. `LinearRegression` 추정자는 기본적으로 단순 선형 회귀보다 더 정교하게 예측하기 위해서 데이터세트에 있는 모든 숫자 특성을 사용한다는 것을 알았다. 또한 다수의 사이킷-런 추정자들을 실행하여 얼마나 잘 동작하는지 비교한 후 최적의 추정자를 선택하는 작업도 했다.

비지도 머신러닝을 소개하고 이것이 일반적으로 클러스터링 알고리즘을 통해 수행된다고 설명했다. 차원 축소(사이킷-런의 `TSNE` 추정자 이용)를 소개하고 이 방법을 이용해서 Digits 데이터세트의 64개의 특성을 시각화를 위해 두 개의 특징으로 줄이면서 이것을 통해 Digits 데이터의 클러스터링을 볼 수 있었다.

비지도 머신러닝 알고리즘 중에서 가장 간단한 알고리즘인 k-평균 클러스터링을 소개했고 사이킷-런에 포함되어 있는 `Iris` 데이터세트에 대해 클러스터링을 해 보았다. 시각화를 위해 `Iris` 데이터세트의 네 가지 특성을 두 가지로 압축하여 데이터세트와 그 중심부에 있는 세 개의 품종에 대한 클러스터를 표시하기 위해 차원 축소(사이킷-런의 `PCA` 추정기로)를 했다. 마지막으로 여러 개의 클러스터링 추정자를 실행해서 *Iris* 데이터세트에 있는 샘플을 세 개의 클러스터로 분류하는 능력을 비교했다.

다음 장에서는 딥러닝과 함께 하는 머신러닝 기술을 계속 연구하고 매력적이면서 도전적인 문제를 다룰 예정이다.

Chapter

15

딥러닝

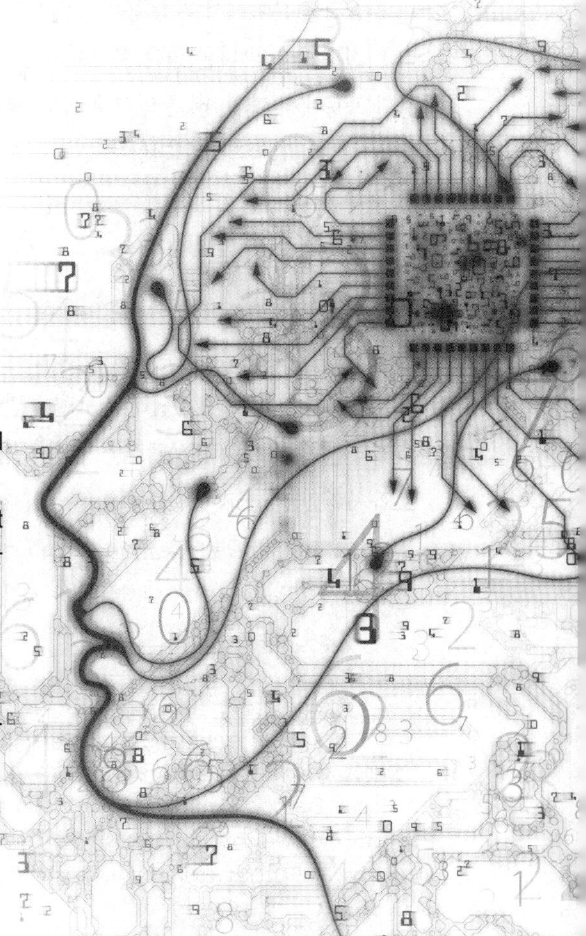

학습 목표

이번 장에서는 다음과 같은 것을 다룬다.

- 신경망이 무엇이고, 이것으로 어떻게 딥러닝을 하는데 이해한다.
- 케라스 신경망을 생성해 본다.
- 케라스로 레이어, 활성 함수, 손실 함수, 옵티마이저를 이해한다.
- MNIST 데이터를 훈련시킨 케라스의 합성곱 신경망(CNN; Convolutional Neural Network)을 이용해서 필기로 작성한 숫자를 구분해 본다.
- IMDb 데이터세트를 훈련시킨 케라스의 순환 신경망(RNN; Recureent Neural Network)을 이용해서 긍적적이거나 부정적인 영화 리뷰를 구별하는 이항 분류를 해 본다.
- 텐서보드를 사용해서 딥러닝 네트워트 훈련 과정을 시각화해 본다.
- 케라스에 포함된 미리 훈련된 신경망에 대해 배운다.
- 컴퓨터 비전 앱을 위해 대규모 이미지넷(ImageNet) 데이터세트로 학습시킨 모델을 사용했을 때 우리가 얻을 수 있는 가치를 이해한다.

Outline

15.1 개요

인공지능 분야에서 가장 흥미로운 분야 중 하나가 바로 **딥러닝**이다. 딥러닝은 지난 몇 년 동안 컴퓨터 비전뿐 아니라 다른 많은 분야에서 놀라운 결과를 만들어낸 머신러닝의 한 분야이다. 빅데이터, 막강한 프로세서 파워, 빠른 인터넷 속도, 병렬 컴퓨팅 하드웨어 및 소프트웨어 발전으로 더 많은 조직과 개인이 자원 집약적인 딥러닝 솔루션을 사용할 수 있게 되었다.

케라스와 텐서플로

이전 장에서는 사이킷-런을 이용해 한 줄의 코드로 쉽게 머신러닝 모델을 정의할 수 있었다. 딥러닝 모델은 **'레이어'**라고 부르는 여러 개의 객체들을 연결하는 등 좀 더 섬세하게 설정해야 한다. 이번에는 **케라스**를 사용해서 딥러닝 모델을 만들어볼 것이다. 케라스는 딥러닝 라이브러리로 가장 많이 사용되고 있는 구글의 **텐서플로**를 쉽게 사용할 수 있는 인터페이스를 제공한다.[1] 구글 마인드팀의 프랑소와 숄레(François Chollet)은 딥러닝 기능을 보다 쉽게 이용할 수 있게 하기 위해 케라스를 개발했는데, 그의 책인 『*Deep Learning with Python(파이썬으로 하는 딥러닝)*』을 꼭 읽어보기 바란다.[2] 구글은 내부적으로 수천 개의 텐서플로와 케라스 프로젝트를 가지고 있고 그 수가 빠르게 증가하고 있다.[3,4]

1 케라스는 마이크로소프트의 *CNTK*나 몬트리올대학교의 *Theano*(2017년에 개발 중단된)보다 사용자 친화적인 인터페이스를 제공한다. 다른 유명 딥러닝 프레임워크에는 Caffe(`http://caffe.berkeleyvision.org/`), 아파치 MXNet(`https://mxnet.apache.org/`) 그리고 PyTorch(https://pytorch.org/)가 있다.

2 Chollet, François. *Deep Learning with Python.* Shelter Island, NY: Manning Publications, 2018.

3 `http://theweek.com/speedreads/654463/google-more-than-1000-artificial-intelligenceprojects-works`

4 `https://www.zdnet.com/article/google-says-exponential-growth-of-ai-is-changingnature-of-compute/`

모델

딥러닝 모델은 복잡하며 내부 작업을 이해하기 위해 광범위한 수학적 배경이 필요하다. 하지만 우리는 앞에서 해왔던 것처럼 쉬운 말로 설명하는 것을 더 선호하기 때문에 여기서도 복잡한 수학을 다루지는 않을 것이다.

사이킷-런으로 머신러닝을 쉽게 했던 것처럼 케라스로 딥러닝을 쉽게 할 수 있다. 이 라이브러리들은 복잡한 수학을 은닉해서 개발자가 객체를 정의하고 매개변수화한 후 그 객체를 조작하기만 하면 되도록 해주었다. 케라스를 이용하면 ***기존의*** 컴포넌트를 사용해서 모델을 만들고 필요한 요구 사항에 맞추어 이 컴포넌트의 매개변수를 빠르게 설정한다. 이런 식으로 작업하는 것이 이 책에서 이야기하는 ***객체 기반 프로그래밍***이다.

모델 실험해 보기

머신러닝과 딥러닝은 이론적 분야라기보다 경험적 분야다. 많은 모델을 실험해서 응용 분야에 가장 적합한 모델을 찾기 위해 다양한 방식으로 시도해 본다. 케라스로 이러한 실험을 쉽게 할 수 있다.

데이터세트 크기

딥러닝은 데이터가 많을 때 잘 작동하지만, 전이 학습(Transfer learning)[5,6]이나 데이터 증강(Data augmentation)[7,8]과 같은 기술과 결합하면 더 작은 데이터세트에도 효과적일 수 있다. 전이 학습은 기존에 훈련된 모델에 있던 지식을 새로운 모델의 기반으로 활용하는 것이고 데이터 증강은 기존 데이터에서 새로운 데이터를 도출해서 데이터세트에 데이터를 추가하는 것이다. 예를 들어 이미지 데이터 집합에서 모델이 다양한 방향의 개체에 대해 학습할 수 있게 영상을 왼쪽과 오른쪽으로 회전시킬 수 있다. 그렇더라도 일반적으로 데이터가 많으면 딥러닝 모델을 더 잘 학습시킬 수 있다.

프로세싱 능력

딥러닝을 위해서는 막대한 프로세싱 능력이 있어야 한다. 빅데이터 데이터세트를 학습하는 복잡한 모델은 훈련시키는데 몇 시간 혹은 며칠, 심지어 더 많은 시간이 필요할 수도 있다. 이 장에서 제시하는 모델은 일반적인 CPU의 컴퓨터에서 몇 분에서 1시간 미만으로 훈련시킬 수 있는데, 어느 정도의 개인용 컴퓨터라면 훈련이 가능할 것이다. 실무적인 딥러닝 애플리케이션의 특별할 프로세싱 요구 사항을 맞추기 위해 엔비디아와 구글이 개발한 고성능 하드웨어인 GPU(그래픽 처리 장치)와 TPU(텐서 처리 장치)에 대해서는 뒤에서 설명할 것이다.

---

5 https://towardsdatascience.com/transfer-learning-from-pre-trained-modelsf2393f124751

6 https://medium.com/nanonets/nanonets-how-to-use-deep-learning-when-you-havelimited-data-f68c0b512cab

7 https://towardsdatascience.com/data-augmentation-and-images-7aca9bd0dbe8

8 https://medium.com/nanonets/how-to-use-deep-learning-when-you-have-limited-datapart-2-data-augmentation-c26971dc8ced

번들 데이터세트

케라스에는 널리 사용되고 있는 여러 데이터세트가 포함되어 있는데, 이번 장의 예제에서는 이들 데이터세트 중에 두 개를 사용할 것이다. 다양한 방식으로 접근해서 사용할 수 있는 각 데이터세트를 케라스에서 어떻게 사용하는 지 온라인에서 찾을 수 있다.

14장 '머신서닝: 분류, 회귀, 클러스터링'에서는 사이킷-런의 Digits 데이터세트를 이용해서 작업했다. 이 데이터세트는 훨씬 큰 데이터세트인 MNIST 데이터세트(6만 개의 훈련용 이미지, 1만 개의 테스트 이미지)에서[9] 선정된 1,797개의 수기로 작성된 숫자 이미지로 구성되어 있다. 이번 장에서는 MNIST 데이터세트 전체를 가지고 작업하고, 테스트세트에서 높은 숫자 이미지 인식률을 달성한 ***케라스 합성곱 신경망***(CNN 또는 컨브넷(convnet)) 모델을 만들어본다. 합성곱 신경망 모델은 필기체 숫자와 글자를 인식하거나 이미지나 비디오에서 물체(안면을 포함한)를 인식하는 것처럼 컴퓨터 비전 문제에 특히 적합하다. 케라스의 ***순환신경망***도 다루고, IMDb 영화 리뷰 데이터세트를 사용해서 감성을 분석해 볼 것이다. 이 영화 리뷰 데이터는 긍정적 또는 부정적으로 라벨링되어 있다.

딥러닝의 미래

최신의 자동화된 딥러닝 기능으로 딥러닝 솔루션을 더욱 쉽게 구축할 수 있게 되었다. 이런 것들에 텍사스 A&M 대학교 데이터 랩의 Auto-Keras[10], 바이두의 EZDL[11], 그리고 구글의 AutoML[12]이 있다.

15.1.1 딥러닝 응용 프로그램

딥러닝은 다음과 같이 광범위한 응용 프로그램에서 사용되고 있다.

- 게임 플레이
- 컴퓨터 영상: 물체 인식, 패턴 인식, 안면 인식
- 자율주행 자동차
- 로보틱스
- 고객 경험 개선
- 챗봇
- 의료 상태 진단
- 구글 검색

9 "The MNIST Database." MNIST Handwritten Digit Database, Yann LeCun, Corinna Cortes and Chris Burges. http://yann.lecun.com/exdb/mnist/

10 https://autokeras.com/

11 https://ai.baidu.com/ezdl/

12 https://cloud.google.com/automl/

- 안면 인식
- 자동화된 이미지 캡션 생성 및 비디오 캡션 생성
- 이미지 해상도 향상
- 음성 인식
- 언어 번역
- 선거 결과 예측
- 지진 및 날씨 예측
- 지붕에 태양 전지판을 놓을 수 있는지 확인해 주는 구글 선루프 프로젝트
- 생성 응용 프로그램 – 원본 이미지 생성, 기존 이미지를 지정된 아티스트 스타일처럼 보이게 만들기, 흑백 이미지 및 비디오에 색상 추가, 음악 만들기, 텍스트 만들기(책, 시) 등

15.1.2 딥러닝 데모

다음에 있는 네 개의 딥러닝 데모를 확인해 보고 앞에서 소개했던 것과 같은 실용적인 응용 프로그램을 포함해서 더 많은 것들을 온라인으로 찾아보자.

- DeepArt.io – 일반 사진에 예술 스타일을 적용해서 예술적 사진으로 바꾼다.
  https://deepart.io/
- DeepWrap **데모** – 사람이 나오는 사진을 분석해서 시선의 방향을 변경한다.
  https://sites.skoltech.ru/sites/compvision_wiki/static_pages/projects/deepwarp/
- Image-to-Image **데모** – 선으로 그린 그림을 일반 그림으로 바꾼다.
  https://affinelayer.com/pixsrv/
- Google **번역 모바일 앱**(앱 스토어에서 스마트 폰으로 다운로드) – 사진의 텍스트를 다른 언어로 번역한다. (예 스페인어로 된 간판 또는 식당 메뉴의 사진을 찍고 그 안에 있는 텍스트를 영어로 번역한다.)

15

15.1.3 케라스 리소스

다음은 딥러닝을 공부할 때 유용한 몇 가지 자료들이다.

- 케라스에 대해 질문하고 그에 대한 답을 구할 때는 케라스팀의 슬랙 채널을 참고하기 바란다.
  https://kerasteam.slack.com
- 케라스 글이나 튜토리얼은 https://blog.keras.io에 가보자.

- 케라스 문서는 http://keras.io에 있다.
- 학기 프로젝트, 스터디 프로젝트, 캡스톤 코스 프로젝트 또는 논문 주제를 찾는다면 https://arXiv.org (arXiv는 '아카이브'로 발음된다. 여기서 X는 그리스 문자 'chi'를 나타낸다.)를 가 보라. 연구자들이 빠른 피드백을 받아보기 위해서 공식적인 출판을 위한 리뷰를 받으면서도 동시에 이곳에 연구 논문을 게시하기 때문에 이 사이트를 통해 최신 연구를 접할 수 있다.

15.2 케라스에 포함된 데이터세트

다음은 딥러닝을 연습하기 위한 케라스의 데이트세트이다(**tensorflow.keras.datasets** 모듈에 있다.[13]). 이번 장의 예제로 이 데이터세트 중 몇 개를 사용한다.

- **필기체 숫자 이미지가 있는 MNIST[14] 데이터베이스** – 필기 숫자 이미지를 분류하는 데 사용하는 이 데이터세트에는 0~9로 라벨링된 28×28 그레이스케일 숫자 이미지가 포함되어 있고, 훈련용 6만 개 이미지와 테스트용 1만 개의 이미지가 있다. 합성곱 신경망을 배우는 15.6 절에서 이 데이터세트를 사용한다.
- **패션-MNIST[15] 데이터베이스** – 의류 이미지의 분류에 사용한다. 이 데이터세트에는 6만 개의 훈련용 이미지와 1만 개의 테스트용 데이터가 10개의 카테고리[16]로 라벨이 된 28×28 그레이스케일 이미지가 있다. MNIST로 모델을 만들었으면 몇 개의 명령을 수정하는 것만으로 패션-MNIST에 쓰일 모델을 만들 수 있다.
- **IMDb 영화 리뷰[17]** – 감성 분석에 사용한다. 이 데이터세트에는 2만 5,000개의 훈련 리뷰와 2만 5,000개의 테스트용 리뷰가 긍정적(1) 또는 부정적(0)으로 라벨링되어 있다. 순환신경망을 배우는 15.9절에서 이 데이터세트를 사용할 것이다.
- **CIFAR10[18] 작은 이미지 분류** – 작은 이미지 분류에 사용된다. 이 데이터세트에서는 5만 개의 훈련용 이미지와 1만 개의 테스트용 이미지가 10개의 카테고리로 라벨링된 32×32 크기의 컬러 이미지로 제공된다.

---

13 스탠드얼론(standalone) 케라스 라이브러리에서는 tensorflow.keras가 아니라 keras로 모듈 이름이 시작한다.

14 "The MNIST Database." MNIST Handwritten Digit Database, Yann LeCun, Corinna Cortes and Chris Burges. http://yann.lecun.com/exdb/mnist/

15 Han Xiao and Kashif Rasul and Roland Vollgraf, Fashion-MNIST: a Novel Image Dataset for Benchmarking Machine Learning Algorithms, arXiv, cs.LG/1708.07747.

16 https://keras.io/datasets/#fashion-mnist-database-of-fashion-articles

17 Andrew L. Maas, Raymond E. Daly, Peter T. Pham, Dan Huang, Andrew Y. Ng, and Christopher Potts. (2011). Learning Word Vectors for Sentiment Analysis. The 49th Annual Meeting of the Association for Computational Linguistics (ACL 2011).

18 https://www.cs.toronto.edu/~kriz/cifar.html

- **CIFAR100[19] 작은 이미지 분류** – 작은 이미지 분류에 사용된다. 이 데이터세트에서는 5만 개의 훈련용 이미지와 1만 개의 테스트용 이미지가 100개의 카테고리로 라벨링되어 32×32 크기의 컬러 이미지로 제공된다.

15.3 사용자 정의 아나콘다 환경

이번 장의 예제를 실행하기 전에 사용할 라이브러리를 설치해 보자. 이번 장의 예제에서는 케라스의 텐서플로 딥러닝 라이브러리 버전을 사용한다.[20] 이 글을 쓰는 시점에 텐서플로가 아직 파이썬 3.7을 지원하지 않기 때문에 이번 장의 예제를 실행하려면 파이썬 3.6.x가 필요하다. 케라스와 텐서플로를 사용하기 위해서 ***사용자 정의 환경***을 어떻게 만드는지 알아보자.

아나콘다 환경

아나콘다 파이썬 배포판에서는 사용자 정의 **환경**을 쉽게 만들 수 있다. 사용자 정의 환경은 분리된 설정으로 이 환경에서 별도의 라이브러리와 다른 버전의 라이브러리를 설치할 수 있다. 코드가 특정 버전의 파이썬이나 라이브러리에 의존적이라면 사용자 정의 환경이 동일한 것을 재현(*reproducibility*)하는 데 도움을 줄 것이다.[21]

아나콘다에서 기본 환경을 ***'기본 환경(base environment)'***이라고 하는데, 이 환경은 아나콘다를 설치할 때 만들어진다. 특별히 지정하지 않으면 아나콘다에 포함된 모든 파이썬 라이브러리는 이 기본 환경에 설치되고, 추가적으로 설치하는 것들도 기본 환경에 위치한다. 사용자 환경을 지정하면 특정 작업을 위해 설치하려는 특정 라이브러리를 제어할 수 있다.

아나콘다 환경 만들기

conda create 명령은 실행 환경을 생성한다. tf_env라는 이름으로 텐서플로 환경을 만들어보자(이름은 원하는 모든 이름이 가능하다.) . 터미널, 셸 또는 아나콘다 커맨드 프롬프트에서 다음 명령을 실행한다.[22, 23]

```
conda create -n tf_env tensorflow anaconda ipython jupyterlab
    scikit-learn matplotlib seaborn h5py pydot graphviz
```

19 https://www.cs.toronto.edu/~kriz/cifar.html

20 스탠드얼론 버전도 있는데 이 버전은 텐서플로, 마이크로소프트의 CNTK 또는 몬트리올 대학교의 *Theano*(2017년 개발이 중단된) 중에서 선택할 수 있다.

21 다음 장에서 쉽게 재현할 수 있는 매커니즘이자, 로컬 컴퓨터에서 복잡한 환경을 쉽게 설치할 수 있는 간편한 방법으로 도커를 소개한다.

22 윈도우 사용자는 관리자 권한으로 아나콘다 커맨드 프롬프트를 실행해야 한다.

23 텐서플로와 호환되는 엔비디아 GPU가 설치된 컴퓨터가 있으면 tensorflow 라이브러리를 tensorflow-gpu 라이브러리로 바꿔서 성능을 향상시킬 수 있다. 좀 더 자세한 설명은 https://www.tensorflow.org/install/gpu를 참조한다. 일부 AMD GPU도 텐서플로에서 사용할 수 있다. http://timdettmers.com/2018/11/05/which-gpu-for-deep-learning/

이렇게 명령하면 나열한 라이브러리에 필요한 라이브러리들을 결정해서 새로 만든 환경에 설치하고 설치된 모든 라이브러리들을 표시한다. 의존하는 라이브러리들이 많기 때문에 몇 분 정도 소요될 수 있다. 다음과 같은 프롬프트가 보이면 Enter를 눌러 새로운 환경을 만들고 라이브러리를 설치한다.[24]

```
Proceed ([y]/n)?
```

다른 아나콘다 환경 활성화시키기

사용자 정의 환경을 사용하려면 conda activate 명령을 실행한다.

```
conda activate tf_env
```

이 명령은 현재 터미널이나 셸 또는 아나콘다 커맨드 프롬프트에만 적용된다. 사용자 정의 환경이 활성화되고 나서, 다른 라이브러리들을 더 설치하면 활성화된 환경에 설치되며, 기본 환경에서는 설치되지 않는다. 다른 터미널이나 셸 또는 아나콘다 커맨드 프롬프트를 열면 기본적으로 아나콘다 기본 환경으로 실행된다.

아나콘다 환경 비활성화하기

사용자 정의 환경에서 작업이 끝나고 다음 명령을 실행하면 현재의 터미널, 셸, 아나콘다 커맨드 프롬프트를 기본 환경으로 되돌아온다.

```
conda deactivate
```

주피터 노트북과 주피터랩

이번 장의 예제에서는 주피터 노트북만 제공한다. 이 방법이 예제를 실행하는데 더 쉽다. 보여줄 옵션으로 노트북을 설정해서 다시 실행할 수 있다. 이번 장에서는 ch15 예제 폴더에서 주피터랩을 실행해야 한다(1.5.3절 참고).

15.4 신경망

딥러닝은 학습에 인공 신경망을 사용하는 머신러닝의 한 분야다. **인공 신경망** 또는 간단히 신경망은 우리 뇌가 동작하는 방식(과학자들이 믿는)과 유사하게 동작하는 소프트웨어 구조이다. 생물학적 신경계는 ***뉴런***[25]을 통해서 통제되고, 이것들은 ***'시냅스'***[26]라고 부르는 연결 통로를 따라서 다른 것과

24 사용자 환경을 만들 때 콘다는 파이썬 3.6.7을 설치했다. 이 버전은 텐서플로 라이브러리와 호환되는 가장 최신 파이썬 버전이다.

25 https://en.wikipedia.org/wiki/Neuron

26 https://en.wikipedia.org/wiki/Synapse

통신한다.

어떤 것을 배우면 주어진 작업(걷는 동작 같은)을 할 수 있게 하는 특정 뉴런들은 더욱 효과적으로 다른 뉴런들과 통신을 한다. 이 뉴런들은 걸어야 할 때 활성화된다.[27]

인공 뉴런

신경망에서 서로 연결된 **인공 뉴런**들은 네트워크를 학습시키기 위해서 인간의 뇌를 모방한다. 특정 뉴런들 사이의 연결은 특정 결과를 내기 위해 목표를 달성하는 과정을 학습하는 동안 강화된다. 이번 장에서 사용할 **지도 딥러닝**에서는 데이터 샘플과 함께 제공되는 타깃 라벨을 예측하는 것이 목표이다. 보지 못한 데이터를 예측하는 데 사용할 수 있는 일반적인 신경망 모델을 훈련시켜 볼 것이다.[28]

인공 신경망 다이어그램

다음 다이어그램은 세 개의 *층*으로 되어 있는 신경망을 보여주는데, 각각의 원은 뉴런을 의미하고, 이것들 사이의 선은 시냅스를 모방한 것이다. 뉴런의 출력은 다른 뉴런의 입력이 되기 때문에 '신경망'이라는 용어를 사용했다. 이 다이어그램은 **완전히 연결된 네트워크**를 보여준다. 주어진 계층의 *모든* 뉴런이 다음 계층의 모든 뉴런에 연결되어 있다.

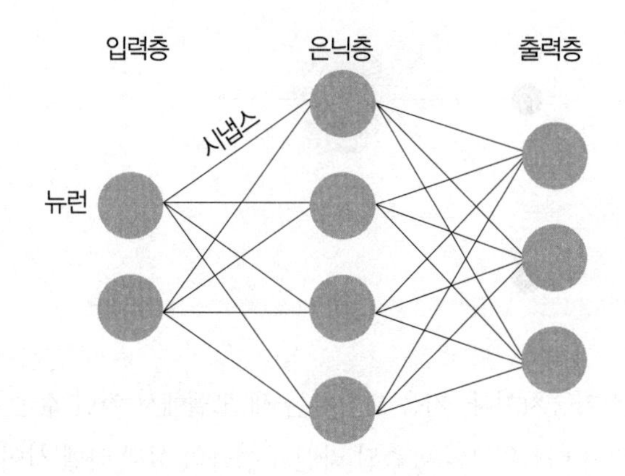

학습은 반복 과정이다

아기였을 때 걷는 것조차 바로 배우지 못했기 때문에서 *긴 시간 동안* 반복해서 배워야 했다. 우선 걷기 위해 필요한 작은 동작을 배운다. 즉 서있는 방법을 배우고, 서있는 동안 균형 잡는 법을 배우며, 발을 들어 앞으로 움직이는 것 등을 배운다. 그리고 환경으로부터 피드백을 받는다. 잘 걸으면 부모님들이 웃고 박수를 치지만, 넘어지면 머리를 부딪쳐서 고통스럽다.

이와 마찬가지로 신경망도 긴 시간에 걸쳐 반복적으로 훈련시킨다. 각 반복은 **'에포크'**라고 하는데,

---

27 https://www.sciencenewsforstudents.org/article/learning-rewires-brain

28 머신러닝에서처럼 비지도 딥러닝 네트워크를 만들 수 있다. 이것은 이번 장에서 다루는 범위를 넘어선다.

훈련 데이터세트에 있는 각각의 샘플을 프로세싱한다. 정해진 에포크 횟수는 없다. 이 값이 훈련 데이터와 모델에 따라서 튜닝이 필요한 하이퍼파라미터 값이다. 네트워크의 입력은 훈련 샘플의 특성값이다. 일부 레이어는 이전 레이어의 출력에서 새로운 특성을 배우고 다른 레이어는 해당 특성을 해석해서 예측한다.

인공 뉴런이 시냅스 활성화를 결정하는 방법

훈련 단계에서 이 신경망은 한 레이어에서 다음 단계 레이어에 있는 뉴런 사이의 각 연결에 대해 **가중치** 값을 계산한다. 뉴런별로 각 입력에 해당 연결 가중치를 곱한 후 계산된 값의 합을 뉴런의 **활성화 함수**로 전달한다. 이 함수의 출력은 눈, 코, 귀 등에서 오는 입력에 반응하여 뇌 속의 뉴런이 정보를 전달하는 것과 같이 입력에 기초하여 활성화할 뉴런을 결정한다. 다음 다이어그램은 신경망의 계층 유형에 따라 다음 입력 계층의 3개 입력(검은색 점)을 수신하고, 다음 계층의 전체 또는 일부 뉴런으로 전달되는 출력(속이 빈 원)을 생성하는 뉴런을 보여준다.

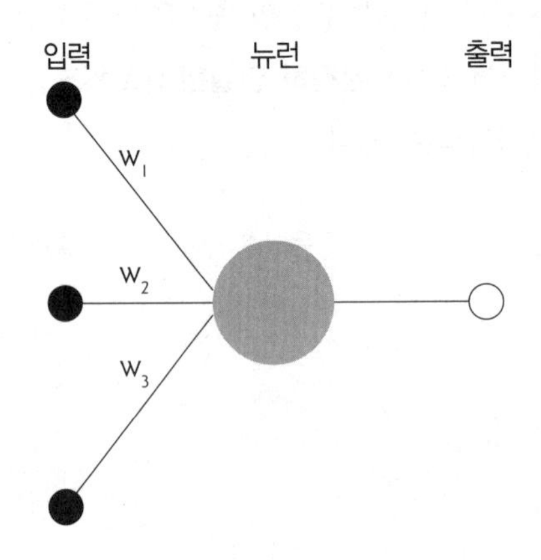

w_1, w_2 그리고 w_3 값은 가중치이다. 처음 학습하는 새 모델에서 이런 값은 무작위 값으로 초기화된다. 네트워크가 학습되면서 네트워크의 예측된 라벨과 샘플의 실제 라벨 사이의 오류율을 최소화한다. 오류율은 **'손실(loss)'**, 손실을 결정하는 계산은 **'손실 함수(loss funtion)'**라고 한다. 훈련하는 동안 네트워크는 각 뉴런이 전체 손실에 기여하는 양을 결정하고 레이어를 거슬러 올라가면서 손실을 최소화하기 위해 가중치를 조정한다. 이 기술을 **'역전파(backpropagation)'**라고 하고, 이런 가중치는 점진적으로 조정되는데, 일반적으로 이 과정을 **'경사하강(gradient descent)'**이라고 한다.

15.5 텐서

딥러닝 프레임워크는 일반적으로 **텐서(tensor)** 형태로 데이터를 다룬다. '텐서'는 기본적으로 다차원 배열이다. 텐서플로와 같은 프레임워크는 모든 데이터를 하나 이상의 텐서로 압축해서 신경망에서 학습할 수 있는 수학적 계산을 수행하는 데 사용한다. 차원 수와 데이터 크기가 증가되면서 이 텐서의 크기가 매우 커질 수 있다. (예를 들어 이미지와 오디오, 비디오는 텍스트보다 데이터가 더 크다.) 숄레(Chollet)는 딥러닝에서 일반적으로 접하는 텐서의 종류에 대해 다음과 같이 설명한다.[29]

- **0D(0-차원) 텐서** - 이 값은 하나의 값으로, ***'스칼라 값'***이라고도 한다.
- **1D 텐서** - 이것은 1차원 배열과 비슷하고 ***'벡터'***라고도 한다. 1D 텐서는 시퀀스를 표현한다. 예를 들어 시간마다 센서에서 읽어오는 온도나 영화 리뷰에 있는 단어 같은 것들이다.
- **2D 텐서** - 2차원 배열 같은 것으로, ***'매트릭스'***라고도 한다. 2D 텐서는 그레이스케일 이미지를 나타낼 수 있다. 해당 이미지에서 텐서는 2차원 이미지의 픽셀 단위의 폭과 높이이고, 각 요소의 값은 해당 픽셀의 강도로 표시된다.
- **3D 텐서** - 3차원 배열과 비슷하고 컬러 이미지를 표현하는 데 사용할 수 있다. 첫번째 두 차원은 픽셀 단위로 이미지의 폭과 높이를 나타낼 수 있고, 각 위치에 있는 ***깊이***는 주어진 픽셀의 색상의 요소인 빨간색, 녹색, 파란색(RGB)을 표현할 수 있다. 3D 텐서는 흑백 이미지를 표현한 2D 텐서의 ***모음***으로 표현할 수도 있다.
- **4D 텐서** - 4D 텐서는 3D 텐서로 된 이미지 셋의 ***모음***을 표현할 수도 있고, 비디오를 표현하는 데 사용할 수 있다. 비디오에서 각각의 프레임은 본질적으로 컬러 이미지이다.
- **5D 텐서** - 이것은 비디오를 담고 있는 4D 텐서의 모음을 표현하는 데 사용할 수 있다.

일반적으로 텐서의 ***모양(shape)***은 값의 튜플로 나타낸다. 이때 요소의 수는 텐서의 차원 수를, 튜플의 각각의 값은 대응하는 차원의 크기를 지정한다.

초당 30프레임의 4K(고해상도) 영상에서 물체들을 구별하고 추적하는 딥러닝 네트워크를 만든다고 가정해 보자. 그리고 4K 영상의 각 프레임은 3,840×2,160 픽셀이 있고, 픽셀은 빨간색과 녹색, 파란색으로 표현된다고 가정해 보자. 그러면 ***각 프레임은*** 총 24,883,200개 요소(3,840×2,160×3)가 있는 3D 텐서가 되고, 영상은 프레임들이 연속으로 있는 4D 텐서가 된다. 만약 이 비디오가 1분 길이라면 ***한 텐서당*** 44,789,760,000개의 요소가 있는 것이다.

유튜브는 매분마다 600시간의 영상이 업로드되고 있다.[30] 따라서 구글은 단 1분만에 딥러닝 모델들을 훈련시킬 수 있는 1,612,431,360,000,000개의 요소가 포함된 텐서를 갖게 되는데, 이것이 야말로 ***빅데이터***라고 할 수 있다. 이와 같이 텐서는 빠르게 ***커질 수 있으므로*** 이것들을 효과적으로 처리하는 것이 매우 중요하다. 이것이 바로 대부분의 딥러닝을 GPU로 하는 중요한 이유 중 하나이다. 최근 구글은 GPU보다 빠르게 텐서를 처리할 수 있게 특별히 설계한 TPU(텐서 프로세싱 유닛)를 만들었다.

15

29 Chollet, François. *Deep Learning with Python.* Section 2.2. Shelter Island, NY: Manning Publications, 2018.

30 https://www.inc.com/tom-popomaronis/youtube-analyzed-trillions-of-data-points-in2018-revealing-5-eye-opening-behavioral-statistics.html

고성능 프로세서

텐서의 크기가 엄청나게 클 수도 있고, 대형 텐서 작업 때문에 프로세서에 대한 요구가 크기 때문에 실제 딥러닝 프로젝트에는 강력한 프로세서가 필요하다. 딥러닝에 일반적으로 많이 쓰이는 프로세스는 다음과 같다.

- **엔비디아 GPU**(그래픽 프로세싱 유닛) - 원래 GPU는 컴퓨터 게임을 위해 엔비디아 같은 회사에서 개발되었다. GPU는 많은 양의 데이터를 기존 CPU보다 훨씬 빠르게 처리할 수 있어서 개발자는 딥러닝 모델을 보다 효율적으로 교육, 검증 및 테스트할 수 있으므로 더 많은 실험을 수행할 수 있다. GPU는 일반적으로 텐서에서 수행되는 수학적 계산에 최적화되어 있다. 이것은 '내부적으로' 딥러닝이 작동하는 방식의 필수 요소로, 엔비디아의 볼타 텐서 코어는 특별히 딥러닝을 위해서 설계되었다.[31,32] 많은 엔비디아 GPU는 텐서플로와 호환되기 때문에 케라스와도 호환되는데, 이것으로 딥러닝 모델의 성능을 높일 수 있다.[33]
- **구글 TPU**(텐서 프로세싱 유닛) - 구글은 딥러닝이 미래에 매우 중요하다는 것을 인식하고 현재 클라우드 TPU 서비스에 사용하고 있는 TPU(텐서 프로세싱 유닛)를 개발했다. TPU는 '단일 포드로 최대 11.5페타플롭의 성능을 낼 수 있다.[34] (초당 *115조 5,000억 개의* 부동소수점 연산을 수행한다.) 또한 TPU는 에너지를 효율적으로 사용하도록 설계되었다. 이것은 이미 기하급수적으로 증가하고 방대한 양의 에너지를 소비하는 거대한 컴퓨팅 클러스터를 가진 구글과 같은 회사들에게 매우 중요한 관심사이다.

15.6 영상을 위한 합성곱 신경망; MNIST 데이터세트의 다항 분류

14장 '머신러닝: 분류, 회귀, 클러스터링'에서 사이킷-런에 포함된 Digits 데이터에서 8×8픽셀의 저해상도 이미지를 사용해서 수기로 작성한 숫자를 분류하는 작업을 했다. 이 데이터세트는 좀 더 고해상도인 MNIST Digits 데이터세트의 일부이다. 여기서는 MNIST를 사용해서 **합성곱 신경망**(**'convnet'** 또는 **'CNN'**이라고도 하는)을 가지고 딥러닝을 해본다.[35] 합성곱 신경망은 일반적으로 필체 인식(숫자, 글자), 이미지나 영상에 있는 물체 인식 같은 컴퓨터-비전 애플리케이션에 쓰인다. 또한 CNN은 자연어 처리나 추천 시스템 같은 비전이 아닌 다른 애플리케이션에도 사용된다.

Digits 데이터세트에는 1,797개의 샘플만 있지만, MNIST에는 7만 개의 라벨이 있는 숫자 이미지 샘플이 있다(훈련용은 6만 개, 테스트용 1만 개). 각 샘플은 넘파이 배열로 되어 있는 흑백 28×28 픽셀 이미지이고, 각 픽셀은 해당 픽셀의 강도(또는 음영)를 나타내는 0~255까지의 값이다. Digits 데

31 https://www.nvidia.com/en-us/data-center/tensorcore/
32 https://devblogs.nvidia.com/tensor-core-ai-performance-milestones/
33 https://www.tensorflow.org/install/gpu
34 https://cloud.google.com/tpu/
35 https://en.wikipedia.org/wiki/Convolutional_neural_network

이터세트에는 0~16 사이의 값으로 덜 세분화된 음영을 사용한다. MNIST의 라벨은 0~9까지의 정수 값으로 이미지가 나타내는 숫자를 의미한다.

앞 장에서 사용했던 머신러닝 모델에서는 0~9 범위의 정수로 이미지로 예측한 분류값을 만들었다. 우리가 만들 합성곱 신경망 모델은 **확률적으로 분류**하고[36] 각 숫자 이미지에 대해 모델은 10개의 확률값 ***배열을*** 반환한다. 이 값은 0에서 9까지의 수에 속할 수 있는 가능성을 의미하고 예측된 값은 분류에서 ***가장 높은*** 확률을 보인다.

케라스와 딥러닝에서의 재현 가능성

앞에서 ***재현 가능성***의 중요성에 대해 이야기했다. 딥러닝에서 딥러닝의 라이브러리들이 부동소수점 계산을 하는 오퍼레이션들을 병렬로 수행하기 때문에 재현이 더 어렵다. 오퍼레이션들을 수행할 때마다 실행되는 순서가 달라질 수 있기 때문에 매번 다른 결과가 나올 수도 있다. 케라스에서 재현할 수 있는 결과를 얻으려면 환경 설정과 케라스 FAQ에서 설명하는 코드 세팅을 병행해야 한다.

`https://keras.io/getting-started/faq/#how-can-i-obtain-reproducible-results-using-keras-during-development`

기본적인 케라스 신경망

케라스 신경망은 다음 컴포넌트로 구성된다.

- **네트워크**(**'모델'**이라고도 함) – 샘플에서 학습하는 데 사용되는 뉴런을 포함하는 일련의 층. 각 층의 뉴런은 입력을 받고 이것들을 처리(***활성 함수***를 통해서)해서 출력을 내보낸다. 데이터는 샘플 데이터의 차원을 지정하는 **입력층**을 통해서 네트워크에 들어온다. 입력층 이후에 학습을 하는 뉴런이 포함된 **은닉층**, 예측된 값을 만들어내는 출력층이 따라온다. 층이 ***많을수록*** 네트워크의 깊이가 깊어지는데, 여기서 '딥러닝'이라는 단어가 나왔다.
- **손실 함수** – 이 함수는 네트워크가 타깃값을 얼마나 잘 예측하는지를 측정한다. 손실 함수의 값이 낮을수록 더 좋은 예측을 하는 것이다.
- **옵티마이저** – 옵티마이저는 손실 함수로 계산한 값을 최소화하도록 네트워크를 조정해서 더 좋은 예측을 할 수 있게 한다.

주피터랩 실행하기

이번 절에서는 15.3절에서 만들었던 `tf_env` 아나콘다 환경을 활성화하고 `ch15` 예제 폴더에서 주피터랩을 실행했다고 가정한다. 주피터랩에서 `MNIST_CNN.ipynb` 파일을 열고 제공된 코드를 실행하거나 새로운 노트북을 열어 코드를 직접 입력할 수 있고, 원하면 IPython에 있는 커맨드라인에서도

---

36 https://en.wikipedia.org/wiki/Probabilistic_classification

할 수 있다. 하지만 이번 장 예제를 실행할 때 주피터 노트북을 사용하는 것이 훨씬 쉬울 것이다.

참고로 주피터랩의 **Kernel-Restart Kernel and Clear All Outputs...** 메뉴를 선택해서 주피터 노트북을 초기화하고 출력을 제거할 수 있다. 이 명령은 노트북 실행을 중지시키고 출력을 모두 제거한다. 모델이 잘 동작하지 못해서 다른 하이퍼파라미터를 적용하고 싶거나 신경망을 수정할 때 이 메뉴를 실행한다.[37] 그리고 나서 노트북의 셀을 한 번에 하나씩 다시 실행하거나 주피터 **Run-Run All** 메뉴를 선택해서 노트북 전체를 실행할 수 있다.

15.6.1 MNIST 데이터세트 로딩하기

tensorflow.keras.datasets.mnist 모듈을 임포트하면 데이터세트를 로드할 수 있다.

```
[1]: from tensorflow.keras.datasets import mnist
```

텐서플로에 내장된 케라스를 사용하기 때문에 케라스 모듈 앞에 'tensorflow'라는 이름을 붙인다. 별도의 케라스 버전에서는 모듈 이름이 'keras'로 시작하므로 위 예제의 경우에는 keras.datasets가 된다. 케라스는 ***텐서플로***를 이용해서 딥러닝 모델을 실행한다.

mnist 모듈의 **load_data 함수**는 MNIST 훈련과 테스트세트를 로드한다.

```
[2]: (X_train, y_train), (X_test, y_test) = mnist.load_data()
```

load_data 함수를 호출하면 MNIST 데이터를 시스템으로 다운로드한다. 이 함수는 훈련세트와 테스트세트를 두 인자로 하는 튜플을 반환한다. 각 요소는 그 자체로 샘플과 라벨을 각각 담고 있는 튜플이다.

15.6.2 데이터 탐색하기

데이터세트로 작업하기 전에 데이터를 알아보는 시간을 갖자. 먼저 훈련세트 이미지(X_train), 훈련 세트 라벨(y_train), 테스트세트 이미지(X_test), 그리고 테스트세트 라벨(y_test)들의 차원 정보를 확인해 보자.

```
[3]: X_train.shape
[3]: (60000, 28, 28)

[4]: y_train.shape
```

37 출력 결과를 제거하기 위해서 이 메뉴 옵션을 두 번 실행해야 할 때도 있었다.

```
[4]: (60000,)

[5]: X_test.shape
[5]: (10000, 28, 28)

[6]: y_test.shape
[6]: (10000,)
```

X_train과 X_test의 크기를 통해서 사이킷-런의 Digits 데이터세트의 이미지 크기(이것은 8×8 크기)보다 더 높은 해상도의 이미지라는 것을 알 수 있다.

Digits 시각화

숫자 이미지를 시각화해 보자. 먼저 노트북에서 매트플롯리브을 사용할 수 있게 하고 매트플롯리브과 시본을 임포트한 후 폰트 크기를 설정한다.

```
[7]: %matplotlib inline

[8]: import matplotlib.pyplot as plt

[9]: import seaborn as sns

[10]: sns.set(font_scale=2)
```

다음과 같은 IPython 매직 명령은

```
%matplotlib inline
```

매트플롯리브 기반의 그래프를 별도의 창에 표시하지 않고 ***노트북의 내부***에 표시하도록 한다. IPython의 다른 매직도 주피터 노트북에서 사용할 수 있는데, 다음 링크를 살펴보자.

```
https://ipython.readthedocs.io/en/stable/interactive/magics.html
```

다음으로 무작위로 선택한 24개의 MNIST 훈련세트 이미지를 표시해 보자. 7장 '넘파이를 사용한 배열 지향 프로그래밍'에서 넘파이 배열에 인덱스 시퀀스를 전달해서 해당 인덱스에서 배열 요소만 선택할 수 있다는 것을 기억할 것이다. 이 기능을 사용해서 X_train과 y_train 배열에서 동일한 인덱스의 요소들만 선택한다. 이것으로 무작위로 선택한 이미지와 그 라벨을 보여줄 수 있다.

넘파이의 **choice 함수**(numpy.random 모듈에 있는)는 첫 번째 인자로 넘겨준 값(이번 경우에는 X_train 인덱스값을 가진 배열)에서 두 번째 인자에 있는 수(24)만큼을 무작위로 선택한다. 이 함수는 선택된 값을 포함하는 배열을 반환하고 이것을 index에 저장한다. X_train[index]와 y_train[index] 표현식은 index를 사용하여 두 배열에서 서로 대응하는 요소들을 가져온다. 이번 셀의 나머지 부분은 이전 장의 Digits를 처리하던 코드 중에 시각화했던 코드이다.

```
[11]: import numpy as np
      index = np.random.choice(np.arange(len(X_train)), 24, replace=False)
      figure, axes = plt.subplots(nrows=4, ncols=6, figsize=(16, 9))

      for item in zip(axes.ravel(), X_train[index], y_train[index]):
          axes, image, target = item
          axes.imshow(image, cmap=plt.cm.gray_r)
          axes.set_xticks([]) # x축 눈금 제거
          axes.set_yticks([]) # y축 눈금 제거
          axes.set_title(target)
      plt.tight_layout()
```

MNIST의 숫자 이미지가 사이킷-런의 Digits 데이터세트보다 해상도가 높다는 것을 다음 결과에서 확인할 수 있다.

숫자를 보면 손으로 쓴 숫자를 인식하는 것이 왜 도전적인지 알 수 있을 것이다.

- 어떤 사람은 4를 쓸 때 윗부분이 '열려 있게' 쓰고(첫 번째 줄과 세 번째 줄에 있는 것처럼), 어떤 사람은 윗부분이 '닫히게' 쓴다(두 번째 줄에 있는 것처럼). 각각의 4라는 숫자가 비슷하면서도 모두 서로 다르게 생겼다.
- 두 번째 줄에 있는 3이 좀 이상한데, 3이라기 보다 6, 7을 합쳐놓은 것 같다. 이것에 비해서 네 번째 줄에 있는 3은 훨씬 분명해 보인다.
- 두 번째 줄에 있는 5는 6과 쉽게 혼동된다.
- 또한 사람들은 경우에 따라 다른 각도로 숫자를 쓴다. 세 번째, 네 번째 줄에 있는 네 개의 6을 보면 두 개는 위쪽으로, 하나는 왼쪽으로, 나머지 하나는 오른쪽으로 기울어져 있다.

이전 스니펫을 여러 번 실행해 보면 무작위로 선택된 숫자들을 더 볼 수 있다.[38] 각 숫자 위에 표시된 라벨이 없다면 몇몇 숫자들은 식별하기가 어려운 것도 있다. 첫 번째 합성곱 신경망이 MNIST 테스트세트에 있는 숫자를 얼마나 잘 구별하는지 곧 보게 될 것이다.

15.6.3 데이터 준비하기

14장 '머신러닝 분류, 회귀, 클러스터링'에서 사이킷-런에 번들된 데이터세트들은 모델에서 필요한 크기로 미리 처리되어 있었다. 하지만, 실제 세상에서는 데이터 전처리 작업을 일부 또는 전부 해야 한다. 케라스의 합성곱 신경망에서 MNIST 데이터세트를 사용하려면 몇 가지 전처리를 해야 한다.

이미지의 크기 조정하기

케라스 컨브넷은 넘파이 배열을 입력으로 받는데, 각 샘플은 다음과 같은 모양으로 되어 있다.

(가로, 세로, 채널)

MNIST의 경우 각 이미지의 ***너비*** 및 ***높이***가 28픽셀이고 각 픽셀은 ***채널***이 하나만 있다. (흑백 이미지의 픽셀은 0에서 255까지 값을 갖는다.) 따라서 샘플의 모양은 다음과 같다.

```
(28, 28, 1)
```

각 픽셀이 RGB(빨간색/녹색/파란색)를 갖는 풀-컬러 이미지는 세 개의 ***채널***이 있다. 즉 빨간색/녹색/파란색 요소가 각각 하나의 채널을 갖는다.

신경망이 이미지로부터 학습하면서 채널을 더 생성한다. 학습된 채널은 음영이나 색상이 아니라 가장자리, 곡선 및 선과 같은 더 복잡한 기능을 나타내므로 네트워크에서 이러한 추가 기능 및 결합 방법을 기반으로 숫자를 인식할 수 있다.

6만 개의 훈련세트와 1만 개의 테스트세트 이미지를 컨브넷에서 사용하기 위해서 적합한 차원으로 모양을 바꾸고 변경된 모양을 확인해 보자. 우리 넘파이 배열의 **reshape** 메서드가 새롭게 변경할 모양을 튜플로 받는다는 것을 이미 알고 있다.

```
[12]: X_train = X_train.reshape((60000, 28, 28, 1))

[13]: X_train.shape
[13]: (60000, 28, 28, 1)

[14]: X_test = X_test.reshape((10000, 28, 28, 1))

[15]: X_test.shape
[15]: (10000, 28, 28, 1)
```

---

38 여러 번 셀을 실행시키면 커맨드라인으로 실행시킨 IPython처럼 해당 스니펫의 번호가 매번 증가한다.

이미지 데이터 정규화하기

데이터 샘플에 있는 숫자로 된 특징은 광범위한 값일 수 있다. 딥러닝 네트워크는 0.0에서 1.0 사이의 범위에 들어오거나 데이터의 평균이 0.0이고 편차가 1.0인 데이터에 대해 잘 수행한다.[39] 데이터를 이런 형태로 변환하는 것을 **'정규화'**라고 한다.

MNIST에서 각각의 픽셀은 0~255 사이의 정수값이다. 다음 코드는 값을 넘파이 배열의 astype 메서드를 사용해서 32비트(4바이트) 부동소수점 수로 변경하고, 모든 요소들을 255로 나누어서 값이 0.0~1.0 사이의 값이 되게 한다.

```
[16]: X_train = X_train.astype('float32') / 255
[17]: X_test = X_test.astype('float32') / 255
```

원-핫 인코딩: 정수 형태의 라벨을 범주형 데이터로 변환하기

각 숫자에 대한 컨브넷 예측은 10개의 확률 배열로 나온다. 이들 각각은 0~9까지의 분류 중에서 특정 하나에 속하는 숫자가 될 확률이다. 모델의 정확도를 평가할 때 케라스는 라벨과 모델의 예측값을 비교한다. 비교를 위해 케라스는 같은 모양을 요구한다. 하지만 숫자에 대한 MNIST 라벨은 0~9 사이의 정수값이기 때문에 라벨을 **범주형 데이터**로 변환해야 한다. 즉 예측으로 만들어내는 것과 일치하는 형태인 범주 배열이 되어야 한다. 이것을 위해서 **'원-핫 인코딩'**이라고 부르는 과정[40]을 통해서 데이터를 1.0과 0.0의 배열로 바꾼다. 원-핫 인코딩에서는 한 요소만 1.0이고 나머지는 0.0이 된다. MNIST의 경우 원-핫 인코딩된 값은 0에서 9까지의 범주를 나타내는 10개의 요소가 있는 배열이 될 것이다. 원-핫 인코딩은 다른 타입의 데이터에도 적용될 수 있다.

어떤 수가 어떤 범주에 속하는지 정확히 알고 있기 때문에 숫자 라벨의 범주 표현식은 숫자 인덱스에 해당하는 곳은 1.0이고, 나머지 요소들은 0.0이 된다(케라스는 내부적으로 부동소수점 수를 사용한다.). 따라서 7의 표현식은 다음과 같다.

```
[0.0, 0.0, 0.0, 0.0, 0.0, 0.0, 0.0, 1.0, 0.0, 0.0]
```

그리고 3의 표현식은 다음과 같다.

```
[0.0, 0.0, 0.0, 1.0, 0.0, 0.0, 0.0, 0.0, 0.0, 0.0]
```

tensorflow.keras.utils 모듈은 원-핫 인코딩을 수행하는 **to_categorical** 함수를 제공한다. 이 함수는 범주의 수를 세고 나서 각각의 인코딩될 요소에 대해 범주에 해당하는 위치에 1.0을 기록한 배열을 생성한다. 0~9까지의 값이 있는 1차원 배열 y_train과 y_test를 범주 데이터의 2차

39 S. Ioffe and Szegedy, C., "Batch Normalization: Accelerating Deep Network Training by Reducing Internal Covariate Shift." https://arxiv.org/abs/1502.03167

40 이 용어는 디지털 회로에서 유래되었다. 디지털 회로에서는 어떤 그룹의 비트들은 그 중 한 비트만 켜질 수 있다(즉 그 비트값만 1이 된다.). https://en.wikipedia.org/wiki/One-hot

원 배열로 변환하면 이 배열들의 행이 다음과 같이 보일 것이다. 스니펫 [21]은 숫자 5에 대한 샘플 하나의 범주를 보여주고 있다(넘파이는 부동소수점 수를 보여줄 때 소수점을 보여주지만 0으로 된 부분은 생략한다.).

```
[18]: from tensorflow.keras.utils import to_categorical

[19]: y_train = to_categorical(y_train)

[20]: y_train.shape
[20]: (60000, 10)

[21]: y_train[0]
[21]: array([ 0.,  0.,  0.,  0.,  0.,  1.,  0.,  0.,  0.,  0.], dtype = float32)

[22]: y_test = to_categorical(y_test)

[23]: y_test.shape
[23]: (10000, 10)
```

15.6.4 신경망 생성하기

이제 데이터가 준비되었으므로 합성곱 신경망을 만들어 보자. **tensorflow.keras.models 모듈**에 있는 케라스의 **Sequential 모듈**을 가지고 시작해 보자.

```
[24]: from tensorflow.keras.models import Sequential

[25]: cnn = Sequential()
```

만들어진 네트워크는 레이어들을 순차적으로 수행된다. 즉 한 레이어의 출력이 다른 레이어의 입력이 되는데, 이런 네트워크를 **'전방향 신경망(feed-forward network)'**이라고 한다. ***순환 신경망***을 설명할 때 알아보겠지만, 모든 신경망이 이런 방식으로 동작하는 것은 아니다.

신경망에 레이어 추가하기

전형적인 합성곱 신경망은 훈련 데이터를 받는 ***'입력층'***, 데이터로부터 학습하는 ***'은닉층'***, 예측 확률을 만들어내는 ***'출력층'***으로 구성되어 있고, 기본적인 컨브넷(convnet)을 여기서 만들게 될 것이다. **tensorflow.keras.layers 모듈**에서는 이번 예제에서 사용한 레이어 클래스를 임포트한다.

```
[26]: from tensorflow.keras.layers import Conv2D, Dense, Flatten, MaxPooling2D
```

각각에 대해서는 아래에서 하나씩 설명한다.

합성곱

합성곱 레이어를 가지고 네트워크를 시작할 것이다. 합성곱 레이어는 각 샘플의 좁은 영역에 있는 유용한 특성(또는 패턴)을 배우기 위해서 근처에 있는 픽셀들 사이의 관계를 이용하고, 이런 특징은 다음 레이어에 입력된다.

합성곱으로 배우는 좁은 범위의 영역을 **'커널'** 또는 **'패치'**라고 부르는데, 6×6 이미지에서 어떻게 합성되는지 살펴보자. 다음에 다이어그램을 생각해 보자. 3×3으로 색이 칠해진 정사각형 영역은 커널을 의미한다. 숫자들은 커널이 지나가고 처리하는 순서를 보여준다.

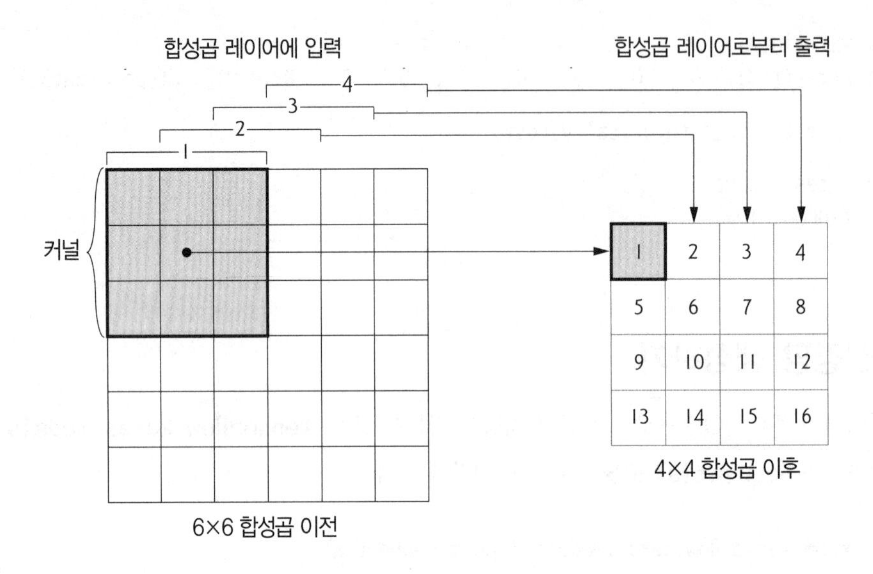

커널을 '움직이는 창'라고 생각할 수 있다. 즉 합성곱 레이어가 이미지를 왼쪽에서 오른쪽으로 한 픽셀씩 움직인다. 커널이 오른쪽 끝에 닿으면 합성곱 레이어는 한 픽셀 아래로 움직이고, 다시 왼쪽에서 오른쪽으로 반복해서 진행한다. 비록 높은 해상도의 이미지에서 5×5와 7×7을 사용하는 컨브넷도 있지만, 커널은 일반적으로 3×3 크기이다.[41] 커널의 모양은 튜닝할 수 있는 하이퍼파라미터이다.

처음에 커널은 원래 이미지의 왼쪽 위 모서리에 위치한다. 즉 앞에서 있었던 입력 레이어의 커널 위치 1(음영된 정사각형 영역)에 있다. 합성곱 레이어가 이미지에 대해 '학습'하기 위해 ***아홉 개의*** 특성을 이용해서 수학적 계산을 하고, 합성곱 레이어의 결과로 위치 1에 대한 하나의 특성을 만든다. 신경망은 근접한 다른 특성을 보면서 경계, 직선, 곡선과 같은 특성을 인식하기 시작한다.

다음으로 합성곱 레이어는 커널을 오른쪽으로 한 픽셀 이동해서 입력층의 2번 위치로 이동한다. (***'스트라이드(stride)'***라고 한다.) 새로운 위치는 이전에 위치와 세 개의 열 중에서 두 개가 ***겹치므로*** 합성곱 레이어는 다른 위치와 접하는 모든 특징을 학습할 수 있다. 이 레이어는 커널의 2번 위치에서 아홉 개의 특성으로 학습하고, 그 결과로 하나의 특성값을 출력한다.

---

41 https://www.quora.com/How-can-I-decide-the-kernel-size-output-maps-and-layers-of-CNN

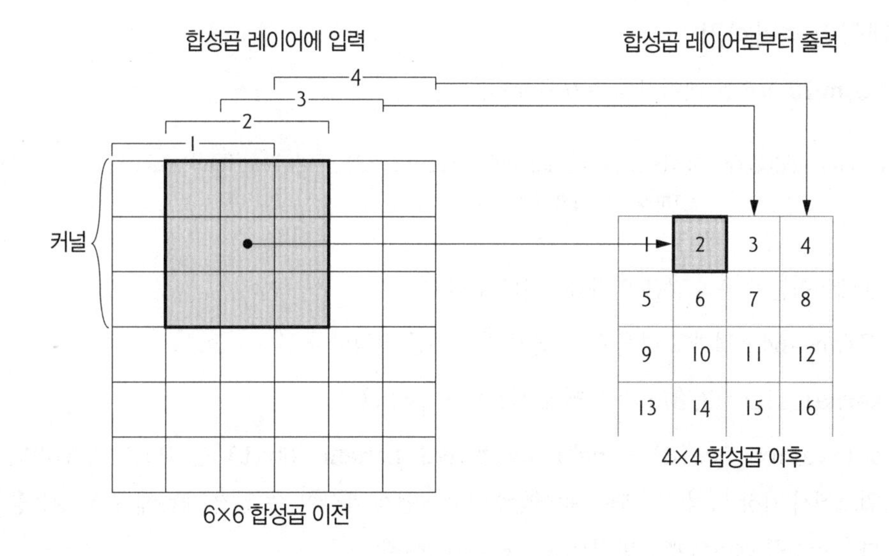

6×6 이미지와 3×3 커널을 사용하는 경우 합성곱 레이어는 3번, 4번 위치에 대한 특징을 출력하기 위해서 두 번 더 계산한다. 그리고 나서 합성곱 레이어가 한 픽셀 아래로 이동하고 다음 4번 커널 위치를 왼쪽에서 오른쪽으로 진행한다. 5~8번 위치에 대해 결과를 계산하고 9~12번을 진행한 후 마지막에 13~16까지 진행하는데, 이미지를 왼쪽에서 오른쪽, 위에서 아래로 진행하는 모든 경로를 **'필터'**라고 한다. 3×3 커널의 경우 필터의 차원(위 샘플에서는 4×4)은 ***입력 차원***(6×6)***보다 두 차원이 낮다***. 28×28 MNIST 이미지의 경우 필터가 26×26이 된다.

MNIST의 데이터처럼 작은 이미지를 처리할 때 합성곱 레이어의 필터의 수는 일반적으로 32개 또는 64개이다. 각 필터는 서로 다른 결과를 만들고, 필터의 수는 이미지의 차원에 따라 달라진다. 고해상도 이미지는 더 많은 특징을 가지고 있기 때문에 더 많은 필터가 필요하다. 케라스팀이 미리 훈련시킨 컨브넷[42]을 만드는 데 사용한 케라스팀의 코드를 학습해 보면, 첫 번째 합성곱 레이어에 64나 128 또는 심지어 256 필터를 사용하는 것을 알 수 있다. 컨브넷과 MNIST 이미지가 작다는 사실을 기반으로 첫 번째 컨볼루션 레이어에 64개의 필터를 사용한다. 합성곱 레이어가 만들어내는 필터들의 모음을 **'특성 맵'**이라고 부른다.

이어지는 합성곱 레이어는 더 큰 특성을 인지하기 위해 이전 특성 맵에 있는 특성을 다시 합성한다. 안면 인식을 한다고 했을 때 이전 레이어에서 선, 외곽선과 곡선을 인지하고, 다음 레이어에서 이것들을 합성해서 더 큰 특성인 눈, 눈썹, 코, 귀 그리고 입 같은 특성은 만든다. 일단 신경망을 학습시키고 나면 합성곱을 사용하기 때문에 특징이 이미지의 어디 있는지 상관없이 그 특징을 인식할 수 있다. 이것이 바로 이미지에서 물체를 인식하는 데 컨브넷을 사용하는 이유 중 하나이다.

15

42 https://github.com/keras-team/keras-applications/tree/master/keras_applications

합성곱 레이어 추가하기

모델에 **Conv2D** 합성곱 레이어를 추가해 보자.

```
[27]: cnn.add(Conv2D(filters=64, kernel_size=(3, 3), activation='relu',
                     input_shape=(28, 28, 1)))
```

Conv2D 레이어는 다음과 같은 인자들을 설정했다.

- **filters=64** – 결과로 나올 특성 맵에 필터 수를 결정한다.
- **kernel_size=(3, 3)** – 각 필터에 사용될 커널의 크기
- **activation='relu'** – **'relu(Rectified Linear Unit)'**는 오늘날의 딥러닝 네트워크에서 가장 널리 사용되는 **활성함수**이고[43] 쉽게 계산할 수 있기 때문에 좋은 성능을 보인다.[44] 합성곱 레이어에 일반적으로 추천되는 함수이다.[45]

이 레이어가 모델에서 첫 번째 레이어이기 때문에 **input_shape=(28,28,1)** 인자를 넘겨서 각 샘플의 모양을 지정한다. 이것은 샘플을 로드하는 입력층을 생성하고 데이터를 실질적인 첫 번째 ***은닉*** 층인 Conv2D 레이어로 전달한다. 케라스에서 각각의 이어지는 레이어는 이전 레이어의 결과 모양을 다음 레이어의 **input_shape**로 추론해서 레이어를 쉽게 ***쌓을 수(stack)*** 있다.

첫 번째 합성곱 레이어의 출력의 차원

이전 합성곱 레이어에서 입력 샘플은 28×28×1, 즉 784개의 특성을 가지고 있다. 이번 레이어에 대해 64 필터와 3×3 커널을 설정했기 때문에 각 이미지의 결과는 26×26×64가 되어 특성 맵에 총 43,264개의 특성이 만들어진다. 이것은 14장 '머신러닝: 분류, 회귀, 클러스터링'의 모델에서 처리한 특성의 수와 비교할 때 엄청난 수이다. 각 레이어는 더 많은 특성을 추가하면서 만들어지는 특성 맵의 ***차원 수***가 급격하게 커진다. 이것이 딥러닝 연구에서 막대한 프로세싱 파워가 필요한 이유 중 하나이다.

과적합

이전 장에서 과적합은 모델링을 하려는 것에 비해 모델이 너무 복잡할 때 발생할 수 있다고 설명했다. 가장 극단적인 경우는 모델이 훈련 데이터를 기억하는 것이다. 과적합된 모델을 사용해서 예측하면 훈련 데이터와 일치하는 데이터는 정확히 예측하겠지만, 이전에 보지 못한 데이터이면 결과가 나쁠 수 있다.

---

43 Chollet, François. *Deep Learning with Python.* p.72. Shelter Island, NY: Manning Publications, 2018.

44 https://towardsdatascience.com/exploring-activation-functions-for-neural-networks-73498da59b02

45 https://www.quora.com/How-should-I-choose-a-proper-activation-function-for-theneural-network

과적합(Overfitting)은 딥러닝에서 레이어의 차원이 너무 커지면서 발생하는 경향이 있다.[46, 47, 48] 레이어의 차원이 너무 크면 네트워크가 숫자 이미지에서 ***일반적인*** 특성을 학습하지 않고 훈련세트에 있는 이미지의 ***특별한*** 특성을 학습한다. 과적합을 방지하는 기술로 에포크(epoch) 수로 학습하기, 데이터 증강, 드롭아웃 및 L1 또는 L2 정규화 등이 있다.[49, 50] 이번 장의 뒤에서는 드롭아웃에 대해 알아볼 것이다.

차원이 높아지면 계산 시간도 증가한다(지수적으로 증가하는 경우도 있다. GPU나 TPU가 아닌 CPU로 딥러닝을 시키는 경우 훈련이 견딜 수 없을 정도로 느려질 수 있다.

풀링 레이어 추가하기

과적합과 계산 시간을 줄이기 위해서 합성 레이어의 다음에 합성 레이어의 ***차원 수를 줄이는*** 하나 또는 그 이상의 레이어를 둔다. **풀링 레이어**는 특성을 일부 버리는 방식으로 결과를 ***압축***(또는 ***다운 샘플링***)하는데, 이 방식이 모델을 좀 더 일반적으로 만드는 데 도움이 된다. 가장 일반적인 풀링 기법은 **'맥스 풀링'**이라고 하고 2×2 정사각형의 특성을 평가해서 가장 큰 특성만 남긴다. 풀링을 이해하기 위해서 6×6 특성을 다시 한 번 생각해 보자.

다음 다이어그램에서 6×6 정사각형의 숫자값은 압축하려는 특성을, 1번 위치의 2×2 어두운 회색 정사각형은 평가할 특성 풀을 나타낸다.

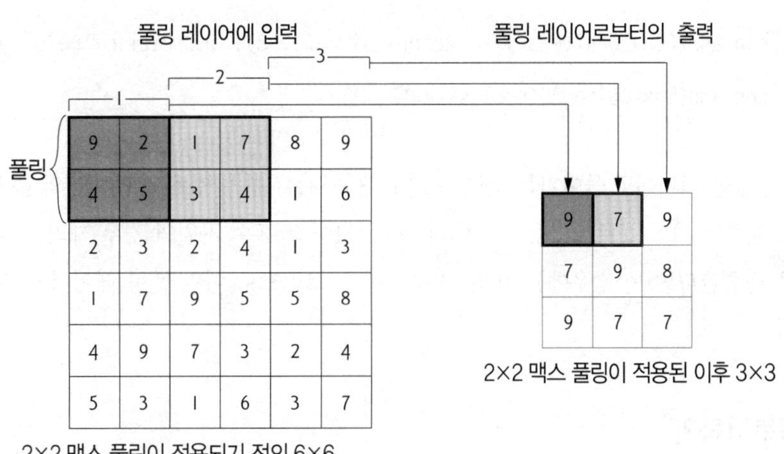

맥스 풀링 레이어는 처음에 1 위치의 풀을 보고 그 풀에서 가장 큰 특성(다이어그램에서는 9)을 출력한다. 합성곱과 다르게 풀 사이에는 ***겹치는 곳이 없고*** 풀은 그 너비만큼씩 이동한다. 2×2 풀의 경우 2씩 ***이동한다***. 밝은 회색의 2×2 정사각형인 두 번째 풀은 7을 만들고 세 번째 풀은 9를 출력한다.

---

46 https://cs231n.github.io/convolutional-networks/

47 https://medium.com/@cxu24/why-dimensionality-reduction-is-important-dd60b5611543

48 https://towardsdatascience.com/preventing-deep-neural-network-from-overfitting-953458db800a

49 https://towardsdatascience.com/deep-learning-3-more-on-cnns-handling-overfitting-2bd5d99abe5d

50 https://www.kdnuggets.com/2015/04/preventing-overfitting-neural-networks.html

풀이 오른쪽 끝에 닿으면 풀의 높이만큼 아래로 내려가고(여기서는 2만큼) 왼쪽에서 오른쪽으로 계속 이동한다. 네 개의 특성이 하나의 값으로 줄어들기 때문에 2×2 풀링을 하면 특성의 수가 75%까지 줄어든다.

MaxPooling2D 레이어를 모델에 추가해 보자.

```
[28]: cnn.add(MaxPooling2D(pool_size=(2, 2)))
```

이 코드는 이전 레이어의 출력인 26×26×64를 13×13×64로 줄인다.[51]

풀링은 과적합을 줄이는 일반적인 기법이다. 하지만 어떤 연구에서는 커널을 더 크게 이동하는 합성곱 레이어가 차원을 더 줄이고 특성을 ***버리지 않으면서도*** 과적합을 줄일 수 있다고 한다.[52]

합성곱 레이어와 풀링 레이어 추가하기

컨브넷은 여러 개의 합성곱 레이어와 풀링 레이어를 가지는 경우가 많다. 케라스팀의 컨브넷은 모델이 특성 사이의 관계를 더 잘 학습하도록 연속하는 합성곱 레이어에 대해 필터 수를 두 배로 하는 경향이 있다.[53] 따라서 두 번째 합성곱은 128 필터로 추가하고, 두 번째 풀링 레이어를 추가해서 차원을 75%까지 다시 줄여보자.

```
[29]: cnn.add(Conv2D(filters=128, kernel_size=(3, 3), activation='relu'))

[30]: cnn.add(MaxPooling2D(pool_size=(2, 2)))
```

두 번째 합성곱 레이어로 들어가는 입력은 13×13×64로, 첫 번째 풀링 레이어의 출력이므로 스니펫 [29]의 출력은 11×11×128이 될 것이다. 11×11처럼 홀수 차원의 경우 케라스 풀링 레이어는 기본적으로 ***버림한다***(이번 경우에는 10×10이 된다.). 그러므로 이번 풀링 레이어의 결과는 5×5×128이 된다.

결과 플래트닝하기

이 시점에서 이전 레이어의 출력은 3차원(5×5×128)이지만, 모델의 최종 출력은 숫자를 분류하는 10개의 확률로 구성된 ***1차원 배열***이다. 1차원의 최종 결과를 내기 위해 먼저 이전 레이어의 3차원 결과의 차원을 ***낮춰야*** 한다. 케라스의 **플래튼(Flatten)** 레이어는 입력으로 들어온 값의 모양을 바꿔서 1차원으로 바꾼다. 이번 예제의 경우 **플래튼** 레이어의 결과가 1×3,200(즉 5x5x128)이 된다.

```
[31]: cnn.add(Flatten())
```

---

51 과적합을 줄이는 다른 기술로 드롭아웃 레이어를 추가하는 방법이 있다.

52 Tobias, Jost, Dosovitskiy, Alexey, Brox, Thomas, Riedmiller, and Martin. "Striving for Simplicity: The All Convolutional Net." April 13, 2015. https://arxiv.org/abs/1412.6806

53 https://github.com/keras-team/keras-applications/tree/master/keras_applications

덴스 레이어 추가해 특성의 수 줄이기

Flatten 레이어 전에 있는 레이어들은 숫자들의 특성을 학습했다. 이제 이러한 모든 특성을 취하고 이들 간의 관계를 배워 모델이 각 이미지가 나타내는 수를 분류할 수 있게 해야 한다. 특성의 관계를 학습하고 분류를 하는 것은 완전 연결 **밀집** 레이어(fully connected **Dense** layer)가 한다. 이것들은 이번 장의 앞에서 보여준 신경망 다이어그램에서 살펴본 것처럼 생겼다. 다음 밀집 레이어는 이전 레이어의 결과인 3,200개의 출력을 학습하는 128개의 뉴런(유닛)을 생성한다.

```
[32]: cnn.add(Dense(units=128, activation='relu'))
```

수많은 컨브넷들은 위에서 본 것처럼 최소한 하나의 밀집 레이어를 가진다. 1,400만 개 이상의 이미지가 있는 이미지넷[54]과 같은 고해상도 이미지를 사용하는 복잡한 이미지 데이터세트에 적합한 컨브넷은 종종 4,096개의 뉴런을 갖는 여러 개의 밀집 레이어를 가진다. 이런 구성은 케라스에서 미리 훈련시킨 이미지넷 컨트넷에서 볼 수 있는데[55] 이것들을 15.11절에서 확인해 볼 것이다.

최종 결과를 만들기 위해 밀집 레이어 추가하기

마지막 레이어는 0에서 9까지를 이용해서 입력하는 뉴런으로 분류하는 **밀집** 레이어이다. **softmax 활성 함수**는 10개의 뉴런에 남아있는 값을 분류 확률로 바꾸고, 가장 높은 확률을 만드는 뉴런이 주어진 이미지에 대해 예측한 값이 된다.

```
[33]: cnn.add(Dense(units=10, activation='softmax'))
```

모델의 요약 정보 출력하기

모델의 **summary 메서드**는 모델의 레이어를 보여주는데, 다양한 레이어의 출력 모양과 매개변수의 수를 출력해 준다는 점이 흥미롭다. 이 매개변수들은 훈련하면서 네트워크가 학습한 *가중치*값이다.[56, 57] 우리 모델은 상대적으로 작은 네트워크지만, 이 값이 거의 50만 개의 매개변수를 학습해야 한다. 이것은 대부분의 스마트폰 홈 스크린에서 아이콘 해상도의 4분의 1도 되지 않는 작은 이미지들을 위한 것이다. 오늘날의 디지털카메라가 만들어내는 고해상도의 4K 비디오 프레임 또는 초고해상도 이미지를 학습해야 하는 네트워크에는 얼마나 많은 특성이 있을지 상상해 보자. **결과 모양**(Output Shape)에 있는 None은 공급한 훈련 샘플이 몇 개나 되는지 모델이 미리 알 수 없다는 의미이다. 즉 훈련을 시작해 봐야 알 수 있는 값이다.

54 http://www.image-net.org

55 https://github.com/keras-team/keras-applications/tree/master/keras_applications

56 https://hackernoon.com/everything-you-need-to-know-about-neural-networks8988c3ee4491

57 https://www.kdnuggets.com/2018/06/deep-learning-best-practices-weightinitialization.html

```
[34]: cnn.summary()
_________________________________________________________________
Layer (type)                 Output Shape              Param #
=================================================================
conv2d_1 (Conv2D)            (None, 26, 26, 64)        640
_________________________________________________________________
max_pooling2d_1 (MaxPooling2 (None, 13, 13, 64)        0
_________________________________________________________________
conv2d_2 (Conv2D)            (None, 11, 11, 128)       73856
_________________________________________________________________
max_pooling2d_2 (MaxPooling2 (None, 5, 5, 128)         0
_________________________________________________________________
flatten_1 (Flatten)          (None, 3200)              0
_________________________________________________________________
dense_1 (Dense)              (None, 128)               409728
_________________________________________________________________
dense_2 (Dense)              (None, 10)                1290
=================================================================
Total params: 485,514
Trainable params: 485,514
Non-trainable params: 0
```

'훈련할 수 없는' 매개변수는 없다는 점을 알아두자. 기본적으로 케라스는 ***모든*** 매개변수를 훈련하지만, 특정 레이어에 대해 학습을 막을 수 있다. 이것은 네트워크를 튜닝할 때나 이미 학습된 매개변수를 사용할 때, 즉 **'이전 학습(transfer learning)'**이라는 과정에서 하게 된다.[58]

모델 구조 시각화하기

tensorflow.keras.utils 모듈에 있는 **plot_model 함수**를 사용해서 모델의 요약 정보를 시각화할 수 있다.

```
[35]: from tensorflow.keras.utils import plot_model
      from IPython.display import Image
      plot_model(cnn, to_file='convnet.png', show_shapes=True,
                 show_layer_names=True)
      Image(filename='convnet.png')
```

convnet.png에 시각화한 내용을 저장한 후 IPython.display 모듈의 **Image 클래스**를 사용해 노트북에서 이미지를 출력한다. 케라스는 이 이미지에 레이어 이름을 부여한다.[59]

---

58 https://keras.io/getting-started/faq/#how-can-i-freeze-keras-layers

59 다이어그램의 맨 위에 있는 큰 정수값 112430057960으로 표시된 노드는 현재 케라스 버전의 버그로 나타난 것이다. 이 노드는 입력 레이어를 표현한 것으로 'InputLayer'라고 되어야 한다.

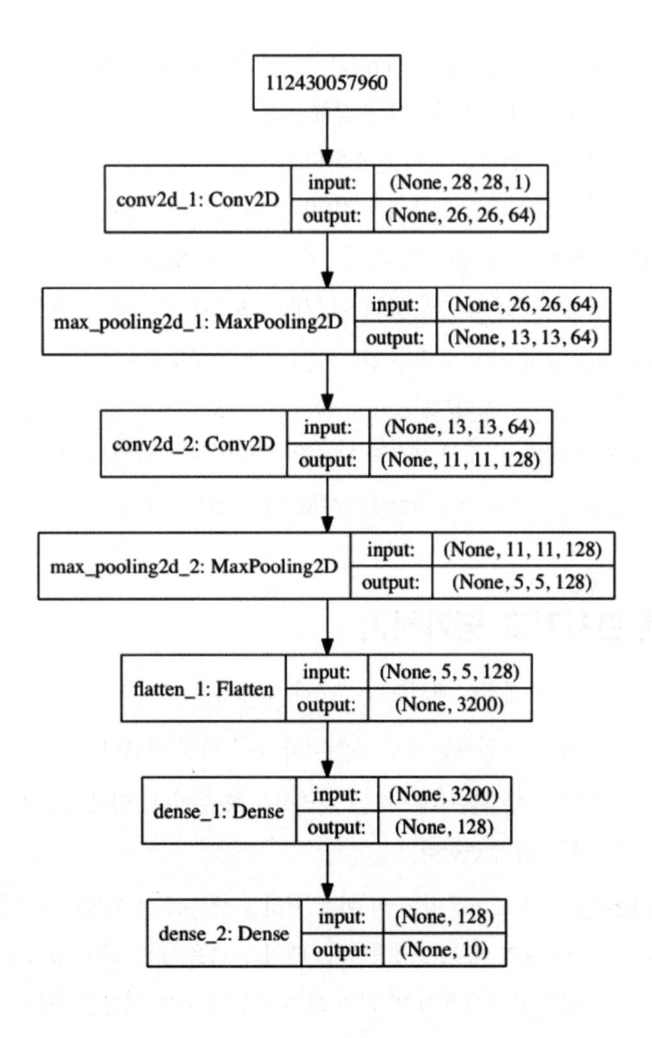

모델 컴파일하기

모든 레이어를 추가한 후 모델에 **compile 메서드**를 호출해서 모델을 완성한다.

```
[36]: cnn.compile(optimizer='adam',
                  loss='categorical_crossentropy',
                  metrics=['accuracy'])
```

사용된 인자는 다음과 같다.

- optimizer='adam' - 모델이 학습을 하면서 신경망의 가중치를 조정하기 위해 사용할 ***옵티마이저***를 지정한다. 여러 가지 옵티마이저가 있는데,[60] 'adam'은 다양한 모델에 대해 잘 동작하는 옵티마이저이다.[61, 62]

---

60 케라스 옵티마이저에 대한 상세한 내용은 다음 링크를 참조한다. https://keras.io/optimizers/

61 https://medium.com/octavian-ai/which-optimizer-and-learning-rate-should-i-usefor-deep-learning-5acb418f9b2

62 https://towardsdatascience.com/types-of-optimization-algorithms-used-in-neural-networks-and-ways-to-optimize-gradient-95ae5d39529f

- loss='categorical_crossentropy' - 이 값은 10개로 분류하는 컨브넷 같은 다중 분류 네트워크에서 옵티마이저가 사용할 ***손실함수***를 지정한다. 네트워크가 학습을 하면서 옵티마이저는 손실함수가 반환하는 값이 최소화되도록 한다. 손실값이 더 적을수록 신경망이 각 이미지가 의미하는 값을 더 잘 예측하는 것이다. 케라스는 이항 분류(이번 장 후반에 사용할)에는 'binary_crossentropy'를, 회귀에서는 'mean_squared_error'를 쓸 수 있도록 제공한다. 다른 손실함수를 보려면 https://keras.io/losses를 보자.
- metrics=['accuracy'] - 모델을 평가하는 데 편리하도록 네트워크가 만들 ***평가 지표***를 리스트로 지정한 것이다. 정확도(accuracy)는 분류 모델에서 일반적으로 사용되는 평가지표이다. 이번 예제에서는 정확한 예측의 백분율을 확인하기 위해서 정확도 평가 지표를 사용할 것이다. 다른 평가 지표의 경우 https://keras.io/metrics/를 찾아보자.

15.6.5 모델 훈련시키고 평가하기

사이킷-런의 모델과 비슷하게 **fit 메서드**를 호출해서 케라스 모델을 훈련시킨다.

- 사이킷-런처럼 처음 두 인자는 훈련 데이터와 분류 타깃 라벨이다.
- **epochs**는 모델이 전체 훈련 데이터를 처리하는 횟수이다. 앞에서도 설명했던 것처럼 신경망은 여러 번 반복해서 훈련한다.
- **batch_size**는 각 에포크 동안에 한 번에 처리할 샘플 수를 지정한다. 대부분의 모델에서는 32에서 512 사이의 2의 배수로 지정한다. 배치 간격을 넓게 하면 정확도가 떨어져서[63] 64를 선택했다. 다른 값을 테스트해서 이 값이 모델 성능에 어떤 영향을 주는지 알아보기 바란다.
- 일반적으로 일부 샘플은 모델을 ***검증하는 데*** 사용해야 한다. 검증 데이터를 지정하면 각 에포크를 끝내고 이 데이터를 사용해서 예측한 후 ***손실값과 정확도***를 표시한다. 이 값을 연구해서 레이어를 튜닝하고 fit 메서드의 하이퍼파라미터나 모델의 레이어 구성을 바꿀 수도 있다. 여기서 **validation_split 인자**를 사용해서 훈련 데이터의 마지막 10%(0.1)를 검증용으로 사용하도록 했다.[64] 이 경우 6,000개의 샘플을 검증용으로 사용한다. 검증용 데이터를 나누었다면 validataion_data 인자를 사용해서(이 방법은 15.9절 참고) 샘플과 타깃 라벨을 가지고 있는 튜플을 지정할 수 있다. 일반적으로 ***무작위로 선택된 데이터***를 사용하는 것이 좋고, 이런 목적으로 사이킷-런의 train_test_split 함수를 사용할 수 있다(이번 장의 뒤에서 해 볼 것이다.). 그리고 나서 validation_data 인자에 무작위로 선택된 데이터를 넘긴다.

---

63 Keskar, Nitish Shirish, Dheevatsa Mudigere, Jorge Nocedal, Mikhail Smelyanskiy and Ping Tak Peter Tang. "On Large-Batch Training for Deep Learning: Generalization Gap and Sharp Minima." CoRR abs/1609.04836 (2016). https://arxiv.org/abs/1609.04836

64 https://keras.io/getting-started/faq/#how-is-the-validation-split-computed

다음 코드의 결과에서 훈련 정확도(acc)와 검증 정확도(val_acc)를 볼드로 강조했다.

```
[37]: cnn.fit(X_train, y_train, epochs=5, batch_size=64, validation_split=0.1)
Train on 54000 samples, validate on 6000 samples
Epoch 1/5
54000/54000 [==============================] - 68s 1ms/step - loss:
0.1407 - acc: 0.9580 - val_loss: 0.0452 - val_acc: 0.9867
Epoch 2/5
54000/54000 [==============================] - 64s 1ms/step - loss:
0.0426 - acc: 0.9867 - val_loss: 0.0409 - val_acc: 0.9878
Epoch 3/5
54000/54000 [==============================] - 69s 1ms/step - loss:
0.0299 - acc: 0.9902 - val_loss: 0.0325 - val_acc: 0.9912
Epoch 4/5
54000/54000 [==============================] - 70s 1ms/step - loss:
0.0197 - acc: 0.9935 - val_loss: 0.0335 - val_acc: 0.9903
Epoch 5/5
54000/54000 [==============================] - 63s 1ms/step - loss:
0.0155 - acc: 0.9948 - val_loss: 0.0297 - val_acc: 0.9927
[37]: <tensorflow.python.keras.callbacks.History at 0x7f105ba0ada0>
```

15.7절에서 ***텐서보드***를 소개할 것이다. 텐서보드는 딥러닝 모델의 데이터를 시각화하는 텐서플로 도구이다. 특히 에포크에 따라서 훈련과 검증의 정확도 및 손실값의 변화가 어떻게 되는지 보여주는 차트를 볼 수 있다. 15.8 절에서는 안드레이 카르파티(Andrej Karpathy)의 ConvnetJS 툴을 실습해 본다. 이 툴은 웹브라우저에서 합성곱 신경망(convnet)을 훈련하고 동적으로 각 레이어들의 출력을 시각화한다. 이것으로 학습을 하는 각각의 합성곱 데이터가 무엇을 보는지도 알 수 있다. MNIST와 CIFAR10 모델을 실행시켜 보자. 이런 도구들은 신경망의 복잡한 연산을 이해하는 데 도움을 준다.

훈련을 진행하면서 fit 메서드는 각 에포크의 진행을 보여주는 정보를 출력한다. 에포크가 얼마나 오랫동안 실행되었는지(예제에서는 63~70초 사이) 그리고 그 단계에서의 평가 지표를 보여준다. 모델의 마지막 에포크에서는 정확도가 훈련 샘플에 대해 99.48%(acc)이고 검증용 샘플에서는 99.27%(val_acc)에 도달했다. 이 결과는 놀라운 수치다. 아직 훨씬 좋은 결과를 이끌어낼 수 있는(또는 나쁜) 하이퍼파라미터를 튜닝하거나 레이어의 수나 종류를 변경하지도 않았다. 머신러닝과 마찬가지로 딥러닝은 많은 실험을 통해 결과를 얻는 경험적 과학이다.

모델 평가하기

이제 모델이 아직 본 적 없는 데이터에 대해 모델의 정확도를 확인해 볼 수 있게 되었다. 이를 위해서 모델의 **evaluate 메서드**를 호출하는데, 이 메서드는 그 결과로 테스트 샘플을 처리하는 시간을 출력한다. (이번 예제에서는 4초 366마이크로초 걸렸다.)

```
[38]: loss, accuracy = cnn.evaluate(X_test, y_test)
10000/10000 [==============================] - 4s 366us/step

[39]: loss
[39]: 0.026809450998473768

[40]: accuracy
[40]: 0.9917
```

앞의 결과에 따르면 컨브넷 모델은 아직 보지 못했던 데이터에 대해 예측할 때 99.17% 정확도를 보였다. 아직 모델 튜닝을 하지 않은 상태이지만, 조금만 온라인으로 찾아보면 MNIST를 거의 100% 정확도로 예측하는 모델을 찾을 수 있다. 레이어의 수를 바꿔보고, 레이어의 타입과 매개변수를 변경하여 테스트해 보고 이런 변화가 결과에 어떤 영향을 주는지 관찰해 보자.

예측해 보기

모델의 **predict 메서드**는 인자로 주어진 숫자 이미지(X_test)를 예측한다.

```
[41]: predictions = cnn.predict(X_test)
```

y_test[0]을 확인해 보면 첫 번째 샘플의 숫자가 무엇인지 확인할 수 있다.

```
[42]: y_test[0]
[42]: array([0., 0., 0., 0., 0., 0., 0., 1., 0., 0.], dtype = float32)
```

결과를 보면 첫 번째 샘플은 숫자 7이다. 테스트 샘플의 라벨 분류 표현을 보면 인덱스 7에 1.0으로 표시되어 있고, ***원-핫 인코딩*** 방법으로 되어 있다.

첫 번째 테스트 샘플에 대해 predict 메서드가 반환한 확률을 확인해 보자.

```
[43]: for index, probability in enumerate(predictions[0]):
          print(f'{index}: {probability:.10%}')
0: 0.0000000201%
1: 0.0000001355%
2: 0.0000186951%
3: 0.0000015494%
4: 0.0000000003%
5: 0.0000000012%
6: 0.0000000000%
7: 99.9999761581%
8: 0.0000005577%
9: 0.0000011416%
```

결과를 보면 predictions[0]은 모델이 숫자가 7이라고 *거의* 100% 확실하게 믿고 있다는 것을 보여준다. 모든 예측이 이런 정도로 확실하지는 않다.

잘못 예측한 것의 위치 파악하기

이번에는 우리 모델이 어떤 문제를 가지고 있는지 알아보기 위해서 *잘못* 예측된 이미지를 살펴보자. 예를 들어 8에 대해 항상 잘못된 예측을 하고 있다면 아마도 훈련 데이터에 8이 더 많이 필요할 것이다.

잘못된 예측을 보기 전에 그것들의 위치를 알아야 한다. 위에서 보았던 predications[0]을 생각해 보자. 예측이 올바른지 알아보기 위해 predictions[0]에서 가장 큰 확률이 있는 인덱스를 y_test[0]에서 1.0이 있는 요소의 인덱스와 비교해야 한다. 이들 두 인덱스가 동일하면 올바른 예측이고, 그렇지 않으면 잘못된 예측이다. 넘파이의 argmax 함수는 주어진 배열에서 가장 높은 값을 갖는 인덱스를 알아낸다. 이 함수를 이용해서 잘못된 예측은 한 것들의 위치를 파악해 보자. 다음 스니펫을 보면 p는 예측된 값 배열이고 e는 예측된 값의 배열이다(기댓값은 테스트 이미지에 대한 라벨이다.).

```
[44]: images = X_test.reshape((10000, 28, 28))
      incorrect_predictions = []

      for i, (p, e) in enumerate(zip(predictions, y_test)):
          predicted, expected = np.argmax(p), np.argmax(e)

          if predicted != expected:
              incorrect_predictions.append(
                  (i, images[i], predicted, expected))
```

이번 스니펫은 케라스가 학습하는데 필요했던 (28, 28, 1) 모양의 샘플을 다시 매트플롯리브가 이미지를 출력하는 데 필요한 모양 (28,28)로 먼저 변경한다. 그리고 다시 for 구문을 사용해서 incorrect_predictions 리스트를 채운다. predictions와 y_test에 있는 각 값들을 zip으로 묶고 enumerate() 함수로 그것들의 인덱스로 수집한다. p와 e에 대해 argmax한 결과가 다르면 예측이 잘못된 것이다. 그러면 이 샘플의 인덱스, 이미지, **predicted 값**, 그리고 **expected 값** 등을 포함한 정보를 incorrect_predictions 변수에 튜플로 추가해서 잘못 예측한 수를 확인할 수 있다(테스트 세트 1만 개 중에 발생한 오류의 수).

```
[45]: len(incorrect_predictions)
[45]: 83
```

잘못된 예측값 시각화하기

다음 스니펫은 각각의 이미지 인덱스, 예측값(p), 그리고 기댓값(e) 등 잘못 예측한 24개의 이미지를 출력한다.

```
[46]: figure, axes = plt.subplots(nrows=4, ncols=6, figsize=(16, 12))

      for axes, item in zip(axes.ravel(), incorrect_predictions):
          index, image, predicted, expected = item
          axes.imshow(image, cmap=plt.cm.gray_r)
          axes.set_xticks([]) # x축 눈금 제거
          axes.set_yticks([]) # y축 눈금 제거
          axes.set_title(
              f'index: {index}\np: {predicted}; e: {expected}')

      plt.tight_layout()
```

기댓값을 보기 전에 각 숫자를 보고 어떤 글자라고 생각하는지 적어보자. 이것은 데이터에 대해 알아가는 아주 중요한 과정이다.

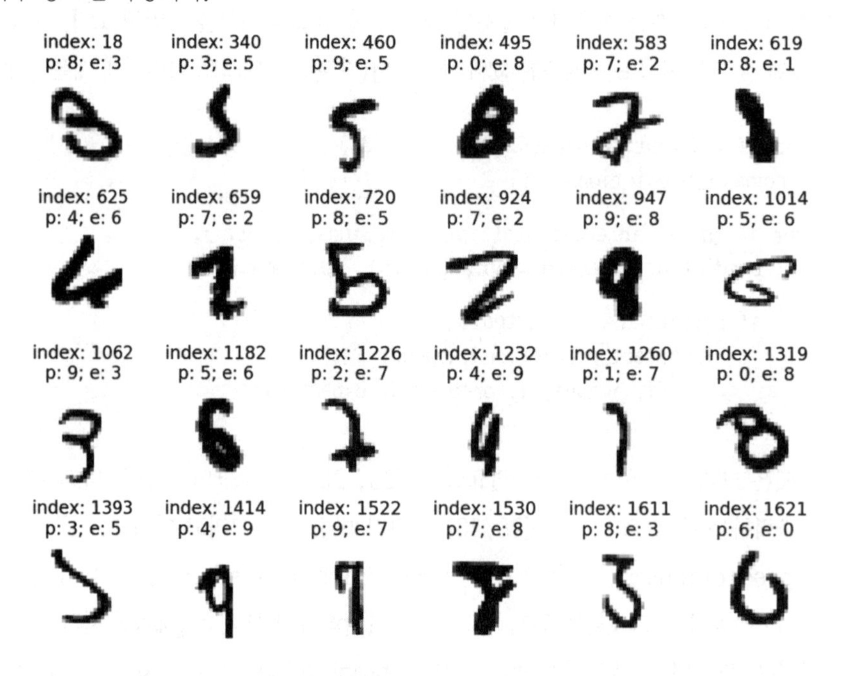

일부 잘못 예측한 것들에 대한 확률 출력하기

몇 가지 잘못 예측한 것들의 확률을 살펴보자. 다음 함수는 특정 예측 배열을 출력한다.

```
[47]: def display_probabilities(prediction):
          for index, probability in enumerate(prediction):
              print(f'{index}: {probability:.10%}')
```

이미지의 첫 번째 줄에 있는 8(인덱스 495에 있는)은 우리가 보기에 8처럼 보이지만, 우리 모델에서는 이렇게 보이지 않았다. 다음 결과에서 볼 수 있는 것처럼, 모델은 이 이미지를 0이라고 예측했다. 그러면서도 16% 확률로 6일 수도 있고, 23% 확률로 8일 수도 있다고 예측했다.

```
[48]: display_probabilities(predictions[495])
0: 59.7235262394%
1: 0.0000015465%
2: 0.8047289215%
3: 0.0001740813%
4: 0.0016636326%
5: 0.0030567855%
6: 16.1390662193%
7: 0.0000001781%
8: 23.3022540808%
9: 0.0255270657%
```

첫 번째 줄에 있는 2(인덱스 583에 있는)는 62.7% 확률로 거의 확실하게 7로 예측했다. 하지만 36.4%의 확률로 2일 것이라고 보았다.

```
[49]: display_probabilities(predictions[583])
0: 0.0000003016%
1: 0.0000005715%
2: 36.4056706429%
3: 0.0176281916%
4: 0.0000561930%
5: 0.0000000003%
6: 0.0000000019%
7: 62.7455413342%
8: 0.8310816251%
9: 0.0000114385%
```

두 번째 줄 앞에 있는 6(인덱스 625)은 4로 예측했지만 확실하게 예측하지는 못했다. 이 경우 4일 확률(51.6%)이 6일 확률(48.38%)보다 아주 조금 높았다.

```
[50]: display_probabilities(predictions[625])
0: 0.0008245181%
1: 0.0000041209%
2: 0.0012774357%
3: 0.0000000009%
4: 51.6223073006%
5: 0.0000001779%
6: 48.3754962683%
7: 0.0000000085%
8: 0.0000048182%
9: 0.0000785786%
```

15.6.6 모델 저장하고 로드하기

요구 사항에 적합한 모델을 디자인하고 테스트했다면 이제 이 모델 상태를 저장해 보자. 일단 모델을 저장을 하면 모델을 나중에 로드해서 더 정확하게 예측할 수 있고, 가끔 새로운 문제를 풀기 위해서 모델을 다시 로드시켜서 더 훈련을 시킬 수도 있다. 예를 들어 모델 레이어는 이미 직선과 곡선 같은 특성을 어떻게 인지할지 알고 있는데, 이런 것들은 손글씨를 인지(EMNIST 데이터세트 같은)하는 데도 도움이 될 수 있다. 그렇기 때문에 기존에 있던 모델을 로드하고 이것을 이용해서 더 완전한 모델을 만드는 기반으로 사용할 수 있다. 이런 과정을 **'전이 학습(transfer learning)'**이라고 해서[65, 66] 기존 모델의 지식을 새로운 모델로 전달하는 것이다. 케라스 모델의 **save 메서드**는 모델의 아키텍처와 상태 정보를 **HDF5(Hierarchical Data Format)** 형태로 저장하고, 이런 파일들은 기본적으로 `.h5` 파일 확장자를 사용한다.

```
[51]: cnn.save('mnist_cnn.h5')
```

`tensorflow.keras.models` 모듈에서 **`load_model` 함수**를 이용해 저장된 모델을 로드할 수 있다.

```
from tensorflow.keras.models import load_model
cnn = load_model('mnist_cnn.h5')
```

그리고 나서 모델의 메서드 호출할 수 있다. 예를 들어 데이터가 있으면 새로운 데이터에 대해 더 예측해 보기 위해 `predict`를 호출하거나 추가된 데이터를 가지고 더 훈련시키기 위해서 `fit`을 호출할 수 있다.

케라스는 모듈을 다양한 관점으로 저장하고 로드할 수 있는 몇 가지 추가 함수들을 제공한다. 추가 정보는 다음 링크에서 볼 수 있다.

https://keras.io/getting-started/faq/#how-can-i-save-a-keras-model

15.7 텐서보드로 신경망 훈련 시각화하기

딥러닝 네트워크는 너무 복잡도가 높고 내부적으로 처리되는 것들이 많아서 세세한 것들을 모두 알고 이해하는 것이 어렵다. 이 때문에 모델과 알고리즘을 테스트, 디버깅, 그리고 업데이트하는 데 어려움이 있다. 딥러닝은 특성을 학습하지만, 그 수가 엄청나게 많을 수 있으며, 그것들이 분명하게 보이지 않을 수도 있다.

---

65 https://towardsdatascience.com/transfer-learning-from-pre-trained-modelsf2393f124751

66 https://medium.com/nanonets/nanonets-how-to-use-deep-learning-when-you-have-limited-data-f68c0b512cab

구글은 텐서플로와 케라스로 개발된 신경 네트워크를 시각화할 수 있는 **텐서보드**[67, 68]라는 툴을 제공한다. 자동차에 있는 계기판이 속도, 엔진 온도 그리고 남아있는 연료 같은 자동차 센서에서 오는 데이터를 표시하는 것처럼 **텐서보드의 대시보드**는 딥러닝 모델에서 오는 데이터를 시각화한다. 이 정보를 통해 모델이 얼마나 잘 학습하고 있는지 알 수 있고, 모델의 하이퍼파라미터를 튜닝하는 데도 도움이 될 수도 있다. 이번 절에서는 텐서보드를 소개한다.

텐서보드 실행하기

텐서보드는 시스템에 있는 폴더를 모니터링해서 웹브라우저에 표시될 데이터가 있는 파일들을 찾는다. 여기서는 폴더를 생성하고 텐서보드 서버를 실행한 후 웹브라우저를 사용해서 접근한다.

다음과 같은 순서로 실행한다.

❶ 터미널, 셸 또는 아나콘다 커맨드 프롬프트에서 ch15 폴더로 이동한다.

❷ 아나콘다에서 tf_env 환경을 활성화시킨다.

```
conda activate tf_env
```

❸ 다음 명령을 실행시켜서 텐서보드 시각화를 위한 정보를 저장할 logs라는 이름의 폴더를 생성한다.

```
mkdir logs
```

❹ 텐서보드를 실행한다.

```
tensorboard --logdir=logs
```

❺ 이제 다음 링크를 통해 웹브라우저에서 텐서보드에 접근할 수 있다.

```
http://localhost:6006
```

모델을 실행시키기 전에 텐서보드에 연결하면 "No dashboards are active for the current data set.(현재 데이터세트에 대해 활성화된 대시보드가 없다.)"라는 메시지를 표시하는 페이지가 보일 것이다.[69]

15

텐서보드 대시보드

텐서보드는 지정된 폴더를 모니터링해서 모델이 학습하면서 만들어내는 파일을 찾는다. 텐서보드에서 데이터가 업데이트된 것을 인지하고, 대시보드로 업데이트된 정보를 로드한다.

67 https://github.com/tensorflow/tensorboard/blob/master/README.md

68 https://www.tensorflow.org/guide/summaries_and_tensorboard

69 텐서보드는 현재 마이크로소프트의 엣지 브라우저에는 동작하지 않는다.

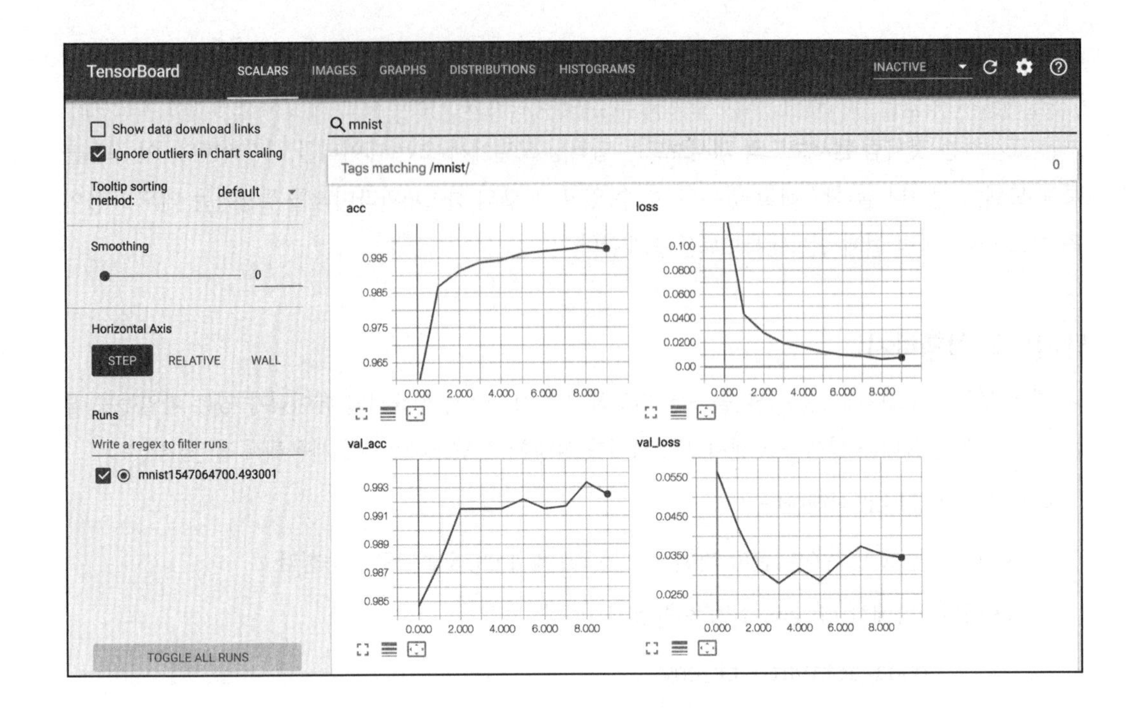

훈련하는 중간 혹은 훈련을 마치고 나서도 데이터를 볼 수 있다. 위에서 보여주는 대시보드는 텐서보드의 **SCALARS** 탭을 보여준다. 이 탭에서는 훈련 정확도(acc)와 훈련 손실(`loss`)은 첫 번째 줄에서, 검증 데이터의 정확도(`val_acc`)와 손실(`val_loss`)은 두 번째 줄에서 보여주고, 시간에 따른 각 변화는 차트로 보여준다. 이 다이어그램은 `MNIST_CNN_TensorBoard.ipynb`에서 제공한 MNIST 컨브넷을 10번 에포크 실행한 것을 시각화한 것이다. 에포크는 첫 번째 에포크를 0으로 하고 x축을 따라서 표시했다. 정확도와 손실값은 y축에 표시된다. 훈련과 검증 데이터의 정확도를 보면 처음 다섯 번의 에포크의 결과는 이전 절에서 다섯 번 에포크를 거친 결과와 비슷한다.

열 번의 에포크 실행 결과를 보면 훈련의 정확도가 아홉 번의 에포크까지 꾸준히 증가하다가 약간 떨어졌다. 이 시점이 과적합이 되는 시점이라고 할 수도 있지만, 이것을 확인하기 위해서 훈련을 더 해 볼 필요가 있다. 검증 데이터의 정확도의 경우 빠르게 증가하는 것을 볼 수 있다. 그리고 나서 크게 증가하고 떨어지기 전인 5 에포크에서는 다소 일정했다. 훈련 데이터의 손실값은 급격히 떨어지고 나서 약간 증가하기 전인 아홉 번째 에포크까지 계속 감소한다는 것을 알 수 있다. 검증 데이터의 손실값은 빠르게 떨어지고 나서 다시 돌아섰다. 이 모델을 더 훈련시켜서 결과가 더 좋아지는지 볼 수도 있지만, 다이어그램을 통해서 보면 여섯 번째 에포크에서 최소한의 검증 손실과 함께 훈련과 검증 정확성이 조화로운 모델이 만들어졌음을 알 수 있다.

보통 대시보드에서 이런 다이어그램들은 수직으로 쌓인다. 검색 필드(다이어그램 위)를 사용하여 폴더 이름에 'mnist'라는 이름을 가진 항목을 표시했는데, 잠시 후에 설정해 볼 것이다. 텐서보드는 데이터를 한 번에 여러 모델을 로드할 수도 있고 시각화할 모델을 선택할 수도 있다. 이 기능을 이용하면 여러 가지 다른 모델을 비교하거나 같은 모델을 다양한 횟수로 실행시켰을 때 쉽게 비교할 수 있다.

MNIST 컨트넷 노트북 복사하기

이번 예제에 쓰일 노트북을 생성한다.

❶ 주피터랩의 **File Browser** 탭에서 MINST_CNN.ipynb 노트북을 마우스 오른쪽 단추로 클릭하고 **Duplicate**를 선택해서 노트북 복제본을 만든다.

❷ MNIST_CNN-Copy1.ipynb라는 새로운 노트북을 마우스 오른쪽 단추로 클릭해서 **Rename**을 선택하고 MNIST_CNN_TensorBoard.ipynb를 입력한 후 Enter를 누른다.

이름을 더블클릭해서 노트북을 연다.

텐서보드 로그 파일을 기록하게 케라스 설정하기

텐서보드를 사용하기 위해서 모델을 훈련시키기 전에 **TensorBoard 객체**(tensorflow.keras.callbacks 모듈)를 설정해야 한다. 이 객체는 모듈이 텐서보드가 모니터링하고 있는 특정 폴더에 데이터를 기록하는 데 사용한다. 케라스에서는 이 객체를 **'콜백(callback)'**이라고 한다. 노트북에서 모델의 fit 메서드를 호출하는 스니펫의 왼쪽을 클릭하고 a를 입력한다. 이 키는 현재 셀 ***위에*** 새로운 코드 셀을 추가하는 단축키로, (b를 누르면 ***아래에*** 코드 셀을 추가한다.) 새로운 셀에서 다음과 같은 코드를 입력하여 TensorBoard 객체를 생성한다.

```
from tensorflow.keras.callbacks import TensorBoard
import time

tensorboard_callback = TensorBoard(log_dir=f'./logs/mnist{time.time()}',
    histogram_freq=1, write_graph=True)
```

사용한 인자는 다음과 같다.

- log_dir – 모델의 로그파일이 쓰여질 폴더의 이름. './logs/'는 이전에 생성한 logs 폴더에 새로운 폴더를 생성할 것을 의미한다. 그 폴더에 'mnist'와 현재 시간이 이름 뒤에 붙는다. 이렇게 하면 노트북을 실행할 때마다 별도의 로그 폴더를 갖게 된다는 것을 보장하고 텐서보드에서 여러 번의 실행을 비교할 수 있다.
- histogram_freq – 케라스가 모델의 로그파일을 기록할 ***에포크*** 주기. 예제에서는 에포크마다 데이터를 logs 폴더에 기록한다.
- write_graph – 이 값이 True이면 모델의 그래프가 출력된다. 텐서보드의 **GRAPHS** 탭에서 그래프를 볼 수 있다.

fit 메서드 업데이트하기

마지막으로 스니펫 [37]에 있는 원래의 fit 메서드의 호출을 변경해야 한다. 이번 예제에서는 에포크

수를 10으로 설정하고 콜백 객체 목록을 callbacks 인자로 추가했다.[70]

```
cnn.fit(X_train, y_train, epochs=10, batch_size=64,
        validation_split=0.1, callbacks=[tensorboard_callback])
```

이제 주피터랩에서 **Kernel-Restart Kernel and Run All Cells**를 선택해서 노트북을 다시 실행할 수 있다. 첫 번째 에포크가 끝나면 텐서보드에서 데이터가 보이기 시작한다.

15.8 ConvnetJS: 브라우저 기반의 딥러닝 훈련 및 시각화

이번 절에서는 웹브라우저에서 합성곱 신경망을 훈련하고 시각화해 주는 Andrej Karpathy의 자바스크립트 기반의 ConvnetJS 툴을 살펴볼 것이다.[71]

https://cs.stanford.edu/people/karpathy/convnetjs/

ConvnetJS의 샘플 신경망을 실행해 보고 여러분의 것을 새로 작성할 수 있다. 우리는 이들을 여러 데스크톱과 태블릿, 그리고 핸드폰 브라우저에서 사용해 보았다.

ConvnetJS MNIST 데모는 15.6에서 소개했던 MNIST 데이터를 사용해서 합성곱 신경망을 훈련시키는 것이다. 데모에서는 모델을 훈련을 하면서 동적으로 데이터가 업데이트되고 여러 개의 섹션을 가지고 있는 스크롤 가능한 대시보드를 보여준다.

훈련 통계

이 섹션에는 신경망 훈련을 멈추고 현재 대시보드 시각화를 중지할 수 있는 **Pause** 버튼이 있는데, 데모를 중지시키면 버튼의 텍스트가 **resume**로 변경되고, 다시 클릭하면 훈련을 계속한다. 이 섹션에서는 훈련과 검증의 정확도, 그리고 훈련 손실값의 그래프 같은 것들을 포함하는 훈련 통계도 보여준다.

네트워크와 훈련 초기화

이 섹션에서는 합성곱 신경망을 생성하는 자바스크립트를 볼 수 있다. 기본 네트워크는 15.6절에 있는 컨브넷과 비슷한 레이어를 갖는다. ConvnetJS 문서[72]에서는 지원하는 레이어의 종류와 그것들을 설정할 수 있는 방법을 보여준다. 제공된 텍스트 상자에 있는 레이어 설정을 이용해서 실험해 볼 수도 있고, **change network** 버튼을 클릭해서 변경된 네트워크로 훈련을 시작할 수도 있다.

70 케라스의 다른 콜백들을 보려면 다음 링크를 참조한다. https://keras.io/callbacks/

71 ConvnetJS는 깃허브(https://github.com/karpathy/convnetjs)에서도 다운로드할 수 있다.

72 https://cs.stanford.edu/people/karpathy/convnetjs/docs.html

네트워크 시각화

이 섹션에서는 한 번에 하나의 훈련 이미지를 보여주고, 네트워크가 그 이미지를 어떻게 처리하는지 각 레이어들을 통해서 보여준다. **Pause** 버튼을 클릭해서 주어진 숫자 이미지에 대해 네트워크가 학습을 진행하면서 네트워크가 데이터를 어떻게 보고 있는지 감을 잡을 수 있게 모든 레이어의 결과를 살펴보자. 이 네트워크의 마지막 레이어는 분류 확률을 계산한다. 열 개의 정사각형을 부여한 후 아홉 개는 검은색으로, 한 개는 흰색으로 현재 숫자 이미지에서 예측되는 값을 표시한다.

테스트세트에 대한 예측

마지막 섹션은 테스트세트 이미지에서 무작위로 선정된 것을 보여주고 각 이미지에 대해 세 가지 가능한 분류를 보여준다. 가장 확률이 높은 것은 녹색 막대의 위에, 다른 두 개는 빨간색 막대의 위에 표시한다. 각 막대의 길이는 분류될 확률을 표시한다.

15.9 순환 신경망; IMDb 데이터세트로 감성 분석

여기서 살펴볼 ***순환 신경망***에서 알 수 있듯이 ***비순차적*** 모델도 가능하다. 이번 절에서는 케라스에 번들로 있는 IMDb(인터넷 영화 데이터베이스) 영화 리뷰 데이터세트[73]를 사용해서 주어진 리뷰에 대한 감성이 긍정적인지, 부정적인지를 예측하는 **이항 분류**를 해 보자.

시계열 데이터나 문장과 같은 순차적인 데이터를 처리하는 **순환 신경망(RNN; Recurrent Nesural Network)**을 사용하려고 한다. '순환(recurrent)'이라는 용어는 이 신경망이 주어진 레이어의 출력이 다음 **시간 스텝**에 동일한 레이어의 입력이 되는 *루프*를 포함하고 있다는 것에서 유래한다. 시계열 데이터의 경우 다음 스텝은 시간적으로 다음 측정 시간을 의미하고, 텍스트 시퀀스에서 다음 스텝은 단어들의 시퀀스에서 다음 단어를 의미할 수 있다.

RNN에서 순환은 순차적으로 있는 데이터와 데이터 간의 관계를 학습하고 기억할 수 있게 한다. 예를 들어 11장 '자연어 처리(NLP)'에서 사용했던 다음 문장을 생각해 보자.

```
The food is not good.
```

이 문장은 분명 부정적 감정을 보인다.

```
The movie was good.
```

마찬가지로 다음에 나오는 문장만큼은 아니지만 이 문장도 긍정적인 감정을 보인다.

```
The movie was excellent!
```

---

73 Maas, Andrew L. and Daly, Raymond E. and Pham, Peter T. and Huang, Dan and Ng, Andrew Y. and Potts, Christopher, "Learning Word Vectors for Sentiment Analysis," *Proceedings of the 49th Annual Meeting of the Association for Computational Linguistics: Human Language Technologies,* June 2011. Portland, Oregon, USA. Association for Computational Linguistics, pp. 142 150. http://www.aclweb.org/anthology/P11-1015

첫 번째 문장에서 'good' 이라는 단어는 그 자체가 긍정적인 감정을 담고 있다. 하지만 *앞의* 문장에서 'not'이 오면 부정적인 문장이 된다. RNN은 일렬로 있는 부분의 앞뒤 간의 관계를 고려한다.

앞의 예제에서 감성을 판단하는 단어는 형용사였다. 하지만 텍스트의 의미를 판단할 때는 고려할 단어들이 많을 수 있고, 그 사이에 임의의 단어가 있을 수 있다. 이번 절에서는 **LSTM(장단기 메모리)** 레이어를 사용할 것이다. 이 레이어는 신경망을 ***순환적으로*** 만들어 위에서 설명한 것과 같이 순차적인 것들로부터 학습하는 데 최적화되어 있다.

RNN은 다음과 같은 일을 하는 데 사용한다.[74, 75, 76]

- 텍스트 입력 예측 – 키보드로 입력하면 다음에 나올 수 있는 단어를 출력한다.
- 감성 분석
- 말뭉치에서 얻은 최상의 답으로 질문에 답하기
- 언어간 번역
- 영상에 자동으로 캡션 달기

15.9.1 IMDb 영화 리뷰 데이터세트 로딩하기

케라스에 포함된 IMDb 영화 리뷰 데이터세트는 2만 5,000개의 훈련 샘플과 2만 5,000개의 테스트 샘플이 있다. 각각의 샘플은 긍적(1) 또는 부정(0)으로 라벨링되어 있다. **`tensorflow.keras.datasets.imdb` 모듈**을 임포트해서 데이터세트를 로드할 수 있다.

```
[1]: from tensorflow.keras.datasets import imdb
```

`imdb` 모듈에 있는 **`load_data` 함수**는 IMDb 훈련 데이터세트와 테스트용 데이터세트를 반환한다. 이 데이터세트에는 8만 8,000개 이상의 단어들로 구성되어 있다. `load_data` 함수는 단어의 수를 지정해서 훈련용 데이터와 테스트용 데이터의 일부를 임포트할 수 있다. 이 경우에는 시스템이 가지고 있는 메모리의 한계와 훈련을 의도적으로 GPU가 아닌 CPU로 하고 있다는 것 때문에 1만 개의 가장 많이 등장하는 단어들만 로드했다(대부분의 독자들은 GPU나 TPU가 있는 시스템을 가지고 있지 않을 것이기 때문에). 로드할 데이터가 많을수록 훈련 시간도 길어지지만, 데이터가 많을수록 더 좋은 모델을 만들 수 있다.

74 https://www.analyticsindiamag.com/overview-of-recurrent-neural-networks-and-their-applications/
75 https://en.wikipedia.org/wiki/Recurrent_neural_network#Applications
76 http://karpathy.github.io/2015/05/21/rnn-effectiveness/

```
[2]: number_of_words = 10000

[3]: (X_train, y_train), (X_test, y_test) = imdb.load_data(
         num_words=number_of_words)
```

load_data 함수는 훈련 데이터와 테스트 데이터가 있는 두 개의 요소로 된 튜플을 반환한다. 각 요소들은 그 자체도 튜플로 샘플과 라벨을 각각 가지고 있다. 주어진 리뷰에서 load_data는 상위 1만 개의 이외의 단어들을 대체값으로 바꾼다. 이 부분을 뒤에서 설명할 것이다.

15.9.2 데이터 탐색하기

훈련 데이터세트(X_train), 훈련세트 라벨(y_train), 검증 데이터세트(X_test), 그리고 검증 데이터의 라벨(y_test)의 차원을 확인해 보자.

```
[4]: X_train.shape
[4]: (25000,)

[5]: y_train.shape
[5]: (25000,)

[6]: X_test.shape
[6]: (25000,)

[7]: y_test.shape
[7]: (25000,)
```

y_train과 y_test 배열은 1과 0으로 구성된 1차원 배열들이다. 이 값은 각각의 리뷰가 긍정적인지, 부정적인지를 가리킨다. 앞의 결과를 보면 X_train과 X_test도 1차원 데이터이다. 스니펫[9]에 보이는 것처럼 각 요소들은 리뷰 내용을 나타내는 정수들의 ***리스트***이다.[77]

```
[8]: %pprint
[8]: Pretty printing has been turned OFF

[9]: X_train[123]
[9]: [1, 307, 5, 1301, 20, 1026, 2511, 87, 2775, 52, 116, 5, 31, 7, 4, 91, 1220,
102, 13, 28, 110, 11, 6, 137, 13, 115, 219, 141, 35, 221, 956, 54, 13, 16, 11,
2714, 61, 322, 423, 12, 38, 76, 59, 1803, 72, 8, 2, 23, 5, 967, 12, 38, 85, 62,
358, 99]
```

케라스 딥러닝 모델은 ***숫자 데이터***가 필요하기 때문에 케라스 팀에서 IMDb 데이터세트를 전처리해 두었다.

---

77 여기서 %pprint 매직을 사용해서 잘 정렬되게 출력하는 기능을 껐다. 따라서 이어지는 스니펫의 결과는 세로로 길게 출력되지 않고 가로로 출력된다. 이 기능으로 지면을 아낄 수 있다. 다시 %pprint 매직을 실행하면 해당 기능이 켜진다.

영화 리뷰 인코딩

영화 리뷰는 숫자로 인코딩되어 있어서 원래의 텍스트를 볼 때는 각 숫자가 의미하는 단어를 알아야 한다. 케라스 IMDb 데이터세트는 단어를 단어 인덱스와 맵핑을 하는 사전이 있다. 각 단어에 대응하는 값은 전체 리뷰에 있는 모든 단어 중에서 반복 횟수 순위이다. 따라서 첫 번째 오는 단어는 가장 많이 등장하는 단어(케라스팀에서 이 데이터세트를 가지고 계산한 것)이고, 두 번째 오는 단어는 두 번째로 많이 등장한 단어가 되는 식이다.

가장 많이 등장하는 단어의 사전값이 1이지만, 인코딩된 리뷰(이전에 보여준 `X_train[123]`처럼) ***오프셋 3이*** 추가된다. 따라서 가장 많이 등장하는 단어를 가지고 있는 영화 리뷰에서는 그 단어가 등장하는 곳마다 4라는 숫자가 쓰인다. 케라스에서는 0, 1, 2 값이 다음과 같은 목적으로 쓰이도록 예약되어 있다.

- 리뷰에서 0은 ***패딩***을 표현한다. 케라스 딥러닝 알고리즘은 모든 훈련 데이터 샘플이 동일한 차원수를 가지고 있다고 가정한다. 따라서 어떤 리뷰는 주어진 길이만큼 길어져야 하고, 어떤 리뷰는 정해진 길이가 되기 위해서 짧아져야 한다. 길어져야 하는 리뷰는 0으로 패딩이 붙는다.
- 1은 케라스가 내부적으로 학습용 텍스트 시퀀스의 시작을 가리키는데 사용되는 토큰이다
- 리뷰의 숫자 2는 알지 못하는 단어를 의미한다. 보통 `load_data`를 호출하면서 `num_words` 인자를 지정해서 로드되지 못한 단어들이다. 이 때 `num_words`보다 순위가 높은 단어들은 모두 2로 바꾼다. 이 과정은 데이터를 로드할 때 케라스가 처리한다.

리뷰 내용을 표현하고 있는 숫자 데이터는 오프셋 3부터 시작하기 때문에 리뷰를 디코딩할 때는 이런 점을 고려해야 한다.

영화 리뷰 해석하기

영화 리뷰를 해석해 보자. 먼저 `tensorflow.keras.datasets.imdb` 모듈에 있는 **`get_word_index` 함수**를 호출해서 단어-인덱스 딕셔너리를 가져온다.

```
[10]: word_to_index = imdb.get_word_index()
```

`'great'` 이라는 단어는 긍정적인 리뷰로 나타날 것이다. 사전에 있는지 확인해 보자.

```
[11]: word_to_index['great']
[11]: 84
```

결과를 살펴보면 `'great'`는 데이터세트에서 84번째로 많이 사용되는 단어이다. 사전에서 찾는 단어가 없다면 예외가 발생한다.

출현 빈도 순위를 단어로 변환하기 위해서 word_to_index 딕셔너리의 맵핑을 뒤집어서 빈도로 단어를 찾을 수 있게 한다. 다음에 보이는 딕셔너리 컴프리헨션은 맵핑을 뒤집는 일을 한다.

```
[12]: index_to_word = \
         {index: word for (word, index) in word_to_index.items()}
```

딕셔너리의 items 메서드는 딕셔너리의 키-값 쌍 튜플로 순회할 수 있게 해 준다. 튜플을 각각 word, index 변수로 언패킹한 후 새로운 딕셔너리 요소를 index: word라는 표현식으로 만든다.

다음에 보이는 리스트 컴프리헨션은 새로운 사전에서 상위 50개의 단어를 얻어온다. 가장 많은 빈도를 가진 단어는 값 1을 가진다는 것을 기억하자.

```
[13]: [index_to_word[i] for i in range(1, 51)]
[13]: ['the', 'and', 'a', 'of', 'to', 'is', 'br', 'in', 'it', 'i', 'this', 'that',
'was', 'as', 'for', 'with', 'movie', 'but', 'film', 'on', 'not', 'you', 'are',
'his', 'have', 'he', 'be', 'one', 'all', 'at', 'by', 'an', 'they', 'who', 'so',
'from', 'like', 'her', 'or', 'just', 'abOut', "it's", 'Out', 'has', 'if', 'some',
'there', 'what', 'good', 'more']
```

이것들의 대부분은 ***불용어***들이다. 애플리케이션에 따라서 이런 불용어를 제거하거나 그대로 둘 수도 있다. 예를 들어 사용자가 타이핑하는 문장으로부터 다음 단어를 추천해 주는 텍스트 예측 애플리케이션을 만들 경우 불용어도 유지하면서 단어를 예측해서 화면에 표시해야 한다.

앞에 만든 데이터를 이용해서 영화 리뷰를 디코딩할 수 있다. index_to_word 딕셔너리의 [] 연산자를 사용하는 대신 두 개의 인자가 있는 get 메서드를 이용해서 각 키에 대응하는 값을 가져온다. 딕셔너리에 값이 없으면 get 메서드는 예외를 발생시키지 않고 이 메서드에 두 번째 인자로 준 것을 반환한다. i-3이라는 인자는 리뷰의 빈도 순위값으로 인코딩된 영화 리뷰의 오프셋을 고려한 것이다. 0~2 값이 영화 리뷰에 있으면 '?'를 반환하고, 그렇지 않으면 index_to_word 딕셔너리에서 i - 3을 키로 하는 단어를 반환한다.

```
[14]: ' '.join([index_to_word.get(i - 3, '?') for i in X_train[123]])
[14]: '? beautiful and touching movie rich colors great settings good acting and
      one of the most charming movies i have seen in a while i never saw such an
      interesting setting when i was in china my wife liked it so much she asked
      me to ? on and rate it so other would enjoy too'
```

이 영화 리뷰가 긍정적인 것으로 분류되었는지는 y_train 배열에서 찾아볼 수 있다.

```
[15]: y_train[123]
[15]: 1
```

15.9.3 데이터 준비하기

리뷰마다 쓰이는 단어의 수가 다양하다. 하지만 케라스에서는 모든 샘플이 동일한 차원을 가지고 있다고 가정해야 하므로 이것에 대해 처리해야 한다. 이 경우 각 영화 리뷰를 ***동일한*** 단어 길이가 되도록 ***제한할*** 필요가 있다. 어떤 리뷰는 추가적인 데이터로 ***패딩***을 해야 하고, 또 다른 것들은 일부를 ***잘라내야*** 한다. **pad_sequences** 유틸리티 함수(**tensorflow.keras.preprocessing.sequence** 모듈에 있는)는 X_train에 있는 샘플(즉 이 변수의 행에 해당하는)을 maxlen 인자로 지정된 수(200)의 특성으로 모양을 바꾸고 2차원 배열로 반환한다.

```
[16]: words_per_review = 200

[17]: from tensorflow.keras.preprocessing.sequence import pad_sequences
[18]: X_train = pad_sequences(X_train, maxlen=words_per_review)
```

샘플에 더 많은 특성이 있다면 pad_sequences가 이것들을 특정 길이가 되도록 자른다. 샘플에 있는 특성의 수가 적으면 pad_sequences가 앞부분에 0을 추가해서 특정 길이가 되도록 한다. X_train의 모양을 확인해 보자.

```
[19]: X_train.shape
[19]: (25000, 200)
```

이번 예제의 뒷부분, 모델을 평가할 때 사용할 X_test도 모양을 바꿔야 한다.

```
[20]: X_test = pad_sequences(X_test, maxlen=words_per_review)

[21]: X_test.shape
[21]: (25000, 200)
```

테스트 데이터를 검증용과 테스트용 데이터로 나누기

컨브넷 예제에서는 fit 메서드의 validation_split 인자를 사용해서 모델 검증을 위해 훈련 데이터의 10%를 따로 떼어내도록 했다. 이번 예제에서는 직접 25,000개의 테스트 샘플을 20,000개는 테스트 샘플로, 5,000개는 검증을 위한 샘플로 나누고 5,000개의 검증 샘플을 이 모델의 **fit** 메서드에 **validation_data** 인자를 통해서 넘겨줄 것이다. 이번에는 이전 장에서 사용했던 사이킷-런의 train_test_split 함수를 사용해서 테스트세트를 나누어 보자.

```
[22]: from sklearn.model_selection import train_test_split
      X_test, X_val, y_test, y_val = train_test_split(
          X_test, y_test, random_state=11, test_size=0.20)
```

X_test와 X_val의 모양을 체크해서 데이터가 잘 나누어졌는지 확인해 보자.

```
[23]: X_test.shape
[23]: (20000, 200)

[24]: X_val.shape
[24]: (5000, 200)
```

15.9.4 신경망 생성하기

다음에는 RNN을 설정해 보자. Sequential 모델을 시작으로 여기에 네트워크를 구성하는 레이어들을 붙일 것이다.

```
[25]: from tensorflow.keras.models import Sequential

[26]: rnn = Sequential()
```

이 모델에서 사용할 레이어들을 임포트한다.

```
[27]: from tensorflow.keras.layers import Dense, LSTM

[28]: from tensorflow.keras.layers.embeddings import Embedding
```

임베딩된 레이어 추가하기

이전에 ***원-핫 인코딩*** 방식을 사용해서 MNIST 데이터세트에 있는 정수 라벨을 ***분류*** 데이터로 만들었다. 각각의 라벨들은 벡터가 되고 그 벡터에 하나의 요소를 빼고 모두 0이었다. 단어를 의미하는 인덱스 값에 이런 방식을 사용할 수도 있지만, 이번 예제의 경우, 1만 개의 단어가 사용되었다. 이 말은 모든 단어를 표현하는 데 10,000×10,000 배열이 필요하다는 의미이다. 1억 개의 요소이고, 이 배열의 요소들은 대부분 0이다. 이 방법은 데이터를 인코딩하는 데 효과적이지 않다. 데이터세트에 있는 8만 8,000 이상의 단어를 모두 처리할 경우 거의 ***80억 개의*** 요소를 가진 배열이 필요하다.

차원을 줄이기 위해 텍스트 시퀀스를 처리하는 RNN은 보통 각각의 단어를 더 압축된 ***밀집 벡터 표현식***으로 인코딩하는 **임베딩 레이어**로 시작한다. 임베딩 레이어에서 만들어진 벡터들은 단어의 문맥, 즉 주어진 단어가 그 단어 주변의 단어와 어떤 관련이 있는지를 파악한다. 따라서 임베딩 레이어로부터 RNN이와 단어의 관련성을 학습할 수 있게 한다.

Word2Vec이나 GloVe와 같은 **미리 정의된 워드 임베딩**도 있다. 훈련 시간을 줄이기 위해 이것들을 신경망에 로드할 수 있다. 또한 이것들은 훈련 데이터가 많지 않을 때는 기본적인 단어 관계 정보를 모델에 추가해 주는 데도 사용된다. 충분히 많지 않은 데이터를 가지고 단어들의 간의 관계를 학습시키는 것보다 이전에 학습했던 단어의 관계를 바탕으로 모델을 만들 수 있게 해서 모델의 정확도를 높일 수도 있다.

Embedding 레이어(**tensorflow.keras.layers**에 있는)를 만들어보자.

```
[29]: rnn.add(Embedding(input_dim=number_of_words, Output_dim=128,
                        input_length=words_per_review))
```

인자로 다음과 같은 것들이 쓰였다.

- input_dim - 단어들의 수
- output_dim - 각 워드 임베딩의 수. *Word2Vec*이나 *GloVe*와 같은 이미 있던 임베딩을 사용한다면[78] 로드한 임베딩 단어의 크기와 일치하도록 이 값을 설정해야 한다.
- input_length=words_per_review - 입력 샘플에 있는 단어들의 수

LSTM 레이어 추가하기

다음으로 LSTM 레이어를 추가한다.

```
[30]: rnn.add(LSTM(units=128, dropout=0.2, recurrent_dropout=0.2))
```

사용된 인자는 다음과 같다.

- units - 레이어에 있는 뉴런의 수. 더 많은 뉴런을 사용할수록 더 많은 것들을 네트워크가 기억할 수 있다. 가이드라인에 따르면 프로세싱할 시퀀스의 길이(이번 예제의 경우라면 200)와 예측하려는 분류의 수(예제의 경우는 2) 사이의 값으로 시작할 수 있다.[79]
- dropout - 레이어의 입력과 출력을 프로세싱할 때 무작위로 일부를 사용하지 못하도록 할 비율. 컨브넷 모델에서 풀링 레이어와 같이 **드롭아웃**은 과적합을 줄이는 기술이다.[80, 81] 케라스에서는 모델에 추가할 수 있는 **Dropout** 레이어로 제공하고 있다.
- recurrent_dropout - 네트워크가 이전 입력에서 보았던 것에서 배울 수 있게 레이어의 출력이 레이어로 다시 들어올 때 무작위로 사용하지 못하도록 만들 뉴런의 비율이다.

LSTM 레이어가 어떻게 동작하는지에 대한 메커니즘은 이 책의 범위를 벗어난다. 숄레

---

78 https://blog.keras.io/using-pre-trained-word-embeddings-in-a-keras-model.html

79 https://towardsdatascience.com/choosing-the-right-hyperparameters-for-a-simplelstm-using-keras-f8e9ed76f046

80 Yarin, Ghahramani, and Zoubin. "A Theoretically Grounded Application of Dropout in Recurrent Neural Networks." October 05, 2016. https://arxiv.org/abs/1512.05287

81 Srivastava, Nitish, Geoffrey Hinton, Alex Krizhevsky, Ilya Sutskever, and Ruslan Salakhutdinov. "Dropout: A Simple Way to Prevent Neural Networks from Overfitting." Journal of Machine Learning Research 15 (June 14, 2014): 1929–1958. http://jmlr.org/papers/volume15/srivastava14a/srivastava14a.pdf

(Chollet)는 다음과 같이 말했다. "LSTM 셀의 특정 아키텍처에 대해 아무것도 이해할 필요가 없다. 인간으로서 이것을 이해하는 것은 인간의 몫이 아니다. 단지 LSTM 셀이 과거의 정보를 다음에 다시 주입해 준다는 것만 기억하면 된다."[82]

덴스 결과 레이어 추가하기

마지막으로 LSTM 레이어의 결과를 구하고 리뷰가 긍정인지, 부정인지를 하나의 결과가 나오도록 줄여야 하기 때문에 `units` 인자에 값 1을 넣는다. 여기서 이항 분류에 적합한 **'시그모이드(sigmoid)' 활성 함수**를 사용한다.[83] 이 함수는 임의의 값이 확률값인 0.0~1.0 사이의 값이 되도록 한다.

```
[31]: rnn.add(Dense(units=1, activation='sigmoid'))
```

모델을 컴파일하고 요약된 정보 출력하기

다음 명령으로 모델을 컴파일한다. 이번 예제에서는 가능한 결과가 두 가지뿐이므로 **binary_crossentropy 손실 함수**를 사용한다.

```
[32]: rnn.compile(optimizer='adam',
                  loss='binary_crossentropy',
                  metrics=['accuracy'])
```

다음에 나오는 것은 우리 모델에 대한 요약 정보이다. 우리가 했던 컨브넷보다 더 적은 레이어를 가지고 있어도 RNN은 컨브넷보다 거의 3배가 넘는 훈련 매개변수를(네트워크 가중치)를 가지고 있고, 더 많은 매개변수는 더 많은 훈련이 필요하다는 것을 의미한다. 매개변수가 큰 것은 주로 사전에 있는 단어의 수(10,000을 로드)에 `Embedding` 레이어의 결과 뉴런의 개수(128)를 곱한 것만큼의 매개변수가 생기기 때문이다.

```
[33]: rnn.summary()
_________________________________________________________________
Layer (type)                 Output Shape              Param #
=================================================================
embedding_1 (Embedding)      (None, 200, 128)          1280000
_________________________________________________________________
lstm_1 (LSTM)                (None, 128)               131584
_________________________________________________________________
dense_1 (Dense)              (None, 1)                 129
=================================================================
```

82 Chollet, François. *Deep Learning with Python.* p. 204. Shelter Island, NY: Manning Publications, 2018.

83 Chollet, François. *Deep Learning with Python.* p.114. Shelter Island, NY: Manning Publications, 2018.

```
Total params: 1,411,713
Trainable params: 1,411,713
Non-trainable params: 0
```

15.9.5 모델 훈련 및 검증하기

이제까지 만든 모델을 훈련시켜보자.[84] 각 에포크마다 컨브넷에서 했던 것보다 훨씬 더 긴 시간의 훈련이 필요하다. 이것은 RNN 모델이 학습해야 하는 매개변수(가중치) 값이 많기 때문이다. 정확도(acc)와 검증 정확도(val_acc) 값을 볼드체로 해서 쉽게 확인할 수 있게 했다. 이 값은 모델이 올바르게 예측한 훈련 샘플에서의 비율과 검증 샘플(validation_data로 지정한)의 비율을 나타낸다.

```
[34]: rnn.fit(X_train, y_train, epochs=10, batch_size=32,
                validation_data=(X_test, y_test))
Train on 25000 samples, validate on 5000 samples
Epoch 1/5
25000/25000 [==========================] - 299s 12ms/step - loss:
0.6574 - acc: 0.5868 - val_loss: 0.5582 - val_acc: 0.6964
Epoch 2/5
25000/25000 [==========================] - 298s 12ms/step - loss:
0.4577 - acc: 0.7786 - val_loss: 0.3546 - val_acc: 0.8448
Epoch 3/5
25000/25000 [==========================] - 296s 12ms/step - loss:
0.3277 - acc: 0.8594 - val_loss: 0.3207 - val_acc: 0.8614
Epoch 4/5
25000/25000 [==========================] - 307s 12ms/step - loss:
0.2675 - acc: 0.8864 - val_loss: 0.3056 - val_acc: 0.8700
Epoch 5/5
25000/25000 [==========================] - 310s 12ms/step - loss:
0.2217 - acc: 0.9083 - val_loss: 0.3264 - val_acc: 0.8704
[34]: <tensorflow.python.keras.callbacks.History object at 0xb3ba882e8>
```

마지막으로 테스트 데이터를 사용해서 결과를 평가해 볼 수 있다. evalute 함수는 손실률과 정확도를 반환한다. 이번 예제에서는 모델이 85.99% 정확하게 예측했다.

```
[35]: results = rnn.evaluate(X_test, y_test)
20000/20000 [==========================] - 42s 2ms/step

[36]: results
[36]: [0.3415240607559681, 0.8599]
```

84 이 글을 쓰는 시점에서 텐서플로는 이 명령을 실행할 때 경고 메시지를 출력했다. 이 문제는 텐서플로의 알려진 이슈이다. 포럼에 따르면 경고 메시지를 무시해도 된다.

이 모델의 정확도는 MNIST 컨브넷 결과보다 낮아 보인다. 하지만 이 문제가 이전 것에 비해 훨씬 더 어려웠다는 것을 알아야 한다. 온라인으로 다른 IMDb 감성 분석 이항 분류 연구를 찾아보면 1980년대했던 연구들을 많이 발견할 수 있다. 그것들에 비해 단 세 개의 레이어만 사용한 신경망을 사용했다는 것을 고려하면 어느 정도 잘한 결과이다. 다른 온라인 모델을 더 연구해서 더 좋은 모델을 만들어 낼 수 있을 것이다.

15.10 딥러닝 모델 튜닝하기

15.9.5절에서 fit 메서드의 결과에 테스트 정확도(85.99%)와 검증 정확도(87.04%)가 모두 훈련 정확도(90.83%)보다 훨씬 낮다는 것에 주목해야 한다. 이런 차이는 보통 과적합의 결과이기 때문에 모델을 개선할 여지가 많다.[85, 86] 각 에포크의 결과를 보면 훈련과 검증 정확도가 꾸준히 증가하는 것을 볼 수 있다. 너무 많은 에포크를 훈련시키면 과적합이 될 수 있지만, 충분하지 못한 데이터를 가지고 훈련시켰을 가능성도 있다는 것을 기억해야 한다. 이 모델의 한 하이퍼파라미터 튜닝 옵션으로 에포크의 수를 증가시킬 수 있다.

모델의 성능에 영향을 주는 몇 가지 변수가 될 만한 것들은 다음과 같다.

- 훈련시킬 데이터를 더 많이 주거나 적게 주는 것
- 테스트할 데이터를 더 많이 주거나 적게 주는 것
- 검증에 사용할 데이터를 더 많이 또는 적게 주는 것
- 레이어를 추가하거나 빼는 것
- 사용한 레이어 타입
- 레이어의 순서

IMDb RNN 예제에서 튜닝할 수 있는 몇 가지가 있다.

- 훈련 데이터의 양을 다르게 한다. 상위 1만 개의 단어만 사용했다.
- 각 영화 리뷰에 있는 단어의 수를 바꿔본다. 200개의 단어만 사용했다.
- 레이어에 있는 뉴런의 수를 바꿔본다.
- 더 많은 레이어를 사용한다.
- 처음부터 훈련시킨 임베딩 레이어를 사용하지 않고 미리 훈련된 워드 벡터를 사용할 수 있다.

모델을 여러 번 학습시키는 데 필요한 계산 시간이 매우 중요하기 때문에 딥러닝에서는 일반적으로

85 https://towardsdatascience.com/deep-learning-overfitting-846bf5b35e24

86 https://hackernoon.com/memorizing-is-not-learning-6-tricks-to-prevent-overfitting-in-machine-learning-820b091dc42

k-폴드 교차 검증 또는 그리드 검색과 같은 기술로 하이퍼파라미터를 조정하지 않는다.[87] 다양한 튜닝 기술[88, 89, 90, 91]이 있지만, 그 중 눈여겨 보아야 할 것으로 자동화된 머신러닝(AutoML)이 있다. 예를 들어 AutoKeras[92] 라이브러리는 케라스 모델에 최적화된 구성을 자동으로 선택하도록 특별히 설계되었다. 구글의 클라우드 AutoML과 바이두의 EZDL은 다양한 자동화된 머신러닝의 결실이다.

15.11 이미지넷을 미리 훈련시킨 컨브넷 모델

딥러닝에서는 모든 프로젝트마다 값비싼 훈련, 검증, 그리고 테스트를 해서 새롭게 시작하기보다 미리 **훈련된 심층 신경망 모델**을 사용해서 다음과 같은 것들을 할 수 있다.

- 예측한다.
- 새로운 데이터를 가지고 모델을 더 훈련시킨다.
- 또는 비슷한 문제를 위한 모델에 의해 학습된 가중치를 새로운 모델로 이전시키는데, 이것을 ***'전이 학습'***이라고 한다.

케라스의 미리 훈련된 컨브넷 모델

케라스에는 미리 훈련된 다음과 같은 컨브넷 모델이 있고,[93] 이들 각각은 이미지넷[94]은 훈련한 모델이다. 이미지넷은 1,400만 개 이상의 이미지가 있는 데이터세트로 지금도 성장해가고 있다.

- Xception
- VGG16
- VGG19
- ResNet50
- Inception v3
- Inception-ResNet v2

---

87 https://www.quora.com/Is-cross-validation-heavily-used-in-deep-learning-or-is-it-too-expensive-to-be-used

88 https://towardsdatascience.com/what-are-hyperparameters-and-how-to-tune-the-hyperparameters-in-a-deep-neural-network-d0604917584a

89 https://medium.com/machine-learning-bites/deeplearning-series-deep-neural-networks-tuning-and-optimization-39250ff7786d

90 https://flyyufelix.github.io/2016/10/03/fine-tuning-in-keras-part1.html https://flyyufelix.github.io/2016/10/08/fine-tuning-in-keras-part2.html

91 https://towardsdatascience.com/a-comprehensive-guide-on-how-to-fine-tune-deepneural-networks-using-keras-on-google-colab-free-daaaa0aced8f

92 https://autokeras.com/

93 https://keras.io/applications/

94 http://www.image-net.org

- MobileNet v1
- DenseNet
- NASNet
- MobileNet v2

훈련된 기존 모델 재사용하기

이미지넷은 대부분의 컴퓨터에서 효과적으로 훈련시키기에 데이터세트가 너무 크기 때문에 이것에 관심을 가지고 있는 대부분의 사람들은 더 작은 훈련된 모델로 시작한다.

각 모델의 아키텍처를 재사용하고, 이것을 새로운 데이터로 훈련시키거나 이미 훈련된 가중치를 재활용할 수 있다. 간단한 예제를 보려면 다음 링크를 참고한다.

`https://keras.io/applications/`

이미지넷 챌린지

이번 장의 마지막 프로젝트로 케라스에 번들로 포함된 모델을 연구하고 사용해 볼 수 있다. 물체 인식 및 이미지-인식 모델을 평가하기 위해서 ***이미지넷 이미지 인식 대회(ImageNet Large Scale Visual Recognition Challenge)***도 연구해 보기 바란다.[95] 이 대회는 2010년에서 2017년까지 이어져 왔다. 이미지넷은 이제 캐글(Kaggle) 사이트에서 ***'이미지넷 물체 위치 파악 대회(ImageNet Object Localization Challenge)'***[96]라는 이름으로 계속되고 있다. 이 대회의 목적은 '이미지 안의 모든 물체들을 구별하는 것이다. 그리고 나서 이 이미지를 분류하고 태그를 달아주는 것이다.' 이미지넷은 매 분기마다 현재 참여자들의 순위표를 만든다.

14장 '머신러닝: 분류, 회귀, 클러스터링'과 15장 '딥러닝'에서 보았던 것들의 많은 것들이 캐글 대회 웹사이트에 있다. 수많은 머신러닝과 딥러닝 문제에 대한 확실한 솔루션은 없고 사람들의 창의력이 유일한 한계일 뿐이다. 캐글을 통해서 기업들은 사업이나 조직에 사용할 수 있는 것보다 더 좋은 솔루션을 개발하도록 전 세계 사람들을 독려하기 위해서 대회를 후원하고 있다. 일부 회사는 넷플릭스가 100만 달러를 상금으로 걸었던 것처럼 큰 돈을 상금으로 걸기도 한다. 넷플릭스는 사람들이 이전 영화에 했던 평가에 따라 영화를 좋아할지의 여부를 결정하는 모델을 10% 이상 개선하려고 했다.[97] 그들은 회원들에게 더 좋은 추천을 하기 위해 대회 결과를 활용했다. 캐글 대회에 우승을 못한다고 해도 현재 관심 있는 문제에 대해 다루어 보는 좋은 기회가 될 것이다.

---

95 http://www.image-net.org/challenges/LSVRC/

96 https://www.kaggle.com/c/imagenet-object-localization-challenge

97 https://netflixprize.com/rules.html

15.12 요약

15장에서 우리는 AI의 미래를 살펴보았다. 딥러닝은 컴퓨터과학과 데이터과학 커뮤니티의 모든 관심을 사로잡았다. 이것을 고려하면 이번 장이 이 책에서 AI를 다루는 가장 중요한 장이라고 할 수 있다. 이번 장에서 주요한 딥러닝 플랫폼을 이야기했고 구글의 텐서플로가 가장 널리 사용되고 있다고 지적했다. 텐서플로에 대한 편리한 인터페이스를 제공하는 케라스가 왜 그렇게 유명해졌는지에 대해 설명했다.

텐서플로와 케라스, 그리고 주피터랩을 사용하기 위해 사용자 정의 아나콘다 환경을 만들었고, 그 환경을 이용해서 케라스 예제를 실행했다.

텐서플로가 무엇이고, 텐서플로가 딥러닝의 핵심인 이유에 대해 설명했다. 케라스 딥러닝 모델을 만들기 위해서 신경망의 기본적인 것들에 대해 설명했다. 많이 사용하는 레이어의 종류와 어떤 순서로 배치할 것인지에 대해 생각해 보았다.

합성곱 신경망을 소개하고, 이 신경망이 컴퓨터 비전 애플리케이션에 특히 적합하다는 것을 지적했다. 99.17%까지 예측 정확도를 달성했던 MNIST 데이터베이스를 사용해서 컨브넷을 만들어 훈련시키고 검증 및 테스트했다. 이 모델은 놀랍게도 기본적인 모델만 가지고 있으면 그 어떤 하이퍼파라미터 튜닝을 하지 않고도 어느 정도의 성능을 달성했다. 더 좋은 성능을 달성하기 위해서 더 정교한 모델을 만들고 하이퍼파라미터를 튜닝할 수 있다. 또한 흥미로운 다양한 컴퓨터 비전 과제를 열거했다.

텐서플로와 케라스 신경망 훈련과 검증을 시각화하기 위해서 텐서보드를 소개했다. 브라우저 기반의 컨브넷 훈련과 시각화 도구인 ConvnetJS도 다루었다. 이 도구를 사용하면 훈련 과정을 엿볼 수 있었다.

다음으로 시계열 데이터나 문장 속의 텍스트처럼 순차적인 데이터를 처리하는 순환 신경망(RNN)을 소개했다. IMDb 영화 리뷰에 RNN을 사용해서 이항 분류를 했고, 각 리뷰 문장이 긍정적인지 또는 부정적인지를 예측했다. 또한 딥러닝 모델을 튜닝하고 엔비디아의 GPU 및 구글의 TPU 같은 고성능 하드웨어가 어떻게 실질적인 딥러닝 연구를 가능하게 했는지에 대해서도 설명했다.

딥러닝 모델을 교육하는 데 얼마나 많은 비용과 시간이 소요된다는 점을 고려해서 미리 훈련된 모델을 활용하는 전략을 설명했다. 대규모의 이미지넷 데이터세트를 훈련시킨 다양한 케라스 컨브넷 이미지 프로세싱 모델을 보여주었다. 기존 모델들을 이용해서 새로운 모델을 빠르고 효과적으로 훈련시킬 수 있는 전이학습을 이야기했다. 딥러닝은 방대하고 복잡한 주제이기 때문에 이번 장에서는 기본적인 것들에 초점을 두었다.

다음 장에서는 12장부터 15장까지 설명한 AI 기술을 지원하는 빅데이터 인프라를 소개할 것이다. 빅데이터를 배치 처리하고 실시간 스트리밍하는 애플리케이션을 위해서 하둡과 스파크 플랫폼을 고려해 볼 것이다. 그리고 수십년 간 데이터베이스 분야를 지배했던 관계형 데이터베이스와 데이터를 질의하기 위한 SQL 언어를 알아볼 것이다. 관계형 데이터베이스로 잘 처리하지 못하는 문제를 설명하고 어떻게 NoSQL 데이터베이스가 이런 문제들을 처리하는지 알아본다. 그리고 사물인터넷(IoT)에 대해 설명하면서 이 책을 마무리하려고 한다. 사물인터넷은 세상에서 가장 큰 빅데이터 소스가 될 것이고, 기업에서 사람들의 삶을 완전히 다른 방향으로 바꾸게 될 최첨단의 비스니스를 개발할 수 있는 기회가 될 것이다.

Chapter

16

빅데이터: 하둡, 스파크, NoSQL, 사물인터넷

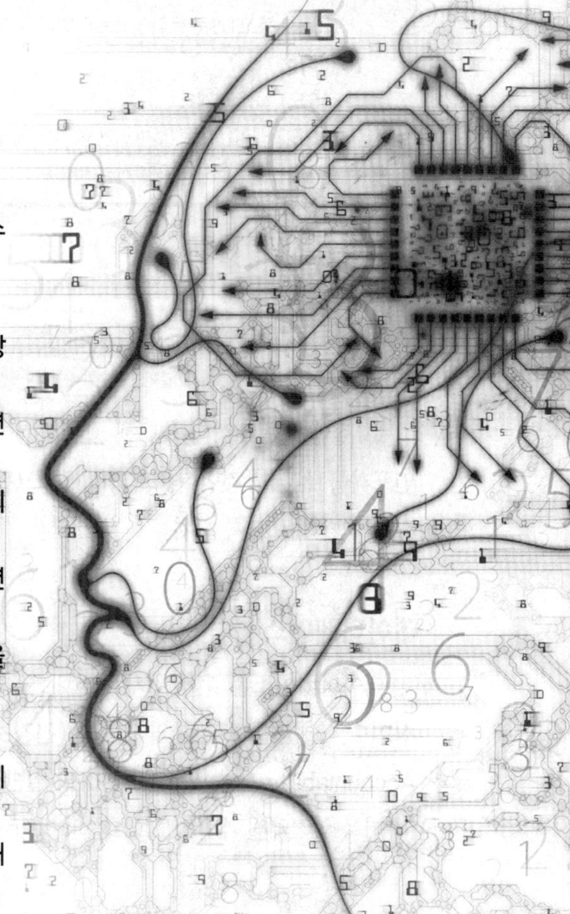

학습 목표

이번 장에서는 다음과 같은 것을 다룬다.

- 빅데이터가 무엇이고 얼마나 빠르게 증가하고 있는지 이해한다.
- 구조화된 질의 언어(SQL)를 이용해서 SQLite 관계형 데이터베이스를 사용해 본다.
- NoSQL 데이터베이스의 네 가지 분류를 이해한다.
- 트윗을 몽고DB, NoSQL, JSON 도큐먼트 데이터베이스에 저장하고 이 데이터를 폴리엄(Folium) 맵에 시각화해 본다.
- 아파치 하둡과 이것이 빅데이터의 배치 프로세싱 애플리케이션에서 어떻게 사용되는지 이해한다.
- 마이크로소프트의 애저 HDInsight 클라우드 서비스 위에서 하둡의 맵리듀스 애플리케이션을 만들어본다.
- 아파치 스파크를 이해하고 고성능, 실시간 빅데이터 애플리케이션에서 이것이 어떻게 쓰이는지 이해한다.
- 데이터를 미니 배치 단위로 처리하는 데 스파크 스트리밍을 사용해 본다.
- 사물인터넷(IoT)을 이해하고 배포/구독 모델을 이해한다.
- 시뮬레이션된 인터넷 연결 장치에서 메시지를 배포하고 그 메시지를 대시보드에 시각화해 본다.
- PubNub의 라이브 트윗과 IoT 스트림을 구독하고 데이터를 시각화해 본다.

Outline

16.1 개요

1.7절에서 빅데이터에 대해 소개했는데, 이번 장에서는 빅데이터를 다루는 하드웨어와 소프트웨어 인프라를 설명할 것이다. 그리고 데스크톱과 클라우드 기반 빅데이터 플랫폼에 동작하는 애플리케이션도 개발해 보도록 하자.

데이터베이스

데이터베이스는 우리가 만들어내는 대규모 데이터를 저장하고 처리할 때 빅데이터 인프라의 핵심이다. 또한 특히 미국의 **HIPAA(건강보험 이식성 및 책임, Health Insurance Portability and Accountability Act)** 및 EU의 **GDPR(일반 개인정보보호법,General Data Protection Regulation)**과 같이 더욱 엄격해진 개인정보보호법의 맥락에서 데이터를 안전하게 관리하고 기밀을 유지하는 게 더욱 중요해졌다.

먼저 **관계형 데이터베이스**를 알아보자. 이 데이터베이스는 행마다 정해진 수의 열을 가지고 있는 테이블에 **구조화된 데이터**를 저장한다. **구조화된 질의 언어(SQL)**을 사용해서 관계형 데이터베이스를 이용한다.

오늘날 만들어지는 대부분의 데이터는 페이스북 글이나 트위터의 트윗과 같은 **비정형 데이터**와 JSON, XML 문서처럼 **반구조화된 데이터**이다. 트위터는 각 트윗의 내용을 ***메타데이터***가 포함된 반구조화된 JSON 도큐먼트로 변환한다. 이것에 대해서는 12장 '트위터 데이터 마이닝'에서 다루었다. 관계형 데이터베이스는 빅데이터 애플리케이션의 비정형 및 반구조적 데이터에 부적합하기 때문에 빅데이터가 진화하면서 이런 종류의 데이터를 효과적으로 처리할 수 있는 새로운 형태의 데이터베이스가 만들어졌다. **NoSQL 데이터베이스**의 네 가지 주요 타입, 즉 키/값, 도큐먼트, 컬럼 방식의 데이터베이스, 그리고 그래프 데이터베이스 등에 대해 논의하면서 **NewSQL 데이터베이스**를 개괄적으로 살펴볼 것이다. 이 데이터베이스는 관계형 데이터베이스와 NoSQL 데이터베이스의 장점을 결합시켰다. 많은 NoSQL과 NewSQL 제작사들은 무료 요금이나 무료 버전으로 자사의 제품을 쉽게 사용해 볼 수 있게 하고 있다. 특히 설치나 설정을 최소화해야 하는 클라우드 환경에서 쉽게 사용할 수 있다. 이를 통해서 실제로 사용하기 전에 빅데이터에 경험해 볼 수 있다.

아파치 하둡

오늘날 대부분의 데이터는 한 시스템에 들어가기에는 너무 크다. 빅데이터가 커지면서 데이터를 효과적으로 처리하기 위해 분산된 데이터 저장소와 병렬 프로세싱이 필요하게 되었다. 이와 같은 요구사항 때문에 컴퓨터 클러스터를 이용해서 대규모 병렬 처리 방식으로 분산 데이터 프로세싱을 하는 아파치 하둡과 같은 기술이 만들어졌다. 하둡은 복잡한 세부 사항을 자동으로 정확하게 처리해 준다. 이번 절에서는 하둡과 하둡의 아키텍처, 그리고 빅데이터 애플리케이션에서 하둡이 어떻게 사용되는지에 대해 논의할 예정이다. 마이크로소프트 애저 HDInsight 클라우드 서비스를 사용해서 멀티노드의 하둡 클러스터를 설정하고 그 클러스터를 사용해서 파이썬으로 작성한 하둡 맵리듀스 잡을 실행해 볼 것이다. HDInsight는 무료는 아니지만, 마이크로소프트는 별도의 추가 비용 없이 이 장의 예제 코드를 실행할 수 있을 만한 크레딧을 제공한다.

아파치 스파크

빅데이터 프로세싱에 대한 요구사항이 증가함에 따라 정보-기술 커뮤니티에서는 지속적으로 성능을 높일 수 있는 기술을 찾고 있다. 그 중에서 하둡은 디스크 I/O를 많이 하는 작업을 여러 컴퓨터에 걸쳐 나누어 수행한다. 스파크는 ***메모리에서*** 수행되는 특정 빅데이터 작업을 더 높은 성능으로 처리하는 기술로서 개발되었다.

아파치 스파크와 여기에 사용된 아키텍처 그리고 스파크가 어떻게 높은 성능으로 실시간 빅데이터 애플리케이션에 사용되는지 알아 보자. 함수형 스타일의 필터/맵/리듀스 프로그래밍 기능을 사용해서 스파크 애플리케이션을 개발해 볼 것이다. 먼저 데스크톱 컴퓨터에서 로컬로 실행되는 주피터 도커 스택을 사용해서 예제를 만들어본 후 클라우드 기반의 마이크로소프트 애저 HDInsight 멀티노드 스파크 클러스터로 만들어본다.

미니 배치 단위로 스트리밍 데이터를 처리하는 스파크 스트리밍을 소개한다. 스파크 스트리밍은 지정된 짧은 시간 동안 데이터를 모아서 모인 데이터를 한 번에 프로세싱하도록 해 준다. 트윗을 처리하는 데 스파크 스트리밍 애플리케이션을 개발해 볼 것이다. 이 예제에서는 스파크 SQL을 사용해서 스파크 `DataFrame`에 저장된 데이터를 처리한다. 여기서 말하는 `DataFrame`은 판다스의 `DataFrame`과 다른 것으로, 클러스터에 있는 여러 컴퓨터에 걸쳐 분산되어 있는 데이터를 포함하고 있다.

사물인터넷

전 세계적으로 데이터를 생성하는 수십억 개의 장치들을 의미하는 사물인터넷을 소개하면서 이 책을 마무리할 것이다. IoT나 다른 종류의 애플리케이션이 데이터 사용자와 데이터 공급자를 연결하기 위해 사용하는 ***발생/구독(publish/subscribe) 모델***을 소개한다. 먼저 코드를 작성하지 않고 Freeboard.io와 PubNub 메시징 서비스로부터 받는 샘플 라이브 스트림을 가지고 웹 기반 대시보드를 만들어보고, 다음으로 인터넷에 연결된 온도계를 시뮬레이션해 볼 것이다. 이 온도계는 Dweet.io 메시징 서비스로 파이썬 모듈인 Dweepy를 이용해서 메시지를 보낸다. 그리고 나서 Freeboard.io를 이용해서 이 데이터를 시각화하는 대시보드를 만든다. 마지막으로 PubNub 서비스로부터 샘플 라이브 스트림을 ***구독하는*** 파이썬 클라이언트를 만들고 시본과 매트플롯리브 `FuncAnimation`을 이용해서 이 스트림을 동적으로 움직이도록 시각화해 본다.

클라우드와 데스크톱 빅데이터 소프트웨어 결합하기

클라우드 공급업체는 애플리케이션이 클라우드를 연결해서 사용하는 '서비스형' 기능을 제공하는 **SOA(Service-Oriented Architecture; 서비스 지향 아키텍처)** 기술에 중점을 둔다. 클라우드 업체에서 제공하고 있는 공통 서비스에는 다음과 같은 것이 있다.[1]

'서비스형' 약자(일부는 동일한 약자를 가지고 있다.)	
• 서비스로서의 빅데이터(BDaaS, Big data as a Service)	• 서비스로서의 플랫폼(PaaS, Platform as a Service)
• 서비스로서의 하둡(HaaS, Hadoop as a Service)	• 서비스로서의 소프트웨어(SaaS, Software as a Service)
• 서비스로서의 하드웨어(HaaS, Hardware ad a Service)	• 서비스로서의 스토리지(SaaS, Storage as Service)
• 서비스로서의 인프라(IaaS, Infrastructure as a Service)	• 서비스로서의 스파크(SaaS, Spark as a Service)

이번 장에서는 여러 클라우드 기반 툴을 이용해서 직접 클라우드를 경험해 볼 것이다. 이번 장의 예제에서는 다음과 같은 플랫폼을 사용한다.

1 'as-a-Service'에 대한 다양한 용어는 다음 링크에서 확인할 수 있다. https://en.wikipedia.org/wiki/Cloud_computing와 https://en.wikipedia.org/wiki/As_a_service

- *무료* 몽고DB 아틀라스 클라우드 기반 클러스터
- 마이크로소프트 애저 HDInsight 클라우드 기반 서비스에서 실행되는 멀티노드 하둡 클러스터. 애저 계정을 새로 만들면 부여되는 ***크레딧***을 사용한다.
- 데스크톱 컴퓨터에서 실행되는 *무료* 싱글 노드 스파크 클러스터. 주피터 도커 스택 컨테이너를 사용한다.
- 멀티노드 스파크 클러스터. 마이크로소프트 애저 HDInsight에서 동작한다. 이 클러스터도 새로운 계정 ***크레딧***을 사용해서 이용한다.

우리가 선택할 수 있는 클라우드가 많이 있다. 아마존 웹 서비스, 구글 클라우드, 그리고 IBM 왓슨과 같은 클라우드 기반 서비스도 있고, 호튼웍스(Hortonworks)와 클라우데라(Cloudera)의 무료 *데스크톱* 버전도 있다. (물론 클라우드 기반 유료 버전도 있다.) 또한 *무료* 클라우드 기반 데이터브릭스(Databricks) 커뮤니티 에디션에서 실행되는 싱글노드 스파크 클러스터도 사용해 볼 수 있다.스파크를 만든 사람들이 데이터브릭스를 설립했다.

서비스를 이용할 때 사용하려는 각 서비스의 최신 이용 약관을 항상 확인해야 한다. 일부 서비스는 클러스터를 사용하기 위해 신용카드 청구가 가능하게 해야 한다고 한다. *주의:* 마이크로소프트 HDInsight 클러스터(또는 다른 업체에서는 클러스터)를 할당하면 비용이 발생한다. 마이크로소프트 애저와 같은 서비스를 이용해서 실습을 끝내면 클러스터들과 스토리지 같은 다른 리소스를 삭제했는지 확인해야 애저의 크래딧을 아낄수 있다.

설치와 설정 과정은 플랫폼과 시점에 따라서 다를 수 있는데, 항상 각 공급업체의 최신 절차를 따라야 한다. 질문이 있으면 공급업체에 지원을 받거나 포럼을 이용하는 것이 가장 좋다. 그리고 스택오버플로(`stackoverflow.com`)와 같은 사이트를 찾아보면 다른 사람들이 비슷한 문제를 질문했고 개발자가 그것에 답변을 달았을 것이다.

알고리즘과 데이터

알고리즘과 데이터가 파이썬 프로그래밍의 핵심이다. 이 책의 처음 몇 장은 대부분 알고리즘에 대한 것으로, 제어문과 알고리즘 개발에 대해 소개했다. 데이터는 주로 개별 정수, 부동소수점 수 및 문자열 같은 작은 부분이다.

5장~9장에서는 데이터를 리스트, 튜플, 딕셔너리, 세트, 배열 및 파일로 *구조화하는 데* 중점을 두었다.

데이터의 의미

하지만 이 데이터가 가지는 ***의미***는 무엇일까? 암 진단을 더 잘하기 위해 이 데이터를 사용할 수 있을까? 생명을 살리는 데는? 환자의 삶의 질을 높이는 데는? 공기 오염을 줄이는 데는? 물을 아끼는 데 사용할 수 있을까? 농작물 생산을 높이고 큰 피해를 주는 폭풍과 화염으로부터 피해를 줄일 수 있을까? 더 좋은 식이요법을 개발할 수 있을까? 직업을 만들 수 있을까? 회사의 이윤을 높이는 데 이용할 수 있을까?

11장~15장에서의 데이터과학 사례들은 모두 AI에 집중했다. 이번 장에서는 AI 솔루션을 지원하는 빅데이터 기반 인프라에 집중할 것이다. 이런 기술과 함께 사용되는 데이터가 기하급수적으로 증가함에 따라 데이터를 학습하려는 시도가 많아지고 있다. 그것도 아주 빠른 속도로 학습하기를 원하기 때문에 정교한 알고리즘, 하드웨어, 소프트웨어와 네트워크 설계를 조합해서 이런 목적을 달성한다. 데이터에서 훌륭한 통찰을 얻을 수 있도록 다양한 머신러닝 기술을 소개했는데, 더 많은 데이터, 특히 빅데이터를 이용하면 머신러닝이 더 효과적이다.

빅데이터 소스

다음에 보여주는 글과 사이트는 수백 개의 무료 빅데이터 소스를 제공한다.

빅데이터 소스

- **'놀라운-공개-데이터'**, 깃허브, https://github.com/caesar0301/awesome-public-datasets
- **'AWS 공개 데이터세트'** https://aws.amazon.com/public-datasets/
- **'빅데이터와 AI: 2018년, 30개의 놀라운(그리고 무료인) 공개 데이터 소스'**, B. Marr, https://www.forbes.com/sites/bernardmarr/2018/02/26/big-data-and-ai-30-amazing-andfree-public-data-sources-for-2018/
- **'데이터 마이닝과 데이터과학을 위한 데이터세트'**, http://www.kdnuggets.com/datasets/index.html
- **'공개된 데이터세트 찾아보기'**, https://datascience.berkeley.edu/open-data-sets/
- **'무료 빅데이터 소스'**, Datamics, http://datamics.com/free-big-data-sources/
- ***Hadoop Illuminated*, 16장. 공개되어 사용할 수 있는 빅데이터세트**, http://hadoopilluminated.com/hadoop_illuminated/Public_Bigdata_Sets.html
- **'머신러닝을 위한 공공 데이터 소스 리스트'**, https://blog.bigml.com/list-of-public-data-sources-fit-for-machine-learning/
- **'오픈 데이터'**, 위키피디아, https://en.wikipedia.org/wiki/Open_data
- **'오픈 데이터 500 기업'**, http://www.opendata500.com/us/list/
- **'기타 흥미로운 리소스/빅데이터와 분석, 교육적 리소스 및 연구'**, B. Marr, http://computing.derby.ac.uk/bigdatares/?page_id=223
- **'실용적 데이터세트를 구할 수 있는 6개의 훌륭한 소스'**, https://www.jigsawacademy.com/6-amazing-sources-of-practice-data-sets/
- **'반드시 체크해야 하는 20개의 빅데이터 리파지토리'**, M. Krivanek, http://www.datasciencecentral.com/profiles/blogs/20-free-big-data-sources-everyoneshould-check-out
- **'무료로 큰 데이터 리파지토리를 구할 수 있는 70+ 웹사이트'**, http://bigdata-madesimple.com/70-websites-to-get-large-data-repositories-for-free/
- **'인터넷에 있는 무료 빅데이터 소스, 10곳'**, A. Brown, https://www.linkedin.com/pulse/ten-sources-free-big-data-internet-alan-brown
- **'탑 20 오픈 데이터 소스'**, https://www.linkedin.com/pulse/top-20-open-data-sources-zygimantas-jacikevicius
- **'데이터, 코드, API 무료로 드려요'**, NASA, https://open.nasa.gov/open-data/
- **'공개된 대용량 데이터세트를 어디서 구할 수 있을까?'**, Quora, https://www.quora.com/Where-can-I-find-large-datasets-open-to-the-public

16.2 관계형 데이터베이스와 구조화된 질의 언어(SQL)

데이터베이스는 빅데이터에서 특히 중요하다. 9장 '파일과 예외'에서는 CSV 파일과 JSON 파일로 작업하면서 순차적으로 하는 텍스트 파일 프로세싱을 실습했다. 이 두 방법 모두 파일의 데이터를 ***전부 또는 대부분을*** 처리하는 경우에 유용한 방법이지만, 트랜잭션 프로세싱에는 ***개별*** 데이터 항목을 신속하게 찾아서 업데이트해야 한다.

데이터베이스는 통합된 데이터 모음이다. **데이터베이스 관리 시스템(DBMS)**은 데이터베이스의 포맷으로 일관된 방식으로 데이터를 저장하고 처리하는 매커니즘을 제공한다. 데이터베이스 관리 시스템은 데이터베이스의 내부 표현 방법에 대해 신경쓰지 않고 쉽게 접근하고 데이터를 저장할 수 있게 해 준다.

관계형 데이터베이스 관리 시스템(RDBMS)은 **테이블**로 데이터를 저장하고 테이블의 관계를 정의한다. 구조화된 질의 언어(SQL)는 거의 모든 관계형 데이터베이스 시스템에서 데이터를 조작하고 주어진 조건을 만족시키는 정보를 요청하는 **쿼리**를 수행하는 데 사용된다.[2]

유명한 ***오픈 소스*** RDBMS에는 SQLite, PostgreSQL, MariaDB, 그리고 MySQL이 있다. 이 제품들은 누구나 다운로드해서 ***무료***로 사용 가능하고, 모두 파이썬을 지원한다. 여기서는 파이썬에 번들로 포함되어 있는 SQLite를 사용한다. 많이 사용되는 상용 RDBMS에는 마이크로소프트 SQL 서버, 오라클, 사이베이스 및 IBM Db2가 있다.

테이블, 행과 열

관계형 데이터베이스는 데이터의 물리적 구조를 고려하지 않고 데이터에 접근을 허용하는 논리적인 테이블 기반 데이터 표현이다. 다음 다이어그램은 인사 시스템에서 사용되는 샘플 `Employee` 테이블을 보여주고 있다.

Number	Name	Department	Salary	Location
23603	Jones	413	1100	New Jersey
24568	Kerwin	413	2000	New Jersey
34589	Larson	642	1800	Los Angeles
35761	Myers	611	1400	Orlando
47132	Neumann	413	9000	New Jersey
78321	Stephens	611	8500	Orlando

행 (Larson 행), 프라이머리 키 (Number 열), 열 (Department 열)

이 테이블의 주요 목적은 직원들의 속성을 저장하는 것이다. 테이블은 행으로 구성되어 있고

2 이번 장에서는 SQL를 '시퀼'로 발음한다고 가정한다. 어떤 사람들은 '에스 큐 엘'이라고 부르기를 좋아한다.

각 행은 하나의 엔티티를 설명하고 있다. 여기서 한 행은 직원 한 명을 표현한다. 행은 별개의 속성값을 가지고 있는 열들로 구성된다. 위에서 본 테이블은 여섯 개의 행을 가지고 있다. Number 열은 기본키(primary key)를 표현하고 있는데, 이 열(또는 열들의 모음)의 값은 모든 열에서 ***유일한*** 값을 갖는다. 이런 조건은 각 열이 이 기본키로 구별될 수 있다는 것을 보장한다. 기본키의 예로 사회보장번호, 직원 ID 번호, 그리고 재고 시스템의 물품 번호 등 각각의 값은 유일한 값으로 보장된다. 여기서는 각 행은 기본키의 오름차순으로 정렬되어 있지만, 내림차순이거나 전혀 정렬되어 있지 않을 수도 있다.

각 열은 별개의 데이터 속성을 표현하고, 행은 테이블에서 중복되지 않고 유일하다(기본키에 의해). 하지만 특정 열의 값은 행들 간에 중복이 될 수 있다. 예를 들어 Employee 테이블의 Department 열에 있는 행들의 값을 보면 413이라는 값을 중복해서 가지고 있다.

데이터 서브세트 선택하기

각각의 데이터베이스 사용자들은 서로 다른 데이터와 그 데이터 둘 간의 관계에 관심이 있다. 대부분의 사용자들은 일부의 행과 열만 필요하다. 쿼리는 테이블에서 데이터의 어떤 부분을 선택할지를 지정한다. 쿼리를 정의하는 데 구조화된 질의 언어(SQL)를 사용한다. 예를 들어 부서 번호(department number)로 오름차순 정렬해서 각 부서의 위치가 어디인지 보기 위해 Employee 테이블의 데이터를 조회해 볼 수 있다. 쿼리의 결과는 아래에 보이는 것과 같다. SQL에 대한 것은 뒤에서 논의할 것이다.

```
Department          Location

413                 New Jersey
611                 Orlando
642                 Los Angeles
```

SQLite

16.2절의 나머지 예제들은 파이썬에 포함된 오픈 소스 SQLite 데이터베이스 관리 시스템을 사용할 것이다. 하지만 SQLite 이외에도 많이 사용되고 있는 대부분의 데이터베이스 시스템들도 파이썬을 지원하고 있다. 이들은 데이터베이스를 다루는 공통 객체 및 메서드 이름을 규정하는 파이썬의 **데이터베이스 애플리케이션 프로그래밍 인터페이스(DB-API)**를 준수하는 모듈을 제공한다.

16.2.1 books 데이터베이스

이번 절에서는 책의 정보를 가지고 있는 books 데이터베이스를 소개할 예정이다. ch16 예제 폴더 아래 sql 하위 폴더에 있는 스크립트를 사용해서 파이썬 표준 라이브러리인 **sqlite3 모듈**을 통해 SQLite에 데이터베이스를 만들어볼 것이다. 그리고 이 데이터베이스의 테이블에 대해 설명할 것이다. IPython 세션에서 이 데이터베이스를 사용해서 데이터를 만들고(create), 읽고(read), 업데이트하고(update), 삭제하는(delete) 오퍼레이션(소위 말하는 CRUD 오퍼레이션)을 포함해서 여러 데이터베이스 개념들을 소개한다. 테이블을 소개하면서 SQL과 판다스의 DataFrame을 사용해서 각 테이블의 내용을 보여줄 것이다. 그리고 추가적인 SQL 특징에 대해 논의할 것이다.

books 데이터베이스 생성하기

아나콘다 커맨드 프롬프트, 터미널 또는 셸에서 ch16 예제 폴더의 sql 하위 폴더로 이동한다. 다음 **sqlite3 명령**으로 books.db라는 SQLite 데이터베이스를 생성하고 books.sql에 있는 SQL 스크립트를 실행한다. 이 스크립트는 데이터베이스 테이블을 어떻게 생성할지 정의하고 데이터를 데이터베이스에 넣는다.

```
sqlite3 books.db < books.sql
```

< 표현은 books.sql을 sqlite3 명령에 입력한다는 의미이다. 이 명령이 완료되면 데이터베이스 준비가 끝난다. 이제 새로운 IPython 세션을 시작하자.

파이썬으로 데이터베이스 연결하기

파이썬으로 이 데이터베이스에 연동하려면 처음에 sqlite3 모듈의 **connect 함수**를 호출해서 이 데이터베이스에 연결하고 **Connection** 객체를 얻어야 한다.

```
In [1]: import sqlite3
In [2]: connection = sqlite3.connect('books.db')
```

authors 테이블

이 데이터베이스에는 authors, author_ISBN, titles 등 세 개의 테이블이 있고, 이 중에서 authors 테이블에는 작가에 대한 정보를 저장한다. 이 테이블은 세 개의 열로 이루어져 있다.

- id – 작가의 식별 번호. 이 정수열은 **자동 증가**하도록 정의되어 있다. 즉 테이블에 각 행이 추가될 때마다 SQLite이 id 값을 1씩 증가시켜서 각 열이 유일한 값을 갖도록 보장한다. 이 열이 이 테이블의 기본키가 된다.
- first – 작가의 이름(문자열)
- last – 작가의 성(문자열)

authors 테이블 내용 보기

authors 테이블의 내용을 보이기 위해 SQL 쿼리와 판다스를 사용해 보자.

```
In [3]: import pandas as pd

In [4]: pd.options.display.max_columns = 10

In [5]: pd.read_sql('SELECT * FROM authors', connection,
   ...:             index_col=['id'])
   ...:
Out[5]:
        first     last
id
1        Paul   Deitel
2      Harvey   Deitel
3       Abbey   Deitel
4         Dan    Quirk
5   Alexander     Wald
```

판다스의 함수 **read_sql**은 SQL 쿼리를 실행하고 쿼리의 결과를 가지고 있는 DataFrame을 반환한다. 이 함수의 인자들은 다음과 같다.

- 실행할 SQL 쿼리 문자열
- SQLite 데이터베이스 Connection 객체
- index_col 키워드 인자는 DataFrame의 행 인덱스로 사용할 컬럼을 지정한다.(이번 경우에는 author 테이블의 id이다.)

나중에 살펴보겠지만 index_col을 넘기지 않으면 0으로 시작하는 index 값이 DataFrame의 행들의 왼쪽에 보인다.

SQL **SELECT** 쿼리는 데이터베이스에 있는 하나의 이상의 테이블에서 열과 행을 가져온다. 다음 쿼리를 보자.

SELECT * FROM authors

별표(*)는 authors 테이블에서 *모든* 행을 가져오도록 하는 ***와일드카드***이다. SELECT 쿼리에 대해 좀 더 자세한 것은 나중에 다룰 예정이다.

titles 테이블

titles 테이블에는 모든 책들을 저장한다. 여기에는 네 개의 열이 있다.

- isbn – 책 ISBN(문자열)으로, 이 테이블의 기본키이다. ISBN은 국제 표준 도서번호의 약자로, 출판사에서 출간되는 모든 책에 부여되는 식별 번호이다.
- title – 책의 제목(문자열)
- edition – 이 책의 편집 번호(정수)
- copyright – 이 책의 판권 연도(문자열)

SQL과 판다스를 사용해서 titles 테이블의 내용을 보자.

```
In [6]: pd.read_sql('SELECT * FROM titles', connection)
Out[6]:
         isbn                             title  edition  copyright
0  0135404673      Intro to Python for CS and DS        1       2020
1  0132151006      Internet & WWW How to Program        5       2012
2  0134743350             Java How to Program       11       2018
3  0133976890                C How to Program        8       2016
4  0133406954  Visual Basic 2012 How to Program        6       2014
5  0134601548        Visual C# How to Program        6       2017
6  0136151574       Visual C++ How to Program        2       2008
7  0134448235              C++ How to Program       10       2017
8  0134444302          Android How to Program        3       2017
9  0134289366      Android 6 for Programmers        3       2016
```

author_ISBN 테이블

author_ISBN 테이블은 다음 열을 사용해서 authors 테이블의 작가들과 titles 테이블에 있는 책을 연관시킨다.

- id – 작가의 id(정수)
- isbn – 책 ISBN(문자열)

id열은 **외래키(foreign key)**로, 다른 테이블의 *기본키* 열(구체적으로 authors 테이블의 id 열)에 매칭되는 열이다. isbn 열도 외래키로, titles 테이블의 isbn 기본키에 매칭된다. 데이터베이스는 테이블이 여러 개일 수 있다. 데이터베이스를 설계할 때 목표는 테이블 간의 데이터 *중복을 최소화*하는 데 있다. 이렇게 하기 위해 각 테이블은 특정 엔티티를 표현하고 외래키는 *여러* 테이블에 있는 데이터를 연결한다. 기본키와 외래키는 데이터베이스 테이블을 생성할 때 설계된다(우리의 경우 books.sql 스크립트에서).

이 테이블에 있는 id와 isbn 열은 함께 *합성 기본키*를 만든다. 이 테이블에 있는 각 열은 한 사람의 작가와 *하나의* 책 ISBN에 *유일하게* 매칭시킨다. 이 테이블은 여러 개의 엔트리를 가지고 있는데, SQL과 판다스를 사용해서 처음 다섯 개의 행을 보자.

```
In [7]: df = pd.read_sql('SELECT * FROM author_ISBN', connection)

In [8]: df.head()
Out[8]:
   id        isbn
0   1  0134289366
1   2  0134289366
2   5  0134289366
```

```
3   1  0135404673
4   2  0135404673
```

모든 외래키 값은 다른 테이블의 기본키 값이어야 해서 DBMS는 외래키 값이 유효하다는 것을 보장하는데, 이것을 **'참조 무결성'**이라고 한다. 예를 들어 DBMS는 authors 테이블에 해당 id가 기본키로 있는지 확인해서 특정 author_ISBN 행의 id 값이 유효한지 확인한다.

외래키를 사용하면 ***여러*** 테이블의 ***관련*** 데이터들을 테이블에서 선택하고 결합할 수 있는데, 이것을 '데이터 **조인**'이라고 한다. 기본키와 대응하는 외래키 사이에는 **1-다 관계**가 있다. 즉, 작가 한 명이 여러 권의 책을 쓸 수도 있고, 마찬가지로 한 권 책을 여러 작가가 쓸 수도 있다. 외래키는 테이블에서 ***여러 번*** 등장할 수 있지만, 다른 테이블에는(기본키로서) 단 ***한 번만*** 나와야 한다. 예를 들어 books 데이터베이스에서 ISBN 0134289366은 여러 작가들이 책을 썼기 때문에 author_ISBN에서는 여러 번 등장하지만, titles 테이블에서는 기본키로 쓰이기 때문에 한 번만 나온다.

개체 관계도(ER Diagram)

다음에 보이는 **ERC(Entity-Relationship) 관계도**는 books 데이터베이스에 대한 개체 관계도는 데이터베이스의 테이블과 테이블 사이의 관계를 보여준다.

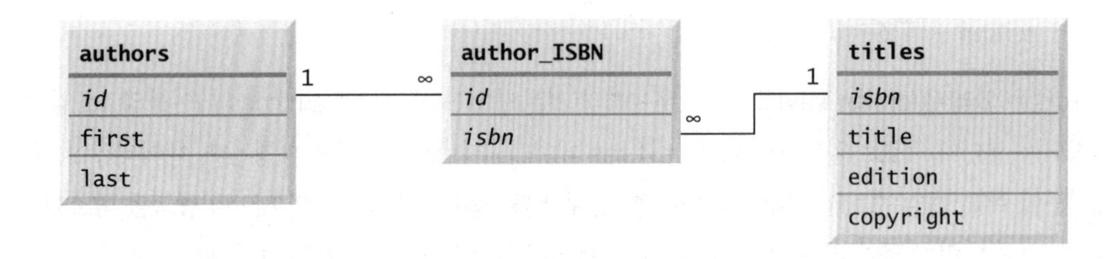

각 박스에 있는 첫 번째 칸에는 테이블 이름이, 나머지 칸에는 이 테이블에 있는 열들이 들어간다. 이탤릭체로 되어 있는 열 이름은 기본키로, ***테이블의 기본키는 테이블에 있는 각 행을 유일하게 식별한다.*** 각 행에는 기본키 값을 가지고 있어야 하고 이 값은 테이블에서 유일한 값이어야 하는데, 이것이 **엔티티 무결성 규칙(Rule of Entity Integrity)**이다. author_ISBN 테이블의 경우 두 개의 열을 조합해서 기본키를 만들었고, 이것을 '합성 기본키(composite primary key)'라고 한다.

테이블을 연결하는 선은 테이블 사이의 ***관계***를 표현한다. authors와 author_ISBN 사이의 선을 보자. authros 끝부분에 1이 있다. 그리고, author_ISBN의 끝에는 ***무한대***를 나타내는 심벌이 있는데(∞), 이것은 ***1-다 관계***를 표시한다. authors 테이블에 있는 ***각각의*** 작가들은 author_ISBN 테이블에 있는 해당 작가가 쓴 책들에 대해 ***여러 개의*** ISBN 값이 있을 수 있다. 즉 한 작가가 여러 책을 쓸 수 있으므로 author의 id가 author_ISBN 테이블에서는 여러 행에서 보일 수 있다. authors 테이블에 있는 id 열(여기서 id는 기본키)은 author_ISBN 테이블에 있는 id 열(이 id 열은 외래키)에 연결된다.

테이블 사이에 있는 선은 기본키와 그것에 대응하는 외래키를 연결한다.

titles와 author_ISBN 테이블 사이에 있는 선은 *1-다 관계*를 표현하고 있다. 즉 여러 작가들이 책 한 권을 쓸 수 있다. 이 선은 titles 테이블에 있는 기본키 isbn을 author_ISBN 테이블에 있는 대응하는 외래키에 연결한다. 개체 관계도에서 보여지는 관계는 author_ISBN 테이블의 유일한 목적인 authors과 titles 테이블 간의 **다-다 관계**, 즉 *여러* 사람들이 *공동으로* 쓰일 수 있다는 것을 그림으로 보여주고 있다.

SQL 키워드

다음 하위 절에서는 앞에서 보았던 books 데이터베이스에서 다음 표에 있는 SQL 키워드를 사용해서 SQL 쿼리 및 명령문을 실습해 볼 것이다. 이것 이외의 SQL 키워드들은 이 책의 범위를 벗어난 것들이다.

SQL 키워드	기능
SELECT	하나 또는 그 이상의 테이블에서 데이터를 조회한다.
FROM	쿼리에 관련된 테이블들. 모든 SELECT문에 필요하다.
WHERE	조회, 삭제 또는 업데이트할 행을 결정하는 데 쓰이는 조건. SQL 명령에서 선택적으로 쓰인다.
GROUP BY	행들을 그룹핑하는 기준. SELECT 쿼리에서 선택적으로 쓰인다.
ORDER BY	행들의 순서를 결정하는 기준. SELECT 쿼리에서 선택적으로 쓰인다.
INNER JOIN	여러 테이블의 행들을 결합한다.
INSERT	특정 테이블에 행을 추가한다
UPDATE	특정 테이블의 행을 업데이트한다.
DELETE	특정 테이블의 행을 삭제한다.

16.2.2 SELECT 쿼리

이전 절에서는 우리는 전체 열 중에 일부 열만 필요하다. SELECT 명령문과 와일드카드 * 문자를 사용해서 테이블에 있는 모든 열을 가져왔다. 일반적으로 필요한 열은 일부분이다. 특히 수십, 수백, 수천 또는 그 이상의 열을 가지고 있을 수 있는 빅데이터의 경우는 특히 그렇다. 특정 열만 가져오기 위해 열 이름 리스트를 쉼표로 구분해서 지정할 수 있다. 예를 들어 authors 테이블에서 first 열과 last 열만 가져온다고 가정해 보자.

```
In [9]: pd.read_sql('SELECT first, last FROM authors', connection)
Out[9]:
          first     last
0          Paul   Deitel
1        Harvey   Deitel
```

16

```
2          Abbey     Deitel
3            Dan      Quirk
4      Alexander       Wald
```

16.2.3 WHERE 절

데이터베이스에서 **특정 조건**을 만족시키는 행만 선택하는 경우가 많다. 특히 데이터베이스에 수 백만 또는 수십억 개의 행이 있는 빅데이터의 경우에는 특히 그럴 것이다. 선택 조건(엄밀하게는 **'조건식'**이라고 함)을 만족하는 행들만 선택된다. SQL의 **WHERE 절**은 쿼리의 선택 조건을 지정한다. 2016년 이후에 출간된 모든 책들의 **제목(title), 판수(edition), 저작권(copyright)**을 뽑아본다고 가정하면 SQL 쿼리에서 문자열 값은 '2016'처럼 작은따옴표(')로 구분한다.

```
In [10]: pd.read_sql("""SELECT title, edition, copyright
    ...:                  FROM titles
    ...:                  WHERE copyright > '2016'""", connection)
Out[10]:
                           title  edition  copyright
0  Intro to Python for CS and DS        1       2020
1           Java How to Program       11       2018
2       Visual C# How to Program        6       2017
3            C++ How to Program       10       2017
4        Android How to Program         3       2017
```

패턴 매칭: 0 또는 0개 이상 문자

WHERE절에는 <, >, <=, >=, =, <>(불일치), 그리고 LIKE 연산자가 올 수 있다. LIKE 연산자는 주어진 패턴에 매칭되는 문자열을 찾을 때 쓰인다. 퍼센트(%) 와일드카드가 포함된 패턴은 패턴에서 퍼센트가 위치한 부분은 *0개 이상의* 문자가 있는 문자열을 찾는다. 예를 들어 성이 D로 시작하는 모든 작가를 나열해 볼 수 있다.

```
In [11]: pd.read_sql("""SELECT id, first, last
    ...:                  FROM authors
    ...:                  WHERE last LIKE 'D%'""",
    ...:              connection, index_col=['id'])
    ...:
Out[11]:
      first    last
id
1      Paul  Deitel
2    Harvey  Deitel
3     Abbey  Deitel
```

패턴 매칭: 문자 하나

패턴 문자열에서 밑줄(_)은 해당 위치에 문자 하나를 의미하는 와일드카드 문자이다. 작가의 성이 어떤 문자로 시작하건 바로 뒤의 문자가 b이고, 뒤로는 어떤 문자가 얼마나 오건 상관없는(%로 지정된) 성을 가진 모든 행을 선택해 보자.

```
In [12]: pd.read_sql("""SELECT id, first, last
    ...:                FROM authors
    ...:                WHERE first LIKE '_b%'""",
    ...:                connection, index_col=['id'])
    ...:

Out[12]:
       first     last
id
3      Abbey   Deitel
```

16.2.4 ORDER BY 절

ORDER BY 절은 검색된 결과를 ASC, DESC로 각각 지정된 것에 따라서 오름차순(낮은 것에서 높은 것으로) 또는 내림차순(높은 것에서 낮은 것으로)으로 정렬한다. 기본적인 정렬 순서는 오름차순이므로 반드시 ASC라고 지정하지 않아도 된다. `titles`를 오름차순으로 정렬해 보자.

```
In [13]: pd.read_sql('SELECT title FROM titles ORDER BY title ASC',
    ...:                            connection)

Out[13]:
                                title
0         Android 6 for Programmers
1            Android How to Program
2                  C How to Program
3                C++ How to Program
4      Internet & WWW How to Program
5      Intro to Python for CS and DS
6               Java How to Program
7  Visual Basic 2012 How to Program
8          Visual C# How to Program
9         Visual C++ How to Program
```

다수의 열을 기준으로 정렬하기

여러 열을 기준으로 정렬하려면 ORDER BY 키워드의 뒤에 열들의 이름을 쉼표로 구분해서 지정해야 한다. 작가의 이름을 성으로 정렬해 보고 동일한 성을 가진 작가는 이름으로 다시 정렬해 보자.

```
In [14]: pd.read_sql("""SELECT id, first, last
    ...:                FROM authors
    ...:                ORDER BY last, first""",
    ...:             connection, index_col=['id'])
    ...:
Out[14]:
        first    last
id
3      Abbey   Deitel
2     Harvey   Deitel
1       Paul   Deitel
4        Dan    Quirk
5  Alexander     Wald
```

정렬 순서는 열에 따라 다르게 할 수 있다. 작가들을 정렬할 때 성은 내림차순으로, 동일한 성을 가진 작가는 이름을 기준으로 내림차순으로 정렬해 보자.

```
In [15]: pd.read_sql("""SELECT id, first, last
    ...:                FROM authors
    ...:                ORDER BY last DESC, first ASC""",
    ...:             connection, index_col=['id'])
    ...:
Out[15]:
        first    last
id
5  Alexander     Wald
4        Dan    Quirk
3      Abbey   Deitel
2     Harvey   Deitel
1       Paul   Deitel
```

WHERE 절과 ORDER BY 절 함께 사용하기

WHERE절과 ORDER BY 절을 한 쿼리에서 조합할 수 있다. titles 테이블에서 제목이 'How to Program'이라는 것으로 끝나고 title을 오름차순으로 정렬해서 책의 isbn, title, edition, copyright 값을 보자.

```
In [16]: pd.read_sql("""SELECT isbn, title, edition, copyright
    ...:                FROM titles
    ...:                WHERE title LIKE '%How to Program'
    ...:                ORDER BY title""", connection)
Out[16]:
        isbn                            title  edition  copyright
0  0134444302        Android How to Program        3       2017
```

```
1 0133976890                C How to Program         8      2016
2 0134448235              C++ How to Program        10      2017
3 0132151006      Internet & WWW How to Program      5      2012
4 0134743350             Java How to Program        11      2018
5 0133406954  Visual Basic 2012 How to Program       6      2014
6 0134601548         Visual C# How to Program        6      2017
7 0136151574         Visual C++ How to Program       2      2008
```

16.2.5 여러 테이블의 데이터 결합하기: INNER JOIN

앞에서 books 데이터베이스의 author_ISBN 테이블이 authors와 그것에 대응하는 titles를 연결한다고 설명했다. 만약 이 정보를 별도의 테이블로 만들지 않았다면 titles 테이블에 있는 각 정보와 함께 작가들의 정보도 포함해야 한다. 이런 방식으로 데이터를 저장하면 결국 여러 작품을 쓴 작가들에 대한 작가 정보가 *중복* 저장된다.

INNER JOIN을 사용하여 테이블 조인이라고 하는 방식을 통해서 여러 테이블에 있는 데이터를 결합할 수 있다. 작가가 쓴 책들의 ISBN과 함께 작가들을 나열한 목록을 만들어보자. 이번 쿼리의 결과가 많기 때문에 얻은 결과의 앞부분만 보여준다.

```
In [17]: pd.read_sql("""SELECT first, last, isbn
    ...:                FROM authors
    ...:                INNER JOIN author_ISBN
    ...:                    ON authors.id = author_ISBN.id
    ...:                ORDER BY last, first""", connection).head()
Out[17]:
    first    last        isbn
0   Abbey  Deitel  0132151006
1   Abbey  Deitel  0133406954
2  Harvey  Deitel  0134289366
3  Harvey  Deitel  0135404673
4  Harvey  Deitel  0132151006
```

INNER JOIN에 있는 **ON 절**은 한쪽 테이블에 있는 기본키 열과 다른 쪽 테이블의 외래키를 사용해서 각각의 테이블에서 어떤 행들을 결합시킬지 결정한다. 이 쿼리는 authors 테이블의 first 열과 last 열을 author_ISBN 테이블의 isbn 열과 결합시킨다. 그리고 그 결과를 last를 기준으로 오름차순으로 정렬한 후 다시 first에 대해 정렬한다.

ON 절에 있는 authors.id(*테이블_이름.열_이름*) 문법을 주목해야 한다. 정규화된 이름 문법은 양쪽 테이블에서 이름이 같은 열이 있으면 꼭 필요하다. 이 문법은 모든 SQL에서 이름이 같은 별개 테이블에 있는 열을 구별할 때 사용할 수 있다. 일부 데이터베이스 시스템에서는 데이터베이스 이름과 함께 정규화된 테이블 이름을 사용하여 데이터베이스 간 쿼리를 수행할 수도 있다. 물론 이 쿼리에도 ORDER BY절이 올 수 있다.

16.2.6 INSERT INTO절

지금까지 기존에 있던 데이터를 쿼리해 보았다. 가끔 데이터베이스를 *조작하는* SQL 명령을 수행해야 하는데, 이것을 위해 sqlite3 **Cursor** 객체를 사용한다. 이 객체는 Connection의 **cursor** 메서드를 호출해서 얻는다.

```
In [18]: cursor = connection.cursor()
```

판다스의 read_sql 메서드는 실제로 쿼리를 수행하고 결과에 접근하기 위해 내부적으로 Cursor를 사용한다.

INSERT INTO 명령은 테이블에 하나의 행을 추가한다. Sue Red라는 작가를 Cursor의 execute 메서드를 호출해서 authors 테이블에 추가해 보자. **execute** 메서드는 SQL을 수행하고 Cursor를 반환한다.

```
In [19]: cursor = cursor.execute("""INSERT INTO authors (first, last)
    ...:                           VALUES ('Sue', 'Red')""")
    ...:
```

SQL 키워드인 INSERT INTO 뒤에 새로운 행을 추가할 테이블과 괄호 사이에 콤마로 구분된 열 이름이 뒤에 온다. 열 이름 목록 뒤에는 **VALUES**라는 SQL 키워드가 오고, 콤마로 구분된 값이 괄호로 감싸여 뒤에 나온다. 이 값은 순서와 타입이 열 이름으로 지정한 것과 일치되어야 한다.

id 열에 값을 지정하지 않았는데, 이것은 authors 테이블의 이 열이 자동 증가 열이기 때문이다. 이런 속성은 테이블을 생성했던 books.sql 스크립트에서 지정되어 있다. 새로운 행마다 SQLite는 자동 증가하는 시퀀스의 next 값(1, 2, 3으로 증가하는), 즉 유일한 값을 id에 할당한다. 이번 경우 Sue Red에 할당되는 id 번호는 6인데, 이것을 확인하기 위해 authors 테이블을 찾아보자.

```
In [20]: pd.read_sql('SELECT id, first, last FROM authors',
    ...:             connection, index_col=['id'])
    ...:
Out[20]:
         first    last
id
1         Paul  Deitel
2       Harvey  Deitel
3        Abbey  Deitel
4          Dan   Quirk
5    Alexander    Wald
6          Sue     Red
```

작은따옴표를 가지고 있는 문자열 다루기

SQL은 작은따옴표(')를 가지고 문자열을 구분한다. 작은따옴표가 포함된 O'Malley와 같은 문자열은 작은따옴표가 오는 자리에 *두 개의* 작은따옴표를 사용해야 한다(예를 들어 `'O''Malley'` 같은 식). 첫 번째 오는 문자가 두 번째 오는 문자의 이스케이프 문자처럼 동작한다. SQL 명령에 일부분으로 있는 문자열에 포함된 작은따옴표를 이스케이프하지 않으면 SQL 문법 오류가 발생한다.

16.2.7 UPDATE 명령

UPDATE 구문은 기존 값을 바꾼다. Sue Red의 성이 데이터베이스에 기록되어 있는데, 이것을 `'Black'`으로 바꿔보자.

```
In [21]: cursor = cursor.execute("""UPDATE authors SET last='Black'
    ...:                          WHERE last='Red' AND first='Sue'""")
```

UPDATE 키워드의 뒤에 업데이트할 테이블이 오고 SET 키워드와 변경할 열 이름, 그리고 새로운 값을 지정하는 *열_이름=값* 쌍을 콤마로 구분해서 뒤에 쓴다. WHERE 절이 지정되어 있지 않으면 *모든* 행에 대해 변경이 적용된다. 이 쿼리에서 WHERE 절은 성이 `'Red'`이고 이름이 `'Sue'`인 하나의 행만 업데이트하도록 지정한다.

물론 동일한 성과 이름을 가진 사람이 많을 수 있다. 한 행만 변경하는 가장 좋은 방법은 행의 기본키를 WHERE절에 사용하는 것이다. 이번 경우이면 다음과 같이 지정할 수 있다.

```
WHERE id = 6
```

데이터베이스를 변경하는 명령의 경우 Cursor 객체의 rowcount 속성이 변경한 행의 개수를 정수로 가진다. 이 값이 0이라면 변경된 것이 없다는 의미다. 다음 코드는 UPDATE 명령이 하나의 행만 수정했다는 것을 보여준다.

```
In [22]: cursor.rowcount
Out[22]: 1
```

authors 테이블의 내용을 나열해서 잘 변경되는지 다시 확인해 보자.

```
In [23]: pd.read_sql('SELECT id, first, last FROM authors',
    ...:             connection, index_col=['id'])
    ...:
Out[23]:
        first     last
id
1        Paul   Deitel
```

```
2        Harvey   Deitel
3         Abbey   Deitel
4           Dan    Quirk
5     Alexander     Wald
6           Sue    Black
```

16.2.8 DELETE FROM 명령

SQL의 **DELETE FROM** 명령은 테이블에서 행을 제거한다. **authros** 테이블에서 작가의 id를 사용해서 Sue Black 작가를 제거해 보자.

```
In [24]: cursor = cursor.execute('DELETE FROM authors WHERE id=6')

In [25]: cursor.rowcount
Out[25]: 1
```

선택적으로 사용할 수 있는 **WHERE** 절은 어떤 행을 삭제할지 결정한다. **WHERE** 절이 생략되어 있으면 테이블의 모든 행들을 삭제한다. **DELETE** 연산 이후에 **authors** 테이블은 다음과 같다.

```
In [26]: pd.read_sql('SELECT id, first, last FROM authors',
    ...:             connection, index_col=['id'])
    ...:
Out[26]:
        first     last
id
1        Paul   Deitel
2      Harvey   Deitel
3       Abbey   Deitel
4         Dan    Quirk
5   Alexander     Wald
```

데이터베이스 닫기

더 이상 데이터베이스가 필요하지 않으면 데이터베이스 연결을 종료하기 위해 Connection 객체의 close 메서드를 호출해야 한다.

```
connection.close()
```

빅데이터에서의 SQL

빅데이터에서 SQL의 중요성은 나날이 커지고 있다. 이 장의 뒷부분에서는 스파크 SQL을 사용해서 스파크 클러스터에 분산되어 있는 스파크 DataFrame의 데이터를 쿼리해 볼 것이다. 스파크 SQL은 이번 절에서 보았던 SQL과 거의 동일하다.

16.3 NoSQL과 NewSQL 빅데이터 데이터베이스: 둘러보기

수십 년간 관계형 데이터베이스 관리 시스템이 데이터 프로세싱에 표준이 되었다. 하지만 이 데이터베이스 관리 시스템을 사용하려면 잘 정리된 사각형의 테이블에 맞는 ***구조화된 데이터***여야 한다. 데이터의 크기 및 테이블과 테이블 사이의 관계들의 수가 늘어남에 따라서 관계형 데이터베이스를 효과적으로 다루는 것이 더 어려워졌다. 오늘날 빅데이터 세상에 등장한 NoSQL 및 NewSQL 데이터베이스는 기존 관계형 데이터베이스가 충족시킬 수 없는 종류의 데이터 스토리지와 처리 요구를 해결하기 위해 나왔다. 빅데이터는 대규모 데이터베이스가 필요하다. 이것은 종종 범용 컴퓨터로 이루어진 거대한 클러스터로 전 세계 데이터센터에 퍼져 있다. statista.com에 따르면 현재 전 세계적으로 800만 개가 넘는 데이터센터가 있다.[3]

NoSQL은 원래 이름이 의미하고 있는 그대로를 의미했다. 하지만 빅데이터(하둡의 SQL 및 스파크 SQL 같은)에서 SQL의 중요성이 증가함에 따라 NoSQL은 이제 'SQL을 포함한 이외의 것(Not Only SQL)'을 표방한다. NoSQL 데이터베이스는 사진, 영상, 이메일, 문자, 그리고 소셜미디어 글에 있는 자연어와 같은 비정형 데이터와 JSON, XML 문서 같은 반구조화된 데이터를 위한 데이터베이스를 의미한다. 반구조화된 데이터는 종종 **'메타데이터'**라는 추가 정보와 함께 비정형 데이터를 감싸고 있기도 한다. 예를 들어 유튜브 영상은 비정형 데이터이지만, 유튜브는 각 비디오에 대한 메타데이터, 즉 영상을 올린 사람, 올린 시간, 제목, 설명, 비디오를 쉽게 찾을 수 있도록 도와주는 태그, 개인 정보 설정 등을 관리한다. 이 모든 것은 유튜브 API를 통해서 JSON으로 반환된다. 이 메타데이터는 비정형 데이터에 구조적인 정보를 더해 반구조화 데이터로 만든다.

다음 이어질 하위 절에서는 네 종류의 NoSQL 데이터베이스를 살펴보려고 한다. 즉 키/값, 도큐먼트, 컬럼 지향(또는 컬럼 기반), 그래프 등 네 종류가 있다. 또한 관계형 데이터베이스와 NoSQL 데이터베이스의 기능을 결합한 NewSQL 데이터베이스를 대략적으로 살펴본다. 16.4절에서 NoSQL 도큐먼트 데이터베이스에 JSON 트윗 객체를 많이 저장해서 데이터를 처리해 보고, 이 데이터를 폴리엄(Folium) 맵에 표시해서 상호 작용할 수 있는 시각화로 데이터를 요약해 볼 것이다.

16.3.1 NoSQL 키-값 데이터베이스

파이썬의 딕셔너리와 마찬가지로 **키-값 데이터베이스**[4]는 키-값 쌍을 저장한다. 이 데이터베이스는 분산 시스템과 빅데이터 프로세싱에 최적화되어 있다. 안정성을 위해 여러 클러스터 노드에서 데이

3 https://www.statista.com/statistics/500458/worldwide-datacenter-and-it-sites/

4 https://en.wikipedia.org/wiki/Key-value_database

터를 복제하는 경우가 많다. 레디스(Redis) 같은 일부 키-값 데이터베이스로는 성능을 위해 메모리에 데이터를 저장하고 HBase 같은 데이터베이스는 디스크에 데이터를 저장한다. HBase는 하둡 HDFS 분산 파일 시스템의 위에서 동작한다. 유명한 키-값 데이터베이스에는 아마존의 DynamoDB, 구글 클라우드 데이터스토어, Couchbase 등이 있다. DynamoDB와 Couchbase는 **멀티 모델 데이터베이스**로 도큐먼트도 지원한다. 그리고 HBase는 컬럼 지향 데이터베이스이기도 하다.

16.3.2 NoSQL 도큐먼트 데이터베이스

도큐먼트 데이터베이스[5]는 JSON 또는 XML 문서 같은 반구조화된 데이터를 저장한다. 도큐먼트 데이터베이스에서 일반적으로 특정 속성에 대해 인덱스를 추가해서 도큐먼트의 위치를 찾거나 문서를 더 효과적으로 처리할 수 있다. 예를 들어 IoT 장치에서 생성된 JSON 도큐먼트를 저장하고, 각각의 도큐먼트에서는 type 속성이 있다고 가정해 보자. 이 속성에 인덱스를 추가해서 이 type 속성을 바탕으로 문서를 필터링할 수 있다. 인덱스가 없어도 할 수 있지만, 이 속성을 찾기 위해 전체 문서를 하나하나 찾아보아야 하기 때문에 느릴 뿐이다.

가장 인기 있는 도큐먼트 데이터베이스(또한 가장 인기있는 NoSQL 데이터베이스[6])로 **몽고DB**이다. 이 데이터베이스의 이름은 'hu**mongo**us'라는 단어에 있는 글자에서 따왔다. 우리는 프로세싱을 위해 몽고DB에 많은 트윗을 저장한다. 트윗의 API는 JSON 포맷으로 반환하므로 이 데이터를 곧바로 몽고DB에 넣을 수 있다. 트윗을 가져온 후에 이것을 판다스 DataFrame과 Folium 맵으로 요약한다. 다른 도큐먼트 데이터베이스에는 아마존의 DynamoDB(키-값 데이터베이스이기도 함), 마이크로소프트 애저 코스모스 DB, 아파치 CouchDB 등이 있다.

16.3.3 NoSQL 컬럼 데이터베이스

관계형 데이터베이스에서 일반적인 쿼리 연산은 각각의 행에서 특정 열에 있는 값을 가져오는 것이다. 데이터가 행으로 나누어져 있기 때문에 특정 열을 조회하는 쿼리도 느리게 수행된다. 이 데이터베이스 시스템은 매칭되는 모든 행을 가져와서 필요한 열의 위치를 파악하고 나머지 행 정보를 버린다. **컬럼 데이터베이스**[7, 8]는 **'컬럼 지향 데이터베이스'**라고 부르는데, 기존 관계형 데이터베이스와 비슷하다. 단 이 데이터베이스는 행이 아니라 열을 단위로 구조화된 데이터를 저장한다. 열에 있는 모든 요소들이 함께 저장된다. 특징 열에 대한 데이터를 선택할 때 더 효과적이다.

books 데이터베이스에서 있는 authors 테이블을 생각해 보자.

---

5 https://en.wikipedia.org/wiki/Document-oriented_database

6 https://db-engines.com/en/ranking

7 https://en.wikipedia.org/wiki/Columnar_database

8 https://www.predictiveanalyticstoday.com/top-wide-columnar-store-databases/

```
        first      last
id
1        Paul    Deitel
2      Harvey    Deitel
3       Abbey    Deitel
4         Dan     Quirk
5   Alexander      Wald
```

관계형 데이터베이스에서는 행에는 모든 데이터를 함께 저장한다. 각 행을 파이썬의 튜플로 생각하면 (1, 'Paul', 'Deitel'), (2, 'Harvey', 'Deitel'), 등이 될 것이다. 컬럼 데이터베이스에서는 열에 있는 값이 같이 저장된다. (1, 2, 3, 4, 5), ('Paul', 'Harvey', 'Abbey', 'Dan', 'Alexander')와 ('Deitel', 'Deitel', 'Deitel', 'Quirk', 'Wald') 같은 식이다. 각 열에 있는 요소들은 행 순서대로 유지되므로 어떤 인덱스에 대해 각 컬럼의 값은 동일한 행에 속하는 값이다. 널리 알려진 컬럼 데이터베이스에는 마리아DB ColumnStore와 HBase가 있다.

16.3.4 NoSQL 그래프 데이터베이스

그래프는 객체 간의 관계를 모델링한다.[9] 객체는 **'노드'** 또는 **'버틱스(vertices)'**, 관계는 **'엣지'**라고 한다. 엣지에는 ***방향***이 있다. 예를 들어 항로를 표시하는 엣지는 출발 도시에서 도착 도시로 가리키고 그 반대는 안 된다. **그래프 데이터베이스**[10]는 노드와 엣지, 그리고 그것의 속성을 저장한다.

인스타그램, 스냅챗, 트위터, 그리고 페이스북 같은 소셜 네트워크를 사용한다면 여러분이 알고 있는 사람들(노드)과 그들과의 관계(엣지)로 구성된 소셜 그래프를 생각해 보자. 모든 사람들은 자신의 소셜 그래프가 있고, 이것은 서로 연결되어 있다. 그 유명한 '6단계 분리 이론' 문제는 전 세계 누구든지 소셜 그래프에서 최대 6개의 엣지를 따라가면 서로 연결되어 있다.[11] 페이스북의 알고리즘은 수십억 명의 월별 실제 사용자들[12]의 소셜 그래프를 이용해서 각 사용자의 뉴스피드에 어떤 것이 보여야 하는지를 판단한다. 여러분의 관심사, 친구들과 그 친구들의 관심사 등을 보고 페이스북은 가장 관련성이 높은 것이라고 판단되는 이야기를 예측한다.[13]

많은 기업들은 비슷한 기술을 이용해서 추천 엔진을 만들고 있다. 아마존에서 제품을 보고 있으면 사용자와 제품 그래프를 이용해서 사람들이 제품 구매 전에 보았던 제품들을 보여준다. 넷플릭스에서 영화를 검색하면 넷플릭스는 사용자와 좋아한다고 했던 영화의 그래프를 사용해서 관심있어 할 만한 영화를 추천해 준다.

가장 많이 사용되는 그래프 데이터베이스 중 하나가 Neo4j이다. 그래프 데이터베이스에 대한 실제

9 https://en.wikipedia.org/wiki/Graph_theory
10 https://en.wikipedia.org/wiki/Graph_database
11 https://en.wikipedia.org/wiki/Six_degrees_of_separation
12 https://zephoria.com/top-15-valuable-facebook-statistics/
13 https://newsroom.fb.com/news/2018/05/inside-feed-news-feed-ranking/

사례를 다음의 링크에서 찾을 수 있다.

```
https://neo4j.com/graphgists/
```

대부분은 사례에 대해 Neo4j가 만들 준 샘플 그래프 다이어그램이 있는데, 이것은 그래프 노드들 간의 관계를 시각화한 것이다. Neo4j의 무료 PDF 책, ***그래프 데이터베이스***를 확인해 보기 바란다.[14]

16.3.5 NewSQL 데이터베이스

관계형 데이터베이스의 주요 장점에는 보안과 트랜잭션을 지원한다는 점이다. 특히 관계형 데이터베이스는 일반적으로 **ACID(원자성(Atomicity), 일관성(Consistency), 고립성(Isolation), 지속성(Durability)**[15] 트랜잭션을 사용한다.

- *원자성(Atomicity)*은 데이터베이스가 ***전체*** 트랜잭션이 성공했을 때만 변경된다는 것을 보장한다. 만약 ATM에서 100달러를 인출하면 인출하기에 충분한 돈이 있고, ATM 기기에 돈이 충분이 있지 않으면 계좌에서 그만큼의 돈이 빠져나가지 않는다.
- *일관성(Consistency)*은 데이터베이스의 상태가 항상 맞다는 것을 보장한다. 위에서 보았던 인출 예에서 트랜잭션이 이루어진 후 여러분이 인출한 돈(그리고 아마도 수수료까지)을 계좌에 정확하게 반영한다.
- *고립성(Isolation)*은 동시에 여러 트랜잭션이 처리되어도 마치 그것이 순차적으로 발생하는 것처럼 동작한다는 것을 보장한다. 예를 들어 두 사람이 은행 계좌를 공유하고 있고, 두 사람이 서로 다른 ATM 기기에서 동시에 계좌 인출을 한다면, 한 트랜잭션은 반드시 다른 트랜잭션이 완료할 때까지 기다려야 한다.
- *지속성(Durability)*은 하드웨어에 문제가 있어도 데이터베이스의 변경이 유지되도록 보장해야 한다.

NoSQL 데이터베이스의 장단점을 조사해 보면 NoSQL 데이터베이스가 일반적으로 ACID를 지원하지 않는다. NoSQL 데이터베이스를 사용하는 애플리케이션 타입은 ACID를 준수하는 데이터베이스가 보장하는 것들이 꼭 필요하지는 않다. 많은 NoSQL 데이터베이스는 보통 **BASE(Basic Availability, Softstate, Eventual consistency)** 모델을 따른다. 이 모델은 데이터베이스의 가용성에 더 집중하는 반면, ACID 데이터베이스는 데이터베이스에 기록할 때 일관성을 보장한다. BASE 데이터베이스는 어느 정도 시간이 지난 시점에서의 일관성을 제공한다.

NewSQL 데이터베이스는 빅데이터 프로세싱 작업에 있어서 관계형과 NoSQL 데이터베이스 모두의 장점을 섞어놓은 것이다. VoltDB와 MemSQL, 아파치 Ignite, 그리고 구글 Spanner 같은 것들이 NewSQL 데이터베이스이다.

14 https://neo4j.com/graph-databases-book-sx2

15 https://en.wikipedia.org/wiki/ACID_(computer_science)

16.4 사례 연구: 몽고DB JSON 도큐먼트 데이터베이스

몽고DB는 JSON 도큐먼트를 저장하고 조회할 수 있는 도큐먼트 데이터베이스이다. 트위터의 API 들은 JSON 객체로 트윗을 반환하는데, 이것을 바로 몽고DB 데이터베이스에 그대로 사용할 수 있다. 이번 절에서는 다음과 같은 것들을 해보려고 한다.

- 트위피(Tweepy)를 사용해서 'the 100 U.S. senators(100명의 미 상원의원)'에 대한 트윗을 스트리밍으로 받아서 몽고DB에 저장한다.
- 판다스를 사용해서 트윗 활동으로 상위 10명의 상원의원들을 요약한다.
- 주 이름과 상원 의원이름, 정당 및 트윗 수를 표시하는 주당 하나의 팝업 마커가 있는 대화형 폴리엄(Folium) 맵을 화면에 표시한다.

무료로 쓸 수 있는 클라우드 기반의 몽고DB 아틀라스 클러스터를 사용한다. 이 제품은 설치가 필요 없고 현시점에서 데이터를 512MB까지 저장할 수 있다. 더 많은 데이터를 저장하려면 몽고DB 커뮤니티 서버를 다음 URL에서 다운로드한다

```
https://www.mongodb.com/download-center/community
```

이것을 로컬에 설치하거나 몽고DB 유료 아틀라스 서비스를 ***가입할*** 수 있다.

몽고DB와 연동할 파이썬 라이브러리 설치하기

pymongo 라이브러리를 사용해서 파이썬 코드로 몽고DB 데이터베이스와 연결한다. 몽고DB 아틀라스 클러스터를 연결하려면 dnspython 라이브러리도 필요하다. 이 라이브러리들을 설치하기 위해 다음 명령을 사용한다.

```
conda install -c conda-forge pymongo
conda install -c conda-forge dnspython
```

keys.py

ch16 예제 폴더의 TwitterMongoDB 하위 폴더에 이번 예제의 코드 및 keys.py 파일이 있다. 이 파일을 수정해서 12장 '트위터 데이터 마이닝'에서 트위터 인증 정보와 OpenMapQuest 키를 입력한다. 몽고DB 아틀라스 클러스터의 생성을 논의한 후 몽고DB 접속 문자열 파일을 추가해야 한다.

16.4.1 몽고DB 아틀라스 클러스터 생성하기

다음 링크에 접속한 후 무료 계정을 만든다.

```
https://mongodb.com
```

그리고 나서 이메일을 입력하고 **Get started free**(무료로 이용하기)를 클릭한다. 다음 페이지에서 이름을 입력하고 암호를 생성한 후 이용 약관을 읽는다. 약관에 동의한다면 화면에 있는 **Get started free**를 클릭한다. 클러스터 설정을 위한 화면이 표시되면 **Build my first cluster**(첫 클러스터 만들기)를 클릭한다.

시스템은 완료해야 할 작업을 팝업으로 설명하면서 시작 단계를 안내한다. 무료로 쓸 수 있는 아틀라스 클러스터(이것을 **M0**라고 한다)를 위한 기본 설정을 한다. 따라서 **Cluster Name** 섹션에 이름을 입력하고 **Create Cluster**(클러스터 생성하기)를 클릭한다. 여기까지 하면 **Clusters** 화면으로 이동한 후 클러스터를 생성하기 시작한다. 생성 과정은 몇 분 정도 소요된다.

다음으로 **아틀라스 연결**을 위한 팝업이 표시 되는데, 팝업에서 필요한 추가 과정을 위한 체크리스트가 나타난다.

- Create your first database user(첫 번째 데이터베이스 사용자 생성) – 이것을 이용해 클러스터에 로그인할 수 있다.
- Whitelist your IP Address(IP를 화이트리스트 등록) – 보안에 관련된 것으로, 검증된 IP 주소에서만 클러스터에 연동될 수 있도록 해 준다. 학교, 집, 직장 등과 같은 여러 장소에서 이 클러스터에 접근하기 위해 접속을 시도하는 각각의 IP 주소를 화이트리스트에 등록해야 한다.
- Connect to your cluster(클러스터에 접속) – 이 단계에서는 파이썬 코드에서 서버에 접속할 수 있도록 클러스터 접속 문자열을 얻는다.

첫 번째 데이터베이스 사용자 생성하기

팝업 튜토리얼 윈도우에서 **Create your first database user**(첫 데이터베이스 사용자 만들기)를 클릭해서 튜토리얼을 계속 이어간다. 화면에 프롬프트를 따라가서 클러스터의 **Security**(보완) 화면이 표시되면 **+ ADD NEW USER**(새 사용자 추가)를 클릭한다.

Add New User(새 사용자 추가) 대화상자에서 사용자 이름과 암호를 생성한 후 이 정보가 곧 필요하므로 잘 적어놓는다. **Add User**(사용자 추가)를 클릭해서 **Connect to Altras**(아틀라스 연결) 팝업 튜토리얼 창으로 되돌아온다.

화이트리스트에 IP 추가하기

팝업 튜토리얼 창에서 **Whitelist your IP Address**(접속 IP를 화이트리스트에 등록하기)를 클릭해서 튜토리얼을 계속한다. 화면의 프롬프트를 따라가서 클러스터의 **IP Whitelist**(IP 화이트리스트) 화면에 띄우고 **+ ADD IP ADDRESS**(IP 주소 추가)를 클릭한다. **Add Whitelist Entry**(화이트리스트 항목 추가) 대화상자에서 컴퓨터의 현재 IP 주소나 모든 곳의 접속을 사용하도록 추가한다. 모든 곳에서 접속하게 하는 것은 데이터를 운영할 때 권장하지는 않지만 학습 목적이므로 상관없다. **ALLOW ACCESS FROM ANYWHERE**(모든 곳에서 오는 접속 요청 허용)을 클릭하고 **Confirm**(확인)을 클릭해서 **Connect to Atlas**(아틀라스 접속) 팝업 튜토리얼 창으로 되돌아온다.

클러스터에 접속하기

팝업 튜토리얼 창에서 Connect to your cluster(클러스터 접속하기)를 클릭해서 튜토리얼을 이어간다. 그러면 화면 프롬프트를 따라서 클러스터의 Connect to *〈클러스터 이름〉* 대화상자가 보인다. 파이썬에서 몽고DB 아틀라스 데이터베이스에 접속하기 위해 접속 문자열이 필요하므로 Connect Your Application(애플리케이션 접속)을 클릭하고 Short SRV connection string(연결 문자열)을 클릭한다. 접속 문자열의 아래에 Copy the SRV address가 보이면 COPY를 클릭해서 이 문자열을 복사한 후 `keys.py` 파일에 `mongo_connection_string`의 값으로 붙여넣는다. 접속 문자열에서 <PASSWORD> 부분에 입력한 암호를 적고 데이터베이스 이름 `"test"`를 `"senators"`로 변경한다. 이번 예제에서는 이것을 데이터베이스 이름으로 할 것이다. Connect to *〈클러스터 이름〉*의 아래쪽에 있는 Close를 클릭한다. 이제 아틀라스 클러스터와 연동하기 위한 준비가 끝났다.

16.4.2 몽고DB로 트위터 스트리밍하기

먼저 몽고DB 데이터베이스에 접속하고 트위터 스트리밍을 통해서 트윗을 다운로드한 후 트윗 수로 상위 10명의 상원의원을 추려내기 위해 대화형 IPython 세션을 만든다. 그리고 나서 `TweetListener` 클래스를 보여줄 것이다. 이 클래스는 들어오는 트윗들을 처리하고 몽고DB에 트윗을 저장한다. 마지막으로 IPython 세션을 계속 사용해서 저장된 트윗에서 가져온 데이터를 보여줄 대화형 폴리엄(Folium) 맵을 생성한다.

트위피를 이용해 트위터에서 인증받기

먼저 트위피를 이용해서 트위터에 인증받는다.

```
In [1]: import tweepy, keys
In [2]: auth = tweepy.OAuthHandler(
   ...:         keys.consumer_key, keys.consumer_secret)
   ...: auth.set_access_token(keys.access_token,
   ...:         keys.access_token_secret)
   ...:
```

다음으로 앱이 트위터 속도 제한에 도달하면 대기하도록 트위피 API 객체를 설정한다.

```
In [3]: api = tweepy.API(auth, wait_on_rate_limit=True,
   ...:                  wait_on_rate_limit_notify=True)
   ...:
```

상원의원 데이터 로딩하기

모든 미국 상원의원에 대해 트윗을 주고받거나 관련된 트윗들을 추적하기 위해 `senators.`

csv(ch16 예제 폴더의 TwitterMongoDB 하위 폴더에 있는)에 있는 정보를 이용한다. 이 파일에는 상원의원의 두 글자로 된 주 코드, 이름, 정당, 트위터 핸들, 그리고 트위터 ID가 포함되어 있다.

트위터에서는 숫자로 된 트위터 ID를 통해서 특정 사용자를 팔로우할 수 있지만, 이때 이 숫자들을 문자로 표현해서 보내야 한다. 따라서 senators.csv 파일을 판다스로 로드하고 TwitterID 값을 문자열로 변환한 후 (Series의 **astype** 메서드 사용) 데이터의 일부를 출력한다. 이번 경우에는 화면에 표시할 열의 최대 수를 6으로 설정한다. 나중에 이 DataFrame에 다른 열을 추가하는데, 그때 모든 열들이 화면에 보일 수 있도록 할 것이다.

```
In [4]: import pandas as pd

In [5]: senators_df = pd.read_csv('senators.csv')

In [6]: senators_df['TwitterID'] = senators_df['TwitterID'].astype(str)

In [7]: pd.options.display.max_columns = 6
In [8]: senators_df.head()
Out[8]:
  State            Name  Party    TwitterHandle            TwitterID
0    AL  Richard Shelby      R        SenShelby             21111098
1    AL      Doug Jomes      D      SenDougJones   941080085121175552
2    AK  Lisa Murkowski      R     lisamurkowski             18061669
3    AK    Dan Sullivan      R   SenDanSullivan           2891210047
4    AZ         Jon Kyl      R        SenJonKyl             24905240
```

MongoClient 설정하기

트윗의 JSON을 몽고DB 데이터베이스에 도큐먼트로 저장하기 위해 먼저 클러스터 접속 문자열을 인자로 받는 pymongo **MongoClient**를 통해서 몽고DB 아틀라스 클러스터에 접속해야 한다.

```
In  [9]: from pymongo import MongoClient

In [10]: atlas_client = MongoClient(keys.mongo_connection_string)
```

이제 senators 데이터베이스를 나타내는 pymongo **Database** 객체를 가져올 수 있다. 다음 명령은 데이터베이스가 없으면 데이터베이스를 만든다.

```
In [11]: db = atlas_client.senators
```

트윗 스트림 설정하기

다운로드할 트윗의 수를 지정하고 TweetListener를 생성해 보자. 몽고DB 데이터베이스를 나타내는 db 객체를 TweetListener에 넘겨줘서 이 객체에서 트윗들을 데이터베이스에 쓸 수 있게 한다.

상원의원에 대해 트윗을 하는 속도에 따라 1만 개의 트윗을 받는 데 수 분에서 수 시간까지 걸릴 수 있다. 테스트를 위해 더 작은 수를 사용해도 된다.

```
In [12]: from tweetlistener import TweetListener

In [13]: tweet_limit = 10000

In [14]: twitter_stream = tweepy.Stream(api.auth,
    ...:     TweetListener(api, db, tweet_limit))
    ...:
```

트윗 스트림 시작하기

트위터 라이브 스트리밍은 한 번에 400개의 키워드를 추적하고 5,000명의 트위터 ID를 팔로우할 수 있다. 이번 예제에서는 상원의원들의 트위터 핸들을 추척하고 상원의원들의 트위터 ID를 팔로우해 보자. 이렇게 하면 트위터가 각 상원의원에 대한 트윗을 우리에게 보내줄 것이다. 진행 과정을 보이기 위해 받은 트윗의 스크린 이름과 타임스탬프 시간, 그리고 지금까지 받은 트윗 수를 출력한다. 지면을 아끼기 위해 여기서는 이런 트윗 결과를 하나만 보여주고 사용자의 스크린 이름은 XXXXXXX로 대체하겠다.

```
In [15]: twitter_stream.filter(track=senators_df.TwitterHandle.tolist(),
    ...:     follow=senators_df.TwitterID.tolist())
    ...:
    Screen name: XXXXXXX
     Created at: Sun Dec 16 17:19:19 +0000 2018
Tweets received: 1
...
```

TweetListener 클래스

이번 예제에서는 12장 '트위터 데이터 마이닝'에서 가져온 TweetListener 클래스를 약간 수정했다. 다음의 대부분의 트위터와 트위피 코드는 이전에 보았던 코드와 동일하므로 여기서는 새로운 개념만 집중적으로 설명하겠다.

```
1  # tweetlistener.py
2  """TweetListener는 트윗을 다운로드해서 몽고DB에 저장한다."""
3  import json
4  import tweepy
5
6  class TweetListener(tweepy.StreamListener):
7      """들어오는 트윗 스트림을 처리한다."""
8
```

16

```
9      def __init__(self, api, database, limit=10000):
10         """트윗 수를 추적하기 위한 변수 생성"""
11         self.db = database
12         self.tweet_count = 0
13         self.TWEET_LIMIT = limit  # 기본적으로 10,000개
14         super().__init__(api)  # 수퍼클래스의 init 메서드 호출
15
16     def on_connect(self):
17         """연결이 성공했을 때 호출됨, 연결되었을 때 해야할 적절할 애플리케이션
18         작업을 할 수 있도록 해준다"""
19         print('Successfully connected to Twitter\n')
20
21     def on_data(self, data):
22         """트위터에서 새로운 트윗을 보내주었을 때 호출됨"""
23         self.tweet_count += 1  # 처리한 트윗 수 추적
24         json_data = json.loads(data)  # 문자열을 JSON으로 변환
25         self.db.tweets.insert_one(json_data)  # tweets 컬렉션에 저장
26         print(f'    Screen name: {json_data["user"]["name"]}')
27         print(f'     Created at: {json_data["created_at"]}')
28         print(f'Tweets received: {self.tweet_count}')
29
30         # TWEET_LIMIT에 도달하면 스트림을 끝내기 위해 False를 반환
31         return self.tweet_count != self.TWEET_LIMIT
32
33     def on_error(self, status):
34         print(status)
35         return True
```

이전에 TweetListener는 on_status 메서드를 오버라이드해서 트윗을 나타내는 Tweepy Status 객체를 받았다. 여기서는 on_data 메서드를 대신 재정의한다(라인 21~31). on_data 메서드는 Status 객체 대신 tweet 객체의 ***원본*** JSON을 받고, 라인 24는 on_data가 받는 JSON 문자열을 파이썬 JSON 객체로 변환한다. 각 몽고DB 데이터베이스는 하나 또는 그 이상의 도큐먼트 **Collections**로 구성되어 있다. 라인 25에 있는 다음 표현식은 **데이터베이스** 객체인 db의 tweets 컬렉션에 접근하고, 컬렉션이 없으면 생성한다.

```
self.db.tweets
```

라인 25는 tweets **컬렉션**의 **insert_one 메서드**를 사용해서 tweets 컬렉션에 JSON 객체를 저장한다.

의원별 트윗 수 세기

이번에는 수집한 트윗들의 전문 검색(full-text search)을 해 보고 각 상원의원들의 트윗 핸들이 포함된 트윗들의 수를 센다. 몽고DB에서 텍스트를 검색하기 위해 컬렉션에 대해 ***텍스트 인덱스***를 만들어야 한다.[16] 이때 검색할 도큐먼트 필드(들)를 지정한다. 각 텍스트 인덱스는 검색할 필드 이름과 인덱스 타입('text')을 포함하고 있는 튜플로 정의된다. 몽고DB의 와일드카드 지정자($**)는 각 도큐먼트에 있는 모든 테스트 필드에 전문 검색을 할 수 있도록 인덱스를 만들어야 한다는 의미이다.

```
In [16]: db.tweets.create_index([('$**', 'text')])
Out[16]: '$**_text'
```

인덱스가 만들어지면 **컬렉션**의 count_documents 메서드를 사용해서 특정 문자열이 포함된 도큐먼트의 총 수를 셀 수 있다. senators_df DataFrame의 TwitterHandle에 있는 각 트위터 핸들에 대해 데이터베이스의 tweets 컬렉션을 검색해 보자.

```
In [17]: tweet_counts = []

In [18]: for senator in senators_df.TwitterHandle:
    ...:     tweet_counts.append(db.tweets.count_documents(
    ...:         {"$text": {"$search": senator}}))
    ...:
```

예제에서 **count_documents** 메서드에 전달되는 JSON 객체는 text라고 명명된 인덱스를 사용해서 seantor 변수의 값을 검색한다는 의미이다.

각 상원의원의 트윗 수 보여주기

senator_df를 복사하고 tweet_counts를 새로운 일로 추가해 보자. 그리고 트윗 수를 기준으로 상위 10명의 의원을 출력해 보자.

```
In [19]: tweet_counts_df = senators_df.assign(Tweets=tweet_counts)
In [20]: tweet_counts_df.sort_values(by='Tweets',
    ...: ascending=False).head(10)
    ...:
Out[20]:
   State             Name Party     TwitterHandle   TwitterID  Tweets
78    SC   Lindsey Graham     R  LindseyGrahamSC   432895323    1405
41    MA Elizabeth Warren     D        SenWarren   970207298    1249
```

16 몽고DB 인덱스 타입, 텍스트 인덱스, 그리고 오퍼레이터에 대한 상세한 내용을 보려면 다음 링크를 보자. https://docs.mongodb.com/manual/indexes, https://docs.mongodb.com/manual/core/index-text 그리고 https://docs.mongodb.com/manual/reference/operator

```
8   CA   Dianne Feinstein   D   SenFeinstein   476256944   1079
20  HI   Brian Schatz   D   brianschatz   47747074   934
62  NY   Chuck Schumer   D   SenSchumer   17494010   811
24  IL   Tammy Duckworth   D   SenDuckworth   1058520120   656
13  CT   Richard Blumenthal   D   SenBlumenthal   278124059   646
21  HI   Mazie Hirono   D   maziehirono   92186819   628
86  UT   Orrin Hatch   R   SenOrrinHatch   262756641   506
77  RI   Sheldon Whitehouse   D   SenWhitehouse   242555999   350
```

지도에 마커를 표시하기 위해 미국 주의 위치 가져오기

이번에는 미국 주의 위도와 경로를 구하기 위해 12장 '트위터 데이터 마이닝'에서 배웠던 기술을 사용한다. 각 주의 상원의원들 이름과 그들을 언급한 트윗들의 수를 폴리엄(Folium) 맵 팝업 마커에 표시하기 위해 이 좌표 정보를 사용한다.

state_codes.py 파일에는 두 글자로 구성된 주 코드를 전체 주 이름으로 맵핑하는 state_codes 딕셔너리가 있다. 주의 전체 이름을 geopy의 OpenMapQuest의 geocode 함수와 함께 사용해서 각 주의 위치를 찾아볼 것이다.[17] 먼저 필요한 라이브러리와 state_codes 딕셔너리를 로드해 보자.

```
In [21]: from geopy import OpenMapQuest

In [22]: import time

In [23]: from state_codes import state_codes
```

다음으로 지명을 Location 객체로 변환하기 위해 geocoder 객체를 구해보자.

```
In [24]: geo = OpenMapQuest(api_key=keys.mapquest_key)
```

각 주당 두 명의 상원의원이 있다. 따라서 각 주의 위치를 찾고 이 Location 객체를 이용해서 그 중의 두 명의 상원의원에 사용할 수 있다. 주 이름을 가져와서 오름차순으로 정렬해 보자.

```
In [25]: states = tweet_counts_df.State.unique()

In [26]: states.sort()
```

다음에 나오는 두 스니펫들은 12장 '트위터 데이터 마이닝'절에서 가져온 코드를 사용해서 각 주의 위치를 찾아본다. 스니펫 [28]에서 미국의 주와 이름이 같은 곳이 다른 나라에도 있을 수 있기 때문에 미국 안에서의 위치를 확실히 얻기 위해 주 이름 뒤에, 'USA'를 붙여서 geocode 함수를 호출한다.[18]

17 전체 주 이름을 사용했다. 테스트를 해보니 두 글자의 주 이름 코드를 사용하는 경우에 항상 올바른 위치를 반환하지 않았다.

18 워싱턴 주에 대한 지오코딩을 했을 때 OpenMapQuest는 워싱턴 DC의 위치를 반환했기 때문에 state_codes.py를 'Washington State'로 변경했다.

진행 과정을 보기 위해 각 Location 객체를 문자열로 출력한다.

```
In [27]: locations = []

In [28]: for state in states:
    ...: processed = False
    ...: delay = .1
    ...: while not processed:
    ...:       try:
    ...:           locations.append(
    ...:               geo.geocode(state_codes[state] + ', USA'))
    ...:           print(locations[-1])
    ...:           processed = True
    ...:       except: # 타임아웃 발생, 다시 시도하기 전에 대기한다.
    ...:           print('OpenMapQuest service timed Out. Waiting.')
    ...:           time.sleep(delay)
    ...:           delay += .1
    ...:
Alaska, United States of America
Alabama, United States of America
Arkansas, United States of America
...
```

주별 트윗 수를 그룹핑하기

주에 소속된 두 상원의원에 대한 트윗 총 수를 사용해서 지도에 있는 주에 색을 입히는데, 어두운 색일수록 트윗 수가 더 높은 주를 나타낸다. 맵핑에 쓰일 데이터를 준비하기 위해 판다스의 DataFrame의 **groupby** 메서드를 사용해서 주별 상원의원들을 그룹핑하고 주별 총 트윗 수를 계산한다.

```
In [29]: tweets_counts_by_state = tweet_counts_df.groupby(
    ...:     'State', as_index=False).sum()
    ...:
In [30]: tweets_counts_by_state.head()
Out[30]:
  State  Tweets
0    AK      27
1    AL       2
2    AR      47
3    AZ      47
4    CA    1135
```

스니펫 [29]에 있는 as_index=False 키워드 인자는 주 코드가 행에 대한 인덱스로 사용하지 않고 **GroupBy** 객체의 열에 값으로 사용되어야 한다는 의미이다. GroupBy 객체의 **sum** 메서드는 숫자 데이터(주별 트윗들)의 총합을 구한다. 스니펫 [30]은 GroupBy 객체의 행의 일부분을 출력해서 결과를 확인할 수 있다.

맵 생성하기

지도를 만들어보자. 이 지도는 줌을 사용할 수도 있다. 다음 스니펫은 현재의 시스템에서 미국 본토만 보이게 맵을 만들었다. 폴리엄(Folium) 맵은 대화형이기 때문에 맵이 표시되면 줌인, 줌아웃하고 드래그해서 알래스카나 하와이처럼 다른 지역들도 볼 수 있다.

```
In [31]: import folium
In [32]: usmap = folium.Map(location=[39.8283, -98.5795],
    ...:                    zoom_start=4, detect_retina=True,
    ...:                    tiles='Stamen Toner')
    ...:
```

지도에 색상을 입히기 위해 Choropleth 객체 생성하기

*Choropleth*는 색상을 정하기 위해 지정한 값을 사용하여 맵의 영역을 음영 처리한다.

Choropleth는 지정한 값을 이용해서 맵에 있는 지역에 색을 채운다. 상원의원의 트윗 핸들을 포함한 트윗의 수로 주(state)의 색을 입히는 choropleth를 생성한다. 먼저 다음 위치에 있는 폴리엄(Folium)의 us-states.json 파일을 저장한다.

https://raw.githubusercontent.com/python-visualization/folium/master/examples/data/us-states.json

이 파일을 예제가 있는 폴더에 저장한다. 이 파일에는 주(state)의 경계 정보가 있다. **GeoJSON(지리적 JSON)**이라는 JSON과 유사한 형식으로 포함되어 있다. 여기서는 모든 미국 주의 경계선이 모두 포함되어 있다. choropleth는 이 정보를 사용해서 각 주를 음영 처리한다. GeoJSON에 대해 더 알고 있으면 http://geojson.org/를 참고한다.[19] 다음 스니펫은 choropleth를 생성하고 이것을 지도에 추가한다.

```
In [33]: choropleth = folium.Choropleth(
    ...:     geo_data='us-states.json',
    ...:     name='choropleth',
    ...:     data=tweets_counts_by_state,
    ...:     columns=['State', 'Tweets'],
    ...:     key_on='feature.id',
```

19 폴리엄(Folium)은 https://github.com/python-visualization/folium/tree/master/examples/data에 있는 예제 폴더에 다양한 GeoJSON 파일을 제공하고 있다. http://geojson.io에 가서 자신만의 것을 만드는 것도 가능하다.

```
   ...:        fill_color='YlOrRd',
   ...:        fill_opacity=0.7,
   ...:        line_opacity=0.2,
   ...:        legend_name='Tweets by State'
   ...: ).add_to(usmap)
   ...:

In [34]: layer = folium.LayerControl().add_to(usmap)
```

이번 예제에는 다음 매개변수를 사용했다.

- geo_data='us-states.json' - 이 파일은 음영을 입힐 영역을 지정하는 GeoJSON이 포함되어 있다.
- name='choropleth' - 폴리엄(Folium)은 Choropleth를 맵 위에 레이어로 올리는 방식으로 표시한다. 여기서는 맵 레이어 컨트롤러에 표시될 레이어 이름을 지정했는데, 레이어 컨트롤러는 레이어들을 표시하거나 숨길 수 있다. 이 컨트롤러는 지도에 레이어 아이콘(◈)을 클릭하면 보인다.
- data=tweets_counts_by_state - 이 데이터는 판다스 DataFrame(또는 Series)으로 Choropleth 색을 결정하는 데 사용할 값이다.
- columns=['State', 'Tweets'] - data 인자가 DataFrame이었을 때 이 값은 Choropleth에서 색상을 결정할 때 쓰일 키와 그것에 대응하는 값을 나타내는 두 열을 지정한다.
- key_on='feature.id' - 이것은 GeoJSON 파일에 있는 변수로, Choropleth가 이 열의 인자에 값을 바인딩한다.
- fill_color='YlOrRd' - 이 값은 주에 채울 색상을 지정한다. 폴리엄(Folium)은 열두 개의 색상 맵, 즉 'BuGn', 'BuPu', 'GnBu', 'OrRd', 'PuBu', 'PuBuGn', 'PuRd', 'RdPu', 'YlGn', 'YlGnBu', 'YlOrBr', 'YlOrRd'를 제공한다. 여기에 있는 값을 실험해 보고 애플리케이션에 가장 효과적이고 보기 좋은 것을 찾아 사용한다.
- fill_opacity=0.7 - 0.0(완전 투명)에서 1.0(불투명) 사이의 값으로, 주에 채워질 색상의 투명도를 지정한다.
- line_opacity=0.2 - 0.0(완전 투명)에서 1.0(불투명) 사이의 값으로, 주를 그리는 선의 투명도를 지정한다.
- legend_name='Tweets by State' - Choropleth는 지도의 위쪽에 색으로 표시되는 값의 범위를 지정하는 색상바(범례)를 표시한다. legend_name의 문자열은 색상바 아래에 표시되어 색이 무엇을 의미하는지 표시한다.

Choropleth 키워드 인자에 대한 전체 목록은 아래 링크에 문서가 있다.

http://python-visualization.github.io/folium/modules.html#folium.features.Choropleth

각 주별로 맵 마커 생성하기

다음으로 각 주별로 마커를 생성한다. 각 주의 마커에서 상원의원들이 트윗 수에 따라 내림차순으로 표시될 수 있도록 tweet_counts_df를 'Tweets'를 기준으로 내림차순으로 정렬한다.

```
In [35]: sorted_df = tweet_counts_df.sort_values(
    ...:     by='Tweets', ascending=False)
    ...:
```

다음 스니펫에 있는 루프는 Marker를 생성한다. 먼저

```
sorted_df.groupby('State')
```

'State'의 값을 기준으로 sorted_df를 그룹핑을 한다. DataFrame의 groupby 메서드는 각 그룹에서 ***원래 행의 순서***를 유지한다. 스니펫 [35]에서 트윗 수를 기준으로 상원의원들을 ***내림차순으로 정렬***했기 때문에 그룹에서 가장 많은 트윗이 있는 상원의원이 먼저 온다.

```
In [36]: for index, (name, group) in enumerate(sorted_df.groupby('State')):
    ...:     strings = [state_codes[name]] # 팝업 텍스트를 만들 때 사용
    ...:
    ...:     for s in group.itertuples():
    ...:         strings.append(
    ...:             f'{s.Name} ({s.Party}); Tweets: {s.Tweets}')
    ...:
    ...:     text = '<br>'.join(strings)
    ...:     marker = folium.Marker(
    ...:         (locations[index].latitude, locations[index].longitude),
    ...:         popup=text)
    ...:     marker.add_to(usmap)
    ...:
    ...:
```

그룹핑을 한 DataFrame을 enumerate 함수에 넘겨서 각 그룹에 대해 인덱스를 얻는다. 이 인덱스를 이용해서 locations 리스트에서 각 주의 Location를 찾는다. 각 그룹에는 name(그룹핑할 때 사용했던 주별 코드)과 해당 그룹에 속한 아이템들(해당 주에 속하는 두 상원의원) 이 있다. 루프에서는 다음과 같은 일을 수행한다.

- state_codes 딕셔너리에서 전체 주 이름을 찾아서 strings 리스트에 기록한다. **마커**의 팝업 텍스트를 만들 때 이 리스트를 사용한다.

- 내부에 포함된 루프는 그룹에 있는 아이템들을 순회한다. 반복할 때마다 주어진 상원의원 data를 포함하고 있는 각 요소들을 반환한다. 상원의원에 대해 의원 이름과 정당, 그리고 트윗 수를 포함하는 서식화된 문자열 만들고 `strings` 리스트에 추가한다.
- 마커(Marker)의 문자열은 HTML을 사용해서 표시할 수도 있다. 우리는 `strings` 리스트의 요소들을 합쳤다. 이때 HTML에서 줄 바꿈을 하는 HTML
 엘리먼트를 사용해서 각 요소를 구분할 수 있게 한다.
- `Marker` 객체를 만든다. 첫 번째 인자는 마커(Marker)의 위치를 나타내는 위도와 경도를 가진 튜플이다. popup 키워드 인자는 사용자가 마커를 클릭했을 때 표시될 문자열을 지정한다.
- 맵에 `Marker` 객체를 추가한다.

맵 표시하기

마지막으로 HTML 파일에 맵을 저장한다.

```
In [17]: usmap.save('SenatorsTweets.html')
```

이 맵을 위해 HTML 파일을 웹브라우저로 열어야 한다. 알래스카와 하와이를 보려면 지도를 드래그해서 볼 수 있다. 다음은 남부 캐롤라이나 마커의 팝업 문자열을 보여주고 있다.

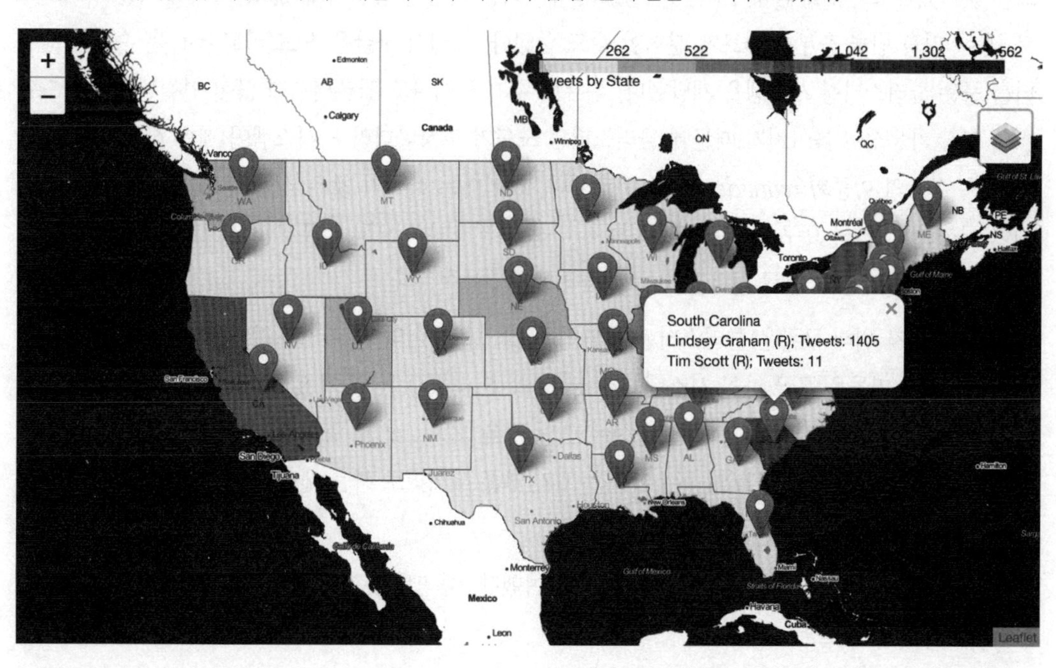

이번 사례 연구를 강화해서 이전 장에서 배운 감성 분석 기법을 사용하여 각 상원의원 핸들을 언급하는 트윗("tweeters")을 보내는 사람들이 표현하는 감성을 긍정이나 중립 또는 부정으로 평가하는 것도 해볼 수 있다.

16.5 하둡

이어지는 몇 개의 절을 통해 아파치 하둡과 아파치 스파크가 컴퓨터들의 클러스터, 대규모 병렬 처리, 하둡 맵리듀스 프로그래밍, 그리고 스파크의 인메모리 프로세싱 기술을 이용해 빅데이터 저장과 데이터 프로세싱 문제를 어떻게 다루는지 보여주려고 한다. 여기서는 최신 빅데이터 프로세싱 기술 및 오늘날의 빅데이터 요구 사항을 지원하기 위해 지속적으로 진화하고 있는 모든 소프트웨어 툴 생태계의 기반이 되는 핵심 빅데이터 인프라 기술인 아파치 하둡에 대해 설명한다.

16.5.1 하둡의 개요

1998년 구글이 출시되었을 때는 이미 약 240만 개의 웹사이트[20]가 있었는데, 이들에 대한 정보는 말 그대로 어마어마한 양이었다. 하지만 오늘날에는 그것의 거의 1,000배 정도 증가해서 20억 개의 웹사이트[21]가 있고 매년 2조 건 이상의 검색을 처리한다.[22] 구글이 만들어지고 지금까지 검색해 왔던 경험으로 보면, 오늘날의 반응 속도는 이전보다 매우 크게 빨라진 것을 느낀다.

구글은 검색 엔진을 만들 때 검색 결과를 빠르게 보여주어야 한다는 것을 알고 있었다. 그렇게 하기 위한 실용적인 방법은 2차 저장소와 메인 메모리를 잘 조합해서 인터넷 전체를 저장하고 인덱스를 만드는 것이었다. 그 당시 컴퓨터로는 이 정도의 데이터를 저장할 방법이 없었고, 검색 결과를 즉각적으로 낼 수 있을 만큼 충분히 빠르게 분석할 수도 없었다. 그래서 구글은 **'노드'**라고 부르는 수많은 컴퓨터를 묶는 클러스터링 시스템을 개발했다. 컴퓨터 수가 늘어나고 컴퓨터끼리 많이 연결될수록 하드웨어의 고장 가능성이 높아지기 때문에 클러스터의 노드가 고장나더라도 시스템이 계속 작동할 수 있도록 높은 수준의 *이중화(redundancy)*를 구축했다. 데이터는 비싸지 않은 '상용 컴퓨터'들 전체에 분산되어 저장된다. 검색 요구 사항을 만족시키기 위해 클러스터의 모든 컴퓨터들이 로컬에 있는 웹의 일부를 병렬로 검색한 후 검색 결과를 모아서 사용자에게 보여준다.

이렇게 하기 위해 구글은 클러스터링 하드웨어, 소프트웨어와 분산 스토리지를 개발해야 했다. 야후의 프로그래머들은 구글 파일 시스템(Google File System) 논문[23]에 있던 구글의 설계를 연구해서 자신들의 시스템을 설계했다. 그들은 자신이 했던 것을 오픈 소스로 공개했고 아파치 재단은 이 시스템을 하둡으로 구현했다. '하둡'이라는 이름은 배가 부른 코끼리로 하둡 제작자 중 한 사람의 아이가 가지고 있던 코끼리 인형에서 유래했다.

추가로 두 개의 구글 논문도 하둡의 발전에 기여했다. 즉 '맵리듀스: 대규모 클러스터에서의 단순한

20 http://www.internetlivestats.com/total-number-of-websites/

21 http://www.internetlivestats.com/total-number-of-websites/

22 http://www.internetlivestats.com/google-search-statistics/

23 http://static.googleusercontent.com/media/research.google.com/en//archive/gfs-sosp2003.pdf

데이터 프로세싱'[24]과 아파치 HBase(NoSQL 키-값 및 컬럼 기반 데이터베이스)[25]의 기초가 된 '빅테이블: 구조화된 데이터를 위한 분산 저장 시스템'[26]이다.

HDFS, 맵리듀스, 얀(YARN)

하둡의 주요 컴포넌트에는 다음과 같은 것들이 있다.

- 클러스터에 대규모의 데이터를 저장하기 위한 **HDFS(하둡 분산 파일 시스템(Hadoop Distributed File System))**
- 이 데이터를 처리하는 태스크를 개발하기 위한 **맵리듀스(MapReduce)**

이 책의 앞에서 기본적인 함수형 스타일 프로그래밍과 필터/맵/리듀스를 소개했다. 하둡 맵리듀스는 대규모 병렬 처리를 한다는 것만 제외하고 개념적으로 이것과 비슷하다. 맵리듀스 작업은 두 단계, 즉 **맵핑**과 **리덕션**으로 수행된다. 이 중에서 맵핑 단계(***필터링***을 포함할 수도 있음)는 전체 클러스터에 걸쳐서 원본 데이터를 처리하고, 그것을 키-값 쌍의 튜플로 맵핑한다. 그런 다음에 하는 리덕션 단계는 이 튜플들을 합쳐서 맵리듀스 작업의 결과를 만드는데, 맵리듀스가 어떻게 수행되는가가 핵심이다. 하둡은 데이터를 몇 개의 노드에서 4만 개의 노드와 10만 개 이상의 코어를 가진 야후 클러스터에 이르기까지 ***일괄적으로*** 클러스터의 노드에 분산한다.[27] 하둡은 맵리듀스 작업 코드를 클러스터의 노드로 분산시키고 각 노드에서 병렬로 코드를 실행시킨다. 각 노드는 해당 노드에 저장된 데이터에 대해서만처리한다. 리덕션 단계는 모든 노드의 결과를 합쳐서 최종 결과를 만든다. 이것을 조직화하기 위해 하둡은 **얀(YARN Yet Another Resource Negotiator)**을 이용해서 클러스터의 리소스를 관리하고 실행을 위한 태스크를 스케줄링한다.

하둡 생태계

하둡이 HDFS와 맵리듀스로 시작했고 YARN이 그 뒤를 바로 잇고 있다. 하지만 하둡은 스파크(16.6, 16.7에서 다룰)나 다른 많은 아파치 프로젝트를 포함한 큰 생태계로 성장했다.[28, 29, 30]

- **암바리(Ambari)**(`https://ambari.apache.org`) – 하둡 클러스터 관리 툴
- **드릴(Drill)**(`https://drill.apache.org`) – 하둡과 NoSQL 데이터베이스의 비-관계 데이터 SQL 검색

---

24 http://static.googleusercontent.com/media/research.google.com/en//archive/mapreduce-osdi04.pdf

25 http://static.googleusercontent.com/media/research.google.com/en//archive/bigtable-osdi06.pdf

26 많은 영향력 있는 빅데이터 관련 논문(우리가 언급한 것을 포함해서)들을 다음 링크에서 찾을 수 있다. https://bigdata-madesimple.com/research-papers-that-changed-the-world-of-big-data/

27 https://wiki.apache.org/hadoop/PoweredBy

28 https://hortonworks.com/ecosystems/

29 https://readwrite.com/2018/06/26/complete-guide-of-hadoop-ecosystem-components/

30 https://www.janbasktraining.com/blog/introduction-architecture-components-hadoop-ecosystem/

- **플럼(Flume)**(`https://flume.apache.org`) – 대규모 볼륨 서버 로그, IoT 메시지 등과 같은 스트리밍 이벤트 데이터를 모으고 (HDFS 또는 다른 스토리지에)저장하는 서비스
- **HBase**(`https://hbase.apache.org`) – 일반 하드웨어의 클러스터에 '수십억 개의 행별(×)[31] 수백만 개의 열'을 가진 빅데이터를 위한 NoSQL 데이터베이스
- **하이브(Hive)**(`https://hive.apache.org`) – SQL을 사용해서 데이터 웨어하우스에 있는 데이터를 상호작용한다. **데이터웨어하우스**는 다양한 소스에서 다양한 타입의 데이터를 종합한다. 데이터 추출과 변환 그리고 다른 데이터베이스로 로딩하는 것(**ETL**이라고 하는)을 포함한 공통된 오퍼레이션을 포함한다. 일반적으로 데이터를 분석하고 리포트를 만들 수 있다.
- **임팔라(Impala)**(`https://impala.apache.org`) – 하둡 HDFS에 저장된 분산 데이터에 대해 실시간 SQL 기반 쿼리를 위한 데이터베이스
- **카프카(Kafka)**(`https://kafka.apache.org`) – 웹 사이트 활동 및 스트리밍 IoT 데이터와 같은 대용량 스트리밍 데이터를 변환하고 처리하기 위한 실시간 메시징, 스트림 처리 및 스토리지
- **피그(Pig)**(`https://pig.apache.org`) – **'피그 라틴'**이라는 스크립트 언어로 된 분석 태스크를 맵리듀스 태스크로 변환하는 스크립트 플랫폼
- **스쿱(Sqoop)**(`https://sqoop.apache.org`) – 데이터베이스 간의 구조화된 데이터, 반구조화된 데이터, 그리고 비정형 데이터를 이동시키는 툴
- **스톰(Storm)**(`https://storm.apache.org`) – 데이터 분석, 머신러닝, ETL 등과 같은 태스크를 위한 실시간 스트림–프로세싱 시스템
- **주키퍼(Zookeeper)**(`https://zookeeper.apache.org`) – 클러스터 구성 및 클러스터 간 조정을 관리하기 위한 서비스
- 기타 등등

하둡 제공업체

수많은 클라우드 공급업체인 아마존 EMR, 구글 클라우드 DataProc, IBM 왓슨 애널리틱스 엔진, 마이크로소프트 애저 HDInsight 등이 하둡을 서비스로 제공한다. 더불어 클라우데라와 호튼웍스(글을 쓰는 시점에는 합병함) 같은 회사들은 주요 클라우드 업체를 통해서 통합된 하둡 생태계 컴포넌트와 툴을 제공하고 있다. 또한 큰 비용이 들 수 있는 클라우드 기반 호스팅을 하기 전에 데스크톱에서 학습, 개발 및 테스트를 실행할 수 있는 무료 ***다운로드*** 환경을 제공한다.[32] 하둡을 서비스로 제공하는 마이크로소프트 클라우드 기반의 애저 HDInsight 클러스터를 사용해서 다음에 이어지는 절의 예제를 통해 맵리듀스 프로그래밍을 해 볼 것이다.

---

31 원문에서 '×'를 대체하기 위해 '~별(by)'이라는 단어를 사용했다.

32 실행하는 데 필요한 디스크 용량이나 메모리가 있는지 확인하기 위해 중요한 시스템 요구 사항을 먼저 체크해야 한다.

하둡 3

아파치는 하둡을 계속 발전시키고 있다. Hadoop 3[33]는 2017년 12월에 출시되었으며, 성능과 스토리지 효율성 등이 대폭 향상되었다.[34]

16.5.2 맵리듀스로 '*로미오와 줄리엣*'에 있는 단어의 길이 종합하기

다음 하위 절에서 마이크로소프트 애저 HDInsight를 이용해서 클라우드 기반의 멀티 노드 클러스터를 만들어본 후 이 서비스를 사용해 클러스터에서 하둡 맵리듀스를 실행한다. 앞으로 만들 맵리듀스 태스크는 `RomeoAndJuliet.txt`(11장 '자연어 처리(NLP)'에서 가져온)에 있는 각 단어의 길이를 구하고, 단어 길이별로 얼마나 많은 단어들이 있는지 알아본다. 이 작업을 위해 맵핑과 리덕션 단계를 정의하고 HDInsight 클러스터에 정의한 태스크를 올린다. 하둡은 클러스터의 컴퓨터를 이용해서 어떻게 작업할지 결정한다.

16.5.3 마이크로소프트 애저 HDInsight에 아파치 하둡 클러스터 생성하기

대부분의 주요 클라우드 업체들은 애플리케이션의 요구 사항에 따라 설정할 수 있는 하둡과 스파크 컴퓨팅 클러스터를 지원한다. 멀티노드 클라우드 기반의 클러스터는 보통 ***유료*** 서비스이지만, 대부분의 업체들은 무료 트라이얼이나 크래딧을 제공하기 때문에 서비스를 무료로 이용할 수 있다.

여러분이 직접 클러스터 설정 과정과 클러스터를 이용해서 태스크를 실행하는 경험을 했으면 한다. 그래서 이번 하둡 예제에서는 마이크로소프트 애저의 HDInsight 서비스를 이용해서 클라우드 기반의 클러스터를 만들고, 제작한 클러스터에서 예제를 테스트해 볼 것이다.

`https://azure.microsoft.com/en-us/free`

계정을 만들려면 마이크로소프트가 신원 확인을 할 수 있는 신용카드가 있어야 한다.

많은 서비드가 무료로 제공되고 일부는 12개월 동안 무료로 사용할 수 있다. 이들 서비스에 대한 정보는 다음 링크에서 확인할 수 있다.

`https://azure.microsoft.com/en-us/free/free-account-faq/`

마이크로소프트는 HDInsight 하둡과 스파크 서비스와 같은 유료 서비스를 사용할 수 있는 있도록 크래딧을 제공한다. 크레딧을 모두 소진하거나 30일이 지났을 때 (어느 쪽이 먼저이든) 신용카드로 비용을 지불할 수 있도록 허용하지 않으면 유료 서비스를 계속 사용할 수 없다.

16

33 하둡 3의 기능 목록을 다음 링크에서 볼 수 있다. `https://hadoop.apache.org/docs/r3.0.0/`

34 `https://www.datanami.com/2018/10/18/is-hadoop-officially-dead/`

이번 예제는 새로 생성한 애저 계정에 부여된 크레딧을 사용할 것이기 때문에[35] 마이크로소프트에서 기본적으로 설정하는 것보다 적은 컴퓨팅 리소스를 사용하는 저비용 클러스터를 만드는 방법을 논의할 것이다.[36] **주의: 클러스터를 할당하면 클러스터를 사용하는지의 여부에 관계없이 비용이 발생한다. 따라서 이번 예제를 마치면 클러스터와 기타 다른 리소스를 삭제해서 추가 비용이 발생하지 않도록 해야 한다.** 좀 더 자세한 정보는 다음 링크를 참고한다.

https://docs.microsoft.com/en-us/azure/azure-resource-manager/resource-group-portal

애저에 대한 문서와 비디오를 보려면 다음 링크를 참고할 수 있다.

- https://docs.microsoft.com/en-us/azure/ – 애저 문서
- https://channel9.msdn.com/ – 마이크로소프트 채널 9 비디오 네트워크
- https://www.youtube.com/user/windowsazure – 마이크로소프트 애저 유튜브 채널

HDInsight 하둡 클러스터 생성하기

다음 링크는 애저 HDInsight 서비스를 사용해서 하둡을 위한 클러스터 설정 방법을 설명한다.

https://docs.microsoft.com/en-us/azure/hdinsight/hadoop/apache-hadoop-linux-create-cluster-get-started-portal

문서의 하둡 클러스 생성 절차를 거칠 때 다음 사항을 유의해야 한다.

- 1단계 https://portal.azure.com에서 계정 로그인해 애저 포털로 들어간다.
- 2단계 Data + Analytics는 이제 'Analytics'로 부른다. HDInsight 아이콘과 아이콘 색은 튜토리얼에서 보여지는 것과 다를 수 있다.
- 3단계 기존에 ***없던*** 클러스터 이름을 선택해야 한다. 클러스터 이름을 넣을 때 마이크로소프트는 입력한 이름이 사용 가능한지 확인해서 사용할 수 없으면 알려준다. 그리고 암호도 생성해야 한다. **리소스 그룹**의 경우 Create new를 클릭해서 그룹 이름을 넣어야 하고 다른 설정은 그대로 둔다.
- 5단계 **스토리지 계정**을 선택하는 데서 Create new를 클릭하고 소문자와 숫자만으로 되어 있는 스토리지 계정 이름을 입력한다. 클러스터 이름처럼 스토리지 계정 이름도 유일한 이름이어야 한다.

클러스터에 대한 요약된 정보가 나올 때 마이크로소프트가 초기에 **헤더(2×D12 v2)**, **워커(4×D4 v2)**로 클러스터 초기화하는 것을 볼 수 있다. 글을 쓰는 시점에서 이렇게 설정 했을 때 시간당 예상 비

35 마이크로소프트의 최신 무료 계정의 기능에 대해서는 다음 링크를 보자. https://azure.microsoft.com/en-us/free/

36 마이크로소프트의 권장 클러스터 설정에 대해서는 다음 링크를 보자. https://docs.microsoft.com/en-us/azure/hdinsight/hdinsight-component-versioning#default-node-configuration-andvirtual-machine-sizes-for-clusters. 주어진 시나리오에서 너무 작은 클러스터를 설정하면 클러스터를 배포할 때 오류가 발생한다.

용이 3.11달러였다. 이 설정에서는 총 40개의 코어를 사용하는 6개의 CPU 노드를 사용하는데, 이것은 우리 실습에 비해 필요 이상의 스펙이다.

이 설정을 변경해서 CPU와 코어 수를 줄일 수 있고, 이렇게 하면 돈도 아낄 수 있다. 이 설정을 좀 더 성능이 낮은 컴퓨터를 사용하는 16개 코어를 가진 **4개의 CPU** 클러스터로 설정하자.

Cluster Summary(클러스터 요약) 화면에서

❶ Cluster size(**클러스터 크기**)의 오른쪽에 있는 Edit 버튼을 클릭한다.

❷ Number of Worker(**워커 노드 수**)를 2로 수정한다.

❸ Worker node size(**워크 노드 크기**) 를 클릭하고 View all(**모든 선택 사항**)을 살펴본 후 D3 v2(이게 하둡 노드로 쓸 수 있는 가장 작은 CPU 사이즈)를 선택하고 Select를 클릭한다.

❹ Head node size(**헤드 노드 크기**)를 클릭해서 View all(**전체**)를 보고 D3 v2를 선택한 후 Select를 클릭한다.

❺ 'Cluster summary' 화면으로 돌아가기 위해 Next를 클릭하고 다시 Next를 클릭한다. 그러면 마이크로소프트가 새로 설정한 내용을 검증할 것이다.

❻ Create 버튼이 활성화되면 클러스터를 배포하기 위해 이 버튼을 클릭한다.

마이크로소프트가 클러스터를 활성화시키는 데 20~30분 정도 소요된다. 이 시간 동안 마이크로소프트는 클러스터에 필요한 모든 리소스와 소프트웨어를 할당한다.

위와 같이 설정하면 클러스터의 예상 비용이 시간당 1.18달러였지만, 실제로 청구된 금액은 이보다 적었다. 클러스터를 설정하는 데 문제가 있을 경우에 다음 링크로 지원 요청을 하면 마이크로소프트가 채팅 기반으로 지원해 준다.

https://azure.microsoft.com/en-us/resources/knowledge-center/technical-chat/

16.5.4 하둡 스트리밍

하둡에서 직접 지원하지 않는 파이썬 같은 언어의 경우에 태스크를 구현하기 위해 하둡 스트리밍을 사용해야 한다. **하둡 스트리밍**에서 맵핑과 리덕션 단계를 구현하는 파이썬 스크립트는 표준 입력 스트림과 표준 출력 스트림을 사용해서 하둡과 통신한다. 보통 **표준 입력 스트림**은 키보드에서 들어오고 **표준 출력 스트림**은 커맨드라인으로 쓰여진다. 하지만 이 스트림들은 다른 소스에서 읽고 다른 목적지로 쓰기 위해 ***리다이렉트***(하둡이 하는 것처럼)될 수 있다. 하둡은 다음과 같이 스트림을 사용한다.

- 하둡은 맵핑 스크립트(**'맵퍼'**라고 함)로 입력 스트림을 보낸다. 이 스크립트는 표준 입력 스트림에서 입력을 읽어들인다.
- 이 맵퍼는 결과를 표준 출력 스트림으로 쓴다.
- 하둡은 맵퍼의 출력을 리덕션 스크립트(**'리듀서'**라고 함)의 입력으로 제공한다. 이 스크립트

는 표준 입력 스트림으로 데이터를 읽어들인다.

- 리듀서는 그 결과를 표준 출력 스트림으로 쓴다.
- 하둡은 리듀서의 출력을 하둡 파일 시스템(HDFS)으로 쓴다.

5장 '시퀀스: 리스트와 튜플'에서 함수형 스타일 프로그래밍, 필터, 맵, 그리고 리듀스에 대해 설명했기 때문에 위에서 사용한 '맵퍼'와 '리듀서' 용어는 친숙할 것이다.

16.5.5 맵퍼 구현하기

이번 절에서는 하둡으로부터 표준 입력으로 텍스트를 받아서 이것을 각 단어의 키로 하고, 값은 1로 해서 ***키-값 쌍***으로 맵핑하는 맵퍼 스크립트를 만들어볼 것이다. 맵퍼는 각 단어를 독립적으로 보기 때문에 이때의 관심은 각각의 단어에만 있다. 다음 절에서 리듀서는 이런 키-값 쌍을 키를 기준으로 종합한다. 각 키의 횟수를 하나의 값으로 합친다. 기본적으로 하둡은 맵퍼의 출력과 리듀서의 입 · 출력은 ***탭***으로 나누어진 키-값쌍 형태라고 가정한다.

맵퍼 스크립트(length_mapper.py)에서 첫 줄에 있는 #! 기호는 하둡에게 기본값이 python2가 아니라 python3 명령을 이용해서 파이썬 코드를 실행시키도록 지시한다. 이 줄은 반드시 파일에서 다른 주석이나 코드가 오기 전에 먼저 있어야 한다. 이 글을 쓰는 시점에 파이썬 2.7.12와 파이썬 3.5.2가 설치되어 있었다. 이 클러스터에는 파이썬 3.6 또는 그보다 높은 버전이 없어서 코드에 f-문자열을 사용할 수 없다.

```
1  #!/usr/bin/env python3
2  # length_mapper.py
3  """텍스트 한 줄을 단어 길이와 1의 쌍으로 변환한다."""
4  import sys
5
6  def tokenize_input():
7      """표준 입력으로 들어오는 각 줄은 문자열 리스트로 분리한다."""
8      for line in sys.stdin:
9          yield line.split()
10
11 # 표준 입력으로 각 줄을 읽고 각 단어별로 단어, 탭, 1 형태로
12 # 키-값 쌍을 만든다.
13 for line in tokenize_input():
14     for word in line:
15         print(str(len(word)) + '\t1')
```

tokenize_input(라인 6~9) 제너레이터 함수는 표준 입력 스트림에서 텍스트를 읽고 한 줄의 문자열을 반환한다. 이번 예제의 경우 11장 '자연어 처리(NLP)'에서 했던 것처럼 구두점이나 불용어를 제거하지 않는다.

하둡이 스크립트를 실행할 때 라인 13~15는 tokenize_input으로부터 문자열 리스트를 순회한다. 이 리스트 있는 각 리스트(line)와 각 문자열(word)에 대해 라인 15에서 단어의 그 길이에 해당하는 단어가 단 하나라는 의미로 단어 길이, 탭, 그리고 숫자 1로 해서 키-값 쌍을 출력한다. 물론 그 길이와 같은 단어들이 많이 있을 수 있다. 맵리듀스 알고리즘에서의 리덕션 단계는 이런 키-값 쌍들로부터 같은 키를 가지고 있는 것을 종합해서 그것의 총 수를 가진 하나의 키-값 쌍으로 만드는 식으로 종합한다.

16.5.6 리듀서 구현하기

리듀서 스크립트(length_reducer.py)에서 함수 tokenize_input(라인 8~11)은 제너레이터 함수로 맵퍼에서 만든 키-값 쌍을 읽어서 분리한다. 다시 말해서 맵리듀스 알고리즘은 표준 입력을 제공한다. 각 라인에 대해 tokenize_input은 줄의 앞 뒤에 있는 공백(줄 바꿈 문자 같은)을 제거하고 키와 값을 가지고 있는 리스트를 반환한다.

```
1  #!/usr/bin/env python3
2  # length_reducer.py
3  """같은 단어 길이를 갖는 단어 수를 센다."""
4  import sys
5  from itertools import groupby
6  from operator import itemgetter
7
8  def tokenize_input():
9          """표준 입력으로 들어오는 각 줄은 문자열 리스트로 분리한다."""
10         for line in sys.stdin:
11             yield line.strip().split('\t')
12
13 # 단어 길이와 단어 수를 탭으로 분리한 키-값 쌍을 만든다.
14 for word_length, group in groupby(tokenize_input(), itemgetter(0)):
15     try:
16         total = sum(int(count) for word_length, count in group)
17         print(word_length + '\t' + str(total))
18     except ValueError:
19         pass # 단어 수가 정수가 아니면 해당 단어를 무시함
```

맵리듀스 알고리즘이 이 리듀서를 실행할 때, 라인 14~19는 itertools 모듈에 있는 groupby 함수를 사용해서 단어의 길이가 같은 모든 단어의 길이를 묶는다.

- 첫 번째 인자는 tokenize_input을 호출해서 키-값 쌍을 의미하는 리스트를 가져온다.
- 두 번째 인자는 키-값 쌍이 각 리스트의 0번째 인덱스에 있는 요소를 기준으로 묶여야 한다는 것을 가리킨다. (0번째 인덱스에 있는 값이 키이다.)

라인 16은 주어진 키에 대해 횟수를 세고, 라인 17은 단어와 그 단어의 횟수를 가지고 있는 새로운 키-값을 출력한다. 맵리듀스 알고리즘은 모든 최종 단어 출현 횟수 결과를 갖게 되고, 그것을 HDFS(하둡 파일 시스템)에 있는 파일에 기록한다.

16.5.7 맵리듀스 예제 실행할 준비하기

이번에는 클러스터에 파일을 업로드해서 예제를 실행해 보자. 커맨드 프롬프트나 터미널 또는 셸에서 맵퍼와 리듀서 스크립트, 그리고 `RomeoAndJuliet.txt` 파일이 있는 폴더로 이동한다. 이 세 파일이 `ch16` 예제 폴더에 있다고 가정하는데, `RomeoAndJuliet.txt` 파일이 이 폴더에 복사되어 있어야 한다.

HDInsight 하둡 클러스터에 스크립트 파일 복사하기

다음 명령을 입력해서 파일을 업로드한다. *YourClusterName* 부분은 하둡 클러스터를 설정할 때 지정했던 이름으로 변경해야 한다. 전체 명령을 모두 입력한 후 Enter를 누른다. 다음 명령에서 콜론(:)은 반드시 있어야 한다. 프로프트가 표시될 때 암호를 입력할 것임을 의미하고, 프롬프트가 표시되면 클러스터를 설정할 때 지정한 암호를 입력하고 Enter를 누른다.

```
scp length_mapper.py length_reducer.py RomeoAndJuliet.txt\
    sshuser@YourClusterName-ssh.azurehdinsight.net:
```

이 명령을 처음 실행하면 보안 상의 이유로 연결하려는 호스트(즉 마이크로소프트 애저)를 믿을 수 있는지 확인하는 절차가 있다.

RomeoAndJuliet 파일을 하둡 파일 시스템에 복사하기

하둡에서 `RomeoAndJuliet.txt`의 내용을 읽고 맵퍼에 텍스트를 공급하기 위해 이 파일을 하둡 파일 시스템에 복사해야 한다. 먼저 `ssh`[37]를 이용해서 클러스터에 로그인하고 커맨드라인에 접근한다. 커맨드 프롬프트, 터미널 또는 셸에서 다음 명령을 실행한다. *YourClusterName*에서 여러분의 클러스터 이름으로 바꾸면 암호를 묻는 프롬프트가 뜬다.

```
ssh sshuser@YourClusterName-ssh.azurehdinsight.net
```

37 윈도우 사용자: ssh가 동작하지 않으면 다음에 있는 링크에서 설명하는 것처럼 설치하고 활성화시킨다. `https:// blogs.msdn.microsoft.com/powershell/2017/12/15/using-the-openssh-beta-in-windows10-fall-creators-update-and-windows-server-1709/`. ssh를 활성화시키기 위해 설치를 끝낸 후 로그아웃하고 다시 로그인하거나 시스템을 재부팅한다.

이번 예제에서는 다음 하둡 명령을 사용해서 텍스트 파일을 기존에 있던 /example/data 폴더에 복사한다. /example/data 폴더는 마이크로소프트 애저의 하둡 튜토리얼에서 사용하기 위해 제공되는 폴더이다. 다시 한 번 전체 명령을 입력하고 Enter를 누른다.

```
hadoop fs -copyFromLocal RomeoAndJuliet.txt
    /example/data/RomeoAndJuliet.txt
```

16.5.8 맵리듀스 잡 실행하기

다음 명령을 실행해서 클러스터에서 RomeoAndJuliet.txt에 대해 맵리듀스 작업을 실행한다. 여러분이 쉽게 사용할 수 있도록 yarn.txt 파일에 이 명령을 넣어두었으니 이 파일의 내용을 복사해서 붙여넣으면 된다. 여기서는 명령을 쉽게 볼 수 있도록 정렬했다.

```
yarn jar /usr/hdp/current/hadoop-mapreduce-client/hadoop-streaming.jar
   -D mapred.Output.key.comparator.class=
      org.apache.hadoop.mapred.lib.KeyField BasedComparator
   -D mapred.text.key.comparator.options=-n
   -files length_mapper.py,length_reducer.py
   -mapper length_mapper.py
   -reducer length_reducer.py
   -input /example/data/RomeoAndJuliet.txt
   -Output /example/wordlengthsOutput
```

yarn 명령은 하둡의 YARN('Yet Another Resource Negotiator') 툴을 실행시켜서 맵리듀스 작업이 사용하는 하둡 리소스를 관리하고 접근을 조정한다. hadoop-streaming.jar 파일은 파이썬을 사용해서 맵퍼와 리듀서를 구현할 수 있도록 하둡 스트리밍 유틸리티가 포함되어 있다. 두 개의 -D 옵션은 최종 키-값 쌍을 키(KeyFieldBasedComparator)를 기준으로 알파벳이 아닌 숫자로(-n; −는 내림차순 의미) 내림차순으로 정렬되도록 하둡 속성을 설정한다. 다른 인자들로 다음과 같은 것이 쓰였다.

- -files – 쉼표로 구분된 파일 이름. 하둡은 이 파일들을 클러스터의 모든 노드로 복사해서 각 노드에서 실행될 수 있게 한다.
- -mapper – 맵퍼의 스크립트 파일 이름
- -reducer – 리듀서 스크립트 파일 이름
- -input – 맵퍼에 입력으로 넣을 파일 또는 파일들의 디렉토리
- -output – 결과가 사용될 HDFS 디렉토리. 이 폴더가 기존에 있으면 오류가 발생한다.

다음에 보이는 출력은 맵리듀스 잡이 실행되면서 하둡이 만드는 피드백의 일부분을 보여준다. 지면을 아끼기 위해 출력 결과를 ...로 일부 내용을 바꾸고 흥미로운 부분을 볼드 처리했다.

16

- **처리할 입력 경로 총 수(Total input paths to process)** – 예제의 입력 소스는 1로, RomeoAndJuliet.txt 파일을 의미한다.
- **나눈 수('number of splits')** – 이번 예제에서는 2로, 클러스터에 있는 워커 노드의 수를 기반으로 하고 있다.
- **진행률**
- File System Counters – 이 값은 읽고 쓴 바이트 수를 포함한다.
- Job Counters – 이 값은 사용된 맵핑과 리덕션 태스크 수와 다양한 시간 정보를 보여준다.
- Map-Reduce Framework – 이 값은 수행한 단계에 대해 다양한 정보를 보여준다.

```
packageJobJar: [] [/usr/hdp/2.6.5.3004-13/hadoop-mapreduce/hadoop-
streaming-2.7.3.2.6.5.3004-13.jar] /tmp/streamjob2764990629848702405.jar
tmpDir=null
...
18/12/05 16:46:25 INFO mapred.FileInputFormat: Total input paths to process : 1
18/12/05 16:46:26 INFO mapreduce.JobSubmitter: number of splits:2 ...
18/12/05 16:46:26 INFO mapreduce.Job: The url to track the job: http:// hn0-paulte.
y3nghy5db2kehav5m0opqrjxcb.cx.internal.cloudapp.net:8088/ proxy/
application_1543953844228_0025/
...
18/12/05 16:46:35 INFO mapreduce.Job:  map 0% reduce 0%
18/12/05 16:46:43 INFO mapreduce.Job:  map 50% reduce 0%
18/12/05 16:46:44 INFO mapreduce.Job:  map 100% reduce 0%
18/12/05 16:46:48 INFO mapreduce.Job:  map 100% reduce 100%
18/12/05 16:46:50 INFO mapreduce.Job: Job job_1543953844228_0025 completed
successfully
18/12/05 16:46:50 INFO mapreduce.Job: Counters: 49
        File System Counters
            FILE: Number of bytes read=156411
            FILE: Number of bytes written=813764
...
        Job Counters
            Launched map tasks=2
            Launched reduce tasks=1
...
        Map-Reduce Framework
              Map input records=5260
              Map Output records=25956
              Map Output bytes=104493
              Map Output materialized bytes=156417
              Input split bytes=346
              Combine input records=0
              Combine Output records=0
              Reduce input groups=19
```

```
                Reduce shuffle bytes=156417
                Reduce input records=25956
                Reduce Output records=19
                Spilled Records=51912
                Shuffled Maps =2
                Failed Shuffles=0
                Merged Map Outputs=2
                GC time elapsed (ms)=193
                CPU time spent (ms)=4440
                Physical memory (bytes) snapshot=1942798336
                Virtual memory (bytes) snapshot=8463282176
                Total committed heap usage (bytes)=3177185280
...
18/12/05 16:46:50 INFO streaming.StreamJob: Output directory: /example/
wordlengthsOutput
```

단어 수 확인하기

하둡 맵리듀스는 결과를 HDFS에 저장하기 때문에 실제 단어 수를 보기 위해 다음 명령을 실행해서 클러스터에 있는 HDFS에 있는 파일을 확인해야 한다.

```
hdfs dfs -text /example/wordlengthsOutput/part-00000
```

다음은 이 명령을 실행한 결과를 보여준다.

```
18/12/05 16:47:19 INFO lzo.GPLNativeCodeLoader: Loaded native gpl library 18/12/05
16:47:19 INFO lzo.LzoCodec: Successfully loaded & initialized native-lzo library
[hadoop-lzo rev b5efb3e531bc1558201462b8ab15bb412ffa6b89]
 1        1140
 2        3869
 3        4699
 4        5651
 5        3668
 6        2719
 7        1624
 8        1062
 9        855
10        317
11        189
12        95
13        35
14        13
15        9
16        6
17        3
18        1
23        1
```

클러스터를 삭제해서 비용이 발생하지 않도록 하기

주의: 클러스터와 관련된 리소스(스토리지 같은)를 삭제해서 추가 비용이 발생하지 않도록 해야 한다. 애저 포털에서 **All resources**를 클릭해서 모든 리소스를 확인한다. 이 리스트에는 여러분이 설정한 클러스터와 스토리지 계정이 포함되어 있고, 이것을 삭제하지 않으면 비용이 발생한다. 각 리소스를 선택하고 **Delete** 버튼을 클릭해서 삭제한다. 시스템에서 실제로 삭제하려고 하는지 확인하기 위해 yes를 입력하라고 한다. 좀 더 자세한 정보는 다음에서 확인하자.

https://docs.microsoft.com/en-us/azure/azure-resource-manager/resource-group-portal

16.6 스파크

이번 절에서는 아파치 스파크에 대해 개괄적으로 알아보려고 한다. 파이썬의 **PySpark 라이브러리**와 스파크의 함수형 스타일의 필터/맵/리듀스 가능을 활용해서 ***'로미오와 줄리엣'***에 있는 단어들의 수를 종합하는 간단한 단어 수 세기 예제를 개발해 볼 것이다.

16.6.1 스파크의 개요

빅데이터를 처리할 때 성능이 매우 중요하다. 하둡은 디스크 기반의 데이터 처리, 즉 디스크에서 데이터를 읽고, 데이터 처리 및 결과를 디스크에 다시 쓰는 디스크 기반 배치 처리에 적합하다. 많은 빅데이터 애플리케이션은 디스크를 많이 사용하는 오퍼레이션에서 낼 수 있는 성능 이상으로 더 좋은 성능을 요구한다. 특히 실시간 또는 거의 실시간 처리를 요구하는 빠른 스트리밍 애플리케이션은 디스크 기반 아키텍처에서는 동작하지 않는다.

역사

스파크는 원래 2009년 U. C. 버클리에서 개발되었고 국방고등연구계획국(DARPA)에서 자금을 지원했다. 초기에 스파크는 고성능 머신러닝을 위한 분산 실행 엔진으로 개발되었다.[38] 스파크는 **인메모리 아키텍처**를 사용해서 '하둡 맵리듀스의 1/10 머신으로 하둡보다 3배가 빠르게 100TB의 데이터를 정렬시켰다.'[39] 그리고 일부 작업은 하둡보다 최대 100배 빠르게 실행했다.[40] 배치 처리 작업에서 스파

38 https://gigaom.com/2014/06/28/4-reasons-why-spark-could-jolt-hadoop-intohyperdrive/
39 https://spark.apache.org/faq.html
40 https://spark.apache.org/

크의 성능이 크게 향상됨에 따라 많은 기업들이 하둡의 맵리듀스를 스파크로 대체하고 있다.[41, 42, 43]

아키텍처와 구성 요소

스파크가 초기에 하둡 위에서 실행되도록 개발되었고 HDFS와 YARN과 같은 하둡의 컴포넌트를 사용하고 있지만, 한 컴퓨터에서 독립적으로 실행되거나(일반적으로 학습과 테스트 목적으로 사용되는) 클러스터 위에서 독립적으로 실행할 수도 있다. 또는 다양한 클러스터 매니저와 분산 저장 시스템을 사용해서 실행하는 것도 가능한다. 리소스 관리를 위해 스파크는 하둡 YARN, 아파치 메소스(Apache Mesos), 아마존 EC2, 그리고 쿠버네티스 위에서 실행할 수 있다. 또한 스파크는 HDFS, 아파치 카산드라, 아파치 HBase와 아파치 하이브(Hive) 같은 많은 분산 저장 시스템을 지원한다.[44]

스파크의 핵심은 **RDD(회복성 있는 분산 데이터세트, Resilient Distributed Datasets)**에 있다. 이것을 이용해서 함수형 스타일의 프로그래밍을 이용해서 분산된 데이터를 프로세싱한다. 하둡은 디스크에서 데이터를 읽고 디스크에 데이터를 쓰는 것 외에도 내결함성을 위해 복제를 사용하므로 디스크 기반 오버헤드가 훨씬 더 많다. RDD는 메모리에만 유지하고(메모리에 데이터가 없을 때만 디스크 사용) 데이터를 복제하지 않기 때문에 이런 오버헤드가 없다. 스파크는 각각의 RDD를 생성하는 절차를 기억하는 방식으로 내결함성을 처리하기 때문에 클러스터 노드에 문제가 발생하면 주어진 RDD를 다시 만들 수 있다.[45]

스파크는 파이썬으로 지정한 오퍼레이션을 병렬로 처리하기 위해 클러스터 노드로 분산시킨다. 그리고 스파크 스트리밍은 데이터를 받았을 때 이 데이터를 처리할 수 있도록 해 준다. 스파크 데이터프레임(판다스의 DataFrame과 유사하다.)은 RDD를 이름이 있는 열들의 집합으로 볼 수 있게 해 주고, 스파크 SQL과 함께 스파크 데이터프레임을 사용해서 분산된 데이터에 쿼리를 실행시킬 수 있다. 또한 스파크는 **스파크 MLlib**(스파크 머신러닝 라이브러리)를 포함하고 있어서 14장 '머신러닝: 분류, 회귀, 클러스터링'과 15장 '딥러닝'에서 배웠던 것과 같은 머신러닝 알고리즘을 실행시킬 수 있다. 몇 가지 예제를 통해서 RDD, 스파크 스트리밍, 데이터프레임, 그리고 스파크 SQL을 사용해 볼 것이다.

제공업체

하둡 제공업체들은 보통 스파크도 지원한다. 16.5절에서 나열한 제공업체들과 함께 데이터브릭스(Databricks)와 같은 스파크 전문업체도 있는데, 이들은 '스파크로 구성된 무설정 클라우드 플랫폼'을 제공한다.[46] 데이터브릭스 웹사이트도 스파크를 배울 수 있는 훌륭한 자료이다. 유료 데이터브릭스 플

16

41 https://bigdata-madesimple.com/is-spark-better-than-hadoop-map-reduce/
42 https://www.datanami.com/2018/10/18/is-hadoop-officially-dead/
43 https://blog.thecodeteam.com/2018/01/09/changing-face-data-analytics-fast-datadisplaces-big-data/
44 http://spark.apache.org/
45 https://spark.apache.org/research.html
46 https://databricks.com/product/faq

랫폼은 아마존 AWS와 마이크로소프트 애저에서 실행되고, 데이터브릭스는 무료 데이터브릭스 커뮤니티 에디션도 제공한다. 이것은 스파크와 데이터브릭스 환경을 모두 경험해볼 수 있는 좋은 방법이다.

16.6.2 도커와 주피터 도커 스택

이번 절에서는 스파크와 파이썬으로 스파크에 접근하기 위한 PySpark 모듈을 포함하고 있는 도커 스택을 어떻게 다운로드해서 실행하는지 보여주려고 한다. 스파크 예제 코드를 주피터 노트북에서 작성할 수 있다. 먼저 도커에 대해 간단히 살펴보기로 하자.

도커

도커는 소프트웨어를 여러 플랫폼에 실행하는 데 필요한 *모든* 것을 담고 있는 **컨테이너**(**'이미지'**라고도 함)로 패키징하는 도구이다. 이번 장에서 사용하는 몇 가지 소프트웨어는 복잡한 셋업 과정과 설정이 필요하다. 이런 것 중에서 많은 것은 데스크톱이나 노트북 컴퓨터에서 로컬로 다운로드해서 실행할 수 있는 도커 컨테이너로 있다. 도커는 새로운 기술을 빠르고 편리하게 시작할 수 있도록 도와주는 훌륭한 도구이다.

도커는 연구 및 분석 연구에서 ***재현성***을 지원한다. 연구에 사용하는 모든 소프트웨어와 라이브러리들의 특정 버전으로 설정한 사용자 정의 도커 컨테이너를 만들 수 있다. 이것을 통해 다른 사람들이 여러분이 사용하는 환경을 만들고, 여러분들이 했던 작업을 다시 재현할 수 있다. 이번 절에서는 도커를 사용해서 스파크 애플리케이션을 실행할 수 있도록 설정된 도커 컨테이너를 다운로드하고 실행해 볼 것이다.

도커 설치하기

윈도우 10 프로 또는 맥OS에 도커를 설치할 수 있다.

`https://www.docker.com/products/docker-desktop`

윈도우 10 프로에서는 `'Docker for Windows.exe'` 설치 파일을 설치하는 과정에서 시스템을 변경할 수 있도록 허용해야 한다. 이렇게 하기 위해 설치 프로그램이 시스템을 변경하는 것을 허용할 것인지 물어오면 Yes를 클릭하면 된다.[47] 윈도우 10 홈 사용자는 다음의 설명과 같이 버추얼박스를 사용해야 한다.

`https://docs.docker.com/machine/drivers/virtualbox/`

---

47 일부 윈도우 사용자는 다음 링크에 있는 **'제어되는 폴더를 특정 앱이 변경할 수 있도록 허용하기**(Allow specific apps to make changes to controlled folders)'에 있는 절차를 따라야 할 수도 있다. `https://docs.microsoft.com/en-us/windows/security/threat-protection/windows-defender-exploit-guard/customize-controlled-folders-exploit-guard`

리눅스 사용자는 다음에 설명하는 것처럼 도커 커뮤니티 에디션을 설치해야 한다.

```
https://docs.docker.com/install/overview/
```

도커에 대해 일반적인 내용을 알고 싶으면 다음 링크에 있는 Getting started 가이드 문서를 읽어본다.

```
https://docs.docker.com/get-started/
```

주피터 도커 스택

주피터 노트북팀은 일반적인 파이썬 개발 시나리오를 위해 여러 개의 주피터 '도커 스택' 컨테이너를 미리 만들어 두었다. 이들 컨테이너를 이용하면 복잡한 소프트웨어 셋업 문제를 걱정하지 않고 주피터 노트북으로 강력한 기능을 실험해 볼 수 있다. 각 시나리오에서 웹브라우저로 주피터랩을 열고 주피터랩에서 노트북을 열어 코드를 시작할 수 있다. 또한 주피터랩은 브라우저를 통해 터미널, 아나콘다 커맨드 프롬프트 또는 셸과 같은 **터미널 윈도우**를 제공한다. 지금까지 IPython에서 보여주었던 모든 것을 주피터랩의 터미널 윈도우에 있는 IPython을 이용해서 실행할 수 있다.

`jupyter/pyspark-notebook` 도커 스택을 사용할 것이다. 이 도커는 컴퓨터에 아파치 스파크 앱을 만들고 테스트하는 데 필요한 모든 것이 설정되어 있다. 이 책의 전반에 걸쳐서 사용했던 파이썬 라이브러리들을 설치하면 이 컨테이너를 사용해서 책에 있는 모든 예제를 구현할 수 있다. 사용할 수 있는 도커 스택을 더 보려면 다음 링크를 참고한다.

```
https://jupyter-docker-stacks.readthedocs.io/en/latest/index.html
```

주피터 도커 스택 실행하기

다음 단계를 실행하기 전에 주피터랩이 컴퓨터에 실행되고 있지 않다는 것을 확인해야 한다. `jupyter/pyspark-notebook` 도커 스택을 다운로드해서 실행해 보자. 도커 컨테이너를 닫았을 때 작업했던 내용이 없어지지 않도록 로컬 시스템 폴더를 컨테이너에 붙이고 이것을 사용해서 노트북을 저장한다. 윈도우 사용자라면 마지막에 있는 \를 ^로 바꿔야 한다.

```
docker run -p 8888:8888 -p 4040:4040 -it --user root \
        -v fullPathToTheFolderYouWantToUse:/home/jovyan/work \
        jupyter/pyspark-notebook:14fdfbf9cfc1 start.sh jupyter lab
```

앞에서 본 명령을 처음 실행하면 도커가 주어진 도커 컨테이너를 다운로드한다.

```
jupyter/pyspark-notebook:14fdfbf9cfc1
```

`":14fdfbf9cfc1"`이라는 표시는 다운로드할 특정 `jupyter/pyspark-notebook` 컨테이너를 가리킨다. 글을 쓰는 시점에 `14fdfbf9cfc1`이 가장 최신 컨테이너였다. 우리가 여기서 하고 있는 것처럼 특정 버전을 지정하면 나중에 ***재현하는*** 데 도움이 된다. 위 명령에서의 `:14fdfbf9cfc1` 부분을

지정하지 않으면 도커는 해당 컨테이너의 최신 버전을 다운로드한다. 최신 버전의 컨테이너는 내부에 포함하고 있는 소프트웨어 버전이 다를 수도 있고, 실행하려는 코드와 호환되지 않을 수도 있다. 도커 컨테이너는 거의 6GB에 가까워서 초기에 다운로드하는 시간이 인터넷 연결 속도에 따라 다를 수 있다.

브라우저에서 주피터랩 열기

컨테이너를 다운로드해서 실행하면 커맨드 프롬프트나 터미널 또는 셸 윈도우에서 다음과 같은 것이 보인다.

```
Copy/paste this URL into your browser when you connect for the first time, to
login with a token:
    http://(bb00eb337630 or 127.0.0.1):8888/?token=9570295e90ee94ecef75
      568b95545b7910a8f5502e6f5680

Copy the long hexadecimal string (the string on your system will differ from
this one):
   9570295e90ee94ecef75568b95545b7910a8f5502e6f5680
```

그러면 브라우저에서 `http://localhost:8888/lab`을 연다(출력에서 localhost는 `127.0.0.1`에 해당한다.). 그리고 **Password or token** 필드에 토큰을 복사해서 ***붙여넣은*** 후 Log in을 클릭해서 주피터랩 인터페이스로 이동한다. 실수로 브라우저를 종료했으면 `http://localhost:8888/lab`으로 다시 접속해서 하던 작업을 계속하면 된다.

이 도커 컨테이너가 실행될 때 주피터랩에서 왼쪽의 **Files**탭에 있는 작업 폴더에 `docker run` 명령의 `-v` 옵션으로 컨테이너에 붙인 폴더가 보인다. 이제 우리가 제공하는 노트북 파일을 열어볼 수 있다. 새로운 노트북이나 앞으로 만들 파일들은 기본적으로 이 폴더에 저장된다. 도커 컨테이너의 `work` 폴더가 여러분의 컴퓨터에 있는 폴더와 연결되어 있어서 도커 컨테이너를 삭제해도 주피터랩에서 생성한 파일들이 컴퓨터에 남는다.

도커 컨테이너의 커맨드라인에 접근하기

각 도커 컨테이너에는 이 책에서 전반적으로 사용했던 IPython과 같은 커맨드라인이 있다. 이 인터페이스를 통해서 도커 컨테이너에 파이썬 패키지를 설치하고 이전에 우리가 했던 것처럼 IPython도 사용할 수 있다. 별도의 아나콘다 커맨드 프롬프트, 터미널 또는 셸을 열고 다음 명령을 통해서 현재 실행되고 있는 도커 컨테이너들을 살펴보자.

```
docker ps
```

이 명령의 결과가 가로로 길어서 텍스트 줄이 줄 바꿈이 될 수도 있다.

```
CONTAINER ID          IMAGE                                      COMMAND
              CREATED                  STATUS               PORTS
   NAMES
f54f62b7e6d5          jupyter/pyspark-notebook:14fdfbf9cfc1 "tini -g --
/bin/bash" 2 minutes ago Up 2 minutes 0.0.0.0:8888->8888/tcp
   friendly_pascal
```

NAMES라는 열 아래에 있는 이름은 도커가 실행하는 컨테이너에 무작위로 부여한 이름이다. (friendly_pascal) 이 이름은 시스템마다 다를 수 있다. 컨테이너 커맨드라인에 접근하기 위해 다음 명령을 실행한다. 여기서 *container_name* 부분은 실행중인 컨테이너의 이름으로 바꿔주어야 한다.

```
docker exec -it 컨테이너_이름 /bin/bash
```

도커 컨테이너는 내부적으로 리눅스를 사용하기 때문에 명령을 입력할 수 있는 리눅스 프롬프트가 보일 것이다. 이번 절에 있는 앱에서는 11장 '자연어 처리(NLP)'에서 사용했던 NLTK와 TextBlob 라이브러리의 기능을 사용해 볼것이다. 하지만 주피터 도커 스택에는 이 두 라이브러리 모두 설치되어 있지 않다. NLTK와 TextBlob을 설치하기 위해 다음 명령을 입력한다.

```
conda install -c conda-forge nltk textblob
```

도커 컨테이너를 중지하고 다시 실행하기

docker run으로 컨테이너를 매번 실행시킬 때마다 도커는 앞에서 설치한 라이브러리가 포함되어 있지 *않은* 새로운 인스턴스를 만드는데, 이런 이유 때문에 컨테이너 이름을 유지해야 한다. 아나콘다 커맨드 프롬프트, 터미널 또는 셸 창에 컨테이너 이름을 사용해서 컨테이너를 중지시키고 다시 실행시킬 수 있다.

```
docker stop 컨테이너_이름
```

이 명령은 컨테이너를 중지시키고

```
docker restart 컨테이너_이름
```

이 명령은 컨테이너를 재실행시킨다. 도커는 컨테이너를 중지하고 다시 실행시키는 등 컨테이너를 관리할 수 있는 카이트매틱(Kitematic)이라는 GUI 앱도 지원한다. https://kitematic.com/에서 앱을 받아서 도커 메뉴를 통해서 이 앱에 접근할 수 있다. 다음 사용자 가이드는 이 툴을 이용해서 컨테이너를 어떻게 관리하는지 개괄적으로 설명하고 있다.

https://docs.docker.com/kitematic/userguide/

16.6.3 스파크로 단어 세기

이번 절에서 스파크의 필터링, 맵핑, 그리고 리듀싱 기능을 이용해서 ***'로미오와 줄리엣'***에 있는 단어들을 종합하는 간단한 단어 수 세기 예제를 개발해 보려고 한다. SparkWordCount 폴더(11장 '자연어 처리(NLP)'에 있던 RomeoAndJuliet.txt 파일을 여기에 복사해 와야 한다.)에 있는 RomeoAndJulietCounter.ipynb 이름의 노트북으로 작업할 수 있다. 또는 새로운 노트북을 만들어서 우리가 보여주는 스니펫을 직접 입력하고 실행할 수 있다.

NLTK 불용어 로드하기

이번 앱에서는 단어의 출현 횟수를 세기 전에 텍스트에서 불용어를 제거하기 위해 11장 '자연어 처리(NLP)'에서 배웠던 기술을 사용해 본다. 먼저 NLTK 불용어 목록을 다운로드한다.

```
[1]: import nltk
     nltk.download('stopwords')
[nltk_data] Downloading package stopwords to /home/jovyan/nltk_data...
[nltk_data] Package stopwords is already up-to-date!
[1]: True
```

다음으로 불용어를 로드한다.

```
[2]: from nltk.corpus import stopwords
     stop_words = stopwords.words('english')
```

SparkContext 설정하기

pyspark 모듈에 있는 **SparkContext** 객체를 이용해 파이썬에서 스파크 기능에 접근할 수 있다. 다른 스파크 환경에서는 SparkContext를 만들어 주지만, 주피터 pyspark-notebook 도커 스택에서는 이 객체를 직접 만들어야 한다.

먼저 **SparkConf** 객체(pyspark 모듈에 있는)를 생성해서 설정하자. 다음에 나오는 스니펫은 이 객체의 **setAppName** 메서드를 호출해서 스파크 애플리케이션의 이름을 지정하고 **setMaster** 메서드를 호출해서 스파크 클러스터 URL을 지정한다. URL 'local[*]'은 스파크가 로컬 컴퓨터(클라우드 기반 클러스터의 반대인)에서 실행된다는 것을 의미한다. 그리고 별표는 컴퓨터에 있는 코어 수만큼 *스레드*를 사용해서 코드를 실행해야 한다고 스파크에 지정하는 것이다.

```
[3]: from pyspark import SparkConf
     configuration = SparkConf().setAppName('RomeoAndJulietCounter')\
                                .setMaster('local[*]')
```

스레드를 사용하면 스파크 클러스터에서 제공하는 병렬성을 싱글 노드 클러스터에서도 흉내내서 스파크의 태스크의 일부를 ***병행하여*** 실행할 수 있다. 만약 두 개의 태스크를 병행하면(concurrently) 이 두 태스크는 일반적으로 하나의 태스크가 짧은 시간 동안 작업을 실행하고 다음에 다른 태스크가 실행되는 식으로 태스크가 실행된다는 의미이다. 두 태스크가 ***병렬로(parallel)*** 실행된다는 것은 실제로 동시에 실행된다는 것이다. 이것은 클라우드 클러스터 위에서 실행되는 하둡과 스파크의 주요 장점이다.

다음으로 SparkConf를 인자로 넘겨서 SparkContext를 생성한다.

```
[4]: from pyspark import SparkContext
     sc = SparkContext(conf=configuration)
```

테스트 파일을 읽고 이 파일을 단어로 맵핑하기

RDD(Resilient Distributed Dataset)에 필터링과 맵핑, 그리고 리덕션과 같은 함수형 스타일 프로그래밍 기술을 사용할 수 있다. RDD는 하둡 파일 시스템에 클러스터에 걸쳐서 저장되어 있는 데이터를 가진다. RDD에는 데이터를 변형하고 처리하는 일련의 과정을 지정할 수 있는데, 이 처리 과정은 ***지연된다***(5장 참고). 즉 스파크가 이 태스크를 꼭 해야 한다고 할 때까지 실제로 동작하지 않는다.

이어지는 스니펫은 다음 세 가지 과정을 지정한다.

- SparkContext 메서드인 **textFile**은 RomeoAndJuliet.txt 파일에서 텍스트를 로드하고 이 텍스트의 각 줄들을 표현하는 문자열들로 이루어진 **RDD**(pyspark 모듈에 있는)를 반환한다.
- RDD 메서드인 **map**은 **람다** 인자를 사용해서 TextBlob의 strip_punc 함수로 모든 구두점을 제거하고 각 줄을 소문자로 만든다. 이 메서드는 새로운 RDD를 반환하는데, 여기에 수행할 추가 작업을 지정한다.
- RDD 메서드 **flatMap**은 **람다** 인자를 사용해서 텍스트의 각 줄을 단어들로 바꿔서 텍스트의 각 줄들을 반환하지 않고 단어들의 단일 리스트로 반환한다. flatMap이 반환하는 것은 ***'로미오와 줄리엣'***에 있는 모든 단어를 나타내는 새로운 RDD이다.

```
[5]: from textblob.utils import strip_punc
     tokenized = sc.textFile('RomeoAndJuliet.txt')\
                   .map(lambda line: strip_punc(line, all=True).lower())\
                   .flatMap(lambda line: line.split())
```

불용어 제거하기

다음으로 RDD 메서드 filter를 사용해서 불용어가 없는 새로운 RDD를 생성한다.

```
[6]: filtered = tokenized.filter(lambda word: word not in stop_words)
```

남아있는 각 단어들 세기

이제 불용어가 포함되지 않는 단어들만 남았다. 이제 각 단어의 출현 빈도를 셀 수 있다. 그러기 위해 먼저 각 단어를 단어와 1로 이루어진 튜플로 **맵핑**하는데, 하둡 맵리듀스에서 했던 것과 비슷한 작업이다. 스파크는 클러스터의 노드들에 리덕션 태스크를 분산시킨다. 이렇게 얻어진 RDD에 operator 모듈에 있는 add 함수를 인자로 넘겨서 reduceByKey 메서드를 호출한다. 이것은 **reduceByKey** 메서드에게 동일한 **단어**를 가지고 있는 튜플들에 대해 단어 수를 ***합치라고*** 지시한 것이다.

```
[7]: from operator import add
     word_counts = filtered.map(lambda word: (word, 1)).reduceByKey(add)
```

60번 이상 출현 단어 찾기

*'로미오와 줄리엣'*에는 수백 개의 단어들이 있기 때문에 RDD를 필터링해서 60번 이상 출현 단어들만 남겨보자.

```
[8]: filtered_counts = word_counts.filter(lambda item: item[1] >= 60)
```

결과를 정렬해서 출력하기

여기까지 했으면 단어들을 세는 모든 단계들을 지정할 것이다. RDD의 collect 메서드를 호출하면 스파크는 앞에서 지정한 모든 처리 단계를 초기화하고 최종 결과를 포함하는 리스트를 반환한다. 이번 예제에서는 단어들 출현 횟수가 결과가 된다. 실행 내용을 보면 모든 것이 한 컴퓨터에서 실행되는 것처럼 보인다. 하지만 SparkContext에 클러스터를 사용하도록 설정하기만 하면 스파크는 태스크를 클러스터에 있는 워커 노드로 분산시킨다. 다음 스니펫에서는 단어 횟수(itemgetter(1))를 기준으로 튜플 리스트를 내림차순(reverse=True)로 정렬한다.

다음 스니펫은 collect 메서드를 호출해서 결과를 가져오고 결과를 단어 수를 기준으로 내림차순으로 정렬한다.

```
[9]: from operator import itemgetter
     sorted_items = sorted(filtered_counts.collect(),
                           key=itemgetter(1), reverse=True)
```

마지막으로 결과를 출력한다. 먼저 가장 많은 글자가 있는 단어를 구해서 그 크기의 필드에 모든 단어들을 오른쪽 정렬로 출력하고 각 단어와 횟수를 출력한다.

```
[10]: max_len = max([len(word) for word, count in sorted_items])
      for word, count in sorted_items:
          print(f'{word:>{max_len}}: {count}')
[10]:     romeo: 298
           thou: 277
         juliet: 178
            thy: 170S
          nurse: 146
        capulet: 141
           love: 136
           thee: 135
          shall: 110
           lady: 109
          friar: 104
           come: 94
       mercutio: 83
           good: 80
       benvolio: 79
          enter: 75
             go: 75
           i'll: 71
         tybalt: 69
          death: 69
          night: 68
       lawrence: 67
            man: 65
           hath: 64
            one: 60
```

16.6.4 마이크로소프트 애저에서 스파크 단어 세기 프로그램 실행하기

앞에서 말했던 것처럼 우리는 여러분이 무료로 이용해 볼 수 있는 툴과 실제 개발 시나리오를 모두 경험할 수 있었으면 한다. 이번 절에서는 마이크로소프트 스파크 클러스터에서 스파크 단어 세기 예제를 개발해 보려고 한다.

애저 포털에서 HDInsight에 있는 아파치 스파크 클러스터 생성하기

다음 링크는 HDInsight 서비스를 이용해서 스파크 클러스터를 어떻게 생성하는지 설명하고 있다.

https://docs.microsoft.com/en-us/azure/hdinsight/spark/apache-spark
jupyter-spark-sql-use-portal

HDInsight 스파크 클러스터 만들기(Create an HDInsight Spark cluster) 단계를 수행했을 때 이번 장 앞에서 하둡 클러스터 설치 단계에서 나열했던 것과 동일한 문제를 확인할 수 있다. **Cluster Type(클러스터 유형)**을 **Spark**로 선택했을 때도 다시 말해서 기본 클러스터 설정은 이번 예제에서 필요한 것보다 많은 리소스를 사용한다. 따라서 **Cluster Summary(클러스터 요약)** 페이지의 하둡 클러스터 설정에서 보여주었던 과정을 거쳐서 워커 노드를 2로 변경하고 워커와 헤드 노드를 **D3 v2** 컴퓨터를 사용하도록 설정해야 한다. **Create**를 클릭하면 클러스터를 설정하고 배포하는 데 20~30분 정도 소요된다.

클러스터에 라이브러리 설치하기

HDInsight 클러스터에 설치되지 않은 라이브러리가 사용해야 한다면 이 라이브러리를 미리 설치해야 한다. 기본적으로 설치된 라이브러리가 무엇인지 확인하기 위해 ssh로 클러스터에 로그인하고 (우리가 이번 장의 앞에서 보여준 것처럼) 다음 명령을 실행한다.

```
/usr/bin/anaconda/envs/py35/bin/conda list
```

코드가 여러 클러스터 노드에서 실행되기 때문에 라이브러리도 ***모든*** 노드에서 설치되어야 한다. 애저에서는 라이브러리 설치 명령을 담고 있는 리눅스 셸 스크립트를 만들게 한다. 애저에 스크립트를 올리면 애저가 스크립트를 검증하고 모든 노드에서 이 스크립트를 실행한다. 리눅스 셸 스크립트는 이 책의 범위를 벗어나는 내용으로, 스크립트가 애저에서 접근해 다운로드할 수 있는 웹 서버로 호스팅되어야 한다. 대신 스파크 예제에서 사용할 라이브러리를 설치하는 설치 스크립트를 만들었으므로 다음 단계를 수행해서 라이브러리를 설치해 보자.

❶ 애저 포털에서 여러분의 클러스터를 선택한다.

❷ 클러스터의 검색 박스에 있는 리스트에서 **Script Actions**를 클릭한다.

❸ **Submit new**를 클릭해서 라이브러리 설치 스크립트를 원하는 옵션을 설정한다. **cript type(스크립트 유형)**에서 **Custom**을 선택하고 **Name**에 **라이브러리**를 지정한 후 **Bash script URI**에 다음 링크를 사용한다.

```
http://deitel.com/bookresources/IntroToPython/install_libraries.sh
```

❹ **헤드**와 **워커** 모드를 체크해서 스크립트가 모든 노드에 라이브러리를 설치했는지 확인한다.

❺ **Create**를 클릭한다.

클러스터가 스크립트 실행을 잘 마쳤으면 스크립트 액션에 있는 스크립트 이름의 옆에 녹색으로 체크된 것을 확인할 수 있다. 실패했으면 애저에 오류가 있다고 알려준다.

HDInsight 클러스터에 RomeoAndJuliet.txt 파일 복사하기

하둡 데모에서 했던 것처럼 `scp` 명령을 사용해 11장 '자연어 처리(NLP)' 장에서 사용했던

RomeoAndJuliet.txt 파일을 클러스터에 업로드해 보자. 커맨드 프롬프트나 터미널 또는 셸에서 파일이 있는 폴더로 변경하고(이 챕터의 ch16 폴더라고 가정) 다음 명령을 입력한다. ***클러스터_이름*** 부분은 클러스터를 만들었을 때 지정한 이름으로 바꾸고 전체 명령을 모두 입력했을 때 Enter를 누른다. 콜론은 반드시 필요한 부분으로 프롬프트가 나왔을 때 클러스터 암호를 입력한다는 것을 나타낸다. 프롬프트에서 클러스터를 설정할 때 지정한 암호를 입력하고 Enter를 누른다.

```
scp RomeoAndJuliet.txt sshuser@클러스터_이름-ssh.azurehdinsight.net:
```

다음으로 ssh를 이용해 클러스터에서 로그인해서 커맨드라인에 접근한다. 커맨드 프롬프트나 터미널 또는 셸에서 다음 명령을 실행한다. 다시 한번 말하는데 ***클러스터_이름***은 클러스터 이름으로 교체해야 한다며 클러스터 암호를 입력하라는 프롬프트가 나타날 것이다.

```
ssh sshuser@클러스터_이름-ssh.azurehdinsight.net
```

스파크에서 RomeoAndJuliet.txt 파일과 연동하기 위해 먼저 ssh 세션을 사용해서 다음 명령을 실행한 후 파일을 클러스터의 하둡 파일 시스템에 복사해야 한다. 다시 말해서 마이크로소프트가 HDInsight 튜토리얼에서 사용하려고 포함시킨 폴더인 /examples/data를 사용한다. 전체 명령을 모두 입력한 후 Enter를 누른다.

```
hadoop fs -copyFromLocal RomeoAndJuliet.txt
     /example/data/RomeoAndJuliet.txt
```

HDInsight에서 주피터 노트북 접근하기

이 글을 쓰는 시점에서 HDInsight는 앞에서 보여주었던 새로운 주피터랩 인터페이스를 사용하지 않고 ***예전*** 주피터 노트북 인터페이스를 사용하고 있다. 이전 인터페이스에 대한 간략한 개요는 다음을 참조하자.

```
https://jupyter-notebook.readthedocs.io/en/stable/examples/Notebook/
     Notebook%20Basics.html
```

HDInsight에서 주피터 노트북에 접근하려면 애저 포털에서 **All resources**를 선택하고 클러스터를 선택한다. **Overview** 탭에서 **클러스터 대시보드**의 아래쪽에 있는 **주피터 노트북**을 선택하면 새로운 웹 브라우저 창이 열리고 로그인하라고 한다. 클러스터를 만들면서 지정한 사용자 이름과 암호를 사용한다. 사용자 이름을 지정하지 않았으면 기본값은 admin이다. 로그인하면 주피터가 PySpark와 Scala 하위 폴더가 있는 폴더가 표시되는데, 여기에는 파이썬과 스칼라 스파크 튜토리얼이 있다.

RomeoAndJulietCounter.ipynb 노트북 업로드하기

New를 클릭하고 PySpark3를 선택해서 새로운 노트북을 만들거나 컴퓨터에 있는 노트북 파일을 업로드할 수 있다. 이번 예제에서는 애저에서 작업하기 위해 이전 절의 RomeoAndJulietCounter.

ipynb 노트북을 업로드하고 이것을 수정해 보자. 이렇게 하기 위해 **Upload** 버튼을 클릭하여 ch16 예제 폴더의 SparkWordCount 폴더에서 RomeoAndJulietCounter.ipynb를 선택하고 **Open**을 클릭한다. 그러면 폴더에 파일이 **Upload** 버튼과 함께 오른쪽에 표시된다. 현재 폴더에 있는 노트북을 위치시키기 위해 Upload 버튼을 클릭한 후 새로운 브라우저 탭에 이 파일을 열기 위해 노트북 이름을 클릭한다. 주피터에서 **커널을 찾을 수 없다**는 대화상자가 나타나면 **PySpark3**를 선택하고 **OK** 버튼을 누른다. 아직 아무 셀도 실행되지 않는다.

노트북 수정해서 애저와 연동시키기

앞의 과정을 완료했으면 각 셀을 실행해서 다음 단계를 진행한다.

❶ HDInsight 클러스터는 NLTK가 NLTK 기본 폴더에 다운로드한 불용어를 저장하도록 허용하지 않는다. NLTK 기본 폴더가 시스템 보호 폴더이기 때문이다. 첫 번째 셀에서 nltk.download('stopwords')를 다음과 같이 수정하여 불용어를 현재 디렉토리('.')에 저장한다.

```
nltk.download('stopwords', download_dir='.')
```

첫 번째 셀을 실행할 때 HDInsight가 sc라는 SparkContext 객체를 설정하는 동안 Starting Spark Application(스파크 애플리케이션 시작)된다는 내용이 이 셀의 아래쪽에 표시된다. 설정 작업이 끝나면 셀에 있는 코드가 실행되고 불용어를 다운로드한다.

❷ 두 번째 셀에서 불용어를 로드하기 전에 NLTK에게 현재 폴더에 있는 데이터가 있다는 것을 알려야 한다. import 명령 이후에 다음 명령을 추가해서 NLTK가 현재 폴더에서 데이터를 찾을 수 있게 한다.

```
nltk.data.path.append('.')
```

❸ HDInsight가 SparkContext 객체를 설정하기 때문에 원래 노트북에 있던 세 번째 셀과 네 번째 셀은 필요 없으니 삭제해도 된다. 이렇게 하려면 셀을 클릭하고 주피터 **Edit-Delete Cells**를 선택하거나 셀의 왼쪽에 있는 흰색 공백을 클릭하고 **dd**를 입력해도 된다.

❹ 다음 셀에서 하둡 파일 시스템에 있는 RomeoAndJuliet.txt 위치를 지정한다. 'RomeoAndJuliet.txt'라고 되어 있는 문자열을 다음 문자열로 교체한다.

```
'wasb:///example/data/RomeoAndJuliet.txt'
```

wasb:///은 RomeoAndJuliet.txt 파일이 애저의 HDFS 파일 시스템에 해당하는 인터페이스인 윈도우 애저 스토리지 블롭(WASB)에 저장되어 있다는 의미이다.

❺ 애저가 현재 파이썬 3.5.x를 사용하고 있기 때문에 f-문자열을 사용할 수 없다. 따라서 마지막 셀에서 f-문자열은 다음과 같이 문자열의 **format** 메서드를 사용하는 이전 방식인 파이썬 문자열 포맷팅으로 바꾼다.

```
print('{:>{width}}: {}'.format(word, count, width=max_len))
```

이전 절에서 보았던 결과와 같은 것을 확인한다.

주의: 클러스터와 관련된 리소스(스토리지 같은)를 삭제해서 추가 비용이 발생하지 않도록 해야 한다. 좀 더 자세한 내용은 아래 링크를 보자.

```
https://docs.microsoft.com/en-us/azure/azure-resource-manager/
    resource-group-portal
```

애저 리소스들을 삭제하면 ***노트북도 삭제된다는 점***에 유의하자. 주피터에서 **File-Download as-Notebook (.pynb)**을 선택해서 실행했던 노트북을 다운로드할 수 있다.

16.7 스파크 스트리밍: pyspark-notebook 도커 스택 사용해 트윗의 해시태그 수 세기

이번 절에서는 스파크 스트리밍 애플리케이션을 만들어 실행해 보려고 한다. 이 애플리케이션은 지정한 주제에 대한 트윗들을 스트리밍으로 받아서 상위 20개의 해시태그를 10초마다 업데이트되는 막대 차트를 만든다. 이번 예제를 위해 첫 번째 스파크 예제에서 썼던 주피터 도커 컨테이너를 사용한다.

이번 예제는 두 부분으로 나뉜다. 첫 번째는 12장 '트위터 데이터 마이닝'에서 사용했던 기술을 이용해서 트위터에서 스트리밍으로 트윗을 가져오는 스크립트를 만든다. 그리고 나서 주피터 노트북에서 스파크 스트리밍을 이용해서 트윗을 읽고 해시태그를 종합하는 작업을 한다.

이 두 부분은 네트워크 **소켓*(클라이언트/서버 네트워킹)***을 통해 서로 통신할 것이다. 즉 ***클라이언트*** 앱이 파일 I/O와 유사한 기법을 사용하여 네트워크를 통해 서버 앱과 통신하는 저수준의 클라이언트/서버 네트워킹 기술이다. 프로그램은 파일을 읽고 파일이 쓰는 것과 비슷하게 소켓에서 데이터를 읽고 소켓에 데이터를 쓸 수 있다. 소켓은 연결에서의 말단 부분을 나타낸다. 이번 예제의 경우 클라이언트는 스파크 애플리케이션이 되고, ***서버***는 스트리밍으로 트윗을 받아서 스파크 앱으로 보내주는 스크립트가 될 것이다.

도커 컨테이너 실행하고 트위피 설치하기

이번 예제를 위해 주피터 도커 컨테이너에 트위피 라이브러리를 설치해야 한다. 16.6.2절에 있는 컨테이너 실행 및 파이썬 라이브러리의 설치 절차를 따른다. 트위피를 설치하기 위해 다음 명령을 사용한다.

```
pip install tweepy
```

16.7.1 트윗들을 소켓으로 스트리밍으로 보내기

starttweetstream.py 스크립트는 12장 '트위터 데이터 마이닝'에서 가져온 TweetListener

클래스를 변형한 버전이다. 이 스크립트는 정해진 수의 트윗을 스트리밍으로 받아서 이것을 로컬 컴퓨터에 있는 소켓으로 보낸다. 스크립트가 정해진 수만큼 트윗을 받았으면 소켓을 닫는다. 이미 트위터 스트리밍을 사용해 보았으므로 여기서는 새롭게 추가되는 부분에 대해서만 집중할 것이다. keys.py 파일(ch16 폴더에 있는 SparkHashtagSummarizer 하위 폴더에 있는)에 트위터 인증 정보가 있어야 한다.

도커 컨테이너의 스크립트 실행하기

이번 예제의 경우, 한쪽 탭에서는 주피터랩의 터미널 창을 이용해서 starttweetstream.py를 실행하고, 다른 탭에서는 노트북을 이용해서 스파크 태스크를 실행한다. pyspark-notebook 도커 컨테이너가 실행하고 있는 주피터를 브라우저에서 다음 링크를 통해서 연다.

```
http://localhost:8888/lab
```

주피터랩에서 **File-New-Terminal**을 선택해서 **Terminal** 탭을 연다. 이 터미널은 리눅스 기반 커맨드라인이다. ls 명령을 입력하고 Enter를 누르면 현재 폴더의 파일들을 볼 수 있다. 기본적으로 컨테이너의 work 폴더가 보이는데, starttweetstream.py를 실행하려면 다음 명령을 통해서 SparkHashtagSummarizer 폴더로 이동해야 한다.[48]

```
cd work/SparkHashtagSummarizer
```

다음과 같은 형태로 스크립트를 실행시킬 수 있다.

```
ipython starttweetstream.py 트윗_수 찾을_단어들
```

트윗수에서는 처리할 총 트윗들의 수를 지정하고 ***찾을 단어들***은 트윗을 필터링하는 데 사용할 문자열을 하나 또는 공백으로 구분된 단어들을 지정한다. 예를 들어 다음 명령은 football에 대한 1,000개의 트윗을 스트림으로 받는다.

```
ipython starttweetstream.py 1000 football
```

이렇게 하면 스크립트는 "Waiting for connection"을 표시하고 스파크가 트윗 스트리밍을 시작할 때까지 기다린다.

starttweetstream.py의 import 구문

쉽게 설명하기 위해 starttweetstream.py를 몇 개로 나누었다. 먼저 이 스크립트에서 사용하는 모듈을 임포트한다. 파이썬 표준 라이브러리에 있는 **socket 모듈**은 파이썬 앱들이 소켓으로 통신할 수 있는 기능을 제공한다.

---

48 윈도우 사용자라면 리눅스에서는 \(역슬래시)대신 /(슬래시)를 사용한다는 것과 파일과 폴더 이름에 영문자의 대소문자를 구분한다는 사실을 알고 있어야 한다.

```
1  # starttweetstream.py
2  """ 스크립트 아규먼트로 지정한 주제의 트윗을 받고 트윗 본문을
3      스파크가 처리하는 소켓으로 보낸다. """
4  import keys
5  import socket
6  import sys
7  import tweepy
8
```

TweetListener 클래스

이미 TweetListener 클래스에 있는 대부분의 코드를 살펴보았기 때문에 여기서는 새로 추가된 부분에 집중하겠다.

- __init__ 메서드(라인 12~17)는 소켓을 표현하는 connection 매개변수를 받고 이것을 self.connection 속성에 저장한다. 이 소켓을 사용해서 스파크 애플리케이션으로 해시태그를 보내는 데 사용한다.
- on_status 메서드(라인 24~44)에서 라인 27~32는 Tweepy Status 객체에서 해시태그를 추출하고, 이것을 소문자로 변환한 후 스파크 애플리케이션으로 보낼 공백으로 구분된 해시태그 문자열을 만든다. 주요 명령은 라인 39이다.

```
self.connection.send(hashtags_string.encode('utf-8'))
```

이 명령은 connection 객체의 send 메서드를 사용해서 트위피 문자열을 소켓에서 읽을 수 있는 모든 애플리케이션으로 보낼 수 있다. send 메서드는 바이트 시퀀스를 인자로 받는다. 문자열의 메서드 encode('utf-8')을 호출해서 문자열을 바이트로 변환한다. 스파크는 자동으로 이 바이트들을 읽어서 문자열로 다시 만든다.

```
9  class TweetListener(tweepy.StreamListener):
10     """들어오는 트윗 스트림을 처리한다."""
11
12     def __init__(self, api, connection, limit=10000):
13         """트윗 수를 추적하기 위한 변수 생성"""
14         self.connection = connection
15         self.tweet_count = 0
16         self.TWEET_LIMIT = limit  # 기본적으로 10,000 개
17         super().__init__(api)  # 슈퍼클래스의 init 메서드 호출
18
19     def on_connect(self):
20         """연결이 성공했을 때 호출됨, 연결되었을 때 해야할 적절할 애플리케이션
21         작업을 할 수 있다"""
22         print('Successfully connected to Twitter\n')
23
```

```
24      def on_status(self, status):
25          """트위터에서 새로운 트윗을 보내주었을 때 호출."""
26          # 트윗 본문 가져오기
27          hashtags = []
28
29          for hashtag_dict in status.entities['hashtags']:
30              hashtags.append(hashtag_dict['text'].lower())
31
32          hashtags_string = ' '.join(hashtags) + '\n'
33          print(f'Screen name: {status.user.screen_name}:')
34          print(f'    Hashtags: {hashtags_string}')
35          self.tweet_count += 1  # 처리된 트윗 수
36
37          try:
38              # send 메서드는 바이트를 사용해야 하기 때문에 문자열을 utf-8 포맷으로 인코딩한다.
39              self.connection.send(hashtags_string.encode('utf-8'))
40          except Exception as e:
41              print(f'Error: {e}')
42
43          # TWEET_LIMIT 에 도달하면 스트림을 끝내기 위해 False를 반환
44          return self.tweet_count != self.TWEET_LIMIT
45
46      def on_error(self, status):
47          print(status)
48          return True
49
```

메인 애플리케이션

스크립트를 실행하면 라인 50~80이 실행된다. 이전에 트윗을 스트림으로 받기 위해 트위터에 연결했하는 부분을 보았었다. 여기서는 이 예제에서 새롭게 추가된 것에 대해서만 설명할 것이다. 라인 51은 커맨드라인 인자 **sys.argv[1]**을 정수로 변환해서 처리할 트윗의 수를 받는다. 0번째 요소는 스크립트 이름이다.

```
50 if __name__ == '__main__':
51     tweet_limit = int(sys.argv[1])  # 최대 트윗 수
```

라인 52에서 socket 모듈의 **socket 함수**를 호출한다. 이 함수를 스파크 애플리케이션의 연결을 기다리는 데 사용할 소켓 객체를 반환한다 .

```
52 client_socket = socket.socket()  # 소켓 생성
53
```

라인 55는 컴퓨터의 호스트 또는 IP 주소와 포트를 가지고 있는 튜플을 이용해서 소켓 객체의 **bind 메서드**를 호출한다. 이 정보는 이 스크립트가 다른 앱의 연결을 어디서 기다려야 하는지를 지정한다.

```
54 # 앱이 localhost(현재 컴퓨터) 포트 9876을 사용한다.
55 client_socket.bind(('localhost', 9876))
56
```

라인 58은 소켓의 **listen 메서드**를 호출해서 연결을 받을 때까지 기다린다. 이 명령으로 스파크 애플리케이션을 연결할 때까지 트위터 스트림이 시작하지 못한다.

```
57 print('Waiting for connection')
58 client_socket.listen()  # 클라이언트 연결을 기다린다.
59
```

스파크 애플리케이션이 연결되면 라인 61은 연결을 허용하는 소켓의 **accept** 메서드를 호출한다. 이 메서드는 스파크 애플리케이션과 통신할 때 사용하는 소켓 객체와 스파크 애플리케이션 컴퓨터의 IP 주소를 가지고 있는 튜플을 반환한다.

```
60 #
61 connection, address = client_socket.accept()
62 print(f'Connection received from {address}')
63
```

다음으로 트위터에 인증을 받고 스트림을 시작한다. 라인 73~74는 소켓 객체를 TweetListener로 넘겨서 스트림을 만들고, 이 소켓을 이용해서 해시태그를 스파크 애플리케이션으로 보낼 수 있다.

```
64 # 트위터 접속을 위한 설정
65 auth = tweepy.OAuthHandler(keys.consumer_key, keys.consumer_secret)
66 auth.set_access_token(keys.access_token, keys.access_token_secret)
67
68 # 트위피를 설정해서 트위터 속도 제한이 걸렸을 때 대기하도록 한다.
69 api = tweepy.API(auth, wait_on_rate_limit=True,
70                  wait_on_rate_limit_notify=True)
71
72 # 스트림을 생성한다.
73 twitter_stream = tweepy.Stream(api.auth,
74     TweetListener(api, connection, tweet_limit))
75
76 # sys.argv[2]에 첫 번째 검색 단어가 있다.
77 twitter_stream.filter(track=sys.argv[2:])
78
```

마지막으로 라인 79~80은 리소스를 해제하기 위해 소켓 객체의 **close 메서드**를 호출한다.

```
79 connection.close()
80 client_socket.close()
```

16.7.2 트윗 해시태그 종합하기: 스파크 SQL 소개하기

이번에는 스파크 스트리밍을 사용해서 starttweetstream.py 스크립트가 소켓으로 보내는 해시태그를 읽고 종합한다. 새로운 노트북을 생성하고 여기서 보이는 코드를 입력하거나 ch16 예제 폴더의 SparkHashtagSummarizer 하위 폴더에 있는 hashtagsummarizer.ipynb 노트북을 로드한다.

라이브러리 임포트하기

먼저 이 노트북에서 사용되는 라이브러리를 임포트한다. 뒤에서 이것들을 사용할 때 pyspark 클래스들을 설명할 것이다. IPython에서 주피터에서 사용할 수 있는 클래스와 유틸리티 함수들이 있는 display 모듈을 임포트했다. 특히 새로운 것을 출력하기 전에 기존에 있던 차트를 제거하기 위해 clear_output 함수를 사용한다.

```
[1]: from pyspark import SparkContext
     from pyspark.streaming import StreamingContext
     from pyspark.sql import Row, SparkSession
     from IPython import display
     import matplotlib.pyplot as plt
     import seaborn as sns
     %matplotlib inline
```

스파크 애플리케이션은 10초 간격으로 배치해서 해시태그를 종합한다. 각 배치 처리가 끝나면 시본의 막대 차트를 화면에 표시한다.

```
%matplotlib inline
```

IPython의 매직은 별도의 창을 사용하지 않고 노트북에 매트플롯리브 기반의 그래프를 표시한다. 시본은 매트플롯리브를 사용하고 있다.

이 책에서는 몇 가지 IPython 매직을 사용했다. 주피터 노트북에서 사용할 수 있는 많은 매직들이 있는데, 모든 매직들을 보고 싶으면 다음 링크를 참고한다.

https://ipython.readthedocs.io/en/stable/interactive/magics.html

SparkSession을 얻어오는 유틸리티 함수

스파크 SQL을 사용하면 RDD에 있는 데이터를 쿼리할 수 있다. 스파크 SQL는 스파크 **DataFrame**을 이용해서 RDD를 테이블 뷰를 얻는다. **SparkSession**(pyspark.sql 모듈에 있는)는 RDD에서 DataFrame을 생성하는 데 사용된다.

스파크 애플리케이션별로 하나의 SparkSession 객체만 있을 수 있다. *스파크 스트리밍 프로그래밍 가이드*[49]에서 가져온 후 함수는 기존에 인스턴스가 있으면 SparkSession 인스턴스를 가져오고, 없으면 인스턴스를 만드는 방법을 정의한다.[50]

```
[2]: def getSparkSessionInstance(sparkConf):
         """기본 SparkSesson을 가져오거나 새로 생성하는
            스파크 스트림 프로그램 가이드의 추천 메서드"""
         if ("sparkSessionSingletonInstance" not in globals()):
             globals()["sparkSessionSingletonInstance"] = SparkSession \
                 .builder \
                 .config(conf=sparkConf) \
                 .getOrCreate()
         return globals()["sparkSessionSingletonInstance"]
```

스파크 DataFrame을 기반으로 막대 차트를 표시하는 유틸리티 함수

스파크가 매 배치마다 해시태그를 처리하면 display_barplot 함수를 호출한다. 매 호출마다 이전의 시본 바차트를 지우고 새로 받은 스파크 DataFrame을 기초로 새로운 차트를 출력한다. 먼저 스파크 DataFrame의 **toPandas** 메서드를 호출해서 데이터를 시본에서 사용할 판다스 DataFrame으로 변환하고 IPython.display 모듈에서 가져온 **clear_output 함수**를 호출한다. 키워드 인자 wait=True는 새로운 그래프가 출력한 준비가 되었을 때 이전 그래프가 있다면 제거해야 한다는 의미이다. 이 함수의 나머지 코드는 앞에서 보았던 표준 시본 기술을 사용한다. sns.color_palette('cool', 20) 함수는 매트플롯리브에 있는 'cool' 색성 팔레트에서 20개의 색을 선택한다.

```
[3]: def display_barplot(spark_df, x, y, time, scale=2.0, size=(16, 9)):
         """스파크 DataFrame을 바차트로 표시한다."""
         df = spark_df.toPandas()

         # 표시할 준비가 되면 이전 그래프를 지운다.
         display.clear_output(wait=True)
         print(f'TIME: {time}')

         # 시본의 바플롯을 가지고 있는 Figure를 생성하고 설정한다.
```

49 https://spark.apache.org/docs/latest/streaming-programming-guide.html#dataframeand-sql-operations

50 이 함수는 *스파크 스트리밍 프로그래밍 가이드*의 데이터프레임과 **SQL 오퍼레이션** 절(https://spark.apache.org/docs/latest/streaming-programmingguide.html#dataframe-and-sql-operations)에서 가져왔기 때문에 함수 이름을 파이썬 표준 함수 이름 스타일로 바꾸지 않았고 문자열을 작은따옴표로 만들지 않았다.

```
    plt.figure(figsize=size)
    sns.set(font_scale=scale)
    barplot = sns.barplot(data=df, x=x, y=y
                          palette=sns.color_palette('cool', 20))

    # X축 라벨을 읽기 쉽도록 90도 회전시킨다.
    for item in barplot.get_xticklabels():
        item.set_rotation(90)

    plt.tight_layout()
    plt.show()
```

상위 20개 해시태그를 뽑는 유틸리티 함수

스파크 스트리밍에서 **DStream**은 처리한 데이터의 미니 배치를 나타내는 RDD의 시퀀스이다. 앞으로 보겠지만 스트림에서 오는 RDD마다 작업을 수행하는 함수가 호출될 수 있도록 지정할 수 있다. 이 앱의 경우에 count_tags 함수는 주어진 RDD에서 해시태그의 수를 종합하고, 이것을 현재의 totals(SparkSesssion에서 관리하는)에 더한다. 그리고 나서 갱신된 상위 20개에 대한 막대 차트를 표시해서 상위 20개의 해시태그가 시간에 따라 어떻게 변하는지 볼 수 있게 한다.[51] 좀 더 편하게 논의하기 위해 함수를 작은 단위로 나누었다. 먼저 SparkContext의 설정 정보를 가지고 유틸리티 함수를 호출해서 SparkSession을 얻는다. 모든 RDD는 이 context 속성을 통해서 SparkContext에 접근할 수 있다.

```
[4]: def count_tags(time, rdd):
         """해시태그를 세고 상위 20를 내림차순으로 표시한다."""
         try:
             # SparkSession 얻어오기
             spark = getSparkSessionInstance(rdd.context.getConf())
```

다음에는 RDD의 map 메서드를 호출해서 RDD에 있는 데이터를 Row 객체(pyspark.sql 패키지에 있는)로 맵핑한다. 이번 예제에 있는 RDD는 해시태그와 횟수로 이루어진 튜플이 있다. Row 생성자는 해당 행에 있는 각 값에 대한 열 이름을 지정하는 키워드 인자를 사용할 수 있다. 이번 예제에서는 tag[0]이 튜플에서 해시태그이고, tag[1]이 해당 해시태그에 대한 총 횟수가 된다.

```
             # 해시태그, 횟수 튜플을 Row로 맵핑한다.
             rows = rdd.map(
                 lambda tag: Row(hashtag=tag[0], total=tag[1]))
```

다음 구문은 Row 객체를 가지고 있는 스파크의 DataFrame을 생성한다. 이 정보를 Spark SQL과

51 이 함수가 처음 호출될 때 해시태그가 있는 트윗을 아직 받지 못했으면 예외의 오류 메시지가 발생할 수 있다. 이 때문에 표준 출력에 이 오류 메시지를 출력한 것이다. 이 메시지는 해시태그를 가진 트윗이 있으면 없어진다.

함께 사용해서 총 개수가 상위 20위에 해당하는 해시태그를 얻기 위해 데이터를 쿼리한다.

```
# Row 객체로 DataFrame을 생성한다.
hashtags_df = spark.createDataFrame(rows)
```

스파크 SQL이 관계형 데이터베이스에 있는 테이블처럼 DataFrame을 쿼리하기 위해 ***테이블 뷰***를 생성해야 한다. 스파크 DataFrame의 **createOrReplaceTempView** 메서드는 DataFrame에 대한 임시 테이블 뷰를 생성하고 쿼리의 from 절에서 사용할 수 있는 뷰 이름을 부여한다.

```
# 스파크 SQL로 사용하기 위해 임시 테이블 뷰를 생성한다.
hashtags_df.createOrReplaceTempView('hashtags')
```

테이블 뷰가 만들어지면 스파크 SQL을 사용해서 데이터를 쿼리할 수 있다.[52] 다음 명령은 SparkSession 인스턴스의 sql 메서드를 사용해 hashtags 테이블 뷰에서 hashtag와 total 열을 선택하고, total에 있는 값을 기준으로 내림차순(desc)으로 정렬해서 상위 20개의 행(limit 20)을 반환하는 스파크 SQL 쿼리를 수행한다. 스파크 SQL는 결과를 포함하고 있는 새로운 스파크 DataFrame을 반환한다.

```
# 스파크 SQL을 사용해서 상위 20위의 해시태그를 내림차순으로 얻어온다.
top20_df = spark.sql(
    """select hashtag, total
       from hashtags
       order by total, hashtag desc
       limit 20""")
```

마지막으로 스파크 DataFrame을 display_barplot 유틸리티 함수에 전달한다. 해시태그와 해시태그 수가 각각 *x*축과 *y*축으로 출력되고 count_tags가 호출된 시간도 출력한다.

```
        display_barplot(top20_df, x='hashtag', y='total', time=time)
    except Exception as e:
        print(f'Exception: {e}')
```

SparkContext 얻기

이 노트북에 있는 나머지 코드는 starttweetstream.py 스크립트에서 오는 텍스트를 읽기 위한 스파크 스트리밍을 설정하고 어떻게 트윗들을 처리하는지 지정한다. 먼저 스파크 클러스터에 연결하기 위해 SparkContext를 생성한다.

52 스파크 SQL의 문법을 자세히 보려면 다음 링크를 참고한다. https://spark.apache.org/sql/

```
[5]: sc = SparkContext()
```

StreamingContext 가져오기

스파크 스트리밍의 경우 **SparkContext**와 스트리밍 데이터를 배치하는 빈도(초 단위)를 인자로 전달해서 **StreamingContext**(pyspark.streaming에 있는)를 만들어야 한다. 이번 앱에서는 10초마다 배치 처리(즉 ***배치 주기***)를 한다.

```
[6]: ssc = StreamingContext(sc, 10)
```

데이터가 얼마나 빠르게 오는지에 따라서 배치 주기를 더 짧게 또는 길게 할 수 있다. 이번 앱 또는 다른 앱에 대한 성능 이슈에 대한 논의는 ***스파크 스트리밍 프로그래밍 가이드***에 있는 성능 튜닝(Performance Tunning) 절을 참고한다.

https://spark.apache.org/docs/latest/streaming-programming-guide.html#performance-tuning

관리 상태를 위한 체크포인트 설정하기

기본적으로 스파크 스트리밍은 RDD의 스트림을 처리하면서 상태 정보를 유지하지 않는다. 하지만 스트리밍 상태를 계속 추적하기 위해 스파크 **체크포인팅**를 사용할 수 있다. 체크 포인팅을 사용하면 다음과 같은 것이 가능해진다.

- 클러스터 노드 또는 스파크 애플리케이션 장애가 발생했을 때 스트림을 재시작할 수 있는 내결함성
- 이 예제에서 하는 것처럼 지금까지 수신한 데이터를 종합하는 것과 같은 상태가 저장되는 변환

StreamingContext의 **checkpoint** 메서드는 체크포인팅 폴더를 설정한다.

```
[7]: ssc.checkpoint('hashtagsummarizer_checkpoint')
```

클라우드 기반 클러스터에 있는 스파크 스트리밍 애플리케이션의 경우 checkpoint 폴더를 저장하는 HDFS의 위치를 지정한다. 로컬 주피터 도커 이미지에서 예제를 실행하고 있기 때문에 간단히 이름을 지정한다. 스파크가 현재 폴더(우리의 경우에는 ch16 폴더에 있는 SparkHashtagSummarizer)에 지정한 이름의 폴더를 생성한다. 체크포인팅에 대한 더 상세한 정보는 다음 링크를 참고한다.

https://spark.apache.org/docs/latest/streaming-programming-guide.html#checkpointing

소켓을 통해 스트림에 접근하기

StreamingContext의 **socketTextStream** 메서드는 데이터 스트림을 받아올 소켓에 연결하고 데이터를 받는 DStream을 반환한다. 이 메서드의 인자로 StreamingContext가 연결해야 하는 호스트 이름과 포트 번호를 지정하는데, 이 정보는 **starttweetstream.py** 스크립트가 대기할 때 사용한 정보와 일치해야 한다.

```
[8]: stream = ssc.socketTextStream('localhost', 9876)
```

해시태그 토큰화하기

스트리밍으로 받은 데이터의 처리 과정을 정의하기 위해 DStream에 대해 함수형 스타일 프로그래밍 호출 방식을 사용한다. DStream의 **flatMap** 메서드에 대한 다음 함수 호출은 공백으로 구분되어 있는 해시태그들을 토큰화하고 각 태그를 나타내는 새로운 DStream을 반환한다.

```
[9]: tokenized = stream.flatMap(lambda line: line.split())
```

해시태그들을 해시-횟수 쌍으로 이루어진 튜플로 맵핑하기

다음으로 이번 장에서 살펴보았던 하둡 맵퍼와 비슷하게 DStream의 **map** 메서드를 사용해서 각 해시태그를 초기 횟수가 1인 해시태그-횟수 쌍(이번에는 튜플을 사용)으로 맵핑되어 있는 새로운 DStream을 만든다.

```
[10]: mapped = tokenized.map(lambda hashtag: (hashtag, 1))
```

지금까지 받는 해시태그 횟수 종합하기

DStream의 **updateStateByKey** 메서드는 두 개의 인자를 받는 **람다**를 인자로 받는다. 이 람다는 주어진 키를 가진 것의 총합을 구하고 이것을 이전 합에 더한다.

```
[11]: hashtag_counts = tokenized.updateStateByKey(
          lambda counts, prior_total: sum(counts) + (prior_total or 0))
```

각 RDD마다 호출할 메서드 지정하기

마지막으로 DStream의 **foreachRDD** 메서드를 사용해서 각각 처리된 RDD를 count_tags 함수에서 넘기도록 지정한다. count_tags 함수는 지금까지 받는 해시태그 중에서 상위 20위의 해시태그를 정리해서 막대 차트로 표시한다.

```
[12]: hashtag_counts.foreachRDD(count_tags)
```

스파크 스트림 시작하기

지금까지 처리 절차를 지정했다. 이번에는 StreamingContext의 **start** 메서드를 호출해서 소켓에 연결하고 스트리밍 프로세싱을 시작해 본다.

```
[13]: ssc.start() # 스파크 스트림을 시작한다.
```

다음은 'football'에 대한 트윗 스트림을 처리해서 만든 간단한 막대 차트를 보여주고 있다. 축구(football)라는 스포츠는 미국에서 의미하는 것과 다른 나라에서 의미하는 것이 전혀 다르기 때문에 해시태그는 미식 축구(footbool)와 축구(soccer) 모두와 관련 있다. 게시에 적합하지 않은 세 개의 해시태그를 회색으로 표시했다.

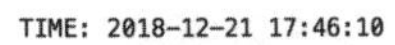

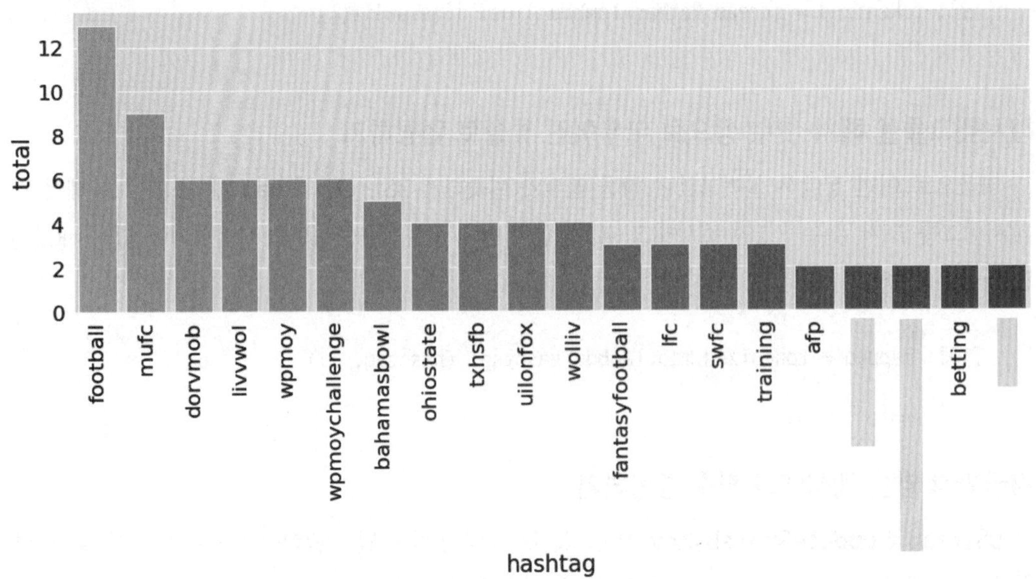

16.8 사물인터넷과 대시보드

1960년대 후반부터 인터넷이 아파넷(ARPANET)으로 시작되었다. 아파넷은 초기에 네 개의 대학교를 연결했고 1970년 후반까지 10개의 노드로 커졌다.[53] 최근 50년간 인터넷은 수십억 개의 컴퓨터와 스마트폰, 태플릿, 그리고 인터넷 세상에 연결되는 다양한 종류의 디바이스들로 늘어났다. 인터넷

53 https://en.wikipedia.org/wiki/ARPANET#History

에 연결된 모든 장치가 사물인터넷(IoT)의 '사물'이 된다.

각 장치는 식별할 수 있는 유일한 인터넷 프로토콜 주소(IP 어드레스)를 가진다. 연결되는 장치가 폭발적으로 증가하면서 약 43억 개에 달하는 IPv4의 사용 가능한 주소가 거의 소진되어[54] IPv6가 개발되었다. IPv6는 거의 3.4×10^{38} 개(즉 수많은 0이 뒤에 있다.)의 주소를 지원한다.[55]

"가트너와 매킨지 같은 최고의 리서치회사는 현재 전 세계 60억 개의 연결된 장치가 지난 2020년까지 200억~300억 개로 급증할 것으로 예상했다."[56] 이후에는 500억이 될 수 있다는 다양한 예측이 나오고 있다. 컴퓨터로 제어하고 인터넷에 연결되는 장치는 계속 증가하고 있다. 다음은 IoT 장치의 종류와 애플리케이션의 일부이다.

IoT 장치		
• 활동 추적기-애플 왓치, 핏빗 등 • 아마존 대시 주문 버튼 • 애플 아마존 에코(알렉사), 애플 홈팟(시리), 구글 홈(구글 어시스턴스) • 가전-오븐, 커피 메이커, 냉장고 등 • 자율주행 차 • 지진 탐지 센서	• 헬스케어-당뇨 환자를 위한 혈중 포도당 모니터, 혈압 모니터, 심전도(EKG/ECG), 뇌전도(EEG), 심장 모니터, 먹을 수 있는 센서, 심장 박동 조율기, 수면 추적기 등 • 센서-화학 센서, 가스 센서, GPS, 습도 센서, 광 센서, 움직임센서, 압력 센서, 온도 센서 등	• 스마트홈(지능형 가정)-조명, 차고 여닫이, 비디오 카메라, 초인종, 관개 컨트롤러, 보안 장치, 스마트 자물쇠, 스마트 플러그, 스마트 탐지기, 온도 조절 장치, 공기 통풍기 등 • 쓰나미 센서 • 추적 디바이스 • 와인 셀러 냉장고 • 무선 네트워크 디바이스

IoT 이슈

IoT 분야에는 많은 흥미로운 것과 기회가 있지만, 모든 것이 긍정적인 것은 아니다. 수많은 보안 문제와 개인 정보 보호 및 윤리적 우려가 있다. 안전하지 못한 IoT 장치들이 컴퓨터 시스템에 대한 분산 서비스 거부(DDOS) 공격을 하는 데 사용되었다.[57] 집을 지키도록 만들어진 가정의 보안 카메라는 해킹되어 비디오 스트림에 다른 사람이 들어올 수도 있다. 음성 제어 장치는 특정한 단어를 기다리는데, 이런 기능이 개인정보 보호 및 보안 문제로 이어질 수 있다. 아이들이 실수로 알렉사 장치로 주문을 하기도 하고, 회사에서 구글 홈 장치의 트리거 단어를 말하게 해서 장치를 활성화시킨 후 구글 어시스트가 제품에 대한 위키피디아 페이지를 읽도록 만드는 광고를 만들기도 했다.[58] 일부 사람들은 이 장치들이 도청하는 데 사용될 수 있다고 우려한다. 최근 한 판사는 형사 사건을 위해 알렉사의 녹음 내용을 넘겨달라고 요청했다.[59]

16

54 https://en.wikipedia.org/wiki/IPv4_address_exhaustion
55 https://en.wikipedia.org/wiki/IPv6
56 https://www.pubnub.com/developers/tech/how-pubnub-works/
57 https://threatpost.com/iot-security-concerns-peaking-with-no-end-in-sight/131308/
58 https://www.symantec.com/content/dam/symantec/docs/security-center/white-papers/istr-security-voice-activated-smart-speakers-en.pdf
59 https://techcrunch.com/2018/11/14/amazon-echo-recordings-judge-murder-case/

이번 절에서 사용할 예제

이번 절에서는 IoT와 여러 다른 종류의 애플리케이션에서 통신하는 데 사용하고 있는 발행/구독 모델을 논의해 보려고 한다. 먼저 코드를 작성하지 않고 Freeboard.io를 사용해서 웹 기반의 대시보드를 만들고 PubNub 서비스에서 샘플 라이브 스트림을 구독해 볼 것이다. 그리고 나서 드위피(Dweepy) 파이썬 모듈을 이용해서 메시지를 무료 Dweet.io 서비스에 발생하는 인터넷에 연결된 온도 조절 장치를 시뮬레이션해 볼 것이다. 그리고 Freeboard.io를 이용해서 이것을 대시보드로 시각화한다. 마지막으로 PubNub 서비스에서 샘플 라이브 스트림을 구독하고 시본과 매트플롯리브의 `FuncAnimation`으로 스트림을 동적으로 시각화하는 파이썬 클라이언트를 만들어본다.

16.8.1 발생과 구독

IoT 장치(및 기타 여러 유형의 장치 및 응용 프로그램)는 일반적으로 **pub/sub(발행자/구독자) 시스템**을 통해 서로 및 응용 프로그램과 통신한다. **발행자**는 클라우드 기반 서비스로 메시지를 보내는 모든 장치나 애플리케이션이 되고, 메시지는 다시 모든 **구독자**에게 전송된다. 보통 각 발행자는 토픽 또는 채널을 지정하고, 각 구독자는 메시지를 받으려고 하는데 하나 또는 하나 이상의 토픽 또는 채널을 지정한다. 오늘날 많은 발행/구독 시스템이 사용되고 있다. 이번 절에서는 PubNub과 Dweet.io를 사용할 것이다. 또한 고성능 발생/구독 서비스, 실시간 스트림 처리 및 스트리밍 데이터 저장을 제공하는 하둡 생태계 시스템 구성 요소인 아파치 카프카(Kafka)도 알아봐야 한다.

16.8.2 Freeboard 대시보드로 PubNub 샘플 라이브 스트림 시각화하기

PubNub는 작은 메시지로 인터넷에 연결된 모든 소프트웨어 및 장치를 통신할 수 있는 실시간 응용 프로그램에 적합한 발생/구독 서비스이다. 이 서비스의 일반적인 사례는 IoT, 채팅, 온라인 다중 사용자 게임, 소셜 앱, 그리고 협업 앱 등이 있다. PubNub는 학습 목적으로 사용할 수 있는 IoT 센서를 포함해서 여러 가지 라이브 스트림을 제공한다(사용할 수 있는 목록은 16.8.5절 참고).

라이브 데이터 스트림의 일반적인 용도 중 하나는 모니터링 목적으로 시각화하는 것이다. 이번 절에서는 PubNub의 라이브 센서 스트림을 Freeboard.io 웹 기반 대시보드에 연결한다. 자동차의 대시보드는 센서로부터 받은 데이터를 시각화해서 외부 온도, 차량 속도, 엔진 온도, 시간 그리고 남아 있는 연료량 같은 정보를 보여준다. 웹 기반 대시보드는 IoT 기기를 포함해서 다양한 소스로부터 데이터를 받아서 같은 일을 한다.

Freeboard.io는 클라우드 기반 동적 대시보드 시각화 도구이다. 코드를 작성하지 않고도 쉽게 Freeboard.io를 다양한 데이터 스트림에 연결해서 받는 데이터를 시각화할 수 있음을 볼 것이다. 다음 대시보드는 PubNub의 가상 IoT 센서 스트림에 있는 4개의 센서 중 3개의 데이터를 시각화한 것이다.

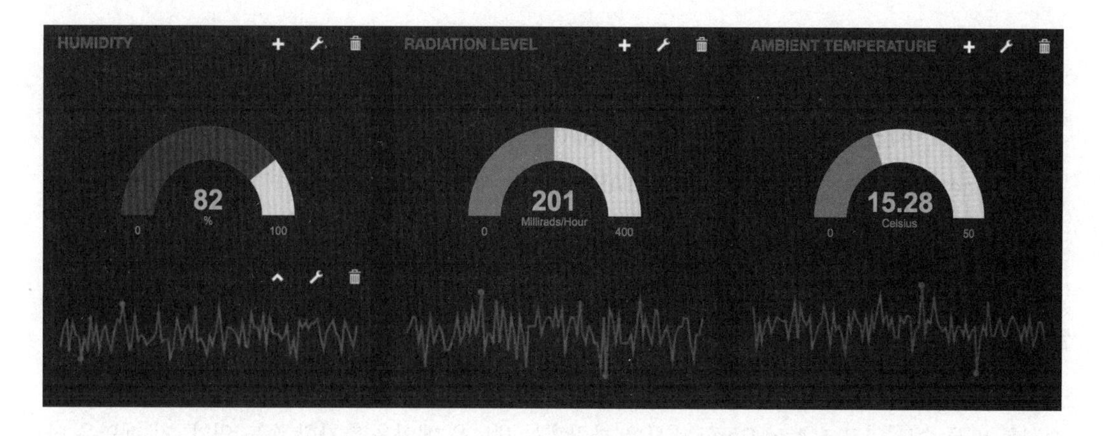

각 센서에 대해 **게이지(Gauge)**(반원 형태의 시각화 요소) 및 **스파크라인(Sparkline)**(들쭉날쭉한 선)을 사용해서 데이터를 시각화했다. 이번 절을 마칠 때는 초당 여러 번의 새 데이터가 도착함에 따라 **Gauges** 및 **Sparklines**이 움직이는 것을 볼 수 있을 것이다.

유료 서비스 외에도 Freeboard.io는 깃허브에 오픈 소스 버전(더 적은 옵션)을 제공한다. 또한 *사용자 정의 플러그인*을 어떻게 추가하는지 보여주는 튜토리얼도 제공하므로 대시보드에서 여러분만의 시각화 요소를 개발해서 넣을 수 있다.

Freeboard.io에 가입하기

이번 예제를 위해 다음 링크에 가서 서비스를 가입해 보자. Freeboard.io를 30일간 사용할 수 있다.

```
https://freeboard.io/signup
```

가입하면 **My Freeborads** 페이지가 표시되는데, 원한다면 **Try a Tutorials** 버튼을 클릭해서 스마트폰의 데이터를 시각화할 수 있다.

대시보드 생성하기

My Freeboards 페이지의 오른쪽 위에서 **enter a name** 필드에 **Sensor Dashboard**를 입력하고 대시보드를 생성하기 위해 **'Create New'**버튼을 클릭하면 대시보드 디자이너가 보인다.

데이터 소스 추가하기

대시보드를 디자인하기 전에 데이터 소스를 추가했으면 추가에 따라서 각각의 시각화 요소들을 설정할 수 있다.

❶ 새로운 데이터 소스를 등록하기 위해 **DATASOURCES**의 아래쪽에 있는 **ADD**를 클릭한다.

❷ **DATASOURCE** 대화상자에 있는 **TYPE** 드롭다운 목록에는 현재 지원하는 데이터 소스가 보이는데, 새로운 데이터 소스를 위한 플러그인도 개발해 넣을 수 있다.[60] **PubNub**를

60 나열된 데이터 소스의 일부는 Freeboard.io를 통해서만 사용하고 깃허브에 있는 오픈 소스 Freeboard에서는 사용할 수 없다.

선택한다. 각 PubNub 샘플 라이브 스트림에 대한 웹페이지에는 **Channel(채널)**, **Subscibe key(구독키)**가 있다. 다음 링크에 있는 PubNub의 센서 네트워크 페이지에서 이 값을 복사한다. `https://www.pubnub.com/developers/realtime-data-streams/sensor-network/`, 이 값을 대응하는 **DATASOURCE** 대화상자 필드에 입력하고 데이터 소스에 대한 **NAME**을 입력한 후 **SAVE**를 클릭한다.

습도 센서용 페인 추가하기

Freeboard.io 대시보드에서 시각 요소들의 그룹화는 페인(Pane)들로 나눈다. 페인은 드래그해서 순서를 바꿀 수도 있고 **+ Add Pane** 버튼을 클릭해서 새로운 페인을 추가할 수도 있다. 각 페인은 타이틀을 가지고 있다. 이 값을 설정하려면 창에서 렌치 아이콘을 클릭한 후 **TITLE**에 `Humidity`를 지정하고 **SAVE**를 클릭한다.

습도 페인에 게이지 추가하기

시각 요소를 페인에 추가하기 위해 페인에 '+' 버튼을 클릭해서 **WIDGET** 대화상자를 표시한다. **TYPE** 드롭다운 리스트에 여러 개의 빌트인 위젯이 표시되면 **Guage**(게이지)를 선택한다. **VAULE** 필드의 오른쪽에서 **+ DATASOURCE**를 선택하고 데이터 소스의 이름을 선택한 후 데이터 소스에서 가져올 수 있는 값을 표시한다. 습도 센서값을 선택하기 위해 **humidity**를 클릭하고 **UNITS**에서 %를 지정한 후 **SAVE**를 클릭하여 새로운 시각 요소를 표시한다. 여기에는 센서 스트림에서 받는 값이 즉시 표시되기 시작한다.

습도는 소수점 이하 넷째 자리까지 표시되는 정확도를 제공한다. PubNub는 자바스크립트 표현식을 지원하기 때문에 이것을 사용해서 계산하고 데이터에 서식을 적용할 수 있다. 예를 들어 자바스크립트의 `math.round` 함수를 사용해서 습도값을 정수에 가까운 값으로 반올림할 수 있다. 이렇게 하려면 마우스를 게이지의 위에 올려놓은 후 렌치 아이콘을 클릭한다. 그리고 나서 **VALUE** 필드에 있는 문자열 앞에 "`math.round(`"를 넣고 텍스트 뒤에 ")"를 넣고 **SAVE**를 클릭한다.

습도 페인에 스파크라인 추가하기

스파크라인은 축이 없는 선 그래프를 말하는데, 일반적으로 데이터 값이 시간에 따라 어떻게 변하는지를 알려준다. 습도 페인에 **+** 버튼을 클릭해서 습도 센서를 위한 스파크라인을 추가한 후 **TYPE** 드롭다운 리스트에서 Sparkline을 선택한다. **VALUE**에서는 다시 한 번 데이터 소스와 `humidity`를 선택하고 **SAVE**를 클릭한다.

대시보드 완성하기

위에서 설명한 기술을 사용해서 두 개의 페인을 더 추가하고, 이것을 드래그해서 첫 번째 것의 오른쪽으로 이동한 후 이것을 각각 '**Radiation Level**(방사선 수치)'와 '**Ambient Temperature**(주변 온도)' 라고 명명한다. 그리고 위에서 설명한 것처럼 각 페인을 **Gage(게이지)**와 **Sparkline(스파크라인)**으로 설정한다. Radiation Level(방사선 수치)' 게이지에는 **UNITS**에는 `Millirads/Hours`(밀리라드/시간)으로 설정하고 **MAXIMUM**는 400으로 설정한다. Ambient Temperature(**주변 온도**) 게이지의 경우 **UNITS**는 `Celsius`(섭씨)로 설정하고 MAXIMUM은 50으로 설정한다.

16.8.3 파이썬으로 인터넷에 연결된 온도 조절 장치 시뮬레이션하기

시뮬레이션은 컴퓨터에서 가장 중요한 애플리케이션 중 하나로, 우리는 앞 장에서 주사위 던지기를 시뮬레이션하기도 했다. IoT에서는 시뮬레이터를 이용해서 애플리케이션을 테스트하는 것이 일반적이다. 특히 애플리케이션 개발을 하면서 실제 장치나 센서에 접근하지 못할 때 그렇다. IBM 왓슨 IoT 플랫폼과 IOTIFY.io와 같은 많은 클라우드 업체들은 IoT 시뮬레이션 기능을 가지고 있다.

이제 주기적으로 JSON 메시지('dweets'라고 부름)를 `dweet.io`로 보내는 인터넷에 연결된 온도 조절 장치를 시뮬레이션하는 스크립트를 만들어볼 것이다. 'dweet'라는 이름은 '트윗'에서 따온 것인데, 'dweet'은 '디바이스의 트윗'이라는 의미이다. 오늘날의 많은 인터넷에 연결된 보안 시스템은 파이프가 얼기 전에 온도가 너무 낮다고 경고하거나 화재가 발생했을 수도 있다는 고온 경고를 하는 온도 센서를 가지고 있다. 시뮬레이션 센서는 위치와 온도를 포함하는 dweet 메시지뿐만 아니라 저온과 고온 알림도 보낸다. 온도가 섭씨 3도나 35도에 도달할 때 각각 `True`가 된다. 다음 절에서는 `freeboard.io`를 사용해서 메시지가 도착하면 온도의 변화를 보여주는 간단한 대시보드를 만든다. 저온과 고온 알림은 경고등으로 표시한다.

Dweepy 설치하기

파이썬에서 메시지를 `dweet.io`로 보내기 위해 먼저 드위피 라이브러리를 설치해야 한다.

```
pip install dweepy
```

이 라이브러리를 사용하는 방법은 쉽다. 이 라이브러리의 문서는 다음 링크에서 볼 수 있다.

```
https://github.com/paddycarey/dweepy
```

simulator.py 스크립트 실행하기

우리의 온도 조절 장치를 시뮬레이션하는 파이썬 스크립트 `simulator.py`는 `ch16` 예제 폴더의 `iot` 하위 폴더에 있다. 시뮬레이션하는 총 메시지 수와 dweet을 보내는 시간 간격의 의미하는 두 개의 커맨드라인 인자로 시뮬레이터를 실행할 수 있다.

```
ipython simulator.py 1000 1
```

Dweet 보내기

simualtor.py의 내용을 뒤에서 보여준다. 이 스크랩트는 난수 발생기를 사용하며, 이 책에서 설명했던 파이썬 기술을 사용한다. 따라서 드위피를 이용해서 메시지를 dweet.io로 보내는 코드에 대해서만 집중적으로 살펴보겠다. 쉽게 설명하기 위해 아래의 스크립트를 나누었다.

기본적으로 dweet.io는 공개된 서비스이기 때문에 모든 앱들이 메세지를 발행할 수 있고, 구독할 수도 있다. 메시지가 발행할 때는 ***디바이스의 고유한 이름을 지정해 준다***. 'temperature-simulator-deitel-python'(라인 17).[61] 라인 18~21은 현재 센서 정보를 저장할 파이썬 딕셔너리를 정의한다. 드위피는 dweet을 보낼 때, 이것을 JSON으로 변환한다.

```
1  # simulator.py
2  """JSON 메시지를 dweet.io를 보내는
3  연결된 온도 조절 장치 시뮬레이터"""
4  import dweepy
5  import sys
6  import time
7  import random
8
9  MIN_CELSIUS_TEMP = -25
10 MAX_CELSIUS_TEMP = 45
11 MAX_TEMP_CHANGE = 2
12
13 # 시뮬레이트하는 메시지 수와 메시지간의 지연시간을 얻는다.
14 NUMBER_OF_MESSAGES = int(sys.argv[1])
15 MESSAGE_DELAY = int(sys.argv[2])
16
17 dweeter = 'temperature-simulator-deitel-python'  # 유일한 이름을 사용한다.
18 thermostat = {'Location': 'Boston, MA, USA',
19               'Temperature': 20,
20               'LowTempWarning': False,
21               'HighTempWarning': False}
```

라인 25~53은 지정된 시뮬레이션 메시지 수만큼 메시지를 만든다. 루프에서 다음과 같은 일을 한다.

- −2에서 +2도 범위에서 무작위 온도 변화를 만들고 temperature를 변경한다.
- temperature 값이 허용된 범위에 있게 한다.
- 저온센서나 고온센서가 발동해야 하는지 확인하고 thermostat 딕셔너리를 업데이트한다.
- 지금까지 생성된 메시지가 몇 개인지 출력한다.

61 dweet.io가 겹치지지 않는 이름을 만들어줄 수 있다. Dweepy 문서에 어떻게 하는지 설명하고 있다.

• 드위피를 사용해서 메시지를 dweet.io(라인 52)에 보낸다.

• time 모듈의 sleep 함수를 사용해서 다른 메시지를 만들기 전에 정해진 시간만큼 기다린다.

```
23 print('Temperature simulator starting')
24
25 for message in range(NUMBER_OF_MESSAGES):
26      # -MAX_TEMP_CHANGE 에서 MAX_TEMP_CHANGE 범위에 난수를 생성하고 그것을
27      # 현재 온도에 추가한다.
28      thermostat['Temperature'] += random.randrange(
29          -MAX_TEMP_CHANGE, MAX_TEMP_CHANGE + 1)
30
31      # 온도가 범위 내에 있도록 확인
32     if thermostat['Temperature'] < MIN_CELSIUS_TEMP:
33         thermostat['Temperature'] = MIN_CELSIUS_TEMP
34
35     if thermostat['Temperature'] > MAX_CELSIUS_TEMP:
36         thermostat['Temperature'] = MAX_CELSIUS_TEMP
37
38     # 저온을 체크한다.
39     if thermostat['Temperature'] < 3:
40         thermostat['LowTempWarning'] = True
41     else:
42         thermostat['LowTempWarning'] = False
43
44     # 고온을 체크한다.
45     if thermostat['Temperature'] > 35:
46         thermostat['HighTempWarning'] = True
47     else:
48         thermostat['HighTempWarning'] = False
49
50     # dweet을 dweepy를 통해서 dweet.io로 보낸다.
51     print(f'Messages sent: {message + 1}\r', end='')
52     dweepy.dweet_for(dweeter, thermostat)
53     time.sleep(MESSAGE_DELAY)
54
55 print('Temperature simulator finished')
```

서비스를 사용하기 위해 등록 절차는 없다. dweet을 보내려고 드위피의 **dweet_for 함수**를 처음 호출할 때(라인 52), dweet.io는 장치 이름을 생성한다. 함수는 인자로 장치 이름(dweeter) 과 보낼 메시지(thermostat)를 의미하는 딕셔너리를 받는다. 일단 스크립트가 실행되었을 때 웹브라우저로 다음 주소를 가면 dweet.io 사이트에서 해당 메시지를 즉각 볼 수 있다.

```
https://dweet.io/follow/temperature-simulator-deitel-python
```

다른 장치 이름을 사용한다면 "temperature-simulator-deitel-python"라는 문자열을 사용하려는 이름으로 교체한다. 웹페이지에는 두 개의 탭이 있다. **Visual**(비주얼) 탭은 숫자값에 대해 스파크라인을 보여주면서 데이터 아이템을 보여준다. **Raw**(원본) 탭에는 Dweepy가 dweet.io로 보낸 실제 JSON 메시지를 보여준다.

16.8.4 Freeboard.io로 대시보드 생성하기

dweet.io와 freeboard.io 사이트는 같은 회사에서 운영하고 있다. 앞 절에서 이야기했던 dweet.io 웹페이지에서 **Create a Custom Dashboard** 버튼을 클릭해서 온도 센서가 이미 구현되어 있는 기본 대시보드를 새로운 탭으로 열 수 있다. 기본적으로 freeboard.io는 데이터 소스에 Dweet이라는 이름으로 항목이 있다. dweet JSON에 있는 각 값에 대해 하나의 페인이 되도록 대시보드를 자동으로 생성해준다. 각 페인에서 텍스트 위젯은 메시지가 도착하면 대응하는 값을 표시한다. 만약 대시보드를 직접 만들려고 한다면 16.8.2절에서 했던 과정을 통해서 데이터 소스(여기서는 Dweep를 선택한다.)를 만들고, 새로운 페인과 위젯을 생성하거나 자동으로 생성된 대시보드를 수정할 수도 있다.

아래는 네 개의 위젯으로 구성되어 있는 대시보드를 세 번 캡처한 것이다.

- **Guage** 위젯은 현재 온도를 보여준다. 이 위젯의 **VALUE** 설정에 데이터 소스의 Temperature 필드를 선택했다. **UNITS**에는 섭씨를 **MINIMUM**과 **MAXIMUM** 값으로 각각 –25도와 45도를 설정했다.
- 현재 온도를 보여줄 **Text** 위젯은 현재 온도를 화씨로 보여준다. 이 위젯에 대해 **INCLUDE SPARKLINE**(스파크라인 포함)과 **ANIMATE VALUE CHANGES**(값 변동을 애니메이션으로 보여주기)를 **YES**로 설정한다. 이번 위젯의 **VALUE** 설정에는 데이터 소스 Temperature 필드를 다시 선택하고 **VALUE** 필드의 마지막 부분에 다음을 추가한다.

```
* 9 / 5 + 32
```

섭씨 온도를 화씨 온도로 변환하는 계산식을 수행하고 **UNITS** 필드에 화씨를 지정한다.

- 마지막으로 두 개의 **인디케이터 라이트** 위젯을 추가했다. 첫 번째 **인디케이터 라이트**의 **VALUE** 설정에 데이터 소스로 LowTempWarning 필드를 선택했고 **TITLE**에는 **'Freeze Warning(저온 경고)'**를 **ON TEXT** 값에는 'LOW TEMPERATURE WARNING'을 입력했다. **ON TEXT**는 이 값이 True가 되었을 때 표시된 문자열을 의미한다. 두 번째 **인디케이터 라이트**의 VALUE 설정에는 데이터 소스로 High TempWarning 필드를 선택했다. **TITLE**에는 'High Temperature Warning'으로 설정하고 **ON TEXT** 값에는 HIGH TEMPERATURE WARNING을 설정했다.

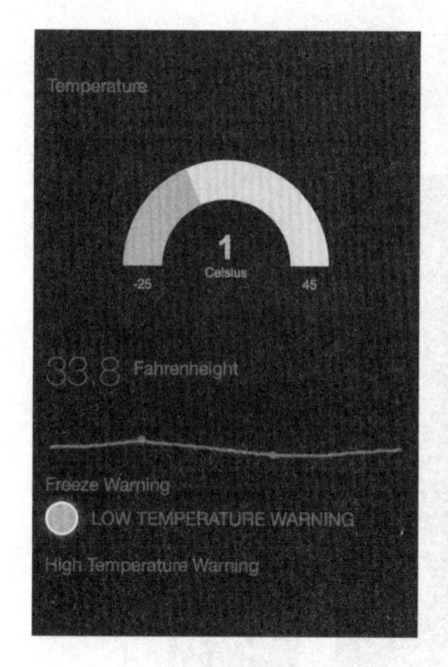

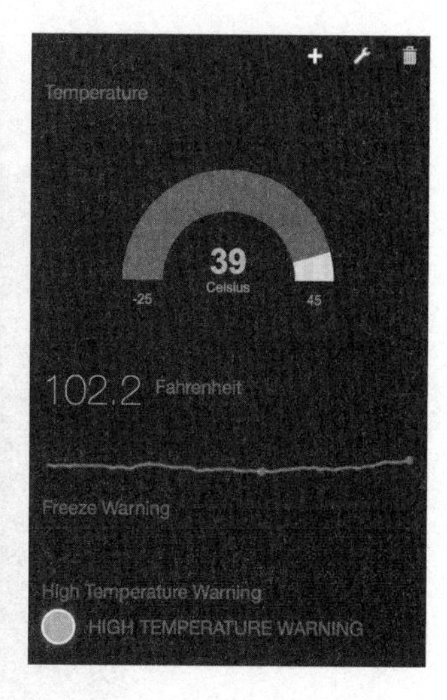

16.8.5 파이썬 PubNub 구독자 생성하기

PubNub는 쉽게 **pub/sub** 오퍼레이션을 할 수 있도록 **pubnub** 파이썬 모듈을 제공하고, 사용할 수 있는 일곱 개의 샘플 스트림을 제공하고 있다. 그리고 네 개의 실시간 스트림과 세 개의 시뮬레이션 스트림을 제공한다.[62]

- 트위터 스트림 – 트위터 라이브 스트림에서 초당 50건의 트윗까지 제공하고, 트위터 인증 정보는 필요 없다.
- 해커 뉴스(Hacker News) – 이 사이트의 최신 글
- 스테이트 캐피털 웨더 – 미군의 주도의 날씨 정보를 제공한다.
- 위키피디아 변경 – 위키피디아 변경 스트림
- 게임 상태 싱크 – 다중 사용자 게임의 시뮬레이션된 데이터
- 센서 네트워크 – 방사선, 습도, 온도, 주변 광원센서의 시뮬레이션된 데이터
- 마켓 주문(Market Orders) – 시뮬레이션된 다섯 회사의 증권 주문

이번 절에서는 **pubnub 모듈**을 사용해서 시뮬레이션된 주식 주문 스트림을 구독하고, 시본의 막대 그래프(barplot)으로 주식 가격의 변동을 시각화해 보려고 한다.

62 https://www.pubnub.com/developers/realtime-data-streams/

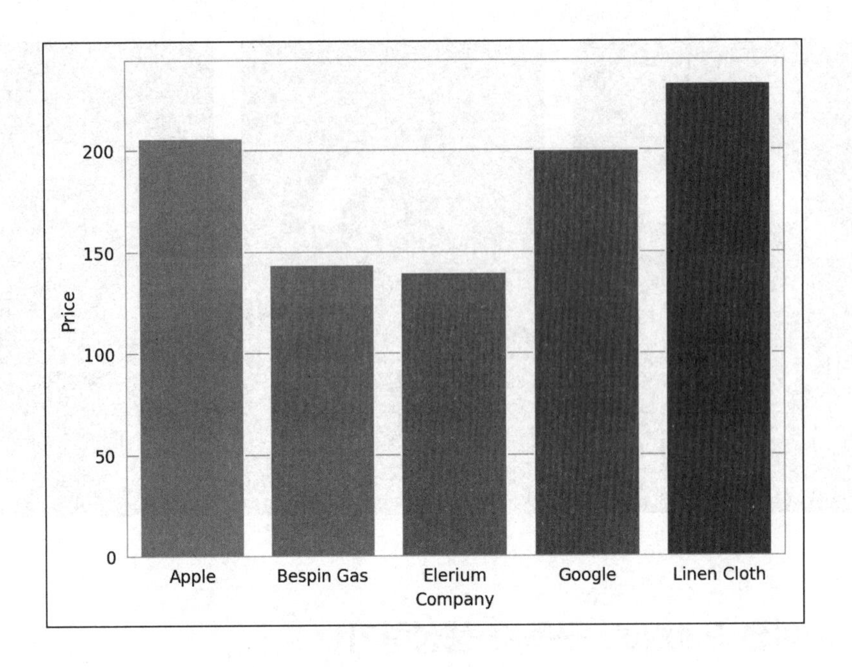

물론 메시지를 스트림으로 발행할 수도 있다. 자세한 사항은 https://www.pubnub.com/docs/python/pubnub-python-sdk에 있는 pubnub 모듈의 문서를 참고한다.

파이썬에서 PubNub를 사용하려면 다음 명령을 실행해서 pubnub 모듈의 최신 버전을 설치해야 한다. '>=4.1.2'는 최소한 4.1.2 버전의 모듈이 설치되어야 한다는 것을 의미한다.

```
pip install "pubnub>=4.1.2"
```

주식 가격 스트림을 구독해서 시각화를 하는 stocklistener.py 스크립트는 ch16 폴더의 pubnub 하위 폴더에 정의되어 있는데, 여기서는 스크립트를 나누어서 설명한다.

메시지 포맷

시뮬레이션된 주식 거래 스트림은 'bid_price', 'order_quantity', 'symbol', 'timestamp', 'trade_type'을 키로 하는 다섯 개의 키-값 쌍을 가진 JSON 객체를 반환한다. 이번 예제에서는 'bid_price'와 'symbol'만 사용할 예정이고, PubNub 클라이언트는 JSON 데이터를 파이썬 딕셔너리 형태로 반환한다.

라이브러리 임포트하기

라인 3~13은 예제에서 사용할 라이브러리를 임포트한다. 다음과 같이 라인 10~13에서 임포트된 PubNub의 타입에 대해 살펴보자.

```
1  # stocklistener.py
2  """PubNub 라이브러 스트림을 시각화하기"""
3  from matplotlib import animation
```

```
4  import matplotlib.pyplot as plt
5  import pandas as pd
6  import random
7  import seaborn as sns
8  import sys
9
10 from pubnub.callbacks import SubscribeCallback
11 from pubnub.enums import PNStatusCategory
12 from pubnub.pnconfiguration import PNConfiguration
13 from pubnub.pubnub import PubNub
14
```

회사 이름과 가격을 저장할 리스트와 DataFrame

companies 리스트는 Market Orders 스트림에서 보내오는 회사의 이름을 보관하고 있다. companies_df는 판다스의 DataFrame으로 각 회사의 마지막 가격을 저장한다. 시본을 사용해서 이 DataFrame을 막대 차트로 표시한다.

```
15 companies = ['Apple', 'Bespin Gas', 'Elerium', 'Google', 'Linen Cloth']
16
17 # 마지막 주식 가격 저장한 DataFrame
18 companies_df = pd.DataFrame(
19     {'company': companies, 'price' : [0, 0, 0, 0, 0]})
20
```

SensorSubscriberCallback 클래스

PubNub 스트림을 구독할 때 채널에서 알림과 메시지를 받을 리스너를 추가해야 하는데, 이것은 앞에서 정의했던 Tweepy 리스너와 비슷하다. 리스너를 만들기 위해 SubscribeCallback 클래스(pubnub.callbacks 모듈에 있는)의 하위를 정의해야 한다. 이 코드는 뒤에서 살펴볼 것이다.

```
21 class SensorSubscriberCallback(SubscribeCallback):
22     """SensorSubscriberCallback□ PubNub 에서 메시지를 받는다."""
23     def __init__(self, df, limit=1000):
24         """트윗 수를 추적할 변수를 생성한다."""
25         self.df = df  # DataFrame to store last stock prices
26         self.order_count = 0
27         self.MAX_ORDERS = limit  # 기본값 1000개
28         super().__init__()  # 슈퍼클래스의 init 호출
29
30     def status(self, pubnub, status):
31         if status.category == PNStatusCategory.PNConnectedCategory:
32             print('Connected to PubNub')
```

```
33          elif status.category == PNStatusCategory.PNAcknowledgmentCategory:
34              print('Disconneted PubNub')
35
36      def message(self, pubnub, message):
37          symbol = message.message['symbol']
38          bid_price = message.message['bid_price']
39          print(symbol, bid_price)
40          self.df.at[companies.index(symbol), 'price'] = bid_price
41          self.order_count += 1
42
43          # MAX_ORDERS에 도달하면 PubNub 채널을 구독 취소한다.
44          if self.order_count == self.MAX_ORDERS:
45              pubnub.unsubscribe_all()
46
```

SensorSubscriberCallback의 __init__ 메서드는 DataFrame을 저장한다. 여기에 새로운 주식 가격이 저장될 것이다. PubNub 클라이언트는 새로운 상태 메시지가 올 때마다 재정의된 status 메서드를 호출한다. 이번 예에서는 우리가 채널을 구독했는지, 해지했는지 알려주는 알림을 확인한다.

PubNub 클라이언트는 채널에서 새로운 메시지가 도착할 때 재정의된 message 메서드(라인 36~45)를 호출한다. 라인 37과 라인 38에서는 메시지에 있는 회사 이름과 가격을 가져온 후 이것을 출력해서 메시지가 도착했는지 확인할 수 있다. 라인 40은 DataFrame의 at 메서드를 사용해서 적당한 회사의 행과 'price' 열을 정하고 새로운 가격을 할당한다. order_count가 MAX_ORDERS에 도달하면 라인 45에서 'PubNub' 클라이언트의 unsubscribe_all 메서드를 호출해서 채널 구독을 중지한다.

Update 함수

이번 예제는 6장 '데이터과학 들어가기' 절에서 설명했던 애니메이션 기술을 사용해서 주식 가격을 시각화한다. update 함수는 하나의 애니메이션 프레임을 어떻게 그릴지 지정하는데, 이 함수는 앞으로 정의할 FuncAnimation을 반복해서 호출한다. 시본의 barplot 함수를 사용해서 'company' 열의 값은 *x*축으로, 'price' 열의 값은 *y*축으로 해서 companies_df Data Frame에 있는 데이터를 시각화한다.

```
47  def update(frame_number):
48      """각 애니메이션 프레임에 대해 바 플롯 내용을 설정한다."""
49      plt.cla()  # 기존 내용을 지운다
50      axes = sns.barplot(
51          data=companies_df, x='company', y='price', palette='cool')
52      axes.set(xlabel='Company', ylabel='Price')
53      plt.tight_layout()
54
```

Figure 설정하기

이 스크립트의 주요 부분에서 시본 플롯 스타일을 설정하고 barplot이 출력될 Figure 객체를 생성한다.

```
55 if __name__ == '__main__':
56     sns.set_style('whitegrid') # 흰색 배경에 회식 선
57     figure = plt.figure('Stock Prices') # 애니메이션을 위한 Figure
58
```

FuncAnimation 설정하고 창 표시하기

다음으로 update 함수를 호출하도록 FuncAnimation을 설정하고 매트플롯리브의 **show** 메서드를 호출해서 화면에 Figure를 표시한다. 일반적으로 이 메서드는 Figure가 종료될 때까지 스크립트 실행을 멈춘다. 여기서는 block=False 키워드 인자를 전달해서 스크립트가 계속 실행되게 해서 PubNub 클라이언트 설정과 채널 구독을 할 수 있게 한다.

```
59 # update 함수를 호출하도록 설정하고 애니메이션을 시작한다.
60 stock_animation = animation.FuncAnimation(
61     figure, update, repeat=False, interval=33)
62 plt.show(block=False) # 창 표시
63
```

PubNub 클라이언트 설정하기

다음으로 PubNub 구독 키를 설정한다. PubNub 클라이언트는 이 키를 채널 이름과 함께 조합해서 채널을 구독하고, PNConfiguration 객체(pubnub.pnconfiguration 모듈) 속성으로 지정한다. 라인 69는 새로운 PubNub 클라이언트 객체(pubnub.pubnub모듈)에 이것을 넘기고, 라인 70~72는 SensorSubscriberCallback 객체를 생성한 후 이것을 PubNub 클라이언트의 add_listener 메서드에 넘겨서 채널의 메시지를 받도록 등록한다. 커맨드라인 인자를 사용해서 처리할 총 메시지 수를 지정한다.

```
64 # pubnub-market-orders 센서의 스트림 키를 설정한다.
65 config = PNConfiguration()
66 config.subscribe_key = 'sub-c-4377ab04-f100-11e3-bffd-02ee2ddab7fe'
67
68 # PubNub 클라이언트를 생성하고 SubscribeCallback을 등록한다.
69 pubnub = PubNub(config)
70 pubnub.add_listener(
71     SensorSubscriberCallback(df=companies_df,
72         limit=int(sys.argv[1] if len(sys.argv) > 1 else 1000))
73
```

채널 구독하기

다음에 나오는 구문으로 구독 과정을 마무리한다. 이 코드는 'pubnub-market-orders'라는 이름의 채널에서 메시지를 받도록 지정한 것이다. execute 메서드로 스트림을 시작한다.

```
74  # pubnub-sensor-network 채널을 구독하고 스트리밍을 시작한다.
75  pubnub.subscribe().channels('pubnub-market-orders').execute()
76
```

그래프가 화면에 남아있게 하기

매트플롯리브의 show 메서드에 대한 두 번째 호출은 그래프가 해당 창을 종료할 때까지 남아있도록 보장한다.

```
77  plt.show()  # 윈도우가 사라질 때까지 그래프가 화면에 남도록 한다.
```

16.9 요약

이 장에서는 빅데이터를 소개했고, 빅데이터를 가져오는 방법에 대해 논의하면서 빅데이터 작업을 위한 하드웨어 및 소프트웨어 인프라에 대해 논의했다. 전통적인 관계형 데이터베이스와 구조화된 조회 언어(SQL)를 소개했고 sqlite3 모듈을 사용해서 SQLite에 books 데이터베이스를 만든 후 여러 가지를 실습해 보았다. 또한 판다스 DataFrame으로 SQL 쿼리 결과를 로딩하는 것도 실습했다.

NoSQL 데이터베이스의 주요 네 가지 타입, 즉 키-값, 도큐먼트, 컬럼 지향, 그리고 그래프에 대해 논의했고, NewSQL 데이터베이스를 소개했다. JSON 트윗 객체를 클라우드 기반 몽고DB 아틀라스 클러스터에 도큐먼트로 저장해 보았고, 이것을 폴리엄(Folium) 맵에 시각화를 했다.

하둡을 소개했고 빅데이터 애플리케이션을 어떻게 사용하는지 보여주었다. 마이크로소프트 애저 HDInsight 서비스를 사용해서 멀티노드 하둡 클러스터를 설정하고, 하둡 스트리밍을 사용해서 하둡 맵리듀스 태스크를 만든 후 실행해 보았다.

스파크에 대해 논의했고, 스파크가 어떻게 고성능, 실시간 빅데이터 애플리케이션에서 사용되는지 설명했다. 스파크의 함수형 스타일의 필터/맵/리듀스 기능을 사용했다. 처음에는 로컬에 있는 컴퓨터에서 주피터 도커 스택을 가지고 실행했고, 나중에는 마이크로소프트 애저 HDInsight 멀티노드 스파크 클러스터에서도 실행했다. 다음으로 미니 배치로 데이터를 처리하는 스파크 스트리밍을 소개했다.

이번 장은 사물인터넷(IoT)와 발행/구독 모델에 대해 소개를 하면서 마무리했다. Freeboard.io를 사용해서 PubNub에서 오는 라이브 샘플 스트림을 시각화하는 대시보드를 만들었다. 파이썬 모듈 드위피를 사용해서 무료 dweet.io 서비스로 메시지를 보내는 인터넷에 연결된 온도 조절 장치를 가상으로 만들어본 후 Freeboard.io를 사용해서 데이터를 시각화했다. 마지막으로 pubnub의 파이썬 모듈을 사용해서 PubNub 샘플 라이브 스트림을 구독해 보았다.

'프로그래머를 위한 파이썬'을 읽어준 독자들에게 감사를 전한다. 여러분이 이 책을 즐겼으면 좋겠고 여기서 재미와 정보를 모두 얻었기를 바란다. 무엇보다도 이 책을 통해 배운 기술을 여러분이 일을 하면서 겪거나 만나게 될 문제에 적용해 볼 수 있다는 느낌을 받았으면 한다.

Index

기호

숫자

영어

A

B

C

D

E

F

J

K

L

M

N

U

V

W

ㄹ

ㅅ

ㅊ

ㅋ

ㅌ

ㅎ

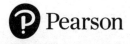

리뷰어 코멘트 *(표지 안쪽면에서 계속)*

"독자가 기존의 많은 라이브러리를 활용하여 **최소한의 코드로 작업을 수행**할 수 있도록 지원합니다. 개념을 소개할 때는 독자가 데이터 과학 문제에 대한 자체 솔루션을 구현하는데 적용할 수 있는 풍부한 파이썬 예제가 함께 제공됩니다. **클라우드 서비스**가 사용된다는 점이 마음에 듭니다." **— 데이비드 쿱, 유매스 다트머스(메사추세츠 주립대학교) 조교수**

"**객체 지향 프로그래밍**(OOP) 챕터 잘 봤습니다. 이 챕터에서 doctest **유닛 테스트**는 실제 독스트링(docstring)에서 실행할 수 있어 이들을 함께 진행할 수 있기 때문에 좋습니다. 주사위 던지기 예제의 **정적 및 동적 시각화**에 대한 라인별 설명이 훌륭합니다." **— 다니엘 챈, 랜더 어낼리틱스(Lander Analytics) 데이터 과학자**

"파이썬과 데이터과학의 기초에 대한 명쾌한 설명입니다. 재현성을 위해 난수 생성기의 초깃값을 설정(seeding)하는 것을 지적해 주셔서 감사합니다. 간결한 프로그래밍을 위해 **딕셔너리와 세트 컴프리헨션(set comprehension)**을 설정하는 것을 좋아합니다. (7장 7.6) '**리스트와 배열의 성능: %timeit 소개하기**'는 ndarray를 사용해야 하는 이유를 설득력 있게 보여줍니다. 좋은 방어 프로그래밍이죠. **판다스 시리즈와 데이터프레임(DataFrames)**에 대한 훌륭한 섹션은 **제가 본 것 중 가장 명확한 설명중 하나**입니다. **데이터 랭글링**에 대한 섹션은 훌륭합니다. **자연어 처리**가 훌륭한 챕터입니다! 이를 통해 **엄청난 것을 배웠습니다."** **— 샤말 미트라(Shyamal Mitra), 텍사스 대학교 선임 강사**

"**예외**와 **트레이스백**에 대한 논의가 좋았습니다. 개인적으로 '**트위터 데이터마이닝**' 챕터가 정말 좋았습니다. 그 챕터에서는 **실제 데이터 소스**에 초점을 맞추고 분석을 위한 많은 기술(예: **시각화**, **NLP**)이 소개되었습니다. Python 모듈이 복잡함을 숨기는 데 도움이 되었다는 것이 좋습니다. (11.3의) **워드 클라우드는 멋져 보입니다."** **— 데이비드 쿱, 유매스 다트머스(메사추세츠 주립대학교) 조교수**

"**이 책을 사랑합니다! 예제**는 확실히 **최고**입니다." **— 아이린 브루노 박사, 조지메이슨 대학교**

"이 책을 보고 아주 신이 났습니다. 개인적으로 **데이터과학에 초점을 맞추고** 유용한 데이터과학 프로그램을 작성하기 위한 **범용 언어**를 좋아하는데 **이 책의 데이터과학 부분**은 이 책을 다른 대부분의 파이썬 입문서와 차별화됩니다." **— 하비 시이(Harvey Siy) 박사, 오마하의 네브래스카 대학교**

"리뷰 과정에서 AI의 흥미로운 분야를 알게 되어 많은 것을 배웠습니다. 저는 **딥러닝** 챕터가 마음에 들었습니다. 이 챕터는 이 분야에서 이미 달성한 것들에 대해 놀라움을 선사했습니다." **— 호세 안토니오 곤잘레스 세코(José Antonio González Seco), 컨설턴트**

"**탐색**과 **실험**을 위한 프로그래밍에 대한 인상적인 **실제 접근 방식**입니다." **— 엘리자베스 위크스, 일리노이 대학교 어배너 섐페인(University of Illinois at Urbana-Champaign) 강사**

"**파이썬을 사용하여 NLP**를 시작하는 것이 얼마나 쉬운지에 대해 깊은 인상을 받았습니다. **케라스(Keras)**를 사용해서 **딥러닝** 개념에 대한 의미 있는 설명을 해주었습니다. **스트리밍** 예제가 마음에 듭니다." **— 데이비드 쿱, 유매스 다트머스(메사추세츠 주립대학교) 조교수**

"이전의 문자열 형식화 방법 대신 **f-문자열**을 사용하는 것이 정말 좋습니다. **텍스트블랍(TextBlob)**이 기본 **NLTK**에 비해 얼마나 손쉬운지 알게되어 좋았습니다. 전에는 **특정 모양으로 워드 클라우드**를 만든 적이 없지만 이것이 NLP를 시작하는 사람들에게 동기를 부여하는 예가 될 거라고 생각합니다. 나는 책의 후반부에 있는 **사례 연구 챕터들**을 좋아합니다. 그것은 **정말 실용적**이기 때문입니다. 모든 **빅데이터** 예제, 특히 **사물인터넷(IoT)** 예제를 통해 작업하는 것이 정말 즐거웠습니다." **— 다니엘 첸, 랜더 어낼리틱스(Lander Analytics) 데이터 과학자**

"실시간 **IPython 입출력**이 정말 마음에 들었습니다. 이 책에서 가장 마음에 드는 점은 파이썬을 다룬 Deitel & Deitel 책(저는 열렬한 팬입니다)이라는 점입니다." **— 마크 폴리, 네브래스카 대학 오마하**

프로그래머를 위한 Python®

2021. 12. 16. 초 판 1쇄 인쇄
2021. 12. 23. 초 판 1쇄 발행

지은이 | Paul Deitel, Harvey Deitel
옮긴이 | 안진섭
펴낸이 | 이종춘
펴낸곳 | BM ㈜도서출판 성안당
주소 | 04032 서울시 마포구 양화로 127 첨단빌딩 3층(출판기획 R&D 센터)
10881 경기도 파주시 문발로 112 파주 출판 문화도시(제작 및 물류)
전화 | 02) 3142-0036
031) 950-6300
팩스 | 031) 955-0510
등록 | 1973. 2. 1. 제406-2005-000046호
출판사 홈페이지 | **www.cyber.co.kr**
ISBN | 978-89-315-5682-7 (93000)
정가 | **38,000원**

이 책을 만든 사람들
책임 | 최옥현
기획 · 편집 | 조혜란
교정 · 교열 | 안혜희
본문 · 표지 디자인 | 인투
홍보 | 김계향, 이보람, 유미나, 서세원
국제부 | 이선민, 조혜란, 권수경
마케팅 | 구본철, 차정욱, 나진호, 이동후, 강호묵
마케팅 지원 | 장상범, 박지연
제작 | 김유석

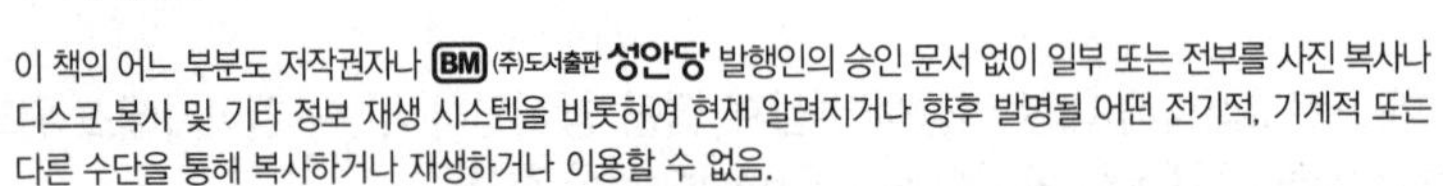

■ **도서 A/S 안내**

성안당에서 발행하는 모든 도서는 저자와 출판사, 그리고 독자가 함께 만들어 나갑니다.
좋은 책을 펴내기 위해 많은 노력을 기울이고 있습니다. 혹시라도 내용상의 오류나 오탈자 등이 발견되면 **"좋은 책은 나라의 보배"**로서 우리 모두가 함께 만들어 간다는 마음으로 연락주시기 바랍니다. 수정 보완하여 더 나은 책이 되도록 최선을 다하겠습니다.
성안당은 늘 독자 여러분들의 소중한 의견을 기다리고 있습니다. 좋은 의견을 보내주시는 분께는 성안당 쇼핑몰의 포인트(3,000포인트)를 적립해 드립니다.

잘못 만들어진 책이나 부록 등이 파손된 경우에는 교환해 드립니다.